Einführung
in die
Geschichte der Erfindungen
Bildungsgang
und
Bildungsmittel der Menschheit

Das

Buch der Erfindungen, Gewerbe

und

Industrien.

Rundschau auf allen Gebieten der gewerblichen Arbeit.

In Verbindung mit

Professor Dr. C. Birnbaum, Ingenieur Sz. Flemming, Professor G. Gayer, Dr. G. Heppe, Professor Dr. A. Kirchhoff, Carl Lorck, Fr. Luckenbacher, Baurath Dr. O. Mothes, Emil Schallopp, Hermann Schnauß, Ingenieur Th. Schwartze, Redakteur Dr. Franz Stolze, A. Werner, Ulr. Wilcke, Jul. Böllner u. a.

herausgegeben von

Professor F. Reuleaux.

Einführung in die Geschichte der Erfindungen.

Bildungsgang und Bildungsmittel der Menschheit.

Achte umgearbeitete und stark vermehrte Auflage.

Mit vielen Ton- und Titelbildern, nebst mehreren Tausend Text-Illustrationen.

Nach Originalzeichnungen

von L. Burger, O. Mothes, G. Rehlender, Albert Richter u. a.

Leipzig und Berlin.

Verlag und Druck von Otto Spamer.

1884.

Die vornehmsten Menschenrassen.
Zur Einleitung: Die menschlichen Triebe als Quelle der ersten Erfindungen.
Mongole. Indianer.
Australier. Kaukasier. Neger.

Einführung in die Geschichte der Erfindungen.

Bildungsgang und Bildungsmittel der Menschheit.

Inhalt:
Kulturgeschichtliche Entwickelung des Menschengeschlechts.
Die Baukunst bei allen Völkern.
Geschichte der Baukunst. Das Wohnhaus. Ortsanlagen. Verkehrswege.
Die vervielfältigenden Künste.
Papier. Schreibkunst und Schrift. Buchdruckerkunst. Graphische Künste.
Herstellung von Wertpapieren.

Achte umgearbeitete und bedeutend erweiterte Auflage.

Unter Mitwirkung von
A. Kirchhoff, C. Lorck, O. Mothes, E. Schallopp, H. Schnauß, F. Stolze, U. Wilcke, J. Böllner
herausgegeben von
Professor F. Reuleaux.

Mit zwei Bunt- und drei Tonbildern nebst einem Atlas von 52 Tafeln zur Geschichte der Baukunst, sowie 525 Text-Illustrationen.

Anfangs- und Abteilungsbilder gezeichnet von Ludwig Burger.

Leipzig und Berlin.
Verlag und Druck von Otto Spamer.
1884.

Unveränderter Nachdruck der
Ausgabe von 1884 im Verlag
von Otto Spamer, Leipzig und Berlin,
durch Weltbild Verlag GmbH,
Augsburg 1998
Umschlaggestaltung: KA • BA factory, Augsburg
Gesamtherstellung: Westermann Druck Zwickau GmbH
Printed in Germany
ISBN 3-8289-0309-6

Vorwort.

In der vorliegenden achten Auflage erscheint das „Buch der Erfindungen, Gewerbe und Industrien" wieder in einer durchgreifend neuen Bearbeitung, nachdem sich die zuletzt hergestellten zwei Auflagen hauptsächlich auf stetige Vermehrung und Verbesserung im einzelnen, und zwar innerhalb sämtlicher Abschnitte, gerichtet hatten. Es waren diese letzten Ausgaben auf Grund einer gänzlichen Neugestaltung erschienen, die das ursprünglich im Jahre 1852 entstandene und bis 1861 bereits in vier Auflagen herausgegebene Werk bei Herstellung der fünften Auflage im Jahre 1863 erfahren hatte.

Schon vor dieser Auflage hatte einer der hervorragendsten Fachmänner auf dem Gebiete unseres Werkes, der Direktor des Polytechnikums zu Hannover, Dr. Karmarsch, von dem Buche der Erfindungen gerühmt, daß es durchaus auf der Höhe der Zeit stehe und dasjenige populäre Werk unserer technischen Litteratur vorstelle, dessen Gediegenheit und Brauchbarkeit, Darstellungsweise und Ausstattung ihm einen angemessenen Platz in jeder Hausbibliothek eröffnen und ihm den täglichen Gebrauch seitens unserer Techniker, Künstler und strebsamen Handwerker sichern müsse. Seinen eigentlichen Wert in diesem Sinne, sowie seine höhere Bedeutung als ein volkstümlich geschriebenes Hauptwerk wissenschaftlicher Richtung erlangte unser Buch jedoch erst durch seine Umarbeitung bei der fünften Auflage, von welcher ab es dann auch, nach dem Urteile einer maßgebenden Autorität, des hochverdienten Pädagogen A. Diesterweg, als eine Zierde der deutschen Schriftstellerkunst und der typischen Technik, sowie als die hervorragendste unter allen bisher in Deutschland veröffentlichten populär-wissenschaftlichen Schriften angesehen werden durfte. Diese Anerkennung von berufener Seite ist nicht nur in Deutschland selbst durch einen entsprechend starken Absatz, der bereits bei der sechsten Auflage eine Höhe von beinahe 40000 Exemplaren erreichte, bewährt worden, sondern auch im Auslande durch zahlreiche, z. B. in Holland, Schweden, Böhmen, Rußland, Italien u. s. w. erschienene Übersetzungen und angemessen bearbeitete Nachbildungen bestätigt.

Fragt man nach den eigentlichen Gründen solchen Erfolges, so dürfte neben dem wohlersonnenen Plane für die ursprüngliche Anlage des Ganzen jedenfalls auch der Umstand maßgebend sein, daß unser Buch schon seit seiner ersten Auflage einem immer allseitiger empfundenen Bedürfnisse entgegen zu kommen sich angelegen sein ließ. Es ist dies vor allem das Streben unseres Volkes nach allgemeinerer Kenntnis der Grundbedingungen unseres gesamten wirtschaftlichen Lebens, zugleich die hiermit zusammenhängende Erweiterung des Arbeitsgebietes und dessen gewaltiger Hilfsmittel; weiterhin sind es aber auch die innigen Beziehungen der gedachten Fortschritte der heutigen Gesellschaft, sowohl zu einander, als zu dem großen Ganzen der Kultur. Die Erfolge solcher Beziehungen, wurzelnd in dem Boden der angewandten Wissenschaften, reichen oft weit zurück in die Geschichte der Völker, wenn ihre schönsten Blüten auch erst in der neuesten Zeit zur Entfaltung gekommen sind; ihre Betrachtung läßt nicht selten die nur alltägliche Thätigkeit, das schlichteste Gewerbe, ja ein einfaches Instrument in einem oft überraschenden Lichte erscheinen. Denn sie zeigt uns auch das oft scheinbar Unbedeutende als einen beachtenswerten Förderer der Hebung und Entwickelung der Menschheit. Neben die Dampfmaschine, neben Photographie, Mikroskopie, Telegraphie, neben den Gußstahl, die Buchdruckerkunst, die Gasbeleuchtung, Werkzeugmaschine kann sich die Arbeit des Töpfers, des Färbers, kann sich die Nähnadel oder der Bleistift getrost mit in die Reihe stellen.

Ihre volle und einheitlich in sich abgeschlossene Berücksichtigung haben die soeben angedeuteten Richtungen eines allgemeinen Bildungsbedürfnisses freilich erst in der Neugestaltung unseres Buches gefunden, welche bei der fünften Auflage dem Gesamtwerke seine harmonische Abrundung für immer gesichert hat. Es erscheint nur als eine schuldige Anerkennung, wenn wir zu dem wesentlichen Verdienste an jener Neugestaltung den Namen eines Mannes in unmittelbare Beziehung setzen, welcher sich jener Aufgabe mit warmer Liebe zur Sache gewidmet hatte. Drei Auflagen hindurch ließ es sich Herr Julius Zöllner angelegen sein, unser neugestaltetes Werk auf der Höhe aller Anforderungen der Zeit zu erhalten. Er selbst hatte bei Einführung der neuen (fünften) Auflage es mit Recht, was übrigens noch heute gilt, hervorgehoben, daß es in der Entwickelung eines so überraschend emporgewachsenen Werkes liege, wenn das schöne Gleichmaß der einzelnen Teile, die eigentliche innere Harmonie des Ganzen, erst dann als ordnendes Gesetz walten könnte, nachdem die Grenzen des Umfanges gezogen und die darin liegenden Gebiete mit allen ihren Schätzen wenigstens zum Teil erobert worden. Weiterhin hieß es in jener Einführung folgendermaßen: „Die Vermehrungen der früheren vier Auflagen waren lediglich Gebietserweiterungen. Bald wurde hier ein Strich herangezogen, bald dort ein neues Land in Besitz genommen, aber jedes hatte noch seine eigne Verfassung und ihre Grenzen berührten sich kaum.

„Es mußte dann mit der Ausdehnung der Herrschaft der Wunsch entstehen, einen einigen Verband herzustellen, das noch Fremde in Besitz zu nehmen, die einzelnen Gebiete, wie ihre eigentümliche Natur es erheischt, abzugrenzen und Wege und Stege so zu legen, daß sie den in diesem Reiche Wandernden leicht und sicher zum Ziele führen, ihn aber doch überall die Höhen freiester Um- und Ausschau gewinnen lassen.

„Diesem Wunsche haben die Herausgeber Rechnung zu tragen gemeint, indem sie dem Werke einen selbständigen und den einzig naturgemäßen Plan unterlegten.

„Es ist demnach der jetzige hohe Stand der Kultur, die sichtbare Form des großen Lebens, mit ihren Ursachen und Erscheinungen, soweit dieselben auch in ihrer Entwickelungsgeschichte zurückgehen, als ein organisch in sich zusammenhängendes Ganze dargestellt, als eine Folge richtiger Erkenntnis der Mittel, Stoffe und Kräfte, über die der Mensch überhaupt verfügen kann, als eine nach und nach gereifte Frucht der eben so allmählich vorgeschrittenen Naturwissenschaften.

„Denn keine Erfindung, keinen Fortschritt verdanken wir eigentlich nur dem Zufall; jede Förderung ist fast immer das letzte Glied einer Kette von Schlüssen, welche freilich nur durch ein bedeutsames Zusammenwirken von Umständen und Fähigkeiten gerade in dieser Weise entwickelt werden konnten.

„Die Entwickelung der Menschheit macht deshalb auch keine Sprünge, sondern sie geht ihren stetigen, bisweilen scheinbar langsamen, aber doch unaufhaltsamen, naturgemäßen Gang. Sie gipfelt stets in der Gegenwart.

„Das „Buch der Erfindungen" sieht in der Darlegung der Mittel des Lebens im weitesten Sinne des Wortes und in der Erörterung und Betrachtung der Wege, auf denen der Mensch in ihren Genuß gekommen ist, seine Aufgabe; die Lösung derselben unternimmt es von dem oben angedeuteten Gesichtspunkte, und insofern sich alle Erscheinungen untereinander durch das Band natürlicher Gesetzmäßigkeit verknüpft zeigen, möchte es zu einem Kosmos der menschlichen Arbeit, der geistigen und mechanischen, werden.

„Nachdem der erste Band in großen Zügen die Entwickelung der Menschheit von ihren mutmaßlichen Anfängen an beleuchtet hat, stellt er die beiden bedeutungsvollsten Bildungsmittel: Baukunst einerseits und Schrift mit den vervielfältigenden Künsten anderseits, an die Spitze, für sich die Einleitung zum Kulturverständnis bildend.

„Die Naturkräfte, ihre allmähliche Erkennung und Ausnutzung, müssen notwendig den Stoffen vorausgehen, deren Erscheinung und Veränderung sie bedingen. Dadurch gliedert sich das Werk von selbst in seine Hauptgruppen: Die Kräfte der Natur und ihre Benutzung — Die Gewinnung der Rohstoffe — Chemie des täglichen Lebens und — Mechanische Bearbeitung der Rohstoffe."

Zwei Jahrzehnte sind seit jener Zeit verflossen, als mit den vorstehenden Worten die fünfte Auflage unseres Buches eingeführt wurde, welches seitdem in drei neuen, stetig vermehrten und verbesserten Auflagen, und zwar zusammen in nahe an hunderttausend Exemplaren oder beinahe sechshunderttausend Bänden, seine Verbreitung unter dem Publikum gefunden hat. Und hierzu traten noch etwa hunderttausend Bände eines, unter dem Sondertitel: „Der Weltverkehr und seine Mittel", unmittelbar angeschlossenen Ergänzungswerkes, in welchem manche Einzelheiten weiter ausgeführt und insbesondere die Ergebnisse der verschiedenen großen Weltausstellungen (zu Paris 1867 und 1878, zu Wien 1873 und zu Philadelphia 1876) berücksichtigt werden konnten.

Unausgesetzt ist das Bestreben der Verlagsbuchhandlung im Verein mit den von ihr gewählten Redaktionen auf Verbesserung des Werkes gerichtet gewesen. Auch bei der gegenwärtigen neuesten Ausgabe war es ihr vergönnt, eine für die schwere Aufgabe der redaktionellen Oberleitung in besonderem Maße zuständige Kraft in der Person des Herrn Geheimen Regierungsrathes und Professors F. Reuleaux in Berlin zu gewinnen. Neben dieser anerkannten Autorität haben zahlreiche hervorragende Männer der Wissenschaft wie der Praxis dadurch, daß sie sich in die Bearbeitung und Durchsicht teilten, diese achte Prachtausgabe unseres volkstümlichen Werkes auf den neuesten Stand der besprochenen Arbeitsgebiete erhoben. In dem abgeschlossen vorliegenden ersten Bande ist zunächst die so wichtige kulturgeschichtliche Einleitung diesmal durch Herrn Professor Kirchhoff, eine bekannte Autorität auf geographisch-ethnographischem Gebiete, durchgesehen und namentlich im Hinblick auf neueste Ergebnisse der Ethnologie mehrfach vervollkommnet worden. Der größere Abschnitt über die Baukunst ist von seinem ursprünglichen Verfasser, Herrn Baurath Mothes, durchgreifend umgearbeitet und stark vermehrt worden. Die einzelnen Kapitel des längeren Abschnittes über die vervielfältigenden Künste sind von verschiedenen namhaften Fachmännern zum Teil neu gestaltet, zum Teil wenigstens durchgehends verbessert worden; insbesondere sind wir in Ansehung des ersten Bandes für ihre einschlagenden Arbeiten, Durchsichten und Verbesserungen, auch sachgemäßen Winke und Ratschläge den Herren Max Schubert (Direktor der Dresdner Papierfabrik), Dr. Franz Stolze (Redakteur in Berlin), Emil Schallopp (Vorsteher des stenographischen Bureau des deutschen Reichstags), Professor Dr. G. Ebers und Dr. U. Wilcke, ferner den Herren Generalkonsul C. B. Lorck (Buch- und Kunsthändler in Leipzig), Hermann Schnauß in Düsseldorf, Friedrich Zimmermann (Kupferstecher in München), E. A. Funke (Lithograph und Steindruckereibesitzer) und Julius Zöllner (dem bisherigen Redakteur und zugleich Hauptmitarbeiter auch an der gegenwärtigen Auflage) zu ganz besonderer Anerkennung für ihre gütige Mitwirkung verbunden.

Von den mehr als dreitausend Illustrationen ist wieder ein guter Teil durch neue ersetzt und hierdurch dem Werke auch in dieser neuen Auflage seine Frische erhalten. Trotz wesentlicher Vermehrung des Textes und der Abbildungen gehört das Buch, in anbetracht des Gebotenen, immer noch zu einer der billigsten Schöpfungen der populär-wissenschaftlichen Litteratur.

Mit Rücksicht auf die möglichst weite Verbreitung unseres Buches, insbesondere im Interesse der studierenden Jugend, der angehenden Techniker jeder Richtung, haben wir bei dieser neuesten Auflage uns entschließen müssen, die nun bereits seit mehreren Jahren fest eingeführte neue Rechtschreibung, wie sie namentlich für die Schulen in den größeren deutschen Staaten gleichmäßig vorgeschrieben ist, im großen Ganzen anzunehmen, wenn sich auch einige Mitarbeiter in der Lage sahen, gegen gewisse Neuerungen in dieser Richtung, soweit solche etwa auf ihre eigne Rechnung gestellt werden sollten, sich ausdrücklich zu verwahren.

Indem wir nun diese neue Ausgabe unseres Werkes den Gebildeten aller Klassen, besonders den Angehörigen des Gewerbe-, Kaufmanns- und Beamtenstandes sowie den Technikern, vornehmlich aber auch den nach Erweiterung ihrer Kenntnisse strebenden Gewerbsgehilfen angelegentlich empfehlen dürfen, hoffen wir, daß sich demselben auch diesmal die Gunst der deutschen Leserwelt zuwenden werde; insbesondere legen wir auch den höheren Bildungsanstalten, Gewerbevereinen und Gesellschaften zur Verbreitung nützlicher Kenntnisse die Förderung unseres Unternehmens ans Herz.

Leipzig, im März 1884

Die Verlagsbuchhandlung von Otto Spamer.

Dem Vorstehenden hat der unterzeichnete Herausgeber nur hinzuzufügen, daß es sein Bestreben gewesen ist und sein wird, im Verein mit den Herren Mitarbeitern und der Verlagshandlung dahin zu wirken, daß das Buch die unter seiner früheren hochgeschätzten Redaktion erworbene Stellung in der vaterländischen Litteratur beibehalte und befestige. Es haben zu diesem Zwecke viele Um- und Neubearbeitungen sowie Bereicherungen in der Ausstattung stattgefunden, welchen sich ähnliche Umgestaltungen in den künftigen Bänden anschließen werden. Wie der Erfinder, so wird auch dieses Buch „allezeit voran" zu stehen bemüht sein.

Berlin, im März 1884

F. Reuleaux.

Inhaltsverzeichnis zu der Einführung in die Geschichte der Erfindungen

Bildungsgang und Bildungsmittel der Menschheit

Einleitung.

Kulturgeschichtliche Entwickelung des Menschengeschlechts.

	Seite
Das Menschengeschlecht. Die Erde als Wohnplatz belebter Wesen. Abstammung der Menschen. Alter und Heimat des Menschengeschlechts. Artenbildung. Menschenrassen	3
Die menschlichen Triebe als Veranlasser der ersten Erfindungen. Nahrung. Benutzung des Feuers. Wasser als Getränk. Jagd. Berauschende Getränke. Kaffee, Thee, Tabak. Wohnung. Das Zelt. Feste Wohnungen. Pfahlbauten. Material zu den Wohnungen. — Kleidung, Schmuck, Tättowieren. Die Mode	19
Die Geräte und ihre Herstellung. Waffen. Die roheste Urzeit. Stein-, Bronze-, Eisenperiode. Geräte. Gefäße. Fahrzeuge	61
Der gegenseitige Verkehr. Sprache. Familie. Stamm. Verkehr. Geld. Maß- und Zahlsystem. Religion. Überlieferung, Sage, Geschichte. — Die Küsten des Mittelmeeres. Ägypten. Die Phöniker. Die Tusker. Griechenland. Die Makedonier unter Alexander dem Großen. Die Römer. Das Christentum. Die Araber als Begründer der physischen Wissenschaften. Die Germanen. Die Folgen der Kreuzzüge. Buchdruckerkunst. Das Zeitalter der großen geographischen Entdeckungen. Kolonisation. Reformation. Aufschwung der Wissenschaften. Die Dampfmaschine. Die Telegraphie. Die Photographie. Sonst und Jetzt. Internationaler Verkehr mit seinen Hilfsmitteln. Verallgemeinerung aller Kenntnisse. Assoziationen. Ausstellungen. Versammlungen	92

Baukunst und technische Künste.

Trieb der Menschen nach Schönheit. Anfänge der Kunstthätigkeit	131
Vorstufen der Baukunst. Zweighütten. Verbände. Holzwand. Holzdecke. Unterbau. Pfahlbauten. Höhlen. Erdwälle. Wellerwand. Findlingsmauer. Polygonbau. Mörtel. Ziegel. Glasierung. Wölbung	134
Anfänge der Baustile. Parallelismus. Hügelbau. Stempelbau. Ornamente	142
Baustile. A. Baustile der Völkergruppen mit in sich abgeschlossener Kultur	144
I. Amerikanische Baugruppen. Bauten der Ureinwohner von Nordamerika. Die Olmeken. Die Tolteken. Die Azteken. Peru	145
II. Ostasiatische Baugruppen. Die malaio-polynesische Rasse. China. Steinbau. Fachbau. Fliesen. Japan	150

B. **Baustile bei teilweise fortgepflanzter Kultur.** Seite
   I. Ägyptischer Stil. Böschbau. Wölbung. Form und Farbe 160
   II. Chaldäische Gruppe. Assyrisch=babylonischer Baustil. Turmbau. Asphalt. Schrägdach. Meder. Perser 167
   III. Ostindischer Baustil. Buddhistische, dscharnistische, brahmaistische Bauten . . . 173
   IV. Westasiatische Gruppen. Die Phöniker. Die Israeliten. Die Pelasger . . 180

C. **Stile der Völker mit direkt vererbter Kultur.**
   I. Heidnische oder sogenannte klassisch=antike Stile. Pelasgisch=etruskische Kunst. Der griechische Stil. Römischer Baustil 185
   II. Die altchristliche Kunst. Occidental=altchristliche (lateinische) Bauweise. Oriental=altchristliche (byzantinische) Bauweise 199
   III. Die Vorstufen christlicher Baukunst des Mittelalters. Ostgoten. Langobarden. Franken 207
   IV. Christliches Mittelalter. Romanischer Stil. Frühromanisch. Mittelromanisch. Spätromanisch. Abzweigungen. Übergangsstil. Russische Bauweise. Asiatische Bauten 214
   V. Der Baustil des Islam. Arabisch. Sarazenisch. Maurisch. Die Normannen. Anglo=romanischer Stil. Übergangsstil 230
   VI. Die Gotik. Litterarisches. Charakteristik. Frühgotik. Feingotik. Hochgotik. Spätgotik. Deutschland. Das Ausland. Kleinkünste 243

D. **Baustile aus bewußtem Rückgang auf frühere Kulturstufen.** Renaissance. Florentinischer Stil. Frührenaissance. Hochrenaissance. Spätrenaissance. Barock= oder Perückenstil. Rokoko oder Zopfstil. Pompadourstil. Haarbeutelstil (style Louis XVI.). Moderner Stil. Imperialstil. Hellenismus. Romantik. Anknüpfungspunkte. Die letzten zwanzig Jahre. Berliner Schule. Wiener Schule. Deutsch=Pariser Schule. Deutsche Schulen. Neuere Wiener Schule. Neuere Berliner Schule. Die Gegenwart. Der Zukunftsstil. Stilistik. Naturalistik. Höhenvergleichung der hervorragendsten älteren und neueren Bauwerke . 255

Bautechnik und Gebäudearten. Baugewerke. Geschichte derselben. Erste Erfindungen im Stein= und Holzbau. Architravbau im Altertum. Gewölbebau im Mittelalter. Bauhütten, Innungen und Zünfte. Eisenbau. Neuzeit. Thätigkeit der Baugewerke bei Herstellung der Bauten. Gründung. Der Maurer. Aufbau. Wölbung. Der Zimmermann. Dachwerk. Dachkonstruktionen. Neue Materialien und Konstruktionsweisen. Eisen. Stahl. Glas. Ausbau. Dachdeckung. Wellblech. Kautschuk 2c. Ziegelglasur. Farbenschmuck. Bleibende und vorübergehende Dekoration. Baufabriken. Baugewerkschulen. — Gebäudearten. Das Wohnhaus. Geschichte desselben. Einrichtung des modernen Wohnhauses. Lage des Hauses und der einzelnen Teile desselben. Luft. Licht. Wasser. Wärme. Verschiedene Arten von Wohnhäusern. Die Bauten im Dienste der Industrie. Die Bauten im Dienste des öffentlichen Lebens 289

Ortsanlagen. Geschichte derselben. Arten der Ortschaften. Wahl des Platzes. Straßen. Passagen. Plätze. Anlage von Stadtteilen. Moderne und antike Platzanlagen. Gärten. Schleusen. Wasserleitungen. Straßenbeleuchtung. Telegraphen= und Telephonleitungen 339

Verkehrswege. Altertum. Mittelalter. Neuzeit. Weg und Steg. Pflaster und Gossen. Chausseen und Makadamisierung. Straßenarten. Der Eisenbahnbau. Geschichte desselben. Eisenbahnunterbau. Die Tunnel. Bergbahnen. Unterirdische Bahnen. Schneedächer und schiefe Ebenen. Viadukte und Brücken. Steinbrücken. Eisenbrücken. Röhrenbrücken. Ketten= und Gitterbrücken. Eisenbahnoberbau. Umschau auf einem Bahnhofe 363

Die vervielfältigenden Künste.

Geschichte und Fabrikation des Papiers. Bedeutung des Papiers. Geschichtliches. Papyros. Pergament. Baumwollen= und Leinenpapier. Fabrikation des Papiers. Lumpen. Bearbeitung derselben. Büttenfabrikation. Maschinenpapierfabrikation. Die Papiermaschine. Schüttel= und Cylindermaschine. Rollkalander. Papierfabrikation in Japan und China. Lumpenersatzmittel. Reis=, Baumwollen=, Stroh=, Hanf= und Holzpapier. Gefilztes Papier. Papiermaché. Steinpappe. Pergamentpapier. Statistisches 401

Geschichte der Schrift und der Schreibkunst.

Einleitung. Anfänge der Schrift. Knotenschrift. Wampumgürtel. Bilderschrift. Die Bilderschrift der nordamerikanischen Indianer und der Altmexikaner. Der große Kalenderstein. Die ägyptische Schrift und ihre Entwickelung. Hethitische Bilderschrift. Die babylonisch=assyrische Schrift. Keilschrift. Die chinesische und japanische Schrift. Begriffs=, Silben=, Lautschrift. Buchstabenschrift. Die Phöniker und ihr Alphabet. Die ältesten semitischen Alphabete. Verbreitung des phönikischen Alphabets in Griechenland und Italien. Vergleichende Alphabetproben. Die Runenschrift. Umbildung derselben durch Ulfilas. Der „silberne Codex". Die lateinischen Buchstaben. Majuskeln. Minuskeln. Die gotische oder Mönchsschrift. Schreibstoffe des Mittelalters. Die Buchmalerei, byzantinische und karolingische. Die Illuministen. Die Schreibkunst und Schreibschrift. Bulle „Ineffabilis". Chiffern= oder Geheimschrift. Die Blindenschrift. Die Stenographie. Die römische Kurzschrift. Die „Tyronischen Noten". Die griechische Schnellschrift. Die englische und französische Tachygraphie. Die deutsche Stenographie. Das Gabelsbergersche, Stolzesche, Arendsche System. Stenographiermaschinen. Die Pasigraphie (Weltschrift). Die neuere Kalligraphie und die Handschriftenvergleichung 433

Die Erfindung und die Technik der Buchdruckerkunst.

Geschichtliches. Vorstufen. Druckanfänge. Briefmaler oder Formenschneider. Der Tafeldruck. Andachtsbilder. Spielkarten. Todtentänze. Die Donaten. Erfindung des Druckes mit beweglichen Lettern. Koster, Gutenberg, Fust, Schöffer. Die ersten Drucke. Die erste Bibel. Die 36zeilige, die 42zeilige Bibel. Das Katholikon. Verbreitung der Buchdruckerkunst. Signeten oder Marken. Verfall der jungen Kunst im 17. Jahrhundert. Wiederaufblühen im 18. Jahrhundert. Technisches der Buchdruckerkunst in älterer Zeit. Schriften. Verzierungen. Zusammenstellungen von Brot=, Zier= und Titelschriften nach Graden. Schriftgießerei. Gießzettel. Gießmaschinen. Herstellung eines Druckwerkes. Das Setzen. Das Ausschließen. Das Durchschießen und Sperren der Zeilen. Das Seitenbilden. Das Ausschießen. Das Formatmachen. Korrektur und Korrektor. Setz= und Ablegemaschine. Das Drucken. Die Druckpresse. Hölzerne und eiserne Handpressen. Schnellpressen oder Druckmaschinen nach verschiedenen Systemen. Cylindermaschinen. Doppel= und Komplettmaschine. Die Tiegeldruckmaschine. Riesenschnellpressen. Die Endlosen (Rotationsmaschinen). Mehrfarbenschnellpresse. Die Tretmaschinen, Libertypresse. Die Satiniermaschine (Walzenglättpresse). Heims Doppelkalander. Die Druckschwärze. Die Stereotypie. Papierstereotypie. Klischees oder Bleiabgüsse. Jannins Celluloidklischee. Kunst= und Buntdruck. Der Druck von musikalischen Noten und von Landkarten. Der Hochdruck für Blinde (Ektypographie). Berühmte Druckoffizinen und Schriftgießereien 481

Die Holzschneidekunst.

Geschichtliches. Das Altertum. Die Chinesen. Alte deutsche Schnitte. Der Holzschnitt in England, Frankreich und Deutschland. Die jetzige Bedeutung der „Xylographie". — Das Technische der Kunst. Der Holzstock. Seine Behandlung. Bewicks Verfahren. „Der Holzstich". Grundieren. Zeichnen. Werkzeuge des Xylographen. Die Photo=Xylographie. Vervielfältigung des Holzstockes. Die illustrirten Werke. Tondruck. Bunt= oder Bilderdruck. Der chinesische Bücherdruck. Chinesischer Holzschnitt. Stellvertreter des Holzschnittes. Das Ätzen. Die Zinkätzung, Chemigraphie. Photochemigraphie oder Heliotypie. Photo=Engraving. Phototypographie. Similigravüre. Das Ives=Verfahren. Autotypie. Graphotypie. Chemitypie. Photokupferdruck 551

Die Kupfer- und Stahlstecherkunst.

Der Kupferstich. Eigentümlichkeiten des Kupferstichs. Geschichtliches. Die Niellen. Italienische, deutsche und niederländische Meister des 15. und 16. Jahrhunderts. Der Kupferstich im 17. und 18. Jahrhundert. Das Technische der Kunst. Die Arbeit mit dem Grabstichel, die Linienmanier. Die Punktierkunst. Die Radier= oder Ätzkunst. Die Schwarz= oder Schabkunst. Die Aquatintamanier. — Die Stahlstecherkunst. Die Stahlplatte und ihre Behandlung. Abdruck der Kupfer= und Stahlplatten. Stell= vertreter des Kupfer= und Stahlstichs. Zinkographie. Zinnanwendung: der Noten= stich. Hyalographie oder Glasätzkunst. Stylographie. Galvanographie. Der Natur= selbstdruck. Die Photogravüre 583

Die Erfindung der Lithographie.

Geschichtliches. Aloys Senefelder, der Erfinder der Kunst. Gleißner. Karl Maria von Weber. Prof. Mitterer. Die ersten Steindruckereien in München, Offenbach, Wien, Stuttgart. Senefelders sonstige verwandte Erfindungen. Der angebliche Miterfinder der Lithographie Dechant Schmidt. Die Münchener Sammlung von ersten lithographischen Probedrucken in der Akademie der Wissenschaften. — Technisches der Kunst. Litho= graphische Steine und Pressen. Lithographische Chemie. Die verschiedenen Manieren. Der Überdruck, die Autographie. Zinko= oder Metallographie. Photolithographie. Lithographischer Farbendruck, Chromolithographie. Stenochromie 601

Die graphischen Künste
in vereinigter Anwendung auf die Herstellung von Wertpapieren.

Die Maschinen. Prägedruck. Congrevedruck. Der Pantograph. Die Guillochiermaschine. Die Liniiermaschine. Apparat zur Bildung von Wellenlinien, Strahlen ꝛc. Das Oval= werk. Reliefkopiermaschine. Numeriermaschine. Die Herstellung der Wertpapiere . 629

Tonbilder,
welche an den nachstehend bezeichneten Stellen in den Text einzuheften sind.

Die vornehmsten Menschenrassen: Mongole, Indianer, Kaukasier, Australier, Neger . . . . Titelbild
Atlas zur Baukunst. Tafel I bis LII 131
Der Dom zu Köln 248
Wiedergabe einer Schriftseite aus einem Psalterium in irischer Schrift des VII. Jahrhunderts 433
Ein Blatt aus der Armenbibel; auf der Rückseite:
Aus einem Todtentanz in der Heidelberger Bibliothek } 481
Kalender des Magister Johann von Kunsperk
Farbendruck in verschiedenen Stadien seiner Herstellung 547

Bildungsgang und Bildungsmittel der Menschheit.

Nach ewigen, ehernen
Großen Gesetzen
Müssen wir alle
Unseres Daseins
Kreise vollenden.

Goethe.

Typus der schwarzen, weißen und gelben Menschen.

Einleitung.
Kulturgeschichtliche Entwickelung des Menschengeschlechts.

Die Erde als Wohnplatz belebter Wesen. Abstammung des Menschen. Alter und Heimat des Menschengeschlechts. Rassen. Die menschlichen Triebe als Veranlasser der ersten Erfindungen. Nahrung. Benutzung des Feuers. Wohnung (Pfahlbauten). Kleidung, Schmuck. Waffen und Geräte. Stein-, Bronze-, Eisenperiode. — Familie. Stamm. Sprache. Verkehr. Münzen. Maß- und Zahlsystem. Überlieferungen. Geschichte. Religion. — Die Urbewohner Südamerikas und Australiens. Jäger- und Fischervölker. Hirtenvölker. Urvölker am Kaukasus, Kaspischen Meere und Himalaya. Vordringen gegen die passive Rasse. Vermischung mit derselben oder Verdrängung. Völkerströme und Kulturstaaten. Sibirien. China. Ägypten. Mexiko. Peru. Die siegreichen historischen Kulturvölker. Phöniker. Griechen. Makedonier. Römer. Die Germanen. Das Christentum. Wissenschaften, Künste und Gewerbe. Die Buchdruckerkunst. Geographische Entdeckungen. Kolonisation. Erweiterung naturwissenschaftlicher Kenntnisse. Internationaler Verkehr mit seinen Hilfsmitteln. Verallgemeinerung aller Kenntnisse, Assoziation, Ausstellungen und Versammlungen brechen die trennenden Schranken und führen die Menschheit dem Ziele der Humanität näher.

s erhält die Betrachtung des Kulturzustandes eines Volkes oder einer Zeit ein erhöhtes Interesse, wenn sich derselben eine Bekanntschaft mit der allgemeinen Entwickelung verbindet; wenn es durch eine solche möglich wird, die einzelnen Wurzeln zu entdecken, denen die eigentümlichen Richtungen der Lebens- und Anschauungsweise entsprossen sind und welche häufig, wenn auch nur dem scharfen Blicke bemerkbar, noch nährend und erhaltend wirken; wenn die Wege sich offen zeigen, auf denen der Fortschritt wandelte, und durch eine abwägende Vergleichung sich die beglückende Überzeugung befestigen kann, daß die Menschheit trotz scheinbarer Hemmnisse sich unaufhaltsam dem Ziele einer schönen Humanität nähert.

Eine ewige Gesetzmäßigkeit regelt alle Veränderungen unsres Erdkörpers und seiner Organismen. Nichts geschieht sprungweise und unvermittelt. Die Gegenwart ist erst durch die Vergangenheit geworden, was sie ist, und alles, selbst das Mißglückte, das Entgegenstrebende, hat seinen bildenden Einfluß geübt. Wie zum endlichen Gedeihen eines Fruchtackers auch der Sturmwind mithilft, so hilft der Menschheit auch dasjenige auf der Bahn der Entwickelung weiter, was sich für das erste oft als ein Rückschritt darzustellen scheint.

Es geschieht nichts umsonst, daher ist aber auch jeder Zustand nur ein Übergang, ein Stadium, eine Phase, für die Gegenwart ihres Bestehens zwar das Ergebnis des Vergangenen, für die Zukunft aber nur der Schemel, auf den das Kommende seine Füße stellen kann.

So möchten wir auch in die Tiefen der Vergangenheit zurückgehen, wenn wir uns für das Verständnis unsrer Zeiten vorbereiten wollen, die Anfänge betrachtend, von denen aus sich das Leben bis auf die Höhe der heutigen Kultur emporgeschwungen. Nichts bleibt bei einem solchen Rückblick bedeutungslos. Die ganze Natur, das Weltall besteht aus unzähligen Einzelheiten, deren keine aus dem Kettenverbande gerissen werden kann, ohne die Harmonie des Ganzen, des Kosmos, zu stören und zu verwirren. Im richtigen Lichte betrachtet, wird die Zusammengehörigkeit selbst des scheinbar Unvereinbaren und die gegenseitige Abhängigkeit der entlegensten Ereignisse voneinander ersichtlich.

Die Menschheit bildet ein einziges großes Geschlecht, das mit seinem Wohnplatze, der Erde, auf das innigste verbunden ist. Alle Veränderungen unsres Planeten, mögen sie in großartigen Revolutionen oder in geringen, aber stetigen und deshalb erst in langen Zeiträumen merkbaren, säkularen Veränderungen bestehen, mögen sie als hohe Wogen sich bewegen oder ein langsames Wachsen und Fallen sein — sie beeinflussen mit der unbelebten Welt stets zugleich die belebte. Wie die Pflanze von dem Boden abhängt, in dem sie wurzelt, im Salzwasser sich andre Organismen entwickeln als im süßen, so ist das ganze organische Leben ein solches, wie es uns heute umgibt, erst geworden durch das vereinte Wirken chemischer und physikalischer Kräfte, deren Ursprung wir zwar nicht nachzuweisen vermögen, deren Wirkung wir aber unausgesetzt wahrnehmen.

Diese Kräfte wirken eben ewig, aber je nach dem veränderten Zusammenspiele derselben im Anschluß an die stetig sich wandelnden Verhältnisse der Erde, die klimatischen Veränderungen, die langsamen Verschiebungen der Grenzlinie von Land und Meer, Verschmelzung und Trennung der Festlande, Gebirgsentstehung und Gebirgsabtrag, gewahren wir leise Veränderungen gleichfalls in der organischen Welt. Das Wunder der Schöpfung ist nicht bloß einmal und vor undenklichen Zeiten geschehen, sondern es offenbart sich alltäglich und allgegenwärtig.

„Der Herr hat alles weislich nach Maß und Gewicht geordnet" — und wenn auch unsre Sinne zu stumpf und unsre Erfahrungen zu gering sind, um das Exempel nachrechnen zu können, auf seine Richtigkeit dürfen wir uns verlassen. Diese Ordnung schließt jede Willkür aus; jede Erscheinung hat ihre Ursache, und wiederum liegt in jeder Wirkung wieder der Grund zu neuen Ergebnissen. So ist die Welt aus einer ununterbrochenen Folge von Wirkungen geworden, was sie ist. Daß die Kette geschlossen wäre, wer wollte es behaupten? Unaufhaltsam schreitet die Entwickelung weiter, und wie jedes Stadium nur der Übergang zu einem neuen ist, so ist auch der Mensch ein Produkt, eine Form, in der das Weltleben für uns zwar jetzt in höchster Vollkommenheit sich äußert, die aber ebensowenig in ihrer heutigen Erscheinung fortbestehen wird, als sie von jeher in dieser bestand.

Wir wissen, daß wir uns die Erde als einen Körper vorzustellen haben, der aus einem glühend flüssigen Zustande erst durch allmähliche Abkühlung in seine jetzige halb erstarrte Form übergegangen ist. Es gab eine Zeit in der Entwickelung unsres Planeten, in welcher er nichts andres war als ein geschmolzener glühender Tropfen, den eine dichte Dampf- und Dunsthülle umgab. Die Beweise dafür finden wir heute noch in der Beschaffenheit der Erdoberfläche und in der Wärmezunahme, welche wir beobachten können, wenn wir in das Innere tiefer Bergwerke hinuntersteigen. Wir können berechnen, wie tief wir die Schachte hinabtreiben müßten, um die Grenze zu erreichen, wo die Hitze noch heute bedeutend genug ist, um die Gesteinsmasse geschmolzen zu erhalten. Aus dieser Tiefe wird vielleicht jetzt noch den Kratern mancher Vulkane die flüssige Lava zugeführt. Zu der Zeit, wo die ganze Erde noch in feurig flüssigem Zustande sich befand, war sie natürlich nicht tauglich zum Wohnplatze belebter Wesen, erst nachdem die glühend flüssige Kugel sich mit einer festen Kruste umgeben hatte, nachdem das Wasser (vorher allein luft- oder dampfartig in der Atmosphäre vorhanden) seine zerstörenden und aufbauenden Kräfte walten lassen konnte, gewann die Oberfläche diejenigen Eigenschaften, die für das Gedeihen einer Pflanzen- und Tierwelt vorhanden sein müssen. Welche Zeiträume dazwischen vergangen sind, das gibt uns freilich kein geschriebenes Geschichtswerk an; dürfen wir aber den Gesetzen, nach welchen der allmähliche Abkühlungsprozeß sich abwickelt, auch für jene vergangenen Epochen Geltung zuschreiben, dann erscheinen in der Geschichte der Erde tausend Jahre wie eine Nachtwache.

Die Pflanze ist der Vermittler zwischen Tier und Mineral; sie bereitet aus den Bestandteilen der Gesteine diejenigen Stoffe, von denen erst der animalische Organismus sich erhalten kann. Das Pflanzenreich mußte sonach auch in früherer Zeit die Erde überziehen, damit dieselbe von Tieren bevölkert werden konnte. Aber es waren jene ersten Pflanzenformen nicht diejenigen, deren schöne Farben und Gestalten uns heute erfreuen und an deren Früchten die Menschen sich sättigen. Das heiße Afrika bringt andre Gewächse und Tiere hervor als das eisige Grönland; um wie viel größer also müssen wir die Verschiedenheit der jetzt wachsenden Pflanzen mit denjenigen annehmen, welche zu einer Zeit entstanden, wo die ganze Erde immer noch eine viel höhere Temperatur, die Atmosphäre

Fig. 3. Plesiosaurus dolichodeirus.

demzufolge einen viel größeren Gehalt an Wasserdampf, wahrscheinlich auch an Kohlensäure besaß als jetzt, und das Licht der Sonne sich durch die dichte Dunsthülle nur spärlich Bahn brechen konnte.

Die Schlammabsätze aus den Urmeeren, welche durch nachmalige Hebungen teilweise dem Festlande angefügt wurden, haben uns Pflanzen- und Tierformen aller Perioden teils in getreuen Abdrücken, teils in Versteinerungen überliefert. Jede solche sedimentäre Gesteinsschicht ist für den Paläontologen, den Geschichtsforscher der Erde, ein Pompeji. Wir bemerken bei der Vergleichung dieser steinernen Traditionen, daß in den ältesten Sedimentschichten die Formen noch am unentwickeltsten waren, daß sie aber bis zur Gegenwart eine ganz allmähliche Stufenleiter der Vervollkommnung durchschritten haben. Aus ganz unmerklichen Übergängen, die sich von pflanzlichen Gebilden nicht scharf trennen lassen (Oldhamien u. dgl.), treten die Tierformen hervor, die infolge der ganz besondern Beschaffenheit der Umgebung, in welcher sie lebten, auch ganz besondere Eigentümlichkeiten ihres Baues und ihrer innern Einrichtung allmählich entwickeln mußten. Mit der weitergehenden Veränderung des Erdballes, mit der fortschreitenden Temperatur-Erniedrigung, der allmählichen Klärung der Atmosphäre und der Reinigung der Wässer ging eine Umwandlung auch ihrer Organismen Hand in Hand. Wie verschieden von den gegenwärtigen Tierformen ist das Zwittergeschöpf Plesiosaurus (Fig. 3); wie unzweckmäßig, gleichsam als ein Versuchstier der Natur, erscheint uns der Gliederbau des Riesenfaultieres (Fig. 4) und des Mega=

Fig. 4. Gerippe des Riesenfaultieres (Mylodon robustus) aus Patagonien, 36mal verkleinert.

theriums (Fig. 5), und doch haben beide den damaligen Verhältnissen entsprochen. Der Mastodon erst, dessen Überreste wir aus den Diluvialschichten ziemlich häufig zusammensuchen können, zeigt eine deutliche Verwandtschaft mit unsern Dickhäutern, die in dem Elefanten noch das letzte Verbindungsglied mit einer sonst ausgestorbenen Tierreihe besitzen. Unsre Wasserbewohner sind in ihren Formen den Bewohnern der früheren Meere ähnlicher, weil sich für sie die Bedingungen des Lebens nicht in dem Grade verändert haben, wie für die außerhalb des Meeres lebenden Tiere das trockene Land mit seiner Pflanzendecke. Die zahlreichen Arten entstanden dadurch, daß die Individuen den gebotenen, nicht gesuchten, Lebensbedingungen sich anpassen mußten, dadurch besondere Eigentümlichkeiten zur Ausbildung kamen und diese sich endlich unter gleichbleibenden Verhältnissen durch Vererbung fixierten.

In der geologischen Gegenwart befindet sich die Erde klimatisch anscheinend in einem gewissen Beharrungszustand. Der Wärmeverlust, den sie erleiden mußte, um sich mit einer starren Rinde zu umkleiden, hat zwar nicht aufgehört, er wird aber durch die Wärmezufuhr, welche die Sonnenstrahlen bringen, gerade ausgeglichen. Wie lange dieser Zeitraum der Ruhe dauern wird, ist unbestimmbar. Strahlt die Erde einmal mehr Wärme in den Weltraum aus, oder vermag die Sonne nicht mehr mit der heutigen Kraft zu wärmen, so tritt unser Planet in eine neue Phase ein, die ihn dem endlichen Erstarrungstode wieder um einen Schritt näher. Dann werden die Lebensbedingungen für die organische Welt andre sein, und andre Tierformen sowie andre Pflanzenformen müssen sich aus den früheren herausbilden, um in den veränderten Verhältnissen existieren zu können.

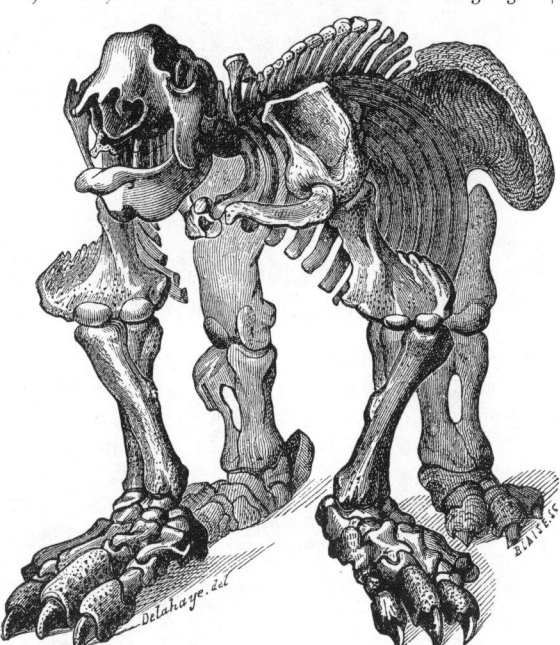

Fig. 5. Das Knochengerüste des Megatheriums.

So ist auch der Mensch nichts andres als eine animalische Form, die dem jetzigen Zustande des Erdlebens angemessen ist. Nach den Grundsätzen der vergleichenden Anatomie gebührt ihm, wie Peschel in seiner Völkerkunde sagt, nur derjenige Rang in einem morphologischen Systeme, den ihm in künftigen Erdaltern ein denkendes Geschöpf innerhalb einer wissenschaftlichen Ordnung des Tierreiches anweisen würde, wenn nichts mehr von unserm Geschlechte vorhanden sein sollte als eine ausreichende Anzahl versteinerter Knochenreste. Er bezeichnet eine Zeit in der Entwickelung unsres Planeten, aber nicht das Ende und Ziel. Nur der beschränkte Sinn kann es wagen, auszusprechen: Der Mensch ist der Zweck der Schöpfung. — Wie er gekommen ist, wird er auch wieder vergehen und andern Entwickelungsformen das Feld räumen: allmählich und durch Übergänge.

Abstammung des Menschen. Unter den Fragen, welche in der Neuzeit die Forschung am lebhaftesten angeregt und in den Versuchen ihrer Beantwortung zugleich die Gemüter am tiefsten aufgeregt haben, ist die nach der Abstammung des Menschen eine der bedeutsamsten geworden. Die Resultate, welche die naturwissenschaftlichen Untersuchungen auf sehr verschiedenen Gebieten ergaben; die Erfahrungen der vergleichenden Anatomie, das genaue und durch die wachsende Bekanntschaft mit den Völkern der Erde immer mehr vervollständigte Studium der verschiedenen Menschenformen; die Entdeckungen der Paläontologie, derjenigen Wissenschaft, welche die Formen der organischen Geschöpfe früherer geologischer Perioden, soweit uns diese in Abdrücken und Versteinerungen der Sedimentschichten oder in Höhlenfunden erhalten sind, untersucht; die Schlüsse endlich, welche die Zoologie im weitesten Sinne ziehen ließ — sie brachten so viel Belege für die organische Übereinstimmung aller tierischen Formen, daß es für den weiterdringenden Verstand kaum noch des Beweises bedurfte, den Darwin über die bleibenden und forterbenden Veränderungen, welche Tiere und Pflanzen infolge stetig wirkender Einflüsse erleiden, also über die Artenbildung, lieferte.

Für den Tieferblickenden, sagen wir, bedurfte es dieses Beweises kaum; die Harmonie, welche die ganze Natur durchdringt und die jeden unbefangenen Geist erfüllt, das kosmische Gleichgewicht, durch das sich das All der Erscheinungen nur erhält und dessen Walten jedes reine Gemüt ahnt — sie könnten nicht herrschen, wenn es anders wäre. Dieses natürliche Gefühl, dieser einfache Sinn für die Schönheit der Weltordnung ließen Goethe auf mehr ahnende als streng empirische Weise (wie z. B. in seiner Metamorphose der Pflanze) zu Schlüssen kommen, welche die damalige Naturforschung belächelte, die heute aber durch die Methoden der exakten Forschung ihre schönste Bestätigung erhalten haben.

Und was sich solcher Art als Folge einer alles umfassenden Lebensthätigkeit ergibt, was der von Schönheit durchdrungene Geist unsres größten Dichters als natürliche Ordnung des Werdens empfand, ein Geist wie der Goethes sich gedrängt fühlte, auszudenken — kann das etwas den Menschen Erniedrigendes sein, weil es in seiner Konsequenz unser Geschlecht in Verwandtschaft setzt mit dem Affen? Der eingebildete, thörichte Teil unsrer Gesellschaft sieht aber gleichwohl in der Voraussetzung dieser Beziehungen eine Verletzung seiner Würde, weil er das Umfassende des Gesetzes nicht zu begreifen, sondern jämmerlich den Gedanken nur nach einer Richtung zu verfolgen vermag. Allerdings decken die Schlüsse, welche wir aus den natürlichen Thatsachen zu ziehen haben, unsre Verwandtschaft mit dem Affen auf, aber nicht mit diesem allein, sondern ebenso, nur in weiterer Entfernung, zeigen sie den Menschen mit dem Löwen, dem Fisch, dem Saurier verwandt.

Es ist falsch, zu sagen: der Mensch stammt von den jetzt lebenden Affen ab. Keiner der heutigen Affen kann als Urvater des Menschengeschlechts angenommen werden, aber beide, Affen und Menschen, haben gemeinsamen Ursprung, sie sind die Zweige verschiedener Entwickelung, deren Wurzel dieselbe ist. Wir können hier nicht eine detaillierte Beweisführung dieses bei seinem ersten Auftreten namenlos verketzerten Satzes versuchen, die Ausführung der Thatsachen und deren Erörterungen, welche hierzu notwendig wären, würden den uns gebotenen Raum weit überschreiten; wir dürfen aber die Heranziehung der Frage nicht durchaus von uns weisen, denn ihre Beantwortung hängt auf das engste zusammen mit der Methode und dem Schicksal der modernen Wissenschaft und unsrer ganzen Kultur.

Wir haben schon erwähnt, daß bei einer Vergleichung des inneren Baues der verschiedenen Tierkörper eine große Übereinstimmung in der Anordnung der einzelnen Organe zu erkennen ist, die sich auf das deutlichste in der Bildung des festen Knochengerüstes zeigt. Man vergleiche nur die in den Figuren 6 und 7 gegebenen Abbildungen des Skeletts eines Menschen und des Skeletts eines Gorillas, um diese Analogie sich sofort klar zum Bewußtsein zu bringen. Außer dem Gorilla sind es noch zwei Affenarten, welche sich im Bau ihres Körpers dem Menschen ganz besonders nähern: der Orang=Utang und Schimpanse. In diesen drei Affenarten gipfelt der Affentypus; aber wenn Karl Vogt sagt, daß diese drei Formen von verschiedenen Seiten der menschlichen Gestalt zustreben, ohne sie ganz erreichen zu können, so ist das keineswegs so zu verstehen, als ob jenen Affenarten oder auch nur einer von ihnen die menschliche Gestalt je erreichbar wäre. Ganz im Gegenteil, in der Weiterentwickelung müssen sie sich vielmehr vom Menschen immer mehr entfernen, wie zwei Flüsse, deren Quellen nahe bei einander lagen, sich immer weiter voneinander entfernen, je länger ihr Lauf wird. — Ist nun ihr Ursprung unbekannt, so hat man ihrer Richtung nachzugehen, und für die Forschung wird es zur Aufgabe, das gemeinsame Quellgebiet auf= zudecken, wenn man ein solches annehmen darf. Wir geben zu, daß eine solche Annahme, wie sie von der Darwinschen Schule gemacht wird, für die anthropologischen Wissenschaften immer noch nichts weiter als eben eine Annahme ist, allein sie steht einer andern gegenüber, welche für jede Art einen besonderen Schöpfungsakt in Anspruch nehmen muß, und die eine viel geringere Wahrscheinlichkeit für sich beanspruchen kann.

Es gilt also, die Kontinuität der organischen Formenreihen nachzuweisen und den Über= gängen nachzuspüren, welche durchlaufen werden mußten, ehe der heutige Zustand erreicht wurde. Die Schichten der Sedimentgesteine der verschiedenen geologischen Perioden ent= halten in ihren Versteinerungen und Abdrücken das wertvollste Material dazu; doch ist stets nur ein geringer Bruchteil vorweltlicher Organismen in diesen mächtigen Steinblättern des natürlichen Zeitbuches aufbewahrt worden, in welchem die Erde gleichsam ihre eigne Ge= schichte niedergeschrieben hat. Einen andern Weg schlägt daher die Forschung noch ein, indem sie den Einfluß veränderter Umstände auf die Formbildung durch das Experiment, durch Zuchtwahl, Akklimatisation u. dergl. zu bestimmen und auf künstliche Weise ähnliche Artenbildungen einzuleiten sucht, wie sie in der Natur von selbst sich vollzogen haben.

Wären wir nun im stande, die Ahnenreihe des Menschen und des Affen in aufsteigender Richtung und ohne Unterbrechung weit genug zu verfolgen, so würden wir — das ist mit großer Wahrscheinlichkeit anzunehmen — endlich auf eine Form stoßen, in welcher sich die jetzt auseinander gelaufenen Linien Affe und Mensch vereinigen.

Von jener gemeinsamen Form, die aber selbstverständlich für sich wieder eine in das Unvollkommenere, unendlich weit hinaufreichende Ahnenreihe hat, zweigten sich die beiden Stämme ab, deren Endglieder sich heute in Mensch und Affe gegenüberstehen. Sie haben eine verschiedenartige Entwickelung gehabt, infolge teils vielleicht ursprünglich verschiedenartiger Begabung, teils verschiedenartiger Verhältnisse, die auf sie einwirkten.

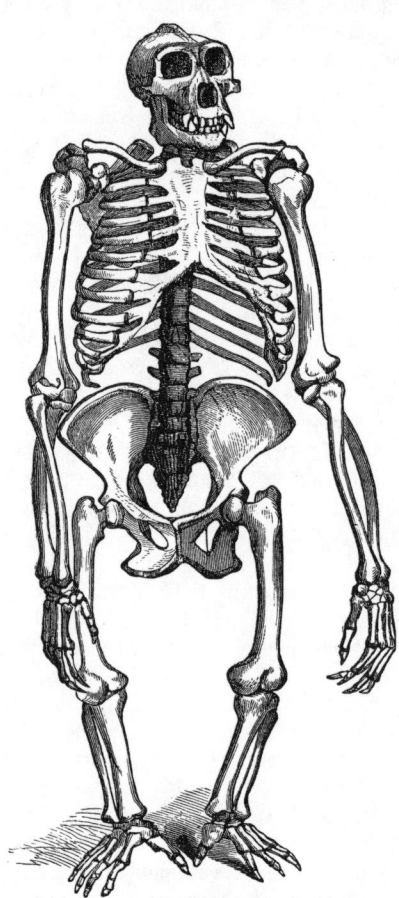

Fig. 6. Skelett des Gorillas.

Alter des Menschengeschlechts. Eine Auskunft darüber zu geben, wie lange die (nebst den sämtlichen Affen zur Ordnung der Zweihänder gehörige) Spezies Mensch schon auf der Erde existiert, muß, wie aus dem bisher Gesagten schon geschlossen werden darf, auf die größten Schwierigkeiten stoßen, und wenn es überhaupt möglich wird, so werden wir ganz andre Zeiten, als die Umlaufszeit der Erde um die Sonne, zur Maßeinheit zu machen haben. Im günstigsten Falle wird es vielleicht gelingen, mit größerer Schärfe die Begrenzung der geologischen Periode auszuführen, während welcher die menschlichen Eigenschaften erbliche geworden sind. Weiter können unsre Hoffnungen in dieser Beziehung nicht gehen; wenn wir nun aber auch von einer genauen Altersbestimmung des Menschengeschlechts noch sehr weit entfernt sind, so ist uns doch jetzt bereits soviel gewiß, daß seine Entwickelung eine bei weitem größere Zeitdauer in Anspruch genommen hat, als die historischen Schriftsteller bis in die neueste Zeit voraussetzten. Im Jahre 1828 entdeckten Christol und Tournal im südlichen Frankreich menschliche Überreste neben den Knochen längst ausgestorbener Tierarten; 1839—1840 wurden ähnliche Entdeckungen von Schmerling in den Höhlen bei Lüttich gemacht, wo Menschenreste, Steinwerkzeuge und dergleichen zusammen mit den Knochen des Mammuts vorkamen. In den vierziger Jahren fand man die fossile Rippe eines irischen Riesenhirsches (Megaceros hibernicus), die eine so unregelmäßige Knorpelentwickelung zeigte, wie sie etwa durch die Verwundung mittels eines Speerwurfes hervorgerufen werden könnte. Dies schienen Beweise zu sein dafür, daß bereits zu gleicher Zeit mit jenen jetzt ausgestorbenen Tieren Menschen gelebt hätten, obwohl bezüglich der zuletzt angeführten Entdeckung die Meinung der Zweifler, welche jene Verwundung als die Folge eines Brunstgefechtes ansah, die gezogene Schlußfolgerung herabzustimmen geeignet war. Ähnliche Funde wie bei Lüttich wiederholten sich an verschiedenen Orten, wo das Vorhandensein kalkiger Gesteine die Bildung von Höhlen gestattet hatte. In solchen Höhlen fand man, in der Regel bedeckt mit einer Lehmschicht, die Knochenüberreste sehr verschiedenartiger Tiere so untereinander gemengt, daß man nur ein gleichzeitiges Leben und einen gleichzeitigen Untergang annehmen konnte. Neben Knochen von solchen Tieren, welche jetzt noch auf der Erde, wenn auch in

Entwickelung des Menschengeschlechts.

ganz andern Gegenden leben, lagen Knochen von ausgestorbenen Tierarten, und wenn sich damit Knochen oder sonstige Überreste von unleugbar menschlichem Ursprunge vergesellschaftet fanden, so schien der Gedanke berechtigt, daß der Mensch in jener früheren Periode der Erde, welcher jene Tiere angehörten, auch bereits gelebt habe.

Als ein Beispiel für die Art und Weise, wie die Ausfüllung der Hohlräume in den Gesteinen stattgefunden hat, geben wir in Fig. 8 die Abbildung eines Durchschnitts der Höhle von Lombrive im Departement der Arriège. Der Spalt b führt von außen in dieselbe hinein, durch ihn sind die mehr oder weniger umfangreichen Gesteinsstücke, Knochen, das Regenwasser, welches diese festen Körper sowie den alles einhüllenden Schlamm mit sich führte, eingedrungen. Dieser Spalt setzt sich nach unten (c) fort, in der Mitte erweitert er sich zu dem Raume a, und an dieser Stelle haben sich die Einschwemmungen angesammelt. Die Höhle bildet einen Stollen von etwa 4000 m Länge und besteht aus einer Reihe weiter Säle, welche durch Gänge miteinander verbunden sind. Hier und da finden sich Seitengalerien. An einigen Punkten senkt sich das Deckengewölbe so tief gegen den Boden herab, daß man kaum hindurchkriechen kann. Boden und Wände zeigen häufige Spuren der Auswaschung durch Wasser, Streifen, Furchen, Ausschürfungen und Ablagerungen von Rollsteinen, von Sand, von Lehm und von bläulichem Thon. Diese Ablagerungen finden sich auch in den Ausschürfungen und in den kleinen Seitengrotten, welche häufig über dem Boden der Haupthöhle vorkommen. Jene lehmigen Ablagerungen enthalten die Knochen eingeschlossen; hier und da ist das Lager von einer Tropfsteinschicht bedeckt, deren wellige Oberfläche dem Spiegel einer wenig bewegten See gleicht. Stalaktiten der verschiedensten Form aus dem gleichen Material wie die Sinterdecke des Bodens hängen von Decke und Wänden herab. In unsrer Abbildung sind die verschiedenen Schichten, von der ältesten, untersten angefangen, mit laufenden Ziffern bezeichnet worden. Es bedeutet 1 die Schicht großer Rollsteine; 2 die Schicht groben Sandes und kleiner Rollsteine; 3 ist der Knochenlehm und 4 die Tropfsteindecke des Bodens. Dieselbe Anordnung treffen wir bei einer großen Anzahl andrer Höhlen. Neuerdings sind besonders zwei davon für die Urgeschichte der Menschheit wichtig geworden, die im Hohlefels im schwäbischen Achthale, welche 1870 untersucht wurde, und die im Schelmengraben bei Regensburg.

In manchen Fällen mögen nun derartige Höhlen den Tieren als Aufenthaltsorte und wohl auch den

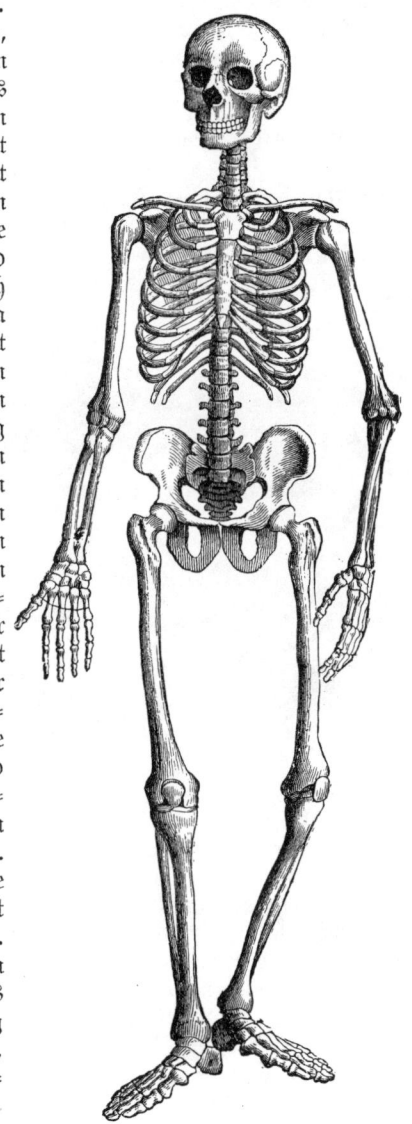

Fig. 7. Gerippe des Menschen.

Menschen als Zufluchtsstätten gedient haben, bei weitem häufiger aber sind die tierischen und menschlichen Überreste, die wir in ihnen finden, eingeschwemmt worden. Nichtsdestoweniger aber wird man, wenn man in derselben Schicht verschiedenartige Knochen zusammen findet, in der Regel auch auf ein gleichzeitiges Leben der einstigen Inhaber schließen dürfen, obgleich sich anderseits auch Fälle denken lassen, in denen die Vermischung der Überreste von Individuen, welche der Zeit nach sehr weit auseinander gelebt haben, späterhin auf rein zufällige Art stattgefunden haben kann. Eine der berühmtesten dieser Knochenhöhlen, deren in der letzten Zeit immer mehr aufgeschlossen worden sind, ist die Gailenreuther Höhle, von welcher uns Fig. 9 einen Vertikaldurchschnitt zeigt. In ihr finden sich meist Hyänen= und Bärenknochen, und zwar in solcher Menge, daß man seit noch nicht 100 Jahren die Überbleibsel von gegen 800 Tieren zu Tage gefördert hat.

Diejenigen Tiere, deren Überreste man in solchen Höhlen findet, lassen sich, wie schon angedeutet wurde, einteilen in solche, welche jetzt nicht mehr auf der Erde vorkommen, in ausgestorbene; in solche, welche, zur Zeit wenigstens, nicht mehr in den betreffenden Landschaften lebend angetroffen werden, die sich aber infolge klimatischer und andrer Verhältnisse andre Wohnplätze aufgesucht haben, d. i. in ausgewanderte, und in solche, die jetzt noch im Gebiete der Fundorte ihrer Knochen leben.

Zu den ersteren gehört der Höhlenbär (Ursus spelaeus) mit seinem großen Schädel, dem Mangel der kleinen Lückenzähne und der vorgewölbten, treppenförmig gegen die Nase abfallenden Stirn; die Höhlenhyäne (Hyaena spelaea), deren Knochen sich in den Höhlen des südlichen Frankreich finden; der Höhlenlöwe (Felis spelaea), sämtlich an Größe und Stärke ihre jetzt lebenden Verwandten übertreffend, und eine ausgestorbene Katzenart (Felis antiqua), die im fränkischen Jura lebte. Ferner ein Biber (Trogontherium Cuvieri) mit einem Schädel, der $1/5$ größer ist als der der jetzt lebenden Biber; ein Hase (Lepus diluvianus); ein eichhornartiger Nager (Sciurus priscus); eine Wühlmaus (Arvicola brecciensis); der große Torfhirsch (Cervus euryceros); im nördlichen Frankreich der Riesendamhirsch (Cervus semnonensis); einige Antilopen, deren Knochen namentlich in südfranzösischen Höhlen gefunden werden; ein Steinbock und mehrere Ochsenarten. Besonders merkwürdig aber sind von den ausgestorbenen Tieren die Dickhäuter, namentlich die Flußpferde, Nashörner und Elefanten; die Knochen des wollhaarigen Nashorns und des gleichfalls durch den dicken Pelz offenbar dem nordischen Klima angepaßten Mammuts kommen bis

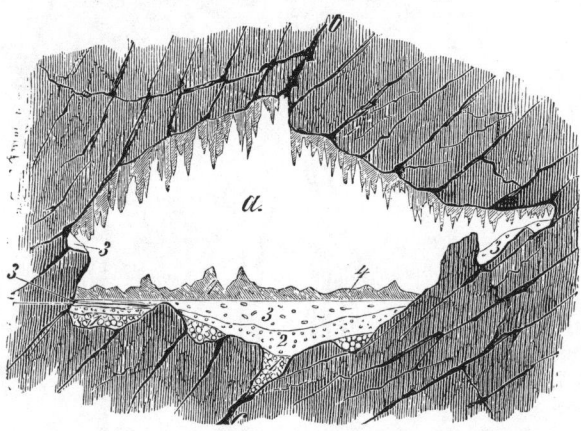

Fig. 8. Durchschnitt der Höhle von Lombrive.

in den höchsten Norden Sibiriens vor, wo auch vollständige Exemplare mit Haut und Fleisch sich im Eise bis auf unsre Zeit konserviert haben. Der nordamerikanische Mastodon zählt ebenfalls zu den ausgestorbenen Elefantenarten. Von ausgewanderten Tieren finden sich Überreste des Hirsches, des Bibers und des Steinbocks in der Schweiz, wo sie jetzt nicht mehr leben. Den Wolf treffen wir jetzt nicht mehr in England, den Bären nicht mehr im größten Teile von Mitteleuropa. In Deutschland lebten früher, wie die übriggebliebenen Knochen ausweisen, der Vielfraß, der Ziesel, das Murmeltier, der Lemming, der Halsbandlemming, der Pfeifhase, das Renntier, das Elen, der Auerochse, sogar der heutzutage nur noch im höchsten Norden von Amerika weiterlebende Moschusochse; und aus diesem Vorkommen ist zu schließen, daß in der Diluvialperiode, d. h. in der früheren Periode der geologischen Neuzeit (des sogenannten „Quartäralters"), im mittleren Europa eine größere Kälte geherrscht haben muß als jetzt. In dieser Zeit aber müssen, wenn aus dem gleichmäßigen Vorkommen der Überreste auf eine gleichzeitige Existenz der ursprünglichen Besitzer geschlossen werden darf, bereits Menschen gelebt haben — und zwar Menschen, die zum Teil schon eines ziemlich entwickelten Kunsttriebes sich rühmen durften, denn die Funde im Departement Dordogne haben künstlich bearbeitete Platten von Mammutelfenbein entdecken lassen, auf denen Abbildungen von Renntieren, Fischen, Menschen eingegraben waren, welche eine nicht unbedeutende Bildung des Auges und der Hand voraussetzen.

Außer dem, was uns die Knochenhöhlen bieten, belehrt uns die Erdrinde über das Irrige der früheren Annahme eines nur wenige Jahrtausende betragenden Alters der Menschheit.

Unter dem Boden, auf welchem die Kolossalstatue in Memphis steht und der seiner ganzen Beschaffenheit nach sich als ein allmählich entstandenes Produkt der jährlichen Schlammniederschläge des Nil zu erkennen gibt, fand man in einer Tiefe von $12^{1}/_{4}$ m einen glasierten Töpferscherben, woraus geschlossen wurde, daß, weil jetzt der Nil sein Bett in 100 Jahren um $7^{1}/_{2}$ cm erhöht, jener Scherben mindestens 13000 Jahre in der Erde vergraben gelegen haben müßte. Der Nil kann freilich in früherer Zeit viel beträchtlichere Schlammmassen mitgeführt und in derselben Zeit viel dickere Erdschichten angeschwemmt haben, als es jetzt der Fall ist.

An den Küsten der dänischen Inseln finden sich ausgedehnte und Millionen Kubikfuß umfassende Ansammlungen von Muschelschalen, namentlich von Austernschalen, von Knochenresten und eigentümlich geformten Steinstücken. Diese Haufen nennen die Dänen Kjökkenmöddings (Küchenkehricht), denn man hat allen Grund, anzunehmen, daß sie Reste menschlicher Niederlassungen sind und Stätten bezeichnen, an denen die früher jagenden und fischenden Stämme ihre Mahlzeiten zu sich nahmen. Die dort gefundenen Feuersteinstücke sind in besonderer Weise bearbeitet, so daß sie deutlich ihren Zweck zur Verwendung als Waffen, Messer und dergleichen erkennen lassen; die Muscheln sind geöffnet, unter den Knochen befinden sich solche von sehr verschiedenen Tieren, die kaum zufällig sich hier zusammengefunden haben können; außerdem trifft man auch auf Überbleibsel primitiver Töpfergeschirre und dergleichen, so daß eine andre als menschliche Urheberschaft dieser Kehrichthaufen nicht angenommen werden kann. Nach den sorgfältigsten Forschungen, welche von

Fig. 9. Durchschnitt des unteren Teiles der Gailenreuther Höhle in Franken.

Steenstrup, Forchhammer u. a. angestellt worden sind, müssen aber seit jener Zeit mindestens 10000 Jahre verflossen sein. Damals grünte in Dänemark die Fichte, wie die in den Küchenkehrichten vorkommenden Knochen des Auerhahns beweisen, der nur in Fichtenwäldern lebt. In den Torfmooren aber liegen die Fichtenstämme in der untersten Schicht, darüber lagert sich eine Torfschicht, welche in der Periode sich bildete, wo das Land die Steineiche (Quercus sessiliflora) trug; über diese erhebt sich die Schicht der Sommereiche (Quercus pedunculata), von der heutigen Buchenvegetation ist aber noch keine Spur. In der Fichtenperiode lebte also bereits der Mensch schon in Dänemark, und er besaß in dieser weit zurückliegenden Zeit bereits einen gewissen Bildungsgrad, der bei der notwendig sehr langsamen Entwickelung der Kulturanfänge auf ein damals schon sehr hohes Alter unsres Geschlechtes hinweist.

In dem Mississippidelta ist eine große Zahl Taxodienwälder begraben. Wald liegt über Wald in Schlamm gebettet, und oft findet man, wie in den Moorlagern der dänischen Eichen- und Buchenzonen, zehn solcher Schichten übereinander. Wie sie jetzt der Reihe nach übereinander geschichtet liegen, so haben sie auch nacheinander früher auf der Oberfläche gegrünt, und da sich unter den Stämmen viele von 6000 Jahresringen befinden, so ist die

Annahme, daß zur Bildung des Mississippidelta nicht weniger als 60000 Jahre erforderlich gewesen seien, wohl keine übertriebene. Da sich nun im vierten dieser Wälder das Skelett eines Menschen gefunden hat, dessen Schädel im Bau mit denen der amerikanischen Rasse völlig übereinstimmt, so würden also, wenn die Rechnung Gültigkeit beanspruchen darf, mindestens gegen 30000 Jahre verstrichen sein, seit der Besitzer jener Knochen die grünen Wälder seiner Heimat durchstreifte.

Aus allen diesen Thatsachen geht zweifellos hervor, daß das Erscheinen des Menschen auf der Erde in einen viel früheren Zeitpunkt fällt, als man bisher anzunehmen gewohnt war. Ja es scheint sogar, daß es sich nicht nur um eine Differenz von einigen tausend Jahren handelt, wie sie sich herausrechnen läßt, wenn wir den Töpferscherben von Memphis und den Schädel im Mississippithal als Ausgangspunkt betrachten, sondern daß die Vergangenheit des Menschengeschlechts weit über die Periode der Erdbildung hinausreicht, in welcher wir existieren, also bis in das weit über 50000 Jahre hinter der Gegenwart zurückliegende Tertiäralter.

Aus alledem, was bis jetzt ermittelt wurde, ergibt sich vor allen Dingen ganz deutlich, daß der Mensch nicht erschaffen worden ist im Vollbesitze seiner jetzigen Fähigkeiten und Kräfte. Im Kampfe mit der Natur hat er diese herausbilden müssen, und Schritt für Schritt ist seine Veredelung erfolgt. Wir sehen auch, daß da, wo die Natur seiner Entwickelung zu große Hindernisse in den Weg legt, er, für deren Überwindung zu schwach, entweder weicht oder in der Ausbildung zurückbleibt, ebenso wie er dort, wo eine glückliche Zone ihm die Bedürfnisse seines Lebens ohne Kampf und Mühe bietet, die in ihm ruhenden Kräfte und Fähigkeiten nicht zu üben braucht und deshalb auch seinen Kindern kein besseres Erbteil hinterlassen wird, als ihm selbst von seinen Vorfahren überkommen ist. Die höchste Entwickelung erlangt der Mensch erst da, wo die Bedingnisse des Lebens alle seine Kräfte zum Kampf herausfordern, wo sich der Arbeit und dem Nachdenken aber auch ein lohnender und auf das Neue reizender Erfolg in Aussicht stellt.

Wie langsam, aber ebenso wie stetig die Kulturentwickelung fortschreitet, das können wir aus der Geschichte lernen. Und wenn wir sehen, daß alles, was die Menschheit jetzt an Wissen und Können besitzt, das Resultat aller Arbeit, die Bildung des Herzens und die Läuterung der Empfindungen, in langsamem Aufbau sich erhob, das Kommende aus dem Gewesenen nach langsamer Prüfung und häufiger Verwerfung hervorwachsend, so werden wir für diejenige Bildungsperiode der Menschheit, welche über die Grenzen unsrer Geschichte hinausliegt, keine rascheren Aufschwünge voraussetzen dürfen. Im Gegenteil wird die geringere Verteilung der Menschen in früheren Zeiten über die Erde, der mangelnde Verkehr und damit die mangelnde Unterweisung, die verhältnismäßig größere Bedürfnislosigkeit, das Verharren in gewissen Entwickelungsphasen eher unterstützt haben, und wir dürfen am allerwenigsten die Kulturfortschritte des neunzehnten Jahrhunderts zu einem Maßstabe für die Schnelligkeit der Entwickelung der Menschheit in ihren frühesten Zuständen machen und von unserm Weiterfliegen auf die ersten Schritte schließen.

Fassen wir zusammen, so können wir sagen: Die Uranfänge der eigentümlichen Art „Mensch" gehören vermutlich schon der Tertiärperiode an, wenigstens deutet alles darauf hin, daß das Quartäralter unsrer Erde von Anfang an bereits vom Menschengeschlecht durchlebt worden ist. Während dieses langen Zeitraumes entfalteten sich im Kampfe ums Dasein mit den an Körperkraft weit überlegenen Raubtieren sowie mit seinesgleichen die körperlichen und geistigen Eigenschaften des Menschen, so daß er sich durch seinen aufrechten Gang und was an körperlichen Umformungen eben hieraus folgte, besonders aber durch geistige Überlegenheit allmählich immer mehr von der Natur des Tieres entfernte.

Heimat des Menschengeschlechts. Es ist anfänglich nichts mehr als eine dichterische Idee gewesen, wenn die Menschen eine bestimmte Gegend der Erde als ursprüngliche Heimat ihres Geschlechts gesucht haben. Der unüberwindbare Hang des Gemütes, die Sehnsucht in die Ferne ist die Nährerin jener Phantasien, welche zu allen Zeiten die Wiege der Menschheit in eine glückliche Landschaft verlegten. Aber diese poetischen Fiktionen haben für die Wissenschaft keine andre Bedeutung, als die anmutiger Bilder und Träume, wenngleich der Pietät, mit welcher einzelne Völker hohe Gebirgsgegenden als Heimatsländer ihrer ältesten Vorfahren ansehen, eine bedeutsame Grundlage unterliegen mag.

Fig. 10. Asiatische und afrikanische Völkertypen. (Vergl. S. 14 ff.)

Hier mag es genügen, festzustellen, daß die Urheimat unsres Geschlechts im tropisch warmen Waldlande der östlichen Erdfeste angenommen werden muß. Denn ebenso wie wir z. B. der Kokospalme, soweit sie auch gegenwärtig durch den ganzen heißen Erdgürtel über Festland- und Inselküsten verbreitet ist, das tropische Amerika als ursprüngliche Heimat zuschreiben, weil dort alle andern Artgenossen der Gattung Kokos noch heute allein vorkommen, haben wir die Wiege der Menschheit da zu suchen, wo noch gegenwärtig des Menschen nächste Verwandte wohnen. Diese begegnen uns nirgends auf Hochsee-Inseln, nirgends in Australien, auch nicht in Amerika. Allein die Ostfeste besitzt Affenarten, die in der für die zoologische Anordnung stets so wichtigen Beziehung des Gebisses sowie in andern Eigentümlichkeiten mit den Menschen übereinstimmen. Von diesen zoologisch sogenannten „Affen der alten Welt" leben die großen menschenähnlichen Formen (die „Anthropoiden"), also Gorilla, Schimpanse und Orang-Utang, zur Zeit ausschließlich innerhalb der Wendekreise. Wir würden demnach auch unsre ältesten Ahnen allein dort zu suchen haben, wenn nicht, wie wir sahen, der Entwickelungsursprung unsres Geschlechts wohl schon in die Tertiärzeit zu verlegen wäre. In dieser entlegenen Vorzeit aber reichte tropisches Klima weit über die Wendekreise hinaus, und ein dem Gorilla ähnlicher Menschenaffe, der Dryopithecus, lebte damals bis nach der Schweiz und bis in die Gegend des Mittelrheins nordwärts. So könnte also der früheste Entwickelungsprozeß unsrer Art selbst auf europäischem Boden stattgefunden haben; jedenfalls ist kein Grund, denselben über die Küstenlinie Asiens, Afrikas und Europas nach vermeintlich inzwischen versunkenen Festlanden zu verlegen. Wir haben volles Recht, auszusprechen: der Mensch ist ein ostfestländisches Entwickelungsprodukt.

Menschenrassen. Ursprünglich eine ähnlich unterschiedslose Einheit, wie solche die einzelnen Gorillafamilien verbindet, welche im westafrikanischen Urwalde von wildem Zuckerrohr und Baumfrüchten lebend hin und her ziehen, trennte sich das Menschengeschlecht offenbar erst beim allmählichen weiten Auszug über die ganze Landmasse der Erde in einzelne Spielarten, die wir Rassen zu nennen pflegen. Klima, Erhebung über dem Meere, Fruchtbarkeit des Bodens, die Nähe großer Wassermassen — solche und ähnliche Umstände formten den Menschen und formten ihn durch ihren unverändert fortbestehenden Einfluß im Laufe der Zeit so weit um, bis er und seine Fähigkeiten sich mit ihnen im Einklang befand. Dadurch entstanden Verschiedenheiten der Individuen an verschiedenen Orten. Der nordamerikanische Indianer hat nicht deswegen schärfere Augen, damit er bei seinem Aufenthalt in den Wäldern das Wild eher erspähe und die Spuren seiner Feinde entdecke, sondern weil er in der freien Natur seine Sinne unablässig auf das äußerste anstrengen muß, um seine Nahrung sich zu erwerben und seine Sicherheit zu wahren, deswegen und dadurch erst hat er seine Fähigkeiten vervollkommnet. Der Mensch ist ein Ergebnis der Umgebung oder der Notwendigkeit. Wenn ein Menschenstamm in einer klanglosen Einöde leben könnte, wo derselbe also mit dem Organe des Gehörs nichts anzufangen wüßte, so würde die Fähigkeit zu hören mehr und mehr abnehmen; diese Unvollkommenheit würde sich von Geschlecht zu Geschlecht weiterpflanzen, sich vergrößern, sie würde erblich werden, und endlich würden die direkten Nachkommen einer mit vollständigem Gehör ausgerüsteten Familie ganz um den Sinn des Gehörs gekommen sein und eine von den Ureltern sehr abweichende Art darstellen.

Es ist selbstverständlich, daß in der Natur ein solcher Fall nicht eintreten kann; wir haben ihn auch nur vorausgesetzt, um die Abhängigkeit des menschlichen sowohl als des tierischen Organismus von den äußeren Lebensverhältnissen darzulegen. Die Zahl der Kräfte, Hindernisse, Forderungen und Anregungen, durch welche bestimmte Eigentümlichkeiten, seien dies Fähigkeiten oder Unvollkommenheiten unsres Körpers — auch unsres geistigen Teiles — hervorgerufen und bei der ununterbrochenen Fortsetzung der Einwirkung auch fixiert und erblich gemacht werden können, diese Zahl ist jedoch unübersehbar. Sie haben allmählich die Ausbildungen des Menschen durchgeführt. Wenn aber die Menschheit als großes Ganzes nur wenig und nur ungemein langsam sich ändert, so liegt der Grund darin, daß jene Einwirkungen entweder nicht in gleichem Maße fortdauern, so daß sich die Folgen befestigen können, oder daß oft ein Impuls den Einfluß des andern wieder aufhebt und vernichtet.

Das Menschengeschlecht, immer in gleichen, gesunden Verhältnissen fortlebend, würde sich wahrscheinlich sehr wenig verändern, wenn es nicht etwa einer allmählichen Abnutzung seiner Kräfte und einem Altwerden unterliegen soll. Betrachten wir auf den alten ägyptischen

Denkmälern die Abbildungen der Nilbewohner, so drängt sich uns die Wahrnehmung auf, daß seit 3—4000 Jahren sich in dem Typus dieser Menschen nichts geändert hat. Wir begegnen heute genau noch demselben Gliederbau, denselben Augen, demselben Haar, demselben Gesichtsausdruck als charakteristischen Merkmalen, wie sie uns jene alten Steinwunder aus weit zurückliegender Vergangenheit überliefert haben. Aber auch das Nilland ist seit jener Zeit dasselbe geblieben — die Sonne scheint noch mit derselben Glut, der Regen fällt zu derselben Zeit und in derselben Menge, die Winde kommen in derselben Regelmäßigkeit und bringen uns Dürre oder Labung mit der gleichen Sicherheit noch wie den Pharaonen; zu derselben Zeit des Jahres tritt der heilige Fluß über seine Ufer, die umliegenden Niederungen mit seinem Schlamm befruchtend. In dieser Gleichmäßigkeit liegt kein Hindernis des Fortbestehens, weil keine Veranlassung der Änderung gegeben ist. Wäre dagegen eine Kolonie der alten Urägypter in ein Land versetzt worden, dessen Beschaffenheit von der ihres Mutterlandes wesentlich unterschieden gewesen wäre, so würden wir in den Nachkommen dieser jetzt einen von den heutigen Ägyptern ganz abweichenden Volksstamm erblicken, der vielleicht nicht einmal mehr die Zeichen der Verwandtschaft sich bewahrt hätte.

Wenn wir die nordischen Bewohner Grönlands neben den Hindus betrachten, so wird es uns schwer, zu glauben, daß diese beiden Völker einem und demselben Mutterstamm entsprossen sein sollen. Die gänzlich verschiedenen Verhältnisse, unter denen sie sich entfernt voneinander weiter entwickelten, haben die Kluft gerissen und je später je mehr erweitert. Sehen wir doch an viel näher liegenden Beispielen dasselbe Gesetz in Wirksamkeit. Welche organischen Unterschiede zeigen nicht die Bewohner der Meeresküsten von den Binnenvölkern, die Gebirgsbewohner von den Flachländern, ja in derselben Stadt sondern sich je nach der Beschäftigung und Nahrung die Menschen in Klassen, welchen gewisse Eigenschaften als eigentümlich zugesprochen werden müssen.

Die Notwendigkeit der Annahme mehrerer Menschenarten verschwindet immer mehr, je mehr die Ethnographie Thatsachen aufdeckt, welche an den entlegensten Orten der Erde und unter den scheinbar verschiedenartigsten Völkern Gemeinsames in Anschauungen und Gebräuchen nachweisen, Gemeinsames und Übereinstimmendes, das sich nur erklären läßt, wenn wir für diese Völker eine gemeinsame Heimat annehmen, aus der sie erst auswanderten, nachdem bereits die Grundzüge ihrer Anschauungen fixiert waren. Und vom rein naturwissenschaftlichen Standpunkte hat Darwin den Satz mit den kräftigsten Beweisen gestützt, daß die verschiedenen Menschenrassen einer einzigen Urform entsprungen sein können und sich nur durch Anhäufung kleiner, durch fortgesetzte Vererbung dauernd gewordener Unterschiede zu Spielarten ausgebildet haben.

Nach Darwin nahm Virey 2, Jacquinot 3, Kant 4, Blumenbach 5, Buffon 6, Hunter 7, Agassiz 8, Pickering 11, Bory 11, Vincent 15, Desmoulins 16, Morton 22, Crawfurd 60 und Burke 63 Rassen an; Häckel kommt mit 12 und Peschel mit 7 Rassen aus. Ein Blick auf die in Fig. 10 (S. 13) gegebene Zusammenstellung von Völkertypen wird zeigen, welcher Mannigfaltigkeit der Erscheinungen die Art „Mensch" fähig ist, aber bei einer Vergleichung werden wir, unbefangen das reiche Material nebeneinander betrachtend, immer zu dem Schluß gelangen, daß alle Rassen doch nichts als Gruppen sind, die wir scharf voneinander zu sondern gar nicht vermögen. Diese Tafel gibt uns Typen von Bewohnern der geschichtlich ältesten Weltteile Asien und Afrika, die zweite in Fig. 11 (S. 17) von Amerika und der Inselwelt des Stillen Ozeans. Der Chinese nebst dem Tungusen vertritt den mongolischen Typus, der Kaukasier und das Mädchen aus Kaschmir unsre eigne Rasse, die man nach ihren Wohnsitzen rings ums Mittelmeer wohl auch nennt; und der Khond ist der Repräsentant der nichtkaukasischen Urbevölkerung Indiens. Unter den afrikanischen Stämmen tritt das Bild des Abessiniers durch das Edle seiner Züge besonders hervor; welcher Abstand zwischen ihm und dem Buschmenschen! Er gehört wie der Berber der kaukasischen Rasse zu; Neger und Buschmann sind dagegen Urbewohner des afrikanischen Weltteils; beide vertreten in Afrika eingewanderte Völker.

Bei der Urbevölkerung Amerikas (s. Fig. 11), wie solche diesen Erdteil vor der auf die Entdeckung durch die Europäer folgenden Einwanderung bewohnte, werden gewöhnlich zwei Stämme unterschieden: die Eskimos, welche den höchsten Norden Amerikas, ja der Erde überhaupt inne haben, und die Indianer, welche sich über das übrige Festland ausbreiteten.

Den Azteken, welche auf der Hochebene von Anahuac ein hohes Kulturreich begründet hatten, sind die Peruaner kulturgeschichtlich ebenbürtig; wir erblicken ferner den unverkennbaren Typus der noch auf niederer Gesittungsstufe stehen gebliebenen Rothäute Nordamerikas sowie den ähnlichen der Bewohner der südamerikanischen Festlandspitze.

An diejenige Rasse, welche vor der neuzeitlichen Ausbreitung der Chinesen über fast ganz Ostasien und bis nach Amerika, vollends der Europäer über alle Erdteile die am weitesten (und zwar zu Schiff) ausgeschwärmte genannt werden mußte, nämlich an die malaiische, erinnert uns außer dem Javanen (Fig. 10) der Häuptling der tapferen Maoris auf Neuseeland in Fig. 11; die über die zahllosen kleinen Südsee=Inseln zerstreuten und von dort aus auch nach Neuseeland gezogenen Malaien pflegt man als Polynesier zu bezeichnen. Eine Südseerasse für sich dagegen bilden auf den australischen Inseln und dem Fidschi=Archipel die Papuas, d. h. Krausköpfe. Endlich stehen abermals ganz für sich die Australschwarzen, welche durch beständige Wasser= und Nahrungsarmut ihrer Heimat, ähnlich den Buschmännern, auf niedrigster nomadischer Entwickelungsstufe festgebannt geblieben sind.

Wenn wir Völkertypen wie die umstehenden betrachten, so überkommt uns leicht die übertreibende Ansicht von einer gewaltigen, zunächst äußerlichen Verschiedenheit der Menschenrassen. Wir möchten dann fast denjenigen Forschern im stillen beipflichten, welche in diesen Rassen keine Varietäten der einen Menschenart, sondern verschiedene Menschenarten erblicken. Jedoch wir befinden uns da in einer leicht erklärlichen Täuschung. Schon die oft wundersame Haartracht, der barbarische Schmuck, das Nacktsein oder die seltsame Art der Bekleidung läßt uns solche fremden Menschenstämme wahrhaft „wildfremd" erscheinen; und in diesem Ausdruck „wildfremd" erkennen wir zugleich den höchst unschuldigen Ursprung des erst in neuerer Zeit zu sehr verschlimmerter Bedeutung gekommenen Wortes „Wilde". Wilde waren unsern Altvordern zunächst nur Fremde, d. h. Menschen, die nicht nach den in der eignen Heimat geltenden Sitten lebten; „wildfremd" ist mithin nur eine tautologische Steigerung des Begriffes „fremd". Stecken wir diese „Wilden" in unsre Kleidung, waschen und kämmen wir sie, entledigen wir sie der Klötze und langen Dornen, mit welchen sie etwa Lippen oder Wangen durchbohren, so sind auf einmal die „Wilden" in leidlich zivilisierte Menschen umgewandelt, d. h. wir ertappen uns auf einer argen Oberflächlichkeit, indem wir die „Fremdheit" dieser Menschen vorher nach sehr äußerlichen, völlig unwesentlichen Dingen weit größer schätzten, als sie wirklich ist.

Vergessen wir aber vor allem nie, daß es eben „Typen" sind, in denen wir wie in den eben betrachteten Bildern die verschiedentlichen Rassen kennen zu lernen pflegen, mithin möglichst scharf ausgeprägte Erscheinungsformen, die als solche besonders weit von unsrer Eigenart abstehen, während die Masse der übrigen Mitglieder der nämlichen Rasse uns meist beträchtlich näher rücken. Viel abschreckender z. B., als dies auf unsrer Abbildung der Fall ist, pflegt man gewöhnlich den Negertypus darzustellen, so daß er zumal durch schnauzenartiges Hervortreten der Kiefer die sogenannte tierähnlichste Gesichtsform des Menschen vorstellt; aber wie einmütig versichern unsre Afrikaforscher, daß sie nie und nirgends dieses Urbild menschlicher Häßlichkeit, mit den spindeldürren Waden, dem affenartigen Plattfuß, den entsetzlichen Wulstlippen, dem vorstehenden Kinnbacken, zu entdecken vermochten, daß sie vielmehr recht wohlgebildeten Negerstämmen und darunter solchen Schönheitszügen begegnet wären, wie sie selbst in unsrer Rasse keineswegs als Gemeingut gelten dürfte, dann freilich auch andre von mannigfachen Stufen der Häßlichkeit, doch kaum jenen Häßlichkeitsfiguren, die sämtliche abstoßenden Merkmale des „typischen Negers" in sich vereinigt hätten.

Rücken uns nun schon körperlich die fremden Rassen bei genauerer Untersuchung bedeutend näher, kann sogar der Erforscher der Naturgeschichte des Menschen, der Anthropolog, schlechthin gar keinen unter allen Umständen Ausschlag gebenden Unterschied zwischen den einzelnen Rassen, geschweige denn zwischen deren Untervarietäten, den Völkern, ausfindig machen, so gehört die Behauptung von einer ursprünglichen Rassenverschiedenheit, in welche unser Geschlecht hinsichtlich seiner geistigen Anlagen zerspalten sei, vollends unter die Ammenmärchen. Gerade in bezug auf die guten wie auf die bösen Seiten unsres geistigen Seins verrät sich uns allen, ob rot, ob schwarz, ob gelb die Haut, ob Breit=, ob Mittel= oder Schmalschädel — der alte Adam.

Fig. 11. Völkertypen aus Amerika, Ozeanien und Australien.

Dieselben Leidenschaften schlummern im Gemüt des Indianers, wie in dem des Negers oder Chinesen, so ganz verschieden sie sich äußern mögen bei der stoisch gesinnten, wortkargen Rothaut und beim geschwätzigen, stets zum Auskramen seiner inneren Regungen geneigten Sohn der afrikanischen Tropen und wieder beim ostasiatischen Zopfmann, der bei seiner unvergleichlichen Arbeitsamkeit nur in sehr beschränkten Ruhepausen seinen Liebhabereien leben kann! Und mit dem schwarzen Schatten der Menschheit, dem Aberglauben, der in frappanten Ähnlichkeitszügen bei unsern Kulturvölkern wie bei den innerasiatischen Verehrern des Schamanenspuks wiederkehrt, treffen wir wiederum die bis zur Verschmitztheit getriebene Schlauheit so gut innerhalb wie außerhalb unsres Kulturkreises, Sinn für Dichtung und Malerei bis unter die Südsee-Insulaner, bis in die wüstenhaften Öden der Australschwarzen und der Buschmänner.

Freilich ist eine so unabsehbare Reihe von Jahrtausenden verflossen, seitdem der einheitliche Urstamm unsres Geschlechts bei der Ausbreitung über das Erdenrund in die Vielheit der menschlichen Spielarten auseinander wich, daß unser sehnsüchtiger Blick auf die ältesten Entwickelungsphasen dieser Rassenspaltung sich gänzlich verliert im Dunkel der Vorzeit. Aber noch im hellen Licht der Neuzeit sind ja, wenn nicht neue Rassen, so doch neue Völker entstanden. Oder wäre nicht die unter dem blauen Sternenbanner gescharte Nation der Nordamerikaner trotz ihrer englischen Sprache, trotz ihrer größtenteils englischen Abkunft eine durchaus neue, so gut körperlich wie im Temperament und in geistiger Veranlagung? Alles nun, was wir aus solcher thatsächlichen Beobachtung werdender Völker (mittelbar also auch werdender Rassen) zu erkunden vermögen, geht darauf hinaus, daß stets die natürlichen Bedingungen des Wohnraums und die geschichtlichen Bedingungen der Zeit oder des Zusammenwohnens mit etwaigen Nachbarn in dem nämlichen größeren Erdenraum es sind, welche aus gegebenen Menschenmassen (selbst wenn sie so ungleich wären, wie die aus ungezählten europäischen und Negervölkern zusammengeschmolzene Schar der Nordamerikaner) neue Gebilde unsrer Art schaffen. Stets waltet dabei sonnenklar das Darwinsche Prinzip der „Auswahl der Passendsten" und der „Vererbung des passendsten Typus", indem alle Minderpassenden der Unerbittlichkeit des Daseinskampfes erliegen.

Gewiß gibt es Rassen- und Nationaltypen von merkwürdiger Standhaftigkeit, besonders entfalten sich solche bei langlebigen Kulturvölkern, die stets verhältnismäßig geringzählige Fremde in die Blutmischung mit dem Gros des erblich gefestigten Typus eintreten lassen. So steht es beim Chinesen, der sogar mit der braunen Malaiin auf Java echte Chinesenkinder erzeugt, so beim Ägypter, der als Fellah, trotz der arabischen Beimischung, bis auf die feinsten Körpermerkmale herab noch das Ebenbild des Pharaonen-Unterthanen darstellt, so beim Juden, dem einzigen, der selbst in der hastigen Metamorphose der Volksart, welche dem Unionsgebiet Nordamerikas eigen, Jude bleibt. Indessen so hart gesotten auch im Laufe der Zeit ein Volk erscheinen mag in seiner leiblichen und seelischen Eigentümlichkeit — es bestand dereinst aus einer bildsamen Masse, die erst durch das vieltausendjährige Einkneten immer in dieselbe Hohlform starr wurde!

Europa wurde durch den Wandel der Geschichte vom mesopotamisch-ägyptischen Morgenlande gen Westen die Pflanzstätte höchster Gesittung der Menschheit seit der phönikisch-griechischen Kulturepoche, es bildete durch die hohe Gunst seiner durch Meereseinschnitte und trennende, doch stets gut überschreitbare Gebirge eine seiner Verschiedenartigkeit, aber doch auch eine seiner relativen Gleichartigkeit entsprechende Bevölkerung aus, deren im wechselseitigen Gedränge, in kriegerisch-friedlichem Wettbewerb gesteigerte Kraft seit der Entdeckerära der Colon und da Gama thatenlustig überschäumte über den zu eng gewordenen Küstenzug des heimischen Weltteils.

Die Hochkultur Europas ist auf diese Weise längst kosmopolit geworden. Es scheint, als sollten in ferner Zukunft nur noch zwei andre Spielarten der Menschheit mit den Europäern sich (bis auf wenige unbeneidete Räume, wie etwa die nordpolaren Tundren und Schneewüsten, für welche die Natur Samojeden und Eskimos züchtete) in den Besitz der Erde teilen: mit Chinesen und Negern.

Die Chinesen kommen den Europäern mit ihren 400 Millionen Köpfen (wenn wir nämlich die amerikanisch-australischen Neueuropäer naturgemäß hierbei mit den Bewohnern Alteuropas zusammenzählen) gleich; sie übertreffen uns aber in der Anspruchslosigkeit für emsigste Arbeitsleistung und im Vertragen des heißfeuchten Tropenklimas, ohne in demselben zu erschlaffen. Die Neger dagegen sind das geborene Volk der tropischen Plantagenarbeit, noch weit besser als die Chinesen angepaßt an die Widerstandsfähigkeit gegenüber den Miasmen der Tropen. Schon in der Gegenwart bevölkern daher die Neger den Plantagenraum Westindiens und Südamerikas, Brasilien ist, ethnographisch genommen, ein Negerreich. Es scheint, als sollten die Neger künftig unter europäischer Leitung rings um die Erde dem Tropengürtel seine kostbaren, unentbehrlich gewordenen Erzeugnisse an Baumwolle, Kaffee, Kakao, Zucker, Kautschuk u. s. w. entlocken, anderseits die Chinesen weit über ihr Heimatland hinaus, wie sie es schon seit Mitte des neunzehnten Jahrhunderts auf oder bei den Goldfeldern Amerikas und Australiens bethätigen, die Kleinarbeit aller Art übernehmen, die Europäer aber nach Maßgabe ihrer technisch-wissenschaftlichen Überlegenheit, ihres großartigen Erfindungs- und Unternehmungsgeistes am meisten den Beruf unsres Geschlechts erfüllen, Herren der Erde zu sein.

Die menschlichen Triebe als Veranlasser der ersten Erfindungen. Wir haben also nichts mit in die Welt gebracht. In dem Menschen liegt von Haus aus nichts von alledem, was jetzt die Menschheit besitzt, nichts als die Fähigkeit, alles zu seinem Eigentume zu machen. Er wird nur durch die Not zum Erfinder, und heute noch können wir in den Trieben und Regungen des allmählich sich entwickelnden Kindes ganz analoge Phasen unterscheiden, welche selbst das feingebildete Kulturvolk durchlaufen mußte, um seinen höchsten Stand zu erringen. Sind auch im Verfolge der höheren Entwickelung einzelne Triebe nicht mehr mit der Ausschließlichkeit waltend wie in der ersten Jugend, weil andre und bedeutsamere hinzutreten, neue Bedürfnisse sich heranbilden, die natürliche Lebensweise zum Teil aufgegeben werden muß, und sich Körper und Geist nach den auf sie einwirkenden Verhältnissen umformen, so behalten doch diejenigen Lebensbedingungen, welche gerade die tierische Natur des Menschen charakterisieren, ihren beherrschenden Einfluß, und die Physiologie der einzelnen Menschen ist daher bei der Betrachtung der Entwickelung des ganzen Geschlechts durchaus nicht außer acht zu lassen.

Der Mensch nimmt gegenüber den übrigen Geschöpfen der Natur eine ganz besondere Stellung ein. Auf der einen Seite hilfloser als die Tiere, wirft er sich dennoch durch verständige Anwendung seiner Fähigkeiten zu ihrem Herrn auf. Er ist, was den wirksamsten Trieb, den der Selbsterhaltung, anbelangt, zwar geeignet, demselben durch die verschiedenartigsten Nahrungsmittel Befriedigung zu gewähren. Pflanzenkost wie tierische Nahrung zermalmt er mit den Zähnen in gleicher Weise, während die Tiere auf die eine oder auf die andre vorwiegend angewiesen sind. Dagegen kann er nicht wie diese, ohne Nachteil zu empfinden, ausschließlich, sogar nicht einmal lange Zeit hindurch, sich nur mit einer einzigen Speise nähren. Seine Haut verändert sich nicht mit der Jahreszeit, wie die vieler pelztragender Vierfüßler oder der befiederten Vögel. Der Kampf mit der Natur ist für ihn ein viel härterer als für das Tier; er steht ihr, was die leiblichen Organe anbelangt, schwächer gegenüber.

Welcher Pflege und welcher lang anhaltenden Wartung bedarf das Kind, ehe es sich notdürftig selbst bewegen kann!

Aber seine schwachen Kräfte zu verzehnfachen hat der Mensch einen Beistand, das ist sein Verstand, seine Vernunft. Sie verlängern seinen Arm, sie beflügeln seinen Schritt, sie unterstützen seine Sinne. Sie lehren ihn Beobachtungen machen und dieselben anwenden, daß er das rasche Pferd sich einfängt, den gewaltigen Elefanten fesselt und den listigen Fuchs bethört. Durch sie wird er zum Herrn der äußeren Welt; in seinem Innern aber bauen sein Gemüt und Phantasie das Reich des Sittlichen und Schönen, aus welchem ihn keine äußere Gewalt zu vertreiben im stande ist.

Die Bedingungen des Glückes, des inneren sowohl wie des äußerlichen Wohlbefindens, sind für jeden Menschen verschiedene, und sie steigern sich mit der Steigerung der Kräfte, so daß zu ihrer völligen Erfüllung nur die äußerste Anstrengung, die verständigste, vernünftigste Anwendung der Fähigkeiten annähernd führen kann. Und darin liegt der ewig reizende Sporn, der den Einzelnen wie die Gesamtheit nicht rasten läßt, sondern sie unaufhaltsam weiter treibt, einem idealen Ziele zu, das wirklich zu erreichen keinem Sterblichen beschieden ist.

Soweit auch der menschliche Geist seine Schwingen ausbreitet, ihm bauen sich immer neue Räume auf, die er noch nicht durchflogen hat, und wenn mit der Erweiterung des Gesichtskreises das beglückende Gefühl der Gottähnlichkeit erhebender ihn erfüllt — eine ewige Sehnsucht bleibt ihm doch, die Quelle alles Schmerzes wie die Quelle aller Lust. Dieser unstillbare Trieb, den kein Tier fühlt, der für den Menschen nur zwei Zeiten, die Vergangenheit und die Zukunft, aber keine Gegenwart kennt, der ihn schweben läßt zwischen dem Schmerz um Verlorenes und der Hoffnung um Kommendes — er ist der Menschheit eigenstes Eigentum, die durch ihn sich veredelt, ohne ihn zum Tier herabsinkt.

Wir nannten schon den Trieb der Selbsterhaltung als denjenigen, der den Menschen unter allen am entschiedensten und zuerst zu einer gewissen Thätigkeit zwingt.

Der Hunger treibt ihn dazu, sich die für seine Ernährung geeigneten Stoffe zu verschaffen; wo dieselben von der Natur nicht in reichlicher Menge oder in genießbarer Form geboten werden, muß der Mensch zu ihrer Erlangung bald Geräte, Waffen, Jagdmethoden ersinnen, bald muß er das Feuer, den Frost, bald die austrocknende Wirkung der Sonne und Luft in Anspruch nehmen, teils um die rohen Produkte des Pflanzen- und Tierreiches eßbar zu machen, teils um sie für Zeiten des Mangels aufzubewahren. Den schroffen Witterungswechseln, großer Hitze sowohl als strenger Kälte, wird er, weil er deren ungünstigen Einfluß auf den Körper sehr schmerzhaft empfindet, durch Bedeckung, Kleidung, oder durch Schutzwände, Wohnung, entgegenarbeiten. So einfach aber auch die ersten Hilfsmittel dieser Art sein mögen, so werden sie doch nur durch eine Bearbeitung natürlicher Stoffe erlangt werden können, welche ihrerseits wieder verschiedenartige Werkzeuge voraussetzt. Die allerersten Bedürfnisse also, die der einzelne Mensch schon empfindet, müssen ihn zu gewissen Erfindungen treiben, welche ihm zu der Verfertigung von Waffen, Geräten, Kleidern und Wohnungen die Mittel bieten.

Nicht minder wichtig tritt sodann der Trieb der Erhaltung der Gattung, der Geschlechtstrieb, auf. Er zwingt den Menschen zur Geselligkeit, deren bedeutsames Ergebnis die Sprache ist. Seine Beziehungen zu andern Menschen führen zur Konzentrierung der Gefühle. Was früher bloß von der Notwendigkeit geboten war, empfängt dadurch eine größere Bedeutung, daß es zur Erhöhung des Eindrucks auf andre von nun an mit dient. Um den Befreundeten gefälliger oder den Feinden fürchterlicher zu erscheinen, werden Veränderungen an der eignen Gestalt vorgenommen, die zum Schmuck führen und die ersten Anfänge der Künste hervorrufen. Wenn der rohe Wilde in Ermangelung andrer Hilfsmittel seinen Körper mit Ocker überschmiert, so leistet er demselben menschlichen Verlangen Genüge, das im zivilisierten Europa der Großmacht „Mode" das gewaltige Zepter in die Hand gegeben hat: dem Verlangen, durch Anwendung äußerer Mittel den Eindruck auf andre zu erhöhen.

Wir sehen bei oberflächlicher Umschau schon, wie sich im Menschen jene unauslöschlichen Triebe in ihrer Macht erhalten. Nur in der Art und Weise, ihnen Befriedigung zu gewähren, zeigt sich eine wesentliche Verschiedenheit zwischen einem Volke auf hoher Kulturstufe und einem solchen, das sich noch in der Kindheit seiner Entwickelung befindet. Da, wo die geschichtliche Überlieferung beginnt, ist uns für das Fortschreiten der Gesittung ein sicherer Anhalt gegeben; solange wir aber aus vereinzelten Überresten, aus einem Geräte, der Anlage einer Wohnung oder gar aus unbestimmbaren Steinhaufen nur die Unterlagen für unsre Schlüsse bilden können, wird es erlaubt sein, die Entwickelung des einzelnen Menschen als ein natürliches Bild für die Ausbildung der ganzen Menschheit zu betrachten.

Nahrung. Benutzung des Feuers. Während das Tier von Haus aus auf eine ganz bestimmte Nahrung beschränkt ist und seinen Wohnort demgemäß an das Vorkommen dieser knüpft, kann der Mensch seinen Hunger durch die allerverschiedensten Erzeugnisse der Natur befriedigen, und es ist ihm solchergestalt die Ausbreitung über die ganze Erde möglich.

Ist es nicht seine Vernunft, die ihn das Eßbare und Zuträgliche in den mannigfachsten Formen hat entdecken lassen? Wir dürfen als wahrscheinlich annehmen, daß er erst im Laufe der Zeiten seinen Widerwillen gegen manche Produkte besiegte, die ihm später zu einem Nahrungsbedürfnis geworden sind, und deren Genuß nicht ohne Einfluß auf körperliche wie geistige Ausbildung bleiben konnte. Erinnern wir uns nur der Geschichte des Tabaks und der übrigen Narkotika. Wein und alle gegohrenen Getränke lernten die

Menschen erst sehr spät darstellen, und doch haben diese Nahrungsmittel sich eine Gewalt zu erringen gewußt, die nicht nur die Erde in förmliche Reiche einteilt, in eine Theezone, wo das chinesische Gewächs allein oder wenigstens bei weitem vorwiegend als Aufguß= getränk genossen wird, in eine Kaffeezone, deren Bewohner keinen Thee, dafür aber den Absud der Früchte vom Kaffeestrauch genießen, oder in Tabaks=, Opium=, Betel=, Koka= und Hanfländer, in deren jedem ein bestimmter dieser narkotischen Stoffe als Genußmittel gebraucht wird. Nicht nur in solche Grenzen können wir nach dem Verbrauche eigen= tümlicher Nahrungsmittel die Menschheit voneinander absondern, sondern wir bemerken wesentliche Merkmale, die den Staatsangehörigen eines Weinstaates z. B. von den Gliedern der Biernationen, den Fleischesser augenblicklich von den Bewohnern derjenigen Länder unterscheiden lassen, in denen Pflanzenkost die hauptsächliche Nahrung ausmacht.

Fig. 12. Heuschreckenfang auf Madagaskar (zu S. 22).

Es ist uns von dem höchsten Interesse, zu beobachten, wie nicht nur eine allmähliche Abweichung in der körperlichen Beschaffenheit, sondern vor allen Dingen auch in der geistigen Begabung, in dem Temperament und Charakter ganzer Völkerschaften die Folge ihrer Hauptnahrungsweise ist. Der sanfte Hindu verabscheut den Genuß des Fleisches, als seiner Gottheit nicht wohlgefällig — nicht aber hat ihm seine milde Religion erst die Tödtung der Tiere verboten, sondern wahrscheinlicher ist es, anzunehmen, daß seine moralischen und staatlichen Ansichten und Einrichtungen erst die Frucht der Lebensweise geworden sind, die aus irgend welchem natürlichen Zwange oder irgend welcher natürlich bedingten Vorliebe Reis und Früchte als die zweckmäßigsten Nahrungsmittel ergreifen ließ. Wie himmelweit verschieden von ihm stellt sich der Charakter des nordamerikanischen Indianers dar, dessen Leben und Wohlbefinden nicht von dem Ertrage der Pflanzenwelt, wohl aber von den Er= gebnissen der blutigen Jagd abhängt. Wir dürfen aber nicht weit gehen, um zu dem Schlusse zu gelangen, daß die Gerechtigkeit, die Milde und alle jene Tugenden der Liebe und Billig= keit sich viel später bei einem Jägervolke und in einem rauhen Klima entwickeln, wo das Pflanzenreich nur kärgliche Nahrung hervorzubringen im stande ist, als in denjenigen Landstrichen, welche ein glückliches Klima zur Heimat der Getreidearten und der fruchttragenden Bäume gemacht hat. Umgekehrt aber findet da, wo die Natur zu keinem Kampfe und nur zu geringer und leichter Arbeit auffordert, der Mensch auch keine Veranlassung, seine

Kräfte zu üben, seinen Charakter zu festigen und zu stählen. Die Ausartung der menschlichen Natur wird hier nicht zur Wildheit, wohl aber zur Feigheit und Heimtücke.

Die Sprache selbst, das bewundernswürdigste Werk der geistigen Kräfte der Menschheit, sie ist ein Beweis, wie unendlich bedeutsam es für den Bildungsgang eines Volkes ist, mit was für Stoffen dasselbe seinen Hunger stillt. Wie es keinen Raubvogel gibt, der imstande wäre, unser Ohr durch angenehmen Gesang zu erfreuen, sondern nur den sich meist von Pflanzen nährenden Vögeln der Wohllaut einer melodischen Stimme eigen ist, so verliert auch die menschliche Zunge ihre Beweglichkeit bei fortgesetzter fetter Fleischnahrung, und die Sprache der Thran trinkenden und Robbenspeck essenden Polarvölker erscheint häßlich neben der reinen, klangvollen Ausdrucksweise der Bewohner warmer Landstriche. Es ist nicht zufällig, daß die besten Sänger und Sängerinnen aus Italien zu uns kommen. Die Anlage zum Gesange findet sich überhaupt da, wo eine leichte Nahrung zu leichtem Blute und heiterem Sinne wird, und die Freiheit, deren die leichtbewegliche Zunge mächtig wird, gestattet dann, unter allen Mitteln die schönsten zu Ausdrucksmitteln der inneren Vorgänge des Menschen zu wählen. So entsteht das herrliche Gleichmaß zwischen Vokalen und Konsonanten, das wir im Klange des Sanskrit, der altgriechischen und lateinischen, und unter den lebenden Sprachen besonders an den spanischen und italienischen Dialekten bewundern, und das selbst sich schon in der Sprache von Völkern zu erkennen gibt, die sonst noch, wie die Eingebornen auf den Freundschaftsinseln, einer niedrigen Kulturstufe angehören, während das unbehilfliche Organ derjenigen Stämme, denen die Natur ihres Wohnortes eine schwerere Nahrung bereitet, entweder in unangenehmen, eintönigen Vokallauten oder in geräuschvollem Gebrauche schnarrender und zischender Konsonanten sich ausdrückt.

Wenn uns die Beobachtungen, die wir an Völkern machen können, welche heute noch auf den ersten Anfangsstufen der Kultur stehen, wenn uns diese Aufschluß über die ursprüngliche Nahrung des Menschen überhaupt geben dürfen, so scheint die tierische Nahrung von Anfang her für die Menschen die hauptsächlichste gewesen zu sein. Botokuden und Buschmänner stecken alle kleinen Tiere, deren sie habhaft werden können, in den Mund: Würmer, Heuschrecken, Muscheln, Insekten, ohne auszuwählen. Ekel gibt es für sie nicht. Ebensowenig wählerisch sind die Indianer der südamerikanischen Urwälder (Indios do matto). Wilde Schweine und Affen sind die größten Leckerbissen, und was dem Chinesen die indischen Schwalbennester oder dem europäischen Gourmand die Schnepfe ist, das sind ihnen einige große, im Holze wohnende Larven. Selbst dadurch, daß sie das in ihren Haaren reichlich nistende Ungeziefer essen, vermehren sie die Mannigfaltigkeit ihrer Kost: eine Gewohnheit, der wir bei sehr vielen südamerikanischen, malaiischen und mongolischen Stämmen begegnen. Die größeren Ameisen werden nicht selten geröstet, die kleineren läßt man an einem in den Haufen gesteckten Stocke empor und direkt in den Mund laufen. Die Heuschrecken, welche die Steppen und Wüsten Asiens und Afrikas in ungeheuren Schwärmen überziehen, liefern den Einwohnern eine beliebte Speise, und die Madagassen wissen sich dieselben durch eine eigentümliche, in unsrer Abbildung (Fig. 12) dargestellte Fangweise in reichlicher Menge zu verschaffen.

Eine eigentümliche Sitte ist der Entsetzen erregende Genuß des Menschenfleisches, welcher bei manchen papuanischen Völkerschaften der Südsee, vollends aber weit und breit im Innern des äquatorialen Afrikas jetzt noch immer angetroffen wird und der in den übriggebliebenen Spuren sich als ein vielleicht fast allgemeiner Gebrauch der barbarischer Urmenschen zu erkennen gibt.

Hat es für das gebildete Gefühl etwas Abschreckendes, sich in die damit verknüpften Greuel hineinzudenken, so ist für den rohen Sinn jener Menschen damit nichts Unnatürliches verbunden. Ja wir dürfen vielleicht sogar überall religiös geweihte Wahnideen uns als den Ursprung dieses Kannibalismus denken, der freilich bei so manchem Volksstamme zur reinen Gourmandise wurde. Bekämpften sich doch auf den Fidschi=Inseln bis zu deren Annexion durch die Engländer die einzelnen Stämme mit der unverschleierten und regelmäßig auch erreichten Absicht, möglichst viele Gefangene zu erbeuten für die Beschickung ihrer gräßlichen Menschenfleischbratöfen. Glühende Rachsucht, der grimmige Wunsch, den Gegner ganz und gar zu vernichten, nicht minder auch der abergläubische Gedanke, die gefürchteten Eigenschaften des erlegten Feindes durch die Aufzehrung seines Fleisches sich

Entwickelung des Menschengeschlechts. 23

eigen zu machen, mögen großen Anteil an der Entstehung des unsre Gefühle empörenden Gebrauches haben. Die Erfahrung, daß Menschenfleisch zart und wohlschmeckend sei — und diese scheint unter den betreffenden Völkern allgemein zu sein — erweckte den Wunsch nach Wiederholung.

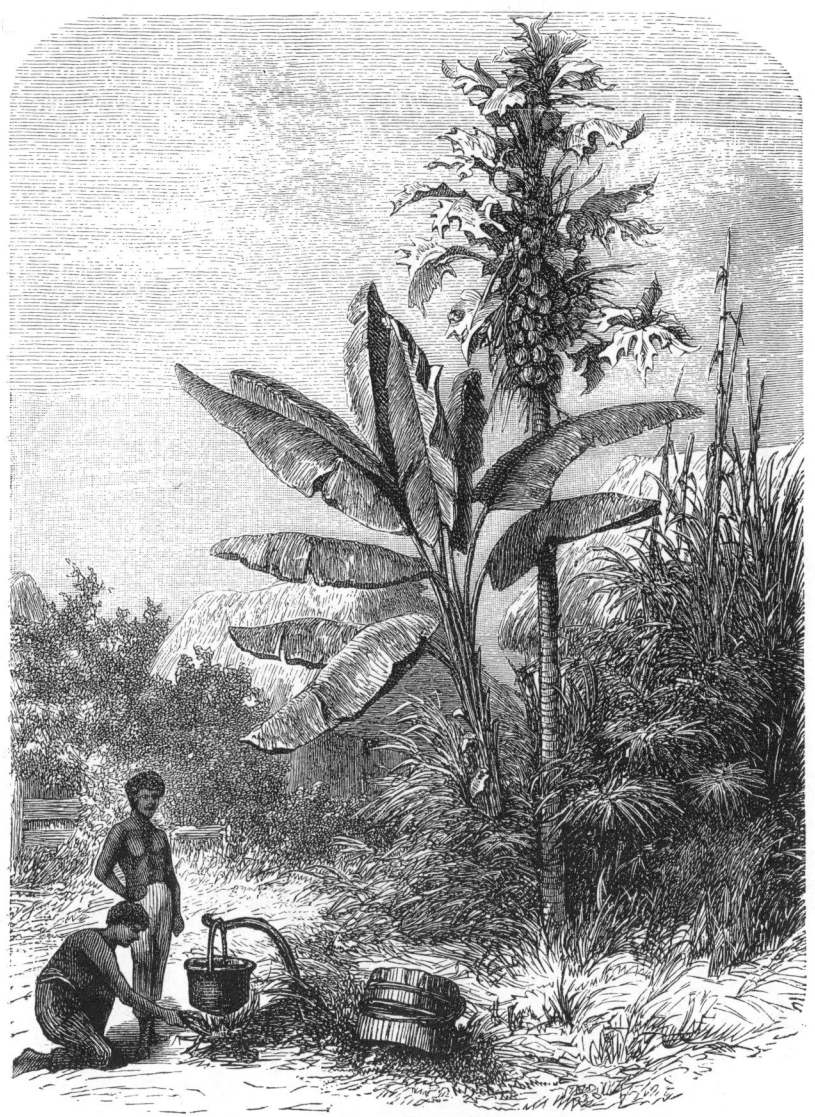

Fig. 13. Banane und Melonenbaum (zu S. 24).

Kommt nun noch, wenn sich eine Art Religion, ein roher Fetisch= oder Götzendienst herausgebildet hat, das Bedürfnis dazu, das Kostbarste zu opfern, so wird die Menschen= schlächterei zuletzt sogar ein verdienstliches Werk, und ein Gebrauch, der das Angenehme mit dem Nützlichen in solcher Weise vereinigen läßt, wird nur mit Überwindung großer Schwierigkeiten vollständig auszurotten sein.

Allein obwohl wir die Pflanzenkost bei allen rohen Völkern nur eine untergeordnete Rolle spielen sehen, so liegt die Ursache davon doch wohl nur in der großen Leichtigkeit, mit welcher, in vielen Gegenden wenigstens, tierische Nahrung sich erwerben läßt; denn schon aus der Beschaffenheit der Zähne müssen wir schließen, daß die Pflanzenstoffe natürliche Nahrungsmittel für den Menschen in allen seinen Übergangsstufen gewesen und geblieben sind. Die Zähne zeigen dieselben Eigentümlichkeiten, welche das Gebiß der Pflanzenfresser charakterisieren. Dazu kommt, daß unsre nächsten Verwandten unter den Tieren, die Affen, sich meist nur von Pflanzenstoffen nähren, und dies sind Gründe, denen die buddhistische Sage, daß die Menschen ursprünglich nur von Pflanzenstoffen gelebt hätten, erhöhte Geltung geben könnte.

Je nach dem Wohnorte, welchen ein Menschenstamm einnahm, und je nach der Fruchtbarkeit, die sich darauf entwickelte, wird die Nahrung sich bald der einen, bald der andern Richtung bis zur Ausschließlichkeit zugewandt haben. Zuerst waren es die auffälligen fleisch= und saftreichen Früchte der wildwachsenden Bäume und Sträucher, welche der Mensch von den Tieren als Nahrung aufsuchen sah und denen er deshalb auch nachzuspüren begann. Die breitblätterige, schattenspendende Banane bildet bei vielen Bewohnern der Tropen eines der hauptsächlichsten Nahrungsmittel. Ihre Früchte wiegen oft 35—40 kg, und sie wachsen so reichlich, daß dieselbe Bodenfläche davon zehnmal mehr als Kartoffeln und hundertmal mehr als Weizen zu erzeugen vermag. Freilich ist die Frucht der Banane nicht sehr nährend; aber wenn den irischen und schlesischen Arbeitern die Kartoffel den Verbrauch ihrer Kräfte ersetzen muß, so genügt in den heißen Klimaten, wo das Nahrungsbedürfnis ohnehin ein geringeres ist, eine in so ungeheurer Menge wachsende Frucht als Nahrung vollständig. Sie fehlt in der That nie um die Hütten der südamerikanischen Neger, häufig noch, wie auf unsrer Abbildung (Fig. 13), vergesellschaftet mit dem Melonenbaum, dessen saftige Frucht den Eingebornen ein kühlendes, angenehmes Fleisch liefert.

Fig. 14. Die Kokospalme.

Den Palmenarten sodann mit ihrem zuckerreichen Safte und ihrem reichlichen Fruchtertägnis ist da, wo sie heimisch sind, vor allen übrigen Pflanzen die Ernährung der Menschen zugefallen, und vorzüglich nehmen die Dattelpalme (Fig. 16) und die Kokospalme (Fig. 14) in dieser Beziehung einen hohen Rang ein, erstere im nördlichen Afrika, letztere weitverbreitet über die Inseln der Südsee, wo auch der Brotbaum gedeiht, dessen Frucht uns Fig. 15 darstellt. Wenn wir erfahren, daß dieser nützliche Baum so reichliche Ernten liefert, daß Cook den Ausspruch thun konnte: ein Mensch, der auf Tahiti zehn Brotbäume gepflanzt hätte, habe sein ganzes Leben hindurch für Nahrung gesorgt, so darf es uns nicht wundern, dort Menschen zu finden, denen Essen und Trinken die einzige Arbeit ist.

Fig. 15. Frucht des Brotbaumes.

Die Getreidearten kamen viel später in allgemeinen Gebrauch. Sie sind der weißen kulturtragenden Rasse auf ihrem Zuge über die Erde gefolgt und jetzt fast überall heimisch. Wo das eigentliche Heimatsland unsres Brotes ist, wissen wir nicht. Einige setzen es an die Wiege des alten Menschengeschlechts, nach Tibet oder in die kleinasiatischen Hochländer, während jedoch andre die wilden Verwandten unsrer Getreidearten in den mexikanischen

Gebirgsgegenden gefunden haben wollen, ohne daß aber für das eine oder das andre ausschlaggebende Thatsachen bisher aufzufinden gewesen wären. Wir wissen beinahe mit voller Bestimmtheit die ursprünglichen Fundorte der meisten kulturgeschichtlich wichtigen Pflanzen anzugeben, nur von den Kindern der Ceres haben wir keine sichere Kunde erhalten, wo sie zuerst grünten.

Man schätzt die Zahl der nutzbaren oder vielmehr der wirklich benutzten Pflanzen (denn eine große Menge sind noch nicht gezwungen, für den Menschen zu arbeiten, sondern leben noch frei ihr stilles Dasein) auf mehr als 3000. Über 2500 derselben werden in europäischen Gärten gezogen.

Fig. 16. Die Dattelpalme.

Von diesen dienen allein gegen 600 Arten zur Nahrung, und zwar geben 290 Arten eßbare Früchte und Samen, 120 Gemüse, 100 eßbare Wurzeln, Knollen und Zwiebeln, 40 sind Getreidearten, gegen 20 liefern Sago und Stärkemehl, und etwa ebensoviel mögen Zucker und Honig geben. Außerdem gewinnt man von 30 Arten fette Öle, von 6 Wein. Die Zahl der medizinischen Zwecken dienenden Pflanzenarten beläuft sich auf etwa 1140; deren, welche in den verschiedenen Zweigen der Technik zur Verwendung kommen, sind über 350. Von diesen liefern 76 Farbstoffe, 8 Wachs, 16 Salz, und mehr als 40 werden als Futterkräuter gezogen. Giftige Pflanzen werden dagegen 250 kultiviert; unter diesen befinden sich nur 66 narkotische, alle übrigen gehören zu den scharfen Giften.

So roh aber auch unsrer Lebensweise gegenüber die Art und Weise erscheint, auf welche der Hunger bei den primitiven Völkern gestillt wird, so ist doch ein Umstand beachtenswert, dem man in gleicher Weise bisher noch bei allen Völkern begegnet ist, das ist die Kenntnis vom Gebrauch des Feuers.

Die freiwillige Benutzung des Feuers ist jedenfalls ein sprechender Beweis für die höhere Intelligenz des Menschen. Furcht und Schrecken mag allerdings das erste Gefühl beim Anblick dieses Elementes gewesen sein. Keine seiner wohlthätigen Eigenschaften ließ sich ohne weiteres erkennen, während Tod und Zerstörung seine Bahn überall bezeichneten. Bei fürchterlichen Ungewittern zuckte der feurige Strahl aus der Wolke, der den Wald in Brand setzte und alles Lebende, was entrinnen konnte, aus seinen Wohnsitzen vertrieb; oder gewaltige Erdrevolutionen waren mit Feuererscheinungen verbunden, vulkanische Ausbrüche, bei denen das einzig Feste und Beständige, der Boden der Erde, in schreckenbringende Bewegung geriet; dazu kam die Beobachtung, daß das Element alle Körper, mit denen es in Berührung geriet, vernichtete und schon aus der Ferne schmerzhafte Wunden und Verletzungen hervorbringen konnte.

Aber allmählich gewöhnte sich das Gemüt auch an solche Eindrücke, und der abwägende Mensch bediente sich des früher Gefürchteten, um nun seinerseits Furcht damit unter seinen vielen unvernünftigen Feinden zu erwecken. Feuerbrände schreckten die Tiere ab und dienten als Schutzmittel während der Nacht; die leuchtende Flamme verscheuchte die Raubtiere, der beißende Rauch das kleine, aber beschwerliche Volk blutsaugerischer Insekten; und wie wir den Rauch der Zigarre als Abwehrmittel gegen die Mücken benutzen, so legen sich die Senegalneger in den Rauch ihrer Lagerfeuer, um sich die plagenden Moskitos während der Stunden der Ruhe vom Leibe zu halten.

Von den Wirkungen aber, die das Feuer auf andre Körper durch die Hitze ausübt, war die verzehrende die erste, welche beobachtet und angewendet wurde. Durch nichts ließ sich ein Stück Holz, welches für irgend einen Zweck zu lang war, in jener Zeit, wo alle Instrumente der Bearbeitung noch fehlten, so leicht verkürzen, als wenn man sein Ende in die Flamme hielt und es allmählich bis auf das gewünschte Maß verbrennen ließ. Später wurde dann die Beobachtung gemacht, daß manche Stoffe durch das Feuer eine Umwandlung erlitten, infolge deren sie für gewisse Zwecke sich brauchbar zeigten. Man bemerkte, daß durch die Hitze das Wasser sich verdunsten läßt, daß feuchte Gegenstände am Feuer getrocknet werden könnten. Fleisch, das in seinem rohen Zustande leicht der Verderbnis ausgesetzt ist, erwies sich gedörrt und geräuchert viel dauerhafter, und in dieser Zubereitung des bisweilen im Übermaß getöteten Wildes sind die ersten Anfänge der Kochkunst zu suchen. Neben dem Räuchern von Fischen und Fleisch fand man allmählich auch, daß die rohen Gefäße, welche man aus bildsamem Thone formen gelernt hatte und die man in der Sonne trocknen ließ, viel fester und verwendbarer wurden, wenn man sie der Einwirkung des Feuers aussetzte. Man brannte den Thon von nun an.

Mit Hilfe dieser Gefäße aber that die Zubereitung der Speise einen weiteren Schritt. Das Kochen erhielt eine größere Ausbildung. Es wurde zwar in seiner rohesten Form schon früher geübt, indem kleine Gruben in der festen Erde ausgehöhlt, die Wände derselben gestampft und durch darin gemachtes Feuer gefestigt wurden, worauf in diesen Gruben Wasser durch hineingeworfene glühende Steine erhitzt ward, wie es jetzt noch bei den Buschmännern Sitte ist. Allein diese Methode war doch zu unbehilflich, als daß sie nicht hätte ganz aufgegeben werden sollen, sobald zweckmäßige Gefäße eine vollkommnere Benutzung des Feuers erlaubten. Es klingt überraschend und doch gewinnt es sehr viel Wahrscheinlichkeit, daß die ersten Kochgefäße von korbartiger Beschaffenheit gewesen sind. Man hatte sehr zeitig gelernt, dieselben aus Ruten zusammenzuflechten und das Fleisch gar zu machen, indem man es in solchen Korbgefäßen in das durch glühende Steine kochend gemachte Wasser zu hängen pflegte. Kochten doch auf solche Art manche Stämme das Fleisch in der Haut des frisch getöteten Tieres.

Endlich wurde sowohl die Gewinnung wie die Bearbeitung der nützlichsten Metalle, vor allem des so überaus wichtigen Eisens, erst durch das Feuer ermöglicht, und es bedarf keiner ausschweifenden Phantasie, um in diesem Elemente den wesentlichsten Förderer aller materiellen Interessen zu erblicken.

Diese Wichtigkeit und allgemeine Nützlichkeit des Feuers führte denn von selbst auf die Versuche, Mittel zu entdecken, sich zu jeder Zeit Feuer verschaffen zu können. In der allerersten Zeit, als man solche Mittel der freiwilligen Erzeugung noch nicht kannte, bewahrte man das natürliche Feuer, wie es durch den Blitz oder beim Ausbruch eines Vulkans entstanden war, auf, indem man ihm fortwährend Nahrung bot, und die religiösen Gebräuche vieler Völker, die sich auf heilige Feuer und ihre sorgsame, von besonderen Priestern oder

Priesterinnen beaufsichtigte Unterhaltung beziehen, beweisen uns noch heute, mit welch dankbaren Gefühlen man in alten Zeiten die natürliche Kraft verehrte.

Es ist lehrreich, noch in der Gegenwart ein Volk beobachten zu können, das brennendes Feuer „aufhebt", die (hiernach benannten) Feuerländer nämlich, die in der ewig feuchten, von Schnee, Regen oder Hagel in eintöniger Abwechselung fast beständig heimgesuchten Inselheimat es allzu beschwerlich finden müssen, immer neues Feuer beim täglichen Bedürfnisfalle zu entzünden.

Indessen auch im Innern und Westen Australiens sieht man wohl noch heutzutage armselige Horden der Schwarzen einherziehen, unter denen die Weiber gleich erbarmungswürdigen Zerrbildern römischer Vestalinnen glimmende Holzscheite bei der Wanderung in der heißen Sonne mit sich schleppen, um, den gestrengen Eheherren zu gefallen, am Rastorte schnell Feuer reiben zu können.

Es gibt für uns zwar sehr verschiedene Wärme erzeugende Kräfte, doch sind wir zu ihrer Kenntnis und Benutzung erst allmählich gelangt. Den Urmenschen stand nur ein Weg offen, sich selbst Feuer zu machen, den sie aber auch alle in gleicher Weise betreten haben. Das erste und ursprünglichste Feuerzeug, wie wir es noch in allen Erdteilen außerhalb Europas gebraucht finden, war ein Reibfeuerzeug. Es besteht dasselbe gewöhnlich aus einem hölzernen Klotz, welcher auf der Oberfläche mit einer Anzahl halbrunder Löcher versehen ist, und aus einem längeren, dünnen Stabe von gleichem Holze, dem eigentlichen Reibzeuge. Die Löcher in dem ersteren Holzstücke werden, wenn Feuer angemacht werden soll, mit einem leichtfangenden Zunder aus vermodertem Holze oder dergleichen angefüllt, und der harte Holzstab mit seinem unten etwas zugespitzten Ende wird in diesen Zunder hineingesteckt, das Ganze aber auf den Boden gestellt, damit es von den Füßen gehalten werden könne. Mit den Händen wird nun der Holzstab etwa wie ein Quirl, oder besser durch Hin- und Herziehen einer an einen Bogen gespannten und um den Stab herumgeschlungenen Schnur, in möglichst rasche Bewegung versetzt. Dadurch wird eine Erhitzung des Zunders hervorgerufen, die sich so weit steigern läßt, daß derselbe ins Glimmen kommt und die Entzündung von trockenem Gras oder Stroh bewirken kann.

Während der ganz rohe Mensch alles verzehrt, was ihm vorkommt, nichts aufbewahrt und nur der Hunger ihm die Andeutung der Essenszeit ist, finden wir bei den Hirten- und Jägervölkern bestimmte Gerichte und bestimmte Essenszeiten. Das Feuer wird in ausgedehnterer Weise zur Bereitung der Nahrungsmittel benutzt, nicht nur die Flamme, sondern auch der Rauch, dessen konservierende Kraft man beobachtet hat, und der ein gutes Mittel bietet, die Zeiten des Mangels durch Aufbewahrung des Überflusses erträglich zu machen. Fische sowohl als auch Fleisch werden bei den Tungusen geräuchert; die nordamerikanischen Indianer trocknen das Fleisch des Wildes und besonders der Bisons, woraus dann der Pemmikan bereitet wird; man stampft das gedörrte Fleisch und vermischt dasselbe mit Bärenfett oder dem Talg andrer Tiere und erhält so ein Nahrungsmittel, das im Winter sehr schätzbar ist.

Entgegen diesem Verfahren lassen die Grönländer das Fleisch der Aufbewahrung willen einfrieren, und es wird das durchfrorene, oft halb verfaulte Seehundsfleisch von ihnen mit ganz besonderem Appetit verzehrt. Die Zubereitung ist gewöhnlich weit entfernt von den ersten Anfängen der Reinlichkeit. Die Finger dienen als Gabel, und wenn die Grönländer einen Reisenden recht höflich bewirten wollen, so lecken sie erst das Stück Fleisch von dem Blute und der Unreinigkeit, die sich im Kessel daran gesetzt, mit der Zunge rein; es würde dann ein grober Verstoß gegen die Sitte sein, das so höflich Angebotene nicht annehmen zu wollen. Die Lappen und Tungusen kochen das Fleisch zum Teil mit Seewasser, und der Zusatz von Wurzeln und stark riechenden Kräutern verrät eine weitere Vervollkommnung der Kochkunst. Außer dem gesalzenen Seewasser wird auch bald Steinsalz da, wo es sich findet, als Aufbewahrungsmittel des Fleisches angewandt; immer aber sind es zunächst die nördlich wohnenden Menschenstämme, die in solcher Weise für die Zukunft sorgen. Wo größerer Herdenbesitz herrscht, entwickelt sich bald die Bereitung der Butter und des Käses. Die Lappen lassen die Milch der Renntiere in großen Gefäßen gefrieren und bedienen sich der geteilten Stücke als Münze. Bei den Jakuten wird die Butter in großen Stücken gegessen oder geschmolzen getrunken.

4*

28 Einleitung.

Das natürliche Getränk ist das Wasser. Sein allgemeines, reichliches Vorkommen auf der Erde, sowie seine ausgezeichnete Fähigkeit, den Durst zu löschen, macht alle andern Getränke überflüssig. Es bleibt daher auch lange Zeit das einzige. Nur das Blut der frisch getöteten Tiere wird noch getrunken.

Merkwürdig aber ist es, daß die Milch, auf welche doch vorzugsweise der junge Mensch zuerst angewiesen ist, von den rohen Urvölkern als Getränk nicht oder nur in seltenen Fällen genossen wird. Ihre Gewinnung ist zu unsicher, solange die Zähmung der milch= gebenden Tiere noch nicht gelungen ist.

Mit den höheren Kulturstufen, die der Mensch betritt — namentlich durch die Ver= pflichtungen, die ihm durch die Familie oder weitergehend durch den Stamm auferlegt werden — sucht er neue Mittel zur Befriedigung seiner Bedürfnisse heranzuziehen.

Fig. 17. Jagd unter der Tiermaske.

Die Jagd erhält zuerst eine weitere Ausbildung. Mut, Kraft und List müssen auf= gewandt werden, um dem Mangel abzuhelfen oder leckere Genüsse sich zu verschaffen. Die Buschmänner nähern sich dem scheuen Gnu, indem sie auf einem Stabe einen Straußenkopf vor sich hertragen; die Indianer Nordamerikas und andre wilde Völker beschleichen auf ähnliche Weise ihr Wild durch Nachahmung tierischer Gestalten (Fig. 17); die Australier das Emu, indem sie sich hinter einem künstlichen Buschwerk verbergen.

Außer den zahlreichen Tieren des Waldes sind es die Fische, deren Fang zu Nahrungs= zwecken Aufgabe wird. Durch Bogen und Pfeile, mit Speeren, Netzen, ja selbst durch giftige Pflanzensäfte oder Früchte, wie sie die Indianer Südamerikas in das Wasser der Flüsse werfen, wird den Fischen nachgestellt, und die Jagd derselben übt in gleicher Weise die Sinne, als sie neue Mittel, Waffen und Geräte erdenken läßt.

Die Eskimostämme und die Indianerhorden des nördlichen Amerika leben den größten Teil des Jahres vom Fischfang und nur die geringste Zeit von der Jagd der Landtiere. Sie sind ausgezeichnete Ruderer und bedienen sich je nach der Art der Fische entweder des Netzes (vgl. Fig. 18) oder der des Wurfspeeres, von welchem wir später unter den Waffen eine Abbildung geben. In der Handhabung dieser Geräte besitzen sie eine solche Geschicklichkeit, daß die Eskimos sogar Vögel im Fluge mittels eines Netzes zu fangen wissen, das nicht viel von einem vergrößerten Schmetterlingsnetze sich unterscheidet.

Entwickelung des Menschengeschlechts.   29

Bei allen Jägervölkern ist, weil der Erwerb der Nahrung unsicher und von äußeren günstigen oder ungünstigen Umständen abhängt, die Ernährungsweise eine ziemlich rohe. Geschmack und Vorliebe bilden sich zwar allmählich, aber vor der Hand ist es doch meist das Massenhafte, was befriedigt. Reisende erzählen, daß drei Buschmänner in einer Nacht ein Gnu verzehren können. Ein Eskimo nahm 10 kg Robbenspeck zu sich und verdünnte diese Speise durch ebensoviel geschmolzene Butter, die ihm versuchsweise vorgesetzt wurde. Kapitän Cochrane erwähnt sogar eines solchen, der in 24 Stunden das Hinterviertel eines starken Ochsen und dazu noch 10 kg Fett verzehrte; die Jakuten sind solche Fresser, daß es drei derselben für eine Kleinigkeit halten, ein ganzes Renntier auf einen Sitz bis auf die blanken Knochen zu verzehren. Dagegen können alle diese Leute wiederum den Hunger bei weitem länger ertragen, als andre an regelmäßige Ernährung gewöhnte Völker.

Fig. 18. Indianer beim Fischfang.

Wo fortwährender Überfluß an Nahrung herrschte, da scheint es, daß der Jäger, dem die unversiegbare Fülle des Wildes gewiß ist, ausgezeichnet schöne Tiere, die er lebendig fing, oder solche, die sich ihm nur wenig widersetzten, oder noch mehr solche, welche eine gewisse Zuneigung zu menschlicher Gesellschaft verrieten, in den Bereich seines Aufenthaltes zog und sie sich zu Gefährten und Dienern machte. Affen, Papageien und Hunde finden sich schon bei den rohesten Völkern Südamerikas als Gesellschafter. Andre Tierarten, vorzüglich das Renntier, der Esel, das Pferd, Schaf, Kamel, Lama und Rind, welche herdenweise leben, schließen sich dem Menschen gern an und üben insofern einen großen Einfluß auf seine Entwickelung, als sie allmählich das herumziehende wilde Leben des Jägers in das ruhigere des Hirten verwandeln. Der Mensch lernt im Umgange mit den nützlichen Tieren ihre Eigentümlichkeiten, sowohl als Milcherzeuger als auch als Last- und Reittier, kennen, und kommt dadurch von selbst darauf, sie zu schonen. Darin liegt ein wesentlicher Fortschritt. Er weiß, daß er durch eine Anzahl dieser Begleiter, auch wenn Wildmangel eintreten sollte, genügende Nahrung erhalten wird, und wie der Jäger zuerst nur Freude am Genuß hat, so entwickelt sich nun die Freude am Besitz, die ihn lehrt, Herden anzulegen, sie zu vermehren und sparsam mit der Verwendung der einzelnen Teile derselben umzugehen. Später, wenn die Zucht von Herden für das Leben, wenigstens zeitweilig, an einem Punkte mitbestimmend ist, werden auch besondere Kräuter gebaut oder gepflanzt, und es ergibt sich daraus allmählich eine systematische Bewirtschaftung des Bodens, in deren Folge die früher ruhelos wandernden Stämme seßhaft werden und, in regelmäßig wiederkehrenden Beschäftigungen ihre Thätigkeit ordnend, die Bedeutsamkeit staatlicher Einrichtungen erkennen lernen.

Nachdem die Menschen den Genuß der Nahrungsmittel im rohen Zustande aufgegeben und dieselben durch künstliche Behandlung zubereiten und schmackhafter machen gelernt haben, ist ihnen eines der Hauptgebiete für die mannigfachste Ausbildung und Übung verschiedener Fertigkeiten und für die Anwendung gemachter Erfahrungen eröffnet worden.

Die Sorge für die Beschaffung der notwendigsten Speise ließ die Jagdgeräte erfinden und vervollkommnen. Die Verfeinerung des Geschmacks dringt auf Durchforschung der Natur, vorzüglich des Pflanzenreichs, und vermehrt die Erkenntnis.

Wie Not und Lüsternheit die ersten direkten Veranlasser der Erfindungen sind, so reizen sie auch an, Entdeckungen zu suchen. Wenn wir stufenweise zu verfolgen vermöchten, wie die Menschen zuerst versuchten, die Früchte zu genießen, so würden wir wahrscheinlich auch finden, daß anfänglich häufig unangenehme Nachwirkungen mit diesen Experimenten verknüpft waren. Denn die Begierde warf sich zunächst wohl mehr auf das, was sich dem Auge farbig und glänzend darstellte, als was seiner inneren Beschaffenheit nach dem menschlichen Körper zuträglich war. Allmählich aber wurde das Unpassende, das Unschmackhafte verworfen, die beobachtete Wirkung aber trotzdem, wenn auch nicht in Fällen des Hungers, bisweilen wieder hervorgerufen, um den gestörten Gesundheitszustand des Leibes wieder herzustellen.

Die ersten Anfänge einer praktischen Heilmittelkunde mögen wohl beinahe so alt sein als die Ausnutzung des Pflanzenreichs zu Nahrungszwecken. Die Heilmittelkunde selbst erfuhr eine Erweiterung nur durch die Vermehrung der Stoffe, die sie in ihren Bereich zog; eine wirkliche Vervollkommnung charakterisiert erst den hohen Kulturstand gebildeter Völker.

Dagegen treffen wir schon bei sonst sehr tief stehenden Völkern die Vorliebe für gewisse Stoffe, die ihrer erregenden Wirkung wegen genossen werden. Der rohe Wilde hat nur den Trieb, seinen Hunger zu stillen und sich den Bauch so voll wie möglich zu stopfen. Die regellose Essenszeit, nur durch das Vorhandensein von Nahrung bedingt, gewöhnt den Magen und alle zugehörigen Organe an die Aufnahme ungeheurer Quantitäten auf einmal, und in der Befriedigung, in der vollständigen Ausfüllung der dehnbaren Magenwände besteht der Hauptgenuß, den das Leben dem Botukuden sowie dem Eskimo oder dem brasilischen Indianer gewähren kann. Der verfeinerte Sinn aber sucht weiter.

Eine Erregung der Nerven, eine Erhöhung der Sinnesthätigkeit, wie sie zuerst zufällig nach dem Genusse gewisser Stoffe beobachtet wurde, erscheint ebenso wünschenswert, wie die Beruhigung der angespannten Nerven, der überreizten Sinne, welche sich später als ein Bedürfnis einstellt. — Der Mensch, sobald seine inneren Gefühle sich veredeln, sucht nach Mitteln, seine Freude zu erhöhen, seinen Kummer zu besänftigen.

Wunderbar ist es dabei, zu bemerken, wie die Natur ihn überall, im heißen Süden wie in dem kalten Raume der Polarländer, dieselben Wege finden und einschlagen läßt. Sie hat ihm in der Gährung, in der künstlichen Darstellung geistiger Getränke, eine wahre Pandorabüchse in die Hand gegeben, deren Freude und Schmerz bringender Inhalt sich in den verschiedensten Formen fast über die ganze bewohnte Erde verbreitet hat.

Dieselben Vorgänge, auf welche unsre Brauer und Brenner sich stützen, sind es, welche die unzähligen Arten berauschender Getränke bereiten lassen, deren jedes Volk andre hat. In den abgelegenen Gegenden Südamerikas stellt man aus Mais ein spirituöses Getränk dar, die Tschitscha (chicha), freilich auf etwas primitivere Art als unsre Brauer das Bier. Die Indianerfamilie lagert sich um eine riesige Kürbisschüssel, umgeben von einem Haufen an der Sonne getrockneten Maismalzes, männiglich beschäftigt, mit aller Anstrengung eine Handvoll des letzteren durchzukauen und den so gewonnenen Brei in eine Schüssel zu spucken, worauf eine neue Portion an die Reihe kommt. Ist der ganze Haufen Mais auf diese Weise von den Kinnladen verarbeitet worden, so ist das Hauptgeschäft gethan; es wird auf den Brei heißes Wasser gegossen und das Gemenge in Krügen der Gährung überlassen. Das gewünschte Getränk ist in kurzer Zeit fertig; und wie wir unsre Gäste mit dem feurigen Safte der Traube am höchsten ehren, so bietet der Indianer dem Fremdling den Krug selbstgekauter Tschitscha, um ihm seine Gastfreundschaft zu beweisen. In ähnlicher Weise bereiten die Bewohner der Freundschaftsinseln, die Samoaner, die Fidschi-Insulaner und andere, ein gegohrenes Getränk aus der Wurzel der Kawapflanze, einer Pfefferart (kawa = bitter, ist polynesisch). Diese Wurzel wird zuerst zerstückelt, sodann ebenfalls zerkaut auf ein Bananenblatt gespuckt und hierauf in einer hölzernen Schüssel mit Wasser verdünnt einer leichten Gährung ausgesetzt. Das Getränk ist nicht so berauschend, wie unsre spirituösen Getränke, allein in genügenden Mengen genossen, wirkt es auch in erwünschter Weise. Selbst in dem hochkultivirten Japan herrscht ein ähnlicher Gebrauch, von welchem unsre Seeoffiziere zu erzählen wissen. Die Krimschen Tataren lassen den Samen der Hirse gähren, aus welchem auch die Araber, Abessinier und andre afrikanische Stämme ein berauschendes Getränk bereiten. Der Hirt am südlichen Abhange des Himalaya schlürft durch sein Bambusrohr seine Murwa, ebenfalls ein Bier aus einer Hirseart, und der Steppenbewohner Rußlands berauscht sich in Quaß aus Roggen. — Wein und weinartige Getränke schließen sich der Reihe nach an.

Fig. 19. Afrikanische Bierbereitung.

Wie alt ihr Genuß gehalten wird, beweist die Sage von der Sintflut. Wo die Rebe gedeiht, benutzt man ihre Traube, um den Sorgenbrecher zu pressen; andre Länder wissen andre Erzeugnisse der Natur zu gleichem Zwecke auszubeuten. Die afrikanischen Negerstämme bohren gewisse Palmenarten an und lassen den Saft derselben gähren. So die Ölpalme an der Westküste Afrikas, oder die unübertreffliche Caryota urens, welche in 24 Stunden 45 l Saft hergeben soll. Der daraus gewonnene Palmwein heißt Toddy. Karaka bereitet man aus dem Safte, welcher aus der verwundeten Blumenscheide der Kokospalme fließt. Guarago dagegen ist der Wein aus dem Safte des Zuckerrohres, der wie der Palmensaft in freiwillige Gährung übergeht. Bei den alten Deutschen und noch jetzt bei vielen nordischen Völkern finden wir den Met aus Honig. Ja bei den Hirtenvölkern wird die Milch durch geeignete Behandlungsweisen in geistige Getränke verwandelt, und es gilt die Stutenmilch bei den Mongolen in dieser Beziehung als die ergiebigste.

In allen gegohrenen Getränken, mögen sie aus gekautem Mais oder aus rohem Schaffleisch, wie der Borv des Kalmücken, dargestellt sein, ist es ein und derselbe Stoff, dem sie ihre Wirkung verdanken: der Alkohol, dessen Darstellung in gesondertem Zustande zuerst den Arabern gelang, die ungefähr im 12. Jahrhundert das Destilliren erfanden.

Eine gleiche innere Übereinstimmung, wie sie im Wesen der Getränke sich zeigt, die als freudebringend von dem Menschen befunden worden sind, sucht nach denjenigen Mitteln, welche genossen werden, um zu beruhigen und in behaglichen Träumen die Seele sich erholen zu lassen. Ebensowenig aber auch vermögen wir eine Zeit des Ursprunges der in derselben Weise den Erdball beherrschenden Gewohnheit zu entdecken.

Kaffee, Thee, Tabak — klingt es nicht merkwürdig, wenn wir diese Bedürfnisse der modernen Kultur mit den Lebensbedingungen des rohen Indianers zusammenstellen? Und doch hat eine solche Vergleichung einen tiefen Grund, der den Instinkt der Menschen geleitet, obwohl ihn erst die chemischen Forschungen unsrer Tage zum Bewußtsein gebracht haben. Wie in den gegohrenen Getränken der Alkohol ein nie fehlender Bestandteil war, so sind es in der Klasse der Genußmittel, welche wir hier im Auge haben, gewisse narkotische Stoffe, die, oft unter ganz verschiedenen Formen wiederkehrend, auf das Wohlbefinden der Völker einen wesentlichen Einfluß ausüben, und wir werden sehen, daß, wenn auch in der äußeren Form, in welcher das Bedürfnis bei den verschiedenen Völkern Befriedigung sucht, sich Verschiedenheiten zeigen, in dem Bedürfnis selbst eine merkwürdige Übereinstimmung stattfindet. Der Genuß der narkotischen Stoffe ist demnach mehr als eine bloße Angewohnheit. Gehen wir die Skala der Lebensthätigkeit der Menschheit durch, so finden wir die allgemeine Regel, daß, sobald ein Volk über die Beschaffung seiner ersten Lebensbedürfnisse hinweg ist, es anfängt, für sein Vergnügen zu sorgen; sobald es sich dies verschafft hat, sucht es sich zu betäuben. Wir müssen in der Geschichte der ganzen Menschheit dieselben Phasen annehmen, welche im einzelnen zuerst das Individuum für sich, sodann der Stamm im großen durchläuft. Die narkotischen Genußmittel und die verwandten Aufgußgetränke, bezeichnen uns also eine erst später erreichte höhere Stufe in der Gesamtentwickelungsgeschichte der Nahrung.

Trotzdem finden wir seit unvordenklichen Zeiten den Neger seine coffeinhaltige Kolanuß, den Malaien seinen Betelpfeffer kauen, den Buschmann und Hottentotten Hanfblätter (und nun dazu Tabak) rauchen. Ebenso bot den Urbewohnern Amerikas die heimische Natur den Tabak sowohl als die Koka und den Maté seit frühester Zeit zu fleißiger Benutzung dar.

Wenn wir die Mannigfaltigkeit der narkotischen Genußmittel, welche das Pflanzenreich in den verschiedenen Zonen hervorbringt, betrachten, so werden wir dem Gedanken an zufällige Geschmacksrichtungen immer weniger Raum geben. Nächst den oben genannten sind es der Hanf, der Betel, Stechapfel und Fliegenpilz in besonders hervorragender Weise, welche von verschiedenen Nationen genossen werden; außerdem aber greift der Mensch auch noch zur Tollkirsche, zum Hopfen. Auch mancherlei Schwämme leihen ihm ihre betäubenden Säfte; in Florida ist es die Stechpalme, bei den Südsee-Insulanern sind es gewisse Pfefferarten.

Manche Harze und Balsame, sowie die Ochsenklauenpflanze, der Lattich, die syrische Raute sind ziemlich kräftige Betäubungsmittel, und es wäre eine irrige Meinung, wenn man schließen wollte, die Deutschen hätten etwa vor der Entdeckung Amerikas oder vor der Einführung des Kaffees sich ähnlichen Genüssen nicht hingegeben. Dieser Genuß hat durch die genannten Stoffe nur eine besonders bemerkenswerte Befriedigung gefunden, die deswegen auch auffällige Dimensionen angenommen hat, weil plötzlich eine einzige Substanz alle die Bedürfnisse befriedigte, wozu man früher eine große Zahl von Stoffen verwandte. Storax, Benzoe, Mohn, Hopfen, Bilsenkraut, Stechapfel, Rosmarin, Lolch und viele andre Produkte waren längst schon in Anwendung, und das eine oder das andre erfreute sich wohl, wie es die Hexen- oder Zaubergebräuche vermuten lassen, einer ganz besonderen Bevorzugung.

Charakterisiert sich also die Kindheit des Menschengeschlechts durch die Stadien seiner Ernährung dadurch, daß zuerst vorwiegend Fleisch, roh oder halb gebraten, später erst Pflanzenstoffe, sodann die gegohrenen Getränke, ferner die Aufgußgetränke und schließlich die Narkotika aufgesucht werden, so tritt in den späteren Perioden zwar noch die Heranziehung neuer Nahrungsstoffe hinzu, allein mehr durch Zufälligkeit bedingt, als durch eine physiologische Ursache herbeigeführt. Es ist nur die Sucht nach Abwechselung, die zeitweise Übersättigung, welche in einem oder dem andern Gebiete stets nach neuen Genußmitteln greifen läßt. Jene verschiedenen Phasen aber bezeichnen wirkliche Entwickelungsstufen der menschlichen Gesellschaft.

Fig. 20. I. Die erste Wohnung. II. Felsenwohnungen. III. Wohnung der Arier. IV. Jonisches Wohnhaus. V. Frühere chinesische Wohnung. VI. Assyrisches Wohnhaus. VII. Frühester Häuserbau in Indien. (Vergl. S. 36 ff.)

Das Buch der Erfind. 8. Aufl. I. Bd.

Darüber hinaus kommen zwar hier und da noch besondere Eigentümlichkeiten vor, die unser Interesse in Anspruch zu nehmen geeignet sind, wie das Thonessen einiger wilden Stämme (auch der Maori) oder das Arsenikessen in einigen steiermärkischen Bergorten, aber dieselben sind doch nur auf kleine Gebiete beschränkt und mehr von pathologischer als von allgemein kulturhistorischer Bedeutung.

Die narkotischen Genußmittel befriedigen das letzte Bedürfnis der menschlichen Natur. Denn alle Kultur, sie mag sich zu einer Höhe hinaufschrauben, wie sie immer will, sie wird mit allem Raffinement kaum einen neuen Genuß erfinden, weil der Körper kein neues Bedürfnis erfindet, während das Bedürfnis, die Nerven künstlich anzuregen, sich zu erheitern, die Sinne zu betäuben, sich zu beruhigen, im Menschen liegt. Die erweiterte Bekanntschaft mit den Produkten der verschiedenen Erdteile hat uns zwar im Laufe der Zeit mit einer großen Zahl neuer Körper versehen, die uns jetzt unentbehrlich scheinen — aber im Grunde kamen uns durch sie keine unbekannten Genüsse, unsre Bedürfnisse wurden vielmehr nur auf andre und häufig angenehmere Weise befriedigt. Die Eröffnung des Handels mit Ostindien hat einen ungeheuren Einfluß auf die europäischen Zustände ausgeübt. Man kann die Ursache lediglich in den Gewürzen suchen, welche den Hauptartikel des Verkehrs bildeten. Gewürze waren aber bei alledem für Europa nichts Neues. Man bediente sich früher des Kümmels oder des Rosmarins und andrer einheimischer Würzen, die, von geringerem Reiz, beim Erscheinen des Besseren daher aufgegeben wurden. Ehe der Zucker Eingang fand, süßten die Völker ihre Speisen mit Honig. Mit einem Wort, kurz nachdem die Reihe der Genußmittel: Fleisch, Pflanzenkost, Salz, Gewürz, Alkohol, Narkotika, durchlaufen war, wurde nicht mehr das Bedürfnis, sondern lediglich die Geschmacksverschiedenheit, zur Ursache derjenigen Änderungen, die wir in der Ernährungsweise der einzelnen Völker antreffen.

Wo infolge der Eroberung reicher Länder deren Produkte massenhaft in die Residenzen der Überwinder zusammenströmten, oder wo ein einziges Volk große Ländergebiete beherrschte, da erhielt die Wahl und die Zubereitung der Nahrungsmittel leicht jenen ausschweifenden Charakter, den wir bei der Lebensweise der römischen Großen zur Zeit des Verfalles ihres Reiches verächtlich oder bei der Ausstattung eines vollständig besetzten chinesischen Diners lächerlich finden.

Nach der glücklichen Beendigung der Punischen Kriege und durch die darauf erfolgende Kapitalanhäufung in Rom steigerten sich der Luxus und die Ausschweifung daselbst in der ungemessensten Weise. Die weichliche Lebensweise der orientalischen Länder, in denen so siegreiche Kriege geführt worden waren, gab Gelegenheit, die leicht erworbenen Reichtümer wieder zu vergeuden. Während in der Zeit der strengen Sitten bei den Römern der Koch der geringste unter den Dienstboten gewesen war, wurden später seine Künste mehr und mehr geschätzt, und er schwang sich schließlich fast zum Herrn des Hauswesens auf. Früher mietete man Köche für besondere Festmahle gleich vom Speisemarkte, in der letzten Zeit der Republik kostete ein Sklave, der allein die Kunstbäckerei gut verstand, über 100 000 Sesterzen (24 000 Mark), ein Ackerknecht dagegen wurde mit 240 Mark bezahlt; das ist so viel, als ungefähr ein Fäßchen Sardellen aus dem Schwarzen Meere kostete.

Versuchten auch edeldenkende Staatsmänner durch strenge Gesetze der Verschwendung Einhalt zu thun, so wurde damit doch nur sehr wenig erreicht. Man hatte für jede Speise bald besondere Bezugsquellen, von wo man dieselbe am besten und wohlschmeckendsten erhielt. Die Haselhühner kamen aus Phrygien, die Kraniche von Melos, Böckchen aus Ambrakia, junge Thunfische aus dem Bosporus, Muränen aus der Meerenge von Gibraltar, Eselsfische von Pessinus, Austern von Tarent; von Rhodos bezog man Störe, von Thasos Nüsse und Datteln und wohlschmeckende Eicheln aus Ägypten. Fische und Seetiere überhaupt, welche in der Küchenkunst der Römer eine hervorragende Stellung einnahmen, ließ man lebend kommen und erfrischte sie in besonderen Anstalten wieder von den Anstrengungen des Transportes. Oder um sie schmackhafter zu machen, mästete man sie einige Zeit vor dem Genusse in eigens für sie angelegten Teichen. Lucullus, dessen Name als Gastronom noch jetzt eine üppige Mahlzeit bezeichnen hilft, ließ einen Berg bei Neapel durchstechen, um Meerwasser in seinen Teich zu leiten, mit mehr Geldopfern, als ihm seine ganze Villa gekostet hatte.

Es gab fast nichts Seltenes in den drei Reichen, was nicht auf die eine oder die andre Weise für den Gaumen zurecht gemacht worden wäre. Man aß Pfauen- — lediglich weil dies der schönste Vogel — und Nachtigallenzungen, weil dies Gericht am teuersten war. Die barbarische Üppigkeit der Römer, die weit entfernt von dem feinen, gegipfelten Lebensgenusse der Griechen blieb und immer einen Beigeschmack nach der Lebensart eines Räuber- oder rohen Soldatenvolkes behielt, zeigt sich in der Besetzung der Tafel eines Großen auf das eklatanteste.

Ein Seitenstück zu den Ausartungen der römischen Küche geben die Mahlzeiten der Chinesen, die ihre Tafeln weniger mit wirklich nährenden und wohlschmeckenden, als vielmehr mit teuren und seltsamen Gerichten überladen. Wir wollen hier nicht ein chinesisches Gastmahl beschreiben, da wir lediglich zur Aufzählung der sich oft auf Hunderte belaufenden Speisen einige Seiten brauchen würden; dergleichen Schilderungen bilden einen hervorragenden Punkt jeder Reisebeschreibung, die sich über das Reich der Mitte verbreitet. Als charakteristisch aber wollen wir erwähnen, daß der Wirt seine Gäste beständig auf den Wohlgeschmack oder die Seltenheit dieser oder jener Speise aufmerksam macht, daß also das Essen, seinem natürlichen Zwecke zum größten Teil entfremdet, nur als eine Gelegenheit benutzt wird, in unsinniger Verschwendung den Reichtum und Luxus zu entfalten. Den chinesischen Kochkünstlern entgeht nichts. Sie nehmen zu ihren Leckereien die sehnigen Teile der Hirsche und andrer Tiere, die Flossen der Haifische und die kleinen Schwalbennester, welche an den Küsten von Kochinchina, Kambodscha, Java u. s. w. gesammelt werden. Das Fleisch wilder Pferde, Bärentatzen und andre Produkte der tatarischen Steppen werden massenhaft eingeführt. Fischlaich und Krebseier sind besonders geschätzt. Als ein Engländer, der bei einem reichen Chinesen aß, sich über den Charakter eines als sehr kostbar gepriesenen Ragout unterrichten wollte, indem er, der Sprache nicht mächtig, auf das Gericht deutete und frageweise mit „Wau, wau?" zu seinem Wirte sich wandte, weil er wußte, daß in China viele Hunde gegessen werden, schüttelte der Gastfreund mit dem Kopfe und antwortete „Quak, quak!" Die Frösche werden in Bündeln von vier und fünf Stück mit Grashalmen zusammengebunden verkauft. Jungen Haifischen, Muscheln, Holothurien und unzähligen andern Seewundern begegnet man auf den chinesischen Märkten massenhaft.

Neben dieser übertriebenen Küchenkultur der Reichen fällt die ausnehmend mäßige Lebensweise der Armen in China ganz besonders auf. Diese ernähren sich eigentlich von nichts als von Reis, weil sie sich nichts andres verschaffen können. Vermögen sie sich aber einen Abfall von den Tischen der Wohlhabenden zu verschaffen, so lassen sie davon gewiß nichts übrig; ja sie verzehren, wenn sie deren habhaft werden können, Mäuse, Ratten, Raubvögel und dergleichen mehr als willkommene Zukost.

Wie sticht gegen die Nahrungsweise der Römer und Chinesen die Einfachheit in den Speisen der hochkultivierten Griechen ab! Es haben sich diese niemals, selbst nicht als Griechenland der Mittelpunkt der Welt war und die durch Eroberungen gemehrten Reichtümer die größte Entfaltung des Luxus gestattet hätten, jener Üppigkeit hingegeben, die bei andern Völkern häufig in das Laster der Gefräßigkeit ausartete und die immer ein Zeichen der Barbarei bleibt. Größere Mahlzeiten waren den Griechen immer nur der äußere Anhalt edlerer Vergnügungen. Das Geschäft der Ernährung, welches der Mensch wie das Tier besorgen muß, wurde dadurch veredelt, daß man es nicht als Zweck des Lebens betrachtete, sondern zu einer Gelegenheit machte, in wohlthuender Weise den Sinn anzuregen, den Geist zu bilden und das Gemüt zu erfreuen. Für gewöhnlich herrschte selbst bei den Reichen und Mächtigen die äußerste Einfachheit.

Je weiter ein Volk auf dem Wege wahrer Bildung fortschreitet, um so mehr läßt es das Bestreben erkennen, zu seiner Ernährung nur diejenigen Mittel anzuwenden, die dem Körper wirklich zuträglich sind. Es entsteht daraus allmählich eine einfache, natürliche Lebensweise, die nicht in der Masse der Genußmittel, sondern in der Auswahl nach ihrer Zweckmäßigkeit, Güte und Unverdorbenheit einem edlen Luxus huldigt.

Es ist noch nicht gar so lange her, und in vielen Gegenden Deutschlands besteht sogar heutigestags noch die Sitte, hohe Festtage und freudige Ereignisse durch einen möglichst großen Konsum von Nahrungsmitteln zu feiern. Selbst an Höfen wurden Hochzeiten, Krönungen für um so prachtvoller gehalten, je mehr Malter Getreide, Oxhofte Wein, Wildbret, Schweine, Ochsen, Fische und dergleichen die Küchenrechnung aufweisen konnte. Der Gebildete nennt ein derartiges Prahlen mit der Masse barbarisch.

Vergleichen wir unsre heutige Ernährungsweise mit der vor zweihundert Jahren, so müssen wir gestehen, daß trotz der gerühmten Einfachheit der guten alten Zeit die Gegenwart sich durch eine viel größere Mäßigkeit und vor allem durch eine viel naturgemäßere Nahrungsmittellehre auszeichnet. Hoch stehen in der richtigen Erkenntnis der Lebensbedingungen und in der vernünftigen Befolgung der daraus gezogenen Lehren vor allem die Engländer. Reine, gesunde Luft, frisches Wasser, gutes Brot, kräftiges Fleisch, auf einfache Art zubereitet, so daß die nährenden Bestandteile nicht der Speise entzogen werden, alles, was der Körper aufnehmen soll, frisch und unverdorben, das sind die Anforderungen, die der vernünftig gebildete Geschmack an die Nahrungsmittel vor allen Dingen macht. Die Ergebnisse der naturwissenschaftlichen Forschung, die sich vorwiegend auf die Erkennung der Lebensfunktionen (Physiologie) geworfen, zeichnen die Vorschriften genau. Ackerbau, Industrie und Handel bemühen sich, den Weisungen nachzukommen und das Verlangte zu verschaffen. Eins hebt sich durch das andre; die richtige Schätzung des Bedürfnisses zeigt die Wege zu seiner Befriedigung. — So sind Eis und kohlensaures Wasser, zwei Genußmittel, welche bei uns freilich erst in der neuesten Zeit eine weitere Verbreitung und Aufnahme gefunden haben, auf dem Wege, zu einem allgemeinen Bedürfnis zu werden. In Peru verlangen die Bettler Almosen, „um Eis dafür zu kaufen", so selbstverständlich ist dessen Gebrauch dort, während bei uns bis vor kurzem der Eiskonsum ein Luxus war, den sich nur die Reichen gestatten konnten. Nicht anders war es mit dem kohlensauren Trinkwasser, das, auf künstliche Weise dargestellt, geradezu die Bewohnbarkeit mancher Gegenden erst ermöglicht. Eis und kohlensaures Wasser ersetzen Keller und Brunnen, zwei Dinge, die vorzüglich in großen Städten herzustellen immer schwieriger wird.

Wohnung. Dasjenige Bedürfnis, welches den Menschen nächst dem Verlangen nach Speise und Trank am ehesten angeht, ist das Bedürfnis der Ruhe. Mögen seine Beschäftigungen noch so einfacher Natur sein, selbst beim bloßen Vegetieren tritt ein Wechsel des Zustandes ein, indem der Körper allmählich ermüdet und von selbst in Schlaf verfällt. Selbst manche Pflanzen schließen zur Nachtzeit die Blüten und falten ihre Fiederblätter zusammen, so daß wir nicht ohne Grund bei ihnen von Wachen und Schlafen reden. Bei dem Tiere äußern sich die Wirkungen weit entschiedener, und der Mensch unterliegt genau denselben Zufällen. Diese sind so rein sinnlicher Natur, so ganz durch die Einrichtung unsres körperlichen Organismus bedingt und hervorgerufen, daß ein Auflehnen dagegen unvernünftig ist. Man kann sich nicht das Essen abgewöhnen und ebensowenig das Schlafen. Aber in der Erfüllung dieser natürlichen Bedürfnisse ist dem Menschen ein Feld der Veredelung seiner selbst gegeben.

Der rohe Mensch, welcher in einer üppigen, nahrungsreichen Waldung oder an weiten, gleichmäßigen Küsten sein Leben ohne Abwechselung zubringt, schläft, wo ihn die Müdigkeit überfällt. Die ihn umgebende Natur, überall gleich, läßt keinem Punkte einen Vorzug geben.

In der That steht der Mensch auf seinen ersten Kulturanfängen in dieser Beziehung noch unter dem Fuchse, der jeden Abend seinen Bau aufsucht, und tief unter dem Zugvogel, den selbst nach langer Abwesenheit ein Gefühl wie Heimatsangehörigkeit wieder auf den gewohnten Ast zurückführt. Dem Bewohner der Urwälder geben die dichten Verschlingungen der wuchernden Pflanzen überall den nötigen Schutz, um selbst die Unbilden der Witterung ertragen zu können. Erst wo Kälte und anhaltende Regengüsse mit Hunger und Ermüdung in Bund treten, gelingt es, den faulen Urmenschen zu zwingen, sich eine Ruhestätte, aus welcher sich die Wohnstätte herausbildet, zu schaffen.

Die Papagos in den Wäldern Südamerikas machen Löcher in den Boden, in denen sie des Nachts schlafen; im Winter heizen sie dieselben sogar, indem sie Feuer darin anzünden, und ehe sie sich hineinstrecken, die Kohlen auskehren. Ohne dem letztgedachten Reinlichkeitsbedürfnisse zu frönen, liebt es der Buschmann, wenn ihm die starke Wärmeausstrahlung seiner steppenhaften Heimat unter dem reinen sternflimmernden Glanze des Firmaments eine kalte Nacht beschert, sich fast schlangenartig in die nämliche flache Erdgrube einzuschmiegen, die er sich soeben erst ausgehöhlt hatte, um das erlegte Wild mit Haut und Haaren darin zu braten; er ist im Gegenteil froh, wenn die durchfettete Asche die Schmutzkruste seines nackten Leibes verstärken hilft; denn — diese dient ihm oft als einziger Wärmeschutz in Ermangelung der Kleidung.

Fig. 21. I. Beduinenzelt. II. Abessinische Wohnung. III. Ägyptisches Fellahdorf. IV. Eskimohütte. V. Kirgisenjurte. VI. Wohnung auf Tahiti. VII. Nordamerikanischer Indianer-Wigwam. VIII. Pfahlbauten. (Vgl. S. 38 ff.)

Die Buschmänner kennen natürlich noch nicht einmal die Hängematte, jenes Gerät, welches sich selbstverständlich nur dort findet, wo es nicht an Bäumen zu seiner Befestigung fehlt. Die Hängematte (wie es scheint eine Erfindung der Indianer Mittel= und Südamerikas) ist gewöhnlich ein Netz von etwa 2 m Länge und ebensoviel Breite, das, an beiden Enden zusammengefaßt und mittels Stricken zwischen zwei Bäumen aufgehangen, ein luftiges und bequemes Lager bildet. Es hält kriechende Tiere von dem Schläfer ab und schützt ihn vor der Feuchtigkeit des Bodens.

Ein Tierfell genügt, um ein solches Lager sich zu bereiten; weiter vorgeschrittene Stämme aber stellen es aus Schnüren und in artigen Mustern her. Die großen Maschen des Netzes schmiegen das Gewebe ganz der Gestalt des Körpers an, und ihre unübertreffliche Bequemlichkeit hat die Hängematte in der ursprünglichen Form, wenn auch in kunstvoller Ausführung, Aufnahme in die eleganten Wohnungen der gebildeten Welt finden lassen.

Die Hängematte und die sonstige Ausstattung der Ruhestätte mit Fellen, Blättern und Moos ist aber noch keine eigentliche Wohnung. Zu dieser erhebt sich erst der Mensch, wenn er auch im Zustande des Wachens eines geschützten Aufenthaltes bedarf.

Die ursprünglichsten Wohnungen sind die Erd= und Felsenhöhlen, deren sich die Wilden fast überall bedienen, wo die Natur Gelegenheit dazu bietet. Die Australier um Port Jackson hatten nie das Bedürfnis, sich Wohnungen zu errichten, weil der weiche, sehr der Verwitterung ausgesetzte Sandstein ihres Gebietes in seinen Löchern oft 40—50 Mann beherbergen konnte. Diese Löcher wurden wie die Erdlöcher bei den Papagos geheizt.

Auf Vandiemensland errichteten die Eingebornen Schirme, indem sie senkrechte Pfähle im Halbkreis in den Boden steckten und Baumrinde daran befestigten.

Gewöhnlich aber haben die ersten Anfänge der Wohnungen nur den Zweck, den kalten Nachtwind abzuhalten, und sie wurden deshalb an der Seeküste immer zwischen dem Wasser und der Stätte errichtet, wo das Nachtlager aufgeschlagen wurde.

Die Puris in Südamerikas Urwäldern bedienen sich ebenfalls einfacher Schirme zu ihren Wohnungen. Sie befestigen die Hängematte an zwei Bäume und binden, wie der Prinz von Neuwied beschreibt, mittels einer Schlingpflanze etwas weiter oben eine Querstange fest, gegen welche sie in schräger Richtung große Palmenblätter von der Windseite anlehnen und diese unten mit Heliconia= und Pattiobablättern ausfüllen.

In ähnlicher Weise bauen sich viele andre Völker ihre einfachen Wohnungen im Laufe weniger Minuten auf. Sehr einfach ist z. B. die Art und Weise, in welcher die Mschibo in Westafrika rasch ihre nächtliche Ruhestätte aufschlagen. Gegen kalte Winde schützt ein Blätterschirm, der ebenso bestimmt ist, die Wärme des davor zur Abwehr der Moskitos angezündeten Feuers als den Rauch einigermaßen zusammenzuhalten. Zwei gabelförmige Stangen stützen das Ganze, welches nur noch auf der dem Beschauer zugewendeten Seite mit einem ähnlichen Schirme versehen zu werden braucht, um eine Form anzunehmen, wie sie bei den Einwohnern Australiens noch heute selbst in der Nähe europäischer Niederlassungen als alt überliefert angetroffen wird. Ganz ähnliche Wohnungen traf Mackenzie bei den Tschippewäern, obwohl diese, wie die übrigen nordamerikanischen Jäger, wenn sie irgendwo dauernden Aufenthalt nehmen, auch zu dem Aufbau besserer Einrichtungen vorschreiten.

Die ersten Wohnungen befriedigen nur das augenblickliche Bedürfnis. Sie werden verlassen, wenn der Hunger weiterzuziehen befiehlt, oder, wie bei den Pima in Mexiko, in Sterbefällen verbrannt. In Gegenden aber, wo die Natur nicht überall den Bedarf an dem dazu nötigen Rohmaterial hergibt, müssen bei einer eintretenden Wanderung die Wohnungsutensilien mitgenommen werden. In den baumleeren Steppen, in den Wüsten und an den Küsten der Meere entwickelt sich daher bei den herumziehenden Jäger=, Fischer= und Hirtenvölkern eine weitere Form der Wohnungen:

Das Zelt. Drei oder vier starke Baumzweige, mit beiden Enden im Kreis in die Erde gesteckt, so daß sie oben eine Wölbung bilden, geben das Gerüst, darüber gebreitete Felle, Rindenstücke oder eine Wollendecke wird die Bedachung. Das Ganze kann leicht transportiert werden; auch sind diese Wohnungen gewöhnlich sehr niedrig, so daß man nur auf allen Vieren hineinkriechen und liegend darin bleiben kann.

Die Charrua und Mbaya in den amerikanischen Steppen bauen solche Wohnungen, aber nur so groß, als sie eine Kuhhaut herzugeben im stande ist. Ist der Raum für eine

Familie nicht ausreichend, so wird daneben eine zweite Hütte errichtet. Die Hottentotten dagegen, welche schon in der Herstellung von Matten geschickt sind, vermögen größere Räumlichkeiten zu überbauen.

Durch Reisende in Südafrika wird eine hottentottische Wohnungsanlage folgendermaßen beschrieben. Die Pfähle zur Hütte sind in kreisförmiger Ordnung in den Boden gesteckt; man bemüht sich, sie untereinander durch Schnuren zu verbinden. Die Matten, fertig und aufgerollt, oder zum Trocknen aufgespannt, sind bestimmt, das korbartige Gebälke zu überdecken, und so ist das einfache niedrige Gebäude hergestellt.

Die Pechuenchen nehmen das in den Anden wachsende baumartige Gras mit ästigem Stamme zu den Zeltstangen, biegen aber diese im Bogen nicht wieder zur Erde, sondern stecken sie mit den Spitzen zusammen und verbinden sie sodann mit Schnüren. Das Ganze aber wird mit wohlbearbeiteten Rindshäuten überdeckt.

Gerade Stangen lassen sich leichter transportieren; sie erlauben, dem innern Zeltraume eine größere Höhe zu geben; deswegen sind die Wohnungen der meisten herumziehenden Völker in der Form von Pyramiden oder Kegeln errichtet. Viele Stämme der nordamerikanischen Indianer stellen ihre Zeltbedachung aus Rindenstücken her, welche sie durch Klopfen und Kochen in heißem Wasser biegsam und dauerhaft zu machen wissen. Eine höhere Ausbildung zeigt aber das Zelt bei den Nomaden, welche Filze und mancherlei Gewebe zu den Zeltdecken verwenden.

Der Eingang ist gewöhnlich eine Spalte in der Leinwand, oder bei besonders großen und reich ausgestatteten Wohnungen heben vorn zwei Stangen säulenförmig die Bedeckung auf und lassen eine Öffnung, welche nach innen mit einem Vorhang geschlossen wird. Der Rauch des im Innern angezündeten Feuers zieht durch die runde Öffnung, welche in der Spitze, da, wo die Zeltstangen zusammengebunden sind, bleibt; um Licht zu erlangen, schneidet man entweder in die Decke einzelne Öffnungen, die man mit Blase verschließt, oder man begnügt sich mit der Tageshelle, welche durch den Eingang dringt.

Zelte haben auch die Polarnomaden vorzüglich für die Sommerwohnung, wie die Eskimos, die Tungusen, Lappländer, Berglappen. Ganz eigentümlich geschickt und rasch aber wissen die Ostjaken dieselben aufzubauen. Wenn bei diesen ein Zelt aufgestellt werden soll, werden zwei Stangen an ihren Oberenden mit einem biegsamen Riemen verbunden, in den Boden gesteckt und an diese die übrigen Zeltstangen angelehnt, so daß ein kegelförmiges Gerüst entsteht. Zunächst auf dieses Gerüst kommt eine Lage von Fellen, mit der Haarseite nach innen. Eine zweite Decke mit der Haarseite nach außen wird aus lauter zusammengenähten Renntierfellstreifen gebildet, welche man sehr geschickt und zweckmäßig durch Aufwickeln anbringt.

Bei diesem Geschäft sind zwei Personen thätig, welche zuerst mittels zweier langen Stangen die beiden entgegengesetzten Zipfel des aufzulegenden Streifens unterstützen und ihn dadurch bis nahe an die Spitze des Zeltkegels heben. Dann geht der eine mit seiner Stange nach vorwärts, das Gerüst umkreisend, bis das Fell in spiralförmig abwärts geneigter Lage platt auf dem Gerüste ruht. So werden nacheinander die Streifen wie Dachziegel mit übergreifenden Rändern aufeinander gelegt, und ohne Bänder und Riemen erhalten sie sich dann durch ihre eigne Schwere, welche überhaupt dem ganzen Gebäude Halt und Festigkeit gibt.

Die höchste Vervollkommnung aber erreicht das Zelt bei den Hirtenvölkern der gemäßigten Zone, bei den Kalmücken und den verwandten mongolischen Stämmen. Dasselbe, Gärr genannt, wird aus Weidenstäben und Filzdecken errichtet und die Verbindung der einzelnen Teile mittels kurzer geknüpfter Riemen von rohem Leder bewirkt. Die Filzdecken liegen bei Reicheren doppelt und sind mit bunten Mustern geziert, die auf eine eigentümliche Weise in den Filz hineingearbeitet werden. Das Innere dieser Behausung hat eine bestimmte Anordnung, die man bei den Wohnungen der Völker auf niedriger Kulturstufe gänzlich vermißt. Dem Eingange gegenüber, vor dem Lager des Wirtes, befindet sich der Feuerplatz; das Lager selbst ist mit dicken Filzdecken und Polstern von Saffian überzogen und mit Kissen von feinem Juchtenleder, gefüllt mit Wolle oder Federn, versehen. Bisweilen ist auch der Boden des Zeltes mit Decken und Teppichen ausgelegt, und der Feuerplatz, der Raum, wo gekocht wird, hat dann ein besonderes Zelt. Statt seiner dient zur Erwärmung

der Wohnung ein Kohlenbecken. Die Kisten und die Juchtensäcke, in welchen die Besitz=
tümer aufbewahrt werden, haben ihren Ort. Zur Linken ist der Ehrenplatz und die Lager=
stätte für die Gäste, und man findet an dieser Stelle häufig kunstvoll gearbeitete Leder= und
Tuchdecken, Vorhänge von Seide oder teure Teppiche, daneben freilich als unzertrennliche
Begleiter schlechte Luft und die größtmögliche Unreinlichkeit.

Die Goldiwohnungen in den sibirischen Steppen sind sehr dauerhaft hergestellt. Um
dem Wetter Widerstand leisten zu können, ist die Außenseite mit einer dicken Lage Stroh=
matten überzogen, die innere Seite dagegen mit feineren Decken und Flechtwerk ausgekleidet.
Sie haben verschiedene Räume, die bisweilen ganz voneinander getrennt sind und durch
besondere Ausgänge ins Freie führen. Sie bleiben lange stehen und bilden in ihrer
solideren Bauart gewissermaßen einen Übergang zu den festen Wohnungen.

Feste Wohnungen, das heißt stehende, durch welche der Aufenthalt einer Familie
an einen bestimmten Ort sich knüpft, entstanden aus zweierlei Ursachen. Einmal baute man
sie da, wo die Natur alle Bedürfnisse des Lebens leicht erreichbar an oder um einen Ort
hervorbrachte, das andre Mal, wo die leicht bewegliche Wohnung den Einflüssen der oft=
mals ungünstigen Witterung nicht zu widerstehen vermochte oder wo feindliche Angriffe der
benachbarten Völker zu erwarten standen. Die Wohnungen wurden dadurch zu Festungen.
Schwer zugängliche Orte, Höhlen, Schluchten, Klippen, findet man auf Neuseeland schon
durch Kunst ausgebaut, um als Zufluchtsstätten in den häufigen Kriegen gegen andre Stämme
zu dienen. Die Neuseeländer befestigen ihre Wohnungen, indem sie dieselben in Dörfer
zusammengruppieren und Palissadenverzäunungen darumziehen, die einzelnen Hütten auch
mit Balken verschienen und durch Vergitterungen den Eingang in dieselben erschweren.

Eine eigentümliche Art der Befestigung und wohl die älteste, zu welcher die rohen
Völker gegriffen haben, ist die, daß sie den Eingang nicht zu ebener Erde, sondern über
derselben und nur auf Leitern oder leicht abzubrechenden Stegen erreichbar anbrachten.
Wo es die Natur des Ortes zuließ, wurden die Wohnungen erhöht über dem Wasserspiegel
aufgeführt und damit allerdings die größtmögliche Sicherheit, vorzüglich vor den Belästigungen
durch Raubtiere, erreicht. Es entstanden auf diese Weise die Pfahlbauten, deren Über=
resten wir auch in Europa, in den Schweizerseen und in den irischen Crannogs, begegnen.

In den Jahren 1853 und 1854 fiel infolge großen Wassermangels der Spiegel des
Züricher Sees noch um 3 m tiefer, als sein niedrigster Stand bisher (1674) gewesen war.
man entdeckte damals diese merkwürdigen Wohnungsanlagen, von denen man bald auch im
Genfer, Neuenburger, Sempacher See u. s. w. Reste und zwar in großer Zahl auffand.

Die Pfahlbauten, welchen man bei den verschiedensten an größeren Wassern wohnenden
Völkern, bei den Oratern in den Marschen des Euphrat wie in Zentralafrika am Tschadsee
oder bei den Papuas in Neuguinea, begegnet, und die demnach eine allgemeine kultur=
historische Bedeutung erlangen, sind jetzt freilich nichts andres mehr als Reste von in den
Boden des Sees getriebenen Pfählen, auf denen aber früher Wohnungen und Dörfer ge=
standen haben. Die interessantesten, hauptsächlich weil durch fleißige Forschung am deutlichsten
aufgeschlossen, sind die schweizer Pfahlbauten, von denen namentlich die bei dem Dorfe
Wangle am badischen Ufer des Untersees, dann die im Torfmoor von Robenhausen, die
von Meilen am Züricher See, wo 1854 die ersten Entdeckungen dieser Art gemacht wurden,
die Pfahlbauten von Wauwyl bei Luzern, an den Ufern des Bieler und Neuenburger Sees,
die von Morges am Genfer See, ferner die bei Villeneuve, bei Frauenfeld im Kanton
Thurgau, Moosseedorf im Kanton Bern u. a. zu erwähnen sind.

In der Schweiz fand man bei einer Pfahlbautenstätte oft bis zu 40 000 hölzerne
Pfosten nahe nebeneinander eingetrieben, stets an seichten Stellen, ein Stück vom Ufer und
mit demselben mutmaßlich durch eine Brücke verbunden. Man vermutet, daß die Hütten
aus Korbwänden, die mit Lehm überkleidet wurden, bestanden, weil man Reste von dergleichen
Flechtwerken an jenen Orten noch jetzt findet. Ganz besonderes Interesse gewähren die ander=
weitigen Funde, welche man zwischen den Pfahlstümpfen ausgräbt, und deren Bestandteile
jedenfalls aus den Haushaltungen der Pfahlbauern auf den Seeboden hinabgefallen sind.

So findet man in einigen solchen schweizer Pfahldörfern unter Resten von beinernen
Geräten irdene Scherben, Werkzeuge aus Stein, vorzüglich aus Feuerstein, Serpentin ꝛc.,
der aus dem heutigen Frankreich oder Deutschland bezogen worden sein muß. Einen

Handelsverkehr nach auswärts müssen wir auch der Bruchstücke metallener Gegenstände wegen annehmen und wegen der Schmuckstücke aus Korallen und Bernstein, und aus Gesteinen, die oft sehr weit entfernten Gegenden angehören, wie Diallag, Gabbro, Amphibolith, Syenit, schwarzer fester Sandstein, Nephrit u. s. w., die sich bisweilen, wenn auch selten, in dem Bereiche dieser Bauwerke finden.

Warum die Menschen sich Wohnungen über dem Wasser errichteten, diese Frage dürfte sich, wie gesagt, aus dem Bedürfnis einer natürlichen Befestigung leicht beantworten. Sind doch die Crannogs in Irland, deren viele erst in christlichen Zeiten zerstört worden sind, nichts andres, und Venedig verdankt ebenfalls nur dem Bedürfnis um Schutz gegen die verheerenden Züge der Völkerwanderung seine Entstehung und eigentümliche Bauart. Nach der großen Ähnlichkeit der Anlage mit Venedig benannte der spanische Entdecker Juan de la Cosa, dessen Begleiter Amerigo Vespucci war, nach welch letzterem der neu entdeckte Erdteil den Namen Amerika erhalten haben soll, ein ganz kleines Indianerdorf in der Nähe von Maracaibo, woraus der Name Venezuela (Klein=Venedig) für jenes ganze Land entstanden ist.

Das Alter der Pfahlbauten in der Schweiz läßt sich mit Sicherheit nicht bestimmen; die Unterscheidung einer Stein= und Bronzeperiode, an deren Grenze die Entstehung zu suchen sein dürfte, ist eine so unbestimmbare in chronologischer Beziehung, daß sie für uns so gut wie keinen Maßstab abgeben kann. Wenn auch nur wenig, so doch etwas mehr Anhalt bieten uns wiederum geologische Ereignisse, die seit jener Zeit stetige Veränderungen bewirkt und in der Kenntnis dieser uns einen Maßstab an die Hand

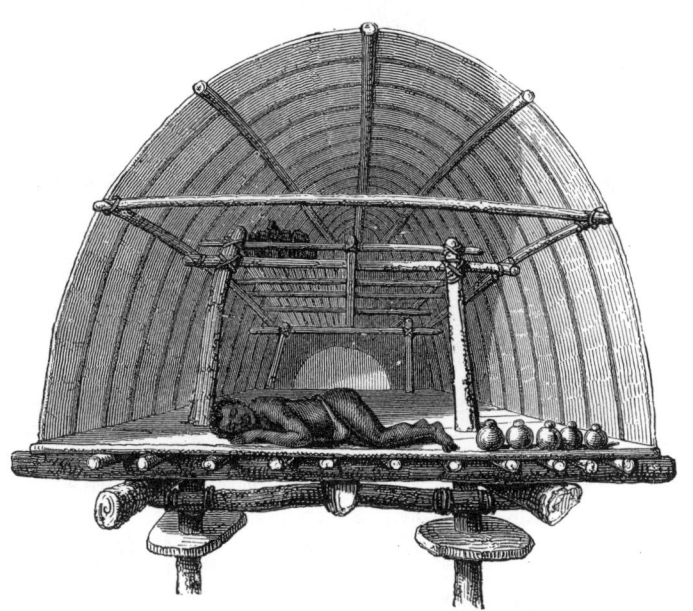

Fig. 22. Inneres einer Hütte von den Luisiaden.

gegeben haben. Es ist z. B. erwiesen, daß noch 300 Jahre n. Chr. der Neuenburger See bis an das alte Eburodunum heranreichte; jetzt befinden sich die Ufer aber 900 m von der römisch=gallischen Niederlassung. Im Oberthale dagegen, 1000 m oberhalb Eburodunum, kaum 1 m unter dem Schuttlande des Flusses, findet sich der Rest eines Pfahlbaudorfes, der also, wenn das Wasser in gleicher Weise rasch sich zurückgezogen hat, ein Alter von 3—4000 Jahren beanspruchen kann. Andre Umstände machen es aber wahrscheinlich, daß in Europa selbst bis in die Zeiten Julius Cäsars hinein die schutzgewährende Wohnungsanlage auf Pfählen sich in Gebrauch erhielt.

In vielen tropischen Ländern ist die Bauart der Hütten auf einem luftigen Pfahlrost durch die feuchten, fiebererzeugenden Ausdünstungen des Bodens fast geboten.

Fig. 22 zeigt uns das Innere einer auf Pfählen errichteten Hütte von den Luisiaden. Fig. 21 (VI) Wohnungen der Eingebornen von Tahiti. Die Seitenwände der letzteren bestehen aus Flechtwerk und enthalten den Eingang; sie können beliebig weggenommen oder aufgemacht werden, je nachdem es die Witterung erfordert. Die Dächer sind mit Blättern gedeckt, die Fußböden mit Matten belegt. Bisweilen ist in dem Fußboden eine Art Fallthür, durch welche Schmutz und Abfälle aus dem Innern beseitigt werden. Ähnliche Wohnungen findet man auf den Mendozas=, den Freundschafts=, den Gesellschafts=, den Radak=Inseln u. s. w.

Bisher haben wir eine allmähliche Entwickelung der Wohnung im Auge gehabt, wie sie unter Menschenstämmen stattfinden kann, denen die Natur gestattet, den größten Teil der Zeit im Freien zuzubringen. Es haben selbst die festen Wohnungen bei solchen Völkern eine sehr leichte Bauart, und als Hauptmaterialien zu ihrer Herstellung dienen die bequem zu verarbeitenden Produkte, wie Blätter, Felle, Matten, Stangen. Die Lebensweise bringt es mit sich, daß die Wohnung fast nur als eine Schlafstätte betrachtet wird, und infolgedessen ist die innere Einrichtung gewöhnlich eine sehr einfache. Nur bei den Reichen fanden wir gesonderte Räume für die verschiedenen Verrichtungen, einzelne Nägel zum Aufhängen der Jagdgeräte an den Wänden, einen Kasten oder auch nur einen Winkel für die überflüssigen Kleider, Gefäße und dergleichen; fast immer aber eine fest bestimmte Feuerstätte, auf welcher bei vielen Völkern der gemäßigten Zone die Glut nie verlöschen darf. Wo die Ruhestätte des Hausherrn einen unverrückbaren und besonders respektierten Platz hat, da zeigt sich das Walten eines sittlichen Einflusses, der in Ordnung und Disziplin die Grundeigenschaften des Staatslebens herausbildet.

Wenn wir eine vergleichende Zusammenstellung der mannigfachen Wohnungseinrichtungen, wie sie uns von Reisenden in Grundrissen abgebildet werden, versuchen wollten, so müßten wir Hunderte von Zeichnungen den Lesern vorführen. Die Lebensweise und Gewohnheiten der Völker sind ja so mannigfacher Art, und jede wird ihren Einfluß auf die Ausstattung der inneren Wohnräume ausgeübt haben.

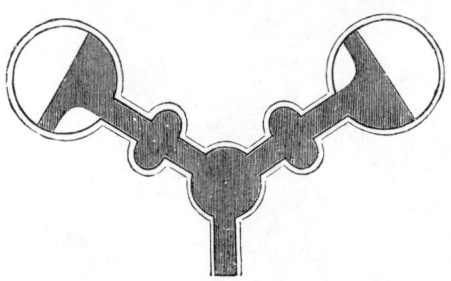

Fig. 23. Grundriß einer Eskimowohnung.

Wichtiger für den Zweck unsrer Betrachtung ist das Material, aus welchem die Außenwände der Wohnungen da aufgebaut wurden, wo die Witterungsverhältnisse die Anwendung so leichter Stoffe, wie die zu den bisher betrachteten Wohnungen verwendbaren, nicht mehr gestatten. Schwere Balken, Thon, Lehm, Steine, Reisig und Erde (wie z. B. die jungen Ansiedler im Norden Kanadas), ja sogar Eis und Schnee sind die Mittel, aus denen der Mensch sein Schutzdach sich errichtet, wenn eine spärlich schaffende Natur ihm die Auswahl beschränkt. An der Bearbeitung dieser Stoffe erstarkt seine Kunstfertigkeit und seine Erfindungsgabe. Das festere Material gestattet ihm, sich auszubreiten, und veranlaßt ihn, verschiedene Räumlichkeiten nebeneinander und übereinander zu errichten, um die Umfassungswände und das Dach auf sparsame Weise zu benutzen. Dadurch entstehen die zusammengesetzteren Wohnungen; die Baukunst entfaltet sich als selbständige Kunstgattung.

Das einfachste Material und das am leichtesten zu bearbeitende ist der Lehm, der sich fast überall findet und in heißen Ländern vorzüglich geeignet ist, zum Aufbau dauerhafter Wohnungen zu dienen. Die Grönländer bauen sich Erdhütten, die sie halb in den Boden versenken und zu denen sie das Modell den Höhlen, welche der Netsek für sich und seine Jungen in das Eis macht, entnehmen konnten. Die Eskimos, welche den Sommer über in Zelten wohnen, errichten mit großer Geschicklichkeit für den Winter Hütten aus Schnee. An einem Flusse, wo der Schnee ungefähr $2/3$ m tief und gehörig kompakt war, stellte ein Eskimo, der Franklin auf seiner ersten Reise begleitete, innerhalb sehr kurzer Zeit ein wahres Kunstwerk dieser Art her. Er fing damit an, einen 4 m im Durchmesser haltenden Kreis abzumessen. Hierauf ward der im Zirkel befindliche Schnee mit einem breiten, langstieligen Messer in Streifen geteilt, die so viel Zusammenhang hatten, daß man sie unversehrt ausheben konnte. Diese Streifen wurden wie behauene Steine übereinander gelegt, die verschiedenen Lagen mit dem Messer geglättet und so beschnitten, daß die Wand eine sanfte Neigung nach innen zu und eine kuppelartige Gestalt erhielt. Die oberen Baustücke wurden keilförmig eingefügt und das Ganze durch einen letzten keilförmigen Schlußstein beendet. Als das Gebäude fertig war, wurde ein wenig lockerer Schnee darüber geworfen, um alle Ritze auszufüllen, und eine niedrige Thür mit dem Messer durch die Wand geschnitten.

Selbst ein Fenster, das mit einer klaren Eistafel verschlossen wurde, erhielt der Bau, der infolge der Reinheit des Materials und der Zierlichkeit seiner Herrichtung wie ein

Marmorgebilde sich präsentierte. Eine vollkommen eingerichtete Winterwohnung besteht aber bei den Eskimos aus mehreren Räumen, die durch Gänge miteinander verbunden sind. Aus letzteren führt dann ein langer, niedriger Gang, mittels dessen die Luft im Innern sich nur schwierig erneuern kann, ins Freie. Fig. 21 (IV) gibt uns die äußere Ansicht einer solchen Schneewohnung, Fig. 23 den Grundriß. Die weiß gelassenen Stellen in dem letzteren sind die Ruhestätten, welche aus Schneebänken mit einer Lage Heidekräuter und darüber gebreiteten Renntierfellen bestehen.

Die Abessinier, welche eine bei weitem höhere Kulturstufe einnehmen, als man ihnen zuzuschreiben gewohnt ist, errichten sich auf dieselbe Art, wie sie auch bei uns häufig angewendet wird, Wohnungen, indem sie zwischen kreisförmig aufgestellten Hürden feuchten Lehm eintreten, den die Sonne durch Austrocknen härtet. Das Dach wird je nach der Begüterung des Besitzers aus Stroh, Stangen oder Balken gezimmert, wohl auch mit Matten belegt.

Fig. 24. Durchschnitt des römischen Hauses. Zeichnung von G. Rehlender. (Zu S. 44.)
1. Ostium. 2. Vestibulum. 3. Raum für den Thürhüter. 4. Teil des Atrium. 5. Empfangszimmer (Alae). 6. Atrium. 7. Familien- und Gastzimmer. 8. Vorhang zwischen Atrium und Tablinum. 9. Gang vom Atrium in das Peristylium. 10. Familienzimmer. 11. Tablinum. 12. Peristylium. 13. Posticum. 14. und 15. Privatgemächer der Familie. 16. Zimmer des Hausherrn. 17. Oecus. 18. Der nach dem Garten führende Gang. 19. Das obere Geschoß für Diener und Mietsleute. 20. Vermietete Läden.

Man sieht aus der beigegebenen Zeichnung Fig. 21 (II), daß für die ersten Baumeister die Form des Zeltes maßgebend gewesen ist. Die Hütten der Indianer des Hochlandes Peru — meist rund, mitunter jedoch auch viereckig — werden aus den Rollsteinen der Flüsse zusammengesetzt. Auf diese Weise wird ohne Zuhilfenahme von Mörtel oder anderm Bindemittel eine ziemlich dicke Umfassungsmauer hergestellt, welche das aus dicht nebeneinander gestellten, ziemlich langen Grashalmen (Jchu) gebildete Spitzdach trägt.

Von hier ab müssen wir aber die Leser, welche den allmählichen Entwickelungsgang der menschlichen Wohnungen weiter verfolgen wollen, auf die späteren Kapitel dieses Bandes, „Geschichte der Baukunst" und „Das Wohnhaus", verweisen.

Der Gegenstand ist von so allgemeinem Interesse, daß eine so kurze Darstellung, wie wir sie hier nur geben könnten, nicht genügen würde, wenn wir nicht aus dem Rahmen der Einleitung herausfallen wollen. Es beginnen mit der Verarbeitung der verschiedenen Materialien und mit den sich immer höher und edler herausbildenden Zwecken, denen die Bauwerke der kultivierten Völker zu dienen bestimmt sind, eigentümliche Richtungen selbständig aufzutreten, in denen das materielle und sittliche Leben sich Ausdruck verschafft.

Es entstehen Stile, Baustile, die in ihrem Bereich die bildenden Künste führen und die Baukunde als Ganzes zu einem kulturhistorischen Moment machen, welches in ähnlich bedeutender Weise, wie etwa die Sprache, die Schreibkunst und die vervielfältigenden Künste, Einfluß auf die allgemeine Entwickelung der Menschheit sowohl als auf die gesonderten Kulturzustände einzelner Völker geübt hat.

In der Wertschätzung, die der Mensch seiner Wohnung zukommen läßt, in der Liebe zum eignen Herde liegt ein sprechendes Zeichen seiner sittlichen Bildung. Man kann daher die Bemerkung machen, daß, je kultivierter ein Volk ist, um so besser die einzelnen wohnen werden. Der rohe Luxus, der in den Übergangsstadien auch hier, wo es sich um das Schmücken handelt, in einer Massenanwendung kostbarer Stoffe sich äußert, weicht endlich einem einfachen, natürlichen Geschmack, welcher die veredelte Form als Ausdrucksmittel ästhetischer Ideen obenan stellt.

Einer der ersten leitenden Gesichtspunkte wird aber auf den höheren Kulturstufen der Menschen vor allen Dingen die Gesundheit. Helles Licht, frische Luft, die Abwesenheit, schädlicher Dünste, die Nähe reichlichen, fließenden und reinen Wassers, fruchtbarer Felder, von denen man die wesentlichsten Nahrungsmittel rasch und frisch erhalten kann, bestimmen die Wahl des Wohnortes, und man sieht, nachdem die Völker, obwohl schon im Besitz großer Reichtümer, doch eine Periode durchgemacht haben, in welcher sie sich in Ortschaften und großen Städten zusammenhäufen, mit Befriedigung eine Rückkehr zu dem freudenvolleren Leben in der freien, grünen Natur.

Die bessere Einsicht lehrt auch hier, wie bei den Nahrungsmitteln, das Naturgemäße dem bloß Üppigen, Kostbaren und Seltenen vorzuziehen. Man verlangt von der Wohnung nicht bloß Schutz, sondern Anregung; man will sich nicht bloß hineinflüchten, sondern sich ihrer freuen. Man lebt im Hause und will darin nicht bloß vegetieren. Daher denn der wahrhaft Gebildete seine Mittel zunächst zur Erlangung einer gesunden, schönen, geräumigen Wohnung verwendet. Sie wird die Welt des Gatten, des Vaters und des Freundes, mit einem Worte die Welt, in der er sein Gemütsleben führt, entgegen dem Markte und der Werkstatt, wo er als Bürger und Gewerbsmann in öffentlichem Handeln sich bewegt. Die Entwickelung der Familie geht Hand in Hand mit der Wohnungsfrage, und hier ist besonders die Stellung, welche das Weib bei den Völkern einnimmt, das Motiv großer Abweichungen in der Wohnungsanlage, denen wir begegnen.

Die feingebildeten Griechen besaßen keine Wohnhäuser in der edlen Bedeutung, die wir dem Worte unterlegen; ihnen war die Frau die Erzieherin ihrer Kinder, die das Hauswesen in Ordnung erhielt, nicht aber oder nur ausnahmsweise die gesellschaftlich gleichgestellte Gefährtin des Mannes. So schön in der Bauart, so edel und geschmackvoll in der Ausschmückung ihre Häuser erscheinen, so fehlte ihnen der wohnliche Charakter. Der Grieche, selbst der verweichlichte, lebte ein öffentliches Leben, ein Leben der Männer unter Männern, was durch die thätige Beteiligung an den infolge der Vielteiligkeit des Staates sehr wechselreichen politischen Ereignissen sein ganzes Denken und Fühlen umschloß.

Anders wurde es bei den Römern. Obwohl die Staatsgeschäfte den freien Bürger nicht minder einen großen Teil des Tages auf dem Forum verleben ließen, so kam doch bei der wachsenden Größe des Reiches in den Verlauf der Dinge eine gewisse bedeutende Stetigkeit, welche den Erfolg minder von täglich wechselnden Zufälligkeiten, als von lange voraus besorgten Plänen abhängig machte. Kunst und Wissenschaft aber waren nicht Gegenstände der allgemeinen Behandlung; vielmehr bildete sich der Römer allein, während der Grieche im gegenseitigen Wechselgespräch seine Ideen läuterte und seinen Geschmack klärte.

Der Römer war schon dadurch an das eigne Haus gewiesen. Die Beteiligung an der Politik rief das Klientenwesen hervor, welches die Wohnungen der Patrizier zu den Versammlungsorten der Partei machte. Rechnen wir dazu die mindere Gunst des Klimas, welches über Rom nicht den ewig heitern Himmel Griechenlands blauen läßt, so haben wir die Hauptgründe vereinigt, infolge deren die Wohnungen in Rom eine größere Wichtigkeit erhielten als in dem glücklichen Hellas.

In Wechselwirkung stand damit nun die würdevollere Stellung des Weibes, auf deren Umgang der Römer weit mehr angewiesen war als der Grieche. Seit den ersten Zeiten finden wir ein edles, poesievolles Familienleben, und dadurch erhöhte sich wiederum die

Pietät, mit der man die Wohnung errichtete und belebte. Es ist wahrhaft rührend zu lesen, mit welcher Glückseligkeit der jüngere Plinius zum Beispiel die Reize und Vorzüge seiner Villen schildert. Natürlich zeigte sich die Pracht und Verschwendung, wie sich in Rom die Mittel dazu häuften, vorzüglich auch in der Ausstattung der Wohnungen. So groß aber auch die Verschwendung in dieser Richtung wurde, so war dieser Luxus doch immer ein minder sträflicher, als der, welcher nur dem Gaumen frönte.

Das alte Rom war noch in der mittleren Zeit der Republik eine unansehnliche, schlecht gebaute Stadt. Cato konnte sich erst in seinem Alter entschließen, die Wände seiner Wohnung tünchen zu lassen. Allein hundert Jahre später hatte sich das Aussehen Roms gewaltig geändert, und vorzüglich nach dem Neronischen Brande war die Stadt voll der herrlichsten Prachtbauten. Die Straßen wurden zu beiden Seiten mit Säulengängen eingefaßt, welche der Kaiser auf seine eignen Kosten ausführen ließ. Sehr viel trug auch Trajan zur Verschönerung der Stadt bei. Diese öffentlichen Bauten blieben nicht ohne Rückwirkung auf die Ausstattung der Privathäuser.

Fig. 25. Offener Hof im Wohnhause eines vornehmen Römers.

Statt weniger Freunde versammelte sich eine Schar von Klienten, die frugalen Familienmahle wichen großen Gastereien, und der alte heilige Familienherd wurde in einen entlegenen Winkel des Hauses verwiesen. Sallust erzählt schon von Palästen, welche die Ausdehnung von Städten erlangten. Der große Cincinnatus besaß vier Morgen Land, die er selbst bebaute; Plinius schildert, daß diejenigen zu eng zu wohnen glaubten, deren Paläste nicht mehr Flächenraum bedeckten als des Cincinnatus ganzes Landgut.

Mamurra, Cäsars Feldzeugmeister in Gallien, ließ zuerst die Wände seines Hauses mit Marmorplatten belegen. Das Haus des Konsul M. Lepidus, in welchem zuerst Schwellen aus numidischem Marmor lagen, war anfänglich das schönste in Rom, in dreißig Jahren nahm es nicht mehr den hundertsten Platz unter den Palästen ein. Wandmalereien und Mosaiken wurden mehr und mehr begehrt, und in dem wieder aufgegrabenen Pompeji sehen wir, welche Pracht selbst ein gegen Rom verschwindendes Landstädtchen entwickelte. Säulen und Zimmer wurden mit Gold, bunten Steinen und Perlmutter ausgelegt. Die elfenbeinerne Täfelung der Speisezimmer ließ sich verschieben, um Füllhörner und Röhren darin anbringen zu können, aus denen Blumen und wohlriechende Flüssigkeiten auf die Speisenden herabgeschüttet wurden.

Bäder von warmem und kaltem, von Meer- und Quellwasser waren vorhanden. Nero baute das berüchtigte Goldene Haus; so groß und verschwenderisch aber auch dessen Anlage war, so gab es doch unter Theodosius noch zahlreiche Paläste, deren jeder dasselbe an Mannigfaltigkeit überbot. Ein nur halbwegs anständiger Palast hatte seine eignen Plätze, Rennbahnen, Tempel, Fontänen, Säulengänge, Tier- und Vogelhäuser, Teiche und Haine, und in Rom war die Baulust noch durch die Einschränkung, welche der Raum gebot, beengt. Auf dem Lande aber, wo die Großen ihre Landhäuser und Villen sich errichteten, artete der anfänglich gute Geschmack in widerwärtige Ziererei und plumpen Barbarismus aus. Man fing an, die Natur zu verunstalten, statt zu verschönen, und die ersten jener zugestutzten Baumkrüppel, denen wir heute noch in altfranzösischen Gärten begegnen, jener steifen, gerad= linigen Wände oder jener Schnörkel und Namenszüge aus niedrigen Gesträuchen und der lächerlichen Tiergestalten, Pyramiden oder Schiffe wurden vom Ritter C Matius, einem Freunde des Augustus, in die Mode gebracht.

In diesen überreich ausgestatteten Palästen befanden sich sogenannte Armenstuben, das waren ärmlich eingerichtete Zimmer, die an gewissen Tagen bewohnt wurden, um durch einen fingirten Mangel sich den Reiz am Genusse des Überflusses für die übrige Zeit wieder zu erhöhen.

Diese Verirrungen des Geschmackes sind für uns überwunden. In der wahren Pietät für die Wohnung stehen die germanischen Stämme unter den modernen Kulturvölkern obenan, wenngleich betreffs der künstlerischen Ausstattung sie von den Franzosen überholt werden. Dem Deutschen liegt die Glückseligkeit zwischen seinen „vier Pfählen" am Herzen, und der Engländer ist arm, welcher nicht ein Haus, wenn auch noch so klein, allein für sich und seine Familie zur Wohnung haben kann. Mein Haus ist mein Schloß — ist sein stolzes Sprichwort. —

Kleidung. Das Bedürfnis nach Kleidung hängt mit dem Bedürfnis nach Wohnung eng zusammen. Hier wie dort sind es die Unbilden der Witterung, die auf den Körper den zwingenden Einfluß, sich mit abwehrenden Stoffen zu versehen, ausüben. Des Menschen Haut ist nicht, wie die vieler Tiere, in der kalten Jahreszeit eine andre als in der warmen. Er kommt nackend auf die Welt, und wenn Frost und Regenzeiten eintreten, wächst ihm kein dichter Pelz, sondern er muß auf Mittel denken, den Unfreundlichkeiten des Klimas durch künstliche Vorrichtungen zu begegnen.

Der Mensch erzeugt sich die Kleidung. Bei Völkerschaften, welche in immer gleich= mäßig heißen Ländern leben, ist dieselbe kein so dringendes Bedürfnis; sie ist daher hier auch unvollständiger als in der kalten Zone und fehlt nur hier mitunter ganz; wiederum aber erlangt sie bei den Polarbewohnern nicht die Vervollkommnung wie in der gemäßigten Zone, weil die Witterungsverhältnisse dort nicht so rasch eintretenden Veränderungen unterworfen sind.

Die südamerikanischen Waldindianer der Niederungen, die Puri, Botokuden und Koroaden, kennen keine Kleidung zum Schutz gegen die Witterung. Als die Missionäre ihnen Hemden gaben, schämten sie sich, dieselben anzulegen, sie trugen sie zusammengerollt unter dem Arme. Dafür aber bemalen sie sich am ganzen Körper und schützen sich durch die Farbendecke gegen die Insekten, ähnlich wie die (höchstens mit einem Fell bekleideten) Buschmänner sich durch eine erdige Schmutzkruste gegen die nächtliche Kälte bewahren.

Es scheint, als ob die Bemalung, die überall bei den rohen Völkern geübt wird und (nach dem Schussenrieder Fund von roter Farberde und Holzkohlen) auf schwäbischem Boden schon in der Eiszeit geübt wurde, eine der ersten und ursprünglichsten Bekleidungsarten darstelle. Eitelkeit auf der einen und Schamhaftigkeit auf der andern Seite übten nach und nach ihren Einfluß, wenn auch nur in gewissen Graden und in Richtungen, die mit unsern Ansichten nicht immer ganz genau zusammenfallen. Sie sind dann die Beweggründe, den Körper zu verändern. Farben machen Leute, wie bei uns Kleider Leute machen.

Die Bemalung, die sich erst über den ganzen Körper erstreckt und deren Erneuerung einen wichtigen Teil der täglichen Beschäftigung bildet, schränkt sich mit der fortschreitenden Bedeckung auf die unbekleideten Körperteile ein und erreicht schließlich ihre höchste Aus= bildung in der Gesichtsmalerei, die sich selbst in unsern hochkultivirten Zeiten noch als ein wesentlicher Teil der Toilette in Ausübung zu erhalten weiß.

Eine damit in Vergleich zu bringende Bekleidungsart fanden im 17. Jahrhundert die Franzosen in Brasilien, zu der heutzutage nur noch in Nordamerika zeitweilig unfreiwillig geschritten wird: die Befiederung nämlich. Die Tupinamba bestrichen sich den ganzen

Entwickelung des Menschengeschlechts. 47

nackten Körper mit Gummi und bestreuten sich sodann über und über mit roten Flaumfedern. Ähnlich machen dies jetzt noch die kalifornischen Indianer, wenn sie sich zum Tanze schmücken, und die Encebelladastämme, die sich einen lockeren Baumwollenflaum ankleben.

Fig. 26.   Fig. 27.

Fig. 28.   Fig. 29.
Fig. 26. Kleidung der Kalmücken. Fig. 27. Mantel der Neuseeländer. Fig. 28. Bemalung der Fan (König Ndiayi).
Fig. 29. Schurz der Ovambo.

Wir dürfen annehmen, daß das ursprünglichste Kleidungsstück der heißen Zone der Schurz gewesen und seine ersten Träger die Frauen, obwohl einzelne Reisende die Behauptung aufgestellt haben, daß die zur Abhaltung der Sonnenstrahlen dienende Stirnbinde vielen noch notwendiger erschienen sei. Anders stellten sich selbstverständlich die Anforderungen an die Bekleidung in rauheren Gegenden. So führte z. B. auf Neuseeland die Kälte zur Erfindung des Mantels. Die einfachste Form desselben, die uns Fig. 27 nach einem

48 Einleitung.

Bilde von Cook vor Augen führt, läßt freilich noch genugsam Gelegenheit zur billigen Aneignung eines lebhaften Schüttelfrostes.

Mit dem Schurz hängt der Gürtel zusammen. Derselbe wird bald als Tragriemen benutzt und erfährt hier und da eine Verbreiterung.

Bei den Ovambo (Fig. 29) traf Livingstone eine verhältnismäßig hohe Sorgfalt für die Kleidung an. Die Weiber zeigten sich mit doppelten Schürzen, deren eine auch die Kehrseite bedeckte; den ganzen Leib trugen sie überdies mit Öl eingeschmiert und, was man bei den südamerikanischen Indianern und den Neuseeländern auch nicht kennt, den Haaren war eine sehr große Sorgfalt zugewendet. Mit Hilfe von Fett und eingedrehten Pflanzenfasern waren dieselben in lange über den Rücken hinabhängende Schnüre gewickelt.

Fig. 30. Japanesische Schuhe und Strohsandalen.

Mit so einfachen Mitteln begnügen sich die Bewohner heißer Landstriche; es wäre aber doch mehr als gewagt, aus dem mehr oder minder sich zeigenden Mangel an Kleidung in der heißen Zone auf einen Mangel an Gesittung schließen zu wollen. Denn gerade, wo klimatische Unbilden keinen Schutz durch Kleidung erheischen, ist der Schurz der Tropenbewohner ein Ausdruck ihrer Schamhaftigkeit; selbst aber wo dieser fehlt, wie bei manchen papuanischen Inselstämmen, ist Nacktheit keineswegs stets die Begleiterin von Schamlosigkeit.

Die Eskimos, die sich ihrem Bildungsstande nach nicht bedeutend über die fast ganz nackt gehenden Negerstämme Afrikas erheben, tragen vollständige Bekleidung, die sie sich aus dem Felle, den Gedärmen und Sehnen des Seehundes und Renntieres kunstreich zu bereiten wissen. Auch verstehen sie die Vögel auszubälgen und die flaumigen Häute zu warmen Röcken zu verarbeiten. Männer- und Frauenkleidung ist sich fast ganz gleich, nur daß die Frauen mit dem Rücken ihres Rockes noch ein sackähnliches Behältnis für den Transport ihrer Kinder vereinigen (Fig. 32), womit sich die Männer nicht abgeben. Die Kleidung für beide Geschlechter besteht aus Beinkleidern, Strümpfen, Schuhen, Röcken und Überkleidern. Selbst Handschuhe und sogar eine eigne Kopfbedeckung fehlen nicht, so daß jeder Teil des Körpers fast sein gesondertes Kleidungsstück hat. Ganz besonders empfindlich gegen Regen, haben Eskimos und Tschuktschen, vielleicht unabhängig voneinander, zuerst den Regenmantel erfunden, den sie vollkommen wasserdicht aus Seehundsdärmen darstellen.

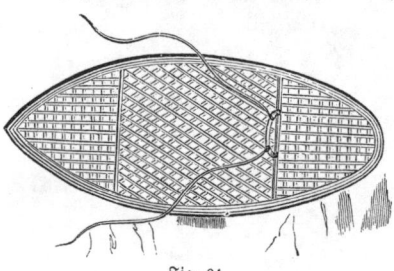

Fig. 31. Ein Schneeschuh der nordamerikanischen Indianer.

Ein wichtiger Bekleidungsgegenstand werden vorzüglich bei den Wandervölkern der kalten Zone die Schuhe, die je nach der Beschaffenheit des Bodens verschiedene Ausbildung erfahren. Sie haben ihren Ursprung in einem Lederstück oder in einer Holz- oder Rindentafel, die zum Schutze gegen das scharfkantige Gestein als Sohle untergebunden wurde, und diese Form hat sich neben den Socken und stiefelartigen Kleidern deutlich in den Sandalen erhalten, die wir so weit verbreitet antreffen. Die Eskimos, Lappländer und Samojeden, die nordamerikanischen Indianer, fertigen, um rascher auf dem lockern Schnee sich fortbewegen zu können, lange Schneeschuhe aus fellbezogenen Brettern oder aus dünnen, leichten Rohr- oder Fischbeingestellen, zwischen denen sie ein Geflecht von Haar oder Schilf anbringen (Fig. 31). Diese Schneeschuhe, welche auch in Schweden und Norwegen auf dem Lande gebräuchlich sind, haben eine ziemliche Größe; sie werden von 1—2 m Länge und $1/2$—$2/3$ m Breite gemacht.

Die Menge und Mannigfaltigkeit der Kleidung ist somit nicht der Maßstab der Kultur. Wohl aber wird ein solcher die größere oder geringere Kunstfertigkeit, die sich in der Herstellung der Kleider zu erkennen gibt. Die Häute der erlegten Tiere zeigten sich zuerst einer passenden Verwendung geneigt, und in der That finden wir aus ihnen, nachdem mehr oder weniger Vorbereitungen vorgenommen worden sind, die Mäntel und Schurze der rohen Völker aller Erdteile verfertigt. Wenn auch nicht in unserm Sinne, so verstehen doch die Eskimos und die Pescherähs eine Art Gerben und die Lederbereitung der nordamerikanischen Indianer, dann aber vorzüglich die der Nomaden der gemäßigten Zone, ist eine fast vollkommene zu nennen.

Wie aber, wenn das Tierreich der Heimat keine zur Bekleidung verwendbaren Felle liefert? Dieser Fall begegnet uns im ganzen Raum der Südseeinseln, welche außer einigen Arten von Fledermäusen ursprünglich gar keine Säugetiere beherbergten. Dort bedienen sich seit undenklichen Zeiten die Eingebornen der sogenannten Rindenkleidung, die man passender Bastbekleidung nennen sollte. Denn die „Tapa", wie die Polynesier diesen Stoff bezeichnen — auf den Sandwichinseln „Kapa" genannt — welchen sie togaähnlich verwenden, ist keineswegs eine ungeschmeidige harte Baumrinde, sondern sie schmiegt sich, fast papierdünn und gleichwohl dauerhaft, wie ein feiner Webstoff dem Körper an. Meistens benutzt man zur Herstellung der Tapa auf den Inseln der Südsee den Papiermaulbeerbaum (Broussonetia papyrifera), und zwar geschieht die Zubereitung der abgeschälten Rindenstücke dieses Baumes folgendermaßen: die 1 m langen und etwa $1/5$ m breiten Streifen werden zuerst einige Tage in Wasser geweicht und dann mit viereckigen Klöpfeln aus einem harten schweren Holz mit abgestuften Einkerbungen der Länge und Breite nach so lange auf einer festen Unterlage geklopft, bis sie die gehörige Dünne erlangt haben, was ungefähr eine halbe Stunde in Anspruch nimmt. Darauf werden mehrere solcher Streifenstücke durch fortgesetztes Klopfen zusammengefilzt, wobei der Saft des Fasergewebes selbst das Bindemittel liefert. Bisweilen erzielt man auf diese Weise sehr umfangreiche, völlig nahtlose Gewandstücke von der Feinheit des zartesten Musselins; mit Hilfe von Schablonen pflegen Fidschi-Insulaner wie Polynesier auf den weißen Tapagrund auch allerhand Muster aufzudrucken, gewöhnlich in Rotbraun, wozu sie wieder einen andern Baum benutzen, den Tui-tui, der ihnen den farbigen Saft liefert.

Fig. 32. Sommerkleidung der Eskimofrauen.

Keineswegs jedoch ist dieser vegetabilische Faserfilzstoff, diese interessante Mittelstufe zwischen Fell und Gewebe — zur Baumrinde sich verhaltend wie das Leder zum rohen Vließ — auf die Inselgruppen des Großen Ozeans beschränkt. Ja es wäre sogar möglich, daß die auf jene Inseln so weit ostwärts ausgeschwärmten Malaien, die eben hier erst zur Rassenvarietät der „Polynesier" wurden, nicht erst durch den Mangel Felle liefernder Tiere in der neuen Heimat zur Erfindung der schönen Tapa geführt wurden, sondern schon in ihrem Auszugslande, dem tierreichen malaiischen Archipel, sogenannte Rindenkleidung trugen. Wir finden nämlich noch heute die letztere auf Borneo: hier verfertigt sich jeder Dajak, dem seine Mittel den Ankauf von fremden Webstoffen nicht erlauben, seinen Tjawat, d. h. seinen vielfach um den Unterleib geschlungenen, in langen Enden vorn und hinten herabhängenden Shawl (seine einzige Bekleidung) aus einem Stück Baumrinde, welches er durch längeres Klopfen von den holzigen Teilen befreit, so daß ein der Tapa ganz ähnlicher vegetabilischer Faserfilz daraus entsteht.

Wahrscheinlich waren derartige nicht gewebte Pflanzenfaserzeuge in vorgeschichtlichen Zeitfernen sogar bei Europäern in Gebrauch; die Karlsruher Sammlung z. B. enthält ein kaum anders denn als Tapaschlägel zu deutendes Steingerät. Heutzutage finden wir solche Stoffe allerdings nur noch in der Tropenzone, hier aber (außer wo sie durch das Handelsangebot von Geweben verdrängt sind) weit allgemeiner, als man noch vor wenigen Jahren meinte, ja geradezu um den ganzen Erdball herum, auch in Südamerika, vornehmlich jedoch in Afrika.

Nach den Mitteilungen von Schweinfurth, Stanley und Oskar Lenz dürfen wir diese Bekleidungsweise einem breiten Gürtel von Völkern beimessen, der sich durch das ganze äquatoriale Afrika hindurchzieht. Es ist namentlich ein Feigenbaum (Urostigma Kotschyana), welcher, wenigstens im Ostteil des genannten Zuges, den dazu brauchbaren Rindenbast liefert. Im Monbuttuland am Uelle fehlt der Baum bei keiner Hütte, denn die Monbuttus entnehmen ihm ausschließlich ihre Kleidung. Die Rinde dieses Baumes hat Ähnlichkeit mit der Lindenrinde, nur bilden die Bastfasern nicht so flache, papierdünne Lagen wie bei der Linde, verweben sich vielmehr untereinander, als wären sie geflochten. Wir sehen also, daß der Mensch eben solche Rindenstoffe einst zur Deckung seiner Blöße erkor, die von Natur ungefähr jene Beschaffenheit besaßen, welche die Kunst des Spinners und Webers den langstreckigen Faserzellen der Lein- oder Baumwollpflanze später im Gewebe verlieh. Wie wir es eben von der Tapa erwähnten, stellen auch die Monbuttus aus ihrer Feigenrinde durch kalten Aufguß und darauf folgendes Klopfen ein dichtes und ganz geschmeidiges Zeug her, welches, durch einen Hüftengurt zusammengehalten, in bauschigem Faltenwurf den Körper von der Mittelhöhe der Brust bis gegen die Kniee hin deckt. Nie tragen die Monbuttus Felle als tägliches Gewand, während bei ihren Nachbarn, den Niamniam, hauptsächlich Felle, selten das Feigenbastzeug zur Bekleidung dient. So wechselt gar häufig von Volk zu Volk im äquatornahen Afrika Fell und gefilzter Baststoff; Gewebe sind dort noch auf weite Strecken unbekannt oder werden eben erst in unsern Tagen als Tauschmittel (unter dem Namen „Merikani", d. h. amerikanische Baumwollengewebe) eingeführt. Auch das in der Kultur verhältnismäßig hoch gestiegene Volk der Waganda am Nordufer des Viktoriasees zieht mitten in seinen prangenden Bananenpflanzungen schattige Feigenbäume, um aus deren Rinde sich den Kleiderstoff zu fertigen. Nicht anders verhält es sich mit den Fan, welche anscheinend einen großen Raum des uns noch meistenteils unbekannten westlichen Äquatorialafrika bewohnen und jüngst an der Mündung des Ogowe bis zur atlantischen Küste vorgedrungen sind. Wissen wir auch den Baum ihres waldreichen Gebiets noch nicht botanisch zu bezeichnen, der ihnen die weiße Rinde spendet — ihr Verfahren der Zeugherstellung ist derjenigen der Südseestämme so gleich, als hätten sie sich von diesen das Taparezept geholt: kaltes Begießen der Rinde, alsdann Bearbeitung mit hölzernen Klöpfeln und Färbung mit einer aus Rotholz gewonnenen Flüssigkeit.

Die höhere Stufe, Faserstoffe zur Kleidung zu verarbeiten, besteht nun zunächst im Verflechten der Fasern. Zuerst drehen die Wilden die Fäden zusammen und lassen sie reihenweise nebeneinander herabhängen, ähnlich wie die Ovambofrau in Fig. 29 ihre Haare geflochten hat. Späterhin werden zum Halt auch Querfäden eingezogen und damit der erste Schritt zur Weberei gethan, deren weitere Ausbildung dagegen schon eine wenigstens zeitweis seßhafte Lebensart voraussetzt.

Es sind deshalb vorzüglich die Hirtenvölker, denen ja der Ertrag ihrer Herden zahlreiche Rohstoffe an die Hand gibt, welche die Vervollkommnung der Gewebe betreiben. Die Kalmücken arbeiten die Filze zu ihren Decken und Zeltbedachungen in den Wintermonaten auf folgende Weise: sie nehmen eine alte Decke von der Größe, welche die neue haben soll, breiten sie aus und bedecken sie etwa $1/3$ m hoch mit weißer Schafwolle. Soll das neu anzufertigende Stück bunte Verzierungen haben, so wird das Muster in bunter Wolle darauf gelegt. Die Wolle, welche vorher gut geklopft und gereinigt worden ist, wird nun mit siedend heißem Wasser übergossen, mit dem alten Filze vorsichtig und fest aufgerollt und mit

Entwickelung des Menschengeschlechts. 51

härenen Stricken umwunden. So viele Leute, als nach der Länge des aufgerollten Filzes nötig sind, kauern in zwei Reihen auf den Boden und werfen die Rolle einer dem andern zu, vom Knie auf die Erde und wieder von der Erde aufs Knie. Die Hauptarbeit dabei fällt zwar den Frauen zu, indessen helfen auch die Männer, und Nachbarn und Freunde beteiligen sich. Nachdem die schwere Arbeit etwa eine Stunde fortgesetzt worden, ist die Wolle genugsam gefilzt, und etwaige Fehler werden, nachdem die Wolle bereits gefilzt ist, mit der Hand ausgebessert.

Das Färben und Mustern der Kleiderstoffe ist sehr alt. Es scheint anfänglich die Äußerung eines gewissen Reinlichkeitsgefühles gewesen zu sein, wenigstens versehen die nordamerikanischen Indianer ihre Pelze und Lederkleider, wenn dieselben durch den Gebrauch die ursprüngliche helle Farbe verloren haben, mit einem ockerroten Anstrich.

Um größere Stoffe, zum Beispiel eine Zeltdecke, aus einem zusammenhängenden Stücke herzustellen, wird es nötig, mehrere kleinere durch Aneinanderheften, Nähen, zu vereinigen.

Fig. 33. Spinnende und webende Aschanti. Nach einer Originalphotographie.

Eine weitergehende Anwendung dieser Kunst, die wir schon bei den Indianern und bei den Polarnomaden in Ausübung finden, führt zu einer wirklichen Kunst der Kleidermacherei, die in Zuschneiden und Anpassen besteht und vorzüglich da sich entwickelt, wo die Kleidung zwar schützen, aber doch die leichte und rasche Bewegung nicht hindern soll. Mit welcher Kunstfertigkeit die nordamerikanischen Jägerstämme ihre Mokassins zu fertigen wissen, ist bekannt. Die Grönländer schleifen die Knochen des Seehundes zu Pfriemen oder bedienen sich starker Fischgräten als Nadeln, mit denen sie dann den aus Renntier- und Seehundssehnen gefertigten Zwirn gewandt durch die gestochenen Löcher zu führen wissen. Außerordentlich dauerhaften und zähen Zwirn verstehen sich selbst noch im heutigen Europa die Renntiere züchtenden Völker, also die Lappen und Samojeden, aus zersplißten Renntiersehnen zu drehen. Und im vorgeschichtlichen Europa, als die Menschen während der Eiszeit auch in Deutschland, Frankreich und auf den britischen Inseln die Renntierzeit durchlebten, wurden ganz wie bei den heutigen Nordpolarvölkern die Pelze mit Knochennadeln und Renntierzwirn zu Kleidungsstücken vernäht.

Häufig werden zur Verzierung bunte Fäden angewendet, entweder in verschiedenen Farben vorkommende Pflanzenfasern oder gefärbte tierische Stoffe, Haare, Federn oder

Stacheln, und damit wissen sonst ziemlich tief stehende Völkerstämme sehr geschmackvolle, lebhaft abstechende Muster zur Verzierung auf ihren Gewändern anzubringen Bunte Vogelfedern liefern dazu, sowie zur Herstellung ganzer Kleidungsstücke, ebenfalls ein ausgezeichnet passendes Material. Die Kalifornier reihen dieselben dicht nebeneinander und so, daß die verschiedenen Farben in Mustern übereinander zu liegen kommen, auf Schnüre und befestigen mehrere solcher Bänder miteinander, wodurch eine Art Federpelz entsteht, der auf beiden Seiten ein gleiches Aussehen hat. Auch die Abiponen, ein Stamm der Pampasindianer, verarbeiten Vogelfedern zu sehr artigen Pelzmosaiken, wie sie auch ohne eigentliche Gerbung die Felle zuzurichten verstehen trotz unsern Kürschnern. Sie nähen die Pelzstücke so aneinander an, daß selbst das scharfsichtigste Auge keine Fuge wahrzunehmen vermag Außerdem haben sie Webstühle aus einigen Schilfröhren und Hölzchen zusammengesetzt, die leicht bei einem etwaigen Wegzuge zusammengelegt und auf dem Pferde weiter transportiert werden können, mittels welcher sie allerlei gestreifte und buntfarbige Zeuge aus selbstgesponnenen, sehr feinen Wollenfäden verfertigen.

So wie durch die Zucht ausgedehnter Herden oder durch einen systematisch betriebenen und im Verkehr mit andern Völkern gewinnbringenden Fischfang, oder durch den Ertrag der Jagd oder gar durch Handarbeiten, die zum Verkauf geeignet sind, sich die Mittellosigkeit vermindert und ein dauernder Besitz als erstrebenswert angesehen wird, so erfährt auch die Bekleidungsweise eine Umwandlung.

Dadurch, daß die Erzeugnisse andrer Länder, teils als Rohstoffe, teils in bereits verarbeiteter Gestalt, zugänglich werden, wird eine größere Mannigfaltigkeit möglich, die durch den Anblick fremder Trachten allmählich die überlieferten Formen verläßt, Neues aufnimmt und schließlich zu dem immer wechselnden Zustande führt, den wir eben als Mode bezeichnen.

Wir finden die Hirtenvölker fast überall zuerst in Tierstoffe gekleidet. Die mongolischen Nomaden des mittleren Asien dagegen haben durch den Verkehr mit ihren russischen und chinesischen Nachbarn baumwollene und seidene Stoffe erhalten, welche Leder und Pelzwerk bei den Wohlhabenden fast verdrängt haben, so daß dasselbe nur noch zu Winterkleidern und zur Verzierung angewendet wird. Ihre Tracht ist zusammengesetzt aus Beinkleidern, Hemden, Ober- und Unterkleidern sowie aus Mützen. Stiefel und Strümpfe tragen sie ebenfalls, und ihre oft sehr kostbaren Gewänder sind mit kunstreichen Stickereien verziert; kurz, es fehlt ihnen von den Grundbestandteilen eines vollendeten Anzugs nichts als die große Kleinigkeit: Reinlichkeit. Im Grunde freilich sind die Ansichten über das, was Schmutz ist, sehr verschieden, und jener geistreiche Engländer hat nicht ganz Unrecht, wenn er den Begriff definiert: Schmutz ist nur ein Gegenstand am unrechten Platze. Die Neger waschen sich mit Fett! Das, was wir Reinlichkeit nennen, wäre demzufolge nur eine Art Schmuck.

Schmuck. Hier beginnt nun freilich das große Gebiet des Geschmackes, auf welchem bekanntlich nicht mehr zu streiten ist. Wir müssen dieses Gegenstandes, der nicht mehr von klimatischen Einwirkungen, nicht von der bloßen Notwendigkeit bedingt wird, sondern bei welchem die freie Wahl der geistigen Thätigkeit, der Erfindung, dem Schönheitssinne einen weiten Spielraum gestattet, und bei welchem sich ästhetische Anschauungen entwickeln, die für jedes Kunstverständnis vorausgesetzt werden müssen, schon hier mit einigen Worten gedenken, obwohl das Streben, sich zu schmücken, nicht direkt von den ursprünglichen, mehr tierischen Trieben des Menschen abhängig ist. Allein Schmuck und Kleidung verschmelzen sich untrennbar miteinander, so daß wir auch hier ihre Betrachtung nicht voneinander reißen wollen. Daß die Begriffe einigermaßen zusammenlaufen, haben wir schon bei den ersten Anfängen der Kleidung gesehen. Die Malerei der Wilden, welche oft in nichts weiter besteht, als daß die Hand in einen angerührten Farbentümpel getaucht wird, worauf die triefenden Finger über den nackten oder schon mit einer Grundfarbe überzogenen Körper geführt werden und farbige Spuren hinterlassen, sucht zu verdecken, zu schützen, wie sie anderseits aber auch zieren soll.

Die Figuren werden allmählich nach bestimmten Schönheitsbegriffen angelegt, und es beteiligt sich bei ihrer Anbringung ganz wesentlich die Eitelkeit als eine Haupttriebfeder aller menschlichen Bestrebungen. Martius sah auf einer Reise in Brasilien eines Morgens vor seiner Hütte eine Indianerfrau sich malen. Er trat auf sie zu, nahm ihr den Farbentopf

Entwickelung des Menschengeschlechts. 53

ab und fügte dem künstlerischen Werke einige phantastische Schnörkel zu, die dem ganzen Stamme zur höchsten Verwunderung Veranlassung gaben. Des andern Morgens standen sämtliche Frauen vor der Hütte des bayrischen Botanikers und baten flehentlichst, in gleicher Weise geziert zu werden. Seitdem jüngst einige Europäer am Kongo, wo er das westafrikanische Schiefergebirge durchströmt, von dortigen Negerstämmen mit Brillen gesehen wurden, malen sich letztere mit farbiger Erde eine Brillenform auf die Nasenwurzel und um die Augen bis an die Ohren.

Fig. 34. Tättowierter Indianerhäuptling. Nach B. Wests Gemälde.

Das Bestreben, sich zu schmücken, setzt eine Teilnahme an andern Menschen voraus, die der gänzlich Rohe nicht zeigt. Zuerst ist es, da die erwachenden Beziehungen zu andern Menschen in hohem Grade von Furcht und Mißtrauen begleitet sind, der Anschein der körperlichen Größe, den der Mensch vermehren will. Er sucht dem Körper mehr Ansehen zu geben und dadurch den Eindruck zu seinen Gunsten zu vergrößern. Hohe Haaraufsätze und Federbüschel werden auf dem Kopfe befestigt (Fig. 34); Ohren und Lippen werden durchbohrt und unnatürlich vergrößert, indem man Hölzchen, Klötze, Steine, Blätterrollen und Metallringe von immer größer werdendem Durchmesser hineinsteckt. Die Botokuden, welche unter andern dieser Sitte frönen, umbinden auch Kniekehlen und Knöchel mit Stricken von Bast; dadurch erhalten sie diese Teile schlanker, während die Wade und das übrige Bein infolge des vermehrten Blutandranges anschwillt. Sodann auch macht man das Aussehen wilder. Viele Völkerstämme brechen sich vorn die Zähne aus und lassen nur einzelne wie die Fangzähne wilder Tiere stehen. Derartige Schmuckbegierde führt schließlich zu vollständiger Verstümmelung des Körpers und ist besonders verwerflich, weil sie häufig der unnatürlichen Körperbildung eine dauernde Richtung gibt, die doch auf die Entwickelung des Geistigen wenigstens nicht günstig einwirken kann. Die Sitte, den Schädel des neugebornen Kindes mit Bändern zu umwickeln oder zwischen Brettchen zu pressen, ist sehr verbreitet unter den rohen Indianerstämmen Nordamerikas. Die Flachköpfe (Fig. 35) haben ihren Namen von der Wirkung dieses Verfahrens. Sie nehmen das Köpfchen des Kindes nicht eher aus der Klemme, als bis der Schädel hart geworden ist und die gezwungene Form behält. Der Vorderkopf erscheint ganz abgeflacht, der Hinterkopf aber unnatürlich in die Höhe getrieben, und je mehr dies der Fall ist, für um so schöner hält sich sein Inhaber. In der Normandie hat sich ein ähnlicher Gebrauch erhalten, und die spitzen, hohen Köpfe der dortigen Frauen haben diesem Gebrauch ihren Ursprung zuzuschreiben. Namentlich aber begegnet uns auf europäischem Boden noch heute die Unsitte der Schädelverunstaltung in einigen Teilen des europäischen Rußland.

Es liegt hierin ein Beweis, wie lange sich dergleichen barbarische Gewohnheiten erhalten können; sie nehmen bisweilen später einen andern Charakter an, aber sie werden, wie z. B. die Klumpfüße der Chinesen, nie den Augen eines Unbefangenen schön erscheinen können. Hand in Hand mit der Körperverstümmelung und oft mit ihr in engster Vereinigung erscheint sodann die Malerei, d. h. diejenige Malerei, die nicht nur den ganzen Körper mit einer nichtssagenden bunten Farbenrinde überzieht, sondern die mit ihren Linien und Zeichnungen ganz bestimmte Effekte erreichen will.

Sie erhält einen gewissen Sinn und wird je nach den bevorstehenden Unternehmungen verschieden. Manche Stämme z. B. malen, wenn sie auf den Kriegspfad sich begeben, den Körper schwarz und bezeichnen die Rippen todtenähnlich mit weißen Querstrichen. Die Fan in Westafrika feilen sich

Fig. 35. Einschnürung des Schädels.

die vorderen Zähne ein, färben das Stehenbleibende ganz schwarz und verleihen dadurch dem Gesichte einen höchst wilden Ausdruck, den sie noch dadurch zu erhöhen suchen, daß sie den Leib mit blutroten Querstreifen bemalen. Du Chaillu, der erste weiße Mann, welcher diesen Stamm besuchte, erzählt, daß der König Ndiayai (Fig. 28), der ihm in solchem Kostüm zuerst gegenübertrat, allerdings seinen Eindruck nicht verfehlt habe. Die brasilianischen Indianer bestreichen, wenn sie Europäer besuchen, sich Hände und Füße mit einer besonders grellen roten Farbe, wie wir feine Handschuhe und glanzlederne Stiefel anziehen; bei ihren Lustbarkeiten bringen sie auf den ganz schwarz mit Farbe überzogenen Leib allerhand Tierformen in helleren Farben an, das Haar aber lieben sie sich feuerrot zu färben.

Tättowieren. Um die Malerei dauerhaft auf der Haut zu befestigen, wird sie eingegraben, tättowiert. Die Linien werden mittels kleiner, spitzer Hölzchen in die Haut gerissen oder durch einzelne eingebohrte Punkte verzeichnet, und in diese so entstandenen Löcher wird Farbe eingerieben, die allmählich mit der Haut verwächst und sodann eine unauslöschliche Zeichnung bildet. Eine andre Tättowierungsweise, die z. B. bei den Australschwarzen die allein übliche ist, besteht in geflissentlichem Erzeugen von strichförmigen Narbenwulsten in ebenmäßiger Ordnung etwa auf beiden Seiten der Brust, des Rückens oder auf dem rechten und linken Oberarm.

Dieser Schmuck ist deswegen von ganz besonderem Interesse, weil er die rohesten Anfänge der Schriftsprache unkultivierter Völker in sich faßt. Vor allen Dingen wird der Name durch den Gegenstand, welchem er entnommen ist, dargestellt; sodann sind es die Stammangehörigkeit, die Waffenthaten des Trägers und andre Thatsachen seines Lebens, von denen er wünscht, daß sie ihm Bewunderung verschaffen und die er deshalb möglichst deutlich und sichtbar dem Betrachtenden durch diese bildliche Mitteilung zu erkennen zu geben sich bestrebt.

Ein tapferer Häuptling unter den nordamerikanischen Indianern, Namens Wawundochwalend, wünschte anders genannt zu werden. Er ließ sich deswegen oberhalb des Kinnes das Bild einer Eidechse einpunktieren und hieß von nun an Twakachschawsu — Wassereidechse. Auf dem bekannten Gemälde von West: „Der Tod des Generals Wolf", sitzt rechter Hand von dem gefallenen Helden ein trauernder Indianer (Fig. 34), dessen Körper mit dem Abzeichen seines Stammes und vielerlei Linienzieraten überdeckt ist.

Das Tättowieren findet man bei den Grönländern, bei den Bewohnern des Nutkasundes, so gut wie bei den Feuerländern, in Afrika, Hinterindien, ganz besonders aber auch auf den Inseln der Südsee und auf Neuseeland. Es darf uns die weite Verbreitung einer Sitte, an welcher die Bewohner des größten Teiles der Erde noch festhalten, nicht Wunder nehmen; graben sich doch selbst unsre Soldaten, Handarbeiter und Matrosen ihre Namen oder die Namenszüge geliebter Personen mit entsprechenden Sinnbildern in Brust und Arm, welche Verletzungen sie dann mit Pulver oder bunten Farben einreiben, um diese unauslöschliche Verschreibung durch ihr ganzes Leben zu erhalten.

In der Körpermalerei begegnen wir den ersten Anfängen der zeichnenden Künste, der Kunst überhaupt, deren weitere Entwickelung sich allerdings sehr bald auch anderwärts übt, die aber lange noch in dem Bestreben der Menschen, sich zu schmücken, die einzige Veranlassung zu ihren Schöpfungen findet. Die Einrichtung unsres Leibes erweckte den Begriff des Ebenmaßes, den die Bemalung und Tättowierung sehr bald allen ihren Mustern zu Grunde legte. Die Fertigkeit des Zeichnens erhielt durch diese Gesetzmäßigkeit Vorschub, und die Erfindung der malerischen Phantasie wurde durch die Überwindung der Schwierigkeiten gesteigert.

Fig. 36. Tättowierung eines Maori auf Neuseeland.

Die Maoris auf Neuseeland verzieren ihr Gesicht durch graziös geschwungene, ebenmäßige Linien, welche, wie Fig. 36 zeigt, auch europäische Schönheitsbegriffe nicht verletzen. — Vor wenigen Jahren (1873) erregte ein Albanese durch die kunstvolle Art, mit der seine ganze Haut tättowiert war, das lebhafte Interesse aller Ethnographen. Nach seiner Erzählung war er mit noch einem oder einigen Gefährten in Gefangenschaft geraten und, wie es scheint zum Zwecke eines hohen Opfers, waren alle mit einer Sorgfalt tättowiert worden, die ihnen die größten Qualen verursacht hatte. Seine Gefährten hatten die Operation nicht ausgehalten, der Übriggebliebene aber trug die Beweise der an ihm vorgenommenen Verschönerung in vielen Hunderten von Bildern aller möglichen Tiere, symbolischen Darstellungen, die mit blauer Farbe unauslöschlich in seiner Haut eingegraben worden waren. Und wer von unsern Lesern diesen interessanten Menschen gesehen hat, der wird sich erinnern, daß unter solchen bildlichen Darstellungen der Anschein des Nackten vollständig verschwand, und daß es wohl begreiflich ist, wenn die Bemalung der Haut als eine Art Ersatz für die fehlende Bekleidung mit dienen kann.

Ein nicht so reiches Beispiel, aber immerhin ein Muster von geschmackvoller Erfindung und Zeichnung gibt uns Fig. 37, die einen Häuptling von der Insel St. Christina darstellt. Wir sehen hier, wie das Gefühl des Ebenmaßes nicht nur die Anordnung der Linien und Figuren auf dem Körper bestimmt hat, sondern es zeigt sich dasselbe auch maßgebend in der Herrichtung des Streitkolbens, den, aus schwerem Holz geschnitzt, der Eingeborne als eine gefährliche Waffe auf der Schulter trägt. Die Kunst wendet sich nach und nach auch andern Gegenständen des Bedürfnisses zu, deren verschiedenartiger Zweck und die Art des dazu verwendbaren Materials einzelne Richtungen ausbilden und so ein wesentliches Kulturelement aus dem Bedürfnis der Körperbedeckung sich entwickeln lassen.

Außerdem aber, daß der Unkultivierte sich den Körper bemalt, tritt schon sehr frühzeitig die Lust an fremden, glänzenden Dingen auf, mit denen er sich dann Hals und Brust, Arme und Beine behängt, oder die er ins Haar flicht und auf seiner Kleidung, seinen Waffen und Geräten anbringt. Die Buschmänner wickeln die nassen Därme des erlegten Wildes um die Fesseln der Hände und Füße, wo dieselben zu hörnenen Armringen erhärten; südamerikanische Indianer behängen sich mit allem, was ihnen gefällt, vorzüglich aber mit den Federn, Pfoten, Fängen oder Augen der erschlagenen Tiere als Zeichen ihrer Geschicklichkeit und ihres Mutes.

Es erscheint ganz natürlich, daß bunte, glänzende Federn, Muscheln, Beeren u. dgl. zu Schnüren vereinigt werden, die der Hottentotte um Brust und Hals schlingt, und bunte Glasperlen, die in Glanz und Farbe den gewohnten Schmuck weit überstrahlen, werden in den Händen der eindringenden Fremden zu einem verlockenden Tauschmittel. Ist es aber zuerst die bloße Lust am Glänzenden, so werden bei kriegerischen Stämmen natürlich die den Sieg über die Feinde bezeichnenden Trophäen zu bedeutsamen Schmuckgegenständen. Der indianische Krieger Nordamerikas wird von Freund und Feind um so höher angesehen, je mehr „Skalpe" (Kopfhäute) an seinem Gürtel hängen.

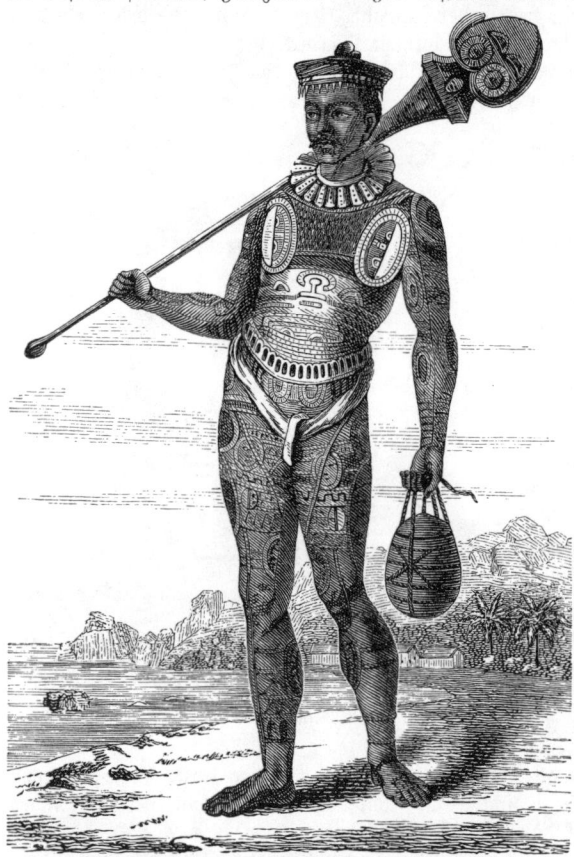

Fig. 37. Tättowierter Häuptling der Insel St. Christina.

Nur die öffentliche Anerkennung, noch nicht das eigne Bewußtsein, gibt hier der That den Wert. Diese halbrohe Anschauung läßt auch die indianischen Stutzer sich mit Stäben brüsten, an denen die Zahl der von der Rinde entblößten Ringe die Menge derjenigen Schönen bedeutet, welche sich dem Träger zärtlich erwiesen haben.

Es sind also nicht mehr Schönheitsbegriffe allein, die den Schmuck wählen lassen, sondern es wird vielmehr alles als solcher betrachtet und verwendet, was die Macht oder den Reichtum seines Besitzers beweisen kann. Alles, was nützt, kann auch schmücken, ein Gedanke, den wir der Eitelkeit unsrer zivilisierten Welt als Spiegel vorhalten möchten. Demnach sind vorzüglich metallene Gegenstände im stande, die Begierde zu reizen. Die Barangaru thaten sich Fischangeln und Haken, die man ihnen gab, sogleich um den Hals,

Entwickelung des Menschengeschlechts. 57

und Reisende sahen Eskimofrauen, welche Flintenhähne an Seehundssehnen als Halsketten trugen; die Puri waren entzückt von den Bleisoldaten, mit denen sie von Spix und Martius beschenkt wurden, und trugen sie als kostbare Zierde. Das erscheint uns noch erklärlicher, als wenn sich die nordamerikanische Squaw (Indianerfrau) thönerne Tiegelstiele in das Haar flicht.

Es tritt aber hier, wie bei unserm Gefallen an Edelsteinen, auch schon die Seltenheit des Gegenstandes als sein Wertmesser mit auf. Man lernt die edlen Metalle unterscheiden, und ihr gediegenes Vorkommen erleichtert die Bearbeitung. Goldene und silberne Spangen, Ringe werden daher, wo sie aufzutreiben sind, auch bald als das Kostbarste erkannt, und je mehr der Einzelne davon auf seinen Körper laden kann, um so mehr glaubt er sich geziert.

Fig. 38. Aschira.   Fig. 39. Loanda.   Fig. 40. Loanda.

Fig. 41. Markesas=Insulaner.   Fig. 42. Balonda.   Fig. 43. Manjuema.
Haartrachten.

Die Neger Westafrikas reiben sich mit Fett ein und pudern den ganzen Körper oder einzelne Teile mit Goldstaub. Kießler erzählt, daß der mächtige König von Aschanti wohl ein Oxhoft mit Gold füllen könnte. Wenn er geschmückt spazieren gehe, trage er goldene Sandalen und die Hände und Füße dermaßen mit goldenen Spangen und Stücken gediegenen Goldes überladen, daß vor ihm auf jeder Seite zwei Mann vorweg gehen müssen, auf deren Schultern er seine Arme legt, um von der Last nicht zu Boden gedrückt zu werden. Bei solchen Ausgängen und andern öffentlichen Gelegenheiten umgeben ihn Tausende von Frauen (ebenfalls ein Wertgegenstand) mit einer Art Pflanzenbutter eingerieben und dann mit Goldstaub bestreut. So werden auch oft die Leichen reicher Verstorbener ausgestattet und ihnen überdies noch Gold in den Mund gesteckt oder sonst überall angehangen.

Auch seltene Pflanzenprodukte werden gesucht. Wohlriechende Öle dienen zu Salben und werden den Haaren eingerieben. Der Kopf mit seinem natürlichen Haarschmuck und weil er am meisten in die Augen fällt, erfreut sich einer sehr weitgehenden Berücksichtigung. Ganz besonders werden die Neger von allen Reisenden als erfindungsreiche Haarkünstler geschildert. Einzelne rasieren den ganzen Kopf und lassen nur einen schmalen, von der Stirn nach dem Nacken laufenden Streifen stehen; andre scheren sich das Haar bis auf halbkreisförmig um die Ohren stehende Büschel. Die Frauen aber flechten es und befestigen es durch Anwendung von Harzen und wohlriechenden Ölen in allerhand Formen, die nur die sachkundige Hand eines Friseurs zergliedern und beschreiben könnte und von deren einigen wir daher statt langer Worte lieber bildliche Darstellungen (vergl. Fig. 38—43) geben — Bei manchen Völkern sind besondere Haartrachten Zeichen des höheren oder niederen Standes, und es war bei den Griechen und Römern den Sklaven verboten, langes Haar zu tragen, da es nur den Freien zu führen gestattet war. Die alten Könige der Franken trugen als Abzeichen ihrer Würde langes gelocktes Haar; als der letzte von ihnen entfernt und ins Kloster geschickt wurde, schnitt man ihm deshalb das Haar kurz.

Auf dem Kopfe wird auch der die Stellung des Betreffenden abzeichnende Schmuck angebracht; sei dies eine einfache Adlerfeder, welche der tapfere Indianer von den Gestaden des Ontariosees in die Haare steckt, oder eine schwere Krone, ein Helm oder ein mit Edelsteinen besetztes Diadem. Es ist nicht mehr der dem Rohstoffe innewohnende Wert allein, der den Schmuck kostbar macht, sondern die symbolische Bedeutung, welche auf Veredelung der Form hinwirkt. Sie macht den Stock zum Zepter und wird später infolge bewußter Anschauungen zum Ziele selbstthätiger Kunstschöpfung. Es kennzeichnet dieses Stadium einen Weiterschritt in der Kultur, der vor allem bedeutend wird dadurch, daß er die Rohstoffe, Pflanzen- und tierische Produkte sowie Metalle und Steine einer weiteren Bearbeitung unterwirft und hierin Fertigkeiten und Kenntnisse mehrt.

Nicht mehr genügt die Haut in der Form, wie sie das Tier als natürliche Bekleidung trug, allein als Mantel oder Schurz. Die Kleidung erhält in Schnitt sowie in Stoff oder Farbe Abänderungen nach dem Vergnügen des Einzelnen. Färben, Sticken, Gerben, Nähen, dann wieder die Bearbeitung der Metalle zu Drähten, dünnen Blechen, Kugeln, Perlen, Cylindern, das Schleifen von Steinen, das Bohren von Muscheln und tausenderlei andre künstliche Verfahren erhalten Ausbildung. Durch die Bestrebungen, den Farbenreichtum der Blumen nachzuahmen, entwickelt sich der Farbensinn, der allmählich die inneren Beziehungen der einzelnen Farben untereinander herausfühlen und unwillkürlich anwenden läßt (Farbenharmonie). Mit dem Reichtum an Mitteln wächst aber auch die Lust, sie zu verwenden. Es entsteht daher bei den Völkern, die durch eine geregelte Arbeit sich frei gemacht haben von dem Zwange, bloß für das tägliche Bedürfnis zu schaffen, die zu dauernden Besitztümern gelangt sind, eine größere Verschiedenheit in der Bekleidung, die zuerst wieder zu verschiedenen Trachten der einzelnen an Rang unterschiedenen Klassen führt. Größerer Reichtum erlaubt feinere Stoffe, reicheren Schmuck, öftere Erneuerung.

Handelsbeziehungen zu andern Nationen fügen zu dem Selbsterzeugten die Produkte der Natur und Kunst fremder Länder, und die Anschauung fremder Trachten läßt selbst an der Form der eignen Bekleidung Änderungen vornehmen, die entweder vom Gefallen oder der Zweckmäßigkeit bestimmt wurden. Und endlich verschwindet die anfänglich wenig veränderliche Tracht, die Nationaltracht oder die Uniform der Kasten und Stände, gänzlich und geht in dem Zustande des Wechsels auf, den wir mit dem Worte Mode bezeichnen.

So nichtig und so lächerlich vor dem kritischen Blicke die Mode in ihrer letzten Ursache dasteht — sie ist nichts weiter als ein Produkt der Eitelkeit, der Sucht aufzufallen — so darf doch nicht verkannt werden, daß sie für die Entwickelung der Industrie, der Künste und Gewerbe, wie jeder Luxus, von dem erheblichsten Einfluß geworden ist. Das Maschinenwesen, jetzt nur in dem einen Zweige der Spinn-, Webe-, Färbe- und Druckmaschinen betrachtet, hätte seine heutige Ausbildung nie erreichen können, wenn nicht die Mode einen gegen früher ganz ungeheuren Verbrauch gewebter Stoffe bedingte. Vor 100 Jahren trug man ein Kleid während eines Zeitraumes, in welchem man jetzt zehnmal damit wechselt.

Der gesteigerte Konsum hat zu einer gesteigerten Produktion gezwungen. Baumwollenbau, Schaf-, Seidenzucht und ähnliche Gewerbszweige haben mit dem Bedarf Schritt halten müssen. Vielleicht ist es auch umgekehrt der Fall, daß Überproduktion durch Wohlfeilheit zu vermehrtem Gebrauche Veranlassung wird. Gleichviel, die Thatsache mit ihren weitverzweigten, das materielle Wohlbefinden der Völker bedingenden Beziehungen, infolge deren unwirtliche, von der Natur wenig begünstigte Gegenden sich durch Arbeit und Erfindung bereichern können, steht fest, und der Luxus in der Kleidung und dem Schmuck erhält dadurch eine hohe kulturhistorische Wichtigkeit.

Die Mode ist eine moderne Errungenschaft. Die alten Völker kannten sie nicht, oder wenigstens lange nicht in dem Maße, wie sie sich heute entfaltet hat. Die Griechen und größeren Teils auch die Römer hatten eine einfache Tracht, die sich in derselben Form und fast in denselben Stoffen von einem Geschlecht auf das andre vererbte. Bei beiden Völkern war die Kleidung noch Standesabzeichen, also Uniform, und diese beschränkt eine zu große Veränderungslust. Zwar erzählen alte Schriftsteller, daß in Rom auch mit den Kleidern große Verschwendung getrieben worden sei, so daß besondere Gesetze zur Verminderung des Kleiderluxus hätten erlassen werden müssen, allein dieser Luxus erstreckte sich mehr auf den Verbrauch besonders kostbarer und seltener Stoffe, wie Purpur, Seide, und auf die Verwendung großer Massen von Edelsteinen und Perlen; er zeigte sich aber nicht in der Erfindung neuer Formen und neuer Muster und blieb daher, wie jede Massenvergeudung, barbarisch und ohne fördernden Einfluß auf Künste und Gewerbe Im übrigen trat er auch nur zeitweilig auf und erfaßte nicht die ganze Bevölkerung Der griechische Edle trug sogar ganz einfache Gewänder und keinen oder nur ganz anspruchslosen Schmuck.

Es ist aber merkwürdig, daß die Mode, die doch, um in vollem Umfange auftreten zu können, schon das Durchlaufen gewisser Bildungsstadien voraussetzt, in einzelnen Fällen auch bei ganz rohen Menschen, wie z. B. bei den Kaffern, anzutreffen ist. Diese lieben sehr die Glaskorallen, aber der Wert derselben wechselt je nach Zeiten, und nicht immer sind die gleichen Farben und Sorten beliebt. Bisweilen auch treten ganz andre Erzeugnisse in den Vordergrund. Zu Lichten-

Fig. 44. Kostümbild aus dem 15. Jahrhundert. Isabella von Bayern (1420).

steins Anwesenheit schätzten sie eine kleine Art von Korallen, die sie durch Tausch bekamen, außerordentlich hoch. Bekannt ist ferner die Sucht aller Neger, ja aller Naturvölker, geschenkt erhaltene oder gekaufte europäische Kleider zu tragen, die in Ländern wie Westindien die allerbarocksten Kleidertrachten hervorruft. — Für die zivilisierten Völker begann die Weltmacht der Mode erst im Mittlealter zu blühen, und sie wurde ganz besonders durch das zügellose Leben im 15., 16. und 17. Jahrhundert großgezogen. Der Luxus griff auch hier zuerst zur Menge des Stoffes und artete bisweilen auf die lächerlichste Weise aus. Zu den Pluderhosen wurden oft 40—50 m Zeug verwendet. Reifröcke und Schleppen hatten Formen, in denen sich der Reichtum und Glanz der Besitzer zeigen konnte. Sie wucherten denn auch in einem Maße, von welchem die jetzt wenig gebräuchlichen Krinolinen uns keine Vorstellung zu geben vermöchten. Von Obrigkeits wegen wurden bestimmte Vorschriften dagegen erlassen, welche den einzelnen Ständen die Kleidung besonders bestimmten, und Luther selbst machte den Hosenteufel zum Gegenstande seiner donnernden Beredsamkeit.

Allmählich aber machten sich andre Gesichtspunkte geltend. Die Mannigfaltigkeit der Stoffe und die Schönheit der Gewebe wurden mehr und mehr vervollkommnet. Waren früher fast ausschließlich wollene oder leinene Gewebe zu Kleidungsstücken benutzt worden, so kam durch die vermehrten Handelsbeziehungen mit Ostasien jetzt die Baumwolle und besonders auch die Seide in die ausgedehnteste Verwendung. Obwohl dieser letztere Stoff bereits von den Alten Benutzung erfahren hatte und den Griechen auch die Baumwolle nicht unbekannt war, so wurden sie doch erst jetzt zu allgemeineren Verbrauchsartikeln Im 15. Jahrhundert kam der Seidenbau, vorher vorzüglich in Spanien, Italien und Sizilien betrieben, nach Frankreich und durch die Hugenotten Ausgangs des 16. Jahrhunderts nach Deutschland.

Durch die vermehrte Einführung dieser fremden Produkte erhielt die ganze Weberei eine Umgestaltung. Früher war sie ein Teil der häuslichen Beschäftigung der Frauen, welche, wie noch jetzt in Gegenden, wo der Ackerbau im Winter die Hände ruhen läßt, den Kleidungsbedarf der ganzen Familie durch Verarbeitung selbsterzeugter Rohstoffe befriedigten. Jetzt wurde sie eine gewerbsmäßige Beschäftigung, die endlich in unsern Tagen im großartigsten Fabrikbetriebe ihre Vollendung fand. Verbesserungen und Erfindungen werden rasch gemacht, wo Menschen sich ausschließlich einer Arbeit widmen, und so finden wir bereits im Mittelalter anstatt der älteren einfarbigen Stoffe gemusterte und geblümte Gewebe von kunstreicher Herstellungsart. Wir geben in Fig. 44 die Darstellung eines fürstlichen Kostüms, das der Isabella von Bayern, aus den Jahren 1417—1420. Besser als viele Worte lehrt hier die Betrachtung, wie mannigfach die zu Kleidung und Schmuck gebrauchten Mittel damals gewesen, wie raffiniert die Formen, wie reich die Verzierungen waren. Die Kunst der Stickerei aber, so ausgebildet sie erscheint, bedient sich vorzugsweise greller Muster und schroffer Farbenabstufungen; sie wußte, trotz aller technischen Vollkommenheit, fast nur durch das Massenhafte zu wirken.

Die Handweberei hat frühzeitig schon einen Höhepunkt in den mit Reichtümern aller Art überschütteten Ländern Ostasiens erreicht, dem Sitze eines Volkes von solcher Unbeweglichkeit, daß der Einzelne dort es für eine befriedigende Aufgabe ansieht, der Herstellung eines Shawls ein halbes Jahrzehnt zu opfern. Von den Arabern und Mauren sind uns aus dem Mittelalter wundervolle Gewebe geliefert worden, welche jetzt noch als unübertroffene Vorbilder für unsre Kunstweberei gelten.

Ganz besonders ist es auch die Stickerei, welche zur Erzeugung der Muster herangezogen wird, eine Kunst, die früher in weit größerer Vollkommenheit geübt wurde als heute, wo die tausendfältig produzierenden Maschinen die Massenlieferung übernommen haben.

Die wiederkehrenden einförmigen Handgriffe des Spinnens und Webens mußten bei den vorwärtsstrebenden Völkern Europas den Wunsch erwecken, sie auf rein mechanischem Wege verrichten zu lassen und dem bisher dazu verwendeten Menschen eine würdigere Arbeit zu verschaffen. Die Erfindung der Maschinen, von der des einfachen Spinnrades an bis zu der Jacquardmaschine, zeigt eine Reihe von Erfolgen, deren größte unsrer Zeit zum Triumph gereichen. Durch sie ist der Luxus, sich gut kleiden zu können, aus einem Vorrechte der Reichen zu einer allgemeinen Möglichkeit geworden. Die rasche Produktion vergrößert die Billigkeit der Stoffe und die Mannigfaltigkeit der Muster erhöht die Lust am Wechsel.

Eine Fabrik, in welcher 200 mechanische Webstühle aufgestellt sind, fertigt soviel Waren, als 3000 Weberfamilien in derselben Zeit zu liefern im stande wären. Bedenkt man, daß die Fäden zu diesen Geweben in großen Spinnereien ebenfalls durch Maschinen gesponnen worden sind, daß sodann wiederum mittels Dampfes die weitere Zurichtung, Appretur, Färben, Bedrucken u. s. w. vorgenommen wird, und daß schließlich eine einzige Nähmaschine noch die Handarbeit von 15 Menschen überflüssig macht, daß aber trotz alledem jetzt noch ebensoviel und mehr Menschen an der Beschaffung unsrer Kleider thätig sind wie früher, so begreift man, welche Änderungen in unsern Bekleidungsverhältnissen in der Neuzeit eingetreten sein müssen.

Die Mode hält mit dem Kulturstreben des Volkes gleichen Schritt. Eine andre ist sie in barbarischen Zeiten, eine andre in Zeiten feiner Gesittung.

Wir haben gesehen, daß die Menschen zuerst das Glänzende, Farbige aufsuchen, um sich damit zu schmücken; weiter vorgeschritten greifen sie zu dem Massenhaften, dem Reichen. Endlich beachten sie die Form und streben nach Schönheit. Zur Erkennung des Schönen gelangen die Menschen aber erst auf ihren höchsten Kulturständen. Erst im Besitze einer edlen Bildung vermögen sie die Erfahrungen aus den Übergangsstadien zu benutzen, die Wirklichkeit für den Schein, das Gute an Stelle des bloß Glänzenden zu setzen. Was bei dem rastlosen Suchen sich dauernd als schön und gut erweist, verdrängt das minder Schöne, das minder Gute. In dieser allmählichen Veredelung der Mittel zur Befriedigung seiner Bedürfnisse spiegelt sich die Veredelung des innern Menschen.

Geläuterte Schönheitsbegriffe lassen Kleidung und Schmuck nur noch als Mittel, nicht als Selbstzweck zu. Man kehrt zu dem Einfachen, dem Natürlichen zurück, und die höchstgebildeten Völker sehen daher Güte des Stoffes, Einfachheit und Harmonie der Farbe, und natürliche, d. h. die menschliche Gestalt nicht schändende Form als Grundbedingung ihrer Kleidung, die höchste Reinlichkeit aber als ihre schönste Zierde an. Sie überlassen den Schmuck, dessen sich in der Kindheit der Menschheit in ausgedehntestem Maße der Mann bedient (bei den Australiern ist sogar das Weib ohne Zierat), und der in seiner höchsten Ausbildung bei halbgebildeten Völkern steht, ausschließlich der Frau, deren Schönheit einen passenden Rahmen verlangt. Die Kleidung und die Anwendung des Schmuckes sind der beste Gradmesser der Gesittung.

Die Geräte und ihre Herstellung. Mit Nahrung, Wohnung, Kleidung und Schmuck schließt sich die Reihe derjenigen Bedürfnisse, welche der einzelne Mensch infolge seiner natürlichen Organisation und seiner Triebe empfindet. Ihre Befriedigung kann, wie wir bei der Betrachtung der ersten Bildungsanfänge der Menschheit gesehen haben, auf die roheste, wenig von der Art der Tiere verschiedene Weise geschehen. Höhere Entwickelungsstadien aber folgen nicht allein dem Zwange der Natur, sie benutzen die gemachten Erfahrungen und

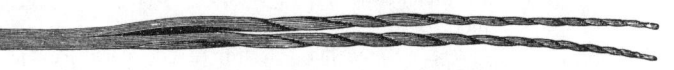

Fig. 45. Peitsche aus Flußpferdhaut (Westafrika).

vervollkommnen unter Anwendung vernünftiger Schlüsse die Lebensweise dadurch, daß sie durch Erfindung von mancherlei Geräten das von der Natur Gebotene mit größerer Auswahl und mit größerer Bequemlichkeit nutzbar machen.

Die ältesten aller Geräte sind die Waffen. Sie dienen zur Erlangung der Nahrung, zur Abwehr und Besiegung der natürlichen Feinde. Ihnen folgen die rohen Werkzeuge, welche bei Errichtung von Ruhestätten, der Wohnung, in Anwendung gebracht werden; endlich erst die feineren, schon eine große Kunstfertigkeit voraussetzenden Hilfsmittel, um die Kleidung und den Schmuck herzustellen, und endlich diejenigen Hilfsmittel, Werkzeuge, Apparate und Maschinen, welche die Ausübung der Künste oder die Anwendung der exakten Wissenschaften fordert. Diese letzteren Erzeugnisse menschlicher Erfindung liegen unsrer Untersuchung ferner, weil sie schon Stadien der Bildung bezeichnen, die wegen ihres unermeßlichen Reichtums an derartigen Hilfsmitteln in ihren Einzelheiten nicht mehr in den Rahmen unsrer Aufgabe hineingezogen werden können. Wir haben es in dieser Einleitung ausschließlich mit der Erfindung der ersten mechanischen Hilfsmittel zu thun, indem der Höhepunkt der erreichten Kultur, soweit er sich in den betreffenden Hervorbringungen sichtbar macht, im weiteren Verlaufe dieses Werkes zur Darstellung gebracht werden wird.

Die Waffen. Das Tier bedient sich keiner andern als der ihm von der Natur zur Erlangung der Nahrung oder zu seiner Verteidigung geschaffenen körperlichen Hilfsmittel: Zähne, Schnabel, Hörner, Krallen und Hufe. Der Mensch, in dieser Hinsicht nur mangelhaft ausgestattet, muß sich durch Überlegung nicht nur gleich gewaltig machen, er ist gezwungen, wenn er in dem ewigen Kampfe mit der Natur nicht untergehen will, durch Heranziehung und Benutzung äußerer Mittel sich zum Überwältiger aufzuwerfen. Kein Tier vermag die Gewalt seiner körperlichen Waffen zu erhöhen. Es wird zwar erzählt, daß manche Affenarten, wie der Gorilla, mit Stöcken schlügen, andre sogar durch Werfen mit Steinen oder Früchten aus der Ferne zu schaden suchten, allein diese Nachrichten fließen aus unlauteren Quellen, und es kann nicht als erwiesen angenommen werden, daß ein absichtsvolles Benutzen fremder Gegenstände als Waffen bei ihren Kämpfen eine Rolle spielt.

Der roheste Mensch aber schon bewehrt seine Faust mit dem Steine, um den Schlag wuchtiger zu machen, und wirft ihn aus der Ferne, ein bestimmtes Ziel damit ins Auge fassend.

Als die Südsee=Inseln noch wenig von den Schiffen der Europäer besucht wurden, näherten sich die Eingebornen an vielen Orten nur mit Steinen bewaffnet, die sie massenhaft mitführten und erst wegwarfen, wenn sie von den freundschaftlichen Gesinnungen der Fremden sich überzeugt hatten. Jedenfalls dienten diese einfachsten Wurfgeschosse ihnen als einzige oder, in ihren Augen wenigstens, als die wirkungsvollsten Schutzmittel.

Scharfkantige und eckige Steine werden zu Schlagwaffen ausgesucht, und wo sie von der Natur nicht passend geliefert werden, wird ihnen die größere Wirksamkeit durch künstliche Bearbeitung verliehen. Es entstehen die meißelartigen Instrumente, die man noch jetzt an vielen Orten, zugleich mit runden, stößelförmigen und mit einem Handgriff versehenen Schlagsteinen vergesellschaftet, als Überbleibsel früherer Kulturperioden auffindet.

Ein vom Stamme gebrochener Ast, dessen Länge durch den Schwung des Armes die Gewalt vervielfältigt (ein Stock oder, wenn er biegsamer ist, eine Peitsche), ist eine eben so einfache und natürliche Waffe wie der Stein. Sie wird gefährlicher durch große Schwere und durch heraustehende Spitzen, daher gibt man künstlich dem ursprünglich gleichmäßigen Stocke eine Verdickung an dem dem Handgriffe entgegengesetzten Ende und formt daraus die Keule, oder aber, wenn der Träger in dem großen Gewicht derselben ein Hindernis der leichten Handhabung findet, so gibt er dem Ende größere Spitze oder Schärfe durch Besetzen mit scharfen Steinen, geschliffenen Knochen, Muschelstücken und bewirkt so den Übergang zu Speer und Lanze, welche letztere Waffen hauptsächlich von den leichtberittenen Jäger= und Hirtenvölkern mit großer Vorliebe geführt werden. Die Pechuenchen Südamerikas sind als verwegene Reiter und gefährliche Lanzenschwinger bekannt.

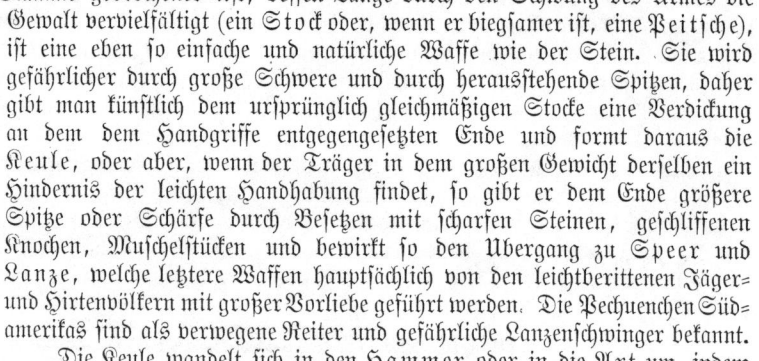

Die Keule wandelt sich in den Hammer oder in die Axt um, indem der Kopf derselben mittels meißelförmiger Steine hergestellt wird, die man entweder durch Schnüre an den Stock befestigt, oder welche durchbohrt werden, um den Stiel hindurchstecken zu können.

Die Beobachtung, daß sich die scharfkantigen Steinränder, welche beim Zerschlagen der Feuersteine, und in noch höherem Grade der glasartigen vulkanischen Gesteine, wie des Obsidians, entstehen, zum Zerteilen und Bearbeiten andrer Körper in der ausgezeichnetsten Weise geschickt zeigen, mußte sehr frühzeitig gemacht und zur Anfertigung von Waffen und schneidenden Instrumenten benutzt werden.

Fig. 46. Eskimolanze aus Narwalhorn.

Das Messer ist denn auch in der That eines der ältesten Geräte, und wir treffen es bei allen Völkern der Erde an. Es bildet sich durch Verlängerung der Schneide zur schwert= oder dolchartigen Waffe, während es anderseits, bei der anfänglich nur mangelhaften Darstellung schartig und rauh, als Säge verwendet werden konnte. Spitze, feine Knochen, Fischgräten u. dgl. führten zur Erfindung der pfriemenartigen Werkzeuge; aus den schneidenden Waffen aber entwickelte sich später bei den ackerbauenden Menschen die Hacke, der Spaten, die Schaufel und der Pflug.

Doch fehlt uns noch eine Klasse derjenigen Waffen, welche die Menschheit zuerst mit zum Angriff sowohl als zur Abwehr anwandte.

Zu den ersteren gehören alle Wurfwaffen, von der einfachen Schleuder an, die, aus einer Schlingpflanze oder aus einem Riemenstück gefertigt, nichts weiter war als eine Verlängerung des Armes, um den glatten Kiesel, der als Geschoß dienen sollte, mit um so größerer Schwungkraft fortzuwerfen. Die Schleudern haben in den großen Wurfmaschinen, die in der Kriegskunst bis zur Erfindung des Schießpulvers in Gebrauch waren, eine ausgedehnte Anwendung und eine vervollkommnete Ausführung gefunden.

Eine wichtige Verbesserung des Prinzips der Schleuder scheint von den Tehueltschen oder Patagoniern im fernen Süden des amerikanischen Festlandes erfunden zu sein. Dort nämlich (und, von ihnen entlehnt, bei den Gautschos der argentinischen Pampas) finden wir die Schleuderkugeln oder Bolas. Es sind schwere Stein= oder Metallkugeln, jene mittels ihres Lederüberzugs, diese unmittelbar an den Enden einer Schleuderschnur befestigt; man vermochte die Kugeln ungleich wuchtiger zu wählen als gewöhnliche Schleudersteine, weil man nach geschehenem Wurf das ganze Gerät — gewissermaßen eine Schleuder mit an ihr befestigtem Stein — stets wiederholte. So fertigen sich die Tehueltschen gegenwärtig nicht nur selbst recht gute Wurfkugeln aus Eisen, sondern verschaffen sich auch welche aus Kupfer oder Weißmetall aus den Ansiedelungen. Die kleine, eiförmige Handkugel behält der Schütze in der Hand, indem er sein Wurfgerät (von nahezu 2 $\frac{1}{2}$ m Länge) um den Kopf herum in sausende Bewegung versetzt; ist dann somit der eigentlichen Treff- oder „Schlag- kugel", beziehentlich den beiden Schlagkugeln (wenn die Wurfleine nach außen schenkel- artig sich gabelt) der rechte Schwung verliehen, so läßt er die Bolas fliegen und trifft bei genügender Übung zu Pferd im vollen Galopp sein Ziel wohl noch auf 70 m Entfernung mit der größten Sicherheit.

Was für ein mächtiger Beförderer von Erfindungen des Menschen der Zufall gewesen, lehrt recht merkwürdig der Bumerang. Diese nur in den Händen der festländischen Australier vorgefundene Wurfwaffe besitzt das unscheinbarste Aussehen: ein plattes hartes Holz, nicht ganz von Armeslänge, stumpfwinkelig gebogen, nach beiden Enden verschmälert und ziemlich scharfkantig. Aber unmöglich haben jemals die australischen Schwarzen dieses Werkzeug durch Nachdenken ersonnen, da seine wunderbare Flugbahn, falls es geschickt geworfen wird, ein verwickeltes Problem der höheren Mechanik darbietet. Der geschulte Bumerangschleuderer vermag nämlich das einfache Holzstück bis auf 50 m Höhe so in die Luft schwirren zu lassen, daß es in fort- währenden raschen Kreisungen, welche den Bumerang dann wie einen Ring aussehen machen, wieder in die Hand des Werfers oder doch in dessen Nähe zurückeilt wie keine andre Wurfwaffe der Welt.

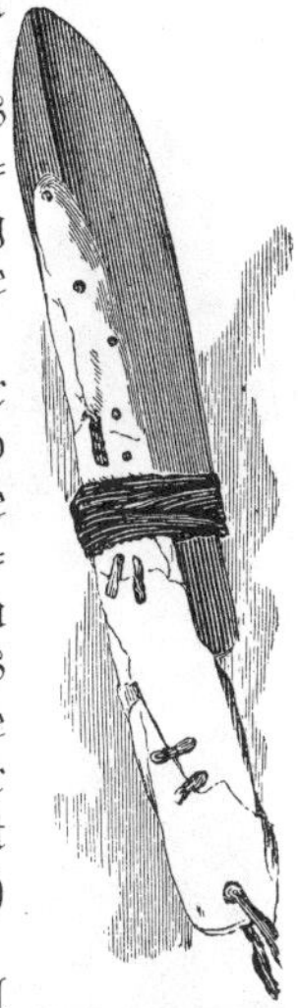

Ein nicht viel weniger merkwürdiges Werkzeug ebenfalls der Australier ist das Womerah oder Wurfbrett, zu dessen Erfindung jedoch der Zufall und möglicherweise das Nachdenken oder doch das Experimentieren auch andre Völker geführt haben muß, da wir es bei den Aleuten und Eskimos wieder- finden und da es auch den Altmexikanern bekannt war. Es ist gewissermaßen das für den Wurfspeer, was die Schleuder für den Schleuderstein: ein schmales gerades Brett, öfters mit einer Rinne auf seiner Oberseite, um in dieselbe den Speer einzufügen, in dessen Hinterende außerdem ein nach vorn gerichteter Haken am Hinterende des Wurfbretts eingreift, so daß die Schleuderkraft des Armes, dessen Hand am andern Ende das Wurfbrett hält, dadurch verstärkt wird.

In sehr frühe Zeit muß auch die Erfindung von Bogen und Pfeil reichen. Sie beschränkte die Arbeit des Schützen auf das Zielen und das Spannen der Sehne, durch deren Schnellkraft bei ihrem Freilassen das Geschoß seine Flugkraft erhielt, und zwar eine viel größere, als die Armmuskeln dem kleinen Wurfspeer hätten zu geben vermocht. Zumal für den Jäger war diese Waffe, bei der höchstens die Pfeile im Gebrauch verloren gingen, als eine schweigsame Mordwaffe wertvoll und als solche läßt sie sogar noch in unsern Tagen das Gewehr hier und da nicht aufkommen, dessen Knall beim Fehlschuß zu leicht das gezielte und immer das nicht gezielte Wild verscheucht. In der Vervollkommnung zur Armbrust hat der Bogen während der zweiten Hälfte des Mittelalters eine besonders wichtige Rolle in der Bewaffnung der euro- päischen Heere gespielt. Treffsicherer infolge des ruhigeren Zielens, das die Armbrust verstattete, und schußkräftiger bei besserer Spannvorrichtung (zuletzt durch eine mit Trieb- rad und Zahnstange arbeitende Winde, so daß man mit Bleikugeln auf 200 Schritte schwächere Panzerhemden damit durchbohrte), erhielt sich diese Schießwaffe sogar noch eine Zeitlang neben den Pulverwaffen.

Eine ganz besondere Waffengattung ist endlich das Blaserohr, das, von den Wilden in den Urwäldern Amerikas, aber auch von den Eingebornen Madagaskars gebraucht, sehr gefährlich sein kann, wenn vergiftete Pfeile aus ihm geschossen werden. Seinem Prinzip nach ist es der Vorläufer der Geschütze, welche durch Ausdehnung komprimierter Luft (Wind- büchse) oder der bei Verbrennung gewisser explosiver Körper (Schießpulver, Schießbaum- wolle u. dgl.) entstehenden Gase die Geschosse treiben.

Fig. 47.
Eskimomesser.

Die Waffen zur Abwehr sind im Grunde nichts weiter als eine festere, verstärkte Bekleidung: Lederne Koller, panzerartige Umhüllungen, Helme und Verschienungen kommen sehr frühzeitig vor, und ihre Ausbildung geht Hand in Hand mit der Vervollkommnung der Angriffswaffen. Der Schild aber, die älteste aller Schutzwaffen, mußte ganz besonders da von Nutzen sein, wo das Klima den ursprünglichen kleiderlosen Zustand, wie z. B. in Australien, begünstigt.

Die meisten der ersten Waffen sind Geräte von so einfacher Erfindung, daß ihre Ausbreitung auf der Erde ziemlich unabhängig dasteht von den Kulturstadien der verschiedenen Völker. Je nach der Lebensweise wird eine Waffengattung vor der andern zwar den Vorzug erhalten, auch der Vorrat der unentbehrlichen Stoffe für die Waffenherstellung wird von entscheidender Bedeutung werden können — es ist die Schleuder nicht denkbar in steinlosen, der Holzbogen nicht denkbar in baumlosen Gegenden — einen Maßstab für die Steigerung der Gesittung aber dürfen wir stets in der Vervollkommnung erblicken, welche das Gerät in den Händen seiner Führer erfährt.

Einen wirklichen Abschnitt in der Waffengeschichte bezeichnet nur die Erfindung des Schießpulvers und der Feuerwaffen, welche, von wesentlich neuen Prinzipien ausgehend, auch einen vollständigen Umschwung in der Kriegführung hervorbrachte. Ihr widmen wir daher auch an andrer Stelle dieses Werkes ein eignes Kapitel.

Die Herstellung der Waffen und mancher Geräte, welche in ihrem Wesen mit jenen übereinstimmen, gibt uns mehr als ihre Form einen Anhalt, um den Stand der Kultur und den Fortschritt zu beurteilen, wie er sich in der Bearbeitung der Rohstoffe und den darauf bezüglichen Erfindungen zu erkennen gibt.

Den geringen Anforderungen der rohesten Naturvölker entsprachen die Formen und Eigenschaften von Holzstücken, Ästen, Steinen, Knochen, Sehnen, Federn und unzähligen andern Dingen in genügender Weise. Die Indianer der südamerikanischen Wälder bedienen sich abgerundeter Geschiebe, um Pflanzenkörner, Knochen u. s. w. damit zu zerstoßen. Allein nur wenig weiter vorgeschrittene Völkerstämme, die dieselben Klopfwerkzeuge gebrauchen, wissen ihre Handhabung dadurch schon bequemer und zweckmäßiger zu machen,

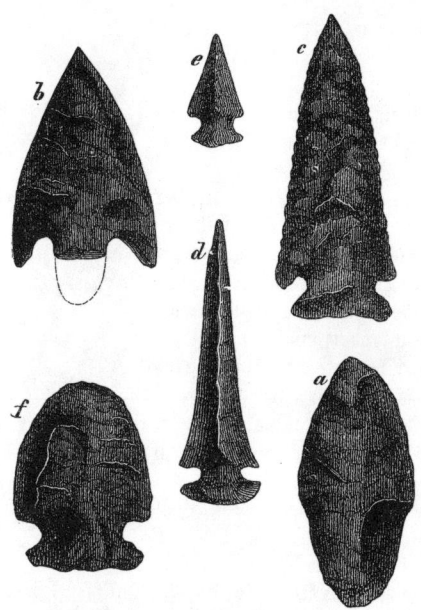

Fig. 48. Steinerne Pfeilspitzen.

daß sie einen Angriff für die Hand künstlich hineinarbeiten oder den Stein mit einem Helm von Holz versehen. Weiterhin erfolgt sodann eine planmäßige Formgebung, je nach dem Zwecke, dem das Instrument dienen soll, eine Vervollkommnung der Schneide oder Spitze durch künstliche Bearbeitung, sowie eine Verzierung der einzelnen Teile. Endlich aber führt die Entdeckung natürlicher Metallschätze zu einer Nachahmung der gebrauchten Formen aus Kupfer, Bronze und Eisen, und in der leichteren Bearbeitung dieser Stoffe, sowie in der bei weitem größeren Dauerhaftigkeit bei geringerem Umfange und Durchmesser, ist jetzt eine freiere künstlerische Entwickelung der Waffen- und Gerätfabrikation ermöglicht.

Wir können sonach im Kulturleben der Menschheit vier große Perioden unterscheiden:

1) die roheste Urzeit, in der sich die Menschen der natürlich als Geschiebe, Muscheln, Knochen, Pflanzenteile vorkommenden Produkte als Hilfsmittel bei ihren wenig mannigfaltigen mechanischen Arbeiten bedienten, ohne diese Hilfsmittel einer vorherigen Bearbeitung zu unterwerfen;

2) die Steinperiode, in welcher Waffen und Geräte vorzugsweise aus natürlich vorkommenden Gesteinen durch eine allmählich künstlicher werdende Bearbeitung dargestellt und ihnen besondere Formen für die eigentümlichen Gebrauchszwecke gegeben werden;

3) die Kupfer- und Bronzeperiode, welche an Stelle der schwer zu bearbeitenden Steine die natürlich gediegen vorkommenden oder leicht aus ihren Erzen gewinnbaren Metalle (Gold, Silber, besonders aber Kupfer, Zinn) setzte, und endlich

4) die Eisenperiode oder vielmehr diejenige Kulturstufe, in welcher die Metallgewinnung aus den verschiedenen, schwieriger zu verarbeitenden Erzen sich entwickelte, und die deshalb zu den vorgenannten wenigen edlen und halbedlen Metallen noch Blei, Zink, vor allem aber das Eisen in Gebrauch nehmen konnte.

Selbstverständlich ist diese Einteilung keine streng wissenschaftliche, indem die Perioden nicht streng voneinander getrennt auftraten, sondern eine in die andre allmählich überging, bisweilen auch unter besonderen Verhältnissen die eine oder andre der mittleren Perioden ganz übersprungen wurde, wenn die Natur an dem betreffenden Orte das Material der vollkommneren Periode ungesucht und in leicht zu verarbeitendem Zustande gerade darbot, während das der vorangehenden Periode dort vielleicht sich nicht fand, oder auch umgekehrt, wie z. B. die Bewohner der so gut wie ganz erzleeren Südsee-Inseln aus dem „Steinzeitalter" seit der erst in unsern Tagen umfassender sich vollziehenden Berührung mit den Europäern und den durch den Tauschhandel geschehenen Erwerb unsrer Beile, Hacken, Messer u. s. w. unmittelbar ins „Eisenzeitalter" übergehen.

Wenden wir uns mit einer kurzen Betrachtung zuerst der

Steinperiode zu, so fällt uns bei einer Vergleichung der verschiedenartigen Produkte — dieselben mögen gefunden worden sein, in welchem Erdteile auch immer — eine merkwürdige Übereinstimmung der Formen sowohl als des Materials und, soweit dies ersichtlich ist, auch ihrer Herstellungsweise auf.

Die vorzüglichsten Fundstätten von Steinwerkzeugen und Steinwaffen sind für uns fast das ganze Europa und Amerika, von Chile bis hinauf in die Hudsonsbailänder, vorzüglich in deren westlichen Distrikten, und die Inseln der Südsee, d. h. diese Fundstätten sind am längsten bekannt und

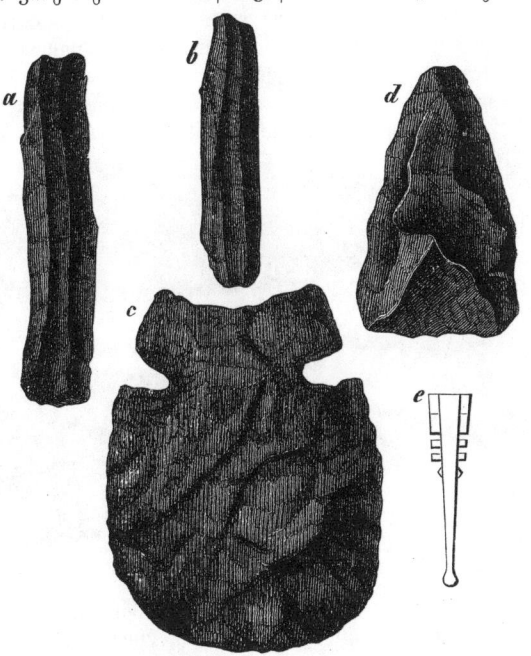

Fig. 49. Messerartige Instrumente aus der Steinzeit.

wegen ihres Reichtums an Steingeräten am genauesten untersucht worden. Seit das Studium der vorhistorischen Perioden menschlicher Entwickelung aber eine so ganz besondere Berücksichtigung gefunden hat, wie in den letzten Jahren, hat sich infolge der überall angestellten Nachforschung die Zahl der Fundorte sowohl als der gefundenen Gegenstände beträchtlich vermehrt, und man weiß jetzt, daß die Kultur der Steinperiode fast über die ganze bewohnte Erde, wenn auch zu verschiedenen Zeiten, gegangen ist. Auf den griechischen Inseln eben so gut wie in Australien und Afrika (selbst in Ägypten) finden wir Steinwaffen. Die Neuseeländer haben nicht nur bis zur Ankunft der Europäer ausschließlich Steingeräte und Steinwaffen selbst benutzt, sondern man glaubte sogar, eines der merkwürdigsten Materialien dazu, der schöne grüne Nephritstein, aus welchem man Waffen in den verschiedensten Ländern antrifft, stamme überall aus Neuseeland, von wo er durch rätselhafte Verkehrsbeziehungen über die Erde verbreitet worden. Jüngst aber ist klargelegt worden, daß Asien, Amerika, ja auch Europa eigne Nephritsteinlager besitzen; schwedische Nephrite z. B. sind während der Eiszeit durch den nordeuropäischen Gletscherschub bis nach Norddeutschland vertrieben worden, wo man sie im Diluvium bei Potsdam wie bei Leipzig entdeckt hat. —

In Europa ist es nur noch der Erdboden, welcher die Überreste einer früheren Zeit uns wieder zurückgibt; in Amerika dagegen, obwohl auch hier ein großer Reichtum an Steingeräten durch die Pflugschar zu Tage gefördert worden ist, blüht die Industrie der Pfeilspitzenmacher noch heute unter den Indianern, und ebenso verfertigen sich manche Südsee-Insulaner ihre Waffen auch jetzt noch durch Bearbeiten passender Gesteine.

Als Rohmaterialien dienen und dienten zu solchen Steingeräten in vulkanischen Gegenden die glasharten, scharfkantigen Laven, ferner der in äußerst scharfkantige, messerartige Formen leicht zu zersplitternde schwarze Obsidian, sonst aber die durch das Rollen und Schleifen in den Flüssen schon geformten Geschiebe von Granit, Diorit, Grünstein, und vor allen Dingen einzelne in Gängen vorkommende und daraus in Nordamerika förmlich bergmännisch gewonnene Quarzgesteine: Jaspis, Hornstein und Feuerstein, endlich, wiewohl seltener, der schon erwähnte kostbare Nephrit. In Europa, Nordamerika und Nordafrika ist der Feuerstein am häufigsten benutzt worden; in Mexiko und Peru dagegen hat der muschelig brechende Obsidian ausschließliche Verwendung gefunden; auch in Neu-Guinea fertigen die Eingebornen daraus lange Lanzenspitzen.

Da die Entwickelung eines der ersten Industriezweige, der überall gleichen Zwecken gedient hat, bei den verschiedenen Völkerstämmen der Erde seiner Natur nach keine verschiedenen Wege einschlagen konnte, so möge es erlaubt sein, in unsrer kurzen Übersicht hauptsächlich die amerikanischen Steingeräte und ihre Darstellungsweise zu berücksichtigen. Wir folgen dabei einer interessanten vergleichenden Nebeneinanderstellung, welche Karl Rau gegeben hat, und entnehmen jener Arbeit auch die für uns in Betracht kommenden Figuren 48—50.

Wenn man auch von einer Steinzeit im allgemeinen redet, so hat man doch innerhalb derselben verschiedene Abschnitte zu unterscheiden, die sich durch eine verschiedenartige Bearbeitung der Steingeräte kennzeichnen. Die rohesten Geräte wurden durch bloßes Behauen erzeugt, ausgezeichnetere durch Abreiben oder Polieren vollendet. Es gehören zu den ersteren, welche am häufigsten gefunden werden, die Spitzen der Pfeile und Lanzen, Messer und sägenartigen Instrumente.

Fig. 50. Steinerne Lanzenspitzen aus Nordamerika.

Unter den Pfeilspitzen herrscht, wie es Fig. 48 zeigt, die größte Verschiedenheit; es ist aber wohl anzunehmen, daß dieselbe nicht willkürlich, sondern das Resultat von Erfahrungen ist. Anders werden Jagdpfeile, deren Wiedererlangung erwünscht ist, anders Kriegspfeile, welche möglichst schwierig aus der Wunde zu entfernen sein sollen, geformt werden. Die Pfeilspitze a scheint die charakteristische Form des Jagdpfeiles, b die des Kriegspfeiles zu sein. In der Regel sind die Steinspitzen mit einem stets in eine Schärfe auslaufenden, sonst aber verschiedenartig gestalteten Zapfen versehen, mittels dessen sie am Schafte befestigt wurden. Der Pfeil c zeigt eine sägenartige Auszackung, welche die gefährliche Wirkung der Waffe erhöhen mußte; d ist lang und spitz und mit einem Grate versehen, und die Spitze e zeichnet sich durch ihre Kleinheit aus. Während alle übrigen Pfeilspitzen in der halben natürlichen Größe abgebildet sind, gibt es von dieser Art Exemplare, die im Original nur die halbe Größe unsrer Figur haben. Rau glaubt, daß sie von den indianischen Knaben zum Schießen von kleinern Vögeln und Eichhörnchen benutzt worden seien, wie denn auch der folgende stumpfe Pfeil f nicht als wirkliche Waffe, sondern nur als Probe- oder Exerzierpfeil angesehen werden darf.

Eben so verschieden wie die Pfeilspitzen sind die Spitzen der Lanzen, von denen Fig. 50 in a und b zwei zur Ansicht gibt, während uns c die Art und Weise der Befestigung zeigt, durch welche die bearbeiteten Steine mit dem Schafte verbunden wurden. Der Zapfen der Spitze wird in eine am obern Ende des Schaftes angebrachte Einkerbung versenkt und mittels eines Leimes, den die Indianer aus den Hörnern und Hufen der Büffel zu bereiten verstehen, mit dem Holze vereinigt, die Befestigungsstelle aber mit Harz verklebt und mit Tiersehnen umwickelt. In Fig. 49 sehen wir einige Steinmesser, und zwar zeigt sich hier bei a und b, einem auf der Insel Rügen gefundenen Feuersteinmesser und einem Hornsteinmesser aus Illinois, ebenfalls eine ganz entschiedene Übereinstimmung der Form derselben, die sich auch in den Obsidianmessern der Mexikaner wiederfindet; c ist ein Messer mit gekrümmter Schneide, das vielleicht zum Zerschneiden von Häuten gedient hat, d aber ist eine jener Steinspitzen, mit denen die alten mexikanischen Schwerter (e) besetzt wurden.

Außer den genannten Instrumenten wurden noch verschiedene Steingeräte von größerem Umfange, die zur Bodenbearbeitung, bei der Herrichtung von Bauwerken oder Grabstätten dienten, durch bloßes Behauen der Steine erzeugt — Es gab sonst bei den Indianern eine besondere Zunft „Pfeilmacher", von denen die Krieger ihren Bedarf an Steingeschossen eintauschten, und diese erlangten eine solche Kenntnis ihres zu bearbeitenden Materials und eine solche Kunstfertigkeit, daß beispielsweise ein geschickter mexikanischer Messerfabrikant in Zeit von einer Stunde 100 der unten abgebildeten Obsidianmesser zu fertigen im stande war. Über die Thätigkeit eines Pfeilmachers unter den Schasta-Indianern Kaliforniens, welche jetzt noch in Gegenden, zu denen die Handelsverbindungen der Europäer nicht hinreichen, sich ihre Steinwaffen herstellen, während die näher gelegenen Stämme eiserne Instrumente sich verschaffen und in der Handhabung der Feuerwaffen sich sehr bald eine außerordentliche Geschicklichkeit erwerben, wird Folgendes erzählt: Das große Steinstück wurde mittels eines Achatmeißels zuerst in Stücke zerschlagen, welche die ungefähre Größe des darzustellenden Gegenstandes, etwa einer Pfeilspitze, hatten. Der Daumen und Zeigefinger der linken Hand hielt sodann bei der Weiterbearbeitung den Gegenstand gegen einen steinernen Amboß, und die Rechte führte mit dem Meißel eine Reihenfolge von Hieben, deren jeder kleine Splitter der spröden Masse entfernte. Nachdem der Künstler den untern Teil der Pfeilspitze vollendet hatte, begann er leisere Schläge anzuwenden, und er wußte die nötige Kraft so geschickt abzuteilen, daß nie mehr lossprang, als die Gestalt erforderte. In einer Stunde war eine vollkommene Pfeilspitze hergestellt.

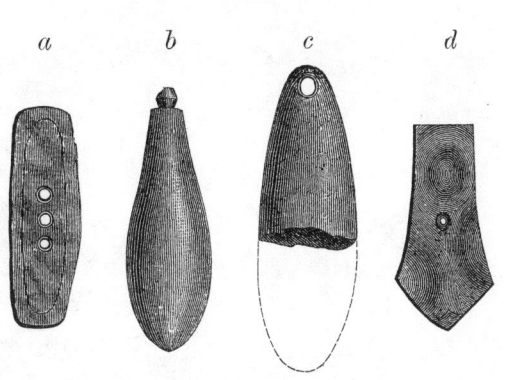

Fig. 51. Steingeräte, durch Abreiben und Schleifen hergestellt.

In dieser Weise ist die Rohbearbeitung des Feuersteines und derjenigen Gesteine, welche, wie der Obsidian und die Lavaarten, einen muscheligen Bruch und eine Neigung haben, in flachen Stücken auseinander zu springen, fast durchgängig geschehen, und es ist noch gar nicht so lange her (vor der Erfindung der Perkussionsgewehre), daß in Frankreich die Flintensteine in ganz entsprechender Art bearbeitet wurden. Da aber die in Frage stehenden Gesteine von Natur sehr geeignet sind, in scharfkantige Stücke zu zerspalten, so hat man oft bezweifeln wollen, daß viele der gefundenen Gegenstände, welche der antiquarische Eifer für Lanzenspitzen, Messer, Feilen, Sägen und dergleichen ansah, ihre Gestalt auch wirklich durch beabsichtigte Bearbeitung mit der menschlichen Hand erhalten hätten, sie vielmehr als zufällige Erzeugnisse der Natur betrachtet und daraus das Auftreten von Menschen in gewissen vorhistorischen Perioden, wenigstens an bestimmten Orten, geleugnet. Man hat die menschliche Arbeit erst da erkennen wollen, wo die Geräte entweder eine ganz unzweifelhafte, auf einen bestimmten Zweck hindeutende Form, die jede Mißdeutung ausschließt, oder aber eine weitergehende Bearbeitung zeigen, die nicht mehr als das Ergebnis zufälliger Natureinflüsse angesehen werden kann. Wir können uns hier nicht darauf einlassen, die übrigens noch gar nicht in allen Punkten spruchreife Frage für oder wider zu erörtern und je nach dem Erfolg Partei zu ergreifen, und haben uns begnügt, unsern Lesern einiges Thatsächliche mitzuteilen.

Die Arbeit des Schleifens und des Polierens wird vorzüglich zur Hervorbringung größerer oder ganz besonders kunstreicher Geräte angewendet. Als Material dienen ihr die häufig in den Flußniederungen vorkommenden Geschiebe, welche durch die Reibung auf ihrer Unterlage schon eine Form angenommen haben, die nur einer geringen Vervollkommnung bedarf, um zum Gebrauche geschickt zu sein.

Ganz gewöhnlich finden wir die axtähnlichen Instrumente durch Schleifen hergestellt. Zwischen den häufig vorkommenden amerikanischen und den europäischen Äxten besteht der beachtenswerte Unterschied, daß die ersteren nicht wie die letzteren mit einem Loche versehen sind, sondern eine um den Kopf laufende Rinne besitzen, in welche die zwei Äste des oben gespaltenen Stieles eingelegt und oberhalb und unterhalb des Helmes durch Schnüre und Sehnen befestigt wurden. Bei einem Materiale wie Stein ist eine solche Befestigungsart des Stieles jedenfalls zweckmäßiger als das Durchstecken desselben durch ein Loch, welches den Widerstand der Wände bedeutend schwächen muß. Die gewöhnliche amerikanische Hand=axt entspricht in ihrer Form ganz den europäischen Feuersteinmeißeln. Man findet außerdem noch steinerne Geräte von der Form einer tellerähnlichen Scheibe, die zu der Vermutung hinführt, jene Geräte möchten als Wurfgegenstände benutzt worden sein, sowie in manchen Pfahlbauten runde durchbohrte Steine, welche bisweilen eine ziemliche Abnutzung zeigen und, wie man vermutet, bei den Webstühlen als Spanngewichte gedient haben.

Nach der Waffen=fabrikation geriet die Steintechnik auf die Hervorbringung zierlicher Schmuckgeräte, wenigstens müssen wir die Gehänge, wie b und c in Fig. 46, als solche ansehen. Über die Verwendungsart der ganz besonders künstlich gearbeiteten Gegenstände a und d, die sich ziemlich häufig auch in Nordamerika finden, können wir keine Vermutung aussprechen. Die Ränder der trichterförmigen Durchbohrungen sind so scharf, wie sie nimmermehr sich erhalten haben würden, wenn eine Tragschnur reibend in ihnen gewirkt hätte. Es scheinen also jene Löcher einem andern Zwecke gedient zu haben. Man hat nicht nur geschliffene und polierte Steingeräte gefunden, sondern auch Steine, von denen man mit Sicherheit annehmen kann, daß sie als Werkzeuge bei der Arbeit des Polierens selbst gedient haben. Fig. 52 zeigt einen solchen, welcher zu Varenne=Saint=Hilaire (Seine) gefunden worden ist.

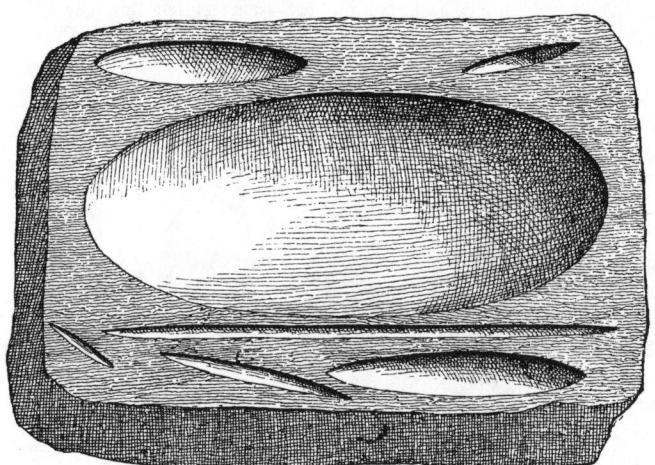

Fig. 52. Apparat zum Abreiben und Polieren der Steingeräte.

Viele der neueren Forscher haben die Steinzeit mit bestimmten geologischen Epochen der Erde identifizieren wollen und unterscheiden demnach eine Periode des Höhlenbären, eine Renntierperiode u. s. w., je nachdem die aufgefundenen Überreste sich in Gesellschaft der Knochen des einen oder des andern Tieres fanden. Für die Urgeschichte der Menschheit haben derartige Einteilungen einen gewissen Wert, obwohl sie nie Anspruch auf Strenge machen können — für unsern Zweck, der nur die allmähliche Ausbildung der ersten Gerätschaften, die Zeit der ersten Erfindungen, im Auge hat, fällt derselbe fast hinweg und wir können uns mit der bloßen Erwähnung begnügen.

In den früher schon besprochenen Küchenabfällen, welche sich in Dänemark und an den benachbarten Küsten finden, kommen Steingeräte, steinerne Waffen und Werkzeuge vor, und zwar fast nur Geräte aus ungeschliffenen Steinen; geschliffene gehören zu den größten Seltenheiten. Diese sind von späteren Einwanderern, den Dolmenbauern, welche

Entwickelung des Menschengeschlechts. 69

die Muschelesser noch antrafen, mitgebracht worden, und ein oder das andre geschliffene Steingerät, welches wohl von den Dolmenbauern gebraucht wurde, konnte daher in die Hände jener geraten und sich unter ihre Muschelhaufen verirren.

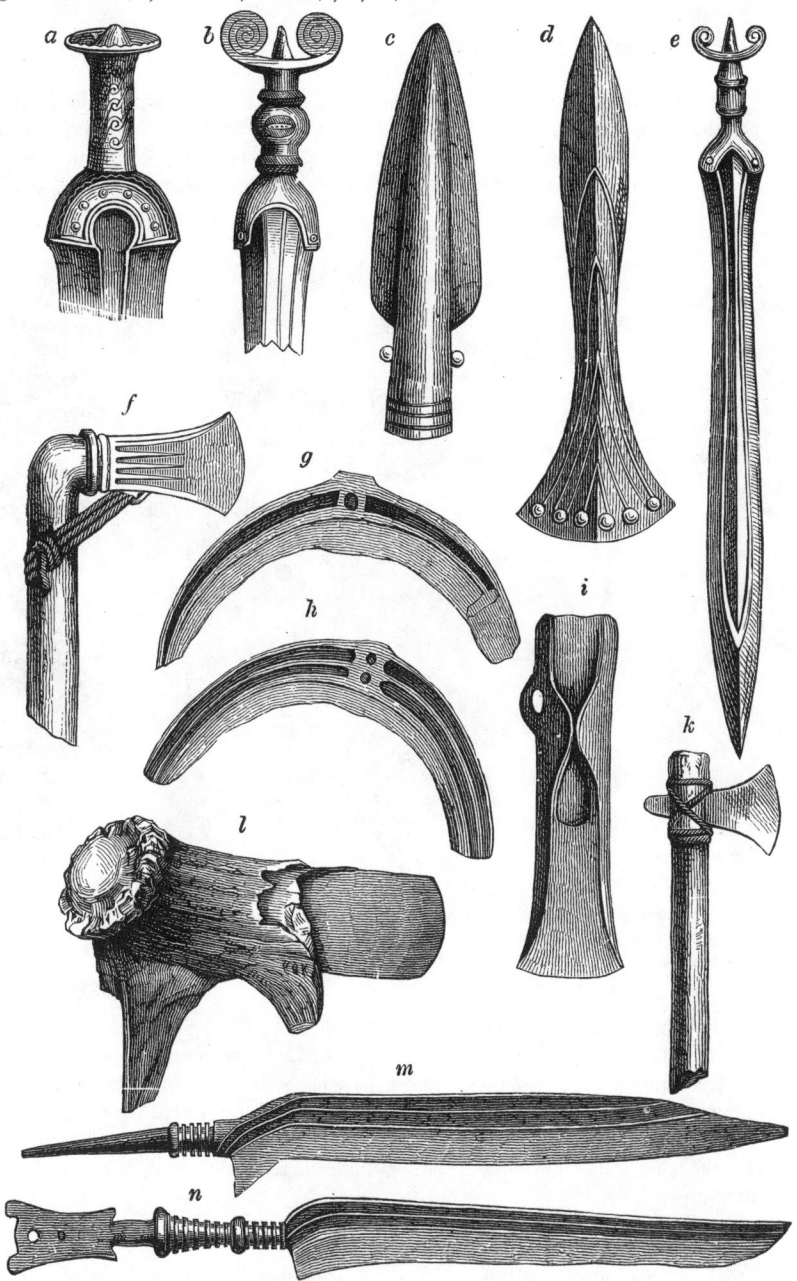

Fig. 53. Waffen und Geräte aus der Bronzeperiode: *a* und *b* Degengriffe, gefunden in Dänemark; *c* Lanzenspitze; *d* Dolch und *e* Degen, sämtlich aus Schweizerseen; *f* und *k* Art und Weise der Befestigung der Klingen an den Griff; *g* und *h* Bronzesicheln vom Steinberge bei Niedau; *i* Bronzebeil, ebendaher; *l* Steinbeil, in Hirschhorn gefaßt; *m* und *n* Bronzemesser vom Steinberge bei Niedau. (Zu S. 70.)

Wir haben gesehen, daß sich in dem Küchenkehricht der alten Bewohner Dänemarks die Knochen des Auerhahns vorfinden, und daß diese aus einer Zeit stammen müssen, welche um viele tausend Jahre hinter uns liegt. In jener Zeit muß also die Menschheit schon im

70 Einleitung.

Besitz einer ziemlichen Kunstfertigkeit gewesen sein, ehe ihr die Gewinnung und Bearbeitung der Metalle bekannt wird, und wir dürfen allgemein aus den Steingeräten schließen, daß der Zeit der ersten Metallbearbeitung sogar eine nicht unbedeutende technische Kunstfertigkeit vorangehen muß.

In den Überresten der schweizerischen Pfahlbauten finden wir noch vorwiegend Steinwerkzeuge (darunter auch nephritische). Über ihnen und mit ihnen in Gebrauch waren bereits mannigfache Geräte aus Holz, Sehnen, Leder, Haaren, Horn u. s. w. Vorzüglich aber werden hier die einzelnen bronzenen und kupfernen Gegenstände wichtig, deren Anwesenheit die Zeit der betreffenden Pfahlbauten an das Ende der Steinzeit und in den Anfang der neuen Periode verlegt, die wir mit dem Namen der „Bronzeperiode" bezeichnen

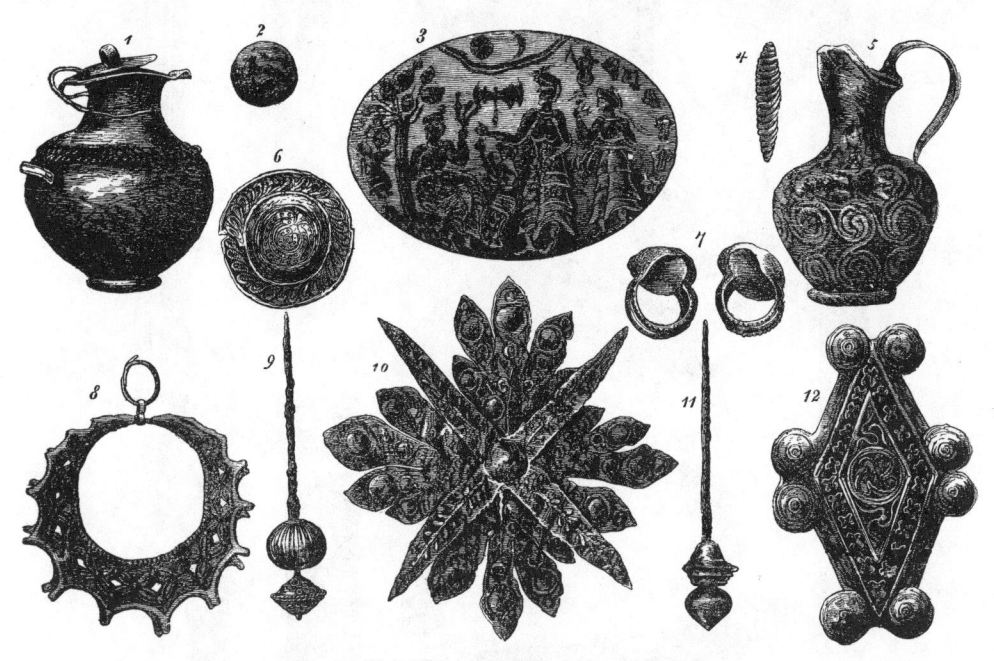

Fig. 54. Aus Schliemanns Gräberfunden in Mykenä.

1. Goldene Vase (Deckel mit Golddraht befestigt). 2. u. 4. Linsenförmige Gemmen. 3. Goldener Siegelring (vergrößert). 5. Goldene Weinkanne. 6. Goldener Knopf. 7. Goldene Siegelringe. 8. Goldenes Ornament. 9. und 11. Szepter von vergoldetem Silber mit Bergkristallgriffen. 10. Goldenes Ornament. 12. Goldenes Kreuz.

Bronzeperiode. Dieser Bildungsstand der Menschheit ist, ebenso wie die übrigen Perioden, einer scharfen Begrenzung nicht zu unterwerfen. Er konnte da, wo äußere Verhältnisse die Gewinnung der Metalle erleichterten, sehr bald eintreten, ohne daß im übrigen die Entwickelung schon sehr weit vorgeschritten zu sein brauchte (Afrika); an andern Orten dagegen, wo erst ein ausgebildeter Verkehr die entfernt vorkommenden Metalle erlangen läßt, wird, ehe das Bedürfnis danach sich entwickelt, schon ein erheblicher Fortschritt geschehen sein müssen.

Das aber steht fest, daß die Metalle, sobald sie in den Bedürfniskreis eines Menschenstammes eindringen, auch seine Ausbildung wesentlich fördern.

Wir haben schon gesagt, daß zuerst die gediegen vorkommenden edlen Metalle, Gold und Silber, sodann Kupfer (welches u. a. am Oberen See in Nordamerika in ganzen Metallklumpen auf dem Boden zerstreut lag) und das leicht darstellbare Zinn, in allgemeineren Gebrauch kamen. In Afrika kommt das Gold stellenweise sogar in größeren Stücken gediegen vor. Der König von Akra hatte vor seiner Thür ein Stück von Scheffelgröße liegen, welches als ein bedeutender Fetisch verehrt wurde. Das Gold wird hier aus der Erde gewaschen, und den Einfluß, den es auf die Bildung der Neger ausgeübt,

Entwickelung des Menschengeschlechts. 71

erkennt man daran, daß es einen ziemlich geordneten Handel hervorgerufen hat. In den allerersten Zeiten diente das Gold zur Herstellung von Nutzinstrumenten, die späterhin in viel zweckmäßigerer Weise aus Kupfer, Bronze und Eisen gefertigt wurden.

An den edlen Metallen lernten die Menschen die Kunst des Schmelzens und Gießens, der Drahtfabrikation und der Herstellung dünner Blättchen. Zuerst wurde alles massiv gearbeitet, späterhin aber geriet man darauf, die Dehnbarkeit des Goldes zu benutzen, um minder kostbaren Stoffen das Ansehen goldener zu geben. Die Vergoldung kam auf, und sie wird schon in betrügerischer Weise von den Negern Afrikas geübt, welche Erz- und Gesteinstücke mit einer dünnen Goldschicht umschmelzen, um sie dann als gediegenes Metall in den Handel zu bringen. In alten ägyptischen Gräbern hat man Mumien gefunden, deren Gesicht mit feinen Goldblättchen ganz bedeckt war, und im Homer wie in den mosaischen Schriften wird der Vergoldung mehrfach Erwähnung gethan.

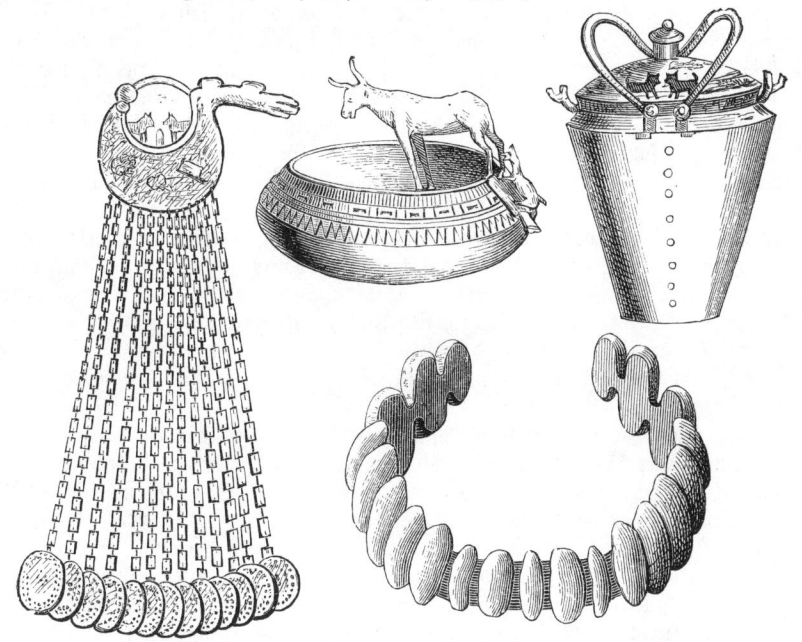

Fig. 55. Bronzegeräte aus dem Hallstädter Funde: Halsschmuck, Vasen und Armring.

Die Negerstämme Afrikas haben zum Teil dem reichlichen Vorkommen des Goldes ihren verhältnismäßig hohen Kulturzustand zu danken. Aus der Bearbeitung dieses Körpers ging die Metallgewinnung aus Erzen, namentlich aus den weitverbreiteten Eisenerzen hervor, und die daraus entspringenden Erfolge brachten die Stämme auf einen Stand materiellen Wohlseins, den andre Völker erst als eine Frucht höherer geistiger Bildung sich zu erringen vermochten. Auch in den Gräbern der Kelten, bei den Griechen, Römern und den alten germanischen Stämmen treffen wir goldene Geräte, ehe wir auf bronzene stoßen. Kupfer und die daraus bereiteten Mischungen aber gehen bei allen diesen auch dem Gebrauche des Eisens voraus.

Die Bronze ist eine Mischung aus Kupfer und Zinn; sie hat nicht überall dieselbe Zusammensetzung. Das richtige Verhältnis der Bestandteile konnte natürlich nur ein Ergebnis aufmerksamer Beobachtung sein. Die Bearbeitung der Bronze ist schwierig, dafür aber erlaubt das Material eine größere Freiheit in der Formgebung. Es wird beim Schmelzen dünnflüssiger als das Kupfer, und beim Erkalten nicht blasig; dazu ist es im höchsten Grade hart und elastisch, und in der letzteren Eigenschaft finden wir vielleicht die Ursache, welche den Schmuckgegenständen so häufig die Form federnder Spiralen geben ließ. Seine Dünnflüssigkeit aber ließ es besonders verwendbar erscheinen für die Herstellung von Kunstgegenständen, deren Form erst aus einem weicheren Materiale als Modell hergestellt werden konnte. Welch hohen Grad die Bronzegießerei bei den Griechen und Römern erlangte, davon sind die auf uns gekommenen Bildsäulen und Figuren die ausgezeichnetsten Beweise.

Überall rief die Bronze eine reicher verzierte Arbeit hervor, zu welcher das Kupfer, dessen vorzüglichste Eigenschaften in geschmiedetem Zustande hervortraten, nicht aufforderte; und für die kunstgeschichtliche Entwickelung ist besonders der Umstand beachtenswert, daß die allerdings in ihren Motiven sehr einfachen Ornamente der nordamerikanischen Bronzen auf der Nordwestküste Asiens, an den Grenzen der Mandschurei und ganz ähnlich auf den Skulpturen Javas wiederkehren. In gleicher Weise finden wir auch die Form der Waffen in weit auseinander liegenden Erdteilen außerordentlich übereinstimmend. Die sichelförmigen kupfernen Schwertklingen, welche in Peru und Mexiko bisweilen ausgegraben werden, erinnern ganz unwillkürlich an die krummen Bronzeschwerter, denen wir in altägyptischen Gräbern begegnen.

Ihrer ausgezeichneten Eigenschaften wegen erfuhr denn die Bronze eine höchst mannigfaltige Verwendung. Wir finden, wenn wir die kulturhistorischen Museen durchwandern, fast alle Geräte, die nur irgendwie aus Metall darstellbar waren, auch aus Bronze gegossen und durch nachherige Überarbeitung oft auf das kunstreichste vervollkommnet. Schwerter, Lanzenspitzen, Nadeln, Helme, Küraße, Bildwerke, Lampen und Hohlgefäße der verschiedensten Art, Armringe und sonstige Schmuckgegenstände, sogar Stühle und Bettgestelle machte man in Griechenland aus diesem günstigen Materiale, und Fig. 55 führt uns eine Anzahl solcher Geräte vor Augen.

War das Auffinden der edlen Metalle der Keim zur Entwickelung größerer Kunstthätigkeit, so konnte diese erst durch Benutzung der Bronze zur höchsten Blüte gelangen. Die Bronzeperiode ist sonach als die erste eigentliche Epoche eines ausgebildeten Gewerbs- und Industrielebens zu bezeichnen. Wo sie sich nicht als Zwischenglied in den Entwickelungsgang eines Volkes eingefügt hat, ist dasselbe in den Künsten und Gewerben auch nicht zu jener Vervollkommnung gelangt, welche sonst vielleicht reichhaltige Hilfsmittel jeder Art hervorgerufen hätten.

Die dem Bronzezeitalter folgende Periode zeichnet sich vorzüglich durch die Verwendung der verschiedenen übrigen Metalle und durch ihre oft schwierige Gewinnung aus den verschiedenartigen Erzen aus. Sie kann, da sie ihren merkbaren Anfang mit der Verarbeitung des Eisens nimmt, gewissermaßen als das

Eisenzeitalter bezeichnet werden, ohne daß aber mit dieser Benennung irgend eine ausschließliche Bedeutung verknüpft werden soll. Denn nicht das Eisen allein, sondern eine Anzahl andrer Metalle: Blei, Zink, Zinn, und außer diesen die Heranziehung unzählbarer Produkte des Pflanzen- und Tierreiches, der verschiedensten Hölzer je nach ihren Eigentümlichkeiten, des Elfenbeins, des Thons und zahlreicher Mineralien zu Zwecken des Nutzens und Vergnügens, sind das Merkmal einer Epoche, welche weniger in dem Rohstoffe, den sie gewinnt und verarbeitet, als in der Arbeit selbst, in der Formgebung und ihren Zwecken ihren Ausdruck findet. Es scheint, daß die homerischen Griechen im Übergang aus dem Bronze- zum Eisenzeitalter lebten; geschichtlich festgestellt ist es, daß dagegen die alten Gallier oder Kelten bereits bei ihren ersten Berührungen mit den Römern eiserne Waffen besaßen. Die Skandinavier wurden mit dem Eisen erst im 3. Jahrhundert unsrer Zeitrechnung bekannt.

In Jütland findet man selten bronzene mit eisernen Geräten zusammen; der Übergang aus einer Periode in die andre mußte also dort ein rascherer als anderswo gewesen sein, wo diese Vergesellschaftung vorkommt. In russischen Grabhügeln z. B. findet man Pfeilspitzen aus Bronze neben Lanzen mit Eisenklingen, gerade so wie in den Tumulis bei Beaume (Cote d'Or) Bronzemesser neben Eisenschwertern angetroffen werden. Das Eisen war anfangs das kostbarere Metall, denn auch bei den Altertümern, welche bei Hallstadt gefunden wurden, werden an Eisenwerkzeugen wohl Bronzegriffe, nie aber an irgend einer Bronzeklinge Eisengriffe bemerkt.

Eine Darstellung der Eisenperiode, in der wir noch leben, würde mit einer Schilderung der historischen Kultur überhaupt zusammenfallen; sie läßt sich daher nicht in ein Bild zusammenfassen, kurz genug, um auch nur das Bemerkenswerteste hervorzuheben. Das ganze vorliegende „Buch der Erfindungen" hat den Zweck, einen Teil dieses großartigen

Entwickelung des Menschengeschlechts.   73

Gemäldes zu schildern; wir beenden daher diese Abschweifung, um zu dem Gegenstande zurückzukehren, der zu ihr die erste Veranlassung gab, zu den Waffen.

Die Herstellung des Bogens und der Pfeile als der ältesten Waffen, wenn wir die rohe Keule, wie sie auf den Inseln der Südsee und in Afrika aus hartem Holze und Stein in Gebrauch ist, übergehen, ist naturgemäß fast über die ganze Erde eine gleiche.

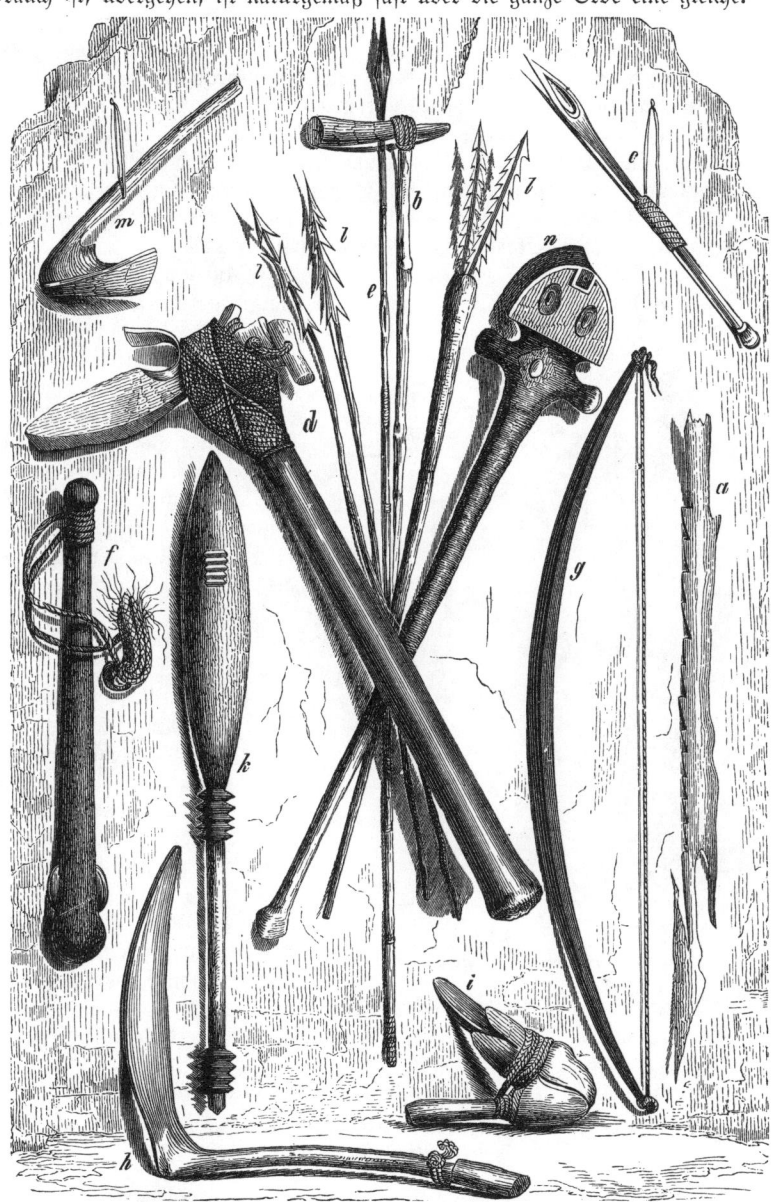

Fig. 56. Werkzeuge und Waffen der Südsee=Insulaner: *a* Lanzenspitze der Bewohner der Insel Isabella, *b* Hammer, *c* Nadel der Bewohner von Tahiti, *d* Streitaxt, *e* Speer, *f* Keule, *g* Bogen, *h* Hacke von Neukaledonien, *i* Karst, *k* Ruder, *l* Wurfspieß von den Karolinen, *m* Hacke, *n* Keule.

Wenn wir die Waffen und Werkzeuge der Südsee=Insulaner betrachten, wie sie uns in Fig. 56 dargestellt sind, so werden wir die große Übereinstimmung in Formen und Herstellungsweise erkennen, welche dieselben Erzeugnisse aus den Urzeiten der Menschheit zeigen. Am einfachsten sind diese Waffen bei den Buschmännern, die überhaupt in bezug auf ihre Geräte noch die ersten Stufen der Erfindungen nicht überschritten zu haben scheinen. Ihre

Pfeile sind mit Spitzen von hartem Holze oder Knochen versehen. Bisweilen trifft man auch eiserne Pfeilspitzen bei ihnen. Sie gewinnen das Metall aber nicht, indem sie es aus Erzen darstellen, sondern auf dem allerdings weit kürzeren Wege des Raubes. Ihre Landsleute im Osten, die verschiedenen Kaffernstämme und die ihre Gebiete durchziehenden Fremden werden in gleicher Weise bestohlen, und die einzige Kunstfertigkeit ist, daß sie etwa eine gestohlene Speerspitze durch Glühen und Hämmern in eine Pfeilspitze umwandeln.

Die Waffenführung der Buschmänner ist eine eben so ungeschickte. Sie halten den Bogen beim Schießen nicht wagerecht, sondern senkrecht in mäßiger Höhe weit unter dem Auge und senden den Pfeil ohne mühsames Zielen ab. Wenn sie daher auch die Richtung desselben übersehen können, so muß ihnen doch jede Beurteilung der Neigung fehlen. Sie treffen wohl einen senkrecht stehenden Baumstamm, aber bei weitem schwieriger einen horizontalen Gegenstand, wenn derselbe auch beträchtlich dicker ist. Im übrigen vergiften sie ihre Pfeile, eine Sitte, die wir unter den rohen Völkern weit verbreitet antreffen. Der Köcher wird aus dem hohlen Stamm einer Aloe verfertigt.

Auf gleicher Stufe stehen die Kalifornier, die ein scharf zugeschlagenes Steinstück als Messer, ein spitzes Holz zum Wurzelausgraben, eine Schildkrötenschale als Wiege, eine tierische Blase als Wassergefäß, Bogen und Pfeil als Waffen, und höchstens noch einen gestrickten Tragsack, als Gerät besitzen. Ihre Pfeilspitzen sind, wie wir früher gesehen haben, von Stein, der Schaft wird auf die überall gebräuchliche Weise mit Flugfedern versehen. — Bei den meisten andern Völkerschaften finden wir aber diese Waffen in größerer Vollkommenheit. Die Bogen werden sorgfältiger bearbeitet, von größerem Umfange und damit von größerer Schußweite hergestellt. Die Patachos in Südamerika nehmen dazu das Holz einer Bignonia. Ihre Bogen sind bis nahe an 3 m, die Pfeile an 2 m lang, und letztere aus einem festen Rohre, dessen am Feuer gehärtete Spitze mit Widerhaken versehen wird. Die Macharis und Camacans sind treffliche Schützen; sie schneiden in das Mittelstück des Bogens einen Spalt, worin sie einen zweiten Pfeil aufbewahren können. Für den Fall, daß der erste nicht ordentlich getroffen hat, ist ihnen dann rasch ein zweiter Schuß möglich.

Fig. 57. Ein Tschippewäkrieger.

Wem fällt dabei nicht die Antwort Tells ein, den Geßler fragt:

   Geßler: — — — — — Du stecktest
         Noch einen zweiten Pfeil zu dir! — Ja, ja,
         Ich sah es wohl — was meintest du damit?
   Tell: Herr — das ist also bräuchlich bei den Schützen.

Die Abiponer machen ausgezeichnete Pfeilspitzen aus Eisen, indem sie eiserne Gegenstände, die sie erhandeln, zusammenschmieden, minder wirksame aus zugespitzten Knochen. Statt der Pfeile schießen sie auch gebrannte thönerne Kugeln von Walnußgröße mit dem Bogen und bedienen sich dazu einer ganz besonderen gurtförmigen Sehne. Die Arowaken setzen ihre Pfeile aus zwei Stücken zusammen. Die Spitze ist bloß eingeleimt, sie bleibt in der Wunde sitzen, während der an ihr mittels eines Strickes hängende Stock abfällt und, auf dem Boden nachschleifend, seinen Verfolgern die Spur des getroffenen Wildes deutlicher macht.

Allgemein gehandhabt aber treffen wir Bogen und Pfeil bei den nordamerikanischen Jägerindianern, welche diese Waffen neben den ihnen durch die Europäer zugegangenen Feuergewehren noch beibehalten haben, und fernerhin bei den Polarvölkern, die den Seehund auf weite Entfernungen mit dem Harpunenpfeil zu erreichen wissen. Die ersteren schnitzen ihre Bogen auf das kunstreichste und wissen besonders treffliche Hölzer dazu zu wählen. Außerdem ist auch die Lanze in ihren Händen eine gefährliche Waffe. Wie die Reiternationen Südamerikas, die Yquitos, Ticunas, Encebelladas und andre, werfen sie dieselbe, auf ihren flüchtigen Pferden herbeijagend, und treffen bis auf 50 Schritt Entfernung sicher ihr Ziel. Steinerne oder kupferne Spitzen, öfters auch eiserne, erhöhen die Wirkung. Der Schaft der Lanze wird mannigfach verziert, mit Nägeln beschlagen, mit Leder umflochten oder durch Anfügung bunter Vogelfedern, wie es Fig. 57 zeigt, ausgeschmückt.

Die Polarvölker kannten, ehe sie mit den Europäern in Berührung kamen, nur Lanze Bogen und Pfeile, hatten aber trotz der Ungunst ihres Bodens, der ihnen nicht einmal das nötige Rohmaterial liefert, sondern sie lediglich auf das zufällig mit den Meeresströmungen angeschwemmte Treibholz verweist, in der Verfertigung dieser Waffen eine ungemeine Geschicklichkeit sich angeeignet. Nicht nur, daß sie für die verschiedenen Zwecke ganz verschiedene Pfeile in Anwendung bringen — das thun in gleicher Weise schon die Indianer der südamerikanischen Urwälder — sie setzen auch Bogen und Schäfte der Lanzen aus mehreren Stücken auf eine Art zusammen, die allerdings nicht zweckmäßiger erdacht werden kann. Zu dem Bogen nehmen sie Treibfichtenholz; sie umwickeln dasselbe mit Spänen, gießen Wasser darüber und halten es in die Glut. Durch die heißen Dämpfe wird die Faser biegsam und läßt sich formen, ohne die Elastizität und Festigkeit zu verlieren.

Der Bogen der östlichen Eskimos besteht aus drei bis fünf Stücken, welche durch Sehnen, Nieten und Nägel miteinander verbunden sind. Die Pfeile haben

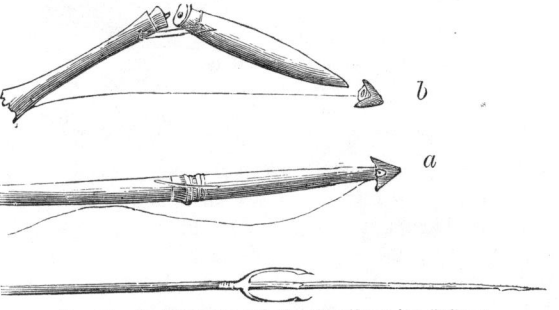

Fig. 58. Seehundspeer und Vogelwurfspeer der Eskimos.

eiserne Spitzen und werden mit Geschicklichkeit und solcher Gewalt geschossen, daß einer von Beecheys Leuten auf 140 Schritt durch einen Schuß in den Schenkel dienstunfähig wurde. Auf mehr als 80 Schritt schoß ein Eskimo einen Taucher durch den Kopf, indem er den Moment abpaßte, wo der überaus scheue Vogel aus dem Wasser emporkam.

Um den Seehund zu fangen, befestigen diese Jäger an ihre Wurfpfeile oder Wurfspeere entweder mit Luft gefüllte Fischblasen oder die aufgeblasene Haut eines Seehundschlundes. Der Speer geht, sobald er in den Leib des Wildes eingedrungen ist, auseinander. Die Spitze bleibt stecken, der Schaft der Harpune aber, welche der Seehund, wenn sie aus einem Stücke wäre, zerschlagen würde, löst sich los, allein der leichte Luftsack bleibt mittels einer Leine an der Spitze befestigt und schwächt durch den Widerstand, welchen er dem augenblicklich in die Tiefe gehenden Seehunde entgegensetzt, dessen Kräfte so sehr, daß derselbe in kurzer Zeit notgedrungen wieder an die Oberfläche des Wassers kommen muß und, aufs neue verfolgt und getroffen, bald ermattet seinen Feinden in die Hände fällt. Fig. 58 zeigt uns in a einen derartigen Seehundwurfspieß zusammengesetzt; in b, wie er sich auseinander gibt; die an der Spitze befestigte Leine trägt den Luftsack. Das längere Wurfgerät ist ein Speer oder Wurfpfeil, wie er zum Vogelschießen in Anwendung kommt. In der Mitte des Schaftes befinden sich einige federartig ausgehende Beinspitzen, die den Vogel noch treffen können, selbst wenn er der vorderen Spitze ausweichen sollte. Dieser Wurfpfeil heißt Nuguit, der obere Harpunenpfeil Erneinek. Die Spieße und Lanzen der Eskimos haben Spitzen von Narwalhorn; selten jedoch sind sie ganz aus dem kostbaren Narwalhorn hergestellt; eine solche bildeten wir in Fig. 46 auf Seite 62 ab; öfters auch sind sie aus Eisen, welches diese Völkerschaften durch Tausch bekommen, und die Schäfte durch eingeschlagene Messingnägel verziert.

Bei den Lappländern und den Tschuktschen finden wir statt des einfachen Bogens auch die Armbrust, bei ersteren sogar hier und da Flinten, welche ihnen aber natürlich erst durch ihre germanischen Nachbarn vermittelt worden sind. Bei den Fan im westlichen Äquatorialafrika treffen wir abermals die Vervollkommnung des Bogens zur Armbrust, und hier unzweifelhaft als das Ergebnis eigner Erfindungsthätigkeit, an. Bei diesem Volke begegnen wir überhaupt einer größeren Mannigfaltigkeit in den Waffen. Da die Fan aus dem bei ihnen reichlich vorkommenden Eisenerz das Metall zu schmelzen gelernt haben und sogar das Roheisen durch Umschmelzen und Durchhämmern in Schmiedeeisen und Stahl zu verwandeln verstehen, so haben sie darin das Mittel, sich einen größeren Reichtum an Geräten zu erzeugen. Sie bedienen sich einer großen Anzahl von Speeren mit verschiedenen Spitzen. Aus Elefantenhaut fertigen sie ihren viereckigen Schild (Fig. 59), dem sie auf der Innenseite zwei Griffe zum Anfassen mit der Hand geben. Zu Angriffswaffen dienen ihnen aber Schlachtschwerter und zackige, flache Handeisen, wie solche auch bei den Marghis und Musgus im mittleren Sudan am Tschadsee sowie bei den Njamnjam im südwestlichsten Nilgebiete (hier unter dem Namen Trumbasch) vorkommen. Die

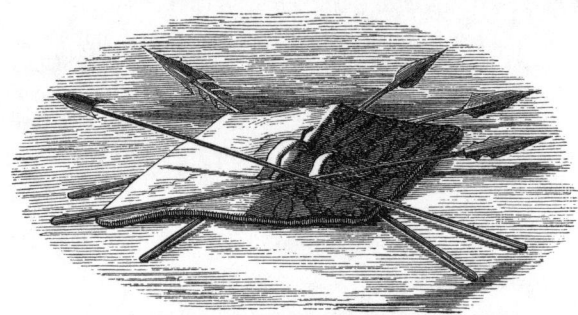

Fig. 59. Schild und Speer der Fan.

Kriegspfeile der Fan sind nur halb so lang wie ihre Jagdpfeile und mit vergifteten Spitzen versehen. Sie sind so leicht, daß man sie von der Armbrust hinwegblasen kann; um das Wegfliegen zu verhüten, wird daher die Auflegestelle mit etwas Pflanzengummi bestrichen. Die Armbrust ist ähnlich der bei uns üblichen hergestellt, statt des Kolbens aber endigt sie in einen längeren, zweigeteilten Stab.

Die folgende Fig. 60 läßt uns den Grad der Kunstfertigkeit ahnen, welchen diese afrikanischen Metallarbeiter besitzen. Magyar erzählt als ein bezeichnendes Beispiel, daß ihm im Lande der Djiokoe einst das Schloß seiner Flinte unbrauchbar geworden sei und er dasselbe zugleich mit einem französischen Probeschloß als Muster einem dortigen Schmied zum Ausbessern übergeben habe. Auf der Platte des französischen Schlosses war das Wort „Laport" eingraviert. Nach einigen Tagen brachte der Djiokoe die Flinte mit einem neuen, ganz gut gearbeiteten Schlosse zurück, auf welchem sogar jene Buchstaben, wenn auch etwas weniger zierlich, eingegraben waren.

Fig. 60. Aschirawaffen.

Die Kaffern, namentlich die Betschuanen, verfertigen ebenso vortreffliche Eisenklingen, Äxte, einschneidige und zweischneidige Messer, die in oft ganz zierliche Elfenbeingriffe eingelassen werden, und die gefürchteten Assagaien oder Wurfspieße.

Die höher kultivierten Mongolen, welche ausgezeichnet geschickte Schmiede haben, eiserne Äxte, Messer und Sensen sich arbeiten, und bei denen Bohrer und Drehbänke in Anwendung sind, stellen sich schon ihre Büchsenläufe selbst dar, indem sie auf dauerhafte Weise die im Handel ihnen zugebrachten Gegenstände, Draht, große Angelhaken u. s. w., zusammenschweißen. — Einen hohen Aufschwung nimmt aber das Waffenhandwerk, sowohl die Erfindung und Darstellungsweise als auch die Führung, bei den bisher betrachteten Völkern nicht. Es fehlt ihnen der Grundzug des ritterlichen Mutes, der jedem Manne des Volkes die eigne Verteidigung seiner Ehre und den Schutz der Unterdrückten zur natürlichen Pflicht macht. Selbst die hochgebildeten Chinesen stehen in Beziehung auf ihre Waffen nicht hoch über ihren mongolischen Nachbarn. Zwar haben sie, wie so manches andre, auch das Pulver früher als die Europäer erfunden, aber — und das ist das Unglaubliche — sie führen neben den Feuergewehren noch ihre alten Bogen und Pfeile und bedienen sich des

Entwickelung des Menschengeschlechts. 77

Pulvers mehr zum Knallen denn zum Schießen; und das ganze Reich der Mitte war in dem letzten großen Kriege gegen die Verbündeten nicht wenig erstaunt, als diese sich um ihren dichtesten Pfeilregen nicht mehr kümmerten als um ein derbes Schloßenwetter. Die Tscherkessen dagegen, jenes ritterliche Volk, welches in neuester Zeit seine Kaukasusheimat fast vollständig verließ, als sie endgültig den Russen zu eigen wurde, sind in der Waffen= führung selbst den Chinesen und Mongolen weit überlegen. Sie haben die Feuergewehre erst von den Europäern überkommen, allein ihre hohe Wichtigkeit erkennend, haben sie sehr bald Bogen und Pfeile aufgegeben. Sie fer= tigen sich ihre Flintenläufe selbst, ja sogar das Schießpulver bereiten sie und ziehen den Salpeter dazu zum Teil aus einer eigens zu diesem Zweck gebauten Pflanze. Ihre Dolche und Säbel haben ausgezeichnete Klingen, für welche Summen bis zu 2100 Mark bezahlt werden sollen. Der tscherkessische Dolch (der Kindschal) ist dem breiten Dolche, den wir in germanischen Gräbern finden, und wie er auch in Fig. 60 unter den Aschirawaffen erscheint, sehr ähnlich. Der Säbel (Scheschquah oder Schaschka) ist krumm, jedoch nicht so sichelförmig wie der türkische.

Die Tscherkessen können als Muster von Bewaffneten gelten. Von der frühesten Kind= heit auf zur Handhabung der Kriegsgeräte angehalten und in einem fortwährenden Kampfe mit natürlichen und politischen Feinden darin geübt, betrachten sie ihre Waffen als die not= wendigsten, unentbehrlichsten Geräte, die sie stets bei sich führen. Auf ihre Pflege und Instandhaltung verwenden sie große Mühe; die Waffen sind ihnen Schutz und Schmuck zugleich. Berühmt sind die tscherkessischen Panzerhemden, die aus feinen eisernen, für Reichere aus silbernen Ringen so dicht zu= sammengefügt werden, daß sie wie ein Gewebe erscheinen und Flintenkugeln nicht durchdringen lassen. Das Panzerhemd ist mit einer auf dieselbe Art hergestellten Panzerkappe ver= sehen; außerdem aber dient zur Bedeckung des Kopfes ein Helm aus blankem Stahl, der, mit einem roten Büschel verziert, die ritterliche Erscheinung dieser Männer auf das schönste vervollständigt.

Die Araber, obwohl unter völlig ab= weichenden klimatischen Verhältnissen lebend, zeigen doch in ihren Waffen eine Annäherung an die Tscherkessen. Lanze, Keule, krumme Messer, gekrümmte Säbelklingen, Feuergewehre, Schild und Panzer sind ihre hauptsächlichsten Angriffs= und Verteidigungsmittel.

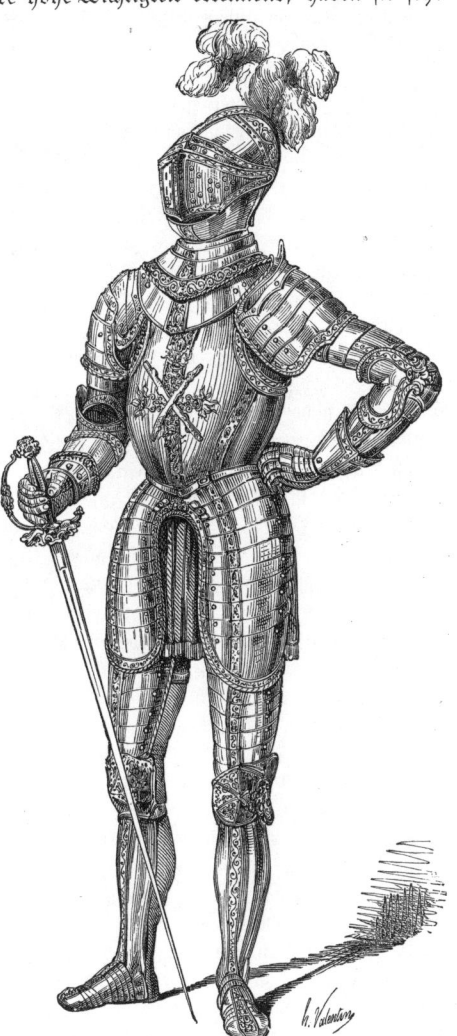

Fig. 61. Prachtrüstung Herzog Karls des Kühnen von Burgund.

Eine ausführliche Betrachtung des Waffen= und Kriegswesens der Griechen, Römer und der Germanen liegt leider außerhalb der Grenzen unsres Raumes. Wir müssen uns begnügen, nur um des Gegensatzes willen in den Figuren 61—70 einige charakteristische Abbildungen zu geben. Vorzüglich waren es die Schußwaffen und die Schwerter, deren Handhabung und Vortrefflichkeit Reichtum und Ruhm ihrer Besitzer ausmachen half. Bei den Klingen können wir eine übereinstimmende Veränderung und Veredelung in der Form bemerken. Mit der Zeit wurde die breite, kurze Schneide schmaler und länger, und sie erreichte ihre höchste Schönheit im Mittelalter in Deutschland und Spanien durch die Mauren, wie die zahlreichen, in Rüstkammern aufbewahrten Schwerter uns beweisen. In jener Zeit war die Darstellung der Waffen einer der allerwesentlichsten Kunstzweige. Berühmte Waffenschmiede wurden von nah und fern aufgesucht und ihr Name von den Dichtern mit denen der Helden zusammen in Liedern besungen. Viele Schwerter hatten ihre eigne Geschichte. Sie vererbten sich als kostbare Familienschätze von Geschlecht zu Geschlecht und wurden dann als Heiligtümer aufbewahrt.

Panzer, Rüstungen, Bogen, Pfeile, Lanzen, Armbrüste kamen jedoch in kurzer Zeit außer Gebrauch, und der ganze Kriegsapparat erhielt eine wesentliche Umgestaltung durch die Erfindung des Schießpulvers. Die in fortwährendem Kampfe lebenden Römer schon hatten bei Belagerungen gewaltige Maschinen in Anwendung gebracht. Sie schossen große Steine, entweder indem sie die Schnellkraft einer durch Hebel und Winden aufgespannten riesigen Bogensehne benutzten, um das Geschoß auf dem sogenannten Läufer wie einen Pfeil fortzuschleudern, oder indem die Geschosse in löffelartige Hebel gelegt und die letzteren nun zwischen zwei starke Seile gesteckt und mittels dieser gespannt wurden, oder aber auch indem man statt des Löffels an dem Ende des Hebels eine Schleuder anbrachte, durch welche die Steinstücke geworfen wurden. Diese Wurfmaschinen erhielten sich und waren mit den sprichwörtlich gewordenen „Mauerbrechern" ein Hauptbestandteil der Kriegskunst noch im Mittelalter. Allein ihre Wirkung war immer nur eine beschränkte und bloß auf die Zerstörung von Mauern und Schutzwehren gerichtete. Das Pulver aber gestaltete den offenen Krieg gänzlich um, und mit der Einführung der Feuerwaffen mußte das ganze Waffensystem der früheren Zeit fallen. Nur die Hieb= und Stichwaffen für den Einzelkampf, Schwerter, Lanzen, Dolch u. s. w., wurden beibehalten, die Geschosse, Bogen und Pfeile, Schleuder und Armbrust, wurden wertlos.

Es beginnt aber von hier ab die Betrachtung eines Gegenstandes, welcher ein spezielles Kapitel der Metalltechnik ausmacht, und den wir uns hier aufsparen müssen, um ihn an jener Stelle, wo wir von der mechanischen Bearbeitung der Metalle überhaupt reden, ausführlicher zu behandeln.

Geräte. Nächst den Waffen sind es eine Anzahl andrer Geräte, in deren Benutzung und Herstellung sich die fortschreitende Kultur zu erkennen gibt. Denn wenn es ein Zeichen des Weisen ist, dem alles zu Gebote stehen würde, die Zahl seiner Bedürfnisse auf das möglichst geringste Maß einzuschränken, so ist es bei den Völkern umgekehrt. Gerade die sich mehrende Menge der Lebenserfordernisse, das gestachelte und stachelnde Verlangen treibt weiter zur Erfindung und veranlaßt das Ersinnen neuer Methoden, die Auffindung und Ausnutzung neuer Stoffe, selbst dann noch, wenn den unumgänglichsten Lebensbedingungen durch Nahrung, Kleidung u. s. w. schon genügt ist.

Von der Herstellung der Waffen zum Teil mit abhängig, bildet sich eine große Zahl andrer Geräte aus, darunter Werkzeuge, die man zur Bearbeitung der Rohstoffe anwendet: Messer, Pfriemen, nadelartige Instrumente, Strickwerkzeuge, Ahlen u. s. w. In höheren Bildungsstadien treffen wir sodann auf Zimmermanns=, Maurerwerkzeuge, Mobilien mannigfacher Art, Schreibsachen, Malergerät, musikalische Instrumente, kurz die ganze Reihe jener tausend und abertausenderlei Hilfsmittel, die nach und nach in den Künsten und Gewerben zur Anwendung kommen. Der Ackerbau ruft unter ihnen die ersten einfachen Maschinen mit hervor, der Pflug wird erfunden, Dreschflegel und Mühlen zum Zerschroten der Körner werden eingeführt u. s. w.

Gefäße. Eine ganz besondere Berücksichtigung verdienen die Gefäße, vorzüglich deswegen, weil sie sehr bald aus dem Bereiche der bloß dem Notwendigen dienenden Geräte heraustreten und in den Kreis derjenigen Darstellungen treten, welche in Form und Verzierung die größte Mannigfaltigkeit und daher eine Steigerung des ästhetischen Begriffs gestatten, ja sogar als erste Erzeugnisse der bildenden Künste zu einer solchen Verfeinerung des Geschmackes Veranlassung gaben. Welch ein Abstand von den edlen Formen, dem kostbaren Material und der kunstreichen Bearbeitung alter griechischer Vasen, etruskischer Gefäße oder den Meisterwerken der heutigen Porzellanmanufaktur zurück bis zu dem abgeschnittenen Bambusstück, welches den ärmeren Chinesen sogar noch heute zur Aufbewahrung trockner sowie flüssiger Stoffe dient.

Fig. 62. Griechische Waffen.

Fig. 63. Römische Waffen.

Fig. 66. Schwerter aus dem Ende des 15. und Anfang des 16. Jahrhunderts.

Fig. 64. Waffen aus dem 11.–14. Jahrh.

Fig. 65. Waffen aus dem 14. u. 15. Jahrh.

Fig. 67. Waffen a. d. Dreißigjährigen Kriege.

Fig. 68. Degen aus dem 16. u. 17. Jahrhundert.

Fig. 69. Waffen a. d. Siebenjährigen Kriege.

Fig. 70. Orientalische Waffen.

Das natürlichste Gefäß ist die hohle Hand. Indessen genügt dasselbe nur in sehr geringem Grade dem Bedürfnis, feste und vorzüglich flüssige Gegenstände zu fassen und zu transportieren. Dem beobachtenden Verstande zeigen sich aber ohne weiteres Auskunftsmittel, deren Benutzung leicht ist. Die Schalen harter Früchte, Nüsse, Eier- und Muschelschalen, das Gehäuse der Schildkröten, die hohlen Stengel des Schilfes, das Bambusrohr und eine große Zahl andrer Naturprodukte entsprechen in jeder Weise den ersten Anforderungen. Wir finden daher dieselben auch in ganz ausgedehntem Gebrauche bei allen Naturvölkern.

Die Botokuden bereiten in abgehauenen Baumstümpfen ihre berauschenden Getränke. Daß die Buschmänner den hohlen Stamm einer Aloe zum Aufbewahren ihrer Pfeile benutzen, haben wir weiter oben schon erwähnt. Die Madagassen fertigen aus Bambusrohr ihre Wasserkannen, indem sie einfach dasselbe unterhalb eines der abschließenden Knoten abschneiden und über diesem Boden die in der Länge des Rohres etwa noch vorhandenen Scheidewände durchstoßen.

Unsre Abbildung (Fig. 71) zeigt uns eine Gesellschaft Bakalahariweiber, die, von dem Lager des Stammes an den nächsten Tümpel gezogen, ihre Straußen-Eierschalen mit Wasser füllen. Den Verschluß, damit das Wasser nicht herausschlägt, besorgt ein Binsenbüschel. Die Kaffern höhlen Kürbisse aus, um für ihren Schnupftabak eine Verwahrung zu haben, und die verschiedenen Formen dieser Frucht werden von vielen Völkerstämmen zu mannigfachen Verwendungen geschickt gemacht. Im südlichen Amerika werden von den Indianern derartige Kalabassen oft sehr kunstreich geschnitzt (in der Gegend von Caracas) und für hohen Preis verkauft. Flaschen, Schalen, Löffel u. dgl. aus Kürbisfrüchten finden sich nicht nur auf den Inseln der Südsee, sondern auch im südlichen Europa, wo sie von den Hirten und Pilgern in Spanien und Italien noch vielfältig in Gebrauch genommen werden. In Ost- und Westindien dient zu gleichen Zwecken die Kokosnuß oder die Seepalme der Seychellen (Lodoicea Seychellarum), welche Schalen bis zu $2/3$ m Durchmesser liefert. Sie wird durch die Strömung des Meeres weit hinweggeführt, und früher, als man ihren Ursprung noch nicht kannte und sie nur selten an den Küsten auffand, bezahlte man im Orient Summen bis zu 3000 Mark für eine derselben, weil man den Glauben hatte, die Nuß vermöge die schädlichen Bestandteile jeder hineingegossenen Flüssigkeit in ihrer Schale zurückzuhalten. Nicht minder zahlreich sind die Verwendungen, welche die verschiedenen Muscheln als Gefäße finden. In Hindostan macht man aus der Trompetenmuschel sogar Löffel, der Stiel wird aus den inneren Spiralwindungen durch Abschleifen der äußeren Schale gebildet.

Da die einfachen runden Gefäße aus Eiern, Fruchtschalen, Muscheln u. s. w. keine natürlichen Henkel haben, so werden sie, wo es nötig ist, durch Umstricken mit Schnüren tragbar gemacht (s. Fig. 71) und an diesen Schnüren auch über das Feuer gehangen, denn die runde Form des Bodens erlaubt kein sicheres Stellen.

Ähnlich wurden die Hörner als Trinkgefäße bei den Jagd und Viehzucht treibenden Völkern in weit verbreiteter Anwendung an Schnüren getragen.

Wo die natürlichen Gefäße dem vorliegenden Zwecke nicht zur Genüge entsprachen, wurden neue auf künstliche Weise dargestellt, dabei aber immer die zuerst benutzten Naturformen als Modelle innegehalten. Selbst dann, wenn in der Herstellung künstlicher Gefäße schon eine große Kunstfertigkeit erlangt worden ist, welche eine freiere Formgebung erlaubt haben würde, kehren noch die Erinnerungen an die ursprünglichen Gestalten häufig als maßgebend wieder. Vorzüglich ist es die runde Form der Früchte, die längliche des Eies, die cylindrische des gehöhlten Astes oder die kegelförmige des Hornes, der wir in den Gefäßen aller Kulturepochen wieder begegnen. Und nicht nur, daß z. B. die Kugelform beibehalten wurde — die runde Fassung ist am Ende den Flüssigkeiten zu entsprechend und in ihrer Erzeugung mit den einfachsten Mitteln erreichbar — vielmehr sehen wir in den netzförmigen Verzierungen der späteren Gefäße, in der Anbringung der Henkel für Schnüre u. dgl., wie sich das früher Wesentliche und Notwendige, sei es auch nur als Ornament, erhalten hat. Im südlichen Frankreich dient seit den frühesten Zeiten die Riesenmuschel (Tridacna gigas) als Weihwasserbecken, und ihre zweckmäßige und zugleich elegante Form findet man häufig in katholischen Ländern für den gleichen Gebrauch benutzt, nur daß man Marmor, Thon, Metall und andre Stoffe zur Herstellung da anwendete, wo die Natur die Muschel nicht ohne weiteres selbst lieferte.

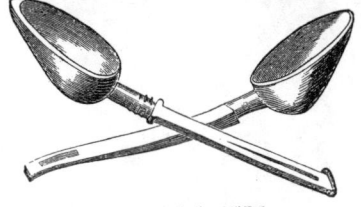

Fig. 72. Schekianilöffel.

Einerseits das Material, aus welchem die künstlichen Gefäße dargestellt wurden, anderseits aber der Zweck, dem sie dienten, bestimmten im Laufe der Zeit Form und Verzierung. Anders müssen die zur Aufbewahrung von trockenen Früchten bestimmten, anders die Gefäße für Flüssigkeiten gestaltet werden.

Einer seßhaften Lebensweise werden große, schwere Gefäße, hölzerne Tonnen, Fässer, Krüge u. dgl. genügen; der herumziehende Nomade füllt seine Vorräte in Säcke oder in Schläuche und Felle, welche er dem Lasttiere aufbürden kann und die dem Zerbrechen nicht ausgesetzt sind. Die Kalmücken fertigen sogar Flaschen von Pferdeleder, aus zwei Teilen bestehend, die an den Seiten zusammengenäht sind, und deren breite Flächen sie wie die Einbände unsrer Bücher mit eingepreßten Figuren verzieren.

Mit der symbolischen Bedeutung der Gastmähler, welche religiöse, politische oder auch bloß freundschaftliche Versammlungen begleiten, erhalten auch die gebrauchten Gefäße einen hohen Wert, der sich in der Kostbarkeit des Materials sowie in der sorgfältigeren Bearbeitung erkennen läßt. Den alten

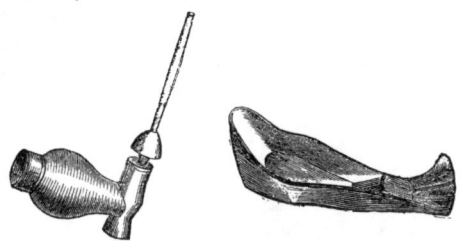

Fig. 73. Geräte der Fan: Tabakspfeife und Löffel.

Deutschen waren wie noch heute manchen Wilden die Hirnschalen der im Kampf erschlagenen Feinde die wertvollsten Trinkgeschirre, und die vagierenden Zigeunerhorden, denen man geneigt ist, jede Religion abzusprechen, besitzen oft, selbst wenn sie noch so arm sind, ein kostbares silbernes, reich vergoldetes Gefäß, von dem sie sich nie trennen.

Das nächstliegende Rohmaterial zur Herstellung künstlicher Gefäße ist das Holz, welches oft nur eine geringe nachhelfende Bearbeitung verlangt. Die Schekiani an der Westküste Afrikas schnitzen ganz gefällige Löffel aus verschiedenen Holzarten, wie wir aus Fig. 72 sehen, und die Geräte der schon mehrerwähnten kunstfertigen Fan (Fig. 73) zeichnen sich durch Sauberkeit und Akkuratesse ebenfalls aus. Die Arowaken in Südamerika verstehen sehr nette hölzerne Schalen und Töpfe zu fertigen; um das Durchsickern des Wassers zu verhindern, pichen sie dieselben mit Harz aus und bestreichen sie mit glänzenden Firnissen, auch wohl mit Mustern die Außenseite bemalend. Im Innern Rußlands, in Sibirien, blüht eine ähnliche Industrie, deren Erzeugnisse einen lebhaft gefragten Handelsartikel abgeben. —

82 Einleitung.

Rohr, Blätter und spaltende Hölzer, deren dünne Späne zu verwenden sind, finden in ähnlicher Weise wie die Produkte des Tierreichs, Knochen, Schalen, Häute, Zähne, Hörner ꝛc., Benutzung, bei weitem ausgedehntere aber die Stoffe des Mineralreichs, unter denen der **bildsame Thon** obenan steht.

Thönerne Gefäße finden wir schon auf sehr niedrigen Kulturstufen. Die leichte Verarbeitung des plastischen Thones, seine Erhärtung durch Dörren und Brennen mußte einem halbwegs aufmerksamen Verstande tagtäglich in der Natur auffallen.

Kapitän Cook sah auf Unalaschka bei den Aleuten Steine mit Thonrändern umgeben, welche die einfachsten irdenen Geschirre darstellen würden. Die Botokuden fertigen Gefäße aus einer grauen Erde, welche sie mit den Händen formen und am Feuer härten; die Koroako bereiten ihren Kawi ebenfalls in großen Thongefäßen. Den Australiern fehlten hingegen zu Ende des vorigen Jahrhunderts Gefäße aus Thon, Stein oder Holz noch gänzlich. Sie hatten nur Traggefäße aus Blättern, Wurzelfasern, Baumbast oder Rinde, die sie aber lange nicht in der zierlichen Weise zu bearbeiten wußten, wie die Indianer Nordamerikas, welche aus Birkenrinde ganz allerliebste Etuis, Büchsen, Taschen ꝛc.

Fig. 74. Thönerne Getreidegefäße in einer Sonrhayhütte.

fertigen und mit Stickereien aus bunten Stachelschweinsborsten verzieren. Auch die Eingebornen vieler Südsee-Inseln, insbesondere der korallinischen Eilande, denen es an Vorrat knetbarer Thonerde gebricht, haben sich der Töpferei nicht beflissen, sondern ihre irdenen Geräte von andern (vornehmlich papuanischen Inselgruppen, deren Bevölkerung sich vielfach in Fertigung von Thonwaren auszeichnete) durch Tauschhandel bezogen. Wo jenen Eingebornen aber Thongeschirr ganz fehlt, bleibt ihnen nichts andres übrig, als ihre Nahrung in Erdgruben zu bereiten, welche, mit Blättern ausgefüllt, die der Hitze auszusetzende Fleisch- oder Pflanzenkost samt vorher stark erhitzten Steinen aufnahmen, mit deren Hilfe unter einer wieder von Blättern aufgeschichteten Decke die Speise schmorte, so entscheidend erweist sich das Kochgerät für die Bereitungsweise der Speisen! Interessanterweise wird von Gonneville, der im J. 1504 an einer südatlantischen Küste, wahrscheinlich der von Brasilien, landete, berichtet, daß die Eingebornen ihre hölzernen Gefäße mit einer Schicht von Lehm umgaben, um sie gegen das Feuer zu schützen. Solche durch die Hitze getrockneten und später abge-

Fig. 75. Thongeschirre der Batta: 1. Kochtopf. 2. Thonpostament. 3. Kleine Kornurne. 4. Wasserkrug. 5. Schemel.

sprungenen Umhüllungen konnten immerhin die Erfindung der thönernen Geschirre in einzelnen Gegenden veranlassen, wie ja auch in den Staaten am Mississippi die Töpfer der Rothäute ihre Gefäße in der Art formten, daß sie geflochtene Körbe oder Kürbisschalen mit einer Schicht plastischen Thones auskleideten. Geschickte Töpfer sind die Tupinambas, und in Paramaribo kaufen die Europäer die von den Arowaken und Warau-Indianern gefertigten thönernen Kochtöpfe lieber als die dahin gebrachten europäischen, weil jene dauerhafter sein sollen. Solche Indianertöpfe haben oft so beträchtlichen Inhalt, daß sie unsre Töpfer gar nicht zustande bringen würden, und werden lediglich durch das fortgesetzte Auflegen dünner Thonwulste aufeinander und durch nachheriges Flachdrücken und Polieren derselben aufgebaut. Die auf ganz dieselbe Weise hergestellten Schüsseln sind zum Verwundern dünn. Gebrannt werden die Gefäße in Gruben durch herumgeschichtetes brennendes Reisig. Die Kariben sollen sich aber besonderer Brennöfen bedienen.

Glasur kennt man hier noch ebensowenig wie bei den nordamerikanischen Indianern, ausgenommen einen leichten Harzüberzug, welcher das Durchsickern der Flüssigkeit verhüten soll, in dessen Färbung und Musterung aber doch oft große Geschicklichkeit an den Tag gelegt wird.

Fig. 76. Griechische Vasen und Geräte aus früherer Zeit. Zeichnung von Prof. H. Müller.

In Afrika ist die Kunst der Bereitung thönerner Gefäße (neben derjenigen von wasserdicht geflochtenen Korbkrügen zum Aufbewahren selbst von Flüssigkeiten) sehr verbreitet; sie wird, wie auch in Amerika, vorzugsweise von den Frauen zur Herstellung des Hausbedarfs ausgeübt. Bei den Marutzi fand der Reisende Campbell eine Art Glasur. Am Gambia werden aus roter Erde Wassergefäße gebrannt, die, wie die spanischen Alcarazza, infolge ihrer Porosität das Wasser durchsickern lassen und durch diese Abkühlung das Innere frisch erhalten. Die Sonrhay im Sudan bewahren, wie viele afrikanische Völker, das Getreide in großen thönernen Urnen auf, deren Formen uns aus Fig. 74 ersichtlich werden. An einer andern Stelle der Vogelschen „Reisen", welchen diese Abbildung entnommen ist, treffen wir noch verschiedene thönerne Geschirre der Batta gezeichnet — wobei namentlich die verhältnismäßig eigne Ausführung der Gefäße angenehm berührt — die wir in Fig. 75 den Lesern vorführen.

84 Einleitung.

Sämtliche Gefäße, die wir bisher betrachtet, wurden ohne Anwendung der Drehscheibe hergestellt. Die Erfindung dieser Maschine mußte der Töpferei einen großen Aufschwung geben, sie konnte aber erst da gemacht werden, wo ein ziemlich ausgebildetes Staatsleben mit Handelsverkehr zur Ausübung besonderer Handwerke veranlaßte. Wie aus den Abbildungen auf den altägyptischen Denkmälern hervorgeht, kannten die alten Ägypter die Anwendung der Drehscheibe, ebenso war dieselbe schon zu Anfang der mehr als zweitausend Jahre alten Porzellanbereitung der Chinesen in Anwendung.

Fig. 77. Kunstreiche Vasen und Geräte aus der etruskischen Zeit. Zeichnung von G. Rehlender.

Die Gefäße wurden, wie schon erwähnt, teils durch die Natur ihres leicht zu bearbeitenden Materials, teils durch die großen Flächen, welche die Anbringung von Zieraten nicht nur leicht gestatten, sondern dieselbe geradezu erfordern, zuerst Objekte für die Anwendung künstlerischer Ideen und mußten da eine vorzügliche Ausbildung erfahren, wo sich der Formensinn mit der vorschreitenden Kenntnis der Natur und der Ausübung mancherlei Fertigkeiten mehr und mehr entwickeln konnte. Die altägyptischen, chinesischen und indischen Gefäße nehmen daher einen hohen Rang ein. Vorzüglich sind es aber die Gefäße des prachtliebenden Etruskervolkes und noch mehr die der Griechen, welche sich durch vollendete Schönheit der Form auszeichnen. Die Fig. 76—78 stellen eine Anzahl alter Gefäße zusammen. Die Malerei ist bei ihnen immer flach gehalten, nicht wie bei uns, wo sie in

Entwickelung des Menschengeschlechts. 85

möglichst natürlicher Nachbildung zu täuschen versucht und sich so, während sie doch immer Verzierung bleiben soll, selbst zum Zwecke macht. Sie wurde meist mit Hilfe von Schablonen dargestellt. Die fertigen Gefäße, gewöhnlich in ihrer ganzen Masse mit einem Farbstoff gefärbt, wurden mit einem Papier umlegt, welches die darzustellende Zeichnung ausgeschnitten enthielt, und darauf in die meist dunklere Farbenbrühe getaucht.

Fig. 78. Kunstreiche Vasen und Geräte aus der römischen Kaiserzeit. Zeichnung von Architekt G. Rehlender.

Nach den verschiedenen Gebrauchsbestimmungen wechselte nun die Form der Gefäße auf das mannigfachste, und wie sich in den Urnen, den Lampen u. s. w. unsrer germanischen Voreltern der Einfluß dieser klassischen Geräte schon zeigt — die Phöniker verhandelten ja diese Produkte der Industrie von den Grenzen des Mittelmeeres bis weit hinauf an die nordischen Gestade — so dienen heute noch die Überreste jener Vergangenheit unsern Gefäßkünstlern als unerreichte Muster. Und trotzdem waren es weder bei den Griechen noch bei den Römern eigentliche Künstler im engern Sinne des Wortes, welche die Gefäße fertigten, sondern Handwerker wie unsre, freilich aber mit dem großen Unterschiede, daß auch sie von dem hohen Schönheitssinne geleitet wurden, welcher das ganze Volk durchdrang.

Die Ausgrabungen von Pompeji lehren uns, daß bei den Römern bereits ein großer Teil der Gefäße, ja die Küchengefäße fast ohne Ausnahme, von Metall, vorzüglich kunstreich von Bronze, gemacht wurden. Auch die Erfindung des Glases bot neue Hilfsmittel, die dann in Mittel- und Westeuropa, als sich hier unter dem Einflusse des Germanismus und des Christentums ein neues Leben entwickelte, ausgedehnte Anwendung fanden. Wir haben späterhin, bei den Artikeln „Glas", „Porzellan" u. s. w., noch Gelegenheit, diesen Gegenstand zu besprechen, und verweisen daher an dieser Stelle auf den IV. Band, sowie auf den VI. Band, da in demselben bei der Goldschmiedekunst weiterhin Veranlassung geboten sein wird, Ausführlicheres zu geben.

Aber trotz dieser Unterstützung durch neue Materialien verloren die Gefäße an Schönheit. Das Geheimnis der Form schien verschwunden, oder es vertrug sich nicht mit dem Gähren der Geister, welche eine neue Zeit zu schaffen unternahmen. Und es scheint fast, als ob es noch langer Jahre bedürfen würde, ehe sich das schöne Gleichgewicht wieder herstellen könne, welches das Leben unter dem glücklichen Himmel des Mittelmeeres erhielt. — Unsre jetzigen Gefäße sind unschön — die Ausnahmen von dieser traurigen Regel sind einzelne Kunstwerke, nicht im Volke und aus dem Bedürfnis der Menge erzeugt, sondern von Einzelnen geschaffen, denen erst mühsame Studien den Weg der Nachahmung gezeigt.

Fahrzeuge. Sobald der Mensch das Bedürfnis fühlte, sich von einem Ort zum andern zu begeben und auf diesen — wenn auch noch so kleinen — Wanderungen Besitztümer mit fortzuschaffen, mußte er seine Zuflucht zu Transportmitteln nehmen, welche herzustellen seinem Erfindungsgeist eine neue Aufgabe stellten. Der rohe Buschmann, welcher sein Mittagsmahl da verzehrt, wo ihm ein glücklicher Schuß das Wild in die Hand gegeben hat, und der von der Sorge um die Zukunft nicht bestimmt wird, an eine Aufbewahrung der überreichen Nahrungsmittel zu denken, läßt

Fig. 79. Schilffloß der Bajiji.

im Walde verfaulen, was ihm von seiner Mahlzeit übrig bleibt. Ebensowenig hat er den Zweck, seinen Aufenthaltsort rasch zu wechseln, da ihm die Natur überall mit gleicher Bereitwilligkeit die Bedürfnisse seines einfachen Lebens befriedigt. In Landschaften dagegen, welche an der Küste des Meeres oder an großen, fischreichen Flüssen liegen, zeigt sich die Notwendigkeit, auf dem Wasser der Nahrung nachzugehen und dem gejagten Seetiere auf das flüssige Element zu folgen. Die Beobachtung, daß Holz und andre Gegenstände auf dem Wasser schwimmen, und daß sich auf schwimmenden Hölzern, oder im Norden auf schwimmenden Eisschollen, Vögel und andre Tiere treiben lassen, bringt ohne weiteres den Menschen zur Nachahmung. Er heftet Holzbalken mit wenig Regelmäßigkeit zusammen und baut sich ein Floß, auf welchem er sich der Strömung überläßt. Die Bajiji im Innern Afrikas bauen Schilfflöße, wie man sich solche nicht einfacher vorstellen kann; denn dieselben bestehen aus weiter nichts als aus einem kreuzweise geschichteten Haufen Rohrstengel oder Palmen, die nicht einmal zusammengebunden, sondern nur von obenher mit einer frischen Lage bedeckt werden, wenn das untere Material anfängt, Wasser zu ziehen. Ein Stück Holz darüber und allenfalls (Fig. 79) zwei roh als Lehnen zusammengebundene Stangenstücke sind schon ein großer Luxus. Trotzdem meint Livingstone, die Fahrt auf solchen Flößen sei lange nicht so unannehmlich, als es ihm auf den ersten Anblick erschienen; denn da die Schilfstengel überall nachgeben, so ist man vor dem Umwerfen durch Flußpferde, bei deren Jagd man sich dieser Fahrzeuge bedient, gesichert.

Entwickelung des Menschengeschlechts.

Weiterhin nimmt der Mensch von seinen Gefäßen das Modell und verfertigt hohle Geräte, in denen seine Persönlichkeit als Inhalt auf dem Wasser getragen wird. Es entsteht der Kahn, das erste eigentliche Fahrzeug, welchem wir schon bei den Neuseeländern begegnen, während höher gebildete Menschenklassen in dem Innern der Kontinente sich noch ohne andre Transportmittel als ihre eigne körperliche Kraft befanden. Der Umstand, daß der Kahn eine freiwillige Leitung zulassen muß, infolge deren er im ruhenden Wasser sowohl als gegen die Strömung getrieben werden kann, bestimmt sehr bald eine eigentümliche Form, indem die Länge sich im Verhältnis zur Breite vergrößert.

Fig. 80. Birkenkahn der Manegren.

Ein einfacher Baumstamm, dessen Inneres ausgehöhlt, in den frühesten Zeiten, wo man nur langsam arbeitender Werkzeuge sich bedienen konnte, ausgebrannt wird, repräsentiert in seiner Erscheinung die natürlichste Gestalt dieses Fahrzeuges. In Guayana sind Fahrzeuge aus Baumrinde sehr gebräuchlich, weil sie sehr flach auf dem Wasser gehen und daher das Befahren von untiefen Stellen gestatten; außerdem aber sind sie so leicht, daß sie sich ohne Schwierigkeit aus dem Wasser nehmen und auf den Schultern weiter transportieren lassen. Ihre Herstellung geschieht aus dem Ganzen. In die Rinde eines Baumes wird, so lang als der Kahn werden soll, ein Einschnitt gemacht und durch Keile der Stamm losgelöst. Damit sich die Seiten nicht zusammenrollen, werden vertikale Einschnitte hinein gemacht und Querhölzer eingestemmt. In ganz ähnlicher Weise bedienen sich die Tungusen oder Manegren der Birkenrinde zu Kähnen. Für die Australschwarzen sind die Rindenplatten der Eukalypten fast das ausschließliche Material zu ihren Kähnen; sie pflegen Astlöcher oder Risse mit Thon zu verstreichen, aus demselben Thon wohl sogar einen Kochherd in der Mitte des Fahrzeuges anzulegen. Die Abiponen nehmen zu ihren Fahrzeugen eine ungegerbte Ochsenhaut, von der sie Hals und Füße wegschneiden; die vier Seiten werden etwas aufwärts gebogen und mit Riemen festgenäht, so daß sich die Gestalt nicht verlieren kann. An der Westküste Südamerikas aber, in Peru, verbindet man die aufgeblasenen und luftdicht zugenähten Häute der See-

Fig. 81. Kriegskanoe der Neuseeländer.

wölfe paarweise miteinander, um darauf ein Sitzbrett zu legen, welchem sogar bisweilen ein kleines Segel beigefügt wird. Ruder und Steuerruder gesellen sich zu diesen Anfängen, und können wir wohl getrost die Behauptung aufstellen, daß der Schwanz der Fische das Modell zu diesem letzteren geliefert haben wird.

Die Herstellung der einfachen Kähne (anfangs stets Rinden-, beziehentlich Fellkähne oder ausgehöhlte Baumstämme, sogenannte Einbäume) erhebt sich bei den Jäger- und Fischervölkern rasch auf eine ziemliche Stufe der Vollkommenheit, denn es beruht in dem so nützlichen Geräte eines der Hauptmittel, die tägliche Nahrung sich zu verschaffen. Die Seitenplanken, Vorderteil und Hinterteil, der Boden u. s. w., werden allmählich aus einzelnen Stücken zusammengesetzt. Die Fugen stopft man, um das Eindringen des Wassers zu verhüten, sorgfältig mit Moos aus, und das ganze Fahrzeug wird außerdem mit Harzen inwendig und auswendig überzogen.

Die erhöhte Wichtigkeit, welche ein derartiges Fahrzeug im Leben der Menschen bekommt, insofern man in Kriegen mit feindlichen Nachbarstämmen seine ganze Sicherheit der Festigkeit oder leichten Beweglichkeit desselben anvertraut, machen es zu einem Gegenstande, bei dessen Ausschmückung und Vollendung die jungen Künste angewendet und geübt werden, und wir sehen bei den Neuseeländern Kriegskanoes von ausgezeichneter Form und in der geschicktesten und zweckmäßigsten Ausführung, mit kunstreichen Schnitzereien verziert und im ganzen so elegant und leicht, daß kein Schiffsbauer nach allen Regeln der Kunst ein brauchbareres, zierlicheres Fahrzeug dieser Art herzustellen im stande wäre. Fig. 81 gibt einen Begriff von der Ausführung dieser Werke, welche um so schwieriger werden muß, da die Größe derselben oft eine sehr bedeutende ist.

Die Kajaks der Eskimos, für je einen Mann eingerichtet (Fig. 82), leisten, was Sicherheit und Schnelligkeit der Bewegung anbetrifft, das Unglaubliche. Sie bestehen aus einem leichten Gerippe von Holz oder Fischbein, das rundum, auch auf der Oberseite, mit gegerbtem, ausgespanntem Seehundsfell überzogen und gefirnißt ist.

Fig. 82. Eskimo im Kajat.

Trotzdem das Ganze etwa 6 m, ja öfter noch länger ist, wiegt es kaum mehr als 15 kg, und es scheint, wenn der Eskimo darin sitzt, eher ein Kleidungsstück als ein Fahrzeug zu sein, so genau ist das einzige runde Loch auf der Oberseite desselben durch einen anzubindenden Lederrand mit dem Leibe des darin Sitzenden vereinigt.

Um den Wind zur Fortbewegung des kleinen Schiffes zu gebrauchen, versieht man dasselbe mit Segeln, entweder, indem man Wände von Blätterwerk in der Mitte des Kahnes errichtet, oder Gewebe von Faserstoffen an senkrechten Stangen befestigt; die altkeltischen Veneter in der Bretagne benutzten sogar Ledersegel. Mit dem Vorteil einer rascheren Beweglichkeit verbindet sich hier aber der Nachteil, durch unvorhergesehene Stöße des Windes umgeworfen oder durch die ungünstige Richtung und große Gewalt schief gelegt zu werden, so daß das Wasser in das Innere eindringen und ein Sinken verursachen kann. Um diesem Übelstande zu begegnen, haben die Eingebornen auf den Südsee-Inseln ein eigentümliches Verfahren eingeschlagen. Ihre Fahrzeuge (Fig. 83) besitzen förmliche Balancierstangen, sogenannte Ausleger, welche ihnen, wie die Stange dem Seiltänzer, die gleichmäßige Erhaltung ihres Schwerpunktes sichern. Entweder sind durch über die Seitenwände hinaus verlängerte Stangen bloße Balken mit dem Kahne verbunden, oder aber es hängt auf dieselbe Weise mit dem einen Fahrzeug ein andres zusammen, so daß dadurch die Grundfläche des Ganzen bei weitem vergrößert wird.

Freilich geht die leichte Lenkbarkeit in etwas verloren, durch welche sich die Kanoes der nordamerikanischen Indianer auszeichnen; allein die Schnelligkeit, durch ein großes Segel gesteigert, ersetzt diesen kleinen Nachteil zur Genüge.

Gehen wir von der Meeresküste ins Innere des Landes, so treffen wir unter den Transportmitteln zuerst die Schleife an. Die Erfindung solcher Geräte hat sich bald ergeben. Die Polarbewohner, deren Land den größten Teil des Jahres eine ununterbrochene Schneedecke überzieht, bildeten die erste Anlage leicht dahin aus, daß sie auf zugearbeitete Holz- oder Knochenstücke, die miteinander in paralleler Lage verbunden waren, das Gepäck aufluden. Es entstand bei ihnen der Schlitten.

Fig. 83. Floß der Eingebornen im Hafen von Massaua.

Wir können bemerken, daß, je dürftiger eine Landschaft ist, um so eher sich in ihr die Transportmittel der Bewohner vervollkommnen werden. Die Schlitten der Eskimos, so einfach sie sind, und so sparsam das Rohmaterial dazu sich nur findet, sind doch so ausgezeichnet zweckmäßig, daß sie für jene Länder und die zu Gebote stehenden Zugkräfte, nämlich Hunde, nicht besser eingerichtet werden könnten. Sie bestehen aus zwei oder drei ebenen, vorn gekrümmten Brettern, die mit Querleisten verbunden sind und auf welchen die Last mit Schnüren befestigt wird. Das Ganze läßt sich mit ungemeiner Schnelligkeit auseinander nehmen und den Hunden aufpacken, eben so schnell auch wieder zusammensetzen.

Fig. 84. Boot mit Ausleger von den Südsee-Inseln.

Man macht auch Schlittenkufen von Walfischknochen, denen man durch Begießen mit Wasser eine Eiskruste statt der Verstählung gibt, und Kapitän Parry sah sogar Fahrzeuge, welche zu Zeiten der Not von ihren Besitzern verspeist wurden. Gegen den Winter gehen nämlich die Eskimos auf den Lachsfang, und wenn dieser sehr reichlich ausfällt, so suchen sie die größten Tiere aus, stellen sie nebeneinander und lassen sie, indem sie von Zeit zu Zeit Wasser darüber gießen, zu einer Masse zusammengefrieren, in welcher sich das Fleisch der Fische ganz gut gegen Fäulnis hält, und die, solange die Kälte andauert, als ein ganz gesunder Schlitten benutzt werden kann.

Bei den nordamerikanischen Indianern führte die Lebensweise, die hauptsächlich in der Verfolgung des Wildes bestand, dazu, auf Herrichtung besonderer Transportmittel zu denken, mittels deren der einzelne Mensch sich rasch und sicher auf dem leichten Schnee fortbewegen konnte. Es bildeten sich die Schneeschuhe aus, welche die Körperlast auf eine große Fläche des nachgiebigen Schneeteppichs verteilen und von denen uns die Fig. 31 auf Seite 48 eine getreue Vorstellung gibt.

Der Schlitten weist schon auf die Zucht und Dressur von Zugtieren hin. Dadurch, daß man an Stelle der Schleifen drehbare Räder anbrachte, entstand der Wagen, dessen zusammengesetztere Einrichtung auf einen höhern Kulturzustand oder wenigstens auf eine höhere Bildungsfähigkeit hinweist. In der That, während man bei den ziemlich kultivierten Mongolenstämmen Asiens fast kein andres Transportmittel findet als die Lasttiere, so sehen wir bei den Tscherkessen den Wagen in beinahe ausschließlicher Anwendung, und zwar von einer Einrichtung, wie sie zweckmäßiger und besser auch bei den hochgebildeten Chinesen nicht angetroffen wird.

Es hängt die Ausbildung der Transportmittel einesteils ab vom Vorhandensein der Zugtiere, weshalb in Australien vor der britischen Besiedelung wie in Altamerika bei völligem Mangel an Pferden und zähmbaren Rindern nie ein Wagen gesehen worden ist, andernteils von dem Bedürfnisse des Ortswechsels. Daher steht jene Entwickelung im genauen Zusammenhange mit der Lust am Reisen, am Verkehr mit andern Völkern und überhaupt mit jenem Zug in die Ferne, den wir schon als besonderes Kennzeichen der kulturverbreitenden Menschenrasse erkannt haben. So geschickt auch manche Fahrzeuge der Naturvölker sind und so schnell sie auf ihnen sich fortzubewegen vermögen, wie z. B. die Eskimos auf ihren Schlitten, so sind doch alle diese Geräte nicht geeignet, Wanderungen ganzer Stämme und große Warentransporte zu unterstützen. Die Schiffe erheben sich nicht oder nur wenig über den mangelhaften Zustand der Küstenfahrzeuge, Schleifen und Schlitten sind ungeeignet wegen der großen Kraft, die zu ihrer Fortbewegung verwendet werden muß, wenn nicht gerade eine Unterlage von Schnee oder Eis zur Verfügung steht. Wenn wir aber die Lasttiere als Transportmittel mit in Anwendung bringen, so ist deren Bepackung mit so vielen Schwierigkeiten verknüpft, daß sie nur auf verhältnismäßig geringe Strecken benutzt und lange nicht auf alle die Gegenstände, deren Transport der Kultur wünschenswert sein muß, angewendet werden können.

Es ist in der That ein bedeutsames Zeichen, daß auf die Ausbildung der Transportmittel nur diejenigen Völker großen Wert legten, welche auf den Bildungsgang der ganzen Menschheit einen bedeutenderen Einfluß ausübten. Die Chinesen, obgleich im Vollbesitz aller Hilfsmittel der Holzbearbeitung und einer langen Erfahrung, obgleich mit dem Gebrauche des Kompasses vertraut, erhoben ihre Schiffahrt auf keinen höhern Stand als den bloßer Küsten= und Flußschiffahrt. Die Urbevölkerungen Ägyptens, Mexikos und Perus begnügten sich mit den rohesten Fahrzeugen. Trotz der gewaltigen Aufgaben, die sie sich in ihren Bauwerken stellten, vermochten sie ihre Zwecke mit den Hilfsmitteln in kein richtiges Verhältnis zu setzen; sie mußten ein Übermaß von Kraft verschwenden, um Erfolge zu erreichen, die qualitativ noch geringer waren als quantitativ; der Mensch diente als Zugtier und die Zeit hatte keinen Wert. Bei dem Baue ägyptischer Pyramiden verrichteten Menschenhände und Menschenkraft alle diejenigen Arbeiten, zu deren Vollbringung auch die mechanische Kraft des Tieres genügt. Zwar kommen auf ägyptischen Reliefs Darstellungen von Wagen vor, allein die Anwendung war eine sehr beschränkte und meist nur im Kriege gebräuchlich. Auf Abbildungen im ägyptischen Theben sehen wir einen mit zwei Kühen bespannten Wagen, in welchem eine äthiopische Prinzessin fährt, und man kennt auch noch andre zweirädrige, bloß zum Stehen eingerichtete Wagen; allein diese Gefährte waren mehr eine Sache des Luxus, als daß sie zu einem allgemeinen Kulturmittel sich erhoben hätten. Die größten Lasten, über deren Bewegung wir heute noch erstaunen, wurden auf Lasttieren oder auf Schleifen fast lediglich durch die Anspannung ganzer Heere von menschlichen Arbeitern weitergeschafft, und wir finden auf Darstellungen altägyptischer Bildhauerkunst zahlreiche Beweise dafür, daß viele Hunderte von Menschen sich unter der Peitsche des Aufsehers anstrengen mußten, um einen Effekt hervorzubringen, welchen wir jetzt mit Hilfe einer einzigen Dampfmaschine erreichen. Auf einem ägyptischen Wandgemälde, von welchem unsre Fig. 85 eine Nachbildung gibt, ist der Transport einer kolossalen Bildsäule dargestellt, welcher lediglich durch Menschenkräfte geschieht, die an einen großen, die Last tragenden Schlitten gespannt sind. Die mangelhafte Kenntnis der Perspektive hat den Maler dasjenige, was nebeneinander geschieht, übereinander zeichnen lassen, und so sehen wir vier Reihen von je 20 Paaren Arbeitern an Seilen ziehen, die zusammen mit dem Hauptzugseile an der Schleife verbunden sind. Jeder Partei geht an dem Ende des Seiles ein Führer voran. Auf den Knieen der Figur steht ein Aufseher, der durch Zeichengebung mit der Hand das taktmäßige Anziehen regelt; ein andrer steht auf den Kufen der Schleife und gießt, um die Erhitzung zu vermindern, fortwährend Wasser auf den Boden aus, das ihm von einem neben ihm Stehenden zugereicht wird.

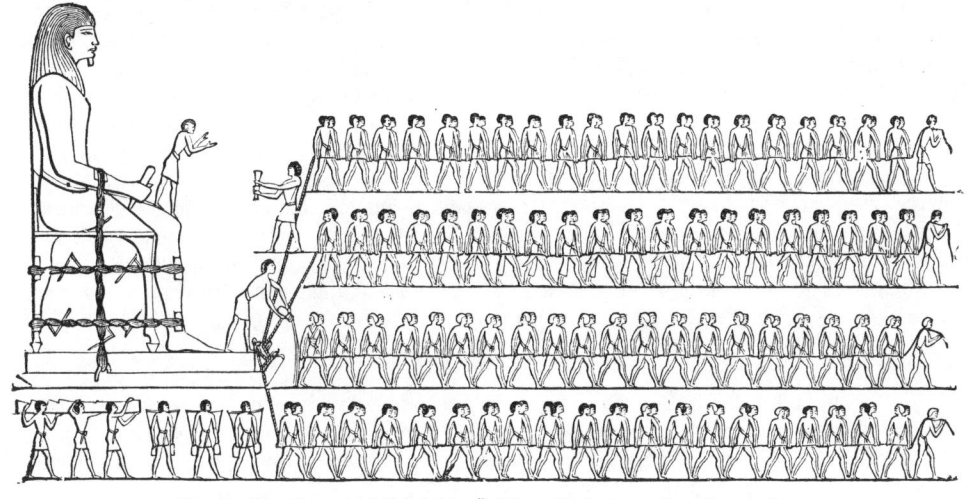

Fig. 85. Transport eines Kolosses in Ägypten. Nach einem alten Wandgemälde.

Betrachten wir dagegen die rohen Völker der Germanen, welche mit ihren Wagenzügen von Land zu Land zogen, alles mit sich führend, was ihre Heimat ausmachte, Familie, Waffen, Geräte, und in den Wagen Wohnung und Festung zugleich, so leuchtet uns der große innere Unterschied auf den ersten Blick ein. Den Boden, der dem Dahinziehenden gefällt, nimmt er für sich in Beschlag; in der Auswahl leitet ihn keine Abhängigkeit irgendwelcher Art; sein ganzes Eigentum, seinen Schutz und seine Hilfe führt er mit sich. Er ist frei, nichts zwingt ihn, zurückzukehren zur verlassenen Stätte, und wo Halt zu machen beschlossen wird, ist bald ein neuer Staat gegründet. Zwar scheint den Nomaden eine ähnliche Freiheit geboten zu sein. Allein es ist dies in der That nicht der Fall. Die Herden, auf denen die ganze Existenz jener Völkerschaften beruht, beschränken die Wahl des Aufenthaltsortes auf diejenigen Landschaften, die ihnen Weide geben. Sind dieselben auch noch so ausgedehnt, so bleiben sie dennoch ein Gefängnis, über dessen Grenze der Hirt nie hinaus kann. Der Nomade ist kein selbständiger Wanderer; er muß mit. Er befördert keine Waren, er wird selbst nur befördert. Nicht, wo es ihm gefällt, darf er bleiben, nicht was ihn reizt, darf er zu erforschen unternehmen — wo seine Tiere Nahrung finden, muß er sich niederlassen, und sein Horizont bleibt so beschränkt, wie die Grenzen eines einzigen Weideplatzes, die immer und immer dieselben sind.

Die Phöniker durchschifften die Straße von Gibraltar und gingen hoch nach Norden an der Küste hinauf, um Bernstein und Zinn zu erhandeln; die Karthager drangen auf der merkwürdigen Ausfahrt des Hanno in nicht geringere Fernen gegen Süden am westlichen Außenrand der „Erdscheibe" vor, nämlich bis an die Küste von Oberguinea. Die

Makedonier zogen weit hinein in das Innere von Asien, noch über den Indus hinaus führte Alexander seine Scharen, und ein ununterbrochenes Wandern und Drängen begann im Innern von Europa, als Rom sich zum Weltreich erhob. Auf die Eroberungszüge aber und die Auswanderungen, die Kolonisierung entlegener Gegenden, die Handelsbeziehungen sowie die Reisen der Einzelnen, welche lediglich zur Aneignung fremder Wissenschaft und Bildung gemacht wurden, alle diese weithin zielenden Unternehmungen, welche sich von der Urheimat europäischer Bildung, von den Küsten des Mittelmeeres aus nach dem Innern dreier Kontinente erstreckt haben, wären nicht möglich gewesen, wenn nicht eine ausgedehnte Anwendung und Vervollkommnung der Transportmittel sich entwickelt hätte; und obwohl die ältesten Spuren der Entdeckung der magnetischen Richtkraft kaum bis in das 13. Jahrhundert hinaufreichen, so waren die seefahrenden Nationen mit der Anwendung des Kompasses doch schon im 15. Jahrhundert so weit vertraut, um das große Weltmeer durchschiffen und Amerika entdecken zu können. Der Umschwung aller Verhältnisse, die Erweiterungen des Gesichtskreises, die Zuführung neuer Hilfsmittel, welche der Arbeit neue Bahnen eröffnete, vermehrte Kenntnis der Natur und ihre Wissenschaft, kurz alle jene Keime, aus denen die heutige Gesittung ihre reichlichste Nahrung zog, wurzeln in der Vervollkommnung der Fahrzeuge und besonders in der Ausbildung der Schiffahrt seit dem 16. Jahrhundert. Die Neuzeit hat durch die Erfindung der Eisenbahnen und durch die Benutzung der Dampfkraft in der Lokomotive und in dem Dampfschiffe einen Hebel geschaffen, mittels dessen auf bisher noch unerhörte Weise die Menschheit gefördert worden ist. Und wenn wir den Metalldraht, welcher, zu einem vielfältigen Telegraphennetz bereits verschlungen, die Erde überzieht, ebenfalls als ein Fahrzeug betrachten, auf dem anstatt lebendiger Menschen oder toter Warenballen nur der leichte Gedanke befördert wird, so ist wiederum allein die europäisch=nordamerikanische Menschheit die Schöpferin der Idee und deren alleinige Vervollkommnerin, durch welche die beiden Hindernisse der Bildungsausbreitung — Raum und Zeit — auf das vollständigste überwunden worden sind.

———

Es ist in der bisherigen Darstellung der Mensch als Einzelwesen der Gegenstand unsrer Betrachtung gewesen, d. h. alle die Fortschritte, die er durch seine Arbeit, sein Nachdenken bis jetzt gemacht hat, beruhen auf solchen Bedürfnissen, Trieben und Eigenschaften, die jeder Mensch für sich mit auf die Welt bringt. Wäre es zu denken, so würde den Grad der Ausbildung, bis auf den wir ihn jetzt von dem Urzustande an begleitet haben, jeder Mensch ohne Unterstützung andrer erreichen können. Was er erlangt hat, braucht er für sich und ist er im stande, sich unmittelbar, schon durch eigne Kräfte, zu verschaffen. Eine wesentlich andre und ungleich höhere Richtung aber geben ihm diejenigen Thätigkeiten, diejenigen Bedürfnisse, welche in seinen Beziehungen zu andern Menschen wurzeln und die wir jetzt ins Auge fassen. Mag es manchem auch scheinen, als sei den tierischen Trieben, den rohen Bedürfnissen des Menschen eine zu ausgedehnte Berücksichtigung geschenkt worden; dem Tieferblickenden wird keinen Augenblick entgangen sein, daß jene rohen Grundlagen der menschlichen Natur der beste und fruchtbarste Boden sind, auf welchem selbst edlere Stämme ihre Wurzel erst schlagen müssen.

Wir nennen roh, gemein, tierisch alle jene sinnlichen oder besser natürlichen Erbstücke, die wir von unsrer Abstammung her besitzen und deren wir uns nicht zu entäußern vermögen. Sie sind ein Teil unsres Wesens und wir ohne sie nicht denkbar. „Denn aus Gemeinem ist der Mensch gemacht." Wie der Gedanke allein nicht im stande ist, die Empfindungen, welche ein schönes Gemälde hervorruft, in uns zu erwecken, sondern dazu helle und dunkle Farben gehören, und äußere Formen und Gestalten, in deren Darstellung sich die Idee erst aussprechen kann, sich verkörpert, so gehören jene sinnlichen Eigentümlichkeiten zu dem Menschen. Sie haben ihren bedeutsamen Einfluß in der Kindheit, auf der Stufe der höchsten Ausbildung stehen sie mit dem Geistigen in dem schönsten Gleichgewicht. Wie sie aber auf den werdenden Menschen in erster Reihe einwirken, so ist ihnen auch in einer Entwickelungsgeschichte der Menschheit eine vorwiegende Aufmerksamkeit zu schenken. Aus der Sucht, sich zu schmücken, erwachsen die Keime der Kunst. Wir können nicht mit dem analytischen Messer des Forschers die Entstehung der höchsten Kunstwerke verfolgen und werden nie zu entwickeln im stande sein, warum Raffael die Sixtinische Madonna so und nicht anders schuf, oder Beethoven seine hohen Ideen in Symphonien, Mozart in seinen Opern gerade durch die von ihm gewählten Mittel zum Ausdruck brachten. Und wenn wir es auch nicht unternehmen, dem Fluge himmelan des olympischen Adlers durch eine mit Zirkel und Maßstab, mit Hebel und Schrauben zusammengekünstelte Maschine nachfliegen zu wollen, so bleibt es trotzdem für die Erkenntnis, für die richtige Beurteilung dieser höchsten Erzeugnisse einer hohen Kraft doch immerhin förderlich, wenigstens die Mittel, die zur Erreichung jener Zwecke dienten, kennen zu lernen. Wie das Leben der Pflanze ewig dunkel bleiben muß, solange man nicht eine klare Einsicht in die Bildung und Entwickelung ihres einfachsten Urbestandteiles, der Zelle, hat, so wird es ganz unmöglich sein, von der Entwickelung der Menschheit sich ein richtiges Bild zu machen, ohne dem Urgrunde der Erscheinungen in der Beschaffenheit des einzelnen Menschen nachzuspüren zu wollen. Trotz der gerühmten Göttlichkeit hängt der Mensch an der Erde. Mit dem Haupte in den Sternen, muß er eine Scholle haben, auf die er seine Füße stellen kann. Selbst der Gottbegabteste besteht nur durch seine Triebe; wie sie ihn auf der Erde zurückhalten, spornen sie seinen Flug zur Höhe. —

Wir sind in allmählichem Gange den höheren Anlagen folgend vorgeschritten. Die Transportmittel wiesen uns schließlich auf den Verkehr mit andern Menschen, auf die Geselligkeit, in welcher erst die Gesittung sich zur schönen Blüte entwickelt. Wenn wir aber auch hier nachforschen, was den Menschen in gegenseitigen Wechselverband führt, so ist es wieder ein natürlicher Trieb, dem wir sie alle folgen sehen. War es bisher der Trieb der Selbsterhaltung, der in seinen verschiedenen Äußerungen Nahrung, Wohnung, Kleidung u. s. w. bedingte, so ist es von nun an der Trieb der Erhaltung der Gattung.

Der Mensch hat diesen Trieb so gut wie das Tier; er sucht einen Gefährten zur Bildung einer Familie. Es beginnt ein gemeinschaftliches Handeln nach gemeinsamen Plänen, und selbst auf der niedrigsten Stufe schon wird ein Ideenaustausch hervorgerufen, der die Sprache als Ausdrucksmittel sich bildet.

Die **Sprache** bleibt denn auch für alle Zeiten das bedeutsamste Verkehrsmittel, und es ist von dem höchsten Interesse, den Einfluß ihrer Weiterbildung auf die Völker und rückwirkend den des Fortschreitens der Menschen auf die Entwickelung, den Ausbau und die Ausschmückung der Sprachgebäude zu beobachten.

Die Sprache ist zweifellos das mächtigste Hilfsmittel unsres Geschlechts gewesen, um sich aus den niederen, ohnmächtigen und halbtierischen Urzuständen herauszuarbeiten. Es gibt zwar einzelne Tiere, welche artifulierte Töne hervorzubringen vermögen, aber kein Tier kann sprechen, d. h. mit Bewußtsein Gedanken lautlich mitteilen. Der Lockton der Vögel, das Bellen des Hundes, das Brüllen der Hirsche zur Brunstzeit ist keine Sprache, sondern bloßer Empfindungsausdruck, vergleichbar unsern Ausrufen o! ach! hu!

Je größer allmählich das Vermögen unsrer Vorfahren wurde, ihre Gedanken klar und bestimmt, in immer größerem Umfange den Genossen durch die Sprache mitzuteilen, desto vollkommener wurde ihr Vermögen, sich zu Schutz und Trutz gegen gemeinsame Feinde zusammenzuthun, namentlich im Kampf gegen die an Körperkraft überlegenen Tiere durch gemeinsames Handeln obzusiegen, desto vollkommener aber wurde vor allem auch die Vererbung aller glücklichen Gedanken auf die nachwachsenden Geschlechter. Erst der detaillierende Lautausdruck der Sprache vermochte es, listige Schliche für Verteidigung und Überfall, Erfindungen aller Art, weise Lehren zu immer besserer Ausgestaltung des geselligen Beisammenlebens in Familie, Stamm und Staat generationenweise aufzuhäufen. Der Aufbau menschlicher Gesittung wäre ohne die unsichtbare Hand dieses Baumeisters, der Sprache, gar nicht denkbar.

Mit Unrecht hat man es angezweifelt, daß der Mensch seine Sprache ohne mystischen Eingriff überirdischer Mächte selbst erfunden habe. Es klang zwar scharfsinnig, einzuwenden: der Urmensch konnte nicht eher darauf verfallen, seinem Gefährten eine lautliche Gedankenmitteilung zu machen, d. h. mit ihm zu reden, bevor er nicht das Mittel zur Erreichung dieses Zwecks, also eben die Sprache, besaß! Befand sich denn nicht die Menschheit schon vor dem glücklichen Erfinnen der Sprachverständigung (natürlich auf dem Wege des Erzielens von wechselseitigem Einverständnis, durch gewisse Lautzeichen gewisse Begriffe bezeichnen

zu wollen) längst im Besitz eines andern Mitteilungsvermögens? Dies war die Zeichen=
sprache, deren sich noch heute so gut wie alle Menschen bedienen, teils absichtsvoll, so z. B.
die Taubstummen oder Leute, welche als verschiedensprachig sich sonst gegenseitig nicht ver=
stehen, ferner solche, welche heimlich, von andern ungehört, sich verständigen wollen (wechsel=
seitiges Zublinzeln der Verbrecher im Verhör, Liebessprache durch Blicke, durch Fächer=
haltung u. s. w.), teils durch absichtslose Körperbewegungen wie verwunderndes Kopfschütteln,
beifälliges Nicken und ähnliche Zeichen, die uns durch unwillkürliche Nachahmung, mitunter
sogar durch bloße Anerbung eigen geworden sind.

Als beim Beginn des großen Auszugs der Urmenschheit aus der engeren ursprünglichen
Heimat über die ganze Erde hin unsre Ahnen sich trennten, scheint in der That nur die
Zeichensprache oder eine noch ganz unvollkommene, namentlich noch sehr wenig gefestigte
lautliche Mitteilungsform verwendet worden zu sein. Wenigstens entdeckt die Sprachver=
gleichung nicht die mindeste Ähnlichkeit zwischen den Sprachen von Indianern und Negern,
Chinesen und Australiern, kurz zwischen Völkern, die nach Ausweis ihrer starken Rassen=
verschiedenheit seit uralten Zeiten keine Berührung untereinander gehabt haben können.

Selbst in der Wahl der Lautmittel für sprachlichen Ausdruck hat der erfinderische
Geist des Menschen recht verschiedenartige Wege eingeschlagen, und doch mitunter auch
wieder ganz die nämlichen, ohne daß dabei von wechselseitiger Belehrung die Rede sein
könnte. So ist die Verwendung von Schnalzlauten (wie sie z. B. unsre Fuhrleute mitunter
zum Antreiben der Pferde gebrauchen) für den sprachlichen Zweck ein fast ausschließliches
Sondermerkmal des außertropischen Südafrika; denn nur noch bei den Kasikumücken im
östlichen Kaukasus finden wir Spuren derartiger Laute in der Sprache. Die Buschmanns=
sprache ist sehr reich an solchen Schnalzlauten, für die unsre Missionäre ganz absonderliche
Zeichen zum schriftlichen Ausdruck erfinden mußten; ihr kommt darin die Sprache der rassen=
verwandten Hottentotten am nächsten. Außerdem finden wir nur noch unter den südöstlichsten
Neger= (d. h. Kaffern=) Idiomen vereinzelte Schnalzlaute vor, die aber offenbar nur aus der
Mundart jener Buschmanns=, beziehentlich Hottentottenstämme herrühren, deren Wohnsitze
jene Kaffern beim Vordringen gen Süden eroberten, natürlich nicht ohne in innige Berührung
mit den unterjochten Vorbewohnern zu treten. Gleichmäßig hingegen verfielen Hottentotten
und Chinesen auf den Gedanken, durch verschiedene Betonung ihren Wortschatz ansehnlich zu
vermehren. Bezeichnen wir z. B. mit ‖ dem Brauch gemäß einen hottentottischen Schnalzlaut,
den man hervorbringt, indem man die Zunge gegen die Seitenzähne preßt und dann hörbar
von ihnen abschnellt, so versteht der Leser, was für einen Wortklang wir mit ‖ goab meinen.
Spricht nun der Hottentotte dieses Wort mit hohem Sprachton aus, so bedeutet es Tages=
anbruch, mit mittlerem: Knie, mit tiefem: Löffel. Der Chinese hat durch verschiedenartige
Betonung seine nur 500 Worte thatsächlich zu 1500 gesteigert. Die Hottentotten wiederum
pflegen das Geschlecht grammatisch zu bezeichnen (selbst bei geschlechtslosen Dingen), wie
außer ihnen nur noch die Völker unsrer Rasse (die Indogermanen, Semiten und Hamiten) und
diejenigen Negervölker des Sudan, welche wahrscheinlich den Hamiten diese Gewohnheit
erst entlehnten. Koi heißt im Hottentottischen Mensch, koib Mann, kois Weib; ebenso
hab Hengst, has Stute. Wenn der Hottentotte ferner Wasser überhaupt gam nennt, gamb
großes Wasser (z. B. Fluß), gams Wasser zum häuslichen Gebrauch, ebenso tsei Tag,
tseib Feiertag, tseis den gewöhnlichen Tag, so bemerkt man daraus sofort, wie auf den
Vorrang des Mannes vor dem Weib Bezug genommen ist.

Überraschend genug deckt sich der Höhengrad der Sprachenausbildung keineswegs
immer mit demjenigen der Gesittungs= und Geistesentwickelung der Völker. So verfügt
der Australschwarze, der kaum irgend welchen Hüttenbau kannte, gleich den Tieren der
Wildnis ewig nach Speise und Trank umherschweifte, folglich ohne Gelegenheit blieb zu
höherer Entfaltung seiner geistigen Fähigkeiten, gleichwohl über eine wohllautende Sprache
mit wohl ausgebildeter Grammatik, einer Fülle von Deklinationen und Konjugationen samt
Singular=, Plural= und Dualbezeichnung, wie sie uns im Griechischen begegnen. Dagegen kennt
das altehrwürdige Kulturvolk Chinas nichts von alledem, seine unschön klingende Sprache
führt uns auf die unterste Stufe menschlichen Sprachbaues überhaupt.

Diese Erstlingsstufe, auf welcher in entlegener Vorzeit vielleicht auch die Sprachen
jetzt viel höherer Ausbildung verharrten, bezeichnet die Wissenschaft als die isolierende.

Alle Sprachen der Südosthälfte des mongolischen Rassengebiets, von Tibet und China durch Hinterindien bis zum Beginn der Halbinsel Malakka, gehören zu dieser archaistischen Gruppe isolierender Sprachen; sie bestehen zugleich aus lauter einsilbigen Worten. Jedwede Sinnbegrenzung fehlt diesen Sprachen, die nichts geben als jene Urelemente, welche unsre Sprachforscher Wortwurzeln nennen. Der Chinese kann daher z. B. den einfachen Begriff Nichtübereinstimmung sprachlich nicht unterscheiden von dem Satz „wir stimmen nicht miteinander überein", beides drückt er aus durch ni tung wo si (d. h. ich Ost, du West). Der Chinese läßt es ferner meist völlig unentschieden, ob er einen Begriff adjektivischer oder substantivischer Art meint, ob z. B. sein Wort tschung als treu oder als Treue verstanden werden soll. Entweder muß in diesem Fall wie in unzähligen andern der Sinn erraten werden, oder es wird (ähnlich wie in der Hieroglyphenschrift einem sonst etwa mißverständlichen Schriftzeichen ein „Determinativ") eine nähere Bestimmung durch ein besonderes Wort nachgeschickt. So bedeutet das chinesische Wort thau den substantivischen Sinn des ihm vorausgehenden Wortes, z. B. heißt tschi zeigen, tschi thau der Zeiger, Zeigefinger, Finger überhaupt.

Die letzterwähnte Manier, die Beziehung auszudrücken, in welcher man eine Wortwurzel verstanden wissen will, geleitet, wenn allgemein durchgeführt, von den isolierenden zu den agglutinierenden (d. h. ankittenden) Sprachen. Diese bezeichnen jene Beziehung durch lose angefügte (gleichsam angelötete) Worte, welche entweder dem näher zu bestimmenden Wort nur nachgesetzt (suffigiert) werden, wie das in den ural-altaischen und australischen Sprachen geschieht, oder demselben vorangesetzt werden, wie in den Bantu-, d. h. den südafrikanischen Negersprachen, oder bald vor-, bald nachgesetzt werden, wie bei den papuanischen Sprachen.

In der nordöstlichsten der Türkensprache, im Jakutischen, bedeutet z. B. sit eine Person, die sich mit dem vorangestellten Wort bezeichneten Gegenstand beschäftigt, daher aji-sit Schöpfungsurheber, Gott, ati-sit Warenmann, Händler; im osmanischen Türkisch heißt ev Haus, ev-den von einem Haus, ev-üm-den von meinem Haus, ev-ler-üm-den von meinen Häusern (denn ler deutet stets die Mehrzahl an). Umgekehrt bildet der Kaffer aus tschuana (einander gleichen) be-tschuana = die einander gleichenden (daher der Name des Kaffernvolkes im Innern des subtropischen Südafrika), mo-tschuana = ein Einzelner dieses Volkes, se-tschuana = Sprache dieses Volkes.

In Ausdrücken wie Geldstolz, Windbruch u. a. agglutinieren auch wir. Indessen unsre regelmäßige Andeutung der Begriffsbeziehung geschieht durch innige Verschmelzung des Wortstammes mit den Beziehungszeichen, welche als selbständige Einzelworte fast niemals mehr bestehen. Hätten wir beispielsweise kein besonderes Wort für Messer gebildet, so könnten wir uns gleich den Chinesen dafür vielleicht mit dem Ausdruck „Schwertchen" behelfen, aber „chen" ist kein deutsches Wort, sondern eine unselbständige Anhängsilbe, während der Chinese aus tau (Schwert) dadurch tau-tsz (Messer) macht, daß er das Wort tsz (Sohn) hinzufügt; wir lachen, wenn der richtige Sachse erzählt „da that ich ihn hauen", vergessen aber dabei, daß in „haute" nichts andres vorliegt als ein innig verschmolzenes „hauen that". Solche auf der obersten Entwickelungsstufe stehende Sprachen nennt man flektierende. Außer den Sprachen unsrer eignen Rasse zählen zu dieser Klasse auch diejenigen der malaiischen.

Wir haben so in aller Kürze das System der Idiome sämtlicher jetzt lebenden Völker umschrieben, wenn wir nur noch die seltsame Kategorie der inkorporierenden, d. h. einverleibenden Sprachen zum Schluß berühren. Zu ihnen gehört in auffälliger Vereinsamung (als Überbleibsel aus höchstem Altertum) die Sprache der Basken im südwestlichsten Frankreich und einem kleinen Nachbarbezirk Spaniens, hauptsächlich jedoch erfüllen dergleichen Sprachen Amerika vom höchsten Norden bis in den tiefsten Süden. Das „Einverleiben" formt in ähnlicher Art aus Einzelworten Sätze, wie man im Kanzleistil Sätze zu sogenannten Schachtelperioden ineinander klemmt. Am nächsten reihen sich diese Amerikanersprachen durch den Gürtel der Eskimo-Mundarten an die uralaltaische Sprachengruppe Nordasiens an; denn auch der Eskimo agglutiniert durch Suffixe, nicht anders als der Jakute (nuna z. B. heißt ihm Land, nunaga mein Land). Aber der Eskimo steht darin mit dem Indianer auf gleicher Stufe, daß er ganze Sätze bildet durch Ineinanderschachteln von Worten zu oft ganz unförmlichen (bis mehr denn zwölfsilbigen) Wortkompositionen; innuk z. B. heißt Mensch, speziell Eskimo, innuvok er ist ein Mensch, innukulukpok er ist ein unglücklicher Mensch.

Der Abschluß der Völker voneinander, selbst der gebildeten, wird durch die Sprach=
verschiedenheit unterhalten. Es müssen andre Faktoren erst wirksam werden, ehe dies
Hindernis der Verständigung beseitigt wird; materielle Interessen, Tausch und Krieg zuerst,
machen mit fremden Sitten bekannt. Mit der Kenntnis fremder Sitte eignet man sich die
Kenntnis fremder Sprachen an. Eine von ihnen erhebt sich allmählich auf die Stufe eines
internationalen Ausdrucksmittels, wie es die lateinische unter den Gelehrten, die englische
in der Handelswelt geworden und lange Zeit die französische in der diplomatischen Welt
gewesen ist. Eine Universalsprache aber wird wahrscheinlich nie auf der Erde gesprochen
werden, obwohl selbst der große Leibnitz den Gedanken für ausführbar hielt und seine
Verwirklichung zum Gegenstande ernsten Nachdenkens machte. Klimatische Verhältnisse,
Lebensweise und dadurch bedingte Körper= und Temperamentsverschiedenheiten lassen
sich nicht verwischen. Sie bewahren die Sprache als ihr eigenstes Zeichen, ihre Eigen=
tümlichkeit, die sich zwar andern Einflüssen bis zu gewissen Graden akkommodiert, aber
nie sich selbst aufgibt.

Familie. Die erste Genossenschaft, welche die Menschen untereinander eingehen, ist die Familie, die Vereinigung von Mann und Weib. Der Mann, als der stärkere Teil, ist auf Herbeischaffung der Nahrung bedacht, auf Schutz gegen äußere Feinde, die Frau auf Erhaltung des Gewonnenen. Bei den rohesten Völkern ist die Familie bloß ein Verhältnis zwischen Herr und Dienerin. Die rohe Kraft entscheidet allein; ihr muß sich das schwache Weib so lange unterordnen, als sie nicht durch den Einfluß natürlicher Anmut und Schön=
heit, durch Eigenschaften der Seele und des Gemütes dem kräftigen, rauhen Manne gegen=
über sich eine ebenbürtige Stellung erwerben kann. Die Frau ist Eigentum des Mannes, und weil ihre Dienstleistungen die Arbeit bezahlter Sklaven ersetzen, ein Wertgegenstand, nicht aber deswegen, weil sie als Mutter der Kinder und als Hüterin des Hauswesens einen Platz im Gemüte des Mannes beanspruchen könnte. Wir finden die zarten Regungen der Liebe bei den rohen Naturvölkern so gut wie gar nicht. Die Frauen müssen die beschwer=
lichsten Arbeiten verrichten, während der Mann nur dem Geschäfte der Jagd obliegt. Bei den Waldindianern, den Buschmännern und den Australiern begleitet die Frau den Mann sogar auf die Jagd, um nach Beendigung derselben das erlegte Wild und die Jagdgeräte des Mannes an den Feuerplatz zu tragen. Die Frauen der nordamerikanischen Indianer haben alles zu besorgen, was zu dem Hauswesen gehört, Anfertigung und Aufbau der Zelte, Herstellung der Kleider u. s. w.; sogar das Bepacken der Saumtiere, wenn der Lagerplatz geändert wird, ist ihre Sache. Der Mann teilt seine Zeit zwischen dem auf=
regenden Geschäft der Jagd oder des Krieges und stumpfem Nichtsthun.

Unter solchen Verhältnissen ist die Vielweiberei eine natürliche Erscheinung: viel Frauen, viel Arbeitskräfte. Sie wird nur durch den Mangel an Ernährungsmitteln beschränkt. So roh aber auch die ersten Formen der Familie auftreten mögen, so sieht man sehr bald den veredelnden Einfluß, welchen ihre Konsequenzen ausüben. Während bei den unkultiviertesten Völkern die Sorge für die Kinder lange nicht den Grad erreicht, den wir selbst bei den Tieren beobachten können — denn Kindertötung und Gleichgültigkeit gegen das Leben des eignen Fleisches und Blutes treten in einem Grade auf, daß z. B. bei den Puris in Bra=
silien eine Mutter durch die schmerzhaften Bewegungen, welche ihr in die Kohlen der Feuer=
stätte gefallenes Kind machte, nur zu einem widerlichen Gelächter veranlaßt wurde — so macht diese Unempfindlichkeit doch nach und nach, vorzüglich wo eine freundliche Natur das Nebeneinanderbestehen der Menschen durch Gewährung genügender Nahrungsmittel erleichtert, sanfteren Gefühlen Platz. Nur bei ganz rohen Völkern verlassen die Kinder ohne Förmlichkeit den Lagerplatz der Eltern, sobald sie im stande sind, durch eigne Kräfte sich den Lebensunterhalt zu verschaffen; bei den nordamerikanischen Indianern dagegen und bei allen Völkern, die auf ähnlicher Kulturstufe stehen, werden die Kinder mit großer Sorg=
falt behandelt, weil man in ihnen die Stütze des künftigen Alters erblickt. Umgekehrt bringen die Kinder den Eltern die lebhaftesten Gefühle der Dankbarkeit entgegen, und die Achtung vor dem Alter wird zu einer Tugend, deren Verletzung auf das höchste geahndet wird. Solange die Familien noch getrennt voneinander leben, sind die Ursachen zu Zank

und Streit selten gegeben. Übergriffe können um so weniger vorkommen, als die gegenseitigen Verhältnisse durch die unumschränkte Macht des Familienvaters von vornherein auf das bestimmteste geregelt sind. Wir sehen daher besonders bei den Nomadenvölkern gegenseitiges Dulden und Billigen und eine wohlthuende Höflichkeit, die bei den Mongolen in einer Weise ausgebildet ist, daß sie nur der spanischen Etikette verglichen werden kann. Wenn sich die Jägervölker bei ihrer raureren Beschäftigung nicht mit einem gleichen Zeremoniell umgeben können, so tritt bei ihnen das sich bald entwickelnde Gemeindewesen als ein Faktor auf, der die gegenseitigen Ansprüche regelt und jedem seine gebührende Stelle anweist. Alter, Fertigkeiten und Abstammung sind die Hilfsmittel, durch die sich der Mann eine besondere Stellung erringen kann; die Frau bleibt fortwährend in der ihr von vornherein angewiesenen abhängigen Stellung. Die Erziehung der Kinder teilt sich. Nur in den ersten Jahren sind Mädchen und Knaben der mütterlichen Sorge in gleicher Weise anheimgegeben. Sobald der Knabe Kraft hat, den Bogen zu handhaben oder das Ruder zu führen, beginnt für ihn die Übung im Waffenhandwerk und in denjenigen Geschicklichkeiten, welche zur Erhaltung des Lebens unumgänglich notwendig sind, im Fischen, Jagen, Rudern, Reiten u. s. w. Die Mädchen bleiben in der Hütte, wo sie von der Mutter in den mancherlei Künsten und Fertigkeiten zur Führung des Hauswesens unterrichtet werden. Bei den Jägerei treibenden und häufig Krieg führenden Völkern ist die Wehrhaftmachung der Knaben eine der wichtigsten allgemeinen Angelegenheiten; sie wird mit großen Festlichkeiten geschlossen und greift ins politische und religiöse Leben bedeutsam über.

Wenn, wie wohl nicht bestritten werden kann, die höchste Veredelung des Menschen nur durch die gegenseitige Einwirkung, wie sie in der Familie stattfinden kann, erreicht wird, so muß die Stellung des Weibes als Frau und Mutter, als Erzieherin und Leiterin des Hauswesens von dem allerwichtigsten Einfluß sein. Der Mann unter Männern wird alle seine Anlagen üben, seine Fähigkeiten ausbilden können, soweit sich dieselben auf Verstand, Geist, Mut, Kraft, Geschicklichkeit, Ausdauer und alle jene Gaben beziehen, die der Römer unter dem Begriff „virtus", d. h. Mannhaftigkeit, zusammenfaßte; aber wo das Schöne, das Anmutige in das Leben tritt, wo das Verständnis der Kunst eröffnet werden soll, da ist die Erziehung durch die Frau, die Anregung des Gemütes, die Ausfüllung des Herzens das einzige Mittel. Diese Einwirkung kann aber von der Mutter auf das Kind, von der Jungfrau auf den Freund, von der Gattin auf den Mann nur da ausgeübt werden, wo die Frau aus ihrer abhängigen Stellung in die freiere einer selbständigen Gefährtin des Mannes emporgestiegen ist. Und dieser Standpunkt ist allein da erreichbar, wo eine einzige Frau das Gemütsleben des Mannes ausfüllt. Wir sehen daher auch diejenigen Staaten, in denen die Vielweiberei herrschend ist, zwar durch die rasche Zunahme der Bevölkerung groß und mächtig werden, sie fallen aber dem kräftigeren Volke zur Beute, das aus einem Familienleben sich entwickelt, in welchem die natürliche Beschränkung die Konzentrierung aller Kräfte und Gefühle bewirkt.

Da, wo der Frau nicht der alleinige Besitz des Mannes gesichert ist, kann auch nicht die Rede von einer ausschließlichen edlen Zuneigung sein. Laune, augenblickliche Leidenschaft, Genußsucht führt zusammen und stumpft das gegenseitige Verhältnis ebenso rasch ab, als es dasselbe entzündete. Die Kinder werden gemeinschaftlich erzogen, und ihre Individualität kommt dadurch weniger zur Geltung. Es liegt darin ein Hauptgrund jener Apathie, die das ganze Völkerleben polygamischer Nationen charakterisiert. Aber auch unter den monogamischen Völkern hat die Stellung des Weibes erst in der Neuzeit jenen natürlichen, gesunden Charakter erhalten, der für das Erblühen der Menschheit die sicherste Bürgschaft ist. Selbst die Griechen, so hochgebildet in Wissenschaften und Künsten sie uns erscheinen, gewährten der Frau in keiner Hinsicht das Recht einer Gleichstellung. Wir haben schon bei Gelegenheit der Besprechung griechischer Wohnhäuser diesen Einfluß betont und auf den Gegensatz zwischen griechischem und römischem Leben hingewiesen. Bei den Römern bestimmte die Gesinnung der Gattin und Mutter die Fühl- und Denkweise der Männer, und wir sehen bei dem sonst einseitig und nur kriegerisch und politisch großen Volke Tugenden des Gemütes erblühen, die im glücklichen Hellas fast unbekannt waren. Nicht minder achteten die alten Germanen die Frauen hoch. Heilkunde, Prophezeiung und Ausübung der Religionsgebräuche lagen in ihren Händen, und das Beispiel begeisterter Freiheits- und Vaterlandsliebe, hohen Mutes und strenger Sittenreinheit erzog ein Geschlecht, welches das Weltreich der Römer zu stürzen vermochte. Diese Heiligkeit der Familie hat sich erhalten; sie steht in der höchsten Ausbildung bei den germanischen Nationen, und nicht am wenigsten gerade durch sie scheint der Germanismus zur dauernden Weltherrschaft zu gelangen.

Stamm. Aus der Familie entwickelte sich die nächste größere Genossenschaft der Menschen, der Stamm. Verbinden auch zunächst nicht gemütliche Interessen die rohen Menschen miteinander, so erfordern doch bald äußere Einflüsse ein gemeinsames Handeln. Bei den Jägervölkern, welche ihren Lebensbedarf zum Teil den wild und in großen Herden lebenden Tieren entnehmen, oder bei den Bewohnern der Seeküste, welche die zeitweilig in ungeheuren Massen heranströmenden Fische einfangen, mußte es wünschenswert sein, sich durch gemeinsame Anstrengungen zu verschaffen, was der Einzelne in dem Grade nicht vermochte. In andern Fällen zwang das Bedürfnis des Schutzes gegen wilde Tiere oder gegen feindliche Nachbarn, das Einzeln= oder Zerstreutwohnen aufzugeben und Vereinigung zu erstreben. Jedenfalls ist der erste Ursprung des Stammes in der Familie selbst zu suchen. Dieselbe vergrößerte sich, und die Abkömmlinge desselben Vaters erwiesen ihrem leiblichen Oberhaupte, solange er lebte, die gewohnte Achtung und Unterordnung. Nach seinem Tode war es natürlich, daß der Älteste in seine Rechte trat, um den nützlichen Verband zusammenzuhalten; so sehen wir bei allen Nomadenvölkern die erbliche Würde als Grundzug des monarchischen Prinzips in höchster Achtung. Nur da, wo die einzelnen Zufälle des Lebens größere Ansprüche an das Individuum stellten, wo die Ausführung der Pläne persönlichen Mut, Kraft, Entschlossenheit und Gewandtheit ganz besonders in Anspruch nahmen, wo weniger ein Massenhandeln als das entschiedene Eingreifen des Einzelnen im rechten Augenblicke notwendig war: nur da erblicken wir die Keime einer freieren Verfassung, die entweder ihr Oberhaupt durch freie Wahl bestimmt oder die öffentlichen Angelegenheiten durch jedesmalige gemeinschaftliche Beratung erledigt.

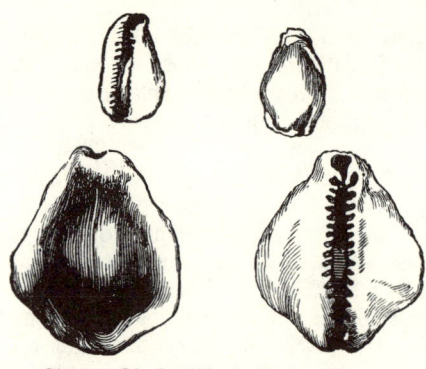

Fig. 86. Die Kaurischnecke (Cypraea moneta).

Die Stämme machten sich in einzelnen Gegenden seßhaft. Das herumziehende Leben der Jäger und Hirten wandelte sich mit der Vermehrung der Bewohnerschaft in das seßhafte der Ackerbauer, weil von nun an die Erzeugnisse des Bodens zur Ergänzung der Nahrung mit hinzugezogen werden mußten. Der Besitz, vorzüglich der feste Grundbesitz, wird zum Anfange eines ausgedehnten, geordneten Staatslebens. Die einzelnen Stammesoberhäupter behalten ihre Macht und ihr Ansehen, allein sie treten in geregelte Beziehungen zu Nachbarn, deren Rechten und Gewohnheiten sie sich anbequemen müssen, wie sie es für sich von jenen in Anspruch nehmen. Dadurch entwickelt sich die Idee einer über beiden stehenden, entscheidenden Rechtsgewalt, als deren Träger ein Staatsoberhaupt Macht und Ansehen erringt.

Die großen Reiche, deren Spuren wir durch geschichtliche Forschung aufzudecken vermögen, scheinen auf diese Weise entstanden. Begünstigt durch das Streben nach Ruhe, welches die frühzeitig zur Entwickelung gekommenen passiven Stämme, die weitverbreitete Urbevölkerung der Länder, Freude am Länderbesitz, an Ackerbau und Viehzucht gewinnen ließ, bildeten sich vorerst kleine Staaten, die mit= und nebeneinander eine gedeihliche Entwickelung durchmachten, bis sie aus ihrer Eigenstellung entweder durch das Auftreten eines Herrschsüchtigen aus ihrer Mitte oder, wie es gewöhnlich wohl der Fall war, durch Eroberungsangriffe von außen her gestört wurden. Die Eroberer, sehr häufig einer ganz andern Rasse angehörig, hoben die Grenzen auf oder zogen neue und verschmolzen die unterjochten Länder zu großen Reichen, sich die aufgehäuften Schätze aneignend. Die früheren Herren wurden Unterthanen, die kühnen Eindringlinge, von dem Eroberer mit Ländereien und Gewalt beschenkt, wurden die Gesetzgeber, die erste Klasse, der Adel des Landes. Erst aus der Vermischung mit dem herabgedrückten Volke erhob sich ein Gegengewicht. Unzufriedene aus der Klasse der neu eingedrungenen Edlen und Lehnsträger fanden Unterstützung in den zahlreichen alten Familien des Landes, mit denen sie im Laufe der Zeit in Blutsverwandtschaft getreten waren. Die an Masse überwiegende Bevölkerung erhielt Kraft und Entschlossenheit, und großartige Umwälzungen, der Sturz altgewohnter Dynastien, langwierige Kriege, die Bildung neuer Reiche, neue Einrichtungen der mannigfachsten Art gingen aus den Gärungen der Zeit hervor. — So sind viele Staaten umgewandelt worden, bei andern hat sich der Bildungsprozeß in andrer Art vollzogen, und je enger die Berührungen der Staaten miteinander schließlich wurden, um so schärfer mußten die Grenzen präzisiert und abgesteckt werden — eine Konsequenz, die sich aus der Unersättlichkeit der menschlichen Natur ableitet und die in Europa zu einem Zustande künstlichen Gleichgewichts geführt hat, dessen Erhaltung jedoch die sorgfältigste Beobachtung aller gegenseitigen Rücksichten erheischt.

Verkehr, Geld. Als erstes und wichtigstes Ergebnis der gegenseitigen Beziehungen der Menschen tritt der Tausch auf; die Produkte entfernter Ländereien oder verschiedener Beschäftigungen werden gegeneinander ausgewechselt, und mit der Vermehrung der Bedürfnisse wird die Erhöhung der Kultur vorbereitet. Um das, was die Natur in der nächsten Umgebung nicht hervorbringt, zu erlangen, macht es sich notwendig, Reisen zu unternehmen und die Erzeugnisse des eignen Landes als Gegenwert mit fortzuführen. Es entstehen die ersten Keime des Handels, der aus dem bloßen Tauschverkehr sich ganz allmählich herausentwickelt. Die Polarbewohner, vorzüglich die Grönländer, führen schon einen regen Tauschhandel. Sie haben an allem Neuen großes Vergnügen, und um dies zu befriedigen, wechseln sie ihren Besitz ungemein oft, ohne auf das Wertverhältnis der Dinge groß Rücksicht zu nehmen. Sie halten förmliche Jahrmärkte, und da im Süden keine Walfische sind, der Norden dagegen kein Holz hat, so machen

Fig. 87. Maria-Theresiathaler.

sie, um diese und andre Produkte auszutauschen, Reisen, die jahrelang dauern und bei denen sie bald hier, bald dort ihre Wohnungen aufschlagen, sehr oft auch gar nicht wieder in ihre alte Heimat zurückkehren.

In solchem Verkehr nehmen einzelne Produkte bald eine eigentümliche Stellung als Tauschmittel ein, die sich durch eine besondere Dauerhaftigkeit oder durch allgemeine Verwendbarkeit auszeichnen oder denen irgendwie eine allgemeine Gültigkeit zu teil geworden ist. Auf sie wird der Wert der Gegenstände bezogen, und wo sie nicht selbst immer als Ausgleich dienen können, wird nach ihnen das Auszutauschende gemessen. Salz, Sklaven, Metallstücke, Perlen, Edelsteine, Früchte u. s. w. sind dergleichen Zahlungsmittel, die allmählich stehend werden und die erste Idee des Geldes enthalten.

Bei den Nordamerikanern vertreten die Wampumgürtel, bei den Lappländern Käse, bei den Kaffern Wurfspieße die gangbare Münze. Durch die Europäer wurden bei letzteren Metalle, vorzüglich die farbigen, Kupfer, Messing, auch Glaskorallen, als Tauschmittel eingeführt, indessen verloren sie durch Überfüllung bald den Wert, den sich die immer brauchbaren Wurfspieße erhielten. Außerdem stehen Tabak und Ochsen in Afrika als Tauschmittel in Ansehen. Lichtenstein wollte bei den Betschuanen einen ihrer künstlich genähten Mäntel kaufen und bot Korallen, Nägel, Tücher u. dgl. dafür, allein umsonst. Ein Mantel könne nur gegen lebendiges Rindvieh verkauft werden, hieß es. Es mußten also erst die geforderten zwei Ochsen eingehandelt werden, die billiger für jene Gegenstände zu haben waren, als erst für den Mantel geboten worden war. Obwohl hier also feste Wertbezeichnung zu finden ist, so ist der Ausgleich doch noch kein Geldhandel, weil das

Geld immer als Mittelglied zwischen zwei auszutauschenden Gegenständen eintritt. Wie sich aber allmählich die Vorstellungen mehr ausbilden, finden wir bei den Kaffern bestätigt, die in neuerer Zeit nach den Messingringen, woraus ihre Gürtel gemacht sind, rechnen. Ein solcher Gürtel besteht aus 300—400 glattgehämmerten Ringen, und zwei Gürtel sind der Preis für eine Kuh. In Boma an der Kongomündung, sowie in Loanda werden kleine, aus Bambusblättern zierlich geflochtene Matten, deren eine 12½ kg Reis kostet, gewissermaßen als ein Papiergeld verausgabt. An der Küste von Oberguinea u. s. w. ist die Kauri, eine kleine Schnecke, welche bei uns von den Fleischern zur Besetzung der ledernen Messerscheiden, der Pferdegeschirre u. s. w. verwendet wird und von der uns Fig. 86 eine Ansicht gibt, die Cypraea moneta, gewöhnlich Kaurimuschel genannt, das gewöhnliche Zahlungsmittel. Sie kommt bei den Malediven in ungeheuren Mengen vor und wird von da in ganzen Schiffsladungen ausgeführt. In Utia, Dagwuniba, Gamaw, Kong, Afra u. s. w. bedient man sich ihrer allgemein als Scheidemünze, ohne sie kann man nichts kaufen. Bei den Aschantis ist der Goldstaub (in Federkiele gefüllt) das Geld; in andern Gegenden des Innern von Afrika dienen Salz= oder Kattumstücke zum Ausgleich, und merkwürdigerweise ist durch fast ganz Nordafrika der Maria=Theresiathaler (Fig. 87) als größeres Münzstück in Gebrauch.

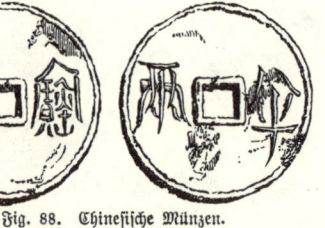

Je fruchtbarer ein Land ist, um so weniger ist bei seinen ursprünglichen Bewohnern der Handelsverkehr und damit das Geldwesen ausgebildet. Er erlangt erst durch das Eingreifen fremder Völker einen gewissen Aufschwung. Dagegen sind die Bewohner von der Natur minder oder nur einseitig begünstigter Gegenden in früher Zeit schon genötigt, sich die Hilfsmittel des Warenbezuges zu eigen zu machen. Die Wanderlust hat nicht minder Einfluß darauf, weil sie die Berührung mit fremden Nationen vermittelt und Geschmack an neuen Gegenständen finden läßt. Auf den meisten Südsee=Inseln besteht noch heute bloß

Fig. 88. Chinesische Münzen.

Tauschverkehr. Die Beduinen aber z. B. haben einen ziemlich ausgeprägten Handel. Sie rechnen nach fremden Geldsorten und nehmen für Zwischenhandel, Beschützung der Kaufleute, Spedition u. s. w. gewisse Prozente der Handelsware.

In den großen Staatenverbänden war der Handel das wesentlichste Hilfsmittel der Kulturerhöhung. Klemm erzählt in seiner „Kulturgeschichte", daß der Marktplatz von Tlaltelolco im alten Mexiko zweimal so groß als die Stadt Salamanca und mit bedeckten Gängen zur Bequemlichkeit der Kaufleute umgeben gewesen sei. Die benachbarten Gassen und Kanäle enthielten die Niederlagen, und es kamen täglich an 50 000 Handeltreibende hier zusammen. Die Mexikaner hatten fünferlei Münzen, als Scheidemünze Kakaobohnen, deren 8000 ein Xiquepilli, die gewöhnliche Rechnungsmünze, ausmachten. Sie wurden in Säcken zu 3 Xiquepilli oder 24 000 Bohnen verpackt. Die zweite Art Münze waren kleine Tücher von Baumwolle (Patolquachtli) von bestimmter Größe. Sodann hatten sie Gänsekiele voll Goldstaub, je nach der Größe von verschiedenem Werte, und als wirkliche Metallmünzen Kupferstücke von hammerförmiger Gestalt und dünne Stücke Zinn; scheinbar ohne Gepräge. Im alten Ägypten hat es sehr frühzeitig Geld gegeben. Dasselbe bestand in goldenen und silbernen Ringen, deren Gewicht den Wert bestimmte. In Sennaar sind dergleichen Münzen noch jetzt zu Hause. Ähnliche Ringmünzen hatten auch die Gallier; sie wurden, wie heute noch die chinesischen Münzen oder wie noch vor kurzem die dicken, in ihrem Zentrum viereckig durchbrochenen messingartigen Münzen der Japaner und Chinesen, mittels einer durch die Mitte gezogenen Schnur um den Leib getragen (Fig. 88).

Entwickelung des Menschengeschlechts.

Das älteste Geld war auch in China die Kaurischnecke, später kamen Perlen, der hochgeschätzte Stein Jade, gelbes Metall, gewebte Stoffe, Blechstücke von bisweilen messerartiger Gestalt und mit Charakteren versehen (Fig. 89). Im 11. Jahrhundert vor Christus wird zuerst eines Münzbeamten gedacht, und würfelförmige Goldstücke kommen als Geld in Gebrauch; das Münzwesen erhielt mancherlei Umgestaltungen, allein es blieb immer unvollkommen, und aus der geringen Geldmenge entstanden häufig Krisen. In solchen Zeiten suchte man sich dadurch zu helfen, daß man wieder zu Schildkröten-Schalenstücken, Seidenstoffen, Perlen u. s. w. griff. Im 9. Jahrhundert nach Christus kam das Papiergeld auf. Es entstand aus Anweisungen auf Salz und Eisen, welche die Regierung ausgab; außerdem aber mußten im Jahre 807 die Kaufleute ihr bares Metallgeld in den Schatz liefern und dafür Banknoten annehmen, eine Maßregel, welche bald auch die höheren Beamten zu ihren Gunsten auf eigne Hand ausbeuteten. Das chinesische Geld ist meist gegossen. Jeder Kaufmann probiert vorsichtig die eingehenden Geldstücke und drückt auf jedes seinen Stempel, so daß dieselben bald über und über mit Chiffern versehen sind und endlich ganz löcherig werden. Im ganzen Orient findet sich geprägtes Geld seit uralten Zeiten. Die Herrscher betrachteten die Ausprägung, die freilich mit keiner großen Genauigkeit ausgeführt wurde, als eine vorteilhafte Staatseinnahme, denn sie konnten das Metall dadurch zu einem bei weitem höheren Werte ausgeben, als demselben wirklich innewohnt.

Die Griechen hatten ein ausgebildetes Münzsystem, wie überhaupt bei ihnen infolge ihres durch weitverbreitete Kolonialverbindungen sehr umfangreichen Handels Geld- und Kreditwesen schon frühzeitig sehr entwickelt worden war. Es gab Geldwechselgeschäfte, ja sogar Wechselbriefe; der Tempel zu Delphi fungierte als eine Art Depositenbank, und daß Bankhäuser überhaupt zu Athen existierten, erfahren wir aus Demosthenes. Der Zinsfuß betrug den zehnten bis den dritten Teil des ausgeliehenen Kapitals.

Die Etrusker bedienten sich des gegossenen Erzgeldes, welches zugleich mit die Stelle des Gewichts versah. In ähnlicher Weise war es bei den Römern. Unter den ersten Königen vertraten Metallstäbe die Stelle des Geldes. Silberscheiben kamen kurz vor dem ersten Punischen Krieg auf den Markt, und erst 100 Jahre später kam geprägtes Gold in den Handel. Servius Tullius soll das erste Erzgeld gegossen haben, vorher wog man sich das Erz zu. Besondre Beamte, die Triumviri monetales, waren dem Münzwesen vorgesetzt.

Je mehr der internationale Verkehr durch Eroberungszüge, Kolonisation und Reisen geregeltere Formen bekam, um so mehr erfuhr auch das Münzwesen genauere Bestimmung. So zahlreich aber die Änderungen und Verbesserungen darin auch gewesen sind, so ist doch selbst heutigestags noch die Stufe möglichster Einfachheit und Vervollkommnung noch lange nicht erreicht, als welche ein einheitliches Geld, für alle in gegenseitigem Verkehr stehenden Völker der Erde gültig, angesehen werden muß.

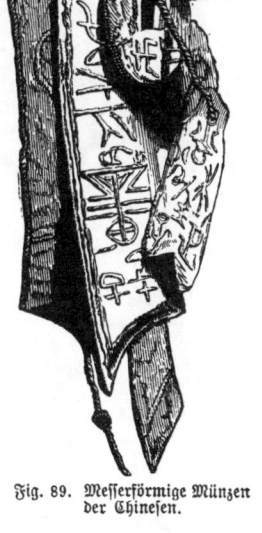

Fig. 89. Messerförmige Münzen der Chinesen.

Die Masse des gemünzten Metalles reichte für die Riesendimensionen des Handels allmählich nicht mehr aus. An die Stelle der augenblicklichen Auszahlung traten Anweisungen und Wechsel, von denen wir schon in der Alten Welt die ersten Spuren finden, und endlich das von den Regierungen oder dazu autorisierten Instituten ausgegebene Papiergeld, welches, wie wir schon erwähnten und wie es Fig. 90 zeigt, ebensowohl im Osten Asiens als in Europa zu Hause ist, und die Banknoten, die in gewisser Beziehung den Anweisungen zuzuzählen sind.

Die Annahme des Papiergeldes gründet sich auf den „Kredit", auf den Glauben an das Können und Wollen des Ausgebers, den Schein auch wieder an Stelle der darauf verzeichneten Barsumme anzunehmen. Wo die Grundlagen des Kredits schwanken, fällt natürlich auch der Wert dieses Zahlungsmittels, und es kommt vor, daß man Summen von Millionen in Papiergeld für wenige Thaler kaufen kann, wie in der französischen Revolution, wo die Assignaten (Fig. 91) nach und nach bis auf wenige Sous fielen, und Leute, welche große Reichtümer in Papiergeld besaßen, oft nicht im stande waren, damit ein Frühstück zu bezahlen. Trotzdem bleibt der für den heutigen Verkehr viel zu geringer Menge der edlen Metalle die Ausgabe solcher Schuldverschreibungen au porteur eines den zweckmäßigsten und notwendigsten Verkehrsmittel.

Maß. Unzertrennlich mit dem Begriff Geld ist der Begriff Maß verbunden. Das Geld wird gezählt und der Wert nach einem angenommenen Stück als Einheit bestimmt. Die Menge eines Gegenstandes wird ebenfalls nach einem Grundmaß als Einheit abgeleitet und durch das Wievielmal dieses Maßes ausgedrückt. Das Zahlensystem, dessen wir schon oben Erwähnung gethan haben, steht mit diesen beiden Verkehrsmitteln in engster Verbindung. Je höher die Entwickelung oder die Entwickelungsfähigkeit eines Volkes steht, um so viel mehr Einheiten wird ihr Zahlensystem in der Regel umfassen. Den endlichen Sieg hat die Zivilisation mit dem dekadischen Zahlensystem errungen, obwohl aus mancherlei Gesichtspunkten nicht behauptet werden kann, daß dasselbe allen Anforderungen der Bequemlichkeit in dem höchstmöglichen Grade entspricht.

Die fünf Finger der Hand erwiesen sich als besonders passende Zahlzeichen; indem man also die Größen nach „Händen" abzählte, entwickelte sich das Zahlensystem mit Periode 5. Das dekadische System ist mit Zuhilfenahme beider Hände, unter Umständen auch der Zehen beider Füße, entstanden. So drücken z. B. noch gegenwärtig die Bewohner der Sokna-Oase im Süden des Syrtenbusens das Zahlwort Fünfzig aus durch „vier Hände, vier Füße und zwei Hände." Die Abiponen haben nur für 1—3 eigentliche Ausdrücke, 4 bezeichnen sie durch Geyenknate, d. i. Straußenzehen, 5 durch Hauempegem, d. i. die Finger. Die Eingebornenstämme des festländischen Australien zählen gewöhnlich nur bis 2 oder 3, die nun ausgestorbenen Tasmanier zählten bis 4; es vermögen jedoch die festländischen Australier größere Zahlen durch addierendes Aufzählen von 1 und 2, oder 1, 2 und 3 zu bezeichnen (einer dieser Australstämme sagt z. B. für 1 netat, für 2 näs, für 3 näs-netat, für 4 näs-näs, für 5 näs-näs-netat, für 6 näs-näs-näs), ja manche dieser Australsprachen besitzen 9 verschiedenartige Ausdrücke für 9 verschiedenalterige Söhne, 9 andre für 9 verschiedenalterige Töchter desselben Vaters — ein wichtiger Hinweis darauf, daß man aus dem Vorrat von Worten für abstrakte Zahlbegriffe nicht ohne weiteres einen Schluß ziehen darf auf das Zählvermögen eines Volkes. Die alten Mexikaner zählten bis 7, und so findet man neben dem dekadischen oder dem Fünfzahlsystem noch zahlreiche andre, von denen es nur wunder nehmen kann, daß sich keines zu dem rationellsten System mit der 12 als Grundlage ausgebildet hat. Die Idee der Periodizität, d. h. des regelmäßigen Wiederkehrens eines Ausgangspunktes für Zählen und Messen gewisser Erscheinungen und das damit verbundene Abgrenzen derselben in größere, unter sich gleiche Partien, hat sich bei den verschiedenen Nationen der Erde auf verschiedene Art entwickelt.

Fig. 90. Altes japanisches Papiergeld.

Die kosmischen Erscheinungen, welche in der Umdrehung der Erde, um ihre Achse sowohl als um die Sonne, ihren Grund haben: Auf- und Untergang der Sonne, ihr höchster Stand, Tag und Nacht, Wärme und Kälte, Licht und Finsternis, wiederholten sich in

Perioden, deren Regelmäßigkeit und Gleichheit sich ohne weiteres bemerklich macht. Späterhin erkannte man in der Wiederkehr der Zeiten größter Hitze und größter Kälte, vorwiegender Trockenheit oder des Regens, der längsten und kürzesten Tage, dem Eintreffen und Abziehen der Zugvögel, dem Blühen gewisser Blumen und dem Reifen der Früchte, in dem Auftauchen gewisser Sternbilder über dem Horizont, in der Wiederkehr der Tag= und Nachtgleichen u. s. w., eine ähnliche Regelmäßigkeit. Man nahm diese Perioden als natürliche Begrenzungen der Zeit, als Zeitmaße, deren größtes, das Jahr, man durch den periodischen Wechsel der Mondphasen in Unterabteilungen, Monate, zerlegte. Der wechselnde Mond diente fast allen Völkern als Anhaltepunkt für die Begrenzung der Zeitabschnitte; seine vier leicht unterscheidbaren Phasen bestimmten die Wochenzeiträume, und die Zahlen 7 und 4 erhielten dadurch eine vorwiegende Bedeutung. Die Monatsnamen der meisten Naturvölker erinnern an Naturerscheinungen, die in dieser Zeit des Jahres eintreten. Bei den Delawaren und andern Indianerstämmen, die das Jahr in Frühling, Sommer, Herbst und Winter teilen, heißen die Monate folgendermaßen: 1 (März) der **Shadmonat**, weil diese Fischgattung dann die Flüsse in großer Anzahl erfüllt; 2 (April) **Pflanzmonat**, wo der Mais ausgesäet wird; 3 (Mai) **der Monat, wo der Mais gehackt wird**; 4 (Juni) **der Monat, wo die Hirsche rot werden** u. s. w. Bei den Kamtschadalen heißt der Mai Tauakoatsch, Schnepfenmonat; Juni Koakoatsch, Kuckucksmonat; August Kyhsuakoatsch, Mondscheinmonat, weil da die Fische des Nachts bei Mondlicht gefangen werden; Dezember Nokkouosnabil, wörtlich übersetzt: ich habe etwas erfroren; März Ahdukoatsch, Rauchlochmonat, weil um diese Zeit das Rauchloch der Hütte abtaut und die Erde dadurch zum Vorschein kommt u. s. w. Das nächste kleinste Zeitmaß nach dem Monat und der Woche war die Zeit zwischen je zwei Sonnenaufgängen, der Tag.

Fig. 91. Assignate aus der französischen Revolution.

Es ist eine allgemein gültige Erscheinung, daß mit der wachsenden Kultur die Maßbegriffe eine Schritt haltende Verfeinerung erleiden. Denn da von ihnen alle auf Naturbeobachtung sich gründenden Wissenschaften in der Sicherheit ihrer Schlußfolgerungen abhängen, so wird es auch notwendig, die Mittel allgemach zu verfeinern, wenn man die Erfolge berichtigen und vermehren will.

Mit der Arbeit erlangt schon in frühen Perioden die Zeit einen größern Wert, und der Mensch wird zur Sparsamkeit getrieben. Die Vernachlässigung der kleinen Teile beschränkt sich immer mehr, selbst das Geringste wird gezählt, gemessen und gewogen. Eine Einteilung der Tageszeit haben wir zunächst wohl bei den Küstenvölkern zu suchen, welchen das regelmäßige Eintreten von Ebbe und Flut eine nicht zu verkennende Marke werden mußte; sodann aber wurde dieselbe vorzüglich bei den Hirtenvölkern durch die regelmäßige Lebensweise ihrer Herden, ihrer Fütterung und Melkzeit, bestimmter ausgeprägt.

Die bequeme Handhabung der Ziffer 12, vorzüglich die leichte Teilbarkeit derselben, macht ihre Anwendung in den Unterabteilungen der Maßgrößen besonders zweckmäßig.

Der halbe Tag (in China nach Tagen der ganze) wurde in 12 Stunden eingeteilt, wie das Jahr schon in 12 Monate, der Tierkreis in 12 Bilder geteilt worden war, ein Verfahren, welches wir, auch auf andre Teilungen angewandt, bei fast allen Nationen der Erde antreffen.

Die von der Zeiteinteilung gewohnten Größenverhältnisse wurden auch auf andres übertragen. Gewicht und Maß wurden danach bestimmt. Auf rohe Spuren des Messens von Raumgrößen und körperlichen Massen treffen wir sehr bald. Zuerst wird ein Gegenstand von allgemeinem Vorkommen, eine Frucht, ein vielfach vorkommender Körper von gleichbleibenden Größenverhältnissen, oder ein besonderer, der durch irgend einen Umstand einer ausnahmsweisen Wertschätzung unterliegt, zur Vergleichung benutzt. Durch Beibehaltung entsteht dann die eigentliche **Maßeinheit**. Der Inhalt einer hohlen Kokosschale, eines Eies u. dgl. wird das erste Hohlmaß; das Gewicht bestimmt man durch die Tragfähigkeit zunächst eines Menschen oder eines Lasttieres, wie die Ausdrücke „eine Last", eine „Ladung" und ähnliche bezeichnen. Längenmaße werden an den natürlichen Verhältnissen der Körperteile am frühesten gemessen; sie erhalten sich in fester Geltung durch den Gebrauch oder das Edikt eines Herrschers, der in seiner Eitelkeit die Länge seines Armes oder seines Fußes zur Richtschnur im Warenverkehr seiner Unterthanen macht.

Wie die Zeiteinteilung, so wird auch die Maßteilung eine immer feinere. Die Wagen erhalten verbesserte Einrichtung, und wie die Beaufsichtigung des Geldwesens, so wird auch die Regulierung der Maß= und Gewichtsverhältnisse zu einer wichtigen Angelegenheit des Staatshaushaltes. Endlich geben die Entdeckungen und Anforderungen der Wissenschaft, Astronomie, Chemie, Erdkunde, Nautik, Physik u. s. w. die wichtigsten Impulse. Die Mechanik vervollkommnet ihre Instrumente, um die geringsten Zeit= und Maßunterschiede, auf die es von nun an bei den Berechnungen ankommt, auch merkbar zu machen. Zugleich stellt sich die Notwendigkeit heraus, für die Unverlierbarkeit der Maßeinheiten zu sorgen, um später immer wieder und zu jeder Zeit die Angaben prüfen, die Versuche wiederholen zu können. Die Grundmaße werden als „heilige Maße" aufbewahrt, oder aber man geht von einer unveränderlichen, natürlichen Größe aus, deren Verhältnisse man stets wieder bestimmen kann, und gelangt so zu dem Begriffe eines „natürlichen Maßsystems". Hohl=, Gewichts=, Längen= und Flächenmaße sucht man in völlige Übereinstimmung zu bringen; sie werden von einer einzigen Grundeinheit abhängig gemacht, in gleicher Weise und nach dem herrschenden Zahlsystem eingeteilt und Ober= und Unterabteilungen nach einem konsequenten System benannt, so daß in der Kenntnis einer einzigen Größe der Schlüssel zu dem ganzen Maßwesen liegt. Das französische Maßsystem steht in der Beziehung besonders vollkommen da und seine allmählich immer weiter greifende Annahme ist als einer der größten wirtschaftlichen Fortschritte zu verzeichnen. In einer Beziehung freilich hatte man sich bei der Wahl des Meters zur Längenmaßeinheit getäuscht, man hielt das Meter für ein unverlierbares Naturmaß, da man es auf Grund einer (für ihre Zeit höchst genauen) Gradmessung als den zehnmillionsten Teil einer Meridianhälfte zwischen Pol und Äquator, eines sogenannten Erdquadranten erklärte. Indessen unser großer Königsberger Astronom Bessel wies bereits nach, daß die französischen Geodäten ihren Erdquadranten um 856 m, ihr Meter also um $1/11$ mm gegenüber der wirklichen Länge von $\frac{1}{10\,000\,000}$ jenes Kreisviertels zu kurz gemessen. Man hatte überhaupt damals, als in der französischen Revolution das souveräne Volk Frankreichs sich für Darleihung der Maßeinheit von der Mutter Erde selbst begeistert, keine Ahnung von der vielfältigen Unregelmäßigkeit des durchaus nicht rein sphäroidalen Erdkörpers, noch weniger davon, daß unsre Erde höchst wahrscheinlich einer stetigen Zusammenziehung ihrer Masse unterliegt. Es blieb somit nichts übrig, als sich über eine bestimmte Länge des Normalmeterstabes zu einigen, was auch der zu diesem Zweck zusammengetretenen internationalen Kommission in Paris gelungen ist; das Metersystem hat selbstverständlich an praktischem Nutzen dadurch nichts verloren, daß man seine Grundeinheit als Kunstmaß erkannte, zumal für die möglichst treue Bewahrung des Normalmeterexemplars in seiner kompromißmäßigen Längenausdehnung alle nur erdenklichen Vorsichtsmaßregeln angewendet worden sind.

In den alten Bezeichnungen mancher Maße finden wir zahlreiche Zeugnisse für diesen Entwickelungsgang, bei rohen Völkern aber können wir seine ersten Anfänge noch beobachten. Die Eingebornen von Schangallas in Afrika, dem Haupthandelsplatze für den Handel mit Goldkörnern, bedienten sich zum Abwägen des Goldes als Gewichtseinheit einer Bohne (von der Ceratonia), die sie Kuara nannten. Durch die Edelsteinhändler kam diese Bohne später nach Ostindien, und von da nach Europa, wo wir in dem Juwelengewicht Karat noch heute den Anklang an den Namen dieses ursprünglichen Gewichtes erkennen. In England bestimmte im Jahre 1101 König Edgar, daß die Elle die Länge seines Armes haben solle. Davon schreibt sich „Yard" als Name für die englische Elle her. Sie wurde eingeteilt in Fuße, Zolle und Gerstenkörner, deren mehrere nebeneinander gelegt die Länge der kleinen Maßteile bestimmten. Zu Gewichtsmaßen wurden Weizenkörner genommen, und 32 davon gaben das Gewicht eines Penny. Übrigens waren bei den Engländern schon seit den allerältesten Zeiten Normalmaße vorhanden; sie wurden in Winchester aufbewahrt, und die

Sorge für die Ausbildung des ganzen Maßwesens war überhaupt nirgends größer als bei diesem Welthandelsvolk. In den Worten Schiffslast, Saum (d. h. Last eines Lasttiers oder Säumers), Fuß, Schritt, Pferdekraft, Ladung, Wagenladung, Spanne, Steinwurf, Tagereise, Stein, Faust, Tonne, Faß u. s. w., die sich entsprechend in allen Sprachen finden, liegen anderweite Andeutungen über den Ursprung mancher, bald fest bestimmter, bald nur zu approximativen Schätzungen angewandter Maße. — Über die Maße alter Völker läßt sich mit Bestimmtheit nichts Genaues sagen. Da sie willkürlich gewählt waren, so haben wir jetzt, wo die Normalmaße verschwunden und die in ihren Maßverhältnissen bekannten Monumente, Gebäude u. dgl. zerstört sind, keinen Anhalt mehr, um uns eine Vorstellung von ihrer genauen Größe machen zu können. Sie waren alle ziemlich roh und lassen sich nicht im entferntesten mit unsern Maßen und Meßmethoden, die durch das Zusammenwirken physikalischer, chemischer und mathematischer Erfahrungen ausgebildet worden sind, in Vergleich setzen. Unsre Physiker messen die Geschwindigkeit des Lichts, welche 42 000 Meilen in der Sekunde beträgt, sie machen den 10 000. Teil einer Sekunde wahrnehmbar, bei Winkelgrößen unterscheiden sie noch den 36 000. Teil eines Grades, und doch werden sie in diesen Maßangaben von den Chemikern noch übertroffen.

Religion. An dem Ausbau des Staates nahm die Religion von jeher den allerwesentlichsten Anteil. In vielen großen Reichen war ihre Pflege und Ausübung mit dem Herrschertum eng verbunden, in andern wenigstens von der am höchsten stehenden Kaste mit geübt, und der ursprüngliche Charakter der Furcht, von welchem wir die ersten Anfänge der Religion begleitet sehen, schimmert selbst durch die prachtvolle Verbrämung des Kultus großer Weltreiche noch hindurch. Eine solche Religion wurde bei weiterer Ausbildung ein bequemes Staatsmittel, wie sie im Anfange ein höchst wirkungsvolles Werkzeug in den Händen der Greise und der Weiber gewesen war.

Je nach der Lebensweise der Völker ist die Religion einem verschiedenen Entwickelungsgange gefolgt. Die rohen Jäger, von der Sorge um ihre eigne Sicherheit getrieben, mußten den großen Naturerscheinungen eine wachsende Berücksichtigung zeigen. Die Umstände, unter denen dieselben eintraten, wurden zu den Ereignissen selbst in Beziehung gesetzt und erfuhren eine nicht geringere Beachtung. Das Störende, Erschreckende, Nachteilige sollte womöglich vorher erkannt werden, um seine Folgen vermeiden zu können. Es entwickelte sich die Vorhersagung, Deutung und Prophezeiung, und vorzüglich waren es Greise und alternde Frauen, welche sich der Pflege dieses Kultus widmeten. Bei niedrig stehenden Völkern hat die Rolle des Mannes ausgespielt, wenn er nicht mehr im stande ist, sich selbst den nötigen Lebensunterhalt zu erwerben; er wird unbequem, sobald er der Unterstützung bedarf; die Frau vollends konnte ihren natürlichen Einfluß nur so lange sich bewahren, als sie durch Jugend, Kraft und Schönheit erstrebenswert schien. Die leichte Erregbarkeit der Furcht vor unerklärlichen Erscheinungen war aber nur ein zu verlockendes Hilfsmittel, die verlorene Geltung auf anderm Wege sich wieder zu verschaffen, als daß nicht die Alternden und Zurückgesetzten sie als günstige Handhabe ihrer Pläne hätten betrachten sollen.

So entstanden als natürliche Folge Zauberei, Beschwörung, Hexenwesen, denn um die eitle Gewalt sich zu bewahren, wurde es notwendig, den Mantel des Geheimnisses darüber zu breiten. Es ist ganz unbeschreiblich, zu welchen Hilfsmitteln überall das Bestreben greifen ließ, die große Menge über die Hohlheit der Form zu täuschen. Seltsame Gebärden, Verrenkungen, Verdrehungen, Gebetsformeln, Gesänge, Malerei des Gesichts, vor allem aber der Tanz wurden als wirksame Reizmittel zugezogen. Durch pantomimische Aufführungen wurden die Gebräuche in Überlieferung erhalten; sie erhoben sich später auf die Stufe dramatischer Darstellung, und in diesen sehen wir dann, sofern sie die hervorragenden Thaten bedeutender Menschen oder Götter zu ihrem Gegenstande nehmen, die ersten Anfänge der Geschichte. Die Religionen der südamerikanischen Stämme, der Eskimos, der Lappen, Tungusen, wie sämtlicher mongolischer Hirtenvölker sind ihrem innersten Kern nach Furchtreligionen, deren Ausübung lediglich durch die sinnlosesten Zaubergebräuche der privilegierten Priester, Schamanen, gestützt wird. Diese Religion ist das größte Hindernis der Weiterentwickelung der Völker. Die Eingeweihten, in fortwährender Sorge, den plumpen Betrug nicht entdecken zu lassen und sich die reichlich fließenden Mittel einer faulen und behaglichen Existenz zu erhalten, müssen in den Kreis ihrer schmählichen Hantierung soviel wie möglich alle Vorkommnisse des Lebens zu ziehen suchen. Je häufiger ihre Dazwischenkunft gesucht wird, um so gesicherter ist ihre Stellung.

Selbst da, wo die Religion auf edlerer Grundlage sich entwickelt, zeigte sich der schädliche Einfluß einer zahlreichen Priesterschaft, die, wenn sie nicht selbst die weltliche Macht erlangen konnte, es doch in ihrem Interesse fand, sich mit den Herrschern zu gemeinsamer Unterdrückung und Ausnutzung des Volkes zu vereinigen.

Zu klarerem Nachdenken gereifte Völker standen zwar der Natur freier gegenüber. Die Beobachtung ihrer Erscheinungen schärfte sich, und das Bestreben, ihre Ursachen zu erforschen, erstreckte sich gleichmäßig auf die segensreichen wie auf die schädlichen Phänomene. Die letzteren waren zu vermeiden oder in ihrer Wirkung zu schwächen, die ersteren zu benutzen und herbeizuwünschen. Die Veränderungen in der umgebenden Natur erhielten so bald eine weitergehende Bedeutung, als bloß für den Ackerbauer und den Viehzüchter. Ihre Gesetzmäßigkeit und ihr Zusammenhang untereinander wurden allmählich erkannt, wenn auch ihre letzten Ursachen sich erst sehr spät dem forschenden Blick klarlegen konnten. Sie wurden zuerst rein persönlich gedacht unter dem Bilde günstig oder schlimm gesinnter Gottheiten, und die Begriffe und Vorstellungen davon einigten sich in der Erfindung einer mit der schärfer werdenden Naturbetrachtung immer mehr sich vergrößernden Zahl von Naturgöttern. Durch Darbringung der ersten Früchte oder der Erstlinge der Herden, der Jagd oder der Fischerei suchte der Mensch diese höchsten Gewalten für die Erlangung seiner Erfolge günstig zu stimmen oder ihren Zorn zu versöhnen. Es entstanden Opfer; die Götter aber wurden in gewissen Darstellungen oder in äußeren Naturdingen, Bäumen, Quellen, Feuer, Flüssen, Bergen u. s. w. verehrt, bis man über ihren Bildern besondre Tempel baute und gewisse Stellen der Wohnungen als ihnen heilig einrichtete.

Da auf diese Weise die ganze Natur, allmählich personifiziert, zum Objekte religiöser Anschauungen und Verrichtungen wurde, so gewann das Geistes- und Gemütsleben ein bedeutendes Feld für seine Entwickelung. Die höhere Ausbildung, die Klärung und Veredelung der Anschauungen wirkte fördernd auf Wissenschaften und Künste ein, unter denen vorzüglich Dichtkunst, Skulptur, Architektur und Malerei zu einem hohen Rang als Dienerinnen des Götterkultus sich aufschwangen. Griechenland in seiner Blüte steht hier als leuchtendes Bild hoher Vollendung obenan. Die Thaten der Götter wurden von den Poeten erzählt und gepriesen, es bildete sich eine weit umfassende, schöne Mythologie aus, deren Gegenstände darzustellen den übrigen Künsten zur Aufgabe wurde. Der ursprüngliche Standpunkt der Symbolisierung der Natur blieb nur in den Mysterien, dem innersten Ritus der Götterverehrung, noch erkennbar. In ihrer äußeren Form machte sich die Religion der Griechen zu einem freier entwickelten Produkte ästhetischer Anschauungen. Nicht so im alten Ägypten, wo die Priester eine hinter undurchdringlichen Mauern das Volk beherrschende Kaste blieben, die zur Ausbildung ihres geheimnisvollen Kultus zwar die Erfahrungen einer nicht unbedeutenden Naturerkenntnis benutzte, allein nur um in dem Alleinbesitz jener Wissenschaften sich die Mittel zu erhalten, auf den unerfahrenen und blöden Geist der Volksmenge zu wirken. Die reichen Schätze ägyptischer Wissenschaft, Physik, Chemie, Astronomie, Mathematik, mußten sich als Peitschen und Geißeln gebrauchen lassen. Als solche wurden sie damals gepflegt; für die Menschheit aber erwuchs aus dem entwürdigten Keime endlich, wenn auch spät und unter einer andern Sonne, das Holz für die Keule, welche einer verdummenden Hierarchie den Kopf zerschmettern sollte.

War bei den rohen Völkern und selbst bei manchem auf der Kulturleiter viel höher gestiegenen Volke, wie den Ägyptern oder den Azteken, noch die Furcht die Wurzel der Religion, hatte sie sich bei den Griechen zu einem poetisch schönen Gedanken erhoben, in welchem sich ein glückliches Naturleben erhöht und veredelt ausdrückte, so gewann sie einen großen und ernsten Charakter da, wo die Moral als ihr Hauptinhalt, die Hinführung zum Gutsein und Gutleben des Einzelnen ihr Zweck wurde. Die Ausbildung der Philosophie, das Nachdenken über das Wesen der Welt und die Lebensbestimmung setzten an die Stelle der Naturerscheinungen und der Heldengötter bestimmte und abstrakte Forderungen, die von der Idee einer einzigen Gottheit, einer allgemeinen Fundamentalbedingung des Weltbestehens, aus- und wieder in sie zurückgingen. Es bildete sich auf der einen Seite der Monotheismus, auf der andern der Pantheismus aus, beide von den zufälligen Erscheinungen der äußern

Natur unabhängig, die Welt als den Ausfluß eines höheren, leitenden, in Gerechtigkeit und Billigkeit erhaltenden Prinzips betrachtend. Die Religion der Juden, der Ausgangspunkt des Christentums und des Islams, sowie die bis ins feinste ausgebildete (leider nachmals mit schamanischen Wahnideen vielfältig versetzte) edle Lehre des Buddhismus, der so viele Millionen in Südost=Asien anhängen, dürfen hier als Weltreligionen gelten. Sie zielen auf die höchste erreichbare Veredelung des inneren Menschen, und wahre Humanität strahlt uns namentlich aus den weisen Lebensregeln der Brahmanen entgegen.

Überlieferung, Sage, Geschichte. Fast gleichzeitig mit den ersten Spuren der Religion, ja wohl durch diese mit bedingt, tritt in das Leben des Menschen die Überlieferung ein. Ist dieselbe zunächst nur ein Erinnern, ein Gedenken an kurz vorher vergangene außergewöhnliche und deshalb merkwürdige Zufälle, welche bloß eine Bedeutung für die Betroffenen haben und somit auch nur unter diesen selbst sich im Gedächtnis erhalten, so müssen die Ereignisse, welche Vereinigungen, Stämme treffen und diesen in ihrem jungen Entwickelungsgange entweder besonders günstig oder nachteilig geworden sind, dadurch auch eine erhöhte Wichtigkeit erhalten, infolge deren sich die Gedanken später wieder auf sie zurückrichten. Die festen, wiederkehrenden Gebräuche in den Anfängen der Religion setzen die Gegenwart mit der Vergangenheit in Verbindung und verlangen gewisse Ausdrucksmittel. Die rohen Bauwerke mit ihren Verzierungen, Aufführungen von pantomimischen Tänzen, mündliche Tradition, Malerei und zuletzt die Schriftsprache werden erfunden und als Träger des Merkenswerten angewandt.

Die Steinhaufen, welche an der Grabstätte eines hervorragenden Menschen aufgeschüttet werden, die Merkzeichen an der Stelle einer glücklichen Landung oder eines ergiebigen Fischfanges errichtet, die rohen Einschnitte in die Rinde der Bäume, die ein Verirrter oder Kundschafter für die Nachfolgenden macht, sind die ersten Anfänge der Geschichte: sie erzählen Späteren, was vor ihnen geschehen. Wo aber das Handeln eines Menschen sich über das Gewöhnliche erhebt und einen großen Einfluß gewinnt, da werden seine Thaten von den Augenzeugen den Ferngebliebenen erzählt, und die Furcht, Bewunderung oder Dankbarkeit verweilt mit Vorliebe bei ihrer Wiederholung. Mit der Zeit verwischt sich der ursprüngliche Charakter des Erlebten, die Phantasie der Wiedererzähler schmückt aus, setzt hinzu oder läßt weg, das Bild wird nebelhaft und seine Dimensionen steigern sich, um den Eindruck zu erhöhen, in das Ungeheuerliche. Die einfache Erzählung wird zur Sage, welche als Eigentum des Volkes unvergessen bleibt. Das Bedürfnis, die Gottheiten vorstellbar zu machen, führt dazu, ihnen menschliche Begierden, Kräfte und Handlungen unterzulegen, und es entsteht auf diese Weise ein Gewebe von Erdichtungen, das sich allmählich zu einer Familiengeschichte der Götter ausbildet, in welche der Mythus über die Entstehung der Welt verflochten wird.

Die Schöpfungsmythen, denen wir in den Religionen aller Völker als Hauptgrundlagen begegnen, dürften die ältesten überlieferten Zeugnisse der Geschichtsanfänge sein.

Das, was von Lebensereignissen dem Menschen aufzubewahren als das Wichtigste erscheint, sind zunächst die Vorkommnisse in der Familie, Namen des Oberhauptes und der Vorfahren; für die Genossenschaften des Stammes ist es der des Herrschenden und die Reihe seiner ihm in der Würde Vorangegangenen. Die merkwürdigen Daten werden danach bestimmt, wie ja noch bei den Römern es eine gebräuchliche Bezeichnung der Zeit eines Ereignisses war: „unter dem Konsulate des Lepidus" oder „als Pompejus und Crassus Konsuln waren", und wie auch bei uns noch zu ungefährer Orientierung in Zeitereignissen beigefügt wird: „unter der Regierung Friedrichs des Großen" u. s. w. Unsre Bauern schreiben noch oft die wichtigsten Familienereignisse auf die letzten Blätter der großen Bibel, welche als unveräußerliches Erbstück vom Vater auf den Sohn kommt und die auf wenig Seiten oft Jahrhunderte umfaßt. In ähnlicher, kurzer und prägnanter Weise treten uns die ältesten Geschichtsüberlieferungen entgegen. Geschlechtsregister der Herrscher bilden den Hauptinhalt, und erst allmählich werden als nebensächliche Bemerkungen große Ereignisse, wie Schlachten, Revolutionen, Verheerungen durch Krankheiten u. s. w., mit in Erwähnung gebracht (Chroniken). Es ist nur der objektive Sachverhalt, welcher der Erinnerung wert gehalten wird; die Vollständigkeit der entstehenden Sammlungen steigert sich zwar mehr und mehr, aber selbst bei den alles registrierenden Chinesen, wie Humboldt die Bewohner des „Reiches der Mitte" nennt, ist auf diesem Wege eine eigentliche Geschichtschreibung nicht hervorgegangen. Zu einer solchen gehört die Betrachtung der Ereignisse in ihrem ursächlichen Zusammenhange, die Beziehung auf den großen Hintergrund der Zeit, die Entwickelung aus dem Vorhergegangenen, aus der Ursache, und die Beleuchtung des Einflusses auf das Kommende, auf die Wirkung. Diese Forschung ist nur den aktiven Kulturvölkern eigen, und nur die Nationen der kaukasischen Rasse haben wirkliche Geschichtschreiber.

An der Hand der Geschichte können auch wir nun den allmählichen Verlauf der Weltbegebenheiten, die Erziehungsresultate der Menschheit verfolgen, nachdem wir in dem Vorhergegangenen die natürlichen Bedingungen unsrer Betrachtung unterworfen haben.

Es kann von uns an dieser Stelle nicht mehr versucht werden, mit gleicher Ausführlichkeit den ungeheuren Stoff, der sich hier aufdrängen würde, behandeln zu wollen. Der Zweck dieses Werkes ist nicht ein historischer. Diese Einleitung soll nur versuchen, die Bildungsmittel in ihrer Vorbereitung, in ihrer Erfindung, die in den seltensten Fällen nur eine zufällige, in der Regel eine durch das Vorhergegangene bedingte und insofern notwendige ist, darzustellen; ein Bild von ihrer Vervollkommnung, Anwendung und Wirkung zu geben, kann sie nur andeutungsweise unternehmen. Es werden daher von diesem Gesichtspunkte aus die großartigen Umwälzungen, welche in der Staatsentwickelung sich zeigen, Eroberungszüge, der Sturz gewaltiger Dynastien, das Entstehen und Vergehen ganzer Reiche und Völker, kein größeres Interesse haben, als für den Geologen z. B. das Hereinbrechen des Kreidemeeres über einen bestimmten Erdteil. Ob die Wogen Millionen von Quadratmeilen bedecken, ob sie durch einen Riß in den Urgebirgen eine kleine Mulde nur erfüllen — die inneren Vorgänge bleiben dabei dieselben.

In chronologisch nicht sicher zu bestimmende Vorzeit reicht die Kulturentfaltung der aus dem inneren Asien an den gelben Strom hinausgezogenen Chinesen sowie diejenige der altamerikanischen Kulturvölker. Jean Pauls Ausspruch, daß die Not die Mutter der Künste gewesen, bewährt sich in vorzüglicher Klarheit bei den letzteren; aus ganz derselben Rasse hervorgegangen wie die Wald- und Prärie-Indianer Nordamerikas oder die Botokuden Brasiliens, gelangten gerade die Bewohner der wald- und folglich wildarmen Lande des hohen Westens der Neuen Welt, wo einschließende Randgebirge den herbeiziehenden Lüften die Feuchtigkeit rauben, zu höherer Gesittung, weil sie eben weder vom üppig gedeckten Tisch der Natur noch als frei schweifende Jäger in Mexiko und Peru zu leben vermochten, sondern seßhaft im Schweiße des Angesichts ihr Brot durch fleißige Arbeit, diesen heiligen frischen Quell aller menschlichen Wohlfahrt, alles menschlichen Fortschritts, sich erwerben mußten.

Nicht anders geschah es an den beiden Pflanzstätten derjenigen Gesittung, welche ähnlich den um einen eingeworfenen Stein in stiller Wasserfläche weiter und weiter ausschwingenden Kreisen sich im Lauf der neueren Jahrtausende über Europa und von da aus seit etwa 400 Jahren über alle übrigen Erdteile als Weltkultur verbreitet hat — wir meinen in Babylonien und Ägypten. Hier wie dort war des Bleibens nicht für Jäger, nicht für Hirten. Beide Lande sind ganz ohne Wald, Ägypten auch ganz ohne Weide, die unter Babyloniens regenlosem, alles ausdörrendem Sommerhimmel wenigstens von nur geringer Dauer ist. Der Nil aber überschwemmt in der zweiten Hälfte jedes Jahres das ägyptische Thal und hinterläßt seinen fruchtbarsten Schlamm, spendet auch, nach dem Zurücktreten in sein Bett, Wasser genug für die Berieselung der Fluren mittels der Schöpfräder; ähnlich das Strompaar Euphrat und Tigris, nur daß hier, wo zur Zeit der armenischen Schneeschmelze bloß das küstennächste Mündungsgebiet von Natur wegen unter Wasser gesetzt wird, der Mensch viel umfassender zur Schöpfarbeit sich verstehen mußte, um die Saaten in der Sommerglut nicht verdorren, sondern mit Hilfe künstlicher Bewässerung in jener Üppigkeit gedeihen zu lassen, von welcher Vater Herodot sich scheute, nähere Angaben zu machen, „weil's ihm doch keiner glauben würde". Nur unter zweierlei hatte bei Theben und bei Babel der Mensch zu wählen: nicht auf so unwirtlicher Scholle zu verbleiben, wo man bald mit Ertrinken, bald mit Verschmachten bedroht wurde, oder — Hütten zu bauen und des Ackers zu pflegen. Derjenige Volksstamm, der letzteres vorzog, hatte alsbald am Nil so gut wie am Euphrat gewonnenes Spiel: unendlichen Segen führte die außerordentliche Fruchtbarkeit des Schwemmlandbodens in seine Speicher, die Leichtigkeit der Ernährung vermehrte die Volkszahl, dann wieder führte zur strengen Nachachtung der gesetzlichen Ordnung, anderseits zur Massenerfindung (wie sie in Zeiten mangelhaften Weltverkehrs allein an die mündliche Mitteilung näher beisammen wohnender Menschen sich gebunden erweist) und zur immer feineren Teilung, d. h. immer weiteren Vervollkommnung jeglicher Arbeitsleistung.

Gleich den Bienen, die den Honig aus Blüten verschiedenartiger Fluren zusammentragen, war nun ein merkwürdiges Volk seit grauem Altertum geschäftig, manche der besten Erträgnisse sowohl der babylonischen wie der ägyptischen Kultur für sich selbst zu gewinnen und in seinen weiten Handelszügen zur See auf europäischen Boden ganz unwillkürlich zu übertragen. Es waren die Phöniker, welche auf diese Weise absichtslos die ältesten Lehrmeister des noch in tiefer Barbarei verharrenden Europas wurden; sie brachten uns die aus Ägyptens Hieroglyphik entwickelte Buchstabenschrift, sie verpflanzten Maß und Gewicht vom Euphrat nach Hellas, sie befruchteten mit einer Menge gewerblicher Anregungen aus jenen Mutterlanden unsrer Kultur, aber auch durch eigne Erfindungen (z. B. die der Glasbereitung) den empfänglichen Geist der Mittelmeeranwohner Südeuropas.

Tyrus und Sidon, wem wären die Namen dieser beiden Städte unbekannt? Ihre Schiffe gingen durch die Meerenge von Gibraltar an der Westküste Europas und Afrikas entlang und vermittelten zuerst einen systematischen Seeverkehr zwischen entlegenen Völkern. Von hier aus wurden an den Küsten des Mittelländischen Meeres zahlreiche Kolonien gegründet, unter denen sich Karthago zur Beherrscherin des Meeres emporschwang.

Die Küsten des Mittelmeeres. Für Europa und wir können sagen für die ganze Erde ist das Mittelmeer als der Herd der Bildung zu bezeichnen. Die mannigfache Gliederung seiner Küsten, welche die drei großen Kontinente der Alten Welt zum Teil begrenzen, vorzüglich die Nähe des in der kleinasiatischen Halbinsel vortretenden östlichen Weltteils, die Fülle der Inseln im Ägäischen Meere, eine Brücke für die übergehende Kultur, die Nähe des Roten Meeres zwischen Arabien, Ägypten und Abessinien, nur durch die schmale Landenge von Suez von dem Nildelta und der südöstlichen Küste des inneren Meeres getrennt, machten gerade dieses Meer in der vollen Bedeutung des Wortes zu dem verbindenden Elemente.

Neben den Phönikern, diesen frühesten Seefahrern über die ganze Breite des Mittelmeers hin, ja über die Gibraltarstraße hinaus, trat im nördlichen Italien das Volk der Tusker hervor mit seinem ernsten Charakter, der weniger auf die Vermehrung der Berührungspunkte mit Nachbarn, als auf Versenken in das innere Wesen der Erscheinungen trieb. Wir bemerken bei ihnen die ersten Spuren einer strengen Naturforschung und können den Einfluß ihres Wesens auf die Denk- und Lebensweise der später auftretenden Römer nicht verkennen. Griechenland aber, die glücklichst gelegene Gegend der Erde, gewährte den über die Ägäische Inselwelt hereinziehenden Völkern den günstigsten Boden der Entwickelung. Es unterhielt mit Ägypten schon unter Psammetich und Kambyses einen lebhaften Verkehr, und die Beziehungen zu dem Perserreiche unter Kambyses und Darius Hystaspes führten viele Griechen wieder vom heimischen Boden. Die alten Mythen von den Zügen des Dionysos und Herakles, von der Wanderung der Jo, des Aristeas und des seinem leitenden Pfeile folgenden Abaris eröffnen uns einen Einblick in die Beweglichkeit des hellenischen Charakters, der die Berührung mit Fremden suchte und Schiffahrt und Handel bald einen lebhaften Aufschwung nehmen ließ. Wir begegnen in den frühesten Zeiten bereits den Versuchen, aus dem Becken des Mittelmeers gegen Osten nach dem Pontus und Phasus, gegen Süden nach dem alten Ophir und den tropischen Goldländern, gegen Westen durch die Herkulessäulen in den „alles umströmenden Okeanos" vorzudringen. Sprachkunde wurde notwendig, um sich den anders Redenden verständigen zu können. Wissenschaften und Künste erwuchsen in freudigem Vereine in der sonnigen Landschaft und bildeten griechischen Geist und edle griechische Sitte, deren Einfluß sich ganz besonders durch die zahlreichen Kolonien geltend machte, welche bei weitem in großartigerem Maßstabe als bei den Phönikern entstanden. Von den mächtigen Kolonien, wie Syrakus, Milet und Massilia, schossen neue Zweige aus und faßten ihrerseits kräftig Wurzel.

Humboldt schildert das Eingreifen des Hellenismus in die Entwickelung der Menschheit wahr und schön: „Indem sich durch die Thatkraft eines in seinem Innern oft erschütterten Volkes ein reich bewegtes Leben nach außen entfaltete, wurden, bei zunehmendem Wohlstande, durch die Verpflanzung einheimischer Kultur überall neue Keime der geistigen National=
entwickelung hervorgerufen. Das Band gemeinsamer Sprache und Heiligtümer umfaßte die fernsten Glieder. Durch diese trat das kleine hellenische Mutterland in die weiten Lebenskreise andrer Völker. Fremde Elemente wurden aufgenommen, ohne dem Griechen=
tum etwas von seinem großen und selbständigen Charakter zu entziehen. Was die grie=
chischen Kolonien von allen andern, besonders von den starren phönikischen, unterschied und in den ganzen Organismus ihres Gemeinwesens eingriff, entsprang aus der Individualität und uralten Verschiedenheit der Stämme, in welche die Nation sich teilte. Es war in den Kolonien wie im ganzen Hellenismus ein Gemisch von bindenden und trennenden Kräften. Diese Gegensätze erzeugten Mannigfaltigkeit in der Ideenrichtung und den Gefühlen, Ver=
schiedenheiten in Dichtungsweise und melischer Kunst; sie erzeugten überall die reiche Lebensfülle, in welcher sich das scheinbar Feindliche nach höherer Weltordnung zu mildern=
der Eintracht löste."

Der erste Grieche, welcher durch die Meerenge von Gibraltar in das Atlantische Meer, vom Sturme verschlagen, „nicht ohne göttliche Schickung", wie Herodot hinzufügt, hinaus=
gelangte, war Koläos von Samos. Ebbe und Flut konnten erst hier an der Westküste Europas in ihrer gesetzmäßigen Regelmäßigkeit beobachtet und die Resultate mit den früher gemachten Erfahrungen der Phöniker verglichen werden.

Den großartigsten Impuls aber gab die griechische Bildung der Erweiterung mensch=
licher Interessen, als sie durch die Feldzüge der Makedonier unter Alexander dem Großen über vorher ungeahnte Erdgebiete verbreitet wurde. Araber, Perser, Inder steuerten ihr Wissen. Die Feldzüge in Vorderasien und Syrien, die Einnahme von Tyrus und die Eroberung Ägyptens, der babylonisch=persische Feldzug mit der Vernichtung der Achämenidenherrschaft in der Ebene von Gaugamela, der Zug nach Baktrien und Sogdiana zwischen dem Hindukusch und dem Jaxartes, endlich das Vordringen nach Vorderindien — diese Unternehmungen brachten eine Fülle neuer Anschauungen in der Ausdehnung des durchwanderten Raumes, den klimatischen Verschiedenheiten, in den wechselnden Boden=
gestaltungen, welche die an mäßige Erhebungen der Gebirge nur gewöhnten Blicke zu den über 6000 m hohen Gipfeln der Schneegebirge erhoben, üppigen Fruchtländern mit völlig unbekannten Erzeugnissen einer reichen Tier= und Pflanzenwelt, in den verschiedentlich ge=
färbten und gestalteten Menschenrassen, endlich in den geistigen Beziehungen zu den fremden, teilweise hochkultivierten Völkern mit ihren religiösen Anschauungen, ihren Überlieferungen, Mythen und ihrer wissenschaftlichen Bildung.

Das Abendland erhielt die Baumwollenstaude und die Kenntnis, daraus Gewebe und Papier zu fertigen, außerdem mancherlei Gewürze, es lernte die Bewässerung der Reis=
felder kennen und aus dem Reis selbst Wein darstellen, den Saft der Palmen in Palm=
wein verwandeln; der Rohrzucker wurde eingeführt, tibetanische Shawls aus Ziegenhaar, seidene Gewebe, Sesamöl, Rosenöl und andre Wohlgerüche, Lack und endlich der gehärtete indische Stahl (Wutzstahl) treten als erste materielle Erfolge in den Vordergrund. Keine Zeit vor der unsrigen hat einem Volke jemals eine solche Fülle neuen und fruchtbaren Materiales zugeführt als die der makedonischen Weltherrschaft, ausgenommen etwa die der Entdeckung des tropischen Amerika; nie aber ist ein großartigerer und für die Entwickelung der Menschheit in seinen Folgen günstigerer Plan gefaßt und so weit ausgeführt worden als der Alexanders, den Hellenismus über die Erde zu verbreiten.

Die Ideen des großen Makedoniers bleiben auch nach der Auflösung seines Reiches nicht wirkungslos. Alexandrien wird die Hauptstadt des griechischen Ägypten, des Landes, welches als Knotenpunkt der bedeutendsten natürlichen Verkehrslinie zwar seinen Einfluß durch die Schuld seiner eignen Bewohner zeitweilig nicht zur Geltung bringen kann, das aber immer aufs neue von der Natur selbst gezwungen wird, seine große Rolle wieder zu ergreifen. Hier bildet sich unter den die Wissenschaften liebenden Ptolemäern ein hoher Kulturzustand aus. Das Rote Meer wird unter Zuhilfenahme des Nil mit dem Mittelländischen verbunden, und diese wichtige Wasserstraße belebt jahrhundertelang den äthiopischen, arabischen und indischen Handel. Naturbeobachtung erhält, wenngleich nur in encyklopädischer Behandlung, ausgedehnte Pflege, ganz besonders aber werden die mathematischen Wissenschaften hoch vervollkommnet: Geometrie, Analysis, Astronomie und Geographie (Erdmessung). Während solcherart an der Nordküste Afrikas griechischer Geist, Bildung und Aufklärung mit hervorgerufen und großgezogen erscheinen, so war, und ebenfalls nicht wenig durch ihn beeinflußt, auf der italienischen Halbinsel das Reich der Römer zu großer Weltbedeutung herangewachsen.

Unter den Cäsaren beherrschte die göttliche Roma ein Reich, welches an Flächenraum, wie Humboldt bemerkt, allerdings von der chinesischen Weltherrschaft unter der Dynastie der Tsin und der östlichen Han (30 Jahre vor bis 116 Jahre nach unsrer Zeitrechnung), von der Weltherrschaft der Mongolen bis unter Dschingis-Khan und dem jetzigen Areal des russischen europäisch-asiatischen Kaiserreiches übertroffen worden ist; aber nie ist eine größere Masse durch Klima, Fruchtbarkeit und Weltstellung begünstigter Erdstriche unter einem Zepter verbunden gewesen als in dem Römischen Reiche von Octavian bis Konstantin, ausgenommen allein die spanische Monarchie, solange sie über den neuen Kontinent ausgebreitet war. Von Haus aus ein Räubervolk, bewahrten die Römer ihren energischen Charakter nicht nur außerhalb und in den fast ununterbrochenen Kriegen, durch welche sich die Grenzen ihres Reiches erweiterten; auch in den Zeiten des Friedens und in der Mutterstadt des Reichs ließ derselbe nicht eine gleiche oder nur ähnliche Epoche der Kunst, wie in Griechenland, oder der wissenschaftlichen Bewegung, wie in Alexandrien, erscheinen. Die in reichem Maße in Rom zusammenströmenden Naturerzeugnisse reizten zu keiner Untersuchung, und nie dürften wir bei einem Volke mit so erweitertem Gesichtskreis wieder eine ähnliche Unempfindlichkeit antreffen gegen alles, was nicht direkt mit dem politischen Leben in Verbindung steht. Vaterlandsliebe, Sittenstrenge, administratives Genie, Ausbildung der Jurisprudenz und Beredsamkeit treten uns leuchtend aus der römischen Geschichte entgegen, und wir müssen ihren hohen Einfluß auf das ganze westliche Europa anerkennen, aber für die milden Segnungen, die von der Pflege der Künste ausgehen, und die Förderungen, die eine fruchtbare Anwendung und Übertragung der Wissenschaften gewähren, können wir nur wenigen Römern dankbar sein. Und diese wenigen sind zumeist noch griechischen Stammes oder in griechischen Anschauungen aufgewachsen und gebildet worden. Dioskorides beschrieb eine große Zahl von Pflanzenarten, Galenus von Pergamus zeichnete sich durch physiologische Entdeckungen, Ptolemäus durch experimentale Untersuchung der Lichtbrechung aus.

Rom war eine erobernde Macht; sie bereicherte den Ideenkreis mit Erfahrungen, aber sie hatte nicht die still befruchtende Kraft. Sie arbeitete jeder Art Forschung, vor allem der Naturforschung, vor; zu einer wirklichen Ausbildung aber fehlte ihr die harmonische Sammlung. Dagegen haben wir schon erwähnt, daß in allen öffentlichen Angelegenheiten der römische Charakter Merkwürdiges schuf. Die Werke des Strabo und Ptolemäus beweisen uns die Ausdehnung der geographischen Kenntnisse. Die römische Jugend verlebte lange Zeit auf Reisen in den Provinzen, in Griechenland oder beim Heere, und das Erfordernis, die Soldaten rasch in den entlegensten Räumen des großen Reiches sammeln zu können, veranlaßte die Herstellung jenes großartigen Straßensystems, das selbst dem Zeitalter der Eisenbahnen und Tunnel noch die höchste Bewunderung abnötigt. Die Berührungen der Völker untereinander mehrten sich, die verschiedensten Nationalitäten verkittete die Gewalt zu einem Ganzen; so reich aber auch die gegenseitigen Beziehungen wurden, das Gefühl der Gemeinschaft, der Einheit erwuchs auf diesem Boden nicht.

Dazu mußte das Christentum die Menschen erst führen, daß sie sich als gleichberechtigte Glieder eines einzigen Geschlechts betrachteten.

Das Christentum. Konnte dieser Gedanke der Humanität nicht sogleich, sondern nur sehr langsam sich Geltung verschaffen, so lag dies in den mißlichen Parteistreitigkeiten, in die sich seine Anhänger verwickelten, als Byzanz zur Hauptstadt des Kaiserreichs und der christliche Glaube zur Staatsreligion erhoben wurde. Es ist hier nicht der Ort, darauf hinzuweisen, welche Stürme das Christentum zu bestehen hatte, nicht nur nach außen sich wehrend, sondern im Innern sich klärend von der Verwirrnis, die Fanatiker, Politiker und unberufene Krittler verursacht hatten; sind doch die Spaltungen je später um so klaffender geworden. Soweit und unvermittelbar aber auch bis jetzt sich die Parteien voneinander entfernt haben, so dürfen wir doch nicht verkennen, daß selbst durch den Streit ein wesentlich tieferer, wenn auch langsam wirkender, so dafür auch lange dauernder, milder Einfluß auf das geistige Leben vom Anfang der Bewegung an ausgeübt worden ist.

In der Gleichstellung der Individuen, wie sie das Christentum ausspricht, liegt der Angelpunkt der neu erstehenden Zeit. Der Einzelne wird von den politischen Begebenheiten unabhängiger und sein ganzes Denken und Handeln gestaltet sich dadurch zu einem intensiveren, daß es auf den eignen Willen und die eigne Kraft basiert und nicht mehr allein von Staatsbegebenheiten befördert oder behindert wird. Der Mensch findet allmählich wieder den Eingang in eine Welt ruhiger Forschung, welchen die Jahrhunderte währenden Völkerstürme verschüttet hatten.

Bei den Arabern hatten sich die Überreste griechischer Bildung erhalten, welche die Blicke auf die Weisheiten und Methoden der alten Philosophie zurücklenkten. Wohnhaft in der großen Verkehrslinie und in lebendigem Kontakt mit dem alten Kulturreiche Ägypten, das der Hirtenstamm der Hyksos 2200 Jahre vor Christus überwältigt, hatte das freigesinnte, ursprüngliche Hirtenvolk seine bedeutenden Anlagen auf das glücklichste ausgebildet. Griechische Litteratur erhielten sie durch die Syrer, und auf der medizinischen Schule der nestorianischen Christen zu Edessa in Mesopotamien bildeten sich arabische Ärzte. Man kann annehmen, daß von Edessa aus mit der Heilkunde und der Untersuchung der Heilstoffe der Anstoß zu jener naturwissenschaftlichen Richtung geschehen ist, durch welche die Araber die Begründer der physischen Wissenschaften wurden. Sie erhoben zuerst das Experiment zum Ausgangspunkt und Prüfstein ihrer Schlüsse und deuteten dadurch der Naturforschung den Weg an, auf welchem dieselbe in unsrer Zeit zu ihren eminenten Erfolgen gelangt ist. Führte es uns nicht zu weit, so könnten wir nicht nur eine Menge hervorragender Namen, sondern auch epochemachender Entdeckungen aufführen. Wir wollen als die wichtigsten nur die Fortschritte in der Algebra, der rechnenden und beobachtenden Astronomie nennen, ferner die Herstellung einer großen Zahl verschiedener Präparate, Schwefelsäure, Salpetersäure, Königswasser, Alkohol, Quecksilbersalze und Verbindungen mancherlei Metalloxyde, durch welche eine neue Wissenschaft, die Chemie, sich begründete. In den Einleitungen zum II. Bande, die einen kurzen Überblick über die Entwickelung der Physik, sowie in der zum IV. Bande, welche eine gedrängte Geschichte der Chemie gibt, soll der Gegenstand wenigstens etwas ausführlicher behandelt werden.

Wie die Araber von Haus aus die ägyptische, späterhin aber in bei weitem bedeutungsvollerem Grade die griechische Bildung annahmen und erweiterten, so müssen wir in ihnen auch diejenigen anerkennen, welche das Morgenland und über dieses hinweg die von ihnen befruchteten italienischen und spanischen Küsten mit den Kenntnissen der Inder vertraut machten. Durch ihren ausgebreiteten Handel verbreitete sich die Kenntnis des indischen Zahlensystems, eines der wesentlichsten Förderungsmittel der mathematischen Naturwissenschaft.

So hob sich die Kultur am Mittelländischen Meere. Ihre Wellen aber schlugen über die Ufer hinaus und erfrischten die Binnenländer des westlichen Europa. Über Spanien, Portugal und Frankreich, durch römische Legionen und Kolonien mit Bauwerken, Straßen, Bädern und Schulen bereichert, durch griechische, arabische Handelsleute und Gelehrte in den Anschauungen erweitert und selbst schon in den lebhaften Völkerverkehr als rege Mittelglieder mit hineingezogen, war es nun vor allen Dingen Deutschland, das die zugetragenen Samenkörner aufnahm.

Die Germanen, die uns in der Geschichte zuerst auf russischem, norddeutschem und skandinavischem Boden begegnen, müssen wir uns damals, als sie durch äußeren Einfluß für das Kulturganze vorbereitet wurden, auf einer noch niedrigen Stufe der Bildung denken. Die schlaue Kriegführung der Römer vermochte ihre einzelnen Völkerschaften leicht zu täuschen; die Eifersucht unter ihnen um die wachsende Macht, ein Produkt der glühendsten Freiheitsliebe, verhinderte ein einmütiges Handeln und überlieferte ein Volk in der höchsten Blüte jugendlicher Kraft, aber unerfahren und roh, der Herrschaft einer Nation, die bereits auf Abwegen sich von dem Ziele der natürlichen Völkerentwickelung entfernte.

Es lag jedoch in diesem Widerstreit der Naturen schon der zwingende Grund, daß die Germanen, sobald sie erst zum Bewußtsein gekommen, auch den römischen Einfluß wieder

Entwickelung des Menschengeschlechts.

von sich werfen mußten, und die That Armins des Cheruskers ist daher nicht allein das strahlende Beispiel einer überlaufenden Begeisterung, sondern sie ist die notwendige Folge, mit der ein gesund organisiertes Volk die bisherigen Beziehungen schließen mußte. In der Berührung mit den Römern waren die Deutschen zu einiger Klarheit gekommen und im Teutoburger Walde gaben sie die erste Probe ihrer entwickelteren Anschauung. Die nun folgenden inneren Umgestaltungen sowohl als die nach außen hin zielenden Unternehmungen, die durch das Bekanntwerden mit den reizvollen Produkten eines transalpinischen Klimas und den Hilfsmitteln südlicher Lebensweise bestimmte Richtungen erhielten, waren Ursache und Folge erhöhter Thätigkeit.

Fig. 92. Handel an einem Stapelplatze der Levante. Nach einer Miniatur des 15. Jahrhunderts. (Bibliothek des Arsenals zu Paris.)

Der Kreis der Bedürfnisse erweiterte sich; die über die Alpen gezogenen Scharen, welche dem fallenden Römerreiche die letzten Stöße versetzten, vermehrten die Verbindungen mit dem Heimatlande, und wenn auch langsam, so entfaltete sich doch um so sicherer in Deutschland eine Kultur, die weniger auf äußerliche Erfolge als auf innere Bildung des Menschen zielte. Deutschland wurde, da ihm die große Küstenausdehnung fehlte, mehr zu einem Sammelpunkt als zu einem Wechselplatz, und wenn daher auch Glänzendes und Überraschendes uns in der Betrachtung seines Bildungsganges weniger gegenübertritt als bei andern Völkern, so lagert sich dafür das Nachhaltige, das Begründete und Gediegene in seinen Speichern.

114 Einleitung.

Das Christentum, so schwierig es hier und da Eingang fand, war der deutschen Charakteranlage die entsprechendste Religion. In seiner Pflege entwickelten sich Richtungen der Kunst und Wissenschaft, welche später Jahrhunderte hindurch die Welt mit den Schätzen der Alten in Berührung erhalten haben; aus dem Verlangen, das Grab des Erlösers den Händen der Ungläubigen zu entreißen, gingen die Kreuzzüge hervor. Die Folgen der Kreuzzüge waren aber in ganz andrer Richtung bedeutungsvoll, als ihr ursprünglicher Gedanke erwarten ließ. Der Zusammenstoß mit den Resten griechischer, ägyptischer, kleinasiatischer Bildung, die Berührung mit den lebendigen Reichtümern arabischer Kultur, sie mußten dem Gemüts- und Verstandesleben die mächtigsten Anregungen geben, deren Nachwirkungen wir ebensowohl in den Poesien der Troubadours wie in den alchimistischen Versuchen des Berthold Schwarz und seiner Nebengänger wiederfinden. Wissenschaften und Künste, zuerst unter abschließenden Klostermauern gepflegt, wurden allmählich wieder dem Volke zugänglich und übten ihre bildende Kraft. Fanden die letzteren, Musik, Malerei u. s. w., auch zunächst in der Verherrlichung des Kultus ihre Zwecke, so führten sie doch nebenbei zur Läuterung der Schönheitsbegriffe und bereiteten vorzüglich in Italien eine Zeit vor, welche an das Perikleische Zeitalter Griechenlands erinnert.

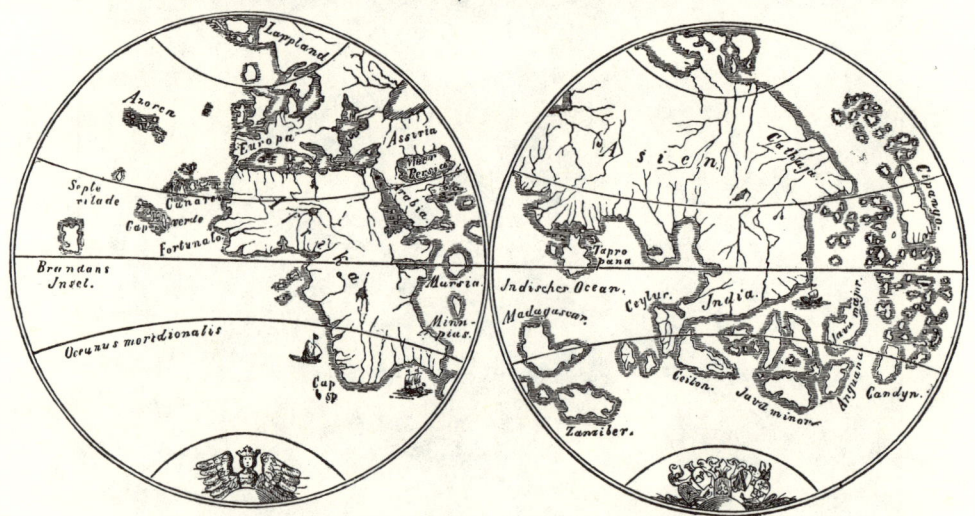

Fig. 93. Die beiden Erdhalbkugeln nach dem Behaimschen Globus.

Wenn aber solche Erfolge von vornherein nicht immer oder wenigstens nicht in dieser Art beabsichtigt waren, so zeigt sich uns im 15. Jahrhundert eine jener Zeitepochen, in denen ganz bestimmte Ziele die Bestrebungen der Geister leiten. Dabei ist, wie auch schon bei den Kreuzzügen, der Blick von Deutschland hinweg auf das westliche Europa überhaupt zu richten. Die Flutungen wurden damals beinahe weniger noch als heute von politischen Grenzen eingedämmt; sie begegneten sich, und derselbe Wellenlauf trug den Genueser Kolumbus wie den Nürnberger Behaim von der sichern Heimat nach zwar geahnten, aber noch unbekannten Erdteilen.

Das **Zeitalter der großartigen geographischen Entdeckungen** ist die Schwelle, über welche die neue Zeit zu den Völkern der Erde kam.

Amerika war bereits um das Jahr 1000 durch die Normannen entdeckt worden, welche über Island Grönlands Küsten erreicht hatten; es sind historische Nachweise vorhanden, die sogar auf einen regelmäßigen Verkehr des nördlichen Europa mit dem amerikanischen Kontinent in den nächstfolgenden Jahrhunderten hinzeigen. Allein die wissenschaftliche Unbildung der davon berührten Völkerschaften machte diese Kenntnis für die Welt unfruchtbar, und es war die Fahrt des Kolumbus davon unabhängig. Sie entsproß aus eignem Keime bis zur herrlichen Frucht, in sich selbst wieder die größte Fülle keimfähigen Samens bergend. Amerika wurde in der That erst 1492 für die Menschheit entdeckt. Nicht die grönländischen Ansiedelungen, der spärliche mittelalterliche Verkehr der nördlichen Kontinente,

Entwickelung des Menschengeschlechts. 115

sondern vernünftige, allein auf rationelle Forschungen gegründete Spekulationen bestimmten dem Steuer die Richtung. Albertus Magnus, Roger Baco und Petrus von Alliaco hatten dazu den Horizont gelichtet: der erstere durch seine physische Geographie („Liber cosmographicus de natura locorum"), der andre durch die Reform, welche er der Methode des Naturstudiums gab, der letzte durch sein Bild der Welt („Imago mundi"), aus welchem Kolumbus die Ansichten der alten Schriftsteller, Aristoteles, Strabo, Seneca u. s. w., über die Nähe des östlichen Asiens zu den Herkulessäulen erfuhr, und welche, wie Don Fernando, der Sohn des Kolumbus, sagt, den Vater hauptsächlich anregten, die indischen Länder zu entdecken.

Fig. 94. Balboa ergreift Besitz vom Stillen Ozean. Nach H. Vogel.

Unser Landsmann Martin Behaim, durch eigne weite Reisen sowohl als durch seine umfassenden Kenntnisse der bisher gemachten Entdeckungen berühmt, reiht sich jenen würdig an. Er verbesserte das Astrolabium und legte durch die Darstellung des ersten Globus den Grund zu einer rationellen Kartenzeichnung, welche späterhin durch Gerhard Kremer, bekannt unter dem Namen Mercator, weiter ausgebildet wurde.

Kolumbus suchte nicht Amerika, sondern das östliche Asien. Er landete am 12. Okt. 1492 auf den Bahama-Inseln; 1519—1522 aber umschiffte Magellan, um das Kap

Horn seinen Kurs nehmend, die ganze Erde. Es ist unbeschreiblich, welchen Umschwung diese und die dazwischen liegenden Seefahrten des Vasco da Gama (Umsegelung des Kaps der guten Hoffnung 1498), Pedro Alvarez Cabral (Entdeckung Brasiliens 1500), Balboa (Entdeckung der Südsee 1513) und andrer in allen Verhältnissen hervorbrachten. Ein unabweisbarer Wandertrieb lockte Tausende hinaus, die fabelhaften Ländereien zu sehen, aus denen ihnen Papageien, Farbhölzer, Gold und Perlen überbracht wurden; jene Gegenden zu durchreisen, welche die rühmenden Erzählungen der Zurückkehrenden mit den zauberischsten landschaftlichen Schönheiten ausstatteten und die sie zum Schauplatze der unerhörtesten Ereignisse zu machen sich mühten.

Der Gedanke, zum erstenmal den Stern, der unser Leben trägt, in seiner ganzen Oberflächenausdehnung befahren zu können, hatte etwas unwiderstehlich Anspornendes. Die hemmenden Schranken unsrer sinnlichen Wahrnehmung fielen, der Horizont ging in die Unendlichkeit, alles wurde nahbar, und nirgends schien es mehr jene dunklen Gebiete zu geben, welche in ihrer Unerforschbarkeit die Phantasie ängsteten. Denn während in einem Zeitraume von wenig mehr als 40 Jahren fast die ganze Ostküste Amerikas sich den forschenden Blicken unerschrockener Entdecker offen legte (1523 beschiffte Verazzani die Küsten der jetzigen Vereinigten Staaten, 1534 Jacques Cartier den St. Lorenzbusen), ist die Thätigkeit der seefahrenden Nationen im Indischen Meere, zu welchem durch Vasco da Gama der direkte Eingang gezeigt worden war, nicht minder lebhaft. Nach zwei Richtungen schreitet Europa über die Erde und läßt links und rechts von seinem Wege Niederlassungen entstehen, legt Faktoreien an und setzt Statthalter ein. Der lockende Handelsgewinn beschleunigte die Anstrengungen, und wie aus den vorsichtigen Verträgen des Kolumbus hervorgeht, hatte derselbe auch an der Entdeckung Amerikas durch diesen berühmten Seefahrer nicht geringen Anteil.

Durch die Entdeckung Vasco da Gamas kamen ferner die Portugiesen in den fruchtbaren Besitz des Indischen Ozeans. Schritt für Schritt hatten sie unter Heinrich dem Seefahrer ihre nautische Höhe erklommen, und die großartigen Handelsvorteile, von ihnen den Venezianern entrungen, welche über das Rote Meer bisher den alleinigen Verkehr mit den Gewürzländern getrieben hatten, kamen nicht zufällig und ohne Anstrengung in ihre Hände. Ihre Flagge wehte fortan in allen Häfen von der Ostküste Afrikas bis nach Kanton; im Mittelpunkte der ostindischen Welt wurde Malakka ihr Hauptstapelplatz, und sogar im chinesischen Reiche, in Makao, übten sie ihre Macht.

Im südlichen Amerika behielten die Spanier die Oberhand. Im Jahre 1521 eroberte das kleine Reitergeschwader des kühnen Cortez die Hauptstadt des mexikanischen Reiches, und mit der zweiten Landung des Franz Pizarro in Peru (14. April 1531) begann die Ausbreitung der spanischen Herrschaft auf der westlichen Küste nach Süden so reißend schnell, daß nach wenig Jahren die ganze Küste von Peru und Chile bis nach Patagonien hinab bekannt und unterworfen war. Damit und mit dem 1536 von Cortez unternommenen Seezuge nach Norden, auf welchem er die Halbinsel Kalifornien entdeckte und den größten Teil des Meerbusens untersuchte, waren der Hauptsache nach die Entdeckungen der Kontinentalgrenzen Afrikas, Asiens und Amerikas beendet. Der späteren Zeit blieb es vorbehalten die großen Lücken allmählich auszufüllen; sie konnte aber dem Hauptgedanken, dem Kardinalsatze von der Verteilung des festen Landes und des Wassers auf der Erde, nichts Wesentliches hinzufügen, als die Entdeckung des australischen Festlandes, welche allerdings lange auf sich warten ließ und sich nur sehr allmählich verbreitete, da ihr die Haupttriebfeder der Handelsinteressen für ihre Zeit (Anfang des 17. Jahrhunderts) noch fehlte.

Die Zweifel und irrigen Ansichten über die Form der Erde, die wir selbst in des Kolumbus Gutachten vor seiner Reise noch auftauchen sehen, waren in die Erkenntnis des Wahren umgewandelt. Die Erde war wirklich als die aristotelische Kugel erfunden worden.

Dazu kam, daß in derselben Zeit das Geheimnis unsres Sonnensystems in der Drehung der Erde um die Sonne entdeckt wurde (Kopernikus 1506). Klar und einfach erscheint plötzlich der Bau und die Ordnung unsrer Welt, nun zur Erforschung ihrer einzelnen Glieder auffordernd, und wie sich, einmal erregt, die Geister im feurigen Aufschwunge überflügeln, wie die gesteigerte Kraft auf allen Gebieten nach Ausdruck ringt und Unvergleichliches in solchen Zeiten in der verschiedensten Weise schafft — wo eine Kette springt,

Entwickelung des Menschengeschlechts. 117

da lösen sich alle Fesseln — so errichtete die kirchliche Reformation, von vielen begonnen, von Luther durchgeführt, eine festgegründete, freie Ausschau in des Menschen innere Welt, von der rasch entwickelten Buchdruckerkunst auf das thatkräftigste unterstützt.

Aufschwung der Wissenschaften. Von jetzt ab datiert ein neues Leben. An seiner Wiege liegen die Namen einer großen Anzahl von Erfindern, einer noch größeren von Erfindungen, deren Urheber die Zeitgenossen vergaßen. Die astronomischen Methoden und Instrumente erhielten Bereicherung und Vervollkommnung, und schon Kolumbus entdeckte beim Hinübersegeln über den Ozean den magnetischen Meridian, die Linie, auf welcher die Magnetnadel ihre sonst auf der ganzen Erde beobachtete Richtungsabweichung vom geographischen Meridian verliert. Botanik, Heilkunde, Mineralogie, bald auch die Chemie bemächtigten sich der neu eingeführten Naturerzeugnisse und versuchten, ihr Wesen, ihre Zusammensetzung, ihre Wirkungen und Kräfte zu ergründen.

Die durch die Verbindungen mit den fernen Ländern nach Europa gelangenden Reichtümer, wie sie den Volkswohlstand, das Volksbewußtsein erhöhten, so vermehrten sie durch freiwillige Gewährung der Hilfsmittel die Volksbildung. Der Gemeinsinn errichtete öffentliche Anstalten und beschenkte bestehende aufs reichlichste.

Vorzüglich leuchten Deutschland und Holland hervor, das letztere durch den Gewürzhandel der Molukken mit Schätzen angefüllt. In Deutschland allein wurden von 1502 (Gründung der Universität Wittenberg) bis 1631 nicht weniger als 14 Universitäten errichtet, und alle, bis auf eine, in protestantischen Ländern. In Holland entstanden reichhaltige Bibliotheken, kostbare Sammlungen, botanische Gärten u. s. w., in denen sich die wissenschaftlichen Ergebnisse der überseeischen Verbindungen vereinigten und nützlich vergleichen ließen. In ihrer Benutzung fand Linné sein System der Natur.

Fig. 95. Gottfried Wilhelm Leibniz, Statue von B. König.

Eine rege Zeit der Sammlung und Verwertung folgte nun, nur von den gräßlichen Wirren des Dreißigjährigen Krieges unterbrochen, welche die darein verwickelten Völker wieder unendlich weit zurückbrachten. Trotzdem aber strahlen uns aus diesen trüben Jahren die Namen Kepler, Galilei, Baco von Verulam, Newton und Leibniz entgegen, an welche die Geschichte die Erfindung des Fernrohrs, der Gesetze der Planetenbewegung, der Pendelgesetze, des Gesetzes der Schwere und der Infinitesimalrechnung oder der Analysis des Unendlichen, ganz besonders aber die erste Erkenntnis der richtigen Methode der Naturbeobachtung knüpft. Durch diese Geister wurden die Grundelemente der Welt, nur auf Raum und Zeit sich stützende Gesetze, erkannt und die großartige Auffassung der Natur eingeleitet, welche in unsern Tagen im „Kosmos" eine ihrer würdige Darstellung gefunden hat.

Das herrliche Gebäude der Naturerkenntnis erhob sich in immer vollständigerem Ausbau auf solchem Fundament. Die Wunden, welche der Dreißigjährige Krieg geschlagen, vernarbten endlich auch, und reges Leben pulsierte bald frisch und kräftig unter den Völkern. Zahlreiche Reisende verteilten sich, bestimmte Fragen zu lösen, über die Erde und brachten immer neue Bausteine. Saussure (gest. 1799) ersteigt zuerst die höchsten Gebirgshöhen unsres Erdteils, Werner (gest. 1815) dringt in das Innere der Gebirge, um das Leben der Erde zu erforschen; Meteorologie und Geognosie werden ihrer Mittel und Ziele bewußte Wissenschaften. Nennen wir aus dem 17. Jahrhundert die Erfindung des Barometers (Torricelli 1608—1647), des Manometers, der Luftpumpe und der Elektrisiermaschine (Otto v. Guericke 1602—1686), die Entdeckung der Polarisation des Lichtes durch Huyghens (1678), endlich die Erfindung des Thermometers und die Entdeckung des Galvanismus, so haben wir in diesen einzelnen wenigen Zeugen wissenschaftlicher Thätigkeit schon die Beweise für die gründliche Umgestaltung und den vernünftigen, naturgemäßen Aufbau, welchen die exakten Wissenschaften erfuhren. Denn mit jenen Erfindungen mußte eine richtige Erkenntnis der obwaltenden Naturkräfte und ihrer Gesetze teils als Ursache, teils als Wirkung notwendig verknüpft sein.

Die für das öffentliche Leben wichtigste aller physikalisch-mechanischen Erfindungen aber war ohne Zweifel die der Dampfmaschine, jener mechanischen Vorrichtung, durch welche die Wirkungskraft des Dampfes rationell und universell nutzbar gemacht wurde, und wir können mit Recht diese Erfindung nach der Erfindung der Schriftsprache und der Buchdruckerkunst die dritte große Erfindung der Menschheit überhaupt nennen. In aufsteigender Reihenfolge begegnen uns, da wir die Prioritätsansprüche des alten alexandrinischen Weisen Hero als ungültig ansehen müssen, in der Ausbildung und Inswerksetzung der Idee der Dampfmaschine die Namen Papin (1690), Savery und Newcomen (1705), Leupold (Hochdruckmaschine 1724), und James Watt (einfach wirkende 1768, doppelt wirkende 1782, Parallelogramm zur Geradeführung der Kolbenstange und Anwendung des Zentrifugalpendels als Regulator 1784). Ihnen verdanken wir jenen großen Umschwung, den alle Lebensverhältnisse durch die Anwendung der Dampfkraft erfahren haben und der die Menschheit auf der Bahn der Erkenntnis förmlich vorwärts geschleudert hat. Auf einmal war mehr Kraft, diese letzte Grundlage des materiellen Wohlbefindens, zur Verfügung gestellt, als vorher das ganze organische Leben der Erde hätte erzeugen können. Die Nutzbarmachung der Steinkohlenlager setzte den Menschen in den Stand, mit einem Zentner dieses Brennmaterials so viel Kraft zu erzeugen, als ihm früher kaum der Ertrag eines Ackers Hafer, womit er seine Pferde fütterte, geboten hatte. In der richtigen Verwendung dieses Reichtums erhielt der Mensch — früher gezwungen, auf gleicher Stufe mit dem Maultier seine Mühle zu treiben — eine höhere Aufgabe. Er stieg um Ungeahntes und plötzlich in der Beherrschung der Natur. Jetzt vermochte er ihre Schätze da noch zu gewinnen, wo ihm früher unübersteigliche Hindernisse entgegengestanden hatten, und ebenso noch da, wo jene Schätze so spärlich verteilt waren, daß ihre Sammlung den Aufwand menschlicher Arbeitskräfte nicht lohnte.

Und nun der Verkehr; dieser erhielt in den Eisenbahnen und Dampfschiffen Förderungsmittel, die alles bisher Dagewesene weit hinter sich zurückließen. Die Verbindung der Völker untereinander wurde eben so leicht und billig als schnell. Die rasche Gewinnung, der erleichterte Transport der Rohmaterialien erniedrigten ihren Preis, die überreichliche Arbeitskraft führte auf der einen Seite zur Massenerzeugung der Verbrauchsgegenstände des täglichen Lebens in Fabriken: es erhob sich in der Industrie eine Thätigkeit der Produktion, die auch dem Armen einen höheren Komfort gewährte. Auf der andern Seite zwang die Konkurrenz zum geistigen Wettlauf: Zweckmäßigkeit, Schönheit, Neuheit, Billigkeit mußten miteinander in Verein treten, um dem Erzeugnis den Absatz zu sichern. Wir können infolgedessen unsre Bedürfnisse nicht nur auf viel billigere, sondern auch auf bei weitem angenehmere Weise befriedigen.

Sonst und jetzt. Wann also wird das Lied von der guten alten Zeit ausgesungen sein? — Wahrscheinlich nie. Denn immer noch reiht sich Vers an Vers, jede Woche dichtet einen neuen dazu, und immer klingt der letzte schlechter als sein Vorgänger. Aber die Sänger merken es nicht, denn sie und ihre ganze Musik sind verstimmt, und sie wissen nicht, daß das Mißbehagen, das sie empfinden und um sich verbreiten, allein von ihnen selbst ausgeht.

Es ist lächerlich und eines denkenden Menschen unwürdig, die „gute alte Zeit" auf Kosten der Neuzeit zu loben. Ist das Kind höher zu stellen als der entwickelte Mann, weil es seine wenigen Bedürfnisse ohne viel Schwierigkeit befriedigen kann und weil ihm das über seinen beschränkten Gesichtskreis Hinausliegende keinerlei Sorgen macht? Karl der Große war ein gewaltiger Herrscher, und doch lebte er schlechter als heutzutage ein Handarbeiter. Nicht weil seinem Palaste die Glasfenster mangelten, weil seine Zimmer, statt mit Dielen, mit einer Lehmtenne versehen waren und er nicht mit Zucker seine Speisen süßen konnte, sondern weil sein Geist nicht viel weiter sah als sein Auge, weil er kaum mehr erfuhr als sein Ohr hörte. Die Grenzen seines Reiches, die er selbst mit unendlichen Mühen bereiste, waren fast auch die Grenzen seiner Wissenschaft; seine Umgebung aber überragte er dennoch bei weitem — Lesen und Schreiben war eine Kunst, deren sich vor tausend Jahren bei uns nur wenige rühmen konnten. Allerdings war sie auch nicht so notwendig. Es gab für das Volk so gut wie gar keine Bücher, denn die Buchdruckerkunst war noch nicht erfunden, und das Abschreiben, der einzige Weg der Vervielfältigung, machte die Bücher so kostbar, daß sie nur von Reichen angeschafft werden konnten. Wozu brauchte man auch des Schreibens kundig zu sein? Die täglichen Ereignisse blieben sich so gleich, daß die Abweichungen davon fast nur in Geburts= und Sterbefällen bestanden; mit andern aber in Verkehr zu treten und seine Wünsche und Gedanken sich schriftlich mitzuteilen, gab es weder oft Veranlassung noch immer in solchem Fall Gelegenheit. Der Handel ging durch Hausierer und gegen Rohprodukte oder bares Geld; von einem brieflichen Verkehr war so gut wie gar keine Rede. Die Zeit hatte nicht den heutigen Wert, weil in ihr nichts Besonderes groß geschah. Um einen Angelhaken zu kaufen, war ein Weg von vielen Stunden nicht zu weit. Das Postwesen entwickelte sich erst im Mittelalter. Von der Außenwelt erfuhr man nur, was zufällig vorüberziehende Krämer mitzuteilen vermochten. In diesem engen Kreise bewegte sich das Leben — mit weniger Bedürfnissen allerdings, aber auch mit weniger Genuß und Bedeutung.

Kein Vernünftiger wird, wenn er den Vergleich zwischen Sonst und Jetzt zieht, nur einen Augenblick schwanken, dahin sein Urteil abzugeben, daß seit dem Keimen unsrer modernen Bildung nie die Bedingungen einer gedeihlichen Entwickelung so günstig waren wie jetzt, nie ein so weiter, fruchtbarer Boden, nie so zweckmäßige Werkzeuge zu seiner Bearbeitung vorhanden und jedem dargeboten worden sind. Was jeder thut, kommt jedem zu gute. Ein augenblicklicher Austausch der gewonnenen Erfahrungen erspart dem andern, Gleichstrebenden, nutzlose Vorarbeiten; wo ich aufhöre, darfst du anfangen weiter zu bauen. Umgekehrt hast du manches Lehrgeld für mich mitbezahlt. — Der Engherzige jedoch findet ein jämmerliches Vergnügen darin, einen Vorteil allein zu genießen; was würde es ihm schaden, wenn er von seinem guten Obst dem Nachbar Pfropfreiser gäbe? Aber nein, er thut es nicht. Das geht eine Zeitlang, wenn es aber notwendig wird, sich zu vereinen, um durch gemeinschaftliche Anstrengung ein die Kräfte des Einzelnen übersteigendes Ziel zu erreichen, dann kommt er mit seinem Prinzip in Nachteil. Und dieser Zeitpunkt des großen Wirtschaftens ist eingetreten. Die Natur, unsre unerschöpfliche Lebensquelle, die alles hat und alles gibt, doch nichts umsonst, wird mehr und mehr im ganzen angegangen. Sie aber bildet uns gegenüber ein festgeschlossenes, abgerundetes Geschäft, mit dem es mehr Vorteil bringt im großen, nach gemeinsamen Prinzipien zu handeln, als mißtrauischen Pfennigschacher zu treiben, der nur unnötige Lauferei und Schreiberei verursacht. Und wie die Natur schön und ganz in sich verbunden ist, so müssen wir uns verbinden und nicht sowohl bloß zur Erbringung unsrer materiellen Bedürfnisse, sondern ebenso zur Harmonie unsres inneren Wesens. Nur so, nach allen Seiten die mögliche Entfaltung nehmend, kann die Menschheit das schöne Glied werden, in welchem sich jetzt die natürlichen Erscheinungen abschließen, und mit dieser Erfüllung ihrer Pflicht, mit dieser Veredelung ihrer selbst, sichert sie auch wieder jedem Teile das schönste Sein.

Wir, d. h. alle Menschen zusammen, leben in der Natur und sind dadurch ein Teil derselben, nicht ein Stäubchen bloß, das in einem entlegenen Winkel abgelagert ist, oder ein Schimmelpilz, der nur an einem bestimmten Punkte sein Dasein erhalten kann. Unser ist die ganze Erde, ohne Grenze und Absperrung. Was die Tropen reifen, gehört der ganzen Menschheit, nicht den Tropenbewohnern allein. Das Pelztier in den arktischen Zonen hat eine Haut, solange der Mensch sie ihm nicht nimmt; die Tiefe des Meeres und das Innere der felsigen Gebirge werden tributpflichtig gemacht; und diese Gemeingüter — ist es nicht vernünftig, sie nach allseitig nützendem Plane zu erwerben und zu verteilen — sich zum gegenseitigen Austausch zu nähern, gegenseitige Hilfe zu leisten, mitzuteilen und anzunehmen voneinander, das Gute zu behalten und zu verbreiten, das Mangelhafte fallen zu lassen, und zu diesem Zwecke alles zu beseitigen, was den offenen Verkehr nur im geringsten hemmen kann? Gewiß; aber wenn dies früher nicht immer in dem Maße geschehen ist, wie es wünschenswert erscheint, so dürfen wir daraus allein den vergangenen Zeiten keinen zu harten Vorwurf machen. Eine bedeutende Bildung mußte erworben werden, ehe die Auffassung des Lebens, seines Zweckes und seiner Bedingungen mit jener Klarheit sich herausschälen konnte, welche wir als ein unbestreitbares Resultat noch gar nicht so lange besitzen, und da der Menschheit kein Lehrer gegeben ist, sondern alles von ihr, auch das Verkehrte selbst, erprobt werden muß, so sind auch alle die scheinbaren Irrwege nicht nutzlos gewesen, welche die Kultur der verschiedenen Epochen gegangen ist. Wir zehren von den Erfahrungen der Vorfahren und sollen sie nicht verachten, da wir ja nur auf ihren Schultern stehen.

Einen sehr entwickelten, allseitig ausgedehnten Verkehr hatten z. B. die Römer; er verschaffte ihnen die Bekanntschaft eines Teiles der Erdoberfläche, welcher für die damalige Begriffsspannweite viel imponierender war als dasjenige, was wir jetzt von unserm Planeten kennen, obwohl der von uns erforschte Flächenraum viele hundertmal größer ist als derjenige, über den das Altertum Auskunft zu geben wußte. Die Produkte fremder Länder, tropische Früchte, reißende Tiere, Erzeugnisse des Kunstfleißes fremder Nationen, Gold, Elfenbein, Gewürze, Perlen, gefärbte Tücher, wollene Decken, sogar die blonden Haare germanischer Frauen, welche von den Römerinnen als Perücken sehr hoch geschätzt wurden, kurz alles nur Denkbare, was damals Natur oder Kultur an den zugänglichen Punkten der Erde hervorbrachte, das strömte in der gewaltigen Roma zusammen. Nach allen Teilen der Welt, fast vollständig dem römischen Zepter unterworfen, führten kunstvolle Straßen, auf deren Herstellung ein bewunderungswürdiger Fleiß verwendet wurde. Aber dieser Verkehr war nicht von der sittlichen Bedeutung, welche bei uns die kosmopolitischen Beziehungen gewonnen haben. Jene Wege waren nicht die den Leib verjüngenden Adern, welche mit frisch pulsierendem Blute das entfernteste Glied erwärmen. Sie führten nach dem Magen, aber gingen von keinem Herzen aus. Rom war das Ganze — alles andre nur ein Feld, wovon es lebte, aber keine Familie, für die es mit sorgte und arbeitete; daher kam es auch, daß gleichzeitig mit seinem Zerfall sein Kultureinfluß ein Ende erreichte und — förmlich verschüttet — die Überreste einer einst üppig sprossenden Blüte wie ein Kohlenlager erst wieder aufgeschlossen werden mußten, um Nutzen zu stiften, anstatt daß jener Höhestand, wie ein kräftiger Wald, durch eigne Besamung sich hätte erhalten sollen. So wenig erfreulich auch die Beziehungen zu dem Mittelpunkte während der römischen Herrschaft gewesen sein mochten, es war doch etwas Einheitliches vorhanden, wodurch Begriffe, Anschauungen, Handlungsweisen allgemein verständlich wurden und übereinstimmende Wertschätzung erfuhren. Das war immerhin ein ungemeiner Vorteil, der nur durch die Unterordnung des Einzelnen unter eine allgemeine Idee erfließen konnte. Wäre diese Idee im Laufe der Zeiten nicht ausgeartet, sie würde Dauerndes haben werden lassen; so aber fiel alles auseinander, als der unsittliche Kitt, der es verband, seine Bindekraft verloren hatte; und die Trümmer vermieden sorglich jede neue Einfügung. Keines der späteren Reiche, weder das Karls des Großen noch das der Mauren, obwohl letzteres noch mehr als ersteres, hat eine ähnliche Verkehrslebhaftigkeit hervorrufen können, als es die römische Gewalt zustande gebracht hat. Und die großartigen Völkerströmungen haben wohl folgenschwere Vermischungen bewirkt, aber der Impuls war ein revolutionärer, einmaliger, der keine neuen Wellen zu erregen vermochte. Das lag daran, daß das Bewußtsein eines großen Staatsbürgertums mit den alten Römern aus der Welt gegangen war.

Die einzelnen Nationalitäten wurden zwar zeitweilig zu größeren Reichen vereinigt, ohne daß ihnen aber mit solcher Vereinigung eine höhere Idee hätte eingeflößt werden können. Im Gegenteil waren gerade alle inneren Entwickelungen, wie die des Städtewesens, der Zünfte, des Adels u. s. w., vielmehr dazu angethan, kleine Kreise streng von den andern abzusondern, Eigentümlichkeiten, Monopole, Gerechtsame zu erwerben, vor allem das Gefühl der Sicherheit zu befestigen, damit freilich auch den Horizont zu beschränken. So wertvoll, weil mit Vertrauen erfüllend, dies nun in den Zeiten des beginnenden Aufbaues der noch herrschenden Verwirrung gewesen ist, so hemmend und hindernd wurden diese Schranken, als ihre Notwendigkeit durch die ohnehin gesicherten Zustände widerlegt war; trotzdem behielten sie unter ganz veränderten Verhältnissen ihre Ansprüche, und wir stoßen uns heute noch allzu oft an ihnen die Köpfe wund.

Wir brauchen keinen historischen Nachweis zu führen, wie es gekommen ist, daß es allein in Deutschland vor kurzem noch über 120 verschiedene Fußmaße gab; wir dürfen nur an die Zeit unsres alten Reiches, des sogenannten „heiligen römischen Reichs deutscher Nation" denken, in der jeder Flecken sich bedeutend genug dünkte, ebenso gut seine eigne Elle zu haben, wie der benachbarte. Derartige Thatsachen liegen mehr als zur Genüge vor. Damals, als sich solche Einrichtungen machten, hatten sie auch nicht besonders hervortretende Nachteile; Zeit war genug vorhanden, sich die Umsetzung, wenn eine solche ja nötig sein sollte, schlimmstenfalls an den Fingern abrechnen zu können. Daß es mit den Gewichtseinheiten, dem Gelde, ja sogar mit den Rechtsbegriffen ähnlich aussah, versteht sich, und wenn nicht die Natur von vornherein jedem Menschen, gleichviel ob er aus China oder Lunzenau ist, zehn Finger an seine beiden Hände gestiftet hätte, so würden wir ebensowenig ein einheitliches Zahlensystem besitzen, und es könnte niemand wunder nehmen, wenn Fulda vielleicht wie die Pescherä seine Zahlperiode von Eins bis Sieben, und Hildesheim von Eins bis Acht wie die alten Mexikaner gebildet hätte.

Einen Verkehr in unserm Sinne gab es im Mittelalter nicht; der der Beförderung werten Güter, geistiger wie materieller, waren wenige; die Erbschaft der Vergangenheit war vertrödelt, wenn nicht vernichtet, die Ernte nicht gezeitigt; wozu hätten viel Wege und Straßen genützt, da man das Fremde gründlich satt bekommen hatte und darin Behagen fand, sich das Heimwesen zu bereiten? Man ertrug die Beziehungen zum Auslande mehr, als daß man sie suchte, und nur wenige Kaufleute und wenige Gelehrte hatten außerhalb ihres Weichbildes Verbindungen. Noch im 15. und 16. Jahrhundert waren Mitteilungen von auswärts nur der befördernden Laune des Zufalles anheimgegeben. Die Briefe, welche Handelshäuser, wie die Fugger, Welser und andre Firmen des damals mächtigen Augsburg, an ihre Kommanditen und Geschäftsfreunde in Genua und Venedig zu schicken hatten, mußten, wie man heute die wichtigsten Staatsdepeschen kaum expediert, durch besondere reitende Boten, oft mit Bedeckung, geschickt werden, und die Kosten einer solchen geschäftlichen Benachrichtigung braucht man gar nicht mit dem heutigen Portosatz, nach welchem ein Brief von Hamburg bis Neapel 20 Pfennige kostet, zu vergleichen, um sich sagen zu müssen, daß sie viel zu hoch waren, als daß sich selbst das bedeutendste Handelshaus eine tägliche Kommunikation mit seinen Geschäftsfreunden hätte gestatten können. Die Fugger hatten zwischen Augsburg und Oberitalien wöchentliche Verbindung, welche zur bestimmten Stunde zwar abging und auch zur bestimmten Stunde einzutreffen hatte, immerhin aber auf einer Reise hin oder her acht Tage unterwegs war.

Die Vorteile, welche aus solchen, wenn auch mangelhaften Verbindungen ihren Besitzern entsprangen, waren zwar ganz enorme; der Natur der Sache zufolge kamen sie aber bloß dem Einzelnen zu gute, welcher reich und mächtig genug war, die anspruchsvollen Vorbedingungen erfüllen zu können. Heute genießen alle die Früchte einer segensreichen Posteinrichtung, ohne dafür ein andres Opfer bringen zu müssen als einen Portobetrag, der im Verhältnis zu dem damit erkauften Dienste ein Nichts ist.

Und der Umschwung in allen Verhältnissen des öffentlichen Lebens, welchen Eisenbahnen, Dampfschiffe, Telegraphen hervorgerufen haben, er ist, obgleich kaum fünfzig Jahre alt, dennoch gewaltiger, als ihn die vorhergehenden fünf Jahrhunderte bewirken konnten. Man darf sich nur die Art der Fortbewegung, des Reisens und des Warentransportes, des Zustandes der Straßen, der öffentlichen Sicherheit vorstellen, wie solche noch im vorigen Jahrhundert beschaffen waren, um sich sagen zu müssen, daß bis dahin die Beförderungsanstalten und die Straßenpolizei seit dem Mittelalter eine Wandlung kaum erfahren hatten.

In England, dessen Verkehrsmittel unstreitig die größte Vervollkommnung mit erreicht haben, waren zur Zeit Cromwells Packpferde noch die einzigen Transportmittel. Von Liverpool nach London brauchte man für gewöhnlich nicht weniger als 14 Tage, und die

Postkutschen, welche von London aus eingerichtet waren, um mit den größten Städten des Landes in Verbindung zu sein, legten durchschnittlich drei englische Meilen in der Stunde zurück, gerade so viel, als ein guter Fußgänger mit Bequemlichkeit zu durchschreiten vermag. Eine der schnellsten Posten, von Exeter nach London, brauchte zu ihrer Reise vier Tage; im Jahre 1742 noch, als man die Vermehrung der Geschwindigkeit schon ernstlich ins Auge gefaßt hatte, erreichte die von London nach Oxford gehende Kutsche die letztgenannte Stadt erst am zweiten Tage. Die Briefposten zwischen besonders bedeutenden Punkten, zwischen denen auch die Landstraßen allmählich auf den höchstmöglichen Stand der Vollkommenheit gebracht wurden, legten allmählich vier und sechs, einzelne gar acht englische Meilen in der Stunde zurück; selbstverständlich wuchsen aber mit der Geschwindigkeit die ohnehin sehr beträchtlichen Kosten der Personen= und Warenbeförderung ganz ungemein, so daß die Vorteile, welche dem brieflichen Verkehr erwuchsen, nach andern, nicht weniger wichtigen Richtungen hin ausblieben. Und in den übrigen Ländern waren die Verhältnisse viel ungünstiger. Die Abhängigkeit von der Natur, welche von den Völkern des Altertums mitunter in wahrhaft bewundernswürdiger Weise durch despotische Massenverwendung überwunden worden war, hatte die kleiner gewordenen Genossenschaften wieder lahm gelegt. Es gingen wohl Straßen durch die Reiche, sie waren aber kaum mehr als Richtungen, im günstigen Falle öffentliche Plätze, auf denen, wenn es den Herren benachbarten Grundbesitzern beliebte, das Reisen nach Entrichtung der üblichen Zölle und Gefälle gestattet war. Von dem großartigen Organisationsgenie der Römer war jede Spur aus der Welt gewichen. Wir erstaunen gewiß, wenn wir lesen, daß die Kurfürstin Anna von Sachsen, welche in echt weiblich=wirtschaftlicher Weise in Küche und Keller schaffte, den Bedarf an Rheinwein für den Hofhalt über Dänemark beziehen ließ, von wo er am billigsten zu haben war, da die Wasserfracht den Rhein hinunter in die Nordsee und von Hamburg aus die Elbe herauf ihn bei weitem weniger verteuerte als der direkte Landtransport. Heute haben wir die Landenge von Suez durchstochen und sind dabei, eine zweite Wasserstraße zu errichten, um auf dem alten ptolemäischen Handelsweg Indien zu erreichen, ohne die Südspitze Afrikas umschiffen zu müssen; wir durchbohren gewaltige Gebirgsstöcke mit enormen Kosten, um neue, ununterbrochene, von Wind und Wetter unabhängige Verbindungen der Länder herzustellen; mit ungeheurer Kühnheit schlagen wir Brücken über die breitesten Ströme, über Meerengen; durch die Wüste und das Meer spannt sich Telegraph oder Kabel und gibt uns Europäern in wenig Minuten Nachricht aus allen Ländern, dem fernen Australien oder der transatlantischen Neuen Welt.

Wo der Verkehr nicht ausgebildet ist, hungern die Menschen, wenn eine Mißernte ihre nächste Umgebung betroffen hat; sie schwelgen dafür zeitweilig, wenn die Natur ihnen günstig war, im Überfluß, und selbst sonst ziemlich entwickelte Landschaften stehen, wenn sie durch ungünstige Lage oder Unverständnis der Zeitforderungen abgeschlossen sind, hierin noch annähernd auf gleicher Stufe mit den ursprünglichen Jäger= und Fischervölkern, welche von dem jedesmaligen zufälligen Ertrage ihrer Streifzüge in ihrem Wohlbefinden allein abhängig sind. In Ungarn geriet bisweilen die Weinernte so gut, daß man den vorjährigen Wein weggoß, um nur Fässer für den neuen zu erhalten; weithin ausführen konnte man ihn nicht, da die unentwickelten Transportmittel ihn zu sehr verteuert hätten. Der Getreideüberfluß des innern Rußlands kam vor fünf Jahren nicht einmal Moskau zu gute, obgleich wir zu derselben Zeit mitten in Deutschland amerikanisches Mehl verbuken, dessen Erzeugungswert noch ein ungleich höherer ist als der des russischen Getreides. Und wenn wir Ungarn und Rußland ansehen, welch fruchtbare, von der Natur auf das höchste begünstigte Landschaften haben sie, und auf welch niedriger Stufe der Kultur stehen noch ihre Bewohner andern ungleich weniger bevorzugten Völkern gegenüber! Man soll nicht sagen, der Verkehr müsse gelernt, seine Notwendigkeit erst erfahren werden. In den frühesten Stadien der Völkerentwickelung finden wir die Inanspruchnahme der gegenseitigen Hilfe nicht bloß zu wirksamer Verteidigung, sondern auch zu besserer Verwertung der Arbeit. Die späteren, in der Kultur gegen jene unvergleichlich hoch stehenden Perioden haben oft mit viel geringerer Bereitwilligkeit das gegenseitige Aneinanderrücken gefördert, und es trifft die gute alte Zeit, wenn dieselbe auch nur um 50 oder 100 Jahre zurückdatiert wird, vielleicht gerade in dieser Hinsicht der allerhärteste Vorwurf.

Folge dieser Mißdeutung humaner Ziele war und blieb bis in die Neuzeit eine Armseligkeit der äußeren Lebensverhältnisse und der innern Bildung, welche von einzelnen Bevorzugten zwar überwunden, doch als im Volke vorhanden nicht geleugnet werden kann, so sehr sich auch die Bemühungen laut machen, den vergangenen Jahrhunderten den Charakter kindlicher Sitteneinfalt nachzusagen. — Man blicke nur hinein in das Lebensgetriebe der letztvergangenen Jahrhunderte, denen Jahrtausende hoher geistiger Blüte vorausgegangen waren, und die deshalb nicht mehr die Entschuldigung erster schüchterner Lernversuche für sich in Anspruch nehmen dürfen. Tritt uns nicht der Vergleich mit dem Eskimo vor die Seele, der auf einen Niedersitz 10 kg Butter und noch ein Übriges an Robbenspeck verzehrte, als ihm zur Probe der Genuß freigegeben war; wenn uns erzählt wird, daß auf der Hochzeit Wilhelms von Oranien außer Fleisch 4000 Scheffel Weizen, 8000 Scheffel Roggen, 13 000 Scheffel Hafer verzehrt und 3600 Eimer Wein und 1600 Fässer Bier ausgetrunken wurden, wobei freilich nahe an 6000 Hochzeitsgäste das Ihrige thaten? Als Eberhard von Württemberg Hochzeit hielt (im Jahre 1474), stieg die Zahl der Gäste gar auf 14 000, und bei dem Beilager seines Nachfolgers Ulrich von Württemberg wurden nicht weniger als 136 Ochsen und 1800 Kälber aufgegessen!

Aus den rohesten Zeiten war noch der Begriffszusammenhang von festlicher Freude und Massenvertilgung von Speise und Trank geblieben, nur mit dem Unterschiede, daß die Unmäßigkeit und Völlerei ein Zeichen der Freude sein sollte, während dem rohen Naturmenschen die Befriedigung seines vielleicht sehr lange gesteigerten Appetites über die Grenzen des Bedürfnisses hinaus eine der wenigen Ursachen des Vergnügens war. Man hatte in der Verschiedenheit der Mittel zur Befriedigung seiner Bedürfnisse sehr geringe Auswahl, dafür suchte man Ersatz in der Quantität, wenn es galt, zur Verherrlichung irgend welcher Gelegenheit aus dem Rahmen des gewöhnlichen Lebens herauszutreten.

Anna von Boleyn, die unglückliche Gemahlin Heinrichs VIII., nahm als Frühstück in der Regel Speck und Bier; und außer Schaffleisch, Rindfleisch und Schweinefleisch waren Hafermus, schlechtes Obst, Erbsen, Linsen, Milch, Butter, Käse und Bier die gewöhnlichen Nahrungsmittel, selbst der größten Haushaltungen, denen nur die Erträgnisse der Jagd und Fischerei an Edelhöfen noch eine größere Mannigfaltigkeit gaben. Von Gewürzen wuchsen Zwiebel, Fenchel, Dill und Kümmel in dem eignen Garten; Pfeffer, Kardamom und andre lieferte der Handel, für welchen damals diese im Grunde wenig behagenden Konsumtionsartikel eine verhältnismäßig eben so große Bedeutung hatten, als jetzt etwa Baumwolle, Eisen und Kohle. Wir beklagen die Irländer als auf der Stufe materiellen Wohlbefindens vielleicht am niedrigsten in ganz Europa stehend, denn 1838 noch lebten von den damals 8 Millionen Einwohnern Irlands 5 Millionen fast ausschließlich von Kartoffeln und 2½ Millionen von schlechtem Haferbrot; aber im Mittelalter lebte der gemeine Mann überhaupt nicht besser, wenn es auch für ihn noch keine Kartoffeln gab und auch die Gefahr des Hungers nicht so groß war wie jetzt in Irland. Das Fleisch der gefallenen Tiere wurde, wie James Rogers in seiner Geschichte der Landwirtschaft in England erzählt, noch um das Jahr 1400 daselbst ohne alle Scheu gegessen; von ihm erfahren wir auch, daß damals die Äcker im günstigen Falle, und in dem Ertrage durch oft wiederkehrende Brachlegung unterbrochen, kaum das sechste, in der Regel das vierte, ja oft nur das dritte Korn gaben, während jetzt das dreizehnte bis sechzehnte Korn geerntet wird, ein Ergebnis der jetzigen rationellen Bewirtschaftung gegen die der guten alten Zeit.

Eine rationelle Lebensweise, wozu vor allen Dingen Reinlichkeit gehört, war selbst bei den Großen nicht zu finden; es wurde der Gemahlin eines Dogen als Hochmut ausgelegt, der leicht von der strafenden Hand des Schicksals verfolgt werden könnte, als sie, anstatt das Fleisch mit den Fingern zu nehmen, sich einer Gabel bediente. Die Gemahlin Karls VII. hatte nicht mehr als zwei leinene Hemden, nicht etwa weil Leinwand ganz besonders kostspielig gewesen wäre, sondern weil dieses Kleidungsstück damals überhaupt als überflüssig galt.

Der Drang nach geistiger Ausbildung, so rege er in gewissen Richtungen sich äußerlich zeitweilig zeigt, ist doch nur bei wenigen aus klarem Bewußtsein hervorgegangen und mit hingebendem Eifer zu stillen versucht worden. Die Nachrichten über Schul= und Universitätsbesuch im 16. und 17. Jahrhundert wollen nichts besagen, denn fünf Sechstel der fahrenden

Schüler waren nichts andres als Vagabunden. Es kommt auch wenig darauf an, ob eine einzelne Klasse sich einseitig in Besitz einer gewissen geistigen Bildung setzt, vielmehr darauf, daß klare, fruchtbare Anschauungen und Begriffe dem ganzen Volk gemeinsam sind. Das ist aber zu keiner Zeit, als während der hochflutenden Reformation, zu bewirken der Mühe wert gehalten worden, und auch damals nur in wenig unsrer Auffassung entsprechender Weise. Es kommt vor, daß wir in alten Urkunden lesen, wie ein Dorfpfarrer sich mit Dreschen und Haferbinden nebenbei noch seinen Lebensunterhalt erworben hat, und die Bauernunsitte, den Lehrer ihrer Kinder reihum zu speisen, so patriarchalisch sie aussehen mag, bekundet keinen sehr tiefwurzelnden Respekt vor den höchsten geistigen Gütern der Menschheit. Eine Volkslitteratur gab es nicht, die Bibliotheken waren nur dem Gelehrten nützlich, wenn derselbe sie wirklich zu benutzen verstand. Außer dem Kalender und der Postille und allenfalls einem fliegenden Blatte, das von einem Kriege gegen die Türken und von einem geschehenen Seeunglück erzählte, kam kein Erzeugnis der Presse in das Haus des Bürgers. Zeitungen moderner Art entstanden erst mit dem Beginn des 18. Jahrhunderts, und als der Rat von Frankfurt am Main dem Unternehmer gestattete, eine wöchentliche Liste der Getauften, Getrauten und Verstorbenen zu veröffentlichen, erhob sich ein allgemeiner Schrei des Unwillens: es sei unerträglich, daß man diese intimen Verhältnisse veröffentliche. „So vollständig zum Privatmann war der Deutsche geworden", sagt Gustav Freytag in den Bildern aus der deutschen Vergangenheit.

Nun darf man zwar auch nicht verkennen, daß die Abweisung des Verkehrs mit andern Gemeinschaften, die Konzentrierung der Gedanken auf die eignen Angelegenheiten in den letzten Jahrhunderten eine Folge der politischen Wandlungen geworden war, welche letztere zu beeinflussen der Bürger sich allerdings, ermattet von den Leiden des Dreißigjährigen Krieges, hatte entwinden lassen, und daß sich auch vielleicht nach manchen Richtungen hin diese Isolierung in der Bildung Einzelner wie ganzer Kreise bedeutungsvoll erwiesen hat. Allein das kann uns kein Grund sein, dieses Vergangene zurückzuwünschen und die Segnungen gering zu achten, die aus dem Zusammenwirken neuer Kulturmomente erwachsen sind und, indem sie jedem Einzelnen die vollste Freiheit seiner Entwickelung, allseitige und harmonische Ausbildung gestatten, ihn zugleich als Glied in das große, reiche Ganze einreihen.

Wenn Schiller Schiller und Goethe Goethe geworden ist, müssen wir das notwendig darin etwa begründet sehen, daß sie von Weimar bis Leipzig zwei beschwerliche Tagereisen hatten, und daß sie erst nach jeder Ostermesse mit den neuen litterarischen Erzeugnissen des letzten Jahres bekannt werden konnten? Hätte ihnen wohl das raschere Fortkommen auf der Thüringer Eisenbahn oder die Möglichkeit, sich unverzüglich mit den gedruckten Ideen andrer vertraut zu machen, ein Hindernis werden müssen? Doch es ist nutzlos, an dergleichen Albernheiten zu denken. Unsre Zeit hat einen andern Flug, und da derselbe einem hohen, dem höchsten Ziele der Menschenverbrüderung, zugerichtet ist, so dürfen wir uns glücklich schätzen, ihr anzugehören.

Die Abgeschlossenheit hat für sich nichts mehr zu beanspruchen; alle Schranken, die sie sich errichtet hat, müssen fallen. Früher trennten die Flüsse die Nationen voneinander und erhielten als wichtige Grenzfestungen um Gottes willen ja keine Brücke; — diese Zeiten sind hoffentlich vorbei. Wir verdanken vornehmlich dem erleichterten Verkehr die Vorteile, welche das Leben in allen Richtungen errungen hat, so daß es die Zeit falsch auffassen hieße, wenn man auf der eingeschlagenen Bahn innehalten wollte. Zum Verkehr, in der vollen Bedeutung des Wortes, gehören aber auch alle jene Kulturmomente, welche auf die Verallgemeinerung der Ideen einwirken: die Buchdruckerkunst in erster Reihe, sodann aber auch Künste, wie der Holzschnitt, die Photographie, die vervielfältigenden Künste überhaupt. Nicht nur daß durch die Menge und die dadurch bedingte leichte Erwerbbarkeit ihrer Produkte Kenntnisse und Begriffe, welche das Wort allein nicht so erschöpfend darzustellen vermag, Verständlichkeit und Erweiterung erfahren, es werden auch nach der rein ästhetischen Seite hin die Empfindungen geläutert, der Geschmack wird verfeinert, und da das Vollkommene zu seiner Verallgemeinerung nicht größere Anstrengungen beansprucht als das Mittelmäßige und Mangelhafte, so kann es nicht fehlen, daß das letztere mehr und mehr seinen Boden und Einfluß verliert. Zu dem Begriffe Verkehr in unserm Sinne gehört Alles, was zu einem fördernden Mittelgliede in den Beziehungen der Nationen zu einander werden kann. Glaskorallen und Spiegelscherben werden im Innern Afrikas dem Forscher und dem Handelsmann zu wesentlichen Hilfsmitteln, und wenn auch in minderem Grade, so wirken sie doch in derselben Art, wie die Dampfschiffe und die bedeutenden Erzeugnisse der europäischen Kunst und Industrie, welche die Japaner veranlaßten, große Gesandtschaften nach den Ländern zu schicken, wo derartige Dinge gemacht werden, und den Fremden die lang verschlossenen Häfen ihres Reiches zu öffnen. In dieser Hinsicht ist fast alles schon bei uns zu Verkehrsfaktoren geworden, denn an alles knüpft sich ein vielseitiges Interesse, und dadurch, daß sich der Handel oder die Wissenschaft, die beiden Adersysteme unsrer Welt, einer Sache bemächtigen, wird sie entweder nach allen Richtungen hin verbreitet oder an allen Orten aufgesucht und nach ihren Eigenschaften verwendet.

Wir dürfen kühn behaupten, daß durch die Ausbildung des Verkehrs und der Verkehrs= mittel unser Leben nicht nur leichter und sicherer, sondern auch schöner, besser und im vollen Sinne des Wortes länger ge= worden ist. Leichter, weil wir mit geringerem Kraftauf= wande uns in Besitz derjenigen geistigen und materiellen Aus= rüstung zu setzen vermögen, welche uns notwendig ist, um den unabweisbaren Lebens= bedingungen zu genügen; sicherer, weil durch allgemeine Mitteilung und Verwendung der erlangten Mittel schädliche Einflüsse vollständiger und rascher paralysiert werden können — die Nächte werden erhellt, Wüsten und Meere rascher durchflogen, verheerende Wirkungen der Naturkräfte, Stürme, Überschwemmungen, Feuersnot werden eiligst be= kannt, und es kann ihnen zeitig genug entgegengearbeitet wer= den; schöner, denn die ganze Natur mit all ihren Reizen liegt erreichbar vor uns, ganze Armeen von Forschern haben die Erzeugnisse aller Zonen uns zugänglich gemacht, und selbst das, was früher als wertlos verachtet wurde, in angenehme Produkte zu ver=

Fig. 96. Japanische Reisegelegenheit auf der Seilbrücke.
Nach einer japanischen Zeichnung.

wandeln gelehrt; schöner und besser auch ist das Leben geworden, denn alle jene be= geisternden Triumphe, die des Menschen Geist in seiner vielseitigen Entfaltung gefeiert, seine erhebenden und anspornenden Werke, sie üben ihren veredelnden Einfluß allseitiger, früher und ursprünglicher als je vorher; und all diese Vorteile zusammen haben unser Leben ebenfalls verlängert. Ist an sich das Leben, sein Umfang und seine Dauer, für den Höherdenkenden nicht sowohl durch die Erfüllung einer bestimmten Jahresreihe bemessen, als vielmehr durch die erlangte Summe von Erfahrungen, zu denen täglich neue hinzutreten, und von den für sich und die andern gemachten Verwertungen, so wiegt unser Leben schon dadurch eine vielfache Lebensdauer in früheren Zeiten auf; allein auch die Gesundheitsver= hältnisse sind im allgemeinen günstigere, die Lebensweise ist eine naturgemäßere geworden, und dadurch ist die durchschnittliche Lebensdauer sogar im buchstäblichen Sinne des Worts verlängert worden.

Wir brauchen nach den Beweisen für diese Rechtfertigung des Fortschrittes unsrer Zeit nicht weit zu suchen. Vor unsern Fenstern brennt das Gas, diese rationellste Form eines Leuchtmaterials, welche allein es möglich macht, dem ungünstigen Einfluß der nächtlichen Finsternis wirkungsvoll entgegenzuarbeiten. Weder mit Öl noch mit Talg oder sonst einem tierischen oder pflanzlichen Fette wäre eine auch nur annähernde Beleuchtung öffentlicher Verkehrsplätze sowohl als innerer Räumlichkeiten, von denen die Fabriken am meisten diese Wohlthat empfinden, zu erreichen gewesen. In allen Großstädten sperren viele Geschäftsleute ihre reichen Gewölbe des Nachts nur durch große Spiegelscheiben von der Straße ab, ohne einen andern Beschützer als eine tageshelle Beleuchtung des ganzen Raumes. Sie gibt eine größere Sicherheit als Waffen und Riegel, denn sie stellt den Verbrecher bei Ausübung seiner Unthat der ganzen bürgerlichen Gesellschaft gegenüber offen hin.

Eisenbahnen überziehen die Länder als ein weitverzweigtes Netz, und nicht nur die Zentralpunkte des Handels und des Verkehrs werden durch Schienenwege miteinander verbunden, selbst den entlegensten Gegenden kommt dieses wertvolle Kulturmittel zu gute. So besorgnis erregend unsre jetzige Art zu reisen auch manchem ängstlichen Gemüte des entlegen wohnenden Dorfbewohners oder Kleinstädters dünken mag, die Gefahren des heutigen Reisens bilden dennoch einen verschwindenden Bruchteil im Vergleich zu jenen, welchen der Reisende ausgesetzt war, der die ehemaligen Diligencen und sonst üblichen Gelegenheiten des Fortkommens, meist ungern und erst nach wochenlangen Vorbereitungen, zu benutzen genötigt war. Wo vor 30 Jahren noch die Anlage einer Chaussee beanstandet wurde, weil der Nutzen in keinem Verhältnis zu stehen schien zu den aufzuwendenden Opfern, da durchbraust an Stelle der Postwagen und Extraposten jetzt das Dampfroß die Landschaft, sei es, daß irgend ein Naturprodukt, das man früher nicht zu verwerten wußte — Thon, Eisenstein, Porzellanerde, Feldspat oder gar Kohle oder Holz — nach auswärts verführt, oder Rohmaterialien einer inzwischen erwachsenen Industrie zugebracht und ihre Erzeugnisse dafür abgeholt werden; sei es auch nur, daß durch diese Gegend die Verbindungslinie sich zieht, welche zwei bedeutende Handels- oder Industrieorte miteinander verknüpft — die Segnungen einer erleichterten Verbindung machen sich auf das sichtbarste geltend. In dem großen Waldkomplexe, der sich von der böhmisch-bayrischen Grenze in beide Länder auf Hunderte von Quadratmeilen erstreckt — einer der wertvollsten Holzkammern Europas — wurde zu Anfang dieses Jahrhunderts industriellen Ansiedlern das Holz umsonst oder wenigstens zu meist ganz nichtssagenden Preisen zugestanden, nur um diese Gegenden, den verrufenen Böhmerwald, in den Bereich der Kultur zu ziehen. Es hat sich infolge dessen allerdings eine sehr lebhafte Glasindustrie, welche zunächst die gebotenen Vorteile ausnutzen konnte, daselbst entwickelt, jedoch sie allein vermochte den enormen Holzertrag nicht zu verwerten. Seit durch die Eisenbahnen ganz neue Ansichten über die Kommunikationsmöglichkeiten aufgetaucht sind, haben sich die Holzpreise vervierfacht, und jene Gegenden sind dadurch zu fast unerschöpflichen Kapitalquellen geworden.

Als Kapitän Maury, der berühmte Hydrograph der nordamerikanischen Marine, seine Wind- und Seekarten der Schiffahrt übergab und lehrte, wie durch Befolgung der darin enthaltenen Winke die Fahrzeiten zwischen den Kontinenten der Alten und Neuen Welt sowohl als auch nach und von Australien sich bedeutend verkürzen ließen, berechnete man den Nutzen, welcher allein der britischen Handelsflotte auf dem kürzeren Wege von den englischen Häfen nach nordamerikanischen erwuchs, auf mehrere Millionen jährlich — wie würde sich der Gewinn beziffern, den die Welt seit der Einführung der Dampfschiffahrt gemacht hat, wenn in einem ähnlichen Exempel die alte Segelschiffahrt dem Fultonschen Umschwunge gegenüber sich aufstellen ließe! Und die Dampfmaschine, welche Eisenbahnen und Schiffahrt erst beseelt hat, was hat sie, die von James Watt erzogene, von Unzähligen ausgebildete Tochter der modernen Kultur, was hat sie der Zeit für eine Richtung gegeben? Sie läßt Kraft und Arbeit bergmännisch gewonnen werden, denn mit jedem Karren Kohle, der gefördert wird, können so und so viel Webstühle in Bewegung gesetzt und so und so viel Stücke der kunstvollsten Zeuge fast ohne jedes weitere Zuthun der Menschenhand hervorgebracht werden. Die Kohle ist dadurch zu einem bei weitem wichtigeren Wertmesser geworden, als es Gold und Silber sind; Kohle ist ein Arbeiter und das Eisen sein Werkzeug. Wenn die Welt sich heute noch damit begnügen wollte, daß nur dasselbe Arbeitsquantum geleistet würde, mit welchem sie vor 100 Jahren zufrieden sein mußte, es würde kein Mensch mehr zu einer mechanischen Kraftleistung notwendig haben, eine Muskel anzuspannen; die im Gange befindlichen Dampfmaschinen würden mehr als hinreichen, die erforderliche Kraft zu erzeugen. Allein wir sind nicht mehr so genügsam, wir wollen mehr Arbeit konsumieren, als wir zu leisten im stande sind, und diesen Aufwand ermöglicht uns die Dampfmaschine. Sie sprengt Felsen, verbindet Höhen und Berge, überbrückt Flüsse und Städte, baut Häuser, spinnt Wolle, zersägt Bäume, schmilzt Eisen, trägt Waren auf ihrem Rücken, führt uns in fremde Länder und läßt uns deren Schönheiten bewundern; dem Weber nimmt sie das Schiffchen aus der Hand und dem Schreiber die Feder, sie legt Sümpfe trocken, verwandelt sie in fruchtbares Ackerland, besäet es, schneidet die Frucht und macht sie zu Brot; wenn eine Stadt kein frisches Wasser hat, die Dampfmaschine fördert es aus früher unerreichbar gewesenen tieferen Bodenlagen hervor, sie prägt Geld, sie macht alles, alles, und ehe sie sich verbraucht, sorgt sie wie ein vernunftbegabtes Wesen für Hervorbringung neuer Maschinen, die neben ihr arbeiten und nach ihr an ihre Stelle treten, daß ja kein Arbeitsausfall zu merken ist. Wie viele Bücher würden weniger gedruckt werden, wenn nicht Schnellpressen von Dampfmaschinen getrieben werden könnten! Würde das Zeitungswesen sich nur annähernd so haben entwickeln können, wie es jetzt besteht? Seitenlang könnten wir so fortfragen, gleich wichtige Lebensverhältnisse berührend, und immer müßte die Antwort lauten: „Nein, nicht ohne die Dampfmaschine!"

Damit, daß die Dampfmaschine in beliebiger Menge Kraft zu erzeugen gestattet, erspart sie uns Zeit, denn sie läßt uns einen Effekt fast augenblicklich ausführen, dessen Hervorbringung uns sonst nur sehr allmählich gelungen wäre. Diesen zeitersparenden Charakter haben außer der Dampfmaschine auch noch der Telegraph und die Photographie, beide gleich überraschend durch ihre zauberische Wirksamkeit.

Keine Erfindung der ganzen Welt und aller Zeiten kann sich diesen Blüten der angewandten Physik und Chemie in bezug auf das Wundervolle ihrer Leistung auch nur entfernt vergleichen lassen. Und können wir uns ein Vermögen unsrer Vorfahren denken, um das wir sie beneiden möchten? Es wäre aber weder die Telegraphie, noch die Photographie zu ihrer jetzigen Vollkommenheit gelangt, wenn sie sich in abgeschlossenen Thälern, in den Zunfthäusern, statt in der freien Luft der Allgemeinheit hätten entwickeln sollen. Die Vorläufer, die natürlichen Fundamentalerscheinungen, welche ihnen zu Grunde liegen, waren ja schon lange bekannt, aber dem Keime war der Boden noch nicht günstig, und die französische Regierung hat wohl nie in besserem Verständnis der Zeit Geld ausgegeben als damals, wo sie Daguerre seine Erfindung abkaufte und der Öffentlichkeit anheimgab.

Wir sind aber nicht bloß reicher an Zeit und reicher an Kraft, wir sind auch reicher an Stoff geworden. Einmal beuten wir die Natur vollständiger aus, und dann zwingen wir den vorhandenen Stoff, uns während einer längeren Zeit in viel verschiedenartigerer Gestalt zu dienen. Wie eine sechsjährige Dienstzeit dem Staate doppelt so viel Soldaten ins Feld zu führen erlaubt als eine dreijährige, so ist es mit dem Stoffe, den uns die Chemie gelehrt hat, tausenderlei nutzbaren Umwandlungen zu unterwerfen, ehe er in seine Elementarbestandteile zerfallen darf, um sich der Luft oder dem Ackerboden wieder beizumischen. Es gibt keine zu nichts nutzbaren Abfälle mehr. Aus Sägespänen vermögen wir Zucker herzustellen, ranzige Butter läßt sich in einen wohlriechenden Äther verwandeln, der den aromatischen Duft der Äpfel und Ananas ersetzt; die Fettbestandteile, welche das Spülwasser der Wollwäschen und Kammgarnspinnereien mit fortführt, werden wieder gewonnen und zu Schmieröl verarbeitet oder in den Retorten der Gasanstalt in vortreffliches Leuchtgas verwandelt; aus Braunkohlen destillieren wir Öl für unsre Lampen und in dem Paraffin ein Kerzenmaterial, welches an Schönheit und Leuchtkraft alle andern übertrifft. Mit den nährenden Bestandteilen des Fleisches jener zahllosen Rinderherden, welche die Grasflächen Südamerikas durchschwärmen und die früher nur ihrer Häute wegen gejagt wurden, vermehren wir die Fleischnahrung dichtbevölkerter Gegenden, seit Liebig gelehrt hat, jene wertvollen Stoffe für sich abzuscheiden und in eine haltbare, zur Versendung geeignete Form zu bringen. Daß es gelungen ist, Alkohol aus Steinkohlenteer darzustellen, ist bekannt; wichtiger aber ist bis jetzt die Verarbeitung dieses schmutzigen, übelriechenden Nebenproduktes der Gasfabriken zu den prachtvollen Farbstoffen geworden, welche in der Färberei eine totale Umwälzung hervorgerufen haben. Vor 2000 Jahren wurde in Rom zu wiederholten Malen das Tragen purpurner Gewänder als ein ausschweifender Luxus verboten; nur die Cäsaren behielten sich das Recht vor, den kostbaren Farbstoff der Purpurschnecke zur Erhöhung des kaiserlichen Pompes zu gebrauchen; purpurne Gewänder waren in der Schatzkammer das, was heutzutage Diamanten, Perlen und kostbare Gefäße sind. Wie neidisch mag damals mancher reiche, üppige Jüngling, manche edle Jungfrau nach der köstlichen Farbe geschielt haben, der an Schönheit nichts an die Seite gestellt werden konnte! Wenn aber heute ein Modewarenhändler seinen Kunden echte Purpurgewänder vorlegen wollte, während diese anilinrote oder violette Stoffe einzukaufen wünschen, sie würden ihn auslachen, wollte er versuchen, jenen das Wort zu reden. Jedes Kindermädchen vermag heute ein schöneres Kleid zu tragen, als die römischen Herrscher bei Triumphzügen über ihre Schultern herabhängen ließen. Und unser Rohstoff zur Herstellung dieser leuchtenden Farben ist der Steinkohlenteer, eine wahre Universaltinktur, denn es gibt keine Farbennüance, weder in Rot, noch in Blau, oder Gelb, oder Grün, oder Braun, oder Schwarz, die sich nicht am schönsten aus einem Anilin- oder Naphthalinpräparat, welche beide aus dem Teer dargestellt werden, färben ließe; daneben aber liefert er auch ein köstliches Parfüm, welches das Bittermandelöl ersetzt und in dem Benzin ein vortreffliches Fleckwasser. Wir könnten zahlreiche andre Beispiele noch anführen, die uns alle beweisen würden, welch unermeßliche Vorteile das Leben dadurch erlangt hat, daß seine Interessen eine gemeinsame Behandlung erfahren haben. Wachsen die Mittel, sie zu befriedigen, in gleicher Weise — und dies ist bei einem gesunden Fortschritt der Fall — so liegt gerade in der Menge und Mannigfaltigkeit der Bedürfnisse ein Hauptfaktor der Bildung und Gesittung. Selbstverständlich trennen wir nicht den Leib von dem Geiste. Ja, während in der Kinheit der Körper die größte Pflege und Wartung verlangt, werden in den höheren Stadien der Entwickelung gerade Verstand und Gemüt immer neue Wünsche für die Befriedigung haben. Es ist das Zeichen der neuen Zeit, daß sich dies Reich ohne Grenzen über die Erde auszubreiten beginnt. Keine Schranke hemmt unsern Blick, Zeit und Entfernung sind keine Hindernisse mehr, sie sind überwunden durch den galvanischen Strom und die Dampfkraft. Der kalte Norden steht in direkter Verbindung mit dem tropischen Erdgürtel, und die Ereignisse — mögen sie auf einem Gebiete, welches es auch sei, immerhin förderlich erscheinen — sie begünstigen nicht mehr eine einzelne Gegend nur, sondern ihr wohlthätiger Einfluß erstreckt sich rasch über die ganze Erde. Was der eine erdenkt und erfindet, wird augenblicklich zum Gemeingut der Menschheit.

In diesem gegenseitigen Helfen und dem Benutzen der von andern gemachten Erfahrungen liegt die wesentliche Ursache des reißend schnellen Weiterschreitens. Jeder braucht nur anzufangen, wo sein Vorgänger aufhörte, alles, was vor ihm gethan worden ist, liegt klar am Tage, und es ist nicht, wie früher immer, wo die Forscher und Erfinder von den anderseitigen Bestrebungen und Erfolgen nichts erfuhren, nötig, das ganze Gebäude von Grund aus mit derselben Mühe aufzubauen, um es vielleicht eben auch nicht höher zu führen. Die Zwecke des Einzelnen gehen in den Zwecken der Gesamtheit auf. Durch die Verallgemeinerung aller Kenntnisse ist es jedem gestattet, seine eigentümliche Richtung und Anlage auf das höchste zu verwerten und doch in harmonischer Weise sich zu bilden. Die einzelnen Künste und Wissenschaften erhalten dadurch einen gegenseitigen Zusammenhang, der in seiner geklärtesten Form zum Ideale werden müßte. Alle Mittel, welche die innere und äußere Natur dem Menschen bieten, werden am zweckmäßigen Orte verwandt. Der Fortschritt ist ein organisches Wachsen, nicht an ein zufälliges Finden geknüpft; der Gang der Erfindungen ist vorher bestimmt, die Erfolge sind notwendig, weil die Fragen an die Natur mit Bewußtsein und nach erkanntem Plane gestellt werden. Es kann eigentlich in unserm Jahrhundert der Erfindungen von einer Erfindung nicht mehr die Rede sein. Alles Neue ist nur auf die Anwendung bekannter Gesetze gestützt, es ist nur eine Erdenkung, zu welcher wenig später die Zeit gezwungen haben würde.

Die Methoden der Forschung sind andre geworden; daß sie die richtigen sind, zeigen ihre Ergebnisse. Man betrachte die Ausbildung einer einzigen Kunst, der der Photographie, welche unter unser aller Augen entsprang. Es war bekannt, daß sich manche Silbersalze und vorzüglich Jod-, Chlor- und Bromsilber unter der Einwirkung des Lichtes veränderten.

Es war ferner bekannt, daß durch geschliffene Gläser (Linsen) Bilder natürlicher Gegenstände auf einen Schirm geworfen und dort sichtbar gemacht werden konnten (Camera obscura). Auf diese beiden Elementarbeobachtungen stützte sich Daguerre, als er seine ersten Lichtbilder hervorbringen wollte. Der Gedanke, sie hervorbringen zu wollen, das ist das Unvergleichliche an dieser Erfindung; denn der Erfolg war gesichert durch Mittel der Chemie, welche entweder schon bekannt waren, oder die es zu suchen und zu schaffen galt. Und heute, wenn wir uns die photographischen Kunstwerke betrachten, fällt uns auch nur entfernt die Möglichkeit ein, daß von den ersten Versuchen bis zu ihnen kaum ein Zeitraum von vierzig Jahren verflossen ist? Innerhalb desselben sind aber die Früchte der dabei angestellten Forschungen so zahlreiche geworden, daß sie für sich allein ein eignes Studium verlangen, daß sie eine reichhaltige, selbständige Wissenschaft geworden sind, zu deren Pflege man an den Universitäten Lehrstühle errichtet. Diese in das kleinste gehende Ausbildung verdanken wir dem erleichterten Verkehr, der durch die tausendfachen Adern und Nerven strömt, durch welche die Welt als ein einziger Leib zusammenhängt.

Die Wissenschaft ist nicht mehr im Alleinbesitze einer einzigen Klasse. Überall liegen ihre Wurzeln in der großen Masse des Volkes im frischen grünen Leben selbst, und dankbar neigen sich ihre Früchte dem kräftigen Acker wieder zu. Dahin haben sich die Ansichten geklärt, daß nur von einem bewußten, einheitlichen Handeln noch ein wirklicher Erfolg zu erwarten ist. Einem Heere stellen sich nicht mehr Widerstände entgegen als dem Einzelnen, einmal überwunden, lassen sie den Weg frei. Warum soll jeder seinen Gang verbergen, damit der andre wieder dieselben Geheimnisse zu überwinden habe? Ist es nicht besser, gemeinsam das zu beseitigen, was jeder Arbeit den Nutzen schmälert?

Wie in der Wissenschaft durch die Veröffentlichung aller neuen Erfahrungen unzählige Arbeit erspart wird, die nun ohne weiteres für die Weiterführung verwandt werden kann, so ist in dem gewerblichen und industriellen Leben ein gleicher Geist der Gemeinsamkeit waltend geworden. Vor einer besseren Einsicht ist das frühere Abschließungssystem gesunken, die Geheimniskrämerei der Rezepte hat ihr Ende erreicht, und wo dies noch nicht der Fall ist, kann sie nur auf die Kurzsichtigkeit und Verblendung der Einzelnen spekulieren.

Es bilden sich Assoziationen, Vereinigungen, Genossenschaften. Durch Zusammenlegung des Kapitals und gegenseitige Verpflichtung, wie durch Arbeitsteilung, erhöhen sich ihnen die Vorteile des Rohmaterialbezuges, des Kredits, sowie die Erzeugnisse, die Produkte der Arbeit, bei größerer Zeitersparnis an Vollkommenheit gewinnen. Die Riesenunternehmungen der Fabrikation, des Bergbaues, der Eisenbahn- und Dampfschiffverbindungen wurden nur durch gemeinsame Vereinigung möglich. Der Vorteil, der auf der einen Seite dem Einzelnen daraus entspringt, kommt auf der andern der Gesamtheit zu statten.

Es genügt aber hier nicht, wie in der wissenschaftlichen Welt, allein durch Zeitungen und Fachjournale das Neue sich mitzuteilen. Tausenderlei — Muster, Stoffe, Verwendungen u. s. w. — ist unbeschreibbar. Daher ist die Zeit, wo die Idee der Ausstellungen von Erzeugnissen der Kunst und des Gewerbfleißes, zuerst in kleinem Maßstabe für einzelne Provinzen nur ausgeführt, schließlich aber in den Weltausstellungen von London, Paris, Wien und Philadelphia sich gipfelte, ein Wendepunkt in dem Lebensgange der Industrie. Was erdacht und ausgeführt ist, vereinigt sich aus allen Teilen der Erde unter einem Dache und erlaubt prüfende Vergleichung. Ein einziger Augenblick der direkten Betrachtung macht jahrelange Anstrengungen überflüssig.

Wie man voneinander lernen will, so hilft man einander gegenseitig. Die vorteilhaftesten Bezugsquellen werden entdeckt, neue Absatzwege werden geschaffen, und dadurch ziehen sich die einzelnen Zweige der Industrie dorthin und entwickeln sich da am frischesten, wo die natürlichen Verhältnisse ihnen am günstigsten zur Seite stehen. Es erhebt sich der Kampf der Intelligenz gegen den Zopf und das Privilegium, die Freiheit der Arbeit sichert dem Fleiß seine Früchte, und in dem Aufeinanderschlagen erwächst die Kraft.

Zwar sind schon seit der Mitte des 18. Jahrhunderts bei den gebildeten Völkern Europas Industrieausstellungen veranstaltet worden, und auch die großen Vorteile, welche dieselben der Gewerbthätigkeit, dem Handel, der Kunst und den Wissenschaften, darin aber der allgemeinen Volksbildung brachten, beobachtet und anerkannt worden; allein diese Vorteile waren so lange nur in einem geringen Grade zu erreichen, als die Verkehrsmittel noch nicht erlaubten, die Erzeugnisse womöglich aller Völker der Erde zu einer vergleichenden Zusammenstellung zu vereinigen und ebenso von den entferntesten Ländern rasch und leicht den Ort der Ausstellung zu besuchen. Es mußten also erst die Eisenbahnen und die Dampfschifflinien die Erde mit einem Netz überziehen, das zu benutzen dem Einzelnen leicht war.

Schon bei den Verhandlungen der französischen Jury, gelegentlich der Ausstellung von 1844, kam die Idee einer allgemeinen, internationalen, einer Weltausstellung zur Sprache. Indessen es blieb vorläufig bei der Idee, und man überließ es England, dieselbe zu verwirklichen. Hier, wo schon 1756 und 1757 die Polytechnische Gesellschaft zu London eine Preisbewerbung für Proben von Fabrikaten, Teppichen, Decken, Porzellan u. s. w. veranstaltet hatte, trat auch, fast hundert Jahre später, durch die rege Teilnahme des Prinzen Albert, Gemahls der Königin Viktoria, im Jahre 1851 die erste Weltausstellung ins Leben. Nach den Worten dieses edelsinnigen Fürsten sollte die Ausstellung „ein treues Zeugnis und lebendiges Bild sein von demjenigen Standpunkte der Entwickelung, zu welchem die ganze Menschheit gelangt ist, und einen neuen Höhepunkt, von welchem aus alle Völker ihre ferneren Bestrebungen in gewisse Richtungen zu bringen vermögen, geben." Sie sollte in gleicher Weise „die Überzeugung hervorrufen, daß diese Bestrebungen nur in dem Maße zur Verwirklichung gelangen können, wie wir uns gegenseitig Hilfe zu leisten bereit sind — also allein durch Frieden, Liebe und bereitwilligen Beistand, nicht allein unter den einzelnen Menschen, sondern unter den Nationen der Erde."

Und diese Hoffnungen waren nicht mehr bloß Wünsche eines Einzelnen; der schöne Erfolg zeigte die Bevölkerung der ganzen Erde von der Idee ergriffen. Der bewußte Zusammenhang der einzelnen Glieder zu einem großen Ganzen sprach sich zum erstenmal sichtbar aus. Es zeigten sich die Früchte gereift, zu denen die Ausbreitung der Wissenschaft durch die Buchdruckerkunst, Zoll- und Handelsverbände, die jährlichen Wanderversammlungen zuerst der Naturforscher und Ärzte zur Besprechung gemeinsamer Angelegenheiten, der Sprachgelehrten, Künstler, bald auch der Techniker, Bauleute, Handelsmänner, die Assoziationen, Kapital- und Arbeitsvereinigungen, vor allem aber die Umgestaltung des ganzen Verkehrswesens durch Zeitungen, Posteinrichtungen, Eisenbahnen, Dampfschiffe und Telegraphie, die Keime gelegt hatten.

Gegenseitiges Kennenlernen führt zu gegenseitigem Anerkennen. In der Würdigung andrer aber entwickelt sich jene Billigkeit, welche neidlos sich am Besseren erhebt, das Mindere unterstützt und selbst das Widerstrebende erklären und entschuldigen lernt, die wahre Humanität. Und wir können diese Einleitung zu einem Werke, welches, derselben Idee der Volksbildung gewidmet, den Kulturzustand der äußeren Welt, die große Form des Lebens in ihrem unlösbaren Zusammenhange zeigen soll, wir können sie zusammenfassend nicht würdiger schließen, als mit den folgenden Worten Wilhelm von Humboldts:

„Wenn wir eine Idee bezeichnen wollen, die durch die ganze Geschichte hindurch in immer mehr erweiterter Geltung sichtbar ist, wenn irgend eine die vielfach bestrittene, aber noch vielfacher mißverstandene Vervollkommnung des ganzen Geschlechts beweist, so ist es die Idee der Menschlichkeit: das Bestreben, die Grenzen, welche Vorurteile und einseitige Ansichten aller Art feindlich zwischen die Menschen gestellt, aufzuheben und die gesamte Menschheit ohne Rücksicht auf Religion, Nation und Farbe als einen großen, nahe verbrüderten Stamm, als ein zur Erreichung eines Zweckes, der freien Entwickelung innerlicher Kraft, bestehendes Ganzes zu behandeln. Es ist dies das letzte, äußerste Ziel der Geselligkeit und zugleich die durch seine Natur selbst in ihn gelegte Richtung des Menschen auf unbestimmte Erweiterung seines Daseins. Er sieht den Boden, soweit er sich ausdehnt, den Himmel, soweit ihm entdeckbar er von Gestirnen umflammt wird, als innerlich sein, als ihm zur Betrachtung und Wirksamkeit gegeben an. Schon das Kind sehnt sich über die Hügel hinaus, welche seine enge Heimat umschließen; es sehnt sich dann wieder pflanzenartig zurück: denn es ist das Rührende und Schöne im Menschen, daß Sehnsucht nach Erwünschtem und nach Verlorenem ihn immer bewahrt, ausschließlich an dem Augenblicke zu haften. So festgewurzelt in der innersten Natur des Menschen und zugleich geboten durch seine höchsten Bestrebungen, wird jene wohlwollend menschliche Verbindung des ganzen Geschlechts zu einer der großen leitenden Ideen in der Geschichte der Menschheit."

Tafel I. Anfänge der Baukunst.

Fig. 1. Cyklopische Mauer in der Gegend von Sunna.

Fig. 2. Spannschicht auf der Insel Delos.

Fig. 3. Überkragung an einem Thore zu Thorikos.

Fig. 4. Stadtmauer und Löwenthor von Mykene.

Fig. 5. Hübelgräber der Mußgoneger.

Fig. 6. Todtenstadt bei Cäre in Etrurien.

Fig. 7. Dänischer Grabhügel.

Fig. 8. Indisches Grabdenkmal (Tope) bei Sanchi.

Das Buch der Erfindungen. 8. Aufl. I. Bd.

Atlas zur Geschichte der Baukunst.

Tafel II. Keltische Bauten.

Fig. 1. Steingehege bei Salisbury in früherem Zustande.

Fig. 2. Keltische Stadt Roc de Vic, im Departement de la Corrèze.

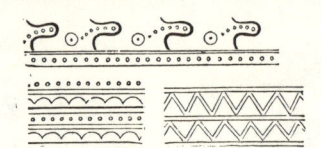

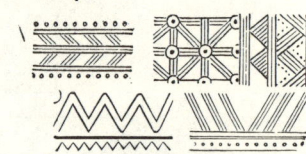

Fig. 3. Keltische Reihungen und Wellenlinien.

Fig. 4. Vermutlich keltischer Tempel auf der Hohen Donne im Wasgau.

Tafel III. Amerikanische Baugruppen.

Fig. 1. Befestigungen nordamerikanischer Ureinwohner in Hopeton bei Chillicothe in Ohio.

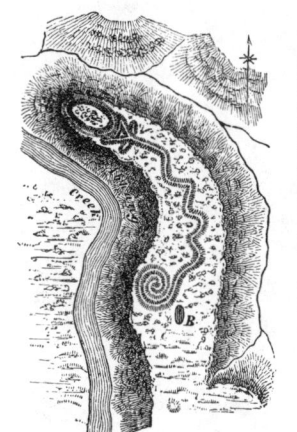

Fig. 2. Große Schlange in Adams-County.

Fig. 3. Inschriftfelsen (Dighton-rock) bei Berkeley.

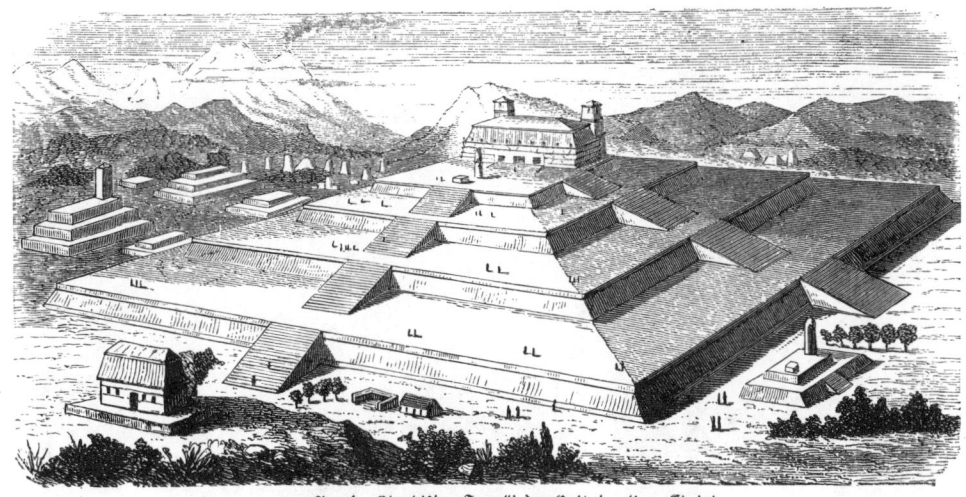

Fig. 4. Olmekischer Teocalli des Quitzalcoatl zu Cholula.

Tafel IV. Amerikanische Baugruppen.

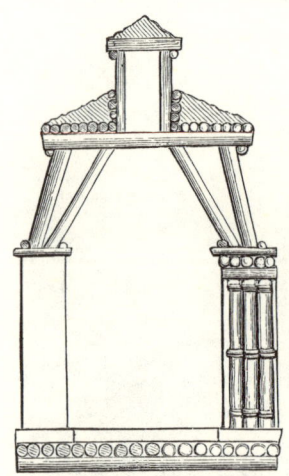

Fig. 1. Schema toltekischer Konstruktion.

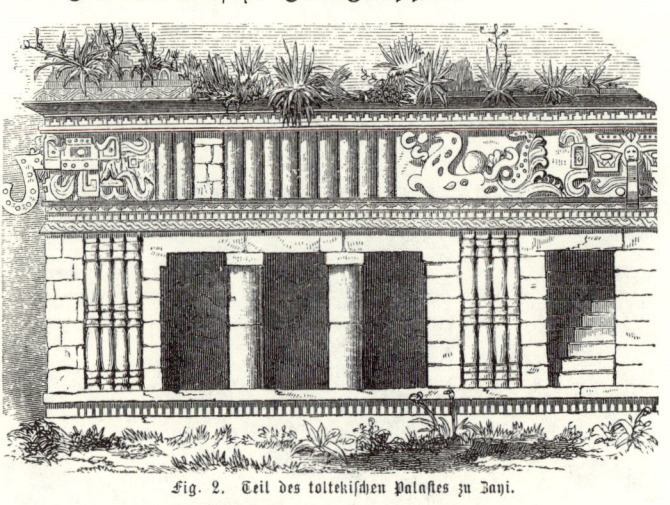

Fig. 2. Teil des toltekischen Palastes zu Zayi.

Fig. 3. Toltekischer Reichspalast und Hauptteocalli zu Palenque.

Fig. 4. Toltekisches Gemach in Uxmal.

Fig. 5. Großer Saal in Chichen-Itza, toltekisch.

Tafel V. Amerikanische Baugruppen.

Fig. 1. Peruanische Warte und Tambo (Herberge) bei Cañar.

Fig. 2. Durchschnittsteil einer peruanischen Herberge.

Fig. 3. Umfassungsmauer des aztekischen Hauptteocalli zu Mexiko, restauriert von O. Mothes.

Fig. 4. Kloster der Sonnenjungfrauen auf der Insel Koata, im Hintergrund das Haus des Manko Kapack.

Tafel VI. Ostasiatische Gruppe.

Fig. 1. Königspalast zu Mandalay (Birma).

Fig. 2. Westliche Ansicht des siamesischen Klosterbaues Nakhon-Wât vor der ersten Terrasse.

Tafel VII. Ostasiatische Gruppe.

Fig. 1. Brücke und Stadtmauer in Peking.

Fig. 2. Ehrenthor in Peking. Nach einer Originalphotographie.
Aus der Blütezeit (um 1368—1645).

Fig. 3. Porzellanturm zu Nanking.
In der Verfallzeit (um 1640) restauriert.

Tafel VIII. Ostasiatische Gruppe.

Fig. 1. Buddhistischer Tempel in Japan.

Fig. 2. Buddhistisches Kloster in Jokohama.

Tafel IX. **Ägyptische Baukunst.**

Fig. 3. Eingang eines Grabes von Beni-Hassan.

Fig. 1 u. 2. Grundriß und Längendurchschnitt der Höhlen von Ipsambul.

Fig. 4. Tempel von Philä.

Fig. 5. Eingang zum Grabe des Rhamses.

Fig. 8. Löwensphinx mit Menschenkopf.

Fig. 9. Widdersphinx.

Fig. 7. Grab des Rhamses (Grundriß).

Fig. 6. Pyramiden des alten Memphis (bei Djizeh).

Das Buch der Erfindungen 8. Aufl. I. Bd.   Atlas zur Geschichte der Baukunst.

Tafel X. Ägyptische Baukunst.

Fig. 1. Ägyptischer Tempel, Gesamtübersicht.

Fig. 2. Vorhof des Hathortempels auf Philä.

Fig. 3. Säule mit Hathormasken.

Fig. 4. Ägyptisches Flachornament.

Fig. 5. Skarabäus.

Fig. 6. Ägyptisches Flachornament.

Tafel XI. Chaldäische Gruppe.

Fig. 1. Reste des babylonischen Turmes auf dem Birs Nimrud.

Fig. 2. Assyrischer Thronsaal, restauriert von O. Mothes.

Tafel XII. Chaldäische Gruppe.

Fig. 1. Grab des Dareios zu Nakschi-Rustan.

Fig. 2. Grab des Cyrus bei Passargadä.

Tafel XIII. **Ostindische Baukunst.**

Fig. 2. Säule aus Barrolli.

Fig. 1. Vorhalle im Tempel des Vimala-Sah in Mont-Abu.

Fig. 3. Dagop im Höhlentempel zu Ayunta.

Fig. 4. Halle zu Tschillumbrum, vollendet 1004 n. Chr.

Tafel XIV. Ostindische Baukunst.

Fig. 1. Pagode in Dschaggernaut.

Fig. 3. Säule aus Ellora.    Fig. 2. Grabmonument zu Nang-Rung in Birma.    Fig. 4. Säule mit Gebälk.

Tafel XV. **Phönikische Kunst.**

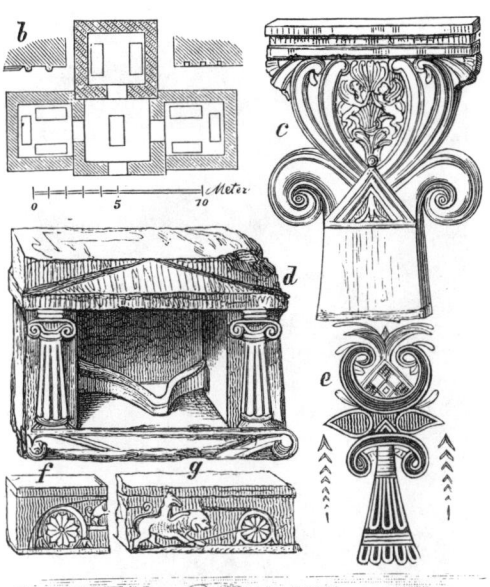

Fig. 1. — a u. b Gräber bei Amathus, c Stelenkopf, d Lampe aus Golgios, e aus Citium, f u. g Sockeln aus Golgios.

Fig. 2. Grabturm zu Thugga.

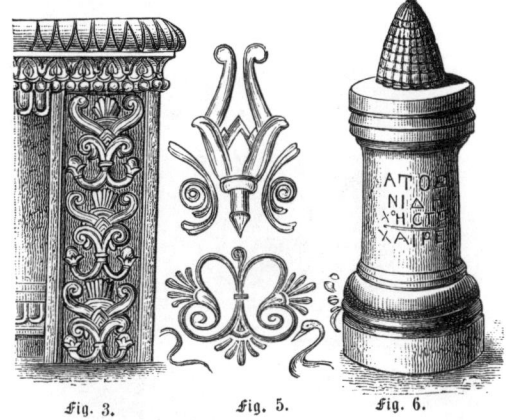

Fig. 3 u. 4 Sarkophag aus Amathus, Fig. 5 aus Curium, Fig. 6 aus Citium.

Fig. 7. Grab des Zacharias bei Jerusalem.

Tafel XVI. **Pelasgische Kunst.**

Fig. 1. Harpagosdenkmal zu Xanthos, um 520 v. Chr.

Fig. 2. Eingang zum Schatzhaus des Atreus zu Mykene.

Fig. 3. Pelasgische Säule.

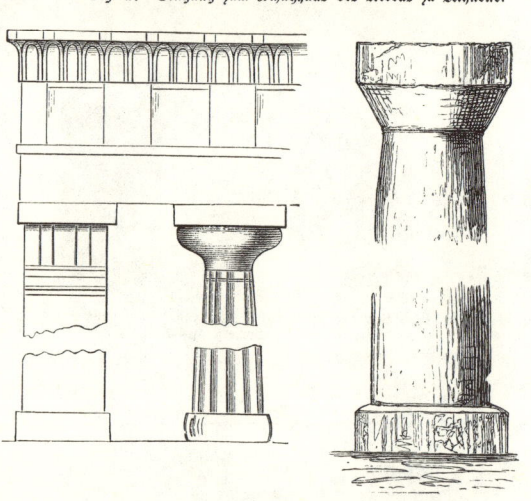

Fig. 4. Frühdorische Ordnung. Von der Vase des Ergotimos.

Fig. 5. Votivsäule auf der Akropolis von Athen.

Fig. 6. Ruinen des Tempels auf dem Kap von Sunion.

Tafel XVII. **Etruskische Kunst.**

Fig. 1. Etruskische Grabkammer zu Regulini-Galleassi.

Fig. 2. Etruskische Gräber zu Castel d'Asso.

Fig. 3. Aschenkiste in Hausform.

Fig. 4. Grab des Arun zu Albano.

Fig. 5. Grab zu Tarquinii.

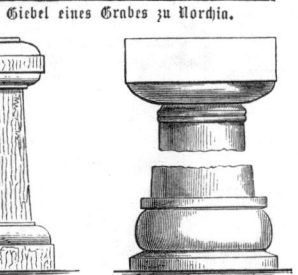

Fig. 8. Giebel eines Grabes zu Norchia.

Fig. 6. Postament aus Volci.

Fig. 7. Säule

Das Buch der Erfindungen. 8. Aufl. I. Bd.

Atlas zur Geschichte der Baukunst.

Tafel XVIII. Griechische Baukunst.

Fig. 1. Poseidontempel zu Pästum.

Fig. 4—6. Akroterien.

Fig. 8. Anthemion.

Fig. 3. Ionische Säule vom Tempel am Ilyssos zu Athen.

Fig. 2. Dorische Säule vom Parthenon.

Fig. 10. Griechische Mäanderverzierung.

Fig. 7. Akroterion.

Fig. 9. Griechische Mäanderverzierung.

Tafel XIX. Griechische Baukunst.

Fig. 6. Eierstab.

Fig. 5. Blätterstab.

Fig. 1. Gräber von Kyrene.

Fig. 2. Vom Turm der Winde zu Athen.

Fig. 3. Herkos des heiligen Ölbaumes auf der Akropolis zu Athen.

Fig. 4. Korinthische Säule vom Denkmal des Lysikrates.

Tafel XX. Griechische und römische Baukunst. Grundrisse.

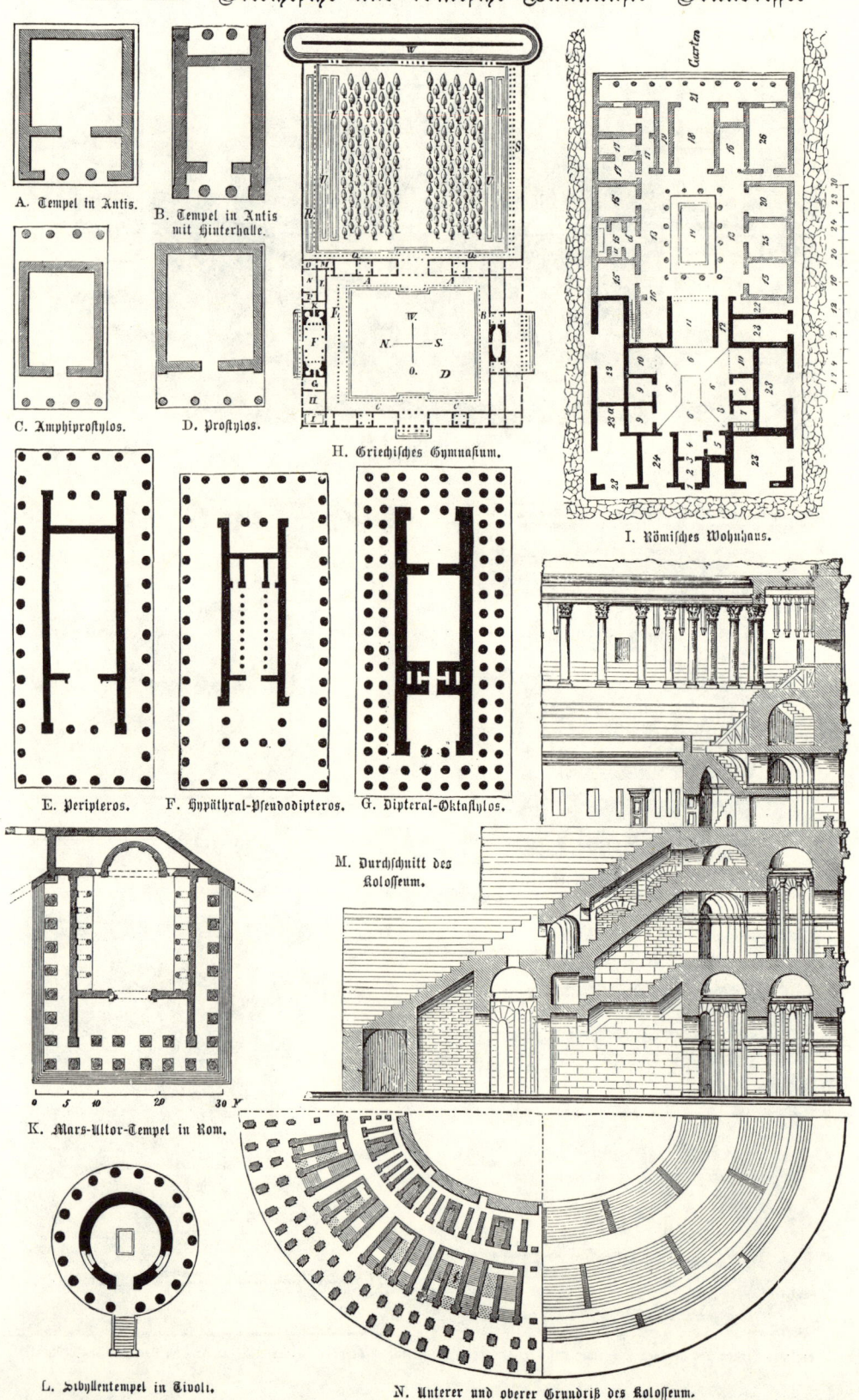

A. Tempel in Antis.
B. Tempel in Antis mit Hinterhalle.
C. Amphiprostylos.
D. Prostylos.
H. Griechisches Gymnasium.
I. Römisches Wohnhaus.
E. Peripteros.
F. Hypäthral-Pseudodipteros.
G. Dipteral-Oktastylos.
M. Durchschnitt des Kolosseum.
K. Mars-Ultor-Tempel in Rom.
L. Sibyllentempel in Tivoli.
N. Unterer und oberer Grundriß des Kolosseum.

Tafel XXI. **Römischer Baustil.**

Fig. 1. Turmgrab bei St. Remy.

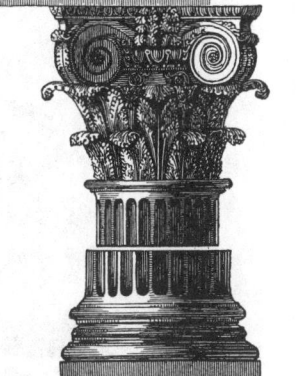

Fig. 2. Mausoleum des Hadrian zu Rom.

Fig. 5. Römisches Ornament.

Fig. 6. Ornamentierter Eierstab.

Fig. 4. Römische (komposite) Säule.

Fig. 3. Sibyllentempel zu Tivoli.

Tafel XXII. **Römischer Baustil.**

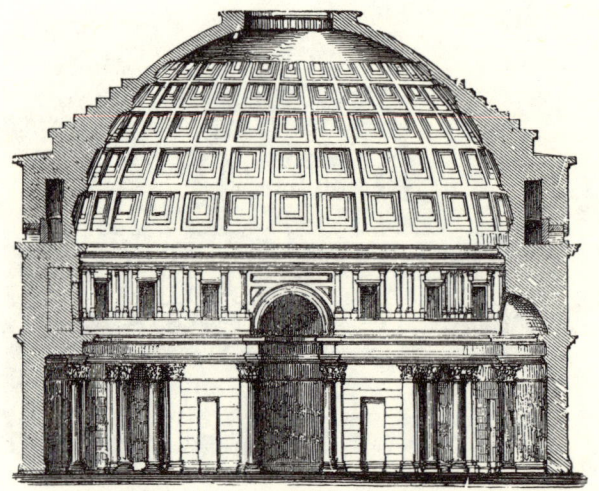

Fig. 1. Pantheon zu Rom, Querdurchschnitt.

Fig. 2. Pantheon, halbe Ansicht.

Fig. 3. Ansicht des Amphitheaters zu Pola.

Fig. 4. Triumphbogen Konstantins zu Rom.

Fig. 5. Maison carrée zu Nîmes.

Tafel XXIII. Occidental-altchristliche Baukunst nebst Vorstufen. Grundrisse.

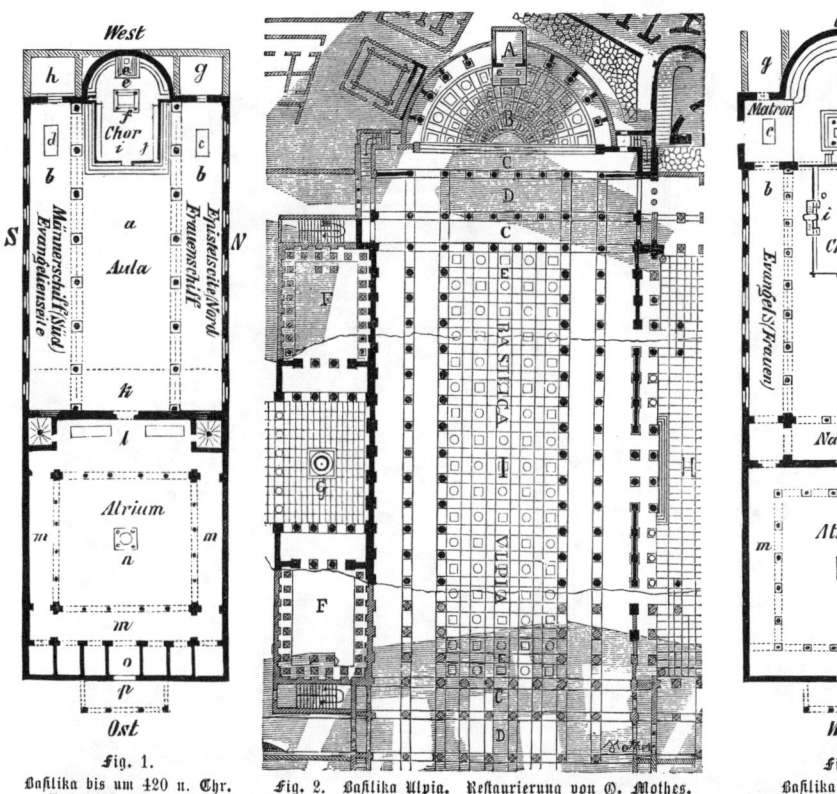

Fig. 1. Basilika bis um 420 n. Chr. Nach West orientirt.

Fig. 2. Basilika Ulpia. Restaurierung von O. Mothes. A Aedicula. B Tribunal. C u. D Querschiff. E Langhaus. F Säle (Bibliothek?). G Trajanssäule. H Forum.

Fig. 3. Basilika nach 420. Nach Ost orientirt.

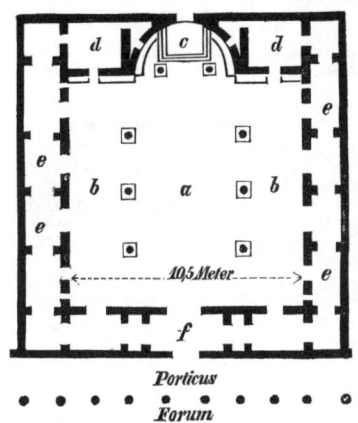

Fig. 4. Marktbasilika zu Otricoli. a Mittelschiff. bb Seitenschiffe, darüber Galerien. c Tribunal, darunter Kerker. dd Chalcidica, Nebenzimmer. ee Lokale für Richter, Advokaten zc. f Vorhalle (von andern chalcidica genannt).

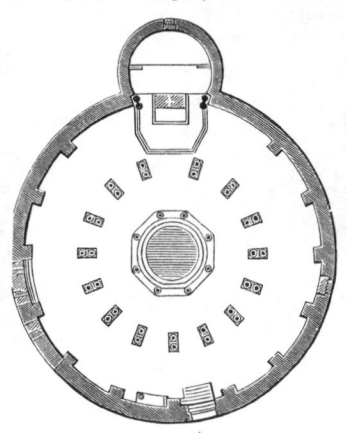

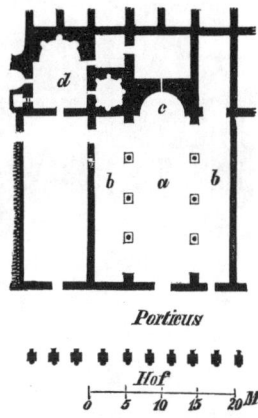

Fig. 5. Baptisterium zu Nocera dei Pagani.

Fig. 6. Palastbasilika zu Spalato. a Hoher Mittelraum. bb Seitenschiffe, darüber Galerien. c Apsis od. Exedra. d Kleiner oecus apsidatus.

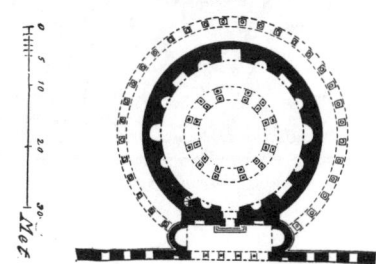

Fig. 7. Grabkirche der heil. Konstantia zu Rom.

Fig. 8. Evangelienambo.

Tafel XXIV. **Oriental-altchristliche Baukunst.**

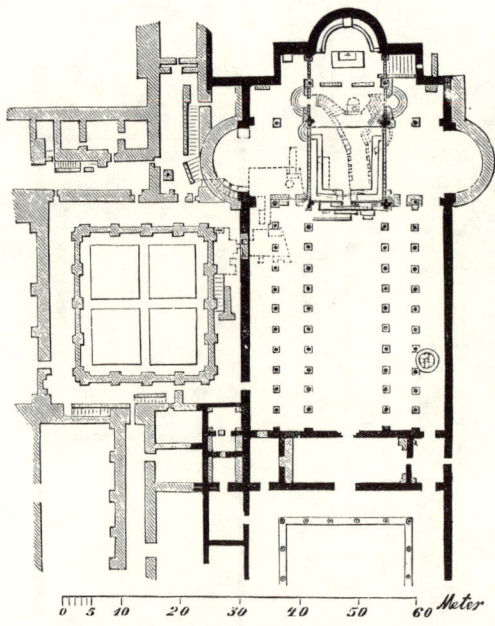

Fig. 1. Basilika der Maria (Geburtskirche) zu Bethlehem. (Die schwarzen Teile sind von 325 ff., die schraffierten von 450.)

Fig. 2. Felsendom zu Jerusalem, vermutlich Anastasis des Konstantin, jetzt Moschee Es-Sachhara, sogen. Moschee des Omar.

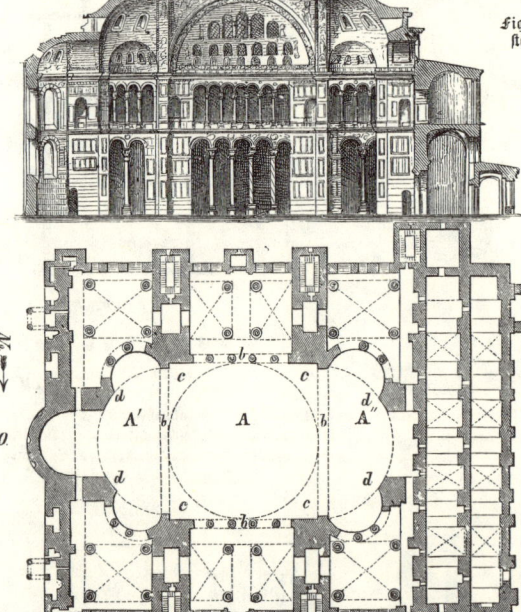

Fig. 3 u. 4. Aja Sophia (Grundriß und Durchschnitt).

Fig. 5. Byzant. Ornament aus der Sophienkirche.

Fig. 6. Byzant. Ornament aus dem 9. Jahrh.

Tafel XXV. **Orientalisch-altchristliche Baukunst und Vorstufen.**

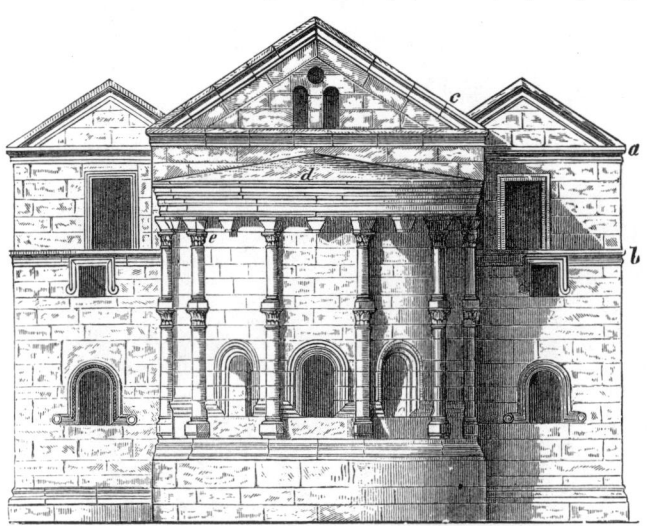

Fig. 1. Apsisansicht der Basilika von Qualb Luzeh (6. Jahrh.).

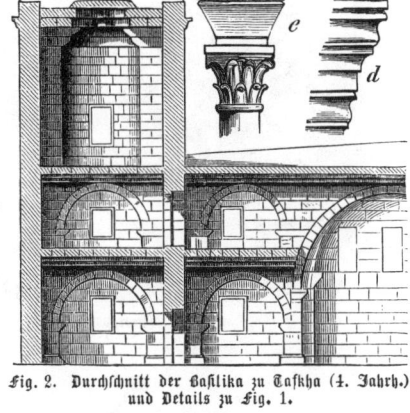

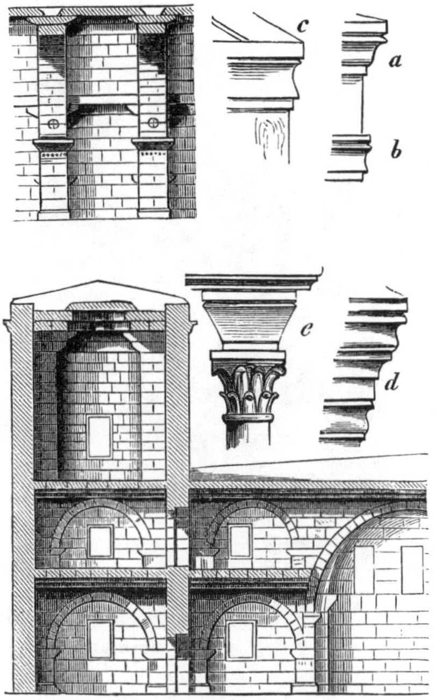

Fig. 2. Durchschnitt der Basilika zu Taskha (4. Jahrh.) und Details zu Fig. 1.

Fig. 3. Kapitäle aus Kalaat-Semahn (5. Jahrh.).  Fig. 4. Thüre aus Firuz-Abad, um 470.  Fig. 5. Thürsturz aus Dana, 540.

Fig. 6. Takht-i-Koshru in Ktesiphon (531 ff.).  Fig. 7. Fenster der Kapelle zu Kokanaya.

Das Buch der Erfindungen. 8. Aufl. I. Bd. Atlas zur Geschichte der Baukunst.

Tafel XXVI. Byzantinischer Baustil.

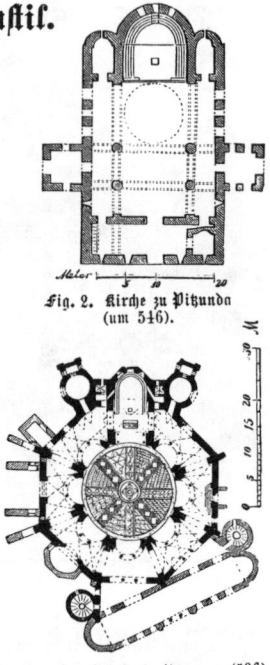

Fig. 1. Theotokoskirche in Konstantinopel (um 900).

Fig. 2. Kirche zu Pitzunda (um 546).

Fig. 3. San Vitale in Ravenna (526).

Fig. 4. Kirche zu Samthavis, 1080 begonnen.

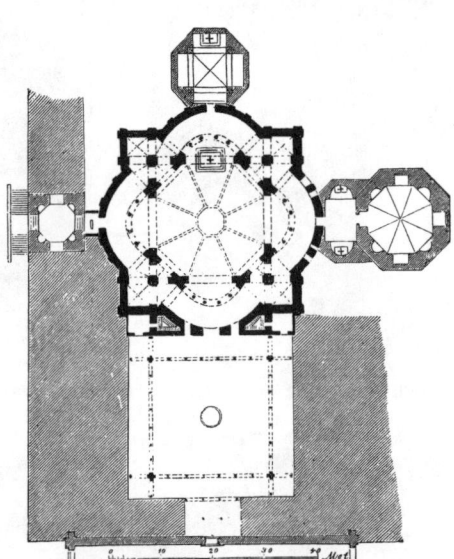

Fig. 5. Kathedrale zu Kiew (um 1020).

Fig. 6. San Lorenzo in Mailand (398).

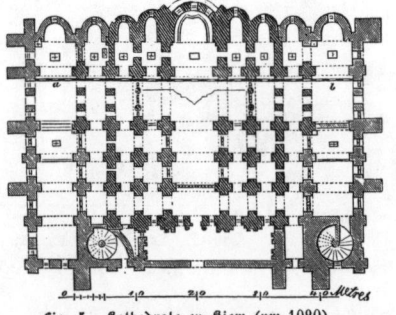

Tafel XXVII. — Byzantinischer Baustil. — Details.

Fig. 1. Säule aus S. Vitale in Ravenna.
Fig. 7. Fenster der Kirche zu Kutais.
Fig. 4. Aus S. Marco zu Venedig. 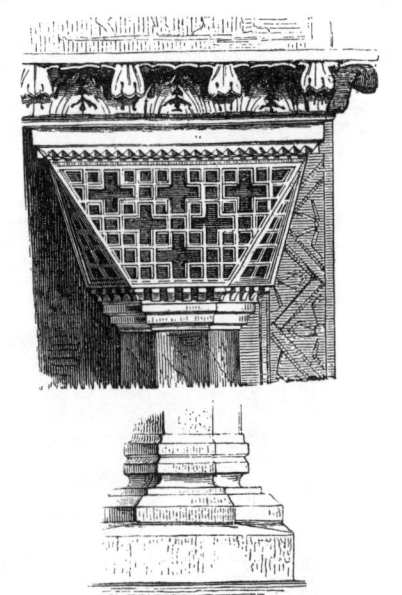
Fig. 2. Aus Treviso.
Fig. 3. Aus Venedig. 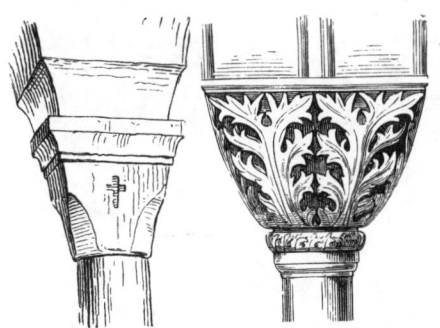
Fig. 5. Details der Kirche zu Samthavis.
Fig. 6. Apsisfenster der Kirche zu Ravanica.

Tafel XXVIII. Ostgotische Baukunst. Details.

Ostgotische Details: a—l vom Grabe des Theoderich; m—o u. y aus S. Apollinare in Classe; p u. q, w u. x aus S. Vitale; r aus Ravenna; s Portalpfeiler vom Palast des Theoderich zu Ravenna; t u. u vom Dom zu Parenzo; v aus S. Giovanni in Fonte zu Verona.

Tafel XXIX. Fränkische Bauweise. Merowinger.

Fig. 6 u. 7. Kapitäldetails zu Fig. 2.

Fig. 8. Hauptsims zu Fig. 2.

Fig. 9. Pilaster zu Fig. 2.

Fig. 5. Merowingische Wandmalerei aus St. Jean

Fig. 1. Ostseite von St. Jean in Poitiers.

Fig. 4. Basse-Oeuvre in Beauvais.

Fig. 2. Grundriß von St. Jean in Poitiers.

Fig. 3. Durchschnitt auf Linie D, C, B, Fig. 2.

Tafel XXX. Frühromanischer Baustil. Langobarden.

Fig. 1—21. Langobardische Kapitäle:
1. Verona (720). 2. Cividale (740). 3. Aquileja (750). 4. Ebenda (um 800). 5 u. 6. Ascoli (700). 7. Pisa (995). 8 u. 9. Valpolicella (720). 10. Piacenza (um 700). 11. Parma (730). 12. Moscufo (725). 13. Novara (730). 14. Venedig (827). 15. Bologna (1019). 16. Padua (595). 17. Valpolicella (720). 18. Lucca (um 750). 19. Serravalle (700). 20. Valva (vor 880). 21. Pisa (995).

Westansicht. Durchschnitt.
Fig. 22. Dom zu Novara (Türme und Giebel um 730, Emporen 920, Wölbung 1020, Vorhalle, unten 1020, oben 1124).

Tafel XXXI. Frühromanischer Baustil. Karolinger.

Fig. 3. Säule.

Fig. 4. Kirche von St. Généroux, Apsisansicht.

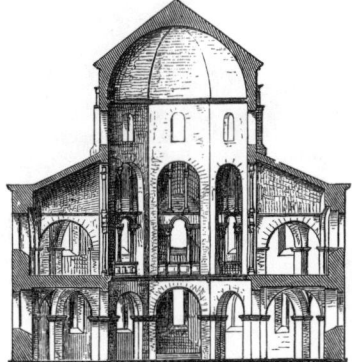

Fig. 2. Durchschnitt.

Fig. 5. Von St. Généroux in Poitiers.

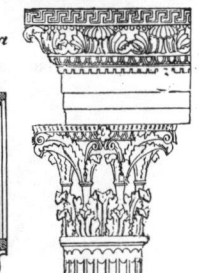

Fig. 7. Säule zu Fig. 6.

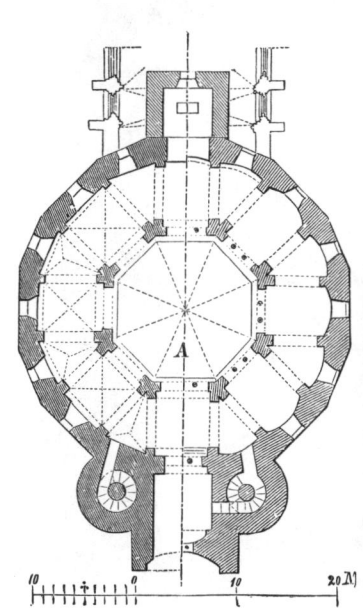

Fig. 1. Grundriß.
Fig. 1–3. Münster zu Aachen.

Fig. 6. Vorhalle von Notre Dame des Domus in Avignon.

Tafel XXXII. Frühromanischer Baustil. Irische u. Angelsächsische Bauten.

Fig. 3. Rundturm zu Ardmore.

Fig. 2. St. Kevins „Küche" in Glendalough.

Fig. 4. Kapelle auf der Insel Innisfallen.

Fig. 1. Oratorium des Gallerus.

Fig. 5. Turm von Earls Barton.

Tafel XXXIII. **Mittelromanischer Baustil.**

Fig. 1. Portal der Kirche zu Großenlinden (um 1000).

Fig. 2. St. Michael zu Hildesheim (1001 begonnen).

Fig. 3. Kirche zu Loches, Anjou (962).

Fig. 4. Portal der Kirche Saint Trophime in Arles (um 1020).

Fig. 5. Turm von Notre Dame zu Cunault, Anjou (um 1000).

Das Buch der Erfindungen. 8. Aufl. I. Bd.

Atlas zur Geschichte der Baukunst.

Tafel XXXIV. Christliche Baukunst. Grundrisse.

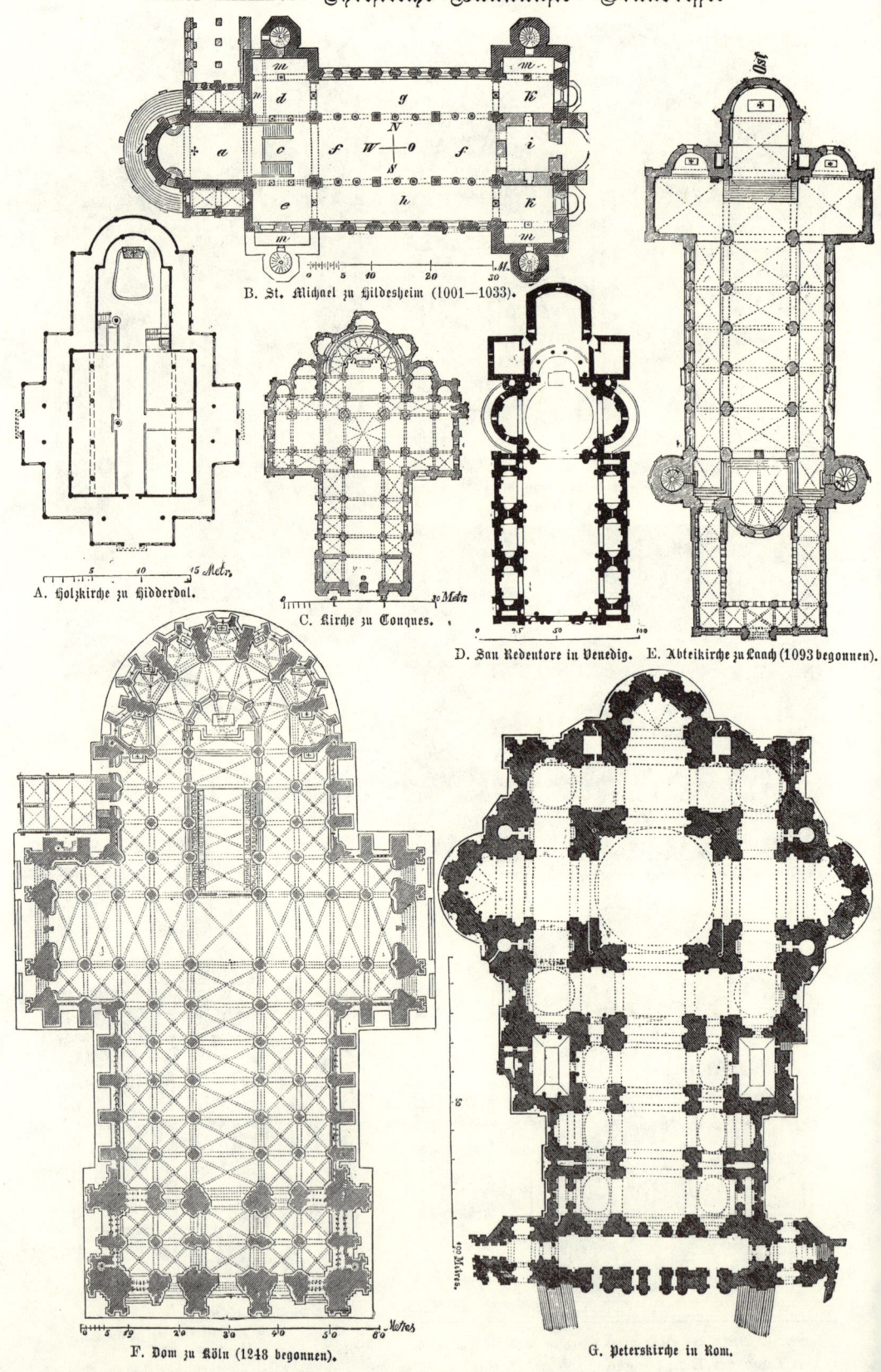

A. Holzkirche zu Hidderdal.

B. St. Michael zu Hildesheim (1001—1033).

C. Kirche zu Conques.

D. San Redentore in Venedig.

E. Abteikirche zu Laach (1093 begonnen).

F. Dom zu Köln (1248 begonnen).

G. Peterskirche in Rom.

Tafel XXXV. Spätromanischer Baustil.

Fig. 1. Dom zu Speier (1030 begonnen).

Fig. 2. Fronte des Domes zu Limburg.

Fig. 3. Kelchkapitäl aus Gelnhausen.

Fig. 4. Romanisches Ornament.

Fig. 5. Romanisches Ornament.

Fig. 6. Dom zu Bamberg (1193 begonnen).

Tafel XXXVI. **Islamitische Baukunst.**

A. Von der Moschee Ibn-Tulun.

B. Außenarchitektur der Moschee Amru (879).

C. Moschee zu Toledo (um 645) (San Cristo de la Luz).

D. Moschee zu Tabriz.

E. Moschee zu Cordova, 786 begonnen.

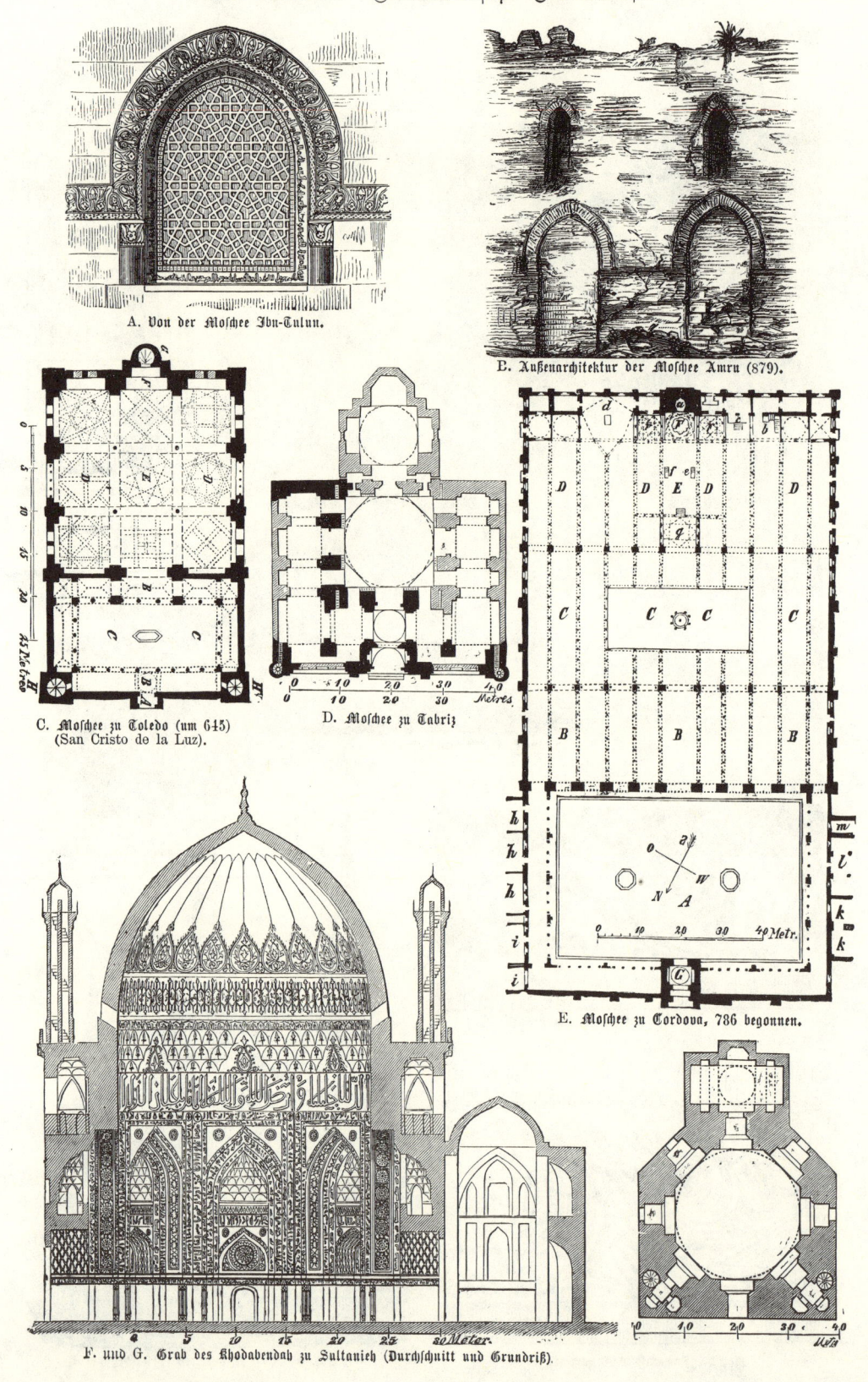

F. und G. Grab des Khodabendah zu Sultanieh (Durchschnitt und Grundriß).

Tafel XXXVII. Islamitische Baustile.

Fig. 1. Löwenhof im Schloß Alhambra.

Fig. 2 u. 3. Eckverbrechungen aus Granada.

Fig. 4–7. Säulenkapitäle.

Fig. 8. Mastatscheh der Moschee von Cordova.

Fig. 9. Durchschnitt von San Cristo de la Luz zu Toledo.

Tafel XXXVIII. Islamitische Baustile.

Fig. 1. Maurische Säule aus Alhambra.

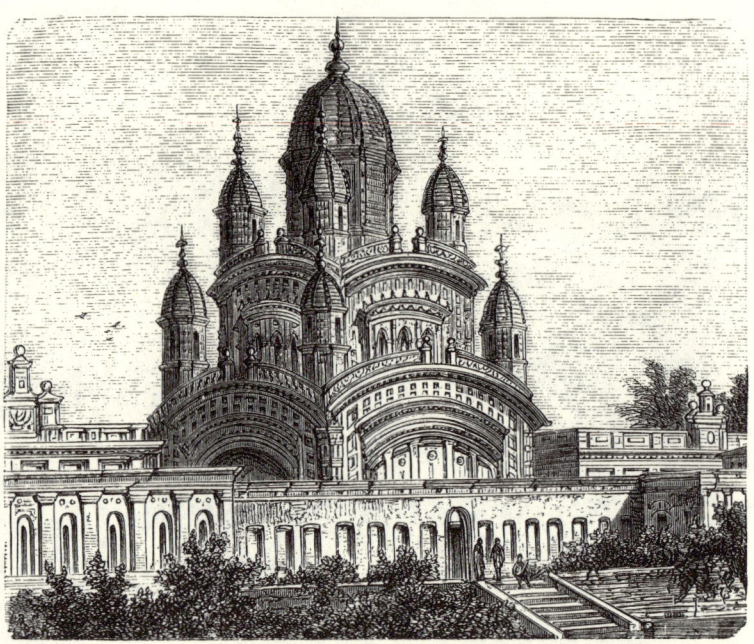

Fig. 2. Hugli-Misdschid in Kalkutta.

Fig. 3. Aus der Moschee zu Alt-Delhi.

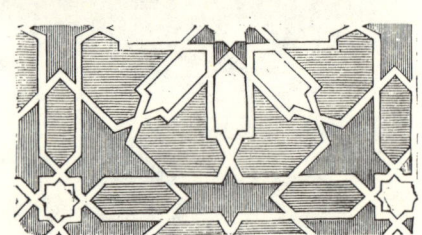

Fig. 4. Fliesenmuster aus Malaga.

Fig. 6. Maurische Säule vom Generalif bei Granada.

Fig. 5. Maurisches Wandornament aus Alhambra.

Tafel XXXIX. Gotischer Baustil.

Fig. 1. Am Chor von St. Denis (1240).

Fig. 4. Maßwerkbildung.

Fig. 3. Fensterrose.

Fig. 2. Westseite des Domes zu Freiburg.

Fig. 6. Westportal von St. Elisabeth in Marburg (1235).

Fig. 5. Strebebogen am Dome zu Amiens.

Tafel XL. Gotischer Baustil.

Fig. 1. Giebel der Kreuzesarme des Kölner Domes. Fig. 2 u. 3. Englisch-gotische Kapitäle. Fig. 4 u. 5. Englische Bündelpfeiler. Fig. 6 u. 7. Säulenschäfte.

Fig. 8. Giebelkreuzblume. Fig. 9. Gotisches Blatt. Fig. 11. Tudorblume. Fig. 12. Tudorrose. Fig. 10. Deutsche Kreuzblume.

Fig. 13. Französische Giebelkriechblume. Fig. 14. Deutsch-gotisches Ornament.

Tafel XLI. **Gotische Baukunst.**

Fig. 1 u. 2. Sterngewölbe.

Fig. 3. Maßwerkbrüstung.

Fig. 4–6. Blumen am Sims.

Fig. 7. Frühg. Helmkriechblume.

Fig. 8. Spätg. Helmkriechblume.

Fig. 9. Kapitäl aus St. Elisabeth zu Marburg.

Fig. 10. Maßwerkrose.

Fig. 11. Maßwerk.

Fig. 12. Chor und Langseite der St. Katharinenkirche zu Oppenheim.

Das Buch der Erfindungen. 8. Aufl. I. Bd.   Atlas zur Geschichte der Baukunst.

Tafel XLII. Renaissance.

Fig. 1. Otto-Heinrichsbau im Heidelberger Schloß.

Fig. 3. Ornament aus dem 16. Jahrh.

Fig. 2. Untergeschoß des Schlosses zu Gaillon.

Tafel XLIII. **Renaissance.**

Die Peterskirche mit dem Petersplatz zu Rom.

Tafel XLIV. **Renaissance und Barockstil.**

Fig. 6. Karyatide.

Fig. 4 u. 5. Mittel- und Eck-Akroterie.

Fig. 3. Säule.

Fig. 1. Schloß Chambord.

Fig. 2. Pavillon des Dresdner Zwingers.

Tafel XLV. Renaissance und Barockstil.

Fig. 3. Ornament.

Fig. 4. Ornament.

Fig. 1. Grabmal Ludwigs XII. und Annas von Bretagne.

Fig. 5. Eingelegte Arbeit.

Fig. 6. Bordüre.

Fig. 2. Paulskirche in London.

Tafel XLVI. **Barockstil.**

Fig. 1. Wand im Hotel Rohan zu Paris.

Fig. 2. Eingelegte Arbeit.

Tafel XLVII. Rokoko- und Zopfstil.

Fig. 1. Zopfkartusche.

Fig. 2. Rokokoornament.

Fig. 4. Barockkonsol nach P. A. Pozzo.

Fig. 5. Rokokokonsole aus der früheren Zeit Ludwigs XV.

Fig. 3. Rokokoornament.

Fig. 6. Agraffe aus der späteren Zeit Ludwigs XV.

Fig. 7. Rosette Louis XVI.

Tafel XLVIII. Baukunst im XIX. Jahrhundert.

Fig. 1. Brandenburger Thor in Berlin.

Fig. 2. Glyptothek in München.

Fig. 3. Glaspalast zu London von 1862.

Tafel XLIX. **Baukunst im XIX. Jahrhundert.**

Fig. 1. Große Oper in Paris.

Fig. 2. Großherzogliches Schloß in Schwerin.

Das Buch der Erfindungen 8. Aufl. I. Bd.   Atlas zur Geschichte der Baukunst.

Tafel L. **Baukunst im XIX. Jahrhundert.**

Fig. 1. Hoftheater in Dresden (Gottfried Semper).

Fig. 2. Hofoperntheater in Wien (van der Nüll und Siccardsburg).

Fig. 3. K. k. Museum für Kunst und Industrie zu Wien (v. Ferstel).

Tafel LI. **Baukunst im XIX. Jahrhundert.**

Fig. 1. Neue Garnisonkirche in Stuttgart (Konrad Dollinger).

Fig. 2. Rathaus in München (Georg Hauberisser).

Tafel LII. **Baukunst im XIX. Jahrhundert.**

Fig. 1. Justizpalast in Brüssel (Poelaert).

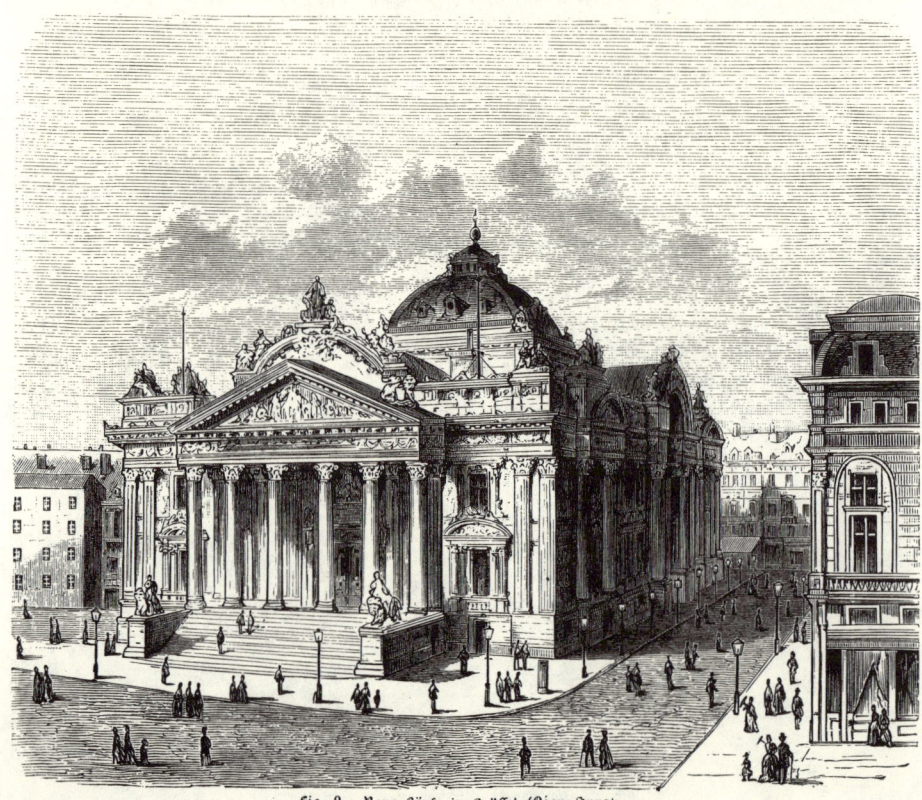

Fig. 2. Neue Börse in Brüssel (Léon Suys).

Das Alte stürzt, es ändert sich die Zeit
Und neues Leben blüht aus den Ruinen.
Schiller.

Baukunst und technische Künste.

Trieb des Menschen nach Schönheit. Anfänge der Kunstthätigkeit. Vorstufen. Baustile. Baustile der Völkergruppen mit in sich abgeschlossener Kultur: Amerikanische Baugruppen. Ostasiatische Baugruppen. Baustile bei teilweise fortgepflanzter Kultur. Ägypter, Chaldäer, Ostindier. Westasiatische Gruppen. Baustile der Völker mit direkt vererbter Kultur: Pelasger und Etrusker, Griechen und Römer. Christliche und islamitische Kunst. Baustile aus bewußtem Rückgang auf frühere Kulturstufen. Renaissance. Neuzeit. Kunststil der Zukunft. Rückblick.

Wie uns die Einleitung zeigte, war es zunächst das dringende Bedürfnis des Körpers nach Schutz vor den Unbilden der Witterung und vor den Angriffen andrer Menschen sowie der Tiere, welches den Menschen zu Errichtung eines Obdachs, zu Anlegung einer Kleidung antrieb, das Bedürfnis, die Nahrung zum Munde zu führen, statt gleich dem Tiere mit dem Munde die Nahrung zu nehmen, und ferner das Bedürfnis, sich Nahrung aufzubewahren, was den Menschen zu Erzeugung von Gefäßen veranlaßte. Wenn ihn nun auch solchergestalt zunächst nur rein körperliche, ja fast tierische Bedürfnisse zum Nachdenken, zur Arbeit und zur Vereinigung zwangen, so war damit immerhin die Bahn eröffnet, die ihn zu geistiger Ausbildung führen mußte. Die im Kampfe um das Dasein, in der Arbeit für Erfüllung der nächstliegenden leiblichen Bedürfnisse eintretende Erweckung geistigen Lebens mußte begleitet sein vom Erwachen höherer, seelischer Bedürfnisse. Jedem Menschen ist ja außer Verstand und Willen auch Phantasie gegeben, und eine der hauptsächlichsten, schon bei jedem Kinde und ähnlich bei Erwachsenen auf der Kindheitsstufe der Kultur erscheinenden Äußerungen der Phantasie ist der Trieb, zuerst sich, dann aber seine Umgebungen zu verschönen. Selbst in der uns vollständig geschmacklos, ja abscheulich erscheinenden Verunstaltung einzelner Körperteile, in der grassesten Tättowierung des ganzen Körpers bei den Halbwilden erkennt der aufmerksame unbefangene Forscher eine Bethätigung des Schönheitssinnes neben der Absicht, die Feinde zu erschrecken. — Da, wo der Mensch, wie eben jene Halbwilden, infolge des günstigen Klimas der Kleidung und des Obdachs entbehren kann, finden wir neben dieser Verschönerung des Körpers nur noch die Schaffung von Waffen, Gefäßen ꝛc., aber auf diesen schon die Bethätigung der Lust an Form und Farbe. Wo er aber, vom Klima minder begünstigt, der Kleidung und des Obdaches wirklich bedarf, da wird sich der Verschönerungstrieb nicht seinem durch die Kleidung ja doch mehr oder weniger verdeckten Körper, sondern den zu Erfüllung jener Bedürfnisse nötigen Gegenständen zuwenden. Da der Mensch aber immer erst dann zu Verschönerung eines Gegenstandes schreiten wird, wenn er meint, für denselben die zweckmäßige Form gefunden zu haben, so wird er auch bei der Verzierung selbst sich unwillkürlich streng an letztere anschließen und alles vermeiden, was die Zweckmäßigkeit beeinträchtigen oder verbergen könnte, also die Verzierung nur als Weiterbildung der Gestalt behandeln, die für den Gegenstand in unverziertem Zustand als sachgemäß erschienen ist. Indem er nun als **Gefäße** zumeist von der Natur ihm gelieferte hohle Körper — Fruchtschalen, Eierschalen, Hörner, Muscheln u. dgl. — direkt benutzt, dann unter Anlehnung an die ihm hierbei von der Natur gegebenen Lehren für Zwecke, denen jene Schalen ꝛc. nicht genügen, anderweite Gefäße teils durch Zusammenfügung mehrerer jener Schalen oder mehrerer Teile von solchen, teils durch künstliche Aushöhlung von Steinen, Holzblöcken ꝛc., teils endlich durch Knetung und Formung fügsamer Massen erzeugen lernt, wird er auch bei deren Verzierung zuerst die in der Natur an den erwähnten hohlen Körpern gefundenen Formen nachahmen, bei der darauf folgenden Aufsuchung abweichender Formen aber auch durch die beengenden Bedingungen geleitet werden, welche die Natur des Materials ihm auferlegt, welche er erst ganz allmählich bei fortschreitender technischer Ausbildung überwinden und beherrschen lernt.

In ganz ähnlicher Weise wird er zu **Kleidung,** zu **Decken,** zum Verschließen von Öffnungen und zum Belegen des Fußbodens zunächst die von der Natur direkt dargebotenen biegsamen und flachen Körper, also große Blätter, Felle, Flügel ꝛc., benutzen, dann unter Anwendung des in der Struktur der Blätter, Stengel und des Holzes, in der Verschlingung der Wurzeln u. dergl. bei genauerer Beobachtung erkannten Verfahrens der Natur größere, ausgedehntere oder je nach dem Spezialzweck besonders gestaltete flache, biegsame Körper, teils durch Vereinigung von Fellen, Blättern, Federn ꝛc. oder von Teilen solcher, mittels der Stengel, dünnen Zweige, schwachen Wurzeln, Fasern ꝛc. von Pflanzen, der Haare, Flechsen, Därmen ꝛc. von Tieren, später mittels der durch Zerlegung der Stengel, Flechsen ꝛc., durch Zusammendrehung, Spinnung der Haare, Fasern ꝛc. gewonnenen Fäden herstellen, bis er zu der Einsicht gelangt, daß er aus lauter solchen Fäden mittels des Knüpfens, Flechtens und Webens selbst dergleichen biegsame Stoffe fertigen kann. Bei der Verzierung wird er dann zunächst darauf verfallen, Blätter, Federn, Tiere ꝛc. nachzuahmen und dabei sich derselben Stoffe bedienen, durch die er die Felle oder Blätter miteinander verband, oder durch deren Verwebung er den Gewandstoff erzeugte, der Fäden nämlich.

Zu seiner **Wohnung** endlich wird er zunächst ebenfalls das von der Natur Gebotene direkt benutzen, also Felsenhöhlen, Erdhöhlen, dichte Laubkronen zur Herberge herrichten, indem er die etwaigen Lücken des Obdachs durch Blätter, Felle ꝛc. ergänzt; bald aber wird er auch hier wiederum, der Natur ein Verfahren ablauschend, in der Form das Erzeugte korrigierend, dazu übergehen, aus den von jener benutzten und ihm dargebotenen Materialien Raumumhüllungen zu schaffen, welche durch größere Ebenheit des Fußbodens, Glätte der Wände, Dichtheit des Daches ꝛc. ihm besser dienen, sofort nach Erreichung dieses ersten Zieles aber auch den umschlossenen und bedachten Raum mit beweglichem Verschluß der Eingangs- und Lichtöffnungen, mit Abzugsöffnungen für den Rauch, mit Geräten zum Sitzen und Liegen, zur Aufbewahrung von Gefäßen und Vorräten ꝛc. ausstatten. — Hierzu sowie auch schon zu Stützung der aus Blättern, Fellen u. dgl. zusammengestellten Dachung wird sich ihm als passendes Material zunächst das Holz darbieten, dessen Eigenschaften ihn auf die Verbindung in Form von Gerüsten oder Gestellen hinweisen, aber auch, solange seine Werkzeuge noch unvollkommen, seine Anschauungen noch naturgemäß, naiv sind, teils direkt zwingen, teils doch bewegen, bei der nach Findung einer genügend erscheinenden Konstruktionsweise vorgenommenen Verzierung das Wesen des **Gestelles** nicht zu verlassen. — Wände, Fußböden ꝛc. hingegen, in fühlbar kühlen sowie in sehr heißen Gegenden gern auch die Decke, wird er, wo die Umgebung ihm Steine oder knetbare Erde bietet, aus diesen dauerhafteren Materialien aufführen. Die Kälte des Stoffes beim Stein, die trotz thunlichster Glättung doch eintretende Abbröckelung und Abstäubung bei der Erde und daraus folgende Unsauberkeit wird ihn dann bald nötigen, diese Wände mit ähnlichen Stoffen zu behängen, wie er sie sich zu Beschaffung der Kleidung und zu Verschließung der Öffnungen verfertigt.

Da nun von allen zu Befriedigung menschlicher Bedürfnisse dienenden Dingen die Wohnung das größte, wichtigste und dauerhafteste ist, auch gewissermaßen den Hintergrund und Schauplatz für die andern abgibt, so wird, wenn bei weiter fortschreitender Bildung und damit gleichzeitiger Entwickelung des Schönheitssinnes das Bestreben im Menschen erwacht, Übereinstimmung in die Formen und Farben seiner Umgebung zu bringen, die Wohnung ihm als maßgebend für das andre erscheinen.

So ist es denn gekommen, daß unter den technischen Künsten, d. h. unter denen, die sich mit Verschönerung notwendiger Dinge beschäftigen, die Baukunst von jeher die tonangebende war, auch zeitlich in ihrer Ausbildung immer den andern voranschritt, so daß Gefäßkunst (Keramik), Web- und Flechtkunst (textile Kunst) und Gestellkunst (Tektonik) gewissermaßen als Töchter und Dienerinnen der Baukunst erscheinen. Die andern, bloß auf Befriedigung des Schönheitssinnes in der Darstellung von Ideen wirkenden Künste, Malerei, Bildhauerei, Musik ꝛc., werden immer erst auf höheren Kulturstufen auftreten und können so als idealere, aber jüngere Schwestern der Baukunst angesehen werden, die allerdings ihrerseits auch zu der Verkörperung von Ideen sich aufzuschwingen vermag, aber dieses höchste Ziel, dessen Erreichung sie zur wirklichen Kunst macht, erst anstreben kann, nachdem sie ein Bedürfnis erfüllt und die hierzu verwendeten Mittel verschönert hat, und indem sie die betreffenden Ideen erst zergliedert und dann einen völlig neuen Ausdruck dafür schafft. Hier, in einem Buch der Erfindungen, Gewerbe und Industrien, haben wir uns begreiflich nicht mit den idealeren Künsten zu beschäftigen. Auch eine Geschichte jeder einzelnen der technischen Künste zu geben, würde, da andre Abteilungen dieses Buches sich mit denselben beschäftigen, zu unnützen Wiederholungen führen; vielmehr genügt es, wenn wir bei jeder Stufe dieser Entwickelung einen Seitenblick auf jene Töchter der Baukunst werfen.

Die Erscheinung, daß die Verschönerung auf die Erreichung der Zweckmäßigkeit folgt, tritt, wie bei den Erstlingsversuchen, so in der ganzen Kulturentwickelung dem Beobachter entgegen. Hat irgend ein Volk eine bestimmte Bildungsstufe erreicht, ist es sich seiner Bedürfnisse bewußt geworden, so müssen zunächst die Handwerker das Ihrige thun, um jene auf möglichst zweckmäßige Weise aus den durch die Natur und durch den eben erreichten Standpunkt technischer Fertigkeit gebotenen Mitteln zu befriedigen. Anlehnend an diese Technik werden sich dann unter den Händen der Künstler gewisse schöne Formen zu einem in sich wohlgeordneten System gestalten, welches so lange Geltung behält, als Lebensweise und Charakter des in Kultur und Sitte fortschreitenden Volkes sowie die Fertigkeiten seiner Handwerker nicht wesentliche Änderungen erfahren. — Solcher Systeme, welche wir Kunststile nennen, haben sich im Laufe der Zeit, unzertrennlich vom Bildungsgang der Völker, viele ausgebildet, und oft haben sie durch Jahrhunderte nur geringe Wandlung erfahren. Da nun die Baukunst als eigentliche, ideale, Kunst erst dann zu wirken beginnen kann, wenn sie ein äußerliches Bedürfnis erfüllt hat, welches von der leiblichen Lebensweise, den gesellschaftlichen Gewohnheiten, den religiösen Anschauungen, der Staatsverfassung und vielen andern Faktoren, unter denen das Klima eine wichtige Rolle spielt, diktiert wird, da sie dieses Bedürfnis erst dann erfüllen kann, wenn sie das von der Natur dargebotene Material in genügender Weise zu beherrschen, zu verarbeiten, zu ergänzen vermag, da sie auch selbst zu der noch nicht dem idealen Kunstgebiet angehörigen Verschönerung erst dann schreiten kann, wenn sie die hierzu am Material vorzunehmenden Veränderungen gefunden und erlernt hat, da sie also mehr als jede andre Kunst von dem Sieg im Kampf gegen Klima und Material, d. h. also von dem Ausbildungsgrad der Handwerke abhängig ist, so werden die von ihr geschaffenen Kunstwerke, soweit sie zu derselben Zeit, in demselben Klima, bei demselben Volk, also unter dem Einfluß gleicher Sitten und gleicher Bildung entstanden sind, eine noch viel innigere Verwandtschaft in ihren Formen zeigen, viel enger geschlossene Gruppen bilden, als die Werke aller andern, viel weniger von allgemeinen Einflüssen als von Begabung und Denkweise des Urhebers abhängigen Künste. Soweit sie jedoch zwar unter der Herrschaft gleicher religiöser Anschauungen, gleichen Volkscharakters, aber auf verschiedenen Stufen der technischen und geistigen Entwickelung, also zu verschiedenen Zeiten entstanden sind, sich auch schärfer voneinander unterschieden. Ja die erreichte Stufe geistiger Entwickelung, die eintretende Wandlung religiöser Anschauungen, die Verfeinerung oder sonstige Veränderung herrschender Sitte, allgemeiner Lebensweise u. dergl. wird sich zwar schärfer, aber etwas später in den Formen der Baukunst als in den Darstellungen der Malerei und Bildnerei, in den Werken der Poesie und Tonkunst widerspiegeln, nachdem eine Zeitlang die erreichten Fortschritte, die neuen Anschauungen, Bedürfnisse rc. nur unvollkommen zu Ausdruck und Erfüllung gelangten, mit Hilfe der aus der früheren Entwickelungsperiode überkommenen Hilfsmittel und der diesen entsprechenden Formen, zwischen denen allmählich erst neue, der eben erreichten technischen Ausbildungsstufe angehörige Hilfsmittel und diesen entsprechende, sie zum Ausdruck bringende Formen auftauchen, die alten verdrängend. Daher sind denn in der Entwickelungsgeschichte der Baukunst die einzelnen Stile zwar in ihrer Vollendung, in erreichter Ausbildung strenger voneinander geschieden und ausdrücklicher als in jeder andern Kunst als Kennzeichen der Kulturstufen zu betrachten, stets aber mit der vorhergehenden und nachfolgenden durch Übergangsstufen verbunden. Infolgedessen werden wir bei Betrachtung ihrer Geschichte Anhaltspunkte für die Wahrnehmung der Erreichung von Entwickelungsstufen leichter, für die Erkennung der Entwickelung selbst nach Zeit, Ursache und Vorgang aber schwerer auffinden können als bei der Geschichte der andern idealen Künste, während die technischen Künste stetig der Baukunst folgen.

Wollen wir nun die Geschichte der Baukunst, diese steinerne Chronik der gebildeten Menschheit, verfolgen von den ersten, in sagenhaftes Dunkel gehüllten Spuren bis zu den gewaltigen Denkmälern höchster Blüte, so können wir nicht direkt zu der Betrachtung festgestalteter Stile übergehen, sondern müssen uns zuvörderst, wenigstens im Vorbeieilen, den schüchternen Versuchen zu Regelung der Formen zuwenden, welche in vereinzelten Erscheinungen auf uns gekommen sind, als Zeugen von den ersten Strahlen der Dämmerung, die in die Nacht der Kulturlosigkeit hereinbrachen. Solche

Vorstufen der Baukunst müssen sich in der Geschichte jeder größern Menschengruppe finden. Zunächst wird die Wohnung, nach Lebensart, Neigung und Klima, bei jedem Volke eine gewisse Gleichmäßigkeit der Gestaltung gewinnen. Von den früheren Wohnstätten der halbwilden Völker unsrer alten Welt, der Kelten, Slawen, Pelasger u. s. w., sind uns nur wenige und leider fast nur geringe Reste erhalten worden, viel zu wenig, um über die Verbreitung genau urteilen, zu gering, um die Form dieser Wohnstätten mit einiger Zuversicht rekonstruieren zu können, aber dennoch genug, um zu beweisen, daß dieselben, ebenso wie die Wohnungen der jetzt noch vorhandenen wilden und halbwilden Völker der fremden Erdteile, in ihrer Bauart auf drei Hauptformen sich zurückführen lassen, wobei es müßig erscheint, für eine derselben die Priorität zu beanspruchen.

Die **Zweighütte** besteht in ihrer rohesten Form entweder aus einzelnen in die Erde gesteckten, oben zusammengebundenen (s. Fig. 20 I und 21 VII) oder aus bügelförmig gekrümmten, mit beiden Enden in die Erde gesteckten Zweigen. — Was für eine lange Reihe von Erfindungen mußte durchgemacht werden, ehe sich hieraus das im Glanz der Stickerei prunkende, leicht zerlegbare Zelt des Araberscheichs, das buntgemusterte Filzgärr des Kalmücken, die Jurte des Kirgisen entwickelten!

Einige dieser Erfindungen sind auch auf andern Gebieten als auf dem des Bauwesens ausgebeutet und weiter entwickelt worden, wie das Gerben, Flechten, Knüpfen, Weben, Walken rc., und sind also nicht hier näher zu betrachten, betreffs andrer ist es nicht ganz sicher, ob sie den Hütten und Zelte bauenden Nomaden und Hirtenvölkern ihren Ursprung verdanken, da auch bei den Wohnungen andrer Hauptformen ihre Spuren erscheinen.

Vorstufen der Baukunst. Zweighütten. Verbände. Erfindung der Verbände. 135

Entschieden ersteren zuzuschreiben ist die Aufgabelung liegender auf stehende Hölzer (z. B. an dem Webstuhl der Aschanti, Fig. 33), welche direkt der Natur abgelauscht, ihrer Beschaffenheit nach zunächst nur bei sehr dünnen Hölzern angewendet worden sein kann und noch jetzt bei manchen der auf S. 38—40 beschriebenen Zelte und Hütten, aber auch im stilistisch ausgebildeten Holzbau bei den Chinesen (Fig. 20 V) angewendet wird. In Stein nachgeahmt finden wir sie bei den Persern, deren Vorfahren oder Lehrmeister, die Arier, sie also noch benutzten zu jener Zeit, wo sie vom Holzbau (s. Fig. 20 III) zum Steinbau übergingen. Auf Bildern von Baldachinen 2c. dargestellt, aber nicht in Stein nachgebildet, finden wir sie bei den Ägyptern, bei denen sie also vor Einführung des Steinbaues nicht auf den festen Holzbau übertragen, nicht auf stärkere Hölzer angewendet ward, was doch bei einigen der schweizerischen Pfahlbauten der Fall war, indem man in die stärkere Säule an dem Oberende eine Gabel für das schwächere Querholz einschnitt, wodurch aus der Aufgabelung die An=
schlitzung oder Ein=
scherung entstand. Ein
weiterer Schritt vor=
wärts war es dann, daß
man diese Verbindung
auch für stärkere Quer=
hölzer brauchbar machte,
indem man diese an der
betreffenden Stelle ver=
schwächte, woraus der
Scherzapfen, die Gungl,
entstanden ist. Ebenfalls
dem Zeltbau entstammt
die Verbindung sich
durchkreuzender Hölzer
durch kreuzweise Ver=
schnürung (Figur 22).
Der Umstand, daß auch
die anfangs festeste
Schnürung beim Trock=
nen des Holzes locker
wird, führte zu der
Erfindung des Auf=
kämmens oder Über=
blattens, welches dann
auch auf stärkere Hölzer
übertragen wird, und
dessen Vorkommen im
Zeltbau ebenfalls unter

Fig. 98. Grab des Midas bei Dogan=Lu in Phrygien.
Nachbildung eines Zeltes mit Satteldach in Stein.

andern durch ägyptische Reliefs dokumentiert ist. Hauptsächlich aber ist dem Zeltbau zu danken die Erfindung und Entwickelung des Schrägdaches, und zwar in fast allen den Hauptformen, in denen noch jetzt wir es führen, d. h. sowohl einseitig (jetzt Pultdach genannt, s. Fig. 20 III und 20 VII links) unter Anlehnung an eine Felswand oder dergleichen, als auch mit zwei, oben in einer annähernd oder ganz wagerechten Linie (dem First) sich treffenden Fläche (Satteldach, s. Fig. 20 IV, VII, 21 VI u. VIII), oder in eine Spitze zusammenlaufend (Zeltdach, Kegeldach 2c., s. Fig. 20 I, 21 II, V und VII), oder endlich in Vereinigung der beiden letzten Formen, indem an die schmalen Enden des Satteldachs noch halbe Kegeldächer angefügt sind (also als Walmdach, s. Fig. 20 V). Fast ebenso mannigfach wie die Flächen=
gruppierung, die Anordnung, gestaltete der Erfindungsgeist, von der Not getrieben, die Profillinie des Schrägdachs. Ursprünglich mochte man wohl überall die Herstellung gerader Dachflächen beabsichtigen; zuerst suchte man sie durch Ausspannung von Fellen, Matten, Blättern oder dergleichen zwischen dem oberen, auf Gabeln zweier Pfähle oder Stangen

ruhenden Querholz und dem unteren Ende des Daches, oder durch Auflegung jener Deckfläche auf die schwachen, oben miteinander oder mit dem Querholz verschnürten Ruten, Stangen ꝛc. zu erreichen; aber das eigne Gewicht brachte die schwachen Stangen zum Einbiegen. Wo dies keinen Schaden brachte, auch nicht durch starken Regen, besonders aber durch Schneefall in schädlicher Weise gesteigert ward, ließ man es dabei bewenden, ja fand vielleicht die so erzeugte Einschweifung schön und behielt sie daher auch bei Erreichung höherer technischer Fertigkeit bei, wie z. B. bei den Mongolen, von denen die Form nebst der Aufgabelung nach China gebracht ward, um von da nach Japan zu wandern.

Wo aber der auffallende Regen oder Schnee die Einbiegung in solcher Weise steigerte, daß das Ablaufen aufhörte, mußte man derselben vorbeugen. Dies geschah teils dadurch, daß man die schwachen Stangen, was nur beim Satteldach anging, durch Unterlagen von Querhölzern zwischen Dachfuß und First nochmals stützte, was zu Erfindung des **Pfettendaches** führte, teils dadurch, daß man, was beim Kegeldach ebenso wie beim Satteldach thunlich war, die einander gegenüberliegenden Sparren gegeneinander (durch Spannriegel) oder gegen einen Mittelpfahl (durch Streben) abspreizte, worauf man bald fand, daß man die solchergestalt erzeugten **Dachböcke** nicht unter alle Sparren zu stellen brauchte, sondern nur unter den je dritten, die zwei dazwischen liegenden aber von dem Bock aus wiederum absteifen konnte. Dadurch ward der Bock zum **Dachbinder** und der **Dachstuhl** war erfunden. Die Beweisführung, daß wirklich die Zeltbauer und nicht die Pfahlbauer diese Erfindung gemacht, würde hier zu viel Raum fordern; es sei nur erwähnt, daß die ältesten Giebel, also die ältesten Zeugen für das Schrägdach, stets in Verbindung mit solchen Merkmalen vorkommen, welche auf vorhergehenden Zeltbau deuten, so z. B. an den lykischen Grabmälern, an denen aber zugleich auch das Andenken an ein andres Mittel bewahrt wird, was die Zeltbauer anwendeten, um das Einbiegen des Daches zu verhindern, und welches darin bestand, daß sie die Ruten oder Stangen nach außen krümmten, wie in Fig. 20 VII und Fig. 22. — Auch an ostindischen Bauten finden sich solche Dächer in Stein nachgebildet. Wo man stärkere Stützen brauchte und dennoch entweder keine stärkeren Stämme vorfand, oder dieselben wegen des niedrigen

Fig. 99. Blockwanddecke.

Standpunktes der Werkzeuge und sonstigen Technik nicht zu bewältigen vermochte, half man sich durch Zusammenschnürung mehrerer dünner Stämme zu einem Bündel; zahlreiche Beweise hierfür liefern die steinernen Nachbildungen solcher Bündel an ägyptischen, siamesischen und toltekischen Bauten.

Den Wunsch, der Wohnung größere Dauer zu geben, vielleicht aber auch die Notwendigkeit, die Hüttenwände zum Widerstand gegen Angriffe stärker zu gestalten, führte zu der zweiten Hauptform des Hausbaues, dem **Bau aus starken Stämmen**. Die einfachste, daher nächstliegende Art, Wände aus solchen zu bilden, besteht darin, daß man Blöcke auf einander legt, daher wohl die Blockhäuser die ältesten solchen Bauten sein mögen. Das hier sehr leicht mögliche Herabrollen der Blöcke führte dazu, daß man ihre Enden auf den Ecken sich überkreuzen ließ, wobei aber Lücken entstanden, zu deren Vermeidung man Einkerbungen einhieb. So war die Verschränkung erfunden. Die in solcher Schränkwand, und in dem derselben Kulturstufe entsprechenden, aus aufrechten dicht nebeneinander stehenden Stämmen bestehenden Stabwerk noch bleibenden Lücken verstopfte man mit Moos, Werg u. dgl. Während hier und da, z. B. selbst in Thüringen, Sachsen u. s. w., diese Bauart fast unverändert neben hochgestiegener Kultur bis vor einigen Jahrzehnten sich erhielt, anderwärts, z. B. in Ägypten, Lykien u. s. w., wenigstens bis zum Auftreten des Steinbaues, wie dies steinerne Nachbildungen bezeugen, wurde sie anderwärts sehr bald, d. h. so, wie man das Spalten des Holzes erfunden hatte, dadurch verfeinert, daß man die Stämme viereckig bearbeitete; ein weiterer Fortschritt bestand darin, daß die vorstehenden Enden (Vorstöße) der Blöcke beseitigt und die Kerben durch viereckige Einschnitte (Verkämmung, Überblattung) ersetzt wurde, wodurch das sogenannte **Katzwerk** entstand. Entscheidender als diese und andre kleine Vervollkommnungen war es, als man zunächst an den Ecken der

Thüren und Fenster, die man vorher nur durch Ausschneiden von Blockteilen erzeugt hatte, dann auch dazwischen in regelmäßigen Abständen aufrechte Stämme, Pfosten aufstellte, mit Falzen versah und zwischen sie, mit Zapfen in jenen Falzen sitzend, Blockstücke einlegte, die Schrotbäume heißen; die so gebildete Schrotwand, eine Vereinigung der Blockwand mit dem Stabwerk, führte auf die Idee, daß man die Ausfüllung der Zwischenräume auch durch dünnere, gespaltene Hölzer bewirken könne, wobei man bald an Stelle der bisherigen Ausstopfung der Lücken Umwickelung dieser Hölzer (Staken) mit Strohlehm oder dgl. wählte. Daß diese Erfindung der Stakwand sehr alt ist, bezeugen Steinnachbildungen derselben an ägyptischen Bauten und Sarkophagen (um 3000 v. Chr.) und an den älteren Grabmalen (um 700 v. Chr.) in Lykien, wo jüngere (um 500 v. Chr.) auf das Ersetzen der Ausstakung durch eingesetzte Füllungen oder durch Ausmauerung deuten, während die Nachbildungen der Staken in Stein an toltekischen Bauten in Mittelamerika um 700 n. Chr., an siamesischen um 400 n. Chr. datieren. Eine der Stakwand ähnliche Umwandlung des Stabwerks, bei welcher man statt ganzer Stämme vielmehr gerissene, gespaltene verwendete und die daher Reißwerk heißt, ward in Siam 400 n. Chr. in Steinbau nachgebildet, dagegen in Schottland noch im Mittelalter benutzt.

Die **Bedeckung** solcher Holzhäuser bestand anfangs aus nebeneinander gelegten Stämmen, war also eine Blockdecke, die anfangs nur mit Erde überschüttet war. Das Hindurchdringen des Regens führte bald dazu, unmittelbar auf die Blöcke unter die Erdauffüllung Palmenblätter, Baumrinde oder dergl. zu

Fig. 100. Gruppe von Felsengräbern bei Khaneae Jaghu in Lykien. Nachahmung von Holzbauten.

legen und durch Harz, Asphalt oder dergl. zu dichten. Diese Vorbildung des jetzigen Holzzementdachs findet sich in Stein nachgebildet in ägyptischen Gräbern aus der Zeit um 2500 v. Chr.; sie wurde auch in Assyrien und in Babylonien, z. B. bei den sogenannten schwebenden Gärten der Semiramis, um 580 n. Chr. von Nabuchodonassar (Nebukadnezar) für seine Gattin Amytis gebaut, angewendet und war in Norwegen vor 800 n. Chr. allgemein üblich, ebenso noch im vorigen Jahrhundert auf der Sierra Nevada in Spanien, obgleich man anderwärts sehr früh dazu überging, das schon bei den Zelten erwähnte Schrägdach über die Blockdecke zu legen (s. z. B. Fig. 20 IV). Auch diese Form findet sich an den älteren lykischen Grabmalen in Stein nachgebildet. Erst nach weiterer Vervollkommnung des Dachstuhles wagte man es, die Erdlage zwischen der Blockdecke und dem Schrägdach ganz wegzulassen, wie dies jüngere von den Grabdenkmalen in Lykien beweisen.

Während nun in manchen Gegenden die Holzhäuser der geschilderten verschiedenen Bauarten direkt auf den Erdboden gesetzt wurden, während dies bei dem Stakwerk und Reißwerk sogar nötig blieb, legte man die Blöcke des Schränkbaues gern auf einen Unterbau aus Steinen, um dem Aufsteigen der Feuchtigkeit und dem Eindringen des Ungeziefers vorzubeugen. Anderwärts verfiel man teils aus gleichem Grunde, teils um sich der Angriffe wilder Tiere und menschlicher Feinde besser zu erwehren, auf die Idee, die Holzhäuser, ja ganze aus solchen bestehende Ortschaften auf Pfählen zu errichten. Die Seite 40 und 41 angeführten Beispiele erschöpfen noch lange nicht die uns bekannte Reihe solcher Anlagen, welche bezeugt, daß **Pfahlbauten** in allen Klimaten und zu den verschiedensten Zeiten auf sehr niederer wie auf ziemlich hoher Kulturstufe errichtet wurden. Auf hohen Pfählen über trockenem Boden stehende zeltähnliche Hütten finden sich nur bei ziemlich gering kultivierten Stämmen, z. B. bei den Niam=Niam (s. Fig. 101) und bei den Bassanegern auf der Benue=Insel Loko. — Eine etwas höhere, aber immer noch ziemlich tiefe Stufe bezeichnet das Blockhaus und Stakwandhaus auf Pfählen (s. Fig. 21 VI). — Über Sumpfland finden sich Pfahlbauten selbst bei ziemlich gebildeten Völkern, z. B. in Kambodscha, Siam, auf Java ꝛc., ebenso waren die ersten Niederlassungen der Venezianer erbaut, und noch jetzt findet man diese Bauten in Siebenbürgen und in den Sümpfen der Militärgrenze. Von den direkt im Wasser stehenden Pfahlbauten wurden mehrere zum Teil schon vor Entdeckung der Metalle errichtet und bewohnt, während andre durch ihr reiches Schnitzwerk (z. B. in der Bai von Doreh in Neuguinea, bei den Maoris auf Neuseeland) oder durch die in ihren Resten gefundenen Werkzeuge ꝛc. (manche der Schweizerpfahlbauten sowie die der Elsterniederung bei Leipzig) bekunden, daß man sie auch nach Erreichung einer hohen Kulturstufe, zu Zeiten, wo man bereits Handelsverbindungen mit Rom ꝛc. angeknüpft hatte, noch beibehielt; die Pfahlbauten bei Leipzig waren bis um 800 n. Chr., die irländischen Crannoges sogar

Fig. 101. Weiler der Niam=Niam.

Fig. 102. Pfahlbauten in der Bai von Doreh in Neuguinea.

bis um 1600 n. Chr. bewohnt. Auch bezüglich der Pfahlgründung ließe sich eine ganze Reihe allmählicher Fortschritte, gemachter Erfindungen ꝛc. aufstellen, welche dem Gebiet der Zimmerkunde angehören; da dieselben aber nicht, wie die oben angeführten, auf die spätere stilistische Entwickelung Einfluß übten, kann ihre Aufzählung hier unterlassen werden.

Die dritte Hauptform des Hausbaues hat ihren Ursprung in der Benutzung der **Höhlen**, der Felsenhöhlen und der Erdlöcher. Während dem Anschein nach die überwiegend meisten Stämme diese am direktesten von der Natur dargebotenen, aber auch am wenigsten den Anforderungen steigender Kultur entsprechenden Wohnungen (s. Fig. 20 I) verließen, sobald sie sich nur einigermaßen im stande fühlten, sich andre Wohnstätten zu beschaffen, ist uns eine Gruppe erhalten, welche die ebenso überraschende als interessante Thatsache bestätigt, daß selbst viele Jahrhunderte des innigsten Zusammenlebens mit gebildeten Völkern einen der passiven Menschenrasse angehörigen Volksstamm nicht bewegen können, von seinen barbarischen Gewohnheiten zu lassen.

Fig. 103. Höhlenstadt Guadix in Spanien. Nach der Natur gezeichnet von O. Mothes.

In Spanien, halbwegs zwischen Murcia und Granada, liegt eine Stadt, Guadix, deren Vorstädte und Nachbardörfer aus Tausenden von Höhlenwohnungen bestehen, welche in die Seitenflächen natürlicher Lehmkegel eingegraben sind.

In Fig. 103 geben wir eine am Ort selbst aufgenommene Ansicht dieser wunderbaren Höhlenstadt, deren Bewohner ein Gemisch der keltiberischen Ureinwohner mit Abkömmlingen afrikanischer Stämme und Zigeunern sind. Die Nachbildung der in solchem weichen Boden vorgefundenen, erweiterten oder ausgehöhlten Wohnstätten auf freiem Terrain geschah wohl zunächst durch Aufhäufung von Erdhügeln, in denen man einen Raum durch Zusammenstellung von vorgefundenen Steinen oder von Hölzern aussparte, dann durch Aufrichtung von Erdwällen und Bedeckung des so umschlossenen Raumes mit Zweigen, Blockdecken oder dergl. Die Erdwälle hatten jedenfalls anfangs schräge Flächen, die man allmählich, besonders bei lehmigem Boden, steiler gestaltete und glättete. Um das auch hier noch erfolgende Abbröckeln zu hindern und die Fläche thunlichst steil machen zu können, mengte man Lehm mit Halmen und erfand so die **Wellerwand**, welche ja vielfach noch jetzt im Gebrauch ist. —

18*

Wo viele Steine auf den Flächen umherlagen, häufte man statt der Erde solche rundliche Findlinge zu Wällen auf und stopfte in die Lücken kleine Steine, Moos u. dergl.; so war denn die Findlingsmauer erfunden, von der die Stadtmauern von Tiryns und Argos (Fig. 104 a) Beispiele bewahren, welche bezeugen, daß die Griechen noch um 1400 v. Chr. auf dieser niederen Stufe standen, während die Mauern von Mantinea und Sunna (Taf. I. Fig. 1) um 1200 v. Chr. einen bedeutenden Fortschritt, nämlich eine teilweise Bearbeitung der Steine und Brechung derselben, zeigen. Fig. 104 b gibt eine Idee von dieser rasenischen oder tyrrhenischen Bruchsteinmauerung. Der nächste Schritt führte zu dem sogenannten Polygonbau, bei dem bereits kein Zwicker mehr nötig ist (Fig. 104 c). Derartige Mauern führten die Japyger in Norba am Rand der pontinischen Sümpfe um 1100 v. Chr. auf; auch in Böotien und Samnicum finden sie sich. Erst bei Erbauung der Mauern von Mykenä, Plataä, Byblos 2c. war man bis zu Anwendung von allerdings noch ungleichmäßigen und nicht ganz geradlinigen Schichten (Fig. 104 d) gelangt, d. h. auf dieselbe Stufe der Entwickelung im Steinbau, welchen die Ägypter bereits etwa 3000 Jahre früher erreicht haben mögen, da die Reste in This (Abydos), die Beamtengräber neben den Pyramiden von Gizeh und der Mastabat el Pharaoun bei Sakkarah, die sämtlich aus dem 4. Jahrtausend v. Chr. stammen, Quadermauern mit vollständig regelmäßigen Schichten haben, deren Böschung allerdings noch, wie auch alle späteren ägyptischen Bauten, an die Nachbildung des Erdbaues gemahnt, deren Fugen aber bereits durch **Mörtel** ausgefüllt sind, eine Erfindung, welche erst um etwa 800 v. Chr. nach Europa gedrungen zu sein scheint. Etwa gleichzeitig mit dem Mörtel scheint die **Ziegelfabrikation** erfunden zu sein, indem Luftziegel in Ägypten unter der dritten Dynastie (um 3500 v. Chr.), gebrannte Ziegel um 3000 v. Chr. vorkommen.

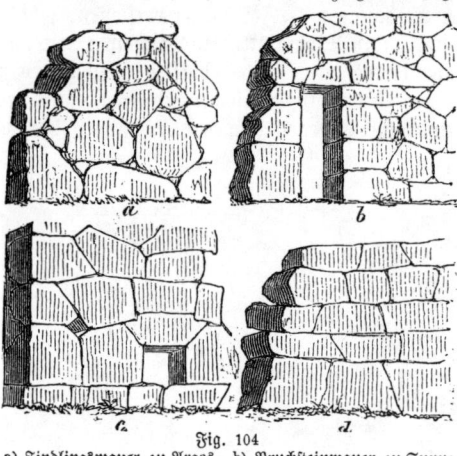

Fig. 104
a) Findlingsmauer zu Argos. b) Bruchsteinmauer zu Sunna.
c) Polygonmauer zu Norba. d) Schichtmauer zu Mykenä.

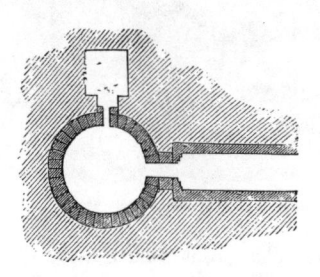

Fig. 105 und 106. Schatzhaus des Atreus zu Mykenä.

Aber schon auf viel niederer Kulturstufe hatte man die festigende Wirkung des Feuers benutzt, indem man rings um aufgehäufte Steinwälle solches entzündet, unter dessen Glut die Steine, zum Beginn des Schmelzens gebracht, sich miteinander verklebten; solche Schlackenwälle oder Glasburgen finden sich in Böhmen, in der Lausitz, in Belgien, Frankreich, Schottland 2c. Mit diesem Verfahren hängt sicher die auffällige Erscheinung zusammen, daß die teilweise Verschlackung der Ziegel, die Glasierung, zuerst nicht an gebrannten, sondern an ungebrannten Ziegeln vorkommt, und zwar ebensowohl in Ägypten als an Bauten des ersten babylonischen Reiches um 1200 v. Chr. Inzwischen hatte aber die Maurerei auch bezüglich der Überdeckung der Öffnungen und Räume wesentliche Fortschritte gemacht. Während an den Findlingsmauern und an den rasenischen Bruchsteinmauern die Öffnungen noch einfach durch große Steine überdeckt sind (Taf. I. Fig. 1), suchte man sich

Findlingsmauer. Polygonbau. Mörtel. Ziegel. Glasierung. Wölbung. 141

von der hierin liegenden Beschränkung schon während der Periode des Polygonenbaues durch Anwendung der Spannschichten (Taf. I. Fig. 2) loszumachen, was nach Erfindung der Schichtenmauerung durch Überkragung der Schichten (f. Taf. I. Fig. 3) vollständiger gelang, worauf dann der über die durch Thürflügel verschließbare Öffnung gelegte Stein eben nur sein eignes Gewicht oder nur noch das einer dünnen Verzierungsplatte zu tragen hatte (s. Taf. I. Fig. 4). — Auch ganze Räume überdeckte man auf diese Weise (s. Fig. 105 u. 106). Den Griechen, die diese Stufe etwa um 1100 v. Chr. erreicht hatten, weit voraus waren auch auf diesem Gebiete die Ägypter, welche bereits um 1600 v. Chr. Grabkammern mit wirklichen Wölbungen überdeckten (s. Fig. 107), worin ihnen die Assyrier zunächst standen, da der Unterbau des 714 erbauten Südwestpalastes zu Kujundschik Schleusen mit Spitzbogenwölbungen enthält, welche sehr denen in den um 700 erbauten Pyramidenvorhallen zu Meroë ähneln.

Viele der angeführten Beispiele sind allerdings nicht von Wohnhäusern entnommen; einerseits sind solche aus so alter Zeit nur in spärlichsten Resten erhalten, anderseits sind es nicht die Wohnungen allein, ja nicht einmal vorzugsweise, an denen sich die allmähliche Entwickelung der Baukunst zeigen konnte. Jedem Menschen ist eine Ahnung von dem Wirken und Bestehen höherer Wesen eingepflanzt;

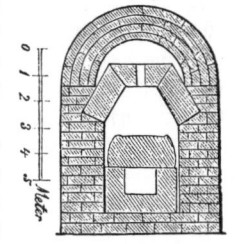

Fig. 107. Ägyptische Grabkammer in Abu Simbel.

jede Menschengruppe wird die gemeinsamen Angelegenheiten höher halten als die privaten, und hervorragende Leistungen und Opfer einzelner für diese Gemeinschaft ehrend anerkennen. So werden denn die Stätten der Gottesverehrung, der gemeinsamen Beratung und die Grabmale der — sich aufopfernd für das Gemeinwohl — Gefallenen selbst bei halbwilden Völkern zunächst Gegenstand möglichst künstlerischer Ausstattung werden, und an ihre Gestaltung besonders wird sich daher der Entwickelungsgang der Baukunst knüpfen, den wir auch dem entsprechend zunächst an ihren Formen nachzuweisen haben werden, die Betrachtung der Wohnhäuser und Verkehrswege auf spätere Abteilungen aufsparend.

Fragen wir nach den Tempeln, Begräbnisplätzen und andern öffentlichen Bauten roher Völker, so bietet sich uns ein überraschender Einblick auf den Einfluß, welchen die Lebensweise auf das Gemüt des Menschen übt. — Alle diejenigen Stämme, welche nur in kleinen Gruppen beisammen leben, ohne eine eigentliche Regierung zu kennen, haben meist nur nebelhafte Ideen von einem höheren Wesen und denken, wie die Indios do matto, höchstens daran, ihre Todten vor Verunreinigung oder vor Vertilgung durch Raubtiere zu schützen. Bei andern schon etwas mehr volkartig ge-

Fig. 108. Pfahltempel zu Tobbadia in der Humboldtbai.

gliederten Jägerstämmen Amerikas ist eine Stätte des Gottesdienstes vorhanden, freilich nur durch zwei schlanke Pfähle bezeichnet, an deren Spitze sich eine Art Strohmänner, Bilder der Sonne und des Mondes, befinden, oder durch mehrere in ein Quadrat aufgepflanzte Pfähle mit Reisiggestrüpp an der Spitze, wohl auch durch rohe Steine oder heilige Bäume. Am Fuße dieser Opferstätten häufen sich allmählich Massen von Schädeln an. Öffentliche Gebäude kennen diese Stämme noch nicht. Diejenigen hingegen, bei denen der Sinn für gemeinsame Angelegenheiten infolge sehr nahen Zusammenlebens sich schneller ausgeprägt, z. B. die Tinguianen, welche auf der Insel Luzon (Manila) in Pfahlbaudörfern wohnen, haben zwar öffentliche Beratungsschuppen und bestatten ihre Todten sehr sorgfältig in unmittelbarer Nähe der Hinterlassenen, aber Gottesdienst, Tempel u. s. w, sind ihnen fremde Begriffe. Dagegen hat jedes der Pfahlbaudörfer oder Compangs der Telokh Lentju, eines Papuastammes in der Humboldtsbai, in der Mitte seiner zwei Hüttenreihen einen Tempel, unter denen der zu Tobbadia zu 21 m aufragt und mit in Holz geschnitzten Tierbildern geschmückt ist (s. Fig. 108).

Anfänge der Baustile, also der künstlerischen Entwickelung baulicher Formen, beginnen sich erst da zu zeigen, wo Tempel, Gräber und öffentliche Gebäude gleichmäßig gewisse Ausbildung erlangen, bethätigen aber zuvörderst nur Bestreben nach Regelmäßigkeit der Anlage, nach Ebenmaß in den Formen oder nach Charakterausdruck in Verhältnissen und zierenden Zuthaten. — Würden alle diese Anzeichen gleichzeitig auftreten, so wäre der Baustil fertig. Es erscheint aber anfangs immer nur das eine oder das andre, und zwar oft an den Bauten mehrerer durch Raum und Zeit weit getrennter Völker ganz in derselben Weise, ohne daß es der Forschung bis jetzt gelungen wäre, einen andern Zusammenhang nachzuweisen, als einen ziemlich gleichartigen Bildungsgrad der betreffenden Völker.

Beispielsweise ähneln die runden, auch in der Seitenansicht rundlichen, fast bienenkorbförmigen Grabhügel der Mußgoneger in Mittelafrika (s. Taf. I. Fig. 5) ebenso auffallend den Grabhügeln am Himalaya und bei Kopal, die den ältesten Zeiten des Buddhismus angehören, als den altdänischen Grabhügeln (s. Taf. I. Fig. 6). — Die kegelförmigen Grabhügel mit geraden Seiten finden sich bei den Maori auf Neuseeland wie bei den ältesten pelasgischen Gräbern der troischen Ebene, bei den Ariern wie bei den Kelten des kimmerischen Bosporus und der Gegend von Marathon, und bei den Chinesen. — Oben abgeplattete steile Kegel finden sich unter den buddhistischen Gräbern bei Kopal, den sogenannten Dämonengräbern an der Küste Sibiriens, wie an vielen der Mounds in den Vereinigten Staaten von Nordamerika. Auch zwei andre spätere Gruppen der pelasgischen Gräber, die mit Futtermauer eingefaßten Kegel zu Tantalais

Fig. 109. Morai, d. h. geheiligter Begräbnisplatz auf Neuseeland.

und zu Cäre in Etrurien (s. Taf. I. Fig. 7), finden ihre Schwestern in Nordamerika, wo neben und zwischen den aus Erde aufgehäuften Mounds noch Hunderte aus Steinen aufgeführte Grabhügel bis zu 200 m Durchmesser und 30 m Höhe stehen, unter denen viele mit einer Futtermauer am Fuß versehen sind. Die Befestigungen, von denen sich bei St. Louis, bei Chillicothe (Ohio) und anderwärts Reste finden, sind teils rund, teils im Achteck von Wällen umgeben, welche genau so im mittleren Europa, in Asien ꝛc. vorkommen. Andre Grabmounds, bei St. Louis und Point-Creek, steigen in Absätzen auf, wie die ältesten olmekischen und die ältesten ägyptischen Pyramiden, ja einzelne davon sind sogar viereckig wie diese. Ganz dieselbe Form begegnet uns auf den Inseln der Südsee, namentlich auf der Osterinsel, auf Otahaiti und auf Neuseeland, wo die Morai genannten geheiligten Begräbnisorte (Fig. 109) schon völlig architektonische Gliederung zeigen.

Viele von diesen Morais sind an ihrem Fuß noch von einem ummauerten Platz umgeben. An Stelle der Mauer tritt wohl auch ein Zaun oder eine Steinreihe. Auch diese Umhegung durch Reihen aufrecht gestellter Steine kehrt anderwärts in ganz ähnlicher Weise wieder. Zunächst finden wir sie an den älteren Bauten des Buddhismus in Ostindien, und zwar Kreise einzelner Steine bei Peschawer, steinerne Nachbildungen hölzerner Gehege an vielen Topes, z. B. an dem von Sanchi (s. Taf. I. Fig. 8). Viel näher stehen uns andre solche Steinkreise als Bestandteile einer umfassenden Gruppe von Werken erwachenden Sinnes für Baukunst. Im Westen von Europa, auf den Inseln des Mittelmeeres wie in Kleinasien finden sich dieselben, herrührend von Völkern, welche sich auf einer ähnlichen Kulturstufe befanden, wie jene fernwohnenden Stämme. Sie werden meist den Kelten, Pelasgern ꝛc. zugeschrieben. Ihrer Gestalt nach kann man sie in mehrere Klassen teilen.

Die schlichtesten derselben, künstliche Hügel ohne Umhegung (s. Taf. I, Fig. 6), kommen am häufigsten im Norden Europas vor, doch auch anderwärts, namentlich auf den Inseln des Griechischen Archipels. Sie bestehen entweder aus Erde oder aus Kieseln, und es ähneln die sogenannten druidischen auffallend den ostindischen Topes. In einigen hat man bei ihrer Eröffnung Leichname in Steinsärgen oder in aus Felsblöcken zusammengebauten Gemächern gefunden, und diese heißen in Deutschland Hünengräber. Oft freilich fehlen dergleichen Gemächer gänzlich, oder die vorhandenen sind leer. Manche solcher Hügel mögen als Grenzmarken oder als Erinnerungszeichen (Malhügel) für Begebenheiten gedient haben. So ließen Alarich und Childerich bei Gelegenheit eines Friedensvertrages zwei Erdhügel aufwerfen, welche die Grenzen des Landes eines jeden bestimmten. Alle andern keltischen Denkmale gehören einer eigentümlichen Gattung des Steinbaues an, bei welchem es nicht auf Mauerung abgesehen war, sondern einzelne Steine als Stempel ꝛc. Verwendung fanden.

Die einfachste Gattung dieser Denkmale sind die Steinpfeiler oder Menhirs, im skandinavischen Norden Bautasteine genannt, einzelne in die Höhe gerichtete Steinblöcke; sie kommen mit und ohne Inschriften vor und scheinen teils Sinnbilder von Gottheiten, teils Grenzsteine, zum Teil auch Grabmale gewesen zu sein.

Die Wagsteine, Rucksteine, welche in England, Schweden, Dänemark, Frankreich vielfach vorkommen, bestehen aus zwei Steinen. Ein mächtiger Felsblock ist so auf den andern gelegt, daß er sich leicht gleich einem Wagebalken bewegen läßt. Sie scheinen zu irgend welch geheimnisvollem gottesdienstlichen oder gottesgerichtlichen Gebrauch bestimmt gewesen zu sein. Die thürähnlichen, aus drei Steinen zusammengesetzten Denkmale, die Lichavens, von den Portugiesen Antas genannt, finden sich am häufigsten in Frankreich, besonders in der Bretagne, und in England. Genau dieselbe Zusammenstellung findet sich an den „Skythensteinen" auf dem Ghuriangebirge Afrikas, ferner in den Nilgherris, in Arabien, Südrußland, gleichsam als Marksteine für die Ausgangspunkte nicht einer Völkerwanderung, sondern des Rundganges der Bildung über den Erdball. — Die Tafelsteine, Dolmen, Lechs, Hünenbetten, sind aus mehreren, in Viereck geordneten kleineren Felsblöcken zusammengesetzt, auf denen in der Regel ein tafelförmiger Felsblock von bedeutender Größe ruht. Die Steinkisten, Kistven, in Frankreich Feenhöhlen genannt, namentlich in der Bretagne häufig, sind den vorigen ähnlich, jedoch so eingerichtet, daß das Ganze als vollkommene Umgebung eines stets länglichen Raumes dient; manchmal auch sind sie zu bedeckten Gängen von beträchtlicher Länge erweitert. Deutlicher zeigen Streben nach architektonischer Gliederung der Anlage die Steinreihen, einzelne aufrecht stehende Steine, die in einer geraden oder in mehreren parallelen Linien angeordnet sind. Zu Carnac bei Quiberon in der Bretagne standen deren in elf Linien nahe an 4000, von denen noch ungefähr 1200 aufrecht stehen, deren einige beinahe 10 m hoch sind. Sie scheinen, ungefähr wie die Sphinxalleen bei den ägyptischen Tempeln, einen geheiligten Zugang zur Stätte der Gottesverehrung gebildet zu haben. Die Stätte selbst ist dann meist durch Steinkreise bezeichnet, bei den Schotten und Iren Cromlechs, in England Stonehenges genannt, sie kommen in Europa besonders in Dänemark, Spanien, Portugal, England und in der Bretagne, in Deutschland (bei Helmstädt) sowie auf der Insel Sardinien, den Balearischen Inseln, außerhalb Europa auf den Südsee-Inseln und in Ostindien bei Haidarabad vor. Der Cromlech bei Avenbury enthielt in einem durch aufrecht gestellte Steine bezeichneten Kreis von 410 m Durchmesser mit zwei Eingängen, zu denen Steinalleen führen, zwei nebeneinander liegende kleine Kreise, in denen ein Hünenbett und ein großer Steinpfeiler errichtet sind. Das Ganze ist fast zerstört, ebenso das Steingehege oder Choir-Gaur (Geistertanz) bei Salisbury, von dessen früherem Zustand wir statt aller Beschreibung auf Taf. II in Fig. 1 eine Abbildung geben. Vermutlich lagen auf dem äußeren Kreis und auf den ein Sechseck bildenden Lichavens im Innern Sparren auf, die ein Dach bildeten.

Einige dieser Steinkreise sind hergestellt aus einzelnen, nebeneinander aufgerichteten, verhältnismäßig schwachen Blöcken, gewissermaßen wie Planken, andre bilden geradezu Mauern, allerdings in rohester Weise aufgeführt, ähnlich den erwähnten kyklopischen Mauern, denen wir bald auch auf der andern Halbkugel begegnen werden. Wohl möglich ist, daß die Steingehege Versammlungsorte zu Abhaltung der sogenannten Thinge, wie noch jetzt die Landtage Skandinaviens heißen, bestimmt waren; eines keltischen Tempels

Trümmer glaubt man in dem Bau auf der Hohen Donne im Wasgau zu besitzen (s. Taf. II. Fig. 4), dessen Ähnlichkeit mit griechischen Tempeln nichts Auffallendes hat, da einerseits das bauliche Prinzip der Aufrichtung von Stempeln und Darüberlegung von Steinbalken völlig mit dem in den Steingehegen befolgten Prinzip übereinstimmt, anderseits aber die Griechen schon um 600 v. Chr. an Stelle der Phöniker Kolonien an Galliens Südküste gründeten, deren größte Massalia, das jetzige Marseille, ihre Handelsverbindungen bis Narbonne, Toulon, Bordeaux 2c. erstreckte, ja durch das Loirethal bis in die Bretagne drang.

Sogar von den Stadtbefestigungen der Kelten, welche doch zumeist durch Cäsar zerstört wurden, blieb uns außer einigen unvollständigen Resten ein fast unverletztes Beispiel erhalten, die Ringmauer von Roc de Vic im Departement der Corrèze (s. Taf. II. Fig. 2), eine längliche Rundung von etwa 200 m größter Länge, umzogen von zwei Gräben, in deren einem eine Quelle sprudelt; noch erhebt sich die Mauer an mehreren Stellen bis zu 12 m Höhe. Im Innern der Ringmauer ragen noch die Reste eines Turmes und steht auch ein Runstein. Die ganze Anlage hat, wie wir sehen werden, ihre Schwestern in Peru.

Ornamente. Aber nicht nur an den Bauten zeigt sich eine solche Wahlverwandtschaft zwischen den entferntest wohnenden Völkern. Dieselbe äußert sich auch bei Verzierung der Geräte, Gefäße und Stoffe.

Das erste, woran man auf diesem Gebiet dachte, war begreiflicherweise nur die Anbringung irgend einer gleichmäßigen Wiederkehr von Figuren, und so entstanden denn Reihungen, Wellenlinien und Zickzacks. Die Muster, die wir dem Leser Taf. II. in Fig. 3 vorlegen, sind teils den Fundstücken aus den Schweizer Pfahlbauten, teils Gefäßen, welche in Hünengräbern gefunden wurden, entnommen.

Eine Vergleichung derselben mit der Tättowierung des Neuseeländers (Fig. 34) und des Häuptlings der Insel Christina (Fig. 37) beweist die Übereinstimmung, auf welche wir hindeuteten. Diese Verzierungen sind ziemlich dieselben für die bronzenen Gegenstände wie für die Thongefäße. Von ihnen deuten einige auf eine Entstehung aus der Netzstrickerei und den frühesten Anfängen der Weberei. Die geringen Gewebreste, welche uns aus so früher Kulturstufe, meist durch die Funde in den schweizerischen Pfahlbauten, geboten wurden, liefern hierfür den Beweis; sie finden nähere Besprechung im sechsten Bande dieses Werkes.

Die Fortschritte in der Verzierung der Geräte wirkten jedenfalls wieder auf das Bauen zurück, indem man mehr und mehr Gefallen an akkurater Ausführung fand und dadurch wiederum auf das Aufsuchen eleganterer Formen geführt ward. Hierdurch gefördert, schreitet die Entwickelung der Architektur ziemlich gleichmäßig raschen Schrittes vorwärts, indem die gefundenen Formen bald sich zu einem in sich harmonischen Formensystem einten.

Baustile.

Die architektonischen Formensysteme oder Stile lassen sich in einzelne Gruppen zusammenfassen, und diese Einteilung richtet sich entweder nach der Zeit, während welcher sie zu besonderer Entwickelung und Ausbildung gelangten, oder nach den Religionen, welche so hohen Einfluß auf die Formung hatten. So unterscheidet man denn meist entweder vorklassisch-antike, klassisch-antike, altchristliche, mittelalterliche und neuzeitliche Stile, oder heidnische, islamitische, christliche. — Wir aber nehmen nach ihrem innern Zusammenhange mit der Kulturgeschichte der bedeutendsten Völker vier Hauptgruppen an: die Baustile der Völkergruppen mit in sich abgeschlossener Kultur, die Stile von Völkern, deren Kultur sich teilweis fortpflanzte, von Völkern mit direkt vererbter Kultur und Baustile aus bewußtem Rückgang auf frühere Kulturstufen.

A. Baustile der Völkergruppen mit in sich abgeschlossener Kultur. Darunter gehört teils mancher noch nicht vollständig durchforschte Stil, teils manche noch nicht bis zum Stil herangereifte Gruppe von Bauformen. Der allen gemeinsame Charakterzug ist eine gewisse Einseitigkeit der Formengestaltung unter vorwiegendem Einfluß des Vorbildes der umgebenden Natur; dabei zeigt sich oft Ängstlichkeit in der Ausführung, nicht selten Unbeholfenheit und sichtbare Bevorzugung irgend eines Materials in den Konstruktionen, sowie bedeutendes Vorherrschen der oft regellosen Phantasie über den Verstand. Bereits erwähnt wurde, daß aus dem Vorhandensein mancher gemeinschaftlicher Formen ein gegenseitiger Einfluß dieser Stile vermutet werden könne, der aber, bis jetzt wenigstens, nicht nachzuweisen ist. Jene scheinbare Verwandtschaft der Formen ist vielleicht die Folge eines Verkehrs, dessen Spuren aufzufinden der Forschung künftig noch gelingt, vielleicht aber auch

Baustile. A. Der Völkergruppen mit in sich abgeschlossener Kultur. I. Amerika. 145

ausschließlich die unausbleibliche Folge gleicher äußerer Bedingungen, wie sie aus der geographischen Lage, der umgebenden Natur u. s. w. folgten.

I. **Amerikanische Baugruppen.** Amerika, welches nicht so heftige Völkerbewegungen überstanden zu haben scheint, wie Asien im Altertum, Europa im Beginn und Verlauf des Mittelalters, bewahrt die Reste der Werke niederer Kulturstufen unverletzter als die Alte Welt. — Freilich kennen wir die Geschichte der Völker der westlichen Halbkugel viel weniger als die der um vieles älteren asiatischen. Ihre staatliche und kulturgeschichtliche Entwickelung ist, gewaltsam gestört, ohne nachhaltigen Einfluß auf andre Völker, gänzlich verschollen; dennoch kann man noch jetzt gewisse Abstufungen in ihrer Kultur nachweisen, sogar an den Bauwerken der Ureinwohner von Nordamerika, von deren Vergangenheit wir nur wissen, daß große Züge (Völkerwanderungen) von Nord nach Süd stattfanden, daß die Chinesen die Westküste Amerikas kannten, und daß die Normannen von 861 bis Mitte des 14. Jahrh. die Ostküste besuchten, woraus Vermutungen auf einen Einfluß begründet worden sind, die noch Erwähnung finden werden. Während die bereits besprochenen Grabhügel und Erdwälle bei St. Louis und Point-Creek, welche zum Teil in ihren Grundrissen die Gestalten von Menschen und Tieren nachahmen (Fig. 110), einer noch sehr tiefen Stufe der Bildung angehören, müssen wir aus den Ruinen bei Chillicothe in Ohio und Missouri auf ein bereits weiter vorgeschrittenes Volksleben schließen. Dahin deuten vor allem die Befestigungen, bis zu 220 m Länge und 190 m Breite, mit Mauern von beinahe 4 m Höhe, unten $6\frac{1}{2}$ m Dicke, und Gräben von $6\frac{1}{2}$ m und mehr Breite, teils in langen Linien, teils viereckig, teils rund, ja oft in ähnlicher Anlage, wie wir sie noch vor kaum sechzig Jahren an unsern Festungen gewohnt waren. — Die Steinmauern von beträchtlicher Länge, oft 5—10 m breit, sind meist sehr niedrig, gewöhnlich zu zwei und zwei nebeneinander laufend, bilden häufig zwei konzentrische Kreise und mögen vielleicht den Cromlechs auch in ihrer Bestimmung verwandt gewesen sein. In Figuren und Inschriften, in Felswände eingehauen (s. Taf. III. Fig. 3), wollen amerikanische Gelehrte Werke phönikischer Unterhändler aus der Zeit um 1800 v. Chr. erkannt haben, was, obschon vielfach angezweifelt, doch nicht ganz unmöglich ist.

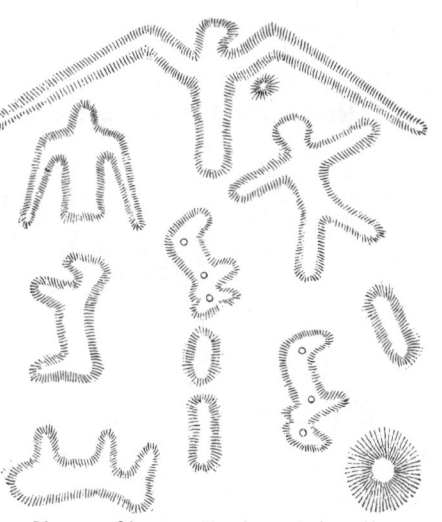

Fig. 110. Figurierte Mounds in Nordamerika.

Die Grabhügel sind von Erde aufgeworfen oder aus kleinen Steinen zusammengehäufelt. Die nördlicher gelegenen sind $1{,}2$—$1{,}6$ m hoch, bei $3{,}15$—4 m Durchmesser, die südlicheren erheben sich oft zu 25—$28{,}35$ m und an ihrer Basis bis zu 190 m breit. Dieser bedeutende Unterschied der Größe, das dauerhaftere Material, zusammengehalten mit der akkurateren Ausführung auch der Steinmauern u. s. w. in den südlicheren Gegenden, deutet auf ein Fortschreiten der Kultur von Nord nach Süd.

Folgen wir dieser Spur, so finden wir in der That, daß die Ureinwohner Mittelamerikas bedeutend höher kultiviert waren. Sie besaßen eine sehr ausgebildete Mythologie. Ihre Gottheiten, meist personifiziert gedachte Gestirne, genossen feierliche Verehrung, an welche sich die pomphaften Begräbnisse würdig anreihten. Der vielfache Gebrauch der Hieroglyphen zu Inschriften an Gebäuden förderte die Malerei, welche in dieser Hilfsleistung ihre erste größere Aufgabe fand.

Der mächtigste der vielen Stämme, welche in dem Bezirk Anahuac (jetzt Mexiko) saßen, der Olmeken, wohnte vermutlich schon um 1000 v. Chr. in den Ländern Cholula und Tlascala und blieb dort ungestört bis 560 n. Chr. Ihre Grabhügel waren meist von Erde aufgeworfen, wenige nur mit behauenen Steinen bekleidet. Der bedeutendste ihrer Teocallis (Tempel), dem Gott der Luft, Quetzalcoatl, geweiht, dem die Erfindung

der Metallschmelzung, des Kalenders ꝛc. zugeschrieben ward, vermutlich um 500 n. Chr. er=
baut, stand auf der Pyramide von Cholula, am Fuß 453 m ins Geviert messend und
55,7 m hoch, von Werksteinen und Ziegeln ohne Mörtel aufgeführt; die Pyramiden
von Tlascala sind kleiner und steiler. Je 30 Stufen führten von einer Terrasse zur
andern. Die Kammern im Innern dieser Pyramiden und der Grabhügel sind durch
Überkragung der Steinschichten eingedeckt. Außerdem finden sich kyklopische Mauern, wahr=
scheinlich Reste von Befestigungen, sowie Zisternen und Wasserleitungen; die letztern sind stets
offene Kanäle, nie auf Brücken, sondern nur auf Dämmen über die Thäler geführt. Den
Gebrauch des Mörtels scheint man noch nicht gekannt zu haben.

Die Tolteken fielen um das Jahr 560 n. Chr. in Mexiko ein und nahmen 596
Cholula, 648 das ganze Reich Anahuac in Besitz. Die Olmeken unterjochend, gründeten
sie zunächst die Hauptstadt Tula, dann, um 1052 vor einer Pest nach Süden flüchtend, die
im Jahre 1787 durch Antonio del Rio in ihren Ruinen entdeckte, im Lauf unsres Jahr=
hunderts durch Humboldt u. a. bekannter gewordene Hauptstadt Palenque und statteten sie
glänzend aus. Ihrer Bauten vielfache Trümmer lassen die allmähliche Entwickelung ihrer
Kunst deutlich sehen, so daß hier zuerst vor unserm Blicke das Bild des Fortschritts vom
Holzbau zum Steinbau sich entrollt. — In ihren früheren Wohnsitzen, vielleicht auch noch
in der ersten Zeit nach Unterwerfung der Olmeken, hatten die Tolteken, was auf eine nach
Jahrtausenden zählende Vorkultur schließen läßt, den Stakbau geübt und ihre Dächer nach
Taf. IV. Fig. 1 zusammengestellt. Letzteren Dachstuhl behielten sie auch in der ersten Periode
des von den Olmeken erlernten Steinbaues (circa 600—900 n. Chr.) bei. Die Pyramiden
dieser Periode, darunter die von Papantla, waren in Stein ausgeführt, und um jede der
größeren Stufen herum zog sich eine Reihe von Gemächern, zwischen denen Verbindungs=
treppen hinaufführten. Aber die Decken dieser Gemächer sowie die Dächer der auf dem
Gipfel thronenden Tempel (Teocallis) waren noch in Holz ausgeführt und mit Erde über=
deckt. Auch die Vorderwände bestanden zum Teil aus Holz. In der zweiten Periode (um
900—1200) ahmte man diese Holzkonstruktion in Stein nach. Aus dem Anfang dieser
Periode (etwa 1050 n. Chr.) stammt das Teocalli las Llajas bei Palenque (Fig. 111), eine
Nachahmung der weit kleineren Pyramide zu Papantla, ferner das kleinere der beiden Teo=
callis zu Palenque und der Palast von Zayi (Taf. IV. Fig. 2). Die Abbildungen überheben
uns weiterer Beschreibung und zeigen deutlich die Nachahmung des Stakwerks und andrer
Holzbauformen. — Dem Schluß der Periode gehört der Palast zu Tuloom an (s. Fig. 112).

Aus der dritten Periode, charakterisiert durch vollständig konsequente Durchführung der
Steinkonstruktion, stammen der Reichspalast zu Palenque nebst dem großen Teocalli, sowie
das kleine Teocalli zu Tucapan und viele andre Bauten in Uxmal, Chichen Itza ꝛc.

Die Mauern der Gebäude sind oft mit einem rötlichen, sorgfältig geglätteten Putz
versehen. Die Fenster scheinen keine Flügel oder Läden gehabt zu haben, hingegen wohl
die Thüren. Ziegel und Holz sind gänzlich vermieden, auch Gewölbe kommen nicht vor,
sondern größere Thüröffnungen und innere Räume sind durch Überkragung der Steinschichten
geschlossen (s. Taf. IV. Fig. 4 und 5); äußerlich sind diese Decken schräg mit Steinplatten
bedeckt. Oft sind die Decken oben offen und mit einem kleinen, auf Säulchen ruhenden
Lichtdach versehen, wie bei dem Hauptteocalli zu Palenque, der 23 m lang und 8 m
tief auf einem Unterbau von 352 m Umfang und 39 m Höhe steht. Auf den
Simsen erheben sich häufig stufenförmige Zinnen. Die zahlreichen Skulpturen, ernst und
dezent, erinnern an ägyptische und indische Arbeiten und sind häufig in Gipsstuck ausgeführt,
ebenso die Ornamente, welche oft sehr phantastisch mit Darstellungen von Ungeheuern ge=
mengt sind. Von eigentlichen Befestigungen hat man keine Spuren gefunden. Aber die
bis zu 23 m Höhe erhaltenen Türme, die unterirdischen Begräbnisstätten, die Brücken
und Wasserleitungen zeugen von einer hohen Kultur. Diese Kultur sollte eine glänzende
Steigerung im engsten Anschluß an das von den Tolteken Geschaffene erhalten.

Als die Tolteken um 1052 nach Süden gezogen waren, nahmen ihre früheren Wohn=
sitze andre von Nordwesten kommende Stämme ein, unter denen die Chichimeken die ersten
waren, denen die Azteken folgten. Letztere beherrschten Anahuac vom Ende des 12. Jahrh.
bis 1519, wo die goldgierigen und fanatischen Spanier ihre hochblühende Kultur mit
Füßen traten. Sie malten z. B. auf Papier, welches sie sehr geschickt aus den Fasern

A. Baustile der Völker mit in sich abgeschlossener Kultur. I. Amerika. Olmeken. Tolteken. 147

Fig. 111. Teocalli las Llajas bei Palenque.

Fig. 112. Ruinen des Palastes zu Tuloom.

19*

der Agave zu bereiten wußten, und auf sorgfältig geglättete baumwollene Gewebe. Solche Gemälde bildeten ihre Schrift, und Formen und Farben hatten dabei ihre Bedeutung. Die Teocallis sind mit der Hauptseite genau nach Osten gerichtet; sie liegen auf künstlichen Hügeln, hier und da kegelförmig, doch meist als Stufenpyramiden gestaltet, und erregen durch ihre Größe sowie durch sorgfältige Arbeit noch jetzt Bewunderung.

Fig. 113. Trümmer des Teocalli Xochicalco bei Cuernavaca.

Oft trug der Gipfel der Tempel Götterstatuen, manchmal auch standen diese nebst dem Opferherd für das heilige Feuer vor dem Tempel oder statt desselben auf der Terrasse. Die Außenmauern der Tempel waren mit rotem Ocker bemalt oder mit in Stein gehauenen Verzierungen überladen, welche erst nach Aufrichtung der Gebäude ausgearbeitet worden zu sein scheinen. — Die Grabmäler der Könige waren ähnlich den Teocallis, nur schmäler und ohne den Tempelbau auf der Plattform. Der Luxus in Verzierungen stieg natürlich mit dem zunehmenden Reichtum ebenfalls. Am reichsten sind daher die aztekischen Bauwerke der späteren Zeit verziert; schöne Gesimse mit Blumenguirlanden, eine Menge ausgehauener Figuren und Malereien liefern den Beweis, wie weit diese in ihren schwachen Überresten heute unendlich tief stehenden Völker in der Bildung vorgeschritten waren. Als Ferdinand Cortez und seine Spanier vor Tenochtitlan (Mexiko), der Hauptstadt der Azteken, ankamen, zählten sie 360 Türme, welche die Häuserreihen Mexikos überragten und mit

Fig. 114. und 115. Aztekische Wohnhäuser, nach einer alten Malerei in einem aztekischen Manuskript.

großer Verwunderung weilte der Blick der Eroberer auf einer Anzahl von 3000 Tempeln, unter denen besonders einer von außerordentlicher Pracht und Schönheit hervorragte, der Hauptteocalli mit seinem heiligen von der Schlangenmauer umgebenen, mit polierten Steinen gepflasterten Platz (s. Taf. V. Fig. 1), der zugleich einige andre Tempel sowie viele öffentliche Gebäude, Priesterwohnungen, Schulen u. dgl., einschloß. Die Mauer war mit Zinnen bewehrt. Vier Thore, nach den Haupthimmelsgegenden, entsprachen den vier

A. Baustile der Völker mit in sich abgeschlossener Kultur. I. Amerika. Azteken, Peru. 149

Hauptstraßen der Stadt; jedes dieser Thore trug einen Turm mit Waffensaal und Wachlokal. Schon an den Türmen sowie an den Simsstreifen der Mauer kann der Leser einige jener Reihungen erkennen, wie wir sie ähnlich bei den Kelten Europas fanden. Einen vollständigeren Begriff von der Ornamentik der Azteken wird außer Fig. 113 die Abbildung des berühmten Kalendersteines in der die „Schrift" behandelnden Abteilung dieses Werkes geben, welcher durch Einmauerung in eine Seitenwand der Kathedrale von Mexiko der Vernichtung entgangen ist.

Die Häuser ärmerer Leute waren von ungebrannten Ziegeln oder von Stein, in Lehm vermauert, aufgeführt, mit Rohr eingedeckt, enthielten aber immer außer dem Wohnraum und dem Kornboden noch ein Bad und ein Betstübchen. Die Wohnungen der Reichen und Adligen waren meist zweistöckig, von Steinen

Fig. 116. Peruanische Stadtmauer zu Cuzko.

in Kalk vermauert aufgeführt, hatten ein flaches Dach, auch Türme mit Schießscharten (s. Fig. 114 und 115). Den Hauptstraßen von Tenochtitlan entlang waren die Häuser durch Außengalerien im ersten Stock verbunden. Dieser Umstand erschwerte den Spaniern die Eroberung Mexikos bedeutend, da die Azteken sich von den Galerien herab verteidigten.

Einer gänzlich verschiedenen Richtung, einem ursprünglichen Steinbaue, gehören die Denkmäler Perus an. Die keltischen Befestigungen, die kyklopischen Mauern und tyrrhenischen Gräber Kleinasiens, Griechenlands und Italiens, sowie einige der frühesten ägyptischen Bauten haben ihre Parallelerscheinung auf der entgegengesetzten Seite der Erde, im alten Inkareich

Fig. 117. Peruanische Gräber auf der Insel Koata.

Südamerikas. — Dort finden wir zunächst in Agacucho unförmliche Ruinen von Pyramiden, welche vermutlich schon standen, als um 1200 n. Chr. Manko-Kapak das Reich organisierte. Die etwas besser erhaltenen Denkmäler von Tiaguanaco in Bolivia bestehen aus langen Reihen viereckiger Pfeiler und einem aus einem Felsblock gearbeiteten viereckigen Gebäude mit Thüren, Fenstern, Reliefs u. s. w. Das aus unregelmäßigen Bruchsteinen aufgemauerte Haus des Manko-Kapak und das wohl etwas jüngere, aus bearbeiteten Quadern errichtete Haus (Kloster) der Sonnenjungfrauen, auf einer Insel im See Titikaka (s. Taf. V. Fig. 4) und die vermutlich viel ältere, aus 6—9½ m hohen Blöcken ohne Eisen aufgeführte Befestigung, richtiger Stadtmauer, von Cuzko (Fig. 116), bezeichnen dieselben drei frühesten Stufen der Entwickelung des Steinbaues, die wir oben kennen lernten. — Die im Schichtenbau ausgeführten Herbergen, Tambos, welche die letzten Inka an den Seiten der Heerstraße nach Cuzko errichten ließen und die höchst sorgfältig gearbeitet sind, zeigen gleich den Gräbern auf der Insel Koata in jenem See (Fig. 117) Formen, wie sie uns nicht nur an ägyptischen Bauten, sondern namentlich auch an pelasgischen und etruskischen Gräbern begegnen (s. Taf. V. Fig. 1 u. 2).

Fig. 118. Malaiischer Kampong auf Java.

II. **Ostasiatische Baugruppen.** Während auf der westlichen Halbkugel, in Mittelamerika, der Übergang vom Holzbau zum Steinbau sich erst um 500 n. Chr., allerdings dann in sehr rascher Wandlung, vollzog, in Südamerika erst nach dem Ablauf des ersten Jahrtausends der Steinbau in einer Entwickelung auftritt, die man im Norden Afrikas schon um 3000, in Kleinasien 2c. um 1200 v. Chr. erreicht hatte, finden wir im Osten Asiens, nahe an der Wiege der Menschheit, allerdings in schwerer erkennbaren Resten, aber reichlich durch minder unsichere historische Nachrichten unterstützt, die Spuren einer in mancher Beziehung der mittelamerikanischen verwandten, dennoch aber vielfach anders gearteten Wandlung. — Diese Spuren leiten zu der Vermutung, daß vom Himalaya aus, auf dessen Höhen man die Stätte des Paradieses sucht, dereinst in zwei verschiedenen Richtungen zwei von den S. 134 ff. erwähnten Bauarten sich verbreiteten, deren südliche nach dem Durchlaufen einer Reihe von Entwickelungsstufen und fremden Beeinflussungen sich zum Teil selbständig gestaltete und abschloß, zum Teil mit den nördlichen durchkreuzte und eine Heimstatt fand bei jenen großen, mächtigen Völkern, deren Baukunst aber seitdem, ebenso wie das übrige Kulturleben, zwar nicht gänzliche Erstarrung zeigt, sich aber schon seit mehreren Jahrhunderten nur sehr langsam vorwärts bewegt hat. Die südliche Gruppe hat eine sehr komplizierte, teilweise noch in das Dunkel der Sage und Vermutung gehüllte Entwickelungsgeschichte hinter sich. Der Ausgangspunkt der Entwickelung war hier die Zweighütte, welche sich zu einem auf Pfählen oder Füßen stehenden, teils korbähnlich, teils als Gestelle gestalteten

A. Baustile der Völker mit in sich abgeschlossener Kultur. II. Ostasien. Malaien. 151

Häuschen entfaltete, wie wir solche noch jetzt bei Angehörigen der malaio=polynesischen Rasse auf Borneo, auf den Molukken und Philippinen, bei den Battanegern auf Sumatra ꝛc. finden (s. S. 138); am deutlichsten läßt sich das Stadium der Entwickelung, welche erreicht war, an den Hütten erkennen, welche, zu Kampongs (Dörfern) vereinigt, noch heute den Eingebornen von Java als Wohnung dienen; doch scheinen hier schon früh zwei verschiedene Gestaltungen vorgekommen zu sein, indem alle etwas größere solcher Häuser nicht Giebeldächer, sondern Walmdächer zeigen, was auf Herausbildung aus einem Zelt deutet. — Hinterindien hatte ursprünglich der Stamm der Laos inne, welcher der mongolischen Rasse angehört und mit den Lolos, den Ureinwohnern der chinesischen Provinz Yünnan, sowie mit den Mongolen, denen wir als Hauptträger der nördlichen Gruppe ostasiatischer Bauformen noch begegnen werden, verwandt sind. Von den ältesten Bauten dieser Laos sind zwar in der Laoshauptstadt Wieng=Schang noch Trümmer erhalten, und zwar sowohl von Tempeln (Prachadi genannt) als von Klöstern und vom Königspalast, der Sage nach 43 v. Chr. erbaut, aber genaue Beschreibungen und Abbildungen fehlen noch. So wissen wir denn nur, daß der Palast dicke Mauern, aber Holzsäulen hat, daß die Prachadi des königlichen Klosters (Wât) Pha=Kao an ihren alten Mauern mit Glasplatten belegt ist, aber hölzerne Giebel mit feinem Schnitzwerk hat. — Nur wenig jünger, aus dem 2. Jahrh. n. Chr., ist das Wat Phu bei Lao=Bassak, wo ein zu 1000 m aufsteigender Fels als Kern des terrassenförmigen Bauwerks benutzt ist. Hier findet sich der alte Holzbau der Laos in Steinrelief nachgeahmt (Fig. 119). Als kurz darauf malaiische Kultur in Siam eindrang, vermischten sich die beiden Bauarten und die so ge-

Fig. 119. Ruinen des Wât Phu bei Bassak.

bildete Holzarchitektur wurde, teilweise durch den mit dem Buddhismus (um 240 v. Chr. in Birma, um 100 n. Chr. in Siam) von Ostindien her eingedrungenen hohen Aufbau der Pagoden und zierlichere Formen der schmückenden Teile umgemodelt, bis jetzt beibehalten, während daneben sich auch eine Steinarchitektur bildete, die wiederum zum Teil Holzformen aufnahm. Hierhin gehören besonders die den Blockhausbau nachbildenden vielen Stabgliederungen der Sockeln, die Nachbildungen der Stakhölzer in den Wandfeldern, welche als Fenster dienen, die Übereinanderschiebung vieler Dächer, die zeltartige, im obern Teil konvexe, im untern konkave Schweifung der Dachfläche, die vielzackigen Spitzkanten der Giebel (s. Taf. VI. Fig. 2). Die Holzarchitektur selbst fand ihre zierlichste und reichste Ausbildung in Birma, wo uns der 1857 erbaute Königspalast zu Mandalay (s. Taf. VI. Fig. 1) und ein Kloster zu Mya=Rung durch die Fülle und die ungemeine Zierlichkeit der Ornamente mit

Bewunderung für die Befähigung, durch ihr treues Festhalten an den Traditionen mit Staunen über so große Zähigkeit des Festhaltens am Vererbten erfüllen, während die goldene Pagode Schoay-Dagon zu Rangun (um 1760 erbaut) als treue Wiederholung der Schoay-Maduh-Pagode zu Pegue (13. Jahrh.) fast gleiche Eigenschaften bezüglich des Steinbaues nachweist. An letzterer sind die Stempel des umgebenden Steinkreises zur zierlichsten modellartigen Verkleinerung der Hauptspitze, des Dagops, ausgebildet, während sie an der etwa 850 n. Chr. erbauten Kürbispagode zu Pegue als kleeblattähnliche Steinplatten erscheinen und an der Kung-Wu-Deu-Pagode bei Ava, die vermutlich um 107 n. Chr. gebaut, 1626 vergrößert ist, noch die Form von Pfählen treu nachahmen. Diese drei Bauten, die einzigen, die wir unter vielen Tausenden birmanischer Pagoden nennen (in Paghan allein, welches 1356 von den Chinesen zerstört ward, zeugen noch mehr als 800 Pagoden und Tempel von der einstigen Pracht der Riesenstadt), belehren uns zugleich über den Ausbildungsgang dieser eigentümlichen Bauten, indem die bei Ava noch eine über nur drei Mauerabsätzen aufsteigende, wenig höhere Kuppel bildet als Fig. 8 auf Taf. I, auf deren Scheitel der Ti, d. h. Reliquienkasten, mit dem dreifachen Schirm Buddhas sich erhebt, bei der Kürbispagode, die Kuppel weit schlanker, das Ti zu einer flaschenhalsartigen Form gestaft, die Zahl der Schirme wie die der Stufen auf 7 erhöht und die Form der letzteren aus jenem Mauerabsatz in eine Schräge umgemodelt erscheint, während die zu Pegue (Fig. 120)

Fig. 120. Schoay-Maduh-Pagode zu Pegue.

und zu Rangun nur durch größere Zartheit der Spitze bei minderer Häufung von Ornamenten sich von den Steinpagoden Siams unterscheiden. Hier zeigt der Steinbau, besonders an dem herrlichen, ausgedehnten Klosterpalast Nakhon-Wât bei Angkor (Nakhon-Tom), welcher um 400 n. Chr. erbaut, 1050 teilweise umgebaut wurde, eine sehr hohe Vollendung neben treuer Beibehaltung der erwähnten Eigenschaften (s. Taf. VI. Fig. 2), während die Vergleichung einer steinernen und einer hölzernen Pagode (Fig. 121 u. 122) den Beweis für die ungemeine Ähnlichkeit in der Hauptform und die charakteristische Verschiedenheit in den Details liefert, die zwischen beiden Konstruktionsweisen obwaltet.

Die Ureinwohner Chinas, unter ihnen die schon erwähnten Lolos, waren von Haus aus mit ziemlich reicher Phantasie ausgestattet. Diese, in Verbindung mit der eigentümlichen Gestaltung der sie umgebenden Natur überhaupt, besonders der Berge und Bäume, waren die ersten Ursachen zu Gestaltung ihres Baustils. Die ältesten Bauten der ersten Periode scheinen Erdwälle und Lehmhütten gewesen zu sein, bedeckt mit Zeltdächern. Die oft dargestellte chinesische Mauer ward in der letzten Zeit der 1122—258 v. Chr. herrschenden Tschahu-Dynastie, im 4. Jahrh. v. Chr., begonnen, um 200 n. Chr. 2400 km lang, und im 7. Jahrhundert bis über 3000 km verlängert, sie ist an der niedrigsten Stelle 7 m hoch, an der

A. Stile der Völker mit in sich abgeschlossener Kultur. II. Ostasien. China. Steinbau. 153

schmalsten 3,5 m breit, an andern viel breiter, und besteht aus zwei geböschten Futtermauern von Ziegeln mit Zinnen, mit einer Erdanschüttung dazwischen, die mit gebrannten Fliesen abgedeckt ist. Die Gründung und der Sockel bestehen aus behauenen Steinen, die größten der 24000 in Entfernungen von etwa 125 m verteilten Türme sind 12 m ins Quadrat stark und 15 m hoch. Ihre Räume, sowie die Thore u. s. w. sind gewölbt. Gleich dieser Landesmauer und der zweiten inneren großen Mauer zeigen die älteren Stadtthore, die Brücken der alten steinernen Wasserleitungen, Kanäle ꝛc. Rundbogen, Ellipsenbogen bis zu 15 m Spannung und ziemlich schwache Pfeiler, in grauem Marmor oder rotem Granit ausgeführt. Die Brücke von Lou-ko-kiao hatte 100 Bogen, die von Sumtscheu-fu sogar 252 Öffnungen, freilich nur von 3 m Spannung und mit großen Platten überdeckt. Die noch stehenden Tempel des Donners, des Himmels, des Lichts, die Grabpagode des Eunuchen, die Halle des Konfucius (Kong-futse), die Denkmäler des Ky-Fong-Ton, des Singon-Fou und eine große Reihe

Fig. 121. Pagode des Wat-Tschang zu Bangkok.

von Ruinen, darunter viele Triumphbogen, bezeugen, daß der Steinbau bereits hohe technische und eine schüchtern beginnende künstlerische Ausbildung erlangt hatte, welche einen ähnlichen Weg wie bei den Etruskern und Peruanern eingeschlagen haben würde, wenn sie nicht gewaltsam unterbrochen worden wäre. Schon Ting-Tschi-Hang-Ti aus der Tsin-Dynastie, der die große Mauer in der Hauptsache vollendete, ließ die meisten früheren Bauten vernichten; sein Nachfolger Ta-ti ließ um 240 einen Obelisken da errichten, wo später der

Porzellanturm von Nanking erbaut ward. — **Zweite Periode.** Um 380 n. Chr. eroberten Tataren, und zwar nach einigen Mongolen, nach andern Hoang=nu (Hunnen) den Norden, 590 auch den Süden des Reiches.

Fig. 122. Mahaprasat, d. h. Grabpagode der Könige zu Bangkok.

Ihr Hof verbrachte den Sommer in Zih=hol im rauhen Gebirge der Tatarei; dort liegen Paläste und Gärten im Schatten hoher Berge, dort ragt auch Buddha=Laya (Putala), das große buddhistische Tempelkloster (die Religion des Fo ist eine von der Tsin=Dynastie aus Ostindien eingeführte Abzweigung des Buddhismus) mit elf Geschossen in die Lüfte, hinter den schmucklosen, geböschten Mauern in reichem Goldschmuck strahlende Hallen und Kapellen bergend. Auch die Befestigungen dieser Zeit, z. B. die Unterteile der Mauern von Peking, zeigen geböschte Anlage, Ausführung in Ziegeln, Luftziegeln und Pisée, mit nur seltener

Anwendung von Haufteinen, gegen Ende der Periode unter Auszierung mit Porzellanfliesen und glasierten Ziegeln bei sehr geringer architektonischer Gliederung, welche jedoch unter der 1279 von Kublai-Khan begründeten Mongolendynastie durch die mit der Übertragung mongolischer Zeltformen und der gleichzeitig aus Birma und Siam eingeführten Holzkonstruktion gegebenen Anstöße sich zu heben begann.

Die dritte Periode begann 1368 mit der Dynastie Ming, welche das Reich den Fremden öffnete. Das eigentliche Baugerippe besteht aus Holz. Die Fache sind mit Ziegel oder Lehm ausgefüllt; in den Hauptformen ist zum Teil das dem Fachbau natürlichste System des Gerähmes, zum Teil das des Zeltes, in den verzierenden Formen das letztere vorwiegend zum Ausdruck gebracht. Bei viereckigen, besonders aber bei längeren Gebäuden kommt

Fig. 123. Buddha-Laya in der Tatarei.

noch die malaiische Dachform (die Konstruktion zeigt Fig. 124) zur Anwendung, obschon mit der Modifikation, daß der Giebel nur im obern Teil sichtbar bleibt, im untern mit einem Walm umzogen wird, eine Einwirkung des Zeltes, welches bei polygonen Bauten völlig zur Geltung durchdringt, indem die Unterenden der Ecksparren und Bindersparren keck aufwärts gebogen wurden und die Einbiegung der statt der Schalung dienenden Rohrmatten durch Verlängerung der Leersparren nach unten und durch die Pfetten nur so weit verhindert wurde, als der gewünschte Wasserablauf das nötig machte. Auch der First erhielt durch Anknüpfung der Rohrmatten an die Anfallsäulen eine geschwungene Linie. Gedeckt wurden die Dächer mit Bambus, mit Stroh oder glasierten Hohlziegeln. Aber sowohl diese als die schönen Porzellanfliesen wurden nicht nach ihrer architektonischen

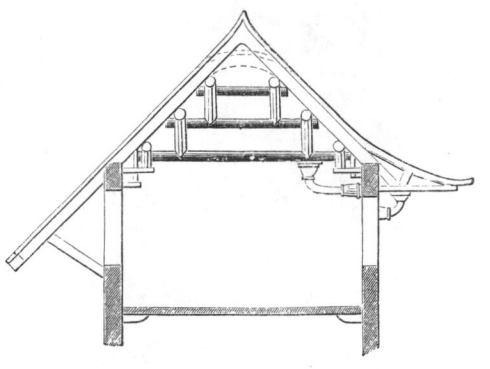

Fig. 124. Schema des chinesischen Dachstuhls.

Bedeutung, sondern nur als ein andres, festeres Material für den Zeltüberzug behandelt, und dieser Mißgriff, verbunden mit dem Eindringen der birmanischen Holzschnitzerei und mit dem dem Volke eignen Hang, über der Nettigkeit des Einzelnen und der Ausbildung des Details die Gesamtheit zu vernachlässigen, mußte zu einem Verfall führen, der 1645 unter der von

Schun-Tschi gegründeten Mandschu-Dynastie durch gesteigerte Vorliebe für die Zeltform seine Höhe erreichte; kurz vorher entstandene Bauten erinnern sowohl in der Disposition des Grundrisses mit seinen Höfen und Säulenhallen, als in der Zierlichkeit und übertriebenen Dünne der Teile vielfach an Pompeji.

Auch ältere Gebäude wurden in dieser Verfallzeit vielfach durch Anfügung der beliebten Schnörkel, der Dachschweifungen ec. umgeändert, z. B. der 1412—1431 als Denkmal einer Kaiserin durch den Architekten Schilang-Hwang bei dem 1277 gegründeten Kloster der Erkenntlichkeit zu Nanking erbaute, 67½ m hohe Porzellanturm, der 1640 restauriert, 1800 vom Blitz getroffen und nochmals restauriert, 1862 von den Rebellen zerstört ward (s. Taf. VII. Fig. 3). Es war der größte unter den vielen Taas, d. h. turmförmigen buddhistischen Dagops (daher Pagoden genannt). Außer diesen geheiligten Grabtürmen gibt es auch Ehrengräber in Form von Tempelzellen, Miaohs (s. Fig. 127); ferner Ehrensäulen und Triumphthore (Taf. VII. Fig. 2), Pai-Leus, denen die Prunkthore der Städte sehr ähnlich sind. Die eigentlichen Tempel liegen in einem weiten Mauerring, hinter dessen südlichem Portal eine mäßig große luftige Halle in den erhöhten Vorhof leitet, worauf eine zweite Umfassung mit Thor und Halle und ein zweiter noch mehr erhöhter Hof folgt, in welchem der Tempel auf besonderer Terrasse sich erhebt. Kleine Tempel sind häufiger rund oder polygon als viereckig, größere meist viereckig. Der Hauptraum ist ein großer Saal (Ting), in welchem das Bild der Gottheit unter einem Tabernakel steht, welches nach oben in einem Taa endigt. Die meisten dieser Tempel sind von heiligen Hainen und Höfen mit Gittern und Thoren in der vielfältigsten Gliederung umgeben, an die sich die Begräbnisplätze anschließen. Die älteren Begräbnisbauten der Chinesen bestehen aus runden Grabhügeln mit Steinsockel und steiler Böschung; auf neueren Begräbnisplätzen finden sich Denkmäler in den verschiedensten Formen.

Fig. 125. Chinesisches Flachornament.

Fig. 126. Kleiner Tempel (Taa) aus der Verfallzeit.

Die vierte Periode begann nach der 1723 durch Vertreibung der Missionäre bereits angebahnten Wiederabschließung nach außen, etwa um 1790. Sie kennzeichnet sich durch teilweise Rückkehr zu der älteren, reinen Weise (Fig. 128). Diese Reform wurde begünstigt durch die Eroberung von Tibet, welche die Chinesen mit den edleren Formen des dortigen Stils bekannt machte; die somit eingeschlagene Richtung aber erhielt mehrfache Modifikationen, als der Handel mit Europa lebhafteren Aufschwung nahm, beschränkte sich aber noch eine Zeitlang auf die Baukunst, während in den Kleinkünsten die abenteuerlichen Formen der Verfallzeit langsamer wichen, zäher sich erhielten.

Die Ornamentik der Chinesen leidet daher noch jetzt an demselben Übel, an welchem die Architektur bis um 1740 litt, ja in noch höherem Grade. Die Baukünstler sahen sich durch die notwendige Rücksicht auf die Eigenschaften des Materials, die Bedingungen der Festigkeit u. s. w. immer noch zum Einhalten gewisser Schranken genötigt.

Fig. 127. Bronzetempel (Miaoh) am Abhang des Wan=schöu=schau aus der Periode vor dem Verfall.

Die Porzellanmaler, die Elfenbeinschnitzer, die Weber und Zeugdrucker, nicht durch solche Anforderungen gehemmt, konnten sich ungescheut ihrer Phantasie hingeben, die immer

Fig. 128. Neuere Pagode in Peking. Rückkehr zu den alten Formen. Anfang des 19. Jahrhunderts.

wieder durch das Bestreben, Neues zu schaffen, ohne die Fähigkeit, den Stil selbst abzuändern, zu den tollsten Ausschweifungen veranlaßt ward. So haben wir uns die Entstehung jener fratzenhaften Gestalten, jenes wunderlichen Gemisches einzelner niedlicher Motive mit dem ungraziösesten Linienwirrwarr und die Vermengung heterogenster Formen zu erklären, welche uns auf den Stoffen, Fächern, Gefäßen und Lackarbeiten Chinas meist entgegentreten, während andre Muster, wie das in Fig. 125 vorgeführte, durch eine geometrische Grundlage der einzelnen Verzierungen bei weitem regelrechter erscheinen. Die Ornamentik der Chinesen ist fast durchgängig Flächenornamentik, und in strenger Innehaltung dieses ihres Charakters erzielt sie trotz der oft unschönen Motive eine gute Zusammenwirkung, welche namentlich auch durch einen gesunden Farbensinn gehoben wird, der in den älteren Werken zwar sich schöner ausspricht als in den späteren, aber auch diesen noch durchaus nicht abhanden gekommen ist. Chinesen, Japanesen samt vielen andern orientalischen Völkerschaften haben die richtigen Prinzipien der Flächenverzierung nie so gänzlich eingebüßt wie die abendländischen Völker, und wo Pflanzen oder Tiergestalten, Menschen oder landschaftliche Darstellungen benutzt werden, halten sie sich stets in gehöriger Unterordnung, sowohl durch stilisierte Behandlung als durch die Art und Weise ihrer Färbung.

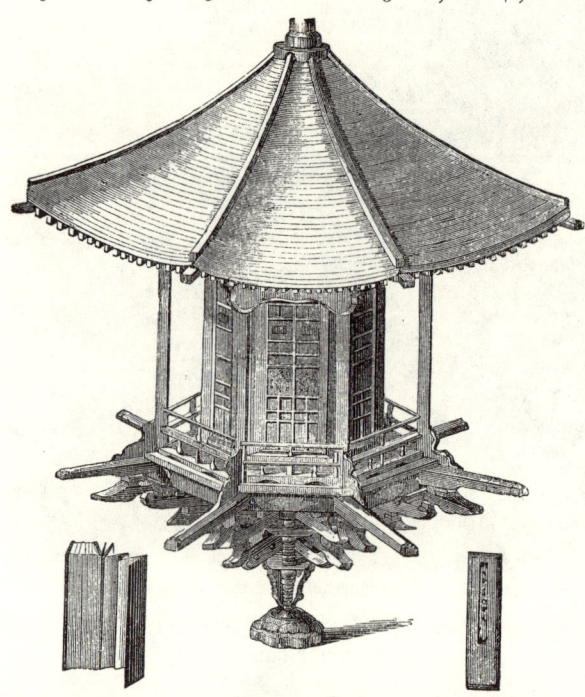

Fig. 129. Mikosi.

Japans beglaubigte Geschichte beginnt damit, daß 660 v. Chr. Zinmutenwu sich unter dem Titel Mikado zum Inhaber der weltlichen und geistlichen Macht erhob.

Fig. 130. Japanischer Tempel der Sintoreligion.

Die ursprüngliche Verehrung der Naturkräfte und Heroen (Sintokultus) wurde 550 zum Teil durch den von China her über Korea eindringenden Buddhismus verdrängt, mit welchem auch die chinesische Kunst hier eindrang. Von den Formen, die vorher in Gebrauch

A. Stile der Völker mit in sich abgeschlossener Kultur. II. Ostasien. Japan. 159

waren, wissen wir leider nichts. Seit 1186 unter Joritomo neben dem Mikado der Schoigun (Taikun) als weltlicher Herrscher die Verwaltung bekam, wurde durch verständige Hebung des Unterrichts, weise Handhabung der Gesetze ꝛc. der in China eintretende Verfall von Japan abgehalten, namentlich da dieses den Angriffen Dschingis=Khans um 1220 siegreich widerstand und so von den Einfällen der Mongolen verschont blieb.

Die Japanesen sind bei weitem ernster, ruhiger und praktischer als die Chinesen, verschließen sich auch den wissenschaftlichen und technischen Fortschritten nicht. Dies zeigt sich denn natürlich auch in ihrer Baukunst, obgleich im ganzen der japanische Stil fast als Zweigstil des chinesischen bezeichnet werden könnte, und obgleich die freie Entwickelung durch die feudalistische Verfassung und die strenge Polizei bis vor wenigen Jahren vielfach gehemmt ward. Die Tempel der Sintoreligion (eigentlich Deckhallen für Heroen) heißen Mia (Wohnung unsterblicher Seelen) und liegen meist auf freundlichen Hügeln oder in der Mitte von Hainen; über steinerne Freitreppen oder durch eine Allee gelangt man zu einem Thor, hinter dem der eigentliche Tempelhof sich ausbreitet.

Die Tempel selbst sind nicht Zentralbauten, d. h. runde oder vieleckige Gebäude, wie in China, sondern haben die Form eines Hauses mit Vorhalle. Auf der einen Seite derselben befindet sich ein Bassin zu symbolischer Waschung, auf der andern ein großer Kasten zu Aufnahme der Weihgeschenke. Jeder Mia ist umgeben von einer Anzahl Mikosi (Kapellchen) von verschiedener Gestalt, aber sämtlich tragbar (s. Fig. 129). Neben der Vorhalle hängt eine Glocke, im Innern kein Götzenbild, sondern ein Metallspiegel als Sinnbild des allsehenden Auges der Gottheit. Ein Gehege für den heiligen Baum (Fig. 130) darf nicht fehlen.

Die Tempel des Buddhismus (s. Taf. VIII. Fig. 1 u. 2) sind meist auf Hügeln mit Klöstern vereinigt, deren

Fig. 131. Japanische Tapetenmuster.

Gruppierung keiner festen Regel zu folgen scheint, enthalten aber stets eine vergoldete Figur des Buddha (Budsdo, Dai=Buds) und Statuen von Heroen und Göttern unter Baldachinen; diese oft sehr zahlreichen Statuen (zwei Tempel in Miako sollen zusammen 66 666 Statuen bergen) sind besser als die chinesischen. Die Städte, wegen der vielen Höfe und Gärten sehr weitläufig, sind doch zum größten Teil befestigt, und im Innern auch noch die Straßen einzeln durch Thore abgesperrt; die Thore selbst sind den chinesischen ähnlich. Der mächtige, fast souveräne Adel haust, geschützt durch Wälle und Befestigungen, in burgähnlichen Residenzen.

Die Begräbnisplätze sind meist parkähnlich angelegt. Alle Gräber sind mit Denksteinen geziert, meist stelenförmig oder in Gestalt von Kegeln, auf einer Schildkröte ruhend.

Die Häuser sind fast alle einstöckig oder doch nur mit einem niedrigen Oberstock versehen, die Zimmer oft nur durch spanische, d. h. verschiebbare Wände getrennt und mit schönen Tapeten ausgehängt. Diese Tapeten (s. Fig. 131) sowie die Geräte, Gefäße und

Kleiderstoffe der Japanesen ähneln zwar in bezug auf Buntheit der Farben, Wahl der Gegenstände zur Verzierung, ferner in bezug auf die Hauptformen vielfach denen der Chinesen, zeichnen sich aber vor diesen doch durch Grazie der Linienführung, Reinheit der Verhältnisse und geringere Überladung vorteilhaft aus. Ob der Einfluß europäischer Kultur, dem Japan jetzt erschlossen worden ist, umbildend oder zerstörend auf Japans Kunst einwirken wird, vermag man jetzt noch nicht zu beurteilen.

B. Stile von Völkern, deren Kultur sich teilweise fortpflanzte. Die bisher betrachteten Völker haben sich dem Einfluß der sie umgebenden Kulturbewegung entweder geflissentlich entzogen oder sind aus andern Gründen nicht von ihr berührt worden. Jedenfalls gewannen sie keinen Einfluß auf diese Bewegung außerhalb eines engen Kreises verwandter Stämme. Diejenigen Völkergruppen, zu denen wir jetzt uns wenden, gewannen solchen Einfluß in schon etwas weiterem Umfange, wenn auch die mannigfachsten Ursachen noch beschränkend einer ausgedehnten Fortpflanzung entgegentraten.

I. Ägyptischer Stil. Während wir bisher, mehr oder weniger unsicheren Spuren folgend, den ersten Entwickelungsgang der Kunst bei den Völkern, die wir besuchten, größtenteils erraten mußten, finden wir an den Ufern des heiligen Nilstromes eine Reihe von Bauten, welche uns in ihrer, durch beinahe sechs Jahrtausende reichenden Entwickelung ein fast vollständiges Bild der Wandlungen bieten, die von den ersten Anfängen stilistischer Regelung bis zum durchgebildeten Stil eintreten müssen. Nicht wenig mag zu dieser ruhigen Ausbildung der Umstand beigetragen haben, daß in Ägypten der fast ausschließliche Besitz von Bildung und Kenntnissen die Priester in den Stand setzte, des Volkes Erziehung ganz nach ihrem Willen zu regeln, seine Ansichten zu lenken und so unter andern auch die Kunstübung der priesterlichen, d. h. einer sehr stetigen Leitung unterstand.

Wir begegnen allerdings auch hier zunächst den unsicheren Spuren einer vorbereitenden Periode in den schwachen Überbleibseln von Sais, welche vielleicht aus dem siebenten Jahrtausend v. Chr. stammen. Da erkennen wir zwar einen quadratischen Außenwall und die Mauerreste des Heiligtums, wo Osiris sein Grab fand. Aber noch immer steht das Bild von Sais verschleiert vor unserm forschenden Auge, d. h. wir sind nicht im stande, aus diesen wenigen Überbleibseln die Gestalt des Bauwerks zu rekonstruieren.

Die erste Periode historisch nachweisbarer Kunstthätigkeit beginnt etwa um 4000 v. Chr. und endigt um 2380 mit der zwölften Dynastie. Die ältesten Bauten gehören der zweiten Dynastie an und stammen also aus der Zeit zwischen 3800 und 3600 v. Chr. Es sind dies der sogenannte Mustabat el Pharaoun südlich von Sakkarah und die Beamtengräber an der Pyramide des Chufu (Cheops) bei Djizeh, länglich viereckige, ziemlich niedrige Quaderbauten mit schrägen, also auf eine vorhergehende Lehmbauperiode deutenden Wänden, bei ersteren mit, bei letzteren ohne Mörtel. Aber schon zeigt die an der Ostseite angebrachte Thür zu dem Gemach der Todtenfeier in ihrem runden Deckbalken eine Nachahmung des Holzbaues in Stein, die auf eine vorhergehende, viele Jahrhunderte lange Vorbereitungsperiode hindeutet. Die Westseite öffnet sich in einem zu dem Sarkophagraum führenden Schacht; der Mustabat hat einen Vorhof mit Pfeilerhalle. Unter der dritten Dynastie, um das Jahr 3500 errichtet, ist die Pyramide von Sakkarah, (Fig. 132), unter der fünften die beiden von Daschuhr und die von Meidun. Die letzteren zeigen deutlich, daß die ältesten Pyramiden, ähnlich den olmekischen, in großen geböschten Stufen errichtet wurden, und zwar derart von innen nach außen fortschreitend, daß die Pyramide immer für vollendet gelten konnte, wenn der Tod den betreffenden König, der sie für sich als Grab baute, überraschte. Dies geschah offenbar bei diesen beiden, von denen namentlich die zu Meidun mit ihren großen, etwas geneigten Stufen auffallende Ähnlichkeit mit der Moschee zu Timbuktu hat. Später fing man dann von oben herab an, die großen Stufen schräg auszufüllen. In diesem Stadium der Arbeit wurde die Erbauung der Steinpyramide zu Daschuhr unterbrochen, daher ist dieselbe im obern Teil schon flach abgeschrägt, während unten noch die steile Böschung sichtbar ist. Die andre Pyramide in Daschuhr ist von Lehmziegeln gebaut und von Quadern bekleidet gewesen. Sie hat einen Vorraum für die Leichenfeier, dessen Decke durch übergekragte Steinschichten in Spitzbogen geschlossen ist. Die zu Sakkarah ist noch durch ihr kompliziertes Gangsystem besonders interessant. Die Pyramiden von Abusir sind aus Bruchsteinen mit Mörtel von Nilschlamm erbaut.

B. Stile der Völker, deren Kultur sich teilweis fortpflanzte. I. Ägypten. Böschbau. 161

Der vierten Dynastie gehören die drei großen Pyramiden von Djizeh (s. Taf. IX. Fig. 6) an, deren erste und größte von Saphi oder Chufu (Cheops, 3095 ff.), die zweite von Chephren (Chafra, 3032 ff.), die dritte von Menkera (Ramenka oder Mykerinos), 2966 ff.) erbaut ward. Die Pyramide des Cheops hat nach Thevenots Messung 227 m Basislänge, 137 m Höhe und 208 Stufen, die vormals aber mit polierten Granitblöcken schräg bekleidet waren.

Von König Phiops, welcher, der sechsten Dynastie angehörend, etwas vor 2700 v. Chr. lebte und die ersten Obelisken errichtet haben soll, stammen auch die Grottengräber von Zauiet el Meitin, deren Wandbilder, zusammengehalten mit den Resten des kleinen Tempels an der Ostseite der Chafrapyramide, mit der alten Cella des übrigens neueren Tempels Tothmes' III. in Theben u. s. w., uns in den Stand setzen, einen Schluß auf die Tempelformen dieser ersten Periode zu thun. Danach bestanden diese Tempel sämtlich, den von Mena (um 4000) dem Phtha zu Ehren errichteten nicht ausgenommen, im wesentlichen aus einer langgestreckten Cella mit oder ohne geschlossene Vorhalle, umgeben von einer Pfeilerhalle, deren

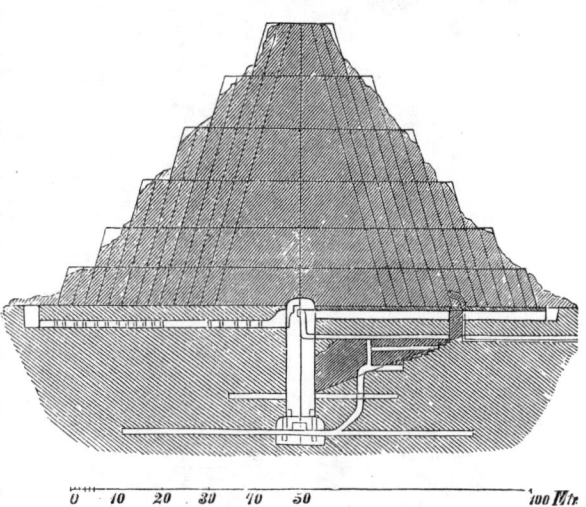

Fig. 132. Durchschnitt der Pyramide von Saktarah.

Pfeiler aber erst auf hohen Brüstungsmauern begannen. Ursprünglich waren diese Pfeiler viereckig, allmählich wurden zunächst nur die den Eingang flankierenden, dann auch die andern, durch Verbrechung der Ecken zu achteckigen, dann sechzehnseitigen, endlich zu runden Säulen. Die Eckpfeiler mußten nun um der Festigkeit willen stärker und breiter gemacht werden; dann wurden die Zwischensäulen bis zum Fußboden herabgeführt und nun stand die Brüstung zwischen ihnen.

Man hatte gelernt, Brüstung von Gründung, ausfüllende, schließende Teile von stützenden zu unterscheiden, aber auch in der Stütze sah man nun nicht mehr bloße Gestellträger, sondern zugleich Begrenzung der Öffnung. So wurde der Eckpfeiler aus einer verstärkten Stütze zum Mauerstück, die Halle war nicht mehr ein um den eigentlichen baulichen Kern gestelltes Gerüst, sondern zeigte sich als Fensterreihe in der Mauerumfassung. Infolgedessen gab man nun auch ihr die gebölchte Gestalt, welche schon längst die aus Lehm aufgeführten Umfassungswände der

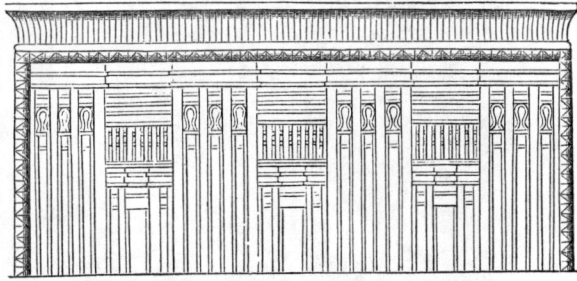

Fig. 133. Sarkophag des Königs Menkera (Ramenka).

Wohnhäuser, die Wände der Cella und die Stufenwände jener ältesten Pyramiden gehabt hatten. Das Dach war wohl schon bei den vorhergehenden Holzbauten ziemlich, bei Steinbauten ganz flach, die Hohlkehle des Simses scheint ebenfalls nicht zu den ursprünglichen Formen zu gehören; an dem Sarkophag des Menkera tritt sie zuerst auf. Gerade dieser (s. Fig. 133) aber zeigt viele Formen, welche nebst einigen blinden Thüren in den Beamtengräbern auf einen vorhergehenden Holzbaustil hindeuten, der jedenfalls auch auf die Bildungen der zweiten Periode (etwa 2380—2171), z. B. auf die sechzehnseitigen protodorischen Säulen an den Gräbern von Beni-Hassan (Taf. IX. Fig. 3), namentlich aber ihres Gebälkes, Einfluß hatte.

Das Buch der Erfind. 8. Aufl. I. Bd. 21

162　　　　　　　　　Baukunst und technische Künste.

Die meisten der Bauten, welche von solchen Säulen getragen werden, darunter die von Sesurtesen III. errichteten Burgen zu Semneh und Kumnée, der Tempel der Paht zu Karnak, des Hor Amun zu Wadi Halfa und der Tempel bei Elithya, an dessen Säulen bereits Hathormasken das Kapitäl zieren (s. Taf. X. Fig. 3), gehören der zwölften Dynastie, also der genannten Zeit, an.

Fig. 134. Übersicht der bedeutendsten ägyptischen Obelisken.
1. Elefantenobelisk (Piazza della Minerva in Rom). 2. Obelisk des Sethos I. (Piazza del Popolo in Rom, 24 m hoch). 3. u. 6. Obelisken zu Karnak. 4. Nadel der Kleopatra (21,6 m.) 5. Obelisk Thotmes' IV. (Lateranplatz zu Rom, 45,5 m hoch). 7. Obelisk von Luxor (Place de la Concorde in Paris). 8. Obelisk (Piazza di Monte Citorio in Rom). 9. Obelisk auf dem Petersplatz (25,5 m hoch). 10. Obelisk Usurtasens I., Heliopolis. 11. Obelisk (Piazza Navona in Rom).

Letzterer rührt von Amenemeha III., genannt Möris, her, der die Wunderwerke im Fayum, den künstlichen See und das sogenannte Labyrinth, schuf. Die Pyramide an der vierten Seite des an drei Seiten von Reichstagsgebäuden umzogenen Labyrinthhofes und die beiden Pyramiden im See bestanden aus Lehmziegeln und sind verschwunden. Sie zeigten

B. Stile der Völker, deren Kultur sich teilweis fortpflanzte. I. Ägypten. Wölbung. 163

nach den Beschreibungen bereits die ausgebildetste Pyramidenform, der wir in Ägypten überhaupt begegnen, mit Vorterrasse, pylonenbewachter Vorhalle und Bekrönung durch eine Statue oder ein Tempelgebäudchen, ähnlich den später in Meroe errichteten.

In dieser Zeit kommen zwei Formen von Obelisken vor; neben den allbekannten quadratischen Spitzpfeilern (s. Fig. 134), deren Form die Griechen auf die Benennung Obelisk, d. h. Nädelchen, führte, erscheinen noch Standplatten von rechteckigem Querschnitt, etwas verjüngt und oben bogenförmig abgeschnitten. Das sind weltliche Erinnerungszeichen, während die Obelisken, deren ägyptischer Name, Menu, Sonnenstrahlen bedeutet, auch Hermessäulen heißen und dem Hermes Anubis, dem Träger göttlicher Weisheit, geweiht sind, dessen Verherrlichung auch meist ihre Hieroglypheninschriften gelten. Da auch die Riesensphinx, mit einem Tempel zwischen ihren Beinen, unter Chafra bereits hergestellt ward, so waren alle Grundzüge zu dem ägyptischen Kunststil bereits in dieser Periode gegeben.

In der dritten Periode (13.—17. Dynastie, 2170 bis um 1680), dieser Zeit schwerer Kämpfe mit den Hirtenvölkern Asiens, den Hyksos, wurde das Land auch noch vielfach von Bürgerkriegen zerrissen; kein Wunder also, daß wir aus dieser Periode weder von großen Bauten noch von Fortschritten in der Kunst melden können. Nur einen müssen wir erwähnen: infolge der Kriege konnten die Unterägypter nur selten Steine vom Obernil bekommen, und deshalb nahm der Ziegelbau überhand.

Vierte Periode, 1684—729 v. Chr. (18.—23. Dynastie). Unter dem Heldenkönig Thotmes III., dem es endlich gelang, das Land wieder zu säubern, und seinen Nachfolgern hob sich Macht und Wohlstand Ägyptens, und diese Zeit ist daher auch die höchste Glanzperiode ägyptischer Kunst. Der von Thotmes selbst erbaute Tempel zu Amada hat noch protodorische Säulen, ebenso ein Saal des von ihm begonnenen Reichspalastes zu Karnak und selbst der von Rhamses II. erbaute Höhlentempel zu Kalabsche. Unter Sethos I. und seinem Sohne Sesostris, eigentlich Rhamses II., entstand der Osiristempel in Abydos und der Memnonspalast daselbst, bekannt als „Grab des Osymandias". Ferner unter Rhamses III. (20. Dynastie, 1090) das Rhamesseion. Das kunst- und geschäftsreiche Theben sah durch seine hundert Thore den Handel der ganzen damaligen Welt verkehren.

Fig. 135. Pyramide von Meroe mit Vorhalle.

Diese riesenhafte Stadt, auf deren Ruinen jetzt die Orte Karnak, Luxor, Medinet-Abu, Kournah u. s. w. ihr kümmerliches Dasein fristen, sowie die Tempel von Deor, Wadi Sebuan, Gerf Hussein, Abu Simbel (Ipsambul), der kleine Tempel von Kalabsche, die Memnonssäulen und eine lange, glänzende Reihe andrer Riesenwerke entstammen dieser Zeit, welche für die Geschichte der Erfindungen dadurch noch interessant ist, daß während dieser Periode (um 1600 v. Chr.) zuerst wirkliche Wölbungen vorkommen. Unterägypten überragte in dieser Zeit Oberägypten an Kultur.

Die vielfache Ausübung der Kunst konnte natürlich nicht ohne Einfluß auf die Formen bleiben; die Säulen wurden schlanker und leichter, die Kapitäle zierlicher, mit Blättern ausgestattet, die mit Figuren besetzten Pfeiler häufiger, die Grundrisse der Paläste und Tempel immer komplizierter.

Fünfte Periode, 729—525 v. Chr. Die minder gebildeten Bewohner Oberägyptens, die Äthiopier, siegten über die verweichlichten Insassen von Unterägypten. Die äthiopischen Könige ließen sich auf der Insel Meroe Pyramiden bauen, die aus Ziegeln errichtet und abgeputzt waren und von denen über 170 erhalten sind (s. Fig. 135). Die Decken der Vorhallen sind vielfach in Spitzbogen gewölbt. — Aus derselben Zeit stammen der Tempel des Phtha und der große östliche Tempel am Berge Barkal, der Tempel zu Mauri u. s. w.

Die Kapitäle sind mit Isisköpfen und sogenannten Typhongestalten verziert, doch kommt auch das Knospenkapitäl der vierten Periode noch vielfach vor. Unter der Dynastie

21*

von Sais, der einige der zierlichen Bauten von Philä und das Südthor des Phthatempels zu danken sind, wurde das schon unter der 19. Dynastie einzeln vorkommende Palmblätterkapitäl öfter angewendet und mehr ausgebildet.

In der sechsten Periode, 525—331 v. Chr., drohte die altehrwürdige ägyptische Kunst unter der eisernen Faust der Perserherrschaft zu ersterben. Aber noch einmal gelang die Befreiung um 404 v. Chr., und wenn auch bis um 380 nur Reparaturen der Tempel vorgenommen werden konnten, so blieben doch die Arbeiter dadurch in Übung und waren dann im stande, die zierlichen Anbauten des Rhamesseion in Medinet=Abu, den feinen Hathortempel auf der Insel Philä (s. Taf. X. Fig. 2) u. s. w. zu errichten.

In der siebenten Periode, 331—30 v. Chr., unter den Ptolemäern, wurde trotz der eindringenden griechischen Kultur doch noch ziemlich im alten Stil fortgeschaffen. Aus dieser Zeit stammen die Tempel von Kalabsche, Dabod, Edfu, Esneh, sowie ein Teil der Bauten auf Philä.

Fig. 136. Tempelruinen von Dandur oder Tenthari (Denderah).

Der griechische Einfluß gab sich namentlich in zwei neuen, dabei aber den allerältesten wieder sich sehr nähernden Bauformen kund: zuerst in den Typhonien, aus einer Zelle mit Vorhalle und hinterm Raum (Opisthodomos) bestehend, rings von einer Säulenhalle umgeben und dem Typhon (Gott des Reichtums und Verderbens) geweiht (ihr Unterbau enthielt Archive und Schatzkammer), dann in den Mammeisis, Geburtsstätten der heiligen Tiere, offenen Säulengehegen mit hohen Brüstungen zwischen den Säulen, wie ein solches links auf Taf. IX. Fig. 4 zu sehen ist.

Selbst in der achten Periode, 30 v. bis 560 n. Chr., die eigentlich den Verfall ägyptischer Kunst infolge der römischen Herrschaft bezeichnet, erhielten sich doch die heimischen Bauformen noch lange, wie dies die Tempel von Dandur oder Denderah (s. Fig. 136) und Dekkah bezeugen, deren letzterer unter Nero u. s. w. gebaut ist.

Die wichtigsten unter den ägyptischen Bauten sind natürlich die teils freigebauten, teils in Felsen gehauenen Tempel. Der Sekos, d. h. Käfig des heiligen Tieres, ist der Kern, um den sich die übrigen Räume gruppieren. Hinter ihm befand sich ein Hof mit Säulen, dem heiligen Tier zum Spaziergang dienend, vor ihm die verschiedenen bei dem Kultus nötigen Räume; Taf. X. Fig. 1, und Taf. IX. Fig. 4 geben einen Begriff von der Hauptanlage eines solchen Tempels. Meist erhoben sich die zwei Obelisken am Anfang der Allee von Sphingen, Tiergestalten, halb Löwe, halb Jungfrau, oder halb Löwe, halb Widder

B. Stile der Völker, deren Kultur sich teilweis fortpflanzte. I. Ägypten. Form u. Farbe. 165

(s. Taf. IX. Fig. 8 und 9), welche in zwei Reihen den Zugang (Dromos) bewachten, als Versinnlichung der geheimnisvoll waltenden Naturkräfte. Die ersterwähnte Form ist hergeleitet von der Nilüberschwemmung, die jährlich zwischen dem Tierzeichen des Löwen und der Jungfrau stattfand, während bei der zweiten Form der Widderkopf auf Jupiter Amun deutet. Nach Durchschreitung des so gebildeten Dromos gelangt man zu den Pylonen, zwei turmartigen Bauten, Sinnbildern der Wachsamkeit und Wissenschaft, die das Heiligtum wahren; bei festlichen Gelegenheiten waren diese durch viele schlanke Masten mit schmalen langen Fahnen geschmückt. Das von ihnen eingefaßte Portal war oben meist enger als unten. Durch dasselbe gelangt man in den Vorhof, der von einer Säulenhalle umgeben ist (s. Taf. X. Fig. 2) und um welchen sich Priesterwohnungen, Herbergen für die Wallfahrer, sowie Nebentempel reihen. Nach der Anzahl der Priester bemaß sich denn auch der Umfang dieser riesigen Tempelanlagen, die nicht selten eher Städten als einzelnen Gebäuden glichen. Bei besonders viel besuchten Tempeln reihte sich gar oft Vorhof an Vorhof, deren Eingänge dann allemal mit Pylonen besetzt waren. Auf der Hinterseite des letzten Vorhofes erhob sich nun die Vorhalle des eigentlichen Tempels. Dieselbe zeigt an der Vorderseite zwei, vier oder sechs Säulen, wie Fig. 136, und durch sie erst gelangte man in den eigentlichen Tempel, dessen Inneres fensterlos, aber durch Fackeln u. s. w. beleuchtet war, bei deren flackerndem Schein die bunte Bemalung der Wände sich scheinbar belebte. Das Götterbild, vor welchem fortwährend Räucherwerk verbrannt wurde, in dessen verhüllenden wogenden Rauchwolken die Göttergestalt sich ebenfalls zu bewegen schien, nahm den hintern Raum des Tempels ein (s. Fig. 137), und die Gläubigen ließen sich infolge der mit Hilfe der erwähnten optischen Täuschungen und andrer Kunststückchen vorgegaukelten Wunder immer bereit finden, die Selbstsucht der priesterlichen Müßiggänger zu befriedigen.

Fig. 137. Inneres eines Tempels mit dem Götterbilde.

Ähnlich den Tempeln waren die Paläste, deren Säle allerdings größere Ausdehnung erreichten; die bei den Tempeln übertrieben kleinen Fenster waren hier breiter und der Hauptsims des Baues war von einer Reihe Zinnen gekrönt. In der Regel waren sie aus Ziegeln gebaut, seltener aus Haussteinen, und erhoben sich unter teilweiser Benutzung von Holz bis zu drei Stockwerken. Auch hier wie in den Tempeln waren die Wände mit historischen und genrehaften Bildern, Szenen aus dem Leben des Königs und des Volkes darstellend, reich geschmückt, zwischen denen sich Streifen erklärender Hieroglyphenschrift hindurchzogen. Alles strahlte in lebhaften, dabei aber sorgfältig abgewogenen Farben.

Die Wohnungen der todten Könige, die Gräber (denn nicht alle Dynastien benutzten Pyramiden hierzu), waren gewöhnlich als Saal mit anstoßenden Kammern in den Felsen gehauen und nach außen mit Vorhof oder Vorhalle oder mindestens mit einer Fassade versehen. Je nach dieser Einrichtung hießen sie Speos, Syringe oder Hypogäon. Zwei solcher Hypogäen finden unsre Leser auf Taf. IX in Fig. 1 und 2 und in Fig. 5 und 7 abgebildet. Die Todten aus dem Volke wurden gemeinschaftlich in großen Gräberstädten, Nekropolen, beerdigt. In diesen entweder unterirdischen oder mit Erde überschütteten Todtenstätten lagen oft Hunderttausende von Leichnamen aufgehäuft.

Werfen wir zum Abschied noch einen flüchtigen Blick auf die technischen Künste der Ägypter, welche wir, dank den erwähnten, in bemaltem Flachrelief ausgeführten Wandmalereien ziemlich genau kennen. Zunächst ist da zu erwähnen, daß solche Malereien meist nur glatte Wandflächen zierten. Die architektonischen Glieder jedoch, Säulen und Gesimse, waren zwar ebenfalls reich bemalt, aber teils mit Ornamenten (s. Taf. X. Fig. 4 u. 6), teils mit symbolischen Gestaltungen, unter denen besonders die mit Sperberköpfen (Allwissenheit) und Flügeln (Allgegenwart) versehene Weltkugel, als Symbol des höchsten Gottes, sowie der aus Kot glänzende Kugeln drehende Skarabäus (s. Taf. X. Fig. 5), als Symbol der Weisheit, häufig wiederkehren.

138. Obelisken zu Axum in Habesch.

Auch mit Mosaikmustern aus buntglasierten Thonplatten und in den Mörtel eingedrückten Fayencestiften waren die Wände, meist nur in ihren unteren Teilen, geschmückt. Geräte, Gefäße und Stoffmuster folgten genau dem Stil der Architektur. Besonders die Muster der sehr gesteiften, daher geradlinige, eckige Falten werfenden Stoffe ähneln vollständig den Ornamenten an Säulen und Tempelwänden, die mit ihrem Zickzack, Schrägkarree und gebrochenem Stab, mit ihren rosettenartigen Blumen, Lotosknospen, geflügelten Kugeln, Reihungen von Kreisen, spitzen Dreiecken und Mistkäfern auch auf den Gefäßen wiederkehren, während die Hauptformen der Gefäße, Geräte, Möbel, Waffen, Wagen ꝛc. sehr zierlich und graziös, ja hier und da bis zur Keckheit leicht erscheinen. All diese Eigenschaften zeigen auf die Posamentierarbeiten und die vielfach diesen nachgebildeten Goldschmiedearbeiten. Gerade diese starke Abweichung von den ernsten, strengen Formen und schweren Verhältnissen der Architektur zeugt für richtige Erkenntnis der Natur des Materials und der Bestimmung. Was für Granit und Kalkstein sich ziemt, das schickt sich nicht für

B. Stile der Völker, deren Kultur sich teilweis fortpflanzte. II. Chaldäer. Thurmbau. 167

Bronze, gebrannten oder glasierten Thon, Gewebe, Schnürwerk oder Holzgestelle. Viel eher als in dieser scheinbar nicht mit der Architektur harmonierenden Zierlichkeit der Geräte könnte man eine Verirrung darin sehen, daß die Stuhlbeine häufig die Gestalt von Tierbeinen, ja ganze Lehnstühle die Gestalt von Giraffen u. s. w. annahmen, daß man Trinkgefäße in Form von Tierköpfen findet u. s. w. Doch bilden diese Abirrungen nur Ausnahmen, kommen nur in späterer Zeit vor und können daher auch Folge von griechischem oder römischem Einfluß sein, während wir weiterhin sehen werden, daß die ältere ägyptische Kunst ihrerseits auf die griechische wirkte. In Äthiopien mögen sich wie die Pyramiden (s. oben) auch anderweite Bauwerke abweichend gestaltet haben. Darauf läßt eine Anzahl von Obelisken schließen (s. Fig. 138), sowie einige Felsenhöhlen, ausgehöhlte einzelne Felsblöcke und andre Spuren einer alten Kultur, welche im Habesch erhalten sind.

II. **Chaldäische Gruppe.** Weit ist der Weg nicht aus dem unter Priesterobhut träumenden Nilthal nach den Staaten mit weltlich=monarchischer Verfassung an den Ufern des Euphrat und Tigris, und doch, welch immenser Unterschied! — Die chaldäisch=syrischen Völker waren fast alle Verehrer der Sonne unter dem Bild des Baal. Nach ihrer heiligen Sage blieb bei der Sintflut der einzige Gerechte unter den Sündhaften, Xisutrus — ganz ähnlich wie der Noah der Bibel — mit den Seinigen in der bergenden Arche verschont, ward aber gleich nach der Sintflut in den Himmel aufgenommen. Die Zeit, in welcher dies geschehen sein soll, etwa um 2500 v. Chr., stimmt mit dem biblischen Sintflutbericht überein.

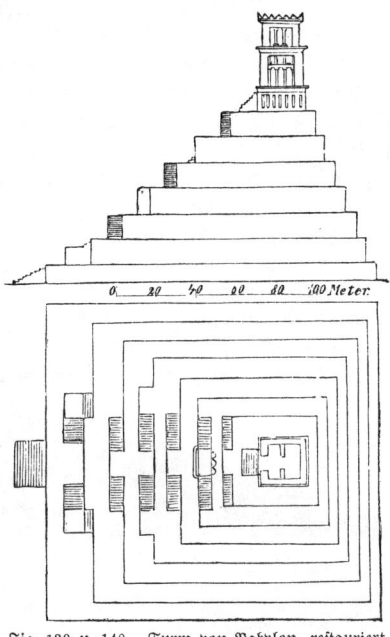

Fig. 139 u. 140. Turm von Babylon, restauriert von O. Mothes.

In Ägypten stehen, wie wir sahen, noch Bauwerke, denen man ein Alter von über 6000 Jahren beimißt. Nicht so in Mesopotamien. Soweit der neuern Forschung die Herausschälung des historischen Kerns aus der Sage gelungen ist, scheint es, als ob die Chaldäer etwa um 2200 v. Chr. die Ostgrenze von Sindschar angriffen, und, von den Medern gedrängt, um 1950 die Länderstrecke, wo nachmals sich Babylon erhob, eroberten und durch die medische Mauer, ein der chinesischen ähnliches Werk, schützten, daß dann Ninos, der Nimrud der Bibel, der erste der Derketaden, um 1240 Babylon einnahm und dort Tempel und Burgen baute, auch 1223 Ninive der Sage nach gründete, der Geschichte nach zu neuem Glanz erhob und 1221 starb. Ob der Baalstempel von Nimrodaha=Danakhi, dem jüngern Nimrud, der um 1120 v. Chr. Babylon von Assyrien befreite, neu erbaut oder nur ein alter, 1800 errichteter Bau restauriert ward, ist noch nicht entschieden. Wohl aber wissen wir sicher, daß Nabuchodonassar (Nebukadnezar), kurz nach der zweiten Befreiung Babylons von dem um 1000 v. Chr. ihm wieder aufgebürdeten assyrischen Joch durch seinen Vater Nabopolassar 620 v. Chr., sich 600 zum selbständigen Herrscher von Babylon machte und den zerstörten Turm des Baal

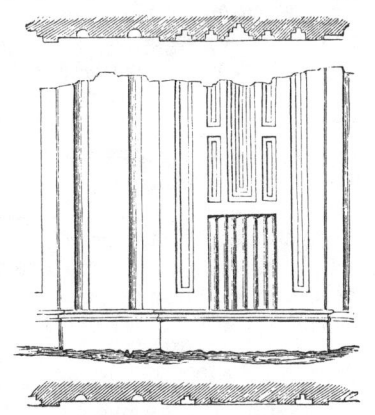

Fig. 141. Babylonische Mauer in Wurka.

kurz nachher, also etwa 580 v. Chr., wieder aufbaute. Jetzt freilich ist nur ein wüster Trümmerhaufen, der Birs=Nimrud bei Hillar, von dieser Pyramide übrig, die viele Ähnlichkeit mit den Teocallis der Tolteken hatte. Auf einem Viereck von 196 m Seitenlänge erhob sich eine Pyramide von sieben Stufen, die aber insofern von den ägyptischen und olmekischen Stufenpyramiden abwich, daß die Rückseite bei weitem steiler war wie die Vorderseite, um für die verbindenden Freitreppen Platz zu gewinnen; der Unterbau war aus ungebrannten Schlammziegeln aufgeführt und mit bunt glasierten Ziegeln belegt, seine unterste Stufe war schwarz, die zweite orange und die dritte rot. Vergoldung, weiß, blau und grünliche Versilberung folgte hierauf bis zu der obersten Plattform, auf welcher der eigentliche Tempel sich erhob; dieser, ein dreistöckiger Turm, strahlte in reicher Vergoldung und Mosaik von glasiertem Thon. — Von diesen Bauten des alten babylonischen Reiches blieb wenig. In den Ruinen in Mugeïr vermutet man einen vom König Uruk um 2200 v. Chr. erbauten Tempel der Stadt Ur (Hur). Breite, wenig vorspringende Mauerpfeiler gliedern die Wände der aus Luftziegeln erbauten und mit Backsteinen bekleideten Stufenpyramide; der Trümmerberg Mudschaliba oder Muckallibon scheint auf dem Gipfel mehrere Gebäude, an den Ecken vier Türme getragen zu haben und mißt am Fuß 120 m ins Quadrat; seine Seiten sind genau nach den Himmelsgegenden gerichtet. Den babylonischen Turm selbst hat man in dem Birs Nimrud genannten Hügel bei Hillar am Westufer des Euphrat erkannt. Nach den Ergebnissen von Rawlinsons Untersuchungen und Messungen, zusammengehalten mit Reliefdarstellungen in Kujundschik und Beschreibungen griechischer Schriftsteller, haben wir die in Fig. 140 u. 141 dargestellte Restaurierung entworfen, während Taf. XI. Fig. 1 den jetzt den Gipfel dieses Hügels bildenden Rest der Verkleidung der vorletzten Terrasse darstellt. Ähnliche Stufenpyramiden stehen bei Mockhamu, Abu Kamihra und Tel Ermah; in Wurka oder Warka, dem Erech der Bibel, hat man nicht nur eine Nekropolis mit Särgen, sondern auch ausgedehnte Reste der durch halbkreisförmige Türme bewehrten Stadtmauer gefunden, von etwa 7 km Länge und hier und da noch 12 m hoch; in der Mitte der Stadt aber die Ruinen einer Turmpyramide, die unten 63 m ins Quadrat groß, aus Ziegeln mit in Asphalt gelegten Schilfrohrschnitten aufgeführt und mit glasierten Ziegeln verblendet war, sowie ein rechteckiges Gebäude von 72 und 51 m Seitenlänge mit Mauern von $3{,}6$ bis 6 m Stärke, das auf einer 12 m hohen Plattform steht. Die Formen der Mauern dieses Gebäudes in Fig. 141 und 142

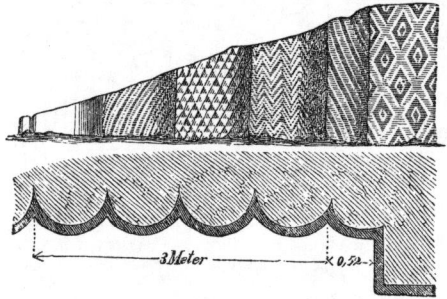

Fig. 142. Babylonisches Wandmuster.

entsprechen völlig dem am Birs Nimrud. Die in Fig. 141 dargestellte Mauer war geputzt, die in Fig. 142 aber in ungebrannten Ziegeln ausgeführt und mit 15 cm langen, 2 cm breiten, spitz zulaufenden Mosaikstiften aus Fayence, an den vorderen Flächen glasiert und in den Asphaltmörtel eingedrückt, besetzt. — Die Babylonier hatten also schon um 1200 v. Chr. die Erfindungen des Abputzes, des Asphaltmörtels, der Isolierschichten, der Ziegelglasur, des Steinguts ꝛc. gemacht und verwertet, waren auch im Flechten und Weben weit fortgeschritten.

Nach des ersten Nimrud Sohn Assur wurde das Reich Assyrien genannt. Aschurakbal, der Sardanapal der Bibel, baute um 900 v. Chr. den nordwestlichen Palast in Nimrud (Ninive), dessen Grundriß, soweit er von Layard und Rawlinson ausgegraben ist, wir in Fig. 143 geben und in welchem sich Sardanapal um 876, von den empörten Medern unter Arbakes bedrängt, verbrannte. Sein Sohn Divanubara (Temen=Bar) II. veränderte den Zentralpalast in Nimrud um 870, und Sargon (der Salmanassar der Bibel) baute um 722 den Palast in Khorsabad, Bel=Adonim=Scha (der Sennaherib der Bibel) der die empörten Babylonier demütigte und in die Verbannung führte, erbaute 714 den Südwestpalast in Kujundschik, Assar=addon 690 den Südwestpalast in Nimrud, sein Sohn den Nordpalast in Kujundschik. Die Säle aller dieser in so kurzer Zeit erbauten Paläste waren mit vieler Pracht ausgestattet, Bronze und Gold in Übermaß verschwendet. Die Ansicht eines solchen Saales stellt in entsprechender Restauration Fig. 2 auf Taf. XI dar. Diese glänzenden Räume, mit ihren von $1{,}26$ bis zu 5 m starken, aus Lehm oder Ziegeln in Asphaltmörtel gebauten, unten herum mit Alabasterplatten, oben mit der schon erwähnten, der heutigen Fayence sehr ähnlichen glasierten Thonmasse, mit Gips oder glasierten Ziegeln belegten Mauern, standen auf künstlichen Plattformen von 4 bis zu 10 m Höhe. Im Unterbau derselben befanden sich zahlreiche Gemächer, Keller= und Gefängnisräume und Schleusen, aus Keilsteinen in Spitzbogen gewölbt. Der Fußboden der Säle bestand aus

B. Stile der Völker, deren Kultur sich teilweis fortpflanzte. II. Chaldäer. Asphalt. 169

Alabasterplatten und Ziegeln in Asphalt auf einer Unterlage von Sand; feste, volle, beständige Steine fehlten. Zu Säulen und Dächern benutzte man das Holz der Cypressen und Palmen, denn andre Bäume gab es nicht. Die Dächer bestanden aus Palmblättern, mit Asphalt und Erde überdeckt, die Holzsäulen wurden mit Metall bekleidet und hatten metallene Kapitäle. Kurz die Technik der Babylonier wurde von den Assyriern adoptiert; sie kannten Rollen und Kloben, verstanden das Treiben und Gießen der Bronze, das Schmieden des Eisens, die Fabrikation von glasierten Topfwaren, von Fayence und Glas. Obschon sie im Wölben Übung hatten, denn außer jenen Schleusen sind auch Thore erhalten, welche in Rundbogen mit Benutzung blau und gelb glasierter Ziegel überwölbt sind, sind doch kleine Zimmer und Gänge vielfach noch durch Übertragung der Schichten geschlossen. An den Ecken größerer Eingänge standen riesige Statuen der symbolischen Löwen und Stiere mit Mannesantlitz, Darstellungen zweier Inkarnationen des Annedot, die gleich zahlreichen Reliefs von hoher künstlerischer Befähigung zeigen, ja durch eine gewisse, freilich noch gebundene Grazie der Bewegung und ungemeine Akkuratesse der Ausführung die assyrische Kunst über die ägyptische und ostindische der griechischen nahe stellen.

Die Tempel, durchgängig sehr klein und einfach, waren eigentlich nur Räume zum Schutz für das heilige Feuer, welches nie verlöschen durfte.

Ihre letzte Ruhestätte fanden die Mächtigen in Felsenkammern, deren Fassaden meist in der Vorderwand eines Gebirgszuges ausgehauen sind, oder unter kurzen, oben in Stufen endenden Obelisken, gewissermaßen turmähnlichen Pyramiden, welch letztere Form — allerdings in kleinerem Maßstab — auch die Ehrendenkmale verdienter Bürger und Krieger hatten.

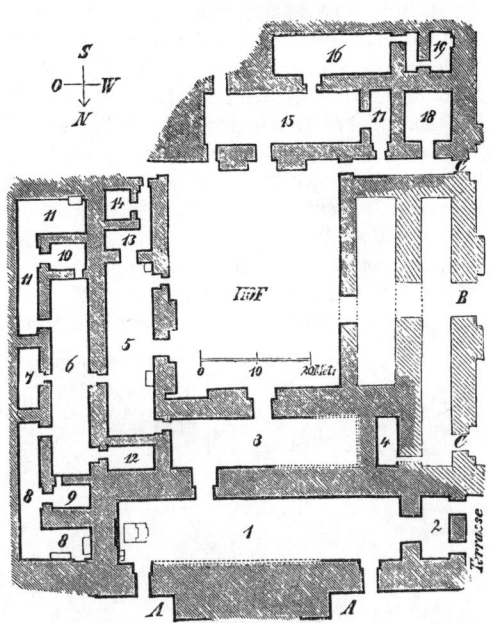

Fig. 143. Grundriß des assyrischen Nordwest-Palastes zu Nimrud. Erbaut 900 v. Ch. AA Prunkfassade. A und A die Prunkeingänge zum Thronsaal 1. B Gewöhnlicher Haupteingang von der Stadt her. CC Diensteingänge. 2. Pavillon mit Ausgang auf die Terrasse, wo sich der König dem Volke zeigte. 3. Vorhalle zwischen Hof und Thronsaal. 4. Wachlokal. 5—14. Wohnräume. 15—19. Festsäle nebst Zubehör.

Die Begräbnisplätze des Volkes ähnelten ägyptischen Nekropolen. Die Särge waren eine Nachahmung des Wickelbettes in gebranntem, grünglasiertem Thon, in welchem die Kinder der Erde ihrer Mutter wieder übergeben wurden (s. Fig. 144).

Über die textile Kunst der Assyrier sind wir unterrichtet teils durch die Reliefs, auf denen schön gemusterte Fußteppiche, Stuhlüberzüge, Kleidungen und Satteldecken, reich mit Quasten 2c. besetzte Pferdegeschirre u. dgl. in großer Zahl und Mannigfaltigkeit vorkommen, teils durch die Fußbodenplatten, welche ja doch als Nachahmung von Teppichen zu betrachten sind und uns also einen deutlichen Begriff auch von den berühmten babylonischen Teppichen geben (s. Fig. 145). Denn die assyrische Kunst fand ihre Fortsetzung im zweiten babylonischen Reich unter Nebukadnezar, der,

Fig. 144. Assyrischer Sarg.

weise und kräftig regierend, auch für Wasserbauten, Landstraßen und Befestigungen sorgte und die medische Mauer reparierte, die nunmehr, $6{,}25$ m stark, 32 m hoch, sich beinahe 105 km hinzog. Die von 250 Türmen bewehrten Stadtmauern von Babel waren 40 km lang und umschlossen beinahe 10000 ha Landes. Die Gräben hatten gemauerte Böschungen, die Brücken Steinpfeiler von 4 m Dicke bei 10 m Jochweite. Die hängenden Gärten, welche der Gewaltige für seine Gattin Amytis baute, die von den Höflingen mit der Semiramis, der sagenhaften Gattin Nimruds verglichen, ja Semiramis genannt ward, um ihr die heimatlichen Berge Mediens in dem Flachland einigermaßen zu ersetzen, waren 125 m lang und breit und ruhten auf 40 m hohen Bogenstellungen, die mit Steinplatten bedeckt waren, auf denen eine Schicht Asphalt und Gips, dann Bleiplatten und Gartenland aufgebracht war. Hier wie an den Stadtmauern waren Isolierschichten von in Asphalt getränkten Schilfbündeln eingelegt.

Die Wohnhäuser hatten meist 3—4 Stockwerke. Die Reste der beiden königlichen Burgen vermutet man in den, El Kasr und Amran ibn Ali genannten, Trümmerstätten. In El Kasr sind noch stattliche Teile mit hohen Bogen ꝛc. aufrecht geblieben (s. Fig. 146) auch hat man glasierte Ziegel mit Reliefdarstellungen von Pferdehufen, Bartlocken ꝛc., kurz Teile von gemauerten Reliefs gefunden, sowie Reste jener Pfeiler der schwebenden Gärten. Weil aber den Babyloniern alle, wie den Assyriern härtere Haussteine fehlten, darum sind von all den Herrlichkeiten des glänzenden Babylon, mit Ausnahme der eben genannten, fast nur wüste Trümmerhaufen übrig geblieben. Gewölbe wendeten sie nur selten, und zwar bei Maueröffnungen und ganz kleinen Räumen, an. Decken und Dächer bestanden bei minder kleinen aus Steinplatten, bei größeren aber aus wagerecht darüber gelegten Holzstämmen, mit einer Lage Rohr darüber, auf welche erst eine Schicht Asphalt gebracht, dann Erde geschüttet wurde, so daß man darauf Anpflanzungen, wie die sogenannten schwebenden Gärten, anzubringen vermochte.

Fast gleichzeitig mit den Babyloniern schüttelten auch die seit 1280 unterworfenen Meder das assyrische Joch ab, unter dem Schwager des Nebukadnezar, Kyaxares, dessen Vater Phraortes die Perser unterjocht hatte. Während Babylon und Medien emporblühten, sank Assyriens Glanz tiefer und tiefer. Die Meder sind die ersten, von denen bekannt ist, daß sie die Dächer mit Dachziegeln deckten, also schräge Dächer kannten, denn wagerechte Dächer, wie die der ägyptischen Tempel, könnte man nicht mit Dachziegeln abdecken. Alles Holzwerk war von Zedern und Cypressen, die Balken, Säulen und Decken sowie das Täfelwerk der Wände mit Gold und Silberplatten belegt, selbst die Dachziegel ihrer Tempel waren versilbert.

Fig. 145. Assyrisches Fußbodenmuster aus Kujundschik.

Die vom König Dejozes, dem Arbakes der Griechen und Arphaxad der Bibel, dem Vater des Phraortes, um 700 v. Chr. gegründete Hauptstadt Ekbatana war mit siebenfachen Mauern eingeschlossen, von denen eine immer über die nächstäußere hinwegragte. Diese mit Zinnen versehenen Mauern waren bunt angestrichen, und zwar von außen nach innen in folgender Ordnung: weiß, schwarz, purpurrot, blau, rötlichbraun, versilbert und vergoldet, wie die Terrasse des babylonischen Turms, nach den Farben der Sonne und der Planeten. Türme von 42 m Höhe flankierten die äußerste, 9 Stunden Wegs im Umfang haltende dieser Mauern. Große, weitläufige Unterbauten mit Keilinschriften und Reste von Säulen, bei dem Dorfe Hamadan am Fuße des Berges Elwind gefunden, sind die einzigen bis jetzt bekannten Reste dieser prächtigen Stadt, die nur bekunden, daß die medische Formgebung der spätern persischen entsprach, aber etwas roher war. Ähnliche Trümmer beim Hügel Takt=i=Soleiman (Thron des Salomo), am salzigen Urmiasee in der Provinz Azerbeidschan (Atropatene), bilden jetzt die einzigen Reste der ebenfalls von Arbakes erbauten Sommerresidenz Chazaka, und auf dem Hügel Bir=Soutoun bei Kermanschah glaubt man die Trümmer einer dritten medischen Stadt, Bagistan, gefunden zu haben, darunter zwei Grotten Tak=i=Bostan mit nahezu elliptischen Wölbungen und eben solchem Eingang, dessen Bogen mit Wasserblättern verziert ist, während am Schlußstein eine Krone mit flatternden Bändern angebracht ist. Darüber lagern sich Zinnen. Kurz war die Blüte dieser reichen Städte, die all ihres Glanzes beraubt, ja größtenteils zerstört wurden, als Agradatos 537 v. Chr. das babylonische und

B. Stile der Völker, deren Kultur sich teilweis fortpflanzte. II. Chaldäer. Schrägdach. 171

medische Reich stürzte, darauf den Namen Kyros, eigentlich Koresch (die Sonne), annahm und das persische Reich gründete.

Die Perser, ein rauhes unverdorbtes Bergvolk, glaubten an einen Lichtgott Ormuzd, der gegen die Finsternis Ahriman ankämpft und den sie in Gestalt des Feuers verehrten. Im Gegensatz zu den Assyriern und Babyloniern stellten sie ihre Gottheit nie bildlich dar. Aber genau wie bei Assyriern und Babyloniern galt ihnen der König zugleich als religiöses Oberhaupt und so ward denn der Palast zugleich zum Tempel.

Fig. 146. El Kasr bei Hillah. Ruinen der Burg Nebukadnezars in Neubabylon.

In dem 540 gegründeten Passargadä, von 522 ab in Istakhar, von den Griechen Persepolis genannt, residierten sämtliche Könige aus der Familie der Achämeniden. König Kambyses baute 525 einen Palast in Passargadä, Dareios baute 521 v. Chr. einen Palast, Xerxes 486 einen Palast und eine große Empfangshalle zu Persepolis, eine zweite zu Susa, Artaxerxes Mnemon (408—360) ließ sämtliche Gebäude restaurieren, welche aber unter Dareios Kodomanos 332 v. Chr. zugleich mit dem persischen Reich von Alexander dem Großen zerstört wurden. Von dem prächtigen Passargadä sind nur gewaltige Trümmer der sauber aus Quadern aufgeführten Terrassenmauern bei Murghab unweit Schiras, von Susa noch geringere Reste bei Schusch am Tigris übrig geblieben. Um so wertvoller sind uns die umfänglichen Ruinen von Persepolis auf der Ebene von Mordascht bei Schiras in Pharsistan. Es sind zwei Gruppen, Haram=i=Dschemschid (Schloß des Dschemschid) und Takt=i=Dschemschid (Thron des Dschemschid). Sie zeigen deutlich, daß die Perser Erben der assyrischen Kunst waren, daß sie aber dieselbe wesentlich weiter ausgebildet hatten, namentlich in bezug auf Regelmäßigkeit der Grundrisse, sowie auf Kühnheit in Auftürmung hoher Massen und auf sachgemäße Verwendung und Gestaltung der Säulen.

Die Hallen zeigen auffällige Ähnlichkeit mit den ostindischen Tschultris, die wir bald kennen lernen werden. Die größte unter denselben war die des Xerxes, deren Ruinen zur Zeit unter dem Namen Tschil=Minar (40 Säulen) bekannt sind. All diese Bauten erheben sich auf einer Plattform von 420 m Länge, bei 270 m Breite, die in drei durch Freitreppen verbundene Terrassen von poliertem Marmor gegliedert ist.

Fig. 147. Ruinen vom Palast des Xerxes (Haram=i=Dschemschid) zu Istakhar.

Zu der ersten Terrasse führt eine Doppeltreppe von 103 flachen, auch für Pferde besteigbaren Stufen mit je zwei Podesten, zusammen 9,5 m hoch. Die Ecken dieser Freitreppe wie der Gebäude, der Thore ꝛc. bewachen ähnliche Tiergestalten wie in Ninive. Auch hier schmücken zahlreiche Reliefs die Wände. Am besten unter den die Terrasse bedeckenden Gebäuden ist der Palast des Dareios erhalten, dessen Architekt Ardasta hieß, beträchtlich größer der des Xerxes, dessen Ruinen Fig. 147 darstellt. Die Disposition beider Paläste ist fast gleich; ein quadratischer Saal mit von schlanken Säulen getragener Decke ist von drei Seiten von Zimmern umgeben, während die vierte Seite eine offene Halle bildet. Die größten Säulen derselben, meist von zierlichen und leichten Verhältnissen, haben 1,8 m Durchmesser und über 15 m Höhe. Sie sind mit Rinnen verziert (kanneliert) und tragen in treuem Ausdruck der aus den früheren Holzbalken beibehaltenen Aufgabelung der Balken gestaltete Kapitäle, von denen manche, ähnlich den indischen, mit fabelhaften Tieren verziert, andre wieder, ähnlich den späteren ionischen, mit Schnecken ausgestattet sind, während an noch andern beide Formen vereinigt sind (s. Fig. 148).

Unter den Gräbern ist zunächst das im Paradies zu Passagardä angelegte des Kyros zu erwähnen, als einziges, welches uns die Formen der medischen Gräber überliefert. Es hat noch Ähnlichkeit mit den assyrischen Grabpyramiden, während das einfache Häuschen

B. Stile der Völker, deren Kultur sich teilweis fortpflanzte. III. Ostindien. 173

mit Satteldach und zwei Giebeln, auf einem hohen Stufenunterbau, durch seine Form schon einen Übergang zu dem griechischen Stil zeigt (s. Taf. XII. Fig. 2).

Die späteren Gräber der persischen Könige hingegen sind sämtlich in Felswände eingehauen, ihre Vorderwände zeigen dann in Nachahmung jener Hallen Reliefportiken, wie der in Tafel XII. Fig. 1 abgebildete vom Grab des Dareios zu Nakschi-Rustan, wo acht solche Gräber erhalten sind. Das Ganze stellt die Halle eines Palastes dar, auf dessen Dach der Katafalk sich erhebt. Auf diesem wiederum steht der König vor dem Altar, und über ihm schwebt sein Ferwer (Geist) zur Sonne empor.

Die Feuertempel, Derimher genannt (s. Fig. 149), waren klein und einfach, eigentlich nur großen Öfen ähnlich, aber ohne Abzug für den Rauch. Vermutlich umgab jeden solchen Tempel eine leichte hölzerne Halle, und auf der Freitreppe vor der Thüre war das Arvisgah, eine Art Kanzel für das Gebet Izeschna, mit dem heiligen Stein Arvis errichtet.

Da Assyrier, Babylonier, Meder und Perser in bezug auf Architektur einen gemeinsamen Stil hatten, da auch die Kostüme, Pferdegeschirre, Waffen ꝛc. auf den Reliefs zu Persepolis nicht sehr bedeutend von denen zu Ninive abweichen, so ist wohl die Vermutung natürlich, daß auch die technischen Künste dieser vier Völker sehr nahe verwandt waren.

III. Ostindischer Baustil. Die Wiege aller Kultur sind wir gewöhnt, am Himalaya zu suchen. Die aktivste unter den aktiven Menschenrassen, die Arja (arische Rasse), hatte dort ihre Heimat. Als die nächsten Abhänge des Gebirges sich zu stark bevölkerten, wanderte um 1400 v. Chr. ein Teil der Arier hinab gen Südosten in das Land zwischen Indus und Ganges. Dort scheinen die Eindringlinge so manches aus der Religion und den Anschauungen der verdrängten unkultivierten Ureinwohner sich angeeignet zu haben, denn das Wenige, was wir durch neuere Forschungen von der ältesten Kultur Ostindiens wissen, zeigt zwar ihre Verwandtschaft mit der der baktrischen Arier, weicht aber doch hier und da ab. Nur durch einige Andeutungen aus der Religionsgeschichte wird die Entstehung der zu betrachtenden Stilabzweigungen verständlich werden.

Fig. 148. Säule von der Halle des Xerxes.

Aus der allem Vermuten nach vorher im Lande herrschenden Naturreligion bildete sich zunächst ein ziemlich reiner Monotheismus. Aber neben dem allwissenden Brahma stand der belehrende Wischnu und der erleuchtende Siwa. Diese reinen Gestalten nahmen allmählich sinnlich-phantastische Färbung an. Es kam dazu die Lehre von der Seelenwanderung, von dem Todtenrichter Yamas, vom Fegefeuer, von den Schutzgeistern und bösen Dämonen und mehr und mehr schmuggelte Habsucht und Herrschgier der Priester in den ursprünglich idealistischen Brahmaismus eine Menge Mißbräuche und Ungeheuerlichkeiten ein.

Da trat Sakya-Muni, ein 623 v. Chr. geborner Abkömmling der einige

Fig. 149. Feuertempel zu Istakhar.

Generationen vorher aus Audh nach dem Himalaya vertriebenen Sonnenkönige, mit der Behauptung hervor, in ihm sei Gautama-Buddha, einer der oberen Götter der alten Religion, zum viertenmal als Mensch auf die Erde gekommen. Er starb 534 als eifriger Prophet der von ihm reformierten Religion, die man Buddhismus nennt. Da jene

Reformen namentlich der Aufklärung des Volkes und Beseitigung des Aberglaubens
galten, so widersetzte sich ihnen der größere Teil der Priesterschaft. Um leichtern Glauben
beim Volke zu finden, vermehrte sie die von den Buddhisten anerkannten 22 Propheten
(Tirthankars) um zwei, deren Lehre ihren Zwecken mehr entsprach. Die von diesen
und den Priestern zusammengesetzte Religion, der Dschainismus, verdrängte schon um
400 n. Chr. den Buddhismus zum Teil aus Vorderindien nach Hinterindien, China ꝛc.
und gewann namentlich die Machthaber für sich. Später gelang es den Brahmanen noch,
die älteste Religion, den Brahmaismus, als Staatsreligion wieder zur Geltung zu
bringen, dessen Lehren mit ihrer, auch der kühnsten Phantasie kaum faßbaren Unzahl von
Göttern und Göttersagen dem Volke bequemer, den Priestern einträglicher waren als die
des reineren Buddhismus.

Obgleich nun die Bauten, welche diese drei Religionen hervorriefen, in ihren Anlagen
sehr verschieden sind, so können dennoch die durch sie repräsentierten Formengruppen
als Abzweigungen, ja als Weiterführung eines und desselben Stiles angesehen werden.

Fig. 150. Thupa=Ramaya bei Anuradhapura auf Ceylon.

Weil er aber nur sehr geringen Einfluß auf die große Entwickelungskette der Baustile
übte, so bildet er einen passenden Übergang von den Stilen der Völker mit in sich abge=
schlossener Kultur zu denen der Völker mit sich fortpflanzender Kultur. Jetzt ist er, wenn
auch ziemlich, doch noch nicht völlig erloschen, obschon durch die Mohammedaner, die im
11. Jahrhundert zuerst in Ostindien eindrangen und 1526 unter Babur den Thron des
Großmoguls zu Delhi aufrichteten, und endlich zu Ende des 17. Jahrhunderts durch das
Eindringen der Europäer auch das hochkultivierte Volk der Indier wie so manches andre
seiner Selbstständigkeit beraubt und in seiner eigentümlichen Fortentwickelung gehemmt wurde.
Wurde doch erst vor wenigen Jahren bei Bombay ein Tempel von einem einheimischen
Architekten nach den alten Regeln erbaut.

Am zweckmäßigsten erscheint es, die indischen Bauwerke nach der Reihenfolge des Vor=
herrschens der einzelnen Religionen zu betrachten, da die hervorragendsten Denkmale religiösen
Zwecken dienen.

Die buddhistischen Bauten sind daher die ersten, zu denen wir uns wenden. Bei
dem Tode des Sakya=Muni teilte man sich, nach langem Streit über die Beerdigungsstätte,

endlich in seinen Leichnam. Für das kleinste Teilchen desselben, so z. B. für einen Zahn des Buddha, wurde ein Reliquiengrab erbaut, indisch Dagop, Dagoba genannt, woraus später das Wort Pagode entstand.

Bei ihrer Gestaltung lehnte man sich natürlich an die Form der Topes oder Sthoopas, d. h. der Gräber berühmter Männer oder Heiligen, an, die, wie S. 142 erwähnt, den Gräbern der Mußgoneger ähneln und in ihrer halbkugelförmigen Gestalt, wie die meisten Grabanlagen, das Bestreben nach Hervorbringung eines künstlichen Berges zeigen, das in allen ursprünglichen Baustilen durch Errichtung von Erdkegeln und Pyramiden sich ausspricht. Eine der besterhaltenen Topes ist die von Sanchi (Taf. I. Fig. 8), die, wie wir bereits S. 142 erwähnten, gleich den keltischen Cromlechs, den Nurhags auf den Balearen und den Morais auf Otahaiti von einem Steinkreis umgeben war; die Dagops nun unterscheiden sich von den Topes hauptsächlich durch größere Schlankheit der Verhältnisse.

Fig. 151. Ein Teil des Tempels von Boro-Buddor auf der Insel Java. Nach einer Photographie.

Auf dem Gipfel jedes der älteren Dagops befand sich ein Reliquienkästchen, Tee (Thi) genannt, über welchem drei Sonnenschirme übereinander ausgespannt waren. Wo die Erneuerung oder Verschönerung eines Dagop vorgenommen ward, wurde meist das kuppelförmige Dach des alten samt diesen Aufsätzen in Stein nachgebildet und dem neuen Material gemäß stilisiert, wie dies der Dagop im Innern eines Höhlentempels zu Ajunta aus dem 5. Jahrhundert n. Chr. (Taf. XIII. Fig. 3) deutlich zeigt.

Man erbaute nämlich über den heiligsten der Dagops nachmals eigentliche Tempel oder versetzte sie, gewissermaßen als Altäre, in solche. Von diesen wirklichen Tempeln, Tschaityas, sind aus jener Zeit nur solche noch erhalten, die in Felsen gehauen sind; die aus Holz und Stein frei aufgebauten sind alle zerstört.

Die Höhlentempel nun, unter denen die auf den Inseln Salsette und Elephantine sowie die zu Karli bekannter geworden sind, bestehen entweder aus einem größern Raum mit dahinter liegendem abgeschlossenen Sanktuarium, oder aus einer Vorhalle, durch die man in ein Hauptschiff eintritt, welches hinten im Halbkreis geschlossen, oben durch ein in Felsen nachgeahmtes Tonnengewölbe bedeckt ist. Letzteres ruht zu jeder Seite auf einer Pfeilerreihe, hinter der sich ein Seitenschiff hinzieht. Am hintern Ende des Hauptschiffes steht dann der Dagop. Eine groteske Gestaltung zeigt die Tigerhöhle bei Cuttac in Bengalen, wahrscheinlich eine Einsiedelei, deren Eingang den geöffneten Rachen eines Tigers darstellt.

Die Klöster, Biharas, hatten stets an der Vorderseite des Felsens eine Vorhalle, dahinter einen Versammlungssaal, um den sich die Zellen der Mönche reihten; die Mitte der Hinterwand nahm eine Kapelle mit dem Dagop ein. Die Gestalt der Pfeiler und Deckenbalken zeigt überall deutlich, daß die sämtlichen architektonischen Formen, obgleich auf Felsenaushöhlung angewendet, doch der Holzkonstruktion entnommen sind; wie denn auch auf der Insel Ceylon viele Dagops und Topes eine Menge schwacher, schlanker Säulen umgibt, die eben nur ein Holzdach zu tragen vermöchten, also nur von einer Säulenhalle herrühren können. Eine der ältesten Bauten, 250 v. Chr. gebaut, ist die Tope oder Thupa des Ramaya bei Anuradhapura (Fig. 150), an welcher noch 108 Säulen aufrecht stehen. Viele Klöster, darunter besonders die Kiums in Hinterindien, sind aus religiösen Gründen — als vorübergehende Herbergen auf Erden — gleich allen nicht direkt gottesdienstlichen Gebäuden, die Residenz der Könige selbst nicht ausgenommen, aus Holz aufgeführt. Während nun vielfach Holzformen in den Steinbau übergingen, finden sich oft unmittelbar daneben andre, die reine Steinbauformen zeigen.

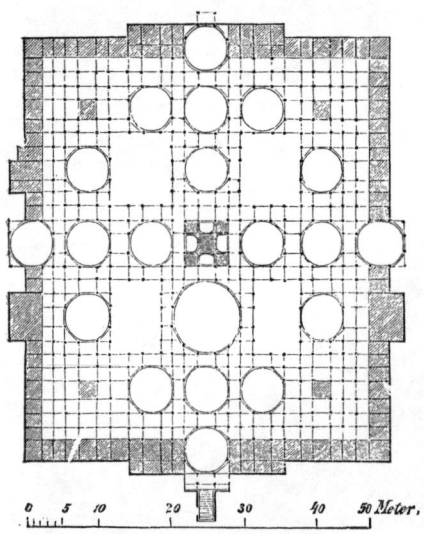

In Boro-Buddor auf der Insel Java befindet sich eine aus dem 14. Jahrhundert herrührende riesige Pyramidenanlage, bei welcher der mittelste Hauptdagop zunächst auf einer kreisförmigen Plattform von 16 auffallend kleineren Dagopmodellen umgeben ist, deren durchbrochene Wände eine darin sitzende Buddhastatue erkennen lassen; die folgende, um fünf Stufen niedrigere, kreisförmige Terrasse trägt 24 solcher Modelle,

Fig. 152. Grundriß des Klosters zu Sadree, 1418 n. Chr.

die dritte (ebenfalls noch kreisförmige) 32 dergleichen. Das Ganze erhebt sich auf einer quadratischen Pyramide in fünf Stufen von circa 2,5 m Höhe, auf deren Wänden Buddhastatuen (in Nischen mit Tabernakeln und überkuppelten Türmchen), im ganzen wohl 500, sich befinden.

Den Sockel der untersten, an jeder Seite 126 m langen Stufe umzieht ein Basrelief von im ganzen 504 m Länge, sowie eine doppelte Terrasse mit reich verzierter Brüstung. Einen Teil dieses circa 57 m hohen Prachtbaues bringen wir unsern Lesern nach einer Photographie in Fig. 151 zur Anschauung.

Eine eigentümliche Umbildung der Topes, die bei steigender Verehrung der unter ihm Begrabenen oft mit den Dagops verwechselt wurden, sind die sogenannten Tschorten, aus Thon und der Leichenasche geknetete Grabmonumente, welche sehr häufig in den verschiedensten Formen an den Landstraßen stehen. — Die Tschorten der Heiligen sind mit einem Kosthakar überbaut. Sie sind namentlich in Birma und Tibet sehr zahlreich. Tafel XIV. Fig. 2 gibt uns die Ansicht eines solchen nach der Zeichnung eines Siamesen. Es steht in Nang-Rung in Nordlaos, einer Provinz Siams.

Der Dschaïnismus änderte die Disposition der Gebäude fast gänzlich. Die Dschaïnas vereinigten Tempel und Klöster in eine große, oft sehr ausgedehnte Anlage, wie Fig. 152 eine solche im Grundriß darstellt. Dieses Kloster zu Sadree (Sadrih), 70 m lang und 62 m breit, mit seinen 420 Säulen und 20 großen, halbkugelförmigen Kuppeln, welch letztere auf zweistöckigem Unterbau stehen, während über allen schraffierten

B. Stile der Völker, deren Kultur sich teilweis fortpflanzte. III. Ostindien. Höhlenbau. 177

Teilen des Grundrisses sich auf einstöckigem Unterbau zuckerhutförmige Kuppeln erheben, ist eines der merkwürdigsten Bauwerke Indiens. Namentlich die fünf in der Mitte auf dreistöckigem Unterbau stehenden Kuppeln, sowie die Konstruktion des Mittelbaues überhaupt, bieten dem Beschauer ein Bild bewundernswürdiger Kühnheit dar. Eine Partie aus den 1032 n. Chr. ganz ähnlich konstruierten Hallen des Tempels des Vimala-Sah in Mont-Abu zeigt uns Tafel XIII. Fig. 1. Die breite Kuppel ruht einzig auf langen Steinbalken, welche wiederum durch schwache Säulen ohne Widerlagspfeiler oder andre künstliche Verstärkungen gestützt sind; ein Baumeister des 19. Jahrhunderts in unserm soliden Deutschland würde eine solche Konstruktion kaum wagen. Auch in Erbauung schlanker Türme zur Erinnerung an siegreiche Tage und denkwürdige Zeiten, der sogenannten Dschaya-Sthambas (es gibt deren von zwölf Geschossen und 39 m Höhe), gaben die Dschaïnas ihre architektonische Befähigung kund.

Fig. 153. Pagode zu Barrolli, im 9. Jahrhundert n. Chr. erbaut.

Der Brahmaismus mit seinen komplizierten und phantastischen Sagen von 40 Millionen höheren und niederen Gottheiten bot der Einbildungskraft des indischen Volkes ein noch üppigeres Feld zur Hervorrufung phantastischer Formen und verwickelter Bauanlagen.

Den Tempelanlagen oder Pagoden dieser Religion dient als Kern die eigentliche Tempelzelle, die Vimana. Diese ist immer quadratisch und mit abstufendem, oben gleich einem Dagop geschlossenem Dach versehen, und es steigt dieses nicht selten bis zu 62 m in 16 Stockwerken auf, wie bei der 830 erbauten, 1621 restaurierten Vimana des Tempels zu Tandschur oder Tagur. Jede Vimana enthält eine Zelle mit dem Götzenbild und eine Vorhalle, Antarala. Vor der Antarala befindet sich meist eine äußere Vorhalle, Ardha-Mantapa, mit vier Thüren an den vier Seiten, deren eine in die Antarala führt, die drei andern ins Freie, wenn nicht noch eine dritte Vorhalle, Maha-Mantapa, vorgesetzt ist. Das so gegliederte eigentliche Tempelgebäude steht in einem rechtwinkeligen Hof, dessen Mauern äußerlich glatt, innerlich mit Säulenhallen ausgestattet sind. Über den Eingängen, Dwaras, erheben sich die Thortürme, oft bis zu zwölf Stockwerken hoch, dann Gopura genannt, und meist in Erinnerung an die Zweighüttenform mit einem auswärts geschweiften Satteldach versehen, dessen Giebel also Spitzbogen bilden. In den Höfen selbst befinden sich allseitig offene, mit flachem Dach versehene Pfeilerhallen, Tschultris, welche zu Prozessionen, religiösen Tänzen ꝛc. dienen, oft auch als Kreuzgänge die Tempel umgeben. Manchmal zählen diese Hallen bis gegen tausend Säulen, daher auch der Name, welcher „tausendsäulig" bedeutet. Tafel XIII. Fig. 4 gewährt den Blick in eine solche Halle, welche ums Jahr 1004 n. Chr. vollendet ist.

Außerdem schließen die Tempelhöfe eine große Anzahl kleinerer Tempelhallen, Pilgerherbergen, heilige Teiche, heilige Brunnen u. s. w. ein. Ganz ähnlich disponiert sind die Keylas, jene in Fels ausgehauenen Pagodengruppen. Zum Teil durch allseitige Behauung von Felsteilen zu freistehenden Körpern gestaltet, zum Teil in das Innere des Gebirges höhlenartig eingemeißelt, bringen diese Anlagen in jeder Beziehung eine überraschende Wirkung hervor. Ist doch z. B. in den ums Jahr 1000 n. Chr. unter den Fürsten aus dem Hause Chola geschaffenen Keylas von Ellora — im Staate des Nizam von Haidarabad — der Tempelhof gegen 84 m tief und 47 m breit von der nächsten Gebirgswand getrennt. Der in der Mitte dieses Hofes stehende Tempel hebt sein felsiges Haupt gegen 32 m hoch, ist ungefähr 45 m lang und 38 m breit. Sein Hauptraum zerfällt in fünf (nur durch Aushöhlung gewonnene) Schiffe mit polierten Wänden. Säulenreihen umziehen den Hof an den Seiten. In Nischen ruhen Kolossalbildsäulen, Menschen= und Tiergestalten aus der indischen Mythologie — überall ein unendlicher Reichtum an Bildwerken, Laubgewinden, Schnörkeln, Säulen ꝛc. In der That dünkt die Schaffung solcher Kunstwerke durch allmähliches vorsichtiges Ausmeißeln aus dem harten Felsen dem Beschauer fast unbegreiflich, die dazu nötige

Fig. 154. Visvesher=Tempel zu Benares, um 1750 erbaut.

Ausdauer scheint über Menschenkraft zu gehen, während wir bei den riesigsten eigentlichen Bauten dennoch immer leicht begreifen können, wie sie begonnen und durch fortgesetzte Herzuführung und Auflegung von Steinen vollendet wurden.

An der Tempelanlage zu Dschaggernaut in der Provinz Orissa (Tafel XIV. Fig. 1), deren Höhe 110 m beträgt, wurde für nordische Herrscher, aber von südlichen Architekten ununterbrochen von 1174—1398 n. Chr. gebaut, also 224 Jahre. Da erblickt man Steinkolosse von 300 cbm, welche hundert Wegstunden weit herbeigeschafft worden sind, allüberall einen phantastischen Ausschmuck von symbolischer Bedeutung, bestehend aus ungeheuerlichen Menschen= und Tiergruppen, Blumen, Ornamenten und andern Auswüchsen der Einbildungskraft jenes merkwürdigen Volkes. Der Hauptcharakter dieser Bauwerke besteht

B. Stile der Völker, deren Kultur sich teilweis fortpflanzte. III. Ostindien. Stilsystem. 179

durchweg aus Anhäufung gewaltiger Massen, wiederum in viele kleine Teile, namentlich in wagerechter Richtung geteilt, aus wagerechten Decken mit starken Unterstützungsbalken, niedrigen Stützpfeilern u. s. w. Häufig werden Tiergestalten, namentlich Löwen und sogenannte sich bäumende Elefanten, als tragende Teile angebracht. Säulen, Postamente, Kapitäle und Gesimse u. s. w. prangen stets in phantastischem Schmuck.

In den Provinzen Nordindiens, in dem Land der arischen Hindus, bestehen die Tempel nur aus einer ziemlich hohen, schlank aufsteigenden Vimana und einer daran gebauten, säulengetragenen Mantapa, beide mit dagopähnlichen Kuppeln gekrönt. In der Nähe steht gewöhnlich noch ein bedeckter Säulengang, Tschaori, zur Feier der mystischen Vermählung der Gottheiten errichtet. In Bobaneswar stehen noch mehr als 100 solcher Tempel, deren größter 657 n. Chr. von Lelat Indra Kesari gebaut wurde. Einen klaren Einblick in die Stilwandlung gewährt der Vergleich zweier solcher nordindischer Tempel, des von Barrolli, aus dem 9. Jahrh. (s. Fig. 153) mit dem Visveshvar-Tempel zu Benares, welcher, offenbar unter dem Einfluß mohammedanischer Formen, 1750 erbaut wurde. Die Ornamentation ist hier weniger phantastisch, zierlicher als in Südindien.

Aber auch dort herrscht bei allem Reichtum der Phantasie doch strenge Ordnung, festes System. Größe und Ausladung der Glieder richten sich genau nach bestimmten Vorschriften, die in heiligen Büchern enthalten sind. Unsern Lesern wollen wir das Lesen eines Auszugs über diese Vorschriften erlassen, welche hinreichend detailliert sind, um ganz zuverlässig danach entwerfen zu können. Als Beleg dafür diene, daß wir genau nach diesen Vorschriften die auf Tafel XIV. Fig. 4 abgebildete Säule mit Gebälk, sowie die beiden Säulenfüße Fig. 155 und 156 konstruiert haben, welche nebst Taf. XIII. Fig. 2 und Taf. XIV. Fig. 3 gleichzeitig einen Begriff von der Ornamentationsweise der Indier geben und dadurch einen Ersatz dafür gewähren mögen, daß uns echt ostindische Geräte und Stoffe leider gar nicht erhalten sind; denn diejenigen, die man gemeinhin mit diesem Namen belegt, sind alle erst nach der Einnahme Ostindiens durch die Mohammedaner gefertigt worden, also nicht eigentlich ostindisch. Fremde Einwirkung, vielleicht malaiische, scheint auch die Stilabzweigung von Kaschmir erzeugt zu haben. Die Formen derselben sind vollständig aus Fig. 157 zu ersehen, dem Tempel zu Pandrethan, den Minister Partha im 10. Jahrhundert erbauen ließ. Die vielfach übereinander geschobenen Dächer, nebst den ganz holzartig gestalteten Dachfenstern, erkennt man sofort als Nachbildung der Holzdächer auf den Wohnhäusern Kaschmirs, bei

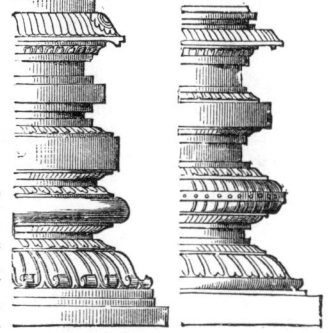

Fig. 155 u. 156. Säulenpostament.

Fig. 157. Tempel zu Pandrethan.

denen das höhere Mitteldach das eigentliche Haus bedeckt, während unter den Pultdächern Vorhallen und Verandas liegen. Die Säulenschafte der Hallen ähneln den protodorischen Ägyptens, Füße und Kapitäle aber mit ihrer Häufung von Gliedern den übrigen ostindischen. Der älteste erhaltene Tempel von Kaschmir ist der zu Martund, um 600 n. Chr. von Ranaditya aus der Dynastie der Gonerdyas gebaut, dessen Hof rings von einer schönen Säulenhalle umzogen ist, die von Salitaditya um 752 nach Chr. hinzugefügt wurde.

23*

In der Mitte des Hofes steht die ältere Vimana mit Anterala und Mantapa, denen leider die Dächer fehlen, auf einer Insel, denn der ganze Hofraum zwischen der umgebenden Halle und dem Standpunkt der Vimana ist vertieft und mit Wasser angefüllt.

Noch vor wenigen Jahren hat ein eingeborner Architekt, von Brahmanen ausgebildet, eine Pagode genau nach den heiligen Büchern erbaut, denn alle Maßregeln der Engländer vermochten bisher noch nicht die Anhänglichkeit der Ostindier an ihre Religion und die dieser dienende Kunst auszurotten. — Nach außen wirkte der Stil zwar nicht bedeutend, doch immer noch mehr als man gewöhnlich annimmt. Wie wir sahen, nahmen die malaiischen Völker Hinterindiens, nahmen Birma und Siam die Dispositionsweise und manche Formen der Pagoden an; auch China blieb nicht ganz frei von ostindischem Einfluß, und im Westen scheinen die Perser und die Babylonier des neuen Reichs, besonders erstere in ihren Hallen, so manches von den Ostindiern, besonders den Buddhisten und Dschaïnisten, entlehnt zu haben.

IV. Westasiatische Gruppen. Fast zwischen Ostindien und Chaldäa einerseits und Ägypten anderseits, sowie etwas weiter nordwestlich, entstanden zwei Gruppen von Bauten, deren Formen den Übergang von den Anfängen der betrachteten Stile zu denen der nachherigen ununterbrochenen Reihe von Baustilen bilden. Auch die Schöpfer dieser Werke scheinen von der "Wiege der Menschheit" aus eingewandert zu sein. Wir begegnen bei beiden noch Formen, die den Vorstufen der Baukunst angehören, so daß wir bei ihrer Betrachtung uns zurückversetzt fühlen an den Anfang dieser unsrer Darstellung. Beide Gruppen blieben aber nicht an ihrer Heimat haften, sondern dehnten sich weit aus über das wogende Meer.

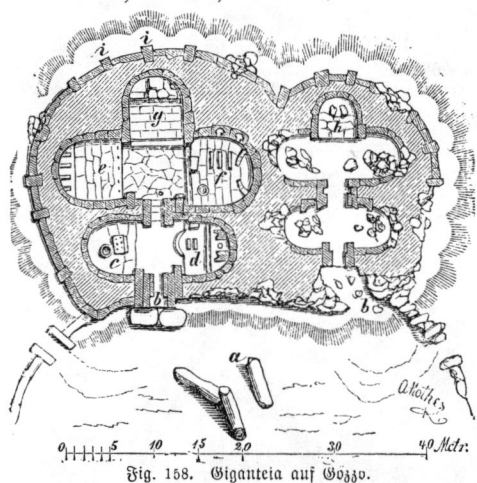

Zwischen Turkestan und Kabulistan läßt das "glänzende Felsengebirge" der Granakas des Sanskrits, jetzt Hindukusch genannt, seine höchste Spitze, den Kuhi-Baba, 5500 m hoch aufragen. Aus den Hochthälern dieses Gebirges, vielleicht aus dem Thale von Bamiyan, wo später die kolossalen Buddhabilder zwischen den Höhlen in die Felswände gemeißelt wurden, aus diesen ihren Höhlenwohnungen wanderten um 2000 v. Chr., vermutlich unter dem Nachdrängen der Hyksos, Tausende friedlicher Troglodyten aus und zogen nach Westen.

Fig. 158. Giganteia auf Gozzo.
a. Vorhof. b. Eingänge. c, d, e, f, g, h erhöhte Plätze, wahrscheinlich Sanktuarien; bei c ein Altarherd und ein Becken zu heiligen Waschungen, bei d tabernakelähnlich überbauter Altarherd mit kegelförmigem Stein, bei f brunnenartige Vertiefung und zwei kleine Ofennischen, Reste eines Tisches zum Backen von Opferkuchen, bei g Spuren eines Götterbildes, i pilasterähnliche Streifen.

Andre vermuten, es seien Zweige der Hyksos selbst gewesen und nicht direkt vom Gebirge, sondern von Süden her gekommen, als sie um 1730 aus Ägypten vertrieben wurden. Dem sei nun, wie ihm wolle, die Flüchtlinge, welche von den Ägyptern Pun oder Peleschti, d. h. die Ausgestoßenen, in der Bibel Sidonier, Kanaaniter, auch Philister, von den Griechen Phöniker genannt wurden, siedelten sich in Syrien an, dehnten sich bald bis an die Küste aus, worauf das Land nach ihnen Peletschtia, Philistäa, Palästina genannt wurde, gründeten Tyrus und Sydon. Ackerbau trieben sie wenig, aber desto eifriger Industrie und Handel, befuhren das Mittelmeer und gründeten auf dessen Inseln und Küsten, auch in Afrika, zahlreiche Kolonien und gelangten durch solchen Verkehr allmählich zu hoher Bildung. Sie gelten für die Erfinder der Buchstabenschrift, des Glases und Purpurs. Zwar nicht sicher erwiesen, aber höchst wahrscheinlich phönikisch sind die Tempelanlagen der Hagia-Chem bei Casale Krenti auf der Insel Malta und die Tempelanlagen der Giganteia auf der Insel Gozzo (s. Fig. 158). Die Thorpfeiler sind 5,5 m hoch; an den Stufen der Sanktuarien sieht man Spuren von Thürgewänden oder Cancellen. Von Gewölbe oder Decke ist keine Spur zu finden; die äußere Umfassung erinnert an keltische Steinkreise und Topegehege. Auch in der ähnlichen Hagia-Chem fand man, wie in der Giganteia, einen kegelförmigen Stein (Bätylus), welcher von den Phönikern als Bild der Astarte (Venus) verehrt wurde, die ihnen neben Baal (Sonne), Tammuz (die im Lenz sich verjüngende Erde) und Melkarth (Hermes Thaut) besonders heilig war. Wenn diese Anlage, trotz der darin gefundenen Reste von Statuen, skulpierten Schlangen, Platten mit Ibisgestalten, in der Hauptform wie durch die vielen spiralförmigen Ornamente an urhistorische Art gemahnt und daher wohl einer sehr frühen Periode angehören mag, so können wir jetzt die vor einigen Jahren noch sehr unbekannte phönikische Kunst auch auf höherer Entwickelungsstufe beobachten, dank besonders den Ausgrabungen des Franzosen Beulé (1859 ff.) im Hafen von Karthago und des italienischen Grafen Palma di Cesnola (1875 ff.). Freilich sind die Ruinen des Tempels der Astarte zu Paphos auf der Insel Cypern noch nicht in solcher Weise gezeichnet, daß sich darauf eine Restaurierung gründen ließe. Sein Hof war im Rechteck von etwa 214 m Länge bei 164 m Breite von einer Mauer umzogen, die mehrere Eingänge hatte. Zu beiden Seiten jeder Thüre befinden sich je zwei kleine, die Mauern schräg durchdringende Öffnungen. Der so umschlossene Raum war in zwei Teile durch eine Mauer geschieden; in der hintern Hälfte ist noch jetzt der heilige Teich erhalten, in dessen Mitte sich eine Säule erhebt. Der Hof scheint von einer Säulenhalle umgeben gewesen zu sein. Am Ostende dieses Hofes, in der Mitte des ganzen Temenos, liegen die Trümmer des Heiligtums auf der höchsten Stelle des Bauplatzes. Dieser Tempel bildet ein Viereck von 69 m Länge bei 53 m Breite und hat eine Thüre an der Südwestecke. Vor diesem eigentlichen Tempel lag eine halbkreisförmige Umhegung für die heiligen Tauben. Zur Seite des Hauptportals standen, nach Angabe der Münzen, zwei Obelisken mit eingekerbtem Oberende. Diese Pfeiler waren durch eine Kette oder ein andres Behänge verbunden. Die Tempelfront selbst zeigte einen hohen Mittelbau und zwei niedrigere Seitenflügel oder angebaute Säulengänge. Der Mittelbau hatte über der Thüre drei Fenster, über denen ein Mond und ein achtstrahliger Stern dargestellt waren. Im Innern stand der Kegelstein, in der nordwestlichen Ecke fand Cesnola die Reste einer akustischen „Orakelvorrichtung". — Der Tempel der Astarte am Meeresstrand ist noch viel mehr verwüstet; noch ragen zwei Kegelsteine mit viereckiger Öffnung 5 m hoch empor, ein Altar und Reste zweier Gebäude stehen in einer ovalen,

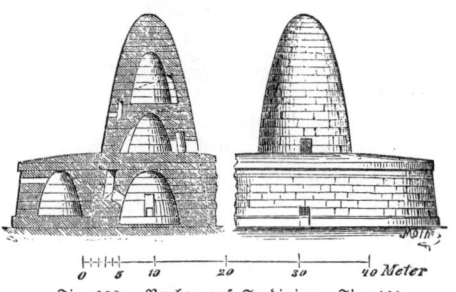

Fig. 159. Nurhag auf Sardinien. Fig. 160.

an Malta erinnernden Umfassung. Über die Ausstattung erfahren wir von alten Schriftstellern manches, was an ägyptische, andres, was an assyrische und persische Kunst gemahnt, z. B. daß Holzsäulen das flache Dach trugen, daß Thüren, innere Säulen ꝛc. mit Goldblech und dergl. bekleidet waren. An den Trümmern des Baalstempels am Markt zu Karthago hat man Spuren solcher Metallbekleidung gefunden. Äußerlich zeigen diese Mauern Reste von Reliefsäulen. Ergänzend tritt hier die in Golgios auf Cypern gefundene Lampe in Form eines Tempelmodells ein (s. Taf. XV. Fig. 1 d, sowie die Piedestale f und g, ebenfalls in Golgios gefunden). Weitere Kenntnis der Architekturformen müssen wir jedoch aus den Gräbern schöpfen. — Dieselben waren sehr verschieden. Auf den Inseln Sardinien und Corsica finden sich kleine Felsenzellen, oft in einzelnen daliegenden Blöcken (perdas fittas) ausgehöhlt. Die sogenannten Gigantengräber bestehen aus je elf in einen Halbkreis gestellten Steinen, deren mittelster kegelförmig bearbeitet ist. An seinem Fuß führt eine kleine bogenförmige Thür zu einer dolmenartigen Grabkammer, santar. Eine dritte Gattung besteht aus Mauern von drei Steinschichten. Alle sind nach Südost orientiert. Die vierte Gruppe, wohl besonders in solchen Gegenden üblich, wo zu anderm das Material fehlte, bestand aus thunlichst steilen Kegeln von Erde und kleinen Steinen, beinahe zuckerhutförmig aufgetürmt. Als fünfte sind die teils rechtwinkeligen, teils ovalen Grabhöhlen oder unterirdischen Grabgemächer zu betrachten, welche auf Cypern vielfach vorkommen. — Die sechste Gruppe stammt aus einer bereits höheren Kulturstufe, und hier beginnt eigentlich die Grabarchitektur; es sind dies die bei Amathus in besonders großer Zahl erhaltenen Grabhäuser; die älteren davon sind oben wagerecht abgedeckt (s. Taf. XV. Fig. 1 a links), die neueren mit Schrägdach versehen (s. das. rechts). Wo Familien sehr lange bestanden, wurde oft eine Erweiterung nötig, und es wurde dann eine neue Grabkammer vor die alte gebaut; so ergaben sich auch Gruppen von drei und vier Kammern (s. z. B. unsre Fig. a im Hintergrund, Grundriß das. b). — Kleinere, nur einer Person geltende Grabdenkmäler hatten entweder die Form von Stelen (s. Fig. c, eine solche aus Golgios), welche wohl auch auf die Säulenform zurückschließen läßt und offenbar dem heiligen Baum entnommen war, der auf Vasen in der Form Fig. e, doch auch anderwärts in der Gestalt Fig. 4 erscheint, überhaupt aber mit den Fortschritten der Ornamentik Veränderungen erfuhr. Fig. 5 oben ist ein sehr altes Ornament, noch an Ägypten erinnernd, unten ein späteres, schon an Griechenland gemahnend, dargestellt. — Einen zuckerhutförmigen Kegel, der offenbar den Bätylus darstellt, trägt ein kleines Grab mit griechischer Inschrift aus Citium (Larnaka), (s. Fig. 6), welches uns zugleich die Gestalt des Altars übermittelt. Als spätere, künstlerisch ausgestaltete Vereinigung des Kegelgrabes mit der Grabhausform erscheinen die Turmgräber; auf Cypern sind solche noch nicht entdeckt worden; es gehört aber hierher der noch um 1850 aufrecht stehende, erst durch die Franzosen durch Herausreißen der Inschriftstafel rechts vom Eingang zum Einsturz gebrachte Grabturm (Taf. XV. Fig. 2) dessen Halbsäulen die Weiterbildung des vermutlich von den Persern überkommenen in Fig. 1 e noch deutlich erkennbaren Motivs, der Doppelschnecke, durch die Formen Fig. 1 c und d hindurch bis zum ionischen Kapitäl deutlichst verfolgen lassen und beweisen, daß die phönikische Kunst den Übergang von der assyrisch-persischen zu der griechischen vermittelte. — Höchst wertvoll ist der Fund vieler Sarkophage, welche zum Teil sehr schlicht sind, zum Teil aber auch reich verziert, wie der Fig. 3 und 4 dargestellte aus Amathus. — Die ebenfalls auf der Insel Sardinien stehenden kegelförmigen, im Grundriß runden oder elliptischen Nurhags (s. Fig. 159 und 160) werden nicht mit voller Sicherheit den Phönikern zugeschrieben. Die Thüren sind stets nach Südost gekehrt und so niedrig, daß man nur hineinkriechen kann. Aus dem auf diese Weise zugänglichen Untergemach gelangt man auf spiralförmigen Gängen oder Treppen in die oberen Gemächer. Man unterscheidet: a) einzelne Nurhags, nurhags simples; b) nurhags agrégés, wenn mehrere eine zusammenhängende Gruppe bilden; c) nurhags réunis, die als Türme einer großen Einhegung erscheinen, die einen Hügel bekrönt; d) nurhags ceints, einen solchen stellt unsre Figur dar. Sardinien besitzt über 300 solcher Nurhags, die schon Aristoteles und Diodorus von Sizilien erwähnen, ohne ihre Bestimmung zu erklären, die auch jetzt noch nicht bekannt ist. Sind sie von Phönikern oder Tyrrhenern erbaut? Waren es Feuertempel? Gräber? Auffallend ist ihre Ähnlichkeit mit etrurischen Gräbern des Porsenna und des Arun. Ganz ähnlich sind die Talayots auf den Balearen, deren mancher von mehreren Steinkreisen mit Cromlechs und Rucksteinen ꝛc. begleitet ist. Wohnhäuser waren den Nachrichten zufolge mehrstöckig und mit vielem Luxus ausgestattet. Die Säulen ꝛc. waren von Holz, mit Gold bekleidet; Kaufläden nahmen die Fronten ein. Reste sind zwar gefunden, geben aber keinerlei Auskunft über Formen. Die Befestigungen bestanden aus oft dreifachen Mauern von bedeutender Höhe und mit Kasematten versehen. Reste sind von der Burg (Byrsa) zu Karthago erhalten, sowie in Kuklia (Paphos) und in Curium ꝛc. auf Cypern. Sidon war von zinnengekrönter Mauer mit Türmen umgeben. — Hafenbauten waren mit Docks und Arsenalen versehen, die sich in zwei Stockwerken erhoben. — Säulen und andre Details zeigten bald ägyptische, bald assyrische, persische, protodorische und protoionische Formen. — In Sur, welches heute die Stelle von Tyrus einnimmt, hat man Säulen von grauem Granit gefunden. Größere Räume zu überwölben verstanden die Phöniker nicht, kannten aber die Kunst, in Erz zu gießen. Zu systematischer Anschauung und Darstellung der phönikischen Formenentwickelung genügen die bis jetzt gemachten Entdeckungen bei dem fast vollständigen Fehlen einer chronologischen Bestimmung noch nicht. Die Gefäße zeigen Verwandtschaft teils mit ägyptischen, teils mit hetrurischen Formen. Der Engländer Davis entdeckte in Karthago einen phönikischen Mosaikfußboden mit Ornamenten und Figuren, sowie Reliefs, welche Giebel mit dorischem Triglyphenfries, Eierstäben, Rosetten und Palmetten darstellen.

Die Israeliten hatten sich jedenfalls, ehe Moses sie befreite, manches von der ägyptischen Kultur angeeignet; im Gelobten Lande angelangt, traten sie in regen Verkehr mit Tyrus und Sidon: die babylonische Gefangenschaft gesellte zu diesen Einflüssen noch den babylonisch-assyrischen, wie auch persischer wohl nicht ausblieb.

B. Stile der Völker, deren Kultur sich teilweis fortpflanzte. IV. Westasien. Israeliten. 183

Die israelitischen Bauten finden sich zwar in der Bibel oft genug beschrieben, aber nicht deutlich genug, um über die Stilformen genaue Schlüsse ziehen zu können. Da aber wenigstens Einteilung und Maße der Bundeslade und Stiftshütte, des Tempels und des Hauses Salomos uns ziemlich vollständig überliefert sind und aus den Beschreibungen auch die Art der Dekoration erkennbar ist, so läßt sich sicher behaupten, daß die Disposition der Hütte und des Tempels an die Tempel Ägyptens, die des Hauses und der Halle Salomos teils an die hypostylen Säle Ägyptens, teils an die persischen Hallen anknüpfte; die architektonische Gestaltung scheint sich weniger der ägyptischen, als der assyrisch-persischen angelehnt zu haben. Mancherlei Formen sind wiederum phönikisch gewesen, wie wir denn auch wissen, daß Salomo beim Tempelbau Werkleute aus Tyrus benutzte. Dahin gehört namentlich die Verwendung hölzerner, mit Metall bekleideter Säulen, die zahlreichen Vorhänge ɴc. Die Cherubim erinnern in der Lösung der Flügel vom Körper an phönikische Gebilde, in der Zusammenstellung aber am meisten an die Mannlöwen assyrischer und persischer Paläste, teils an die ägyptischen Sphingen; denn Löwen und Stiere wurden, wie Knoten, Laubwerk und Granatäpfel, mehr von asiatischen Völkern als von Ägyptern dargestellt; gleichen Ursprung hatte die Form und Disposition des ehernen Meeres. Mauern und Höfe waren mit gesägten Steinplatten belegt, deren untere drei Reihen den Sockel bildeten, während die vierte Reihe mit Reliefs besetzt war, welche Bäume und Pflanzen darstellten. Die höheren Mauerteile waren geputzt.

Fig. 161. Grab Absaloms.

Alles das erinnert an Ninive. — Auch die Gräber, von denen im Thal Josaphat (Kidronthal) bei Jerusalem eine Anzahl — die sogenannten Gräber der Könige und der Richter — erhalten sind, bestätigen das Gesagte. Das Grab des frommen Königs Josaphat, eine Felsengrotte mit breiter, von Chambranle umzogener Thür, mit Giebelbekrönung, von Akroterien flankiert, deutet teils auf phönikischen, teils auf pelasgischen Einfluß. Andre gleichen auffallend in Anlage und Formgebung zum Teil den Felsengräbern von Persepolis, zum Teil jenen von Karthago, ja das Grab Absaloms (Fig. 161) ist fast nur ein Duplikat des Grabturmes von Thugga, freilich mit einem Triglyphenfries, der denn auch Zweifel am Alter erzeugt hat oder mindestens eine Restaurierung vermuten läßt, während die Bekrönung an buddhistische Topes erinnert; das Grab des Zacharias (Taf. XV. Fig. 7) hat dieselbe Disposition wie die Gräber in Peru und die etrurischen Gräber bei Castel d'Asso, die Kapitäle der Eckpilaster, von denen eins im Vordergrund liegt, sind assyrisch, die Säulenkapitäle phönikisch, der Hauptsims ägyptisch. Alle diese Gräber scheinen der Zeit zwischen 1000 und 500 v. Chr. anzugehören. — Nach

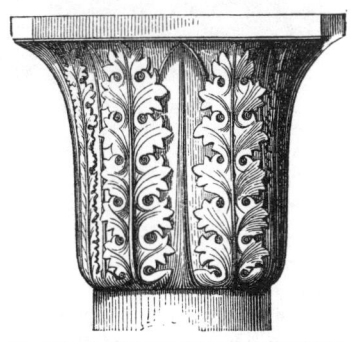

Fig. 162. Kapitäl vom Tempel zu Jerusalem.

der Rückkehr aus Babylon um 445 v. Chr. bauten Serubabel und Nehemia den Tempel wieder auf. Auch dieser neuere Bau hat jedenfalls viele neubabylonische und persische Elemente gezeigt, da Cyrus selbst ihm nicht fremd blieb. Der erhaltene Unterbau, aus behauenen Steinen ausgeführt, erinnert an Passargadä.

Erst neuerdings hat man in Jerusalem ein Säulenkapitäl entdeckt, welches von diesem Tempel des Jehova herstammt. Unsern Lesern wird sicher eine Abbildung dieses bis jetzt einzigen authentischen Restes willkommen sein, welches zugleich den Beweis für das über die Entlehnung der israelitischen Bauformen Gesagte liefert. Die sogenannten Gräber der Propheten am Ölberg scheinen aus dieser Periode zu sein, minder sicher ist dies von den Gräbern des Abraham, der Sara 2c. zu Hebron, einfache Würfel mit flacher Pyramide bekrönt.

In Syrien, dem Lande zwischen Palästina und Assyrien, blieben aus den Zeiten assyrischer, persischer u. s. w. Herrschaft Ruinen zu Nisibis, Amida (jetzt Diarbekr), Basaltmauern auf hoher Felswand am Tigris, Edessa (jetzt Orfa, das Ur der Chaldäer), Heron mit dem Brunnen der Rebekka 2c. — Zu Bir am Euphrat ragt noch ein Tell, d. h. eine Burg, wie deren in den Dörfern zwischen Bir und Aleppo viele noch stehen. Es sind teils rechteckige, teils ovale künstliche Berge, oft mit Benutzung natürlicher Kreidekuppen angelegt, die im Innern mächtige Gewölbe bergen, nach außen aber teils schräg gestufte, teils nur geneigte Lehmwände haben, die mit kolossalen Steinen pflasterähnlich, genauer gesagt, schuppenförmig belegt sind. Ein solcher Tell ward in altchristlicher Zeit restauriert und gilt nun als Grab des Ezechiel (s. Fig. 163). Zu Hormel in Cölesyrien, dem Thal zwischen Libanon und Antilibanon, ragt ein Quaderturm, bestehend aus einem Würfel von 10 m Seitenlänge, auf dem ein zweiter von 9 m Seite steht, der eine Pyramide trägt und mit Jagdszenen besetzt ist. Ähnliche Grabsteine befinden sich auch in Nordsyrien; babylonische Backsteinhügel und assyrische Königsfiguren zu Damaskus u. s. w. Einige der Landschaften Kleinasiens, namentlich Lykien, Phrygien und Lydien, wurden von Kreta aus durch semitische Völkerschaften besiedelt, die zu den Peleschti, Pelasti, d. h. zu den Krethi und Plethi der Bibel, also zu derselben Völkerfamilie gehörten, wie die Phöniker und gewöhnlich Pelasger genannt wurden. Auf ihre Kultur hatten erst die Ägypter, dann Assyrier und Perser vielen Einfluß, während wiederum sie einesteils von Kleinasien herüber nach Griechenland wanderten, andernteils aber durch Übersiedelung nach Italien ihre Kultur dorthin verpflanzten. Einige Zweige, die gewöhnlich schlechthin Pelasger genannt werden, begründeten die pelasgische Kunst in Hellas, die sogenannten tyrrhenischen Pelasger aber, die um 1200 v. Chr. von Lydien nach Italien zogen, den etruskischen Staat und die etruskische Kunst.

Fig. 163. Altsyrischer Tell, jetzt Grab des Ezechiel in Kefeli bei Bagdad.

In Kleinasien bauten sie zuerst wohl Zelte, dann, wie noch jetzt die Bewohner Lykiens, Wohnhäuser und Tempel aus Holz. Nichts ist uns von diesen alten Holzbauten geblieben, und dennoch kennen wir ihre Formen sehr genau, und zwar durch die vielen Gräber, die diese Völker uns hinterlassen haben. Da sind zunächst die Kegelgräber, runde, unten ummauerte Grabhügel, die das Schlachtfeld von Troja und die Ebene von Tantalais bedecken und sehr ähnlich den auf Taf. I. Fig. 6 abgebildeten sind. An diese schließen sich die Gräber Lydiens, von denen besonders bei Sardes und Smyrna einige erhalten sind, Erdhügel mit gemauerten Grabkammern. Bei Sardes ragen im Paktolosthal noch zwei protoionische Säulen vom Kybeletempel, und auf den benachbarten Höhen steht das größte jener Gräber, das des Alyattes, Vaters des Krösus, um 600 v. Chr., nach Herodot in 3800 Fuß Umfang errichtet, jetzt ein Erdhügel von 75 m Höhe, mit Grabkammer aus poliertem Marmor, auf dessen Gipfel Steinfundamente von etwa 5 m ins Quadrat und der Kopf einer von den einstigen fünf kegelförmigen Säulen, von etwa 3 m Durchmesser liegen. Etwas besser erhalten sind die bei Sipylos.

B. Stile der Völker, deren Kultur sich teilweis fortpflanzte. IV. Westasien. Pelasger. 185

Ferner stehen viele bei Pergamum, bei Kertsch (Pantikapäon), im Skamanderfeld, wo der größte über 30 m hoch ist. Das Grab des Ajax hat eine Grabkammer mit richtigem Keilgewölbe. Nach Aufhören der Leichenverbrennung wich das Hügelgrab allmählich dem Felsengrab. Aus dieser Zeit finden wir denn auch viele Felsenkammern mit in den Felsen gehauener Fronte; einige davon, vermutlich die ältesten in Phrygien, zeigen zwar nur glatte Flächen, mit einem an keltische und aztekische Arbeiten erinnernden Teppichmuster überzogen und durch ein flaches, giebelähnliches Dreieck bekrönt, auf Zeltbau deutend, (s. Fig. 98). Die nächstältesten stehen in Lykien und ahmen in ihrer Vorderseite vollständig die Holzkonstruktion eines Hauses nach, mit Fachwerk, verschränktem Gebälk, mit Schrotwänden und Blockdecke, wie zu Benihassan, über der aber hier stets ziemlich verschieden geformte Giebeldächer liegen, von denen einige mit ihren krummen Sparren einerseits an die Zweighütte, anderseits an die Gopuras in Indien gemahnen, besonders an die Raths von Mahavalipuram an der Küste Koromandel. Solche Gruppen, wie bei Kyaneä Jaghu (s. Fig. 100), finden sich bei Telmessos, Tlos, Pinara, Phellos und Antiphellos, hier mit phönikischen Thüren; persische Anklänge zeigen namentlich die Gräber von Limyra bei dem alten Arykanda. Besonders interessant sind die freistehenden Gräber, welche ein Häuschen auf einer Tragbahre vorstellen. Fig. 164 zeigt ein solches, welches jetzt im britischen Museum zu London steht und ebenfalls spitzbogige Giebel hat. Ferner finden sich quadratische Gräber mit Pyramiden bekrönt, Reste von Akropolen, Theatern, Wohnhäusern und Wasserleitungen, aus polygonen Bruchsteinen ausgeführt.

Geht nun aus Prüfung dieser Denkmäler deutlich hervor, daß die Lykier von den Phrygiern lernten, beide aber teils von Ägypten, teils von Phönikien und Assyrien aus beeinflußt waren, also teilweise Kulturfortpflanzungen die Grundlage ihrer Kunst bildeten, so datiert vermutlich von den Einfällen der Kimmerier, spätestens von den Angriffen der Perser eine Wandlung, indem von da ab direkte Vererbung der Kultur an Stelle jener teilweisen Fortpflanzung tritt.

C. **Stile der Völker mit direkt vererbter Kultur.** I. Heidnische oder sogenannte klassisch-antike Stile. — Die durch

Fig. 164. Lykisches Grabmal im Brit. Museum zu London.

Angriffe ꝛc. aus ihren Wohnstätten in Kleinasien zum Wandern gedrängten Stämme der Pelasger sind die ersten unter den Völkern, die auch da, wo ihre Staaten dem Untergange zugeführt wurden, immer noch gewissen Einfluß auf das Kommende behielten. Ihre Lebensformen und Bildung, auch ihre Religion, vererbten sich zum Teil auf ihre Nachfolger in der politischen Geltung. Im Gebiete der Baukunst finden sich selbst dann, wenn kaum eines der Werke ihres Schaffens der Nachwelt hinterblieb, doch charakteristische Eigentümlichkeiten ihrer Kunst wenigstens als Nachklänge in den Formen der Denkmäler ihrer Nachfolger wieder, so daß die einzelnen Baustile aller dieser Kulturvölker eine fast ununterbrochene Reihenfolge bilden, deren jeder gewissermaßen aus der ihr vorhergehenden entwächst. Dort erscheint ein Stil aus Bestandteilen zweier zusammengesetzt; hier gehen aus einem zwei hervor, so daß man sich versucht fühlen möchte, einen förmlichen Stammbaum der Baustile zusammenzustellen! Wir können leider hier nur die wichtigsten Glieder dieser großen Kette, und auch diese nur in ihren Hauptzügen, in gedrängter Zusammenstellung betrachten. Die jüngsten unter den Gräbern Phrygiens und Lykiens zeigen eine Wandlung oder Weiterbildung der alten Felsenfronten. Zu Doganlu, am Salzsee Talla, bei Urgub finden sich protodorische Fronten, die letzteren mit ägyptischen Kelchkapitälen, an ersteren Thüren und flache Giebel, bei einigen zu Telmeſſos, Antiphellos ꝛc. aber bildet die Form der Säulen den Übergang von der phönikiſch-israelitiſchen zu der ioniſchen und wird daher protoioniſch genannt. Die Gräber der dritten auf griechiſchen Stil vorbereitenden Gruppe Kleinaſiens zeigen Weiterbildung der erwähnten, mit einer Tragbahre auf ein Untergeſtell geſetzten Häuschen. Die zwei bedeutendſten ſtehen zu Xanthos; das eine, das ſogenannte Harpyiengrab, iſt vermutlich etwa um 550 kurz vor oder gleich nach Eroberung der Stadt durch die Perſer errichtet und noch beinahe aſſyriſch. Das andre, das Grabmal des Harpagos, des perſiſchen Feldherrn, der 541 die Stadt angriff, worauf die Einwohner ſich mit derſelben verbrannten, mag um 520 errichtet ſein. Hier iſt der Oberbau, der bei jenem noch kaſtenförmig erſcheint, bereits zu einem kleinen tempelartigen Heroon von ioniſierender Architektur ausgebildet (ſ. Taf. XVI. Fig. 1). Die erhaltenen Einzelteile befinden ſich jetzt im britiſchen Muſeum. Auch in ihren Kolonien verwendeten die Pelasger beſondere Sorgfalt auf die Gräber und ſind uns von ſolchen bedeutendere Reſte erhalten als von den Tempeln.

Wenn die Sage, Kadmus, der ſchlangengeſtaltige Urgeiſt der Phöniker, ſei auf dem Wege von Tyrus nach Theben auf Thera (Santorin) abgeſtiegen, und dann habe Nauplius mit ſeinem Sohne Palamedes die Stadt Nauplia mit der Burg Palamidi gegründet, nichts weiter bedeuten kann, als daß die erſte phöniſiſche Kultureinbringung dieſen Weg gekommen, ſo beſtätigt eine Vergleichung der phönikiſchen Bauten der genannten Orte und der niſchenförmigen, von Akroterien gekrönten, durch eine Art niniwetiſcher Pilaſter flankierten Felſengräber bei Eleuſis auf Theraſia, ſowie der Sarkophage auf Thaſos und bei Plataͤa und andrer phönikiſchen Werke mit den Reſten auf dem bei Austreibung der Hykſos von einem ſemitiſchen Teil dieſer beſetzten Eiland Kreta, beſonders mit den cyklopiſchen Mauer und Felsgräbern bei Kaphtor (jetzt Aptra) und dem Labyrinth von Gortyna (Lariſa), ſowie mit den Bauten zu Tirynth, Argos, Mykene und Methone deutlich genug, daß Griechenland durch ſemitiſche Pelasger beſiedelt ward. Sogenannte Labyrinthe,

Fig. 165. Grab zu Telmeſſos.

richtiger Paläſte mit Säulenhöfen, nach denen ſich die Zimmer ohne Verbindung untereinander öffnen, und mit Korridoren hinter dieſen Zimmern, ſtanden auch in Knoſos (von Dädalus gebaut und von Minotaurus, d. h. dem ſtierköpfigen Oſiris, behütet, aber völlig verſchwunden), auf Lemnos (wo Plinius noch 150 Säulen ſah), bei Nauplia (zum Teil in Felſen gehauen). Beſſer erhalten ſind die Stadtmauern und Burgen, zu Tirynth noch in roheſter Manier aus rieſigen Bruchſteinen aufgebaut, gerade wie die Mauern von Roblat Ammon öſtlich vom Jordan, die dem Angriff Israels trotzten und noch heute der Zeit trotzen, aber ſchon mit einer doppelten, durch Überkragung ſpitzbogig geſchloſſenen Galerie verſehen. Lariſa, die große Burg von Argos, hat gleich der kleinen Burg des Akriſios, ähnliche Galerien, letztere auch noch unterirdiſche Einzelräume, in deren einem, der mit Erzplatten belegt war, Danae ſchmachtete. Argos zeigt auch ein in Fels gehauenes Theater und die Unterbauten des Heratempels. Mykene aber bewahrt außer dem Schatzhaus des Agamemnon auch noch das ſeines Vaters Atreus, beides durch Überkragung geſchloſſene Spitzbogenkuppeln. Der Eingang zu letzterem (Taf. XVI. Fig. 2) iſt durch den größten Stein, der jemals in Griechenland verbraucht ward, bedeckt, der durch Überkragung der Schichten entlaſtet iſt; das jetzt leere Dreieck war einſtmals durch eine ebenſolche Platte mit Löwen geſchützt, wie ſie am Stadtthor (Taf. I. Fig. 4) erhalten iſt; ebenſo wie dort befinden ſich an Solons Grab bei Gombet in Phrygien zwei Löwen mit einem Prachtgefäß zwiſchen ſich, und an einem Grabe bei Doganlu zwei Pferde, die durch einen runden Pfeiler getrennt ſind. In Mykene ſteht zwiſchen den Löwen eine

C. Stile der Völker mit direkt vererbter Kultur. I. Klassisch=antike Stile. Pelasger. 187

Säule mit einem Stück eines gänzlich lykischen Blockgebälkes, die Herkunft dieser Kunstformen völlig dokumentierend. Das Innere des Schatzhauses war mit Bronzeplatten ausgekleidet, wie Absaloms Grab, die Fronte aber mit Halbsäulen von grünem Marmor (s. Taf. XVI. Fig. 3) besetzt, deren Verzierung ebenfalls asiatischen Ursprung bekundet, und mit durch Haken gehaltenen gesägten Platten von grünem, rotem und weißem Marmor bekleidet, deren Reste Ornamentstreifen von Kugelreihen, Wellengewinden 2c. zeigen. Aus Ägypten kam den Phönikern und Pelasgern der dorische, aus Babylon und Ninive der ionische Stil zu, wie wir sahen, beide wandten sie in Griechenland und anderwärts vermengt an. Im Schatzhaus des Myron zu Olympia waren zwei Kammern mit Erz bekleidet, eine in dorischer, die andre in ionischer Weise. Am Grabturm Absaloms erscheint über ionischen Säulen der dorische Triglyphenfries. Auf alten Vasen findet man ähnliche Kombinationen, ebenso an vielen Gräbern bei Kyrene und am Turm des Theron bei Girgenti. Allerdings aber war die ionische Weise in Kleinasien, die dorische in den kretischen Kolonien Europas beliebter.

Fig. 166. Inneres eines etruskischen Grabes zu Volaterra.

Von der ersten Form dieser Weise geben Fig. 4 und 5 auf Taf. XVI den besten Begriff. Ähnlich mag der Tempel auf Kap Sunion (Fig. 6) dereinst verziert gewesen sein, den schon Homer erwähnt. Fast gleichzeitig mit Hellas wurde auch Epirus von kretischen Pelasgern besiedelt, und von hier aus wandte sich die Bewegung nach Italien.

An diese erste Ansiedelung erinnern noch die philistinischen Gräber der Po=Ebene, der Name der Stadt Cortona (Gortynaia). Eine weitere folgte von Lydien, vermutlich von Tyrrha aus, auf der Westküste Italiens; diese tyrrhenischen Pelasger machten sich die Ureinwohner, die Rasener, dienstbar und vermischten sich mit ihnen und den früher eingedrungenen zu einem Volke, welches die Römer später Hetrurier, Tusker, Etrusker nannten.

Cortona zeigt gewaltige Cyklopenmauern, ebenso Suna, Norma 2c. Erdhügelgräber befinden sich bei Palo zwischen Civitavecchia und Rom, Steinhügelgräber in Cäre (s. Taf. I. Fig. 6) bei Regulini Galeassi. In Pyrgi, der Hafenstadt von Cäre, stand ein pelasgischer Ilithyiatempel, ebenso in Assos einer, vermutlich von Lesbos aus begründet. Dieselbe Wandlung des Mauerverbandes vom Bruchstein durch den Polygonbau zum Schichtenbau wie

24*

in Griechenland zeigt sich auch hier. Erst später, immer aber als die ersten unter den Be=
wohnern Europas, mögen die Etrusker, wahrscheinlich durch den Handel mit den Phönikern,
mit der Wölbung bekannt geworden sein, die sie anfangs nur in Quadern, ziemlich viel später
auch in Ziegeln ausführten, jedenfalls aber zuerst künstlerisch verwerteten.

Zugleich fingen sie an, ihre Gräber, die sie zunächst immer nach Art der Felsen=
gräber anlegten, innerlich und äußerlich künstlerisch zu gestalten. In Fig. 165 erblicken
wir das Innere eines solchen Grabes zu Volaterra und auf Taf. XVII in Fig. 2 die
äußere Ansicht eines der ältesten freigebauten Gräber bei Castel d'Asso. Hier nun tritt
eine Verschiedenheit zwischen den Etruskern lykischen oder phrygischen Ursprungs auf der
einen Seite und kretischen oder tyrrhenischen Ursprungs auf der andern Seite ein. Letztere
nämlich wenden sich von den Felsenhöhlen direkt einer Durchbildung der Steinkonstruktion
zu und greifen in den freigebauten Gräbern, z. B. in dem viel beschriebenen, leider ganz ver=
schwundenen Grabe des Porsenna und dem fast gleichen, nur kleinern Grabe des Arun in Albano
(s. Taf. XVII. Fig. 4), in den zahlreichen, ihrer Bestimmung nach rätselhaften Nurhags
auf Sardinien und den Talayots der Balearischen Inseln (soweit diese runden, auf breitem,
ebenfalls rundem Postament sich erhebenden Kegeltürme [Fig. 159] nicht etwa direkt von phöni=
kischen Kolonisten herrühren), doch jedenfalls zu phönikischen oder lykischen, also semitischen For=
men zurück. Anderwärts findet sich wie in Phrygien und Lykien eine Übertragung der Holz=
konstruktion auf die Steinbauten (s. z. B. Taf. XVII. Fig. 5). Die Dächer sind entweder
ganz wagerecht oder mit ziemlich flachen Giebeln versehen. Während nun aber die ersteren
in den Grabbauten, sowie bei Befestigungen u. s. w. direkt zu den Steinbauformen über=
gingen, behielten auch sie die Holzbauform
bei den Tempeln bei, welche übrigens nach
den Nachrichten römischer Schriftsteller bei
ihnen wie bei allen im Burg= und Grab=
bau besonders ausgezeichneten Völkern klein
und einfach waren, nicht stets, aber doch
meist drei Zellen nebeneinander hatten
und die Vorhallen und Thüren nach
Süden kehrten, weil nach ihrer, der
asiatischen mehr als der hellenischen ähn=
lichen Mythologie die Götter im Norden
wohnten. Leider sind keine Tempel erhalten,
wohl aber Felsengrabfronten zu Norchia

Fig. 167. Etruskische Vasenbemalung.

bei Perugia, die uns lehren, daß das Dach, für welches sie das Hängewerk erfanden,
etwas steiler war als das griechische und ein skulpiertes Giebelfeld hatte. Das Gebälke war
zum Teil mit Triglyphenfries und Zahnschnitt versehen. Säulen und Postamente sind in
Volci erhalten (s. Taf. XVII. Fig. 6 und 7). Das Wohnhaus der späteren Zeit mag dem
griechischen ähnlich gewesen sein, diente zum Teil dem römischen als Vorbild. Die frühesten
Häuser aber waren sehr eng und mit hohem, spitzem, weit vorspringendem Strohdach versehen,
an dessen Giebel die Sparren, über dem Kreuzungspunkt am First verlängert, Hörnern ähn=
lich erschienen. Später erweiterte sich das Haus und erhielt einen mit Überdach zum Wasser=
abhalten versehenen Hof (atrium displuviatum). Das Modell eines solchen Hauses ist uns
als Aschenkiste erhalten. — Die Quellhäuser waren anfangs genau so konstruiert, wie die
Schatzhäuser in Hellas, später aber wirklich gewölbt, wie auch die Stadtthore, Schleusen ꝛc., an
denen die Römer so viel lernten und deren einige in Perugia und Volaterra erhalten sind, wo
eines ionische und dorische Formen vereinigt in einem Fries über der Thorwölbung zeigt.

Aber nicht nur in der Anlage und Konstruktionsweise, sondern auch in der eigentlichen
Auszierung zeigen Pelasger und Etrusker überwiegende Anlehnung an asiatische und ägyptische
Vorbilder. Bekundet dies schon die Verzierung der Säulen aus Mykene, so wird es durch
die zahlreichen Vasen bestätigt, welche, etruskischen Ursprungs, in Italien gefunden worden sind.
Fig. 167 zeigt die Kantenverzierung eines solchen Gefäßes. Die untere Knopf= und Spitzenreihe
ist ganz asiatisch, der Mäanderzug, der die Verzierung oben begrenzt, kommt bei Assyriern und
Persern wie bei den Kelten vor, der Eierstab findet sich in Ägypten vielfach. Den Hauptteil
der Verzierung, das Anthemion, sehen wir bereits ähnlich auf dem assyrischen Fußboden.

C. Stile der Völker mit direkt vererbter Kultur. I. Klassisch-antike Stile. Etrusker. 189

Fig. 168. Akropolis zu Athen.

Dort ist die Ähnlichkeit mit der ägyptischen Lotosblume noch bedeutend stärker, hier in den weißen Knospen das Aufstreben und Sichentfalten bereits mehr schematisch angedeutet; dabei erinnert die allerdings nicht unzierliche Gestrecktheit der Linien in ihren Anfängen, verbunden mit der schnellen Umbiegung am Ende, mehr an das ägyptische als an das assyrische Vorbild. Auch die Palmetten sind bei weitem graziöser behandelt als an den assyrischen Fußböden. Die ∫förmigen Verbindungen aber zeugen für das freilich noch unklare Bestreben, an Stelle der bei früherer Kunstübung gebräuchlichen lockeren Nebeneinanderreihung eine feinere organische Verbindung zu setzen. Dieses Bestreben, verbunden mit der rhythmischen Verteilung der Größenverhältnisse zwischen den einzelnen Streifen behufs Erzielung eines Gesamteindrucks unter Hervorhebung der für den Zweck des zu verzierenden Teils charakteristischen (hier aufwärts gekehrten) Bewegungsrichtung, ist besonders wichtig. Es bezeichnet das Übergehen von lediglich zierendem Ausfüllen der betreffenden Fläche zu einem Andeuten des Zweckes in der Verzierung.

Der griechische Stil. Die kunstsinnigen, heiteren Bewohner des glücklichen Hellas waren Mischlinge von Resten der Ureinwohner mit Angehörigen der vielen Stämme, die allmählich in das schöne Land eingefallen waren, und unter denen Pelasger eine hervorragende Rolle spielten, standen in lebhaftem Verkehr mit den Kleinasiaten, Phönikern und Ägyptern. Kein Wunder, daß sie auch bezüglich des Kunststils empfänglich für die dort gewonnenen Eindrücke waren. Zeugt doch selbst ihre Mythologie für diese Eindrücke. Betreffs Disposition der Tempel konnten die assyrisch-babylonischen Vorbilder, die auf Pyramiden stehenden, im Verhältnis zu diesen kleinen, Tempel nicht auf die Griechen einwirken, denn die Perser, die ja zwischen Griechen und Babyloniern vermittelnd stehen, hatten eigentliche Tempel nicht; bei Phönikern und Kleinasiaten aber war der Pyramidenunterbau bereits zu einer mäßigen Stufenerhöhung reduziert, der Tempel selbst zur Hauptsache geworden. Für diesen fanden die Griechen ein Vorbild in Ägypten, nicht in den reichgegliederten Tempelpalästen, welche mehr der Hierarchie als dem Gott dienten, sondern in jenen säulenumgebenen Tempelzellen des alten Reiches, die während der sechsten und siebenten Periode ägyptischer Kunst wieder in Aufnahme kamen. Dazu fügten sie das von den Medern durch die Perser nach Kleinasien gekommene, dort in den dorischen und ionischen Kolonien vielfach angewandte flache Giebeldach. Die dieses Dach tragenden Säulen, von deren zwei ältesten, nach jenen Kolonien benannten verschiedenen Gestaltungen wir schon sprachen, bilden eine offene Halle, entweder nur vorn (Taf. XX. A und D), oder auf Vorder- und Hinterseite (B und C) oder ringsum der Zelle angefügt, wie sie der demokratische Geist der Griechen als Verbindung zwischen Volk und Gotteswohnung an Stelle der streng hierarchischen Abschließung ägyptischer Tempel erheischte. Die durch eine Vorhalle (Pronaos) zugängliche Zelle, das eigentliche Tempelgemach, war entweder durch kleine Seitenöffnungen beleuchtet und hieß dann Kleithros, oder ihr Dach hatte eine größere Lichtöffnung, dann hieß der Tempel Hypäthros. Auch nach Anlage der Hallen bekamen die Tempel Gattungsnamen (s. Taf. XX. A, B, C, D, E, F, G). Der Altar stand entweder in der Zelle selbst oder in einem hinter dieser liegenden Allerheiligsten. Viele Tempel hatten entweder neben der Zelle oder hinter derselben, im Opisthodomos (Hinterhaus), eine Schatzkammer (Thesauros). In Hypäthraltempeln umzog auch wohl, wie im großen Tempel von Selinunt (Taf. XX. F), die Zelle eine Art Empore, zu der man auf Wendeltreppen gelangte, die aber auch an Kleithrostempeln vorkommen, wie auf Taf. XX. G. Die meisten dieser Tempel, besonders die Haupttempel blühender Städte, prangten nicht nur von den Terrassenstufen bis zum First des mit marmornen oder thönernen Ziegeln gedeckten Giebeldaches in bunter Farbenpracht, sondern waren reich mit Kunstwerken und Ziergeräten aus den kostbarsten Materialien geschmückt. Eine solche Ansammlung von Schätzen mußte natürlich möglichst geschützt werden. Daher stellte man den Haupttempel meist in den Bezirk der die Stadt überragenden Burg, in die Akropolis. Besonders berühmt ist die von Athen als eine der herrlichsten Gebäudegruppen Griechenlands (s. Fig. 168). Rechts hinter dem Prachtthor derselben, den Propyläen, erheben sich heute noch die Überreste des Tempels der jungfräulichen Pallas Athene, eines der herrlichsten Denkmäler griechischer Kunst, unter Perikles von den Architekten Iktinos und Kallifrates um 440 v. Chr. errichtet. Das Parthenon — so heißt dieses bewunderungswürdige Bauwerk — verdient, daß wir bei ihm etwas länger verweilen. Die Zelle, von beinahe 32 m Länge, war innerlich durch zwölf Säulen geschmückt, äußerlich von 46 dorischen Säulen umgeben, deren je acht auf den Giebelseiten standen, so einen Umgang bildend, mit welchem das ganze Gebäude 71 m lang, 32 m breit und 21 m hoch war. In dem Allerheiligsten barg es unter einem besonderen Prunkdach jenes berühmte Meisterwerk, die kostbare Bildsäule der Pallas Athene aus Elfenbein und Gold, von demselben Künstler Phidias, welcher den olympischen Zeus schuf. Wenn wir die Barbarei früherer Jahrhunderte beklagen, so vergessen wir oft, was die Neuzeit verschuldet hat. Das von nordischen Barbaren begonnene, von Venezianern und Türken fortgesetzte Zerstörungswerk haben die Engländer thunlichst vollendet: das Parthenon ward von Lord Elgin seiner Basreliefs und andrer plastischen Zierden beraubt, und solche bis auf zwei Statuen aus späterer Zeit nach London geschafft. Auch von den 18 Marmorsitzen, welche vor dem Eingang des Tempels standen, ist nur noch einer übrig.

Fig. 169. Der Festplatz von Olympia. Rekonstruiert von Professor H. Müller.
Theater. Pelopion. Heraion. Exedra. Schatzhäuser. Kronoshügel. Stadion.
Philippeion. Zeustempel. Metroon.

Aber trotz aller Verwüstungen, welche Zeiten und Menschen verursachten, macht dieser Prachtbau in seinen Überresten immer noch einen so überwältigenden und harmonischen Eindruck, daß Herr von Chateaubriand, welcher sich einige Zeit in Griechenland aufhielt, versichert, es seien ihm, nachdem er Rom besucht, die Bauwerke Frankreichs plump, nachdem er aber das Parthenon gesehen, die Denkmale Roms barbarisch erschienen.

Der ohne triftigen Beweisgrund oft als Tempel des panhellenischen Zeus bezeichnete Athenetempel auf Ägina galt ebenfalls als einer der schönsten dorischen Tempel. An Pracht wurde derselbe freilich noch übertroffen vom Zeustempel zu Olympia, welcher vom Architekten Libon zur Zeit der höchsten Blüte griechischer Kunst errichtet ward und dessen Trümmer jetzt unter der Ägide des Deutschen Reiches ihre Auferstehung gefeiert haben (s. Fig. 169). Der Tempel hatte eine Höhe von 20 m, war 30 m breit und 72 m lang. In der Mitte des Baues war er unbedeckt, also ein Hypäthron; die 14 m hohe prachtvolle Bildsäule des Zeus jedoch befand sich unter einem besondern Prunkdach. Auf jeder Ecke des Hauptgiebels war eine goldene Vase angebracht, auf der Spitze aber eine Siegesgöttin aus gleichem Metall, und zu ihren Füßen ein Schild mit dem Medusenhaupt in erhabener Arbeit; der Wagenkampf des Pelops und des Oinomaos, dem die Götter zuschauen, zierte die vordere Giebelseite. In dem Fries sah man die Arbeiten des Herakles abgebildet, während 21 goldene Schilde den Architrav schmückten. Der hintere Giebel stellte den Kampf der Lapithen und Kentauren dar. War man durch die ehernen Pforten in die Vorhalle eingetreten, so erblickte man Szenen aus der Göttersage in Bildhauerarbeit. Auch in Großgriechenland entstanden herrliche Bauten, unter denen der Poseidontempel zu Pästum eine hervorragende Stelle einnimmt (s. Taf. XVIII. Fig. 1).

Bei Gestaltung der Gräber benutzten die Griechen all das von den verschiedenen Völkern, die ihre Lehrer waren, ihnen überkommene Material. Erdhügel und Steinhügel stehen bei Marathon und längs des Hellespontes, erheben sich auch oft auf rundem, selten nach dem Vorbild auf Rhodus auf viereckigem Mauerunterbau, wo sie dann auch wohl zu Pyramiden geregelt wurden, Felsenhöhlen ohne äußern Schmuck bei Syrakus ꝛc., auch Erdgruben kommen vor mit eingemauerter Gruft oder eingesenktem Sarkophag wie in Babylon und Ägypten, aber geschmückt durch halbkugelförmige Steine oder durch Stelen und Cippen, ähnlich den Grabsteinen auf jetzigen jüdischen Friedhöfen. Felsenhöhlen mit Fassaden (s. z. B. Taf. XIX. Fig. 1), gewöhnlich an Abhängen in terrassenförmigen Reihen eingehauen und so zu Nekropolen vereinigt, hatten meist dorische oder ionische Vorhallen mit oder ohne Giebel, oft ganz den Tempelfassaden ähnelnd. Das am Cyrusgrab und auf der Insel Delos vorgebildete Grabhaus, auf Euböa und bei Delphi vorkommend und die veredelte, wohl in Xanthus (s. oben) zuerst angewandte Form des Grabtempels mit Cella auf Unterbau fand im Mausoleum zu Halikarnaß (Fig. 170) 353 v. Chr. seine ideale Vervollkommnung. Künstlerische Durchbildung und gegenseitige Verschmelzung dieser Grundform führte zu neuen Kombinationen, z. B. Tempelbau ohne Cella, auf dem die Grabzelle enthaltenden, etwas breiteren Unterbau, der auf pyramidalem Sockel steht, aus dem der von dem phönikischen Vorbild etwas abweichende Grabturm entstand.

Außer diesen religiösen Bauten gab es eine Menge öffentlicher Gebäude zu den verschiedensten Zwecken eines mannigfach gegliederten und in steter Bewegung gehaltenen bürgerlichen Lebens, als Rennbahnen zu Pferde- und Wagenrennen (Hippodrome), Stadien für Wettrennen zu Fuß, Bäder, Gymnasien, Theater u. s. w. Die Gymnasien, meist mit Bädern vereinigt, waren die ersten und zugleich ausgebildetsten Turnanstalten, welche man kennt. Auf solche Anstalten, sowie auf die Wohnhäuser, werden wir später zurückkommen.

Bei den eigentlichen architektonischen Formen machte natürlich, ebenso wie bezüglich der Anlage, jener Einfluß der früheren Kulturvölker sich geltend. Aus Ägypten entlehnten die Griechen zwei der Hauptformen ihrer Säulen. Die eine derselben, der vielseitige, bereits oben als protodorisch bezeichnete Pfeiler mit sehr schwachem oder gar keinem Fuß und schlichtem, einem Kissen zu Erleichterung der aufliegenden Last gleichendem Kapitäl und einem unter Nachbildung der Balkendecke und des Blockdaches durch den Triglyphenfries charakterisierten Gebälk, wurde namentlich von den Lykiern, dann von den Dorern ausgebildet und das reiche ägyptische Kelchkapitäl, welches aber auch die Perser, Phöniker und Israeliten in seinen Grundzügen gekannt hatten, gab das Motiv zu der zierlichen korinthischen Säule. Das von Persern, Phönikern und Lykiern schon vielfach angewendete und dem Prinzip der Aufgabelung entsprechende Kapitäl mit zwei Schneckenhörnern erfreute sich besonders der Huld des ionischen Stammes. Das bei diesen beiden angewandte Gebälk ist leichter. So entstanden die drei Säulenordnungen, welche sämtlich während der Blütezeit griechischer Kunst zur Anwendung gelangten.

Auf unsrer Taf. XVIII ist unter Fig. 2 als dorische Säule eine vom Parthenon, als ionische (Fig. 3) eine vom Tempel des Ilyssos, sowie als korinthische (Taf. XIX. Fig. 4) eine vom Monument des Lysikrates in Athen dargestellt, während Fig. 2 das korinthische Kapitäl ohne Schnecke darstellt. Eine besondere Art der Gebälkstützung waren die Karyatiden, weibliche Figuren, welche statt der Säulen die Balkenlagen trugen. Vier der schönsten standen vor dem Herkos, d. h. der Einhegung für den heiligen Ölbaum an der Südseite des Erechtheion auf der Akropolis, fälschlich gewöhnlich das Pandroseion genannt (s. Taf. XIX. Fig. 3). Eine ähnliche Ersetzung der Säulen durch menschliche Gestalten war schon früher, z. B. in Ägypten, angewendet worden; und in der That, obgleich man dies als einen Mißgriff ansehen muß, so wird man doch gestehen, daß bei den Griechen selbst solche Fehler liebenswürdig erscheinen. In derselben Art wie weibliche Figuren wurden auch männliche zu Trägern von Mauerwerk verwandt, Atlanten oder Telamonen.

C. Stile der Völker mit direkt vererbter Kultur. I. Klassisch-antike. Griechen.   193

Man findet dergleichen zu Girgenti an dem großen Tempel, und sie sind der kräftigen dorischen Ordnung ebenso geschickt angepaßt wie die Karyatiden der eleganten ionischen.

Indem die Griechen den Säulenbau zur Hauptsache der architektonischen Ausgestaltung machten, verließen sie die eigentlichen Motive des Steinbaues, wie ihn die Pelasger zuerst bei ihnen eingeführt hatten, bald fast gänzlich, um zu der geschilderten höchst gelungenen Nachbildung des Holzbaues in Stein überzugehen, während die Etrusker sich vorzugsweise dem reinen Steinbau zuwandten und in der Nachbildung des Holzbaues zurückblieben. Betreffs der Ornamentik zeigt sich ein ähnlicher Unterschied.

Fig. 170. Mausoleum zu Halikarnaß. Restauriert von O. Mothes.

Im Anfang ihrer Kunstübung nämlich bewegten sich die Griechen nicht nur, wie alle Völker, mit Vorliebe auf dem Gebiet rein linearer Kombination, sondern sie hielten dieselbe strenger schematisch inne als die Etrusker und benutzten sogar gern eckige Formen (s. Taf. XVIII. Fig. 9 und 10). Bald aber scheinen sie zu dem Bewußtsein gekommen zu sein, daß die Ornamentik einen Ausdruck bilden könne für die Richtung und Art der in den Konstruktionsteilen wirkenden Kräfte, und wir sehen von da an das laufende Ornament nur dort angewendet, wo ein reines Zusammenfassen, also eine Thätigkeit in der Längenrichtung, auszudrücken war. Ist das Ornament einem tragenden Teil, z. B. einem Balken oder einem Pfeilerkapitäl, aufgelegt, so erscheint das Aufstreben resp. das Überschlagen eines aufstrebenden und oben anstoßenden Blattes vorwiegend ausgedrückt wie im Eierstab (Taf. XIX. Fig. 6). Ist der verzierte Teil ein bekrönender, oberwärts abschließender, so erscheinen die Spitzen der Verzierungen nach unten gekehrt, wie am Blätterstab (Taf. XIX. Fig. 5); soll aber zugleich ein Aufhören und ein Aufnehmen von oben ausgedrückt werden, wie bei einer Dachrinne, so treten die nun aufwärts gerichteten Verzierungen als Zacken auf oder laufen in Blumenranken und Palmetten aus (s. Taf. XIX. Fig. 4). Auf Schildern, Knöpfen u. dergl. sehen wir die Blätter und Knospen von der Mitte aus sich strahlenförmig verbreiten; auf der hohlen Seite von Gefäßen hingegen, um das Aufnehmen auszudrücken, ihre Spitzen der Mitte zukehren. Wenn die Griechen solchergestalt sich Gesetze für die Richtung ihrer

Das Buch der Erfind. 8. Aufl. I. Bd.   25

Verzierungen schufen, so geschah dies nicht minder in bezug auf die Behandlungsweise der zur Darstellung kommenden Dinge. Für die Verzierung der Gefäße durch Malerei, der Gewänder durch Färbung oder Stickerei behielten sie die streng schematische Manier der Etrusker vollständig bei. Bei plastischer Verzierung aber der Gefäße sowohl als der architektonischen Glieder konnten sie sich zwar anfangs noch nicht recht von diesem Schematismus lossagen, aber bald hatten sie auch hier das Mittel zu graziöser Ausgestaltung dieses Schematismus gefunden. Leider blieb man nicht bei dieser maßvollen Lossagung vom Schematismus stehen, vielmehr wurde die Behandlung vielfach fast zu frei. Man vergleiche nur Taf. XVIII. Fig. 8 mit Fig. 167. Auch die auf Taf. XVIII. Fig. 4—7 dargestellten Akroterien (Giebelecken) zeigen diesen Übergang von strenger zu freierer Behandlung. Während der leider ziemlich kurzen Dauer der selbständigen griechischen Kunstübung (500—330 v. Chr.) führte diese freie Behandlung übrigens noch nicht zu wirklichen Mißgriffen, welche aber schon zu Alexanders des Großen Zeit sich zeigen und bei Einbruch der Römerherrschaft (146 v. Chr.) bereits eine bedenkliche Höhe erreicht hatten, obschon auch die Werke dieser Zeit noch viel Anmut und Grazie zeigen. An bautechnischen Erfindungen der Griechen wären etwa zu nennen: Die Verlegung der Steine mit Bleiplatten, die Verbindung der Quadern durch schwalbenschwanzförmige Einlegedübel und durch Klammern, die Zersägung der Steine und Anblendung solcher Platten an die Mauern, die Vervollkommnung des Stucks, den sie in sehr feinen Schichten auf poröse Steine zu deren Glättung auftrugen, die Herstellung von Thürflügeln mit eingestemmten Füllungen, welche aber noch immer in Angeln hingen. Fensterrahmen scheinen sie noch nicht gehabt zu haben.

Römischer Baustil. Die Römer fanden zu Anfang ihres Auftretens wenig Muße, sich den Künsten des Friedens zu widmen. Auch fanden sie es infolge ihres nicht sehr zur Poesie neigenden, vielmehr vorwiegend praktischen Charakters bequem, sich von den bekanntlich bald nach Roms Gründung unterjochten Etruskern in künstlerischer und technischer Beziehung geradezu bedienen zu lassen. Mit Hilfe derselben entstanden die großartigen Wasserleitungen und Befestigungen Roms; selbst die ersten Tempel wurden in etruskischem Stil, also auch mit den sehr einfachen, die Mitte zwischen pelasgischen und dorischen Formen haltenden tuskischen Säulen, gebaut und waren wie alle öffentlichen Gebäude aus jener Zeit schlicht, indessen von kräftigen Formen. Als aber die Römer Griechenland und Kleinasien erobert hatten, behagten den Beherrschern der Alten Welt die feineren Formen des griechischen Stils besser als die kräftigeren des etruskischen. Sie suchten nun das ihnen Wohlgefällige beider Stilarten zu vereinigen, indem sie nach etruskischer Weise die inneren Räume überwölbten, die Eingänge zu denselben mit halbkreisförmigen Bogen auf viereckigen Pfeilern überdeckten und vor diese Pfeiler griechische Säulen stellten, die freilich infolge solcher Verteilungsweise etwas weitläufiger gesetzt werden mußten als bei den Hellenen, und auf einzelnen Postamenten an Stelle des fortlaufenden Stylobates ruhten. Bei den Verzierungen, welche sie anbrachten, und überhaupt den Veränderungen, die sie vornahmen, vergaßen sie gewöhnlich das schöne griechische Gesetz des Maßhaltens, und so glänzen die meisten römischen Bauten im Grunde mehr durch Anwendung minderer oder größerer Pracht als durch eigentliche Schönheit.

Der Hauptcharakter des so entstandenen römischen Stils (250 v. Chr. bis 400 n. Chr.) ist Sicherheit, später Kühnheit in der Konstruktion, Pracht, oft gesteigert zu Überladung in Verzierungen; nach Ablauf der Blütezeit (140 v. Chr. bis ungefähr 150 n. Chr.) trug dieser Prunk wesentlich zum Verfall bei, den man vergeblich zu hemmen suchte durch strenges Achten auf Symmetrie und ängstliches Befolgen gewisser, fest bestimmter Regeln, nach denen man nun erst fünf Säulenordnungen schematisierte. Diese waren: 1) die toscanische, entstanden aus der tuskischen; unsre Kenntnis von derselben beschränkt sich nur auf die Beschreibung des römischen Architekturschriftstellers Vitruv, da keine Säule dieser Art erhalten ist; 2) die römisch-dorische; diese unterschied sich von der griechischen besonders dadurch, daß die Säule einen Fuß bekam, und die Unterseite der obersten, weit vorhängenden Platte reicher verziert ward; 3) die ionische, oft mit vier übereck gestellten Doppelschnecken, statt der zwei gerade stehenden bei der griechisch-ionischen; 4) die korinthische; 5) die römische oder komposite, noch reicher verziert als die korinthische, auch mit etwas reicherem und schwerfälligerem Kapitäl versehen (s. Taf. XXI. Fig. 4).

Überall, in allen Teilen des römischen Weltreichs, hauptsächlich aber in der Hauptstadt selbst, entstand eine große Anzahl der prächtigsten Bauwerke, Tempel, Paläste, Nützlichkeits=
bauten. Die römischen Tempel waren zuerst ziemlich den griechischen ähnlich angelegt. Doch wurden die luftigen Säulenhallen außen um die Zellen herum immer seltener und zuletzt höchstens durch Halbsäulen an der Mauer (s. Taf. XXII. Fig. 7) angedeutet; dafür vergrößerte man die Vorhallen und verwendete mehr Schmuck auf das Innere.

Die Zellen selbst, teils rechteckig wie die griechischen, teils rund (s. Tafel XX. L), oder auch im Gemisch beider Formen (Tafel XX. K) angelegt, waren meist überwölbt. Besser als alle Beschreibungen veranschaulichen Abbildungen das Gesagte. Wir geben des=
halb den Lesern außer der Ansicht des dem Julius Cäsar zu Ehren erbauten, jetzt unter dem Namen Maison carrée als städtisches Museum dienenden Tempels zu Nimes (Taf. XXII. Fig. 5), noch die Ansicht des Sibyllentempels in Tivoli (Taf. IX. Fig. 3.)

Für Grabmäler wurde in der Königszeit noch die etruskische Weise beibehalten und sie waren höchst einfach, auch noch während der republikanischen Zeiten. Ein Stein mit einer Inschrift, eine glattgemeißelte Felsenwand mit den Amtsinsignien des Verstorbenen genügte. In den Kaiserzeiten aber wurde bald mehr Prunk auf die Gräber verwendet. Namentlich in der unmittelbaren Nähe Roms bildeten sich vielerlei Arten von Gräberformen aus. Die runden Gräber lehnen sich offenbar an die Formen der etruskischen Grabhügel an, wie wir sie zu Cäre kennen gelernt haben, doch ist der lotrechte Unterbau höher, steht auch wohl noch auf einem weitern quadratischen Unterbau. Dazu kamen oft noch umgebende Säulenhallen (Tafel XXI. Fig. 2). Grabtempel und Turmgräber nahmen die mannigfachsten Formen an (s. Tafel XXI. Fig. 1). Bei Privatgräbern wurden all diese Formen teils in kleinerem Maßstabe angewendet, teils auf abwechselndste Weise kombiniert. Den Römern eigentümlich war der Brauch, nicht abgesonderte Todtenstädte anzulegen, sondern die Gräber unmittelbar vor den Thoren der Stadt, entlang den Landstraßen, aufzustellen. Besonders gut und vollständig erhaltene Reihen solcher Begräbnisstätten finden sich längs der Gräber=
straße in Pompeji und der Via Appia zu Rom. Bei steigender Bevölkerung, namentlich aber bei Zunahme der an Geld, Gut und Angehörigen reichen Familien, mit ihrem Troß von Sklaven, Freigelassenen und Klienten, welche die angesehenen Patrizierfamilien als zu ihrem Hause gehörig betrachteten, verfiel man auf die eigentümliche Einrichtung von Familien=
gräbern in Form von Hallen, deren Wände mit Reihen kleiner Nischen ausgestattet waren, die übrigens auch schon bei den Griechen auf Sizilien vorgebildet war. In diesen stellte man die Aschenurnen auf und nannte solche Grabräume wegen dieser taubenhausähnlichen Einrichtung Columbarien.

Zu den Ehrendenkmälern gehören in erster Reihe die zum Ruhm und Preis heim=
kehrender Sieger aufgeführten Triumphbogen, welche gewöhnlich drei Durchgangsthore aufweisen und mit Säulen und andern reichen Schmuck an Ornamenten, Blumenwerk und Bildhauerei ausgestattet sind (vgl. Tafel VIII. Fig. 4). Außerdem ehrte man berühmte Männer auch durch Errichtung hoher Säulen, welche Statuen trugen, wie z. B. die Säulen des Trajan, Phokas und Antonin in Rom, die Säule von Cussi u. s. w., oder durch turmartige Monumente, wie das in Ygel bei Trier und das bei St. Remy (Tafel XXI. Fig. 1). Den Seehelden errichtete man mit Schiffsschnäbeln verzierte Säulen, gleich der des Duilius. Der Marktplatz der Römer, das Forum genannt, war, ähnlich der griechischen Agora, mit Portiken (Säulenhallen) umgeben und mit Statuen von Göttern, Kaisern und berühmten Männern, Ehrensäulen, Triumphbogen u. s. w. geschmückt. An demselben lagen in der Regel außer mehreren Tempeln auch die Sitzungssäle der beratenden Körperschaften, die Gerichtssäle, Schulen und Basiliken. Letztere, überbaute Markthallen, zugleich Börsen=
und Handelsgerichtsgebäude, sind besonders charakteristisch für die spätere römische Archi=
tektur. Da ihre Bestimmung einen breiten, überdeckten Raum verlangte, man aber in der Zimmerkunst zwar die Hängewerke vervollkommnete, dennoch lange nicht so weit gekommen war wie heutzutage, so mußte man den Raum in drei oder mehr Schiffe durch Säulen=
reihen scheiden. Das Mittelschiff war dann meist etwas höher als die Seitenschiffe, über denen manchmal noch eine Art Empore angebracht war. Hinten quervor befand sich eine Nische, oder doch ein erhöhter Platz, das Tribunal, für die Sitzungen des Handelsgerichts und vor demselben meist eine Art Querschiff, ein größerer freier Raum für die Zeugen,

unter demselben Gefängnisse u. s. w. Alle Luxusbauten, wie Zirkus, Theater, Spazierhallen, Bäder u. s. w., gelangten unter den Römern zu einer ungeheuren Ausdehnung und wurden mit fürstlicher Pracht ausgestattet; das sogenannte Pantheon, heute noch eine der stattlichsten Kirchen Roms (Tafel XXII. Fig. 1 und 2), war nur einer der zahlreichen Säle des Bades des Agrippa, welches von den Thermen (Warmbädern) des Caracalla und des Diokletian an Pracht und Größe noch weit übertroffen wurde. Ermöglicht wurde diese Vergrößerung der Räume durch Vervollkommnungen in der Wölbkunst. Die Römer erfanden die Manier, große Gurtbogen zu spannen und die durch deren Durchkreuzung entstehenden Fache mit einem Beton auszugießen. Während die Etrusker nur Tonnengewölbe und Kuppel kannten, erfanden die Römer das Kappengewölbe, Kreuzgewölbe, Sterngewölbe, die Nische und die Flachkuppel, sowie verschiedene erleichternde Hilfsverfahren, führten Vervollkommnungen an der Technik der Wasserleitungen ein, z. B. die Röhrenleitungen mit Hähnen, die Zisternen, Emissarien u. s. w., ebenso im Straßenbau, Brückenbau und Hafenbau, in der Herstellung der Thürschlösser, der Hebezeuge, Erfindung der Gestellsägen, des Steinbohrers ⁊c.

Auch die Paläste der römischen Kaiser, die Villen und Landhäuser der Großen des Reichs, selbst die Wohnhäuser in dichtbevölkerten Städten erlangten im Laufe der Zeit eine Ausdehnung und zeigten einen Aufwand, der bei uns unerhört wäre.

Damit nun war den verzierenden Künsten ein übergroßes Feld der Thätigkeit geboten und sie tummelten sich auch lustig auf demselben. Im Flächenornament, d. h. also in Verzierung der Gefäße und Gewandstoffe, sowie der Wandmalerei, blieb die Ausübung fast stets in den Händen der Etrusker und Griechen, die ja auch bis ziemlich zum Ende des römischen Reiches die Träger der Malerei und Bildhauerkunst blieben, wobei freilich die Formen in der späteren Zeit nur noch traditionell sich forterbten, ohne verstanden zu werden, so daß vielfache Verstöße gegen die von uns bei Betrachtung der griechischen Ornamentik erwähnten Gesetze vorkommen, wozu sich noch in der letzten Zeit ein oft an das Geschmacklose streifendes Prahlen mit Farben und kostbarem Material gesellte, so daß sich Überladung und Plumpheit besonders an Ziergefäßen und Schmuckgegenständen vielfach zeigt. Viel früher aber und viel schroffer traten alle diese Übelstände in der architektonischen Ornamentik auf, deren Ausübung entweder ganz in die Hände römischer Arbeiter überging, oder doch so von den römischen Bauherren überwacht wurde, daß die etruskischen und griechischen Künstler die zarten und keuschen Formen ihrer ursprünglichen Stile nicht so lange gegen die römische Prunksucht zu verteidigen vermochten als in den Kleinkünsten. Zwar ist auch auf diesem Gebiete zunächst ein Fortschritt zu konstatieren. In der ornamentalen Besetzung von Streifen hatten die Etrusker, wie erwähnt, den ersten Anfang gewagt, von deren früherer lockerer Aufreihung zu einer organischeren Verbindung der sich wiederholenden Teile vorzuschreiten; die Griechen hatten versucht, darin weiter zu gehen. Unter den Römern ward endlich die einzige organische Weise solcher Verbindung, die Vereinigung zu fortlaufenden Ranken, gefunden (s. Taf. XXI. Fig. 4 und 5). Aber die bei dieser Gelegenheit geschehene Aufnahme des vorher nur am korinthischen und römischen Kapitäl verwendeten Akanthuslaubes in die Reliefornamentik barg ihre Gefahren. Der Prunksinn der Römer verlangte ein immer weiteres Abgehen von der linearen Verzierung, welches, vereint mit der fast bis zu Einseitigkeit gesteigerten Bevorzugung des Akanthus vor anderm Laubwerk, fast völligen Verlust der Klarheit und eine in ihrer Fülle und Verworrenheit dennoch schematische Überziehung aller nur irgend dafür zugänglichen Flächen herbeiführte. Wie weit man darin zu gehen wagte, erhellt ziemlich auffällig aus Tafel XXI. Fig. 6.

Ersterben des römischen Stils, Keime zu neuer Gestaltung. All das Erreichte mußte allerdings einerseits den Sinn für wahre Grazie, für Verteilung der Wirkung u. s. w. beinahe tödten, somit endlich wie jede Überreizung den Rückschlag zu Ernüchterung vorbereiten, anderseits aber die mechanische Fertigkeit der ausführenden Gewerke bis zur Virtuosität steigern, zu Erfindung neuer Konstruktions- und Arbeitsweisen drängen, als deren Ausdruck dann wieder neue Formen auftraten. Dahin gehört die Anwendung des mit der Brustleier getriebenen Steinbohrers zu Aushöhlung der Tiefen am Ornament, die im 3. Jahrhundert auftaucht, ferner die Umwandlung der Gewölbtechnik, die in den Thermen des Diokletian, in der Kuppel des Oktogontempels im Palast zu Spalato u. s. w. zu Tage tritt, und die Anlagen reicher zergliederter Räume durch Auflösung der Kuppel in

Sterngewölbe und durch Ausbildung des Kreuzgewölbes gestattete, auch die Verschmälerung der noch bei Konstantins Basilika so sehr massigen Stützen, also einerseits die Aufsetzung der Bogen direkt auf die Säulen, anderseits schwächere Mauern und schlankere Pfeiler ermöglichte, so daß nun wirklich von kühnen Gewölben die Rede sein kann; dahin gehört auch die umfassendere Anwendung von Klammern, das Auftreten scheitrechter und segmentförmiger Bogen, der Bogen aus Zahnsteinen oder Hakensteinen u. s. w. Von nüchtern verständiger Auffassung zeugt das Weglassen von Architravplatten da, wo der Architrav flach auf der Wand aufliegen würde, auf welches wiederum logisch bedeutende Verstärkung des Architravdeckgliedes und Erniedrigung des Frieses folgte, der wohl auch z. B. am Grabe der Heliodora zu Dana in Syrien 71 n. Chr. sehr stark ausgebaucht ward, was im Gegensatz gegen die von den Römern der ersten Kaiserzeit beliebte schlaffe Ausbauchung sehr energisch wirkt und damit harmoniert, daß der Fries da, wo keine Balkenlage dahinter liegt, nur als Vorbereitung der Oberglieder zu gelten hat, wie in Spalato, oder als Ersatz des Architravs wie in dem goldenen Thore (Bab-el Daharieh) des Martyrium zu Jerusalem, welches Konstantin nach 320 bauen ließ (s. Fig. 170).

Die starke Ausbauchung des Frieses machte z. B. in Spalato eine Schrägfase oder Viertelhohlkehle über ihm nötig, um die Oberglieder zur Ansicht zu bringen; wo keine Hängeplatte nötig war, wurde

Fig. 171. Portal des neuen Tempels zu Baalbek.

dieselbe, wie im Felsendom zu Jerusalem, der von Konstantin erbauten Anastasis, weggelassen oder doch, wie am goldenen Thor, ungemein verkleinert.

Die Schrägfasen und Viertelhohlkehlen, sowie einige aus diesen Veränderungen der Gebälkdisposition folgende Modifikationen der althergebrachten Gliederungen, verlangten auch neue Gliedbesetzungen, als welche das Zickzack, das stark überschlagende Wasserblatt 2c. auftreten. Ebenfalls in Syrien, Dalmatien 2c. zuerst kommen einige wohl auf die Perser zurückzuführende Formen vor, z. B. die Säulenfüße mit herabhängenden Blättern, welche bald in Rom Nachahmung fanden (s. Fig. 173), die größere Mannigfaltigkeit der Schaftverzierung, indem die Kannelierungen verstäbt, spiralförmig gewunden, oder auch durch Netzwerk, Blattwerk 2c. ersetzt wurden, die Variierung der Kapitälformen, besonders die seitliche Biegung der Blätter, die Belebung der Wandfläche durch Nischen, die Aufsetzung von Pilastern und Säulen auf Kragsteinen, das Herumziehen der Kämpfersimse in und zwischen den Bogen, das Aufsetzen des Bogens direkt auf die Säulen. Dabei fehlten auch Mißgriffe nicht, wie das Herauswachsen von Konsolen aus Säulenschäften in Palmyra, die Aufbiegung des Architravs zu einer Archivolte hier und in Spalato u. s. w.; manche ältere Mißgriffe aber hörten nun auf, solche zu sein, indem sie an geeignete Stelle kamen, so z. B. die Kröpfung des Gebälkes, die am Forum des Nerva und an den Triumphbogen noch als Unsinn zu bezeichnen ist, war nun über den an der Wand stehenden, den Gewölbanfang tragenden Säulen viel besser am Platz, und wurde bald durch Abbrevierung des Gebälkes, z. B. am goldenen Thor zu Spalato, zu einem nahe dem Gelingen kommenden Versuch des Ausdrucks für das in der betreffenden Konstruktion wirkende Gesetz. Parallel mit dem zu verschiedensten Formen führenden Suchen nach einer passenderen Vermittelung zwischen der Säule und dem Bogen gehen die Versuche, die durch die Römer von den Etruskern übernommene, gedankenlos beibehaltene unorganische Verzierung des aus Keilstücken zusammengesetzten Bogens mit einer dem Architrav und dem Thürgewände, also langgestreckten Monolithenteilen entnommenen Gliederung in eine organischere umzuwandeln oder doch mindestens am Aufstandspunkt mit der Gestalt der Unterlage zu versöhnen, woran freilich noch ein Calendario, ein Bramante und die Architekten der Certosa bei Pavia ebenso scheiterten, wie sehr viele nordische Architekten des Mittelalters, und was erst den Architekten der Frührenaissance hier und da fast, aber bis heute noch keinem völlig gelang. Daß solche Versuche und neue Formen immer zuerst in Baalbek, Palmyra und Pola (Amphitheater und Bogen der Sergier), Spalato, Verona (Porta

Fig. 172. Goldenes Thor zu Jerusalem (320 gebaut).

dei Borsari 265 n. Chr.), Theveste und Lambäsa in Numidien und dann erst in Rom (Janus Quadrifrons, Aquädukt des Claudius 2c.) auftreten, weist darauf hin, daß das von je zu eigner Kunstthätigkeit nicht veranlagte Römervolk sich durch fremde Elemente, teils nordische, teils orientalische regenerieren mußte.

So vereinigte sich denn alles zu einem Umsturz auf dem Gebiete des Stils, der denn auch sehr schnell sich vollzog, sobald ein neues, seelisch anregendes Element auf die Weltbühne trat. — Mit dem Siege des Christentums über die Götterwelt des heidnischen Rom, der durch das Duldungsedikt des Galerius (311) ermöglicht, durch die staatliche Gleichstellung seitens des Kaisers Konstantin für die neue Religion (März 313) befördert und durch das Verbot der alten Religion 390 vollendet ward, war dem Kunststreben ein neuer Inhalt gegeben, und die um 325 begonnene Umwandlung des alten Byzanz zur neuen Kaiserstadt

C. Stile der Völker mit direkt vererbter Kultur. II. Altchristliche. Occidental. 199

unter dem Namen Konstantinopel, die nun nicht lediglich erlaubte, sondern begünstigte Errichtung christlicher Kirchen gab hinreichende Gelegenheit zu Bethätigung des neu erwachten Strebens. Mit dieser Epoche beginnt daher eine neue Periode in der Geschichte der Baukunst.

II. **Die altchristliche Kunst** trat nicht ganz unvorbereitet in das öffentliche Leben ein. Im Dunkel der Katakomben, in der Verborgenheit der Häuser war nicht nur der christliche Kultus geübt, sondern im Dienste desselben auch schon so manches Kunstwerk geschaffen worden. In der äußern Form freilich boten diese Werke nichts Neues; man begnügte sich meist, die neuen Ideen in bekannte Formen zu kleiden; auch waren all diese Werke natürlich nur klein. Eine eigentliche christliche Baukunst konnte erst auftreten, als der Gottesdienst größere Räume verlangte und ungehindert schaffen konnte. Das weltliche Leben blieb zunächst auch nach Einführung des Christentums als Staatsreligion nahezu unverändert und damit auch die Formen der demselben dienenden Bauten. Die neue Stilbildung hat daher fast nur in gottesdienstlichen Gebäuden Denkmäler hinterlassen. Die Form der heidnischen Tempel war geradezu unbrauchbar für den neuen Gottesdienst, bei welchem die Gemeinde in dem Hause sich versammelte. Der Name, den die altchristliche Pfarrkirche führte, Basilika, leitet zu der Vermutung, daß die römischen Marktbasiliken den ersten Kirchenbauern als Vorbild gedient hätten. Es hat sich darüber ein langer und noch nicht völlig beendigter Streit entsponnen, auf den wir natürlich hier nicht eingehen können. Um aber dem Leser Gelegenheit zu geben, sich selbst ein Urteil zu bilden, erwähnen wir Folgendes zur Entwickelungsgeschichte der Basiliken.

214 v. Chr. gab es in Rom nach dem Zeugnis des Livius noch keine Basiliken, wohl aber stand schon früher zu Athen am Marktplatz eine Halle, in welcher der Archon Basileus zu Gericht saß und welche nach diesem benannt wurde. 184 v. Chr. nun, zu einer Zeit, wo griechische Sitte, Verkehrsregelung, Gesetzgebung und Kunst bedeutenden Einfluß auf Rom übten, ließ der Censor M. Porcius Cato die erste Basilika auf Staatskosten in Rom, die Basilika Porcia am Forum, bauen, deren Gestalt wir allerdings nicht genau kennen. Dafür sind uns mehrere spätere bekannt. Hier seien nur zwei abgebildet: die Basilika Ulpia, am

Fig. 173. Aus Sta. Prassede in Rom.

Forum des Trajan zu Rom (Taf. XXIII. Fig. 2), um 120 n. Chr. vollendet, mit Querschiff, und die zu Otricoli (Tafel XXIII. Fig. 4).

Es wurden aber auch gewisse unter den Festsälen (oeci) in Privathäusern und Palästen Basiliken genannt; ob das etwa mit der Sitte der Griechen zusammenhängt, bei Gelagen einen König (βασιλεύς) des Trunks zu erwählen oder, was wohl wahrscheinlicher ist, nur in der Formähnlichkeit seinen Grund hat, untersuchen wir hier nicht. Eine solche Privatbasilika stellt Taf. XXIII. Fig. 6 dar. Da nun in den Zeiten der Verfolgung diese oeci und Privatbasiliken nebst Atrium oder Peristyl mit Impluvium zu der Versammlung der Christen gedient hatten, so war das Nächstliegende für Neubauten ihre Form, aus der sich dann durch Verbindung mit den in den Cömeterien (Begräbnisplätze) entstandenen zentralen, d. h. runden, polygonen, kleeblattähnlichen Formen der Martyrien, Oratorien und Memorien (also der Grabkapellen für Märtyrer ꝛc.) und der Arkosolien (d. h. der in Nischen stehenden Altargräber) die neue Kirchenform weiter entwickelte. In baulicher, struktiver Beziehung konnten als Vorbild dienen das ägyptische Hypostyl, die Palasthallen Assyriens und Persiens, die ostindischen Tschaitjas, Viharas und Tschultris, die Bauten Jerusalems, die römischen Handelsbasiliken, die porticus apsidatae (Hallen mit Nische am Ende) die Kurien, die dreischiffigen Hallen der Thermen, auch die Hypäthraltempel — kurz alle in Schiffe geteilten oder durch Galerien gesäumten Räume. Bald machten die Regelung des Ritus, Veränderung der Anschauung, Feststellung von Dogmen, konfessionelle Trennungen u. s. w. ihren Einfluß auf die Grunddisposition geltend. Auch hier können wir selbst das Wichtigste nicht vollständig vorführen, sondern müssen uns begnügen, auf die Abbildungen hinzuweisen. Fig. 1 auf Tafel XXIII gibt das Schema einer Basilika, wie solches bis etwa zum Jahre 420 galt, auch bezüglich der Himmelsgegenden, während nach 420 das in Fig. 3 dargestellte zur Geltung kam.

Beide Schemata wurden nicht etwa streng und ausnahmslos befolgt, sondern sind aus der Mehrzahl der erhaltenen Bauten als Durchschnittsergebnis ausgezogen. In beiden bedeutet a, bb die Aula, das gremium ecclesiae, Laienschiff, c Opfertisch, d Kredenztisch, f Altar, g secretarium, h prothesis. Zu den Seiten des Chors an den dieses von dem Schiff (Aula) abgrenzenden Gitterschranken (Cancelli) standen zwei um mehrere Stufen erhöhte Bühnen, die Ambonen, der eine i zur Ablesung des Evangeliums (s. Taf. XXIII. Fig. 8), der andre j zu der der Episteln bestimmt, aus denen später die Kanzeln wurden. Zu beiden Seiten des Bischofsstuhles e in der großen Nische (Apsis), hinter dem Altar f, wurden von 300 an in den Pfarrkirchen die Sitze der Gemeindeältesten (Presbyter) im Halbkreis angeordnet. Der Hof (Atrium) mit dem Paradies, oder Agapentisch, der Halle m und dem Reinigungsbrunnen n durften keiner Basilika fehlen, die Propyläen an dem Außenthor o nicht gern. Namentlich da, wo die Kirche zugleich auch die Todesstätte oder Grabstätte eines besonders hervorragenden Märtyrers oder Heiligen oder sonst eine heilige Stätte umschloß, trat das zentrale Motiv der Martyrien ꝛc. in Geltung, so bei der im J. 325 ff. von Helena über Christi Geburtsstätte erbauten und im J. 540 durch Justinian umgebauten Marienkirche in Bethlehem (s. Tafel XXIV. Fig. 1 und Fig. 174). Die nun von Justinian in die Trümmer der Halle des Herodes eingebaute Basilika hatte ein weit ausgeprägteres Querschiff, wie das Schema Tafel XXIII. Fig. 3.

Fig. 174. Innere Ansicht der Geburtskirche zu Bethlehem. (325—540.)

Von 104 durch uns geprüften Basiliken der Zeit von 260 bis um 990 hatten die meisten drei Schiffe, nur 19 fünf, und davon gehören sieben der Zeit vor 404 an, bei acht ist nordischer oder byzantinischer Einfluß konstatiert. Querschiffe haben nur 26, und zwar wenig vorstehende, innen nicht gegliederte nur acht, die alle vor 500 gebaut sind und bei denen byzantinischer Einfluß nicht bewiesen ist. 59 von den 104 Basiliken fallen auf die Zeit von 319—500, und unter diesen sind zehn mit Querschiffen; unter 22 von 500—715 gebauten haben nur vier Querschiffe, von denen drei unter byzantinischer, eines unter langobardischer Herrschaft entstanden, aber an einer katholischen Kirche, die bald darauf von den Langobarden zerstört ward. In Rom selbst kommt von 500—715 kein Querschiff vor, von 715—990 aber kommen unter 22 Kirchen zwölf mit Querschiffen vor. Von den 26 Querschiffen kommen etwa gleichviele auf große wie auf kleine Kirchen. — Emporen kommen öfter in Kirchen

C. Stile der Völker mit direkt vererbter Kultur. II. Frühchristlich. Occidental. 201

ohne Querschiff, als in solchen mit Querschiff vor, in occidentalen Kirchen öfter als in orientalen. Als bekannt dürfen wir ja voraussetzen, daß die christliche Kirche sich ziemlich früh spaltete. Die römische, später katholische Richtung genannt, und die griechische, meist orthodoxe genannt, waren die beiden Hauptzweige; einen kleinern Zweig bildeten die Arianer, welche, lange und heftig verfolgt und unterdrückt, unter den Ostgoten und Langobarden auf einige Zeit zu Freiheit und Herrschaft gelangten; kleinerer Sekten nicht zu gedenken. Diese konfessionellen Spaltungen übten mehrfach Einfluß auf die Disposition der Basiliken, auf den wir hier nur aufmerksam machen, nicht ihn schildern können.

Fig. 175. Baptisterium zu Nocera bei Pagani (um 450).

— Außer den Basiliken gab es aber auch noch anders disponierte kirchliche Bauten. Da sind zuerst die Monumentalbauten, Grabkirchen und damit verwandte zu nennen. Wie jede Kirche durch das Märtyrergrab unter dem Altar zu einer Grabkirche, so wurden die Gräber bedeutender Personen durch einen Altar für die Seelenmessen messen zu einer Grabkirche. — Zu den ältesten gehört wohl die Anastasis, d. h. die von Abd el Melek äußerlich veränderte Auferstehungskirche des Konstantin, auch Felsendom oder Moschee Es Sachahra (fälschlich Omars Moschee) genannt (f. Tafel XXIV. Figur 2). Einige sehen in den Felsen, um den sie erbaut ist, die Stätte, wo der Engel stand, der zu Davids Zeit die Pest über die

Fig. 176. Basilika S. Maria Maggiore in Rom 366 gebaut, 432, 820, 1150, 1500 ꝛc. umgebaut.

Stadt verhängte, andre das Grab Christi, welches wir aber an andrer Stelle wissen. Die Kirche über letzterer ist ebenfalls von Konstantin erbaut, von Kosru Nuschirwan zerstört, 628 wieder aufgebaut, 1011 wieder zerstört, 1048 neu aufgebaut, 1140 umgebaut,

1807 abgebrannt, von dem Architekten Komeano Kalfa in modernen Formen restauriert und hat ähnlichen Grundriß wie die Anastasis; die vier Pfeiler des innern Kreises deuten auf die Evangelisten, die zwölf Säulen auf die Apostel. Ein dritter ähnlicher Bau, aber ohne Dach, war die von Helena erbaute Himmelfahrtskirche.

Auch in Rom und sonst im Occident wurden solche Grabkirchen errichtet, z. B. das Grab der Konstantia zu Rom (Taf. XXIII. Fig. 7). Die Anlage der meisten ähnelte der der heidnischen Rundgräber. Es gab dann aber auch quadratische, kreuzförmige 2c. In der Mitte erhob sich eine Kuppel, vor der Thür erstreckte sich eine Vorhalle für die Leichenfeier. Die andre Art der reinen Zentralbauten, Baptisterien oder Taufkapellen, gewöhnlich rund oder achteckig, erscheinen als Nachbildungen teils der Schwimmräume in den Thermen, teils der antiken Grabtempel. Der Mittelraum war meist höher als der Umgang, der aber nur in sehr seltenen Fällen eine Galerie trug, und wurde womöglich mit einer Kuppel, doch hier und da auch mit Holz überdeckt, ja scheint sogar in einzelnen Fällen offen gelassen worden zu sein; in seiner Mitte (s. Fig. 175) befand sich der Taufteich, ein großes Wasserbassin, mit einem besonderen Überbau, der sogenannten Aedicula, die aus (meist acht) Säulen bestand, welche auf ihrem Gebälk oder auf Bogen eine kleine Kuppel (Phiala) trugen. Auch auf die Einrichtung der Baptisterien hatte die konfessionelle Spaltung mancherlei Einfluß, mehr aber auf die künstlerische Ausgestaltung der genannten drei Gebäudearten. Danach bildeten sich verschiedene Bauweisen.

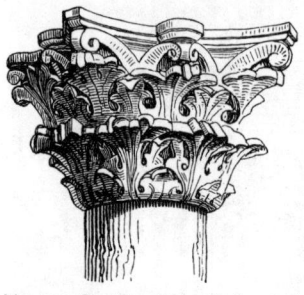

Fig. 177. Kapitäl aus Torcello (um 641).

Die lateinische oder occidental=altchristliche Bauweise hält ziemlich zähe an den römischen Formen fest, allerdings unter Einführung der geschilderten und mehrerer andrer Modifikationen. Von der Gesamterscheinung des Innern gibt Fig. 176 einen genügenden Begriff. Bezüglich der Details kann Fig. 177 als Beispiel für die Gestaltung der Kapitäle gelten. Auf den Kapitälen stand der Bogen entweder direkt oder mittels eines abbrevierten Gebälkwürfels, selten mittels einer nach oben breiter werdenden Platte, eines sogenannten Kämpferwürfels; der Bogen selbst behielt die architravierte Umfassung oder bekam gar keine plastischen Glieder, sondern wurde samt der andern Mauer geputzt und mit Malerei oder Mosaik verziert. Die Decke wurde entweder unter den Balken bekleidet oder ganz weggelassen, so daß der Dachstuhl sichtbar blieb und bunt verziert ward. Wölbung trat sehr spät erst ein. Zwischen den Ornamenten fügte man sehr häufig symbolische Tiere 2c. ein, wählte auch zu den Ornamenten selbst Blätter und Früchte, welche symbolische Deutung zuließen. Innen und außen wurde zwar die Horizontallinie vermöge des durch das charakteristische Element des neuen Stils, den Rundbogen, bedingten Aufstrebens und Insichzusammenfassens der Kräfte aus ihrer dominierenden Stellung verdrängt, aber nicht beseitigt, sondern spielte immer noch eine wichtige Rolle. Die Außenseite der Kirche war ungemein einfach, ja fast ärmlich, deutete aber in ihrer Gruppierung den innern Organismus an. Die Mauerflächen sind durch Rundbogenfenster durchbrochen; auch kleine Rundfenster kommen vor.

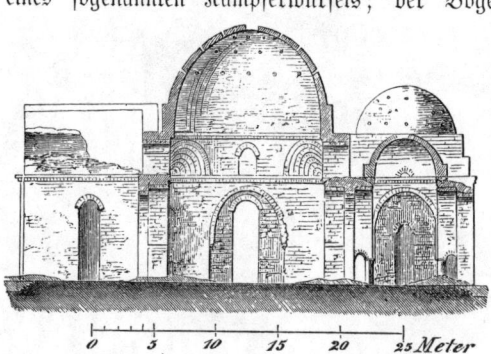

Fig. 178. Durchschnitt des Palastes zu Sarbistan (um 350).

Diese Bauweise erhielt sich nur in Rom und Umgegend bis nach 900, anderwärts wurde sie zeitiger verdrängt (s. unten).

Die oriental=altchristliche Baukunst wird gewöhnlich als die byzantinische bezeichnet, obschon dies nicht ganz genau ist. Die byzantinische Bauweise ist nur diejenige Richtung der oriental=altchristlichen, deren Werke uns zuerst bekannt wurden.

C. Stile der Völker mit direkt vererbter Kultur. II. Frühchristlich. Oriental. 203

Bis vor kurzem glaubte man, daß Konstantinopel die Wiege der ganzen ostchristlichen Baukunst sei und erklärte die Unterschiede zwischen dieser und der occidentalen teils dadurch, daß die orthodox-griechische Geistlichkeit von Byzanz mehr Gewicht auf die Verehrung Gottes über dem Grabe eines Märtyrers als auf die Versammlung der Gemeinde gelegt habe, weshalb dann die Umgebung des Altars mit dem Märtyrergrabe die übrigen Teile des Kirchengebäudes habe beherrschen müssen. Da für die altchristlichen Grabkirchen die runde (zentrale) Form gewählt worden war, so hätte sich, meinte man, nun in Byzanz der Zentralbau oder doch mindestens der Kern desselben, die Kuppel, als Hauptteil des Gebäudes in die Basilikenform eingedrängt. Außerdem aber hätten, das fühlte man, orientalische Elemente einen verändernden Einfluß geltend gemacht. Welches aber diese Elemente waren, darüber war man sich nicht klar, und das haben nun neuere Forschungen aufgeklärt, die uns wiederum in jene Länder führen, aus denen schon so viele Anregungen gekommen waren, nach Persien und Syrien.

In Persien hatte sich 223 n. Chr. Ardschir Babekan, Sohn des Sassan, gegen den letzten Arsakiden, Artabanos IV., erhoben, und unter den Namen Artaxerxes den Thron seiner angeblichen Vorfahren bestiegen. Unter der Ägide dieses Helden und seiner Nachfolger (226 bis 642) hatte sich eine wesentlich auf babylonischen und persischen Reminiszenzen fußende, die sasanidische, Bauweise ausgebildet, welche jedoch auch einzelne römische Formen, freilich etwas mißverstanden, aufnahm. Die Fig. 1 u. 2 auf Taf. XXV genügen, um einen Begriff von der Außengestaltung zu geben. Wenn hier schon äußerlich ganz ungewöhnlich große Bogen vorkommen, so erfüllt das Innere dieser Bauten mit Staunen über die Fertigkeit ihrer Erbauer im Wölben von Kuppeln

Fig. 179. Westansicht der Kirche zu Turmanin (6. Jahrh.).

(s. Fig. 178), die sie zuerst mittels der Bogenpendentifs auf viereckigem Raum errichteten. Diese Bauweise blieb nicht ohne Einfluß zunächst auf die Bewohner Kleinasiens, dann aber auch auf Syrien, Palästina und Armenien, nachdem Kosru diese Länder erobert hatte.

In Syrien war schon mit dem Konzil von Nicäa 325 das Christentum zur herrschenden Religion geworden, und dort ist eine sehr große Zahl der merkwürdigsten Gebäude erhalten; darunter wohl als ältestes eine Kapelle (Kalibeh zu Omm-ez-Zeitun) vom Jahre 282. Vom Jahre 331 datiert das Wohnhaus des Thalasis zu Refadi; vom 3. Mai 378 das Grab des Agrippa zu Haß; von 399, 409, 420 Gräber zu Deir-Sombil, von 430 eins zu Kherbet-Haß. Am 29. Januar 378 finden wir einen Künstler Damos, 1. August 431 einen Domnos, 13. August 510 einen Airamis. Das letzte Datum ist vom Jahre 565. — Schon die Kaisarieh zu Chaqqua zeigt, gezwungen durch die Holzlosigkeit der Gegend und die Härte des einzigen Baumaterials, eines harten Granits, ein strenges, einfaches Bausystem, indem Steinbalken oder Steinplatten auf weit ausladende Kragsteine gelegt sind, um die langen schmalen Räume zu überdecken. Die Basilika daselbst ist dreischiffig angelegt, indem sechs enggestellte Pfeilerpaare, in den Seitenschiffen Emporen auf niedrigen Arkaden zwischen sich fassend, über dem Mittelschiff große Quergurte tragen 2c. — Ganz ähnlich

26*

disponiert ist die christliche Basilika zu Taftha (Taf. XXV. Fig. 2), nur daß hier die Emporenfußböden nicht auf Gewölben ruhen, sondern aus auf eine Kragschicht gelegten Platten bestehen (s. Taf. XXV. Fig. 2). — Die Apsis ist in Form eines gedrückten Halbkreises angelegt und bereits ein Turm beigestellt, an der Nordseite des westlichen Joches. Eine kleine Kapelle (Kalibêh) zu Chaqqua gleicht der erwähnten zu Omm=es=Zeitun; eine stattliche Vorhalle führt in den quadratischen Raum, den sie rechts und links überragt. Dieser Raum ist gleich dem Turm zu Taftha überdeckt in einer besonders bezeichnenden Weise, welche auf Einfluß von Ostindien her deutet, indem genau wie bei dschaïnistischen Bauten auf den Ecken Platten übereck gelegt sind, die dann noch einen achteckigen Kranz von Platten tragen, auf welchem erst die Kuppel beginnt. Die Fassadenbildung steht hier mitten inne zwischen den sassanidischen und römischen Bauten (Baalbek und Palmyra). Nischen, bisweilen in zwei Geschossen übereinander, von gekuppelten Säulen flankiert, die einen Bogen und Giebel tragen, römische Gebälke mit teilweis veränderten Details 2c. geben eine ziemlich wirksame Gliederung. Aus der zweiten Hälfte des 4. Jahrhunderts stammen zwei Kirchen zu Oennawât (Canatha) im Haurangebirge, dem südlichen Teil Zentralsyriens, welche bereits Säulenreihen haben, allerdings mit Pfeilern wechselnd; eine davon hat eine innerlich halbrunde Apsis zwischen zwei Nebenkapellen, die äußerlich so kaschiert sind, wie das an den armenischen und georgischen Kirchen wiederkehrt. — Aus dem Anfang des 5. Jahrhunderts datiert die fünfschiffige Säulenbasilika zu Sueideh mit gegliederter Vorhalle und drei Apsiden, deren beide seitlichen in der Mauerdicke ausgespart sind. Die 510 vollendete Kirche zu Eßra folgt, wie einige andre, dem Vorbild der von Konstantin erbauten Kirche zu Antiochia, d. h. sie ist ein Zentralbau; in einen quadratischen Raum ist ein Achteck von Pfeilern eingesetzt, an dessen Schrägseiten Nischen angebracht sind. Ähnlich unklare Auffassung der Zentralanlage zeigt auch die Kirche St. Sergius und Bacchus zu Konstantinopel. Über dem achteckigen Mittelraum steht in Eßra ein Kegelgewölbe, während die Nebenräume in hergebrachter Weise mit Platten bedeckt sind. — In Antiochien wurde die ähnlich disponierte Kirche von Konstantin jedenfalls auf der Durchkreuzungsstelle der in Syrien unter den Römern allgemein, z. B. in Apamea, Gerosa, Gadara 2c., vorkommenden, auch in Spoleto wiederkehrenden vier, durch Säulenhallen in eine Fahrbahn und zwei Trottoirs getrennten Hauptstraßen errichtet und ein Stück von jeder dieser Straßen mit zur Kirche gezogen, gerade wie bei der größeren Kirche des Symeon Stylites zu Kalaat=Semahn. Weiter nördlich steht die Kirche zu Qualb=Luzeh (6. Jahrh.), Taf. XXV. Fig. 1, welche bereits Pfeiler hat, an denen oben kleine Wandsäulen als Träger für die Binderbalken angesetzt sind, wie in Rueiha die Pfeiler viereckige Ansätze für die Quergurte haben, die auf giebelähnlicher Übermauerung das Dach tragen. Die Westansicht der herrlichen Kirche zu Turmanin (Fig. 179), deren Apsis bereits äußerlich polygon ist, vollendet die Anschauung von der hohen Ausbildung dieser Bauweise, deren Details hinreichend aus Fig. 5, 6, 7 auf Taf. XXV erkannt werden können, um die Wichtigkeit zu begreifen, welche die Entdeckung dieser Baugruppe für die Geschichte der Stile hat. An der Kirche zu Behiah findet sich sogar schon der Kreuzungsbogenfries vorgebildet. Grabmäler in den mannigfachsten Formen, darunter auch einige, die an die alte Form der Tells anschließen (s. Fig. 163), sowie Felsengräber nach lykischem Vorbild, Turmgräber 2c. und ausgedehnte Gruppen wohlerhaltener, ganz massiver Wohnhäuser mit Säulenhallen, Treppen 2c. in mehr als 20 Städten um den Landstrich Ledsche herum vervollständigen dieses reiche Bild baulichen Schaffens, welches natürlich auf die Bauten zu Jerusalem nicht ohne Einfluß bleiben konnte. — Teils auf diesem Wege, teils auf dem durch Kleinasien und Armenien scheint aus Persien und Syrien sich dieser Einfluß auch auf die Baumeister des alten Byzanz erstreckt zu haben. Waren sie schon, wie alle römischen Baumeister, im Kuppelbau sehr erfahren, so lernten sie nun auch über einen acht=eckigen, ja sogar über einen viereckigen Raum eine runde Kuppel setzen, indem sie solche durch besondere Zwickel, Pendentifs genannt, mit dem untern Viereck verbanden. Dies ermöglichte die Anwendung von Kuppeln über vier durch Bogen verbundene Pfeiler und somit die Bekrönung der sogenannten Vierung, d. h. der Stelle, wo das Langschiff durch das Querschiff durchschnitten ward, mittels einer Kuppel. Daß die Byzantiner vor dem Erreichen dieser Stufe auch eigentliche Basiliken gebaut haben, beweisen z. B. in Thessalonich allein noch zwei, die Demetriuskirche, jetzt Dschami des Kassim, 412 ff. gebaut, 584 zum Teil

C. Stile der Völker mit direkt vererbter Kultur. II. Frühchristliche. Byzantinisch. 205

verbrannt, 597 wieder vollendet und die Apostelkirche, jetzt Eski-Dschuma, aus dem 6. Jahrh. Auch in Trapezunt und anderwärts befinden sich solche Basiliken, mit und ohne Emporen, mit und ohne Querschiff. Bald aber wurden mit besonderer Vorliebe die Kuppeln als Hauptzierde den Kirchen aufgesetzt. Es bildeten sich hier zwei Richtungen; bei den Kirchen der einen ist die Kuppel als Hauptsache in ein Viereck, einen Kreis oder ein Achteck eingestellt, sie sind also wirkliche Zentralbauten, während die Kirchen der andern Art Basiliken mit gleichlangem Kreuzschiff sind, wodurch der Grundriß die Gestalt eines sogenannten griechischen Kreuzes gewinnt, über dessen Vierung die Kuppel steht. Diese einfache Gestaltung haben z. B. die Kirche zu Pitzunda (Taf. XXVI. Fig. 2) und zu Ani in Armenien, letztere 1010 ff. gebaut, zu Samthavis in Georgien, 1050—1079 gebaut, die Kirchen zu Studenica, Krusevac (Taf. XXVI. Fig. 4) in Serbien rc. Gern setzte man über die Kreuzarme auch noch je eine kleine Kuppel, wie bei der Theotokoskirche zu Konstantinopel (Taf. XXVI. Fig. 1) und bei der Markuskirche in Venedig. — Oft wurden auch noch die Zwickel zwischen den Kreuzarmen zugebaut, und dann erschien die Kirche äußerlich ganz viereckig. Die Nebenkuppeln wurden dann auch wohl über diese Zwickel gesetzt, wie zu Ravanica und Manassia in Serbien (s. Fig. 180). Diese entschieden am häufigsten vorkommende Grundrißanlage byzantinischer Kirchen gestattet eine Vergrößerung eigentlich nur durch Vermehrung der Schiffe im Langhaus und Kreuzbau, welche denn auch von den Erben des byzantinischen Stils, den Russen, oft sehr weit getrieben ward (vgl. Taf. XXVI. Fig. 5). Jedenfalls in Erkenntnis des wenig Großartigen

Fig. 180. Kirche zu Manassia in Serbien (um 1400).

solcher Vergrößerung, blieb man bei dieser Anlage nicht stehen, da die erlangte Fertigkeit im Wölben reicher gegliederte Anlagen möglich machte, ja solche Kirchen baute man vielleicht sogar eher als die kreuzförmigen; bestimmen läßt sich das freilich kaum; denn von den so entstandenen byzantinischen Zentralbauten steht der älteste bekannte nicht im Gebiet des byzantinischen Reichs, sondern weit westlich davon.

Es ist die von dem heil. Ambrosius 385 zuerst, 390 nach Beschädigung bei Belagerung zum zweitenmal, und zwar mit Hilfe des Kaisers Theodosius vollendete Kirche S. Lorenzo zu Mailand (Taf. XXVI. Fig. 6). Auf diese folgt der Zeit nach S. Vitale in Ravenna (526—534) Fig. 3 daselbst. 527 wurde der älteste uns bekannte Bau dieser Art in Konstantinopel selbst, die Kirche S. Sergius und Bacchus, begonnen, gleichsam als Probearbeit für das 532, wie S. Vitale beinahe vollendet war, begonnene, 563 vollendete größte in diesem Stil errichtete Gotteshaus, die Sophienkirche in Konstantinopel, die heute allerdings den Halbmond als Zeichen türkischer Herrschaft trägt, auch infolge ihrer Verwendung als Moschee so vielerlei Veränderungen erlitten hat, daß sie nur innerlich, nicht aber äußerlich, als unverfälschtes Beispiel für die Formen dieses Stils dienen kann. Viel besser zeigt die Muttergotteskirche (Theotokoskirche) zu Konstantinopel (Taf. XXVI. Fig. 1), die um das Jahr 900 gebaut ist, das Charakteristische des byzantinischen Stils in Gestaltung der Außenformen. Die Ausstattung dieser Kirchen war ähnlich der der lateinischen, nur meist noch reicher. Mosaikmuster zierten den Fußboden, an den Wänden prangten Mosaikgemälde oder reiche Bilder auf Goldgrund, und nicht selten waren die Kirchen auch äußerlich polychrom ausgestattet; am liebsten durch verschiedenfarbige Baumaterialien, die in Wechselschichten, Zickzacks 2c. angeordnet wurden. Wie in der Disposition, so auch in der Gestaltung der Details und der Ornamentik, zeigt der byzantinische Stil bei weitem zeitigere Unabhängigkeit von römischen Vorbildern als die lateinische Bauweise. In bezug auf die eigentlich architektonischen Details freilich scheint es den Byzantinern an plastischer Gestaltungsfähigkeit gefehlt zu haben, denn die Kapitäle 2c. der ersten Bauten in Konstantinopel, Jerusalem, Thessalonich 2c. lehnen sich entweder, wie Taf. XXIV. Fig. 2, ziemlich direkt an das Römisch=Korinthische an, wobei allerdings der Kämpferwürfel oft reichen Akanthusblattschmuck erhielt, oder sie erscheinen als halb ionische Kapitäle mit sehr hohem Abakus, so daß die Schnecken unten, oder mit sehr hohen Blättern belegtem Hals, so daß die Schnecken oben in den Ecken sich fast verlieren; solche ziemlich mißlungene Kapitäle haben u. a. die Kirchen S. Sergius und Bacchus und Sa. Sophia.

Fig. 181. Palast Theoderichs zu Ravenna (493—500 erbaut).

Bei ihnen wie bei den Friesen, Konsolen, Fensterumfassungen 2c. erscheint das Blattwerk und sonstige Verzierung viel weniger plastisch angeordnet als vielmehr gleich einem Flächenornament, gleich dem Muster eines Gewebes oder einer Stickerei, wie denn auch selbst die schönen Kapitäle in Ravenna und Venedig (Taf. XXVII. Fig. 1—3) diesen Charakter nicht verleugnen. Eine noch stärkere Rolle spielt das Flechtwerk und die Schnürung und Knotung in Serbien, Georgien und Mingrelien, s. Fig. 5 aus Samthavis in Georgien, Fig. 6 und 7 aus Kutais und Ravanica in Serbien, während in Syrien sich bei Kapitälen wie bei Friesen 2c. ein regerer plastischer Sinn dokumentiert (s. Taf. XXV. Fig. 5 und 6). Eine geordnetere Vereinigung von Verschlingungen und Blattwerk, unter streng geometrischer Behandlung auch des letzteren, zeigt Taf. XXIV. Fig. 5. Anderwärts tritt (s. Taf. XXIV. Fig. 6) bei dem Festhalten der von den Römern so sehr ausgebildeten Rankenanordnung doch viel Selbständigkeit durch Aufnahme andrer, sozusagen populärerer Blätter hervor; beliebter aber blieb die strenge, ja zur Einseitigkeit und Härte

C. Stile der Völker mit direkt vererbter Kultur. III. Vorstufe des Mittelalters. Ostgoten. 207

ausartende Stilisierung des Blattwerkes, die bald in der gesamten Ornamentik, eigentümlicher=
weise neben einer ebenso einseitigen, freilich ebenfalls poesielosen, nüchternen naturalistischen
Behandlung Platz griff. Oft finden sich in einer und derselben Flächenverzierung beide
Richtungen vertreten, und zwar in ganz unversöhnter und unharmonischer Weise neben=
einander gestellt. Oft sind denn auch die dargestellten Naturerzeugnisse, wie Weinblätter,
Kornähren, Palmzweige, Lilien, ja auch Vögel und Löwen, in höchst steifer, eckiger Weise
behandelt, ohne doch eigentlich zu stilistischer Übereinstimmung mit den daneben sitzenden
Ornamentalranken zu gelangen. Der byzantinische Stil, der demnach eine Menge neuer
Motive brachte, ohne jedoch zu einer rechten Durchbildung derselben zu gelangen, wurde
besonders dadurch fruchtbar für die christliche Stilentwickelung, daß er, ziemlich zeitig, sich mit
dem lateinischen verschmolz.

Fig. 182. Grabkirche des Theoderich in Ravenna (526).

Beide litten an gewissen Einseitigkeiten; diese zu versöhnen und namentlich ebenso das
aus der lateinischen Bauweise vielfach sich kundgebende gedankenlose Hangen an den ver=
dorbenen römischen Formen einerseits, wie anderseits das Fremdartig=Starre, was sich durch
jene asiatische Einwirkung in das Byzantinische eingeschlichen, teils zu beseitigen, teils mit den
neueren Konstruktionsprinzipien und einer frischeren Lebensanschauung, einem unbefangeneren
Formgefühl in Einklang zu bringen, war eine Aufgabe, welcher die abgelebten, durch
Überkultur verdorbenen Völker beider Römerreiche nicht gewachsen waren. Es bedurfte
hierzu frischer Kraft. Diese nun beseelte die zwar noch ungebildeten, aber auch noch un=
verdorbenen, thatkräftigen, naturfrischen Germanen, von denen fünf verschiedene Stämme
dazu erlesen waren, **die Vorstufen christlicher Baukunst des Mittelalters** bis fast zur
höchsten Vollendung zu pflegen: die Ostgoten, Langobarden, Franken, Sachsen und Normannen.

Die Goten saßen bis um 375 n. Chr. in Dakien und spalteten sich bei Andrang
der Hunnen in Ostgoten und Westgoten. Von ihren ältesten Bauten wissen wir sehr

wenig, denn die auf der Trajansſäule dargeſtellten Quaderbefeſtigungen der Dakier können Phantaſiegebilde des römiſchen Künſtlers ſein; Origenes erwähnt zwar, beſchreibt aber nicht, Tempel und Statuen bei der von Goten ꝛc. gebildeten Sekte des Zamolxis; aber zu Wallias Zeit (um 417) wurden von den Weſtgoten in Katalonien arianiſche Kirchen gebaut und um 490 kannte man in Parma bereits monasteria gothorum, d. h. Münſter der Goten, dieſes Reich, von Toulouse aus beherrſcht und 470 von der Rhone bis zu den Mündungen der Loire und des Duero reichend.

Der in den Nibelungen beſungene Dietrich von Bern, Theoderich der Große, war es, der 490 den längſt ſchon ſchwankenden Thron der Römlinge umſtürzte und 493 zu Ravenna die Krone eines neuen Königreichs Italien auf ſein lorbeerumranktes Haupt ſetzte.

Die Stadt war 404 von Honorius im feigen Zurückweichen gegen die Franken an Stelle Mailands zur Reſidenz gemacht worden, und ſo fand Theoderich dort römiſche und byzantiniſche, vermutlich auch dalmatiniſche Künſtler vor, ergänzte dieſe noch durch afrikaniſche Ingenieure und ſchuf mit dieſen, von ſeinen Lieblingskünſtlern, dem Architekten Aloyſius und dem Bildhauer Daniel, geleitetenKräften ebenso zahlreiche als großartige und ſchöne Werke. Als kirchliches Oberhaupt der ſo lange verfolgten Arianer baute er zunächſt für dieſe Kirchen und Baptiſterien. S. Martino mit der Golddecke, auch Apollinare dentro genannt, ferner eine für S. Zeno, zwei für S. Euſebius, S. Georg in Taula, die ſogenannte Baſilika des Herkules und andre ſtiegen in der Stadt empor, S. Sergius u. S. Apollinare in Claſſe bei Ravenna, während auch Griechen, Katholiken, ja ſelbſt Juden, dank ſeiner weiſen Duldſamkeit, ſich Gotteshäuſer gründeten, ebenſo in Ravenna, als in Spoleto, Verona, Parma, Neapel, Monza, Pavia, Como. — In allen dieſen Städten erbaute er auch Schlöſſer, reſtaurierte oder etablierte Waſſerleitungen, ließ die Pontiniſchen Sümpfe ſowie die bei Spoleto austrocknen, befeſtigte Tortona, Oſtiglia, Ateſi ꝛc., eröffnete Bergwerke in Dalmatien, in den

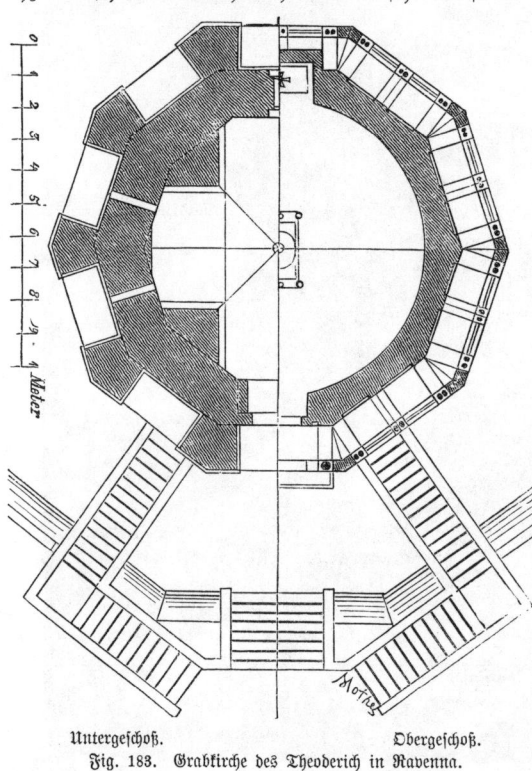

Untergeſchoß.   Obergeſchoß.
Fig. 183. Grabkirche des Theoderich in Ravenna.

Abruzzen, ſorgte in Rom für Reſtaurierung und Konſervierung des Cäſarenpalaſtes, der Mauern, der Theater, der Bäder und Statuen, ſoweit ſolche noch nicht zerſtört waren, gründete bei Trient eine Stadt, deren Trümmer, jetzt Doſtrento genannt, noch der wiſſenſchaftlichen Durchforſchung harren, nachdem ſie bis zum 13. Jahrhundert bewohnt, noch 1703 von den Franzoſen als Befeſtigung benutzt wurden. Zu Verona ragt noch auf halbverfallenen Terraſſenbauten die Frontmauer und ein Turm ſeines Palaſtes, vom Volke Sitz des Pipin genannt, denn auch dieſer wohnte dort und hielt gleich dem Theoderich Gericht auf der Terraſſe über jenen Mauern. In Spoleto blieben nur einige Bogenhallen von dem Prätorenpalaſt übrig, ſowie Reſte von Markthallen, Brücken ꝛc. und Teile einiger Kirchen; bei Terracina aber lagert auf ſteiler Felſenkuppe des Vorgebirges Anxur eine Trümmerreihe von gewaltiger Ausdehnung, die ſorgfältig ausgeführten Unterbauten der Burg dieſes gewaltigen Recken, deſſen Reiterbilder die Plätze von Neapel, Ravenna, Pavia, Rom, Konſtantinopel ꝛc. zierten. Das zu Neapel, in Moſaik ausgeführt, fiel ſchon um 550 auseinander, das ähnliche zu Rom ſoll des Symmachus Tochter beſchädigt haben; zu Pavia

C. Stile der Völker mit direkt vererbter Kultur. III. Vorstufen des Mittelalters. Ostgoten. 209

stand vor dem heiligen Palast ein bronzenes Reiterstandbild, welches 1315 nach Mailand geschafft, 1335 wieder an seinen ersten Standort gebracht, 1796 von den Franzosen zerstört ward, während am Palast selbst über dem Portal in einer großen, als Gerichtshalle dienenden Nische (laubia major, ubi dicitur sub Teuderico, steht in einem Protokoll von 908) ein Mosaikbild des gerechten Herrschers prangte. Doch dieser Palast ward 1024 von dem durch Bedrückungen des damaligen kaiserlichen Statthalters empörten Volke vertilgt.

Fig. 184. Inneres von S. Apollinare in Classe bei Ravenna.

Auch Abbildungen existieren nicht. Dennoch können wir uns von dem Anblick eine Idee machen, denn in Ravenna ist zwar die kolossale Reiterstatue verschwunden, da sie 801 von Karl dem Großen nach Aachen versetzt ward, wo ihre Zerstörung vermutlich im 12. Jahrhundert erfolgte, aber noch steht, freilich des Mosaikbildes beraubt, die Tribunalnische in der leidlich erhaltenen Vorderfront des Theoderichpalastes Fig. 181, in dessen Mauern auch der Sarkophag des Helden eingefügt ist, nachdem aus diesem Todtenbett, einer Porphyrwanne, schon um 536 von Belisars Söldnern die Asche des Helden herausgeschleudert, der Sarkophag selbst aber 1510 von französischen Soldaten herabgeworfen ward von der Höhe des Grabmals, über dessen Kuppel er in luftigem Baldachin auf dünnen Säulchen gleichsam schwebte. Diese Anordnung, von Theoderich selbst noch getroffen, entsprach so ganz seinem Wesen. Nicht in dumpfiger Gruft wollte er ruhen, hoch oben in freier Luft vielmehr schweben auf dem hünenhaftesten Bau, den Christen je geschaffen (Fig. 182, 183), denn die dereinst von eleganten Bogenhallen (s. die Details auf Taf. XXVIII) umzogene Kuppel ist nicht aus Keilsteinen zusammengefügt, sondern aus einem, nach genauer Berechnung des Kubikinhalts und spezifischen Gewichts, 309 cbm großen und 810 000 kg wiegenden Steine derart hergestellt, daß sie ausgehöhlt und bearbeitet noch 146 cbm mißt und 394 200 kg wiegt. Erweckt schon die hier vollbrachte Kraftleistung unser Erstaunen, so wird dieses noch gesteigert durch den Gedanken an die ungemeine, beim Versetzen angewendete Vorsicht, denn die Mauern des sie tragenden Obergeschosses sind im Verhältnis zu solcher Last ziemlich schwach (etwa 1 m), und durch die zierliche Ausstattung, obschon von dieser die schönsten Teile, jene schlanken Bogenhallen, zerstört sind, die ebenfalls ganz Theoderichs Geschmack entsprachen; denn bei aller Achtung vor römischer Kunst, hatte er doch für seine Bauten manche Neuerung direkt befohlen, z. B. ausdrücklich ausgesprochen, seine Architekten sollten die Säulen ja stets recht schlank, rohrstengelähnlich machen. So wandelten sich denn unter den Händen seiner Künstler römische und byzantinische Formen vielfach, und dazwischen traten völlig neue auf. Taf. XXVIII gibt eine Übersicht solcher Details: a, b, m, w haben die mindeste Veränderung erfahren, e, f, i, k, l, n und das Kapitäl bei s sind bereits stark germanisiert, lassen aber doch den römischen Ursprung noch erkennen, wie g, o, p, q, r, t, u, x, y den byzantinischen, aber der innere und äußere Hauptsims der Grabkirche c und d, die viereckige Säule v und der Bogen bei s zeigen völlig neue Formen, ebenso die Kapitäle in a, das Muster des Streifens am Thürgewände h und die Musterung der Konsolenblätter bei b und i; t und v bis y zeigen die in Ravenna besonders gepflegte Ausbildung des Kämpferwürfels, dieses spezifisch christlichen Baugliedes.

Manche von diesen neuen Formen erinnern an die Aschenurnen germanischer Gräber und an die Holzschnitzereien nordischer Völker. Die übernommenen Glieder werden viel kecker profiliert, als man vorher gewagt hatte, besonders die Wellen oder Karniese (bei d, e, o u. s. w.); eckige Glieder treten häufiger auf als bei Römern und Byzantinern. — Der durch alles dies wehende frische Geist macht es begreiflich, daß der erste uns bekannte Zentralbau in Ravenna entstand die Kirche S. Vitale (s. Taf. XXVI. Fig. 3). Byzanz empfing, wie es scheint, von hier Gedanken und Anregungen; leider starb Theoderich kurz nach dem Beginn dieses Baues (30. August 526) gerade als die gotische Bauweise begann, Einfluß auch anderwärts zu gewinnen. Einige Reste in Verona, zu denen besonders das Taufkirchlein S. Giovanni in Fonte gehört, die Kirche S. Apollinare in Classe bei Ravenna (534 erbaut durch Julianus Argentarius), S. Micchele in Affricisco zu Ravenna (540 von demselben Architekten gebaut) und andre bezeugen, daß die Ostgoten auch nach ihres Helden Tode noch baulustig blieben. Aber auch anderwärts zeigen sich Spuren ihres Einflusses; so begünstigte Theoderich die Kolonisation der Laguneninseln und wirkte ravennatischer Einfluß zu seinen Lebzeiten bei Erbauung der kleinen Kirche S. Maria degli Angeli auf Murano, S. Giacometto auf Rialto, vielleicht auch der Kathedrale zu Torcello, nach seinem Tode in Bologna (S. Pietro e Paolo nebst Baptisterium, jetzt St. Stefano). Auch in die Provence war Theoderich vorgedrungen, und aus der Zeit, wo Chlodwig die Westgoten bei Vouillé schlug und in die Pyrenäen zurückdrängte, wird berichtet, daß sie eine eigne Bauart gehabt hätten. Eine um 540 geschriebene Kopie der Schriften des heiligen Maximinus von Trier erzählt, daß Chlotar 534 gotische Künstler nach Rouen rief, und ein andres Manuskript ähnlichen Alters, daß Chlotar dort die Kirche S. Ouen „manu gothica" in bewundernswerter Bauart vornehm aus Quadern habe bauen lassen. Venantius Fortunatus rühmt es, daß der gotische Herzog Laumebod 578 in Toulouse die prachtvolle Kirche St. Sernin gebaut und daß damit dieser Mann barbarischer Abkunft ein Werk vollbracht habe, wie es keiner von römischer Abstammung erbaut hätte. Die Bauten des Königs Atanegild († 620) von Portugal und eine Kirche des Rekeswind (649—710) in Valladolid werden als gotische Bauten beschrieben. Ja selbst die Erfindung des Spitzbogens wird von manchen den Goten zugeschrieben, weil auf einem burgundischen Diptychon in Dijon aus der Zeit um 400—405 Stilicho unter einem Spitzbogen sitzt. Noch um 950 erzählt Dedo von St. Quintin, daß Rollo, aus Dakien und Albanien nach der Normandie gekommen, 912 in Rouen die manu gothica errichteten Bauten gesehen und, weil sie ihm gefielen, Architekten aus Rouen zu seinen Bauten berufen habe, ferner daß Richard I., weil ihm die Schlankheit und die befestigte Anlage der Gotenkirchen gefallen hätten, danach die Kirche S. Trinité zu Fécamp habe bauen lassen, mit Türmen umgürtet, doppelt gewölbt, mit künstlichem Ziegelverband geschmückt, mit hohen Gipfeln und historischen Gemälden. In Italien freilich fand der Goten Bauthätigkeit ein jähes Ende.

In Zara (S. Donato, das Baptisterium des Doms, S. Lorenzo c.), in Parenzo (Umbau des Doms um 570) und in Grado (Kathedrale, um 580) scheinen die ostgotischen Künstler eine Zufluchtsstätte gefunden zu haben, als dem blühenden Reich durch das Anstürmen des zweiten Germanenstammes ein Ende bereitet ward.

Der Langobardenfürst Alboin nahm 568 das Friaul und im raschen Siegeslauf fast ganz Oberitalien ein. Auch er war Arianer, verfuhr aber nicht so schonend wie Theoderich gegen die Katholiken, nahm vielmehr viele Kirchen derselben in Beschlag und änderte sie nach arianischem Ritus um. Da es zu weit führen würde, all die Umänderungen aufzuzählen, sei nur eine erwähnt, die Einbrechung von Fenstern in die bis dahin völlig fensterlosen Apsiden. Die Schilderungen von der Verwüstungslust und sonstigen Roheiten der Langobarden sind übertrieben; kaum hatten sie sich einigermaßen festgesetzt, als sie anfingen zu schaffen; es wurden gebaut 569 die Kirchen zu Piona und Calco, 572 die Kirche und das Baptisterium zu Lenno, 580 der Bischofspalast und 600 das Männerbaptisterium zu Pavia, um 585 die Kathedrale und Kurie zu Parma. Leider ist von diesen ersten Bauten wenig erhalten, mehr von dem 590 durch Autharichs Gattin, Theodolinde von Bayern, gegründeten Dom zu Monza, wo die eiserne Krone der Langobardenkönige verwahrt wird. In Lomello, Cremona, Bonate bei Bergamo, Besano bei Viggiù, Varenna, Almenno, Gravedona baute sie Kirchen, in der Brianza und in Perledo Glockentürme. Die ersten Christen benutzten noch keine Glocken; daß Paulus von Nola um 400 sie erfunden habe, ist aber leere Sage, denn Suetonius, Dio Cassius, Martial c. erwähnen sie. Möglich, aber nicht erwiesen ist, daß der heilige Severin, der um 600 lebte, oder Gregor der Große ihren Gebrauch rituell einführte. Was nun die Türme anlangt, so vermuten manche, von den Mohammedanern seien zuerst solche neben ihren Moscheen gebaut worden.

Diese Vermutung aber ist nun durch die erwähnte Entdeckung der syrischen Bauten als irrig erwiesen. Zu Taskha wurde schon im 4. Jahrh. ein Turm seitlich an die Kirche angesetzt, zu Turmanin finden wir schon im 6. Jahrh. zwei organisch mit der Kirche verbunden. Die ersten urkundlich bekannten Turmbauten Europas sind laut Zeugnis des im 6. Jahrh. lebenden Venantius Fortunatus die drei der Kirche zu Nantes (ein Vierungsturm und zwei Portaltürme) und die von Bischof Fidelis (560—571) erbauten Türme der Eulaliakirche zu Merida, beide von Goten erbaut. Von den Goten in Italien ist zwar aus der ersten Zeit nicht erwiesen, aber für die Zeit um 540 sehr stark zu vermuten, daß sie Kirchtürme erbaut haben, aber rund und getrennt von der Kirche. 626 erst wird der Turm von S. Giovanni und Paolo zu Rom erwähnt, und der Zeit von 630 und 680 gehören die viereckigen Kirchtürme zu Ravenna wie in Cimitile bei Fondi dem Jahre 683 der von S. Giorgio in Velabro, dem Jahre 690 der von S. Maria in Campo Marzo, beide zu Rom, an. Der Unterbau und die nächsten zwei Geschosse des hier abgebildeten Turmes datieren um 775, der weitere Aufbau von 860 ff. Die Baumeister der Theodolinde waren also auch in bezug auf die Glockentürme den römischen voraus.

Fig. 185. Glockenturm von S. Maria in Cosmedin, Rom.

Wer waren nun diese Baumeister? — Wie stand es überhaupt damals um den so wichtigen Stand? — Die letzte dieser beiden Fragen beantworten wir in einem spätern Abschnitt (über Bautechnik und Gebäudearten), auch die erste sei nur ganz kurz behandelt. — Eine Gruppe Steinbrecher und Steinmetzen bewohnten schon seit Theoderichs, vielleicht seit des heiligen Ambrosius Zeit die Insel Comacina im Comersee, an dessen Ufer ihre Steinbrüche lagen. Ein gewisser Francio stand an ihrer Spitze. Als nun die Langobarden eindrangen, verteidigte sich dieses Häuflein hartnäckig gegen die Übermacht und ergab sich erst, als ihnen langobardisches Bürgerrecht, mannigfache Privilegien, besondere Baugesetze, Taxen ꝛc. zugesichert waren. Seitdem spielen diese maëstri comacini, später auch magistri casarii genannt, eine hervorragende Rolle in der italienischen Baukunstgeschichte, neben ihnen die maëstri Antelami, d. h. die Zimmermeister aus dem nicht weit entfernten Thale von Antelamo. — Die Bauten der Langobarden aufzuzählen, wäre hier nicht möglich, denn sie sind nicht nur über ganz Italien verbreitet, sondern langobardische Baumeister waren auch vielfach im Ausland thätig. Schon 598 und 604 zogen solche mit Abt Melitus nach England, welche in Brigstock, Barnack und Northamptonshire bauten, 660 folgte ein weiterer Trupp mit Theodor von Cilicia, nachdem kurz vorher ähnliche Wanderungen nach Austrasien, Frankenland, Flandern ꝛc. stattgefunden hatten. 1066 finden wir langobardische Künstler in Monte Cassino, 1158 wurde Kloster Rath in Holländisch-Limburg scemate Longobardico gebaut, 1158 baut ein Raymundus Lambardus zu Urgel in Spanien.

Auch in Italien hörte der bauliche Einfluß der Langobarden nicht auf, als Karl der Große 774 den König Desiderius stürzte und als dessen Schwager die eiserne Krone nahm, denn er ließ die langobardischen Herzöge und Grafen größtenteils in Amt und Besitz, ja einige derselben, z. B. Berengar von Friaul (888), Guido und Lambert von Spoleto (896), Harduin von Ivrea (1002), schwangen sich zu Königen von Italien auf. Spoleto wurde mindestens bis 1020, Aquileja bis 1047, Benevent bis 1056, Amalfi bis 1074, Salerno bis 1076 von langobardischen Dynasten beherrscht; 1212 baute der Comacine Adam de Aragnio in Trient ꝛc. — Diese Leute nun nahmen das von den Ostgoten begonnene Werk auf und setzten es mit mehr Glück als diese fort, besonders nachdem fast das ganze Volk, seiner Königin Theodolinde folgend, zum Katholizismus übergegangen war und deren Gatte 584 den letzten austrasischen Merowinger Childebert besiegt hatte. — Da von dieser Zeit an, wie wir sehen, die Langobarden sozusagen das Amt künstlerischer Missionäre ausübten, so wird es hier Zeit sein, des dritten Germanenstammes zu gedenken, da seine Werke den Standpunkt kennzeichnen, auf dem damals die Baukunst außerhalb Deutschlands stand.

Fig. 185. Kapitäl aus St. Germain des Prés.

Die Franken hatten schon 287 die Römer gezwungen, ihnen Wohnsitze in der Gegend des heutigen Cambray anzuweisen; später folgten mehrere Stämme, von denen der salische sich die Hegemonie aneignete. Der heilige Ambrosius war ein in Trier geborner Franke; er starb zwar schon 397, baute aber in Mailand nicht nur die schon erwähnte Kirche S. Lorenzo, sondern auch viele Basiliken und Baptisterien und führte zwei wichtige Neuerungen ein; erstens baute er mit besonderer Vorliebe kreuzförmige Kirchen, die bis dahin nur im Orient vorgekommen waren; zweitens war er der erste, der die erwähnte Confessio, die Gruft unter dem Altar, zu einem größern Raum, Krypta genannt, ausdehnte, was eine Erhöhung des Fußbodens für den Altarplatz und damit zusammenhängend eine Trennung des altchristlichen Chors in hohen Chor und Vor- oder Niederchor herbeiführte, eine totale Umwälzung der Disposition des Kirchengrundrisses, die natürlich nur allmählich eintrat. — Doch auch seine Landsleute waren nicht träge im Bauen. Um 410 baute Bischof Honoratus in Arles das Kloster auf der Insel St. Honorat, Cassian eins zu Marseille. Nach dem Eindringen der Goten breitete das fränkische Reich unter Childerich I., Merowigs Sohn, sich mehr nach der Loire und Schelde hin aus, und Chlodwig wurde 496, nach Vernichtung der römischen Macht, Christ. Sein Sohn Childebert stiftete die Kirche St. Germain des Prés zu Paris, deren einige unter späteren Umbauten verschonte Teile noch Hangen an römischen Formen zeigen. Unter ihm wurden Kirchen zu Angers, Lemans, Thiers, Clermont ꝛc. gebaut. Im Jahre 606 folgte das Baptisterium St. Jean le Rond, jetzt St. Germain l'Auxerrois, zu Paris, und bald darauf der Neubau von St. Martin in Tours; der Zimmermann Omatius entwarf die Kirche St. Gervais et Protais zu Paris. Aber auch viele Bischöfe waren Architekten.

C. Stile der Völker mit direkt vererbter Kultur. III. Vorstufen des Mittelalters. Franken. 213

Die fränkischen Künstler standen damals schon in Verbindung mit den Langobarden, z. B. durch den heiligen Columban, der, aus Irland kommend, unter dem Schutz des Guntram von Burgund die Klöster Anegrai, Fontaine und Luxeuil baute, dann, verbannt, durch seinen Schüler Gallus Anlaß zur Gründung von St. Gallen gab und endlich unter Theodolindens Schutz die Abtei Bobbio bei Genua gründete. Von 628 an herrschte eigentlich nicht mehr der schwache König, sondern der Majordomus Pipin und seine Nachfolger, bis endlich Pipin der Kurze 751 auch den Königstitel sich aneignete. Erhalten sind die Baptisterien zu Riez und Fréjus, letzteres vielleicht erst 810 erbaut. St. Martin zu Tours ist eine Vereinigung des Langbaues mit dem Zentralbau, die auch an andern fränkischen Kirchen wenigstens insofern vorkommt, als man das Querschiff und den östlichen Kreuzarm, Chor, bedeutend verlängerte. Manche dieser Bauten haben so treu römische Formen, daß man nur an technischen Merkzeichen ihren nicht römischen, sondern fränkischen Ursprung erkennt. Zu ihnen gehört die Porta nigra zu Trier, die daher lange für römisch galt.

Fig. 187. Porta nigra in Trier.

Eines der urkundlich erwiesen ältesten Gebäude, spätestens vom Anfang des 6. Jahrhunderts, ist St. Jean in Poitier, ursprünglich als Baptisterium gebaut (s. Taf. XXIX). Die Apsis A (Fig. 1) steht nicht mehr, D ist im 7., C im 13. Jahrh. angebaut; B ist der Taufbrunnen, Fig. 2 die jetzt zum Teil in der Erde steckende Ostseite, Fig. 3 Durchschnitt des alten Teils; die Fig. 5, 6, 7 ꝛc. verschiedene Details; auch das Äußere war bemalt, doch ist davon weniger erhalten als von der innern Malerei (s. Fig. 5 a, b, c, d, e, f). — Hierher gehören ferner die Vorhalle der Kathedrale zu Aix, Saint Paul trois châteaux, die sogenannte Basse-Oeuvre zu Beauvais, eine Pfeilerbasilika vom Jahre 560 (s. Fig. 4), dann auch die Kirchen von Cravaut, Gennes und Savenières, die Krypten von St. Germain des Prés (s. Fig. 186) und von Jouarre (s. Fig. 188), letztere von des Columban Schüler Odo gebaut; die Säulen bestehen aus Jaspis, Porphyr und Marmor von Korinth. — Die wesentlichsten Abweichungen vom römischen Stil sind folgende: der Fries wird sehr hoch, der Architrav verschwindet oft völlig, der Karnies kommt seltener vor wie bei Römern und Ostgoten, hingegen Schrägfase, Rundstab und Hohlkehlen weit öfter, die Modillons werden selbständiger und mannigfacher in den Formen, Perlstab, Eierstab ꝛc. immer schematischer. Selten verwendet man Quadern, lieber Ziegel zwischen kleinsteinigem Mauerwerk, oder in mannigfachem bunten Verband. Auch Simse und Bögen bestehen aus Backsteinen und Hausteinen im Wechsel. Dies ist die letzte Formengruppe, welche man noch als Vorstufe des neuen Stils bezeichnen kann, der uns nun entgegentritt.

IV. **Romanischer Stil.** Zunächst zu dem Namen einige Worte. Die Franken, als sie die langobardischen Bauten kennen lernten, hielten sie für römische, teils wegen der größeren Feinheit der Formen, teils weil sie im Gegensatz zu den Gotenbauten der Provence ꝛc. der römischen Kirche dienten, und nannten also diese Weise architectura romana, romanica etc. So entstand obiger nur konventioneller, wenig passender Name für das einheitliche Bausystem, welches sich aus so verschiedenen Versuchen bei deren gegenseitigem Begegnen entwickelte. Zur größeren Bequemlichkeit unterscheidet man auch hier noch mehrere Epochen.

Frühromanisch nennt man diejenigen Bauten, welche der Zeit von etwa 750 bis 900 angehören. Das betreffende Formensystem danken wir, wie schon gesagt, vorwiegend den Langobarden. Fast alle ihre Kirchen der Zeit um 750 sind Basiliken mit sehr schmalen Seitenschiffen und Holzdecke. Das Querschiff steht selten vor, ist aber meist nach der Längenachse der Kirche ziemlich breit und, eine wichtige Neuerung, in zwei Flügel und einen Mittelraum, die Vierung, geteilt, welche demnach meist etwas länglich ist, wodurch die gern darauf gelegte Kuppel kein regelmäßiges Achteck bildet. Neben sehr schmalen kamen aber auch sehr kurze Basiliken vor; manchmal ward auch der reine Zentralbau, außer für Baptisterien, für wirkliche Kirchen gewählt, wie denn z. B. zu Brescia, Pavia, Almenno, Bologna, Benevent runde oder vieleckige Kirchen gebaut wurden (der alte Dom zu Brescia, 617 begonnen, hat 37,68 m Durchmesser, 19,72 m Weite der Mittelkuppel und einen von zwei Türmchen flankierten Westturm); die Form des griechischen Kreuzes oder Quadrats aber zu

Fig. 188. Krypta zu Jouarre.

Capri, S. Germano, Brescia, Verona Anwendung fand. Doch blieben solche Beispiele vereinzelt und wurden immer seltener, denn mehr und mehr wendeten die Langobarden sich zu der bereits 590 in Monza mit Glück versuchten Verbindung des Zentralbaues mit dem Langbau zu. In Otranto, Valva, Ferentillo, Piacenza, Novara, Monferrato, Pistoja, Lucca, Pavia, Como, Sessa, Mailand, Spoleto, Monte-Cassino, Pisa ꝛc. wurde der hierdurch entstandene kreuzförmige Kirchengrundriß mit mehr oder weniger klar hervortretenden Kreuzarmen angewendet. Die Erfahrung, daß die Langwände der Basiliken leicht einfielen, führte zunächst zu Weiterbildung der Quergurte, behufs deren man die sogenannten Arkaden, welche die Obermauern des Mittelschiffs trugen, in Gruppen teilte, indem man statt der zweiten oder auch statt der dritten und vierten Säule je einen Pfeiler stellte. Der hiermit erzeugte sogenannte Stützenwechsel kommt zwar schon 468 in Rom, etwas eher in Novara, um 500 wieder in Rom, 531 in Verona vor, wurde aber erst von den Langobarden organisch weitergebildet, weil diese einsahen, daß die durch die Quergurte gebildeten Abteilungen das längst angestrebte Überwölben erleichterten, und daß man bei Weiterführung des Systems auch die Außenmauern schwächer machen könnte, wenn man nur die bisher bei Einwölbung der Seitenschiffe ausschließlich verwendeten Tonnengewölbe ebenso durch Gurte oder dergl. teilte wie die des Mittelschiffs. Man brauchte dann nur die Ecken und die Teilungsstellen (Jochgrenzen) stark zu lassen. An letzteren Stellen bewirkte man das gern durch Halbsäulen oder sehr lang gestreckte Pilaster, sogenannte Lisenen, an den Ecken durch

C. Stile der Völker mit direkt vererbter Kultur. IV. Frühromanischer Stil. Technisches. 215

dickere desgleichen. Bei weitergehender Anwendung der Kreuzgewölbe, welche die Schild=
strecke der Mauer noch mehr entlastete, den Druck noch entschiedener auf die einzelnen Punkte
konzentrierte, wurden in immer strafferer Durchführung des Systems die Ecklisenen (von etwa
800 an) übereck gestellt, als sogenannte Sporen, welche Gestalt bald auch hier und da die
Mittellisenen annahmen. Die Halbsäulen, Lisenen ꝛc. waren untereinander schon sehr früh,
zum Teil schon von den Ostgoten, durch Blendbögen oder Reihen von Kleinbögen verbunden
worden. Auch dieses Motiv verarbeiteten die Langobarden organischer, indem sie die Blend=
bögen als Mittel zur Mauerschwächung erkannten und charakterisierten. Die Reihe von Klein=
bögen erschien zunächst als Überdeckung fortlaufender Fensterreihen (Zwergarkaden) an
Kuppel, Apsis und Fassade, oder von Mauergängen an der Langfronte, die teils als Kontroll=
gänge technisch, teils auch rituell nötig waren, und wurde von den Langobarden als treff=
liches Mittel erkannt, die horizontale
Masse des Dachsimses ꝛc. zu tragen, ohne
zu dem häufigere Unterstützung durch Pi=
laster ꝛc. verlangenden, aus langen Mono=
lithen bestehenden Gebälk der Antike zurück=
zugreifen. — Aus ähnlichem Grunde wurde
an den Bögen die Architravierung auf=
gegeben und gesonderte Behandlung der
einzelnen Wölbsteine vorgezogen. In Kon=
sequenz des Strebens nach größerer Höhe
trat die Stelzung der Bogen stärker noch auf
als bei den Ostgoten, und ein Versuch, den
Seitenschub steiler zu führen, war die Ver=
stärkung der Wölbung nach dem Scheitel
zu; diese wie die Stelzung nahm im 10.
Jahrhundert wieder etwas ab. Betreffs
der Stützen hatte man auf den Vorstufen
hier und da nicht verjüngte, anderwärts
noch die römischen mit Anschwellung ver=
jüngten Schäfte angewendet; jetzt ging man
zu der geradlinigen Verjüngung über. Die
Schäfte selbst musterte man noch häufiger
und mannigfacher wie auf den Vorstufen.
Bezüglich der Kapitäle lassen sich bei den
Langobarden allein drei Reihen von Ver=
suchen unterscheiden, deren erste der Um=
wandlung des korinthischen Kapitäls gilt
(s. Taf. XXX. Fig. 1—4), die zweite
(Fig. 5—15) entspricht dem Streben nach
selbständiger Gestaltung eines für das
Tragen von Bögen geeigneten Kapitäls,

Fig. 189. Westchor des Doms zu Essen (874 u. 950).

welches durch teilweis sehr seltsame Formen
endlich zum Würfelkapitäl führte, welches, 1019 zuerst völlig ausgebildet, mit scharf ein=
gesetzten Schildern erscheint, nachdem es schon 725 in Moscufo und 730 am Dom zu
Novara in kenntlicher Vorbildung auftrat. Die dritte Reihe (Fig. 16—21) vereint beide
Bestrebungen, indem versucht wird, einen würfelförmigen oder sonst geometrischen Kern mit
Blattwerk und dergl. zu verzieren. Daneben stehen als vierte Gruppe solche Kapitäle, an
denen lebende Wesen dargestellt sind. In dieser Gruppe finden sich sowohl die schönsten,
graziösesten als auch die kapriziösesten und selbst sehr häßliche Gebilde. In ähnlicher Weise
ließen sich Versuchsreihen für die Gestaltung der Säulenfüße, Rundbogenfriese, Thür=
anordnungen, Fenstergliederungen, Bogenstirnen ꝛc. aufstellen, alle offenbar entstanden aus
dem Streben, sowohl dem konstruktiven Wesen des einzelnen Teils, als auch der angestammten
Liebhaberei für farbige Ausstattung durch Streifen und Zickzack ꝛc., für zierliche kleine Musterung
und phantastisch symbolische Darstellung gerecht zu werden. In allen diesen Versuchsreihen

zeigt sich um 870 ein etwas verstärkter byzantinischer Einfluß, der aber schon um 950 fast, ums Jahr 1000 völlig zurückweicht.

Das westliche Turmpaar, welches bereits in S. Vitale in Ravenna als Begleiter der Vorhalle erschien, 617 am alten Dom zu Brescia und bald danach am Baptisterium zu Gravedona zu Begleitern des über der Vorhalle stehenden Hauptturms wurde, steigt an S. Lorenzo zu Verona (um 850) über die Vorhalle empor; am Dom zu Novara (730 erbaut, 1012 umgebaut) stehen die beiden Türme sehr weit auseinander an den Enden einer breiten Vorhalle. Wenn nun auch vielfach noch nach alter Weise einzeln stehende Glockentürme in Italien erbaut wurden, so hatten doch die Langobarden bereits die organische Verbindung derselben mit der Kirche weit gefördert. Die von ihnen gemachten gewaltigen Fortschritte wurden auf mannigfache Weise den andern Ländern übermittelt, indem z. B. langobardische Meister von Bischöfen mit nach Flandern, England 2c. genommen wurden, indem andre durch die Gotthardstraße und Brennerstraße nach Deutschland wanderten 2c. Karl der Große selbst scheint besonders durch den Gesamteindruck des Doms zu Brescia und die Ausstattung der ravennatischen Bauten gefesselt worden zu sein, denn als er 796, bevor er Ravenna gesehen, das Krönungsmünster St. Maria zu Aachen „nach eigner Disposition" begann und dessen Leitung dem Meister Odo von Metz übertrug, während den Palast Ansigis baute, erwuchs das Münster in seiner Anlage als treue Kopie des Doms von Brescia, wogegen später bei der Dekoration in den oberen Arkaden die 801 aus Theoderichs Palast zu Ravenna herbeigeschleppten Säulen eingesetzt wurden, deren Kapitäle auch aus Ravenna zu stammen scheinen, während die Füße in Aachen gemacht worden sein mögen. So wurden dem westlichen Deutschland byzantinische Formen übermittelt. Nachahmungen des Aachener Münsters erstanden mehrfach, so 799 das Baptisterium zu Nymwegen, 820 die Schloßkapelle zu Diedenhofen (Thionville), die westliche Kuppel und Chornische der Stiftskirche zu Essen (879 gebaut, 950 nach einem Brande restauriert), die Johanniskirche Notkers zu Lüttich 981, die Kirche zu Mettlach

Fig. 190. Vorhalle des Klosters Lorsch.

(nach 987) 2c. 2c. Völlig byzantinisch, als Quadrat mit fünf Kuppeln und drei Apsiden, ist die Kirche zu St. Germigny les Prés im Loiret; noch unter Karl d. Gr. erbaut, 822 geweiht, die Michaeliskirche zu Fulda, ein Rundbau.

Von karolingischen Basiliken sind zu nennen: Salvatorkirche zu Fulda, welche 802 noch einen Westchor erhielt, die 809 geweihte Marienkirche auf dem Frauenberg und die mit Kreuzschiff und ähnlicher Vorhalle versehene Hauptkirche der 793—814 von Angilbert erbauten Abtei Centula (St. Riquier) in der Pikardie, die Einhardsbasiliken zu Michelstadt und Seligenstadt. — Der Bauriß von St. Gallen, 820 gezeichnet, deutet, wie die betreffenden Baunachrichten, direkt auf langobardischen Einfluß, während die zwischen 876 und 882 erbaute Durchgangshalle des 764 gegründeten Klosters Lorsch Fig. 190 zwar in den Giebelbogen des Obergeschosses an Merowingerbauten, in andern Teilen aber, besonders in der Rautenausstattung, an Langobardenbauten erinnert, in andern endlich auf direkte Anschauung antiker Vorbilder schließen lassen möchte, wie solche noch stärker an der zwischen 820 und 890 entstandenen Vorhalle von Notredame des Doms zu Avignon hervortritt. Die alten Teile der Pfeilerbasilika St. Martin zu Angers (819) mit Wechselschichten von Backstein und Tuffstein, die Kirche St. Generoux in Poitou mit niedrigen Rundpfeilern unter beinahe völliger Beibehaltung der merowingischen Weise, ferner die alten Teile der Kirche zu Romainmotier in der Schweiz bekunden, daß in einzelnen Teilen des Reiches, wie auch in Deutschland selbst (Hirschau 830, Reichenau 816, Murrhardt am Kocher 817, Turm des Obermünsters zu

C. Stile der Völker mit direkt vererbter Kultur. IV. Christliches Mittelalter. Frühromanisch. 217

Regensburg 831, Hersfeld 831—850, Korvei 822 zuerst, 873 ff. zum zweitenmal, nun mit drei Türmen gebaut) mehr, in andern weniger der langobardische Einfluß galt, daß aber gewisse Hauptzüge allgemeine Geltung hatten. Die Stelzung der Bögen ist anfangs stärker als später, sie sind nicht mehr architraviert, sondern nach außen mit Rundstab und Plättchen oder mit einer Art von Zahnschnitt, nach innen mit eingefalztem Rundstab besetzt. Ein etwas gedrückter Bogen kommt hier und da vor, scheitrechte Überdeckung seltener, desto häufiger die auch in der angelsächsischen Provinzialbauweise beliebten sogenannten sächsischen oder Giebelbögen. Die Säulenschäfte sind stark verjüngt, ohne Anschwellung, haben sehr viele Halsglieder, die das Zusammenfassen der Kraft energisch ausdrücken; die Kapitäle sind anfänglich in langobardischer Art der Antike nachgebildet, später teils niedrige Würfelkapitäle mit noch nicht lotrecht stehenden, sondern nach unten eingezogenen Seitenflächen (Schildern), teils Trapezkapitäle, teils abgestutzte Pyramiden mit reich durchbrochener Ornamentik, die Füße sind aufstrebender, zum Teil polygon, aber zum Teil ziemlich plump profiliert, die Kämpferwürfel sind niedriger wie bei den Ostgoten; als Begleitungsglied kommt

Fig. 191. Abtei Korvei, Westseite (822 u. 873).

der ostgotische stark geschwungene Karnies vor. Die sichtbare Dachkonstruktion ersetzt man oft und gern durch Balkendecken. Die in die Ornamente verflochtenen symbolischen Figuren werden phantastisch zugestutzt, auch häufig als mit den Ornamenten selbst verwachsen dargestellt. — Eins der schönsten Beispiele dafür, wie gegen Ende der Periode die karolingische Bauweise in Frankreich sich gestaltete, liefert die 863—868 erbaute Kirche Notre Dame du Port in Clermont-Ferrand (s. Fig. 192). Auch auf die britischen Inseln drang dieser Stil. Die frühesten Beispiele, die eigentlich noch den Vorstufen angehören, sind

Fig. 192. Choransicht der Notre Dame du Port in Clermont-Ferrand (863—868).

in Irland erhalten, und unter ihnen wiederum ist eins der höchsten und interessantesten das ohne alles Holz errichtete, durch Überkragung geschlossene Oratorium des Gallerus aus dem 5. Jahrh., welches man fast für von Pelasgern erbaut halten könnte (Taf. XXXII. Fig. 1).

Das Buch der Erfind. 8. Aufl. I. Bd.

An St. Kevins „Küche" in Glendalough (Taf. XXXII. Fig. 2) zeigt sich schon lango=
bardischer Einfluß, und am Rundturm zu Kildare, der wohl der Zeit um 900 angehört, dokumen=
tiert er sich deutlich, namentlich im Portal (s. Fig. 193). Als schönster unter den 118 bekannten
Rundtürmen gilt der zu Ardmore (Taf. XXXII. Fig. 3), der, obschon erst
dem 12. Jahrh. angehörend, doch die alte Weise noch beibehält, wie denn
überhaupt die meisten irischen Bauten um etwa ein Jahrhundert gegen die
übrige Bewegung zurückbleiben, so daß z. B. die Kapelle auf der Insel
Innisfallen im See von Killarney (11. Jahrh., s. Taf. XXXII. Fig. 4)
völlig den angelsächsischen Bauten Englands aus dem Ende des 9. Jahrh.
entspricht, an denen die Konstruktion wahrhaft, allerdings manchmal in
geradezu roher Weise, sich in den Formen ausspricht, wobei sogar Nach=
ahmung des Fachwerkbaues in Stein mit unterläuft, wie am Earls Barton=
Turm (Taf. XXXII. Fig.5). Wie schon hier
neben den langobardischen Künstlern, welche
um 680 Kloster Weremouth in Northum=
berland und St. Paul in Jarrow bauten,
ein sächsischer Stamm, der der Angel=
sachsen, als Überträger der stilistischen
Bewegung (um 660) vermittelnd aufge=
treten, so sollte ein andrer sächsischer Stamm
bald höheres Verdienst sich erwerben.

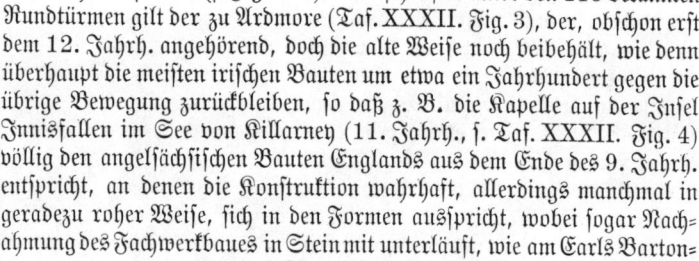

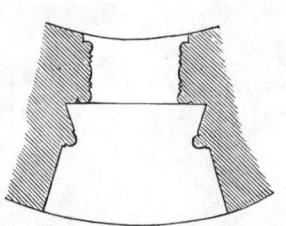

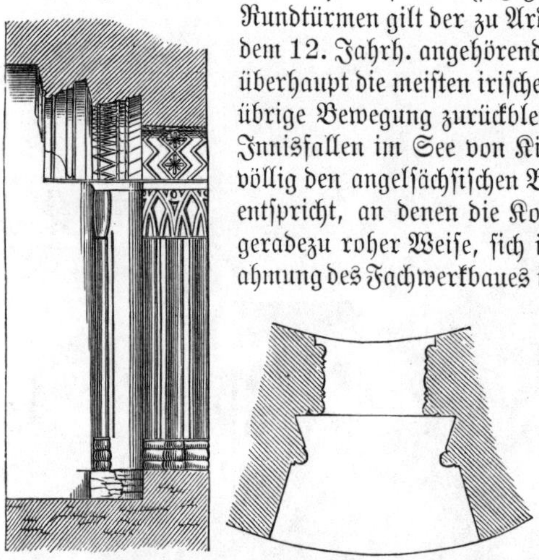

Fig. 193. Portal des Rundturms zu Kildare.

Wir meinen das sächsische Kaiserhaus.
Hatte schon Heinrich I. nicht nur für die Sicherheit des Landes, sondern auch für die
nur bei solcher blühenden Gewerbe gesorgt, nicht nur den Burgenbau, sondern auch die
bürgerliche Baukunst
gefördert und sich den
Beinamen des Städ=
tegründers erworben,
so sollten die
von ihm gegründeten
Städte unter seinem
Nachfolger Otto I.,
dessen erste Gattin
Editha angelsächsische
Prinzessin war, sich
nun auch mit hehren
Gottestempeln, statt=
lichen Rathäusern,
Brunnen und Bild=
säulen schmücken. —
Otto gründete u. a.
um 960 den Dom zu
Magdeburg, Kloster
Bergen, die Bistü=
mer Merseburg, Zeitz
und Meißen, die
Stifte Havelberg und
Brandenburg, später
auch die Abtei zu
Memleben, förderte
961 den Bau der Ze=
nokirche zu Verona,

Fig. 194. Stiftskirche zu Gernrode (961—964).

die Restaurierung von Kirchen in Dalmatien, brachte von dort und aus Ravenna Säulen,
Altarplatten und andre Arbeiten, vermutlich auch langobardische Steinmetzen nach Magdeburg
und verpflanzte so den langobardisch=romanischen Stil an die Elbe, wie dies unsre neuesten

C. Stile der Völker mit direkt vererbter Kultur. IV. Christliches Mittelalter. Frühromanisch. 219

Forschungen ergaben, während man früher meinte, daß erst Ottos II. Vermählung mit der griechischen Prinzessin Theophanu zum Eindringen des byzantinischen Stils in Deutschland Anlaß gegeben habe, die allerdings vielleicht byzantinische Emailleure, Goldschmiede 2c. an ihren Hof zog, vor denen aber bereits einheimische, wie z. B. Bernward von Hildesheim, gewirkt hatten. — Am Kloster auf dem Kalkberg zu Lüneburg waren rheinische, 965 mit Abt Linderich aus Köln gekommene Werkleute thätig, in Schildesche bei Bielefeld bauten 939—958 fränkische Quadermaurer und Putzmaurer eine Kirche; Ottos Feldherr Markgraf Gero stiftete 960 das Frauenkloster Gernrode mit Frose; Rigdag von Meißen 965 die Kirche zu Gerbstädt bei Eisleben. — Sein Bruder Bruno baute als Erzbischof von Köln die dortige Kirche St. Severin 948 neu auf, restaurierte Groß St. Martin, baute St. Cäcilia und stiftete das Kloster St. Pantaleon, aus dem Linderich hervorging. Sowohl hier als in den Klöstern zu Soest und St. Vincent zu Soignies im Hennegau, die beide auch von Bruno gestiftet sind, haben sich nur kärgliche Reste seiner Bauten erhalten; ebenso in Lüttich, Gernsheim und Gladbach.

Fig. 195. Der Dom zu Pisa.

Unter Ottos Ägide entstanden auch Neubauten von St. Maximin zu Trier, von St. Peter und des Altmünsters in Mainz, die Klöster zu Aschaffenburg, Altorf und Maurmünster im Elsaß, der Dom zu Konstanz, Kloster Öhningen, das Großmünster zu Zürich 2c., das Nonnenchor im Münster zu Essen, das wir schon erwähnten. Letzteres, nebst den in den jetzigen Dom überführten Resten des ersten Doms zu Magdeburg, und der in wichtigen Teilen erhaltenen Stiftskirche zu Gernrode (Fig. 194) machen uns bekannt mit den Formen jener Zeit.

Der mittelromanische Stil war das Ergebnis der unter den Ottonen vollzogenen Vereinigung byzantinischer, langobardischer, dalmatinischer, rheinisch=deutscher und frankogallischer Künstler an gemeinschaftlichen Bauten. Erhalten sind u. a. noch außer den genannten Bauten in dem Reiche der Ottonen die Georgskirche auf der Insel Reichenau um 920; die Säulenkrypta zu Werden an der Ruhr nebst runder Apsis um 970; die Unterteile der zwei östlichen Rundtürme am Dom zu Mainz, 1009 ff.; der Westteil der Kirche zu Maursmünster (Marmoutier) im Elsaß mit dreischiffiger Vorhalle zwischen zwei Türmen und einem dritten Turm über dem hinter der Vorhalle aufragenden Giebel, 972 ff.; St. Cosimato in Trastevere zu Rom, 997, die Liebfrauenkirche zu Magdeburg, um 1014 begonnen, der Dom von Pisa, 1006 zuerst, dann 1063 begonnen, 1150 vollendet (Fig. 195), St.

28*

Georg in Köln, 1060 begonnen, die Kirche zu Laach bei Andernach, 1093—1156 erbaut (siehe den Grundriß auf Taf. XXXIV. E); der Unterteil des westlichen Turmbaues der Liebfrauenkirche zu Halberstadt 996—1023; die Michaelskirche zu Hildesheim 1001—1033 (f. Taf. XXXIII. Fig. 2 und Taf. XXXIV. B), mit Stützenwechsel; Mittelschiff und Apsis im Obermünster zu Regensburg 1070; Reste des Doms zu Walbeck 1011, einer Pfeilerbasilika mit Querschiff und drei Apsiden; St. Stephan, der sogenannte alte Dom zu Regensburg, mit langobardischen Reminiszenzen, ähnlich der Kirche Sta. Maria del Tiglio zu Gravedona; die kleine Kirche zu Pettendorf bei Regensburg; Teile am Dom zu Brixen; das Baptisterium zu Botzen; Reste einer Säulenbasilika in der Superindentur zu Grimma; die Kirche zu Großenlinden bei Gießen mit originellem Portal (Taf. XXXIII. Fig. 1), zwei runden Westtürmchen und einem Mittelturm; die Burchardikirche zu Würzburg; die Krypta der Stiftskirche zu Quedlinburg 1021; St. Willibrord zu Echternach, 1031 geweiht, mit Stützenwechsel; Teile der Apostelkirche zu Köln, nach 1026. — In Frankreich, wo damals die ersten Capetinger herrschten, sind noch weit mehr Bauten dieser Periode erhalten; hier seien jedoch nur einige genannt. In Anjou: Kirche zu Loches, begonnen 962 (f. Taf. XXXIII. Fig. 3); der Turm von Notre Dame zu Cunault, kurz nach dem Jahre 1000 (f. Taf. XXXIII. Fig. 5), dessen Steinhelm mit seinen Nebentürmchen ebenso wie die Schuppen an den Wölbanfängen der trichterförmigen Kuppel in Loches ganz ähnlich an normannischen Bauten in Sizilien und Unteritalien wiederkehren. Nach Aquitanien wurde eine mehr an das Byzantinische anlehnende Richtung verpflanzt, indem dort etwa von 976—1047 venezianische Einwanderer in Perigueux die Kirche St. Frontin (f. Fig. 196) unter fast völliger Nachahmung der Markuskirche erbauten, die 976 auf den Laguneninseln nach einem Brande massiv und schöner, aber noch immer ganz lombardisch, erbaut und 1008 geweiht wurde, worauf sie von 1052 an in mehr byzantinischer Weise umgestaltet ward. Die kleinen Aufsätze der Kuppel zu Perigueux, sowie der ihnen gleichende Turmhelm daselbst erinnern lebhaft an die Tells in Syrien. — Eine der ziemlich zahlreichen Nachahmungen dieser Kirche ist die zu Souillac, aus der Mitte des 11. Jahrhunderts. Am deutlichsten zeigt sich die Nachwirkung der Antike an den Bauten der Provence, von denen hier nur die Apsis der Kirche zu Alet genannt sei, während in Burgund wie am Rhein der langobardische Einfluß, z. B. an der Kirche von St. Menoux, welche noch dem 10. Jahrhundert angehört (f. Fig. 197), fast eben so klar hervortritt, wie in Maursmünster und in Rosheim (um 1050) sowie in andern

Fig. 196. Frontin zu Perigueux (976—1047).

C. Stile der Völker mit direkt vererbter Kultur. IV. Christliches Mittelalter. Mittelromanisch. 221

Kirchen des Elsaß und in der Schweiz, z. B. an der 994 begonnenen Kirche zu Romainmotier mit ihrer zweigeschossigen Vorhalle, die ihre Schwestern zu S. Abondio bei Como und zu Sesto Calende hat, und in der nicht viel jüngeren zu Granson am Neuenburger See, bei welcher (s. Fig. 198) eine vorher noch nicht versuchte totale Überwölbung des ganzen Innenraumes in derselben Weise erreicht ist, wie an vielen langobardischen Kirchen im Osten und Süden Italiens aus der Zeit von 1020—1050 und an vielen in der Provence und Auvergne ꝛc. aus der Zeit von 1050—1100. Charakterisiert wird dieser mittelromanische Stil besonders durch Folgendes: 1. Die Durchbrechung der Horizontallinie wird häufiger, die Teilung durch Lisenen und der Rundbogenfries konsequenter angewendet. — 2. Die Dächer werden etwas steiler (bis zu 35° gegen die Horizontale), und es wird der unten nicht horizontal abgeschlossene Giebel als architektonisches Element eingeführt. — 3. Die westlichen gepaarten Glockentürme erscheinen schon als wesentliche Teile des Gebäudes; ihre Formen fangen an, sich zu entwickeln, sie sind entweder von oben bis unten in viele Geschosse abgeteilt, in deren jedem, bei viereckigen Türmen an jeder Seite, eine Gruppe von zwei oder drei nur durch Säulen getrennten Fenstern mit Scheiben zwischen den Bogenwinkeln sitzt, und haben dann im Süden zwar selten, im Norden aber schon häufig Giebel auf den vier Seiten, oder sie zerfallen, besonders im Süden, nur in zwei Teile; der untere Teil enthält die Treppe und ist nur vertikal durch Lisenen geteilt, oft im ganzen geböscht, der obere ist ein Pavillon mit mehrteiligen Fenstern und noch ziemlich flachem Helmdach, welches aber allmählich steiler wird. — 4. Die gegliederten Querschiffe kommen immer allgemeiner zur Geltung und bewirken die vollständige Ausbildung des kreuzförmigen Kirchengrundrisses. — 5. Die bisher hallenförmige Vorhalle wird zum geschlossenen Raum, und vor dieselbe setzt sich ein reich gegliedertes Portal (s. Taf. XXXIII. Fig. 1 und 4); Atrien werden selten noch neu angelegt. — 6. Die Krypten gewinnen größere Ausdehnung und Höhe und sind meist nach dem Schiffe zu in Arkaden geöffnet. — 7. Der Chor wird demgemäß höher gelegt, durch größere und zahlreichere Fenster beleuchtet und durch Herumziehen der Seitenschiffe hinter dem Schluß des Mittelschiffes zum sogenannten Chevet gestaltet (vgl. Fig. C und F auf Taf. XXXIV mit B und E). — 8. Die Kuppel- und andern Gewölbe kommen seltener als bisher äußerlich zur Ansicht, sondern werden meist unter einem Holzdach verborgen. Auch die Kapitäle und andre Details bildeten sich natürlich weiter aus, freilich immer noch wesentlich auf den von den Langobarden beschrittenen Bahnen, wie in den hier gegebenen Abbildungen, besonders Taf. XXXIII. Fig. 2 und 4 sowie an den bei Fig. 196 angefügten Details zu ersehen ist.

Fig. 197. Äußere Ansicht der Kirche zu Menoux in Burgund (um 990).

Eine neue Stilwandlung erfolgte zur Zeit der fränkischen Kaiser. Waren es nur einzelne byzantinische Anklänge, die, vermittelt durch Langobarden und Ostgoten, in das occidentale, aus dem lateinischen hervorgegangene System sich einschlichen, so hatten diese Anklänge doch, vereint mit den Einflüssen der Nationalität, Detailbildung und Disposition, den Stil schon zu Anfang des 11. Jahrhunderts ziemlich vollständig umgewandelt. Der nun aus solcher Verschmelzung und Durchdringung hervorgegangene und etwa von 1030 bis kurz vor 1200 nur unter minder wichtigen Abänderungen befolgte **spätromanische Stil** hat trotz des teils byzantinischen, teils lateinischen Ursprungs seiner Formen dennoch sein eigentlich schöpferisches Prinzip in der in ihn aufgenommenen germanischen Auffassung des Christentums. Der Kern Italiens, d. h. Rom, wirkte im Anfang der Epoche sehr wenig in baulicher Beziehung, und dies Wenige hängt fest an der Tradition, d. i. an altchristlichen Formen. Der romanische Stil selbst ist aber seinem Grundcharakter nach, trotz des sonach sich herausstellenden Formenunterschiedes gegen den in Rom selbst befolgten, dennoch im eminenten Sinne ein hieratischer: die Geistlichkeit als Träger der Bildung, besonders aber als die am meisten bauende Gesellschaftsklasse und reichste Korporation, hatte die Baukunst in Händen und hatte sie bisher fast allein ausgeübt. Nun aber, bei der ungemein sich steigernden Anzahl von Kirchenbauten, begann es ihr an ausführenden Kräften zu fehlen. Sie zog daher Laienkünstler an sich, und zwar von allen Nationalitäten, wie ja auch die Geistlichkeit selbst in ihren Reihen Söhne aller christlichen Länder sah. — Wie diese Geistlichen, so wurden auch die Laienarchitekten oft aus einem Lande ins andre versetzt, und allmählich verminderten sich denn die nationalen Unterschiede der baulichen Formen ganz bedeutend; zuerst bezüglich der Raumdisposition der Kirchen, deren verschiedene Gestaltung fortan im wesentlichen nicht mehr von dem Lande, in dem sie entstanden, sondern fast nur von dem Zwecke, dem sie dienten, abhing. Es unterschied sich demnach allerdings die Pfarrkirche von der Klosterkirche (unter diesen wieder haben die Kirchen der Franziskaner, Benediktiner ꝛc. ihre besonderen Anlagen), die bischöfliche Kathedrale von der Stiftskirche ꝛc. — In Stiftskirchen, Kollegiatkirchen, Kathedralen wurde der Chor jetzt abermals entsprechend der Anzahl der Geistlichen vergrößert und mehr vom Laienschiff abgeschlossen, indem die Cancellenwand zum Lettner erhöht ward, auf dem nun das Evangelienpult seinen Platz erhielt. Bei den Kirchen der Benediktiner, Cistercienser ꝛc. wurde das Kreuzschiff bedeutend verlängert und eine Reihe von Kapellen östlich an dasselbe gelegt; bei Kathedralen fügte man gern an den Umgang des Chevet sogenannte Radialkapellen, meist drei (s. Taf. XXXIV. Fig. C), doch auch schon frühzeitig oft fünf, an. Einige Züge aber waren allen Kirchen gemeinsam und modifizierten sich, obschon schwächer wie früher, doch noch teilweis nach der Nationalität. Das gilt z. B. von der Geltung des Vertikalprinzips. Die Fenster, vor kurzem meist noch mit dünnen, halbdurchsichtigen Steinplatten verschlossen, füllte man nun fast allgemein mit bunt bemalten Glasscheiben aus. Häufig kommen auch außer den im Halbkreis geschlossenen ganz kreisrunde Fenster, sogenannte Radfenster, sowie in Hufeisenbogen, oder in vielen kleinen Bogen geschlossene, sogenannte Fächerfenster vor. Die Glockentürme, nun allgemein eingeführt, standen zwar in Italien hier und da noch getrennt neben der Kirche, im ganzen Norden aber allgemein, in Kalabrien häufig paarweise, nächst dem westlichen Haupteingange, manchmal auch neben dem Chor aufgerichtet. Im Innern waren die Kirchen immer noch reich bemalt oder mit Mosaik geschmückt, die Altäre mit steinernem Überbau oder mit einem Stoffbaldachin versehen.

Fig. 198. Durchschnitt der Kirche zu Granson, Schweiz (um 1020).

Fig. 199. Strebbogen aus Chartres 1195.

C. Stile der Völker mit direkt vererbter Kultur. IV. Christliches Mittelalter. Spätromanisch. 223

Betreffs der Kapitäle hatte man nun das Würfelkapitäl (s. oben) gefunden, und es beginnt zwischen dieser Form und der auf dem korinthischen Kapitäl basierten ein Kampf, dessen Frucht eine Unmasse teils gänzlich unverstandener, teils merkwürdig schöner Variationen jener Kapitälform ist, aus dem aber endlich eine, namentlich im Norden, streng und ernst durchgebildete Kapitälform hervorgeht, die als eigentlich fertiges romanisches Kapitäl anzusehen ist. Wir geben eins der schönsten in Taf. XXXV. Fig. 3 aus dem 1170 vollendeten Palast zu Gelnhausen; die Ornamente erscheinen nicht mehr als Verbergung der eigentlichen Grundform, sondern rein als Verzierung, als ästhetische Hebung derselben; nur im Süden, in Ungarn, Sizilien und Kalabrien, ist dies weniger der Fall. Dort wendet man hier und da noch Umgestaltungen des korinthischen Kapitäls an.

Fig. 200. Kirche Notre Dame zu Poitiers.

Die Säule nebst Zubehör wird in ornamentaler Beziehung höchst mannigfach behandelt. Die Flächen der Kämpfer, Friese, Gesimse ꝛc. werden mit mannigfachen Ranken- und Band verschlingungen verziert. Die Pflanzenteile derselben erinnern nicht mehr an eine bestimmte Pflanzengattung und ordnen sich den geometrischen Linienverschlingungen unter; Proben davon s. Taf. XXXV. Fig. 4 und 5.

So zeigt denn auch das Flachornament des spätromanischen Stils in seinen Formen durchaus weder die starre Anlehnung an römisches Ornament, wie sie im frühromanischen Stil noch vorherrscht, noch die unharmonische Nebeneinanderstellung von übertrieben stilisierten und naturalistischen Formen, die wir am byzantinischen Ornament zu bedauern hatten. Besonders reich und keck erscheinen diejenigen Ornamente, in denen die Ranken mit grotesk veränderten Tiergestalten u. s. w. durchflochten und besetzt sind. Erhalten sind uns Muster dieser Verzierungsweise außer an Gebäuden noch vielfach in Miniaturgemälden, Metallarbeiten, Holzschnitzereien, Elfenbeinschnitzereien u. s. w. Alle diese Arbeiten zeugen nicht nur von großer Prachtliebe der Besteller, sondern auch von staunenswerter Geschicklichkeit der Verfertiger, von reicher Phantasie und sehr feinem Farbensinn, dabei aber auch von einer oft bis an das Kindliche streifenden Naivität.

Da die Ornamentik dieses Stiles durchaus noch nicht gebührend gewürdigt und gründlich studiert ist, möchten wir zu dem Studium derselben ganz besonders anregen. — Auch Burgen und Klöster, letztere vornehmlich beachtenswert wegen der oft sehr anmutigen Kreuzgänge, wurden vielfach in diesem Stile aufgeführt. Leider sind uns von romanischen Burgen gewöhnlich nur die Kapellen und einige Fensternischen, hier und da, z. B. in dem wohl auch von Langobarden beeinflußten Gelnhausen, ein Kamin oder Portal, sonsthin aber sehr weniges verblieben.

Fig. 201. Kirche zu Hidderdal in Norwegen.

Desto mehr Kirchen besitzen wir noch aus dieser Zeit, so daß wir uns auf Nennung nur der allerbedeutendsten beschränken müssen. Am Rhein, wo dieser Stil weitaus die reinste und klarste Entwickelung fand, stehen viele Erzeugnisse desselben, so in Köln die 1098 begonnene Apostelkirche, St. Maria im Kapitol, in Sinzig die Stadtkirche, in Laach die Abteikirche (s. E auf Taf. XXXIV), 1093 begonnen, 1156 vollendet, der Dom in Speier (Taf. XXXV. Fig. 1), 1030 begonnen, die Dome zu Naumburg, Merseburg, Bamberg, 1193 begonnen (Taf. XXXV. Fig. 6) und viele andre bezeugen die hohe Stufe seiner Ausbildung, während man in Frankreich noch vielfach an merowingischen Traditionen festhielt und dabei ganz absonderliche Dinge neben sehr schönen Bauten, wie St. Sernin in Toulouse (1100), erzeugte, z. B. die 1150 erbaute Westseite von Notre Dame zu Poitiers (Fig. 200). In England blieb man etwas zurück, wie dies die Kathedrale zu Norwich 1098 bezeugt. Auch in Italien hielt man sehr zäh an der Überlieferung; dies bezeugt die 1013 begonnene Kirche S. Miniato al Monte zu Florenz, an welcher vieles noch fast altchristlich erscheint; in Pisa harmoniert das 1153 begonnene Baptisterium (s. Fig. 195 links) und der 1174

C. Stile der Völker mit direkt vererbter Kultur. IV. Christliches Mittelalter. Spätromanisch. 225

begonnene schiefe Turm noch völlig mit der 1063 begonnenen Domfront. Am nächsten dem eigentlichen romanischen Stil stehen die Kirchen von S. Pietro und S. Maria maggiore zu Toscanella, letztere 1093 begonnen, die zu Corneto ꝛc. Eine der schönsten Bauten des südlich-romanischen Stils ist die Kathedrale zu Zara in Dalmatien, 1192 begonnen. Doch wir unterlassen lieber die weitere Aufzählung, denn wir könnten damit allein das Buch füllen. Während der Herrschaft des Stils war übrigens fast nie ein Stillstand zu verzeichnen; denn die auf technischem Gebiete gemachten Fortschritte fanden sofort Ausdruck in den architektonischen Formen, und dieser Fortschritte waren nicht wenige. Einer der wichtigsten darunter oder vielmehr eine ganze stetige Reihe solcher Fortschritte betraf die im Laufe des 11. Jahrhunderts, wie wir sahen, studierte und mit Beginn des 12. Jahrhunderts siegende vollständige Überwölbung aller Räume der Kirche mit Kreuzgewölben, wodurch zwar anfangs, ehe man die Sache völlig beherrschte, eine gewisse Gebundenheit in Raumbemessung und Disposition, dann aber, namentlich als man durch die um 1150 immer häufiger werdende Anwendung des Spitzbogens aus dieser Gebundenheit sich wiederum gelöst hatte, in vieler Beziehung eine noch malerischere Gestaltung herbeigeführt ward. Ein Beispiel für erstere Übergangsstufe ist das Münster zu Zürich. Auch wurde man nun genötigt, die Säulen

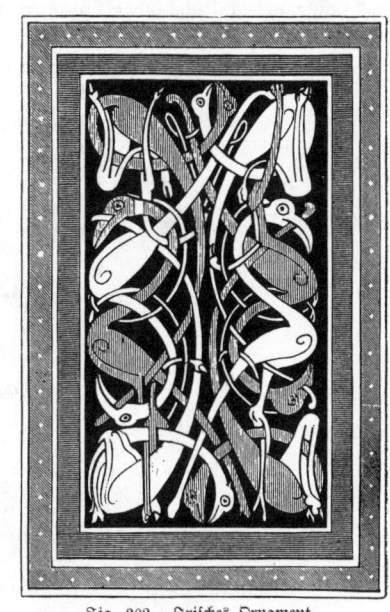

Fig. 202. Irisches Ornament.

zu verbannen, und die sie ersetzenden Pfeiler erhielten bald eine, den Richtungen der von ihnen ausgehenden einzelnen Gewölbteile entsprechende Gliederung durch Ansetzen von Halbsäulen und Säulchen, welche die Gurtbögen tragen. Durch alle diese Veränderungen wurde das Vertikalprinzip zu erhöhter Geltung gebracht, sowohl innen als außen. Die Umfassungsmauer konnte man nämlich nun in den Schildern der Kreuzgewölbe verschwächen und brachte dafür bei den Gewölbanfallspunkten sehr stark auskragende Lisenen, sogenannte Sporen, endlich wirkliche Strebepfeiler an. Zwischen Widerlager und Dach konnte man ebenfalls die Mauer schwächen und dadurch entstanden die sogenannten Zwergarkaden dicht unter dem Hauptsims und gleichzeitig die fliegenden Streben, welche nun auch schnell zu schöner Formausbildung gelangten (s. Fig. 199). Die vielfachen Abweichungen in den einzelnen Ländern sind meist auf Rechnung des zu Gebote stehenden Materials zu setzen, indem die Baumeister jener Zeit, in Nachfolge der Langobarden, das Material in Form und Farbe zur Geltung brachten, so daß Disposition und Detailformen sich bedeutend abänderten, je nachdem die Kirche in geputztem Bruchstein, in Quaderbau oder

Fig. 203. Kathedrale zu Tschernigow bei Kiew (gegr. 1024).

in Backsteinbau ausgeführt wurde; ja sie fanden es sogar nicht unter ihrer Würde, ein bis dahin immer verachtetes, nur als Aushilfe betrachtetes Material, das Holz, für die Formgebung organisch zu verwerten. Eine eigentümliche Richtung nahm deshalb der spätromanische Stil in den holzreichen Gegenden Mährens, Norwegens ꝛc. Hier war man

226   Baukunst und technische Künste.

auf das Holz als Hauptbaumaterial angewiesen. Wenn schon dadurch sowie durch die nötigen Rücksichten auf das Klima die Formen verändert wurden, so scheint auch irgend eine, bis jetzt noch nicht in ihren Ursprüngen nachgewiesene, vielleicht aber von den Goten aus Asien mitgebrachte orientalische oder byzantinische Tradition Einfluß auf die Gestaltung dieser norwegischen Holzkirchen gehabt zu haben, von denen wir eine der charakteristischsten, die zu Hidderdal, in Fig. 201 mitteilen (vgl. den Grundriß Taf. XXXIV. A).

Fig. 204. Turm des Iwan Weliki in Moskau.

Ähnliche stehen in Borgund, Tind, Urnes 2c. — Auch Dänemark besitzt solche. Eine der bedeutendsten Gruppen von Holzbauten aber führt vom ungarischen Bistum Szathmár durch Galizien, Mähren, Böhmen, einerseits nach Sachsen (Mauersberg, Groß-Rückerswalde) und Thüringen, anderseits durch Schlesien, die Lausitz, an der Oder hinab bis Pommern (Barenbusch bei Neustettin) und Preußen (Bialutten, Lensk, Malga, Skottau, Leip, Peterswalde), und schließt also beinahe an die norwegische Gruppe an. Die meisten derselben gehören jedoch nicht mehr der romanischen, sondern der aus ihr hervorwachsenden gotischen Formengruppe an. In der weiteren Entwickelung des Stils kam nämlich neben der geschilderten Rücksichtnahme auf die Natur, ja auch auf die Farbe des Materials, das Bestreben zur Geltung, die bisherigen Hemmnisse freierer Raumgestaltung zu beseitigen, ja dieses Streben führte bald dazu, daß man sich anstrengte, das Material zu beherrschen, die im Bau wirkenden Kräfte, wie z. B. die Schwere, den Druck des Gewölbes 2c., nicht nur in ihren schädlichen Wirkungen zu hemmen, sondern dem Hauptzweck der Raumgestaltung dienstbar zu machen, indem man ihnen bestimmte Richtungen anwies, ihre Wirkung von der breiten Mauermasse

C. Stile der Völker mit direkt vererbter Kultur. IV. Christliches Mittelalter. Abzweigungen. 227

auf einzelne Punkte konzentrierte ꝛc. — Alles das würde, wenn ein Stillstand, eine Ruhe=
pause in den technischen Fortschritten eingetreten wäre, zu größerer Stileinheit, zu Abrundung
des Stils geführt haben, sollte jedoch über diese hinaus zu der Entstehung der Gotik
führen. Die aus konstruktivem Bedürfnis ausgebildeten Formen wurden zunächst auch durch
konstruktive Rücksichten wieder verdrängt, zu denen allerdings auch rituelle kamen und
neben denen die durch Kennenlernen der islamitischen Kultur (dies bewirkten, wie wir sehen
werden, nur teilweis die Kreuzzüge, teilweis die Normannen) verursachte Veränderung
der Lebensanschauungen, Erweckung des Sinnes für feineren Luxus, besonders für größere
Zartheit der Formen, leichtere Verhältnisse, elegantere Farbenerscheinung ꝛc. Einfluß übten.

Fig. 205. Kirche zu Zarskoje=Selo.    Fig. 206. Inneres der Kirche zu Kostroma.

Die infolge so mannigfacher Einwirkungen eintretende Fortbildung des romanischen zum
gotischen Stil wurde und wird von denjenigen, welche diese Einwirkungen nicht alle
kennen oder nicht berücksichtigen, nicht als Fortbildung, sondern als Übergang zu einem ganz
neuen, anders gearteten Stil, von andern sogar als besonderer Stil betrachtet und bezeichnet
und demgemäß Übergangsstil, auch romanischer Spitzbogenstil, vorgotischer Stil ꝛc.
genannt und im Anschluß zu dem romanischen Stil besprochen. Aber erstens war diese Zeit
nur eine Entwickelungsperiode, deren Erzeugnisse durchaus nicht genügend in sich fertig sind,
um ihrem höchst inkonsequenten Formensystem den Namen Stil beilegen zu können; zweitens
ist die Periode sehr schwer zu begrenzen. Während nämlich noch 1230 in Bamberg, 1239
am Westchor zu Mainz in spätromanischer Weise weiter gebaut wird und Ähnliches in Tos=
cana, Rom, Dalmatien ꝛc. der Fall ist, begegnen wir bereits 1088 in der Paulskirche zu
Halberstadt, fast zu derselben Zeit in Sizilien und Unteritalien den ersten Spuren des Über=
gangs zur Gotik; in Frankreich treten diese Spuren um 1140, am Rhein hier und da um
1150 auf, und um 1227 zeigt sich das neue System an der Liebfrauenkirche zu Trier schon
vollkommen entwickelt. Drittens endlich kann man diese Spuren nur erkennen und verstehen,
wenn man vorher einige Abzweigungen des byzantinischen Stils, die der christlichen Kunst
angehören, und ihren Einfluß auf die nichtchristliche Kunst des Mittelalters kennen gelernt

29*

hat, weil diese wiederum auf jene entscheidende Wandlung des romanischen Stils einwirkten. Dies zeigt uns also den Weg für unsre weitere Betrachtung.

Russische Bauweise. Der im oströmischen Reich entstandene, mit der griechischen Kirche eng verwachsene byzantinische Stil teilte die Geschicke jener Kirche. In Asien und in der europäischen Türkei vom Islam verdrängt, fanden beide ein Asyl in Rußland. Der Kultur dieses Landes entsprechend, nahm er bereitwillig asiatische Elemente und Formen in sich auf, die hier und da beinahe an das Buddhistische erinnern. Im Laufe der Zeit gelangte dies Gemisch zu einer ganz eigentümlichen Ausbildung. Die Disposition der kleinen und mittelgroßen Kirchen blieb die alte, bei jenen eine, bei diesen fünf Kuppeln. Dadurch aber, daß man diese Kuppeln auf hohe Tambours (trommelförmige Unterbauten) aufsetzte und bei denselben zur Zwiebelform überging, daß man endlich bei sehr großen Gotteshäusern die Anzahl der Kuppeln beliebig vermehrte (s. z. B. Taf. XXVI. Fig. 5), sie selbst auch möglichst mannigfaltig gestaltete, nahm der Charakter dieser Bauten eine oft sehr phantastische Gestalt an. Dabei verwuchs dieser Stil so mit dem Geschmack des russischen Volkes, daß selbst die eindringende Renaissance nur an einem Teil der Details zur Geltung kam.

Wir geben unsern Lesern in Fig. 203 eine der frühesten russischen Kirchen, die um 1024 gegegründete Kathedrale von Tschernigow bei Kiew; in Fig. 204 aber eine Gruppe von Kirchen verschiedener Zeiten; in der Mitte sehen wir den Turm des Iwan Weliki, ums Jahr 1600 in Moskau gebaut, welcher mit dem 1650 vollendeten Glockenhaus und den beiden neben ihm etwas nach rückwärts stehenden Kirchen, von denen die links, der Erzengeldom, im 14. Jahrhundert, die rechts stehende, nur zum Teil sichtbare Himmelfahrtskirche 1479 von Aristoteles Fioravanti aus Bologna erbaut ist, das Gesagte bestätigt. Höchst interessant sind noch die russischen Holzkirchen, äußerlich den Blockhäusern ähnlich konstruiert, oft mit Kuppeln versehen, wie die Fig. 205 dargestellte Kirche Zarskoje-Selo, oft aber auch mit glattem Satteldach, unter dem dann meist ein hölzernes Tonnengewölbe sich befindet; Fig. 206, die innere Ansicht einer solchen Kirche zu Kostroma, gibt zugleich im Hintergrund ein Bild der in allen griechisch-katholischen Kirchen vor dem Altarplatz sich erhebenden Bilderwand (Ikonostasis). Auch

Fig. 207. Vas lustrale in Mailand.
Gefertigt zwischen 973 u. 978.

diese, zugleich Scheidewand zwischen Schiff und Altarplatz, hatte im romanischen Stil ihre Parallelerscheinung, den sogenannten Lettner, welcher, wie wir sahen, im Occident aus der Versetzung der Ambonen auf die erhöhten Chorcancellen entstanden war.

Überhaupt werden unsre Leser bemerkt haben, daß die bisher betrachteten christlichen Stilarten eigentlich nur lokale, zeitliche und nationale Abzweigungen eines und desselben Stiles zu nennen sind. Dieselben Wandlungen, die der Baustil dabei erfuhr, betrafen auch die technischen Künste, in deren Werken eine viel innigere Verwandtschaft mit den architektonischen Formen schon deshalb sich einbürgerte, weil bei dem immer steigenden Prunk der kirchlichen Feierlichkeiten diese Künste sehr stark zum Dienst der Kirche herangezogen wurden.

In der ersten Zeit des Christentums behielten, wie schon in bezug auf die Baukunst erwähnt wurde, sowohl die lateinischen als die byzantinischen Künstler die römischen Formen in der Hauptsache bei. Aber dieses Formensystem hatte mit dem Sturz des Heidentums seine Basis verloren. Auch hatte der römische Stil einen so hohen Grad von schwerfälligem Prunk entfaltet, daß mit Verwendung der von den Römern angewendeten Mittel allein

C. Stile der Völker mit direkt vererbter Kultur. IV. Christliches Mittelalter. Abzweigungen.   229

kaum eine Steigerung möglich gewesen wäre. Dennoch wurde den Künstlern teils durch den steif zeremoniellen, dabei aber sehr luxuriösen Hof von Byzanz, teils durch die Anforderungen und Ritualvorschriften der sofort nach Befreiung des Christentums auch für äußere glanzvolle Erscheinung besorgten Geistlichkeit die Aufgabe, die römischen Palast- und Tempelbauten und ihre Ausstattung an Pracht zu überbieten.

Um diese Anforderung zu erfüllen, mußten neue Mittel geschaffen werden. Auf eigentlich künstlerischem Gebiete diese zu finden, scheinen aber die damaligen Künstler nicht genug Frische der Phantasie besessen zuhaben. So kam es denn, daß die byzantinischen Ornamente da, wo die römische Anordnung beibehalten wird (Taf. XXIV. Fig. 6), einerseits ein ermattetes Zurücksinken zum Schematismus, anderseits ein frisch entschlossenes Verlassen der zum Übermaß ausgebeuteten Akanthusform zeigen, um dafür neue, meist symbolisch mit der

Fig. 208. Frontale Heinrichs II.

Religion zusammenhängende Formen zu wählen, wie Wein, Ähren, Palmen ꝛc.

Da hingegen, wo sie nicht lediglich neue Einzelformen verwenden, sondern auch die römische Anordnung verlassen wollten, verfielen sie leicht in trockene, konventionelle und unorganische Aneinanderreihung oder Nebeneinanderstellung, deren Mängel sie aber gefühlt zu haben scheinen, denn sie suchten wenigstens einigen Zusammenhang durch ein die einzelnen Figuren umziehendes und zugleich verknüpfendes Band zu erzeugen (Taf. XXIV. Fig. 5). Dieses neue Motiv wurde bald in höchst pikanter Weise zu den mannigfachsten Knotenverschlingungen ausgebildet, dann aber so vielfach und in so gesuchter Weise ausgebeutet, wie dies die Römer kaum mit den Akanthusranken gethan hatten. Eine der absonderlichsten Richtungen schlugen die irischen Mönche ein, indem sie vogelähnliche Tiere schlangengleich verlängerten und mannigfach miteinander verstrickten (s. z. B. Fig. 202). Die Langobarden schlugen einen andern Weg ein, indem sie die Architekturformen auch auf die Werke der Kleinkünste übertrugen (s. Fig. 207). Diese Bahn verfolgten dann auch die deutschen Künstler, wie dies Fig. 208 beweist, ein Frontale, welches Heinrich II. um 1020 dem Münster zu Basel schenkte, seit 1834 im Hotel Cluny zu Paris verwahrt. Die hauptsächlichsten Neuerungen jedoch, welche die byzantinischen Künstler einführten, lagen auf der Seite der ausführenden Technik. Ornamentale Mosaik, buntfarbiges Ornamentalrelief, Reliefstickerei, Verwendung der edlen Metalle, der Juwelen, Perlen und Halbedelsteine zu Einlagen in Metall, Stein und Holz u. s. w., sind einige von diesen sehr zahlreichen Neuerungen.

Fig. 209. Romanisches Rauchfaß.

Die spätromanische Kunst bemächtigte sich sowohl des byzantinischen Motives der Knotenverschlingungen als auch der römischen Anordnungsmotive, fügte ihnen noch eine Menge neuer hinzu und brachte so eine sehr reiche und verschiedenartig gestaltete Ornamentik hervor, an der man nur etwa das aussetzen könnte, daß die Formen der dargestellten Gegenstände, sowohl der Blätter und Blüten, als auch der sehr häufig verwendeten Drachen, Schlangen, Löwen, Adler und sonstiger Tiere, ja selbst menschlicher Gestalten, sich hier und da zu weit

von der Naturtreue entfernen. Daß man, um das ausgeprägt Naturalistische der spät=
römischen Darstellungsweise zu vermeiden, die Formen stilisierte, war ganz in der Ordnung,
aber bis zur schematischen Andeutung darf diese Stilisierung ebensowenig gehen als bis
zur abenteuerlichen Verzerrung, und beide Abirrungen begegnen uns oft an den Teilen
einer und derselben Arbeit im romanischen Stil. Anderseits trifft man auch Arbeiten von
hoher Grazie der Anwendung und Zeichnung, z. B. das in Fig. 209 dargestellte Rauchfaß
aus vergoldetem Kupfer, welches dem 12. Jahrhundert entstammt.

Asiatische Bauten. Aber nicht nur nach Westen und Norden hin, sondern auch,
und zwar viel stärker, nach Süd und Ost hin übte der byzantinische Stil Einfluß. Hatte
schon Konstantin in und bei Jerusalem, Antiochien 2c. viel bauen lassen, so folgten seine
Nachkommen diesem Beispiel. Nur weniges sei hier noch erwähnt. Theodosius II. (408 bis
450) erklärte Myra zur Hauptstadt von Lykien und baute dort eine Kirche für den
heiligen Nikolaus, die völlig byzantinisch in Anlage und Form ist. Einige weitere Kirchen
in Digun 2c. übergehend, wenden wir uns zu der laut Inschrift 540 von Justinian in
Dana erbauten Basilika, deren Apsis den Hufeisenbogen zeigt und zusammengehalten mit
den Felsengräbern in Mogub und armenischen Kirchen aus der Zeit von 640 bezeugt, daß
diese Bogenform von den christlichen Byzantinern erfunden ist. Armenien, Georgien,
Mingrelien, Syrien und Euphratasien hatten sich unter byzantinischem Einfluß mit Kirchen
gefüllt, an denen der Stil von Byzanz, wenn auch gemischt mit einzelnen sassanidischen,
altsyrischen und andern Reminiszenzen, ja sogar mit einzelnen dschainistischen und bud=
dhistischen Elementen, dennoch erkennbar ist. Ihn also fand Omar vor, als er 630
Jerusalem einnahm und schnell ganz Syrien unterjochte. Bald wurde das ursprünglich
christliche Bausystem im ganzen Morgenlande der durch Mohammed gegründeten neuen
Religion und, damit zusammenhängend, einer neuen Kulturrichtung dienstbar, und es
bildete sich dort durch Vermischung mit indischen und persischen Formen eine neue Kunst=
weise im Dienste der jungen Religion, zu der wir uns nun wenden.

V. **Der Baustil des Islam.** Derselbe breitete sich gleichzeitig mit dem mohammedanischen
Glauben über Asien und Afrika aus und drang 712 n. Chr. auch in Spanien ein. Eine
Zeitlang zeigten die Bauten aller mohammedanischen Länder fast dieselben Formen. Für
die gottesdienstlichen und somit hauptsächlichsten Bauten, die Moscheen, gab es vier Haupt=
anlagen. Die Kapellen, auch Marabuts genannt, bestehen entweder nur aus einem qua=
dratischen Raume mit Kuppel, oder dieser hat noch einen Vorraum; bei manchen stehen auch
2—3 Kuppeln hintereinander, wozu wohl auch noch Seitenkuppeln kommen, so daß ein
Bau entsteht, der etwa einer einschiffigen Kirche mit Querschiff gleicht. Zu dieser Gebäude=
art gehört die eigentliche Moschee Omars in Jerusalem, die 637 schon an die erst 691
zur Moschee El Aksah umgewandelte Basilika des Justinian angebaut wurde, sowie die
jetzige Kirche S. Giovanni degli Eremiti zu Palermo. Die kleinen Moscheen, Mesjids,
etwa unsern Pfarrkirchen entsprechend, sind den byzantinischen Kirchen ähnlich: in einem
quadratischen Raume stehen vier Säulen oder Pfeiler, durch Bogen untereinander und mit
den Wänden verbunden, so daß neun Räume entstehen, die mit Kuppeln bedeckt sind. So
disponiert sind unter andern die frühere Moschee San Cristo de la Luz in Toledo, um 649
(s. Taf. XXXVII. Fig. 9 u. Taf. XXXVI. C, sowie die Moschee zu Tabriz, Taf. XXXVI. D).

Die nächstgrößere Art, Dschami=Si, steht unter einem Imam und entspricht etwa dem,
was man in Italien Pieve oder Mutterkirche nennt. Auch diese ist noch ähnlich der byzan=
tinischen Kirche disponiert; die größte Moscheenart aber, Dschami oder Dschumi, Djuma 2c.
genannt, entspricht etwa unsrer Domkirche oder Kathedrale. Diese Hauptmoscheen bilden
hinter einem großen Vorhof ein Gebäude mit vielen gleichhohen Schiffen nebeneinander
und sind meist nur mit Holzdecke versehen (s. Taf. XXXVI. E., Moschee zu Cordova).
Diese vierstufige Gliederung der Disposition scheint sich schnell ausgebildet zu haben und in
allen Ländern gleichmäßig befolgt zu sein. In bezug aber auf architektonische Durchführung
der Detailbildung machten sich bald Provinzialabweichungen geltend, und so entstanden denn
verschiedene Stilzweige, die getrennte Betrachtung erheischen.

Der **arabische Stil** ist die erste und älteste Gestaltung des islamitischen Stils, welcher
die ältesten mohammedanischen Bauten in den verschiedensten Gegenden alle folgen und aus
der sich dann die Zweigstile erst entwickelten. Formen und Konstruktionsweisen desselben

C. Stile der Völker mit direkt vererbter Kultur. V. Baustil des Islam. Arabisch. 231

sind noch etwas unreif, enthalten aber die Keime für alle bei den späteren Zweigstilen
auftauchenden Formen. Dem römischen Stil entnahm man die Gestaltung der Säule, deren
Kapitäl sich aber sehr bald, von der ionischen und korinthischen Grundform ausgehend,
selbständig entwickelte, wie dies Taf. XXXVII. Fig. 4—7 zeigen; 5 und 7 sind die älteren,
4 und 6 spätere. Dem byzantinischen Stil entnahm man das Aufsetzen der Bogen mittelst
eines Würfels auf das Kapitäl der direkt als Bogenträger verwendeten Säule, sowie die
Besetzung der Außenmauer mit Blendbögen, die z. B. an der Ruine beim Turm der Rose
von Kudeida bei Dschidda (um 700) als gestelzte Rundbögen auftreten. Neu hingegen
war die Methode, in welcher die Araber die Überwölbung größerer Räume behandelten
und die wir später im gotischen Stil sich zu so hoher Vollkommenheit entfalten sehen, wir
meinen die Einrichtung der sich durchkreuzenden Bögen. Diese, sowie auch die Mauerbögen
über Thüren u. s. w., zog man, ebenfalls nach dem Beispiel der Byzantiner, um den Sei=
tenschub zu vermindern, nach unten etwas zusammen, weshalb wir sie Hufeisenbogen nennen;
sehr bald schon erhielten sie oft eine kleine Spitze, ja hier und da wurden geradezu Spitz=
bogen angewendet, stets aber schloß man den Bogen in ein Viereck ein.

Fig. 210. Turm der Rose von Kudeida (um 700).

Eines der großartigsten Denkmäler der arabischen Baukunst ist die Moschee, jetzt
Kathedrale, von Cordova. Bei ihrer Erbauung, die im Jahre 786 begann, hatte sie bei
96 m Länge und 79 m Breite elf Schiffe, die von etwa 400 Säulen getragen wurden.
Mit dem Vorhof und durch spätere Verbreiterung wuchs die Länge auf 144 m, die Breite
auf 141 m, die Zahl der Schiffe auf 19, die der Säulen auf über 1200. Nach Vertrei=
bung der Araber hat sie leider vielfältige Verstümmelung erlitten. Wir geben auf Taf.
XXXVI in E den Grundriß, wie er nach Vollendung des ursprünglichen Baues war.
A ist der Vorhof, B die Vorhalle, C der Harem, zweiter Hof, D die eigentliche Moschee,
E das Mittelschiff, F die Halle des Gebetes (Mihrab), a die Nische (Kibla) für den Koran,
b die Kanzel (Mimbar), c die erhöhte Tribüne (Maksuhra) für den Sultan, d die Grab=
kapelle des Gründers (Turbeh), e die Tribüne (Kutbeh) zum Verlesen des Gebetes, f das

Pult für den Koran, g die Tribüne (Maſtatſcheh) zum Ausrufen der Gebetſtunden durch den Muezzin. Auf Taf. XXXVII. Fig. 8 geben wir die Wand des Maſtatſcheh.

Die **ſarazeniſche Bauweiſe**, eine andre Richtung des frühſten islamitiſchen Stils, leitet ihren Urſprung, gleich der arabiſchen, direkt vom byzantiniſchen Stil ab, welcher, wie erwähnt, noch ziemlich deutlich in der Moſchee Omars zu Jeruſalem, aus dem Jahre 637, zu erkennen iſt. Sehr ſchnell aber eignete ſie ſich die von den Saſſaniden gepflegten Spitzbögen an, die ſchon in den älteſten Bauten der Islamiten in Ägypten, Dſchami des Amru zu Alt-Kairo (642 gegründet) Taf. XXXVI. B vorkommen, wo ſie jedoch früheſtens dem Neubau nach dem Brand von 897 angehören, wie ſie auch am Nilmeſſer auf der Inſel Rauda einer der Wiederherſtellungen von 821, 855 oder 869 angehören. Ausgebildet, d. h. äſthetiſch verwertet, zum Teil leiſe hufeiſenförmig erſcheinen die Spitzbögen an der Dſchami Ibn-Tulun zu Kairo, 876 bis 885 angeblich von einem chriſtlichen Architekten erbaut (ſ. Taf. XXXVI. A). Bis dahin hatten die Sarazenen noch ziemlich dicke Türme (ſogenannte Migalets) erbaut. Der Turm der Dſchami Ibn-Tulun iſt ſchon etwas ſchlanker, und der der Moſchee El Azhar bereits zum Minaret ausgebildet, vermutlich infolge ſyriſchen Einfluſſes, der ſich auch darin äußert, daß ſtatt der Pfeiler hier Säulen auftreten und die Bögen nicht reine Spitzbögen ſind, ſondern denen der Moſchee El Akſah zu Jeruſalem ähneln und der ſich von nun ab bis um 1250, ſowohl an der 1141 erbauten Mesjid des Barkauk, als an den Grabmälern der Fatimiten (bis 1171) und den Abujiden (bis um

Fig. 211. Halle der Moſchee El Moyed in Kairo.

1250) bekundet. Die Kuppeln, anfangs niedrig, halbkugelförmig, erhalten im 12. Jahrh. eine kleine Schneppe, erſcheinen im 12. Jahrh. geſpitzt, öfter etwas überhöht oder auf einen runden oder achteckigen Tambour aufgeſetzt. Die Mameluckengräber (1250—1517), Fig. 212, und die Moſcheen dieſer Zeit, zuerſt die 1284—1304 erbaute Mesjid Kalaun, zeigen vielfach occidentalen Einfluß durch Annäherung an italieniſch-mittelalterliche Formen. Die Moſchee des Haſſan (1356—1379) entbehrt völlig der Hufeiſenbögen und neigt beſonders am Portal zu perſiſchen und oſtindiſchen Formen hin, während die 1415—1440 erbaute Dſchami el Moyed in Kairo im Grundriß und in der Form der Arkaden (in letzteren mit Ausnahme der einen Reihe, die leiſe Hufeiſenbögen hat) faſt völlig das Vorbild der Amru-Dſchami wieder aufnimmt. Neuere Bauten zeigen das Sinken des Stils einerſeits durch die Überladung mit unorganiſchen Formen ꝛc. des türkiſchen Stils, anderſeits durch Aufnahme

C. Stile der Völker mit direkt vererbter Kultur. V. Stil des Islam. Sarazenisch. 233

einzelner occidentaler Formen, während der sarazenische Stil anfangs seinerseits auf den Occident eingewirkt hatte. Schon im 7. Jahrh. gründete Okba die Moschee von Kairuan, welche 837 einem Neubau wich, dessen Außenmauern durch sehr wenig vertiefte, aber in reinem Spitzbogen geführte Blendbögen gegliedert sind. Von hier aus unterwarfen die Sarazenen in der Zeit von 827—849 Sizilien, das 909 unter ägyptische Hoheit kam, 1060—1070 von den Normannen erobert ward. Was die Sarazenen in Sizilien gebaut, davon sind nur kümmerliche Reste geblieben, die aber doch, wie die späteren Bauten Kairuans, Aufnahme einzelner langobardischer und byzantinischer Elemente bekunden, z. B. die Art der Kuppelaufsetzung, die äußere Gestaltung der Kuppeln, die aber innen manchmal etwas hufeisenförmig sind — letztere Form, die flachen Blendbögen, die Simse mit Stufenzinnen ꝛc., wurden von Kairuan aus auf Sizilien eingeführt, die Klostergewölbe und Kreuzgewölbe von Ägypten aus, die Stalaktiten ebenfalls, aber nur für Fensternischen und Pendentifs. Während dieser Stil, der ein gewisses einseitiges Hochstreben zeigt, wie wir sehen werden, auf die Gestaltung der normannischen Bauweise und damit auf die gesamte christliche Baukunst einwirkte, wurde er seinerseits ebenfalls mit normannischen Elementen durchsetzt, die sich auch in Kairuan, Marokko ꝛc. Geltung verschafften.

Als afrikanische Wanderstämme, gewöhnlich Mauren genannt, sich der Herrschaft in Spanien bemächtigt hatten, zogen dieselben die Formen ihrer leichten, luftigen Zelte in die Architektur hinein, und so entstand der **maurische Stil** (1238 bis 1485). Seine Formen kennen wir fast nur aus Palästen, da die von den Mauren in Spanien errichteten Moscheen teils zerstört, teils bei Umwandlung in Kirchen bedeutend verändert worden sind. Zwar einigermaßen der spätromanischen ähnlich, aber ungemein schlank und zierlich, ist die Säule dieser Bauweise (Taf. XXXVIII. Fig. 1 u. 6) und sehr mannigfaltig die Bogenform; die Mauern

Fig. 212. Mameluckengrab (um 1450).

sind entweder von Lehm und mit Gipsornamenten belegt, oder von durchbrochener Gipsarbeit, mehr einem Spitzengewebe als einer Wand gleichend; die Fußböden bestehen aus bunten Fliesen, die Decken entweder aus Gips, eine Menge tropfsteinähnliche Zellen bildend, oder sie sind von Zedernholz, mit oft wunderbar verschlungenen, sternförmigen Füllungen. Alles prangt im reichsten Farbenschmuck: überall Springbrunnen, Teiche und Gärten; namentlich ist auf die Badezimmer, mit ihren luftigen Kuppeln und sternförmigen Lichtöffnungen, eine große Sorgfalt verwendet. Das am besten erhaltene Gebäude dieses Stils ist die Königsburg Alhambra bei Granada, mit ihrem schönen Löwenhof und Löwenbrunnen (Taf. XXXVII. Fig. 1).

Aber auch nach Osten drang der Islam siegreich vor und mit ihm seine Kunst, überall, wie im Westen, einen Teil ihrer Formen einführend, andre aber von der früher im betreffenden Lande herrschenden übernehmend. Unter den älteren mohammedanischen Bauten Syriens ist einer der wichtigsten der 686—691 von Abd el Melek vorgenommene Umbau der Justinian-Basilika zur Moschee El Aksah, deren Bögen noch stärker wie in der erwähnten Moschee El Azhar verdrückt sind, bei welcher aber außer der Vierungskuppel im übrigen die Holzdecke und andre sonst bloß in Basiliken sich vorfindende Formen beibehalten sind. Ja sogar die Kreuzform wurde nicht verschmäht, wie sie denn an der Moschee zu Damaskus, einer 705—717 an Stelle einer Johanniskirche gebauten dreischiffigen Basilika mit Querschiff und Vierungskuppel, befolgt und selbst noch in der Moschee des Hassan sehr stark angedeutet ist, wo allerdings der Vierungsraum ein offener Hof ist. Die Moschee von Damaskus hat stumpfe Spitzbögen. Über die Bauten des Harun al Raschid in Damaskus und Bagdad fehlen noch Abbildungen. Von 969 an herrschte in Syrien die sarazenisch-ägyptische Bauweise, und von da ab nähern sich die spanischen, ägyptischen und syrischen Bauformen immer mehr. Auch die Moschee von Cordova besitzt noch in den meisten ihrer Schiffe Holzdecke, obgleich einzelne Wölbungen vorkommen, wie denn überhaupt hier der Stil bei weitem ausgebildeter ist als in und um Jerusalem. In den Bauten des 12. bis 14. Jahrhunderts findet sich endlich in all diesen Ländern das Kuppelsystem vollständig durchgeführt. Überall treten die tropfsteinartigen Zellen, teils an den Pendentifs, teils an äußeren Nischen, teils endlich in ganzen Gewölben auf; schlank und kühn streben schmale Türme, die Minarets, zum Himmel auf. Ihre sowie des Gebäudes und der Kuppel Außenflächen strahlen meist in prächtigem Farbenspiel. Alles atmet denselben Geist wie die Religion, der das Gotteshaus dient: Mystizismus, gepaart mit üppiger Sinnlichkeit.

Fig. 213. Moschee El Akßah zu Jerusalem. Innere Ansicht.

Aber nicht nur Moscheen, Paläste und Gräber waren es, an denen der sarazenische Stil seinen Prunk entfaltete. Die Mohammedaner waren von jeher den Wissenschaften hold, und so erbauten sie denn überall, wohin sie kamen, auch glänzend ausgestattete Hochschulen (Madrissas), Bibliotheken, Spitäler u. s. w., die sie mit all der hohen Schönheit ausstatteten, die ihr Stil erlaubte. Überall, wo vorher schon die Baukunst geblüht hatte, nahm er einzelne Formen der von ihm verdrängten nationalen Stile auf, besonders in bezug auf Disposition und Massenverteilung der Gebäude; so entstanden die originellsten Gebäude, die man sich nur denken kann; so erklärt sich auch die bedeutende Verschiedenheit von Gebäuden gleicher Bestimmung. Ganz besonders auffällig ist das in Ostindien und Persien. In Persien zeigt das älteste erhaltene Gebäude, das Imaret oder Karawanserai der Ulu-Dschami in Erzerum, vermutlich kurz nach 1200 erbaut, noch reine Spitzbögen und kann bei flüchtiger Betrachtung für eine siculo-normannische Kirche gehalten werden. Erst die 1294 erbaute Moschee zu Tabriz (Taf. XXXVI. D und Fig. 214) zeigt die gedrückten Spitzbögen; von da ab gefiel man sich besonders in der Anwendung recht vieler Kuppeln. Eine der schönsten hat das Fig. 215 u. Taf. XXXVI. F u. G dargestellte Grabmal des Khodabendah zu Sultanieh, um 1310 erbaut; es hält überhaupt die sarazenischen Formen noch ziemlich streng inne, hat aber doch schon an den unteren Bögen eine allerdings noch schüchterne Schneppe, deren Vergrößerung allmählich den alten Spitzbogen zum sogenannten Kielbogen umwandelte, dem nun auch die Kuppeln folgten, wie z. B. an der von Huſſein Schah 1695 erbauten Madriſſa zu Iſpahan. Oſtindiens Eroberung begann der Ghaznavide Mahmud 997. Die Reſte ſeiner Prachtbauten, unter denen die Univerſität zu Ghazni die erſte Stelle einnahm, ſind leider unbedeutend. Nur zwei Minars, als Siegeszeichen aufgerichtet, ſtehen noch aufrecht, beide von glaſierten Ziegeln ausgeführt, unten etwa 20 m hoch achteckig, von da ab noch $22\frac{1}{2}$ m hoch als runde Säulen geſtaltet. 1183 ſtürzte Schahab Uddin die Ghaznaviden und hatte bis 1206 faſt ganz Indien erobert, deſſen Herrſchaft nach ſeinem Tode an Kutub-ud-din fiel, der, urſprünglich Türkenſklave, die Eroberung vollendete und die Pathandynaſtie gründete; von ſeinen Bauten ſteht noch in den von reicher Vegetation überwucherten Trümmern der im Rajapalaſt von Delhi eingerichteten Moſchee ein Siegesturm, der Minar des Kutub, um 1230 erbaut, unten $14\frac{1}{2}$ m ſtark, 73 m hoch (Fig. 217). Die umgebenden Moſcheeruinen zeigen in den alten Teilen noch die indiſchen Pfeiler, wie wir ſie in Mont-Abu fanden, mit dem wagerechten Plattenbeleg, der Überkragung von Steinplatten u. ſ. w., kurz mit der ganzen dſchaïniſtiſchen Konſtruktion und Formgebung, während auf den durch die Überkragung erzeugten achteckigen Ringen ſich Kuppeln in ſtumpfem Spitzbogen erhoben, wie auch die von Kutub aufgeführten Mauerteile den in das Viereck eingeſchloſſenen Kielbogen zeigen; aber auch hier lag die bauliche Ausführung noch in den Händen von Hindus, denn dieſe Bögen ſind nicht aus Keilſteinen gewölbt, ſondern durch Überkragung geſchloſſen, auch die Ornamente ſind noch indiſch,

Fig. 214. Portal der Moſchee zu Tabriz.

Fig. 215. Grab des Khodabendah zu Sultanieh.

nicht mohammedaniſch. An den Moſcheen von Dſchaunpure (1419) und Mandu (1387 bis 1435) finden wir den reinen Spitzbogen, ins Viereck eingeſchloſſen, an der 1412—1443 von Achmedschah in Achmedabad erbauten Moschee hingegen wiederum dschaïnistische Disposition, Konstruktion und Form. Erst als Baber 1494 die Moguldynastie in Delhi gründete, hatte sich der Baustil in sich harmonisch gestaltet, nicht etwa durch Abstoßung aller Hinduformen, sondern durch Assimilierung derselben, wobei denn zum Teil Details resultierten, die sehr an die Formen des europäischen Mittelalters erinnern.

Akbar Chan, der Gründer von Akbarabad (Agra) in Orissa (1556—1605), fand wiederum mehr Gefallen an den altheimischen Formen; die von ihm 1556 erbaute Moschee in Futtihpur-Sigri sowie sein Grab zu Sekundra zeugen hiervon. Schah Dschehan hingegen, der Delhi an die jetzige Stelle legte, vermied thunlichst die Hinduformen sowohl an der prachtvollen, 1628 erbauten Dschami zu Delhi, als in dem Tadsch-Mehal, dem Grabmal, welches er für sein Lieblingsweib Muhmtaya Mehal am linken Ufer der Dschamna bei Agra erbauen ließ und an dem von 1628—1648 gebaut ward.

Wie die Abbildungen zeigen, ist hier völlige Harmonie erreicht und der islamitische Stil zwar nicht ganz frei von hindostanischer Einwirkung geblieben, dieselbe aber durch Ummodelung der Formen unfühlbar geworden, während die Hugli-Misdschid in Kalkutta und das Tschöttry (Grabmal) des letzten eingebornen Radschah von Alvahar, beide im 17. Jahrhundert errichtet, in der Form ihrer Kuppeln und den runden Giebeln ein bedeutendes Aufnehmen einheimischer ostindischer Formen bei byzantinischen Motiven zeigen (Taf. XXXVIII. Fig. 2).

Fig. 216. Madrissa des Hussein Schah zu Jspahan.

Von der Pracht der innern Ausstattung dieser ostindischen Bauten mag Fig. 220 einen Begriff geben, die Innenansicht des erwähnten Tadsch-Mehal. Der Saal hat über 18 m Durchmesser bei 25 m Höhe.

Die islamitische Kunst findet ihren Schwerpunkt fast ausschließlich in der Architektur und den technischen Künsten, da Malerei und Skulptur durch die Vorschriften des Islam auf ein Minimum von Thätigkeit beschränkt sind. Kein Wunder, daß die Mohammedaner mit ganz besonderer Vorliebe sich der Ornamentik zuwendeten und ebenso alle ihre Fertigkeit in Konstruktion geometrischer Figuren als all ihre reiche Phantasie bei Entwerfung von Ornamenten zur Geltung brachten. Die Verzierungen bestanden zwar im Anfang noch aus Rankenornamenten, Palmetten u. s. w., die man fast für byzantinisch halten könnte, gewannen aber bald, namentlich bei den Mauren, einen andern Charakter. Zunächst waren es geometrische Linienkombinationen, die sie bis zu einer staunenswerten Kompliziertheit durchführten. Derartige Muster (Taf. XXXVIII. Fig. 4) dienten namentlich für Fußböden

C. Stile der Völker mit direkt vererbter Kultur. V. Stil des Islam. Technische Künste. 237

und Sockelbekleidungen aus Porzellanfliesen, doch auch für gravierte und emaillierte Metallarbeiten. Das Füllungswerk der Thüren, das Täfelwerk der Decken, das Gitterwerk der Fenster ꝛc. wurde nach diesem System entworfen, welches nach seinem Erfinder, dem Architekten Comarech (um 1250 n. Chr.) Comarajia hieß. Für Tapeten, Teppiche, Stoffe und die ein Stoffbehänge ersetzenden Gipsbekleidungen ganzer Wände benutzte man meist das Rankenornament, welches dann ganze große Flächen überzog, nachdem diese erst durch ein halbgeometrisches Muster in entsprechende, tapetenähnlich wiederkehrende Figuren geteilt worden waren (s. Taf. XXXVIII. Fig. 5). Sehr stark stilisierte, ja auf konventionelle Formen zurückgeführte Blätter und Knospen in den mannigfachsten und phantasievollsten Verschlingungen, reich verzierte Schriftzüge und Inschriften, meist Sprüche aus dem Koran, boten einen Stoff, der,

Fig. 217. Minar des Kutub-ud-din in Delhi (um 1230).

Fig. 218. Alla Dschami zu Delhi (1620 ff.).

bei Zuhilfenahme lebhafter Farben und gut verteilter Vergoldung, schier unerschöpflich schien. Dadurch, daß sich, wie bereits erwähnt, zwei oder drei Flächenteilungen aufeinander legen, die nun, teils durch plastische, teils durch koloristische Eigenbehandlung, noch voneinander abgehoben werden, wird es möglich, ein Muster so zierlich zu gestalten, wie es für die Betrachtung in der Nähe wünschenswert erscheint, und dabei doch auch eine effektvolle Massenwirkung in der Ferne damit zu erzielen. Dadurch gewinnt das Ornament gewissermaßen Leben. Ähnlich in der Tendenz, wenn auch auf das mannigfaltigste variierend im Detail, war die Ornamentik der Sarazenen, sowohl in Ägypten als in Syrien, Ostindien und Persien. In Syrien bereiteten sich bereits von 1180 an, wo Held Saladin die Kreuzfahrer aus Jerusalem vertrieb, eine Stilwandlung vor, welche um 1517 vollendet war. Die von da an übliche Bauweise ist gleich der sehr ähnlichen türkischen der Verfallstil der islamitischen Kunst.

Fig. 219. Äußere Ansicht des Tadsch-Mehal bei Agra.

Die Trägheit der Türken ließ es nicht zum Auftauchen wirklich neuer Elemente kommen, begünstigte hingegen die Aufnahme fremder Formen so stark, daß z. B. die Umhegung des Grabes Mohammeds in der Kaaba, sowie der den Sarg bedeckende schwarzseidene Umhang, Burkan, und die kronleuchterähnliche Umhüllung des schwebenden schwarzen Steins des „Hadschar el Aswad" (Fig. 221) ganz dem Stile folgt, den wir später als napoleonischen kennen lernen werden. Während nun also sogar in Asien, besonders aber in der neuern Zeit in Afrika die islamitische Kunst durch die französischen Eroberungen, in der Türkei durch die Trägheit des Volkes und in Ägypten durch das friedliche Vordringen europäischer Kultur dem Erlöschen entgegengeht, ist in Persien und einem Teile Ostindiens die sarazenische Ornamentik noch immer in voller Übung. Die herrlichen, von weitem so ruhig und einfach erscheinenden, in der Nähe eine solche Überfülle immer neuer Formen- und Farbenkombinationen zeigenden Muster der persischen Shawls kennen ja die Leser; in Fig. 222 führen wir ihnen nur eine Probe davon vor, und daran anschließend in Fig. 224 eine Bordüre, als Beispiel für die Art und Weise, wie die jetzigen Hindu die Traditionen ihrer alten heimischen Kunst fast ganz vergessen haben. Könnte man doch dieses Muster beinahe für byzantinisch halten. — Auch hier also zeigt sich noch so spät die Einwirkung des

C. Stile der Völker mit direkt vererbter Kultur. V. Stil des Islam. Sinken. 239

Formensystems, welches in dem von Konstantin zur Kaiserstadt erhobenen Byzanz sich aus römischen und orientalischen Formen zusammensetzte und so ungemein viel zur Bildung einerseits des occidental-christlich-romanischen, anderseits des islamitischen Stils beigetragen hatte, dessen Wirkungsstätten diejenigen der christlichen Künste im weiten Kreis vom fernsten Osten bis zum äußersten Westen der damals bekannten Welt umspannte.

Fig. 220. Inneres des Tadich-Mehal.

Während nun dies östliche Kind des Byzantinismus da, wo es in seinen späteren Altersstufen auf reiche, im Blühen begriffene Bauweisen stieß, wie in Ostindien 2c., sich von diesen viel aneignete und eine mehr passive Aufnahmefähigkeit zeigte, dadurch aber auch größere Zähigkeit des Beharrens gewann, zeigt sich von alledem das Gegenteil da, wo der islamitische Stil auf eine weniger reiche oder auf eine im Verfall begriffene Bauweise traf, wie z. B. im nordwestlichen Afrika, in Spanien, und besonders in Sizilien und Kalabrien. Hier blieb die islamitische Kunst zwar nicht ohne Einfluß auf die Entwickelung der christlichen Kunststile, ging aber sofort nach Erlangen dieses Einflusses auch bald völlig verloren. So führte uns denn die Betrachtung der Bauten, die Mohammeds Anhänger errichteten, auf einer

Ringwanderung von den Bauten der byzantinischen Kaiser, welche die Ostgoten inspiriert und so den romanischen Stil vorbereitet hatten, wieder bis zu einer Bauweise, welche den romanischen Stil in den gotischen überführen sollte. — Auch hier sollte es wieder ein Germanenstamm sein, der das Werkzeug der Wandlung ward.

Fig. 221. Die Kaaba, Innengebäude in der großen Moschee zu Mekka, mit dem Stein Hadschar el Aswad, bedeckt mit dem Burkan, einem schwarzseidenen Überzug.

VI. **Die Normannen**, welche unter Führung des Grafen Roger v. Hauteville (1060 bis 1090) die Sarazenen aus Sizilien verdrängten und dann bis 1266 dort herrschten, lernten den islamitischen Stil auf dieser Insel kennen und adoptierten mit der ihnen eignen Elastizität so manche der Formen dieses Stils zur Benutzung bei ihren Kirchenbauten, die bis dahin dem in der Heimat der Grafen von Hauteville, der jetzigen französischen Normandie, gebräuchlichen Zweig des romanischen Stils gefolgt waren. Da die Normannen ungemein rührige Seefahrer waren, so übernahmen sie für das christliche Mittelalter etwa die Rolle, welche im Altertum die Pelasger gespielt hatten, indem sie überall, wohin sie kamen, Spuren ihrer künstlerischen Thätigkeit hinterließen. So finden sich normannische Bauten an fast allen Küstenorten des Mittelländischen Meeres, von Palästina bis Spanien, namentlich aber in Kalabrien, Ligurien und Südfrankreich, doch auch in England, in der Normandie ꝛc., wobei jede der so entstandenen Gruppen gewisse Sonderheiten durch Aufnahme lokaler Formen bekam.

Fig. 222. Persisches Ornament.

Die allen diesen Abzweigungen des normanischen Stils gemeinsamen Züge setzen sich aus sehr verschiedenen Elementen zusammen, deren Abkunft leicht erklärlich wird, wenn man bedenkt, daß von den Wikingern und Warägern, den hier ins Spiel kommenden Teilen der

C. Stile der Völker mit direkt vererbter Kultur. VI. Gotik. Normannen. 241

germanischen Bevölkerung Skandinaviens, die ersteren schon 787 in England erschienen, die letzteren 862 unter Rurik in Nowgorod und Kiew Reiche gründeten, von dort aus 865, 941 ꝛc. Dacien besetzten, Byzanz bedrängten ꝛc.; andre kamen um 810 nach Gent und Nimwegen, drangen bis Worms, Mecheln, Trier, Aachen ꝛc.,

Fig. 223. Indisches Ornament.

griffen 841 Rouen und Amboise, 849, 857, 861 Paris, 859 Nimes und Arles an und setzten sich endlich 910 unter dem nach Dudo von St. Quintin aus Dacien gekommenen Rollo in der nach ihnen Normandie genannten Landstrecke fest. Rollo berief Architekten aus Rouen, wo man „manu gothica" baute. Wieder andre, unter König Guthrun, setzten sich 884 in England fest und Senn eroberte 1013 ganz England. 900 ward Island von Normannen kolonisiert, etwa 80 Jahre später unter Erich dem Roten Grönland und 1121 auch Rhode-Island. Die Urformen der normannischen Kunst sollte man also in Skandinavien suchen. Die frühsten dortigen Kirchen aber, von Harald dem Blauzahn (936—986) gegründet, darunter die von Urnes und Tind, waren Holzbauten (s. Taf. XXXIV. A und Fig. 201) und sicher ähnlich den Drachschiffen verziert, die ja sogar mit einem Turm versehen waren. Knud der Große (1013—35) gründete steinerne Kirchen. Von der Holzornamentik gibt uns Fig. 224 einen Begriff, verglichen mit dem etwa aus gleicher Zeit stammenden Truhstuhl Fig. 225. Die ältesten Steinbauten nun, die Kirchen zu Moster (996), Vernes, Raade ꝛc. sind einfach und folgen in ähnlich roher Weise wie die irischen Bauten dem romanischen Stil. Die Kirche zu Throndenes hat bereits zwei Türme, die Kirchen zu Aker und Ringsaker haben Rundpfeiler mit sehr niedrigen Würfelkapitälen und Vierungstürme, wie der sogenannte Odinstempel bei Upsala (eine Niklaskirche aus

Fig. 224. Kirchthüre von Tind.

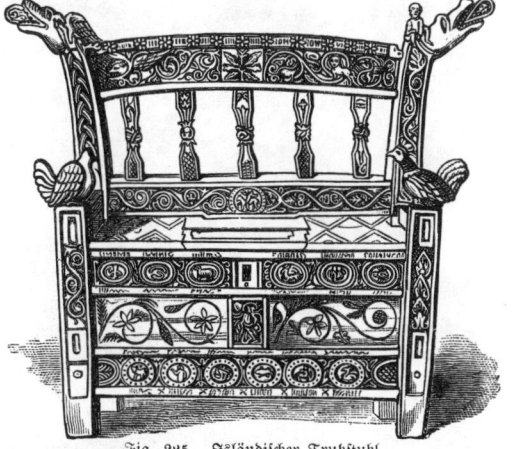

der Zeit kurz nach dem Jahre 1000), die zu Ringsaker auch Tonnengewölbe im Mittelschiff, Emporen über den Seitenschiffen. Die wenigen Teile, welche vom Dom zu Drontheim von der ersten Bauperiode (1016—1050) erhalten sind, zeigen Bogennischen und Blendarkaden mit Zickzackgliederung, Kreuzungsbögen und einzelne phantastische Verschlingungen, Aufkröpfungen der Simsglieder ꝛc., alles Eigenheiten, welche die Normannen überall neben den auf ihren Irrfahrten kennen gelernten byzantinischen, ostgotischen und romanischen Formen beibehielten. Sehr an die nordische Heimat mahnt auch die, allem Vermuten nach noch vor Ankunft der Architekten aus Rouen von Rollo gegründete Kirche zu Querqueville. An den nun folgenden, ungemein zahlreichen Bauten, welche die Normannen an ihren verschiedenen Niederlassungspunkten

Fig. 225. Isländischer Truhstuhl.

Das Buch der Erfind. 8. Aufl. I. Bd.

aufführten, die Art und Weise zu verfolgen, wie sie aus dem frühromanischen Stil die Basilikaanlage, aus dem byzantinischen die Kreuzungskuppel und die reiche Apsidengruppe, aus dem langobardischen die Stelzung und Scheitelverstärkung, aus dem sarazenischen den Spitzbogen, aus dem spätromanischen die Pfeilerbündel, aus jedem dieser Stile einzelne Detailformen adoptierten, dabei aber alle ihren ursprünglichen Neigungen und Anschauungen gemäß ummodelten und zu einem ziemlich einheitlichen Formensystem zu vereinigen begannen, das würde zwar höchst interessant sein, aber viel Raum und Zeit erfordern, die uns hier nicht zu Gebote stehen. — Wir würden dann ebenso die Baptisterien von Igalikko und Kakortok auf Grönland, von Newport auf Rhode-Island, als das Portal der Grabeskirche und das Templerhospital zu Jerusalem prüfen, die Oasen der Wüste Mogab und die Gegend von Kairuan durchforschen müssen, würden Spuren normannischer Architektur an den Kathedralen von Avila (1090), Tarragona (1131), Tortosa (1158) und Cuenca (1177), an den Stadtmauern von Avila, die 1090—1099 von Florin de Pituerga gebaut wurden, und anderwärts in Spanien, wie an der Abteikirche zu Jumièges (1050), an der Kirche von Léry bei Pont de l'Arche (um 1100), an den beiden Abteikirchen St. Etienne und St. Trinité zu Caën (1066—1078), wie an den Kathedralen zu Bayeux (1159—1183), zu Coutances (1048 gebaut, 1180 im Umbau begonnen), zu Rouen und vielen andern Kirchen im Norden und Westen Frankreichs, wie an den Kirchen zu Maguelone, Puissalicon, an Klöstern und Wohnhäusern zu Fontifroide, Figeac zc. in der Provence finden, sowie an den Kathedralen von Canterbury, Kirkwall zc., denn in England erzeugte sich eine besonders ausgebildete Abzweigung dieser Bauweise, der sogenannte anglo-normannische Stil. Gemeinsam sind den verschiedenen Abarten außer den oben genannten noch folgende Züge. Vor dem Schiff der Kirchen liegt gewöhnlich eine hohe, breite, luftige Vorhalle, von zwei nicht sehr hohen Türmen flankiert. Die Kirchen selbst sind Basiliken mit besonders mächtig entwickeltem Kreuzbau und Chor. Ziemlich reine Basiliken, aber mit allem Pomp ausgestattet, den mittelalterliche Kunst zu liefern vermochte, sind die Kathedrale von Messina, 1098 begonnen, und die Klosterkirche von Monreale bei Palermo (1174—1186). Letztere namentlich zeigt deutlich, wie die Normannen altchristliche, romanische, byzantinische und sarazenische Motive zu einem künstlerisch-harmonischen Ganzen

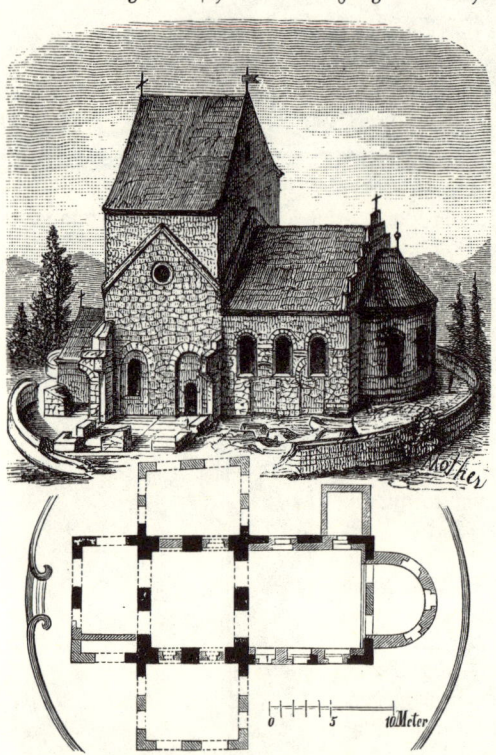

Fig. 226. Niklaskirche bei Upsala (vermeintlicher Odinstempel).

Fig. 227. Kirche zu Querqueville (um 910).

zu vereinigen strebten, und gibt ein so genaues Bild des Standes der Ornamentik, daß wir ein Stück des Längendurchschnittes dieser Kirche unsern Lesern in Fig. 229 bieten zu müssen glauben. Besonders schön sind meist die Kreuzgänge, sowie die kleinen Galerien unmittelbar unter dem Dach, mit ihren oft mehrfach ineinander verschlungenen Rund= oder Spitzbogen. Vollständig gewölbt sind die Kirchen der Normandie, z. B. der Dom von Rouen (aus dem Jahre 1212), und zwar zeigen sie in der überwiegenden Mehrzahl Rundbogen in den Hauptwölbungen und Spitzbogen an Fenstern, Thüren und Simsen, während die 1140 begonnene Westpartie des Doms von St. Denis noch völlig romanisch ist und nur einige sehr schüchtern zugespitzte Bogen zeigt.

Wie bereits erwähnt, war der Spitzbogen schon um 870 von den Sarazenen gebraucht worden, hatte sich bereits um 970 in Italien und Südfrankreich Geltung verschafft, teils als Mittel, um verschieden breite Öffnungen mit gleicher Höhe zu überspannen, teils im Erkennen seiner enormen Tragfähigkeit bei schwachem Widerlager, gelangte aber erst um 1180 zu allgemeinerer Geltung. Er wirkte neben andern technischen Fortschritten dahin, daß der romanische Stil einige seinen früheren Tendenzen widersprechende Veränderungen erfuhr und eine Färbung annahm, die manche als Übergangsstil bezeichnen. Sie trat fast in allen Ländern auf, obschon in verschiedenem Grade und in vielfach abweichender Weise. Es sei hier nur auf die schon besprochene normannische und die uns am nächsten liegende deutsche aufmerksam gemacht. Schon zu Anfang des 12. Jahrhunderts hatten auch deutsche Baumeister in sächsischen und bayrischen Gauen immer mehr erkannt, wie man bei größeren Bauten für Rundbogenwölbungen lästig starke Wände brauche. Sie versuchten anfangs nur schüchtern, dann immer kühner und energischer, die Hauptwölbungen nach einem im Scheitel zugespitzten Bogen auszuführen; dabei machten sie die Wände im ganzen etwas schwächer und gaben ihnen dann nur da Strebepfeiler, wo die von ihnen auch im Mittelschiff an die Stelle des Tonnengewölbes oder der Balkendecke gesetzten Kreuzgewölbe sich anlegten.

Fig. 228. Dom von Monreale in Palermo.

Die neue Richtung pflanzte sich allmählich nach dem Main hin fort, traf dort auf die den Rhein stromaufwärts vorgeschrittene normannische, und es entstand aus ihrer Vereinigung in konsequenter Anwendung des Spitzbogens und Ausbildung des Strebepfeilersystems unser vaterländischer Stil, welchen wir in den folgenden Blättern unsern Lesern näher vor die Augen führen werden.

Dieses Formensystem, in welchem die christliche Baukunst ihren höchsten Triumph feierte, will jetzt fast jedes der großen kulturtragenden Völker für sich als national vindizieren und demgemäß benennen, und dennoch gab es eine Zeit, wo er so allgemein verachtet war, daß kein Name schmachvoll genug dafür schien, so daß es vielfach Beifall fand, als der italienische Kunsthistoriker Giorgio Vasari um 1550 in patriotischer Entrüstung über die dereinst von den Ostgoten bei ihrem ersten Einfall in Italien vermeintlich angerichteten Verheerungen und zugleich in der seiner Geschmacksrichtung entsprechenden Verachtung gegen mittelalterliche Kunst sagte: Die Kirchen des Mittelalters seien so barbarisch, als wenn die Goten, diese Feinde aller Kultur, diese Barbaren rc., ihre Erbauer gewesen seien. Er wußte freilich nicht, wie bewundernd viele, von dem Trierschen Mönch um 540 bis auf Dedo von St. Quintin um 950 von der manu gothica und der elevatio visigothica gesprochen hatten.

Nicht alle Zeitgenossen Vasaris übrigens teilten seine Meinung; Mariana z. B. spricht von gotischen Bauten in Spanien und Portugal fast lobend, Watton schreibt um 1624, ohne Vasaris Äußerung zu kennen, doch gleich diesem, den Goten, allerdings neben den Langobarden, die Erfindung des Spitzbogens zu. Rafael suchte den Ursprung des Spitzbogens in der Astverschlingung der deutschen Wälder. Die Verachtung der Gotik, wie man diesen Stil nun nannte, hielt auch nicht lange an; schon 1702 würdigte Frémin seine Vorzüge, ja Mabillon nannte 1703 diese Bauweise delicatissima; 1740 gab der Engländer Langlay eine Sammlung gotischer Ornamente heraus, um 1760 wies der Franzose Turgot auf die in der Gotik ruhenden konstruktiven Fortschritte hin; ihnen folgte 1773 und 1788 Goethe, letzterer freilich den Ursprung aus Spielereien ableitend, während der 1784 verstorbene J. Essex in dem Bestreben nach gleich hoher Bedeckung ungleich breiter Öffnungen sehr richtig einen der Gründe für die Bevorzugung des Spitzbogens vermutet hatte. Nun begann der Streit über die Priorität der Nationen. Sayers hatte 1805 die Meinung aufgestellt, der Spitzbogen sei durch die Normannen in England eingeführt worden; Withington versuchte 1809 nachzuweisen, daß die Gotik in Frankreich eher aufgetreten sei als in England. W. Wilkins kam 1811 auf die Hypothese von der Erfindung durch die Goten zurück. Saunders meinte 1814, er sei durch Jüten, d. h. Goten, von Jütland nach Canterbury gekommen. Dawson Turner wiederholte 1820 die Aussprüche von Withington, während J. Rehm 1821 ausführte, die Gotik sei England

Fig. 229. Das Münster zu Straßburg.

C. Stile der Völker mit direkt vererbter Kultur. VI. Gotik. Litterarisches. 245

zu danken, von wo sie sich in die Normandie, nach Frankreich und Deutschland durch die Freimaurer verbreitet habe. Der Streit wurde von vielen bedeutenden Männern Deutschlands, Englands, Frankreichs und Italiens fast mit Erbitterung weitergeführt und ruht noch jetzt nicht.

Fig. 230. Inneres des Kölner Domes.

Soviel aber steht fest, daß die zuerst 1835 in den „Études sur l'Allemagne" ausgesprochene Vermutung, die Gotik sei in Frankreich erfunden und nach Deutschland importiert worden, der sich 1848 Kugler anschloß, trotz ihrer vermeintlichen Unterstützung durch eine Stelle der Wimpfener Klosterchronik, die sich, genau besehen, gar nicht auf die architektonischen Formen, sondern nur auf eine damals schon, wie noch jetzt, in Paris vielfach

246 Baukunst und technische Künste.

übliche, unsolide Konstruktionsweise bezieht, schon deshalb nicht haltbar ist, weil ein Stil überhaupt nicht „erfunden" und „importiert" werden kann. — Da hier nicht der Ort zur Durchführung einer so schwierigen Untersuchung ist, wie die nach dem Ursprung dieses herrlichen Stils, so begnügen wir uns mit dem Gesagten und mit der nicht bestrittenen Thatsache, daß der sogenannte gotische Stil, diese eminent christliche Bauweise, in seiner reinsten harmonischsten Ausbildung sich zugleich auch als ein völlig deutscher, germanischer, erweist.

Fig. 231. Kathedrale von Reims.

Blickt hin auf ein Bauwerk, in dieser prächtigen und dennoch ernsten Bauweise aufgeführt! Schaut die majestätischen Wölbungen, die schlanken, zierlichen Pfeiler, welche die trotz ihrer gewaltigen Größe so luftig erscheinenden Massen dieser Bauwerke tragen, und euer Herz erfreut sich an dem Gedanken, daß dem von Frömmigkeit gehobenen, von gediegener Kenntnis gestützten Geiste unsres Volkes diese neue, erhabene Kunstrichtung entsprungen

C. Stile der Völker mit direkt vererbter Kultur. VI. Gotik. Charakteristik. 247

ist. Die größeren Kirchen dieses Stils sind gewöhnlich in Kreuzform gebaut. Je nach der Größe erhielten sie ein Schiff, drei oder fünf Schiffe. Hohe, schlanke Pfeiler trennen diese und tragen das leichte, zierliche, meist zwischen vielfach verschlungene Rippen eingespannte Gewölbe; der Hohe Chor endigt nicht mehr mit einer runden Nische, sondern in einem halben Polygon. Zwischen den Pfeilern öffnen sich viele, meist relativ, d. h. im Verhältnis zur Höhe schmale, absolut aber dennoch oft sehr breite, mit zierlich durchbrochener Steinarbeit, sogenanntem Maßwerk, geschmückte und mit reich bemaltem Glas verschlossene Fenster, welche im Innern eine andachterweckende, von einzelnen Farbenstrahlen durchglühte Dämmerung hervorbringen.

Fig. 232. Das Rathaus von Löwen.

Äußerlich ragen zwischen den Fenstern die weit ausladenden, dem Druck des Gewölbes entgegenkämpfenden Strebepfeiler auf, welche nach oben in kleine, durch ihre Last die Schublinie in steilere Richtung bringende Türmchen enden; zwei große Türme stehen an der Westseite der Kirche, zwischen sich das Hauptportal bergend, kleinere flankieren den Chor. Alles strebt nach oben, kühn und luftig erhebt sich der Bau; am herrlichsten aber ragen die Haupttürme mit durchbrochenen Spitzen und reichen Blumenverzierungen in den blauen Äther empor. Der Kölner Dom, das reinste Muster dieses herrlichen Stils, war allerdings unvollendet geblieben. Erst in unserm Jahrhundert hatte man die Weiterführung dieses Prachtbaues wieder aufgenommen, der im Jahre 1882 seine Vollendung fand. Es konnte die Restauration des Vorhandenen, sowie das neu zu Schaffende, nach dem ursprünglichen Entwurf gearbeitet werden, da durch einen glücklichen Zufall bei der Reparatur eines Daches ein Teil der Originalzeichnungen, welche auf dem Dachboden als Unterlage beim Apfeltrocknen dienten, aufgefunden wurden, die nun mit andern, später noch gefundenen Teilen Anhaltepunkte genug zur Ergänzung des fehlenden Übrigen lieferte. Behufs Betrachtung dieses Baues mögen Taf. XL. Fig. 1, Taf. XXXIV. F, und Taf. XL. Fig. 7, sowie Fig. 230 zur Verdeutlichung dienen.

Bei Anordnung des Grundrisses und der Hauptmessungen der Kirche ist unter symbolischer Deutung die heilige Zahl 7 zu Grunde gelegt. So finden wir am Haupteingang und den Nebenthüren zu jeder Seite sieben Nischen für Standbilder, und ebensoviel Postamente für Statuen zählt man in der Vorhalle, wie denn auch jeder der beiden Westtürme 14 Eckbaldachine hat. Sieben Säulen zu jeder Seite, bis zum Hohen Chor gerechnet, trennten die fünf Kirchenschiffe voneinander, und im Hohen Chor finden sich ebenfalls sieben Paar Säulen, während sieben Kapellen denselben umgeben. Die ganze Kirche hat 56 (7×8) freistehende Säulen und 28 (4×7) Wandpfeiler. Die innere Höhe des Chors beträgt gleich der unteren Breite der Kirche $23 \times 7 = 161$ kölnische Fuß ($46{,}27$ m), die ganze Breite des Westportals und die mit ihr übereinstimmende Höhe des vorderen Dachgiebels $33 \times 7 = 231$ kölnische Fuß ($66{,}388$ m). Die Höhe der Türme gleicht der ganzen Länge der Kirche mit Einschluß der Strebepfeiler und der Freitreppe und beträgt $76 \times 7 = 532$ Fuß ($152{,}88$ m), die innere Höhe der Seitenschiffe $10 \times 7 = 70$ Fuß ($20{,}118$ m), die Breite der Kreuzarme mit ihren drei Schiffen $15 \times 7 = 105$ Fuß ($30{,}177$ m), die Tiefe der Vorhalle 56 Fuß ($16{,}09$ m) ꝛc. Ja, es würde nicht schwer sein, die Kombination der Siebenzahl mit der 3, 4, 5 und andern durch ihre symbolische Bedeutung als heilig bezeichneten Zahlen bis in die kleinsten Details der Verzierungen zu verfolgen. Die Mauern des Langhauses sind nur $1{,}34$ m stark und haben $3{,}161$ m lange und $2{,}299$ m breite Strebepfeiler, von denen aus doppelte Strebebogen nach der Wand des Mittelschiffes emporsteigen, die auf den spitzen Scheidebogen errichtet ist, durch welche die Mittelpfeiler verbunden werden. Der gesamte Flächenraum der Kirche faßt im Innern $5699 \tfrac{1}{3}$ qm. Die einzelnen Ornamente, welche ebenfalls meist symbolische kirchliche Bedeutung haben, sind mit feinstem Geschmack angeordnet und ausgeführt.

Wenn auch nicht so groß, doch nicht minder sinnvoll wie dieser herrliche Bau, sind noch Hunderte der gotischen Kirchenbaue, welche die letzten Jahrhunderte des Mittelalters unserm Geschlecht überliefert haben und in denen unsre Väter Zeugnisse für ihren Glauben, ihren Gedankenreichtum und ihren Fleiß uns hinterließen.

Was eines Mannes kühner Geist erdacht, ward, wenn auch in der Ausführung von ihm begonnen, häufig doch erst von späteren Geschlechtern vollbracht, denn der lebenslängliche Fleiß von tausend und aber tausend kunstgeübten Händen war oft erforderlich, um das harte Gestein nach dem Riesengedanken des Meisters in geschmeidige, gleichsam belebte Form zu zwingen. In treuer Selbstlosigkeit, frei von eigenmächtiger Verbesserungssucht, arbeitete jeder spätere Werkmeister nach dem Plane seines Vorgängers. Er fand seinen Stolz in Förderung des Werkes, nicht in seines Namens Gedächtnis. Daher kommt es auch, daß uns so wenige Namen mittelalterlicher Meister bekannt sind. Selbst von dem Wunderbau in Köln wissen wir mit Gewißheit nur, daß der Grundstein 1248 durch Erzbischof Konrad von Hochstätten gelegt ward; wer aber das Werk ersonnen, ist zweifelhaft. Auf Gerhard von Trondheim, Gerhard von Rile, selbst auf Albertus Magnus sind Vermutungen gefallen. Entschieden ist es noch nicht. Im Jahre 1322 konnte der Chor zum Gottesdienst geweiht werden. Von 1509—1828 ruhte der Bau nicht allein, sondern mußte sogar manche Verunstaltung erleiden. So wurde z. B. hier wie in allen andern Kirchen Deutschlands zu Ende des vorigen Jahrhunderts der der damaligen Nüchternheit geschmacklos erscheinende reiche Farbenschmuck der Wände weiß überpinselt. Seit 1828 aber ist wacker weiter gebaut worden, und schon 1861 konnte das Schiffgebäude, für welches man durch Wegreißung von vier Straßen und einem Platz Raum schaffen mußte, seinem frommen Zwecke übergeben werden. Leider überlebte der ebenso rührige und energische als liebenswürdige Dombaumeister,

Das Buch der Erfind. 8. Aufl. I. Bd. Leipzig: Verlag von Otto Spamer.

Der Dom zu Köln. Zeichnung von G. Rehlender.

Bauraths von Zwirner, dieses hehre Ziel dreißigjähriger Mühe und Schaffenslust nur wenige Wochen. Sein Name aber steht im Buche der Kunstgeschichte neben denen der größten Meister mittelalterlicher Kunst.

Den auf S. 226 gegebenen Daten fügen wir noch folgende hinzu. In Deutschland ward 1183 der Chor des Magdeburger Doms begonnen, 1208 geweiht, 1213 die Kirche zu Limburg an der Lahn begonnen; 1215 an der Kapelle zu Heilsbronn erscheint die Frühgotik noch, wie an jenen Bauten, mit romanischen Formen versetzt, 1212 ff. an St. Gereon in Köln, 1223 am Chor des Münsters zu Straßburg, 1225 am Unterteil des Westchors zu Naumburg in der Entwickelung etwas vorgeschritten, an der Liebfrauenkirche zu Trier (1227), Klosterkirche Mariastatt im Nassauischen (1227), am Westflügel der Tuchhalle zu Ypern (1230), an der Martinkirche zu Bremen (um 1230) und an der Elisabethkirche zu Marburg (Taf. XL. Fig. 6) 1235 beinahe, an der Westseite des Doms zu Halberstadt 1237, an der Dominikanerkirche zu Koblenz 1239, am Oberteil des Westchors zu Naumburg 1240, an der Hallenkirche zu Ahrweiler 1245 vollständig durchgebildet.

Der Chor des Doms zu Köln (1248) gehört bereits der Feingotik an, ebenso die Langhäuser der Dome zu Straßburg und Minden (um 1250), der Unterbau des Münsterturmes zu Freiburg (1250), die Cistercienserkirche zu Altenburg (1255), die Westteile des Langhauses zu Halberstadt (um 1260), die Katharinenkirche zu Oppenheim (1266), vergl. Taf. XLI. Fig. 12, der Chor und Querbau des Doms zu

Fig. 233. Inneres des Domes von Siena.

Münster (1272), der Oberteil des Chors zu Magdeburg (1274), der Chor zu Regensburg von Andreas Eyler (um 1275), der Unterbau des Domturms zu Straßburg von Erwin von Steinbach (1277), der Oberteil am Münsterturm zu Freiburg im Breisgau (1300), s. Taf. XL. Fig. 2. Die Marienkirche zu Osnabrück (1306) ꝛc. Von 1330—1400 herrschte der hochgotische Stil, und in dieser Zeit war Deutschland geradezu tonangebend für den ganzen Occident. Von 1230 datieren die Südkapellen in Oppenheim, um 1340 die Chöre in St. Stephan zu Wien, im Dom zu Halberstadt und Prag, um 1349 der des Doms zu Erfurt, um 1350 der zu Aachen, um 1354 die Frauenkirche zu Nürnberg, um 1350 das Rathaus zu Münster und von 1393 das zu Braunschweig; um 1359 begann Meister Wenzel aus Klosterneuburg den Stephansturm in Wien. Für die, unter der buntphantastischen Decke reicher Ornamentenfülle

Fig. 234. Glockenturm des Domes zu Florenz.

immer noch einen Rest des klaren Sinnes und der ruhigen Empfindung erkennen lassende Spätgotik sind besonders bezeichnend: Die Rathäuser zu Basel (1401), zu Hannover (1413), die Domtürme zu Frankfurt a. M. (1415) und zu Ulm (1420), sowie die Oberteile der Türme zu Straßburg (1370—1439) und zu St. Stephan (1433 ff.). — Immer mehr wurde das eigentliche Formensystem unter der Sucht nach Verzierung erstickt, da trat plötzlich eine Reaktion ein; zunächst wurde die Gesamtanlage nüchterner, was noch eine Zeitlang durch Entfaltung phantastischer Formen in der mehr und mehr sich emanzipierenden Dekoration versteckt wurde, bis völlige Erschöpfung zu totaler Ernüchterung führte. Von den ungemein zahlreichen Werken dieser Spätzeit nennen wir nur die Rathäuser zu Breslau und Gent (1481), den Oberteil der Barbarakirche zu Kuttenberg (1485), die Trinitatiskirche zu Danzig, die Schloßkirche zu Altenburg, und als eine der schönsten Kirchen Deutschlands die St. Annenkirche zu Annaberg, 1499—1512 von Erasmus erbaut, 1512—1525 von Jakob von Schweinsfurt ausgewölbt und mit Reliefs geschmückt, 1883 von Baurath Mothes restauriert.

In Frankreich wurde 1140 die Westseite von St. Denis noch völlig romanisch disponiert, 1150 in Autun, Beaune, Saulieu die Schiffe noch mit Tonnengewölben in stumpfen Spitzbögen, in Vezelay 1160 noch mit runden Kreuzgewölben überdeckt; 1168 begann, 1196 wölbte man den Chor von Notre Dame in Paris noch als rundes Chevet ohne Kapellenkranz; der 1198 begonnene Chor zu Vezelay gleicht vielfach dem 1183 begonnenen zu Magdeburg; um 1200 begann man die Westseite der Notre Dame; die Kathedralen von Châlons sur Marne (1157—1183) und Laon (1173 ff.) mit rechtwinkeligem Chorschluß haben neben dem Strebensystem noch schwere romanische Rundpfeiler, große Emporen und andre romanische Details. — An der Kathedrale von Reims wurde 1212 bis 1241 nur der Chor erbaut, welcher noch nicht eigentlich gotisch ist. Die 1196 begonnene, 1260 vollendete Kathedrale von Chartres wie die erst 1225 begonnene von Beauvais zeigen das System noch unvollendet; der 1240 begonnene Chor von St. Denis zeigt noch nicht den Grad der Entwickelung wie der von Köln; dasselbe gilt von dem 1243 begonnenen Unterteil der St. Chapelle zu Paris. — Die 1250 begonnene Westseite zu Reims steht etwa auf derselben Entwickelungsstufe wie der Kölner Dom; jedoch wurden in Deutschland schon 1248, in Frankreich erst um 1300 die Strebepfeiler mit Fialen, die Fenster mit Giebeln bekrönt ꝛc.

In England herrscht in dem sogenannten Übergangsstil noch bis um 1216 das Anglo-Normannische vor. Für den frühenglischen Stil seien als Beispiele genannt: Der Oberteil des Turmes von Chichester (um 1230—1250); die alten Teile der Kathedrale zu Lichfield (1235 begonnen, in der Hauptsache 1296—1350 vollendet), das Kreuzschiff zu York und die Unterteile zu Wells (1274 ff.) ꝛc.; dem mittleren Stil (decorated style), der von 1275 bis 1380 dauerte, gehören an das Langschiff zu York (1291—1331), die Westseite daselbst (1335—1405), die Kathedrale von Exeter (1280—1370) ꝛc. Die Ernüchterung zeigte sich hier um 1380 besonders dadurch, daß man die geschwungenen Linien verließ und die Vertikale ungemein begünstigte. Dank dieser Wendung, erhielt sich der dadurch erzeugte perpendicular style bis um 1540 ziemlich rein. Den Italienern mußte viel von der mathematischen und physikalischen Grundlage der Gotik unverständlich, die hochstrebende Richtung unsympathisch bleiben. Auch hingen sie sehr zäh an den gestreiften Steinschichten, an breiten, weiten, wenig beleuchteten Räumen; und so änderten sich die Formen der Gotik dort mannigfach, ja zerfielen in Provinzialschulen, kurz nachdem sie, zum Teil spontan auf zwei Wegen, östlich über Brixen, Bozen, Trient ꝛc., westlich durch die Gotthardstraße, zum Teil unter direktem persönlichen Einfluß Kaiser Friedrichs II., ausgeführt worden waren.

Fig. 235. Gotisches Rankenornament.

Zu den ersten italienisch-gotischen Bauten gehören im Gebiete der lombardischen Schule St. Andrea zu Vercelli, 1219—1224 von Thomas Gallo (angeblich ein Franzose) unter Leitung des Johannes Brighinti (aus Brig an der Simplonstraße?) erbaut; S. Francesco zu Assisi, 1228 von Jakob von Meran begonnen, und S. Marco in Mailand von 1252. Im Gebiete der neopolitanischen Schule, also da, wo früher die Normannen gebaut hatten, entstanden unter deutschem, hohenstaufischem Einfluß unter andern die Kathedrale von Cosenza (1222) und viele andre Kirchen, Paläste, Schlösser und Deutschherrenhäuser zu Aquila, Altamura, Andria, Bari, Celano, Capua, Gravina, Lucera, Trani ꝛc., dann von 1296 an unter französischem Einfluß der Anjous eine weitere Reihe von Bauten, bei denen neben Franzosen, wie Pierre d'Angicourt, auch ein Johann von Lothringen, Thebald aus Deutschland ꝛc. vorkommen. Im Gebiete der römischen Schule findet die Gotik neben den aus antiken, langobardischen und normannischen Elementen unter Vorherrschen der ersteren entstandenen herrlichen Mosaikwerken der Cosmatenfamilie in reinerer, allerdings noch an Normannenart gemahnender Form glänzende Vertretung schon 1187 ff. in Fossanuova, Ferentino ꝛc., in Rom selbst aber erst um 1250 Eingang (bei S. Maria Aracoli). Zu den vollendetsten Beispielen gehören in Florenz S. Maria Novella (1278 begonnen) und der herrliche Dom, der, obschon 1296 von Arnolfo de Lapo begonnen, doch weder von dessen Arbeiten, noch von den 1331 ff. von Giotto gelieferten Teilen irgend etwas bewahrt, sondern 1355 von Francesco Talenti entworfen ward, dessen Ideen auch gegen die Bemühungen des Orcagna ꝛc. 1366 siegten, worauf 1368 die Ausführung des Hauptteils begann, 1387 die Eindeckung des Turmes, 1421 der Beginn der Kuppel durch Brunelesco, 1436 deren Schließung erfolgte. Daran schließt sich der Dom zu Orvieto, 1290 von Lorenzo Maitani aus Siena begonnen und

1310—1650 mit der herrlichen Front versehen; die Fronte des Doms von Siena wurde zwar 1245 begonnen, aber erst 1312 vollendet. St. Maria sopra Minerva zu Rom wurde 1280 begonnen. Der Dom zu Mailand ward 1385 zuerst, 1387 aber nach verändertem Plane vom neuen begonnen. Simone d'Orsenigo erscheint als erster Director laborum; 1388 entwarf Nicolaus de Bonneaventure aus Paris die breite, fast unschöne Chorpartie; 1391 fungierte als Meister Johann Annex von Fernach bei Freiburg im Breisgau, dann erscheint auf kurze Zeit der Parlier Heinrich von Gmünden, dessen Vorschläge aber verworfen wurden, worauf man ihn samt Johann vertrieb. Ebenso erging es den Ulrich von Frißingen, wie denn die ziemlich komplizierte Geschichte dieses Dombaues deutlich zeigt, daß man immer in konstruktiven Nöten seine Zuflucht zu Deutschen nahm, im Dekorativen aber deren Vorschläge verwarf. Byzantinische und langobardische Reminiszenzen, sowie die durch die Terrainverhältnisse ꝛc. bedingte eigentümliche Bauart, ließen die Gotik in Venedig an den Palastbauten eine ganz absonderliche Richtung einschlagen, während die Kirchenbauten, z. B. St. Maria gloriosa ai Frari (1235 ff.), St. Giovanni e Paolo (1252 ff.) ꝛc. ein Zusammentreffen von deutschem und toscanischem Einfluß bekunden.

In Spanien ist der Grundriß der 1199 von Pedro Cabrian begonnenen Kathedrale zu Leon dem von Reims ebenso verwandt wie dem von Venosa, Acerenza ꝛc. in Apulien; maurische Reminiszenzen zeigen sich vielfach an Bauten der Übergangszeit, deren Formensystem man auch wohl mozarabische Bauweise nennt. Das Kloster Huelgas bei Burgos (1180) ist noch völlig normannisch. An den älteren Teilen der 1221 begonnenen Kathedrale zu Burgos zeigt sich die Gotik entwickelt. Der Grundriß ähnelt denen von Magdeburg, Halberstadt und Amiens, und da Friedrich III. ihn zum Andenken seiner Vermählung mit Beatrix von Schwaben stiftete, so schließt man auf deutschen Einfluß. Auch die 1227 begonnene Kathedrale von Toledo und die 1298 begonnene zu Barcelona zeigen deutsche Formen. In Toledo wirkte 1440 Henneken von Brüssel, bis 1494 sein Sohn Heinrich. Auch in Sevilla treffen wir an dem 1401 begonnenen Umbau der Kathedrale aus einer Moschee, von 1462—1492 den Werkmeister Johann Normann; Johann von Köln baute 1420 die Karthäuserkirche zu Miraflores und begann 1442 den Hochbau der Kathedrale von Burgos, der lange geruht hatte, von neuem, ein Johann Frank 1381 den Migalete zu Valencia. — Auch französische Namen kommen in Spanien vor, aber viel seltener und nur von 1410—1430. — Immer aber behielt die spanische Gotik vom maurischen Stil eine Vorliebe für geschweifte Bögen, für kleine goldschmiedehaft, fast zierliche Details und für Kuppeln bei. Überallhin verbreitete sich, wie die angeführten Beispiele zeigen, der gotische Stil, überall wurde er nach den Traditionen, lokalen Bedürfnissen und Kunstanschauungen der einzelnen Völker mehr oder weniger abgeändert.

In den meisten Fällen wurden mit den Kirchen gleichzeitig Klöster oder Stifte errichtet, deren Kapitelsäle und Kreuzgänge oft zu den herrlichsten Erzeugnissen der Gotik gehören. Den Kirchen reihten sich würdig an die öffentlichen Gebäude, Rathäuser und Schlösser. Erstere wurden namentlich in den Niederlanden und Belgien, letztere in England mit großem Aufwand gebaut. Doch hat auch unser Vaterland manches schöne Denkmal nach dieser Seite hin aufzuweisen. Wir machen hier nur auf den mächtigen Schloßbau in Marienburg aufmerksam und geben als Probe für die Ausführung städtischer öffentlicher Gebäude in Belgien eine Abbildung des Rathauses von Löwen (Fig. 232). Vor allem da, wo schon vorher eine zierliche Bauweise geherrscht hatte, z. B. in Spanien, im Neapolitanischen ꝛc., aber auch da, wo er solchen fremden Einwirkungen nicht ausgesetzt war, hat der gotische Stil seine Befähigung zu zierlichster Ausgestaltung glänzend bewährt. Diese zierliche Ausbildung, einerseits fußend auf den im romanischen Stil bereits keimenden Motiven, anderseits auf rein konstruktiven Grundformen, kam zunächst an den eigentlich baulichen Teilen zur Geltung. Die Pfeilerschäfte wurden reich gegliedert (s. Taf. XL. Fig. 4—7 und Taf. XLI. Fig. 9), die Gewölbe nicht mehr als todte, auf den Pfeilern ruhende Massen, sondern als belebte Krönung derselben behandelt (s. Taf. XLI. Fig. 1 und 2). Giebel und Kanten der Turmspitzen belebten sich reicher und organischer als im romanischen Stil, mit Kriech- und Kreuzblumen (Taf. XL. Fig. 8—12 und Taf. XLI. Fig. 7 und 8), die Hohlkehlen der Simse behielten ihre Besetzung mit solchen Blumen aus dem romanischen Stil bei, aber auch hier stellte sich immer größerer Reichtum ein (s. Taf. XLI. Fig. 4—6). Bald aber erstreckte sich diese Belebung von den struktiv thätigen Teilen auch auf ausfüllende

C. Stile der Völker mit direkt vererbter Kultur. VI. Gotik. Kleinkünste.   253

Wandflächen, Fensteröffnungen u. s. w., wo eine bisher noch nicht dagewesene Gattung konstruktiven Ornamentes, unter dem Namen Maßwerk bekannt, auftrat (s. Taf. XXXIX. Fig. 3 und 4 und Taf. XLI. Fig. 3, 10 und 11). Aber nicht nur die Formen, sondern auch die Farben wurden zu reicherer Belebung der struktiven Teile sowohl als der ausfüllenden Flächen in noch ausgiebigerer Weise wie früher verwendet. Diese vielfarbige Ausschmückung, Polychromie, welche in allen bisherigen Stilen schon als unentbehrliche Gehilfin die eigentliche Architektur begleitet hatte, trat in der Gotik so mächtig auf, wie noch nie, erhielt aber auch eine so hohe Durchbildung, daß uns noch jetzt selbst die geringen, hier und da erhaltenen, von dem Weißquast des vorigen Jahrhunderts verschonten oder unter der Übertünchung mühsam wieder hervorgesuchten Reste hohe Bewunderung abnötigen durch feine Nüancierung, taktvolle Auswahl und gut abgewogene Zusammenstellung der Farben. Naturgemäße Gipfelung erhielt der alle Innenflächen der Kirchen überziehende Farbenglanz in der Glasmalerei der Fenster, bei welcher während des Aufblühens der Gotik noch vielfach wie im romanischen Stil die sich wiederholenden Teppichmuster angewendet wurden, während später figürliche Darstellungen die bevorzugte Stellung einnahmen. Mehr und mehr steigerte sich dieser Reichtum, bis fast überall gleichzeitig, d. h. im 15. Jahrhundert, das übertriebene Bestreben, immer zierlicher zu arbeiten, wie alles Übermaß, zu einem Umschlag führen mußte, indem plötzlich fast alle Verzierungen weggelassen wurden und nun das nackte, vielfach durch die Einwirkung des Strebens nach Anbringung von Verzierungen etwas verzerrte Baugerippe zum Vorschein kam.

Begreiflicherweise blühten die Kunstgewerbe unter der Ägide dieses Stils zu einer Vollendung empor, die sie nie vorher erreicht hatten und wohl nicht so leicht wieder erreichen werden. Man hört noch immer vielfach die Meinung, der gotische Stil eigne sich zwar sehr gut zu Werken der Architektur, der Kunsttischlerei und verwandter Zweige, aber seine Anwendbarkeit in der Bijouterie, der Gewebeverzierung u. s. w. sei seiner vielen Spitzen und Ecken wegen eine beschränktere. Dies hat seinen Grund nur in einseitiger Kenntnis der Gotik. Die Architekten, Musterzeichner u. s. w., welche in der Zeit von 1830—1860 in den Fall kamen, Werke

Fig. 236. Gotisches Wandmuster.

der technischen Künste, wie Geräte, Gefäße, Tapeten u. s. w., in gotischem Stil zu entwerfen, kannten meist lediglich die rein architektonischen Formen der Gotik, und auch von diesen fast nur die kirchlichen. — Die Forschung war damals eben noch auf diese Gebiete beschränkt geblieben. — Da entstanden denn Stühle, auf deren Seitenlehnen sich Fialen erhoben und den Sitzenden in die Ellbogen stachen, während die Kreuzblume auf dem Giebel der Rücklehne ihm das Anlehnen verleidete; da sah man Leuchter in Form von Türmen, Tapetenmuster mit sich vielfach wiederholenden Kirchenfenstern, Tischbeine mit Strebepfeilern u. dgl. All dies mußte bei Nichtsachkundigen die Meinung erwecken, als habe der gotische Stil eben nur solche architektonische Verzierungsmittel. Schon ein Blick auf die neuerdings bekannter gewordenen erhaltenen Gefäße, Geräte und Möbels lehrt aber, daß die Künstler· des Mittelalters nicht so thöricht waren, Bauformen auf Geräte anzuwenden, sowie die vielen erhaltenen Profanbauten beweisen, daß Strebepfeiler, Türmchen und selbst Spitzbogen von der gotischen Architektur nicht unbedingt erfordert sind. Monstranzen, Reliquienschreine u. dgl. wurden allerdings aus rituellen Gründen mit all diesen Architekturteilen ausgestattet, aber für die eigentlichen Gefäße und Geräte hatten sich bereits unter der Herrschaft des spätromanischen Stils besondere, nicht bauliche Formen zu bilden begonnen. In der frühsten Zeit der Gotik gestaltete man die Ornamente noch ziemlich schematisch, aber als der bauliche Stil in seinen Grundzügen einen Abschluß gefunden hatte, kam das Rankenornament bald wieder für Ausstattung von streifenförmigen Flächen zu der ihm gebührenden Geltung. Aus der unendlichen Fülle uns erhaltener Muster wählten wir zwei der klarsten aus (s. Taf. XL. Fig. 14 und Fig. 235), die wir dem Leser aber nur mit der Bemerkung vorführen, daß es tausend und aber tausend andre gibt, unter denen auch noch viel schönere sich befinden, die aber nicht so prägnant das Gesagte illustriren. Für die Ornamentierung von nicht so einfach linear begrenzten Räumen benutzte man im Anfang der Periode noch stilistisch erfundene, den romanischen ähnelnde Formen von Phantasiepflanzen (vergl. z. B. Taf. XXIV. Fig. 5, 6 und Taf. XXXV. Fig. 4 und 5); dann ging man zu Anwendung stark stilisierter wirklicher einheimischer Pflanzen über: Epheu, Eiche, Distel, Kleeblatt, Ahorn, Wein, Hopfen, Malve, Akelei, Wegebreit, Rose u. s. w. finden sich in dieser Weise verwendet (s. z. B. Taf. XL. Fig. 9, 12 u. Taf. XLI. Fig. 4—6, 9). Die Stilisierung geschah dabei in der Richtung, daß man die Blumen möglichst in geometrisch begrenzbare Formen brachte, die Blätter aber so weit veränderte, daß sie sich thunlichst der durch die Rankenanordnung vorgeschriebenen

Fig. 237. Treppe der Güldenkammer im Rathaus zu Bremen.
(Mit Erlaubnis des Verlegers aus den „Denkmalen der Geschichte und Kunst der Freien Stadt Bremen" abgedruckt.)

D. Baustile aus bewußtem Rückgang auf frühere Kulturstufen. Frührenaissance. 255

Bewegung fügten. Allmählich ging man immer mehr, später ganz zu naturalistischer Behandlung über (s. Taf. XL. Fig. 9 und Taf. XLI. Fig. 9), die zu Ende des 15. Jahrhunderts wieder zu einer besondern Art Stilisierung umschlug, indem man sozusagen natürlicher als die Natur arbeiten wollte.

Das Gesagte bezieht sich nur auf das plastische Ornament, soweit es sich an Gliederungen architektonischer Natur anlehnt. Zu letzteren sind nun auch gewissermaßen die Konstruktionsteile von Möbeln zu rechnen, obgleich für die Gestaltung dieser beweglichen Gestelle natürlich niemals unverändert die Gesetze als maßgebend angenommen werden dürfen, die sich aus der Aufgabe unbeweglicher baulicher Teile und aus der Natur des Bausteins ergeben. Vielmehr wurden die Geräteformen augenscheinlich, zwar nicht mit bewußter Berechnung, sondern mit unbewußtem, aber sehr feinem Takt, ganz analog aus der Aufgabe des Gerätes und seiner Teile und aus der Natur des Holzes, Eisens u. s. w. entwickelt, wie die Formen der Bauteile aus jenen Gesetzen. Ebenso wurde bei der Gefäßornamentik die eigentliche Gefäßform zunächst ohne Rücksicht auf die Ornamentierung aus der Aufgabe des Gefäßes und seiner Teile wie der Natur des Materials abgeleitet. Den so gewonnenen Kern teilte man durch feine, zarte Gliederungen, entsprechend der zwecklichen Unterscheidung der Teile, ein, besetzte dann die sozusagen aktiven Teile, welche einen energischeren Ausdruck erheischten, mit Edelsteinen, Knöpfen oder dgl., die Zwischenflächen aber, soweit man sie noch verzieren wollte, wurden entweder nur mit geometrischen Figuren, ähnlich dem Fenstermaßwerk, oder lediglich mit Pflanzenornamenten oder mit beiden zugleich belegt. Dadurch entstand denn eine ähnlich kombinierte Wirkung, wie wir dieselbe im maurischen Stil erwähnten.

Bei Verzierung von Geweben und demgemäß auch bei Wandmustern war das architektonische Ornament vollständig ausgeschlossen. Für solche Muster hat uns das Mittelalter in den erhaltenen Kirchengewändern und in dem gemusterten Goldgrund der Gemälde eine mehr als hinreichende Menge von Vorbildern hinterlassen. Auch hier ging man von strenger Stilisierung und schematischer Anordnung zu naturalistischer Behandlung und freierer Verteilung über, die dann zu einer manierierten Übertreibung der Formen und gesuchten Mannigfaltigkeit der Anordnung umschlug, aus welcher eine Ernüchterung ohne die wünschenswerte Reinheit der Formen hervorging. Die technischen Künste teilten auch hier das Schicksal der Baukunst. Analog machte ja auch der fromme Glaubenseifer des Mittelalters einer nüchternen Untersuchungslust Platz, nachdem er sich zu der schwärmerischen Opferfreudigkeit der Kreuzzüge und der an Aberglauben grenzenden Hingebung an den Heiligendienst und Asketismus zugespitzt hatte. Die christliche Glaubenseinheit unterlag in dem Kampfe mit der Glaubensfreiheit. — Dieser Kampf mußte auch auf die Kunst einwirken; zunächst nur negativ, lähmend, hemmend; denn die Bürger-, Religions- und Völkerkriege, welche im Gefolge des geistigen Kampfes der Reformation ausbrachen, lähmten natürlich die Kunstübung, überhaupt die ruhige Fortentwickelung der Wissenschaft und Kunst. — Da nun die lebhafte Diskussion der Glaubensfragen die Aufmerksamkeit denkender Menschen auf die Zustände zur Zeit Christi lenkte, da infolgedessen einzelne anfingen, auch die Kulturzustände, wie sie damals unter der römischen Weltherrschaft sich gestaltet hatten, zu studieren, so lernten sie auch den römischen Baustil kennen, begannen denselben nachzuahmen und fanden damit Anklang. — Dies führte zu einer Stilwendung.

Fig. 238. Spätgotisches Kapitäl am Dogenpalast.

Fig. 239. Behandlung desselben Motivs in Frührenaissance, ebenda.

D. Die aus bewußtem Rückgang auf frühere Kulturstufen entstandenen Baustile sollten fortan herrschen; die erwähnte Nachahmung, welche man — bei der eingetretenen Stockung in der Entwickelung nationaler Kunst sehr natürlich — für eine Wiedergeburt der Architektur ansah, belegte man daher mit dem Namen Renaissance.

Während der Zeit der Frührenaissance, der ersten Periode dieses Stiles (1450 bis 1580), kannte man infolge der anfangs sehr unvollständigen Nachsuchungen noch keine vollständigen römischen Gebäude, sondern nur Details derselben, konnte sich übrigens von den altgewohnten, eingelebten, für Anschauungen und Bedürfnisse des damaligen Lebens so sehr passenden Formen der Gotik nicht plötzlich losreißen, konnte nicht plötzlich den angeerbten nationalen Charakter der Kunstwerke, der alle bisherigen Stile durchzog, aufgeben, und so entstand als Resultat eines langen schwankenden Kampfes ein Gemisch aus gotischen Hauptformen oder doch Dispositionen und römischen Details; naturgemäß wurden zuerst in Italien, wo die meisten römischen Werke zur Nachahmung aufforderten, wo selbst das Baugerippe der Gotik manches Antike aufgenommen hatte, die Spuren dieses Kampfes zwischen Mittelalter und Renaissance merkbar, und zwar 1420 am Dom und an vielen 1420—1470 entstandenen Palästen von Florenz. Die dadurch erzeugte Formengruppe hat den Namen Florentinischer Stil erhalten. Derselbe zeigt noch die Festigkeit, Solidität und einfache Massenverteilung mittelalterlicher Bauten, aber vereinigt mit der von den Römern bei besonders soliden Gebäuden angewendeten Herstellung des Mauerwerks aus halbbearbeiteten Quadern (Bossenwerk). Fenster, Thüren ꝛc. haben die Formen des romanischen Stiles; die Kapitäle aber, Simsprofile und sonstige Details sind dem römischen Stil entnommen, obschon man auch an ihnen bei genauerem Studium noch Mittelalterliches findet. Ganz besonders anschaulich macht die Wandlung dieser Detailformen der Vergleich zwischen Fig. 238 und 239, zwei Behandlungen desselben Motivs, die kaum zwei Jahrzehnte nacheinander entstanden, beide am Dogenpalast zu Venedig, dessen herrliche Porta della Charta, 1438 vollendet, mit vielen andern gleichzeitigen Arbeiten der Lagunenstadt das mittelalterliche Schema noch völlig beibehält, während die Details, die flatterigen Kriechblumen, die statt des Maßwerks eintretenden Muschelausfüllungen der Bögen ꝛc. die Wandlung anzeigen. Weiter ging das Einschieben antiker Details an der 1457 von Martino Lombardo begonnenen Westfront der Kirche St. Zaccaria in Venedig (Taf. XLIV. Fig. 4 u. 5), an der 1473 von Ambroggio Fossano, genannt Borgogno, begonnenen Front der Certosa von Pavia ꝛc. In Deutschland zeigt sich zunächst bei Arbeiten der Zeit von 1460—1520 nur Hinneigung zur Befreiung vom Überschwenglichen durch Vereinfachung der Disposition, geringere Teilung der Hauptmassen, stärkere Betonung der Horizontalen, erneute Liebe zu Rundbogen, Wiederanwendung des Rundbogenfrieses, Aufnahme des Flachbogens und einzelner antiker Formen, wie Vasen und Obelisken statt der Fialen, Docken statt der Zwergsäulen ꝛc., während alle aus technischen, klimatischen und andern praktischen Gründen hervorgegangenen Formen noch beibehalten wurden. Eine zweite Reihe von Arbeiten, zwischen 1490 und 1540 entstanden, zeigt neben vollständiger Beibehaltung des mittelalterlichen

Fig. 240. Palast zu Nancy.

D. Baustile aus bewußtem Rückgang auf frühere Kulturstufen. Hochrenaissance. 257

Hauptcharakters und der meisten Großdetails, z. B. der in Fasen gestellten Ecksäulen, der sogar ziemlich gehäuft angewendeten Simsüberkreuzungen statt der Gehrungen ꝛc., doch in den Kleindetails fast durchgängig Aufnahme der importierten Formen, die allerdings oft ganz fremd zwischen den älteren Formen stehen. In Frankreich wurde die Renaissance, soviel bis jetzt bekannt, 1496 durch Fra Giacomo Giocondo Monsignor aus Verona eingeführt, der den Unterbau des Schlosses Gaillon entwarf (s. Taf. XLII. Fig. 2); am herzoglichen Palast zu Nancy (Fig. 240) behauptete die gotische Form noch die dominierende Stellung, am Chor von St. Pierre zu Caen, 1521 vom Meister Hektor Sohier entworfen (Fig. 241), tritt der Einfluß der Antike ein wenig schärfer hervor. Ähnlich schwankte der Kampf auch in Spanien, in England ꝛc. Schon sehr zeitig wurden die adoptierten Einzelformen der Antike, weil sie dem durch die Gotik so sehr befriedigten Hang zum Phantastisch-Poetischen nicht genügten, diesem Hange gemäß verändert, und dabei oft verschnörkelt, wie dies zum Teil schon an dem 1508—40 erbauten Justizpalast zu Lüttich, an dem Heidelberger Schlosse und an der 1616 errichteten Güldenkammer im Rathaus zu Bremen (vgl. Fig. 237), am Stadthaus von Paris, an der Certosa bei Pavia sowie an vielen Palästen zu Venedig und anderwärts begegnet.

Bald begünstigten umfänglichere Ausgrabungen das weitere Studium römischer Baukunst; dazu kam die Auffindung der Handschrift eines von Vitruvius, einem alten, etwas pedantischen römischen Baumeister, verfaßten Handbuches. Bei der oft den Vitruv noch an Pedanterie übertreffenden Befolgung der so gewonnenen Regeln traten die nationalen und religiösen Gesamtrichtungen immer weiter zurück, und es wurden innerhalb des über die ganze kultivierte Erde sich ausbreitenden Stilsystems die Ideen und Auffassungen der einzelnen Künstler immer weniger und weniger durch provinzielle Sitte beschränkt. So drang denn zugleich Schematismus und Individualismus in die Baukunst ein.

Fig. 241. St. Pierre in Caen.

Im also entstandenen Hochrenaissancestil sind hauptsächlich in Italien zur Zeit seiner höchsten Blüte durch Meister wie Bramante, Michelangelo, Raffael, Peruzzi, Palladio, Sansovino, Prachtbauten ausgeführt worden, die noch heute gerechte Bewunderung erregen. Wir nennen hier die Bibliothek von San Marco in Venedig, die Kirche del Redentore daselbst (Taf. XXIV. D), den Palast Pitti und die Uffizien in

Florenz, die riesig große, mit enormem Aufwand in der langen Zeit von 1506 bis 1667 vollendete Peterskirche (s. Fig. 243, Tafel XLIII. und Tafel XXXIV. G) in ihren Hauptteilen das Werk Michelangelos, eines der größten Genies aller Zeiten und aller Völker, gleich groß als Maler, Bildhauer und Baumeister, dessen Gesichtszüge diesem Abriß als Anfangsvignette vorangestellt sind. Im übrigen Europa sind es nur wenige Denkmäler, die diesen Werken sich würdig zur Seite stellen lassen. Die Tuilerien in Paris, die Paulskirche in London (Taf. XLV. Fig. 2), letztere von Christoph Wren erbaut, und das Belvedere in Prag seien hier hervorgehoben.

Was die Ornamentik anlangt, so waren, wie der große Michelangelo, auch alle bedeutenden Künstler jener Zeit nicht in einer Kunst allein thätig, oft in verschiedenen zugleich Meister und arbeiteten namentlich auch für das Kunstgewerbe. So wirkte Raffael neben seiner Thätigkeit als Maler auch als Architekt, Bildhauer, zeichnete Ornamente, Tapeten, Tellermuster u. s. w. Titian arbeitete viel für Porzellanfabriken; Albrecht Dürer war Maler, Ingenieur, Architekt, Holzschneider u. s. w.; Rubens arbeitete im Bereiche der Architektur, der Dekoration u. s. w. Dadurch erhielt die Ornamentik der Renaissance jene Elastizität der Anwendbarkeit, die sie für unsre Zeit der gesteigerten Mannigfaltigkeit in den Bedürfnissen zu einer so ergiebigen Fundgrube von Motiven macht. Die Ornamente der frühesten Renaissance schließen sich in der Keckheit der Verschlingungen, in der gleichmäßigen Ausfüllung der Flächen, in der Anbringung phantastischer Blumen und fetter, keck sich überschlagender Blätter auf schwachen Stengeln den gotischen Ornamenten an, und nur in der Wahl der eigentlichen Blattformen nähern sie sich der Antike, indem z. B. der Akanthus an die Stelle des Eichenblattes, Epheublattes u. s. w. tritt.

Fig. 242. Renaissance-Ornament.

Die feinsten Beispiele solcher Ornamentik finden sich in Venedig und verdanken ihren Ursprung der Schule der Lombardi; dieser Schule gehörte der erwähnte Fra Giacomo Giocondo an, dem auch das Grabmal Ludwigs XII. (Taf. XLV. Fig. 1) zugeschrieben wird. — Sehr schnell streiften namentlich die Künstler Roms unter Raffaels Leitung in den Sälen und Loggien des Vatikan die mittelalterlichen Reminiszenzen ab. Seine Schüler gingen bald noch weiter, von der Nachahmung der Antike zur Umänderung derselben über.

Konnten doch einer in lebhaftem Auf- und Niederwogen begriffenen Zeit nicht lange die ziemlich nüchternen Formen dieses Baustils genügen, dem überdies nicht mehr die direkte Entstehung seiner Motive aus dem eignen Volkscharakter, aus der Religion u. s. w. zur Seite stand. An Stelle dieser höheren Quellen trat die Eitelkeit der Herrscher, die Ehrbegierde einzelner Künstler, zuletzt ein mehr vom Verstand als vom Gefühl eingegebenes Streben nach äußerer Schönheit und nach reichem, phantastischem Schmuck, welches man z. B. durch Einfügung von Tiergestalten, Masken, Drachen u. s. w. zwischen die Pflanzenranken zu befriedigen suchte. Solange hierin noch gewisse Schranken eingehalten wurden, gesteckt von jenem echten, nur dem wahren Künstler angebornen Schönheitssinn, war begreiflich auch das Resultat ein wirklich schönes. Wenn die Erzeugnisse dieser Kunstrichtung auch des tiefern Sinnes und des logischen Zusammenhangs mit der Hauptform bereits entbehren, so

D. Bauſtile aus bewußtem Rückgang auf frühere Kulturſtufen. Spätrenaiſſance. 259

beſitzen ſie doch noch Grazie und zeugen von Maßhalten. Wir geben unſern Leſern fünf Bei=
ſpiele für das Geſagte; das erſte für plaſtiſches, das zweite bis vierte für Flächenornament.
Das erſte (Taf. XLII. Fig. 3) iſt franzöſiſchen Urſprungs, das zweite (Taf. XLV.
Fig. 3) gehört der Raffaeliſchen Schule an, das dritte (Fig. 242) und vierte (Taf. XLV.
Fig. 6) ſind dem Otto=Heinrichsbau im Heidelberger Schloſſe entnommen, das fünfte endlich
(Taf. XLV. Fig. 4) nach Art deutſcher Holzmoſaiken und Buchdruckvignetten entworfen.

Aber dieſes Maßhalten fand bald ſein Ende; die Künſtler wurden in das üppige Hof=
leben hineingezogen, denn nicht mehr das Volk baute jetzt, ſondern die Fürſten, an deren
Höfen Sittenverderbnis und Jagen nach raffinierten Vergnügungen überhand nahmen.

Fig. 243. Inneres der Peterskirche in Rom.

Da ſuchte denn die erregte Phantaſie in immer üppigerer Entwickelung, endlich in Ver=
zerrung jener als viel zu nüchtern betrachteten klaren Formen, in übermäßigem und zuſammen=
hangsloſem Zierat und ſchließlich in ſinnloſen Schnörkeln Befriedigung. Wo ſich bisher
noch höhere, idealere Richtung kund gab, machte ſich nunmehr grobſinnlicher Materialis=
mus breit, der Denkweiſe der Zeit mit ihrer eher einer Karifierung ähnlichen ſogenannten
Idealiſierung der Natur angemeſſen.

Übertreibung und Manieriertheit an Stelle charaktervoller Stilbildung iſt ſtets die
Folge derartiger Vorgänge geweſen, alſo auch damals, und ſo entſtand

die Spätrenaiſſance, noch bezeichnender Barock= oder Perückenſtil genannt.
Vollſtändiger Bruch mit klaſſiſchen Überlieferungen kennzeichnet das Zeitalter Ludwigs XIV.,
welches in ſeinem Übermut die ruhige Regelmäßigkeit einfacher Maſſen= und Formenver=
bindungen nicht mehr anerkannte, die harmoniſche und logiſch entwickelte Gliederung ver=
achtete und, auf draſtiſche, pikante Wirkung ausgehend, dieſelbe durch mutwillige Verren=
kungen, Schweifungen u. ſ. w. zu erreichen ſtrebte. Die Säulen wurden nicht mehr in

33*

Reih' und Glied gestellt, die Giebel in der Mitte geöffnet oder gekrümmt, die Fenster gleich Bilderrahmen gestaltet, kurz, alles nur Mögliche gethan, um die ruhigen, geraden Linien des römischen Stils zu unterbrechen. Eines der graziösesten Werke dieses Stils ist trotz bereits eintretender Hinneigung zum Zopf der 1711 von Pöpelmann erbaute Zwinger zu Dresden (Taf. XLIV. Fig. 2). Dieselbe Geschmacksverirrung, welche ihren Gipfel unter Borromini erreichte, diesem halb wahnsinnigen Menschen, der sich 1667 mit dem aus Neid gegen Bernini gezückten Dolch ermordete, zeigt sich natürlich auch in der Ornamentik, indem die eigentlichen Pflanzenranken, die neben Tiergestalten, Genien u. s. w. die Grundlage der frühern Renaissance-Ornamentik bildeten, entweder ganz von Rollen, Vogelflügeln, Schnecken und Streifen zurückgedrängt oder so unkenntlich gemacht werden, daß man nur mit Mühe noch ihren pflanzlichen Charakter herausfindet. Kurz nach Borrominis Tod ernüchterten sich aus Mangel an genügend gewaltigen Talenten die Formen etwas, um sich bald nochmals in nur noch tolleren Strudel wollüstiger Spielerei zu werfen.

Rokoko- oder **Zopfstil.** Die Verzierungen und schnörkelhaften Verzerrungen der architektonischen Glieder hatten, unterstützt von einer das Auge bestechenden Grazie des Vortrags, schon in der zweiten Hälfte des 17. Jahrhunderts so überhand genommen, daß man kaum noch etwas von der römischen Form, geschweige denn von der dieser wiederum zu Grunde liegenden griechischen zu erkennen vermochte. Aber auch dieses wenige mußte zur Zeit Ludwigs XV. noch weichen vor Muschelwerk, Schilden und zusammenhangslosen Blätterbüscheln, Boukets, ja vor fast formlosen, ausgehöhlten oder in der Mitte aufgebauchten, womöglich glänzenden Flächen. Taf. XLVI. Fig. 1, und Taf. XLVII. Fig. 1—5 führen derartige Schnörkel vor, deren Sinnlosigkeit nur deshalb nicht mit Widerwillen erfüllt, weil sie meist mit so viel Grazie, Vortragsgewandtheit und Virtuosität ausgeführt sind, daß man über dem dadurch hervorgerufenen sinnlichen Behagen den Mangel an sinnigem Inhalt vergißt.

Fig. 244. Theater des Odeon zu Paris (1789).

Da die Muschelversteinerungen, welche sich zwischen anderm Gestein finden, im Französischen rocaille heißen, so nannte man die Verzierung mit Muschelwerk, welche etwas vor 1720 in Frankreich beliebt wurde, genre rocaille, woraus durch Spielerei das Wort rococo entstand.

Eine minder tolle, in den Formen etwas straffere, in den Farben etwas lebhafter nüancierte Richtung des Rokoko wurde dadurch veranlaßt, daß die Marquise von Pompadour (1745—1763) die für sie arbeitenden Gewerken und Künstler wiederholt und dringend anwies, „sich doch mehr in den Grenzen des Naturgemäßen zu bewegen." Diese straffe Nüance, auch Pompadourstil oder steifes Rokoko genannt, fand besonders bezüglich der Tischlerarbeit in Deutschland mehr Anklang als das sogenannte milde Rokoko, zu welchem man 1760 wieder zurückkehrte, fast gleichen Schritt haltend mit dem Leben Ludwigs XV. und seiner Umgebung, und tauchte um 1775 nochmals, freilich noch nüchterner und geistloser, wieder auf, als Ludwig XVI. an die Regierung kam und seine Bestrebungen nach Reinigung und Ordnung auch bei den Künstlern Widerhall fanden. Das Abstreifen der Rokokoschnörkel ohne Fähigkeit, die antiken Ornamente zu begreifen und anzuordnen, und ohne Reform des eigentlichen Gerippes, ließ eine ungemein geistlose, nüchterne Manier entstehen, die man ernüchterten Zopfstil oder Haarbeutelstil, auch wohl style Louis XVI. nennt. Die betreffenden Bauten, z. B. die Münze von Paris (1768), das Theater von Bordeaux, lassen jene Attiken, Balustraden, Stilobate, Bossagen 2c., die, in ihrer Anordnung und ihren Verhältnissen nichts weniger als der Antike entsprechend, in der Zeit des Barockstils

D. Baustile aus bewußtem Rückgang auf frühere Kulturstufen. Rokoko. Imperialstil. 261

zwischen die antiken Formen der Renaissance hineingeschoben, sich während der Herrschaft des Rokoko hinter der überreichen Ornamentik versteckt hatten, nun, dieses Schmuckes beraubt, in ihrer nackten Albernheit um so toller gegen die reinen Formen der Säulen und Gebälke abstachen. — An Gondouins Medizinschule (1774) thront eine mächtige schwere Attika über schwächlichen ionischen Säulen, während den Hof eine edle korinthische Tempelfront schmückt. An Brogniarts Kapuzinerkloster (1780) stehen schöne griechisch-dorische Säulen in der Weise von Pästum zwischen total zopfig disponierten Fensterreihen. Das 1789 von Peyre und Bailly erbaute Theater des Odeon (Fig. 244) charakterisiert diesen Stil Louis' XVI. deutlich. Solch äußerliche Reinigung konnte einen totalen Umsturz nicht aufhalten.

Wie in der Kunst, so war in allen Richtungen geistigen Lebens das Maß voll geworden und eine Katastrophe unvermeidlich. Sie trat ein in Gestalt der auch in der Kunst weltumstürzenden französischen Revolution. — Der neue Cäsar dieses Jahrhunderts organisierte bekanntlich sein lawinenartig anschwellendes, die Grenzen der Nationalitäten verwischendes Reich nach antikem Muster. Auch hier folgte die Baukunst den Spuren der Geschichte. Wie schon seit Ende des Dreißigjährigen Krieges, während der ganzen Zeit, wo Frankreich „an der Spitze der Kultur marschierte", der Wille und das Beispiel des Herrschers statt der Anschauungen und des Charakters des Volkes maßgebend für die Gestaltung des Stils gewesen war, so wurde auch unter Napoleon I. nicht, wie es eigentlich allein richtig, der Stil aus dem Geiste der Nationen geboren; von Nationalität ist in der unter seinem Zepter beginnenden modernen Kunst überhaupt fast nicht mehr die Rede. Der Kaiser, der die Nationalitäten in der Politik zu verwischen strebte, befahl, auf antike Formen zurückzugreifen; die Künstler gehorchten, und so kam die, von den Bewunderern des großen Imperators als Imperialstil bezeichnete Bauweise zur Welt, eine meist nüchterne, kahle und fast stets unverstandene Nachahmung griechischer und römischer Formen, nicht selten in buntem Durcheinander. So erwuchs der

Fig. 245. Arc de l'Etoile zu Paris.

Triumphbogen des Karussell als treue Kopie des Septimius-Severusbogens in Rom, Lepère und Gondouin begannen 1806 die Vendômesäule als Kopie der Trajanssäule, Brogniart 1808 die Börse zu Paris mit ihren nüchternen korinthischen Hallen. Der Arc de l'Etoile (Fig. 245) bezeugt deutlich, wie es der hier sicher vorliegenden Absicht, Selbständiges zu schaffen, an der Poesie schöpferischer Kraft gebrach, welches Gebrechen nur hinter treuer Anlehnung an die Antike versteckt werden konnte, was auch meist geschah. So zeigt die zwar vor der Revolution begonnene, aber äußerlich nach einem 1806 von Mignon gefertigten Projekt neu in Angriff genommene, innerlich nach 1815 gemäß veränderten Plänen ausgebaute St. Magdalenenkirche in Paris äußerlich die Form eines spätrömischen Tempels mit allen Fehlern des Originals, während das Innere (s. Fig. 246) an die Peterskirche in Rom erinnert, ja vielleicht selbst — an die Bäder des Wüstlings Caracalla.

Europa sah die neue Baumode und — ahmte sie nach, denn die Baukunst war infolge der Ausartungen der letzten Periode unter Frankreichs Führung so weit gesunken, daß die Wahl ihrer Formen aus einer Frucht der Sitte Modesache geworden. Wie immer, so war auch hier die Ornamentik in der Hauptsache den Pfaden der Baukunst gefolgt. Dennoch will es fast scheinen, als ob der Wechsel hier kein so schroffer gewesen sei. Von der Verzierungsweise, die der Franzose style Louis XVI. nennt, und die unter dem ersten

Kaiserreich sich nur unwesentlich veränderte, geben Taf. XLVI. Fig. 2, Taf. XLV. Fig. 5 und Taf. XLVII. Fig. 7 einen Begriff. Man sieht an ihnen ziemlich deutlich, wie die Ornamentisten strebten, sich der reinen Antike zu nähern, doch aber sich von den Schnörkeln des Rokoko noch nicht loszusagen vermochten, ohne anderseits genug Phantasie zu besitzen, um eine schwungvolle Vereinigung dieser einander zwar widerstrebenden, dennoch aber unter dem Griffel eines genialen Künstlers nicht ganz unversöhnlichen Elemente erzielen zu können.

Zu Anfang unsres Jahrhunderts begann die mächtige Bewegung der Geister auch auf dem Gebiete der schönen Künste unter Abschüttelung des französischen Joches ihre neubildende Kraft zu bewähren. Dem deutschen Volke blieb es vorbehalten, während dieser Periode voranzuschreiten im Kampfe für das unvergänglich Schöne, wie es dereinst, in der Reformationszeit, vorausgeschritten war im geistigen Befreiungskampfe für das ewig Wahre, wie es soeben vorausgeschritten war in eisernem Befreiungskampfe gegen den gewaltigen Korsen.

Deutschland dokumentierte sich auch diesmal als das Land der Denker. Ehe die Deutschen Hand anlegten an eine Reform in der Kunst, hatten sie nachgedacht und geforscht. Kunsttheoretiker, wie Winckelmann, Lessing, Herder, Goethe und Jean Paul (Friedrich Richter), hatten manch köstlich Samenkorn gelegt. Nach gelungener Befreiung vom welschen Joch, unter der friedlichen Ägide König Friedrich Wilhelms III., gelangten die Lehren und Studien jener Vorkämpfer des Schönen durch Karl Friedrich Schinkels geniale Schöpfungen zur Gestaltung. Das waren nicht allein viele öffentliche Gebäude, wie das Museum, das Schauspielhaus in Berlin, die Hauptwache in Dresden, das Augusteum in Leipzig 2c., sondern eine noch größere Menge großartiger Entwürfe zu Bauten und Fresken. Den kunstliebenden Monarchen im Norden überholte im Süden unsres Vaterlandes ein Gleichgesinnter, der geniale König Ludwig von Bayern, welcher mit ungeheuren Kosten strebte, aus München eine Stätte der Kunst zu machen. Sein hervorragendster Gehilfe bei diesem Riesenwerk war ein Gesinnungsgenosse Schinkels, der unvergeßliche Leo von Klenze, Erbauer der Glyptothek in München (Taf. XLVIII. Fig. 2).

Fig. 246. Inneres der Magdalenenkirche in Paris.

Beide versuchten sich an der doch niemals vollständig zu lösenden Aufgabe, das Formensystem der griechischen Architektur, den Hellenismus, unsern Verhältnissen anzupassen. Klenze ging am Königsbau (1826 ff.) und an dem Maxpalais (1828) zur Renaissance über. Eine große Anzahl ihrer Jünger verbreitete ihre Lehren und ihre Richtung. Trotz mancher Vorwürfe, die ihrem Unternehmen dem Prinzip nach zu machen sind, verbleibt uns als gewichtiges Ergebnis ihres großartigen Wirkens immerhin die Reinigung der Kunst von den vielen Auswüchsen des Zopfes und eine bemerkenswerte Veredelung der Geschmacksrichtung. Ein neues Leben durchdrang alle Kreise architektonischen Schaffens, freilich vorläufig nur eine Nachahmung der Antike; aber gar bald erwachte nun auch das Streben, die nationale Selbständigkeit zu fördern, indem einzelne Kunstverständige die Aufmerksamkeit der Nation auf die so lange Zeit verkannten und doch unvergänglichen, dabei auch unserm Vaterlande so recht angehörigen Schönheiten der mittelalterlichen Stile hinlenkten. Die bedeutendsten unter diesen Forschern waren außer den S. 244 genannten Stieglitz und Puttrich in Sachsen, Boisserée und Moller am Rhein. Ihrem Rufe folgten Künstler wie Heideloff, der

D. Baustile aus bewußtem Rückgang auf frühere Kulturstufen. Hellenismus und Romantik. 263

über 60 Kirchen in gotischem Stile in allen Gauen Deutschlands erbaut hat, Ohlmüller in München, Erbauer der anmutigen Aukirche daselbst, Lassaulx in Koblenz, von Zwirner in Köln und Ungewitter in Kassel, die nun alle nicht mehr unter den Lebenden weilen, sowie besonders Konrad Wilhelm Hase (geb. 1818) in Hannover, der nicht nur selbst viel Schönes schuf (Christuskirche, 1864, Marienburg, 1860—1868 ꝛc.), sondern auch eine treffliche Schule heranzog.

Während die Genannten den gotischen Stil wieder zu Ehren brachten, traten Gärtner, Erbauer der Ludwigskirche und mehrerer andrer öffentlichen Gebäude in München, Eisenlohr († 1854) in Baden, Hirt in Stuttgart und Hübsch († 1863), Erbauer des Museums in Karlsruhe, jeder als Führer einer größeren oder kleineren Gruppe von Anhängern für die verschiedenen Verzweigungen der vorgotischen christlichen Stile, in die Schranken. König Ludwig zog aus jeder dieser Richtungen einen Vertreter in seine Kreise. So entstand durch seine Vermittelung und Förderung in der bayrischen Königsstadt eine Reihe von Prachtbauten, welche, als Musterkarte aller Stile, eine steinerne Geschichte der Architektur bilden und so ein sehr dankenswertes Mittel zum Studium darboten, auch von Jahr zu Jahr immer mehr Bewunderer in die Kunststadt an der Isar zogen. — Gemeinsam war diesen Künstlern bei der großen Verschiedenheit ihrer Spezialrichtungen das Bestreben, die Formen des Mittelalters wieder zu beleben, und man faßt sie daher unter dem Namen der romantischen Schule zusammen.

Die entgegengesetzten Bestrebungen Schinkels für Geltendmachung des griechischen Stils wurden namentlich von der Berliner Schule, an deren Spitze Langhans, der Erbauer des Brandenburger Thores in Berlin (Taf. XLVIII, Fig. 1), sowie Persius, Strack, Stier, Hitzig u. a. standen, mit mehr oder weniger Treue und Glück, namentlich unter häufigen Abschweifungen nach der pompejanischen Weise, fortgesetzt, während die Versuche dieser Schule, die gotischen Formen sich dienstbar zu machen, fast nie von Erfolg gekrönt waren.

Andre Architekten Deutschlands, darunter namentlich der leider zu früh verstorbene Ottmer, Erbauer des Schlosses zu Braunschweig, Gottfried Semper aus Hamburg (geb. 1803, gest. 1879), der geniale Erbauer des Museums, des 1869 abgebrannten, und des jetzigen Theaters in Dresden, Laves, Erbauer des Theaters in Hannover, Knoblauch, Tietz und Langhans (Sohn) in Berlin, sowie Leins und Knapp in Stuttgart, weihten ihre Kräfte, freilich mit sehr verschiedenen Erfolgen und unter einander vielfach abweichend, der römischen Renaissance; andre wieder, wie Nikolai in Dresden, der bereits ans Barocke streifenden Spätrenaissance; noch andre sogar, wie Zanth (geb. 1796, gest. 1857) in Stuttgart und von Diebitsch in Berlin, dem islamitischen Stil; andre wiederum wollen die deutsche Frührenaissance zur Geltung bringen, die allerdings auch einer Anschmiegung an moderne Verhältnisse sehr fähig ist. So entstand z. B. (Taf. XLIX. Fig. 2) das Schloß zu Schwerin, 1845—1858 von Demmler erbaut, und nur im Ausbau mit Zuthaten von Stüler und Strack versehen. — Alle diese Richtungen standen in lebhaftem Kampfe miteinander, durch den die kunstwissenschaftliche Thätigkeit eine früher nie gekannte Bedeutung für die Baukunst erhielt, da jede Richtung in möglichst gründlicher Erforschung der alten Baudenkmale das Rüstzeug für den Kampf der Meinungen sich zu beschaffen suchte. Mit Feuereifer ging man daran, die alten Bauten auszumessen, die Geschichte derselben und ihre anregenden Ideen zu studieren, um schließlich ein Gesamtbild über Formen, Wesen und Theorie aller Kunstperioden zu gewinnen. Eigentümlicherweise waren es zunächst Nichtfachleute, die über Architekturgeschichte schrieben. Nachdem die Advokaten Stieglitz und Puttrich, der Kaufmann Boisserée und der Appellrat Hoffstadt über Gotik geschrieben hatten, stellten die umfassenden Arbeiten des als Architekt gebildeten Kugler, des Juristen Schnaase und des ursprünglich als Musiker gebildeten Lübke zuerst das Gerippe einer Architekturgeschichte fest. Dieses Gerippe erhielt weitern Ausbau durch die Arbeiten des Kunsthistoriker Burckhardt, Springer und andrer, die freilich vielfach dadurch, daß sie die Technik der Architektur zu wenig, das innere Leben und Weben in einer Künstlerseele gar nicht kannten, zu Fehlschlüssen betreffs der Entstehung früherer Stilformen, ja sogar zu irriger Deutung positiver Nachrichten geführt wurden. In ähnlicher Weise wirkt der Jurist Reichensperger auf dem Gebiete der Gotik. — Treffliche Lehren für die richtige Behandlung der Kunstgeschichte gaben besonders drei Deutsche: Julius Braun in seiner „Geschichte der Kunst der

Alten Welt" stellte sich auf den Boden der Ortskunde, indem er in Form einer idealen Reise die Wanderung der Kunst durch die Länder der Alten Welt verfolgte. — Gottfried Semper betrat in seinem Werk: „Der Stil oder praktische Ästhetik" einen mehr spekulativ philosophischen Weg, um nachzuweisen, daß es in der Architektur in erster Linie darauf ankomme, die Gestaltung des Ganzen wie jedes Teiles durchaus der Bedeutung, dem Zweck, dem Material und der von dieser abhängigen Konstruktionsweise anzupassen, und daß sich hierfür in allen primitiven Stilen Vorbilder finden, was freilich viele, die der schweren Lektüre dieses Werkes nicht gewachsen waren, zu dem Mißverständnis leitete, als ob Semper sagen wollte, daß die verschiedenen Stile nur konventionelle Ausdrucksform, nicht spontane Repräsentation für Wesen und Inhalt des Baues seien, und daß der Wahl der in verschiedenen Jahrhunderten und verschiedenen Völkern ausgebildeten Formensprache eine geringere Wichtigkeit beizulegen sei, welches Mißverständnis die Betreffenden zum Vermengen der heterogensten Stilformen führte. Auf einfacherem Wege hatte schon vorher Dr. Joh. Andr. Romberg auf die Notwendigkeit inneren Zusammenhangs zwischen Form und Konstruktion, auf das Vorhandensein solchen Zusammenhangs in den Werken früherer Epochen und danach auf die Größe des Verstoßes hingewiesen, der dann begangen wird, wenn man die aus früheren Zeiten kopierten Formen einem der Neuzeit dienenden Bauwerk äußerlich aufheften will. — Semper und Romberg waren beide ausübende Architekten und ihren Namen könnten wir leicht noch eine ganze Reihe solcher anfügen, welche durch ihre Schriften bekundeten, daß der Fachmann denn doch tiefer in das innere Wesen der Sache eindringt, als der noch so befähigte, noch so begeisterte Nichtfachmann das kann. Die meisten derselben lieferten Werke über die Bauten und Bauformen bestimmter Epochen, Perioden oder lokalbegrenzter Gebiete, deren Aufführung hier unmöglich ist, je nach der Richtung, der sie angehörten. Durch alle diese Früchte einer Fülle von Studien ist der Architektur der Jetztzeit eine hohe Summe des Wissens zugeführt, welche in der That auch keine Zeit so von ihr forderte wie die gegenwärtige; weit entfernt, die Schärfe, mit der sich die Anhänger der verschiedenen Renaissancen (denn so kann man ja jede Wiedergeburt eines alten Stils nennen), des Griechentums, Römertums, des Romanismus, der Gotik und der selbst schon sekundären Deutschrenaissance befehdeten, zu mindern, haben die Fortschritte der Forschung diese Schärfe vielmehr noch bedeutend gesteigert und auch auf das Publikum ausgedehnt, in dessen Kreisen sich ebenso landschaftliche Parteibildung kund gibt wie in den Fachkreisen. Ähnliche Spaltungen finden wir auch in andern Ländern Europas, welche von der deutschen Geistesentwickelung mehr oder weniger beeinflußt sind.

In Frankreich begann im Jahre 1845 der deutsche Franz Christian Gau die Klothildenkirche in Paris in gotischem Stil, und es findet diese Richtung jetzt noch vielen Anklang, wie man aus den Bauten zu Belleville, Lille, Viennes u. s. w. ersieht. Ja man könnte sogar in Frankreich eine ganze Reihe in diesem Stil tüchtiger Meister aufführen. Die altchristliche Basilikenform wurde von dem Kölner Jakob Ignaz Hittorf in Gemeinschaft mit Lepère an der 1824 begonnenen Kirche St. Vincent und Paul angewendet. Die romanische Richtung vertraten die Anhänger von Feuchères. An der Spitze derer, welche die feine Renaissance mit Verwendung griechischer und etruskischer Elemente in Paris einzuführen suchten, haben sich Duban, der Erbauer des Palais des beaux arts und Labrouste, Erbauer der Bibliothek St. Geneviève (1843—1850), bemerkbar gemacht, während die überwiegende Mehrzahl der älteren französischen Architekten, unter ihnen namentlich Viel und Barrauld am Justizpalast 1852—1855, Le Seur, Viktor Baltard († 1874), E. H. Godde († 1869), der Frührenaissance, dagegen Lefuel und Visconti, die Vollender des Louvre (1850—57), einer fast ans Barocke grenzenden Spätrenaissance huldigten, wogegen die meisten jüngeren unter Führung von César Daly nach Begründung eines neuen Stils strebten, indem sie, wie L. Ch. Garnier in der neuen großen Oper (Taf. XLIX. Fig. 1), 1861 ff., hier allerdings mit viel Geschick, aber in Überfülle die Formen der verschiedenen Renaissanceperioden vermischten.

In England vertrat Robert Smirke mit seinen Gesinnungsgenossen die Renaissancerichtung, während G. G. Scott, Erbauer der Hamburger Nikolaikirche, den deutschgotischen Stil, allerdings hier und da unter Einmengung normannischer Formen, und Barry, Vater und Sohn, Erbauer des 1840 begonnenen Parlamentspalastes — unterstützt durch den

D. Bauſtile aus bewußtem Rückgang auf frühere Kulturſtufen. Anknüpfungspunkte. 265

bedeutenden Forſcher Pugin und deſſen Sohn — den engliſch=gotiſchen Stil innehielten. Derſelbe hatte ſchon um 1860 ſeine alte Stellung als nationaler Bauſtil faſt ganz wie= der errungen und befeſtigte ſich ſeitdem mehr und mehr in derſelben.

Das freilich hat in Deutſchland dem alten Nationalſtil bis jetzt noch nicht gelingen wollen. Einen Teil der Schuld hieran trägt vielleicht die vielfach falſche und einſeitige Wiederanwendung gotiſcher Formen, einen andern Teil aber die Spaltung unter den Gotikern ſelbſt. Die Wiener und die Hannoverſche Schule nämlich vertreten mit mehr oder weniger Strenge Anknüpfung an die ganz frühe, noch nicht von romaniſchen Anklängen freie Gotik, während die Kölner Schule die Anwendung des immer noch frühen, aber doch in ſich ab= geſchloſſenen Stils des 13. Jahrhunderts verteidigt.

Fig. 247. Parlamentspalaſt in London.

Andre wenden ſich zu noch ſpäteren Formen, und viele begeiſterte, aber nicht tief genug eingedrungene Jünger der gotiſchen Kunſt unterſcheiden zwiſchen den verſchiedenen Abwandlungen gar nicht, wodurch eine ſelbſt den Stilkundigen unangenehm berührende Vermengung ungleichzeitiger Formen entſteht. — Letzteres Übel hat ſich, nur bedeutend ſtärker, auch in die Behandlung der Antike eingeſchlichen, ja die ſchon oben erwähnte, um 1860 von Paris aus unter dem Namen Néogrec verbreitete architektoniſche Mode war ſogar ein Ragout aus ägyptiſchen, etruskiſchen, griechiſchen und römiſchen Formen, mit einzelnen Brocken aus Gotik, Renaiſſance und Rokoko gewürzt. Solches Verfahren iſt ſehr leicht, findet deshalb ſchnell Nachahmer, iſt aber ſehr geeignet, die Stilloſigkeit auf= fällig zu machen. Selbſt die Wandlungen von 1866 und der deutſch=franzöſiſche Krieg ſcheinen leider nicht die gehoffte Folge zu haben, uns Deutſche auch in dieſem Punkte von der französischen Mode frei zu machen und uns eine nationale Entwickelung der Baukunst zu bringen. Die Spaltung in Schulen und der Eklektizismus erhielten sich auch nach diesen epochemachenden Ereignissen, eher vermehrt und verwirrt als vermindert und geklärt, durch das Eingreifen der großen technischen Erfindungen.

Beginnen wir eine ganz kurze Rundschau der Leistungen der letzten zwanzig Jahre mit denen der Berliner Schule. Die beiden leitenden Persönlichkeiten waren hier Jos. Heinrich Strack (geb. 1806, gest. 1880) und Georg Heinrich Friedrich Hitzig (geb. 1811, gest. 1881), die letzten direkten Schüler Schinkels. Strack, ausgezeichnet durch Sinn für dekorative Grazie und Eleganz, hat in Gemeinschaft mit Eduard Knoblauch (geb. 1801, gest. 1865) eine Anzahl hervorragender Bauwerke geplant und zum Teil nach des letzteren Tode allein vollendet. So namentlich die Nationalgalerie zu Berlin (1866—1876), einen tempelartigen Bau, der bei zwar imposanter, aber fremdartiger Wirkung wenig organischen Zusammenhang zwischen Äußerem und Innerem besitzt. Letzteres lehnt sich an das von demselben Meister vollendete, von Stüler entworfene Neue Museum an, welches zwar minder eintönig, aber auch weniger großartig wirkt als das Schinkelsche.

Fig. 248. Kunstgewerbemuseum in Berlin (M. Gropius).

Ebenso hat das mächtige, durch die Krönung mit Drakes Viktoria bis zu einer Höhe von 61,5 m hinaufgeführte Siegesdenkmal (1867—1873), eine über quadratischer Basis aus einem Rundtempel hervorragende, aus Kanonenschäften zusammengesetzte Säule (mehr in bezug auf den künstlerischen Wert des architektonischen als auf den des plastischen Teiles), manchen Tadel erfahren. Am meisten bewies Strack die Vorzüge seines Talents in zierlichen, anmutig schlichten Wohnhausbauten und Villen, wie auch Hitzigs zahlreiche Villen im Tiergartenviertel Berlins, namentlich in der Viktoriastraße, seinen Ruhm mehr förderten als die monumentalen Werke seiner Hand. Unter letzteren ist die jetzt in Erweiterung begriffene Berliner Börse (1859—1864) eine durch lediglich dekorativ angefügte Säulenstellungen gegliederte, schon aus dem Rahmen der Schinkelschen Schule heraustretende Komposition. Den Fortschritt, welchen Hitzig, der viele jüngere Künstler Berlins beeinflußte, nach der Richtung zur Renaissance machte, kennzeichnet der Bau der Reichsbank (1869—1876), an welchem das Streben nach Geltendmachung des jeweiligen Materials in den durch abgetönte Ziegelplatten musterartig gegliederten Wandflächen nicht den Weg der Wahrheit einschlug. Bei seiner letzten Arbeit, dem mit Hinkeldey gemeinsam vollführten Ausbau des Zeughauses zur Ruhmeshalle, schloß er sich eng an die vorhandenen Formen des Rokoko an, während noch Stüler

D. Bauſtile aus bewußtem Rückgang auf frühere Kulturſtufen. Berliner Schule. 267

auf die lange Maſſe des etwa gleichzeitig mit dem Zeughaus erbauten Schloſſes eine Kuppel in helleniſierenden Formen zu ſetzen wagte. Martin Gropius (geb. 1824, geſt. 1881), meiſt gemeinſchaftlich mit Schmieden arbeitend, erhielt ſich, bei großer künſtleriſcher Fein‐ heit und edler Durchbildung, namentlich des Dekorativen, durchweg auf dem Boden Schinkels; ſowohl an den Univerſitätsgebäuden zu Greifswald und Kiel, als an dem, in den Hauptformen alle Gruppierung entbehrenden, in der Durchbildung alle techniſchen Fort‐ ſchritte ausgiebig zur Einzwängung des Backſteinbaues in klaſſiſche Formen benutzenden Kunſtgewerbemuſeum zu Berlin, welche beiden Fehler an dem noch im Bau begriffenen Konzerthaus zu Leipzig vermieden ſind. Richard Lucä (geb. 1829, geſt. 1877), gleich Gropius als Lehrer hochverdient, der ebenſo am Stadttheater zu Frankfurt a. M. (1880 vollendet, ſ. Fig. 249), wie an dem Entwurf zum Polytechnikum zu Berlin tüchtige Beherr‐ ſchung der Maſſen bei kräftiger Formengebung bewies, zeigte am Theater zu Magdeburg und an den vornehm wirkenden Plänen für Erweiterung der Berliner Bauakademie immer deutlicher die Hinneigung zu einer durch antikes Detail umgebildeten Renaiſſance.

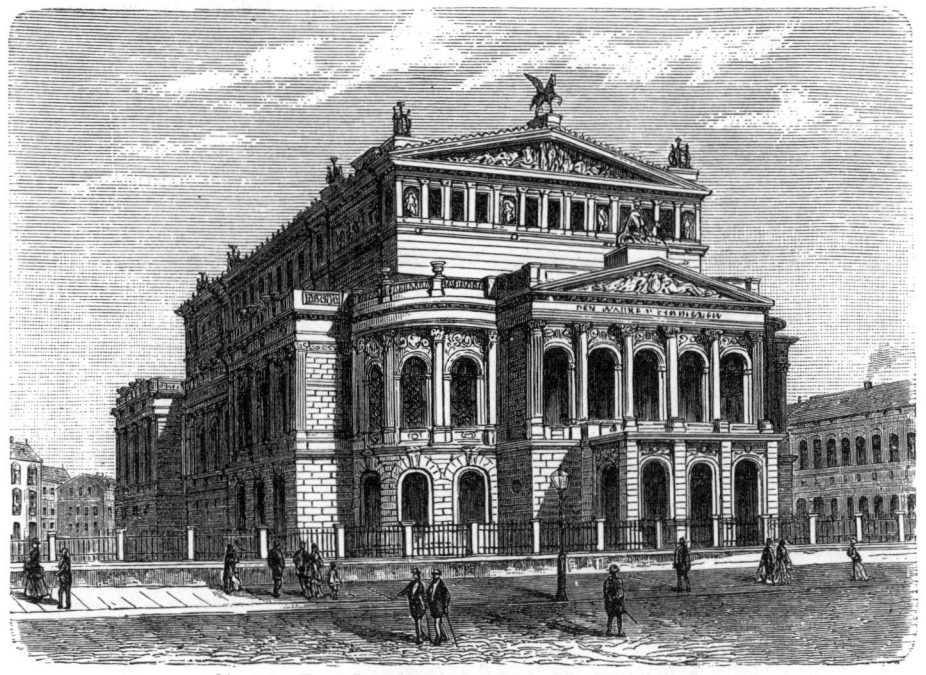

Fig. 249. Neues Opernhaus in Frankfurt a/M. (Richard Lucä).

Lohſes Schloß des Prinzen Albrecht bei Dresden, Blankenſteins Schulbauten, Schwatlos im Detail etwas trockenes Poſtgebäude zu Berlin ſeien als noch der Schinkelſchen Richtung zuneigende Gebäude ebenfalls erwähnt.

Das durch Schinkel mit zu großer Trennung der Details von der Hauptdispoſition be‐ gonnene, durch Stüler, Strack, Soller und Adler in ähnlicher Weiſe weitergeführte Studium mittelalterlicher Werke führte zu dem gewagten Verſuch, die aus denſelben entlehnten Motive durch das Griechentum zu „veredeln" und ſo für die Gegenwart zu verwerten. Adlers Thomaskirche (1864—1869), Orth und Möllers Zionskirche (1866—1873, ſ. Fig. 250), beide in Berlin, Boos' evangeliſche Kirche zu Wiesbaden (1853—1862) verwenden verſchiedene mittelalterliche Stile in dem angedeuteten Sinne zwar meiſt mit großem Geſchick, doch ohne völlige Übereinſtimmung zwiſchen ihrem künſtleriſchen Wollen und dem Reſultat erreichen zu können. Von Erfolg gekrönt iſt nur ihr Streben, der na‐ mentlich in der Mitte dieſes Jahrhunderts ſich übermächtig vordrängenden Verwendung wert‐ loſer, doch Reichtum heuchelnder Materialien, als Putz für Steinbau, Zinkguß für Bronze ꝛc., entgegen zu arbeiten und dagegen das Material in der ſeinen Eigenſchaften entſprechenden

34*

Weise zu verwenden. Daß jedoch nicht genug damit gethan ist, die Rohmaterialien zur Schau zu stellen, wenn charakteristische Behandlung fehlt, beweist Wäsemanns (gest. 1880) Rathaus zu Berlin (1858—1866), dessen weder mittelalterlich interessante, noch klassisch schöne Formen in Terracottaplatten dem Kern mühsam angefügt wurden. Etwas gelungenere Verwertung mittelalterlicher Stile und des Backsteinrohbaues zeigt der Bahnhof der niederschlesisch-märkischen Bahn (1867—1869) von E. Römer, während der von Quassowski (1870—1872) erbaute Potsdamer Bahnhof Renaissanceformen zeigt und den Charakter nicht völlig trifft. In dem von Schwechten errichteten Anhalter Bahnhof (bis 1880) erst erlangte jene Richtung glanzvollen Ausdruck.

Unter den außerhalb Berlins wirkenden Meistern Schinkelscher Richtung führte Heinrich von Dehn-Rothfelser (geb. 1815) in Kassel den stattlichen, besonders wegen vortrefflicher Lichtgebung gerühmten Bau der Gemäldegalerie (1871—1877) in etwas trocknem, antikisierendem Stile auf. Ludwig Bohnstedt (geb. 1822) schuf unbeschadet einer großartigen Bauthätigkeit in Petersburg das in den Formen der Antike gehaltene, im Innern namentlich durch originelle Farbenstimmung und geschickte Beleuchtung wirkende Stadttheater zu Riga und machte sich später von Gotha aus durch eine Reihe glänzender Konkurrenzen, besonders durch das Projekt zu einem Reichstagsgebäude für Berlin (1872), einen Namen; selbständig gedankenreich wirkt sein Schüler C. Weichardt in Leipzig; daran schließt sich Hermann Willebrand, der Erbauer des stattlichen neuen Museums in Schwerin und der Universität zu Rostock, und Rathey, der das zierliche Museum von Breslau (1875 bis 1879) entwarf, u. a. mehr.

Wenden wir uns nun zur Wiener Schule. Theophil von Hansen (geb. 1813), ein Däne von Geburt, seit 1838 Lehrer der Baukunst in Athen, dann seit 1846 in Wien, namentlich gemeinsam mit

Fig. 250. Zionskirche in Berlin (von Orth u. Möller).

Ludwig Förster bis zu dessen Tode thätig, suchte, während er in Athen im Geiste des reinsten Hellenismus unterrichtete, sobald er wieder heimischen Boden betreten hatte, in der Formsprache mittelalterlicher und orientalischer Stile seine Baugedanken zum Ausdruck zu bringen, z. B. an der Synagoge und dem Waffenmuseum des Arsenals zu Wien. Als das die innere Stadt Wien umgebende Glacis der Ausnutzung überlassen (1859) und hierdurch die Bauthätigkeit der österreichischen Hauptstadt in bisher ungeahnter Weise gesteigert wurde, begann er eine Art klassische Renaissance zu verwenden, der er fernerhin treu blieb. Zunächst an dem schlichten Bau der evangelischen Schule zu Wien (1859), deutlicher an der Zinshäusergruppe „Heinrichshof" (1861—1863), wo es bei geschickter Verwendung des Materials — die Ornamente sind meist aus gebranntem Thon — und überaus wirkungsvolle Behandlung der Farben, die sich bis zu von Karl Rahl gemalten Figuren auf Goldgrund steigert, Hansen zuerst gelang, ein vielstöckiges Gebäude in einheitliche, streng geschlossene Komposition zusammenzufassen. Bei ähnlichem Material ist das

D. Baustile aus bewußtem Rückgang auf frühere Kulturstufen. Wiener Schule. 269

Gebäude des Vereins der Musikfreunde (1864—1869) äußerlich zu monumentaler, innerlich in dem an Vergoldungen fast überreichen Sälen zu heiter festlicher Wirkung erhoben. Höchste Feinheit des Details bei überaus eleganter Gesamtwirkung erreicht sein außen durchweg in weißem Marmor und auch im Innern mit höchstem Luxus ausgeführtes Palais des Erzherzog Wilhelm (1865—1867). Die mit Karl Tietz (geb. 1831, gest. 1873) entworfene Börse (s. Fig. 251) ist in Verhältnis und Ausstattung zu prunkender Größe gesteigert, während die Akademie der bildenden Künste (1876) fast gänzlich in das Schema der Zinshäuser herabsinkt. Vollendeter ist das einfach würdige Palais Epstein (1871), und namentlich das bei großartiger Disposition die alte Feinfühligkeit des Meisters verratende Projekt für das Parlamentshaus, welches freilich in ungünstig veränderter Form zur Ausführung gelangte. Die die beiden Kammern des Reichsrats charakterisierenden Tempelbauten an den Enden der überlangen Pilasterfront werden nur mühsam durch einen dritten, nicht durch das Bedürfnis bedingten tempelartigen Mittelbau zusammengehalten.

Fig. 251. Neue Börse in Wien (Theophil von Hansen).

Unter den Wiener Künstlern steht Tietz Hansen am nächsten; er schuf eine Anzahl imposanter, meist im Sinne des Heinrichshofes gegliederter Zinshäuser und das durch die Wucht seiner Gliederungen ausgezeichnete Grand Hotel (1866). Die jüngeren Clauß und Groß folgen seinen Intentionen im Hotel Donau, Hotel Britannia, Römischen Bad u. s. w.

Hansens erste Richtung ist ebenso wie die schon mit Klenze endenden antiken Bestrebungen in München und diejenigen in Berlin mit siegreicher Gewalt durch die Kunst der Italiener des 15. und 16. Jahrhunderts überwunden worden, und zwar weisen die Anfänge dieser Richtung nur lokal, nicht national nach Paris, so daß man von einer deutschen Schule in Paris reden kann. Dort wirkten nämlich, wie schon erwähnt, die Deutschen Hittorf und Gau auf eine Reihe von Deutschland nach Paris kommender junger Talente im höchsten Grade anregend.

Unter diesen ist jedenfalls der 1826—1827 bei Gau studierende, später auf Reisen durch den Süden sich fortbildende Gottfried Semper (geb. 1803, gest. 1879) zwar nicht der erste Vertreter der Renaissance, jedenfalls aber der bedeutendste und bahnbrechende für unsre Zeit. In ihm vereinigte sich die geniale Schöpferkraft und Feinsinnigkeit Schinkels mit einem alle Errungenschaften der neueren Forschungen im Gebiete der Kunst umfassenden Wissen und einer in seinen zahlreichen, für die Kunstbewegung unsrer Zeit bestimmenden Schriften wie in seinen Bauten ausgesprochenen Reife des Urteils, welche ihn über die

Parteileidenschaft der Stilfanatiker stellte und zur freien Erkenntnis, zum vollen geistigen Besitz der Kunstformen aller Zeiten führte.

Schon seine älteren Bauten in Dresden, namentlich die schlichte, romanische, aber in sich schön abgeschlossene Synagoge und das erste unübertrefflich harmonische Theater wie der gotische Monumentalbrunnen, das Maternihospital wie Oppenheims Haus zeigten eine von keinem Zeitgenossen erreichte Herrschaft über die Formen aller Stile. Gleiches gilt von dem, durch die Vereinigung mit dem Zwinger ungemein schwierigen, aber diese Schwierigkeit genial überwindenden Entwurf für das Dresdner Museum, welcher 1847 entstanden, dem Stile der italienischen Cinquentisten in großartigster Weise folgt. Leider durch die Bewegung von 1849 aus Deutschland vertrieben, aber seit September 1853 Professor in Zürich, begann er zunächst eine weitere Kreise wenig berührende Thätigkeit in der Schweiz. Der Entwurf des Bahnhofes (1860) und namentlich des eidgenössischen Polytechnikums zu Zürich (1858—1864) zeigten ihn wieder auf der vollen Höhe seines Könnens, seines auch bei bescheidenen Mitteln großartige Effekte erzielenden Kompositionstalentes.

Fig. 252. Kunsthistorisches Museum zu Wien (Semper u. Hasenauer).

Daß er aber auch bei der höchsten, tropisch wuchernden Prachtentfaltung den festen Gang edelster Künstlerschaft zu gehen wußte, zeigten die leider nicht zur Ausführung gelangten Entwürfe für ein Theater zu Rio Janeiro (1858) und in fast gleichem Luxus für ein zweites zu München (1863). In einer Reihe schweizerischer Bauten: Sternwarte in Zürich (1861), Hotel Schweizerhof in Luzern (1862), Rathaus in Winterthur (1863—1867) zc., bewies Semper immer aufs neue seine künstlerische Kraft in Individualisierung jeder Gebäudeart, Fülle der Ideen und schöner Durchbildung der Gliederungen. Von den ziemlich reichen Gebilden der Feinrenaissance wendete er sich aber mehr und mehr der strotzenden Kraft der folgenden Kunstperiode zu, in deren Formen er seine letzten großartigsten Bauwerke ausführte: das nach dem Brande von 1868 neu aufgebaute Hoftheater zu Dresden (1870—1878, Taf. L. Fig. 1), die mit Hasenauer gemeinschaftlich projektierten Hofmuseen (Fig. 252) und das Hofburgtheater zu Wien (1867—1879).

Am ersten dieser Bauwerke hat Semper, der stets dem Grundsatz folgte, daß die Außenseite die Darstellung des Bauinnern in seiner Gesamtheit wie in jedem seiner Teile sein solle, angesichts der außerordentlichen Schwierigkeiten, welche die so verschiedenartigen Zwecke der einzelnen Teile eines Theaters der korrekten Durchführung dieses Gedankens

D. Bauſtile aus bewußtem Rückgang auf frühere Kulturſtufen. Deutſch-Pariſer Schule. 271

bieten, ſich leider verleiten laſſen, dieſe einzelnen Teile in dem hoch über den Bau herausragenden Kuliſſenraum, in den zahlreichen niederen Stockwerken um die Bühne ꝛc. etwas zu ſcharf zu betonen und ſo ein Werk zu ſchaffen, das, von höchſtem künſtleriſchen Ernſt zeugend, bei grandioſer Wirkung in der Vorderanſicht doch ſtraffe Einheit, intime Verbindung der einzelnen Bauglieder zu einem harmoniſchen Ganzen vermiſſen läßt. Glücklich ſind dieſe Fehler des Dresdner an dem jetzt noch im Bau begriffenen Wiener an Großartigkeit jenes noch übertreffenden Hofburgtheater vermieden. — Die Hofmuſeen bilden nur einen Teil des großartigen Semperſchen Planes zum Umbau der k. k. Hofburg in Wien. Die zum Teil an das Dresdner Muſeum anklingende heiter feſtliche Architektur der von mächtigen Kuppeln gekrönten Fronten, der von Semper ſtets mit Geiſt verwendete reiche figürliche Schmuck, die Weiträumigkeit im Innern ſind von unvergleichlicher Wirkung.

Fig. 253. Johanniskirche in Dresden (Ludw. Möckel).   Fig. 254. Johanniskirche in Stuttgart (Chr. Friedr. Leins).

Die Zahl von Sempers direkten Schülern iſt nicht gerade groß. Von den vor 1849 von ihm in Sachſen ausgebildeten folgten dem Meiſter bei deſſen Schwenkung zur Hochrenaiſſance nur der Hofbaumeiſter Bernhard Krüger (geſt. 1881) und K. Eberhard, der an der Superintendentur 1857—1859 den romaniſchen Stil in florentiniſcher Weiſe umzuarbeiten ſtrebte. Konſtantin Lipſius (geb. 1829 in Leipzig), ſtudierte nach Sempers Flucht bei Nikolai weiter und vollendete ſeine Studien in Paris; die Früchte ſo vielſeitiger Bildung zeigten ſich an ſeinen Bauten, deren bedeutendſte, die Börſe zu Chemnitz, das Johannishoſpital (1874), die Kunſtgewerbe-Ausſtellungshalle (1878) und einige Privatbauten in Leipzig, teils dem Renaiſſanceſtil, teils der Gotik folgen und immer etwas nach franzöſiſcher Seite inklinieren, was noch ſtärker bei ſeinen neueſten, in Gemeinſchaft mit Hartel, einem Schüler Hanſens, begonnenen Kirchbauten (St. Peter in Leipzig, zu Lindenau, Gera ꝛc.) hervortritt. Der älteſte noch wirkende Schüler Sempers iſt Oskar Mothes (geb. 1828) in Leipzig, der ſchon 1848 die Kirche zu Rüdigsdorf, nach Rückkehr aus Italien und Spanien die zu Lützſchena (1854), Kapellen zu Croſtewitz und Lemſel in deutſcher Gotik, die zu Neukirchen bei Krimmitſchau in romaniſchem Stil, die Schlöſſer Großzſchocher bei Leipzig, Schönfeld bei Greiz, Wieſenburg bei Brandenburg (1860—1864) in Deutſchrenaiſſance, die engliſche Kirche zu Karlsbad (1876) in frühengliſcher Gotik, die Huttenburg bei und die Predigerwohnungen in Meißen und viele andre

Häuser und Villen in spätgotischer Profanarchitektur baute, namentlich aber Burgen (Liebau, Rudelsburg, Droyßig ꝛc.) und Kirchen (St. Matthäi in Leipzig, St. Anna in Annaberg) restaurierte; dabei ist er fruchtbarer Schriftsteller, sowohl Lexikograph wie selbständig forschender Kunsthistoriker („Baulexikon", 1857—1883 in 4 Auflagen, „Geschichte der Baukunst und Bildhauerei Benedigs" 1857, „Basilikenform" 1860, „Baukunst des Mittelalters in Italien" 1883).

Die Züricher Schüler Sempers, zu welchen auch O. Grahl (Villen in Dresden) zu rechnen ist, schließen sich dagegen gleich seinem Sohne Manfred Semper mehr an seine letztere Entwickelungsstufe an; ferner A. F. Bluntschli in Frankfurt a. M. (geb. 1842), der in Gemeinschaft mit Mylius in einer Reihe Konkurrenzen glänzende Siege erfocht und durch seine Bauten (Hotel Frankfurter Hof, Villen ꝛc.) bewies, daß er auch in der Durchführung ein gewandter Meister sei. In Zürich wirken Julius Stadler, Alb. Müller (Börse), Kunkler (Museum zu St. Gallen), Pestalozzi u. a. im Geiste des Meisters.

Auch der schon genannte Georg Hermann Nikolai (geb. 1812, gest. 1881) verarbeitete 1837 bei Gau zu Paris seine italienischen Studien. Seit 1850 Sempers Nachfolger an der Dresdner Akademie, ward er der Gründer einer selbständigen Schule. Seine nicht zahlreichen Bauten (Villen, Palais des Prinzen Georg 1855 ꝛc.) zeigen glücklich abgewogene Gruppierung und Meisterschaft im Ornament, Vorzüge, die er auf Schüler und Mitstrebende zu verpflanzen wußte. Unter letzteren sind zu nennen M. Hänel, gest. 1881 (Dreikönigskirchturm 1854, Johanneum 1872—1876), A. Canzler (Gerichtsgebäude 1876 bis 1879), sämtlich in Dresden, Wankel (Gerichtsgebäude in Zwickau), Gottschald (Bahnhof in Chemnitz), unter ersteren der meist in Gemeinschaft mit Paul Weidner arbeitende, hochbegabte Ernst Giese (Stadttheater und Kunsthalle in Düsseldorf, Landständische Bank zu Bautzen), ferner B. Schreiber (Theater zu Teplitz und Neustadt-Dresden), der originell produzierende C. Weißbach, Hänel und Adam, Hermann und Martin, Rumpel und Sommerschuh, Heyn (Polytechnikum zu Dresden), Ackerlein und Zeissig in Leipzig ꝛc.

Die Gotik vertritt in Dresden Ludwig Möckel aus Zwickau, ein Schüler Hases, der aber mehr als sein Meister der französischen Frühgotik sich zugewendet hat (Johanniskirche 1874—1878, s. Fig. 253), Kirchen zu Buchholz, Planitz, Reudnitz ꝛc.; minder stark als er zeigt sich in der Gotik Pieper, der vielfach zur Renaissance neigt.

Auch Christian Friedrich Leins in Stuttgart (geb. 1814) hat in Paris und Italien seine Studien gemacht. Ursprüngliche Frische, reizvolle Bildung der Einzelheiten, Genialität im Abwägen und Gruppieren der Massen zieren den feinsinnigen, am Stuttgarter Polytechnikum (seit 1858) im besten Sinne schulbildenden Meister. Seinen Charakter zeigt am schönsten die meisterhaft in die Landschaft komponierte kleine Villa zu Berg (1846—1853). Die etwas nüchterne Haltung der antiken Säulenhalle des Königsbaues (1855—1860) ist zum Teil durch vom Meister unabhängige Gründe veranlaßt. Leins liebt aber fast noch mehr die Gotik, welche er in der zierlichen Johanniskirche trefflich handhabte (s. Fig. 254). Das Palais des Prinzen von Weimar, zahlreiche Wohnhäuser und Villen zeigen ihn glücklich in Verwendung italienischer Renaissancemotive, die auch an der Liederhalle in origineller Ausbildung auftreten. Sein Genosse bei Einführung der Renaissance war Joseph Egle (geb. 1818), der, obgleich Schüler der Berliner Akademie, nach Reisen durch England und Frankreich die Schinkelsche Richtung vollständig abstreifte, worauf seine am Bau des Polytechnikums in Stuttgart (1860—1864) bereits anklingende Hinneigung zur französischen Renaissance des Louvre in der wirkungsvollen Baugewerkschule daselbst (1867—1870) klareren Ausdruck erhielt. Namentlich im Innern des Baues zeigt sich die dem Meister eigne Anmut. In der Marienkirche lieferte er ein originelles Gegenstück zu Leins' Johanniskirche und bewährte sich als im romanischen Stil heimischer Meister. Neben diesen Führern der württembergischen Schule sind zu nennen: A. Tritschler (geb. 1828) mit seinem etwas nüchternen, aber in den Verhältnissen wohl abgewogenen Postgebäude, Realschule, Hypothekenbank, seinem Anbau an das Polytechnikum, sämtlich in Stuttgart; Tafel (Privatbauten und Inselhotel zu Konstanz), Wagner, Beisbarth (Gebäude der Museumsgesellschaft), Walter, Reinhardt bewegen sich in den von Leins vorgeschriebenen Bahnen italienischer Frührenaissance, Dollinger auch in deutscher Hochgotik und spätromanischem Stil (Garnisonkirche, Taf. LI. Fig. 1) mit reger Schöpferkraft. A. Wolf (Synagogen zu Nürnberg, Ulm, Karlsbad, Schulbauten) ist vielseitig.

D. Baustile aus bewußtem Rückgang auf frühere Kulturstufen. Deutsche Schulen. 273

Der mit seltenem Kompositionstalent begabte Adolf Gnauth (geb. 1840) steigerte die Richtung seines Lehrers Leins zur mächtigsten Hochrenaissance, mit der er sich durch fleißige italienische Studien vertraut gemacht hat, an Villa Sigle in Stuttgart, Villa Engelhorn in Mannheim und dem ins Barocke hinübergreifenden imposanten Vereinsbankgebäude zu Stuttgart. Verdient ist er namentlich für das Kunstgewerbe, dem er in Ad. Schill, Fr. Thiersch u. a. treffliche Schüler erzog. Nach der letzteren Richtung war namentlich der in Paris gebildete W. Bäumer thätig gewesen, der, 1871 nach Wien übersiedelnd, dort den großartigen Nordwestbahnhof (1870—1873), das Palais Haber und andre Bauten im Geiste der Stuttgarter Schule ausführte.

In Frankfurt a. M. schuf Rudolf Heinrich Burnitz (geb. 1827), ein bereits in den fünfziger Jahren vielbeschäftigter Künstler aus Hübschs Schule, den Saalbau der polytechnischen Gesellschaft (1859—1860) und mehrere reiche Villen in einem an Frankreich sich anlehnenden Geschmacke. In Gemeinschaft mit O. Sommer beteiligte er sich wiederholt siegreich bei Konkurrenzen. Der letztere erbaute unter anderm den wirkungsvollen, im Geist der Hochrenaissance an Sempers Museum sich anlehnenden Palast des Städelschen Instituts zu Frankfurt. Auch die lebhafte Karlsruher Kunstthätigkeit wendete sich von H. Hübschs (geb. 1795, gest. 1863) anregender und bestimmender Vorliebe für den Stil altchristlicher Kunst der Renaissance zu. Heinrich Lang (geb. 1824) mit seinen Bauten für die Lehranstalten in Karlsruhe, Freiburg und Heidelberg, der formengewandte und vielseitige J. Durm (Portal der Rheinbrücke bei Mannheim, Synagoge zu Karlsruhe, Vierortsbad), Warth u. a. seien hier genannt. Nach der Wiedervereinigung Deutschlands trug Heinrich Köh-

Fig. 255. Votivkirche zu Wien (von Ferstel).

ler, ein Schüler Hittorfs, mit Glück die von ihm auch in meisterhaften Aufnahmen veröffentlichten Formen italienischer Kunst in das Herz der deutschen Gotik, nach Hannover, wo Hase sowie Oppler (geb. 1831, gest. 1881) die Fahne des Mittelalters noch hochhielten, indem Hase die Marienburg beendete, das Rathaus, den Dom zu Hildesheim ꝛc. restaurierte, Oppler Schloß Wegesmann bei Rolandseck, die Synagogen zu Breslau und Hannover schuf ꝛc. In Hamburg wirken A. Rosengarten (geb. 1809) bauend und litterarisch, Eduard Hallier (geb. 1836, Rathaus zu Glückstadt, Privatbauten), Haller, Robertson.

Die originellen, leider von geringem Erfolg gekrönten Versuche des Königs Maximilian von Bayern, einen damals mit so heißer Sehnsucht erwarteten, unsrer Zeit entsprechenden und eigentümlichen „neuen Stil" zu finden, zeigten bald, daß ein solcher sich nicht herbeizaubern lasse, sondern aus Zeit und Volksgeist hervorwachsen mußte. Die zahlreichen und bei gewaltigen renaissancehaft komponierten Massen durch überfeine, an das Mittelalter

Das Buch der Erfind. 8. Aufl. I. Bd. 35

anknüpfende Gliederung doch kleinlich wirkenden Bauten jener Periode zerstörten die feste Basis einer sichern Formensprache und bahnten zunächst für die Renaissance den Weg, da man verzweifelte, die romantischen Baustile modernen Zwecken entsprechend entwickeln zu können, so daß Gottfried Neureuther (geb. 1811) in dem großartigen Polytechnikum zu München (1865—1868) ein direkt an italienische Studien anknüpfendes, doch unverkennbar von Sempers Züricher Gebäuden beeinflußtes Werk edelster Renaissance schaffen durfte. Von hervorragender Schönheit ist die Anordnung des Treppenhauses und des reichlich verwendeten plastischen Schmuckes. Weitere Steigerung zeigt Neureuther in der jetzt im Bau begriffenen Akademie zu München, einer reizvoll gruppierten, mit hoher Meisterschaft in gleichem Stile gehaltenen Komposition. Verschiedene Bahnbauten, namentlich das Verwaltungsgebäude zu Ludwigshafen, schließen sich den genannten Werken in künstlerischer Beziehung an. — Neben Neureuther und gleichen Sinnes wirkte Ludwig Lange (geb. 1808, gest. 1868), der das malerische Element mit ruhigen architektonischen Formen maßvoll und anmutig zu verbinden wußte (Leipziger Museum, 1856). Seinem Beispiel folgte sein Sohn Emil Lange (geb. 1841), indem er in der Kunstgewerbeschule und in der Industrieschule in München zwei originelle Renaissanceschöpfungen erstehen ließ.

Im Münchener Privatbau trat den unter dem Zwange, mit schlechtem Material, Ziegel und Putz, zu arbeiten, eingerissenen Verstößen gegen künstlerische Wahrheit mit Energie A. Schmidt (geb. 1841) entgegen und führte den Privatbau auf die Bahnen des Renaissancestils; Fr. O. Schulze, ein Schüler Sempers, mit Kaffka gemeinschaftlich arbeitend, Zenetti, Hirschberg u. a. unterstützten ihn in dieser Richtung, während F. Dollmann Villen verschiedener Stilart erbaut.

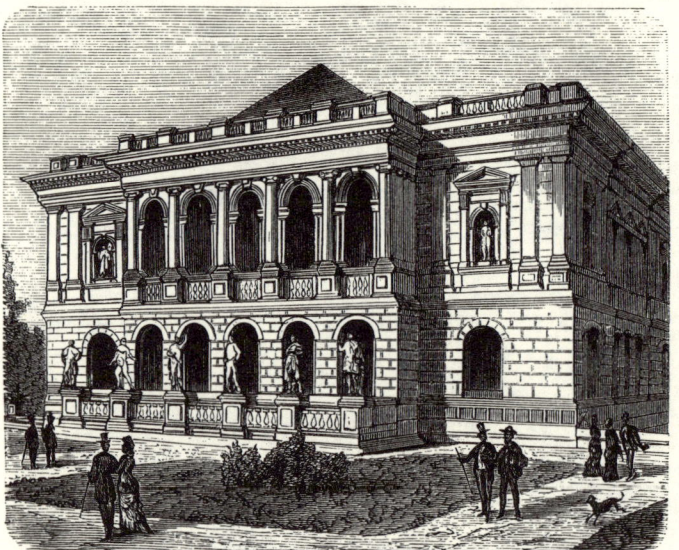

Fig. 256. Künstlerhaus zu Wien (von A. Weber).

Bei der gewaltigen Bauthätigkeit in Wien nahm bald die Renaissance eine leitende Stelle ein. Schon an Hansen beobachteten wir eine stark durch die Formensprache der Antike beeinflußte Richtung. Vor ihm waren Ludwig Förster (geb. 1797, gest. 1863) und das hochinteressante Künstlerpaar Eduard van der Nüll (geb. 1812, gest. 1868) und August Siccard von Siccardsburg (geb. 1813, gest. 1868) schon nach dieser Richtung hin thätig gewesen. — Wenn Förster anfänglich bei den Synagogen in Wien und Pest, dann an der mit seinem Schwiegersohn Hansen gemeinsam errichteten Kirche zu Gumpoldskirchen und an dem Waffenmuseum des Arsenals zu Wien orientalischer Formung sich zuneigte, so begann er doch, sobald die Bebauung der Ringstraße in Angriff genommen war, in zahlreichen Privatbauten (Palais Todesko, Palais Hoyos Sprintzenstein) wie in der von ihm seit 1836 herausgegebenen „Allgemeinen Bauzeitung", lebhaft für das Verständnis der italienischen Renaissance zu wirken. Auch die Dioskuren unter Wiens Meistern, van der Nüll und Siccardsburg, traten zunächst mit Versuchen in der mittelalterlichen Kunst auf und lieferten an den Kasernen des Arsenals Beweise einer kraft- und phantasievollen Beherrschung derselben, wendeten sich aber dann der Renaissance zu. Seit 1843 resp. 1844 Professoren der Wiener Akademie, wirkten sie in hohem Grade anregend, mehr aber noch durch eine Reihe von höchst interessanten Privatbauten, so daß sie, namentlich was die Grundrißentwickelung anlangt, als die Begründer des Wiener Zinshauses gelten können. Zur Thätigkeit im Monumentalbau führte sie der Sieg bei der Konkurrenz für die Wiener Oper (1861—1868, s. Taf. L. Fig. 2). Die freilich für so große Massen etwas zu kleinlich behandelte französische Renaissance ist in allen Details mit hoher Meisterschaft gehandhabt und feiert namentlich im großartigen Treppenhaus und dem Theatersaal Triumphe dekorativer Schönheit. Nicht minder elegant in der Durchführung und originell in der Komposition sind das Palais Larisch (1867) und das Warenhaus von Ph. Haas u. Söhne (1867).

Der bedeutendste Schüler der beiden stets gemeinschaftlich arbeitenden Meister, ja ihnen an Kompositionstalent und Sinn für das Monumentale noch überlegen, war Baron Heinrich Ferstel (geb. 1832, gest. 1883). Wenn ihn auch eine siegreiche Konkurrenz für die Votivkirche zu Wien (1855) zunächst der Gotik zuführte, wobei er streng am Vorbild des Kölner Domes haftete, so fühlte er sich doch bald mehr zu der italienischen Renaissance hingezogen. Nachdem er an der namentlich durch meisterhafte Lösung des Grundrisses beachtenswerten Nationalbank zu Wien (1856—1860) der Münchener Richtung seinen Tribut entrichtet hatte, zeigte er sich zuerst in dem festlich heitern Palais Ludwig Viktor (1861—1865) und dem diesem gegenüberliegenden und entsprechenden Palais von Wertheim (1864) als Meister in einer stark französierenden Renaissancerichtung. Der Bau des österreichischen Museums (1867—1871), im Äußeren von etwas gedrungenen Verhältnissen, im Innern aber, namentlich in dem Säulenhof, von entzückender Schönheit und Anmut, zeigte Ferstel auf der Höhe seiner, nunmehr

Fig. 257. Stadttheater in Wien (von Fellner).

der reinsten Formen edler Renaissance sich bedienenden Meisterschaft (s. Taf. L. Fig. 3). Das chemische Laboratorium (1871) schließt sich diesen Bauten auf das würdigste an. Auch hier ist das Rohmaterial der Ziegel in Mustern verwendet, während die Gurtungen in der reizvollsten Weise durch Sgraffito oder farbige Majolika betont werden. Auch für die im Bau begriffene Wiener Universität (am Paradeplatz) hielt Ferstel sich an die Vorbilder der römischen Hochrenaissancepaläste, ähnlich am Palais Liechtenstein in Wien und an zahlreichen durch Österreich verteilten Bauten.

Feines Maßhalten in Profilen und Abmessungen, Abwägen vom Zweck zur Wirkung des Baues, zeichnete ihn rühmlichst vor einer Gruppe der Wiener Architekten aus, die in einem Fortissimo der meist aus geringwertigem Material mühsam zusammengesetzten Details ein Genüge finden. Die spezifisch Wiener Kunstrichtung steht mitten inne zwischen Hansen und Ferstel, entlehnt von ersterem die imposante Massenbeherrschung, von letzterem die Hinneigung zu italienischem Detail. Beider Einfluß hat eine große Anzahl tüchtiger Kräfte befähigt, die besonders bis 1873 zahlreich an sie herantretenden Aufgaben in würdigster Weise zu lösen. Joh. Romano erbaute das vornehm wirkende Adelskasino, die Palais Ofenheim, Colloredo; v. Schwendenwein das Palais Schey in derben, an die französische Renaissance anklingenden Formen; Doderer das wuchtige

Kommandanturgebäude (1875); A. Weber das im Geiste seines Lehrers, van der Nüll, gehaltene Gebäude der Gartenbaugesellschaft und das wuchtig wirkende Künstlerhaus (1865—1868, Fig. 256); J. Garben den zierlichen und doch kräftig profilierten Kursalon (1865—1867); J. Winterhalter das Telegraphengebäude, Neumann das Museum zu Gotha, O. Thienemann das stattliche Haus des Architektenvereins (1870—1872), Frankel das Hotel Austria, Emil v. Förster die originelle, aber in der Formgebung gesuchte komische Oper (1872—1874), während Ferd. Fellner das äußerlich durch die schwierige Form des Bauplatzes beeinträchtigte, im Innern sehenswerte Stadttheater (1871—1872, Fig. 257) errichtete. Alle diese Meister sind zugleich im Privatbau thätig gewesen, den auch Wagner, Schachner, Tischler u. a. kultivieren.

Fig. 258. Volkstheater in Budapest (von Ybl).

Auch auf die Wiener Architektur wirkte Gottfried Semper dadurch, daß ein hochbegabter Schüler van der Nülls und Siccardsburgs, Baron Karl Hasenauer (geb. 1833), der bereits bei den Konkurrenzen für die Wiener Oper und die Florentiner Domfassade ehrende Preise errungen und im Bau der Pereiraschen Häuser, vieler andrer Wohnhäuser und Paläste, namentlich aber des in wuchtiger Hochrenaissance durchgeführten Palais Lützow sich als formsicherer Meister gezeigt hatte, sein Projekt für den Bau der Hofmuseen in Wien unter Sempers Ägide umarbeitete und ausführte, wodurch Hasenauer bedeutenden künstlerischen Einfluß gewann. Ihm wurde die Leitung der großartigen, für die Wiener Weltausstellung 1873 bestimmten Bauten übertragen. Unter der Mitwirkung von den bereits am Opernbau mit Erfolg thätigen Gugitz, ferner von Korombay, Feldscharek und Graff entwarf er die mächtigen Triumphpforten, welche zur Haupthalle führten, sowie jene bei trefflich maßvoller Detaillierung so würdig und imposant wirkenden Pavillons, welche den verschiedenen Ausstellungszwecken zu dienen hatten. Für die künstlerischen Fehler der riesigen Rotunde, namentlich für ihre obere Abdeckung durch eine flache Pyramide, ist Hasenauer nur teilweise verantwortlich zu machen. Zur Zeit leitet er den Bau der Hofmuseen und des Hofburgtheaters.

Die Richtung der Wiener Architekten hat schnell ihren Weg über ganz Österreich gefunden. In Prag wirkt Joseph Zitek (geb. 1832), von dem das wohlgelungene Museum zu Weimar (1863—1869) sowie das 1881 niedergebrannte imposante Prager Nationaltheater (seit 1868) und das Rudolfinum (1876—1880), sämtlich Werke in kräftiger

D. Baustile aus bewußtem Rückgang auf frühere Kulturstufen. Neuere Berliner Schule.

Hochrenaissance, stammen; in Innsbruck Moritz Hinträger, der die Sparkasse daselbst in französischer Renaissance errichtete; in Pest Ybl, von welchem neben zahlreichen Privatbauten das Volkstheater (Fig. 258) Interesse erweckt.

Zuletzt nach schwerem Kampfe mit der griechischen kam die römische Renaissance zum Sieg in Berlin, und zwar nicht durch die Invasion irgend eines übermächtigen Talentes, sondern dadurch, daß einige der hellenisierenden Schule entstammende Meister über den Widerspruch zwischen der wachsenden Kompliziertheit moderner Aufgaben und der Armut an Gestaltungskraft in der Antike sich klar geworden waren. Ende und Böckmann eröffneten hierin den Reigen durch den Bau eines mächtigen, in Ziegelrohbau ausgeführten Miethhauses, des sogenannten Roten Schlosses (1866—1867), die wuchtige Preußische Kreditbank (1871—1873), die Mitteldeutsche Kreditbank (1872—1874) und zahlreiche großartige Palast- und Zinshausbauten zeigen den Aufschwung, welchen Berlin nach dem Kriege hinsichtlich seiner Mittel und künstlerischen Anforderungen genommen. Nahe verwandt sind Kyllmann und Heyden, deren Kaisergalerie (1869—1873) französische Renaissanceformen aufnimmt, Ebe und Benda, die in dem üppig schweren Palais Pringsheim (1872—1874) in Verwendung von Farben, in dem reichen Palais Thiele-Winkler (Fig. 259) in der plastischen Dekoration an die Grenzen des künstlerisch Erlaubten herantreten, und die mäßiger sich haltenden von der Hude und Hennike (Hotel Kaiserhof, 1872 bis 1875, Villen, Kunsthalle zu Hamburg). Kayser und v. Großheim steigerten die Verhältnisse eines Geschäftshauses zu höchstem Luxus in dem Spinnschen Hause, dem Palast der „Germania" (1879 bis 1881) und 1882 bis 1883 in dem Bau der Alfenidefabrik Henniger & Comp.

Neben diesen im Privatbau glänzenden Künstlern führte F. A. Cremer (geb. 1824)

Fig. 259. Das Thiele-Winklersche Haus in Berlin (von Ebe und Benda).

durch seinen ruhig stattlichen Entwurf des Chemischen Laboratoriums (1866—1867), gleich neben dem Roten Schloß in Ziegelrohbau ausgeführt, die Renaissance im Monumentalbau Berlins ein und bildete sie dann am Polytechnikum zu Aachen weiter, wie auch W. Neumann sie bei den seit 1871 nötig gewordenen Erweiterungen der Berliner Ministerialgebäude anwendete; von letzterem stammen auch eine Anzahl kräftig gegliederter Privatbauten (Preußische Bodenkreditbank, 1871—1872; Württembergische Gesandtschaft, Palais Ratibor). Unter den außerhalb Berlins wirkenden Künstlern sind zu nennen: Eggert in Straßburg (Projekt zum Berliner Dom, Universität Straßburg); Sturmhöfel in Magdeburg; Hugo Licht in Leipzig (Villa Heckman in Berlin, Friedhofskapellen in Weißensee und Leipzig); Riffart, Kunstakademie in Düsseldorf (Fig. 260); Paul Wallot, letzterer jetzt mit dem Reichstagspalast beschäftigt, dabei freilich auch teils italienischen, teils französischen Vorbildern folgend, wo es sich doch recht eigentlich um Repräsentation des deutschen Volkes handelt; endlich der Oberpostbaurath Zopf, der wacker und erfolgreich gegen die Liebe zum Fremden kämpft.

Diese Rundschau über die deutschen Gaue lehrt, daß überall, namentlich seit den sechziger Jahren, ein mächtiges Streben sich geltend macht, durch weitere Ausbildung der italienischen Renaissance zu einer reicheren Formensprache zu gelangen, als die Antike sie bot, daß sogar einige hervorragende Künstler von den romantischen Stilrichtungen in das neue Lager übertraten. Wir sahen aber auch, daß namentlich in Stuttgart und Wien die minder kraftvollen, leichteren und zierlicheren Motive der französischen Kunst des 16. Jahrhunderts zu Bereicherung und Belebung von Privat= und selbst Monumentalbauten zugezogen wurden. Das hier und da sich zeigende Bestreben, auch die deutsche Renaissance des 16. Jahrhunderts wieder aufleben zu lassen, kam in breiteren Fluß, als W. v. Lübke (1872) den fünften Band von Kuglers Hauptwerk herausgab und darin auf die Fülle des über Deutschland verstreuten Schönen aus jener Zeit aufmerksam machte, und so, unterstützt von dem nach glorreichen Siegen mächtig gesteigerten Patriotismus des deutschen Volkes, ein reges Interesse für die Kunst unsrer Vorfahren erweckte, die, rein wie Sonnenschein, sprudelnd reich an Erfindung, im Detail noch ohne tief überlegte Komposition, vom Grundriß aus das Außenwerk in malerischer Gruppierung behandelnd, mitten inne steht zwischen Gotik und italienischer Renaissance. So kam es denn, daß aus beiden Lagern fördernde Kräfte sich ihr zuwendeten.

Fig. 260. Die neue Kunstakademie in Düsseldorf (von Riffart).

Der bedeutendste unter den Künstlern dieser Richtung ist jedenfalls J. Raschdorff (geb. 1833). In Berlin herangebildet, jedoch früh an den Rhein versetzt, vereinte er gründliche klassische Vorbildung mit frischem Verständnis der mittelalterlichen und Renaissancebauten jener Gegenden. Am Restaurationsbau des Gürzenich zu Köln zeigt er sich noch teilweise in den hemmenden Banden des Hellenismus, doch schon bei demjenigen des köstlichen Kölner Rathauses offenbart sich sein für das Malerische und gemütlich Anheimelnde empfänglicher Sinn, so daß er mit wachsender Meisterschaft an Burganlagen (Cochem an der Mosel), an der Schulbibliothek in Köln die Formen der deutschen Renaissance zu erfassen und den modernen Zwecken anzupassen wußte. Mehr italienische Formen zeigt das imposante Ständehaus zu Düsseldorf (Fig. 261), minder klare Richtung die Post in Braunschweig. Eine überaus antiquarisch treue und dadurch zum Teil barocke Auffassung desselben Stiles macht sich — geführt durch das Kunstgewerbe und dessen hauptsächliche Vertreter Rudolf Seitz (geb. 1842), Lorenz, Gedon, Seidl u. a. — in München geltend. Durchaus malerischen Prinzipien folgend, wendet sie ihr Augenmerk namentlich in der Innendekoration auf die verschiedensten in der Zeit deutscher Renaissance üblichen Techniken und verletzt oft

D. Baustile aus bewußtem Rückgang auf frühere Kulturstufen. Neuere Berliner Schule. 279

Zweckmäßigkeit und Symmetrie erheblich, um einen möglichst stimmungsvollen Eindruck zu er=
zielen. Mit Vorliebe wird auch nach dem Vorgang Sempers (am ersten Theater zu Dresden)
und Hansens (am Heinrichsbau) Sgraffito und die von der Schule Pilotys mit Meisterschaft
behandelte Farbe an den Fronten verwertet und, wie z. B. am Hotel Bellevue durch Gedon
und Schraudolph jr. in höchst geistvoller Weise, der ganze Bau mit gemaltem Bildwerk
überzogen. Das Haus des Münchener Kunstgewerbevereins mit seinen interessanten
Innendekorationen von Rud. Seitz und Gedons phantastisches Palais Schack (1872
bis 1874) sind weitere Beispiele der Münchener Auffassung der neuen Stilart. Minder
gelangen bisher die Bestrebungen, die deutsche Renaissance, der es doch an selbständigen
monumentalen Gedanken durchaus nicht fehlt, auf große öffentliche Bauwerke zu verwenden.
Einer der glücklichsten dieser Versuche ist Wilemanns Justizpalast in Wien. Doch fehlt
es auch nicht in Dresden, Berlin (Kaiser und von Großheim) und andern Orten an
derartigen Werken.

Fig. 261. Ständehaus in Düsseldorf (J. Raschdorff).

Die romantische Schule, welche, wie wir sahen, in Hannover, Stuttgart, Leipzig,
Dresden ꝛc. noch tüchtige Vertreter hat, vertreten in Berlin in neuerer Zeit auf praktischem Ge=
biet J. Otzen (Kirche zu Altona, Fig. 262), in schriftstellerischer Thätigkeit Theodor Prüfer;
in Braunschweig der vielseitige Ringlake (Gertrudenkirche in Essen), in Aachen Ewerbeck.
Genannt seien ferner Klingenberg (Augusteum in Oldenburg 1865), Heinrich Müller in
Bremen (Börse 1861—1864), der auch eine zierliche Renaissance zu handhaben weiß (Museum
zu Bremen, Börse in Königsberg 1875), H. v. Ritgen zu Gießen (Restauration der Wartburg).
Bei dem Bau am Kölner Dom eignete Zwirner sich im Gegensatz zu der von Hase
kultivierten Frühgotik diesen Stil in der Höhe seiner Entwickelung an und verstand auch,
ihn in neuen Bauten mit Phantasie zu verwenden. Nicht zum geringen Teil verdankt diese
Kunstrichtung seinem Beispiel ihre Verbreitung. Zunächst huldigt ihr K. E. R. Voigtel
(geb. 1829), sein Nachfolger am Kölner Dombau und der Vollender desselben (1862 bis
1880). Mit Meisterschaft bedienten sich desselben namentlich süddeutsche Meister; neben
den Stuttgartern auch F. J. Denzinger, welcher den Dom zu Regensburg restaurierte und
dessen Türme errichtete und jetzt den in Frankfurt restauriert; ferner die Meister, welche
dem Vorgang Joh. Dan. Ohlmüllers (geb. 1791, gest. 1839) und seiner Aukirche
in München folgten: M. Berger (Restauration der Frauenkirche, Haidhauser Pfarrkirche,
gest. 1863) und von Dollmann (Kirche zu Giesing); schließlich Ferd. Stadler (geb.
1813, gest. 1870), welcher die stattliche Elisabethkirche in Basel schuf; C. Riggenbach

(geb. 1810, gest. 1863) vollendete dieselbe. Während sich die fortgeschrittenere Gotik des 14. Jahrhunderts der Pflege namentlich einiger daneben auch im Renaissancestil thätigen Architekten, z. B. der schon genannten O. Mothes, Pieper, Raschdorff, erfreut, ist der größte Schüler Zwirners, der allerdings von Hase stark beeinflußte Friedr. Schmidt (geb. 1825), gleich letzterem in seinen Bauten auf die Vorbilder des 13. Jahrhunderts, auf die jungfräulichere und anscheinend bildungsfähigere Frühgotik zurückgegangen. Nach einer für ihn lehrreichen Thätigkeit in Mailand wurde der junge Meister 1859 als Professor an die Akademie nach Wien berufen, wo er seither mit größtem Erfolge, namentlich im Kirchenbau, thätig ist. Die Lazaristenkirche (1860—1862) zeigt strenge Stileinheit und bei dreischiffiger Anlage originelle Durchführung von Grund= und Aufriß; im Akademischen Gymnasium (1863 bis 1866) eine nicht ganz zu rechtfertigende Übertragung kirchlicher Formen auf den Profanbau; schon in der Weißgerberkirche (1866—1873) vervollkommnete sich Schmidts Formgebung im Ziegelrohbau, und die feierlich wirkende Bemalung des Innern, die er in der Brigittenauikirche (1867—1873) in geistvollster Weise zu hoher Vollendung führte. Der interessanteste Bau ist ohne Zweifel die Kirche zu Fünfhaus (1867—1875), in welchem er den schon von Klingenberg bei der Konkurrenz für den Berliner Dom (1867) angestellten Versuch, einen gotischen Zentralbau zu schaffen, aufnahm und in der gelungensten, im Außern wie Innern gleich malerisch wirkenden Weise durchführte. Die zahlreichen, fast über die ganze Erde verteilten Kirchenbauten des Meisters zu verfolgen, ist hier nicht der Ort. Seit 1862 als Dombaumeister zu St. Stephan in Wien zum Nachfolger des um den Bau der Ziergiebel verdienten Leopold Ernst (geb. 1808, gest. 1862) ernannt, liegt ihm im Restaurationsbau des gewaltigen Gotteshauses eine glänzende Aufgabe ob. Höchst interessant sind Schmidts Leistungen im Profanbau. Schon in den Konkurrenzen für das Rathaus zu Trier (1855), zum Berliner Rathaus (1858) zeigen sich die Grundformen, in denen sein mächtigstes Werk — das Wiener Rathaus (seit 1872) — gehalten ist. Wie Schmidt im Umbau der Nationalbank in Wien (1872) direkt die deutsche Renaissance anwendete, so suchte er im Rathausbau die Gotik zu den umgebenden Palästen — Hansens Parlamentshaus und Ferstels Universität — zu stimmen, indem er italienisch-gotische, dem Renaissancegedanken sich zuneigende Formen mit großem Geist und mächtigem künstlerischen Gestaltungstalent verwertete. — Unter Schmidts Schülern sei hier nur der hochbegabte Georg Hauberisser (geb. 1841) genannt, der durch seinen Rathausbau zu München (1867—1877, Taf. LI. 2), malerisches Talent und monumentalen Sinn bewies.

Ein zweiter hervorragender Schüler Zwirners, der am Kölner Dombau ausgebildete Vinzenz Statz (geb. 1819), erbaute gegen 60 Kirchen, darunter die Mauritiuskirche zu Köln, St. Maria in Linz u. a., meist Werke, die von der Formsicherheit und leichtschaffenden Produktivität des Meisters Kunde geben.

Vergleichen wir das Gesamtbild deutscher Baukunst von heute mit dem der vorhergehenden Entwickelungsperiode, so können wir ohne Zweifel einen erfreulichen Fortschritt konstatieren. Waren in der ersten Hälfte unsres Jahrhunderts im Grunde nur Berlin und München, erst in späteren Jahrzehnten Dresden und Hannover maßgebend, so entzieht sich jetzt kein Teil Deutschlands dem großen Streben nach Vervollkommnung. Überall reger Eifer, tiefes Studium, tüchtige schöpferische Kraft. Und doch immer noch die alte Zerspaltung und der Streit darum, welche von den alten Richtungen am meisten der Nachahmung wert sei. — Freilich das Haschen nach einem neuen Stil ist als fruchtlos erkannt. Auch in früheren Jahrhunderten schuf nicht etwa ein großer Mann den Stil, nur langsam entwickelte er sich aus nationalen und historischen Verhältnissen. Neben dieser Wahrheit tröstet sich mancher leider noch mit hohlen Phrasen. Dafür beispielsweise, daß selbst die eng an alte Vorbilder sich haltenden Bauwerke der Gotik der vierziger Jahre nicht im Geiste, sondern nur in den Formen früherer Kunstperioden gehalten, und weit davon entfernt sind, sich mit dem Stile des Mittelalters zu decken, sucht man den Grund nicht etwa aufrichtig im damaligen mangelhaften Stand der Erkenntnis des alten Stils, sondern behauptet, daß der Geist auch unsres Jahrhunderts selbst in einst als sklavisch bezeichneten Nachbildungen deutlich seine charakteristischen Spuren hinterließ, und fährt dann fort: Wir haben gelernt, das Hauptgewicht auf den künstlerischen Inhalt des Werkes zu legen, und hoffen bestimmt, das dieses Betonen des Geistigen gegenüber dem Formalen im Bau uns

D. Baustile aus bewußtem Rückgang auf frühere Kulturstufen. Gegenwart. 281

dereinst die entsprechenden künstlerischen Ausdrucksmittel finden lassen wird. — Was aber ist denn künstlerischer Inhalt? Was soll das heißen: Geistiges gegenüber dem Formalen? Alle primären Baustile sind Gesamtheiten von Formen, die den dem geistigen Inhalt und dem konstruktiven Gerippe des Baues entsprechenden künstlerischen Ausdruck bilden. Mit Wiederhervorsuchen veralteter, einer früheren Zeit, in der anders geartetes geistiges Leben herrschte, andern Nationen entlehnter Formen läßt sich dieser künstlerische Ausdruck nicht entsprechend finden. Der Streit, welcher Stil sich am besten zur Wiederaufnahme eigne, ist also müßig. Uns ging zu Ende des vorigen Jahrhunderts die Basis zu gesundem Weiterbau verloren, mühsam mußten wir die Anknüpfungspunkte über jene Zeit hinaus suchen. Aber nicht eine Periode der Vergangenheit, nicht ein Stil kann sie uns bieten, nur die volle Herrschaft über die Gesamtheit der Kunst vermag uns das Fundament zu neuem Aufbau zu geben. Auch nicht fürstliche Bestrebungen und Verfügungen, nicht das Wirken einer genialen Kraft können uns geben, was kulturtragende Völker von jeher stets in ihrer zeitlichen Entwickelung langsam schufen: den Stil, sondern nur die Zeit und ein rüstig schaffendes Volk, das sich nicht nur militärisch und politisch, sondern auch geistig von seinen Nachbarn frei macht.

Unverkennbar tastete sich die Architektur in den letzten Jahrzehnten in schneller Folge nach dem Gang der allgemeinen Kunstgeschichte vom Einfach-Schlichten der Antike und des romanischen Stils zur reichen Formenpracht der Renaissance und der Gotik, ja es greifen einzelne Bestrebungen bereits keck zum Barock- und selbst zum Rokokostil über und gehen zu unentwickelten Stadien, d. h. zur Deutschrenaissance und Frühgotik zurück. Ob das Tasten, das nun bald alle Stadien durchlaufen hat, dann auf-

Fig. 262. St. Johanniskirche in Altona (von Otzen).

hören oder irgendwo noch anknüpfen wird, wer kann das wissen? Zu einem befriedigenden Resultat wird es nie führen. Aber es ist hiervon auch kein Verfall der Kunst zu fürchten, sobald sie sich immer fester der Stilgesetze, der Forderung künstlerischer Wahrheit bewußt wird. Welchen Weg die deutsche Architektur auch einschlagen möge, auf solcher Basis wird sie zu schöner Entwickelung gelangen. Vielleicht bringt uns größere innere Festigung des Deutschen Reichs diesem Ziele näher.

Wiederholt wurde bereits auf den Einfluß hingewiesen, welchen Frankreich auf die Entwickelung der deutschen Architektur nahm. Die klassische Richtung, welche im sogenannten Néo-Grec ausklang, ist auch dort verschwunden. In andrer Richtung war tonangebend der schon genannte Hittorf. Sein bedeutendster Nachfolger in nobler Einfachheit und großer Feinsinnigkeit der Detaillierung war Louis Josephe Duc (geb. 1802, gest. 1881), dessen Palais de Justice bei großartiger Anlage dennoch eines der geistlosesten Bauwerke der Neuzeit ist, bei

Mangel aller Gruppierung geht aber auch er durch Einführung verschiedener Bogenformen 2c. schon über die antike Formensprache hinaus, wie sie in starrer Weise während des ersten Kaiserreichs und teilweise auch in der folgenden Periode geherrscht hatte. Henri Labrouste suchte an seinem Hauptbau, der Bibliothek St. Geneviève (1843—1850), obschon er in der Fronte die Architektur Ludwigs XIII. in Anwendung bringen mußte, wenigstens in dem großen Lesesaal, namentlich in der Bildung der auf schlanken Eisensäulen ruhenden Decke aus flachen Kuppeln, sein außerordentliches Gestaltungstalent zum Ausdruck moderner Baugedanken zu verwenden. Verwandte Durchführung zeigt der Saal der Nationalbibliothek (bis 1868).

Durch Restaurationsbauten wurden die französischen Künstler frühzeitig neben der besonders durch die meisterhaften Publikationen „Les édifices modernes de Rome" von P. Letarouilly geförderten italienischen Renaissance auch auf die ältere Kunst ihrer Heimat hingewiesen. Aus dem Studium namentlich der hoch entwickelten Architektur des 16. und 17. Jahrhunderts bildete sich die heute herrschende Richtung der Franzosen aus.

In gebundener Marschroute wandelten zunächst die Architekten, denen die Vereinigung des Louvre mit dem Tuilerienpalast übertragen wurde: der Italiener J. J. Visconti (geb. 1791, gest. 1853), welcher hierzu die grundlegenden Pläne lieferte und darauf 1852 bis 1857 H. M. Le Fuel (geb. 1810). Aber wenn auch in bezug auf den Grundriß und den Charakter der Architektur ihnen die vorhandenen Bauwerke Bedingungen auferlegten, so suchten beide doch in originellen Lösungen ihre Individualität geltend zu machen, nicht ohne häufig in Überladung zu verfallen. In gleichen Bahnen bewegt sich G. J. A. Davioud (geb. 1823), dessen Théâtre Châtelet, Théâtre Lyrique (beide 1860—1862), Orphéon municipal bedeutende künstlerische Kraft und feine Empfindung für ornamentale Schönheit verraten. Sein mit Bourdais und dem deutschen Ingenieur Kaiser gemeinsam zur Weltausstellung 1878 errichtetes Festhaus auf dem Trocaderohügel ist in dem Grundriß und den Hauptdispositionen des Aufbaues durchaus originell, ungemein großartig, in den Details höchst wirkungsvoll, nimmt aber an einzelnen Stellen zwischen antikisierenden Details nicht gerade in glücklicher Weise fremde, sogar einzelne orientalische Formen auf. Magnes Théâtre Vaudeville (bis 1869) schließt sich auch hinsichtlich der trefflichen Einrichtung an Daviouds Werke an. Die Höhe des Theaterbaues, vor allem auch seines dekorativen Reichtums kennzeichnet die große Oper (1861—1874) von J. L. Ch. Garnier. Während in dem schon S. 264 erwähnten Äußern des Baues die Fülle der Gliederungen die Gesamtwirkung schädigt, steigert sich die Wirkung des Innern zur höchsten Pracht, namentlich durch Wert des Materials, geschickte Benutzung aller Vorzüge moderner Technik, meisterhafte Verwertung der verschiedenen sich ergänzenden Künste in plastischem und in gemaltem Schmuck. Nach verwandter Richtung arbeiten die modernsten Architekten des gegenwärtigen Paris, besonders Ballu und Deyruthes, berühmt durch ihren Neubau des Stadthauses. Für den Kirchenbau werden mit Vorliebe auch in Frankreich mittelalterliche Stile in Anwendung gebracht. Dennoch haben Ballu (geb. 1817), welcher auch 1860—1866 das durch die Lage in seiner Komposition eingeschränkte Tribunal de commerce im Renaissancestil baute, in der Kirche St. Trinité (1861—1867), wenn auch zunächst in sehr äußerlicher Weise, und Baltard in der Kirche von St. Augustin (1860—1868) mit größerer Vertiefung die Renaissanceformen wieder aufzunehmen gesucht. Als prunkendstes Werk dieser Art sei der Entwurf von Abadi für die große, auf dem Montmartre zu errichtende Kirche zum heiligen Herzen Jesu genannt.

Unter den Gotikern, als deren Lehrer Gau zu betrachten ist, ragt E. E. Viollet le Duc (geb. 1814, gest. 1881) durch die Restauration der St. Chapelle wie des Domes Notre Dame in Paris und andre Werke mehr als um Hauptesslänge hervor, ebenso als wissenschaftlicher Verfechter seiner Stilrichtung und als einer der genialsten Kenner des Mittelalters.

In England ist, seit der nüchterne Klassizismus überwunden war, die gotische Richtung wie S. 265 erwähnt, zur herrschenden geworden, die auch G. G. Scott namentlich in seinem neuesten großen Werke, dem Prinz-Albert-Denkmal, anwendete; doch griff er auch im Regierungsgebäude in Whitehall in den Renaissancestil hinüber, unterstützt hierin von Digby Wyatt (geb. 1820, gest. 1877), der eine Reihe tüchtiger Werke dieser Kunstrichtung schuf. Henry Scotts Alberthall zeigt die Formen der Hochrenaissance. Schüler G. G. Scotts und zugleich dessen eifrige Nachfolger als Gotiker sind G. E. Street

D. Baustile aus bewußtem Rückgang auf frühere Kulturstufen. Gegenwart. 283

(geb. 1824), mit großem Reichtum der Phantasie und bedeutender Produktionskraft (Kirchen in London, Oxford, Konstantinopel, Gerichtshöfe in London ꝛc.), Ewan Christmaß (über 60 englische Kirchen in allen Weltteilen, darunter z. B. die in Dresden und Alfred Waterhouse (Stadthalle in Manchester, Justizpalast in London). Die meist ausschließlich auf malerische Wirkung berechnete, im Detail oft trockene Architektur der Engländer ist eine durchaus nationale und deshalb ohne Einfluß auf die Kunst andrer europäischer Länder geblieben, während für Amerika ihre Bedeutung nur paralysiert wird durch deutschen Einfluß, von welchem Schwarzmanns Weltausstellungspalast und dessen Privatbauten in Philadelphia Zeugnis ablegten.

Fig. 263. Königl. Theater zu Kopenhagen (von Petersen und Dahlerup).

Die französische Schule dagegen hat das weiteste Gebiet in Europa sich erobert. In Belgien schuf Ludovicus Roelandt (geb. 1786, gest. 1864) in französisch-italienischer Renaissance die Universität und den Justizpalast in Gent, dann in dem reichen, schwülstigen Stil der neueren Franzosen das Schauspielhaus daselbst. In hohem Grade zeigen Brüssels Neubauten französischen Einfluß, welchem auch T. F. Suys (geb. 1783, gest. 1861) und mehr noch sein Sohn Léon Suys folgt, welcher in der gewaltigen Börse zu Brüssel (1868—1873) sogar Vereinigung von Néo-Grec und barocker Renaissance mit höchst malerischer Monumentalwirkung anstrebte (s. Taf. LII. Fig. 2). Noch übertroffen wird dieser Bau durch die Justizpaläste Poellaerts zu Brüssel (seit 1866, s. Taf. LII. Fig. 1) und Barkelmans zu Antwerpen.

In auffälligster Weise ist auch Italien dem Vorbild der Franzosen gefolgt, ohne an das so reiche heimische Studienmaterial heranzutreten. Die moderne Wohnhausarchitektur namentlich der Hauptstädte bewegt sich gänzlich in Pariser Formen. — Die Aufnahme italienischer Motive des 16. Jahrhunderts findet sich am schönsten in den geistvollen Arbeiten Guiseppe Mengonis (geb. 1827, gest. 1877), welcher namentlich die Sparkasse zu Bologna (1868), die Anlage des Domplatzes zu Mailand (1869), die an demselben liegenden Paläste und die herrliche Galerie Vittorio Emanuele (seit 1870) monumentale Kraft und außerordentliche Sicherheit in der Detailbildung bewies. Auch das Stadthaus zu Mailand von Pallavicini ist in gefälliger, würdiger Renaissance gehalten.

36*

Fabris, G. B. Meduna und Castellarzi sind als tüchtige Restauratoren (ersterer [† 1883] für die Domfassade zu Florenz, der zweite für St. Marcus in Venedig) bekannt; besondere Aufmerksamkeit wenden die italienischen Städte auf ihre Kirchhöfe, welche meist mit mächtigen Monumentalwerken geziert sind. Auch hier hat Mailand den Vorrang, wo ein reich gruppierter Bau errichtet wurde, während die Stadt Genua ein in klassizierenden Formen gehaltenes, trefflich den gegebenen Bodenverhältnissen angeschmiegtes Werk von tiefernstem Charakter schuf, Bologna aber die großartigsten Anlagen dieser Art sein nennt. In Deutschland finden sich solche Anlagen aus älterer Zeit noch in Halle, leidlich erhalten, in Leipzig (neuerer Zeit fast völlig zerstört). Die neuen Friedhöfe Deutschlands sind meist völlig dispositionslos, mit Ausnahme einiger jüdischen, unter denen der bei Berlin obenan steht.

Fig. 264. Paleis voor Volksvlyt in Amsterdam (C. Outshoorn).

Unter den nordischen Künstlern seien V. B. Petersen (geb. 1830) und Ove Petersen (geb. 1832) genannt, welche nach Studien in Frankreich und Italien der Renaissance sich zuwendeten; letzterer baute mit Dahlerup das prachtvolle königl. Theater zu Kopenhagen (Fig. 263); ferner H. C. Hansen (geb. 1803), der 1854—57 das Marine-Arsenal zu Triest baute und später in Kopenhagen vielseitig thätig war (Gemeindespital, Naturhistorisches Museum); Benjamin Schlick (geb. 1796, gest. 1872), Ferd. Mehldal (geb. 1827), welcher das Schloß Frederiksborg (1865) in nordischer, die Navigationsschule (1865) in italienischer Renaissance errichtete, u. a.

Als vielfach beklagte Thatsache steht heute so viel fest, daß wir gegenwärtig in keinem Lande Europas einer besonders in die Augen fallenden Konsequenz in der Formgebung begegnen, was um so mehr zu bedauern ist, da man es in der Konstruktion weiter gebracht hat als irgend ein Zeitalter vor uns. Alle früheren Stile aber haben sich, wie wir sehen, aus der Konstruktion entwickelt. Freilich war damals das Begreifen und Erlernen des Konstruktionssystems eine ziemlich einfache Sache und dem Studierenden blieb genug Muße, genug freier Raum im Kopfe, um die jeder Konstruktion entsprechende Form selbst ableiten zu können. Jetzt braucht der junge Architekt ein volles Jahrzehnt und darüber allein zu seiner technischen Ausbildung. Namentlich das Studium der so sehr entwickelten Hilfswissenschaften bietet wohl seinem Verstand überreiche Beschäftigung, gewährt indessen seiner

D. Baustile aus bewußtem Rückgang auf frühere Kulturstufen. Zukunftstil.

Phantasie nicht die nötige Muße, um während seiner Praxis, gleich den Baumeistern der Vorzeit, neue charakteristische Formen aus der Konstruktionsweise selbst herauszubilden. Die vielen mustergültigen Vorbilder der Vergangenheit, deren Kenntnis der erleichterte Verkehr so außerordentlich fördert, die aufgehäuften litterarischen Hilfsmittel drängen die Anlehnung an die anerkannten Muster früherer Perioden beinahe auf.

Hierzu tritt, daß die sozialen und politischen Zustände, mit ihrem jähen Wechsel von Ereignissen und Stimmungen, neben dem förmlich sich jagenden Auftauchen immer neuer Konstruktionsmittel und dem daraus hervorgehenden haftigen Wetteifer zu deren Verarbeitung und Ausbildung, bisher noch keinen Ruhepunkt boten, die durch die neuen Mittel dargebotenen Grundformen zu organischem Ganzen durchzubilden und dergestalt einen neuen Stil hervorzurufen. Der Einzelne aber kann überhaupt einen solchen nicht beliebig erfinden, er ist vielmehr zu allen Zeiten organisch aus den Gesamtleistungen einer Periode herausgewachsen, unterstützt, ja veranlaßt von den zu Gebote stehenden Hilfsmitteln.

Fig. 265. Naturalistisches Ornament.

Die Technik hat uns in den letzten Jahrzehnten deren eine Menge an die Hand gegeben, und vielleicht sind es gerade diejenigen unter den Technikern, welche am wenigsten durch alte Stilformen abgelenkt sind, deren unbefangene Schöpfungskraft aus den technisch geforderten Grundformen ihrer Materialien die Elemente neuer Stilformen erstehen lassen wird. Bereits haben Ingenieure — denn diese meinen wir hier — wie Brunel, Stephenson, Röbling, Paxton und verschiedene andre, uns an den Tunnels und Brückenanlagen, an Bahnhofsgebäuden, und namentlich an den bewundernswürdigsten Bauschöpfungen unsrer Zeit, den Glaspalästen der Königin Industrie, dargethan, daß Stein, Eisen und Glas auch ohne Anlehnung an ererbte Vorbilder, bei organischer Durchbildung der Fähigkeit zu Hervorbringung eines gewaltigen, zugleich aber vertrauenerweckenden, und dabei doch sinnlich anmutenden, demnach also ästhetisch befriedigenden Eindrucks nicht ermangeln. Ein Blick auf Taf. XLVIII. Fig. 3, einen der ersten, und auf Fig. 264, einen der letzten dieser Glaspaläste, wird den Leser gewiß veranlassen, uns beizustimmen.

Die Erwähnung dieser Glaspaläste, die bis jetzt, wie die Eisenbauten überhaupt, immer noch einer charakteristischen ornamentalen Durchbildung entgegenharren, führt uns wieder zur ornamentalen Kunst. Diese Glaspaläste nämlich haben in den letzten Jahren in ihren Räumen Erzeugnisse menschlichen Fleißes vereinigt, darunter natürlich auch Werke der technischen Künste. Dabei hat sich leider herausgestellt, daß der Eklektizismus auch hier einer wirklichen Stilentwickelung hindernd entgegengetreten ist. Es fehlte an Raum, wollten wir alle die auf Nachahmungen älterer Weisen basierenden Richtungen der neuesten Ornamentik wenn auch nur kurz besprechen. Daher sei hier nur zweier, von alten Stilen unabhängiger oder vielmehr fast in allen Stilen nebeneinander vorkommender, jetzt aber auch gelöst von allen Stilen neben jenem Eklektizismus in originaler Komposition gepflegter Richtungen gedacht, die vielleicht, wenn sie sich dereinst — nach Festigung in einseitigem Vorgehen — nicht nur unter sich zu nicht mehr einseitiger Art einigen, sondern auch mit dem architektonischen Konstruktionssystem eine organische Verbindung eingehen, zum gedeihlichen Ende führen.

Die erste dieser beiden Richtungen geht dahin, das Ornament ganz naturalistisch zu behandeln, etwa wie dies Fig. 265 veranschaulicht. Auf diese Weise ist es allerdings an sich nicht gar zu schwer, etwas von keinem der vorhandenen Stile Abhängiges und doch recht angenehm in das Auge Fallendes zu schaffen, namentlich bei plastischer Behandlung, wo die von den natürlichen Farben der dargestellten Gegenstände abweichende Färbung des Materials die mangelnde Stilisierung einigermaßen ersetzt. Wird jedoch, wie dies z. B. bei Porzellanarbeiten häufig geschieht, auch die Farbe möglichst täuschend nachgeahmt, so hört die Arbeit auf, ein Kunstwerk zu sein, und wird ein Kunststück, welches freilich immerhin in seiner Art noch Bewunderung verdienen kann. In manchen Anwendungen hingegen führt diese Richtung zu wirklichen Verstößen gegen die Anforderungen der Schönheit. Wir erwähnen hier nur die naturalistischen Muster für Gewebe und Tapeten mit ihren Blumen, die sich in Falten legen, mit ihren hundertmal genau sich wiederholenden Ranken, mit ihrer schematischen Wiederkehr an sich rein zu-

Fig. 266. Stilistisches Muster.

fälliger, ja oft nachlässiger Bewegung. Ähnlichen Widerspruch birgt in sich alle Flächenverzierung mit körperlich erhaben dargestellten, in Form und Farbe naturalistisch behandelten Gegenständen. Bei allen Vorzügen ist demnach die einseitige Verfolgung dieser naturalistischen Richtung doch zu widerraten; anderseits ist eine organische Verschmelzung solcher Ornamente mit der Architektur doch ziemlich schwierig. Die andre Richtung könnte man stilistisch nennen. Stilisierung ohne Anlehnung an einen der vorhandenen Stile ist für den entwerfenden Künstler, der diese Stile kennt, deshalb ungemein schwierig, weil ein solcher sehr leicht, beinahe unbewußt, Formen aus einem der ihm vertrauten Stile unter die neu erfundenen einmischen wird. Hierin, zusammengehalten mit dem Umstand, daß die plastische Ornamentik fast stets unter Einfluß der Architekten steht und die meisten derselben an einem oder dem andern der vorhandenen Stile hängen, mag der Grund liegen, daß auf diesem Gebiete noch ungemein wenig derartige Versuche gemacht worden sind. Auf dem Gebiete der Flächenverzierung hingegen treten dieselben namentlich neuerdings ziemlich häufig auf; die so entstehenden Muster, für welche Fig. 266 als Beispiel dienen mag, finden auch meist guten Anklang im Publikum; dies ist freudig zu begrüßen, da durch solche selbständige Stilisierung die Lösung der erwähnten Widersprüche wenigstens angebahnt wird.

D. Baustile aus bewußtem Rückgang auf frühere Kulturstufen. Stilistik und Naturalistik. 287

Ehe wir uns nun von der schönen Baukunst und den so vielfach mit ihr Schritt haltenden technischen Künsten zu den Nutzbauten und ihrer Herstellungsweise wenden, glauben wir eine willkommene Gabe zu bringen in einer Vergleichung der hervorragendsten älteren und neueren Bauwerke in bezug auf ihre Höhe. Möglichst hoch von der Erdfläche aufzusteigen, das war ja von jeher das Streben jedes dem Bauen sich zuwendenden Menschenstammes.

Fig. 267. Tafel zu Vergleichung der Höhen der merkwürdigsten Bauwerke alter und neuer Zeit.

Zum Ruhm deutscher Baukunst sind es die Türme des Kölner Domes (Nr. 1, Fig. 267), welche als die höchsten bekannten Bauwerke der Erde bei einer Höhe von 156 m zu gelten haben, wie auch die Türme zu Rouen (2) mit 150 m und zu St. Nikolai in Hamburg (3) mit 145 m selbst die Pyramide von Gizeh (4) mit 138 m noch um ein Beträchtliches überragen. Das Münster in Straßburg besaß in seinem 1277 begonnenen, 1439 vollendeten nördlichen, 142 m hohen Turme (6) bis vor kurzem den zweithöchsten in Europa, wird aber nun von denen in Köln und Hamburg übertroffen, und soll auch von dem zu Ulm (5) mit 146 m Höhe übertroffen werden; Erwin von Steinbach, sein Sohn Johannes sowie der Meister Joh. Hültz aus Köln haben sich in dem Straßburger Wunderbau ein bleibendes Gedächtnis ihrer Namen errichtet. Gegenüber demselben erhebt sich auf unserm Bilde als Nr. 7 der Turm der Stephanskirche in Wien, circa 140 m hoch, und neben jenem der ohne das ihn krönende lateinische Kreuz $155{,}3$ m hohe Turm der Kathedrale zu Antwerpen (9), deren Schiff bei einer Länge von 155 m diesen Bau zu dem bedeutendsten der Niederlande erhebt. Der Turm der Kathedrale zu Salisbury in England (11) überragt bei einer Höhe von $123{,}4$ m alle Kirchtürme Englands, wird aber an Höhe durch die Peterskirche in Rom (8), welche $139{,}35$ m emporsteigt, übertroffen. Ihr folgt der Petriturm zu Rostock (10) mit 127 m, die Paulskirche in London (12) mit 117 m. Die Kirche von Santa Maria del Fiore in Florenz (13) ist 108 m hoch, ward 1456, zwölf Jahre nach dem Tode des berühmten Brunellesco, des Erbauers der $42{,}5$ m weiten Kuppel, vollendet. Etwas minder hoch, etwa 100 m, erscheint das Turmpaar der Frauenkirche in München (14); 90 m maß die Rotunde der Wiener Weltausstellung (15), 78 m erreicht der Turm des Kutub in Delhi (17), 70 m der schiefe Turm der Asinelli zu Bologna (16), und der in letzter Zeit zerstörte Porzellanturm in Nanking (18), war 68 m hoch. Den unvollendeten Türmen der Kirche von Notre Dame in Paris (19), 64 m hoch, und der Kathedrale zu York, 62 m hoch, schließt sich an die Sophienkirche in Konstantinopel, deren Kuppel allerdings nur 59 m hoch, aber beinahe 33 m weit ist. Die Höhe des schiefen Glockenturmes zu Pisa (53 m) zeigt Nr. 23, die der Feuersäule in London Nr. 22, und die nach der Trajanssäule zu Rom (46 m) erbaute Vendômesäule in Paris 24; ihnen zunächst stehen der 44 m hohe, um $2^1/_2$ m schiefe Turm Garisenda in Bologna (25), der Aquädukt in Segovia (26) mit 36 m, die beiden Obelisken, der vom Lateranischen Platz in Rom (27), welcher beinahe 29 m hoch, und der vom Palast in Luxor nach Paris übergeführte Obelisk (28), welcher $22^1/_2$ m hoch ist. Die kolossale Sphinx (29), die, jetzt tief im Sande verschüttet, einst den Eingang der Pyramide von Djizeh bewachte, hat bis zur Spitze des Scheitels, bei 37 m Länge, $12^1/_2$ m Höhe. — Von diesen Monumenten begeben wir uns noch zu der berühmten Tajobrücke in Toledo, genannt Brücke von Alcantara, die nach den Entwürfen des Baumeisters Cajus Julius Lacer zur Zeit Trajans auf Kosten von neun Städten errichtet wurde. In kühnen Halbkreisbogen erhebt sich diese Brücke fast 74 m hoch, bei 210 m Länge, und trägt in ihrer Mitte noch einen 16 m hohen Aufbau. — Neuere Brücken werden wir in einem der folgenden Abschnitte kennen lernen.

Hier ist nochmals (s. S. 226) des Siegesdenkmals in Berlin zu gedenken, welches bis zur obersten Plattform eine Höhe von 46 m aufweist und bis zur Schaftspitze des Feldzeichens gar 61 m mißt. Der höchste Bau dieser Art dürfte wohl das projektierte Washington-Denkmal zu Washington werden, welchem man eine Höhe von ca. 200 m zu geben beabsichtigt, dessen momentane Höhe aber nur 53 m beträgt. Auch sei hier noch des Kapitols zu Washington gedacht, welches eine Höhe von 92 m hat, sowie des Bunkerhill-Denkmals (Amerika) von 66 m, und des Washington-Monuments in Baltimore von 60 m 2c.

Aber wie klein sind alle diese Leistungen den Schöpfungen der Natur gegenüber! Wie lange Zeit, wie viele Mühe kostet den Menschen ihre Errichtung und welche Spanne gegenüber der nahezu ewigen Dauer jener Naturschöpfungen trotzen sie den Einwirkungen des Wetters? Und wie oft zerstören die eignen Nachkommen der Erbauer die von Wetter und Erderschütterungen verschonten herrlichsten Wunder der Baukunst, um aus dem gewonnenen Material ärmliche Hütten zu bauen, in denen sie ihr elendes, allen geistigen Aufschwungs bares Dasein fristen. Können wir wissen, ob nicht auch das Schicksal unsres Erdteils in solcher Weise sich erfülle, und die Forscher späterer Jahrhunderte die Trümmer unsrer Riesenwerke dereinst so durchwühlen, wie unsre Archäologen jene der dahingegangenen Jahrtausende? Aber trotz dieses trüben Gedankens, der so unwillkürlich bei dem Hinblick auf die Ruinen der früher so herrlich im Glanze der Schönheit strahlenden Bauwerke sich aufdrängt, baut die Menschheit rüstig und emsig weiter, wie sie von jeher gethan. Darum hinweg mit diesen traurigen Ahnungen, frisch hinein in die Werkstätten und auf die Bauplätze!

Tausend fleiß'ge Hände regen,
Helfen sich im muntern Bund,
Und im feurigen Bewegen
Werden alle Kräfte kund.

Meister rührt sich und Geselle
In der Freiheit heil'gem Schutz,
Jeder freut sich seiner Stelle,
Bietet dem Verächter Trutz.

Schillers „Glocke".

Bautechnik und Gebäudearten.

Baugewerke; Geschichte derselben: Erste Erfindungen im Steinbau und Holzbau. Architravbau im Altertum. Gewölbebau im Mittelalter. Bauhütten, Innungen und Zünfte. Eisenbau. Neuzeit. — Thätigkeit der Baugewerke bei Herstellung der Bauten. Gründung. Aufbau. Wölbung. Dachwerk. Dachdeckung. Ausbau. Baufabriken.
Gebäudearten. Das Wohnhaus. Geschichte desselben. Einrichtung des Wohnhauses. Verschiedene Gattungen von Wohnhäusern. Bauten im Dienste der Industrie. Bauten im Dienste des öffentlichen Lebens.

Eine eigentliche Geschichte der Baugewerke zu schreiben, ist leider unmöglich, da uns namentlich aus den früheren Zeiten alle Anhaltepunkte dafür fehlen. Dürfen wir einen Schluß von denjenigen Völkern, welche noch jetzt Zelte, Erdhütten, Pfahlbauten 2c. bewohnen, auf die entsprechenden Vorstufen der später zu hoher Kultur emporgestiegenen Völker ziehen, so steht zu vermuten, daß auch bei diesen im Anfang jeder Einzelne für seinen Bedarf alles und allerlei arbeitete. Erst mit der Vereinigung in festen Wohnsitzen entstand das Bedürfnis nach Teilung der Arbeit. Bald erlangte die besondere Fertigkeit des Einzelnen in diesem oder jenem Arbeitszweige Anerkennung bei andern und damit Aufmunterung und Veranlassung, sich weiter zu vervollkommen. Der Erfindungssinn wurde dadurch angeregt: er verbesserte die Werkzeuge, Hilfsgeräte und Arbeitsmethoden. Aus der Betrachtung der Stile bei den Völkern mit in sich abgeschlossener Kultur sahen wir zugleich, wie weit sie auf den Gebieten der Arbeiten, die dem Bauwesen angehören, fortgeschritten waren. Bei den Bewohnern der westlichen Halbkugel war, wie wir sahen, zuerst die Verwendung des Holzes, später aber die Bearbeitung und Verwendung von Stein, Erde und Metall am weitesten ausgebildet, wodurch letztere endlich auch Einfluß auf die Stilformen gewannen, obgleich immer noch die Entstehung derselben aus dem Holzbau erkennbar blieb, vermutlich weil die betreffenden Gewerke hinter der Phantasie des Künstlers zurückblieben. Bei den Bewohnern der östlichen Halbkugel hingegen, den Chinesen und Japanesen, stand zu Anfang die Steinkonstruktion im Vordergrund, während später als die ausgebildetsten Gewerke die des Zimmermanns, des Töpfers, Lackierers, Holzbildhauers, Tapetenmalers, Vergolders u. s. w. erscheinen, unter den im Fortschritt stehen gebliebenen die des Maurers und Steinhauers. Alle aber überflügelten die Kunst, da die Fortbildung der letzteren durch das starre staatliche System weit mehr wie die Fortbildung der technischen Wissenschaften gehemmt ward und die also eingeengte Phantasie wohl in bizarren Formen einen Ausweg suchen, nicht aber die Sprengung der angelegten Fesseln vollbringen konnte.

Bei den alten Ostindiern erscheinen die Baugewerke sehr ausgebildet; sie waren dem Priesterstande fast gleich geachtet. Die Körperschaften der Bauleute, zu welchen man die Architekten, Geometer, Schreiner und Zimmerleute rechnete, hatten besondere Schutzgötter, die Söhne des himmlischen Architekten Bismakarma. Es zeigt sich nirgends eine sichere Spur weder von einem Zurückbleiben der Leistungsfähigkeit der Gewerbe hinter dem von der Phantasie des Künstlers Gewünschten, noch von einer Stockung in dem Fortschreiten der Stilentwickelung, welche in ihrer Gestaltung darauf schließen läßt, daß die Ostindier zuerst teils in Holz bauten, teils Erdhügel aufhäuften, später die Holzbauten in Felsaushöhlungen nachahmten und dann erst zu Errichtung von Gebäuden aus einzelnen Steinen übergingen. Hierbei blieb aber stets noch eine halb unbewußte Erinnerung an die Holzbauformen maßgebend, so daß von organischer Entwickelung der Steinkonstruktion nicht die Rede sein kann, was sich z. B. auch im Fehlen des eigentlichen Gewölbes zeigt.

Regelmäßige Entwickelung der Bautechnik läßt sich erst bei den Ägyptern beobachten. Schon ihren ältesten uns bekannten Bauten mußten, wie dies eben die Formen dieser Bauten zeigen, viele durch Erfindungen bezeichnete Perioden solcher Entwickelung vorhergegangen sein, die wir, da der Raum mangelt, hier nur kurz aufzählen.

Auf dem Gebiete des Steinbaues sind die Schritte der Ausbildung etwa folgende: 1) Rohe unregelmäßige Haufen aufeinander geworfener Steine, Malhügel, wie wir sie bei den Kelten, bei den Urbewohnern von Nordamerika u. s. w. trafen; 2) Errichtung von Wällen aus größeren, gänzlich unbehauenen Steinen in annähernd regelmäßigem Kreis oder Viereck, ausgefüllt mit einem Haufen kleinerer Steine; 3) dichtere Zusammenfügung dieser Umwallung in schräg aufsteigender (geböschter) Fläche; 4) Heraussuchen der passendsten Stücke, um eine gewisse Schichtung zu erzielen, also Erfindung des Verbandes; 5) Nachhelfen bei den nicht von Natur passenden Stücken zu Erzielung dieser Schichtung, also Erfindung der Bearbeitung; 6) Bearbeiten aller Steine und Zusammenstellung derselben zu geböschten Mauern ohne Mörtel. — Bis dahin (bei den Ägyptern also etwa bis zum Jahre 4000 v. Chr.) baute man sozusagen nur um der Masse willen. Die Mauer erschien nur als äußere Haut des Steinhaufens, das Gemach in demselben nur als Nachahmung einer Höhle. 7) Mit der Erfindung des Mörtels jedoch, um 3800 v. Chr., wird die Mauer zum Mittel der Raumabschließung. Die Raumbedeckung bleibt noch bei dem alten Mittel der Überlegung großer Platten oder der Überkragung von Steinschichten stehen, bis 8) etwa um 1600 v. Chr. durch die Erfindung der Wölbung auch hier ein Fortschritt eintritt. Schließen wir aus der Länge dieser Perioden zurück auf die Länge der vorhergehenden, so bekommen wir annähernd eine Idee von dem enormen Alter der Kultur auf Erden.

Im Holzbau mußte eine nicht kürzere Reihe von Erfindungen gemacht werden, ehe man 1) von dem Stangenzelt zum Pfahlbau mit wagerechter, mit Erde überschütteter Decke und 2) von diesem zum Hausbau mit Thüren, Fenstern und offener Halle vorschritt. Diese Stufe mußte aber längst erreicht und die dafür gewonnene Form zu einer gewissen künstlerischen Ausbildung durchgedrungen sein, ehe man 3) sich versucht fühlte, sie in Stein nachzubilden. Solche Nachbildungen aber sind uns aus der Zeit um 3100 v. Chr. erhalten. 4) Die Erfindung des schrägen Daches können wir etwa in die Zeit um 2000 v. Chr. stellen. Der sofortigen oder doch baldigen künstlerischen Verwertung der beiden wichtigsten Erfindungen im Gebiete des Bauwesens, des Gewölbes und des schrägen Holzdaches, sowie auch mancher andern Erfindung, scheinen jedoch in Ägypten hierarchische Bedenken engegen gestanden zu haben, wenigstens zeigen sich in Tempeln keine Spuren von Gewölben und von Holzdächern, während an den Wänden derselben Tempel gemalte Darstellungen von Wohnhäusern, Zelten und Lauben auf bedeutende Durchbildung des Holzbaues und schrägen Daches schließen lassen. Obgleich schon Wandbekleidungen und Götterstatuetten aus glasiertem Thon bestehen, sind die Bauten derselben Zeit, wenn nicht aus Stein, doch nur aus Pisee oder ungebrannten Ziegeln aufgeführt; gebrannte Ziegel kommen erst viel später vor. In Handhabung der Farben, Teppichweberei, Bearbeitung der Metalle, Fertigung und Handhabung der Werkzeuge scheinen die Ägypter sehr erfahren gewesen zu sein, namentlich aber in der Kenntnis der Hebezeuge und Fortbewegungsgerätschaften machten sie ganz bedeutende Fortschritte schon in ziemlich früher Zeit.

In bezug auf den Zustand der Handwerke bei Assyriern, Babyloniern, Medern und Persern, sowie bei Phönikern und Israeliten, ist auf das zu verweisen, was wir bei Betrachtung der Baustile dieser Völker bereits erwähnten. Die Bearbeitung des Metalles und Holzes war bei ihnen weiter ausgebildet als der Steinbau. Auch bei ihnen spielt Ziegel- und Piseebau eine große Rolle, und selbst das Gewölbe wurde — freilich immer noch nur bei kleinen Räumen und fast stets nur in Spitzbogen — angewendet, ohne zu künstlerischer Berücksichtigung zu gelangen. Inwieweit bei den Persern das von den Medern angewendete Schrägdach beibehalten und fortgebildet wurde, läßt sich nicht sagen, wohl aber wissen wir, daß die persische Bildung bedeutenden Einfluß auf die Kultur der Pelasger und Etrusker hatte, bei welchen ja Giebelbau und Wölbung zuerst zu allgemeiner Anwendung, ja sogar zu künstlerischer Geltung gelangen. Auch der regelrechte Mauerverband, der Mauerputz und die Anwendung von Bolzen, Zapfen und Überblattungen in der Holzkonstruktion scheint bei den Pelasgern und Etruskern zuerst sorgfältigere Ausbildung erfahren zu haben. Ja, es scheint, als wenn hier, wie bei den Chinesen, die Handwerksfertigkeit die künstlerische Schöpferkraft einigermaßen überflügelt hätte.

Bei den Griechen finden wir schon fast alle noch jetzt vorkommenden Bauhandwerke in voller Thätigkeit. Mit dem raschen Fortschreiten der künstlerischen Formen aber hält die technische Fortbildung nicht mehr gleichen Schritt. Die Konstruktionsweise der Tempel bleibt fast dieselbe, Gewölbe kommen nicht vor. Immerhin werden jedoch bemerkenswerte Fortschritte in Erzgießerei, Bearbeitung des Steins und Werkzeugkunde gemacht, während die Töpferei entschieden langsamer vorwärts schreitet, als die mit ihr vereinigt wirkende Kunst der Vasenmalerei.

Als die hellenische Kunst im Sinken war, in der ersten Zeit der Römerherrschaft, gelangten die Gewerbe nach und nach wieder auf gleiche Höhe mit der Kunst; bald hatten sie sogar dieselbe überholt, so daß bei den Römern dieses bei den Etruskern schon eingetretene Verhältnis zwischen Kunst und Gewerbe fortdauert. Die unter römischen Kaisern von Römern und Griechen aufgeführten Bauten nämlich zeigen große Sorgfalt und Handfertigkeit in der Ausführung, ruhige Überlegung und sichere Berechnung, ja selbst grübelndes Nachdenken in der Konstruktion; infolgedessen weiter vorschreitende Durchbildung der Holzkonstruktion, des Mauerverbandes und Steinschnittes, des Gewölbebaues, der Tüncherei, Stuckarbeit, Mosaik u. s. w., bei fast gänzlichem Stillstand in Erfindung architektonischer Gliederungen und auf ornamentalem Gebiete.

Nach Einführung des Christentums wurde dies anders. Die Künstler, von der Begeisterung für die hohe Idee der neuen Lehre getragen, strebten so schnell vorwärts, daß die Gewerbe, ohnehin durch die vielfachen Kriege in ihrer Ausbildung beeinträchtigt, eine Zeitlang zurückblieben, bald aber ändert sich dies; z. B. im Kuppelbau zeigen sich um 380 n. Chr. Fortschritte im Norden und Süden Italiens gleichmäßig, dann aber um 420 im Norden schneller, obschon z. B. am Grabmal der Galla Placidia in Ravenna noch Ungeschicktheit zu Tage tritt, worauf aber in Mailand und Ravenna eine rasche Wandlung sich vollzieht, deren Reflexe sich unter ostgotischem Einfluß um 550 sogar in Neapel zeigen, in Rom aber nicht, obschon doch von hier aus zuerst die Kuppel sich verbreitet hatte, welche aber 526 in Ravenna, 530 in Konstantinopel architektonische Geltung und zugleich technische Pflege fand. Die Überwölbung der Kirche wird zunächst um 660 an den Seitenschiffen versucht, im Mittelschiff wird 796 ein Versuch begonnen, aber wieder aufgegeben; schon 404 erscheint Durchbildung der Gurtbögen, Kenntlichmachung der Grate am Kreuzgewölbe,

Unterstellung von Ecksäulen in Ravenna, 417 in Novara, 450 in Mailand, während in Rom zwar 462 Eckpfeiler, um 490 Ecksäulen vorkamen, aber noch in völlig unklarer Weise. Spätestens 449 ist man in Mailand schon zu sehr komplizierten und doch klar durchdachten Gewölbkombinationen vorgeschritten; die im romanischen Stil nachmals so häufigen Falzsäulen kamen im Norden Italiens bei den Langobarden schon im 6. Jahrhundert vor, in Rom erst 821. Die dem klassischen Gefühl allerdings widersprechenden, dem eigentlichen Wesen des Gewölbes aber entsprechenden Halbsäulen kamen in Mailand schon 500, in Florenz um 800, in Rom erst später vor. Das Prinzip der Vorkragung findet sich in Ravenna um 500, in Mailand noch zeitiger, in Rom erst 817 an Sa. Prassede angewendet. Wir wissen, daß es in Rom um 580 an guten Steinmetzen fehlte, daß von 682 an bis um 790 Ärmlichkeit und Verkommenheit dort herrschten, und man sich mit Anwendung alter Reste helfen mußte, ohne doch, wie manche aus dieser Anwendung schließen, im Prinzip noch an der Antike zu hangen. Bei den nun eintretenden besseren Zuständen zeigte sich fast eine Hast des Nachholens sowohl in der Anbringung der anderwärts ausgebildeten neuen Formen, als auch darin, daß man dem Prinzip der Vorkragung, den Quergurten, den neuen Dispositionen der Vierung 2c. mehr Geltung zu verschaffen suchte. Die Hauptveränderung aber bestand darin, daß, namentlich vom 9. Jahrhundert an, der Gewölbbau das herrschende Prinzip ward, und zwar nicht nur in der Konstruktion, sondern auch in der Formgebung sich Geltung verschaffte. Die Gewerken holten nun auch bald das Versäumte nach, und zwar zuerst in den von Deutschen beherrschten Ländern und in Deutschland selbst. Den immer blühenderen Zustand der Gewerbe förderte mächtig die seit dem Ende des 10. Jahrhunderts rasch fortschreitende Gründung von Städten, noch nachhaltiger die hieraus hervorgegangene Vereinigung der Gewerken in Korporationen, Schutzgilden, zuerst Einungen (daher das Wort Innungen) genannt. Schon zur Zeit der römischen Republik hatten die collegia fabrorum das Recht juristischer Personen (universitas), eine arca (Zunftlade), und wählten außer den quaestores und procuratores auch magistri mit fünfjähriger Amtsführung, hatten einen syndicus oder actor; ihre Mitglieder (collegae) genossen Befreiung von einzelnen bürgerlichen Lasten und ernannten männliche und weibliche Ehrenmitglieder. Nach sehr wechselnden Schicksalen, wie Entziehung und Wiedergewährung mancher dieser Privilegien, bestanden unter Konstantin 30 collegia, darunter die der Architekten, Statuenhauer, Marmorarbeiter, Pflasterer, eigentlichen Maurer (structores), Gießer für Beton, Stuck 2c. (massarii), Weißtüncher (albini) 2c. Vom 4. bis 6. Jahrhundert haben wir keine Nachrichten. Die Langobardenkönige gaben, wie erwähnt, Baugesetze, in denen neben Taxen, baupolizeilichen Vorschriften 2c. auch sehr klare, weise und einfache Anordnungen betreffs der Haftpflicht für Unfälle 2c. auch Anhaltspunkte dafür vorkommen, daß die Comacini oder casarii und Antelami nach einem Entwurf (opera dictanda) arbeiteten, daß unter ihren Meistern (magistri), die Meistergesellen (collegae), gewöhnliche Gesellen (consortes) und Lehrlinge (discipuli) arbeiteten, sowie die Handlanger (servi) unter einem Aufseher (massarius) standen, der auch die Gußmaurer (massa) zu beaufsichtigen hatte, und daß teils im Tagelohn, teils im Akkord gearbeitet wurde. — Diese Leute kannten bereits die Öfen aus Napfkacheln (furnum in pensile cum caccabos), den gleichmäßigen Verband aus lauter Bindern, sowie den sogenannten polnischen oder gotischen Verband (macina mutata), wo in jeder Schicht Läufer und Binder wechseln, den die Ostgoten eingeführt hatten; ferner den welschen Verband (opus gallicum) aus lauter Läufern, und den Blockverband (opus romanense), bei welchem Schichten von Läufern und Bindern mit solchen von lauter Bindern wechseln. Karl der Große scheint einen Teil der langobardischen Organisation nach Deutschland verpflanzt zu haben, während ein andrer Teil vermutlich durch Otto I. 961 in Magdeburg 2c. zur Anwendung gelangte. — Jedenfalls waren die langobardischen Meistergenossenschaften noch im 10. Jahrhundert sehr wichtig, denn 914 und 946 beschlossen die Benediktiner, jene Genossenschaften von ihren Bauten auszuschließen. Auch die deutschen Innungen (officia, magisteria, frz. mestiers, engl. mystery, auch consortia, inningen 2c. genannt) waren schon mächtig. Die direkt beim Bauwesen beschäftigten Gewerken stellten sich, da sie ja doch ihre höchste und lohnendste Aufgabe meist in der Errichtung von Kirchen fanden, unter den mächtigen Schutz der Geistlichkeit. Ihr Verband unter dem Namen der „Bauhütten" ist bekannt, aber seine Geschichte noch ziemlich unklar. Wir wissen zwar, daß Abt Wilhelm von Hirsau 1082 die 60 Bauleute

seines Klosters (conversi oder barbati) unter Dispensierung von einigen allgemeinen Kloster=
pflichten zu einem näheren Bunde unter besonderen Statuten vereinigte, und daß dieser Bund
mit den Bauhütten von Canterbury, Clugny, Kremsmünster, Marbach, Frankenthal, Lorsch,
Schaffhausen ꝛc. in Verbindung stand; ferner, daß 1090 in Regensburg gedungene welt=
liche Arbeiter, familiares, famuli, und die unfreien servi unter den freien Konversen
wirkten, aber erst aus dem Anfang des 13. Jahrhunderts haben wir Nachrichten über Los=
sagung vieler freier caementarii und lapicidae (Maurer und Steinmetzen) von den Klöstern
und Niederlassung derselben in Städten, und um 1248 erscheint zuerst ein Unterschied
zwischen bürgerlichen Innungen von Bauhandwerkern und den halbgeistlichen, doch aber
damals schon völlig von der Klosterdisziplin frei gewordenen und nur noch unter der Haupt=
hütte zu Straßburg und dem Papst stehenden Bauhütten. Auch in dieser Freiheit traten
Schwankungen ein, wie denn 1332 die Straßburger Bauhütte der städtischen Zunft beitreten
mußte, während sie 1459 als Haupt der Bauhütte von dem Reichstage zu Regensburg an=
erkannt ward und es nun bis 1707 blieb, wo die Vereinigung ebenfalls von einem Reichstage
zu Regensburg formell aufgehoben wurde. Das Verhältnis dieser Bauhütten zur Geistlichkeit,
welche aus ihren Reihen manchen ausgezeichneten Meister den Gewerken zuführte, rief jene
halbkirchliche Verfassung derselben ins Leben, die lange ein höchst charakteristisches Merkmal
jener Verbände geblieben ist, welche sich aber dennoch von dem direkten Einfluß wenigstens
der niederen Hierarchie frei zu erhalten wußte. Die mittelalterlichen Stile brachten den
Gewölbebau auf die höchste Spitze der technischen Vollendung und künstlerischen Aus=
gestaltung. Außer den hierbei direkt beteiligten Gewerken der Steinmetzen und Maurer
bildete sich zu besonders hoher Stufe aus die Schreinerei, Holzbildhauerei, Erzgießerei,
Glasmalerei u. s. w.

Die Verdrängung des heimischen, germanischen Stils durch die fremdländische Kunst
der Renaissance machte das von den Bauhütten stets streng gewahrte Geheimnis der
gotischen Kunstformen wertlos. Hierdurch sanken alle jene Verbrüderungen gleich den
andern, mehr oder weniger stets von ihnen beeinflußten Innungen zu Konventen (Zünften)
herab, in denen lediglich die Meister Stimmrecht hatten, während früher den Gesellen fast
gleiche Rechte zustanden. Wie in der Politik, so nahm auch in Kunst und Handwerk der
Absolutismus gleichzeitig mit dem Materialismus überhand und sprach sich in der Herrschaft
des Einzelnen aus. So sank der Gewerkmeister und Geselle zum eigentlichen Handwerker
herab, d. h. er wurde die ausführende Maschine des angebenden Künstlers, er verlernte
zum Teil gänzlich das Denken und behielt nur — die Handfertigkeit. Aber wie immer im
Laufe der Geschichte während des tiefsten Sinkens der Keim zu neuer Erhebung gelegt
wird — so auch hier. Den stolzen Architekten des vorigen Jahrhunderts, die sich nur mit
Erbauung von Kirchen und Palästen befassen wollten, verblieben, da erstere selten neu
erbaut wurden, nur die letzteren. Währenddessen war die Weiterausbildung eines sehr
wichtigen Zweiges der Baukunst, die der Wohnhäuser, fast ganz uneingeschränkt den Hand=
werkern überlassen. Hieran konnten sie sich wieder emporarbeiten, und sie haben sich so
erfolgreich aufgerafft, daß sie zu Anfang unsres Jahrhunderts der ihnen seitens der Archi=
tekten gebotenen Vereinigung eine erhöhte Ausbildung und die Fähigkeit zu gemeinsamem
Schaffen entgegenbringen konnten.

Wie schon eingangs bemerkt, müssen aber nicht nur die einzelnen Handwerke, sondern
Kunst und Handwerk ineinander greifen, damit der Bau nicht ins Stocken gerate und
nach seiner Vollendung nicht nur fest und zweckmäßig, sondern auch schön sei. Die Gegen=
wart stellt übrigens ganz unverhältnismäßig erhöhte Anforderungen an die Tüchtigkeit des
Handwerkers; derselbe ist außerdem von Tag zu Tage mehr auf den Wettkampf mit der
Großindustrie angewiesen, die, was Schnelligkeit und Massenhaftigkeit der Herstellung sowie
Billigkeit des Preises betrifft, dem Einzelproduzenten stets überlegen sein wird.

Auch hier bietet sich ein Ausweg im vereinten Schaffen, in der Assoziation, und dieser
Weg ist denn auch zunächst von den Meistern, neuerdings auch von den Arbeitern selbst,
mit Erfolg betreten worden. Darauf werden wir nochmals zurückkommen. Aber nicht nur
die Art, das Geschäft zu betreiben, ist in unserm Jahrhundert eine ganz andre geworden
als früher. Nachdem seit Erfindung des Strebepfeilersystems schier sechs Jahr=
hunderte ins Land gegangen waren, ohne einen neuen großen Fortschritt im Bauwesen zu

bringen, obgleich auf allen andern Gebieten menschlichen Schaffens gerade in dieser Zeit die Erfindungen und Entdeckungen sich drängten, ist endlich nun ein gewaltiger Schritt geschehen durch die Erfindung und Einführung der Eisenkonstruktion, welche es uns möglich macht, Räume und Öffnungen von so gewaltiger Größe zu überdecken, daß dagegen die kühnsten Gewölbe und Bogen wie Kinderspiel erscheinen, und dabei die Stützen auf eine so geringe Stärke zurückzuführen, daß die schlanken Pfeilerbündel gotischer Kirchen plump daneben aussehen. Noch haben wir selbst uns nicht an diese Verhältnisse gewöhnt, noch ist keine stilistische Ausdrucksweise für dieses Konstruktionssystem gefunden, noch haben sogar seine Vertreter und Apostel mit gar manchen Vorurteilen zu kämpfen, aber schon wächst unter dem Schutze dieser mutigen Vorkämpfer eine neue Generation von Baugewerken heran, und nicht lange wird es dauern, bis der Eisenbau allgemeine Verbreitung gefunden und den Gewölbebau gerade so vollständig verdrängt hat, wie dieser seiner Zeit den Architravbau verdrängt hatte.

Thätigkeit der Baugewerke bei Herstellung der Bauten. Bei der hohen Stufe, welche die Bautechnik im Laufe von Jahrtausenden erklommen und bei den weitgehenden Anforderungen, welche unsre durch Luxus und raffinierten Genuß aller Art gekennzeichnete Zeit an Disposition, Gestalt und Einrichtung der Bauten stellt, ist die bauliche Thätigkeit selbst eben nicht mehr so einfach, wie in früheren Jahrtausenden. Während damals Steinarbeiter und Holzarbeiter das Gebäu vollendeten, später etwa noch der Teppichwirker und Metalltreiber sich dazu gesellten, um es zu zieren, liefern jetzt Hunderte der verschiedensten Gewerbsbranchen die Erzeugnisse ihres Schaffens dazu. Dennoch versteht man unter Baugewerken eigentlich immer noch nur diejenigen, welche das Gebäude selbst errichten und seine Ausschmückung einbringen, auch wenn sie die dazu nötigen Dinge nicht selbst anfertigen, und zwar begreift man dabei unter Ausschmückung die Ausstattung mit Geräten noch nicht mit. Aber auch schon in dieser engeren Fassung ist der Kreis der betreffenden Gewerbe so groß, daß wir nur die wesentlichsten hier kurz zu betrachten vermögen, so etwa, wie ihre Thätigkeit an dem Bau eines gewöhnlichen Bürgerhauses sich darstellt. Nehmen wir also an, einer unsrer Freunde habe einen nach Lage und Größe für seine Zwecke passenden Bauplatz erworben und, da er selbst die so vielseitigen Kenntnisse, welche heutzutage die Leitung eines Baues verlangt, nicht besitzt, dieselbe einem tüchtigen Baumeister übertragen. Bei Fertigung des Entwurfes hat dieser auf die Eigenschaften des Baugrundes, auf Klima und Lage des Bauplatzes, sowie auf die Wünsche des Bauherrn in bezug auf Verteilung der inneren Räumlichkeiten umfassende Rücksicht genommen, denn er ist zu Lösung seiner Aufgabe völlig befähigt, sieht sich freilich auch nicht durch den Bauherrn selbst in Erfüllung des von diesem Erwarteten gehemmt. Nur zu oft unterschätzen die Bauherren die Schwierigkeit des Entwerfens und beherzigen nicht die Wahrheit des altdeutschen Bauspruchs:

„Wer Kreid' und Stift nur führen kann,
Der fang' noch nit zu zeichnen an."

Was von Nichtbauverständigen in die Pläne hineingebracht wird, auch selbst wenn es auf dem Papier vielleicht ganz gut aussieht, erweist sich in der Ausführung oft als häßlich, unzweckmäßig, ja nicht selten geradezu als unmöglich. Um dergleichen Übelständen zu begegnen, haben in vielen Staaten die Regierungen angeordnet, daß nur solche Baumeister selbständige Baue leiten dürfen, die durch ein bestandenes Examen die Befähigung dazu nachgewiesen haben. Fast überall aber bestehen besondere Behörden, denen vor Beginn jedes Baues der Entwurf vorzulegen ist, nach dessen sorgfältiger Prüfung erst die Erlaubnis zum Beginn des Baues erfolgt.

Risse nennt man die den Entwurf darstellenden, genau nach dem Maßstab angefertigten Zeichnungen. Aus dem Grundriß ersieht man die horizontale Anordnung der Räume, die Stellung der Thüren und Fenster, die Mauerstärken u. s. w.; aus dem Durchschnitt die vertikale Anordnung der Konstruktionen, die Höhe der Zimmer, Stärke der Decken u. s. w., aus dem Aufriß die Gestalt der äußeren Ansicht, der Fassaden. Die Zusammenstellung der gesamten Kosten des Baues, der Kostenanschlag, ist eine der schwierigsten und doch eine der notwendigsten Vorarbeiten.

Nachdem all dieses vorausgegangen und mit sämtlichen Gewerken Baukontrakte abgeschlossen sind, geht es mit dem Bau voran.

Thätigkeit bei Herstellung der Bauten: Erdarbeiter. Maurer.

Zuerst wird das Gebäude nach Maßgabe des Grundrisses auf dem Bauplatze abgesteckt und der Grund durch **Erdarbeiter** ausgegraben; dann schreitet man zum Grundbau. Auf die Beschaffenheit des Baugrundes hat der Baumeister ein Hauptaugenmerk zu richten. Denn ist der Boden naß und schlammig, oder überhaupt unsicher, so hat man ihn künstlich zu festigen. Für hohe Turmbauten, Brücken und bei steigender Unzuverlässigkeit des Bodens rammt man zu diesem Zwecke Pfähle ein und verbindet sie oben durch Hölzer, die sich in zwei oder drei Lagen einander überkreuzen, daher das Ganze ein Rost, und zwar, wenn er auf Pfählen aufliegt, ein Pfahlrost oder stehender Rost heißt. In vielen Fällen aber genügt es, Lang= und Querschwellen (in der Regel vollrunde Stämme) teils neben, teils kreuzweise übereinander zu befestigen und so einen liegenden Rost zu konstruieren. In holzarmen Gegenden ersetzt man wohl auch diese Stämme durch lange Steinplatten, welche Art von Gründung dann „Banquette" genannt wird. Unsres Freundes Wohnhaus soll ein massives werden; sein Grund wird daher auch aus Quadern und Bruchsteinen aufgeführt. Wäre man auf kleinere Steine angewiesen, oder auf Ziegel, so hätte man einzelne Vertiefungen ausgraben und solche entweder massiv oder in Form hohler Säulen brunnenartig ausmauern müssen, wofür man sich der Bezeichnung „Brunnengründung" bedient. Die so entstehenden Pfeiler würden dann durch Bögen, „Erdbögen", miteinander verbunden worden sein. Will man bei ungleich festem Boden doch nicht zu tief gehen, so bedient man sich mit Vorteil verkehrter Erdbögen. Hätten unserm Hausbau selbst die kleineren Mauersteine gefehlt, und wäre dazu der Baugrund gar noch ein nasser gewesen, so hätte man sich genötigt gesehen, die Grundgrube mit Grobmörtel, „Beton", auszufüllen, einem Gemenge aus Steinbrocken, Ziegelmehl, Kalk, Traß u. s. w. Außerdem gibt es noch viele andre künstliche Gründungen. Bei gutem Boden auf der Unterfläche der „Grundgrube" selbst, bei schlechtem auf der Oberfläche des Rostes oder des sonstigen künstlichen Untergrundes, werden nun die eigentlichen Grundmauern oder, wenn eine Unterkellerung des Gebäudes projektiert ist, die Kellermauern aus dem festesten Material errichtet, welches in der Gegend zu finden ist. Bruchsteine, in Ermangelung derselben glashart gebrannte Ziegel oder Quadern aus Eisenschlacke, eignen sich dazu.

Der **Maurer**, denn dieser beginnt hiermit seine Thätigkeit, legt nach gewissen, aus der Erfahrung geschöpften Regeln die Steine in Schichten nebeneinander und dann in neuen Schichten darüber, doch so, daß jede Fuge der unteren Schicht von einem Steine der nächsten Schicht überdeckt wird. Diese Systeme oder, wie der Maurer sagt, „Verbände" sind verschieden nach den Größen des Materials und der Stärke der Mauern und namentlich schwierig bei unregelmäßig gestalteten Steinen. Eine in gutem Verband aufgeführte Mauer hält zwar auch, wenn man die Steine nur trocken über= und nebeneinander legt; doch füllt man in den meisten Fällen die zwischen denselben entstehenden Fugen mit Mörtel von Gips, Zement, Sand und Kalk, oder auch mit geölten Pappen oder Bleiplatten aus. Auf die Mischung des Mörtels in dem richtigen Verhältnis der einzelnen Bestandteile kommt dabei sehr viel an. Das Einsetzen der Steine in Verband und Mörtel, das „Verlegen", muß möglichst genau erfolgen, damit die Schichten alle wagerecht liegen, die Mauern nicht willkürlich schief, sondern dem Plane gemäß genau lotrecht oder in der etwa nötigen schiefen Richtung emporsteigen, und alle Winkel und Ecken, alle Mauerstärken sowie die Thür= und Fensteröffnungen mit dem Risse völlig übereinstimmen, nach welchem der Aufseher und Sprecher der Maurergesellen, der Maurerpolier (appareilleur, parleur), den Arbeitern Anweisung gibt. Auch müssen die Zwischenwände mit den Hauptwänden gehörig verbunden sein. Schwieriger wird das Mauern, wenn viele Ecken, Pfeiler und Vorsprünge, Thür= und Fensteröffnungen ꝛc. angebracht werden sollen. Da heißt es aufpassen, damit die Thür nicht zu eng oder zu weit, nicht oben enger als unten wird ꝛc. Darum:

„Wilt richtig bawn, so thut dir not,
Daß du oft sehest nach dem Lot."

Noch schwieriger aber ist die Überdeckung der Öffnungen durch Bögen aus keilförmigen Steinen. Wie wir gesehen haben, kannten schon die Ägypter und Assyrier diese Art der Überdeckung. Die Römer bildeten sie weiter aus, und jetzt ist man darin so weit gekommen, daß man, namentlich bei Brücken, Öffnungen selbst bis zu 65 m mit Mauerziegeln überwölbt. Aus Sandstein und andern Steinarten, die jedoch vom Steinmetz zuvor bearbeitet,

behauen werden müssen und deshalb Haufſteine heißen, hat man noch größere Bögen geſpannt. Überdeckt man nun nicht nur Öffnungen zwiſchen Pfeilern oder Mauerdurchgänge, ſondern ringsum durch Mauern oder Bogenhallen eingeſchloſſene Räume mit einem Syſtem keil=
förmiger Steine, ſo nennt man dieſe Überdeckung ein Gewölbe, obgleich, ſtreng genommen, auch ſchon jeder Mauerbogen ein Gewölbe iſt und jedes Gewölbe als aus Bögen zuſammen=
geſetzt gedacht werden kann. Daher unterſcheidet man denn auch die Gewölbe zunächſt nach den Formen des dabei verwendeten oder zu Grunde liegenden Bogens. Die nächſt=
liegende, von den Römern, Byzantinern, Langobarden ꝛc. faſt durchweg verwendete Bogen=
form iſt der Halbkreis; die dadurch geſtalteten Rundbogengewölbe (a, d, f in Fig. 269) ſind aber nicht überall zu brauchen; oft fehlt es an Höhe; am einfachſten iſt es dann, ſtatt des Halbkreiſes nur ein Kreisſegment zu verwenden, ſo daß der Bogen, der dann Stich=
bogen heißt, ſcharf an die Wand anſtößt; ein ſolches Stichbogengewölbe (Fig. 269 c) gibt aber ſehr viel Seitenſchub; dieſes wird vermieden, wenn man das Gewölbe nach einer hal=
ben Ellipſe oder nach einer Korblinie mit liegender langer Achſe geſtaltet, an deren Stelle man auch eine ganz ähnliche, durch Vereinigung mehrerer Kreisſtücke gebildete Linie nehmen kann, deren Mittelpunkt man durch Verſuche finden muß, weshalb dieſe Bogen auch Ratebogen oder Bogen aus geſuchtem Zirkel heißen. Alle dieſe Gewölbe nun heißen gedrückte Gewölbe (b Fig. 269). Wählt man eine halbe Ellipſe oder eine Korb=
linie mit liegender kurzer Achſe, ſo heißt das Gewölbe überhöht. Außerdem gibt es auch Spitzbogengewölbe (g, h, i in Fig. 269), und alle die genannten Arten können gebürſtet oder geſtelzt, auch überhoben werden, indem man ihre Schenkel nach unten zu lotrecht verlängert, alſo die Kapitäle oder Kämpfergeſimſe, welche ihren Anfang bezeichnen, herunterrückt. — Es brauchen aber nicht immer Kämpfergeſimſe angebracht zu ſein, und dann heißt die Linie, wo das Gewölbe ſich auf die Mauer (das Widerlager, den Kämpfer) aufſetzt, Kämpferlinie oder Widerlagslinie (bei a, b, d in Fig. 269 iſt dieſelbe angedeutet). Meiſt werden dieſe Linien auf beiden Seiten wagerecht und parallel laufen; ſteigen ſie an, ſo nennt man das Gewölbe abhängig oder ſteigend; liegt die eine Widerlagslinie höher als die andre, ſo nennt man das Gewölbe einhüftig, einſchen=
kelig oder Horngewölbe (e in Fig. 269), bei

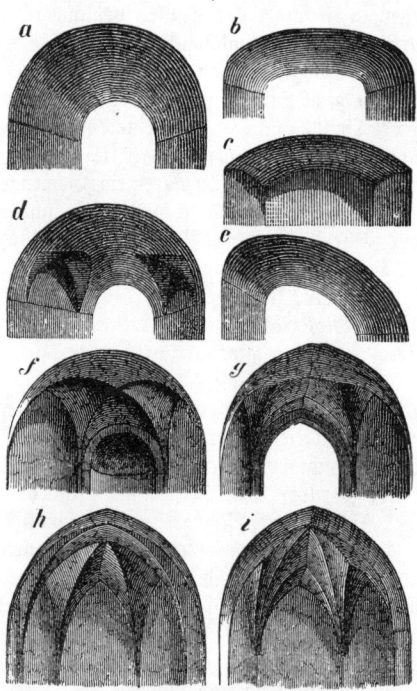

Fig. 269. Gewölbeformen.

nicht parallelen Widerlagern wird das Gewölbe trichterähnlich; treffen ſich die Widerlags=
linien in einem Punkt, ſo wird das Gewölbe zum liegenden Trichter, Trompengewölbe; ſind die Widerlagslinien ungleich lang, zum Ochſenhorngewölbe. Läuft das Gewölbe rund um einen ſchwachen Pfeiler, eine Säule herum, ſo nennt man es Spindelgewölbe; iſt die innere Rundung größer, ſo wird es zum Ringgewölbe; ſteigt dabei das Wider=
lager ſpiralförmig auf, wie bei der Unterwölbung einer Wendeltreppe, ſo nennt man es ein Schneckengewölbe. Ebenſo ſpricht man von Niſchengewölben oder Chorgewölben. Zu den ſchwierigſten gehören die ſchiefen Gewölbe, die zwar parallele Widerlager, aber ſchräg gegen dieſe geſtellte Stirnen, d. h. Endflächen, haben.

Iſt der Zwiſchenraum zwiſchen den parallelen Widerlagern nur mit einem ſehr verlängerten Bogen, alſo einfach gleich einer verkehrten Rinne überdeckt, ſo heißt dies ein Tonnengewölbe (a, b, e in Fig. 269). Nun können auch zwei oder mehrere Tonnengewölbe unter verſchiedenen Winkeln aufeinander treffen und durcheinander hinſtreichen. Haben ſie dabei verſchiedene Höhen, ſo entſtehen Tonnengewölbe mit Kappen (d in Fig. 269), doch oft haben ſie ganz oder faſt gleiche Höhen, wodurch bei viereckigem Raum die Kreuzgewölbe (f), bei vieleckigem Raum

Herstellung der Bauten. Maurer, Zimmermann.

aber die Sterngewölbe (h), entstehen. Wird ein runder Raum mit einer Halbkugel überdeckt, so nennt man das eine Kuppel. Dieser Name wird meist auch dann gebraucht, wenn der Querschnitt oder Bogen, der dieser Überdeckung zu Grunde liegt, ein gedrückter ist (eigentlich Kesselgewölbe), oder ein spitzer; ist der Raum vieleckig und die Kuppel demgemäß in Flächen geteilt, so heißt sie Helm, über quadratischem Raum Klostergewölbe, über rechteckigem Muldengewölbe. — Durch Zusammensetzung mehrerer solcher Formen entstehen die mannigfachsten Gewölbarten, z. B. sechsteilige Kreuzgewölbe, Klostergewölbe oder auch Kreuzgewölbe mit Kappen (g), Helmgewölbe mit Kappen (i) und noch andre Formen, die sich namentlich sehr kunstreich in den gotischen Kirchen vorfinden, deren Meister die Gewölbkunst durch Erfindung dieser Zusammenstellungen und durch Vervollkommnung des Strebensystems bedeutend förderten und mit auffallend geringen Materialmassen auskamen. Besonders wenn ein solches Gewölbe über die gewöhnliche Größe hinausgeht, erfordert die Ausführung große Genauigkeit und Geschicklichkeit. Vor Beginn des Wölbens stellt man meist ein Lehrgerüst auf; dies besteht aus von Pfosten hergestellten Lehrbögen, die in ihrer Zusammenstellung, nachdem sie mit schmalen Brettstreifen belegt, verschalt sind, an der Oberfläche die Form zeigen, welche das Gewölbe an seiner unteren hohlen Fläche, an der Laibung, bekommen soll. Es dient zur Stütze, bis der Schlußstein eingesetzt ist, da die Wölbsteine alle schräg liegen, also ohne Vorkehrung im Laufe der Arbeit alle hinabgleiten würden, während nach eingebrachtem Schlußstein die aneinander gereihten Steine ihrer keilartigen Gestalt wegen nicht nach innen gleiten können und also einander gegenseitig festhalten. Es ist leicht einzusehen, daß der Bogen des Gewölbes, vermöge seines Gewichtes, wenn er nicht nach unten ausweichen kann, streben wird, nach der Seite hin zu weichen; um den dadurch entstandenen Seitenschub zu bekämpfen, bringt man an der Stelle, wo das Gewölbe aufruht, eine starke Mauer an, welche man das Widerlager nennt. Ist dieselbe zu schwach, so treibt das Gewölbe sie nach auswärts und stürzt ein; ist sie zu stark, so ist Material verschwendet. Daher ist denn auch die Berechnung der Widerlagsstärken, Wölbstärken ꝛc. der Gegenstand einer besonderen Wissenschaft geworden, die man Wölbtheorie nennt.

Bei Errichtung der Umfassungswände und Scheidemauern sind auch die Thür- und Fensteröffnungen mit herzustellen.

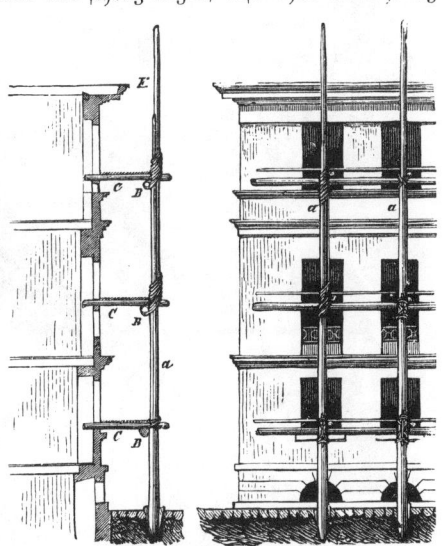

Fig. 270. Baugerüste.

Dieselben werden entweder nur gemauert oder, um genaues Schließen der Thür und schwerere Verletzbarkeit beim Benutzen zu erzielen, mit Thürgerüsten und Fenstergerüsten versehen. Diese bestehen aus der unten querüber liegenden Schwelle oder Sohlbank, den zu beiden Seiten der Öffnung aufrecht stehenden Gewänden und dem oben aufliegenden Sturz, der entweder geradlaufend oder bogenförmig sein kann. Sie fertigt entweder der Steinmetz aus Stein oder der Zimmermann aus Holz. Die Simse von Ziegeln oder auch von Sandstein, Marmor u. dergl. richtet in letzeren Fällen der Steinmetz zu, während der Maurer sie mit ins Mauerwerk einfügt, „versetzt", und durch eiserne Dobel untereinander sowie durch eiserne Anker und Klammern an das Mauerwerk befestigt. Hat er den Keller und das Erdgeschoß so weit vollendet, daß nur noch die Gewölbe und die schwächeren Scheidewände fehlen, so beginnt die Arbeit eines andern wichtigen Gewerbes.

Der **Zimmermann** erscheint mit den hölzernen Gestellen zu den Wänden, richtet dieselben auf und legt die erste Balkenlage darüber, welche er vorher auf seinem Werkplatz zurecht gemacht (zugelegt oder abgebunden) hat. Auf dem hiernach erbauten Gerüst stehend, setzt der Maurer von Stockwerk zu Stockwerk seine Arbeit fort. Das obenstehend abgebildete Gerüst (Fig. 270) besteht in der Hauptsache aus folgenden Teilen: a Rüststämme,

B Streckhölzer und C Schußriegel. Neuerdings gräbt man häufig, wenigstens in den Städten, um das Straßenpflaster nicht erst aufzureißen, die Rüststämme nicht in die Erde ein, sondern stellt sie auf Schwellen und bindet dann das Gerüst ab, d. h. man paßt die zusammengehörigen Teile bereits auf dem Zimmerplatz so ab, daß man sie auf Grund angebrachter Merkzeichen jederzeit auseinander nehmen und wieder zusammensetzen kann. Dies hat darauf geführt, Gerüsttürme zu konstruieren, die auf Rädern sich leicht von einer Stelle des Baues zur andern schieben lassen und aus mehreren Geschossen bestehen, die sich alle in das erste herab=, aber auch eins aus dem andern herausschieben lassen. Neuerdings sind namentlich in München und Wien vielfach neue Gerüstkonstruktionen zur Anwendung gelangt, die immerwährend noch Verbesserungen erfahren. Dem Aufmauern der massiven Wände jedes Geschosses folgt das Balkenlegen, dann das Einbringen der Scheidewände aus Fachwerk, welche der Zimmermann zulegt und aufstellt, der Maurer aber mit Ziegeln aussetzt. Ist nun der Bau unter solcher Ablösung der einzelnen Gewerke bis zu Höhe des Hauptsimses E gediehen, so erscheint wieder der Zimmermann, legt die Dachbalkenlage und stellt den Dachstuhl auf oder, wie man zu sagen pflegt, richtet das Haus.

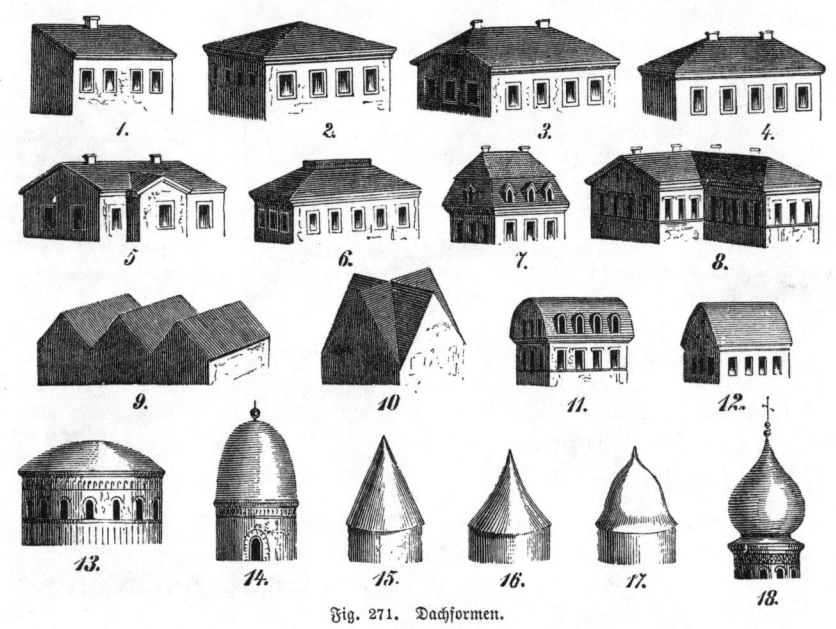

Fig. 271. Dachformen.

Die Herstellung des Dachstuhls, d. h. des Holzwerks für das Dach, ist eine der interessantesten Arbeiten des Zimmermanns. Mit fester Hand und sicherem Blicke macht er auf dem Zimmerplatz an dem bewaldrechteten, d. h. auf zwei Seiten behauenen Baum den Schnurschlag und behaut ihn hierauf vierkantig durch die Axt und durch Abbeilen mit dem Breitbeile oder, mehr Holz sparend, durch Abtrennen der Schwarten mittels der Schrotsäge, um ihm die zweckentsprechende Breite und Höhe zu geben.

Dem Risse folgend, beginnt er dann mit dem Zulegen der Schwellen und verbindet diese an den Ecken durch Einschnitte, welche man „Blätter", oder bei andrer Gestalt „Kämme" nennt. Reicht ein Stamm zu einer Schwelle nicht aus, so werden zwei oder mehrere Stämme entweder „stumpf gestoßen", oder auch mit den Enden ineinander „verkämmt" oder „verblattet". Auf den Schwellen werden an den Stellen, wo „Ständer" oder Wandsäulen hinkommen sollen, viereckige Zapfenlöcher mit dem vom Schlägel getriebenen Stemmeisen eingehauen und dann die Säulen vorgelegt, an deren Fuß man Zapfen anschneidet, welche genau in jene Löcher passen. Sind nun alle Säulen abgebunden, deren Stellung sich nach den gewünschten Thür= und Fensteröffnungen richtet, so legt der Zimmermann die Wand zu, d. h. er paßt zwischen die Säulen die wagerechten Riegel und die „Bänder", schräge Stützen, ein und verbindet sie mit denselben ebenfalls durch Zapfen. Zuletzt wird

Herstellung der Bauten. Zimmermann. 299

oben auf die Säulen wieder ein liegendes Holz, der „Rahmen", die Oberschwelle, aufgepaßt und verzapft. Nunmehr ist das untere Geschoß des Hauses „abgebunden". Da auf unser Haus noch ein zweites Geschoß über dem eben vorgerichteten sich erheben soll, so wird auf die Saumschwelle eine Lage Balken „aufgekämmt", d. h. in Einschnitte, „Kammsassen", mit entsprechenden Hervorragungen, „Kämmen", eingepaßt, darauf eine neue Schwelle gelegt und in diese die Säulen des zweiten Geschosses wiederum ebenso verzapft und durch Riegel verbunden, wie im ersten Geschoß. Jetzt erst kommt das Dach an die Reihe. Sind aber die Umfassungswände massiv von Stein aufgeführt, so bedarf es natürlich der Holzwände nicht; an die Stelle der Rahmen treten dann „Mauerlatten". Die schräg liegenden Hölzer, welche die Fläche des Daches bilden, nennt man „Sparren", die obere Kante eines Daches den „First" desselben. Schon nach der äußeren Gestalt gibt es sehr viele Arten von Dächern; wir führen hier in Fig. 271 nur die am häufigsten vorkommenden an: Nr. 1 ist ein einhängiges oder Pultdach, 3—5, 7, 8, 11, 12 sind zweihängige oder Satteldächer, 2 ein Zeltdach, 13—18 Kegeldächer. Dabei sind 1, 5, 9, 10, 11, 12 Giebeldächer, 3 ist ein Giebeldach mit Krüppelwalm, Halbwalmdach; 4 und 7 sind Walm- oder Schopfdächer; 7 ist dabei Mansardendach; in 8 stoßen ein Walmdach und ein Giebeldach zusammen und bilden eine Einkehle oder Wiederkehr; 6 ist ein abgestutztes Satteldach mit Walmen, 9 ein Sägedach, 10 ein Kreuzdach, 11 und 12 sind Bogendächer, 13 und 14 Kuppeln oder Hauben, 2 und 15 sind Helmdächer, 16 ist ein Hut, 17 eine welsche Haube und 18 eine Zwiebelhaube.

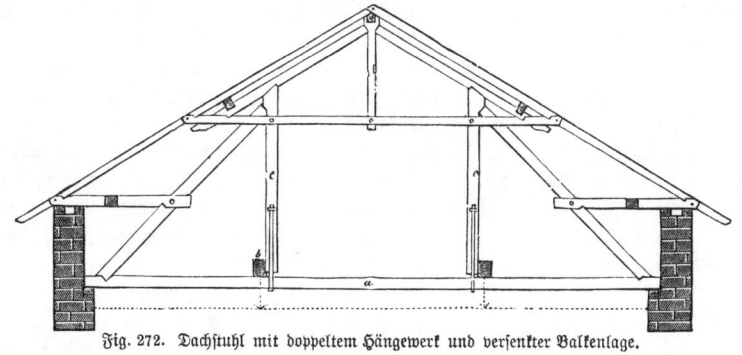

Fig. 272. Dachstuhl mit doppeltem Hängewerk und versenkter Balkenlage.

Bei kleinen Dächern stellt man die Sparren nur unten auf die Balken auf und schlitzt je zwei sich gegenüberstehende oben aneinander an; bei größeren Dächern aber werden die Sparren, damit sie sich nicht biegen, je nach ihrer Länge zwei- bis dreimal auf quer unter denselben, also der Länge des Daches nach, liegende Hölzer, die „Stuhlrahmen", gelegt, welche letztere wiederum auf Stützen, „Stuhlsäulen", ruhen. Je nach deren aufrechter oder schräger Stellung nennt man das durch sie gebildete Gestell entweder einen stehenden oder liegenden Stuhl. Wenn man einen höheren Dachraum zu Bodenräumen auszunutzen gedenkt, so teilt man ihn mittels „Kehlbalken" in zwei, bei großen Gebäuden und hohen Dächern bisweilen in mehrere Geschosse. Auch pflegt man in neuerer Zeit oft, um mehr Dachraum zu gewinnen, weil dieser durch die jetzt üblichen flachen Dächer sehr eingeschränkt wird, die Balken nicht auf die oberste Kante der Mauer, sondern etwas tiefer zu legen; dadurch entsteht eine „versenkte Balkenlage". Fig. 272 zeigt ein solches Dach.

Haben die Balken in der Mitte keine Unterstützung, was z. B. der Fall ist, wenn dieselben über einen großen Saal zu liegen kommen, so muß man sie durch künstliche Konstruktionen in ihrer Lage erhalten. Man bringt dann entweder ein Hängewerk oder ein Sprengewerk an; ersteres, indem man (s. Fig. 272) ein oder mehrere Stücken Holz, die Hängesäulen c, aufrecht zwischen den Spitzen zweier schräger Stützen, der Streben d, einklemmt und an deren unteres Ende, die Balken a, oder die quer über diese gelegten Oberzüge b mit Eisenschienen anhängt. Beim Sprengewerk unterstützt man die Balken in der Nähe der Mitte von untenher, wie man dies z. B. bei Brücken häufig wahrnehmen kann.

Geringere Weiten, bis 13 und 16 m, kann der Zimmermann sogar fast wagerecht überspannen, ohne ein Hänge- oder ein Sprengewerk anzubringen, und zwar durch den

38*

sogenannten verzahnten Balken oder, wie der Kunstausdruck heißt, durch das gespannte Roß. Nehmen wir an, die Spannweite betrage 12 m, so versieht der Zimmermann einen schwachen Balken von 12 m Länge mit Zähnen, wie die Zeichnung (Fig. 273) das anzeigt; diesen legt er auf der Zulage so zurecht, daß die Mitte etwa 12 cm höher liegt als die Enden, was durch Belastung der letzteren erreicht wird. Dann nimmt er zwei andre Balkenstücke, zu 6 m, versieht sie mit entsprechenden Zähnen, legt sie sorgfältig über den erstgespannten Balken und arbeitet die Flächen zwischen den Balkenstücken so scharf ineinander, daß die Fugen streng passen. Durchgezogene Schraubenbolzen verbinden die Balkenstücke zu einem Ganzen, das bedeutende Last tragen kann. Es gibt noch mehrere andre Manieren, die Tragfähigkeit der Balken zu vermehren. Dahin gehört z. B. das Anlegen von Pfostenstreben an die Seiten des Balkens (Fig. 274), die Anlage einer vollständigen Pfostenabsprengung (Fig. 275), die linsenförmige Balkenverstärkung nach Laves (Fig. 276) und die Verstärkung nach Polonceaus System (Fig. 277). Die beiden letzteren beruhen auf ganz entgegengesetzten Prinzipien; während bei Fig. 276 der untere Balken sich nur dann krümmen könnte, wenn es ihm gelänge, den oberen gekrümmten kürzer zu drücken, müßte der Balken in Fig. 277 die unter ihm ausgespannte Eisenstange zu größerer Länge ausdehnen. Nur diese wenigen Beispiele — denn es gibt noch viele Arten von Balkenverstärkung — führen wir an, um dem Leser wenigstens einen annähernden Begriff zu geben, wieviel es in dem Gebiete der Holzkonstruktion zu lernen gibt.

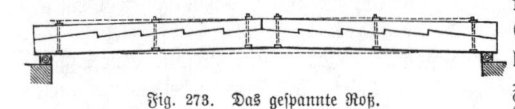

Fig. 273. Das gespannte Roß.

Eine sehr interessante Erfindung zu dem Zweck, weite Räume ohne alle innere Unterstützung, also auch ohne Balken, zu überspannen, machte Philibert de l'Orme: Bohlenbogenkonstruktion. Sie beruht auf der Erfahrung, daß ein Brett von z. B. 3 cm Dicke und 15 cm Breite, wenn es nur an seinen Enden unterstützt ist, sich schon von selbst in der Mitte abwärts biegt und sicher nur wenig tragen kann, daß aber dasselbe Brett, auf die hohe Kante gestellt, also bei 3 cm Breite und 15 cm Dicke, fähig wird, in der Mitte sehr stark belastet zu werden. Indem nun de l'Orme Bohlenstücken rund ausschnitt, doppelt nebeneinander legte und gehörig miteinander durch Nägel und Schrauben verband, bildete er Bogen über den zu bedeckenden Raum.

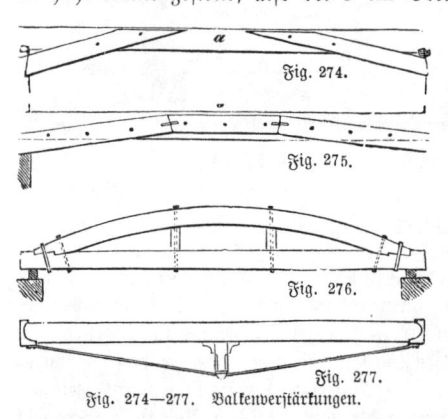

Fig. 274.
Fig. 275.
Fig. 276.
Fig. 277.
Fig. 274—277. Balkenverstärkungen.

Macht man einen Rahmen von vier Stäben, so läßt sich derselbe, solange die Ecken noch nicht völlig fest gemacht sind, verschieben, so daß er aus dem rechten Winkel kommt; dies würde auch bei den Wänden rc. geschehen können, wenn die Säulen oder Ständer nur in der Grundschwelle und Saumschwelle eingezapft wären. Ist aber die Säule mit dem Rahmen durch ein Schrägband verbunden, so hört das Verschieben auf, weil dann eine Dreiecksverbindung entsteht und diese unverschiebbar ist. Auch diese Erfahrung hat man sich zunutze gemacht und Dachkonstruktionen aus lauter Dreiecken zusammengesetzt, welche vermöge ihrer Festigkeit bei den großartigsten Holzbauten Anwendung finden können. Da die diese Dreiecke bildenden Hölzer bei ihren Überkreuzungen gleichsam Knoten bilden, so nennt man diese Konstruktionsweise das „Knotensystem". Das erste nach diesem System errichtete Dachwerk überspannte die Reitbahn zu Wiesbaden, von Moller erbaut; das größte Beispiel desselben ist der Dachstuhl auf dem Exerzierhaus in Petersburg, das 205 m lang, fast 48 m breit und ohne innere Unterstützung ist, obgleich das Dachwerk nicht weniger als 50 000 Zentner wiegt. Welch enorme Fortschritte mußten gemacht werden, wie viele Versuche mochten mißglücken, und ohne Entmutigung immer wiederholt werden, bis die Zimmerkunst die Bahn durchlief, die zwischen einem solchen Dachwerk und dem Blockhaus des Hinterwäldlers liegt!

Schon aus den gegebenen Andeutungen erhellt, wieviel ein tüchtiger Zimmermann gelernt haben muß. Doch das, was wir bis jetzt erwähnt haben, ist nur ein kleiner Teil der Anforderungen, die an ihn gestellt werden können. Es gibt noch eine Menge, und zwar viel komplizierterer Konstruktionsweisen. So bietet unter anderm der Treppenbau nicht selten große Schwierigkeiten dar, namentlich wenn die Stufen rund laufen und in der Mitte nicht unterstützt werden, d. h. sogenannte „freitragende Wendeltreppen" bilden. Größte Genauigkeit und Aufmerksamkeit, unterstützt durch ein gutes Augenmaß, sind dabei unerläßlich. Denn der Zimmermann kann ja die Stücke nicht an Ort und Stelle anpassen, sondern das, was er auf der „Zulage" gemacht hat, muß genau passen, wenn es zum Richten kommt. Darum beschließt man auch die vollendete Aufstellung eines Gebäudes durch eine Feierlichkeit, das Richtfest. Da wird der fertige Bau mit dem grünen Kranze geschmückt, und der Zimmerpolier (d. h. parleur, Sprecher) wünscht in zierlicher Rede den Gewerken, dem Bauherrn sowie den dereinstigen Bewohnern des Hauses Glück und Segen. Oft hörten wir bei solcher Gelegenheit schon Uhlands herrlichen Zimmerspruch:

Das neue Haus ist aufgericht't,
Gedeckt, vermauert ist es nicht,
Noch können Regen und Sonnenschein
Von oben und überall herein:
Drum rufen wir zum Meister der Welt,
Er wolle von dem Himmelszelt
Nur Heil und Segen gießen aus
Hier über dieses off'ne Haus.
Zu oberst woll' er gut Gedeih'n
In die Kornböden uns verleih'n,

In die Stube Fleiß und Frömmigkeit,
In die Küche Maß und Reinlichkeit,
In den Stall Gesundheit allermeist,
In den Keller dem Wein einen guten Geist.
Die Fenster und Pforten woll' er weih'n,
Daß nichts Unselgs komm' herein;
Und daß aus dieser neuen Thür
Bald fromme Kindlein springen für.
Nun, Maurer, decket und mauert aus!
Der Segen Gottes ist im Haus.

Und trotz all dieser Kunstfertigkeit wird das Zimmerhandwerk samt seiner Poesie vielleicht bald ebenso der Vergangenheit angehören, wie die Bauhütten des Mittelalters. Der in unserm Jahrhundert mit früher nie geahnter Schnelligkeit auf allen Gebieten des Wissens und Könnens vorwärts brausende Sturm des Fortschritts fängt bereits an, die oben geschilderte Art des Häuserbaues zu unterwaschen, denn die Entdeckungen und Vervollkommnungen auf allen Gebieten der Technik liefern uns fast täglich — möchte man sagen —

Neue Materialien und Konstruktionsweisen. Wer wird sich künftig noch mit meilenweiter Heranschaffung der schweren und schwierig zu bearbeitenden Bruchsteine herumplagen, oder mit der mühseligen Zusammensetzung von Mauern aus kleinen Ziegeln Zeit verlieren? Haben wir doch jetzt schon den oben erwähnten Beton oder Grobmörtel, dessen Bestandteile, in eine durch Dampfkraft gedrehte Trommel geschüttet, zu einem Brei vermischt werden, welchen man nur in die Grundgrube einlaufen zu lassen braucht. Geeignet gemischt erhärtet dieses Material dergestalt unter Wasser, daß die ganze Grundgrube gewissermaßen nur durch einen allen Formen der Mauer u. s. w. folgenden kolossalen Felsblock ausgefüllt erscheint. Behufs Herstellung von Mauersteinen, Simsen u. s. w., von der kleinsten Konsole bis zu der 16 m hohen Säule, mit allen Verzierungen, kurz fix und fertig, drückt man (wie z. B. beim Bau des Braunschweiger Schlosses geschehen ist) Chausseestaub in Formen und brennt ihn dann, oder man kauft mit Falzen versehene Preßquadern, aus welchen sich ohne Mörtel völlig gegen Zugluft dichte Mauern zusammenstellen lassen, die man ohne Schaden auseinander nehmen und anderswo wieder aufbauen kann. Die kompliziertesten Gewölbe gießt man auf gehobelte oder aus Blech konstruierte Lehrgerüste, mit allen Rippen und Verzierungen aus geeignetem Mörtel in ein Stück, wie dies beim Kölner Dom in Anwendung gebracht worden ist.

Warum sollen wir ferner das dem Wurmfraß und Schwamm ausgesetzte, leicht verbrennbare Holz zu teurem Preise kaufen, wenn uns das solidere Eisen in den mannigfachsten Formen fast billiger zu Gebote steht? In der That ist denn auch der **Eisenbau** charakteristisch für unsre Zeit. Betrachten wir in kurzem die Vorzüge desselben im Vergleich zu früheren Konstruktionsmethoden. Zunächst nimmt eine gußeiserne Säule, welche zierlich aussieht, viel weniger Platz weg als eine hölzerne; ein Balken oder Träger aus Walzeisen oder aus kreuzweise aufeinander genieteten Schienen kann viel weiter frei liegen, als ein bei weitem dickerer hölzener Balken, oder ein noch viel dickerer und schwererer Bogen, und läßt sich von vornherein eben so gut zum Tragen der Fußbodendielen wie eines Gewölbes einrichten, während man auch bei Anwendung des Eisens an der Höhe des Gebäudes wesentlich erspart. Ein eiserner Dachstuhl ist leichter und versperrt weniger den Raum des Dachbodens als eine hölzerne von derselben Festigkeit, ist auch der Gefahr bei Feuersbrünsten weniger ausgesetzt und gewährt infolge der geringeren Dimensionen, in welchen die einzelnen Konstruktionsteile hergestellt sind, einerseits den überdachten Räumen größere Helligkeit, anderseits größere Leichtigkeit des Aussehens; trotz dieser Vorzüge ist jedoch die Anwendung eiserner Dächer bei Wohngebäuden vereinzelt geblieben. Die aus Eisen konstruierten Dachstühle bieten zwar, wie bemerkt, größere Sicherheit gegen Feuersgefahr, aber sehr geringen Schutz gegen Witterungseinflüsse. Da das Eisen ein vorzüglicher Wärmeleiter ist, so werden die Dachräume im Sommer sehr heiß, im Winter dagegen sehr kalt sein, Nachteile, die sich dem ganzen Gebäude mitteilen. So hat denn auch das Eisen bis jetzt bei Wohngebäuden verhältnismäßig sehr wenig Anwendung gefunden, meist nur in der Gestalt von Balken und Säulen, während es bei Fabrik- und Lagerräumen, Oberlichtsälen, Retortenhäusern, Markt- und Eisenbahnhallen und andern sehr weiten Räumen schon längere Zeit fast ausschließlich im Gebrauch ist und die Holzkonstruktionen verdrängt hat, zumal dort, wo es darauf ankommt, größere Räume zu überdachen. In einzelnen Fällen ist das Eisendach auch bei Kirchen zur Verwendung gekommen, so z. B. bei der Kuppel der neuen Synagoge in Berlin, während sehr viele Architekten das Vorurteil haben, man dürfe z. B. an einem gotischen Bau kein Gußeisen anwenden, während doch die Meister der Gotik jeden ihnen bekannten Fortschritt in der Technik benutzten.

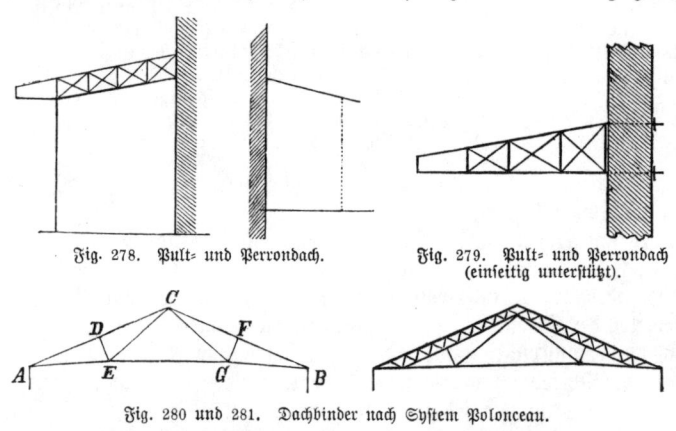

Fig. 278. Pult- und Perrondach.

Fig. 279. Pult- und Perrondach (einseitig unterstützt).

Fig. 280 und 281. Dachbinder nach System Polonceau.

Zu der Herstellung von Fensterrahmen wird das Eisen vielfach in Werkstätten, Fabrik- und ähnlichen Räumen verwendet. Im allgemeinen würde sich dasselbe in dieser Anwendung und zumal für Wohnräume jedoch für das nördliche Klima deswegen nicht eignen, weil Kälte und Wärme den entgegengesetzten Einfluß auf das Eisen haben als auf das Holz. Holz geht bei der Wärme zusammen, Eisen dehnt sich bei der Wärme aus; Holz dehnt sich durch die in Begleitung der Kälte kommende Feuchtigkeit aus, Eisen zieht sich in der Kälte zusammen und bringt das Glas zum Springen. Hier und da war man trotz der erwähnten Umstände in der Anwendung des Eisens zu weit gegangen, indem man vollständige Häuser aus Eisen konstruierte. Die Zimmer dieser Eisenhäuser mit ihren Blechwänden sind im Sommer zu heiß, im Winter nicht zu erheizen, blecherne Fußböden sind höchst ungemütlich, und die großen, bei einem solchen Hause verbrauchten Eisenmassen ziehen den Blitz beim Gewitter so stark an, daß kein Blitzableiter Schutz zu gewähren vermag. Wohnhäuser ganz aus Eisen zu bauen, ist also nicht ratsam. Das hat freilich bei dem Publikum ein ebenfalls zu weit gehendes Vorurteil gegen Eisenbau erzeugt, welches jedoch jetzt wieder zu schwinden beginnt. Für Monumentalbauten fehlt der Eisenkonstruktion bisher noch die formale Durchbildung. — In der That bietet fast keines unter den bis jetzt in Eisen oder Stahl ausgeführten Bauwerken einen so gewinnenden und künstlerischen Anblick dar, wie ein aus Holz und Stein erbautes; die architektonischen Formen kommen nicht recht zur Geltung, weil deren Dimensionen zu gering sind, um der Größe des Gebäudes gegenüber noch genügend hervortreten zu können; bei Nutzbauten wird dieser Mangel durch den praktischen Nutzen, welchen die Eisenkonstruktionen gewähren, allerdings aufgehoben, bei Zierbauten könnte er unter den Händen geschickter Architekten bedeutend gemindert werden, und vielleicht führt sogar der Eisenbau noch zu Entwickelung eines neuen Stils.

Neue Materialien und Konstruktionsweisen. Eisenbau. Stahl. 303

Die eisernen Dachstühle bestehen wie die hölzernen aus „Bindern" und „Längsverbindungen"; die Binder werden nach irgend einem System für Träger meistens als Fachwerkträger oder Gitterträger konstruiert und finden ihre Auflager auf Mauern, Säulen oder Pfeilern; sie sind in bestimmten Entfernungen parallel zu einander angeordnet, wenn der noch zu überdachende Raum ein rechteckiger ist, und radial, wenn derselbe polygonal oder kreisförmig ist. Die einzelnen Binder sind durch „Pfetten" in der Längsrichtung miteinander verbunden, auf denen das Dachdeckungsmaterial zu befestigen ist.

Die Pultdächer, besonders als Perrondächer angewendet, werden entweder, gleich den hölzernen, so konstruiert, daß sie mit der einen Seite an einer Mauer anliegen und sich mit der andern Seite auf Säulen stützen (Fig. 278), oder aber sie sind freitragend und werden in dem Mauerwerk verankert (s. Fig. 279).

Ein sehr häufig angewandtes System von Satteldächern ist das von dem Franzosen Polonceau (s. Fig. 280 und 281) erfundene, wonach, wie in Fig. 277 die hölzernen Balken, so hier die eisernen Sparren AC und CB durch über die Stützen DE und FG gespannte Zugstangen AEC und CGB unterstützt werden und durch die Anbringung einer Zugstange zwischen den Punkten E und G der Schub auf die Stütze A und B verringert wird. Dadurch, daß die eisernen Balken durch Gitterträger (s. Fig. 281) ersetzt werden, kann diese Dachkonstruktion zu Überdachung sehr großer Räume benutzt werden. Dieser Konstruktion eines Satteldaches, nach welcher jede Dachhälfte für sich allein hergestellt wird, steht das sogenannte englische Dach gegenüber, bei welchem beide Dachhälften zusammenhängend konstruiert werden. In dem großartigen Walzwerk in Creusot hat die mittlere Halle (Fig. 282 rechts) eine Spannweite von 28 m, die je zwei rechts und links anstoßenden eine solche von 19 und 17 m; die fünf Dächer ruhen auf Säulen und sind die äußersten der sechs Säulenreihen 100 m voneinander entfernt.

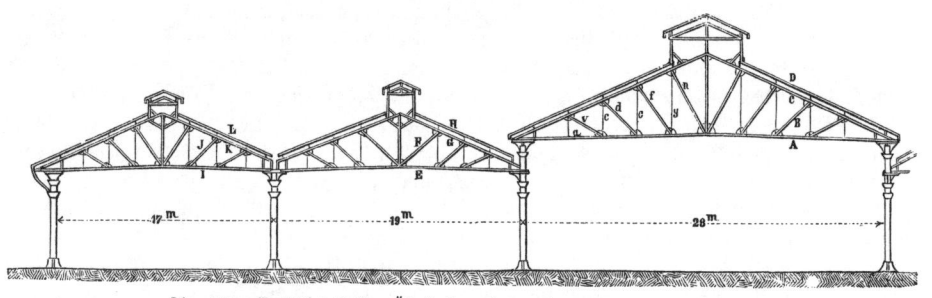

Fig. 282. Englisches Dach. Überdachung des großen Walzwerkes zu Creusot.

Von den sehr mannigfach gestalteten eisernen Bogendächern sei hier nur das von Schwedler für das Retortenhaus der Imperial=Kontinental=Gas=Assoziation in Berlin konstruierte Spitzbogendach angeführt. Es hat eine Länge von $58{,}74$ m und eine Weite von $32{,}95$ m. Die Binder stehen in einer Entfernung von $4{,}70$ m.

Bei der Überdachung der Halle des ehemaligen Ostbahnhofes und des Berlin=Anhalter Bahnhofes zu Berlin ist der Segmentbogen zur Anwendung gekommen. Die ähnlich konstruierte Halle des Ostbahnhofes ist $37{,}66$ m weit und hat zwei an den Seiten gelegene Perrons für die ankommenden und abgehenden Züge.

Inwieweit der Stahl demnächst die Rolle des Eisens im Hochbau übernehmen wird, darüber dürfte die nächste Zukunft schon Entscheidung bringen. Infolge der neueren Fabrikationsmethoden, über welche der Leser im Kapitel „Bergbau und Hüttenwesen" das Nähere findet, läßt sich nämlich der Stahl jetzt schon beinahe zu demselben Preise herstellen wie Eisen, während er in bezug auf Dauer und Leichtigkeit letzteres Metall bedeutend übertrifft.

Als besonders charakteristisch für unsre Zeit und ihrer Bautechnik sind an dieser Stelle die Glaspaläste zu erwähnen, soweit deren Konstruktion in Frage kommt, während über ihre Disposition später zu sprechen sein wird. Unübertroffen, was guten Geschmack neben kolossalen Formen betrifft, steht noch immer der erste jener aus Glas und Eisen konstruierten Glaspaläste, der von Sydenham, da. Die großartigsten Anstalten waren im Gange, um im Jahre 1850 auf Englands Boden zum erstenmal die Erzeugnisse aller Länder zu vereinigen; aber von den eingesandten zweihundert Entwürfen paßte keiner so recht. Da trat der Garteninspektor des Herzogs von Devonshire, Paxton, mit einem neuen Plane auf, dessen Originalität und große Zweckmäßigkeit sofort die allgemeine Stimme für sich gewann; er schlug, durch seine Gewächshäuser auf die Idee geleitet, vor, von Eisen und Glas ein kolossales Bauwerk von fast 90 000 qm Flächenraum bei einer Höhe von beinahe 19 m zu errichten. So erhob sich binnen kaum fünf Monaten dieser Riesenbau, wie man bis dahin noch keinen ähnlichen gesehen; den 26. September 1850 hatte man die erste Säule gesetzt und schon am 4. Februar 1851 konnten die eigentlichen Ausstellungsarbeiten beginnen. 5000 Arbeiter, von denen 2000 sich auf der Baustelle selbst befanden, waren an diesem Gebäude beschäftigt, das, bei einer Länge von 585 m, im größten Durchmesser 144 m breit, hoch genug war, um die hundertjährigen Ulmen des Hydeparks unter sein Dach aufzunehmen. Auf einem aus Zement und Ziegelsteinen bestehenden Grundbau stehen die schlanken, gußeisernen Säulen des ersten Stockwerks, über denen sich, um 20 m eingerückt, ein zweites von 6 m hohen Säulen gebildetes erhebt, auf welchem endlich noch ein drittes, auf gleiche Weise konstruiertes und eben so hohes ruht, so 19 m Höhe erreichend, während das mit einem halbrunden Dach bedeckte Querschiff 34 m emporsteigt und die unter ihm stehenden Bäume um 3 m überragt. Alle Wände zwischen den Säulen sind, wie das Dach, verglast; die ganze zu diesem Palaste verwendete Glasmasse beträgt 89 000 qm und wiegt etwa 8000 Zentner.

Die Gesamtzahl aller gußeisernen Säulen ist 3230, von denen die höchsten, diejenigen des Mittelgrundes, eine jede aus sieben aufeinander stehenden Teilen besteht, welche mit Falzen ineinander geschoben und durch Flanschen miteinander verschraubt sind. Innen hohl, dienen sie zugleich als Fallrohre für das von dem Dach herabströmende Regenwasser. Außer den Säulen sind auch 2244 Galerieträger und Verbindungsstücke, 1128 Spannbänder und 358 Dachträger, sowie alle Bolzen, Nieten und ähnliche Stücke von Guß- und Schmiedeeisen. Nur die Firstbalken, Fußbodenbalken und Fensterrahmen sowie die Bogensparren für die Bedachung des Querbaues sind von Holz. Die Traufrinnen, gleichfalls von Holz, betragen aneinander gelegt 51 940 m, die Leisten der Fensterrahmen sogar 304 220 m, gerade die Entfernung von Berlin nach Hamburg. Der 93 000 qm mit Glas überdachende Palast wurde nach Schluß der Ausstellung im Park bei Norwood wieder aufgebaut und führt nun den Namen Sydenhampalast. Ihm folgten, da man die Zweckmäßigkeit dieser Bauart für gewisse Aufgaben gar wohl erkannte, bald ähnliche Gebäude in Paris, München und New York.

Aber nur der in München 1854 errichtete, circa 40 000 m Ausstellungsfläche bietende Glaspalast behielt den Charakter des Eisen-Glasbaues vollständig bei. Schon der Pariser von 1855 versteckte den eigentlichen Glasbau hinter vorgeschobenen, ziemlich langweiligen Glasfassaden mit allerdings recht hübschen, hier aber nicht hergehörigen Renaissanceportalen. Er überdeckte 50 737 qm, wozu noch Annexe im Belang von 41 540 qm kamen. Der Londoner Palast von 1862 verleugnete ebenfalls durch Steinfassaden seinen Charakter Er faßte 125 393 qm, aber nicht unter einem Dach. Das Gebäude auf dem Marsfeld in Paris, für die Ausstellung von 1867, welches 150 000 qm bedeckte, kehrte zwar wieder zu dem ursprünglichen Charakter zurück, verlor aber durch seine elliptische Grundrißform und die vielfache Einteilung, die allerdings an Zweckmäßigkeit die Einrichtung aller andern Glaspaläste weit übertraf, doch sehr an Großartigkeit des Gesamteindrucks. Bei Errichtung der Weltausstellungsgebäude in Wien im Jahre 1873 hatten die betreffenden Techniker (der Hauptplan war von Skott Russell entworfen, von Wiener Architekten [Hasenauer, v. Engerth, H. Schmidt u. a.] umgearbeitet) vor allem gestrebt, einen Zentralraum in bisher noch nicht erreichter Größe herzustellen, aber unterlassen, für gute Beleuchtung zu sorgen; auch die stilistische Durchführung war mangelhaft. Aber die Dimensionen waren allerdings überschwenglich. Die Rotunde hatte einen inneren lichten Durchmesser von $101{,}736$ m und einen äußeren Durchmesser von $107{,}832$ m. 32 Säulen von 24 m Höhe, deren jede einen Raum von $3{,}8$ qm einnahm, trugen das unter 30° geneigte Dach, auf dessen mittlerer Öffnung von $30{,}5$ m Durchmesser sich eine Laterne 9 m hoch erhob. Deren Dach hatte wiederum eine Öffnung von 9 m Durchmesser mit einer zweiten Laterne, auf der eine kolossale Kaiserkrone sich erhob. Das ganze Dachwerk wog 78 000 Zentner. Da nun der innere Raum unten 101 m im Durchmesser, in der Mitte bis

Neue Materialien und Konstruktionsweisen. Eisen und Glas. Dachdeckung. 305

in die Laterne über 80 m, äußerlich 90 m hoch war, und sich in der Mitte eines Langschiffes von 900 m Länge, 25,5 m Breite und 22,5 m Höhe erhob, welche von 16 Querschiffen von je 174,5 m Länge, 15,5 m Breite und 12,5 m Höhe durchschnitten war, so wird eine Vergleichung mit der auf S. 287 gegebenen Zusammenstellung der Maße der bedeutendsten Bauten der Vergangenheit ergeben, wie sehr diese Konstruktion der Neuzeit alles bisher Geleistete übertroffen hat. — Über die Bauten für die 1876 abgehaltene Weltausstellung in Philadelphia und neuere Ausstellungen wird noch einiges bei Besprechung der Bauten im Dienste der Industrie nachfolgen. Näheres findet der Leser darüber in dem Werke: „Der Weltverkehr und seine Mittel". Man begnügte sich in der langen Zeit von 1861—1883 nicht etwa mit der Errichtung von Ausstellungspalästen aus Glas und Eisen, sondern wandte gar bald die hierbei gemachten Erfahrungen auch weiterhin bei Errichtung von Gewächshäusern, Bahnhöfen, Markthallen u. dgl. öffentlichen Bauten vielfach an und wird sich auch bei für Privatzwecke bestimmten Gebäuden mehr und mehr dieser Konstruktionsweise zuwenden.

Nachdem nun das Gebäude, sei es aus Stein oder Holz allein, aus Stein und Holz, oder aber zum Teil, auch wohl ganz aus Eisen konstruiert, glücklich aufgerichtet und mit Sparrwerk versehen ist, beginnt der **Ausbau,** welcher nicht selten noch länger dauert und mehr kostet als der Aufbau. Zunächst werden die Essen über das Dach hinausgeführt, dann wird dieses mit Latten vernagelt oder mit Brettern verschalt, je nach dem gewählten Eindeckungsmaterial.

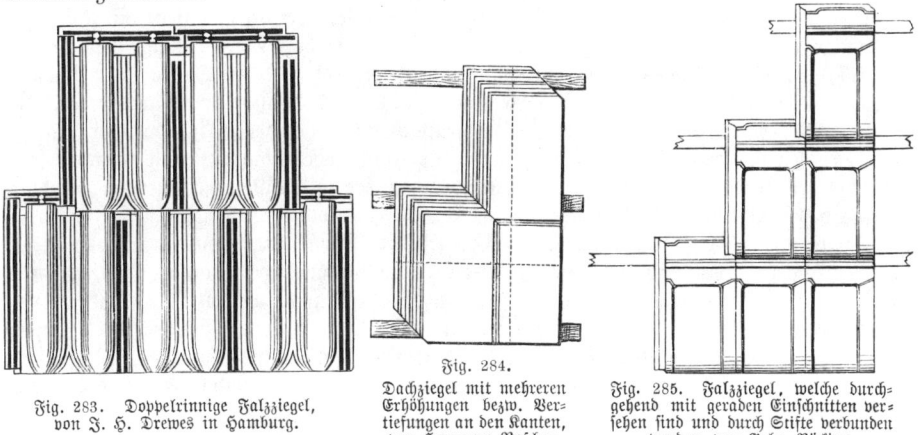

Fig. 283. Doppelrinnige Falzziegel, von J. H. Drewes in Hamburg.

Fig. 284. Dachziegel mit mehreren Erhöhungen bezw. Vertiefungen an den Kanten, von Hermann Rascher.

Fig. 285. Falzziegel, welche durchgehend mit geraden Einschnitten versehen sind und durch Stifte verbunden werden, von Gebr. Böcking.

Zunächst beginnt der Dachdecker seine Thätigkeit. Auf keinem Gebiete zeigt die Entwickelungsgeschichte der Baugewerke so überraschende Ungleichmäßigkeit als hier. Die Assyrier, Babylonier u. s. w. deckten ihre Häuser ganz oder fast wagerecht mit Holz ein, welches mit Asphalt und Erde überlegt ward. Von den Persern und Phönikern wird gemeldet, daß sie die Dächer ihrer Paläste mit Bronze, Silber und Gold überzogen. Die ägyptischen Schrägdächer waren aus Brettern hergestellt, über den Stoff des Überzuges aber wissen wir nichts Genaueres. Die Griechen deckten ihre Tempel mit dünnen Marmorplatten, denen sie genau dieselbe Form gaben wie den Ziegeln der Hausdächer. Es waren dies sogenannte Bortziegel, Flachziegel mit aufgebogenen Kanten, deren Fugen dann durch Hohlziegel überdeckt wurden. Die Römer adoptierten diese Dachdeckung, die noch heute in Italien im Gebrauch ist. Für Prachtgebäude aber benutzte man Blei- und Kupferplatten. Im Mittelalter wurden die Formen der Ziegel vielfach verändert, bis endlich die am leichtesten herzustellende, aber auch am wenigsten Dichtheit bietende, die der sogenannten Biberschwänze oder Dachzungen, siegte, die noch heute vielfach üblich ist; daneben blieben Steinplatten, Kupfer- und Bleiblech im Gebrauch. Die kleinen Veränderungen in Form und Herstellungsmethode, Glasierung u. s. w. der Ziegel abgerechnet, sind aber im Laufe zweier Jahrtausende keine eigentlichen Neuerungen auf diesem Gebiete eingetreten. Erst die neueste Zeit brachte dem Dachdecker, neben dem bisher gebrauchten Ziegel, Schiefer und Kupfer neue Materialien im Zink, Dachfilz und der nach unserm Dafürhalten stets unsolid bleibenden Dachpappe, daneben aber auch die wirklich neue, d. h. nicht von der Kenntnis des Alten beeinflußte Erfindung einer neuen Auflage der vor 3000 Jahren von den Assyriern schon in Babylon vorgefundenen Dachdeckungsmethode. Wir meinen damit die höchst zweckmäßigen Häuslerschen Holzzementdächer, bei deren Anwendung man auf dem hergestellten Dach sogar Gärten anlegen kann. Die Neigung des Dachs darf dabei nicht wesentlich von dem Verhältnis 1 : 20 abweichen. Die Herstellung geschieht jetzt in folgender Weise: Auf eine mindestens 2 cm starke und gut zusammengetriebene Dachverschalung wird eine Lage trockener Pappe der Länge der Bretter nach aufgerollt; ohne dieselbe festzunageln, wird sie dann mit heißem, flüssigem Holzzement, einem schwarzen, teerartigen Harzfirnis, bestrichen; darauf kommt eine Lage Papier, welche die Fugen der Pappe verdeckt; auf diese Holzzementanstrich, dann wieder Papier, welches abermals die Fugen der unteren Papierlagen verdeckt, also im Verbande liegt, u. s. f. bis zu vier Lagen Papier. Auf den letzten Anstrich wird 4—5 cm hoch klarer Sand gebracht, dann 10 cm hoch Kies, auf den man noch 8—13 cm hoch Erde bringen kann.

In Österreich wird in jüngster Zeit nicht selten F. A. Reichels Panzerplattendach angewendet, welches aus dünnen, oft farbig emaillierten Eisenblechen besteht, die geringes Gewicht haben, auf den Dächern zu mannigfaltigen bunten Mustern vereinigt und sehr leicht befestigt werden können, aber freilich nicht ganz billig sind, was bei den ebenfalls sehr zu empfehlenden Dachplatten aus galvanisch verzinktem Eisenblech von Hilges in Rheinbrohl der Fall ist. — Andre neue Dachdeckungsmaterialien tauchen fast monatlich auf. Als solche sind u. a. das Wellblech, sowohl in Zink als in galvanisch verzinktem Eisen, die Falzziegel und einige andre zu nennen. Das Wellblech dient besonders zu Deckung von Hallen, Perrons, Schuppen und ähnlichen Gebäuden, doch wird es auch zu Decken über Räumen angewendet, in denen das Holz der Deckenkonstruktion durch Wasserdämpfe und dergl. sehr leiden würde, z. B. über großen Küchen, Viehställen ꝛc., bei denen das darüber liegende Stockwerk bewohnt, als Aufbewahrungsraum für Futter oder ähnlich benutzt werden soll; das Wellblech verhindert natürlich das Durchdringen der in Ställen entstehenden Feuchtigkeit und des penetranten Viehgeruchs. Auch braucht eine solche Decke sehr wenig Höhe. — Die Falzziegel sind an ihren Rändern mit Leisten und Rinnen versehen, so daß ein Ziegel über den andern greift und das Dach zu einem zusammenhängenden Ganzen wird, wodurch einerseits das Durchdringen des Regenwassers in den Dachraum, anderseits das „Klappern" des Daches bei starkem Winde vermieden werden soll. Man stellt die Falzziegel aus Ziegelthon her, wie die gewöhnlichen Dachziegel, doch wendet man auch solche aus Glas, Zement und Gußeisen an, ist aber bezüglich der Form noch zu keinem allseitig befriedigenden Resultat gelangt. Einige Proben s. Fig. 283—285.

Dem fertigen Dach fehlt nun noch der Blitzableiter, der aus Eisenbändern, neuerdings aber häufiger, weil rationeller, aus Kupferdraht ohne oder mit Isolierungsscheiben von Glas, gefertigt wird. Ist dieser angebracht, dann werden die Dachräume an der Seite durch Aufmauern der Giebel und Stempelwände, Aufbringen des Hauptsimses u. s. w. geschlossen.

Nun beginnt reges Leben und Treiben im Innern des neuen Hauses. Die Zimmerleute bringen den Fehlboden zwischen die Deckenbalken, dann werden die Decken verschalt. Der Maurer spannt etwa vorkommende Gewölbe zwischen die Mauern oder Eisenträger, berohrt und beputzt Decken und Wände, wobei ebenfalls vielfach neue Erfindungen erleichternd eingreifen; der Glaser setzt die Fenster ein. Hierauf geht es an die Legung der Fußböden; Thürverkleidungen werden an die Gewände angeschlagen und die Thüren eingepaßt; der Schlosser befestigt diese mit Bändern und schlägt die Schlösser an; in den Prunkzimmern werden Parkettfußböden gelegt, Öfen werden gesetzt, die Decken und wohl auch hier und da die Wände gemalt, soweit dieselben nicht etwa mit Tapeten überzogen werden, was aber bei neuen Häusern nicht immer ratsam ist, weil die Tapeten, selbst wenn man sie mit Makulatur unterlegt, leicht beim Setzen des Hauses reißen oder durch die im neuen Putz vorhandene Nässe leiden. Der Lackierer streicht nunmehr die Thüren an und überzieht sie mit Lack; dann werden die Klingelgriffe, Thürklinken, Kamineinsätze und dergleichen feinere Arbeiten eingebracht.

Auch hier beginnen sich die Folgen der neueren Erfindungen fühlbar zu machen. Statt der vielen Öfen und dazu gehörigen Essen wird Röhrenheizung mit erwärmter Luft oder heißem Wasser immer allgemeiner; ja in Städten, wo das Leuchtgas rein genug ist, heizt

Neue Materialien und Konstruktionsweisen. Wellblech. Kautschuk ꝛc.

man mit diesem und braucht dann gar keine Essen mehr; die Klingelzüge sind durch Telegraphen ersetzt, die Thüren drehen sich nicht mehr in Angeln, sondern schieben sich in die Wände hinein oder in die Höhe, die Beleuchtung wird nicht mehr in den Zimmern selbst angebracht, sondern fällt durch Glasfelder in den Plafonds u. s. w. Viele dieser Einrichtungen müssen natürlich schon während des Baues durch Einlegen von Kanälen, Lassen von Öffnungen u. s. w. vorbereitet werden. Auch dies gibt Veranlassung, so manchen Bauteil nicht nur in andrer Form, sondern auch aus anderm Material als bisher zu konstruieren.

Kautschuk, Guttapercha, Asphalt, Infusorienerde ꝛc. finden daher im Bauwesen immer häufiger Anwendung; ebenso eine Anzahl chemischer, auf die Baumaterialien erhaltend einwirkende Stoffe, z. B. Wasserglas zu Verkieselung des Kalkes, Kreosot zu Schutz des Holzes vor Fäulnis und Schwamm, Schlackenwolle zu Hütung der Heizungsrohre, Gasrohre ꝛc. vor dem Eindringen des äußeren Temperaturwechsels u. s. w. Aber nicht lediglich in bezug auf die Herbeiziehung neuer Materialien, auch in bezug auf die Verarbeitung sind große Fortschritte gemacht worden; man hat Ziegelstreich-, Kalkmörtelbereitungs-, Holzbereitungsmaschinen aller Art, Steindrehbänke, Steinschleif- und Bohrmaschinen u. s. w. konstruiert, und täglich mehrt sich die Zahl aller dieser Hilfsmittel.

So wird es auch bald nur noch als Sage erzählt werden, daß man einst zum Abputzen fertiger Häuser ein eben solches Gerüst wie zum Bau aufzustellen pflegte; schon jetzt hat man vielfach mit Vorteil teils die schon erwähnten fahrbaren Gerüsttürme, teils Leitern, die sich gleich Perspektiven ausschieben lassen, teils endlich das in Fig. 286 abgebildete Gerüst, das „Fahrzeug", angewendet, welches an ein paar Hölzern, Ausschußbäumen, angehängt wird, so daß die darauf befindlichen Arbeiter sich selbst mittels der Flaschenzüge nach Belieben herablassen und hinaufziehen können. Selbst der Begriff „Baugewerk" beginnt wankend zu werden unter dem Einfluß des Zeitgeistes. Im engern Sinne rechnet man zu den Baugewerken nur den Maurer, Zimmermann, Steinmetzen und Dachdecker; im weiteren Sinne aber auch noch den Klempner, Schlosser, Tischler, Glaser,

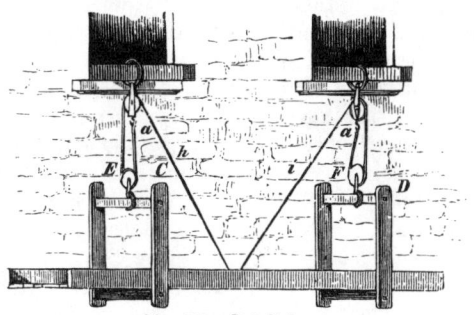

Fig. 286. Das Fahrzeug.

Tapezierer, Stubenmaler, Stukkateur, Töpfer, Schmied, Eisengießer, Ofensetzer, Terrazzoschläger ꝛc.; ferner auch den Elektrotechniker, Wasser- und Gastechniker, Zementierer, Ziegelbrenner, Steinbrecher und viele andre. Soweit diese es mit dem Bau zu thun haben, muß der Baumeister ihre Arbeiten nicht nur würdigen können, sondern sich auch auf Beurteilung der Güte des Materials und der zu stellenden Preisansätze verstehen; er muß in das Wesen der einzelnen Gewerke so weit eingedrungen sein, um für besondere Fälle zweckentsprechende Konstruktionsweisen vorschlagen zu können. Zu diesem Behuf aber muß er täglich Neues lernen, muß den Fortschritten der Industrie folgen, darf sich nicht isolieren, denn „nur als Teil des großen Ganzen gilt der Einzelne etwas" heißt die große Losung unsrer Zeit, die die Hilfsmittel der Wissenschaft einem jeden zur Verfügung stellt, die aber auch dann von jedem verlangt, daß er an seinem Teil mit dem Erlernten der Gesamtheit nütze. Was die Praxis gelernt hat, und was an Fortschritten dem Einzelnen bisher zu gute gekommen ist, wird ihm auch fernerhin nicht verloren sein, während die Weltklugheit des Kaufmanns und die Mittel des Kapitalisten mehr als früher nötig sind, aber auch einer Vereinigung tüchtiger Meister und Arbeiter heutzutage nicht so leicht ihre Mitwirkung versagen werden.

Infolge dieser Tendenz der Zeit ist denn die Fabrikarbeit auch im Bauwesen zu der ihr lange vorenthaltenen Geltung gelangt. So bestehen seit Jahren in England Etablissements zu Lieferung vollständiger Häuser. Massenhaft aber werden besonders Schlösser, Thürklinken, Riegel, Fensterverschlüsse und eine Menge ähnlicher Gegenstände hergestellt. Schon haben sich Assoziationen von Arbeitern die Erzeugung derselben Materialien in großen Massen angelegen sein lassen und binnen einem Jahrzehnt hat Konkurrenz und

Gesamtintelligenz in bewunderungswürdig praktischer Weise die Herstellung aller dieser Dinge in ein solches System von Übereinstimmung gebracht, daß die oben angeführten Erzeugnisse in allen Teilen Englands ihre Anwendung finden, wo man Häuser von einer gewissen Größe und für einen bestimmten Zweck erbaut. Freilich geht dabei dem Hause der ihm früher innewohnende Reiz der Individualität verloren; das Haus charakterisiert nicht mehr den Besitzer, sondern nur die Zeit. Aber es kann eben auch viel leichter als früher ein wirklicher Sohn seiner Zeit zu eignem Hause gelangen. Fast alle Teile eines solchen sind in Fabriken zu haben; denn wie man dort Preßquadern und Thürgewände u. s. w. auf den Maschinen bereitet, wie man hier fabrikmäßig und doch mit sorglichster Berechnung des Bedürfnisses Metall verarbeitet, so sind auch im Gebiete der Holzbearbeitung die Teilung der Arbeit und die Massenproduktion zur Durchführung gelangt. — Andre als Neuerungen und Fortschritte erscheinende Veränderungen der Technik sind im wesentlichen auf ältere, sogar auf antike Vorbilder zurückzuführen.

Adlers verdienstliche Herausgabe der interessanten Baudenkmäler der Provinz Brandenburg hat wesentlich dazu beigetragen, die Glasur des Backsteins, wie sie im Mittelalter geübt wurde, wieder aufzunehmen. Versuche dieser Art sind besonders häufig da, wo die Liebe zur Deutschrenaissance die Oberhand hat; in Wien trat diese Richtung zunächst durch die Restauration des Daches der Stephanskirche hervor und wurde später bei der Brigittenaukirche und andern Bauwerken in reicher Weise angewendet; seltener in Berlin, obgleich hier schon Schinkel die verschiedenen Farbentöne des Ziegels zur Gliederung seiner Bauakademie verwendete. Hitzig griff an der Reichsbank dieses Motiv auf, worauf Ebe und Benda am Palais Pringsheim die farbigen Glasuren in fast überreichem Maße anbrachten. Die hannöverschen Gotiker begnügen sich meist mit einer Glasur in tiefem Grün oder Braun, welche sie an allen dem Wetter besonders ausgesetzten Stellen zur Schau bringen. Die Villa Wedekind in Kassel (von Luer) erhielt wegen der reichen Benutzung der im Sonnenschein glitzernden Glasur den Namen „Glitzerburg". Lichts Friedhofskapelle in Leipzig trägt ähnlichen Schmuck.

Anwendung der Freskomalerei z. B. an der Pinakothek in München erwies, daß diese Technik in Mittel- und Nordeuropa den Unbilden des Klimas nicht widersteht. In Wien ward, wie erwähnt, bunte Malerei äußerlich zuerst von Hansen und Rahl am Heinrichshofe, angewendet. Besonders schöne Beispiele sind dort die Loggia am Opernhause (Schwind), in Dresden die Nische des Hoftheaters (Kießling), in München das Hotel Bellevue (Schraudolph jun.) 2c. Fast alle Versuche zum Schutz der Freskomalerei erzielten, wie das Wasserglas, ungenügende Resultate: man muß also Schmucktechniken anwenden, welche geeignet wären, die Malerei al fresco zu ersetzen.

Mit einer andern vom Süden ausgehenden Verzierung der Fronten, mit Glasmosaiken, wurden die ersten glücklichen Versuche bei der Restauration der St. Markuskirche in Venedig von Dr. v. Salviati gemacht, der nun auch die Mosaiken an der Siegessäule in Berlin (nach A. v. Werner) wie am dortigen Kunstgewerbemuseum und den ebenfalls von A. v. Werner entworfenen Fries des Palais Pringsheim ausgeführt hat, sowie die Minerva, welche den Verbindungsgang zwischen dem österreichischen Museum und der Kunstgewerbeschule in Wien schmückt.

In Wien begann man, nach dem fast vergessenen Vorgang der Langobarden und dem spätern Beispiel der Familie della Robbia und einiger andrer Italiener des 14. und 15. Jahrhunderts, Majoliken zu Verzierung und Belebung der Außenflächen heranzuziehen, was zunächst sowohl am österreichischen Museum und am chemischen Laboratorium in Wien (Ferstel) wirkungsvoll, wenn auch nicht in der Farbenpracht der alten Majoliken, auftrat und nach und nach an vielen Bauten Anwendung fand, namentlich an Backsteinbauten. Am großartigsten bediente man sich ihrer beim Schmuck des Pariser Ausstellungspalastes von 1868: was nicht Eisen und Glas war, zeigte sich aus Majolikafliesen zusammengesetzt; auch einzelne Teile im Innern, namentlich im Pavillon der Stadt Paris, zeigten diese Dekoration. Zu Andeutung des Zweckes dient sie am Geschäftshause des Porzellanhändlers Wahliß in Wien. So effektvoll diese Verzierung sein kann, ist sie doch oft schwer mit der übrigen Dekoration in Harmonie zu bringen, und tritt, wo sie, wie z. B. bei der Leipziger Posthalterei, nur einzelne Teile der Mauerfläche belegt, viel zu grell hervor. Am besten stimmt vollfarbige, saftige Farbenskala in Verbindung mit stark rot gebrannter Terracotta.

Baufabriken. Ziegelglasur. Farbenschmuck. 309

Unserm Klima minder angemessen ist eine dritte, ebenfalls südliche Technik, die übrigens schon im 16. und 17. Jahrhundert in nördlichen Gegenden (Prag am Hradschin) Anwendung fand; sie hat sich in letzter Zeit sehr ausgebreitet und würde auch für Wohnhäuser, Villen u. s. w. sehr passend sein, sobald es gelänge, sie dauernd herzustellen; es ist dies die Sgraffitodekoration, zu deutsch Kratzmalerei. Die Wiedereinführung dieser schönen, einfachen, billigen, wirkungsvollen und zu unserm oft so sehr farblosen Baumaterial stimmenden Technik versuchte Gottfried Semper zuerst an einer Apotheke in Hamburg, dann am ersten Dresdner Theater und am Züricher Polytechnikum.

Um ein thunlichst dauerhaftes Sgraffito herzustellen, wirft man im Frühjahr oder Sommer die gehörig getrocknete Wandfläche mit einem Mörtel grob aus (berappt sie), welcher aus einem Gemenge von Kalk mit (halb und halb) Sand und Steinkohlenschlacke besteht, und läßt dann die Wandfläche den Winter hindurch stehen, im Frühjahr etwa abgefrorne Stellen ausbessern und ganz trocken werden; dann kommt der erste Aufzug.

Fig. 287. Das Wagnertheater in Baireuth.

Zweckmäßig besteht derselbe aus einem Gemenge von 8—9 Teilen fettem oder 10 Teilen magerm Kalk, 3 Teilen scharfen (nicht lehmigen) Sandes und 12 Teilen Kohlenschlacke; letztere muß aber völlig staubfrei und dürfen die Kohlenkörner nicht größer als 5 mm im Durchmesser sein. Dieser Aufzug wird so dünn wie möglich, aber doch so dick, daß vom Rappputz nichts mehr sichtbar ist, aufgetragen und mit dem „Reibebrett" halbglatt verrieben. Man bringt davon soviel auf, als etwa drei Tagesleistungen des Malers entspricht. Dann kommt der zweite Aufzug. Für denselben werden zunächst miteinander trocken vermischt: 75—90 Teile gut (am besten trocken) gelöschter Kalk, 8 Teile Sand, 100—110 Teile ganz staubfreie Kohlenschlacke, deren Stücke nicht größer als 2 mm im Durchmesser sein sollen. Diesem Gemenge gibt man nun die gewünschte Farbe, schwarz (sogenannte schwarze Erde oder Frankfurter Schwarz), grün (grüne Erde, Kobaltgrün), braun (Umbra oder Kasseler Braun), rot (Indischrot), blau (Mineralblau, Indigoblau), gelb (heller Ocker, Terrasienne) u. s. w. Die Menge der Farbteile ist verschieden; zu schwarz braucht man am wenigsten (1—2 Teile), zu blau am meisten Farbe; das Vorteilhafteste ist schwarz und braun. Jede solche Mischung muß vier Wochen vorher, ehe sie aufgetragen wird, sorgfältig probiert werden, und muß die Probe 8—14 Tage gut trocknen. Wenn sie gut ausfällt, muß die nötige Menge mit Wasser aufgeweicht und sehr häufig gut verrührt werden, damit die einzelnen Farbteile vollständig aufgelöst und gleichmäßig untereinander verteilt werden. Dieser zweite Aufzug wird in Flächen, die nur einem Malerwerktag entsprechen, mit dem Filzstöckchen (mit Filz überzogenes Reibebrett) fein ausgerieben, danach sorgfältig mit einer weichen Bürste von lockeren Körnchen gereinigt. Nach 1—2 Stunden trägt man nun die Tünche oder Kalkmilch auf, die man mit jener Farbe mischt, welche den Grundton für das Ornament geben soll; mit diesem Gemenge wird die Wandfläche dreimal, zusammen $1^{3}/_{4}$—$2^{1}/_{4}$ mm stark, überzogen. Darauf zeichnet oder pauft man den in Art der Kupferstiche oder-Federzeichnungen zu behandelnden Karton auf und kratzt oder schneidet dann die einzelnen Striche mit einem geeigneten Messer vorsichtig aus, wobei man Unterminierung der Tünche sogleich vermeiden muß, da dies die ohnehin große Gefahr des Abfrierens noch vermehrt. Schutzanstrich mit heißem Leinöl oder einer schwachen Lösung von Asphalt in flüchtigem Öl (Terpentin, Steinöl, Benzin) nach völliger Trocknung aufgetragen, in 3—6 Monaten wiederholt, vermindert diese Gefahr etwas, muß aber in 3—5 Jahren immer wiederholt werden. — Ohne solchen Schutzanstrich, der übrigens die Farbentöne etwas verändert, ist Sgraffito in unserm Klima schlechterdings unhaltbar; die ganze Dekoration ist aber so verwandt dem bei uns üblichen Verputz und Schmuck, daß sie in den jüngsten Jahren bedeutenden Aufschwung genommen und in großer Ausdehnung von Lohse am Wilhelms-Gymnasium in Berlin, Neureuther am Polytechnikum in Stuttgart, Walther an der Stallhofwand in Dresden, Laufberger am österreichischen Museum in Wien, Gnauth an Zinshäusern in Stuttgart Anwendung erfahren hat.

Das Anlehnen an die Vorbilder der Renaissance hat endlich den Fronten, die vordem so nüchtern, glatt und kalt waren, zu reicher Gliederung und mannigfaltigem plastischen Schmuck verholfen und so auch dekorative Bildhauer in großer Anzahl erzogen, wie in Wien Kundtmann (Hofmuseen), R. Weyr (Hofmuseen, Universität, Hofburgtheater), J. Schindler, La Vigne (Hofburgtheater, Akademie der bildenden Künste), J. Pokorny (Justizpalast), J. Benk (Hofmuseen, Bahnhöfe) u. a.; in Dresden A. Hauptmann (Museum), E. G. Fehrmann (verschiedene Plastik an Villen), E. Semper (Theater), F. Rentsch (Polytechnikum und Post); in Berlin O. Lessing (Kunstgewerbemuseum, Ruhmeshalle, Versicherungshaus Germania, Anhalter Bahnhof), E. Hundrieser (Ruhmeshalle, Villa Borsig, figurenreicher Fries am Kunstgewerbemuseum), Sußmann (Ruhmeshalle), Zeyer und Drechsler und viele andre in allen größeren Städten Deutschlands und Österreichs.

Die dekorative Malerei scheint bei der Loggiendekoration noch sehr in der frühern Richtung befangen; so sind die Arbeiten am Wiener Opernhause (von Schwind) wie auch diejenigen am Dresdner Theater noch viel zu sehr Bilder, wogegen J. Lenepveu und Paul Baudry am Pariser Opernhause wirkliche dekorative Malerei zeigen, wobei freilich, wie bei einigen Künstlern des 17. und 18. Jahrhunderts, die Neigung zu der durch Rafael Mengs mit Recht bekämpften perspektivischen Verkürzung als Unteransicht auffällig wird. Glücklicher und straff an die Stilrichtung sich anlehnend sind die Lösungen Schwinds auf der Wartburg, Schagers im Rathause zu Hannover. Freier von den Grundsätzen der „hohen" Malerei, sich unterordnend als dekorative Malerei, erscheinen die Leistungen von F. A. Kaulbach am Kunstgewerbevereinshaus in München, von A. v. Werner in Berlin (Velarien zum Truppeneinzug 1871). Im ganzen hat sich die dekorative Malerei weniger oft auf der Straße gezeigt, dagegen ist sie um so bedeutsamer und lebendiger im Innern der Bauten aufgetreten.

Die Reichhaltigkeit an alten Vorbildern und die zahlreichen Erfindungen der Gegenwart haben es auch möglich gemacht, durch Ersatztechniken wirkungsvolle Zusammenstellungen für Interimszwecke zu machen. Sehr viele Ausstellungsbauten und Pavillons hatten nur während eines halben oder eines Jahres zu dienen; die Freude an glanzvollen Festen förderte Bauten, die rasch und billig geschaffen werden mußten, oft nur für wenige Tage zu dienen hatten, und entwickelte das Draperiewesen in architektonischer Beziehung gar bedeutsam. Das für wenige Vorstellungen eigens errichtete Wagnertheater in Baireuth (s. Fig. 287) ist dazu zu rechnen, Pavillons für große Rennen, für den Festzug in Wien der Kaiserpavillon, hoben die Geschicklichkeit der Baukünstler im Drapieren und Markieren der Architekturlinien wie denn bei Truppeneinzügen, fürstlichen Hochzeiten u. dgl. oft die Aufgabe entsteht, nicht nur Ehrenpforten und eine via triumphalis herzustellen, sondern ganze Straßenfronten, ja auch wohl einen unfertigen Bau samt dem häßlichen Gerüste zu effektvollem Schmucke umzugestalten. Bei alledem ist der Baukünstler unbedingt auf die Hilfe der Gewerke angewiesen, und so stellt denn auch an diese die Neuzeit erhöhte Ansprüche.

Bleibende und vorübergehende Dekoration. Baugewerkschulen. Gebäudearten. 311

Zu Hebung der Bauhandwerker auf die entsprechende Stufe von Tüchtigkeit, sowie zu Förderung des rechten Verständnisses zwischen ihnen und dem beaufsichtigenden Architekten, dienen schon seit Beginn dieses Jahrhunderts die in ganz Deutschland verbreiteten Baugewerkschulen, deren Ergebnisse im ganzen befriedigend genannt werden müssen. Auch darf man hier mit Befriedigung die jetzt in einigen Staaten, und zwar zuerst in Sachsen, zu Chemnitz, errichteten Werkmeisterschulen nennen, auf denen auch Angehörige andrer als der unmittelbaren Baugewerke herangebildet werden. Neuerdings sind dazu noch die Kunstgewerbschulen gekommen, welche sowohl den auf einer Baugewerkschule und durch die Praxis in technischer Beziehung herangebildeten Baugewerken als auch den Angehörigen andrer Gewerbe Gelegenheit bieten, jene so oft von uns erwähnte innige Wechselwirkung zwischen Kunst und Gewerbe nicht nur kennen zu lernen, sondern in sich zur Wirkung kommen zu lassen und sich so zu dem zu bilden, was jeder mit dem Bauwesen in Berührung kommende Gewerke eigentlich sein sollte, zum Kunstgewerken.

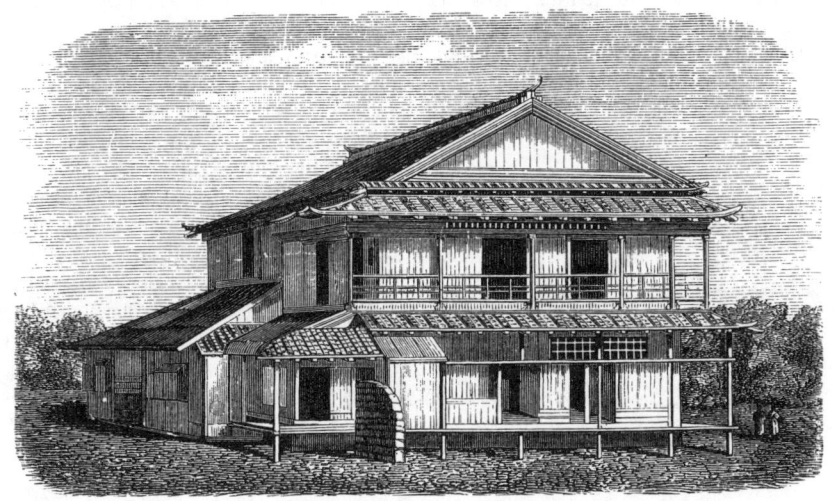

Fig. 288. Japanisches Wohnhaus.

Gebäudearten. Die Anlage und Einrichtung jedes Gebäudes richtet sich nach dessen Bestimmung, danach kann man denn die Gebäude in Gruppen einteilen, die den Hauptgebieten geistigen und leiblichen Lebens der Menschheit entsprechen und in der Entwickelung ihrer Formen diesem gefolgt sind, von den Kindheitstagen der Menschheit an, aus denen nur Sagen von Göttern und Helden zu uns herüberklingen, während die wenigen aus denselben gebliebenen Trümmer kaum noch die Bestimmung des Gebäudes, deutlicher die Riesenhaftigkeit der Anstrengung künden. An die verschiedenen Arten der Gottesverehrung und an die Thaten der Helden erst knüpft sich die Erzählung der Geschichte der Völker, deren Merkzeichen nun mit klar erkennbarem Zweck, als Tempel, Dome und Burgen, die Stationen der Kunstgeschichte bezeichnen.

Die Kulturgeschichte hingegen darf nicht nur an solche gewaltsame Ereignisse und ideale Anschauungen sich kehren, sie fragt vielmehr auch nach den Fortschritten, welche ein Volk auf dem Gebiete des Wissens und Könnens gemacht, nach dem Wohlstand und dem Grade der Freiheit, den es errungen hat. Den Maßstab aber für solche Fortschritte liefern nicht lediglich, ja nicht einmal vorzugsweise jene hervorragenden Kunstwerke, sondern auch, und sogar untrüglicher, die anspruchsloseren Erzeugnisse bürgerlichen Schaffens.

Den Beleg für den Wohlstand eines Volkes findet man nicht in prunkenden Palästen und erhabenen Kirchenbauten. Die Völker, deren Herrscher viel Prunk entfalteten, sind meist nicht glücklich gewesen, und gerade der Unglücklichste ist fromm, um sich Trost zu holen. Wonach beurteilst du also wohl, lieber Leser, auf einer Reise die Wohlhabenheit einer Gegend? Nach dem blühenden Zustande des Landbaues? Nach der Güte der Straßen? Nun wohl, aber im Winter, in den Städten? „Wand und G'wand", Wohnung und Kleid ist's, das hier zuerst den richtigen Anhalt zur Beurteilung liefert, und so werden wir denn in ähnlichem Ideengange die Durchsicht der Gebäudearten unter Ausschluß der bei Betrachtung der Kunststile schon vielfach in Erwähnung gekommenen gottesdienstlichen Gebäude, Denkmäler und Schlösser mit Betrachtung des Wohnhauses beginnen, dann auf öffentliche Gebäude und Ortsanlagen übergehen und endlich mit den Verkehrswegen schließen. Ehe wir aber dazu schreiten, wollen wir wenigstens einige Worte über die **Geschichte des Wohnhauses und der Ortsanlagen** in ihren für den jetzigen Kulturstand wichtigsten Epochen vorausschicken. Wir halten uns also nicht bei den Wohnungen der Wilden und Halbwilden auf, die ja schon in der Einleitung besprochen wurden. Auch die Häuser und Ortsanlagen der Völker mit in sich abgeschlossener Kultur sind uns weniger wichtig. Wenn auch des Ferdinand Cortez Reisebegleiter die Pracht Tenochtitlans, der Residenzstadt aztekischer Könige, wenn auch spätere Entdecker den Prunk Perus u. s. w. mit hochtrabenden Worten schildern, so gilt diese ihre Bewunderung doch zumeist den Königspalästen und Tempeln. Von den Wohnhäusern erfahren wir nur wenig. Sie waren teils ärmlich, teils folgten sie in ihrer Gestalt ziemlich getreu der Form der Tempel.

Die Städte Chinas sind meist befestigt und großartig angelegt; aber schlecht gehalten sind Straßen und Plätze, die Bevölkerung fast überall zu dicht für den Umfang der Stadt, und dennoch haben die Häuser meist nur ein Stockwerk. Erhebt sich auf diesem, wie dies bei stattlicheren Häusern der Fall ist, ein zweites, so steht das erste vor demselben weit vor und der Absatz ist durch ein Dach ausgeglichen. Die Höfe sind meist mit Ziegeln oder Marmor gepflastert. Säulen, Simse und Dächer sind größtenteils von Holz und bei den Häusern der Reichen mit feinen, zierlich und kühn ausgearbeiteten Verzierungen überladen. Drachen, Glöckchen, Blumen, Schnörkel und Fahnen aller Art sitzen auf den geschweiften Dächern; die Säulen sind mit mannigfachem Schnitzwerk verziert und am oberen Ende mit kleinen Konsolen verziert, haben aber keine Kapitäle. Dabei ist alles bunt bemalt und lackiert, die Wände entweder glatt geputzt oder mit farbigen Porzellanfliesen belegt.

Fig. 289. Ägyptisches Wohnhaus von außen.

In Japan hauste zwar der mächtige, fast souveräne Adel in burgähnlichen Schlössern, geschützt durch Wälle und Befestigungen, aber die Städte waren bis vor kurzem meist ohne Mauern, Wälle und Gräben, die Straßen einzeln durch Thore abgesperrt. Die Häuser der Bürger und Beamten, außen und innen sauber lackiert, sind mit Rücksicht auf die häufigen Erdbeben größtenteils einstockig oder haben doch nur ein Obergeschoß (s. Fig. 288), wo es ein zweites gibt, ist dasselbe nur als Bodenraum gestaltet. Die einzelnen Zimmer sind nur durch Tapetenwände getrennt, durch deren Verschiebung jene bald größer, bald kleiner gemacht werden können; von einer bleibenden Einrichtung ist also gar nicht die Rede. Jetzt freilich ist Japan, dank der ungemein hohen Intelligenz und Fortschrittsliebe des Kaisers, in so rascher Umwandlung begriffen, daß in wenigen Jahren vermutlich schon dieses Inselreich uns ziemlich gleich stehen wird.

Bei den Völkern, deren Kultur sich fortpflanzte und einen wirklichen Baustil entwickelte, gewahren wir fast durchweg, daß der Wohnhausbau sich nicht so eng an den Stil der Tempel und andrer dem Kultus dienender oder öffentlicher Gebäude anschloß, als man glauben möchte. Freilich stehen uns auch über diese Völker nicht immer solche Nachrichten zu Gebote, daß wir daraus ein vollständiges Bild von der Anlage ihrer Wohnhäuser und Ortschaften entwerfen könnten, und beschränken wir uns daher darauf, einzelnen uns zuzuwenden.

Die Indier hatten Dörfer und Städte, welche aus beweglichen Holzhütten bestanden und meist jetzt noch bestehen, soweit dies nicht durch fremden Einfluß anders geworden ist. Im Süden liefert der Bambus, im Norden das Zedernholz das Material. Die bedeutenderen Städte hingegen hatten festere Häuser und waren mit Mauern und Gräben umgeben. Die Form dieser Städte ist meist regelmäßig, die engen Straßen kreuzen sich rechtwinkelig. In der Mitte der Stadt befindet sich ein großer Platz mit dem Palaste des Herrschers oder

Gebäudearten. Geschichte des Wohnhauses. 313

des von demselben eingesetzten Stadtobersten. Auf demselben Platze sind die Haupttempel und die öffentlichen Gebäude errichtet. Die zunächst diesen Platz umgebende Häusergruppe, den Priestern gehörig, erhob sich zu fünf bis sieben, ja bis zu neun Stockwerken hoch; die dann folgende, von den Kriegern bewohnt, war niedriger, und so ging es fort, bis endlich hart an der Mauer sich um die ganze Stadt herum die einstöckigen Hütten der gering geschätzten Sudras hinzogen, während die verachteten Parias vor der Stadt wohnen mußten. Alle diese Häuser hatten gleichgroße Thüren und Fenster, längs der Straßen zogen sich unter den Häusern offene Hallen hin, unter denen Geschäftsmann und Spaziergänger, wie auf unsern Trottoirs, an den Kauflokalen vorüberschritten. Jedes Haus hatte mindestens zwei Höfe. Den ersten schlossen die Wohnungen ein, den zweiten umgaben die Ställe. Bei Vornehmen folgten weitere Höfe für Gesellschaftsräume, für musikalische Übungen, für die Küche, für die Hausgewerken, für Vögel u. s. w.; jedenfalls aber mußten alle Verbindungsthüren der Höfe mit der Hinterthür und Eingangsthür in einer geraden Linie angelegt sein. Die Eingangsthür lag nicht in der Mitte der Straßenfront, sondern seitwärts. Die Räume und selbst die Außenmauern waren bei Wohlhabenden mit Stuckverzierungen und Bemalung in lebhaften Farben überladen. Da aber alle Häuser, infolge religiöser Vorschriften, als vorübergehende Herbergen Sterblicher, nicht von Stein sein durften, haben sich keine älteren erhalten. Dasselbe gilt von Siam und Birma. Soweit wir Kenntnis von den älteren Formen haben, wurden diese bei Betrachtung der Stile schon erwähnt.

Die Ägypter sahen ebenfalls ihr Haus nur als vorübergehende Wohnung, die Gräber aber als die eigentliche bleibende Wohnstätte an und bauten deshalb die Wohnhäuser nicht besonders solid. So kennen wir denn ihre Form und Einrichtung nur aus Plänen und Ansichten auf Reliefs und Wandgemälden der Tempel, die Anlage der Städte aber aus den Trümmern derselben. Die Straßen waren regelmäßig angelegt, jedoch ungemein eng, kaum die breitesten konnten befahren werden. Die Häuser bildeten geschlossene Reihen und hatten, mit Ausnahme derjenigen zu Theben und Memphis, selten mehr als zwei Geschosse. Vor der Thür oder neben derselben war ein Portikus oder doch ein Vordach auf zwei Säulen, über denen Fahnen wehten. Auf dem Thürsturz las man gewöhnlich den Namen des Besitzers, einen gastfreundlichen Wahlspruch u. dergl. Bäume, mit Gitter umgeben, waren längs der Straßenseite angepflanzt. Durch die Pforte gelangte man in einen Hof mit einem Pavillon zum Empfang der Fremden. Selbst bei kleineren Häusern folgte noch ein zweiter Hof, an den sich die Wohnräume rechts und links anlegten, die aber meist im Obergeschoß lagen. Säulenhallen fehlten selten im Hofe und wiederholten sich meist auf der Terrasse des Hauses, bei ärmeren mindestens durch ein Melkaf, d. h. ein schräges Bretterdach, ersetzt, welches vor dem rauhen Nordostwind schützte und das Wasser in den Hof leitete. Die Landhäuser waren noch von Wirtschaftshöfen und Gärten umgeben, sämtliche Häuser aber innen und außen bunt bemalt.

Bei den westasiatischen Völkern scheinen nach den nur höchst dürftigen und unsicheren Nachrichten und Spuren die Städte, von mehrfachen Mauern mit Zinnen, Türmen und Wassergräben verteidigt, aus Häusern mit ganz oder annähernd flachen Dächern bestanden zu haben, deren Zimmer hoch und luftig angelegt und deren Holzdecken von Säulen getragen waren. Die Wände waren wohl meist aus Lehm aufgebaut.

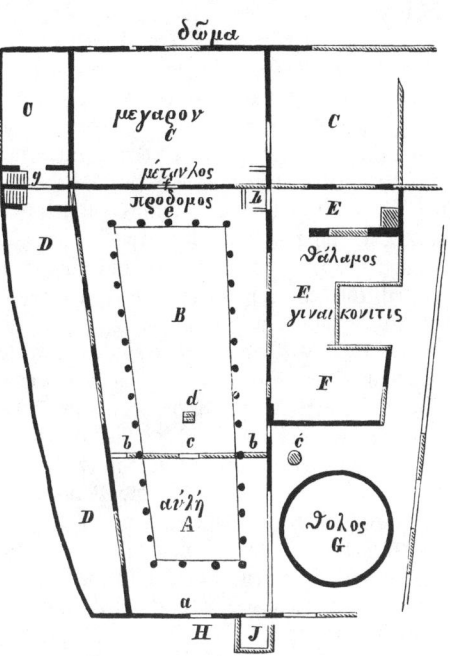

Fig. 290. Grundriß des sogenannten Hauses des Odysseus.

Pelasger und Etrusker hatten ihre Städte mit Türmen und Schleusen wohl versehen und zu ihrem Schutz eine in einem besondern Stadtteil liegende Burg errichtet. Alle diese öffentlichen Bauwerke waren aus mächtig großen Steinblöcken und meist so hergestellt, daß vieles davon uns erhalten ist, während von ihren Wohnhäusern auch nicht die geringsten Spuren auf uns gekommen sind. Nach den dürftigen Angaben alter Schriftsteller zu urteilen, bestanden die größeren aus Höfen, um welche sich die Zimmer reihten; von den kleinen sind in etruskischen Aschenkisten (vgl. Taf. XVII. Fig. 3) Modelle auf uns gekommen. Danach hatte das Dach in der Mitte eine Oberlichtöffnung, die einen kleinen Hof erhellte, um welchen sich die Gemächer reihten.

Die Griechen sind die ersten, von deren Lebensweise wir etwas besser unterrichtet sind, und erst diese Kenntnis macht uns ja die Einrichtung des Hauses verständlich. Denn das alte Sprichwort: „Sage mir, wie einer wohnt, und ich will dir sagen, wie er lebt", könnte man füglich umdrehen: „Sage mir, wie einer lebt, und ich will dir sagen, wie er wohnt." Über das ältere (Homerische) Wohnhaus der Griechen haben sich Gelehrte und Architekten in den ausschweifendsten Vermutungen und idealsten Plänen ergangen, bis endlich vor einigen Jahrzehnten auf der Insel Theaki (Ithaka) die Ruinen eines Königshauses gefunden wurden, vermutlich desselben, in welchem Penelope so lange treu ihres Odysseus harrte (s. Fig. 290). Ein langer, von Säulen umzogener Hof, hinten breiter als vorn, ist durch eine Querschranke (b, b) in zwei Teile (A, B) getrennt; links steht das Fremdenhaus (D), ein langes, schmales und niedriges Gebäude, hinten querüber das Männerhaus (C), mit einem einzigen großen Saal; den Winkel zwischen beiden füllt der Waffensaal aus. Rechts von der zweiten Abteilung des Hofes steht das Frauenhaus (E), welches zugleich die Schlaf- und Wohnräume (F) der Familie enthielt. Rechts nach vorn endlich, auffälligerweise ganz nahe dem Eingang, stand das kreisförmige Schatzhaus (G). Die Räume sind sämtlich weder symmetrisch, noch überhaupt mit nur einiger Regelmäßigkeit angelegt. Wenn jenes Gebäude, wie feststeht, ein Königshaus war, wie schlicht und einfach, wie formlos mögen die gleichzeitigen Wohnungen der Privatleute gewesen sein! In späterer, alexandrinischer Zeit gestaltete sich das Privathaus freilich um vieles luxuriöser. Der Hauptteil blieb allerdings noch immer dem Hofe vorbehalten, zu dem man durch eine gangartige, von Pferdeställen, Thürhüterzellen ꝛc. flankierte Hausflur gelangte. Auf drei Seiten war dieser Hof von Säulenhallen umgeben, an der vierten aber lag der Prostas, ein offener Gesellschaftssaal. Um den Hof nun, bei größeren Häusern um mehrere solche Räume, reihten sich die Gemächer, die in zwei Hauptgruppen, in die Männergemächer, Andronitis, und das Frauenhaus, Gynäkonitis, zerfielen. Letzteres war so gelegen, daß es den Fremden schwer zugänglich war.

Erhalten ist keines dieser Häuser, und die verschiedenen nach Vitruvs Beschreibung sowie nach einzelnen Trümmern versuchten Restaurationen sind sämtlich unzuverlässig. „Aber in der Zeit der Blüte Griechenlands war", wie Schinkel („Nachlaß" Bd. 3) sagt, „nicht des geringsten Mannes Haus ohne schöne Kunst; jeder hatte die Bildung, sich mit Gebilden, in welchen Gedanken ausgesprochen sind, zu umgeben, und so entwickelte sich ein unendlicher Reichtum der Gedanken und eine Feinheit derselben, worin der Grundzug eines wahren Kulturzustandes besteht. Mehr oder weniger war die ganze Alte Welt voll schöner Kunst; auf allen Landstraßen, in den kleinsten Orten standen Heiligtümer und Monumente. Wie ganz anders dagegen sieht heute so manches Land aus, in dem man Tagereisen machen kann, ehe man das Haus eines einzigen Begüterten antrifft, der, ungeschickt genug, eine Afterkunst um sich gesammelt hat und damit prunkt, während das Volk wenig über die Haustiere erhaben wohnt, lebt und — kaum denkt." . . . .

Trifft doch letzteres schon zu, wenn wir uns dem mächtigsten Volke der Alten Welt zuwenden und auf den Straßen und Plätzen des alten Rom ein Bild des öffentlichen Lebens der riesigen Weltstadt sich entrollen sehen.

Bei den Römern wurden mit dem Steigen des allgemeinen Luxus auch die Wohnhäuser immer prächtiger, und zugleich tritt uns hier ein neues Element entgegen. Während nämlich die Wohnhäuser aller bisher betrachteten Völker, soviel wir wissen, nur von dem Besitzer und dessen Familie bewohnt waren, ist es zuverlässig nachgewiesen, daß selbst in Rom außerdem noch Miethäuser bestanden, oft bis zu fünf Geschoß hoch. In Pompeji, welches unsre reichste Fundgrube für die Kenntnis des römischen Wohnhauses ist, waren nur wenige

Gebäudearten. Geschichte des Wohnhauses. 315

der Miethäuser höher als Parterre und zwei Stock, wie wir berechtigt sind, aus der Schwäche der Mauern bei den meisten der mit wenigen ungenügenden Ausnahmen allein noch erhaltenen Erdgeschosse zu schließen. Die Häuser in Pompeji zeigen die verschiedenartigste Einrichtung. Die kleineren haben in der Regel nur eine Hausflur und einen kleinen Hof, Speisezimmer, Küche, sowie einen Raum für die Hausklaven. Zuweilen kommt auch ein Laden hinzu, oft fehlt der Hof. Die „misera plebs" brauchte doch keine Luft in ihren Wohnungen, mochte sie verkümmern, wenn sie nur bis zum letzten Atemzuge willig der Aristokratie gehorchte. Diese wohnte bequem in den luftigen Hallen und Höfen des Patrizierhauses, schon der einigermaßen wohlhabende Bürger entbehrte nur ungern das Atrium, d. h. einen mit Regendach und Zisternen versehenen Vorhof, nebst seinen Umgebungen, zu denen auch die Küche gehörte, schuf sich auch wohl einen kleinen Garten oder mindestens ein kleines Peristyl, d. h. einen zweiten Hof, von einer Säulenhalle umzogen. Die größten Häuser nun, wahrscheinlich die Villen reicher Römer, sind zwar natürlich etwas verschieden in ihren Anlagen, doch kehren bei den meisten dieselben Räume wieder, so daß man einen Normalgrundriß hat zusammenstellen können, den wir auf Taf. XX. I, geben.

Fig. 291. Atrium des römischen Wohnhauses.

In diesem Plane ist 1 die Hausthür, Ostium, 2 die Vorhalle, Prothyrum, 3 die zweite Thür, Janua, 4 das Vestibulum, 5 die Zelle des Thürhüters, 6 der größtenteils bedeckte Hof, Atrium, mit einem Wasserbehälter in der Mitte, in welchem durch die Deckenöffnung des Hofes das Regenwasser einfloß, 7 die Zelle des den Hof überwachenden Sklaven nebst Treppenhaus, 8 Thür dazu, 9 Gemächer zu verschiedenen Zwecken, besonders für Fremde, die im Hause als Gäste übernachteten, 10 Flügel (Alae) des Hofes, eine Art Plaudernischen oder Empfangsräume, 11 Tablinum, nach unserm Begriff Prunkzimmer, Bildersaal, wo die Ahnenbilder und ähnliche Familienschätze zur Schau aufgestellt waren. Da dieses Prunkzimmer natürlich nicht als Durchgang benutzt werden durfte, so führte neben demselben ein schmaler Gang (Faux), 12, nach den hinteren Räumen des Hauses, die nur von der Familie benutzt waren, während die vorderen, in unserm Plane schwärzer dargestellten Teile den Besuchenden zugänglich waren; 13 auf unserm Plane ist der zweite Hof, wegen der umgebenden Säulenhallen Peristylium genannt; zwischen den Säulen befand sich ein Wasserbecken, Piscina, 14, umgeben von Blumenrabatten; 15 sind die Schlafzimmer (Cubicula), wovon eines, 15 d, in drei Räume, Ankleidezimmer, Boudoir und Alkoven, zerfällt; 16 sind zwei Speisezimmer (Coenacula), eins für den Winter, eins für den Sommer, wo die, drei Seiten des

40*

316   Bautechnik und Gebäudearten.

Tisches umgebenden Speiselagerstätten, Triclinia, aufgestellt waren; 17 sind Küchenräume, 18 Gesellschaftszimmer (Oecus), 19 Gang nach dem Säulengang 21, an den der Garten stößt, 22 Seitenausgang, 23 vermieteter Laden und 24 der vom Hausherrn selbst zum Betriebe seines Gewerbes benutzte Laden. Wir gewähren dem Leser in Fig. 291 den Einblick in ein römisches Wohnhaus.

Die römischen Städte waren alle mit zinnenbewehrten Mauern umgeben, über die sich in regelmäßigen Zwischenräumen Türme erhoben, welche der Mauer etwas vorstanden. Brunnen gab es genügend in den Straßen der Städte, welche meist rings von Landhäusern umgeben waren. Dieselbe Einrichtung wiederholte sich auch in den Provinzialstädten wie in den von den Römern herrührenden Städteanlagen unsres deutschen Vaterlandes mit geringen, vom Klima bedingten Abänderungen.

Die Häuser der ersten christlichen Zeit mögen in der Hauptsache noch den römischen geglichen haben, jedoch, namentlich nach Zerstörung des weströmischen Reichs, wahrscheinlich bedeutend einfacher geworden sein. Leider fehlen uns aus dieser Zeit über die Wohnhäuser der damals kulturtragenden Völker in Italien und Byzanz zuverlässige Nachrichten, und Beispiele sind gar nicht erhalten.

Fig. 292. Das Landgrafenzimmer auf der Wartburg. (Wohn- und Empfangszimmer des Burgherrn.)

Erst aus dem 10. Jahrhundert finden wir solche wieder, nämlich byzantinische Wohnhäuser in Venedig. Die ersten Häuser dieser Inselstadt sind wohl Pfahlhütten, ähnlich denen der heutigen Bewohner der Insel Luzon, gewesen; später, als das Terrain genügend trocken gelegt war, baute man den Raum zwischen den Pfählen zu und ließ nur an der Vorderseite eine offene Halle; so entstanden die Hallenfassaden, wie u. a. beim Palazzo Loredan zu Venedig. Die Halle des Oberstocks geht hier durch die ganze Tiefe des Hauses und bildet das von Wohnzimmern flankierte gemeinschaftliche Familienzimmer sowie den Gesellschaftssaal, wie dies auch bei den Byzantinern stattgefunden haben mag, von denen die Venezianer Kultur und Kunst überkamen, um dieselbe weiter nach Westen fortzupflanzen.

Leider kennen wir die innere Gestaltung der Wohnungen, die unter solchem Einfluß in der Lombardei, im Süden Frankreichs und im Westen Deutschlands entstanden, nur höchst unvollkommen aus einzelnen Erwähnungen in Gedichten und Erzählungen. Einzelne Fassaden sind uns wohl erhalten, aber keine einzige innere Einrichtung. Etwas mehr wissen wir über die Wohnungen jener Zeiten in der Mitte Deutschlands.

Gebäudearten. Geschichte des Wohnhauses. 317

Eines der fast vollständig erhaltenen Fürstenschlösser romanischen Stiles ist die Wartburg bei Eisenach, welche im letztvergangenen Jahrzehnt der Großherzog Karl Alexander von Weimar durch den Baumeister von Ritgen restaurieren ließ. Fig. 292 stellt einen der Säle des Hauptbaues mit seinen gekuppelten Fenstern dar, dessen Ausstattung ganz den Charakter jener Zeit trägt. Dem behaglichen Raume fehlt weder die bunte Malerei, noch der Teppichbehang der Wände. Nur wenige, aber bequem und dauerhaft gearbeitete Geräte schmücken das Wohnzimmer des Burgherrn, der die Nähe des mächtig ragenden Kamins gesucht hat. Die spätromanischen Wohnhäuser, von denen einige in Köln (siehe Fig. 293) und andern Städten Deutschlands erhalten sind, haben nur selten eine offene Halle nach der Straße zu, dafür aber fast stets eine große, hallenförmige Hausflur im Erdgeschoß, sowie im Obergeschoß eine die ganze Gebäudetiefe durchziehende Halle, zu deren Seite die Zimmer liegen.

Schon zu Ende des 12., besonders aber im 13. Jahrhundert verbreitete sich die Sitte, Bogengänge (sogenannte „Lauben") vor dem ganzen Parterregeschoß, entlang der Straße hin, anzulegen, von Mailand aus durch Deutschland und Italien. Nur eine Stadt machte hierin sowie überhaupt in der Disposition der Wohnhäuser eine totale Ausnahme: wir meinen die Königin der Adria, die herrliche Lagunenstadt Venedig. Fig. 294 zeigt besser als eine Beschreibung die Form venezianischer Häuser. Auf dieser Abbildung ist der hohe, schmale Palast mit den runden Landungsstufen, der Palazzo Contarini-Fasan, genannt Haus der Desdemona, in der ersten Hälfte des 14. Jahrhunderts erbaut, der größere gotische Palast, die Casa Ferro, entstammt der zweiten Hälfte des 14. Jahrhunderts, der mehr moderne aber, der Palazzo Treves, ist erst um das Jahr 1680 erbaut.

Die Häuser Deutschlands konnten freilich nicht so luftig und zugänglich aussehen. Der nach damals neuer Sitte der Straße zugekehrte, noch ziemlich niedrige und ebenfalls, gleich einer Halle, geöffnete Giebel wurde allmählich steiler oder machte einem Zinnenkranz mit Türmchen Platz, hinter welchem sich dann ein steiles Walmdach erhob. Besonders in Deutschland machte der lange Winter mit seinem Schnee und Regen so steile Dächer

Fig. 293. Romanisches Haus in Köln.

nötig. Aber auch andre Teile des Hauses gestalteten sich im gotischen Stil dem rauhen Klima entsprechend, wie bereits oben erwähnt. Dennoch glaube man nicht etwa, daß an den Wohnhäusern dieses Stiles die Formen der kirchlichen Bauten wiederkehrten. Schon bei halbkirchlichen, d. h. klösterlichen, sowie bei schloßähnlichen Wohnbauten trifft man höchst selten den Spitzbogen an Fenstern, während er an Thüren und Verzierungen allerdings ziemlich allgemein zur Anwendung kam. Strebepfeiler treten nur selten an der Außenseite von Wohnhäusern auf. Die offenen Galerien, welche die Turmgeschosse und Dachlinien der Kirchen umziehen, sucht man meist vergeblich an den Wohnhäusern. Man verstand aber die Annehmlichkeit eines Balkons mit der Traulichkeit des Fensterverschlusses dadurch zu vereinigen, daß man der Halle einen Erker gab, der noch heutzutage mit Recht ein Lieblingsplätzchen der Deutschen ist. Die offenen Hallen im Erdgeschoß finden sich im Norden zwar sehr häufig, aber doch nicht überall. An ihre Stelle treten, besonders in den verkehrsreichen Handelsstädten, Werkstätten und Kaufläden, zwischen denen Fenster und

Thor der großen Hausflur sich einreihten. Stolz und keck stieg das Patrizierhaus empor, mit steilem Giebel, Erker und Türmchen. Wenn sich die Burgen der Ritter bisher hauptsächlich dadurch von den Häusern unterschieden hatten, daß sie schlanker und stolzer, äußerlich schlichter, innerlich feiner, dabei trotzig, kernig und fest waren, so verschwand dieser Unterschied zugleich mit der Macht des Rittertums.

Fig. 294. Palazzo Contarini=Fasan und Ferro in Venedig.

Als auch der Bürger mächtig und angesehen geworden war, nahm er mancherlei Manier und Sitte vom stolzen Burgherrn an, und so glich des Bürgers Haus nicht selten einer kleinen Burg. Freilich nicht alle Häuser einer Stadt präsentierten sich so stattlich. Wenn der stolze Patrizier in Begleitung seiner Hintersassen zurückkehrte vom Besuch auf dem Rathaus oder bei einem seiner Standesgenossen und in die große untere Halle seines Hauses eintrat, hier gleich

Gebäudearten. Geschichte des Wohnhauses. 319

einem Dynasten seine Befehle erteilend, den Grundzins von seinen Pachtleuten, die Meldungen der Sendboten entgegennehmend 2c., um dann, in die obere, mit Täfelwerk, Bildern und Waffen prunkende Halle emporsteigend, sich dort zu leckerem Mahl an den prasselnden Flammen des Kamins niederzulassen — da ging der arme Hintersasse, oft tief gebeugt und bedrängt, in die ärmliche, niedere Hütte, die, aus Fachwerk zusammengefügt, in einer schmalen Seitengasse, auf dem hinteren Teile des Grundstücks seines Patrons lag, so daß nicht einmal der Bauplatz sein Eigentum war, um dort sein im Schweiße des Angesichts verdientes kärgliches Brot zu essen. In holzreichen Gegenden aber, z. B. am Harz, in Westfalen 2c., waren nicht nur die Häuser der Hintersassen, sondern auch die reichstverzierten Häuser von Holz gefügt, auch stehen sie wohl hier und da untermischt zwischen den Häusern der Hintersassen. In Halberstadt, Hildesheim, Suhl 2c. sind viele solcher Häuser erhalten (Fig. 295).

Fig. 295. Holzhäuser aus dem 16. Jahrhundert.

Mit den zu Ende des Mittelalters im Volksleben eintretenden Veränderungen, mit der dadurch herbeigeführten Hebung des Geschäftsverkehrs und mit der Brechung ritterlicher Macht und Willkür nahm die Bevölkerung der Städte dergestalt zu, daß man den durch die schützende Mauer nun einmal beschränkten Raum besser ausnutzen mußte. Die minder stolzen, zuvörderst wohl die nicht zu Patriziergeschlechtern gehörigen Grundbesitzer erhöhten ihre Häuser und richteten die Stockwerke zu Mietwohnungen ein, während der stolze Patrizier solches Gebaren für eine Schmach gehalten hätte. Sein Haus wurde nach wie vor nur von ihm allein benutzt, höchstens waren darin seine Geschäftsgehilfen mit ihren Familien untergebracht. Aber sowohl diese Patrizierhäuser wie die Miethäuser behielten das alte Baugerippe mit dem steilen Staffelgiebel, dem Erker 2c. bei (s. z. B. Fig. 296) und schmückte sich nur im Detail mit Pilastern, Säulengebälk und anderm Zierwerk der Renaissance. Da nur dem Reichen in jenen Zeiten die Hilfe eines Baukünstlers zu Gebote stand, so fiel die Herstellung der Miethäuser und aller andern einfachen und kleinen Wohnhäuser den Gewerken zu, und dieselben wurden mit immer weniger Verständnis und Schönheitssinn aufgebaut, obgleich sie noch lange, selbst noch nach dem Dreißigjährigen Kriege, den hochstrebenden Charakter sich bewahrten, trotz angefügter Rokokoschnörkel (s. Fig. 297). Erst nach dem großen Kriege, der Europa von dem neuen Attila, von dem gewaltigen Corsen befreite, eröffnete sich auch hinsichtlich des Baues der Wohnhäuser eine neue Ära. Die wiederkehrende Ruhe und Sicherheit gestattete es, die Städte zu öffnen und zu erweitern, freundliche Vorstädte mit breiten, luftigen Straßen, untermischt mit Gärten, anzulegen. Aber auch die trennende Schranke zwischen Patrizier und Bürgerschaft war gefallen.

Manches gesunkene Patriziergeschlecht war genötigt, die Geschosse seines Hauses zu vermieten, während neue Familien in die Reihe der Wohlhabenden eintraten. Das jedem Menschen angeborne Streben nach Besitz eines eignen Hauses machte sich bei diesen bald geltend und trat oft in Kampf mit dem sich nun auch auf dieses Gebiet erstreckenden Spekulationsgeist. Auf Zunahme der Miethäuser wirkte der Wunsch, näher dem Verkehrsmittelpunkt zu wohnen, während jenes Streben nach eignem Grundbesitz zu einer fast zu schnellen Vergrößerung der Städte führte, der Spekulationsgeist aber mit der ihm eignen Unstätigkeit sich bald der einen, bald der andern Form zuneigte. In dem Deutschland nach 1871 heimsuchenden Milliardenfieber trat eine Überproduktion ein, welche dann ein Sinken der Mietpreise und damit regen Wetteifer der Hausbesitzer nach sich zog, den Abmietern für die stipulierte Mietsumme möglichst viel Komfort zu bieten. Gleiche Anforderung stellt natürlich der Reiche, der ein eignes Haus für sich allein zu bewohnen im stande ist. — Aber auch der nur Wohlhabende möchte letzteres gar gern und wünscht daher auf thunlichst kleinem Raum mit möglichst wenig Kosten doch auch ein trauliches Heim zu gründen. Die daraus hervorgehenden Anforderungen, zusammenwirkend mit den Fortschritten der Baugewerken, erzeugten eine ziemlich tiefgreifende Änderung in der Gestaltung der Wohnhäuser und zugleich eine reichgegliederte Einteilung derselben in verschiedene Arten.

Einrichtung des modernen Wohnhauses. Ehe wir die je nach Stellung und Bedürfnis der Bewohner wechselnde Einrichtung der einzelnen Arten der Wohnhäuser besprechen, sei in Nachstehendem das Wichtigste von dem erwähnt, worauf man im allgemeinen sowohl bei der Wahl einer fertigen Wohnung wie überhaupt beim Neubau eines Wohnhauses zu achten hat.

Was zunächst die Lage des Hauses anbelangt, so wird meist ein hochstehendes Haus gesünder als ein tiefstehendes sein. In Städten, die an einem Flusse liegen, ist Wasser und Luft da reiner, wo der Fluß in die Stadt einfließt, als bei seinem Ausfluß aus der Stadt; wo es vorherrschende Windrichtungen gibt, sind diejenigen Stadtteile die gesünderen, bei welchen der Wind in die Stadt eintritt; dabei sind Nord-, Nordost- und Nordwestwinde der Gesundheit nachteiliger als die übrigen. In hügeligen Gegenden sind die nach Norden und Westen abfallenden Abhänge thunlichst zu vermeiden.

Fig. 296. Pellerisches Haus in Nürnberg.

Aber auch die Lage der einzelnen Räume gegen die Himmelsgegenden ist wichtig. So bringe man beispielsweise Wohnungs- und Schlafräume womöglich nach Süden, Südosten oder Osten an, Ateliers und Gemäldegalerien, Küchen, Speisekammern, Keller, Abtritte gegen Norden oder Nordosten. Höfe sollten womöglich gegen Norden und Osten geschlossen, stets mit einem Brunnen oder doch einem Röhrtrog für fließendes Wasser oder Regen, sowie mit einer Vorrichtung zu Wegführung des schmutzigen Wassers versehen sein.

Bei Bestimmung der gegenseitigen Lage der Räume unter sich richte man sein Augenmerk vor allem auf leichte Übersichtlichkeit und bequeme Zugänglichkeit. Die Hausflur soll hell und nicht winkelig, die Treppe leicht zu finden, bequem zu ersteigen und genügend erleuchtet sein, sie soll in jeder Etage direkt auf einen geräumigen und hellen Saal führen; die jetzt so häufigen langen, schmalen und dunklen Korridore sind verwerflich. Rings um den Vorsaal, mindestens an drei Stellen desselben, mögen sich nun die Zimmer und andre Gemächer anreihen. Dabei müssen alle zur eigentlichen Wohnung gehörenden Gemächer direkt miteinander und alle Wohn- und Schlafräume direkt mit dem Vorsaal in Verbindung stehen. Höchstens bei Studierzimmer oder Boudoir, welchen beiden Ruhe und Abgeschlossenheit not thut, mache man davon eine Ausnahme, vielleicht auch bei der Speisekammer, der man direkt von der Küche aus den einzigen Zugang geben sollte.

Einrichtung des modernen Wohnhauses. 321

Schlafgemächer sollen möglichst wenig Thüren haben, wohl aber mit der Kinderstube in direkter Verbindung stehen.

Haupterfordernisse menschlichen Wohlbefindens, die man die vier Elemente der Wohnung nennen könnte, sind Luft, Licht, Wasser und Wärme. Auf diese muß man daher bei weiterer Durchbildung der Wohnungsanlage ganz besonders achten.

Zunächst sorge man für gute, reine **Luft.** Jeder Mensch atmet durchschnittlich in jeder Stunde 3 cbm reine Luft ein und ebensoviel verdorbene Luft aus, die 4 Prozent Kohlensäure und $1/10$ Pfund Wasserstoffgas enthält. Durch Heizen und Lichtbrennen wird die Luft in noch erhöhtem Maße verdorben. Nun kann man aber nur, wenn man nicht heizt, und in der Regel, wenn man nicht Licht brennt, also während des Tages im Sommer, die Fenster öffnen. Zur Winterszeit aber, bei geschlossenen Fenstern, muß darauf Bedacht genommen werden, für jeden Hausangehörigen die Zuführung von etwa $1/4$ cbm frischer Luft per Minute zu veranlassen, wenn nachteilige Wirkungen für die Gesundheit vermieden werden sollen. Nun sind aber die Wände an sich porös, alle Thüren und Fenster haben kleine Ritzen; die

Fig. 297. Häusergruppe auf dem Breiten Wege in Magdeburg.

durch die Heizung am Ofen erzeugte Luftströmung trägt ebenfalls etwas zum Luftwechsel bei; aber alle diese Umstände sucht man mit Recht möglichst zu vermeiden, weil sie unangenehmen, ja wohl gar für die Gesundheit nachteiligen Luftzug erzeugen. Auch die Größe des zu ventilierenden Raumes kommt im Verhältnis zu der nötigen großen Luftmenge kaum in Betracht. Man wird ein Schlafzimmer für zwei Erwachsene und für zwei Kinder in der Regel kaum größer machen als reichlich $3\frac{1}{2}$ m breit, $4\frac{1}{2}$ m lang und 3 m hoch; dieses Zimmer enthält dann 50 cbm, wovon etwa 5 durch die Möbel u. s. w. eingenommener Raum in Abzug zu bringen ist, so daß 45 cbm Luft bleiben. Die hier schlafenden vier

Das Buch der Erfind. 8. Aufl. I. Bd. 41

Personen brauchen aber, wenn man die Kinder als halbe Personen rechnet, in jeder Minute $^3/_4$, in jeder Stunde 45 cbm Luft. Nun wird man aber während des Schlafes meist die Fenster geschlossen halten, während doch die nötige völlige Erneuerung der Luft binnen jeder Stunde durch die Ritzen der Fenster u. s. w. allein nicht erreicht werden kann; es ist also eine künstliche Ventilation nötig. Bringt man an Boden und Decke des Zimmers zwei gleichgroße Öffnungen an, so wird die schlechte Luft oben ausströmen, gute unten eintreten, und zwar um so schneller, wenn die Öffnung an der Decke in eine möglichst hohe Röhre führt. Da jedoch eine solche Ventilation unangenehmen Luftzug an den Füßen erzeugt, so pflegt man, um diesen zu vermeiden, über den Fenstern unmittelbar an der Decke eine Öffnung anzubringen, an der entgegengesetzten Seite der Decke aber einen gleichgroßen Durchlaß, der in eine Luftesse führt. Die Größe der Öffnung läßt sich berechnen, wenn man den Satz zu Grunde legt, daß die angemessenste Geschwindigkeit der Strömung die ist, bei welcher die Luft in der Sekunde einen Weg von 1—1,25 m zurücklegt. Ist die Öffnung 100 qcm, also 10 cm ins Quadrat groß, so wird in 100 Sekunden 1 cbm Luft ausströmen, wenn das Rohr die genügende Höhe und Wärme hat. Auch die Bestimmung dieser Höhe und Wärme erfordert eine Berechnung. Der Leser wird einsehen, daß die Anführung dieser Berechnungen hier zu weit führen würde. Es sei nur erwähnt, daß sich eine große Anzahl der bedeutendsten Techniker, so u. a. Dr. Wolpert und P. Käufer in Berlin und der verdienstvolle Hygieniker Dr. Pettenkofer in München rc., speziell mit der Ventilation beschäftigt und sehr verschiedene Systeme der natürlichen und künstlichen Ventilation aufgestellt haben. Die letztere wird meist als Ausstoßungsventilation durch Ventilationsmaschinen bewerkstelligt. Die meisten derselben sind jedoch bei den Wohnungen, welche wir in diesem Aufsatze im Sinne haben, nicht anwendbar; teils weil die nötige Bewegungskraft sich in unsern Wohnungen nicht so leicht anbringen läßt, teils weil das verursachte Geräusch ein mißlicher Übelstand bleibt. Einfacher ist die Ventilation durch Aufsaugung, welche bewirkt wird, indem das Ableitungsrohr, ein gemauerter Schornstein, um einige Grad mehr erwärmt wird, als die äußere Luft es ist. Auch dieses System hat zwar seine Nachteile, doch wird fortwährend an Verbesserungen desselben gearbeitet. Neuerdings hat man auch versucht, beide Systeme zu einem zu vereinigen, und dem Ziele ist P. Käufer am nächsten gekommen, indem er die Luftheizung mit der Ventilation verbindet.

Wir geben (s. Fig. 298) den Durchschnitt eines Gebäudes, dessen Ventilation nach diesem kombinierten System entworfen ist. P sind die Öfen der Warmwasserheizung. Mitten durch diese Öfen tritt die reine Luft erwärmt in die Zimmer, die von G aus durch die Wärme des Herdes F fortgetrieben wird. Die verdorbene Luft geht durch die Öffnungen V, angesaugt durch den Kondensationsprozeß in dem Warmwasserbehälter R, und entweicht bei O. R wird durch das Rohr A gespeist, indem das Wasser in dem Kamin C in einer Serpentine S aufsteigt. Die Öfen B, B' und die Rohre T, T' dienen zur Regulierung des Wasserumlaufs. Das kondensierte Wasser fällt durch A' wieder zurück nach D.

Höfe, in denen sich übelriechende Luftarten entwickeln, sind bei dichter Bevölkerung nicht zu vermeiden, und man sollte daher nie unterlassen, für Ventilierung derselben Sorge zu tragen. Aber wir brauchen auch im Innern der Wohnung Räume, in denen sich üble Gerüche entwickeln. Dahin gehören Küche und Abtritt; die Aufgabe, diese beiden Räume zweckmäßig, d. h. so anzulegen, daß sie bequem benutzbar sind und dennoch die Luft der Wohnung nicht verpesten, ist keine leichte. Jedenfalls lege man den Abtritt an dem Vorsaal innerhalb der Wohnung an, also weder im Treppenhaus noch im Hofe; er sei, dies ist unbedingt notwendig, mit einem direkt ins Freie führenden Fenster versehen, damit er leicht gelüftet werden kann. Ein Dunstrohr leite die verdorbene Luft über das Dach; da warme Luft besser aufsteigt als kalte, so suche man dieses Dunstrohr an der Rückseite der während des Winters und Sommers erwärmten Küchenesse anzubringen, setze es aber nicht, wie meist geschieht, in einem oberen Geschoß auf den Abtrittsschlot auf, sondern lasse es neben diesem direkt aus der Grube aufsteigen.

Für **Licht** kann man eben nur durch Anlage entsprechend vieler und großer Fenster sorgen. Sehr zu wünschen wäre, daß die Hausfrauen bei Ausschmückung der Gemächer durch Vorhänge den Zutritt des Lichts etwas weniger beeinträchtigen möchten, als es gewöhnlich geschieht. Je näher der Decke das Licht eindringen kann, desto mehr wird es auch die

Einrichtung des modernen Wohnhauses. Luft. Licht. 323

hinteren Teile der Zimmer, sowie die etwa hinter denselben liegenden (übrigens schon wegen der schwierigen Lüftung unzweckmäßigen) Alkoven und Korridore erhellen. Und gerade am obern Teile des Fensters bringt man nicht selten dunkle, undurchsichtige Vorhänge an! Küchen, Vorsäle, Treppen, Räume für Dienstboten u. s. w. werden häufig noch gar zu stiefmütterlich mit Licht bedacht. Auch bei Stellung der Möbel ist das Licht zu berücksichtigen, indem man beim Nähen und Schreiben das Licht gern von der linken Seite, beim Zeichnen gern von vorn, beim Klavierspielen gern im Rücken hat. In Schlafzimmern stehen am füglichsten die Kopfenden der Betten dem Licht zugekehrt. Die Fenster müssen so stehen, daß die Pfeiler derselben nach den Wänden zu mindestens $1/3$ m, wo aber ein Sekretär oder dergl. hinkommen soll, mindestens $3/5$ m breit sind. Es ist häufig besser, statt zweier schmalen lieber ein breites Fenster in einem Zimmer zu haben, um bei genügendem Licht über Eckpfeiler besser verfügen zu können. Durch solche Rücksicht auf die zweckmäßige Anlage der Fenster wird auch die anderweite Form der Zimmer vielfach berührt; man gestaltet die zum Wohnen und Schlafen zu benutzenden Räume am besten viereckig, lieber etwas tiefer als breit. An nicht sehr langen Wänden ist es zweckmäßig, die Thüre nicht in der Mitte anzubringen, so daß zwischen Thürverkleidung und Fensterwand mindestens ein Raum von $2^1/_2$ m bleibe, damit man ein Sofa, Bett oder Pianoforte zu placieren vermag, ohne der Zugluft des Fensters gar zu nahe zu kommen.

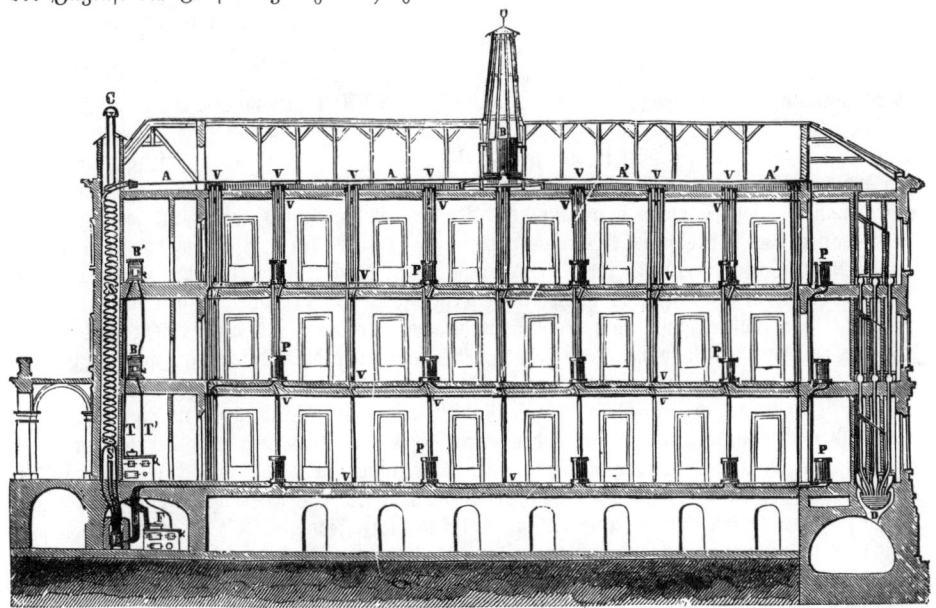

Fig. 298. Ventilationsanlage.

Im Bereich der künstlichen Beleuchtung hat man in der neuesten Zeit ganz enorme Fortschritte gemacht. Zu den früher bekannten Leuchtmaterialien, Öl und Talg, sind zunächst Gas, Stearin, Paraffin, Solar- und Steinöl hinzugetreten, alles Stoffe, die aus Braun- und Steinkohlen gewonnen werden. Die Darstellung derselben wird uns im fünften Bande dieses Werkes beschäftigen, wobei auch die Vorzüge und Nachteile bei ihrem Verbrauch, sowie die heute üblichen Leitungsarten näher ins Auge gefaßt werden. Hier sei nur noch erwähnt, daß die letztgenannten Stoffe nicht nur wegen ihrer leichten Entzündlichkeit große Vorsicht in der Behandlung, sondern auch wegen der von ihnen ausgehenden Luftverderbnis Rücksicht bei Anlage der Ventilation erfordern, aber auch wiederum, soweit Lampen oder Laternen immer an demselben Orte hängen, die bei der Verbrennung entwickelte Wärme zur Förderung der Ventilation sich benutzen läßt.

Wird Gas in den Wohnungen gebrannt, so sorge man, daß die Röhren, welche dasselbe zuführen, nicht zu nahe den Essen und Öfen liegen, auch nicht zwischen zwei warmen durch einen kalten Raum gehen. Auch sollte man sie nie dergestalt gekrümmt legen, daß

41*

die bei Erkaltung des Gases zurückbleibende Flüssigkeit sich ansammeln kann. Endlich müssen die Röhren von allen Seiten möglichst leicht zugänglich bleiben. Über die Verteilung der Flammen lassen sich allgemeine Regeln kaum aufstellen. Neuerdings hat man zuerst in London, dann auch in Deutschland, um der beim Verbrennen des Gases entstehenden Wärme und unreinen Luft entgegenzuarbeiten, versucht, die Gaskronleuchter größerer Räume nicht mehr innerhalb des zu erleuchtenden Saales, sondern über der Decke desselben, die dann allerdings von mattgeschliffenem Glas sein muß, anzubringen, eine Einrichtung, die allerdings nur dann ausführbar ist, wenn über den Decken benutzte Räume nicht befindlich sind. Bei Anwendung bunten oder mattgeschliffenen Glases kann man auf diese Weise zauberhafte Wirkungen hervorbringen. Auch Wohnzimmer könnte man ähnlich beleuchten, wenn man in einer der Wände eine durch Glasfenster geschlossene Vertiefung anbringt, in welche die Gasleitung ausmündet und von wo aus die Flamme nach zwei Räumen ihre Strahlen sendet. Ferner hat Siemens durch seine Regenerativbrenner die Nachteile des Gases thunlichst vermindert. Trotz dieser Verbesserungen aber hat die Gasbeleuchtung besonders gegen das elektrische Licht anzukämpfen, welches letztere wohl dank den Erfindungen des genialen Edison schließlich siegen wird, da es neben größerer Klarheit und Reinlichkeit mindere Gefahr bringt wie das Gaslicht.

Ebenso notwendig als Luft und Licht ist dem Menschen auch die Reinlichkeit seiner Umgebung und seines Körpers, und ist denn auch das **Wasser** ein Haupterfordernis zum menschlichen Wohlbefinden. Auch hier können wir nur flüchtige Winke geben.

In Städten, welche nicht mit einer Wasserleitung versehen sind, variirt der jährliche Durchschnittsverbrauch pro Einwohner von 5009—8000 l; in solchen Städten, in denen Wasser direkt in die Wohnungen geleitet wird, hat sich überall der Bedarf ungemein schnell vermehrt; so beträgt er z. B. in Wien 13 000 l, in Paris 25 000, in Leipzig, Glasgow und London über 30 000 l. Wo eine öffentliche Wasserleitung noch fehlt, kann man sie einigermaßen ersetzen, wenn man auf dem Dachboden ein Bassin unterhält, welches durch Regenwasser oder mittels einer Pumpe gespeist wird und durch Röhren die Räume des Hauses mit Wasser versorgt. Über die Vorzüge und Nachteile der direkten Reinigung von Wohnräumen durch Wasser, d. h. des Scheuerns, sind Männer und Frauen niemals einig gewesen. Die Wissenschaft sagt freilich, und darauf pflegen sich die Frauen zu berufen, daß etwas feuchte Luft einzuatmen sehr gesund sei; aber die Wissenschaft sagt auch, daß starkes, wenn auch nur periodisch eintretendes Übermaß solcher Feuchtigkeit in der Luft schädlich sei, namentlich auch schädlich auf Mobilien, Bücher, Wäsche u. s. w. einwirkt. Man wird daher stets gut thun, die Fußböden durch einen Firnißüberzug oder dergleichen so zu paräparieren, daß sie nach der Annetzung beim Reinigen stets sehr schnell wieder trocknen und das Wasser nicht aufsaugen. Ölfarbenanstrich oder ein jeder wasserdichter Überzug auf dem von unterher der Feuchtigkeit zugänglichen Holze jedoch, also z. B. auf Fußböden in nicht unterkellerten oder auf andre Weise gegen die Bodenfeuchtigkeit geschützten Erdgeschossen, ist zu widerraten. Um die Zimmerluft vor der der Gesundheit nachteiligen zu großen Austrocknung zu schützen, bedient man sich mit großem Vorteil im Winter eines auf den Ofen gesetzten Beckens mit Wasser, im Sommer eines jener zierlichen Aquarien, deren Pflanzen zugleich außer der Freude an ihrem Anblick noch den Vorteil bieten, daß sie die Kohlensäure aus der Luft ansaugen und so der Ventilation nachhelfen.

Die **Wärme** endlich brauchen wir in den Wohnungen teils zu Bereitung der Speisen, teils zu Heizung der Räume. Auch die Heizung hat ihre Geschichte. Zuerst bewirkte man sie durch offenes Feuer auf Herden mitten im Raume unter einer Dachöffnung, wie dies noch jetzt z. B. in Spanien auf dem Lande üblich. Zuerst bei den Römern, dann wieder bei den Normannen ums Jahr 1060, vom 12. Jahrhundert (1130) an in Deutschland und England, von 1347 an in Venedig, bediente man sich des Kamins und erst sehr unvollkommener, bald aber vollständiger Essen, um dem Rauch einen Ausweg zu bahnen. Nun, die auch jetzt noch bei Engländern und Holländern sehr beliebten Kamine sehen zwar sehr hübsch aus, sind traulich, aber die Verbrennung ist in denselben noch sehr vielen Störungen unterworfen und geschieht nur unvollständig. Man machte daher vielfache Versuche, durch Stellung der Roste, Einrichtung von Zügen u. s. w. eine ungestörtere und vollständigere Ausnutzung des Brennmaterials zu erzielen oder auch dieses völlig von den zu

Einrichtung des modernen Wohnhauses. Licht. Wasser. Wärme.

beheizenden Räumen zu trennen. Die Römer legten zu diesem Behuf die Heizvorrichtung unter dem Fußboden an, ganz ähnlich unsrer Luftheizung, und nannten die Einrichtung Hypokausis. Auch hatten sie kleine tragbare bronzene Öfen, ähnlich unsern Kanonenöfen. Über die Zeit vom Sturze des Römerreichs bis Mitte des 11. Jahrhunderts wußten wir bis vor kurzem fast nichts von deren Heizvorrichtungen, jetzt aber Folgendes: In den langobardischen Baugesetzen von 644 und 724 werden noch Kamine erwähnt, sowie Öfen, letztere auf 3—4 Füßen mit Oberbau aus 250 Napfkacheln, resp. aus 500 und 1000 dergleichen, wovon der zehnte Teil auf die Spitze oder Decke entfiel. Auch im Gudrungedicht werden Öfen erwähnt. Kaiser Friedrich II. liebte den Kamin sehr, und aus seiner Zeit sind keinerlei Nachrichten über Öfen erhalten. Wir wissen also nicht, ob sie in der Zeit von 724—1200 fortwährend in Gebrauch blieben oder ob man nach einer Pause aufs neue zu Ende des 14. Jahrhunderts auf die Erbauung von Öfen kam. Der älteste erhaltene Ofen datiert aus dem 15. Jahrhundert. Da eiserne Öfen zwar schnell heizen, aber eben so schnell erkalten, helle Kacheln aber zu schlechte Wärmeleiter sind, so fand man schon damals, daß dunkelglasierte Kacheln das beste Material für den Ofenbau seien. Über drei Jahrhunderte vergingen ohne wesentliche Verbesserung, obgleich die verschiedenen Systeme der Öfen nach Hunderten zählen. Erst vor wenigen Jahrzehnten kam man auf die Idee, nach einem, in seinen Grundzügen, wie erwähnt, schon von den Römern gekannten System zu heizen, indem man im Souterrain einen Ofen anbrachte und die dort sehr stark erhitzte Luft durch Röhren den betreffenden Räumen zuführte. Zwar zog die Trockenheit der Luft, der man nicht, wie bei den Öfen, durch Aufstellen von Wasser in offenen Gefäßen auf dem Ofen begegnen konnte, der so entstandenen Luftheizung viele Feinde zu, aber die Bahn war gebrochen. Der Luftheizung folgte sehr schnell die Heißwasserheizung und Dampfheizung. Diese haben wiederum viele Feinde wegen der Gefahr des Zerspringens der Röhren. Außerdem haben alle diese Zentralheizungen den Nachteil, daß sie der schnellen Erwärmung eines einzelnen Zimmers, den Abstufungen der Erwärmung in verschiedenen Zimmern u. s. w. manche Schwierigkeiten entgegenstellen. — Wo man reines, geruchloses Gas haben kann, fallen diese Schwierigkeiten weg, denn man hat neuerdings die sogenannten Gasöfen in verschiedenen Formen konstruiert, bei deren Anwendung man überdies die Anlage von Essen erspart. Da aber in den meisten Städten das Gas sehr unrein ist, so ist die Krisis noch nicht überwunden, obschon Käufers bereits erwähnte verbesserte Luftheizung zu ihrer Überwindung beitragen mag. Ob die in jüngster Zeit gemachte Erfindung, mit zersetztem Wasser, dessen Wiederbildung mit starker Erhitzung geschieht, zu heizen, in größerer Ausdehnung anwendbar sein wird, ist der Zukunft vorbehalten. Vorläufig müssen wir uns doch in der Hauptsache noch mit den gewöhnlichen Öfen behelfen.

Wenn alle die hier erwähnten Punkte bei jedem zur Wohnung von Menschen bestimmten Hause berücksichtigt werden sollten, so kommen dazu noch anderweite Anforderungen je nach der speziellen Bestimmung desselben. Ein Wohnhaus, wie es sein soll, bloß zum behaglichen Wohnen bestimmt, kann sich nur der Reiche errichten. Beginnen wir die Reihe damit.

1) **Patrizierhaus in der innern Stadt oder in geschlossener Straße der Vorstadt.** Ein solches Haus gleicht nicht selten einem kleinen Palast. Beim Eintritt empfängt uns eine geräumige, zur Einfahrt dienende Hausflur, zu deren Seite ein Zimmerchen für den Portier sich befindet und von welcher wir auf breiter bequemer Stiege in die Bel-Etage gelangen.

Das Erdgeschoß enthält Wirtschaftsräume, vielleicht auch Gesellschaftslokale, seltener eigentliche Wohnzimmer. Diese befinden sich vielmehr meist in der Bel-Etage, wo uns nach Ersteigung der Treppe ein heller, geräumiger Vorsaal empfängt, der als Empfangszimmer für minder willkommene Besuche, als Garderobe für die zum weiteren Vordringen Berechtigten dient. Das eigentliche Empfangszimmer ist durch direkte Zwischenthüren mit den Wohnzimmern verbunden und somit für die Frau wie für den Herrn vom Hause zugänglich, ohne daß sie den Vorsaal passieren müssen, während der zu Empfangende direkt vom Vorsaal aus eingeführt werden kann. Das Arbeitszimmer des Herrn hängt sowohl mit dem Vorzimmer als mit den Wohnzimmern zusammen; Schlafzimmer, Kinderstube, Boudoir, Toilettenzimmer und andre für den speziellen Gebrauch der Hausfrau bestimmte Räume sollten ebenfalls mit der Wohnstube näher zusammenhängen. Da man in der Stadt die meiste Zeit im Hause und nicht draußen zubringt, so richte man sein Augenmerk vor allen Dingen darauf, das Haus im Innern praktisch und geschmackvoll einzurichten, bevor man an die Außenseite zu viel Mühe und Geld verwendet. Auch bei Dekorierung des Innern mache man einen Unterschied zwischen den einzelnen Räumen. Im allgemeinen gelte dabei, daß die Eleganz der Räume sich von außen nach innen steigert, von der Hausflur durch das Treppenhaus, Vorzimmer und Empfangszimmer bis zum Salon, während die eigentlichen Wohnräume wiederum etwas einfacher dekoriert werden. Der Salon also, das Gesellschaftszimmer, verlangt die reichste Ausschmückung. Helle, womöglich gewebte Tapeten oder Bemalung schmücken die Wände, gemustertes Parkett und Teppiche zieren den Fußboden. Ferner sind Stuckverzierungen oder geschnitzte Kassetierung an der Decke, Kronenleuchter, ein Kaminofen, nebst Uhr und Ofenschirm, elegante Möbel, Vasen, Bilder, Statuetten u. s. w. hier am Platze. Doch bedenke man wohl, daß Überladung sich eben so weit vom guten Geschmack entfernt als Kahlheit. Das Arbeitszimmer zeige eine wohlgefällige Anordnung des Arbeitsgerätes (Arbeitstisch und Bücherrepositorien ꝛc.) und geistig anregende Zierden. Büsten oder Statuetten berühmter Männer des Faches, dem der hier Hausende angehört, auf Konsolen an den nicht zu hellen, ungemusterten Wänden oder auf die Bücherschränke gestellt, sinnige Inschriften u. s. w. können hier angewendet werden.

Das Speisezimmer möge dunkle Wände mit heiteren Bildern erhalten, doch die Hauptsache ist hier jedenfalls ein gut besetztes Büffet und eine stattliche Speisetafel, umgeben von bequemen, hochlehnigen Stühlen. Der Wohnstube gebe man eine etwas lebhafte Wandfarbe, heitere, leichte Deckendekoration, wobei auch bunte Ornamentik verwendet werden kann, kurz einen heiteren, gemütlichen Charakter. Die Farben der einzelnen Zimmer müssen so gewählt werden, daß, wenn die Zwischenthüren geöffnet sind, ein angenehmer Gesamteindruck entsteht. Das Auge kann wohl ein braunes Zimmer neben einem roten, ein graues neben einem braunen, ein blaues neben dem grauen, ein violettes neben einem gelben, oder auch ein rotes neben dem grünen, ein braunes neben dem blauen leiden, aber nicht Grün neben Gelb oder Blau, auch nicht Violett neben Blau, Orange nicht neben Gelb oder Rot. Dieselben Regeln befolge man bei Auswahl der Möbelüberzüge und Vorhänge, die beide, wenn letztere nicht weiß sind, eine und dieselbe Farbe haben sollten. Auch dem Stil des Schnitzwerks an den Möbeln entspreche der der Gardinenbretter sowie der Öfen. Dies alles ist wichtiger als man gewöhnlich glaubt, selbst für die Zwecke der Erziehung; Kindern, die zwischen geschmacklos zusammengewürfelten Geräten aufwachsen, fehlt es später gewöhnlich selbst an gutem Geschmack. Glaube man ja nicht, daß sich dieser nur in Wohnungen reicher Leute zeigen könne, auch bei größter Einfachheit kann man guten oder schlechten Geschmack entwickeln.

Die Schlafzimmer seien weder langweilig und öde, noch unruhig überladen, damit die Phantasie der sich zur Ruhe legenden Personen zwar angenehm, aber nicht in zu hohem Grade beschäftigt werde. Daß im Schlafzimmer oder dicht daneben eine Badevorrichtung angebracht werde, ist höchst empfehlenswert. Bei Ausstattung des Äußeren unsrer Wohnhäuser werden häufig die größten Fehler begangen, während man vermeint, Schönheit zu erzielen. Wie leicht opfert man der Symmetrie nach außen die Bequemlichkeit und die Eleganz des Innern! Der echte Baukünstler aber muß stets im stande sein, auch bei ungleichmäßiger Fensteranlage, bei an der Seite stehender Hausthür und andern Unregelmäßigkeiten, ein schönes Aussehen der Hauptfront zuwege zu bringen.

2) Der Familiensitz der Vornehmen in offener Straße der Vorstadt. Hier steht das Haus frei, umgeben von einem Garten. Es enthält in der Regel im Souterrain Küche, Waschhaus, Plättstube und Vorratsräume, im erhöhten Erdgeschoß und dem ersten Obergeschoß die Wohnzimmer, Familienzimmer, Gesellschaftsräume, Gastzimmer u. s. w. Die spezielle Verteilung und Einrichtung der Räume hängt zu sehr von der speziellen Lebensweise der Familie und den hierauf begründeten Wünschen des Bauherrn ab, als daß man noch besondere Regeln hierfür aufstellen könnte, außer den schon zu 1 gegebenen. Die dort im Erdgeschoß angebrachten Räume kommen hier meist in Seitengebäude, die dann leider nur zu oft neben engen und dürftigen Wohnungen für Hausmann, Gärtner und Kutscher schöne, elegante Stallungen, Wagenremisen, geräumige Gewächshäuser u. s. w. bergen und mittels einer überbauten Unterfahrt mit dem Hause zusammenhängen.

3) Die Villa, Sommerwohnung des Reichen auf dem Lande, ist sehr ähnlich dem Vorstadtsitz. Doch werden hier die Wohnräume meist etwas kleiner und luftiger angelegt,

Arten des modernen Wohnhauses. 327

die Gesellschaftsräume in möglichst innige Verbindung mit dem Garten gebracht. Die Nebengebäude stehen in nicht so innigem Zusammenhang mit dem Wohnhaus, welches auch hier selten mit einer Unterfahrt versehen ist.

4) Der Rittersitz, das Herrenhaus, Wohnhaus des Rittergutsbesitzers, verlangt ein stattliches Thor, welches zu geräumiger Vorhalle führt. Im übrigen ist hier die Einrichtung wie beim Vorstadtsitz. Da aber der Rittergutsbesitzer die geselligen Vergnügungen der Stadt in seinem Hause suchen muß, so kommt zu den dort erforderten Räumen meist noch ein Billardzimmer, ein Spielzimmer, eine Bibliothek u. s. w. Die Nebengebäude entfernen sich hier noch mehr vom Wohnhaus und dienen dem landwirtschaftlichen Geschäftsbetrieb. Die Anforderungen nur einigermaßen anzudeuten, welche heutzutage die Landwirtschaft an Lage, Größe, Einteilung und Einrichtung der Scheunen, Ställe, Schuppen ꝛc. stellt, dazu gehört mehr Raum, als uns hier für die Behandlung der Baukunst im ganzen vergönnt ist. Kehren wir daher nochmals zur Stadt zurück.

5) Das Bürgerhaus in geschlossener Straße, ebenfalls nur für eine Familie, ist gewöhnlich nur 3—6 Fenster breit; im Erdgeschoß liegen Geschäftslokal und Küche, in dem ersten Obergeschoß die Wohn- und Gesellschaftszimmer, im zweiten die Schlafzimmer ꝛc. Dieses Haus ist in allen kleinen Städten Englands, Deutschlands und Frankreichs das vorherrschende. Fragen wir in den großen Städten nach, so finden wir es in Hamburg nicht selten, in Paris, Berlin und Wien weniger, in Bremen überwiegend, in London fast durchgängig. In den neuen Stadtteilen der

Fig. 299. Madison Square in Philadelphia.

englischen Metropole werden heutzutage solche Häuser in großer Anzahl — gleich in ganzen Quartieren — von Spekulanten hergestellt, welche dann mit großer Umsicht dafür besorgt sind, daß in jedem Bezirke dieser Vorstädte auf die Bedürfnisse der heranzuziehenden verschiedenen Gewerbe Rücksicht genommen wird, je nach den Abstufungen der Wohlhabenheit der Bewohner dieser gewissermaßen aus dem Erdboden herauswachsenden Neubaugruppen. So bewundernswürdig rasch und zweckmäßig diese luftigen und gesunden neuen Stadtteile auch hergerichtet werden, so erschwert doch die fortwährende Ausdehnung der Riesenstadt ins Ungemessene nicht nur den Verkehr, sondern auch die Überwachung der Sicherheit ungemein; auch wird jenes ideale Ziel, die feste Begründung des eignen Herdes, nicht einmal erreicht; denn der Grund und Boden, dem diese Vorstädte entwachsen, gehört selten dem Käufer eines solchen Hauses, sondern wird von der Universität, der Stadt, der Regierung oder einem sonstigen Eigentümer meist auf 99 Jahre oder auf geringere Dauer abgetreten. — Das Bestreben, ein eignes, ganz abgeschlossenes Heim zu haben, hatte zuerst in England zu Anlage so schmaler Häuser geführt. Während sie nun in Deutschland wenig Eingang fand, einerseits, weil die deutsche Hausfrau sich mehr als andre jeder Arbeit in ihrem Gebiete annimmt und deshalb thunlichst alle Räume in einem Niveau haben möchte, und anderseits, weil die deutsche Familie in ihrem engen Zusammenschluß gestört wird, wenn die einzelnen Mitglieder in verschiedenen Geschossen hausen sollen, fand die genannte Anlage bei den Yankees freudige Aufnahme und besondere Ausbildung. Erwähnt muß hier noch werden, daß der eigentliche Besitz eines Hauses schon in England seltener ist als in Deutschland, da in vielen britischen Städten die Bauplätze nicht frei erkauft, sondern nur auf 99 Jahre erpachtet werden können. In Nordamerika aber werden sehr häufig, ja meist, ganze Häuser ermietet. Natürlich folgen diese also nicht so wie die deutschen der Individualität der Bewohner, sondern sind nach einer allmählich weiter ausgebildeten Schablone so erbaut, daß jede beliebige Familie wenigstens einigermaßen sich darin behäbig einrichten kann. Freilich gibt es einzelne, auch Deutsche, welche von dem in diesen Häusern gebotenen Komfort entzückt sind, aber andre meinen, daß eigentliche Gemütlichkeit doch nicht dabei zu erreichen sei. Schon von außen sehen diese einfachen Wohnhäuser, die in ganzen Straßenreihen jahraus jahrein in den Vereinigten Staaten angefertigt werden, sehr nüchtern aus, wie dies Fig. 299 zeigt. Auch innen bieten sie nur geringe Abwechselung. Das eine Haus hat die Wohnräume links, das andre rechts von der Stiege; die Einteilung eines New Yorker besseren Privathauses ist etwa folgende: Souterrain: Speisezimmer, Spindenzimmer mit Waschtoilette, Küche mit Waschapparat. Halbstock: Empfangszimmer und Bibliothek. 1. Stock: Wohn-, Schlaf- und Badezimmer. 2. Stock: Fremdenzimmer. 3. Stock: Kinder- und Gesindezimmer, Billardsaal. Klosetts in jedem Stockwerk. Nur die an den Straßenecken gebauten Häuser sind etwas größer. Marmorne Treppenstufen, Thürpfosten, Fensterrahmen, sonst Putz mit einigen Schnörkeln oder Backstein mit einigen Arabesken ist im ganzen alles, was die Kunst an solchen Häusern zeigt. Aber in den Details ist das Innere außerordentlich bequem und behaglich. Leider sind wir noch sehr weit von einer ähnlichen Durchführung unsrer Wohnungen und Villen entfernt. Ein Druck mit dem Finger und ein mit Kohlen beladenes Wägelchen kommt aus dem Keller nach der Küche; in Küche und Baderaum sind stets kaltes und warmes Wasser vorzufinden, genügendes Licht wie gesunde Luft ist in allen Räumen; die Wirtschaftsräume sind von den Wohnräumen, diese von den Gesellschafts- und Gesinderäumen getrennt, aber alle untereinander sowie mit den Geschäftslokalen der meilenweiten Stadt durch Haustelegraphen, Telephonleitungen und andre die Bequemlichkeit steigernde moderne Einrichtungen verbunden, die in Amerika eben nicht nur Erfindungen auf dem Papier bleiben oder nur mit großen Anstrengungen Eingang finden, sondern sofort allgemein angewendet werden. — Übrigens sind die amerikanischen Wohnhäuser nicht durchweg so nüchtern. Gar viele darunter besitzen künstlerischen Reiz. Auch zeigt sich öfter das Bedürfnis, neben den kleineren Hausgärtchen, die fast keinem Hause fehlen, oder statt derselben eine größere Gartenanlage zu machen, um welche eine Anzahl schöner Wohnhäuser gruppiert ist. Die Mieter sind verpflichtet, den Gartenplatz (Square) gemeinschaftlich zu pflegen und berechtigt, ihn gemeinschaftlich zu benutzen (Fig. 300). Auf solche größere Anlagen kommen wir bei Betrachtung der Ortsanlagen zurück.

6) Das Miethaus in geschlossener Straße enthält gewöhnlich im Erdgeschoß Kaufläden mit den dazu gehörigen Räumen, darüber in jeder Etage eine, oft auch zwei vollständige Wohnungen, worin alles, was eine Familie an Räumlichkeiten für das Leben und den Komfort braucht, unter einem gemeinschaftlichen Verschluß um Vorraum, Flur, Gang oder Vorsaal sich gruppiert. Nicht immer sind diese Wohnungen am bequemsten, denn auf Liebhabereien und Bedürfnisse der oft wechselnden Abmieter kann nicht Rücksicht genommen werden; immerhin aber ist das Leben in großen Städten so sehr Wunsch und Notwendigkeit für die wohlhabenden und reichen Stände, daß die Konkurrenz angeregt wird, für die nötigen Annehmlichkeiten zu sorgen. Doch ist das Wohnen in gedrängt stehenden, hohen Häusern in den geräuschvollen Straßen der Großstädte infolge des geringen Luftwechsels, welcher meist nur noch durch Zugluft herbeigeführt werden kann, sowie wegen des Tag und Nacht auf die Nerven einwirkenden Lärmens an sich nicht gesundheitfördernd, beim Ausbruch von ansteckenden Krankheiten aber nicht ohne Gefahr.

7) Das Bürgerhaus als Vorstadthaus im Garten, oder als Landhaus, ist unter allen angeführten Gattungen von Häusern noch diejenige, die ihre Bestimmung am zweckentsprechendsten zu erfüllen vermag. Je nach dem Stande des Besitzers ist es mit einer Werkstätte, einem Geschäftsraum oder dergleichen versehen, jedenfalls aber nehmen die Prunkräume nur geringen, die Wohnräume den größten Platz in Anspruch.

8) Das Miethaus in isolierter Lage ist begreiflich gesünder als das in geschlossener Straße, wenn nicht zu viele Wohnungen darin vereinigt sind. Es sollten in jedem Geschoß höchstens drei Familien untergebracht werden. Bei dem Bau solcher Miethäuser werden häufig fühlbare Fehler begangen, und meist aus einer übel verstandenen Sparsamkeit, die sich gar bald als größte Verschwendung erweist. Dahin gehören: allzu niedrige Anlage des

Parterrefußbodens im Verhältnis zur Straße, wodurch man nicht einmal die Kosten wesentlich vermindert, wohl aber Moder, Schwamm, Verstocken der Wäsche in den Spinden, wie ein Heer von Krankheiten, als Rheumatismus, Skrofeln, Zahnleiden ꝛc., geradezu heraufbeschwört. Weiter ist zu warnen vor unzureichender Höhe der Stuben, Beschränkung der Fensterweite; besonders aber sollte es an ausreichender Stärke der Mauern nie fehlen, die zu seichte Gründung vermieden, durch Wahl billigen Materials nicht die Unsolidität gefördert werden, wodurch eben die häufigen, fast immer kostspieligen Reparaturen entstehen. Andre Mängel haben ihren Ursprung in falscher Bequemlichkeitsliebe. Dazu gehören direkte Thüren aus der Küche in die Wohnstube, das Aufstellen von Betten in der Wohnstube, von Waschkesseln in der Küche, Ölfarbenanstrich auf den Dielen u. dgl. Was man dabei an Zeit spart, setzt man auf der andern Seite doppelt und dreifach zu, wenn der Schmutz sich anhäuft, wenn die Luft verdirbt und dadurch die Gesundheit und Arbeitskraft leidet.

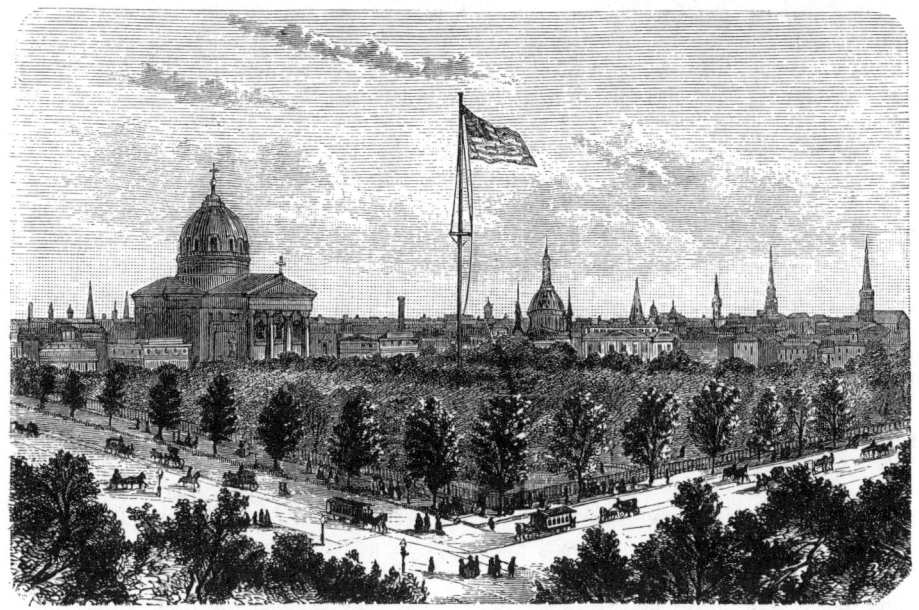

Fig. 300. City und Logan Square in Philadelphia.

9) **Das Wohnhaus mit Geschäftsbetrieb** befindet sich als eigne Spezies jetzt fast nur noch in mittelgroßen und kleinen Landstädten. Zwar könnte man dazu das unter 5 besprochene Haus ebenfalls zählen, worin meist ein kaufmännisches Geschäft betrieben wird. Aber hier meinen wir eigentlich das Häuschen des Handwerksmeisters, bei welchem seine Gesellen wohnen. In einem solchen Hause, wie es uns als Muster vorschwebt, aber leider in größeren Städten selten zu finden ist, liegen eine geräumige, helle und luftige Werkstelle und eine trauliche Wohnstube zu beiden Seiten der Hausflur. Im ersten Stock befindet sich Putzstube, Schlafzimmer, Kinderstube u. s. w. für die Familie des Meisters, und im zweiten Stock, oder auch im ersten Stockwerk eines Seitengebäudes, die Schlafkammer der Gesellen.

10) **Das Fabrikantenhaus** hat sich aus dem eben erwähnten Handwerkerhaus herausgebildet. Die Werkstätten sind in die Seitengebäude verlegt, und diese haben sich zu großer, oft riesiger Ausdehnung erweitert. In der Mitte oder an der Vorderseite des so entstandenen, oft einem großen Marktplatz nicht an Geräumigkeit weichenden Hofes erhebt sich das Wohnhaus, von außen einer Vorstadtvilla nicht unähnlich. Beim Eintritt aber gewahren wir die Verschiedenheit, denn das ganze Erdgeschoß ist von den Kontorräumen in Anspruch genommen, höchstens findet neben dem Separatzimmer des Prinzipals noch ein Salon oder Spielzimmer Platz. Die Wohnung des Hausherrn befindet sich in der ersten Etage. Kommis und Arbeiter wohnen nicht mit im Grundstück.

11) **Arbeiterwohnungen.** Charakteristisch für unsre Zeit im Vergleich zu früheren Perioden ist unter anderm auch der Umstand, daß früher tiefgreifende, gewaltige soziale

Umwälzungen scheinbar ohne Vorbereitung hereinbrachen, und die durch dieselben notwendig gewordenen Veränderungen im Leben und Treiben still und geräuschlos nach Vollendung der Umwälzung sich vollzogen, also als deren Folgen auftraten. Jetzt aber ist schon während der auf eine Umwälzung hintreibenden bewußten Bewegungen (Agitationen) die Technik bereits thätig, den neuen, erst noch erwarteten Zuständen die Stätte zu bereiten. Noch ist die Arbeiterbewegung unsrer Tage keineswegs zu irgend einem sozialen Ziele gelangt, und schon seit ihrem ersten Beginn hat man sich vielfach damit beschäftigt, wie den Arbeitern, die nach gleichen Rechten mit den andern, älteren Ständen streben, dieser Stellung angemessene, gesunde und anständige Wohnungen zu schaffen seien. Allerdings bildet die Wohnungsfrage einen nicht unwichtigen Teil der Arbeiterfrage. Darum tauchte sie auch schon im 16. Jahrhundert sofort nach der fast völligen Umwälzung des Zunftwesens auf.

Leider wissen wir über die damalige Behandlung der Frage nur sehr wenig, so z. B. daß in Augsburg ein Fugger und auch in Leipzig ein Bürger Arbeiterwohnungen bauen ließen, daß in Hamburg das „Gängeviertel" entstand. Leider muß ferner zugestanden werden, daß die Wohnungen derer, die in mühsamer Arbeit ihren Mitmenschen die Mittel zur freundlichen Gestaltung des Lebens schaffen, ebenso unfreundlich als ungesund sind. Ob die Bestrebungen auf diesem Gebiet alle von dem aufrichtigen Wunsch nach Beseitigung einer so lange fortgesetzten Versündigung eingegeben waren, das haben wir hier nicht zu untersuchen. Mag Napoleon III. die von ihm vielfach angestellten und angefeuerten Studien über Arbeiterwohnungen als wohlfeiles Mittel zur Erlangung von Popularität betrachtet haben; mag die meisten der Fabrikanten, welche Arbeiterkolonien anlegten, der Wunsch geleitet haben, die Leute durch Dankbarkeit zu eifrigerer Arbeit anzuspornen; mag dort bloß einfaches Mitleid, da Interesse an der ziemlich schwierigen bautechnischen Frage anspornend gewirkt haben, die Thatsache steht fest, daß seit mehr als 15 Jahren in Deutschland, England und Frankreich kaum irgend eine Angelegenheit im weiten Gebiete des Bauwesens so vielfach ventiliert worden ist, wie diese. Die zuerst vorgeschlagene, weil nächstliegende Form war die von Arbeiterkasernen, welche in Projekten und Bauten versucht ward. Man vereinigte je zwei, vier oder sechs kleine Wohnungen, meist aus je zwei Zimmern, einer Kammer und Küche bestehend, um einen gemeinschaftlichen Vorsaal, stellte dergleichen Etablissements in 3—4 Geschossen übereinander und verband sie durch ein Treppenhaus. Um Kosten für Bauplatz, Umfassungsmauer ꝛc. zu sparen, vereinigte man 3—6 solcher Gruppen in einem langen Gebäude. So schuf man allerdings billige, d. h. im Verhältnis zu dem Mietpreis geräumige Wohnungen und hatte also eine Seite der vorliegenden Aufgabe erfüllt. Aber alle andern Seiten blieben unerfüllt. Die Wohnungen ermangelten vor allem des genügenden Luftzutritts und wirkten also nachteilig auf die Gesundheit ihrer Bewohner. Das nahe Zusammenleben so vieler Familien mußte auch auf die Moral schädigend wirken, namentlich die Kindererziehung erschweren. Auch ist es in solchem Gebäudekomplex dem einzelnen Abmieter natürlich nie möglich, sich zum Besitzer emporzuarbeiten. Der erste Übelstand, Mangel an Luft, ließ sich am leichtesten wenigstens teilweise beseitigen; man baute eben nur eine der oben geschilderten Gruppen und erhielt dadurch turmartige Häuser für 16—20 Familien, indem in jedem Stockwerk fünf oder sechs wohnten. Diese Häuser hatten aber noch immer viele Übelstände. Zunächst wurde versucht, die zu nahe Berührung der in jedem Geschoß vereinten vielen Familien dadurch zu beseitigen, daß man ebenso viele Treppenhäuser anlegte, als Familien in jedem Stockwerk wohnten, dadurch also das Haus eigentlich in vier Häuser teilte. Wenn man dabei, was auch probeweise vielfach geschah, die Anzahl der Stockwerke verminderte, so erhielt man allerdings gesunde und heitere Wohnungen.

Jedes der Häuser bestand dann aus vier, bei etwas abweichenden Versuchen aus zwei, drei oder sechs kleinen Häuserchen von zwei Stockwerken, so daß also jedes solches Teilhaus nur zwei Wohnungen übereinander erhielt. Man wollte dadurch den Bewohnern ermöglichen, allmählich durch Abzahlungen neben dem Mietzins zu Besitzern zu werden.

Derart waren auch die meisten der vielbesprochenen und von den gelehrten Berichterstattern vielgerühmten deutschen, französischen und englischen Musterhäusern auf der Pariser Ausstellung von 1867 und 1878, sowie auf der Wiener von 1873. Der nüchterne, vorurteilsfreie, rechnende Beobachter muß aber zugestehen, daß einer ausgedehnteren Einführung dieser Häuser ein fast unübersteigliches Hindernis entgegensteht. — Sie sind viel zu teuer! — Wenn sich im allgemeinen Häuser mit vier bewohnten Geschossen bei Vermietung an wohlsituierte, zu regelmäßiger Zahlung befähigte Familien zu etwa 7—8 Prozent der Kosten für Bauplatz und Erbauung verinteressieren, so sinkt der Zinsfuß bei bloß zwei Geschossen und bei nicht ganz zuverlässigem Eingehen der Miete zu 3 Prozent herab. Wenn eine höhere Verzinsung, und eine solche verlangt der Spekulant, und außer dieser auch noch Abzahlung auf das Kapital erreicht werden soll, so wird die jährlich zu leistende Zahlung für einen Arbeiter unerschwinglich. Allerdings hat man hier und da dennoch solche Anlagen zu ermöglichen gewußt, indem Menschenfreunde die nötigen Summen ganz unverzinslich oder zu sehr niedrigem Zinsfuß verschafften. Abgesehen selbst davon, daß dies, wenn auch ein zartes, doch immerhin ein Almosen ist, so ist es eben nur in einzelnen Fällen möglich, in großem Maßstabe nicht anwendbar. Die Erbauung ganzer Arbeiterstädte aber, wie in Kuchen (Württemberg), in Mülhausen (Elsaß), in Rensche bei Essen, der technisch mit hierher gehörigen Beamtenkolonien in Steglitz bei Berlin u. s. w., ist wohl in kleinen Orten oder in der Nähe nicht zu großer Fabrikstädte ausführbar, aber nicht in großen Städten, wo Bauplätze und Materialien teuer sind.

Fig. 301. Teil der Arbeiterstadt in Mülhausen.

Sehen wir uns einmal eine solche Arbeiterstadt näher an, und wählen dazu die schon erwähnte in Kuchen bei Geislingen, von den Webereibesitzern Staub & Comp. erbaute. Auf einem Platze von etwa 50 m ins Quadrat, also 2500 qm, wurden hübsche Gartenanlagen geschaffen. An der Ostseite dieses Platzes, die hier sich erhebenden Fabrikgebäude versteckend, steht auf einer Fläche von etwa 400 qm ein Gebäude, welches Bäder-, Wasch- und Trockenanstalt enthält. Gegenüber erhebt sich, 39 m lang und 8 m tief, ein Haus, das (freilich in nicht ganz verständiger Zusammenlegung) Schule, Lehrsaal, Krankenhaus und elf Wohnungen faßt. Auf der Südseite des Platzes stehen hinter freundlichen Gärtchen drei Gebäude, das mittelste enthält vier, jedes der beiden andern fünf Wohnungen. Auf der Nordseite stehen ebenfalls drei Gebäude, eins davon, das östlichste auf dieser Seite, enthält eine Wohnung, das nächste eine Restauration und zwei Wohnungen, das folgende fünf Wohnungen und einen Speisesaal; an dieses Gebäude reihen sich noch zwei Häuser zu vier Wohnungen, eins zu zwei, und eine Bäckerei mit zwei Wohnungen; letztere vier Häuser sind im Privatbesitze der bewohnenden Arbeiter selbst. Die Häuser selbst sind äußerlich freundlich und nett, teils Parterre und ein Stockwerk hoch, teils noch um ein Geschoß höher, meistens im Parterre massiv, oben in Fachwerk ausgeführt, was dort im Süden vielleicht geht, in Mittel- und Norddeutschland zu kühl sein würde. Die Wohnungen sind meist so eingerichtet, daß die Küche zugleich als Vorsaal dient; dies ist aber nicht empfehlenswert und würde den meisten mitteldeutschen Arbeitern nicht behagen. Auch ist es nicht angenehm, daß vielfach die hölzernen Treppen in die Küchen oder Stuben eingebaut sind, daß die Wohnungen, die ja doch meist nur aus einem Wohnzimmer, einer Küche und zwei Schlafzimmern bestehen, zum größten Teil auf zwei Geschosse verteilt sind. Dann ist zu bedenken, daß das viele Holzwerk das Gedeihen von Wanzen und anderm Ungeziefer sehr befördert. — Aber trotz dieser Nachteile ist die ganze Anlage doch sehr nett, und dies ist auch 1867 in Paris durch Verleihung des höchsten Preises anerkannt worden. Denken wir uns aber einmal, es solle z. B. bei Leipzig, und zwar eine Viertelstunde von der Stadt, ein solches Etablissement errichtet werden. Zunächst braucht man dazu 10 000 qm Land, diese allein würden nicht unter 75 000 Mark zu haben sein. Die Gebäude selbst, sogar noch einfacher als in Kuchen, würden unter 165 000 Mark durchaus nicht zu beschaffen sein. Resultiert also ein Anlagekapital von rc. 240 000 Mark. Bei einer Verzinsung zu nur 4 Prozent und Hinzurechnung eines ganz geringen Ansatzes für Instandhaltung, Feuerversicherung rc. würde eine Jahresmiete von 10 500 Mark nötig sein. Da nun das Etablissement für 45 Familien berechnet ist, so müßte jede Familie durchschnittlich nur an Miete 241 Mark zahlen. Dabei ist an Besoldung der Aufsichtsbeamten, der Lehrer, Krankenwärter u. s. w. noch nicht gedacht. Selbst wenn man annimmt, daß die betreffenden gemeinnützigen Anstalten in der Nähe einer großen Stadt unnötig wären und man statt der 45 vielleicht unter einiger Einschränkung 55 Familien unterbringen könnte, kommt immer noch etwa 190 Mark Miete auf jede Wohnung. Ganz gleich große Wohnungen kosten aber jetzt bei Leipzig etwa 120 Mark. Wenn sich nun schon hierdurch die Anlage solcher Arbeiterstädte in der Nähe größerer Städte als unpraktisch herausstellt, so hat die Sache auch noch das soziale Bedenken, daß es wohl nicht gut gethan sein dürfte, die Arbeiterwohnungen so ganz von den Wohnungen der Leute andrer Stände zu trennen. Alle sozialen und volkswirtschaftlichen Untersuchungen vermeidend, führen wir nur an, daß solche Trennung selbst von einigen Führern der Arbeiterbewegung nicht gutgeheißen wird. Doch wenden wir uns von dieser immer noch im Entwickelungsstadium begriffenen Klasse von Wohnungen einer andern zu, die neuerdings in das Stadium des Aussterbens treten zu wollen scheint.

12) Das Bauernhaus. Lange bevor das Leben der Deutschen in Städten so weit zu vererbter Gewohnheit gelangt war, daß sich ein Typus für das städtische Wohnhaus ausbilden konnte, hatte der Bauernstand nicht nur für die Art der Vererbung und Bewirtschaftung, sondern auch infolgedessen für die Art des Wohnens feststehende Formen gewonnen. Noch sind die Untersuchungen über diese Formen nicht abgeschlossen, doch haben sie bereits wichtige Resultate ergeben, indem sie uns einige in ihren Grundzügen verschiedene und dadurch auf verschiedenen Ursprung hinweisende Typen vorführen.

a) Das altsächsische Bauernhaus (Fig. 302) vereinigt nicht nur Tiere, Früchte und Menschen unter einem Dache, sondern reiht die für dieselben bestimmten Einzelräume (b Ställe, d Geräträume, e Wohnräume) direkt um einen großen Mittelraum a, der zu Vornahme aller im Hauswesen und in der Wirtschaft notwendigen Arbeiten (Dreschen, Zimmern u. s. w.) dient und dessen Kern gewissermaßen der Herd c bildet. Sollte nicht darin sich der Ursprung aus dem Zelte kundgeben? Oder haben wir hier eine Verwandtschaft mit dem alten etrurischen Hause zu suchen, aus dem sich das römische Wohnhaus entwickelte? Derartige Häuser finden sich jetzt fast nur noch in Westfalen.

b) Das slawische Bauernhaus (Fig. 303). Hier ist die Entwickelung einen Schritt weiter gediehen. Die Hausflur a ist bedeutend kleiner geworden, enthält aber noch immer den Herd c. An ihrem hintern Ende liegt der Stall b, rechts die Scheune d, links die eigentlichen Wohnräume e. Derartige Häuser finden sich im tschechischen Böhmen, in der Lausitz, im sächsischen Erzgebirge und hier und da noch in einzelnen Exemplaren in denjenigen Gegenden Sachsens, Thüringens und Preußens, die ursprünglich von slawischen, sorbischen und wendischen Stämmen bevölkert waren.

c) Mitteldeutsches Bauernhaus (Fig. 304). Die Einteilung dieses Hauses steht wieder eine Stufe höher. Der Herd c ist an das Ende der Hausflur a gerückt und durch Vorziehen einer Wand ist eine selbständige Küche gebildet; auf der einen Seite reihen sich die Ställe b, auf der andern Seite die Wohnungen der Menschen, e, an. Die Scheune d

Arten des modernen Wohnhauses. Das Bauernhaus. 333

ist meist hinter dem Stalle angefügt, oder auch in den obern Stock verlegt, wo die Lage am Berghang die Einfahrt von oben gestattet, und dann ist das Haus mit dem den Stall enthaltenden Teile in den Berg hineingeschoben. Ob darin, wie manche Gelehrte glauben, ein Beweis für den Ursprung dieses Hauses aus Erdhöhlen zu finden ist, möchten wir nicht entscheiden. — Solche Häuser finden sich im Westerwald, doch auch in slawischen Ländern, ferner im sächsischen Erzgebirge, in fränkischen und deutsch-böhmischen Gegenden.

d) Im bayrischen Alpenhaus (Fig. 305) ist, wenn auch noch ein gemeinschaftliches Dach das Ganze überspannt, doch schon die Trennung zwischen der Wohnung und den Geschäftslokalitäten vollzogen. — Je höher die Kultur steigt, desto mehr wird der Mensch Sauberkeit und Abgeschlossenheit seiner Wohnung lieben, desto weniger wird es ihm behagen, sich mit Tieren in selbem Raum zu befinden. Zugleich wird er auch je gebildeter, desto beweglicher sein, desto mehr danach streben, die Schranken dieser Beweglichkeit hinwegzuräumen, sich die Füglichkeit für Anbringung von Erweiterungen, Veränderungen u. s. w. zu bewahren. Alles das mußte zu völliger Isolierung der Wirtschaftsräume von der Wohnung führen.

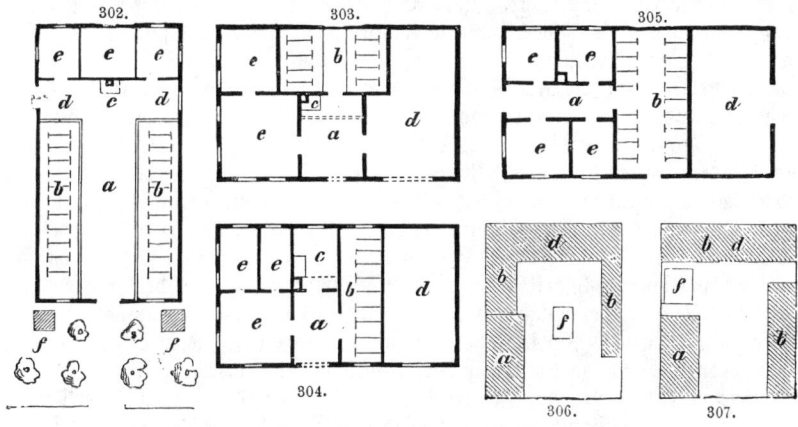

Fig. 302—307. Grundrisse von Bauernhäusern verschiedener Landschaften.

e) Das Bauerngehöfte ist das Resultat dieser Trennung. Auch hier lassen sich noch Entwickelungsstufen unterscheiden, von denen wir nur zwei erwähnen wollen. Zunächst ist nämlich (Fig. 306) die Trennung noch keine ganz vollständige, indem die Gebäude in enggeschlossener Reihe den Hof umziehen oder doch mindestens der Stall b an das Wohnhaus a angebaut ist. Bei andern Gehöften aber, wie in Fig. 307, sind die Gebäude vollständig getrennt. Dann aber erscheint es ziemlich gleichgültig, ob die Scheune oder der Stall dem Wohnhaus gegenüberliegt, ob die Gebäude, wie in unserm Beispiel, nur drei Seiten des Hofes umgeben, die vierte aber nur von der Mauer mit der Einfahrt eingenommen wird, oder ob auch die vierte Seite noch mit Gebäuden besetzt ist und die Einfahrt dadurch in eine Ecke des Hofes gedrängt erscheint. Hierbei wirken so viele äußere Umstände ein, z. B. Größe und Gestalt des zu Gebote stehenden Bauplatzes, die Lage des Gehöftes gegen die Straße u. s. w., daß man hier wohl kaum von inneren Ursachen wird reden können. — Wohl aber möchte innerer Zusammenhang obwalten zwischen der Abtrennung der Wohnung vom Stall, Scheune u. s. w. und dem Anwachsen der Wohnung selbst. Wie jene Abtrennung auf dem Wachsen der Bedürfnisse beruhte, so gab sie zugleich Gelegenheit zu freierer Befriedigung derselben. Je gebildeter der Bauer ward, desto mehr näherte er sich auch in seinen Lebensbedürfnissen, in seinen Begriffen von Bequemlichkeit u. s. w. dem Städter, und so kam es denn, daß zwischen der Wohnung des wohlhabenden Bauern und der Landwohnung des Städters jetzt eigentlich ein wesentlicher Unterschied nicht mehr stattfindet, und daß nur noch der ärmere oder der weit von der Stadt lebende Bauer bei jenen alten Einteilungen bleibt.

13) Hier müssen wir wenigstens in kurzen Worten eine Gruppe von Gebäuden erwähnen, die allerdings auch zu Beherbergung von Menschen dienen, aber doch nicht direkt zu den Wohnhäusern zu rechnen sind: die Kasernen, Armenhäuser, Waisenhäuser, Altersversorgungshäuser, Hospitäler, Lazarette, Irrenhäuser, Gefängnisse u. s. w. Wir kennen

dergleichen Bauten schon bei den Römern; auch die Langobardenkönige begünstigten und förderten ihre Anlegung; Karl der Große trat hierin, wie in so vielen Stücken, in ihre Fußstapfen; namentlich aber wurden im Mittelalter, von den Kreuzzügen an, viele Hospitäler, Lazarette u. s. w. gebaut. In den letzten Jahrzehnten hat die Wissenschaft vielfach nach Aufstellung allgemeiner Regeln für derartige Bauten gestrebt, ja es ist durch die Einführung des Barackensystems ein bedeutender Schritt vorwärts gethan, noch immer aber fehlt gar viel an der endgültigen Lösung dieser Aufgabe, deren nähere Betrachtung nicht hierher gehört.

Die **Bauten im Dienste der Industrie** hingegen können wir, da diese schon jetzt vielfach in ihrer Einrichtung gemeinschaftliche Züge aufweisen, wenigstens in Kürze einer Betrachtung unterziehen. Wie wir bereits sahen, gab es in den ersten Zeiten ansteigender Bildung keine eigentlichen Handwerker. Jeder Begüterte hatte im eignen Hause unter seinen Sklaven Leute von der nötigen Geschicklichkeit, um für seine persönlichen Bedürfnisse Befriedigung zu finden. Erst mit der Ausbildung städtischen Lebens änderte sich dieser Zustand. So finden wir denn bereits in den Ruinen Pompejis Räume, ja sogar ganze Gebäude, welche für den Betrieb eines Gewerbes eingerichtet sind. Auch in Deutschland trat mit der Erhebung der Städte Ähnliches ein. Es bildete sich ein Zustand, der lange Zeit fast unverändert blieb. Während die Hauptstraßen in stattlicher Reihe die Paläste der Patrizier enthielten, reihten sich in den Nebengassen kleinere Häuschen aneinander, die schon in ihrem Äußern die bescheidenere Lebensstellung ihrer Bewohner bekundeten. Noch sind uns viele Hunderte solcher Häuschen als Zeugen jener Zeit und Zustände geblieben, ja noch haben sich in vielen kleineren Städten diese Zustände selbst erhalten. Betrachten wir eines dieser Häuser. Neben der mäßig großen Hausthür, in deren Gewände muschelbekrönte Nischen mit Sitzen eingehauen sind, steht ein Amboßstock und hinter ihm lehnt ein halb vollendetes Gitter. Damit wir aber gar nicht im Zweifel bleiben können, wer wohl hier schaffe, ragt über der Thür ein mit zierlichen Schnörkeln versehener Eisenstab hervor, an dem sich ein mächtiger Schlüssel schaukelt, wenn der Wind das zugige Gäßchen durchfegt. Zur Hausthür eingetreten, finden wir zur Linken eine Pforte, die uns Eingang gewährt in die niedrige Werkstatt. Die ganze nicht bedeutende Länge der Straßenseite, welche nicht durch eine Wand, sondern durch dicht aneinander gereihte niedrige Fenster begrenzt ist, nimmt eine lange Werkbank ein, an deren Bankamboßen und Schraubstöcken wohl sechs oder mehr emsige Gesellen feilen, bohren und sonstige Hantierung treiben. Im Hintergrund unter weitragendem Schurz glüht das Feuer, angeblasen von dem Hauch des riesigen Balges. An der andern Seite der Hausflur liegt ein kleines Kämmerlein mit den Vorräten und hinter demselben führt uns die dunkle Wendelstiege in die engen, nach Art der S. 327 geschilderten englischen und amerikanischen Häuser übereinander geschichteten Wohnräume. Ähnlich waren fast alle Handwerkerhäuser um die Mitte des 18. Jahrhunderts disponiert.

Die letzten hundert Jahre haben hier, wie auf andern Gebieten des Lebens, eine fast totale Umwandlung bewirkt. Die vielen, fast sich jagenden Erfindungen, die allgemeine Steigerung der Ansprüche an Bequemlichkeiten und Annehmlichkeiten des Lebens haben die Anzahl der Gewerbszweige vermehrt und damit zugleich die immer mehr um sich greifende Teilung der Arbeit aber auch Verminderung der kleineren Gewerbsmeister und Überhandnehmen der Großindustrie herbeigeführt. Folge von dem allen war das Aufhören jener patriarchalischen, engen Verbindung zwischen Werkstätte und Wohnung und die fast allgemeine Umwandlung der Werkstätte in ein Fabriklokal. Während man demnach vor etwa hundert Jahren bei Anlage einer Werkstätte nur auf einen nach Angabe des Meisters abzumessenden größeren Raum, höchstens auf gutes Licht, bequemen Aus= und Eingang und etwa noch auf Anlage eines Herdes samt Rauchfang zu denken brauchte, kommt es jetzt darauf an, für jede einzelne der verschiedenen, zur betreffenden Fabrikation gehörenden Hantierungen ein besonderes, in allen seinen Abmessungen, in seiner Beleuchtung, Heizung und sonstigen Einrichtung genau für diese Hantierungen (Manipulationen) passendes Lokal zu schaffen. Die so hergestellten Lokale sind aber auch in solcher Weise aneinander zu reihen, daß der zu bearbeitende Gegenstand möglichst niemals unnütz hin und her transportiert wird, sondern sozusagen in fortlaufender Wanderung auf einem Ende der Anlage als Rohstoff eingeht, um dieselbe am andern Ende als fertiges Fabrikat zu verlassen. Um eine solche Aufgabe lösen zu können, muß der Baumeister nicht nur jede einzelne zur betreffenden Fabrikation gehörige Manipulation mindestens

Bauten im Dienste der Industrie.

Fig. 308. Etabliſſement der Sächſiſchen Maſchinenbauanſtalt, gegründet von Richard Hartmann in Chemnitz.

in ihrer äußeren Erscheinung genau kennen, sondern auch mit der Reihenfolge dieser Einzelverrichtungen vollständig bekannt sein. Eine Anweisung für Fabrikbauten würde also in ebenso viele Abteilungen zerfallen müssen, als es Fabrikationszweige gibt — jetzt schon viele Hunderte, während viele Eigenschaften allen Fabrikanlagen gemeinsam sind, wenigstens sein sollten.

Die nächstliegende Anforderung, Übersichtlichkeit und genügende Geräumigkeit der Arbeitslokale führt zu Anlage sehr weiter Räume. Dadurch werden entweder ziemlich komplizierte Deckenkonstruktionen nötig oder, wenn man diese vermeiden will, die Aufstellung von Säulen in den Sälen selbst. Da nun bei Aufführung von Gebäuden, welche so viele Menschen, dabei oft auch Maschinen, ja Dampfmaschinen und zum Betrieb gehörige Feuerungsanlagen enthalten, natürlich sehr große Rücksicht auf möglichste Feuersicherheit zu nehmen ist, so empfiehlt sich hier vor allem der Eisenbau, welcher auch mehr als jede andre Konstruktionsmethode fast vollständige Ersetzung der Umfassungswände durch Fensterreihen gestattet. Vor allem muß schon bei Entwerfung des Planes der Baumeister im Einvernehmen mit dem Maschinenbauer und andern betreffenden Technikern genaue und eingehendste Rücksicht auf Größe, Stellung, Gewicht u. s. w. der Maschinenteile, Richtung und Gang der Transmissionswellen und Treibriemen nehmen, ebenso auf Gang, Richtung und Lage der Röhrensysteme für Gasbeleuchtung, Wasserleitung und Heizung durch erwärmte Luft, Dampf oder heißes Wasser, der Telegraphen- und Telephonleitungen ꝛc. Wenn diese gleich Adern den ganzen Körper jedes modernen Fabrikgebäudes durchziehenden Leitungen nicht schon im Entwurf gebührend bedacht wurden, so ergeben sich oft bei ihrer Einbringung die mißlichsten, ja sogar gefährlichsten Übelstände. Bequeme, geräumige Treppen, Garderoben, Frühstückszimmer u. s. w. für die Arbeiter, Kontor und Aufsichtsräume mit freier Umsicht über die Arbeitslokale für die Beamten ꝛc. ꝛc. sind natürliche, eigentlich kaum der Erwähnung bedürfende Anforderungen. Die äußere Ausstattung mißlingt sehr häufig, obgleich eine richtige Lösung nicht so schwer ist, als man glaubt. Man hüte sich nur, dem Gebäude durch Anfügung einer irgend einem vorhandenen Stil entnommenen Dekoration einen seiner Bestimmung fremden Charakter zu geben, entwickele vielmehr, ohne durch den Gedanken an die historischen Stile sich die Unbefangenheit rauben zu lassen, Verhältnisse, Massen und Details des Äußeren zwanglos aus der Disposition des Innern, aus der Konstruktion von Raumbegrenzungen, Stützen und Decken, aus der für Zulassung von Licht und Luft und für den Verkehr am zweckmäßigsten gefundenen Gestalt und Stellung der Öffnungen. So wird das Äußere von selbst zum wahren Ausdruck des Innern schon als solcher den richtigsten Boden zu schöner Gestaltung, denn diese beruht hier nicht auf angefügtem Schmuck, sondern nur auf der in rhythmisches Maß gebrachten Erscheinung des Zweckmäßigen, wohl abgegrenzt nach beiden Seiten hin, also ebensowohl ohne alle nicht mit dem Zweck zusammenhängende Zuthat, als ohne Versteckung oder Unterdrückung irgend eines zu Erreichung des Zwecks notwendigen Teiles.

Kann bei Stätten für das Schaffen der Industrie naturgemäß die Idealisierung nur sehr beschränkt sein, so läßt sie sich bedeutend steigern bei Stätten für Vorführung der Schöpfungen unter die Augen des Publikums, bei Ausstellungsgebäuden. Leider aber ist diese Idealisierung, wie bereits S. 285 erwähnt, noch nicht recht gelungen, wohl zum großen Teil infolge Mangels der soeben als hierzu nötig bezeichneten Unbefangenheit. Es mangelt hier der Raum, diesen Ausspruch durch nähere Kritisierung der im letzten Jahrzehnt errichteten Ausstellungsgebäude zu begründen. Anerkennenswerte Versuche hierzu sind an der Vorderfront des Pariser Ausstellungspalastes von 1878, in kleinerem Maßstab bei den Berliner Ausstellungen von 1879 und 1880 (Gewerbe, Fischerei) zu registrieren. Streben nach scheinbarer, bei genauer Prüfung eigentlich aber nicht vorhandener Originalität zeigten die Bauten der Nürnberger Ausstellung von 1882, an denen manches an chinesische und andre ähnliche Kunststufen erinnerte, während andre Teile gesunde Ideen offenbarten. Ähnlich geteilt würde ein eingehendes Urteil über die ästhetische Gestaltung der Ausstellungsräume lauten müssen, die 1881 bis 1883 in Braunschweig, Düsseldorf, Halle, Berlin, Hannover, Amsterdam, Zürich ꝛc. errichtet wurden. Aber die ästhetische Durchbildung wird bei Entwerfung solcher Gebäude noch immer als nebensächlich betrieben, ja muß noch so betrieben werden, solange die Konstruktion selbst noch immer bei jedem derselben wiederum neue Systeme, neue Mittel verwendet; und dies ist bei den meisten der genannten Gebäude der Fall gewesen. Selbst wo kein ganz neues, sondern ein schon mehrmals benutztes Konstruktionssystem auftrat, war dies doch bezüglich des Dispositionssystems der Fall. Darüber sowie über die, je nach dem speziellen Zweck und Charakter der Ausstellungen so sehr variierenden Dimensionen eingehender zu sprechen, müssen wir wegen der hohen und vielseitigen Wichtigkeit des Gegenstandes, besonders aber deswegen, weil die Ausstellungen an sich zwar der Baukunst riesige und höchst interessante Aufgaben stellen, aber doch inniger noch als mit ihr mit dem gegenseitigen Verkehr der Menschen zusammenhängen, auf den Abschnitt über den „Weltverkehr und seine Mittel" versparen. Hier sei nur noch betont, daß solche Bauten nicht nur den im Bauprogramm ausdrückbaren Anforderungen des einzelnen Industriezweiges (wenn es sich um Fachausstellungen handelt) oder der Industriezweige (bei Provinzialausstellungen, Landesausstellungen, Weltausstellungen) gerecht werden, sondern auch dem Charakter des einzelnen Industriezweiges, resp. der verschiedenen vertretenen Zweige, sowie bei Landesausstellungen der einzelnen Nationalität Ausdruck verleihen sollen, welch letztere Forderung bei Weltausstellungen schon mehrmals zu großer Zersplitterung geführt hat.

Die **Bauten im Dienste des öffentlichen Lebens** bilden ebenfalls eine der wichtigsten Gruppen von Gebäuden. Während die Anforderungen, welche heutzutage die gewerbliche Thätigkeit an die ihrem Dienst geweihten Räume stellt, bedeutend von denen in früheren Zeiten abweichen, so ist dies auffallend weniger der Fall hinsichtlich der Anforderungen, die das öffentliche Leben der Städte und Völker an die ihm gewidmeten Gebäude stellt, wenn auch die Formen der menschlichen Gemeinschaften in Gemeinde und Staat vielfach umgemodelt, ja fast umgewälzt, die gesellschaftlichen Genüsse in vielen Stücken bedeutend verfeinert, vergeistigt worden sind. Ja, in mancher Beziehung könnte man behaupten, daß die neueste Zeit vielfach sich wiederum den älteren Zuständen zuwendet. — Die Art und Weise, wie im Altertum die Verwaltung und Gerichtsbarkeit geführt ward, beruhte hauptsächlich auf Abhaltung von Versammlungen und Beratungen. Bei halbwilden oder auf niederer Kulturstufe stehenden Völkern genügte hierzu eine Einhegung oder Halle. Bei Griechen und Römern, sowie im frühern Mittelalter, bildete die Halle immer noch den überwiegenden Hauptteil der betreffenden Gebäude; doch lagerten sich um sie herum, freilich in ziemlich bescheidener Weise, einige kleine Räume für die ausführenden Beamten, für Aufbewahrung von Dokumenten u. s. w. Nach dem Mittelalter drängte sich mehr und mehr die schriftliche Behandlung in den Vordergrund. Die großen Versammlungshallen mußten in kleine Schreibstuben abgeteilt werden. Seit aber durch Einführung des konstitutionellen Systems in der Regierung der Staaten, des öffentlichen mündlichen Verfahrens im Gerichtswesen, der Gemeindevertretungen und Kirchenvorstände im Gemeindeleben ein großer Teil dessen, was noch vor wenigen Jahrzehnten nur durch Büreauthätigkeit erledigt wurde, wieder in die Hände von Versammlungen gelegt worden, ist teilweises Zurückgehen auf die bis zum Schluß des Mittelalters geläufigen Formen der Verwaltungs- und Gerichtsräume nötig geworden, am hervorragendsten bei Parlamentshäusern und Rathäusern. Auch in den Gerichtsgebäuden ist jetzt der Saal für das Geschwornengericht einer der wichtigsten Teile. In Gemeinde- und Rathäusern ist neuerdings der Saal zu Schließung der Zivilehe hinzugekommen, der kapellenähnlich, ernst, feierlich auszustatten ist. Die in dem Abschnitt über die stilistische Entwickelung der Baukunst unsres Jahrhunderts erwähnten Beispiele von Parlamentshäusern, Rathäusern ꝛc. sind, wie künstlerisch, so auch bezüglich der Anlage, als gelungen, zum Teil als musterhaft zu bezeichnen. Nahe liegt die Gefahr, durch das Streben, die Versammlungsräume mit sämtlichen Büreaus in einem Bau zu vereinen, zu Errichtung geradezu monströser Gebäudegruppen getrieben zu werden.

In bezug auf diejenigen Gebäude, welche der **geistigen Entwickelung** der Gesellschaft gewidmet sind, finden sich gleichfalls gar manche Anknüpfungspunkte an frühere Formen; so bei dem Theater, welches mehr und mehr zu der antiken Gestalt zurückkehrt und sich fast nur noch durch die bleibende Bedachung von den Prachtbauten der Römer unterscheidet. Unter den Theaterbauten der neuesten Zeit finden sich so manche Meisterwerke. Da ist zuerst das neue Theater zu Dresden, ein (wie S. 270 erwähnt) von dem großen Meister der Renaissance entworfener Neubau, welcher besonders durch sorgfältige Rücksichtnahme auf alle hier einschlagenden Bedürfnisse in Disposition des Innern Epoche machte, sowie das nachmals von demselben Meister begonnene Hofburgtheater in Wien. — Als Beweis dafür, was eine Stadt ohne fremde Hilfe zu leisten vermag, ist das Leipziger Theater anzuführen, welches die Bürger dieser Metropole der Musik mit einem Aufwand von 1 800 000 Mark erbaut haben. — Als

Frucht der durch begeisterte Anhänger unterstützten Energie eines Mannes ist das allerdings nur im Fachwerkbau ausgeführte, aber in bezug auf szenische Einrichtungen und Ausstattungen vieles noch nie Dagewesene bietende Richard-Wagner-Theater in Baireuth, von Brückwald in Leipzig erbaut (s. Fig. 287), anzusehen.

In bezug aber auf Opulenz in Anlage, Material und Ausstattung, namentlich in den für das Publikum bestimmten Teilen, ist das Opernhaus am Ring zu Wien, besonders durch die großartige Anlage des Foyers, in Form von Kreuzgängen mit Springbrunnen u. s. w., bedeutend, während die neue Große Oper in Paris in bezug auf Stilkonfusion und übertriebenen Reichtum der Ausstattung alles bis dahin von dem Übermut der Franzosen Geleistete weit übertrifft, das Opernhaus in London, welches zwar in der großartigen Anlage der Anfahrten und Zugänge eine Garantie bietet, daß bei etwaigem Ausbruch eines Feuers das Gebäude ohne Lebensgefahr schnell entleert werden kann, in den Architekturformen aber nur das zu dem sonstigen Charakter des Engländers nicht recht passende Bestreben zeigt, die Franzosen an eitlem Prunk noch zu überbieten. Ein Vergleich der Pläne dieser und vieler größerer und kleinerer, teils in den letzten Jahren vollendeter, teils noch im Bau begriffener Theater zeigt lebhaften Kampf zwischen dem alten, jetzt wieder nach Geltung ringenden System, den Zuschauerraum thunlichst breit, die Bühnenöffnung weit anzulegen und einem mehr auf Tiefe als Länge gerichteten Streben, wozu seit den vielen Theaterbränden der letzten Jahre noch ein etwas unklarer Wetteifer nach Erreichung möglichster Sicherheit gekommen ist. Beides führte zu vielen Vervollkommnungen im einzelnen, ließ aber noch keinen fertigen Typus entstehen.

Zu den fast ganz neuen Gattungen von Gebäuden im Dienste geistiger Entwickelung gehören die Konzertsäle, Museen und bleibenden Ausstellungsräume, zu den in kaum geahnter Weise entwickelten die Unterrichtsgebäude, Universitäten, Akademien, Gymnasien, Fortbildungsanstalten, Kinderschulen, Blinden- und Taubstummeninstitute u. s. w. Während bei Museen und Ausstellungsräumen, bei Konzertsälen, Ballsälen u. s. w. die Anforderungen zwar oft sehr weitgreifende, in ihren Grundzügen aber immerhin ziemlich einfache, auf Herstellung geräumiger, mit gutem Licht, möglichst vorteilhafter Akustik u. s. w. versehener Hallen oder Zimmerreihen gerichtete sind, gewinnen die Anforderungen, welche man mit Recht an gut angelegte Unterrichtsgebäude stellt, von Tag zu Tag an Ausdehnung, Vielseitigkeit und Kompliziertheit. Wenn auf diesem Gebiete eine Zusammenstellung der bisher mit gewisser Sicherheit aufzustellenden Regeln großen Raum erfordern würde, so wird solche Aufzählung noch dadurch erschwert, daß die ganze Angelegenheit fast noch ebenso sehr in der Entwickelung begriffen ist, wie die Fragen der Arbeiterwohnungen, der Gebäude für vorübergehende Ausstellungen, der Theater ꝛc. Selbst derjenige Teil der Schulbaufrage ist noch keineswegs zu einem Abschluß gediehen, welcher durch einzelne in den letzten Jahren gemachte Erfindungen wesentlich gefördert worden, die sich auf Ventilation, Heizung und Beleuchtung der Schulzimmer, auf Konstruktion und Anordnung der Bänke und Schreibtafeln beziehen und alle das Ziel verfolgen, die gegen früher so überaus gesteigerte geistige Ausbildungsarbeit der Kinder von den so leicht sich einstellenden Nachteilen für körperliche Entwickelung zu befreien, damit wir in unsern Nachkommen ein Geschlecht heranwachsen sehen, das geistig und körperlich gleich gesund erscheint. Denn nur wo der Einzelne körperlich und geistig gesund ist, nur da kann auch das aus den Einzelnen gebildete Gemeinwesen sich allseitig gesund entwickeln. Erst im Gemeinwesen, erst im gemeinschaftlichen Leben und Wirken aber erreicht der Mensch das ihm vorgesteckte Ziel völlig. Diese Wahrheit, die dem Gebildeten in vollem Bewußtsein vor Augen steht und ihm das Ziel seines Strebens zeigt, schwebt schon dem Halbwilden in unbewußter Ahnung vor und drängt ihn dazu, mit einem größern Kreis von Mitmenschen zu gemeinschaftlichem Leben in Ortschaften sich zu vereinigen.

Nichts ziert wohl eine Stadt so sehr,
Als ehrlich Rat und gute Lehr.
Alter Spruch.

Ortsanlagen.

Arten der Orte. — Wahl des Platzes. — Straßenanlagen, Plätze, Straßenveränderungen, Häusertransporte, Schleusen, Wasserleitung, Beleuchtung u. s. w.

Der erste Zug zur Geselligkeit zeigt sich in Gruppierung der Wohnungen. Schon bei halbwilden Völkern findet man selten, daß eine einzelne Familie ihre Wohnstätte in völliger Einsamkeit errichtet. Sobald aber steigende Gesittung den Bedarf nach Ideenaustausch weckt, ja schon wenn Erkenntnis des Bodenwertes zu eigentlicher Besitznahme leitet, fühlt der Mensch, teils infolge des Bedürfnisses nach Umgang, teils behufs Erleichterung der Verteidigung, den Drang, sich mit andern in innigere Verbindung zu setzen. Und wo die Menschen enger zusammentreten, da erheben sich auch die Wohnhäuser in Gruppen und es bilden sich Ortschaften. Die einfachste Entstehungsweise einer Ortschaft in kultivierten Ländern dürfte wohl darin zu suchen sein, wenn sich um ein größeres landwirtschaftliches Gehöfte, um eine Meierei, die Hütten der Drescher, Knechte u. s. w. lagern und einen Weiler bilden. Erst wo eine Anzahl selbständiger, gleichberechtigter Grundbesitzer ihre Gehöfte in engen, geschlossenen Gruppen anbauen und sich zu einer politischen oder kirchlichen Gemeinde vereinen, bekommt die Niederlassung den Namen Dorf.

Eine Geschichte der Ortsanlagen zu schreiben dürfte eine höchst interessante Aufgabe sein. Aber sie wäre mindestens ebenso schwierig als interessant. Das dazu nötige Material ist bisher noch sehr unvollständig gesammelt, und wenn wir auch über die Ortsanlage einzelner Staaten und Völker, wie über die römischen, die wir teils aus mehr oder minder erhaltenen Beispielen, teils aus antiken Plänen (Rom), teils durch Vitruvius erkennen, über die ostindischen, denen die heiligen Bücher ganz genaue Vorschriften in bezug auf die Anlage ihrer Ortschaften machen, mitunter ganz detaillierte Auskünfte haben (s. z. B. S. 312), so ist von andern Völkern uns viel weniger hierüber bekannt. Wir wissen z. B. nicht einmal genau, ob sich in Deutschland feste Niederlassungen schon zu jenen Zeiten zu verbreiten anfingen, als die Römer eindrangen. Namentlich in den von den Römern besetzt gewesenen Teilen Deutschlands ist fast jede Spur der vor dieser Besetzung etwa vorhanden gewesenen Ortschaften verwischt. Nach Vertreibung der Römer bestanden teils die von diesen gegründeten Städte fort, teils traten die deutschen Großen in die Fußstapfen der Römer, indem sie ihre Untergebenen, Leibeignen, Hörigen nötigten, sich in unmittelbarer Nähe der Burg, vielfach, ja meist im befestigten Umkreise der Vorburg anzubauen. Einzelne minder mächtige Freie siedelten sich dann ebenfalls im Schutze dieser Befestigungen an, und so entstanden Bürgerschaften. Wo Lage oder luxuriöse Hofhaltung und ausgedehntere Macht des Burgherrn regeren Verkehr herbeiführten, erhoben sich diese Bürgerschaften zu dem Range von Städten; wo solche günstige Bedingungen fehlten, blieben sie Dörfer, die, unter der Botmäßigkeit des Ritters stehend, Rittergüter hießen. Die eigentlichen Dörfer, geschlossene Ansiedelungen freier Bauern, scheinen, soweit die Forschungen bis jetzt zurückreichen, im Anfang ebenfalls mit Befestigungen versehen gewesen zu sein.

Die ersten zuverlässigen Nachrichten über Gründung von Ortschaften in den nicht von den Römern okkupiert gewesenen Teilen Deutschlands gehen zurück auf die Zeit des Bonifacius, der unter andern 722 Amöneburg, 724 Ohrdruff, 732 Fritzlar, 736 Hersfeld, 741 Buraburg, 742 Fulda gründete. Viele der von seinen Gehilfen gegründeten Missionsstationen schlossen sich bestehenden Ortschaften an, unter denen auch slawische auftauchen. Hier läßt sich nun zuerst ein einigermaßen sicherer Schluß auf die Gestaltung der Orte thun. Danach dürfen sich dieselben in vier Gruppen sondern lassen.

Die erste dieser Gruppen bilden die schon erwähnten Burgflecken. Sie lehnen sich zum Teil an römische, zum Teil an deutsche, aber nach römischem Muster erbaute Burgen an. Die Art ihrer Anlage ist ungemein verschieden, augenscheinlich aus dem souveränen Willen des jedesmaligen Burgherrn hervorgegangen. Bei der Wahl des Platzes gab die Sicherheit gegen Angriffe den Ausschlag, wie denn auch der Umfang der Ansiedelung in Rücksicht auf diese Sicherheit meist nur ein beschränkter sein konnte.

Die zweite Gruppe umfaßt die durch Geistliche hervorgerufenen Ansiedelungen. Die Missionare erbauten Kirchen oder Kapellen, umgaben diese mit Zellen und meist auch mit Befestigungen. Die Bekehrten siedelten sich in der Umgebung des Klosters an, und so entstanden Dörfer, Flecken oder Städte, welche in bezug auf ihre Form und Ausdehnung ganz ähnlichen Bedingnissen unterworfen waren wie die Burgflecken.

Die dritte Gruppe bilden die Dörfer und Flecken, welche freie Germanen ohne direkt leitenden Einfluß einzelner mächtiger Personen gründeten, ohne daß sich nachweisen läßt, ob vor, während oder nach der Christianisierung der betreffenden Gegenden. Meist scheinen sie ihre Entstehung der Pflege des gesteigerten oder dem Streben nach Hervorrufung eines neuen Verkehrs zu verdanken, da sie sich zum größten Teil an Punkten zeigen, wo Handelsstraßen sich kreuzen, oder wo an langen Straßen eine Übernachtung sich notwendig machen mußte. Sie liegen denn auch in der Regel lang hingestreckt, in einer oder zwei Häuserreihen am Rande einer Straße, an dem Ufer eines Flusses u. s. w. Wenn die Einwohnerzahl so wuchs, daß die einfache Fortsetzung der Reihe Erschwerungen für den innern Verkehr zur Folge haben mußte, so wurde eine Parallelstraße angelegt, durch eine oder bei größerer Länge auch wohl mehrere schmale Quergäßchen mit der ersten verbunden. Etwaige Marktplätze erhielten dann von selbst die Gestalt eines länglichen Vierecks. Mit Abschnüren und Abwinkeln u. s. w. gab man sich in damaliger Zeit freilich nicht besondere Mühe, und so erscheinen denn auch diese Anlagen bloß in den Hauptzügen leidlich regelmäßig.

Die vierte Gruppe endlich bilden die slawischen Ortschaften, durch ihre geschlossene Form gekennzeichnet. Die einzelnen Höfe eines solchen slawischen Dorfes (man findet deren im Lüneburgischen, in Mecklenburg, Pommern, den Marken, Thüringen, Sachsen, Böhmen, Mähren, Schlesien und Rußland) bilden, fest aneinander sich schließend, einen Ring um einen annähernd kreisförmigen Platz, der nur an einer Stelle einen Eingang bietet und in der Mitte einen Teich enthält, neben dem wohl auch eine Kapelle steht, während die Kirche zwischen den Gehöften sich einreiht. Die Hausgärten verbreitern sich hinter den Höfen fächerförmig nach außen. Eine gleiche Grundlage zeigen auch die ursprünglich von Slawen

Geschichte der Ortsanlagen. 341

gegründeten Städte, indem sich zunächst um den Marktplatz (Ring) die Wohnhäuser reihten, dann hinter diesen allmählich konzentrische Straßenkreise mit radialen Verbindungsgassen sich anlegten. Solche Anlagen zeigen unter andern die Städte Moskau und Erfurt.

Schon am Ende des 10. Jahrhunderts fühlte man die Notwendigkeit, bei dem Bau in Ortschaften der Willkür des Einzelnen Schranken zu setzen. Aus jener Zeit sind uns baupolizeiliche Anordnungen aus Hildesheim, Straßburg u. s. w. erhalten.

Fig. 310. Städtebild aus dem 14. Jahrhundert.

Sehr viele alte Städte aber zeigen uns noch wenigstens in ihrem Kern die mittelalterliche Anlage, wenn sie dieselbe auch nicht so vollständig erhielten wie Nürnberg bis vor wenigen Jahren, Rothenburg an der Tauber noch jetzt, wie Carcassonne in Frankreich 2c. Mauern umschlossen eine solche mittelalterliche Stadt thunlichst eng. Das Rathaus und die von einem Begräbnisplatz, Kirchhof, umgebene Kirche, ein Kaufhaus und Zeughaus beherrschten die übrigen Häuser, deren vornehmere sich an den von den Thoren zum Markt führenden Straßen reihten. Diese Straßen wurden meist etwas gekrümmt angelegt, damit, wie Leon Battista Alberti noch zur Renaissancezeit schreibt, die feindlichen Geschosse nicht ihre ganze Länge bestreichen sollten, der Wind gebrochen werde, der Schatten nie ganz fehle und die Häuser sich allmählich und abwechselnd dem Auge darböten. Die enormen Fortschritte, welche das Verkehrsleben machte, die mit der Bildung zunehmende Sicherheit, der mehr und mehr sich verbreitende Wohlstand haben es dahin gebracht, daß jetzt eine ungemeine Mannigfaltigkeit in bezug auf Größe und Anlage der Ortschaften herrscht. Wenn man jetzt ein Dorf anlegen wollte, so würde man wohl die Nähe einer Eisenbahn oder einer sonstigen Verkehrsader wählen und von derselben einen bequemen, möglichst direkten Zugang auf den regelmäßigen Dorfplatz suchen, an dem sich Kirche, Gemeindehaus, Schule u. s. w. erheben, und von dem aus sich die Straßen abzweigen, an deren Seiten die Gehöfte sich reihen. —

Fig. 311. Galerie Vittorio Emanuele in Mailand.

Bei den Marktflecken rücken die Wohnhäuser schon etwas enger zusammen. Um den Marktplatz reihen sich vor allem die Häuser derer, die mit dem Marktverkehr zu thun haben. Die Bauerngüter stehen etwas entfernter. Noch enger geschart im Mittelpunkte sind die Häuser der Kaufleute und Gewerken im Landstädtchen, noch weiter vom Mittelpunkte, von dem durch Rathaus und Kirche gezierten Markt, ziehen sich hier die wenigen Bauerngehöfte zurück, die in der Mittelstadt sich bereits in die Vorstädte verwiesen finden,

Arten der Ortschaften. 343

in der Großstadt aber selbst aus den inneren Vorstädten hinausrücken müssen an die Grenzen der äußeren oder äußersten Vorstädte.

Während im kleinen Fabrikort die Fabrik ebenso den Mittelpunkt bildet, wie im Burgflecken die Burg, wird bei größeren Fabrikstädten der Mittelpunkt von den Behörden, von den Anstalten für öffentlichen Verkehr, also Post, Telegraphie, Gasthöfen u. s. w., sowie von den Kontors und Detailverkäufern eingenommen, welche die Bevölkerung direkt mit den für das tägliche Leben nötigen Dingen versehen; ja in neuerer Zeit rücken sogar die Bahnhöfe für den Personenverkehr in diesen Mittelpunkt hinein, während die Fabriken, die doch in solchen Städten recht eigentlich das herrschende und belebende Prinzip sind, sich dennoch nach der innern Vorstadt zurückziehen, wo denn auch die Bahnhöfe für den Güterverkehr, die Speditionsgeschäfte u. s. w. sich befinden. In älteren Städten, die erst neuerdings zu Fabrikstädten wurden, wohnt ein Teil der Arbeiterschaft noch in der innern Stadt; doch wird diese immer mehr von Kontors, Musterlagern u. s. w. in Beschlag genommen, und die äußere Vorstadt wird nun die eigentliche Wohnstätte der Beamten und Arbeiter.

Fig. 312. Inneres der Zentralhallen in Paris.

Das ganze alte innere London, die City, ist solcherart zur Kontorstadt geworden. Entsprechendes Zurücken zeigt sich in allen solchen Städten, deren Leben irgend einen bestimmten Angelpunkt hat, z. B. in kleineren Universitätsstädten, ferner in solchen Städten, wo eine Fachschule sich befindet ꝛc., auch in Handelsstädten bricht sich eine ähnliche Verteilung Bahn.

In der Nähe der Verkehrsmündungen, bestehen diese nun in einem Bahnhof, einer Gruppe von Bahnhöfen oder in einem Hafen, drängen sich die Speicher und Kontors an den Straßen, Kais oder Kanälen, auf denen der rege, immer wachsende Verkehr der Fahrzeuge mit einer fast permanenten Verkehrsstockung zu kämpfen hat. An sie schließt sich möglichst dicht eine zweite Gruppe, welche die Gasthöfe, die Detailverkäufer, zwischen diesen noch zahlreiche Kontors, die behördlichen Lokale u. s. w. enthält. Um beide Gruppen herum legt sich dann erst ein Gürtel von Wohnungen solcher Leute, welchen nur geringe Zeit zum Heimgehen bleibt, also der Geschäftsbeamten, behördlichen Beamten, der höher gestellten Arbeiter u. s. w. Dann folgt ein letzter Gürtel: mehrere Gruppen von eleganten Wohnhäusern der Kaufherren, zwischen denen sich andre Gruppen, Arbeiterwohnungen, einschieben. Begreiflicherweise kann hier durchaus nicht von ganz gleichmäßiger Wiederkehr dieser Gestaltungen die Rede sein, das Gesagte soll nur die allgemeinsten Züge andeuten, welche als natürliche Folge der Verkehrsbedingungen bald mehr, bald minder scharf sich ausprägen werden, ebenso wie in jeder Residenz das Schloß mit den Regierungsgebäuden den natürlichen Mittelpunkt bilden wird, ohne daß man doch auch nur zwei Residenzen wird auffinden können, die ganz gleichmäßig angelegt wären. Gilt dies ja sogar von denjenigen Städten, die doch am meisten unter allen von den Regeln einer baulichen Zweigwissenschaft abhängig waren, von den Festungsstädten, die jetzt zu verschwinden beginnen, da man bei den Wirkungen moderner Geschütze die geschlossenen Befestigungsringe mehr und mehr durch eine genügend weit entfernt vorgelegte Reihe von Forts 2c. ersetzt, auch wohl befestigte Lager anlegt, in denen eben nur die für die betreffenden Truppenmassen nötigen Kasernen, Magazine, Werkstätten, Ställe, Verwaltungsgebäude 2c. Platz finden. — Waren die Festungsstädte von den Regeln der Festungsbaukunst abhängig, so diktierte auch die Willkür der Herrscher, die einseitige Theorie einflußreicher Baukünstler 2c. manchmal den Plan einer Stadt. Wenn große Prachtstraßen und Plätze in Italien schon in der Renaissanceperiode aus solchem Antrieb angelegt wurden, so unterlag doch erst in dem Barockstil der Franzosen die Stadtanlage derartiger künstlerischer Durchführung. — Die großartigste dieser Planungen ist die von Versailles. Die Stadt, welche unter Ludwig XVI. eine Einwohnerzahl von 100 000 Seelen besaß, entstand in der zweiten Hälfte des 17. Jahrhunderts nach des Architekten Lenôtre Plan, dessen wichtigstes Moment die Anlage dreier konzentrisch auf den Mittelbau des Schlosses gerichteten großartigen Avenuen ist. Kurfürst Johann Wilhelm von der Pfalz baute nach der Zerstörung von 1689 Mannheim wieder auf, indem er, von der vom Ingenieur Coehorn angelegten kreisrunden Umwallung ausgehend, die Stadt durch rechtwinkelig sich schneidende Straßen in völlig regelmäßige Quartiere teilte und dadurch ermüdende Eintönigkeit erreichte. Seit 1725 baute Markgraf Karl Wilhelm von Baden inmitten eines Waldes ein Schlößchen und schlug 32 Schneusen nach allen Richtungen der Windrose von diesem aus durch den Forst. Bald begann eine Ansiedelung an den radialen Hauptstraßen und den in konzentrischem Bogen angelegten Verbindungswegen, und schon 1720 standen gegen 100 nach einem Plan gebaute Häuser um das erweiterte Schloß. So entstand Karlsruhe, das aber bald die Unzweckmäßigkeit der Anlage erkannte und von derselben abwich. Denn es ist ermüdend, immer wieder den Schloßturm zu sehen, und unpraktisch, kein Haus mit gerader, alle mit gekrümmter Front (in den Bogenstraßen) anlegen zu müssen. Ebenso leidet der Plan des seit dem Brande von 1693, besonders aber unter Großherzog Ludwig I. (1790—1830) neu erstandenen Darmstadt, sowie die seit 1658 sich entwickelnde Oberneustadt in Kassel unter allzu starrer Regelmäßigkeit. Gleiches gilt von den im 18. Jahrhundert angelegten Teilen von Turin, Triest, Cadiz 2c.

Im allgemeinen kann man behaupten, daß die Willkür nicht dazu beigetragen habe, die Städte, welche früher aus der Notwendigkeit und ohne vorher festgestellten Plan entstanden, zu verschönern. — Die vielfältige Gestaltung modernen Lebens hat besonders in der Nähe großer Städte, dann in der Nähe von Heilquellen, in besonders romantischen Gegenden 2c. aus Dörfern und Landstädtchen fast alles dort früher heimische Landleben und einfache Gewerbsleben verdrängt, um Raum für zeitweiligen Aufenthalt der Großstädter zu schaffen, die sich hier von der nervenzerstörenden Arbeit, von der noch viel mehr ermüdenden Vergnügungsjagd ihres eigentlichen Wohnortes, durch geschäftigen Müßiggang, durch scheinbaren Gebrauch einer Kur, durch eine Jagd nach anders gearteten Vergnügungen zu erholen gedenken, dabei aber nicht gern den Komfort ihrer großstädtischen Heimat entbehren möchten. So entstanden und entstehen Badeorte, Vergnügungsorte, Erholungsorte, deren Anlage sich nach dem jedesmaligen Einzelzweck richtet, und eben deshalb, weil diese Zwecke trotz scheinbarer Gleichheit doch unendlich verschieden sind, lassen sich über solche Anlagen fast gar keine Regeln geben.

Ganz **neue Anlegung von Ortschaften** kommt heutzutage in Amerika u. s. w. zwar noch ziemlich häufig, in unserm fast schon mit Ortschaften übersäeten Europa hingegen sehr selten vor, und schon deshalb können wir hier wohl füglich von Aufstellung allgemeiner Regeln für die Wahl des Ortes, für die Rücksicht auf Berg und Thal, Wasserlauf und herrschende Windrichtung u. s. w. absehen. Viel häufiger aber kommen selbst Nichtsachverständige in die Lage, bei Anlage neuer Stadtteile mitzuwirken, wobei zwar manchmal Gutes zu Tage gefördert wird, meist aber viel Unzweckmäßiges unterläuft. Die Gleichförmigkeit der amerikanischen Städte besonders beweist, wie schwer es ist, einen guten Stadtplan zu entwerfen.

Fig. 313. Konkordienplatz zu Paris.

Straßen. Man unterscheidet bei jeder Anlage einer neuen Straßengruppe Haupt- und Verbindungsstraßen. Erstere sollen nicht unter 15 m breit, die Verbindungsstraßen nicht unter 10 m, aber auch nicht über 14 m breit angelegt werden. Denn gewähren zu schmale Straßen nicht frische Luft genug und beengen den Verkehr, so sind zu breite Straßen im Winter zu kalt, im Sommer zu heiß und bieten gar oft das Bild der Leere und Öde. Ebenso ist es mit der Anzahl der Straßen. Man hat namentlich in neuester Zeit häufig den Fehler gemacht, zu vielen Platz für die Straßen, zu wenig für die Bauplätze zu verwenden. Ein solcher Straßenluxus aber kostet unendlich viel Geld für die Unterhaltung und Bewachung der Straßen. Zwischen je zwei Hauptstraßen sollten mindestens 96 m Zwischenraum sein, denn Grundstücke an Hauptstraßen bedürfen zu nützlicher Bebauung mindestens 48 m Tiefe, und zwei solcher Grundstücke, mit dem Rücken aneinander, müssen zwischen je zwei Hauptstraßen angenommen werden. Von einer Verbindungsstraße zur andern aber sollten an den Hauptstraßen mindestens zehn Häuser, zu 20 m Fronte, also 200 m Straßenlänge, liegen. Die Straße nicht allzusehr zu krümmen ist allerdings angemessen, aber auch hier kann man übertreiben, denn gerade Straßen von mehr als 700 m Länge werden schon langweilig. Dies beweist unter andern die etwa 4000 m, d. h. über eine Stunde lange Friedrichstraße in Berlin. Ja schon die 1000 m lange, in vielem Bezug so schöne Straße Unter den Linden ist etwas zu lang.

Eine neue Art der Verbindungsstraßen, die aber auch an eine ältere Gebäudeart anlehnt, sind die „Passagen". Die ersten Anlagen dieser Art waren einfache Höfe, die nach zwei Straßen mündeten und, von den Besitzern dem Publikum als Durchgang geöffnet, durch Anbringung thunlichst vieler Kaufläden nutzbringend gemacht wurden. Nachdem die Mohammedaner sowohl in Spanien als im Orient bereits im Mittelalter solche Anlagen als selbständige Gebäude errichtet, tritt, soviel wir wissen, derartige Benutzung eines Hofraumes zuerst in Leipzig (Auerbachs Hof) auf, denn selbst die Besetzung der Rialtobrücke in Venedig mit Kaufläden und der ähnlichen Brücke in Nürnberg fällt später als Auerbachs Hof. Vor einigen Jahrzehnten begann, wiederum in Leipzig, eine neue Bewegung auf diesem Gebiete, indem bereits im Jahre 1838 zwei als „Durchgänge" dienende Höfe zum bessern Gebrauche der in ihnen angebrachten „Läden" mit Glasdach versehen wurden. Im Jahre 1843 hatte Leipzig bereits vier solcher „Durchgänge", Braunschweig und Frankfurt a. M. je einen. Da wurden 1844 in Paris einige, freilich schon mit etwas Luxus, in einheitlicher Ausstattung der Kaufläden angelegt, und nun fand die Sache erst als „französische Mode" unter dem Namen „Passage" den verdienten allgemeinen Anklang. Jetzt haben viele Städte dergleichen aufzuweisen und manche davon gereichen den Städten zu hoher Zier; so in Brüssel der lange Passage de la Reine, in Leipzig acht bis zehn einfachere und drei zwar nicht in kolossalen Verhältnissen, aber recht elegant angelegte, in Berlin zwei ziemlich lange und vier bis fünf kleinere, in Paris und London viele vom einfachsten bis zum reichsten ꝛc. Die Krone von allen aber verdient die Galerie Vittorio Emanuele in Mailand (s. Fig. 311), welche mit ihrer großen Mittelkuppel, mit dem auf dem Hauptsims beim Beginn der in Gewölbeform darübergelegten Glasdecke angebrachten Gasflammensystem, welches mittels einer Miniaturlokomotive in Sekundenfrist in Brand gesteckt wird, mit ihrer luxuriösen Ausstattung, mit ihrer reichen Auswahl an Waren einen wahrhaft feenhaften Eindruck macht; in dieselbe Klasse, wie diese überbauten Durchgangshöfe, gehören baulich auch die überbauten Märkte, die türkischen Bazars, maurischen Alkaisarias, die italienischen Piazze delle herbe, del pescato u. s. w., die deutschen Kornhallen, Schrannen u. s. w. des Mittelalters, deren Nachkommen jetzt sehr zahlreich sind, besonders in der Zeit von 1840—1860 sehr vielfach neu errichtet wurden, sich aber schon überlebt zu haben scheinen. Es sind das die Schrannen (München), die Fleischhallen, Brotbänke, Fischhallen und andre meist mit Glas bedachte Marktplätze. Unter ihnen ragen hervor die Zentralhallen zu Paris (s. Fig. 312).

Welch langweiligen Anblick allzu regelmäßig angelegte Städte gewähren, ward schon betont. Auch in klimatischer Hinsicht sind lange, gerade Straßen, überhaupt alle übertrieben regelmäßige und weitschichtige Anlagen, gefährlich. Wind, Sonnenhitze, Staub u. s. w. werden hier immer viel lästiger fallen als in den etwas gekrümmten Straßen, die einerseits schöne Bilder, anderseits Schutz vor den Unbilden der Witterung gewähren.

Straßen. Passagen. Plätze. 347

Wollte man all das Mangelhafte, was in Beziehung auf Straßenanlagen innerhalb der letzten Jahrzehnte in Deutschlands schnell emporblühenden größeren Städten gesündigt worden ist, einer Musterung unterwerfen, man würde gar viele Seiten eines stattlichen Buches dafür bedürfen. Uns fehlt hierzu der Raum.

Die schönsten Beispiele wohl abgeschlossener Straßen bietet Paris. So die Avenue de l'Opera, mit 700 m Länge, zwischen dem Palais Royal und der Oper; die Avenue Viktoria mit 500 m Länge, zwischen Privatbauten und dem Hotel de Ville; der mächtige, hochgelegene Triumphbogen beherrscht freilich nur vermöge dieser Lage hinreichend die 2500 m lange Avenue der Champs Elysées, obschon diese nur von Villen umgeben ist.

Dagegen gewinnen die älteren Boulevards durch ihre Krümmungen und Einbauten, wie die Porte St. Denis und Porte St. Martin, Chateau d'Eau, Julisäule c., an abgeschlossener Schönheit. Die neuen Boulevards aber sind, besonders weil die in Paris üblichen, die Häuserfront entlang laufenden Balkons die Horizontale unverhältnismäßig stark hervortreten lassen, von ermüdender Einförmigkeit.

Fig. 314. Marienplatz in München.

Plätze. Wenn die Straßen für den gewöhnlichen Verkehr, für das Hin- und Herlaufen Raum genug bieten, so treten doch in dem Verkehr jeder Stadt Anhäufungen ein, welche erweiterte Stellen bedingen. Wir wollen hier nur die Aufstellung von Verkaufsständen zu Jahrmärkten, Messen, Wochenmärkten, die vorübergehende Aufstellung von Sehenswürdigkeiten, die Postierung von Droschken, Dienstmännern u. s. w. erwähnen. Ferner erfordert die Rücksicht auf die Gesundheit der Bewohner ebenfalls die Anlage solcher Ausdehnungen freier Plätze. Solche Plätze, teils für den Verkehr ganz frei gelassen, teils um der Gesundheit willen mit Pflanzen, Springbrunnen u. s. w., teils endlich um der Zierde und um der Hebung des Gemeinsinnes, der Vaterlandsliebe willen mit Kunstwerken, Denkmälern c. besetzt, müssen ziemlich gleichmäßig verteilt werden; namentlich aber an solchen Stellen, wo Straßen in schiefem Winkel, besonders in großer Anzahl, aneinander stoßen, ist es am besten, auf einen kleinen Platz Bedacht zu nehmen. Aber auch die großen freien Plätze dürfen nicht zu selten vorkommen. Auch bei ihnen freilich macht die Größe

44*

allein nicht die Schönheit aus, sondern ist oft ein Hindernis derselben; der 310 m lange, 140 m breite Friedrichsplatz in Kassel erscheint, obschon Monumentalbauten ihn zieren, fast als eine Wüste inmitten der Stadt, denn seine Ausdehnung läßt jene Bauten kleiner erscheinen als sie sind. Kann man auch nicht mit einem Zauberschlage auf solchen Plätzen Baumreihen, Springbrunnen, Statuen u. s. w. hervorrufen, so sollte man doch nicht dieselben zu lange wüst liegen lassen, nicht nur aus künstlerischen Gründen, denn verwahrloste Stadtteile befördern nicht den Verkehr. Auf der Mitte großer, geräumiger Plätze, oder längs der Seiten derselben, da ist die rechte Stelle für öffentliche Gebäude, welche nicht in enge Straßen, noch weniger an winkelige Orte eingepfropft werden dürfen.

Fig. 315. Der Belle=Allianceplatz zu Berlin.

Muster von regelmäßigen und dennoch angenehme Abwechslung bietenden Plätzen und Straßenanlagen in Deutschland sind: der Lustgarten in Berlin mit dem königlichen Schloß, dem Museum, dem Dom 2c.; der runde Bautzener Platz in Neustadt=Dresden mit seinen schönen Baumreihen und Parkanlagen, hinter denen Privathäuser, Hotels, Kasernen, Kirchen u. s. w. in buntestem Wechsel sich im Kreise reihen, und mit den radial in ihn mündenden Straßen; der Schloßplatz in Braunschweig, der Bahnhofsplatz in Hannover u. s. w. Zwar großartig, aber in vieler Beziehung die allmähliche, nicht recht planmäßige Entstehung und den Mangel genügender Achtung vor künstlerischem Rat bekundend, ist der zwar von stattlichen Gebäuden: Post, Universität, Theater, Museum, Kirche 2c. umgebene, aber doch unfertig und unorganisch erscheinende Augustusplatz zu Leipzig; in der Anlage sehr gelungen, leider aber von zum Teil sehr spielender Architektur gesäumt, die Maximilianstraße in München. Das Großartigste aber, was in dieser Beziehung in der neuern Zeit im Bereich der deutschen Zunge geschaffen wurde, ist die am 25. Dezember 1857 vom Kaiser verfügte, um 1864 begonnene Belegung des zwischen der innern Stadt und den Vorstädten Wiens gelegenen, früher mit Festungswerken besetzt gewesenen Terrains mit den seitdem weltberühmt gewordenen Ringstraßen samt zugehörigen Plätzen. Zwar fehlen hier die Achsbeziehungen mit „Points de vue", welche in Dresden, Paris, München so trefflich wirken, aber die Verteilung dieser Straßen und Plätze, die Abmessung ihrer Breiten und Längen, die Bemessung der dazwischen gelegten Gartenanlagen ist musterhaft, gut überlegt,

Plätze. Anlage von Stadtteilen. 349

geradezu künstlerisch disponiert und prunkhaft ausgeführt. Die an denselben gelegenen öffentlichen Gebäude aller Art zählen zum größten Teil zu den bedeutendsten Leistungen der Neuzeit. Der noch unvollendete Platz vor der Hofburg wird jene anderweit durch die Gestalt des Terrains ausgeschlossene Achsverbindung erhalten. Diesen öffentlichen Arbeiten und Anlagen gegenüber blieben nun auch die Privatleute und Vereine nicht zurück. Paläste von Erzherzögen, reichen Kaufherren u. s. w. wetteifern mit den Häusern der Gartenbaugesellschaft, der Künstlergesellschaft u. s. w. an Opulenz und Schönheit, ja selbst die Miethäuser haben hier ihr Wesen ausgetauscht und erscheinen massiv konstruiert, bequem, ja komfortabel angelegt und stilvoll dekoriert. Und nicht allein in der Form hat man nach Großartigkeit und Abwechselung gestrebt; auch die solange verschmähte farbige Ausstattung wurde hervorgesucht, um den Ring zu schmücken, in dem so viele köstliche Edelsteine prangen.

Fig. 316. State-Street in Chicago.

In München und Hannover sowie anderwärts hat man mit viel Geschick alte malerische Platzanlagen unter schonungsvoller Beibehaltung der reizvollen Teile von der Beengung durch andre minder wertvolle befreit und mit neuen, dazu passenden Bauten, Brunnen 2c. geschmückt (s. Fig. 314). — In andern Städten aber, wie in Nürnberg, Leipzig 2c., fehlt hierzu die Pietät und der historische Sinn und glaubt man nur durch Demolierung zu etwas Großartigem gelangen zu können, hat aber bei den neuen Anlagen vielfach zu wenig Rücksicht auf Achsdurchblicke, genügend entfernte Standpunkte und Beziehungen zur Umgebung genommen, so daß die neuen Prachtbauten durch die mesquinen Umgebungen beeinträchtigt werden. Die so entstandenen Stadtteile in Nürnberg, Leipzig und selbst in Berlin bieten wenig Interesse, da sie meist in rechtwinkeliger Straßenführung an der Peripherie der Stadt liegen. Der Königsplatz in Berlin ist, obgleich die gewaltige Siegessäule in seiner Mitte steht, zu groß, um die benachbarten Bauten nicht in ihrer Wirkung zu beeinträchtigen, ihm fehlt eine im Sinne des Konkordienplatzes gehaltene Gliederung, welche mit der Vollendung des neuen Reichstagsgebäudes aber wohl eintreten wird. Dagegen ist die Anlage von Straßen in Verbindung mit dem Spreekanal an der Michaeliskirche von hervorragendem Reiz. Auch macht in seiner jetzigen Ausschmückung und Umgebung der Belle-Allianceplatz (Fig. 315) zwar einen prächtigen Eindruck, mangelt aber der harmonischen Umschließung.

Ebenso erheben sich in den meisten Großstädten die Erweiterungen selten zu wirklich künstlerischem Werte und beschränken sich auf Anlage von rechtwinkeligen Häuservierteln, an deren Gestaltung das Lineal des Ingenieurs mehr Anteil hat als die Phantasie, was da, wo zwei durch den Verkehr bedingte verschiedene Achsrichtungen zusammenstoßen, zu häßlichen Erscheinungen führt, die nur mittels Einwirkung genial künstlerischer Freiheit eine glückliche Lösung finden könnten. Ein prägnantes Beispiel hierfür bildet die unglückliche Stellung des neuen Konzerthauses zu Leipzig, welche wohl nach der projektierten Aufführung des Reichsgerichts gleich daneben noch unangenehmer wirken wird. Die Konkurrenz für die Ausnutzung großer, früher vom Militär belegter Baugründe in Neustadt=Dresden, der sich die Bebauung einer Ringstraße und Anlage einer vierten Brücke über die Elbe anschloß, ergab bedeutende, leider nicht genügend ausgebeutete Resultate. Namentlich die Entwürfe von Giese und Weidner, Rumpel und Sommerschuh, Hänel und Adam boten interessantere Lösungen, als man bei der Ausführung erreicht hat. Eine verwandte Aufgabe wurde durch die Niederlegung der Straßburger Festungswerke geschaffen. In einer Konkurrenz und in weiteren Bearbeitungen wurde das Projekt mit Fleiß durchgebildet. Namentlich Architekt Eggert erwarb sich hierbei Verdienste. Genannt seien ferner Gnauths Entwürfe für Nürnberger Straßenanlagen, H. A. Richters Plan des Dresdner Sachsenplatzes und die an Langhans' Theaterbau anschließende Veränderung der Parkanlagen in Leipzig, Leins Ausschmückung des Königsplatzes zu Stuttgart, Kuhns Entwurf für ein Forum vor dem Brandenburger Thor, Orths Pläne für die Museumsinsel in Berlin u. a. mehr. Bei vielen dieser auf Monumentalwirkung berechneten Straßen und Plätze fand als berechtigter Faktor die Hinneigung zu malerischem Eindrucke Berücksichtigung. In Spanien ist namentlich der Schloßplatz Madrids ein Muster in seiner Art.

Wie man beim Bau neuer Stadtteile, Straßen und öffentlicher Gebäude vorgehen soll, dafür bieten sich uns in der riesigen Hauptstadt Englands und in Amerika beachtenswerte Beispiele; besonders sind die neuen Stadtteile, obschon sie meist von Häuserspekulanten errichtet werden, dennoch zum größeren Teile mit gutem Geschmack angelegt. Namentlich die auf Spekulation gebauten großen Verkehrsstraßen älterer wie neuerer amerikanischer Städte, wenn sie auch selten die lebendige und wechselvolle Profilierung der europäischen Zinsburgenstraßen zeigen, enthalten doch zwischen nüchternen Bauten nicht selten prunkvolle Eckhäuser mit Türmchen, Giebeln, Kuppeln u. dgl. (Fig. 316).

Im allgemeinen kennt der Architekt, kennt die Aktiengesellschaft, welche ein Feld zu einer Wohnstraße umbilden will, die üblichen Bedürfnisse. Es wird gebaut, um den Baumarkt zu beleben, um Geld zu placieren, um Arbeiter zu beschäftigen — keiner der interessierten Teile kennt natürlich die persönlichen Eigenheiten der Mieter, aber jeder kennt die berechtigten Forderungen nach Komfort, die in größeren Städten Amerikas und Englands ein jeder Mieter an das Haus stellt, für dessen Benutzung er jährlich 400 und mehr Dollars zu geben beabsichtigt, oder das er für 6000 und mehr Dollars zu kaufen sucht.

Der Grund und Boden wird von den Besitzern (einzelnen Reichen oder einer Baugesellschaft) in Baulots, welche in der Straßenfront $7{,}90$ m (25' englisch), in der Tiefe 30 bis 90 m haben, abgeteilt und vermietet. Will nun jemand ein Haus zu seinem Geschäft bauen, so mietet er einen solchen ihm passend gelegenen Platz, baut darauf sein Haus, und zwar oft nur so, daß es nach Verfluß seiner Mietszeit seine Dienste geleistet hat und womöglich selbst einfällt. Würde es länger halten, so würde ja Geld dabei verschwendet sein. Wegen des Planes geht der Yankee morgens zum Architekten, sagt ihm seine Wünsche, die Größe des Bauplatzes und die zu verwendende Summe; abends kommt er wieder und will die Zeichnung sehen; gefällt sie ihm, so wird mit dem Meister um eine runde Summe akkordiert, den dritten Tag zu bauen angefangen und in der sechsten Woche eingezogen.

Für eine solche Zeichnung bekommt der Architekt 10—40 Dollars. Hiervon kann er natürlich nicht leben, wenn nicht gleich 10—12 solcher Häuser in einer Reihe nach derselben Zeichnung von ihm errichtet würden; dies kommt zwar häufig vor, erfordert aber ausgebreitete Bekanntschaft. Da ist also für einen Neuangekommenen, sogenannten Grünen, nichts zu machen, namentlich da die Bauarbeiter meist Irländer sind, mit denen man gut englisch sprechen muß, um sie im Zaume halten zu können. Dann muß dieses Bauen auch frisch gelernt werden, denn weil die Baulots alle $7{,}90$ m lang sind, schneidet der Sägemüller seine Balken, welche aus $7\frac{1}{2}$ cm starken aufrechten Dielen bestehen, nur $7{,}60$ m lang, und weil die Balken nur $7{,}6$ m lang sind, werden die Häuser nur $7{,}90$ m lang, und zwar auf folgende Weise gebaut.

Fig. 317. Forum einer römischen Stadt.

„Der Bauherr kauft in der Fabrik oder für alt fertige Fenster und Thüren, nach denen die Öffnungen bemessen werden, wenn, nachdem Fundament und Keller herausgemauert ist, die hintere und die beiden Seitenmauern auf die ganze Tiefe des Hauses ein Ziegel stark bis zum ersten Gebälke aufgemauert werden. In die hintere Mauer werden die gekauften Fenster gleich eingestellt, die beiden Seiten bekommen nur selten, nämlich nur dann Fenster, wenn ein Zwischenraum zwischen den Häusern ist. Auf diese Mauern legt der Zimmermann seine 7,60 m langen und 7 1/2 cm (3 Zoll) starken Dielen (Dreilinge) ungefähr 40 cm weit ohne Mauerlatte als Gebälk auf. Der Maurer macht das zweite Stockwerk wieder einen Stein stark, der Zimmermann legt wieder Dreilinge und so geht's fort bis in den dritten, vierten und fünften Stock. Jetzt geht es an den Ausbau: der Zimmermann stellt die Thüren ein, macht mit einem Wagen voll Rahmschenkel Scheidewände, legt Böden und schneidet aus seinem Gebälk ein Loch zur Stiege. Nun erst wird die bis dahin offene Vorderseite bedacht. Der Steinhauer pappt je nach Vermögen 2c. des Bauherrn eine oft schön und reich verzierte, oft auch schlechte Architektur aus roten Sandsteinplatten, Marmor oder Granit an die vordere Front und hängt diese Täfelung mit eisernen Klämmerchen mit dem Hintergemäuer und des Zimmermanns Rahmschenkeln zusammen. Oft besteht auch die ganze Front aus reichverziertem Gußeisen. Dann kommt der Gipser und macht das ganze Bauwesen mit einem wirklich ausgezeichneten Stuck zum scheinbar massivsten Hause der Welt, in welchem aber oft mehr für Bequemlichkeit gesorgt ist, als bei unsern veralteten europäischen Einteilungen."

Eine interessante Einrichtung besteht auch in Norwegen. Diejenigen, welche aus dem südlichen nach dem polaren Norwegen auswandern, finden daselbst nicht viel Bauholz vor, daher Kirchen, Beamtenhäuser, Kaufhäuser im Süden nach den Plänen angefertigt, in numerierten Teilen auf einem Einmaster nach der Polarregion gesegelt und daselbst aufgestellt werden. Die warme Vaterlandsliebe, welche der Skandinavier auch in den Vereinigten Staaten, oder wo er sich sonst aufhält, beibehält, sowie das zähe Festhalten an den Sitten und Gewohnheiten, die er von seiner Heimat mitbringt, ist die Ursache, daß solche in Norwegen gebaute Holzhäuser über den Ozean geschifft werden — es wandern nicht nur die Menschen, auch die Häuser. Alle solche fabrikmäßig erbaute Häuser stehen an schönen breiten, Straßen und zweckmäßig angelegten Plätzen. Kehren wir nun nach Mitteleuropa zurück und wenden uns nach Frankreich, so finden wir einen der schönsten Plätze der Welt in Nimes zwischen Bahnhof und Stadt, und in Frankreichs Hauptstadt den Konkordienplatz (Fig. 313), auf welchem der Deutsche Hittorf innerhalb der 400 m langen und 200 m breiten Gesamtfläche ein circa 260 und 160 m messendes inneres Mittelfeld mit Statuen, Kandelabern, Boskets 2c. umzog, welches durch den Obelisken aus Luxor und durch wuchtige Fontänen besetzt ist, während die Achsen der Anlage an einem Ende durch die auf die Madeleinekirche zu führende Straße, am andern durch die Brücke und das dahinter aufsteigende Palais des gesetzgebenden Körpers mächtig markiert ist. Das Großartigste indes hat das Machtwort eines Napoleon in noch nicht zehn Jahren (1854—1863) sozusagen hervorgezaubert. Der Glanzpunkt dieser Leistungen, der von den Gebäuden des Louvre und der Tuilerien eingeschlossene große Platz, erscheint, gleich dem großen Markusplatz in Venedig, wie ein Riesensalon unter freiem Himmel.

So emsig man aber auch heutzutage bemüht sein mag, die Sünden früherer Jahrhunderte wieder gut zu machen und an Stelle winkeliger, enger Straßen und dürftiger Plätze — Erbstücke aus der Zeit des Mittelalters — luftige und breite Straßen zu schaffen, und bei Neubauten für geschmackvoll angelegte Plätze zu sorgen, so hat doch die Neuzeit bisher immer noch darin nichts geleistet, was sich mit dem vergleichen könnte, was zu ihrer Blütezeit Griechenlands Städte und was später das weltbeherrschende Rom aufzuweisen gehabt hat. Wir wollen hier nur beispielsweise von einem dieser Plätze, von dem vorzugsweise Forum romanum genannten, sprechen. Der ganze Platz hatte die Form eines langgestreckten, unregelmäßigen Rechtecks, dessen östliche Hälfte das Comitium für die Bürgerversammlungen bildete, während die westliche, mit vielen Reiterstatuen und Standbildern geschmückt und von der via triumphalis durchzogen, als eigentliches Forum bekannt war. Im Hintergrund der ersten Hälfte sah man den Hügel des Kapitols emporsteigen mit seinen Tempeln und den Palästen, welche den Staatsschatz und das Staatsarchiv umschlossen. An der nördlichen Seite des Platzes lief längs der heiligen Straße eine oft unterbrochene Reihe von Kolonnaden hin, die Frontseiten dreier prächtiger Basiliken und einiger Tempel anbindend. Gegenüber sah man die Regia (Amtswohnung des Oberpriesters), den Tempel der Vesta, die kreisförmige Kapelle mit dem heiligen Feuer umschließend, noch ein paar Tempel und dahinter den Hügel mit den Kaiserpalästen. — Hieran reihten sich andre Prachtgebäude, vor welchen die Büreaus der Notare, Kaufläden u. s. w., alle reich dekoriert, aufgestellt waren. Außerdem hatte Rom selbst noch einen Ochsenmarkt, einen Wochenmarktplatz u. dgl. mehr. Jede römische Stadt besaß ein ähnlich disponiertes Forum, von denen uns in Otricoli, Pompeji etc. interessante Reste geblieben sind. Fig. 317 stellt ein solches dar, entworfen unter genauer Berücksichtigung der Ruinen in Rom und der Beschreibungen römischer Schriftsteller. Allmählich füllten sich solche Plätze oft in fast störender Weise mit Statuen etc. und auch ihr Umkreis wurde in manchmal sehr beengender Weise mit Gebäuden besetzt. — Auch die Märkte und Plätze der im Mittelalter blühenden Städte sind meist dicht umdrängt von Häusern, fassen den Verkehr der stark angewachsenen Einwohnerzahl nicht mehr und verlangen Vergrößerung.

Vielfach hat man bei den nötigen Erweiterungen nicht solche Pietät beobachtet, wie in München (s. Fig. 314) und besonders die alten vor Regen schützenden und Schatten spendenden Lauben, die den Springbrunnen beschattenden Bäume etc. entfernt. Im Herbst und Winter ist ein Gang über solche Plätze ohne Schirm nicht möglich und im Sommer glüht das Pflaster buchstäblich unter den sengenden Strahlen der Sonne. So ist's leider vielfach bei uns, bei den hochkultivierten Europäern! Die von manchem belächelten Japanesen dagegen wissen eben so gut wie einst die Ägypter, wie die Mauren in Spanien und unsre deutschen Vorfahren, den großen Vorteil des Unterhaltens von Pflanzengruppen im Innern der Städte zu würdigen. Doch auch in Europa fehlt es nicht an rühmlichen Beispielen von dem Eintreten solcher Fürsorge, nachdem in den sämtlich befestigten Städten allmählich die Bebauung so dicht geworden, daß kaum die für den Verkehr unbedingt nötigen, fast nirgends aber bepflanzte freie Plätze übrig blieben. Meist konnte diesem Mangel erst nach der Entfestigung abgeholfen werden. Leipzig war eine der ersten Städte, welche unter dem kunstsinnigen Bürgermeister Kriegsrath Müller sich mit einem auf der Stelle der niedergeworfenen Festungswerke angelegten Gürtel von Promenaden umgab. Ähnliches geschah zu Dresden (Brühlsche Terrasse) und in vielen andern Städten. Selten konnte man im Innern der Stadt für grüne Plätze sorgen. In England hat man diese zweckmäßige Einrichtung am konsequentesten durchgeführt. Neben den Squares für den Verkehr finden sich überall in möglichst gleichmäßiger Verteilung die Greensquares, d. h. mit Parkanlagen versehene Plätze. In Frankreich und Deutschland sind vielfach, wie in Leipzig, die Stellen der einstmaligen Bollwerke, die Boulevards, mit fortlaufenden Promenaden versehen worden. Freilich prunken unsre Plätze nicht mit einer so überreichen Anzahl von Kunstwerken, wie die Römer sie aus allen ihren eroberten Provinzen zusammenschleppten, aber dafür haben wir die doch immerhin häufiger werdenden Denkmäler unsrer eignen vaterländischen Kunst. Freilich fehlen unsern Plätzen die imposanten Hallen, aber dafür fächelt der Schatten duftender Linden und Akazien unsern von räucheriger Zimmerluft gequälten Lungen Erfrischung zu. Freilich verblüffen unsre öffentlichen Gebäude nicht durch die enormen Massen, zu deren Aufrichtung es tausend und aber tausend unglücklicher Sklaven bedurfte, aber dafür zeugen unsre Bauten von wohlverstandener Anwendung der Naturkräfte, und durch diese wirken wir Wunder, welche vor fünfzehn Jahrhunderten unfaßbar gewesen wären. Neben dieser direkten Benutzung der einfachsten Naturkräfte zieht man auch die wohlthätigen Wirkungen der Natur und ihre Schönheit zur Mitwirkung bei Anlage von Straßen und Plätzen heran; von solcher Herbeiziehung im Mittelalter wissen wir freilich fast nur betreffs der Mohammedaner und Italiener; ob unsre deutschen Vorfahren die Gartenkunst schon damals in Dienst nahmen, ist uns unbekannt. In Frankreich geschah es zuerst in der Renaissancezeit, häufiger erst in der Barockzeit. Sowohl die Gartenkunst der Mauren als der französische Gartenstil des 17. und 18. Jahrhunderts, bis in die Zeit Rousseaus und seiner besonders in England mächtig wirkenden Neubelebung des Naturgefühls überall der herrschende, suchte die Gebilde der Pflanzenwelt zur Architektur umzugestalten. Nicht die malerische Willkür der Natur, sondern strenge geometrische Linienführung sollte in den Parks herrschen. Aus den zierlichen Miniaturgärten der Holländer mit ihren Beschneidungskünsten an Baum und Strauch und den großartigen

Naturkompositionen der Italiener, welche durch geschickte Ausnutzung der Natur ihre Palast=
bauten in ihrer Wirkung zu steigern verstanden, bildete namentlich Lenôtre jenen französischen
Stil heraus, der die großen, das Vorland der Schlösser beherrschenden Parterres und Alleenzüge
der Italiener mit den ornamentalen Linien des Blumenbeetes und den verschnittenen Laub=
wänden der Holländer vereinigte. Prachtvolle Gartenanlagen dieser Art besitzt auch Deutsch=
land in Schwetzingen bei Mannheim (Mitte des 18. Jahrh.), Sanssouci bei Potsdam,
Herrenhausen bei Hannover, Niedersedlitz bei Dresden, Wilhelmshöhe bei Kassel,
Nymphenburg bei München, Österreich in Schönbrunn bei Wien (Anf. 18. Jahrh.) ꝛc. —
Die englische Gartenmanier, welche eine Veredelung der Natur anstrebte und in fast
zu schroffer Weise mit der Starrheit der älteren Schule brach, verfiel bald in eine gewisse
Sentimentalität und überhäufte die Parks mit Tempeln, Ruinen, Graburnen, chinesischen
und mittelalterlichen Häuschen, Ruheplätzen ꝛc. Beide Richtungen verdrängte die neuere
Gartenart, welche P. J. Lenné und Fürst Pückler=Muskau einesteils auf die Italiener,
anderenteils unmittelbar auf die Natur zurückführten. Ersterer hat im Tiergarten zu
Berlin und an der Promenade in Leipzig ꝛc., letzterer besonders in den Parks zu
Muskau und Branitz sein Können niedergelegt. — Die moderne Gartenbaukunst schwankt
zwischen den genannten Richtungen. Mit Recht ist in den verschiedenen zoologischen Gärten
(Hamburg, Berlin, Dresden ꝛc.) Pücklers System aufgenommen worden. Eine mehr archi=
tektonische Gliederung im Sinne der Italiener hat dagegen Siebeck im Stadtpark zu Wien
gewählt und wählt man mit Recht sowohl bei kleineren Hausgärten als in großen Gärten
an der Stelle, wo der Garten an das Haus anschließt, nach dem Vorgang der Schinkelschen
und Semperschen Schule. Solchen Wandlungen mußte freilich manches Alte weichen.

Bei dem Neu= und Umbau von Paris verschonte man weder alte, dem Verfall nahe,
noch neue, erst kurz vorher errichtete Gebäude; ja man ging so weit, daß man Häuser von
oben bis unten durchsägte, um die eine Hälfte derselben auf die andre Seite der neuen
Straße zu versetzen, die beiden offenen Seiten der getrennten Teile dann mit neuen Fassaden
wieder verschließend. Diese Arbeit, der Transport halber oder ganzer Häuser, gehört zu
den erstaunlichsten Leistungen der heutigen Bautechnik. Gelang es schon 1455 dem
Aristoteles Fioravante, einen Turm zu Bologna 30 Schritt weiter zu schieben, einen andern
in Venedig aus schiefer Stellung gerade aufzurichten, so hat man seitdem in diesem Häuser=
transport eine fast unglaubliche Übung und Sicherheit erlangt. Das Verfahren ist eigent=
lich bewundernswert einfach. Man gräbt den Grund der Häuser auf, schiebt unter die
Mauern sogenannte Sattelhölzer, stellt dann unter dieselben Schraubengestelle, Hebeladen
genannt, hebt durch die gleichzeitig erfolgende Umdrehung mehrerer derselben das Gestelle
auf und schiebt dieses dann auf untergelegten Rollen oder Walzen fort. Leichter natürlich
ist das einfache Aufheben, bei welchem man Erschütterungen nicht so sehr zu fürchten hat,
wie beim Fortschieben. Die großartigste Anwendung hat dieses Verfahren in Amerika
gefunden, wo man sämtliche Häuser von Chicago, einer Stadt von damals 100000 Ein=
wohnern, um ca. 1½ m gehoben hat, weil die Stadt im Morast zu versumpfen drohte.

Schleusen. Mit großer Vorsicht hat man nämlich bei Anlage neuer Städte oder
Stadtteile darauf zu achten, daß sie nicht versumpfen können. Man muß vielmehr Rücksicht
auf das Höhenverhältnis des nächsten Flusses nehmen, und zwar so, daß man unter den
Straßen unterirdische Abzugskanäle, Schleusen, von geeigneter Tiefe und Breite herstellen
und mit ausreichendem Gefälle nach dem Flusse hinleiten kann. Dadurch bildet sich gewisser=
maßen ein zweites Straßensystem unter dem ersten. Wo jenes im Anfang vernachlässigt
worden ist, macht es später ungeheure Schwierigkeiten, während es, beizeiten berücksichtigt,
noch den spätesten Geschlechtern Segen bringt. In Rom sind noch jetzt die von seinen ersten
Königen angelegten Schleusen (deren Unterhaltung und Reinigung später jährlich 1000 Ta=
lente, etwa 4½ Millionen Mark, kostete) wenigstens zum Teil in Gebrauch; in Paris,
London und vielen andern Städten hat man im Anschluß an das alte System alle neu an=
gelegten Straßen immer sofort bei ihrer Anlage mit Schleusen versehen.

In Paris namentlich hat sich dadurch ein förmliches Labyrinth unterirdischer Gänge
gebildet, ein zweites unterirdisches Paris (Fig. 318), welches auf das zweckmäßigste
organisiert ist, indem die Schleusen sogar mit Kähnen befahren und überhaupt viel leichter
beaufsichtigt werden können als an andern Orten, wo die Schleusenräumer oft bis an den

Leib im Kote herumwaten müssen, nicht selten verfolgt von unzählbaren Scharen von Ratten, den widerwärtigen Bewohnern der Kloakenstraßen. Nach noch unheimlicheren Stätten führen in Paris etwa 90 Stufen hinab: es sind dies die weitverzweigten Gänge der Katakomben, früher Steinbrüche, dann die Todtenstadt von Paris, in welche man im Jahre 1786 die aus mehreren eingegangenen Gottesäckern ausgegrabenen Gebeine und später, während der Schreckenszeit der Revolution, die an den Septembertagen 1792 Gemordeten warf, in welcher auch 1871 sich Tausende von Insurgenten zu verbergen strebten.

Fig. 318. Das unterirdische Paris: *a* Straße im Durchschnitt; *b* Schleusensystem; *c* Steinbrüche; *d* Katakomben.

Die Londoner Schleusenstadt ist, wie London in vielem Bezug, selbst von Paris nicht erreicht, ja beinahe ein Unikum auf der Welt: ihre Äste durchziehen in einer Länge von 5400 englischen Meilen, also ziemlich so lang, wie der Durchmesser unsres ganzen Planeten beträgt, das ungeheure unterirdische Gebiet der Weltstadt. Man unterscheidet Kloaken erster, zweiter und dritter Klasse. Die erster Klasse, sewers (sprich Buh=ers) genannt, liegen $1{,}26 - 12$ m unter den Hauptstraßen; diejenigen zweiter Klasse, drains, münden aus den Nebenstraßen in dieselben, und die dritter Klasse bilden die Beischleusen oder Heimschleusen für je ein oder mehrere Häuser, welche mit den drains, bei den Hauptstraßen mit den sewers kommunizieren. Die sewers sind oval gewölbt, bis zu 1,3 m hoch und 0,8 m breit. Sie münden, wahre Schmutzströme, bei 1—1¾ englischer Meile Stromgeschwindigkeit in der Stunde, 60 an der Zahl, in die Themse.

Fig. 319. Das unterirdische Berlin.

Nach offiziellen Berechnungen führen sie dorthin jährlich 24 002 657 000 Gallonen Unrat, im Gewicht von 240 026 Millionen Pfund und im Volumen von 120 Millionen cbm, ein Umstand, der für den Geschmack und die Gesundheit der Londoner um so mehr ins

Gewicht fällt, als die Küchen derselben fast ausschließlich Themsewasser zum Thee, Kaffee ꝛc., zum Kochen der Gemüse, Suppen ꝛc. benutzen. Es ist dies auch Veranlassung zu Anlegung eines neuen, jetzt im Bau begriffenen Kloakensystems geworden, nach dessen Vollendung kein Unrat mehr in den „Silberstrom" der Themse fallen soll. Zunächst erreicht man dies durch möglichste Reinhaltung der Luft in den Schleusen, welche natürlich leicht durch Miasmen aller Art, Gase ꝛc. verpestet wird und der Umgebung durch Ausdünstung und Explosion Tod und Verderben droht, mittels einer sehr weise erdachten und durch Luft= essen in den Mauern der Wohnhäuser ermöglichten Ventilation.

Fig. 320. Pont du Gard, altrömische Wasserleitung bei Nimes.

Nicht minder wichtig ist aber auch die öftere Beseitigung der am Boden der Kloaken sich anhäufenden festen Bestandteile der Kloakenflüssigkeit, die sich in kurzer Zeit oft bis zu $1/3$ und $1/2$ m Dicke ansammeln und bei Mangel an Beaufsichtigung die gänzliche Verstopfung der so wichtigen Kanäle zur Folge haben würden.

Fig. 321. Bambuswasserleitung.

Die Direktion der Kloaken hat für letzteren Zweck mehrere hundert Arbeiter angestellt. Zur Erleuchtung des finsteren, unheimlichen Raumes führt jeder eine Laterne mit sich. An gewissen Stellen wird ein Wasserschütze, eine Art Schleusenthor, errichtet, um das Kloakenwasser und das zur Reinigung der Kloaken aus den Wasserkanälen der Nachbar= schaft in dieselben laufende Wasser aufzustauen. Hierauf beginnt das Aufhacken des festen Bodensatzes. Kaum vollendet, treten die Arbeiter zur Seite, die Schütze wird gehoben oder geöffnet, und das herabstürzende Wasser reißt die losgehackten Teile mit fort und führt sie stromabwärts der Stadt in Bassins, wo sie sich ablagern und zu Dünger verarbeitet werden. Die endlosen Wölbungen der Schleusenstraßen durchzieht stets neben dem Unratskanal noch ein Fußweg, an dessen Wand auf eisernen Haken die Röhren für die Gasleitung und unfern derselben diejenigen der Wasserleitung liegen, welch letztere keiner größeren Stadt fehlen sollte. Die Anbringung dieser Röhren in den Schleusengängen, an Stelle deren einfacher Eingrabung unter das Pflaster, hat noch den Vorteil bequemer Reparatur ohne Störung des Straßenverkehrs, leichter Anbringung von Ventilationsrohren in den Hausmauern, Trockenhaltung der Keller 2c., konnte aber bis jetzt in Deutschland trotz wiederholter Mahnungen noch fast nirgends durchgesetzt werden, da die meisten Städteverwaltungen zäh an dem alten System hangen, obschon dies zu fortwährendem Aufreißen des Pflasters nötigt, was in Handelsstädten wie Leipzig höchst lästig ist, obschon es auch der Gesundheit schädlich ist; auch hierin schreitet Berlin rüstig voran. — Die von Professor Dr. Skrzeczka schon vor Jahren amtlich ausgesprochene Wahrnehmung, daß mit dem Fortschreiten der Kanalisation die Sterblichkeit sich verringere, fand durch eine in Farben ausgeführte graphische Darstellung in der Abteilung der von der Stadt Berlin ausgestellten Gegenstände in der Hygieneausstellung neue Bestätigung. Auf Grund der durch die Volkszählung vom 1. Dezember 1880 ermittelten Einwohnerzahlen für jedes der 18473 bewohnten Grundstücke Berlins und sonstiger amtlicher Materialien über die in 1880 und 1881 auf jedem Grundstück eingetretenen Sterbefälle, das Jahr des Anschlusses an die Kanalisation 2c. sind die Prozentzahlen der Sterbefälle pro Grundstück berechnet. Es wird so graphisch erwiesen, daß zwar die Sterblichkeit mit der Dichtigkeit der Bevölkerung steigt, daß aber in gutbe= und übervölkerten Häusern die Prozentzahlen der Sterbefälle mit dem Anschluß an die Kanalisation um so mehr abnehmen, je länger der Anschluß bewirkt worden ist. Daß in den besseren Häusern die höheren Prozentzahlen der Sterblichkeit verhältnismäßig stärker vertreten sind als in den vorhergenannten, ist auf die geringere Bewohnerzahl derselben und die Einfamilienhäuser zurückzuführen, für welche z. B. ein Sterbefall bei sechs Bewohnern noch über 16 Prozent ausmacht. Von der Art, wie man in Berlin das Straßenniveau erhöht und unter Belassung alter Keller, alter Kasematten, des alten Straßendamms 2c. die Durchaderung mit Gasleitungen, Wasserleitungsröhren, Telegraphendrähten 2c. eingebracht hat, gibt Fig. 319 ein anschauliches Bild.

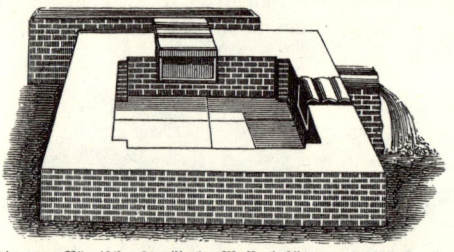

Fig. 322. Römischer Aquädukt. Wasserbehälter und Abflußwehr.

Was **Wasserleitungen** betrifft, so sind auch darin die Römer unsre Lehrmeister gewesen, die wiederum mancherlei von den Phönikern gelernt haben mögen. Sie versorgten ihre Städte mit dem unentbehrlichen „Blut der Erde", welches sie oft 6—7 Stunden weit vom Bergquell herleiteten, in überbauten Kanälen, die nicht selten um den Berg herumliefen. Wenn es galt, einen solchen sehr langen, aber nicht sehr breiten Berg zu durchbohren, um dadurch die Wasserleitung zu verkürzen, so scheuten sie weder Durchstiche noch Tunnel, noch zu demselben Endzwecke kühn sich erhebende Überbrückungen der Thäler, um das Wasser in immer gleichmäßig geringem Falle nach ihren Städten zu leiten.

In der guten Zeit des Kaiserreichs, als das Reich mit geringen Ausnahmen Frieden genoß, wurde die Wohlthat der Aquädukte auch den größeren Städten der Provinzen zu teil. Groß ist ihre Zahl, obwohl viele von ihnen längst in Trümmer zerfallen sind, während andre noch jetzt ihre Bestimmung erfüllen und vielleicht noch jahrhundertelang den Menschen dienen werden. Ein solcher Aquädukt ist der vom Kaiser Trajan erbaute von Segovia. Dieser Aquädukt besteht aus 177 Bögen und ist von aufeinander gepaßten, geschliffenen Granitquadern, doch durchaus ohne Mörtel, errichtet. Die Arbeit daran ist so vortrefflich, daß seit 1800 Jahren kaum ein Stein gewichen ist, oder das Wasser irgendwo durchsickert. Derselbe leitet die bei San Ildefonso entspringenden Quellen des trefflichen Wassers gesammelt zum höchsten Punkte der Stadt, welche er an der tiefsten Stelle in kühnen, doppelten Arkaden von 32 m Höhe überschreitet. Die Länge des Baues beträgt fast 1900 m; die herangeführte Wassermenge wäre genügend für eine Bevölkerung von Hunderttausenden, und soviel mag auch die alte Römerstadt beherbergt haben. Das neue Segovia ist freilich nur ein Schatten des alten; schlechte Hütten lehnen sich an den römischen Prachtbau, und wenige, noch dazu halbverfallene Kirchen stehen um den Riesen herum, der fast alle ihre Türme weit überragt. Ein Seitenstück zu dem eben erwähnten vielbewunderten Werke bildet die Wasserleitung bei Nimes (s. Fig. 320). Sie mag zu Ende des ersten Jahrhunderts des Kaiserreichs entstanden sein, um das Wasser zweier reichhaltiger Quellen aus zehnstündiger Entfernung den Bewohnern von Nemausos zuzuführen. Ein Thal, zwischen dessen Abhängen das Flüßchen Gard sich durchdrängt, schien ein unbesiegbares Hindernis entgegenzusetzen; aber der Römergeist überwand es. Zwei Stockwerke leicht und kühn gespannter Bögen erheben sich übereinander und eine dritte Reihe kleinerer Arkaden dient zur Unterlage für den Kanal selbst; dieser imposanteste Teil des ganzen Werkes ist noch ziemlich wohl erhalten.

Fig. 323. Die Harlembrücke des Croton-Aquädukts.

Theoderich der Große ließ die pontinischen Sümpfe entwässern und verschiedene Städte, wie Pavia, Spoleto 2c., mit Wasserleitungen versehen, welche zwar der Hauptsache nach noch dem römischen System entsprechen, jedoch wesentliche Verbesserungen durch afrikanische Hydrauliker erhielten, die der große Ostgote in seinen Dienst zog. Auch die Araber waren gewandte Wassertechniker. Sie wendeten, und das war eine wichtige Verbesserung, statt der gemauerten Kanäle weite Röhren aus gebranntem Thon an, jedenfalls ohne von der Bambuswasserleitung Chinas (Fig. 321) oder von den Wasserleitungen aus ausgehöhlten Kokosstämmen, wie sie auf Java vorkommen, etwas zu wissen; ferner (und das war eine wichtige Erfindung) führten sie diese Thonröhren nicht mehr in stetigem Fall fort, sondern bergauf, bergab, weil sie erkannt hatten, daß das Wasser in geschlossenen Röhren beinahe so hoch wieder hinauf läuft, als es vorher herabgeleitet worden ist, da es sich in beiden Rohrzweigen ins Gleichgewicht zu setzen strebt. Endlich filtrierten sie das Wasser, indem sie es durch Kies rieseln ließen, und legten hierzu, wie auch schon die Römer, da, wo die Wasserleitungen das Gebiet der Stadt betraten, Klärbassins an. Das schmutzige Wasser floß an der einen Feldseite zu, ließ seine Unreinigkeiten während seines Aufenthaltes fallen und floß stadtwärts gereinigt ab. (Vgl. Fig. 322.)

Auch unsre deutschen Vorfahren bauten im Mittelalter Wasserleitungen nach demselben System wie die Römer, wie wir aus den Ruinen der sogenannten Altväterwasserleitung bei

Freiberg in Sachsen wissen. Meist aber entnahmen sie das Wasser einem Flusse, und zwar, wenn dieser tiefer lag als die Stadt, durch ein Pumpwerk, eine sogenannte Wasserkunst. Dabei wurde das Wasser nur so hoch getrieben, als nötig war, um es durch Röhren in der Stadt zu verteilen und in den Röhrtrögen der Höfe auslaufen zu lassen. Neuerdings nun hat man angefangen, diese Wasserkünste zu benutzen, um das Wasser in allen Häusern der Stadt bis in das oberste Stockwerk hinaufsteigen zu lassen. Die großartigsten solcher Anlagen besaßen in Europa bis vor kurzem England und Frankreich, die jetzt aber von der Wiener Leitung übertroffen werden, wo das Wasser 13 Meilen weit herzuleiten ist. Sie speist sich aus drei Quellen, von denen die eine 83 000, die andre 98 000 m von Wien entfernt entspringt; die erstere, der Kaiserbrunnen, passiert zunächst einen 8000 m langen Tunnel. Weitere Tunnel, Röhren, Brücken u. s. w. führen die Quellen nach drei Sammelbassins und spenden täglich circa 140 Millionen Liter Wasser von etwa 7—9 Grad Réaumur, also von ausgezeichneter Kühle. Die Baukosten betragen 28 Millionen Mark. Für Paris hat man die Quellen der Banne und Duyse benutzt, um jedem Bewohner pro Jahr 200 Liter (im ganzen etwa 120 000 cbm pro Tag) zuzuführen. In Deutschland sind namentlich Magdeburg, Berlin, Hamburg mit bedeutenden, fast alle größeren Städte mit hinreichenden Wasserleitungen versehen.

Eine solche moderne Wasserleitung besteht aus zwei Hauptteilen. Der erste derselben, die Wasserkunst, d. h. die Hebemaschine, welche das Wasser aus einem Quell, einem Flusse, einem Brunnen u. dgl. hebt und einem Klärbassin oder Vorratsbassin zuführt, ist die Sache des Maschinentechnikers und wird daher bei Betrachtung des Maschinenbaues eingehendere Behandlung finden; der zweite Teil besteht aus dem Röhrensystem, zu welchem man früher meist Holz verwendete. Da dieses aber zu schnell fault, so bedient man sich jetzt gebrannten Thones oder innen emaillierten Gußeisens. Bleirohre vergiften das Wasser, während sich in Steinröhren Moos ansetzt, wodurch das Wasser schlechten Geschmack annimmt.

Fig. 324. Georgetown und Aquädukt.

Die Abbildung Fig. 323 lenkt unsre Aufmerksamkeit auf eines der großartigsten Bauwerke der Gegenwart, den Croton-Aquädukt im Staate New York, 17$\frac{1}{2}$ m höher noch als die Wasserleitung von Segovia. Schon vor 80 Jahren, als die Bevölkerung der Stadt New York noch nicht bedeutend war, dachte man an einen solchen Bau. Allmählich ward er zu dringendem Bedürfnis und ist durch John Jervis im Jahre 1842 vollendet worden. Das Wasser des Crotonflusses, welcher in der Grafschaft Putnam entspringt, wird zunächst auf einem großen Damm fünf englische Meilen weit geleitet. Die Leitung geht nun ungefähr 75 km abwechselnd durch Tunnel, über Kanäle, Brücken und Wehre, tief unter Bergen und hoch über Thäler und Schluchten hinweg, bis New York, nachdem sie im ganzen 89 725 Acker Land bedeckt hat. In 16 Tunnels von 50—380 m Länge wird das Wasser 2047 m weit durch die Berge herangeführt. Fig. 323 nun führt uns die oben 7,7 m breite sogenannte Harlembrücke vor, welche zu den bedeutendsten Bauten dieser Wasserleitung gehört. Die Weite des Thales beträgt hier in der Aquäduktslinie 450 m, die Länge der Brücke aber 472 m; 15 Bogen überwölben das Thal, von denen acht eine Spannung von 26, sieben von 16 m haben. Die höchsten Bogen stehen 36 m über dem Wasserspiegel, und die äußerste Höhe der Aquäduktbrücke beträgt ungefähr 50 m. Der

Wasserleitungen. Straßenbeleuchtung.

Croton-Aquädukt erheischte mehrere solcher Werke, wovon hier nur noch die 508 m lange Überbrückung des Glendenningthales erwähnt sei. Noch andre Bauten machte die Leitung des Wassers auf so bedeutende Strecken nötig. So mußte man, um erforderlichen Falls den ganzen oder einzelne Teile des Aquädukts trocken legen zu können, sechs große Wehre mit Schleusen anbringen, welche von gehauenen Steinen erbaut und mit Ziegelsteinen überwölbt wurden. Ebenso sind, um den Luftzug im Aquädukt zu befördern und das Wasser stets frisch zu erhalten, 33 Ventilatoren angebracht und ein Teil derselben mit Thüren versehen, um in das Innere gelangen zu können. Wo das Wasser durch die Felsen in eisernen, beinahe 1 m im Durchmesser haltenden Röhren geleitet ist, sind diese mit Hähnen versehen, um die aus dem Wasser austretende Luft abzuführen. Während des Baues der gewaltigen Wasserbehälter und Schleusen mußte man dem Strom selbst ein neues Bett graben und ihn später erst wieder in das alte zurückleiten. Auch hiervon entbindet eine neue Erfindung, die freilich in ihrem Hauptteil schon den Arabern Spaniens bekannt gewesen zu sein scheint. Wir meinen die Syphons, gekrümmte Röhren, welche das Wasser, wohl auch Schleusenunrat, quer unter dem Fluß durchleiten, indem man die dazu nötigen Kanäle, ohne den Fluß abzuleiten, bergmännisch unter dem Bett hindurchtreibt.

Mit der Wasserleitung von New York wetteifert die von Washington. Gleich hinter dem reizenden Georgetown, wo George und Martha Washington so gern weilten, liegt das Haupt- oder spendende Reservoir für 300 Mill. Gallonen (à 3,785 l) Wasser, welches vom Potomac aus durch eine Leitung von etwa 19 englischen Meilen (36 km) Länge gespeist wird, eine runde, aus Steinen, Ziegel und Zement konstruierte Röhre von fast 3 m Weite, welche in einem Damm liegt, aber einige Thäler auf Aquädukten übersetzt (s. Fig. 324) und täglich etwa 80 Mill. Gallonen zuführen kann, wovon aber bis jetzt nur etwa die Hälfte beansprucht wird. Als aufnehmendes Reservoir dient ein bei den kleinen Fällen des Potomac von der Natur gebildetes, doch durch Dämme vervollkommnetes Becken, das alle Bäche und Flüßchen der umliegenden Berge aufhält, einen Wasserspiegel von 52 Acres (2100 ha) und etwa 16 m Tiefe hat, also etwa 163 Millionen Gallonen faßt. Von hier aus passiert die Leitung zunächst einen Tunnel, dann aber sofort die sogenannte Cabin John's Bridge (Fig. 325), deren einziger Bogen 69 m Spannung und 6½ m Breite hat, dann wieder zwei Tunnels ꝛc.

Fig. 325. Cabin John's Bridge.

Die **Straßenbeleuchtung** ist ein anderweites Bedürfnis jeder modernen Stadt. Den ersten Anfang einer solchen bewirkte im 12. Jahrhundert die päpstliche Mahnung, thunlichst an allen Eckhäusern Heiligenbilder anzubringen und vor ihnen sogenannte ewige Lampen zu brennen. Schon im 14. Jahrhundert hatte man in einzelnen Städten Italiens, bald auch Deutschlands, seit dem 17. Jahrhundert etwas allgemeiner, angefangen, einen Teil der Hauptstraßen volkreicher Städte durch Öllaternen zu beleuchten. Seit aber das Leuchtgas erfunden worden ist, sind die Straßen, selbst in kleinen Städten, durch blanke, hier und da sogar mit großem Luxus ausgestattete Gaslaternen fast tageshell erleuchtet. Ja, in New York sind die Laternen mit matten Glocken aus der Meißner Porzellanfabrik in Sachsen versehen. Die Gasröhren werden unterirdisch fortgeleitet und bilden, gleich den Wasserleitungsröhren und Schleusen, oft sehr verwickelte Systeme, namentlich wenn in einer und derselben Stadt mehrere Gasbeleuchtungsanstalten das Leuchtgas liefern. In den meisten Städten werden alle diese Röhren, denn auch statt der Schleusen werden ja vielfach Thonröhren verwendet, einfach in die Erde vergraben. Da nun oft jedes dieser Systeme unter besonderer Verwaltung steht, jedes von einem andern Punkte aus in die Stadt eintritt, jeder der Verwaltenden ohne Verkehr mit seinen Kollegen die Verteilung entwirft u. s. w., so entsteht in der Erdschicht unter dem Pflaster ein chaotisches Gewirr. Jede an dem Rohr entstehende Schadhaftigkeit verursacht zunächst Eindringen des Gases oder Unrates in das Trinkwasser; dann aber, wenn durch diesen Übelstand die Aufmerksamkeit auf den Schaden gerichtet und der unvermeidliche Kompetenzstreit endlich geschlichtet worden ist, ein teilweises Aufreißen des Pflasters. Jede nach dem Aufreißen des Pflasters wieder verschlossene Stelle des Pflasters senkt sich, und daraus entsteht dann der abscheuliche Zustand der Pflasterung in vielen deutschen Städten, trotz enormer, jährlich darauf verwendeter Summen. In wenigen Städten, wie in Paris und London, hat man, wie schon erwähnt, die Gasröhren und Wasserröhren auf Haken an die Wände der Schleusen gelegt. Doch auch das hat Nachteile, besonders für die Reinheit des Trinkwassers, verhindert auch jenes Aufreißen noch nicht völlig, weil immerhin die Zweigleitungen von der Mitte der Straßen nach den Häusern noch nötig sind. Viel sicherer und einfacher würde es sein, wenn man entlang den Häusern einen Graben führte, das Pflaster des Fahrwegs gegen eine diesen Graben schützende Futtermauer stemmte und den Graben durch die Trottoirplatten abdeckte. In diesem Graben würden dann die Wasser- und Gasröhren laufen, zwischen die Platten würden hier und da, entsprechend den Souterrainfenstern, Gitter eingelegt. So würden die Souterrains trocken und hell, die Gräben luftig, reinlich, trocken und hell sein. Die Rohre wären sehr leicht zugänglich und das Pflaster des Fahrwegs könnte, da es nicht mehr jenen ewigen Störungen ausgesetzt wäre, in Mörtel, vielleicht in Zement statt in Sand verlegt werden und würde sich dann viele Jahrzehnte gut erhalten. Solche Vorschläge wurden bereits vielfach gemacht, sind aber bis jetzt nur in England, nach glücklichem Erfolg einzelner Versuche, vielfach bei neuen Straßen in Ausführung gekommen, während man sie in Deutschland noch nicht einmal eines Versuches für würdig befunden hat. Das Althergebrachte zu verlassen, erfordert eben eine Aufraffung, zu der es nicht jeder Magistrat so leicht bringen kann. Das zeigt sich besonders auffällig gegenüber den neuesten Fortschritten in der Beleuchtungstechnik. Selbst Siemens' so leicht anzubringende Regenerativbrenner finden ziemlich schwer in Deutschland Eingang, und das elektrische Licht hat noch mehr gegen dieses Hangen am Alten zu kämpfen, obschon doch allgemein anerkannt werden mußte, daß besonders Edisons Glühlampen ein höchst befriedigendes und leicht zu beschaffendes Beleuchtungsmittel bilden. Aber all dieser Widerstand wird nichts helfen, die Zeit des Gases wird bald vorüber sein und das elektrische Licht wird jenes verdrängen. Näheres hierüber sowie über die Versuche, ganze Städte mit Zentralheizung zu versehen ꝛc., gehört in andre Kapitel.

Aber nicht nur unterirdisch bilden sich solche vielverzweigte Leitungssysteme zur Befriedigung großer und kleinerer Gemeindewesen. Ein Bedürfnis, fast ebenso dringend wie Wasser und Licht, ist heutzutage die schnelle Verbreitung von Nachrichten, z. B. über ausgebrochene Feuersbrünste, politische Veränderungen, Ereignisse im Handel und Wandel ꝛc.; ebenso liegt im Interesse der Einwohnerschaft der gleichmäßige Gang der Uhren bei öffentlichen Anstalten und größeren Geschäftslokalen der Stadt. Zu beiden Zwecken durchziehen die Straßen hoch in der Luft oder tief in die Erde die schwankenden und vielfach sich verästelnden Drähte des Telegraphen, dieses durch den Prometheus des Zeitalters gefesselten Blitzstrahls, und des Telephons. Soviel aber auch auf diesem Wege korrespondiert und verkehrt werden mag, soweit ist es doch noch nicht gekommen, daß jeder gemütlich von seinem Zimmer aus alle seine Geschäfte besorgen könnte, noch immer gilt es, diesem oder jenem nachzugehen oder sich zu demselben Zweck ein Pferd satteln oder den Wagen anspannen, oder sich durch die Lokomotive in einem Tage oft hundert Meilen weit wegführen zu lassen.

— — Hier zieht
Der sorgenvolle Kaufmann, der heitere Spielmann,
Der Säumer mit dem schwerbeladenen Roß,
Der ferne herkommt von der Menschen Ländern,
Denn jede Straße führt ans End' der Welt.

Verkehrswege.

Altertum. Mittelalter. Neuzeit. Weg und Steg. Straßen. Pflaster und Gossen. Chausseen. Makadamisierung. Eisenbahnbau. Unterbau. Tunnel. Unterirdische Eisenbahnen. Brücken und Viadukte. Steinbrücken. Eisenbrücken. Kettenbrücken. Röhrenbrücken. Gitterbrücken. Ketten- und Gitterbrücken. Eisenbahn-Oberbau. Umschau auf einem Bahnhofe.

Der Drang nach der Ferne ist dem Menschen angeboren; bei beginnender Bildung wandelt sich die unbewußte Sehnsucht zuerst wohl nur in Neugier, in die Lust, zu wissen, wie es wohl jenseit der Berge aussehen möge, allmählich treten aber andre Beweggründe auf, die das Streben nach Umgang und Austausch mit entfernt Lebenden immer klarer und bewußter machen. Über die verschiedenen Richtungen des Verkehrs, seinen Wert für Volkswirtschaft und für Erziehung der Menschheit, auch über die verschiedenen Mittel, ihn zu regeln, wird in einer besonderen, dem „Weltverkehr" gewidmeten Abteilung dieses Buches die Rede sein, hier nur von der baulich-technischen Seite der Angelegenheit. Auch die technische Herstellung nämlich der Verkehrswege hat ihre Geschichte.

Jahrtausende vergingen, bevor die Menschheit dahin gelangte, dem Verkehr durch Straßen regelmäßige Bahnen zu schaffen. Im Zeitalter ihrer Kindheit genügte den Völkern der durch den Urwald führende Fußsteig neben Befahrung der Flüsse mittels einfacher Flöße oder mit dem zu einem Kanoe ausgehöhlten Baumstamm. Nachdem aber der Mensch den Gebrauch des Pferdes und Maultieres schätzen gelernt hatte, wurde der Fußsteig zum Saumpfad, und als er den Vorteil des Rades erkannt und damit die Anfänge des Wagenbaues gemacht hatte, da bildeten sich gar bald die Saumpfade zu Fahrwegen aus.

Auch diese gingen so lange über ihre ursprüngliche Anlage und Bestimmung nicht hinaus, wie sie der einfachsten Kommunikation von Haus zu Haus, von einem Ort zum nächsten dienten. Als nach Beginn der Staatenbildung bald Krieg und Handel anfing, die Menschen weit über die Grenzen ihrer Wohnstätten hinauszuführen, als fast zugleich mit Hebung des Feldbaues der steigende Bodenwert das noch jetzt auf den Pußten Ungarns, den Ebenen Südamerikas (Peru, Panama) u. s. w. übliche Querfeldeinfahren über Äcker und Wiesen einschränkte, da mußte bald für Unterhaltung der immer lebhafter benutzten Fahrwege von seiten des Staates etwas gethan werden, und es entstanden Straßen. Zuerst waren diese nicht besser beschaffen, wie wir sie heute noch in wenig kultivierten Ländern treffen. Indes begnügten sich Handel und Verkehr nicht lange damit, und so wurden sie schon frühzeitig in Ägypten mit Wassergräben versehen, bei den syrischen Völkern nach der Mitte zu erhöht und bei den Griechen mit großen Steinen beschüttet oder belegt. Schon die Etrusker pflasterten ihre Straßen mit Basalt auf Kiesschutt und versahen sie zu beiden Seiten mit Fußwegen (s. Fig. 327).

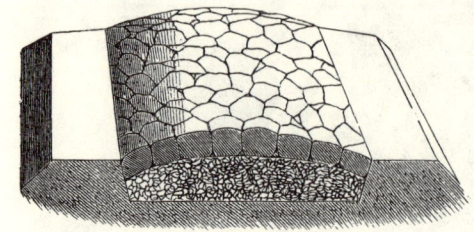

Fig. 327. Profil einer etruskischen Straße.

Wo die siegreichen Legionen Roms ihre Feldzeichen hintrugen, da entstanden auch Straßen und Nützlichkeitsbauten in Menge, welche, zum Teil heute noch im Gebrauch, Zeugnis ablegen von ihrer Dauerhaftigkeit und somit von der Leistungsfähigkeit jenes welterobernden Volkes auch auf diesem Gebiete. Sie sind meist mit erhöhten, doch auch oft nach Fig. 327 mit flachliegenden Fußwegen versehen, die zugleich als Widerlager für die aus polygonen Steinen sorgfältig gewölbte, mit Kies unterlegte Fahrbahn dienen. Viele dieser altrömischen Kunststraßen waren jahrhundertelang mit dem Schutt der zu beiden Seiten derselben errichteten Gebäude und Grabdenkmäler bedeckt und sind erst in den letzten Jahren wieder ausgegraben worden, so unter andern die Via Appia, von der wir einen Teil in Fig. 328 abbilden.

Fig. 328. Via Appia bei Rom.

Obgleich die Römer auch in Deutschland viele Straßen angelegt hatten, so ließen sich doch die Deutschen, nach Vertreibung der Römer, weder in ihrer Heimat, noch in Italien deren Bauten zum Vorbild dienen; Ostgoten, Langobarden und Franken benutzten, solange es ging, die Römerstraßen, legten wohl auch neue Verkehrsbahnen an, aber auf ungemein primitive Weise, indem sie nur im Wege stehende Bäume ausrodeten, an Flüssen Furten aufsuchten, höchstens Fähren placierten; im allgemeinen fingen sie auch hier, wie in vielen Stücken, erst viel später wieder von vorn an. So kam es denn, daß noch im späten Mittelalter,

Geschichte des Straßenbaues. 365

während die Mauren in Spanien den Verkehr schon längst durch kunstreiche Straßen mit erhöhten Fußsteigen, Prellsteinen und Wassergräben, teils gepflastert, teils chaussiert, stellenweise sogar mit Bronzeschienen außerordentlich gehoben hatten, bei uns wie in ganz Mitteleuropa das Straßenwesen noch sehr im Argen lag. Brauchten doch laut einer im Original vorhandenen Beschwerdeschrift noch im 18. Jahrhundert Kaufleute zu einer Fahrt von Halle nach Leipzig, d. h. einer Strecke von ungefähr 30 km auf einer der besuchtesten Handelsstraßen, drei bis vier Tage, weil die Frachtgüter bald über Steine und Felsblöcke hinweggehoben, bald Pferd und Wagen aus dem über 1 m tiefen Schlamm herausgearbeitet werden mußten.

Fig. 329. Mont Cenis-Eisenbahn. System Fell.

Mit vielen andern Straßen, welche dem damaligen Verkehr dienten, stand es nicht viel besser, und man möchte sich fast wundern, daß bei der Unvollkommenheit der Mittel früherer Zeit sich Verkehrslinien entwickeln konnten, wie sie in den alten Handelsstraßen von Triest durch Steiermark, Österreich, Mähren und Böhmen nach dem Meißnerland und Brandenburg, oder von Venedig durch Tirol über Augsburg, Nürnberg und durch das Vogtland nach der Pleißenniederung, und von da an der Elbe hin gen Hamburg, oder von den Häfen Aquitaniens nach dem Rhein und diesen Strom entlang bis ans Meer, ja aus Arabien durch Palästina bis nach der Weichselmündung, nach und nach sich ausgebildet haben.

Pflaster und Gossen. Innerhalb der Städte hatten die Römer, wie wir bei Betrachtung ihrer Wohnhäuser gesehen haben, ebenfalls gepflasterte Straßen und Trottoirs, und auch die Araber belegten die Straßen ihrer Städte mit kleinen runden Feldsteinen. Die ersten deutschen Städte hatten gar kein Pflaster. Selbst in Mailand wurden erst um 1200, in Florenz noch etwas später die Straßen gepflastert, und erst im 13. Jahrhundert scheint für Gangbarmachung der Straßen in den Städten unsres Vaterlandes aus dem Gröbsten gesorgt worden zu sein; doch waren im 14. Jahrhundert z. B. in Leipzig bereits alle Straßen der innern Stadt mit Pflaster versehen. Auf der Mitte der Straße lief eine Reihe großer Platten hin, die unter dem Namen Bürgersteig oder „breite Steine" in Leipzig noch vor vierzig Jahren bestanden, in vielen kleinen Städten Deutschlands noch jetzt existieren.

Außerhalb Europas, z. B. in Lima, S. Jago, ist die Benutzung dieser breiten Steine noch jetzt ebenso ein Privilegium der „Freien", wie sie in Leipzig ein Vorrecht der Bürger war, welches von den Studenten usurpiert und zuletzt den Bürgern ganz entzogen ward, ja oft blutige Kämpfe verursachte. Auch vor den Thoren der deutschen Städte waren schon im 14. Jahrhundert die Wege auf Kosten der der Stadt tributpflichtigen Dörfer eine Viertelstunde, ja einige auf eine halbe Meile weit gepflastert, in „Steinweg" verwandelt. Ähnliches finden wir auch in einigen Städten Frankreichs, Englands und seltsamerweise auch in der Lagunenstadt Venedig. Hier und da waren die Gossen für das abfließende Wasser u. dgl. in der Mitte der Straße angelegt; meist aber hatten die Straßen zwei Gossen, ungefähr 1 1/3 m von den Häusern, so daß sich ein Fußweg an den Häusern hinzog, der hier und da durch eingeschlagene, glatt abgeschnittene Pfähle gangbar gemacht werden sollte, was freilich, sobald die Abschnitte abgefault und wegen des schwerer faulenden Kernes spitz geworden sind, wie z. B. in Graz bis vor kurzem, zu einer wahren Folter werden kann.

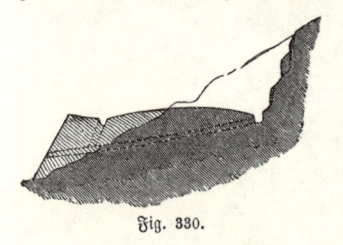

Über das Weichbild der Stadt hinaus geschah so gut wie gar nichts für Unterhaltung der Straßen; das meist zu teure Pflaster konnte eine von Zeit zu Zeit aufgebrachte Kiesschüttung nicht ersetzen, weil man den Zerstörungen infolge stellenweisen Einsinkens, oder infolge der hier und da vorkommenden Durchbrüche nach stattgefundenen Überschwemmungen, nicht rasch genug entgegenwirkte, vielmehr lange Zeit vergehen ließ, ehe eine Reparatur vorgenommen ward, gerade wie in China, wo die großen Verkehrsstraßen

Fig. 330.

allemal erst ausgebessert werden, wenn der Kaiser verreisen will; oder wie in Spanien, wo man mit ungeheurem Aufwand Chausseen baut, um sie dann wohl 20 Jahre ohne alle Reparatur liegen zu lassen und — erst dann, wenn sie gänzlich unbrauchbar geworden sind — daneben eine neue zu bauen.

Chausseen und Makadamisierung. So war der Zustand der Verkehrswege in der zweiten Hälfte des vorigen Jahrhunderts. Da trat ein Amerikaner, John Loudon Mac Adam, geboren 1755, gestorben den 16. November 1836, mit der Erfindung eines Straßenbauverfahrens auf, welches nach ihm Makadamisieren heißt. Es besteht darin, daß man eine 15—25 cm hohe Schicht von etwa 8 cm im Durchmesser großen Steinen aufbringt, nach der Mitte zu etwas höher als an den Seiten, welche festgerammt oder gewalzt und dann durch eine zweite Schicht, die sogenannte Beschotterung, aus um die Hälfte kleineren Steinen bedeckt wird; diese zweite Schicht wird wiederum festgewalzt. Nachdem Mac Adam die Bahn gebrochen und Telford mit Erfindung der aus noch mehreren Schichten bestehenden Chaussierung ihm nachgefolgt war, begann man überhaupt mehr Sorgfalt auf den Straßenbau zu verwenden. Man machte verschiedene Versuche, um Festigkeit und Billigkeit zu vereinigen, stellte Beobachtungen an, und infolgedessen lassen sich feste Regeln für den Straßenbau aufstellen, von denen wir die wichtigsten kurz anführen.

Man legt die Straße etwa 10 m breit an, natürlich so gerade als möglich, wenn man nicht einen Umweg machen muß, um einem Wasser oder Sumpf auszuweichen, oder, in bergigen Gegenden, um allzu großer Steigung zu begegnen. Es gilt hierbei nämlich als Regel, auf eine Straßenlänge von 100 m höchstens 3 m Steigung zuzulassen. Steile Berge klimmt man hinan, indem man in Zickzack- oder in Schlangenlinien (Serpentinen) allmählich die Höhe zu gewinnen sucht.

Fig. 331. Straßenbau im Kaukasus.

Auf diese Weise wird es möglich, selbst über die steilsten Bergketten hinwegzukommen, und die Alpenübergänge, die Straßen über den Simplon, St. Gotthard, das Stilfser Joch, die Brennerstraße, die Straße über den Mont Cenis sind Beispiele davon (s. Fig. 329).

Hat man nun die Linie, den Straßenzug, festgestellt, so beginnt man den Bau damit, daß man die nötigen Durchstiche und Tunnel durch Hügel, Felsen u. s. w. bricht und das dergestalt gewonnene Material zur Auffüllung der über die nächstgelegenen Bodensenkungen nötigen Dämme verwendet. Zu beiden Seiten der Straße laufen, wie schon erwähnt, Gräben, deren Ausstechen einen Teil des Erdreichs zu dem bei ebenem Terrain doch nur niedrigen Damme liefert. Dieser wird nach der Mitte zu um $1/15 - 1/18$ der Breite aufwärts gewölbt. An Bergabhängen wird die halbe Breite der zukünftigen Chaussee dem Berge abgewonnen und das erlangte Material behufs Gewinnung der andern Hälfte der Bahnbreite aufgeschüttet, wie dies Fig. 329 zeigt. Selbst an den schroffsten Felsrändern haut man in die Seiten Kerben ein und entfernt die kolossalsten Felsmassen, welche die Passage versperrt halten. Eine Vorstellung von den außerordentlichsten Mühseligkeiten beim Anlegen von dergleichen Straßen im Hochgebirge gibt unsre Fig. 331, „Straßenbau im Kaukasus". Durch die eiserne Disziplin gezwungen, setzt sich dort der russische Soldat den Gefahren des Todes aus, wie vordem der römische Kriegsmann beim Bau der Balkan= und andrer Römerstraßen; wie ganz anders ist es, wenn freiwillig und mit Bewußtsein deutsche, schweizerische und italienische Arbeiter fortwährend ihr Leben einsetzen bei Anlage der riesigen Alpenstraßen. Doch gehören neuerdings, dank der gesteigerten Vorsichtsmaßregeln, Unglücksfälle, wie beispielsweise jene beim Bau des Hauensteintunnels, gottlob zu den Seltenheiten. Ist der Unterbau der Straße fertig, so beginnt der Oberbau, d. h. die Herstellung der eigentlichen Fahrbahn. Diese Herstellung geschieht nach verschiedenen Systemen, welche wir hier, von dem einfachsten aufsteigend, in kurzen Worten charakterisieren wollen.

1) Kieswege; zuerst wird eine Schicht von etwa faustgroßen Kieseln in der Stärke von ca. 20 cm aufgebracht, darüber eine etwas schwächere Lage kleiner Kiesel. Solche Herstellung genügt für Kommunikationswege zwischen Dörfern, Feldern, Fluren u. s. w.

2) Schotterstraßen, bei welchen man auf die zwei groben Kiesschüttungen noch eine Schüttung von feinem Sand aufbringt und festwalzt, sind sehr angenehm für Kutschen zu befahren, genügen aber kaum für schwereres Fuhrwerk.

3) Chaussee, für Heer= und Handelsstraßen. Die Fahrbahn wird zu beiden Seiten durch dicht in Reihen gelegte Bortsteine begrenzt, während dazwischen die Grundlage der Straße durch 15 cm starkes Pflaster gebildet wird; darauf folgen 8—10 cm hoch geschlagene Steine (Knack) von 3—5 cm Durchmesser; über diese werden 15 cm hoch faustgroße Steine gebracht, welche etwa 8 cm hoch mit Kies überschüttet werden. Nun walzt man die gesamte Chaussierung fest und beschüttet sie von Zeit zu Zeit wiederum mit 3—5 cm großen Steinen. Dieses Festwalzen bewerkstelligt man neuerdings zugleich mit der letzten Überschüttung durch die Makadamisiermaschine (Fig. 332). Man nennt nämlich diese Art von Chausseen nach ihrem Erfinder Mac Adam, welcher zuerst Straßen nach diesem System herstellte, makadamisierte Straßen.

4) Knüppelwege. Auf solchem Boden, der moorigen Untergrund und etwas trocknere Oberfläche hat, wo also schwere Lasten, wenn sie nur eine Stelle des Bodens treffen, gern einsinken, würde man allerdings Chaussee herstellen können. Wenn aber in der betreffenden Gegend Steine schwer zu beschaffen sind, so begnügt man sich, unbehauene Stämme, Äste und Knüppel thunlichst dicht aneinander quer über den Weg zu legen und nur so viel Sand aufzutragen, als zur Einebnung der durch die Knüppelbelegung erzeugten, oft sehr unregelmäßigen Fläche nötig ist.

5) Faschinenwege. Ist der Boden direkt morastig, so muß man an Stelle der Knüppel, und auch selbst da, wo Steine zur Chaussierung zu haben sind, als Unterlage für die Auffüllung u. s. w. Faschinen (Reisigbündel) von der gewünschten Straßenbreite entsprechenden Länge in den Sumpf einlegen. Diese quer gegen die Straßenrichtung dicht aneinander liegenden Faschinen müssen fest miteinander verbunden werden und drücken sich beim Aufbringen der Aufschüttung tief in den Morast ein.

6) Pflasterung. Als Material zur Pflasterung, sowohl der Landstraßen als der städtischen Gassen, Plätze und Höfe benutzt man, je nach den Vorräten der Gegend, größere

Straßenarten. Eisenbahnbau. 369

runde Kiesel, kleine eckige Bruchsteine (Knack), größere runde Feldsteine, Lesesteine, größere, unregelmäßig oder regelmäßig bearbeitete (bossierte) Bruchsteine, geformte und scharfgebrannte Ziegel (Klinker), große Steinplatten, Holzwürfel, Quadern von Eisenschlacken u. s. w. Zuerst wird eine Sandlage von 10—15 cm, das Bett, gleichmäßig aufgebracht, in diese werden die Pflastersteine entweder einfach möglichst dicht, oder bei regelmäßiger Form derselben nach gewissen Verbänden eingesetzt und mit dem Hammer durch einige Schläge in den Sand eingetrieben, auch die Fugen thunlichst mit Sand angefüllt. Wenn eine Strecke fertig eingesetzt ist, wird sie mit der Handramme festgeschlagen.

7) **Gußstraßen.** Bereits oben erwähnten wir die sehr zweckmäßige Verwendung von Mörtel aus Thon, Lehm, hydraulischem Kalk oder Zement, statt des Sandes zu Einsetzung und Verfugung der Pflastersteine; noch angenehmer sind die tennenartigen Straßenüberzüge, aus Asphalt, Zement, Beton, Traß und ähnlichen Materialien hergestellt, wie man solche jetzt in London, Paris, Wien, Berlin, Wiesbaden u. s. w. hat, in vielen Städten aber nicht einführen kann, weil die löblichen Magistrate nicht von den alten Legungssystemen der Schleusen, Gasröhren und Wasserröhren abgehen wollen, deren Reparaturen so häufiges Aufreißen des Pflasters nötig machen.

Fig. 332. Makadamisiermaschine.

Seitdem unser Vaterland nach allen Richtungen mit guten Straßen durchzogen ist, haben wir uns gewöhnt, mit dem Lächeln des Bedauerns auf die Zeiten zurückzublicken, wo man Tage gebrauchte, um Strecken von 4—5 Meilen zurückzulegen. Als im Jahre 1824 der um das Postwesen hochverdiente preußische Generalpostmeister von Nagler die englischen Schnellposten auf deutschen Boden verpflanzte und die 20·Meilen lange Reise von Magdeburg nach Berlin, wozu man noch kurz vorher zwei Tage und eine Nacht gebrauchte, auf 15 Stunden ermäßigte, da glaubte man den höchsten Grad der Schnelligkeit erreicht zu haben! Und heute?! — Eine Reise von Leipzig nach Berlin, wozu man vor hundert Jahren noch eine volle Woche und zu Anfangs dieses Jahrhunderts noch 4—5 Tage, zu Naglers Zeiten noch über 30 Stunden gebrauchte, sie legt man heute in kaum vier Stunden zurück. Diese Umwälzung im Verkehrsleben brachte eine neue Art des Straßenbaues zustande, die Eisenbahnen.

Der **Eisenbahnbau**, fast die großartigste und wichtigste unter den Erfindungen unsres Zeitalters auf dem hier behandelten Gebiete, hat das Märchen von den Siebenmeilenstiefeln der Erfüllung nahegeführt. Wie würde sich Martin Behaim, der berühmte Reisende des Mittelalters, wundern, wenn er jetzt durch dieses im Fluge vorübereilende Ungetüm mit seinem glühenden Rachen, durch Feuer und heißes Wasser genährt, mit Eisen beschuht, zugleich mit Tausenden von Reisegefährten in Tag und Nacht weiter gebracht würde, als er einst in mehreren Wochen kam!

Das Buch der Erfind. 8. Aufl. I. Bd. 47

Staunen ergreift den Reisenden bei Betrachtung der Wunderbauten, welche in den Überresten längst vergangener Zeiten seinem Auge entgegentreten. Aber mit viel größerer Bewunderung haftet der Blick des Denkenden an den Schöpfungen der Gegenwart, wenn er die Tragweite jener gewaltigen neuen Verkehrswege ernstlich ermißt. Er gedenkt des unermeßlichen Reichtums von geistigen und physischen Kräften, die sich vereinigen mußten, um jene Schienenwege erstehen zu lassen, gegen welche die Kunststraßen des Altertums gering erscheinen; besonders wenn er bedenkt, in welcher wunderbaren Schnelligkeit sie ihre Stränge spannen, Berge, Flüsse, Sümpfe überwältigend. Das Eisenbahnnetz beider Halbkugeln betrug gegen Ende des Jahres 1875 bereits über 39000 deutsche Meilen oder 295851 km, welche über 60 Milliarden Mark herzustellen gekostet haben, eine unermeßliche Summe, zu welcher das Vermögen der ganzen Erde in Anspruch genommen war. Diese 295851 km Eisenbahnlänge erforderten eine Schienenmenge, welche, wenn man Strang an Strang fügte, den Mond erreichen, ja um etwa 200000 km noch über unsern Satelliten hinausgehen würde! Ende 1880 hatte sich die Länge auf etwa 350000 km gesteigert und beträgt jetzt etwa 460000. Über die Hälfte dieser kolossalen Eisenstraßen und etwas weniger als ein Drittteil des aufgewendeten Kapitals kommt auf Amerika, ein kleiner Teil auf Asien, Afrika und Australien, und vom Rest fallen circa 30000 km auf England; Deutschland hat das relativ größte Eisenbahnnetz in Europa, nämlich 35000 km, während Österreich nur 19000 aufweist. Bei dieser Aufstellung sind die in Vorbereitung befindlichen Eisenbahnen in Europa und Amerika (mehr als 20000 km), sowie die Eisenschienenwege, welche zu Erleichterung des Bergwerksbetriebes in England, Belgien, Sachsen 2c. angelegt sind, noch ungerechnet geblieben. Würde man die Gesamtlänge der Eisenbahnen sich als Gürtel um die Erde gelegt denken, so könnte man dies beinahe viermal bewerkstelligen und würde auf einem dieser Gürtel in circa 50 Tagen die Erdkugel zu umfahren im stande sein, während der elektrische Funke, welchen sich der Mensch nun auch unterthänig gemacht hat, allerdings zu dieser Reise nicht einmal einer Sekunde bedarf.

Fahrgeleise herzustellen, welche in glatter Reihe sich hinziehen und bei thunlichster Vermeidung der Reibung den Rädern möglichst geringe oder gar keine Hindernisse entgegenstellen, ist eine so uralte Erfindung, daß man sich in der That wundern darf, daß man nicht schon lange darauf kam, diese Einrichtung bei den gewöhnlichen Kunststraßen anzuwenden. Schon den Völkern des grauen Altertums, den Ägyptern, Indiern und Persern, waren solche Geleise wohlbekannt, und es war nur eine Folge des durch kriegerische Umwälzungen herbeigeführten Stillstandes und Rückschreitens der Kultur, wenn, mit so mancher andern, auch diese uralte Erfindung wieder im Strome der Vergessenheit begraben wurde. Die Indier und Ägypter legten, um die ungeheuren Steinmassen, deren sie sich zu ihren Riesenbauten bedienten, aus den Steinbrüchen zur Baustelle zu bewegen, große behauene Quadersteine dicht aneinander und bildeten so eine Steinbahn, in welche die Räder der Blockwagen nach und nach die Geleise selbst einschnitten. In den Ruinen von Baalbek und Palmyra finden sich noch heute Spuren ähnlicher Steinbahnen, welche, alten Schriftstellern zufolge, selbst durch die Wüste fortgeführt wurden. Auch die Römer kannten dergleichen Steingeleise, die sie jedoch nur sehr selten bei vielbenutzten Hauptstraßen anwendeten, weil bei längerer unmittelbarer Einwirkung der Wagen auf dieselben Stellen des Steins endlich auch sogar Granitquadern brachen und zerbröckelten. So kamen diese Steingeleise bald außer Anwendung, und selbst die wenigen derartig konstruierten Römerstraßen verfielen mit dem Sinken jenes Weltreiches. Auch Metallschienen sind bei weitem älter als man gewöhnlich glaubt. In der Nähe der einen Pyramide von Gizeh sowie auf der Landenge von Suez hat man Reste von Bronzeschienen gefunden, welche darauf schließen lassen, daß zu jenem Riesenbau sowie zu der ersten Durchstechung der Landenge unter Ramses Bronzebahnen angelegt und benutzt worden sind. Verfasser dieses fand in den Vorbergen der Sierra Nevada in Spanien in der Nähe von Steinbrüchen Reihen von in die Felsenstraßen gehauenen Löchern, die ihrer Form und Verteilung nach nur von Bahnschienen herrühren können, deren Erbauer wohl die maurischen Architekten von Granada gewesen sein mögen.

Dem deutschen Bergbau war es vorbehalten, ein neues Geleisbausystem zu schaffen. Schon seit vielen hundert Jahren erfolgte der Transport der Erze und Steine in den Bergwerksgegenden des Harzes und an andern Orten auf Holzbahnen, welche aus zwei auf hölzerne Unterlagen gestreckten Balkenreihen bestanden, die, genau miteinander gleichlaufend und nach gleichmäßigem Fall gelegt, den Wagenrädern glatte Bahn boten, auf welcher ein Pferd die vierfache Last bewältigen konnte als auf gewöhnlichen Wegen. Die jungfräuliche Königin Elisabeth von England ließ deutsche Bergleute aus dem Harz nach England kommen, um dort die Stein- und Eisengruben, namentlich aber die daselbst immer mehr und mehr Wichtigkeit erlangenden Steinkohlenwerke auszubeuten, und mit diesen Deutschen gelangten die Holzbahnen nach England, wo wir sie schon im Jahre 1676 in New Castle in vollem Gebrauch finden. Der große Bedarf an Holz, welches diese Bahnen besonders zur Reparatur erforderten (sie halten durchschnittlich nicht länger als sechs Jahre aus), ließ eine Verbesserung notwendig erscheinen, namentlich in dem Bergwerksdistrikt von South-Hetton, wo die Bahnen einen so bedeutenden Fall hatten, daß man die beladenen Wagen abwärts ohne Pferde laufen lassen konnte. — Der größte Fortschritt im Geleissystem fand aber erst nach etwa hundert Jahren (im Jahre 1767) statt. Es waren zwar unterdessen schon mehrfach an Stelle der Holzgeleise Steinbahnen getreten; inzwischen ließ deren Rauhigkeit raschere Bewegung ohne Schaden für den Wagen nicht zu, auch nutzten sich die Bahnen fast ebenso schnell ab wie die Holzbahnen. Nun stand um erwähnte Zeit das Eisen zu Colebrookedale (Grafschaft Shropshire) in einem so niedrigen Preis, daß es nicht die Fabrikationskosten trug und man damit umging, die Hochöfen, in welchen dasselbe erzeugt wurde, eingehen zu lassen. Da sann der wackere Reynolds, einer der Teilnehmer an jenem Eisenwerk, um dieses selbst mit Opfern zu erhalten, auf neue Verwendung des Roh- und Gußeisens.

Eine der ersten Anwendungen, für welche er sich entschied, war die zum Brückenbau. Er beschloß, über den Strom, der bei dem Eisenwerk vorüberfließt, eine gußeiserne Brücke zu bauen. Zwei Schmiedemeister, John Wilkinson und Albert Darley, machten dazu im Jahre 1773 den Entwurf, und im Jahre 1779 stand die Brücke vollendet da. Sie bildet einen flachen Bogen von 30 m Spannung und besteht ganz aus Eisen, so daß sogar der Brückenbelag durch eiserne, 6 cm starke Platten hergestellt ist. Die Breite der Brücke beträgt 6½ m und die Eisenteile wiegen 764570 Pfund. Dieser erste gelungene Versuch zog bald mehrere nach sich, z. B. die Brücke über den Wear bei Sunderland in der Grafschaft Durham, deren aus Eisenkästen gewölbter Bogen bei 84 m Spannung bis zum Scheitel nur etwa 10 m steigt. Der Bogenschluß liegt 30 m über der Wasserfläche des Wear, so daß Schiffe mit hohen Masten unter ihm durchgehen.

Eine andre Anwendung des Gußeisens versuchte Reynolds 1774, indem er die Eisenbarren etwas länger als gewöhnlich gießen und auf die Langschwellen der Holzbahnen legen ließ, so daß sie das Geleise bildeten. Später, meinte er, wenn die Eisenpreise sich heben würden, könne man diese Geleise wieder aufnehmen und verwerten, da die Abnutzung keineswegs bedeutend sein würde. Diese neuen Schienenwege, die ersten Eisenbahnen, wurden in und um Colebrookedale vielfach in Anwendung gebracht und bewährten sich hinreichend, besonders als man die Geleise in den Barren vertiefte. Die so entstandenen, bereits nach einigen Jahren auch bei Steinkohlenwerken in der Nähe Sheffields angewendeten Randschienen waren ziemlich dünn und flach und hatten an der äußern Seite einen aufrecht stehenden Rand, um das Entweichen der Räder vom Geleise zu verhindern. Bald aber fand man es für besser, die Schienen ganz flach zu machen und statt des Randes den inneren Kanten der Räder einen Vorsprung zu geben, der sie vor dem Ausgleisen hütete. Aus den Flachschienen aber wurden nach und nach die Hochschienen, wie wir sie jetzt noch auf fast allen Eisenbahnen sehen. So war es bereits erreicht, daß ein Pferd bequem die Last ziehen konnte, zu deren Fortschaffung man bisher auf gewöhnlichem Wege wohl bis zehn Pferde gebraucht hätte, und daß dennoch die Bewegung selbst etwas rascher von statten ging. In der Folge verließ man das Gußeisen, weil die Schienen oft sprangen, auch, sobald die äußere harte Oberfläche abgenutzt war und der innere, weiche Kern des Gußeisens frei lag, schnell unbrauchbar wurden, und wendete nun Walzeisen an. Durch die so weit entwickelten Eisenbahnen wurde zwar an Zugkraft bedeutend erspart, an Zeit aber nur wenig, weil man noch auf Benutzung der Pferde zu Fortbewegung der Wagen angewiesen war. Noch dachte man nicht daran, sich der Eisenbahnen zu Beförderung der Reisenden zu bedienen oder die Eisengeleise aus den Bergwerksdistrikten nach dem flachen Lande zu verpflanzen.

Während es nun in den Kohlenbergen längst Eisenbahnen gab ohne Lokomotiven, versuchten die ersten Dampfwagen ihren anfänglich unsicheren Lauf auf gewöhnlichen Landstraßen. Unterdessen hatte nämlich die Idee eines neuen Transportfahrzeuges allmählich in vielen Köpfen Platz gegriffen, und kurz nachdem die Dampfkraft als neuer Motor auftrat, als die Wattsche Dampfmaschine darthat, was mit dieser Kraft überhaupt zu leisten war, da versuchte man sie auch dem Transport dienstbar zu machen. Evans in Amerika, Trewithik und Vivian in England brachten Maschinen zustande, mit denen sich mehr oder weniger gut auf Straßen, wenn auch langsam, fahren ließ; aber sie wie alle ihre Nachfolger kamen über die ersten Anfänge nicht hinaus, und ihre Maschinen mußten wieder beiseite gesetzt werden. In dem letzten Jahrzehnt erst ist es gelungen, die Übelstände mehr oder weniger zu beseitigen, und die deutschen Belagerungsgeschütze wurden 1870 von Nanteuil aus nach Paris auf der Chaussee größtenteils durch Straßenlokomotiven gezogen, von denen die Dampfdroschken eine kleinere Unterart sind.

Fig. 333. Eisenbahnbau. Durchstich mit Wegüberführung auf Steinbrücke.

Nach 1774 verging noch manches Jahr, bevor die erste Eisenbahn im Sinne der Gegenwart ins Leben trat; aber schon reifte im Verborgenen der Meister heran, der sie ins Dasein einzuführen bestimmt war. In ärmlichen Verhältnissen, als Kind eines Maschinenheizers, wurde Georg Stephenson 1781 in dem Kohlenarbeiterdörfchen Wylam bei New Castle geboren. Den höchst interessanten Lebenslauf dieses schöpferischen Geistes erzählen wir an andrer Stelle, wo von seiner Haupterfindung, der Lokomotive, die Rede sein wird. Hier genügt, zu erwähnen, daß es die Stockton-Darlington-Kohlenbahn war, auf welcher zuerst das Dampfroß dahinbrauste. Diese sowie die Liverpool-Manchester-Eisenbahn, die Schule aller späteren Anlagen, wurde nur in Absicht der Güterbeförderung angelegt. Oft verloren die Unternehmer den Mut, aber der geniale Erfinder der Lokomotive vermochte sie zum Ausharren. Doch immer neue Schwierigkeiten tauchten auf, dadurch vergrößert, daß man mit dergleichen Arbeiten noch nicht vertraut genug war, vielmehr etwas Neues, bis dahin Unerhörtes schaffen sollte, an dessen möglicher Vollbringung die meisten verzweifelten. Hier waren Hügel zu durchtunneln, dort Flußthäler zu überbrücken u. s. w., doch die größte Schwierigkeit bot eine meilenlange Strecke tiefen Moores, wie sie sich im Norden von England häufig finden. Auch hier wußte Stephenson Rat. Er ließ eine große Menge von Reisigbündeln in den Morast versenken. Durch fortwährendes Auffahren von Erdreich auf diese Grundlage wurde nach und nach eine Art schwimmendes Fundament gebildet und

immer höher aufgebaut, je tiefer dasselbe einsank, seine weiche Unterlage teils zusammen=
drückend, teils zur Seite drängend. So wurde endlich über den zitternden Sumpf ein fester,
heute noch aushaltender Bahndamm gewonnen.

Schon war der Bahnbau ziemlich beendet, und noch fehlte der Entschluß über die
anzuwendende Zugkraft; man schwankte zwischen Pferden und stehenden Dampfmaschinen mit
Seilzug. Handwagen, wie sie in unsern Tagen noch der Ingenieur auf Eisenstraßen
während des Baues benutzt, waren nicht hinreichend, denn es handelte sich um Zugmaschinen
für Züge von Güterwagen. Stephenson kam mit äußerster Beharrlichkeit immer wieder
auf die Lokomotive zurück, stand aber mit seiner Ansicht sehr vereinzelt da.

Ein Haupteinwurf, ein verzeihliches Vorurteil, ging dahin, es werde zwar nicht schwer
sein, durch eine Dampfmaschine die Räder eines Wagens zu bewegen, diese Räder aber
würden sich dann wohl nur auf der Stelle drehen, den Wagen aber auf den Schienen nicht
vorwärts bringen. Gelänge dies aber selbst auf der Ebene, so müsse doch bei der geringsten
Steigung der Bahn diese Bewegung sogleich aufhören.

Fig. 334. Eisenbahnbau. Durchstich mit Wegüberführung auf Holzbrücke.

Daher hatten auch die vor Stephenson aufgetauchten Projekte Zahnstangen und Zahn=
räder oder Ähnliches in Betracht gezogen; ja, es gibt aus jener Zeit ein Modell, bei dem
der Wagen durch vier schräg gegen den Boden arbeitende Stelzen fortgestrampelt wird.
Stephenson ließ sich durch dergleichen Einwürfe nicht irre machen, sei es nun, daß er
Wesen und Wirkung der Reibung, ohne die ja kein Stein eines Haufens auf dem andern
liegen bleiben würde, besser kannte als alle jene Superklugen, die ihn zu Hofmeistern sich
unterfingen, oder daß nur instinktives Gefühl ihn leitete. Er setzte seine erste Lokomotive
mit glatten Rädern auf glatte Schienen, und sie lief ausgezeichnet. Freilich blieb Stephenson
bei seinen Eisenbahnanlagen stets ein unbeugsamer Anhänger der geraden Ebene, der lieber
Umwege als Kletterversuche machte. Bezeichnend ist die Unterredung, welche damals
Stephenson mit dem Vorsitzenden des dafür eingesetzten Unterhausausschusses hatte. Dieser,
indem er, wie man zu sagen pflegt, den Mund recht voll nehmen wollte, legte dem In=
genieur die Frage vor, ob man eine Zugmaschine bauen könne, die eine deutsche Meile in
der Stunde durchliefe. Stephenson bejahte dies. Da faßte jener sich ein Herz und that die
„verwegene" zweite Frage, ob man es vielleicht bis zu zwei Meilen per Stunde bringen könne.
Stephenson bejahte auch dieses, aber in einem solchen Tone, der jede weitere Frage abschnitt.
Acht englische Meilen in der Stunde schien damals das Höchste; jetzt fährt man mit den

Schnellzügen in drei Minuten zwei englische Meilen, mit dem Jagdzug eine solche Meile per Minute.

Die Direktion der Unternehmung bestimmte endlich nach vielem Streit 500 Guineen (10500 Mark) Prämie für die beste derartige Maschine, vorausgesetzt, daß sie eine gewisse Schnelligkeit bei einer gewissen Belastung entwickele. Am 6. Oktober 1829 begann der Wettkampf zwischen der von Stephenson und seinem Sohn Robert gestellten Lokomotive „Rakete" und drei oder vier von andern Maschinisten gelieferten, zum Teil sehr mangelhaften Motoren. Die „Rakete" bestand die Probe so glänzend, daß sie dreimal mehr leistete als verlangt worden war. Von diesem Tage also datiert eigentlich die Begründung des Eisenbahnwesens, welches bald immer unwiderleglicher seine ungeheure Entwickelungsfähigkeit zeigte. Denn je mehr die Lokomotive an Schnelligkeit gewann, desto mehr drängte man sich zu Benutzung dieser zeitersparenden Einrichtung.

Ähnliche Schwierigkeiten, wie sie der Engländer Stephenson in der Abneigung seiner Zeitgenossen für seine großen Ideen zu überwinden hatte, stellten sich dem eigentlichen Begründer des deutschen Eisenbahnwesens, dem unvergeßlichen Friedrich List (geboren 1789 zu Reutlingen), entgegen, als er für das Leipzig-Dresdner Eisenbahnprojekt und für ein deutsches Eisenbahnwesen überhaupt mit der ganzen Energie seines Charakters wirkte. Die hellsten Köpfe erklärten die Eisenstraße von Leipzig nach Dresden für ein unsinniges Wagnis. Denn damals dachte man, da keine von beiden Städten an einem Seehafen liegt, nicht im entferntesten an die heutige Entwickelung des Warentransports. Auch hielt man, gestützt auf Stephensons eigne Angaben, die zwischen Leipzig und Dresden vorkommenden Steigungen für unüberwindlich. Gegenwärtig überwindet die Lokomotive auf den Alpenbahnen Steigungen, die um das Fünffache steiler sind als die Leipzig-Dresdner Bahn, der ersten Dampfbahn auf dem Kontinent, und wenn Regen oder Glatteis die Schienen schlüpfrig macht, so daß die Reibung nicht in dem nötigen Grade stattfindet, hilft ein an der Lokomotive angebrachter Sandkasten nach, welcher die Schienen vor den Triebrädern leicht mit Sand bestreut und auf diese Weise die fehlende Reibung wieder herstellt, oder es wird durch Verkuppelung der Räder die Steigkraft erhöht.

Doch wenden wir uns nun zu einer kurzen Betrachtung der Arbeiten für **Ausführung eines Eisenbahnbaues**.

Eisenbahn-Unterbau. Wird die für die Eisenbahn gewählte Linie durch Hügel oder Berge unterbrochen, welche nicht allzu hoch sind, so durchschneidet man dieselben. Tiefere Durchstiche oder Einschnitte erfordern meist viel Arbeit. Einer der tiefsten dieser Einschnitte befindet sich auf der Leipzig-Dresdner Eisenbahn, wo eine Bodenerhebung von mehr als 30 m Höhe auf mehr als 2 km Länge durchschnitten worden ist. Die Arbeit wird aber um so schwieriger und kostspieliger, wenn kein Felsgrund vorhanden ist, weil man dann dem Einschnitt nach beiden Seiten hin flache Böschungen geben, also viel mehr Erde abgraben muß, als die Bahn an sich erfordert. Ist dabei noch das Erdreich zu beiden Seiten des Durchschnitts sehr weich, so muß man es durch eingelegte Steinschichten vor dem Herabfallen sichern.

Fig. 333 zeigt einen solchen Durchstich, bei dem das Erdreich zunächst durch einige Schichten Bruchsteine und außerdem noch durch in regelmäßigen Zwischenräumen sich wiederholende Streifen von behauenen Steinen, ohne Mörtel versetzt, gewahrt ist. Der in der Mitte liegende Damm ist nach der Weise der Schotterstraßen hergestellt, und zwar so, daß das etwa sich durchsickernde, ebenso das an den Böschungen herablaufende Wasser in gemauerten Schleusen Abzug findet. Die umstehende Fig. 334 gibt ein Bild davon, wie man die Böschungen der Durchstiche verwahrt, wenn eine Schicht durchlässigen Erdreichs über festem lagert, indem man die Böschung des unteren Teils durch eingesetzte Steinreihen sicherstellt, dem oberen Teil aber sein Wasser vermittelst Drainierung entzieht.

Häufig kreuzt eine Hauptstraße oder ein Nebenweg die Eisenbahn. Noch vor gar nicht langer Zeit war man angelegentlichst bemüht, diese Durchkreuzungspunkte so zu wählen, daß Eisenbahn und Straße auf dieselbe Ebene zu liegen kamen. An einem solchen Niveauübergang müssen, sobald sich ein Zug nähert, Reiter und Fußgänger, Pferde und Wagen anhalten und warten, bis der Train die Kreuzung durchlaufen hat. Abgesehen von der dadurch entstehenden Verkehrshemmung, kann bei solchen Gelegenheiten durch Scheuwerden der

Pferde sehr leicht Unglück passieren. Neuerdings sorgt man daher, in direktem Gegensatz zu früher, selbst in flachen Gegenden gern dafür, daß Eisenbahn und Straße in verschiedener Höhe dahinlaufen. Liegt die Eisenbahn tiefer, passiert sie also einen Durchschnitt, so führt man die Straße, wie auf unsern Abbildungen angedeutet, auf einer Holz- oder Steinbrücke über dieselbe hinweg. Von den Fällen, wo das Schienengeleis höher liegt, wird weiter unten die Rede sein.

Beim Auftreten höherer Berge oder Felsen ist häufig ein Einschnitt ebensowenig ausführbar als eine Verlegung der Eisenstraße. Dann muß das Hindernis — seien es kleinere Felsmassen oder massenhafte Bergzüge — durchbrochen werden, man schreitet zu Anlegung von Tunnels, gewöhnlich auf bergmännische Weise, indem man einen Stollen durch das Gestein treibt, und zwar geschah dies bis um 1875 noch meist auf dem gewöhnlichen Wege der Handarbeit, während bei Durchbohrung des Mont Cenis und des St. Gotthard die neuesten Fortschritte der Maschinentechnik zur Anwendung gelangten, die an andern Stellen zu schildern sind. In der Regel geht man zur rascheren Förderung der Bohrung nicht nur von beiden Seiten des Berges zugleich vor, sondern man treibt auch vom Gipfel der zu durchbohrenden Höhe einen Schacht, nach Befinden deren mehrere, bis auf die Sohle der Bahnstrecke, um auf allen zwischenliegenden Strecken zugleich arbeiten lassen zu können.

Fig. 335. Themse- und Tunneldurchschnitt.

Da pickt und hämmert es nun Tag und Nacht, Sprengschüsse knallen und Tonnenzüge fördern das zerkleinerte Gestein in die Höhe. Welch eine ungeheure Arbeit, sich auf diese Weise oft Tausende von Metern weit durch den Fels bohren zu müssen! Dabei gilt es auch, gerade Linie zu halten, die Decke zu wölben, die Wegsohle zu glätten und ferner das aus den Felsspalten träufelnde Wasser auszupumpen! Aber bei allen diesen im Eingeweide der Berge vor sich gehenden Arbeiten ist wenigstens der Rückzug an das Sonnenlicht durch die erwähnten Stollen und Schächte gesichert. Über alle Begriffe hinaus steigern sich jedoch die Mühseligkeiten und Gefahren, wenn es gilt, unter dem trügerischen Element des Wassers dem Verkehr einen trockenen Durchzug zu bereiten, wie solches der Fall war während der fast zwanzigjährigen Anstrengungen, welche eins der großartigsten Bauwerke der Welt zu einer Zeit verursachte, als man über den Reichtum der heutigen Hilfsmittel der Technik noch nicht verfügen konnte.

Mit Staunen vernahm die Welt vor etwa fünfzig Jahren den Beginn jenes Baues, dessen Fortgang sie mit ungeschwächter Teilnahme verfolgte und dessen Vollendung und feierliche Eröffnung am 25. März 1843 sie mit freudiger Bewunderung begrüßte. Die Weltstadt London wird von der Themse in zwei Hauptteile geschieden. Schon die den Verkehr zwischen beiden Ufern bisher ungenügend vermittelnden Brücken bildeten außerdem für die Schiffahrt eine nicht geringe Störung, und oberhalb der Londondocks war Anlegung einer neuen Brücke ohne die größten Nachteile für jene gar nicht ausführbar. Gleichwohl mußte man, um von hier aus in den gegenüberliegenden Stadtteil zu gelangen, überfahren oder einen Umweg von fast einer deutschen Meile machen. Zu Beseitigung dieses Übelstandes hatte Vesey schon zu Anfang dieses Jahrhunderts einen Tunnelbau unternommen, denselben aber, obschon der Vollendung ziemlich nahe gebracht, wegen allzu großer Schwierigkeiten 1809 wieder aufgeben müssen. — Im Jahre 1823 ward diese Sache wieder von neuem angeregt. Der französische Ingenieur Isambert Brunel war beim Anblick eines Schiffskiels, in welchem der Bohrwurm seine einzelnen, dicht aneinander liegenden Gänge ausgehöhlt hatte, auf den Gedanken gekommen, daß man durch gleichzeitige Ausführung einer Anzahl einzelner kleinerer Stollen dicht nebeneinander einen großen Tunnel herstellen könne. Er ließ deshalb zwölf Kasten ohne Boden anfertigen, wie man bei Wasserbauten sie zur Gründung verwendet. Diese Rahmen stellte er aufrecht nebeneinander und teilte jeden durch Querwände in drei Teile, so daß er zusammen 36 Fächer erhielt, welche als Ausgangspunkte für ebenso viele Gänge dienten. Jedes dieser Fächer war für einen Arbeiter bestimmt und rückwärts offen, vorn aber mit vielen beweglichen Brettern geschlossen. Alle Rahmen zusammen hießen der Schild. Diesen Schild stellte man an die auszugrabende Erde; der Arbeiter nahm eines der beweglichen Bretter weg, grub eine Strecke aus, stellte das Brett gegen die bloß gewordene Erdoberfläche und befestigte es durch Stützen in dieser Lage; gleiches geschah nach und nach mit allen Brettern. Sobald von allen drei Fächern eines Rahmens aus auf gleiche Weise verfahren worden, wurde dann der ganze Rahmen durch zwei Schrauben, von denen die eine oben, die andre unten wirkte, vorwärts in den ausgehöhlten Raum hineingeschoben. In derselben Art ließen sich auch die übrigen Rahmen bewegen, und während ein Teil der Arbeiter vor den Fächern die Erde wegnahm, mauerte ein andrer Teil hinter denselben die Fächer sofort aus; der Schild aber stützte die Erde so lange, bis das Gewölbe fertig war, während das nur eben hergestellte Mauerwerk den Schrauben wiederum zum Stützpunkt diente, durch welche die einzelnen Rahmen des Schildes vorgeschoben wurden. Im Jahre 1824 bildete sich die Aktiengesellschaft zu Herstellung des Tunnels, und es ward bald auch zwischen Rotherhithe und Wapping, die einzige Stelle, an welcher sich ein solcher Bau ausführen ließ, gefunden. Beide Themseufer liegen hier 380 m auseinander. Der Bau begann 1825 mit Aufmauerung eines Cylinders aus Ziegelsteinen auf der Seite von Rotherhithe, 47 m vom Wasser entfernt. Dieser Mauercylinder war 13 m hoch, 90 cm dick und hatte 16 m im Durchmesser. Über der oberen Öffnung stellte Brunel eine Dampfmaschine von 30 Pferdekräften auf, welche Erde und Wasser aus dem Innern hob. Als der Cylinder 20 m tief in den Boden eingesenkt war, errichtete unser Meister innerhalb einen zweiten, der aber nur 5 m im Durchmesser hatte, und versenkte denselben auf gleiche Weise bis auf 25 m Tiefe. Der Tunnel beginnt nun von dem ersten Cylinder aus in einer Tiefe von 19 m; seine Breite ist 12 und seine Höhe 7 m mit Einschluß des Mauerwerks. Der Durchschnitt wird durch zwei einander berührende Ovale gebildet, wodurch zwei Bogengänge entstehen, deren jeder fast 5 m hoch ist und Fahrweg und Fußweg nebeneinander enthält. Beide Gänge sind durch Öffnungen miteinander verbunden, von welchen aus das Gas der Laternen die Dunkelheit verscheucht.

Von der Sohle des Schachtes aus fing man Neujahr 1826 die Horizontalarbeiten zu Herstellung des eigentlichen Tunnels an. Aus festem Lehmboden gelangte man bald zu einer losen nassen Sandlage, längere Zeit darauf wieder in festeren Boden. — Der Bau schritt langsam, jedoch merklich fort, man kam täglich etwa $2/3$ m weiter. Am 30. Juni 1826 erreichte der Bau das Flußbett, und am 2. März des folgenden Jahres hatte man 144 m oder fast ein Drittel der ganzen Länge des Baues vollendet.

Obwohl der Tunnel sich auf jede 100 m ungefähr 3 m senkte, kam seine Höhlung doch gegen die Mitte des Flusses dem Grunde desselben bis auf 3 m nahe, wobei Hindernisse und Gefahren der mühsamen Arbeit in dem Grade wuchsen, wie man sich der Mitte des Strombettes näherte. Brunel war unermüdlich, und die zunehmende Gefahr bewog ihn mehr als einmal, sein Leben aufs Spiel zu setzen. Um das Themsebett selbst genau zu untersuchen, stieg er vom 22. April 1827 ab mehrere Tage hintereinander mit Hilfe der Taucherglocke in die Tiefe hinab. An mehreren Stellen entdeckte er auch die Ursache, warum das Wasser durchsickerte, und begegnete diesem Übelstand dadurch, daß er Lehm und Thon in Körben versenkte.

Absichtlich hatte er mehrere Werkzeuge zurückgelassen, und als die Arbeiter einige Tage später im Tunnel eine schlammige Schicht anhieben, fanden sie alles wieder. Die Geräte hatten sich folglich durch das dort 9 m dicke Sand- und Schlammbett der Themse bis zur Tunneltiefe hinabgearbeitet: ein Besorgnis erregender Beweis für den lockeren Zustand des Bodens. Dennoch wurden die Arbeiten rastlos fortgesetzt. Als aber am 18. Mai 1827 mehrere große Schiffe gerade über dem Tunnel Anker warfen, erfolgte ein so gewaltiger Einbruch des Themsewassers, daß die Dampfmaschine es nicht mehr bewältigen konnte. Alle Anstrengungen waren vergeblich. Die Arbeiter retteten sich, der Tunnel war binnen einer Viertelstunde mit Wasser und etwa tausend Tonnen Sand und Schutt angefüllt. — Brunels Mut aber war nicht gebrochen. Mit der Taucherglocke in den trichterförmigen Schlund sich hinablassend, den der Strom bis zum Tunnel gewühlt hatte, fand er zu seiner Freude das Mauerwerk und seinen Schild unverletzt. Er verstopfte nun sogleich mit 60 000 Ztr. Lehm, in Körben versenkt, den Schlund und legte mit mehreren Dampfmaschinen den Tunnel trocken, so daß die Arbeit bereits nach einem Monat wieder fortgesetzt werden konnte.

Fig. 336. Luftschacht an einem Tunnel.

Trotz unvorhergesehener neuer Schwierigkeiten, obgleich die Arbeiter unter dem Eindruck der kaum überstandenen Gefahr mutlos geworden waren, obgleich Massen von brennbarem Gas ins Innere drangen, sich bei der geringsten Unvorsichtigkeit mit der Lampe entzündeten und den ganzen Raum mit Flammen und Gestank dermaßen anfüllten, daß die Arbeiter ohnmächtig hinsanken, drang man doch weitere 16 m vor, bis der Fluß am 12. Januar 1828 zum zweitenmal, 190 m vom Tunneleingang, durch den Schild brach. Die unglückliche Begebenheit kostete sechs Arbeitern das Leben. Brunels Sohn half sich eine Strecke in völliger Finsternis fort, dann ergriff auch ihn der Wasserstrom, führte ihn indessen glücklich im Schachte empor. Auch diesmal half der unermüdliche Brunel in derselben Weise wie das erste Mal der Überflutung ab. Der Tunnel ward ausgepumpt und das Gewölbe zeigte sich abermals unverletzt. Aber nun fehlten die Mittel, den Wunderbau zu vollenden; volle sieben Jahre blieb er unterbrochen, bis die Regierung endlich die erforderlichen Geldvorschüsse bewilligte. Die Arbeit ging aber nur sehr langsam voran; der Boden des Flusses zeigte sich völlig aufgeweicht und mußte durch einen neu zu bildenden ersetzt werden; der bisher gebrauchte Schild war so schadhaft geworden, daß ein neuer an seine Stelle treten mußte. Noch dreimal fanden Wasserdurchbrüche statt. Dennoch wurde nach sechzehnjährigen ununterbrochenen Kämpfen mit Bodenschwierigkeiten und Wasser am 13. August 1841 dem alternden Isambert Brunel die Genugthuung zu teil, den Tunnel in seiner ganzen Länge zum erstenmal zu durchwandern, und nach Herstellung der Ein- und Ausgänge ward zwanzig Monate später das Riesenwerk feierlich dem Verkehr übergeben.

Der Riesenbau kostete 12 Millionen Mark. Für einen Penny (etwa 9 Pfennige) ist jedem Fußgänger der Durchgang durch denselben gestattet. Brunel starb, von der Königin zum Baronet erhoben, von den Fachgenossen mit Ehren überhäuft, im Jahre 1849.

Wie lange auch der Londoner Tunnel unter den Bauwerken als einzig in seiner Art dastand, wie außerordentlich die Schwierigkeiten waren, die seine Herstellung verzögerten, so überflügeln doch die kolossalen Werke, welche bei den Eisenbahnbauten während der letzten 20 Jahre geschaffen worden sind, noch weit den Eindruck, welchen jener mit Recht vielgepriesene Bau bei uns zurückgelassen hat. Einige von ihnen führen, wie der Londoner Tunnel, unterhalb durchweichter Flußbetten hindurch; andre, wie die unterirdischen Eisenbahnen, durchschnitten den Boden unter dem Fundamente schlanker Türme, ohne daß diese bei ihrer Herstellung wankten; andre wiederum durchbohrten ganze Gebirge, und es muß selbst der härteste Stein der diamantenen Bohrspitze weichen; ja jene riesigen, natürlichen Mauern, welche die Scheidewand zwischen Frankreich und Italien bilden, sie wurden durchbrochen.

Seit den letzten Jahren durchziehen Eisenbahnstraßen unsre Alpen und die der Schweiz nach allen Richtungen, und der Mensch bewährte zuletzt seine unerschöpflichen geistigen Hilfsmittel und titanenhaften Kräfte an der Durchbrechung jener ungeheuren Bollwerke, des Mont Cenis und des St. Gotthard.

Die letzteren Riesenwerke hätten kaum in einem halben Jahrhundert zu Ende gebracht werden können, wenn man die oben geschilderte Durchbohrungsarbeit beibehalten hätte. Hier galt es aber, an Stelle der zeitraubenden und kostspieligen Handarbeit die Kräfte der Natur in großartigstem Umfange zum Dienste der Menschen heranzuziehen, und es geschah dies in allerdings staunenerregender Weise: man bohrte mit Hilfe komprimierter Luft, vermittelst ge-

Fig. 337. Tunnel durch die Schäferwand bei Tetschen.

waltiger und komplizierter Maschinen, die durch Wasser und Dampfkraft in Bewegung gesetzt wurden. Zu dieser merkwürdigen Kombination, welche die Mont Cenis-Durchbohrung ermöglichte, faßte ein Deutscher, Namens Sammiller, die erste Idee und führte solche vereint mit dem Franzosen Grandis und dem Italiener Grattoni weiter aus. Über den Mont Cenis, der Hannibal mit seinen punischen Legionen, sowie den gallischen Kriegern bei ihrem Angriff auf Rom als Übergangspunkt diente, ließ 1693 Marschall Catinat eine für leichtes Fuhrwerk und kleines Geschütz fahrbare Straße leiten. Nun wollte man eine Eisenbahn anlegen; aber die Steigungen wurden so bedeutend, daß selbst das System Fell, mit einer gezahnten Mittelschiene, an der sich die Lokomotiven in die Höhe arbeiten, kein befriedigendes Resultat versprach (s. Fig. 329). Da durchbohrte man, wie gesagt, den Berg. Die Bohrungen wurden von zwei Seiten begonnen. Der Anfangspunkt auf der savoyischen Seite bei Madonne liegt 1249 m über dem Meere, der andre auf französischem Boden bei Bardonneche, in einem reizenden Thale, 147 m tiefer, während an einer andern Stelle die Bahn bis zu 2170 m aufsteigt. An dem Eingange einer Schlucht in der Nähe von Bardonneche errichtete man Büreaus und Wohnungen für

Eisenbahn=Unterbau. Tunnel. 379

Direktion und Ingenieure, ein Hospital, ein Haus für die Arbeiter, Maschinenfabriken, Schmiede und das Haus für den Apparat zur Luftkomprimierung nebst den zugehörigen Wasserreservoirs. Zu diesem Behufe lagen in dem Gebäude zehn große eiserne Behälter, ähnlich wie Dampfkessel, welche 194650 l Luft faßten; auf jedem stand eine Röhre. Durch das Spiel sinnreicher Ventile und durch das aus dem nahen Reservoir in schrägen Röhren mit einem Gewicht von 11 000 kg hinabdrückende Wasser ward die Luft in jenen Kesseln so zusammengedrückt, daß sie, wenn man sie herausließe, mit einer Geschwindigkeit von 250 m in der Sekunde hervorbrausen würde, also fünfmal so schnell als der allerstärkste Orkan. Dadurch nun lieferte — so rechneten die Ingenieure — jede Maschine in einer Minute 32000 l Luft, welche durch ein großes Rohr der im Tunnel arbeitenden eigentlichen Bohrmaschine zugeleitet wurde; diese bestand aus vier Behältern für die zusammengepreßte Luft und trieb 4—8 in Gelenken nach allen Richtungen hin drehbare Meißel, deren jeder in der Minute 200 Schläge machte, dabei sich etwas drehend und so abnutzend, daß man deren täglich 150 Stück brauchte, obgleich sie 1 m lang aus dem härtesten Stahl gefertigt waren.

Fig. 338. Viadukt über die Kalte Rinne bis zum Vollertunnel und über die Krauselklause.

Waren die Bohrlöcher tief genug, so wurden sie mit Pulver geladen. Während der Explosion standen die Arbeiter samt der auf Rädern stehenden Maschine sicher hinter einer starken Holzthür. Auf diese Weise schritt man in 24 Stunden 1—1½ m vor, genau gemäß der vorher gemachten Berechnung; der ganze 12 220 m lange Tunnel wurde am 25. Dezember 1870 nachmittags 4 Uhr, also fast genau zehn Jahre nach seinem Beginn, vollendet. Von beiden Enden aus steigt er nach der Mitte zu, doch so, daß die stärkere Steigung auf der französischen Seite liegt. Der Mittelpunkt liegt 1327 m über dem Meere. Am oberen Ende des hier aufsteigenden Luftschachtes, 3047 m über dem Meere, 1720 m über dem Tunnel, steht auf der Frejusspitze ein Observatorium. Die bis dahin tiefste Grube der Erde, bei Kuttenberg, ist 1085 m tief, dann folgt die bei Kitzbüchel in Tirol mit 932 m Tiefe. Die eigne Wärme der Felsen in der Mitte des Tunnels beträgt 21½ Grad Réaumur. Was wollten gegen einen solchen Tunnelbau alle bisher angestaunten Bauten gleicher Art, selbst die Werke, welche die Semmeringbahn und die Schweizerbahnen aufzuweisen haben, sagen, da man im Innern des Mont Cenis eine bange halbe Stunde lang dahinfährt und während dieser Zeit 3½ Wegstunden zurücklegt? Und dennoch sollte man bald auch unter dem St. Gotthard hin in einem noch kolossaleren Tunnel fahren. Dieser wurde 1872 begonnen und 1882 vollendet. Er beginnt

48*

bei Göschenen 1109 m über dem Meere, ist 14 920 m lang, steigt auf den ersten 7500 m Länge bis zu 1154 m über dem Meere, läuft von da 200 m horizontal und fällt nach dem Südende bei Airolo hin bloß etwa 20 m. Ende 1873 waren bereits 138 Bohrmaschinen in Thätigkeit. Ende März 1874 waren am nördlichen Eingang schon 820 m, am südlichen 766 m eingebohrt, zusammen 1586 m. Ende März 1875 bereits 3500 m, Ende Juli 1875 etwa 4200 m und 1882 ward das Werk vollendet. Die Höhe des längsten Tiefschachts beträgt etwas über 1900 m, die Wärme in der Mitte des Tunnels stieg während der Arbeit über 24 Grad Réaumur. Ebenso wird vielleicht gar bald der Themsetunnel als spielendes Experiment erscheinen, wenn das Riesenprojekt, England mit Frankreich durch einen Meeres=tunnel zu verbinden, wirklich zur Ausführung gelangt, was freilich bisher die Furcht John Bulls vor einem Angriff durch den Tunnel hindurch verhinderte. Aber neben diesen Titanenarbeiten müssen wir auch kleineren Bauten einen Blick schenken, da an ihnen die Technik sich zu der Lösung jener Riesenaufgaben vorbereitete.

Einer der in Deutschland zuerst gebauten Tunnels ist der der Leipzig=Dresdner Eisen=bahn, der Tunnel von Niederau, welcher 555 m lang ist. Nicht minder bemerkenswert sind diejenigen der Prag=Dresdner Bahn, gegenüber dem prächtig an der Elbe gelegenen Schlosse Tetschen, die Tunnel durch die Schäferwand (Fig. 337), welche nicht, gleich dem Niederauer, überwölbt, sondern durch das natürliche Gestein gearbeitet sind. Die zackigen Wände bringen bei Fackelschein eine eigentümliche, beängstigende Wirkung hervor. Die rheinische Bahn bei Aachen hat fünf Tunnel, deren bedeutendster früher den Reisenden als besondere Merkwürdigkeit galt.

Auf der Strecke zwischen Prag und Brünn, ja auf allen Gebirgsbahnen finden sich solche Tunnels, nirgends aber in so fortgesetzter Reihe als an der auch in bezug auf andre Konstruktionsweisen des Unterbaues ungemein interessanten Bahn zwischen Wien und Triest bei ihrer Übersteigung des Semmering. Es ist gewiß nichts Geringes, eine 5½ Meilen lange Eisenbahn über die Thäler, Schluchten, Klippen und Hänge eines fast 1550 m hohen Felsengebirges zu führen, sie gegen Wildwasser, Überschwemmungen, Bergstürze zu schützen, ihre Steigung zu verringern und doch den Paß zu erreichen, Tunnels zu sprengen und turm=hohe Viadukte zu bauen, deren Bogen wieder auf Bogen ruhen. Nur der Sachkundige vermag die ungeheuren Schwierigkeiten zu beurteilen, welche, unterstützt durch kenntnisreiche Baumeister, der Erbauer des Werkes, Ritter von Ghega, vorher zu berechnen und zu beseitigen hatte, ehe die Bahn ausgeführt werden konnte; mit ihr kann sich keine der viel=gerühmten römischen Straßen messen, von denen auch eine über den Semmering führte, obschon die Römer den Brenner als Hauptverbindungsstraße vorzogen. Der Zug saust durch lange Tunnels, um auf der andern Bergseite in Krümmungen, über bogenreiche Viadukte, Pfeilerbaue, und an steilen Wänden entlang durch die Bergwildnis dahinzurasseln, bald in hellem Sonnenschein, bald in Finsternis, bald zwischen nackter Felswildnis, bald in kühler Waldung, bald über dem Thal, bald tief unter dem über uns sich hinziehenden Wald. In Schlangenwindungen durchs Schwarzathal über den Bayerbach=Viadukt rückwärts nach dem Eichkogel und zu den steilen Thalschluchten der beiden Adlitzgräben gelangt, sieht man vor sich schroffe und wilde Wände, vielfach ausgezackt und zertrümmert, fast senkrecht über dem engen, grünen Thalstreifen emporsteigen. Eine Zeitlang folgt die Bahnlinie in weit ausschweifendem Bogen dieser Felsenwindung, dann zeigt sie zwei gewaltige Viadukte von über 30 m Höhe, bis sie endlich über eine Felsenwand in einen 200 m langen Tunnel dringt, um aus dem unteren Adlitzgraben in den oberen zu gelangen. Nackte, zerbröckelnde Felswände von steiler Böschung, dabei von tiefen Waldgräben durchschnitten, ragen vor uns in die Lüfte empor. Da das lockere Gefüge des Gesteins befürchten ließ, daß es mit der Zeit infolge der Erschütterung, welche ein schwer bepackter Wagenzug verursacht, ganz auseinander gerüttelt werden möchte, so mußte man hier bei der Weinzettelwand den Weg tief hinein in die Felswand sprengen und diese Wand durch Pfeiler und Mauern stützen, um sie vor dem Auseinanderfallen zu sichern, so daß drei Tunnelreihen durch Galerien zu einem langen Haupttunnel vereinigt wurden. So fliegt die Lokomotive dahin an der Wand zur Kalten Rinne, über deren Klüfte sie mit Hilfe gewaltiger Viadukte gelangt (s. Fig. 338), deren untere Bogen und Pfeiler nebst Eck= und Mittelpfeilern aus Quadern, die oberen aus Ziegeln aufgeführt sind. Am Ende der steilen Weinzettelwand mündet der Schienenweg unter dem Passe in einen 140 m langen ausgemauerten Tunnel, so daß er bis Mürzzuschlag, wo er an die steirische Bahn anschließt, 15 Tunnels von zusammen 4200 m Länge und 16 Viadukte von bedeutender Ausdehnung durcheilt hat. Neben der eigentlichen Bahnanlage mußte auch noch für die Bedürfnisse des Betriebes gesorgt werden, z. B. für die Wasserspeisung der Maschinen, indem die Bergwasser gesammelt, geklärt und durch Pumpwerke oder Röhren weitergeleitet wurden. Wenn bei jedem Bahnbau schon die mühevollen Vorarbeiten, als Vermessung der Höhen, Feststellung der Bahnlinie, Berechnung der Bahnkrümmungen, des Steigens und Fallens, mehr als eines denkenden Menschen geistige und körperliche Kräfte in Anspruch nehmen, so sind damit doch erst die Anfänge des Bahnbaues überwunden. Bald fehlt es an Wegen und Unterkunftsorten, bald stören elementare Ereignisse den Weiterbau, während doch auch die Wünsche der Bevölkerung, sowie die Gesamtwohlfahrt des Landes bei Entwurf und Ausführung billige und gerechte Berücksichtigung finden sollen.

Fig 339. Unterirdische Eisenbahn unter London.

Bei dem Bau der Semmeringbahn machten sich aber ganz ungewöhnliche Hindernisse geltend: es dauerte geraume Zeit, ehe sich nur ein Stamm tüchtiger und zuverlässiger Arbeiter in der unwirtbaren Gegend zusammengefunden hatte. Man zog solche aus Slowenien, Italien und den deutschen Provinzen heran, und so entwickelte sich an dem gewaltigen Gebirgsstocke nach und nach, hoch über den Thalgründen, in der Felseinsamkeit ein eigentümliches Volksleben unter diesen Nomaden der Industrie. Wenn das Signal zur Arbeit mit der Glocke gegeben wurde, da zogen lange Arbeiterkolonnen die schmalen, geschlängelten Pfade entlang. Einige derselben verschwinden in den Tunnels, während andre mit Bohrer, Meißel, Brecheisen und Hacke den Fels mitten an seiner senkrechten Wand angriffen und mächtige Blöcke absprengten, weiter unten italienische Steinmetzen die hinuntergerollten Felsstücke glatt behauten, steirische Fuhrleute sie auf ihre zweirädrigen Wagen luden, um sie aus dem Thale hinaufzufahren, wo sie zu Pfeilern und Viadukten gebraucht wurden.

382   Verkehrswege.

Einer der interessantesten Schienenwege, die unterirdische Eisenbahn zu London, im Januar 1863 zur Verbindung der vier wichtigsten Bahnhöfe auf der Nordseite der Themse durch die Ingenieure J. Fowler und Maon Johnson erbaut, beginnt bei der Endstation der Great=Westernbahn und endet in der City. Die Bahn hat 6—7 Zwischenstationen und liegt nur da, wo Grund und Boden oder darauf befindliche Gebäulichkeiten billig zu verkaufen waren, in offenen Einschnitten. End= und Zwischenstationsbahnhöfe mit ihren 62 m langen und 3 m breiten Perrons sind als Tagebauten aufgeführt.

Die Bahn selbst mit ihren zwei Schienengeleisen schlängelt sich in Kurven, deren eine sogar bloß 190 m Durchmesser hat, in einer Länge von vier englischen Meilen meist unterirdisch dahin. Die größte Steigung beträgt 1 auf 100 m, die größte Tiefe unter der Erdoberfläche 17 m. Die Tunnels, in elliptischer Querdurchschnittsform ausgeführt, sind ungefähr 9 m breit und 5, an manchen Stellen 6 m hoch. Das Mauerwerk ist aus sechs, je 12 cm starken, in hydraulischem Kalk und, an sehr feuchten Stellen, in Portlandzement gemauerten Backsteinrollschichten aufgeführt. Auch fehlt es nicht an guter Beleuchtung und genügender Ventilation. Ein eigentümliches Beleuchtungssystem haben die Stationen in Baker= und Gower=Street. Vierzehn ungeheure Fenster oder vielmehr Kellerlöcher öffnen sich zu beiden Seiten in den gewaltigen düsteren Wölbungen. Das Tageslicht fällt auf eine senkrechte Mauer aus weißglasierten Ziegelsteinen, und von diesen zurückgestrahlt durch die eigentlichen Fenster seitwärts in die Hallen (s. Fig. 339), matt, trübe, fast geisterhaft. Die eigentliche Sonne des unterirdischen London ist das Gaslicht. Auch die Passagierwagen sind durch dasselbe erhellt. Es geht von 6 Uhr morgens bis Mitternacht alle 20 Minuten ein Zug hin und zurück, und die Fahrtaxe ist billiger als die der Omnibusse. Die Bahn hat etwa 1 125 000 Pfd. Sterl. oder 22½ Millionen Mark gekostet, denn ihre Ausführung zeigte sich als eine sehr schwierige, sowohl wegen der alten Wasser=, Gas= u. s. w. Leitungen, auf welche man stieß, als auch wegen des sehr wasserhaltigen Grundes, der keine genügende Konsistenz bot, was alles besondere, meist kostspielige Bauten nötig machte.

Fig. 340. Schneedach zum Schutze der Eisenbahnen.

Doch nun verlassen wir die dunklen Hallen der Tunnels, deren Anzahl immer wächst, so sehr auch jetzt alle verständigen Ingenieure bemüht sind, diese kostspieligen Bauten zu vermeiden, während früher Aktionäre und Ingenieure um die Wette bestrebt waren, mit solchen Kunstwerken ihre Bahnen auszustaffieren; dennoch gibt es Fälle, wo man ihrer gar nicht entbehren kann. Bei dem Bau der London=Dover=Eisenbahn hat man allerdings, um durch Vermeidung von Tunnels Baukapital und Zeit zu sparen, einen Felsen von 120 m Höhe, die Round=Down=Klippe, gesprengt, aber dennoch die gleich daneben befindliche Shakespeare=Klippe mit einem Tunnel durchbohren müssen.

Eisenbahn=Unterbau. Bergbahnen. 383

Eine besonders eigentümliche Richtung hat die Eisenbahntechnik in Amerika genommen. Die Dimensionen sind dort riesiger, als wir Europäer uns vorzustellen vermögen; die Schwierigkeiten erlangen dadurch eine enorme Höhe, und die Art, wie der amerikanische Techniker seine schwere Aufgabe erfüllt, will uns Deutschen oft schier leichtsinnig erscheinen. Wir sind so sehr gewöhnt, nur dem Stein und Eisen Solidität zuzutrauen, daß uns diese Holzbauten erzittern machen. Leider mangelt hier der Raum, um uns eingehend mit der längsten unter den Eisenbahnen, der fast 5370 km langen Pacific=Eisenbahn (von New York nach San Francisco), zu beschäftigen; aber einige der bezeichnendsten Stellen dieser Bahn müssen wir doch betrachten. Der höchste Punkt derselben bei Sherman im Wyoming= Territorium liegt 2593 m über dem Meere, also 300 m höher als der höchste Punkt der Mont Cenis=Eisenbahn. Trotz dieser enormen Höhe bot im ganzen der Bahnbau durch die Sierra Nevada weit geringere Schwierigkeiten, als man geglaubt hatte. Ein Feind aber war es, mit dem man in diesen Höhen besonders zu kämpfen hatte, der Schnee.

Fig. 341. Bahnstrecke über die Sierra Nevada.

Fig. 340 zeigt uns, wie man die Bahn gegen diesen schützte. — An den Schweizerbahnen haben wir Europäer stets in dem Bestreben, diesem Feinde zu trotzen, massige Steingalerien errichtet und diese widerstehen nicht immer der Wucht der Lawinen. Die Amerikaner aber versuchen ähnlich wie die Meister der Gotik gegenüber der Wucht des Windes, der sie Durchgang mittels der durchbrochenen Flächen ihrer Turmhelme gestatteten. Die offenen Dächer der dortigen Schneedächer bieten nicht durch große Flächen Trotz gegen die enorme Last der Lawinen, sondern brechen deren Wucht, da die Lawine, auf das Sparrenwerk fallend, sich zerbröckelt. — Die Steigungen der Pacificbahn sind oft sehr bedeutend, ja, sie gehen bis 1:45; dennoch aber, dank der Beschaffenheit des Terrains und dank der Genialität, mit der die amerikanischen Ingenieure ihre Viadukte anlegen (s. Fig. 341), worauf wir noch näher zurückkommen werden, hat man nicht nötig gehabt, zu dem System Fell seine

Zuflucht zu nehmen, wie am Mont Cenis. Im allgemeinen nach gleichem System, unter Vermeidung massiver Steinbauten durch reichliche Verwendung von Holz und Eisen, ist die soeben im Beisein von Vertretern fast aller kulturtragenden Völker des Erdballs, auch vieler Deutscher, eingeweihte 4740 km lange und bis zu 1739 m über dem Meeresspiegel aufsteigende Northern Pacificbahn ausgeführt. Auch hier sind die Alpenbahnsysteme nicht nötig geworden. Wo aber auch diese sinnreichen Systeme nicht ausreichen, wo alle erwähnten bautechnischen Aushilfen nicht mehr anwendbar sind, wenn man auch die Anhöhe gar nicht oder doch nur mit nicht zu rechtfertigenden Kosten umgehen kann, da bieten die „stehenden" (fixen) Dampfmaschinen in Verbindung mit den „schiefen Ebenen", wie solche z. B. auf der Hof-Bamberger Bahn sowie auf der Düsseldorf-Elberfelder bestehen, weitere Auskunftsmittel. Auf der Höhe des Berges, welche überfahren werden soll, stellt man eine große Dampfmaschine auf, welche ein Göpelwerk bewegt. Von hier aus läuft ein aus Draht gesponnenes Zugseil, über Rollen gelegt, den geebneten Abhang entlang. So oft ein Eisenbahntrain am Fuße des Berges ankommt, wird das Göpeltau an der Lokomotive befestigt und diese nebst angehängtem Zuge von der obenstehenden Dampfmaschine die schiefe Ebene hinaufgezogen. — Auch hat man versucht, die Lokomotiven so einzurichten, daß sie sich selbst hinaufziehen, indem sie das Seil aufwickeln. Bei andern Drahtseilbahnen hängen die die Wagen vertretenden Kästen an einem starken Seil und werden durch die an einem schwächeren Seil ziehende Maschine heraufgewunden oder herabgelassen.

So steigt fast täglich die Auswahl unter den nicht der Baukunst angehörigen Mitteln, Steigungen zu überwinden. Doch nicht nur Höhenzüge machen den Erbauern von Straßen und Bahnen zu schaffen, auch die Tiefen bereiten ihnen Verlegenheiten.

Viadukte und Brücken. Sieht man einen Eisenbahnzug durch eine flache Gegend so gerade hinlaufen, um hier und da in Durchstiche oder Tunnels zu verschwinden, dann wird man leicht zu dem Glauben verleitet, daß das Sinnreiche der ganzen Erfindung weniger in der Eisenbahnanlage als in der Lokomotive liege. An je mehr Stellen aber die Eisenbahnen höher zu liegen kommen als das umliegende Terrain, je ebener und durchschnittener aber das Terrain wird, desto höher steigen die Anforderungen sowohl an den bauenden Ingenieur wie an den zahlenden Unternehmer, durch Kunstbauten sehr mannigfacher Art. Dort gilt es, eine einfache Vertiefung oder eine tiefe Schlucht, hier eine trockene oder sumpfige Niederung zu überspannen, dort wiederum ein vielfach sich hinschlängelndes Flußthal zu überschreiten, hier endlich die durch einen Bergübergang entstehenden Unregelmäßigkeiten der Steigung thunlichst auszugleichen u. s. w. Aber so mannigfach wie die Verlegenheiten, so unerschöpflich sind auch die Hilfsmittel der Technik. Ein Verfahren, um durch Sumpfstrecken Straßen zu führen, wurde bereits S. 368 unter 4 erwähnt. Einfacher ist die in Amerika vielfach angewandte Methode des Einrammens von Pfählen, auf welche man Querbalken in der Art befestigt, wie dies in Fig. 343 deutlich zu ersehen ist. Über trockene Terrainvertiefungen führt man die Eisenbahn in der Regel mittels mehr oder weniger hoher Dämme, d. h. Aufschüttungen von Erde, die nur durch kleinere Brücken zum Wasserdurchlaß, oder um die gewöhnlichen Straßen unter der Bahn durchzuführen, unterbrochen werden. Zu den bedeutenderen unter diesen sehr häufigen Eisenbahndämmen gehört der der thüringischen Bahn bei Apolda.

Doch gibt es Stellen, bei denen ein Damm nicht zureicht oder dem Abrutschen 2c. sehr ausgesetzt sein würde, welche dann besser durch Viadukte zu überbrücken sind, zu deren Bau man demnach schreitet, wenn entweder die Niederung von Zeit zu Zeit Überschwemmungen ausgesetzt ist, die durch einen Dammbau bei weitem gefährlicher werden würden, aber auch, wenn die Tiefe so bedeutend, oder wenn der Platz (in verkehrsreichen Niederungen bei Stadtbahnen u. dgl.) so teuer ist, daß ein Damm mehr kosten würde als ein Viadukt. Was nun die Viadukte selbst betrifft, so sind sie, technisch betrachtet, eine Art der Brücken, werden ganz nach denselben Prinzipien und Grundsätzen gebaut, und so brauchen wir sie denn auch nicht getrennt zu betrachten, sondern gemeinschaftlich mit den Brücken.

Diese Bauten, seit Jahrtausenden als unumgänglich notwendig für das Verkehrsleben anerkannt und daher in den mannigfachsten Abstufungen und Formen bei allen kultivierteren Völkern sich findend, haben von jeher zu den schwierigsten und interessantesten Aufgaben für den Erfindungsgeist der Menschheit gehört. Schon Assyrier und Babylonier

Eisenbahn-Unterbau. Viadukte und Brücken. 385

bauten Balkenbrücken auf Steinpfeilern, die Chinesen haben in der ersten Periode ihrer Kunstübung bereits ebensowohl massiv steinerne als Bambusrohrbrücken gebaut. Was die Japanesen schon vor der letzten Reform im Bau schwebender Brücken leisteten, entnehmen wir mit Staunen den Berichten der Reisenden. Wo sich selbst die leichten Bambusbrücken nicht anbringen lassen, vertritt ein gespanntes Seil mit daran hängendem Korbe dem kecken Japanesen die Stelle des sicheren Pfades über Bergklüfte und Gießbäche (s. Fig. 96), während die Kinder der Natur in den Wäldern Afrikas und Amerikas sich zu gleichem Zwecke noch mit Einfacherem behelfen, mit gefällten Bäumen, die über die Schlucht gelegt sind, oder mit Tauen aus Wurzeln oder Ästen, an denen ein Bügel hängt (Pwu), in welchen sich der Reisende setzt, um so an dem Tau hinzugleiten, ein Prinzip, zu dem der hochkultivierte Europäer jetzt, wie wir sehen, bei den Drahtseilbahnen zurückgekehrt ist.

Fig. 342. Brücke über den Guadalquivir zu Cordova.

Welche Meisterwerke auch auf diesem Gebiete die Römer geschaffen, das zeigen die von ihnen erbauten Brücken in Italien, Frankreich, Spanien, Afrika u. s. w., deren eine große Anzahl noch jetzt in Benutzung sind. Für ihre Wasserleitungen mußten die Ostgoten und Langobarden auch so manchen kühnen Brückenbau ausführen, der noch jetzt Staunen erregt, z. B. bei Spoleto, bei Pavia ꝛc. Bedeutendes leisteten auch die Mauren in Spanien (z. B. Guadalquivirbrücke zu Cordova, die Brücke von Alcantara zu Toledo ꝛc.), und nicht minder waren die Sarazenen im Brückenbau erfahren; von ihnen lernten die Normannen, und Sizilien zeigt noch heute manchen kühnen Bau aus der Zeit der Herrschaft der letzteren. Freilich lächeln wir jetzt, wenn wir den kolossalen Aufwand an Material und Kraft wahrnehmen, den man damals für nötig hielt, um z. B. einen in flacher Gegend dahin sich schlängelnden seichten Bach mit einem hohen, kühnen Bogen zu überbrücken, so daß man auf der einen Seite hoch hinauf, auf der andern Seite wieder hinabsteigen muß. Ehe der Reisende eine solche Brücke passiert, schont er lieber sein Maultier, indem er es neben der Brücke hin durch das Wasser schreiten läßt. Auch die Deutschen bauten im Mittelalter schöne und kostspielige Brücken, welche aber nicht selten das Wasser sehr beengten und dadurch ihr Teil zum Austreten sowie zum Anprallen desselben an den Pfeilern beitrugen. Beispiele dieser gewöhnlich mit ungeheurer Materialverschwendung gebauten Brücken sind die Dresdner alte Elbbrücke, die Brücke zu Regensburg, sowie der ponte nuovo zu Pisa, die Arnobrücke zu Florenz ꝛc.

Zu der Zeit, wo in der Architektur die Renaissance Platz griff, wurden auch im Brückenbau bemerkenswerte Fortschritte gemacht. Damals entstand die Rialtobrücke zu Venedig mit ihren 27 m weiten Bogen, 1587—1591 von Antonio da Ponte gebaut, sowie die Arnobrücke in Florenz mit einem Mittelbogen von 28 m und zwei Seitenbogen von 26 m Spannung, 1569 von Bartholomeo Ammanati vollendet.

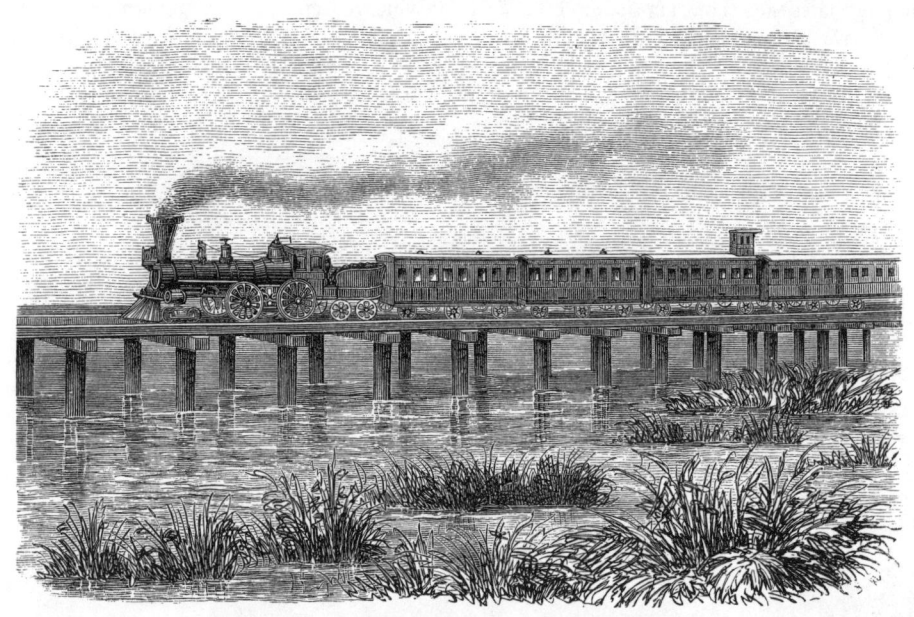

Fig. 343. Pfahlbrücke über einen Sumpf in Süd-Carolina.

Holzbrücken sind aus dieser Zeit keine erhalten. Eine der größten und interessantesten baute der Zimmermeister Johann Ulrich Grubenmann 1757 bei Schaffhausen über den Rhein; sie hatte zwei Öffnungen, die eine von 50, die andre von 57 m Weite; leider wurde sie 1799 von den Franzosen verbrannt. Die staunenswertesten Fortschritte im Brückenbau hat man aber wohl seit Einführung der Eisenbahnen gemacht. Für die ersten Eisenbahnen zwar errichtete man die Brücken meist aus Holz, zum Teil weil man fürchtete, daß Stein oder Eisen die Erschütterung nicht ertragen würden.

In Amerika baut man noch jetzt Viadukte und Brücken gern von Holz. Die Pfahlbrücke (Fig. 343), über einen Sumpf führend, und die Dale-Creek-Brücke (Fig. 344), eine Joch- oder Bockbrücke (Trestle work-bridge) von 40 m Höhe und 225 m Länge, sowie der in Fig. 341 gegebene krumme Viadukt mögen Zeugen sein für die Kühnheit dieser Bauten.

Auf dem Kontinent Europas wendete man sich jedoch gar bald dem Steinbau zu. Zu den großartigsten Brückenbauten der ersten Hälfte unsres Jahrhunderts erhielt u. a. die sächsisch-bayrische Eisenbahn bei ihrer Durchführung durchs Vogtland eine unwillkommene Veranlassung und führte sie in Stein aus. Jene Überbrückungen sind unter dem Namen Göltzschthal- und Elsterbrücke berühmt geworden. Die erstere, an Großartigkeit bis jetzt von keinem zweiten derartigen Werke übertroffen, mißt in ihrer größten Länge 634 m, ihre Höhe in der Mitte beträgt 86 m, ein Maß, welches selbst nur von wenigen für bedeutend gehaltenen Kirchtürmen erreicht wird. Die Breite der Fahrbahn beträgt fast 9 m. Vier Stockwerke von Bogen türmen sich übereinander. Die größere Bogenspannung in der Mitte, 32 m weit, lag ursprünglich nicht im Bauplane, sondern wurde nötig, weil es an dieser Stelle nicht möglich war, festen Grund für einen Pfeiler zu finden.

Eisenbahn-Unterbau. Viadukte und Brücken. 387

Von dieser Brücke nur zwei Meilen entfernt steht die Elsterthalbrücke, ein zwar kleineres, aber in seiner Art nicht minder interessantes Bauwerk, das durchaus nicht verliert, wenn man es nach der Göltzschthalbrücke betrachtet. Sie ist nicht viel niedriger als jene, besteht aber, da das hier zu überschreitende Felsenthal nicht breit ist, aus nur wenigen, in zwei Stockwerke geordneten Bögen. Der Eindruck und das Fesselnde liegt bei ihr nicht in der Massenhaftigkeit, sondern in der Schlankheit und wohlgefälligen Leichtigkeit, mit welcher die Brücke in ein paar ungeheuren Sätzen die Kluft überspringt.

Fig. 344. Dale-Creek-Viadukt an der Zentral-Pacificbahn.

Noch vor 50 Jahren würde man solche Leichtigkeit für die Ausgeburt von Leichtsinn, ja von Wahnsinn gehalten haben. Und in der That, berechnet und projektiert wurden wohl von Engländern und Franzosen noch kühnere Steinbögen, ausgeführt aber haben bis jetzt die Deutschen allein Steinbrücken von solcher Kühnheit. Während einst die Brücke von Neuilly das Staunen der Zeitgenossen erregte, sind es jetzt allein deutsche Brücken, die sich bis zu nahe an 70 m Spannweite für steinerne Bögen verstiegen haben.

Der bedeutendste Fortschritt, zu dem man im Laufe der letzten Jahrzehnte des vorigen Jahrhunderts im Bau gewölbter Brücken gelangte, war, wie S. 371 erwähnt, der Übergang zu der Verwendung hohler eiserner Wölbkeile, wodurch sich schon etwas mehr Leichtigkeit und Haltbarkeit erzielen ließ als bei steinernen Keilwölbungen. Dieses System fand seine erste Anwendung bei der oben genannten Sunderlandbrücke über den Wear, erfuhr auch einige Nachahmung, konnte sich aber nicht halten, weil man sehr schnell einsah, daß volle Reihen solcher Keile nicht nötig seien. Durch eine nach dieser Richtung vollführte Modifikation dieses Systems gelangte man im weiteren Verfolg, wenn auch unter großen Kosten, zu Spannungen von nahe an 95 m. Im Suchen nach andern Hilfsmitteln für noch größere Weiten verfiel man zunächst auf die Kettenbrücken. Diese bestehen in der Regel

49*

aus schmiedeeisernen Kettengliedern oder Drahtseilen, welche, über die Köpfe hoher Pfeiler gelegt, über den Fluß hängen und hinter den Pfeilern im Boden verankert sind. Bei Felsboden macht dies keine großen Schwierigkeiten, bei weicherem Boden aber ist jene Verankerung oft erst nach Überwindung ungeheurer Vorarbeiten und Kosten zu erwirken. Dennoch begrüßte man die Erfindung der Kettenbrücke zu ihrer Zeit als großen Fortschritt und machte die mannigfachsten Versuche, indem man bald die Richtung, bald die Konstruktionsweise der Ketten veränderte, wozu sich auch vielfache Gelegenheit fand; denn fast in aller Herren Ländern sind Kettenbrücken erbaut worden. Unter den interessantesten sind zu nennen: die zu Freiburg in der Schweiz, über einem Felsenthal in der Höhe von 50 m und einer Länge von 258 m mit 233 m Freitragung, 1832—1833 von dem Ingenieur Challey erbaut; die zwischen Pest und Ofen über die Donau geführte u. s. w. Da aber deren mehrere, darunter einige der schönsten, die Dordognebrücke, die bei Angers in Frankreich, sowie die von Broughton, einstürzten, indem sie namentlich die heftige Erschütterung des schnellen Fahrens nicht zu ertragen vermochten, so suchte man eifrig nach einem andern System für den Brückenbau.

Während dieser Zeit war, wie erwähnt, der Steinbau wieder zu seinem Rechte gelangt, und ihm sowie seiner Förderung verdankt man viele der oben beschriebenen Viadukte, namentlich auf den Eisenbahnen Deutschlands und der Schweiz. Eine der großartigsten Flußüberbrückungen, in Stein gewölbt, ist die von einer Kommission, zu der G. Semper, Major Kuntze, Wasserbaudirektor Loose u. s. w. gehörten, entworfene, für Eisenbahn, Fuß- und Fahrverkehr eingerichtete Marienbrücke in Dresden mit einer Gesamtlänge von ziemlich 320 m und einer Breite von 19 m. Die Bogen sind in höchst eleganten Linien geführt und haben unter geringen Abweichungen durchschnittlich 33 m Weite. Ein andrer, ebenfalls unter Leitung eines Deutschen, Anton Petich, ausgeführter Riesenbau ist die im Jahre 1841 begonnene und 1846 vollendete Lagunenbrücke, welche den Bahnhof zu Venedig mit dem Festlande Italiens verbindet. Sie ist 3970 m lang, 9 m breit und besteht aus 222 Bogen von je 11 m Spannung; nicht weniger als 80000 Pfähle von Lärchenholz, 1200000 Stück Haustseine und 21 Millionen Ziegel wurden dabei verbraucht; die Kosten ihrer Herstellung betrugen ungefähr 5 Millionen Lire.

Bald sollte die Not noch einen Schritt weiter treiben. Am westlichen Ende Englands, Dublin gegenüber, trennt ein enger Kanal, die Meerenge von Menai genannt, die Insel Anglesea von der Grafschaft Wales ab. Über diese Meerenge wurde im Jahre 1826 eine der großartigsten Kettenbrücken gespannt. Sie genügte dem damaligen Verkehr, aber es kommt die Zeit der Eisenbahnen, die Lokomotive will hinüber mit ihrem schweren Behänge; man will eine Eisenbahn zwischen London und dem Hafen von Holyhead, behufs möglichst unmittelbarer Verbindung mit Irland. Die Kettenbrücke gewährte nicht die nötige Sicherheit; eine steinerne Brücke war ein Ding der Unmöglichkeit. Wieder sollte Stephenson Rat schaffen, und er schaffte ihn auch, indem er die Röhrenbrücke vorschlug, d. h. einen hohlen, geraden Brückenkörper aus einem Stück, der sich in der Mitte selbst zu tragen hat, ganz wie ein Balken, der nur an beiden Endpunkten aufliegt. Nach großartigen Versuchen, um die Tragfähigkeit des Eisens und die beste Form der Röhrenkonstruktion zu ermitteln, wurde zugleich mit der großen Britanniabrücke eine Brücke von derselben Bauart über den benachbarten Conwayfluß in Angriff genommen und 1848 vollendet. Die Spannung der Conwaybrücke beträgt jedoch nur 121 m, während die Röhrenfahrt der Tunnelbrücke über die Menaistraße (Fig. 346) fast viermal länger ist.

Der Körper dieser 1850 vollendeten Brücke liegt 32 m über dem Wasserspiegel, und da das Wasser hier sehr tief ist, so vermögen Fahrzeuge jeder Größe unter derselben hindurchzusegeln. Die ganze Länge der Brücke beträgt 580 m, die der Röhre selbst 476 m, verteilt sich jedoch auf vier Partien, insofern man nämlich auf jeder Seite vom Uferwiderlager bis zum Seitenpfeiler 72 m mißt, während auf jede der zwei größeren Öffnungen von da bis zum Mittelpfeiler 143 m kommen. Das kolossale Rohr liegt aber sogar auf die doppelte Länge freischwebend, denn der Mittelpfeiler hat dermalen noch gar keine Dienste zu leisten gehabt, obgleich man es für ein Glück hielt, einen Felsen zu seiner Gründung aufzufinden. Stephenson ließ zwischen ihm und der Brückenröhre einige Zoll Spielraum; aber noch nie hat sich letztere so weit heruntergebeugt, um auf demselben eine Stütze suchen zu müssen.

Fig. 345. Eisenbahn-Gitterbrücke über die Weichsel bei Dirschau.

Fig. 346. Die Britannia-Tunnelbrücke über die Meerenge von Menai.

Der innere Raum der Röhre ist 9 m hoch, so daß Lokomotiven bequem sie durcheilen können. Ihre Seitenwände bestehen aus 2½ cm starkem Eisenblech; Boden und Decke aber sind so zusammengesetzt, daß sie für sich wieder kleinere, langhin laufende Zellen oder Röhren bilden. Der ganze Brückenkörper ist beträchtlich breiter als hoch und der Länge nach in zwei Abteilungen oder Röhren für zwei Bahnstränge geteilt, groß genug für Aufnahme der kolossalsten Lokomotiven. Die volle Ansicht einer der Brückenmündungen macht schon einen imposanten Eindruck, welcher sich indessen noch steigert, wenn man zwei schwer beladene Lastzüge nebeneinander dahinsausen sieht. Um das zu dem Doppeltunnel erforderliche Eisen, im Gewicht von 100 000 Ztrn., sicher auf jene luftige Höhe zu schaffen, wurden die Teile, nicht als einzelne Platten, sondern schon zu größeren Kästen zusammengeschraubt, unten auf Lastschiffen angefahren und an Ketten durch eine hydraulische Presse, die eine Dampfmaschine in Bewegung setzte, langsam, aber sicher gehoben.

Die Theorie der Röhrenbrücken ist scheinbar höchst einfach. Man weiß längst, daß ein Balken, auf den eine Last drückt, hauptsächlich in seinen unteren und oberen Schichten in Anspruch genommen wird; die unteren müssen einer Auseinanderreißung, die oberen einer Zusammenschiebung widerstehen, während der Kern des Balkens weniger beteiligt erscheint. Bohrt man daher diesen mittleren Teil heraus, so wird der Balken leichter, ohne an seiner früheren Festigkeit wesentlich zu verlieren. Diesen Grundsatz befolgt man im kleinen im Maschinen- und Bauwesen längst, indem man eiserne Balken, Säulen und andre Stücke, die Festigkeit mit möglichster Leichtigkeit verbinden sollen, aushöhlt oder sonst passend ausschneidet. Bewundernswert bleibt indes immer die Durchführung dieser an sich einfachen Idee in einem solch riesigen Maßstabe und zu einem solchen Zwecke — ein aus Blechtafeln zusammengenieteter hohler Balken, durch welchen zwei Eisenbahnen ihren Verkehr treiben!

Doch im Innern dieser Röhren ist es dunkel; und unheimlich ist es, durch sie hinzufahren. Auch wird zu den Blechwänden sehr viel Eisen verbraucht. Der Wunsch, noch mehr an Material und Gewicht zu sparen, leitete darauf, die massiven Wände der Röhrenbrücken durch Gitterwände zu ersetzen, und so entstanden die Gitterbrücken. Zur Veranschaulichung des Baues einer solchen ist wohl kein Beispiel geeigneter als die große Brücke über die Weichsel bei Dirschau, wo eine Aufgabe vorlag, die wegen der oft ins Unberechenbare gehenden Überschwemmungen jenes Stromes und der Beschaffenheit des Bodens fast unlöslich schien. Die fetten Schichten desselben verlangten mühsame Vorarbeiten behufs Grundlegung der Pfeiler, und das Ungestüm des Stromes erheischte es, ihm so wenig Pfeiler als möglich entgegenzustellen. Alle Mittel der Technik, alle Fortschritte der Chemie und Mechanik wurden von den Baumeistern zu Hilfe gerufen, indem man nicht nur eine Brücke baute, sondern auch den Lauf der geteilten Weichsel ordnete und durch sinnige Vorrichtungen und Anlagen für ebenso wohlfeile als schnelle Beschaffung der Baumaterialien sorgte. Nachdem man auf einem Platze von einer Viertelstunde Länge am linken Weichselufer Werkstätten, Wohnungen für die Beamten und Büreaus errichtet hatte, begannen die Hauptarbeiten. Der aus dem Liebschauer See abfließende Mühlgraben wurde in ein geräumiges Bassin am Brückenbauplatze geleitet, von wo er durch ein Schleusenwerk in eine besonders gegrabene Rinne fiel, um der Weichsel zugeleitet zu werden. Der Schleuse entlang fuhr man eine sanft geneigte Ebene auf, deren Ende eine Ladebrücke von Pfahlwerk mit einem gewaltigen Krahn bildet, welcher ungeheure Lasten aus den anlegenden Schiffen auf die schiefe Ebene hob, auf der zwei Eisenbahnen mit beweglichen Rollen und starken Ketten an jeder Seite parallel nebeneinander hinliefen. Ein Wasserrad an der Schleuse setzte jene Rollen in Bewegung, so daß die am Fluß geladenen Wagen nach dem Bauplatz hinaufgezogen wurden, während die leeren von ihm hinab nach der Ladebrücke am Flußufer liefen. Das Schleusenrad besorgte aber auch zugleich die Kieswäsche, indem es ein hölzernes Gitterwerk überrieselte und schüttelte, so daß Erde und Wasser abliefen, der Kies aber im Gitterwerk zurückblieb. Während hier ein großartiger Mechanismus Wunderdinge verrichtete, klang aus den Schuppen neben dem Bassin der helle Schlag der Steinmetzen. Von den Schuppen aus liefen vier parallele Reihen hölzerner Pfeiler, welche durch Langschwellen oben verbunden waren und Eisenschienen trugen. Auf jedem Schienenpaare bewegte sich ein kleiner Wagen mit einem Haken an starker Eisenkette, so daß man mit ihm jeden Stein fassen und fortschaffen konnte.

Fig. 347. Bogenbrücke über den Duero bei Oporto.

Zur Bereitung eines besonderen Bindemittels für die Quadern waren in der Nähe der Steinmetzen ungeheure Vorräte von Lehm, Mergel, Thon u. s. w. aufgehäuft, die auf zahlreichen Schienenwegen herangebracht und nach der Thonschneide geschafft wurden, in deren kreisförmigem hölzernen Becken ein eiserner Quirl die eingeschüttete feuchte Masse dünn rührte und als zähen Brei unten hervorquellen ließ. Aus diesem Teige formte man kleine Ziegel, trocknete sie in besonderen Schuppen, brannte sie hierauf in Zementöfen mürbe, zerschlug und pulverisierte sie, um sie von neuem anzufeuchten, auf der Mühle zu mahlen und als Bindemittel zu benutzen, welches im Wasser eine größere Härte erlangt als diejenige des Granits.

Nun erst konnte, nachdem die Vorarbeiten 1845 angefangen hatten, am 27. Juli 1851 mit der Grundsteinlegung die Hauptarbeit beginnen: die Erbauung der Pfeiler und die Anfertigung der Gitterbalken oder, deutlicher gesagt, des Brückengehäuses.

Fig. 348. Die Niagarabrücke.

Die zwei Endpfeiler haben annähernd jeder 31 m Dicke, die fünf Mittelpfeiler, von denen zwei auf dem rechten Ufer, drei im Flußbett selbst stehen, jeder 10 m Dicke, jede der sechs Brückenöffnungen mißt 122 m, dies macht zusammen 844 m Brückenlänge. Dampfmaschinen trieben ungeheure Baumstämme 12 m tief in den Boden ein, so daß man Bassins von sechseckiger, länglicher Gestalt schuf, welche ausgebaggert, durch Rostpfähle weiter befestigt und bis 1 m unter dem Wasserspiegel mit Betonmasse ausgefüllt wurden. War diese Grundlage geebnet, so verlängerte man die schwebende Eisenbahn von den Schuppen der Steinmetzen bis zu den Bassins, um die zentnerschweren Quadern herabzulassen, die man in zwei Schichten nebeneinander auflegte. Die äußere Schicht, stromaufwärts, besteht aus Basaltlava, die übrigen drei Schichten aus hartem Sandstein, wogegen man den inneren Raum mit wasserharten Ziegeln ausmauerte.

Der Brücke entlang hebt sich über jedem Pfeiler ein stolzes Paar runder Türme mit Zinnen und den Schießscharten ähnlichen Fenstern, so daß die Brücke, angemessen dem herrschenden Baustil dieser Gegend, ein mittelalterliches Ansehen erhalten hat. Je ein schön verzierter Spitzbogen schwingt sich wie ein Siegesthor über Ein- und Ausgang der 19 m breiten Brückenbahn. Zierliches Gitterwerk schließt nicht nur die Seitenwände der ganzen Brückenbahn ein, sondern teilt dieselbe auch in fünf verschiedene Geleise ab, deren einige von mächtigen Lokomotiven und schweren Waggons benutzt werden, während in den andern Wagengespanne und Fußgänger hinüber und herüber eilen. Leicht und sauber spannt sich das Riesennetz von eisernen Ketten, Bolzen, Trag- und Hängebalken über den mächtigen Strom. Eiserne Röhren, in denen ein Mann kriechend sich bewegen kann, reichen als Unterlage der hängenden eisernen Tunnelbahn von einem Pfeiler zum andern. Mächtige Eisenstangen laufen mit den Röhren parallel über den Tunnel hin und sind durch gewaltige eiserne Schienen, die kreuzweise übereinander gelegt sind, mit den Röhren verbunden, so daß sie ein unbewegliches Gitter- und Röhrenwerk bilden, in welchem die Schienen und Fußböden der verschiedenen Fahr- und Gangbahnen hinlaufen. Waren schon große Vorrichtungen nötig, um so gewaltige Röhren und Schienen zu schmieden und zusammenzuschweißen, so stiegen die Schwierigkeiten, als die ungeheure Last im ganzen vom Bauplatze an Ort und Stelle geschafft und

Fig. 349. Ansicht der Fahrbahn mit den Ketten.

auf die Pfeiler geschoben werden sollte. Da mußten aus Flößen und Kähnen erst Unterlagen gemacht, Dampfmaschinen, Schraubengänge und andre Kräfte der Mechanik angewandt werden, um jene Tausende von Zentnern über Gerüste auf Walzen langsam vorwärts zu rollen. Nennt der Engländer mit Stolz seine Britanniabrücke, so zeigen wir voll Genugthuung auf den Weichselbrückenbau. Neben dem Namen eines Robert Stephenson darf mit Ehren der eines Lentze, des Erbauers der Dirschauer Brücke, stehen!

Die Viktoriabrücke über den Lorenzstrom bei Montreal in Kanada, das Verbindungsglied der kanadischen und nordamerikanischen Eisenbahnen, gleicht im allgemeinen der Britanniabrücke, ist jedoch fast viermal so lang. Denn dieses Ungeheuer mißt in seiner ganzen Ausdehnung 3290 m, wovon 2075 auf die in England angefertigten eisernen Röhren kommen. Letztere bestehen aus einer mittleren Haupt- und zwei Nebenröhren. Die Brücke schwebt auf 24 Pfeilern 19 m über dem Wasserspiegel. Der Bau wurde von 3000 Arbeitern unter wahrem Riesenkampf mit den Elementen in fünf Jahren glücklich durchgeführt; dabei galt es nicht nur gegen einen wilden, reißenden Strom zu kämpfen, auch

Fig. 350. Konstruktion des Gittertunnels.

gegen gewaltige Eismassen, welche der Lorenzo in jedem Winter zweimal ins Meer hinausführt.

Auch die Rheinbrücke zwischen Kehl und Straßburg sowie jene bei Köln sind, nur zum Teil mit geringen Abänderungen, nach demselben System gebaut, dem auch noch viele Hunderte von Brücken diesseit und jenseit des Ozeans folgen. Man hat dieses Gittersystem auch mit sehr gutem Erfolg vielfach auf Holzkonstruktionen angewendet, bei Saaldecken, Dächern,

Tribünen, Theaterbühnen u. s. w. Dennoch war es nur eine Stufe auf der Staffel des Fortschrittes. — v. Pauli stellte, unter Anlehnung an die Lawessche Holzbalkenverstärkung, ein neues System, das sogenannte Fischbauchsystem, auf, nach welchem u. a. die jüngst vollendete Rheinbrücke bei Mainz von Cramer-Klett ausgeführt ward (s. Fig. 349).

Die Kehl-Straßburger Brücke wurde in der außerordentlich kurzen Zeit vom Februar 1856 bis Dezember 1859 vollendet. Der Entwurf rührt von den Ingenieuren Wigner, Keller und von Kageneck her, nachdem die Projekte von Tigrer und Fleur St. Denis sich als nur teilweise brauchbar erwiesen hatten. Die Ausführung der Gitter besorgte die Firma Benckiser in Pforzheim; diese, in ihren Massen nicht sehr bedeutende, hauptsächlich durch die schnelle Ausführung interessante Brücke hat jedoch eine besondere Eigentümlichkeit: zwei drehbare Teile an jedem Ende, zum Durchlassen der Schiffe bestimmt, geliefert von der Freifaktorei in Grafenstädten. Solche Drehbrücken, jetzt sehr häufig angewendet, bestehen meist aus zwei nach dem Lawesschen oder Paulischen System konstruierten eisernen Balken, auf denen die Straßbäume der Brücke befestigt sind. Das Ganze steht in der Mitte auf einer Drehscheibe, an welcher Zähne angebracht sind, in die eine Maschine eingreift, welche von oben durch zwei Mann dirigiert wird, worauf sich das Ganze wie ein Karussell dreht.

Schon schien ein Stillstand in dem raschen Entwickelungsgange des Brückenbauwesens eintreten zu wollen, als plötzlich ein höchst genialer Fortschritt gemacht wurde.

Ketten- und Gitterbrücken. Abermals war es ein Deutscher, der durch eine neue Leistung alles bis dahin Geschaffene weit hinter sich treten ließ. Gelang ihm dies auch bei seinem ersten Versuche schon in staunenerregender Weise, so übertrifft doch sein zweites Werk an Kühnheit alle seine Vorgänger. In welch riesenhafter Weise dies stattfand, geht am auffälligsten aus folgender Übersicht der bis jetzt betrachteten Brücken hervor.

Es mißt nämlich die Pfeilerweite bei der

in den Jahren		m
1856—1859	von Deutschen erbauten Kehl-Straßburger (Gitterbrücke)	50
1846—1847	von Deutschen erbauten Brücke in Langwolmsdorf (Bogen)	52
1867—1869	von Deutschen erbauten Frankfurter (Scharnierkettenbrücke)	80
1827—1828	von Deutschen erbauten Karlsbrücke in Wien (Stahlkettenbrücke)	95
1849—1852	von Amerikanern erbauten Viktoriabrücke (Röhrenbrücke)	100
1856—1860	von Deutschen erbauten Kölner Brücke (Gitterbrücke)	105
1860—1862	von Deutschen erbauten Rheinbrücke bei Mainz (Fischbauchsystem)	106
1840—1848	von Engländern erbauten Conwaybrücke (Röhrenbrücke)	121
1851—1857	von Deutschen erbauten Dirschauer Brücke (Gitterbrücke)	122
1866—1867	von Holländern erbauten Leckbrücke bei Kuilenburg (Fachwerkbrücke)	150
1865—1868	von Amerikanern erbauten Mississippibrücke bei St. Louis (Eisenbogenbrücke)	156
1832—1833	von Schweizern erbauten Freiburger Brücke (Kettenbrücke)	233
1850—1855	von Deutschen erbauten Niagarabrücke (Ketten- und Gitterbrücke)	250
1840—1850	von Engländern erbauten Britanniabrücke (Tunnelbrücke)	286
1864—1867	von Deutschen erbauten Ohiobai-Cincinnatibrücke (Kettengitterbrücke)	304
1867—1870	von Deutschen erbauten Kentuckybrücke (Ketten- und Gitterbrücke)	373
1867—1869	von Deutschen erbauten Niagarafallbrücke (Drahthängebrücke)	385
1866—1883	von Deutschen erbauten East-Riverbrücke zwischen New York und Brooklyn	518

Die fünf letzten Riesenbauten nun sind das Werk von Johann August Röbling, einem deutschen Ingenieur, der am 22. Juli 1869 an der infolge Zerquetschung eines Fußes beim Bau der East-Riverbrücke eingetretenen Mundsperre starb, worauf sein Sohn die Bauten fortsetzte und noch im selben Jahre die Niagarabrücke vollendete. Bei diesem Triumph der heutigen Technik vereinigte dieser wahrhaft geniale Mann das Gittersystem mit dem Kettenbrückensystem, wobei er an jeder Seite der Brücke zwei Ketten statt einer aufhing. An einer derselben ist das Obergebälk, an der andern das Untergebälk des Gittertunnels aufgehängt, und zwar beide nicht, wie bei den gewöhnlichen Kettenbrücken, mit lotrechten, sondern mit schräglaufenden Drahttauen, wodurch das Wanken nach der Seite bedeutend vermindert wird. Der Gittertunnel selbst ist äußerlich 5 m hoch und 7 m breit; die Details der Konstruktion ersieht der Leser am besten aus Fig. 349 und 350. Fig. 349 stellt nämlich den oberen Teil der Brücke, die Türme und Ketten, welche die Fahrbahn tragen, dar. Unter dieser Bahn befindet sich die Passage für die Fußgänger in Form des in Fig. 350 ersichtlichen Gitterwerkes, welches zugleich die Schienen für die darüberliegende Fahrbahn trägt. In der Hauptsache nach demselben System sind die Ohiobrücke und Kentuckybrücke gebaut. Die am 24. Mai 1883 mit einem Aufwand von 15½ Millionen Dollars

Eisenbahn=Unterbau. Viadukte und Brücken. 395

vollendete East=Riverbrücke (Fig. 351) zeigt einige Verbesserungen dieses Systems. Die Brückenbahn liegt 34 m über dem Wasser, das höchstliegende Stahlgerüst sogar 42½ m hoch. Die längste Spannweite beträgt 518 m, das Gewicht beträgt 6740 Tonnen; des genialen Bauleiters Sohn, Washinton A. Röbling, 1871 bei einem Brand im Caisson auf dem Brooklyn=Ende von der Caissonkrankheit befallen, ist jetzt ein hinsiechender Krüppel.

Nach dem mit so schweren Opfern erkauften Gelingen dieses Riesenwerkes kann kaum noch die Rede davon sein, daß irgend ein Fluß zu breit für eine Eisenbahn ein Thal zu tief ist für Überbrückung; denn auch hier hat ein Deutscher Enormes geleistet, der Württem= berger Adolf Bonzano bei dem Bau der auf 20 eisernen Türmen ruhenden Brücke über das Kinzuathal im nordwestlichen Pennsylvanien für die Lake Erie and Western Coal and Mailroad Company; diese Brücke ist bei $625{,}44$ m Länge $94{,}70$ hoch und bis jetzt die höchste der Welt.

Fig. 351. Straßen= und Eisenbahnbrücke über den East River in New York.

Doch wird auch hier kein Stillstand eintreten, wie denn auch die jüngst vollendete Stadtbahn in Berlin enorme Fortschritte dokumentiert im Vergleich zu denen von New York, London und Wien; bald genug werden wir wieder von Erfindung eines neuen Systems hören, welches noch weitere Spannungen, noch größere Höhen gestattet. Vielleicht, daß auch der nächste Fortschritt wieder von einem Deutschen gemacht wird. — Doch in die Zukunft können wir nicht dringen.

Eisenbahn=Oberbau. Nachdem wir bisher an den mannigfachsten und großartigsten Werken unsres Jahrhunderts der Eisenbahnen die Herstellung des Unterbaues dieser Ariadne= fäden des modernen Verkehrs in Durchstichen, Dämmen, Brücken, Tunnels, Viadukten und schiefen Ebenen betrachtet haben, betrachten wir nun die Herstellung des Oberbaues. Der Hauptteil desselben ist die Schienenlegung. Vielfach schwankten die Ansichten, wie man die Schienen besser als mittels der gußeisernen Schuhe auf hölzerne Querschwellen befestigen könne. Hier und da legte man sie auf steinerne Würfel oder eiserne Stühle, die in regelmäßigen Abständen in den Erdboden eingegraben waren; dies aber führte zu ungleichmäßigen Senkungen. Steinerne Schwellen zerbersten leicht, Langschwellen von Holz drücken sich, namentlich bei Bahnkrümmungen, wo eine Seite des Wagenzuges mehr lastet als die andre, ungleich in den

Erdboden ein. Auch alle Versuche, das Holz durch künstlich bereitete Materialien zu ersetzen, mißglückten. So haben denn jetzt noch die meisten Bahnen hölzerne Querschwellen, doch arbeitet man vor allem in Deutschland emsig daran, den Oberbau ganz aus Eisen herzustellen, auch die Schienenstützung, denn die Schienen selbst bestehen fast auf allen Bahnen aus Walzeisen.

Fig. 354 gibt ein recht anschauliches Bild einer zum Teil schon im Unterbau, in Durchstichen, Dämmen, Straßenüberbrückungen ec. vollendeten Eisenbahn. Aber noch wird an den Böschungen des Durchstichs, ja weiter hinten sogar noch am Aufschütten des Dammes gearbeitet, während man im Vordergrunde die Legung der Schwellen und Schienen stückweise schon so weit vollendet hat, daß Züge mit Baumaterial bis an den Bauplatz fahren können.

Zu dem Oberbau gehört aber auch die Aufstellung der Brückengeländer, der Anzeigesäulen für Steigung und Gefälle, der Telegraphenanlagen, der Warnungstafeln, Schneewände ec. Als ergänzender und unumgänglich nötiger Teil der Schienenlegung ist zu betrachten die Herstellung der Weichen, d. h. der Vorrichtungen zu Überleitung der Wagen von einem Schienenstrang zum andern bei Durchkreuzung derselben in spitzem Winkel, ferner der Drehscheiben (s. Fig. 352), welche zum Abführen der Wagen dienen, wenn dies in kurzem Winkel stattfinden soll, der zu gleichem Zwecke bestimmten Schiebebühnen u. s. w.

Fig. 352. Schienenkreuzungen und Drehscheiben.

Alle diese Anlagen müssen natürlich bei Entwerfung und Ausführung des Unterbaues bereits Berücksichtigung finden. Telegraphenanlagen, Weichen und Drehscheiben sind so ungemein wichtige Teile, daß ihrer steten Verbesserung sehr große Aufmerksamkeit zugewendet wird und häufig neue Konstruktionsweisen erfunden werden.

Weniger Scharfsinn in Anwendung neuer Konstruktionen, desto mehr aber Umsicht in bezug auf die Bedürfnisse des Publikums, des Verkehrs, Betriebs ec. erfordert die Anlage der Eisenbahn-Hochbauten, d. h. der Bahnhofs-, Stations- und Bahnwärterhäuser. — Diese sind es auch, welche dem gewöhnlichen, nicht tiefer eindringenden Beobachter am meisten ins Auge fallen, ja, von dem die Eisenbahn Benutzenden, dem Reisenden, eigentlich allein gesehen werden, denn dieser sieht die Kunstbauten nicht, sondern gewahrt nur an der plötzlich eintretenden Finsternis, wenn er einen Tunnel passiert, am veränderten Ton des Räderrollens, wenn der Zug über eine Brücke dahinbraust oder wenn der Zug an eine Strecke kommt, wo die Schienen statt auf Holzschwellen vielmehr auf Steinwürfeln ruhen. Der Punkt der Abreise aber und der Ankunft, die Stelle einer kurzen Rast, sie lassen dem Reisenden einige Muße, um sich zu blicken. Die Bahn sieht er kaum, die Bahnhöfe betrachtet und kritisiert er. — Leider überläßt man, in nicht genügender Schätzung dieses Umstandes, die Entwerfung dieser Hochbauten oft untergeordneten Kräften, und darin liegt gewiß die Hauptursache sowohl der immer sich wiederholenden Klagen der Reisenden über Unbequemlichkeit, als des Mangels an wirklich schönen Bahnhofsgebäuden.

Eisenbahn-Oberbau.

Zwar zeigten Wien, Nürnberg, Braunschweig u. s. w. schon vor 1870 sehr stattliche Bahnhofsgebäude, zwar sind die neuen Bahnhöfe zu Magdeburg, Hannover, Wien und Berlin höchst großartig und ungemein praktisch angelegt, aber im Verhältnis zu der kaum zählbaren Menge der Bahnhöfe sind doch nur wenige künstlerisch durchgebildet. Hier ist eben noch alles sehr in der Entwickelung begriffen, ja teilweis zurückgeblieben, vielleicht weil die Aufgabe in ihrer scheinbaren Unbedeutenheit die Ingenieure nicht genug interessiert.

Die meisten unsrer Leser kennen mehr als eine Bahnhofseinrichtung und noch viel mehr Eisenbahnen aus eigner Anschauung, dennoch mag ein Totalüberblick des im Vorstehenden kurz Aufgeführten auf einem Bilde vielen willkommen sein. Ein solches geben wir in Fig. 353.

1 ist der Platz, wo die Abfahrenden, 2 der, wo die ankommenden Reisenden die Bahnhofsanlage betreten, resp. verlassen. In neuerer Zeit vereinigte man diese Plätze oft auf einer Seite der Bahn, was aber, als unzweckmäßig, die Kontrolle erschwerend und die Reisenden verwirrend, zu widerraten ist, wenn nicht der Hauptzugang von der Stadt zum Bahnhof in der ganzen Länge dieser Seite übersichtlich und leicht zugänglich frei liegt.

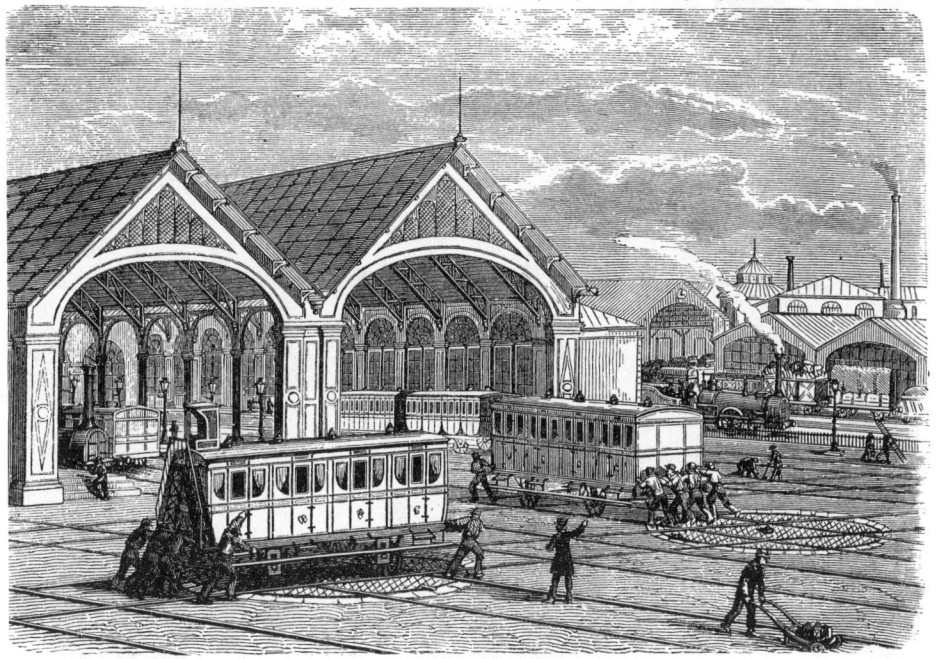

Fig. 353. Auf einem Bahnhof.

Auch ist man in den letzten Jahren vielfach von der Fig. 355 dargestellten einseitigen Überdachung der Perrons wieder zu der anfangs allgemein üblichen, vor etwa 20 Jahren verlassenen Gestalt der völlig überdachten Hallen zurückgekehrt, wie Fig. 353 darstellt. 3 ist die Personenhalle für die Abfahrenden, 4 für die Ankommenden, 4b ein Uhr- und Signalturm, 5 das Administrationsgebäude, 6 die Gepäckausgabe, 7 sind die Postexpedition und die Telegraphenbüreaus, 8 die Güterschuppen nebst Expedition für abgehende, 9 für ankommende Güter, 10 Aufenthaltsorte für die Heizer, Lokomotivführer und Schaffner vom Tagesdienst, 11 Lokomotivschuppen, 12 Wagenschuppen für die Personenwagen, 13 für die Güterwagen, 14 ist die Wagenbauanstalt, 15 die Wagenreparaturwerkstätte, 16 die Werkstätte zu Reparaturen von Lokomotiven, 17 ein Wasserbehälter zu Speisung der stehenden Dampfmaschinen in jenen Werkstätten, 18 ist der Kohlenablagerungsplatz, 19 der Produktenbahnhof für grobe Güter nebst Krahn zum Aufladen derselben, 20 das Wasserhaus zu Speisung der Lokomotiven mit warmem Wasser, welches von hier aus in die Wasserkrahne (21) getrieben wird, aus denen es in den Kessel der Lokomotive läuft, während diese über dem Aschenloch (22) steht, wo sie ausgeräumt wird, während zugleich der Tender von dem Perron (23) aus mit Kohlen versorgt wird; bei 24 sind die Orte, wo die optischen

398 Verkehrswege.

Telegraphen spielen, bei 25 die Retiraden für die Reisenden. Die bisher aufgezählten Räume sind nur die notwendigsten, bei jeder Bahnhofsanlage wiederkehrenden. Die Art und Weise, diese Räume aneinander zu reihen, kann begreiflich ungemein verschieden sein.

Noch immer hat man dabei höchst selten erreicht, zwei einander vielfach widerstreitende Anforderungen, die sich bei jeder Bahnhofsanlage geltend machen, zu versöhnen. Einerseits nämlich soll der offizielle Betrieb möglichst bequem sein, anderseits aber verlangt auch das Publikum mit Recht, daß ihm der Verkehr bequem gemacht wird.

Fig. 354. Eisenbahndurchstich und Damm, im Bau begriffen.

Wenn nun auch bis jetzt die Entwerfer von Bahnhöfen über der ersten Forderung die zweite vernachlässigten, so beweisen doch die Einrichtungen einzelner Bahnhöfe, z. B. des auch künstlerisch bis jetzt kaum übertroffenen Nordbahnhofs in Wien, noch mehr aber des Anhalter Bahnhofs in Berlin und des Bahnhofs zu Hannover, daß vereinte Erfüllung der beiderseitigen Ansprüche möglich ist. Man hat dort eine Hauptklage dadurch erledigt, daß man die langlaufenden Verkehrslinien, d. h. die Bahnstränge in ein Obergeschoß, die querlaufenden Verkehrslinien, d. h. die Zugänge zu den zwischen den Strängen liegenden Perrons, in ein Untergeschoß verlegte, das Ganze aber wieder wie früher mit einer Halle überbaute. Der Hintergrund unsrer

Eisenbahn-Oberbau. Bahnhöfe. 399

Illustration vervollständigt unsre Kenntnis des Bahnkörpers in seinem weiteren Verlaufe, indem die Bahn sehr bald nach Austritt aus dem Bahnhof in einem Durchstich (26) von einer Straße überkreuzt wird. Ein zweiter Straßenübergang befindet sich auf gleicher Höhe mit den Schienen, hier steht ein Bahnwärterhaus nebst optischem Telegraphen, hinter dem ein Damm (27) beginnt, an welchen sich da, wo das Thal für Überdämmung zu hoch wird, bei 28 ein Viadukt anschließt, worauf die Bahn in einen Felseneinschnitt (29) und Tunnel (30) eingeht.

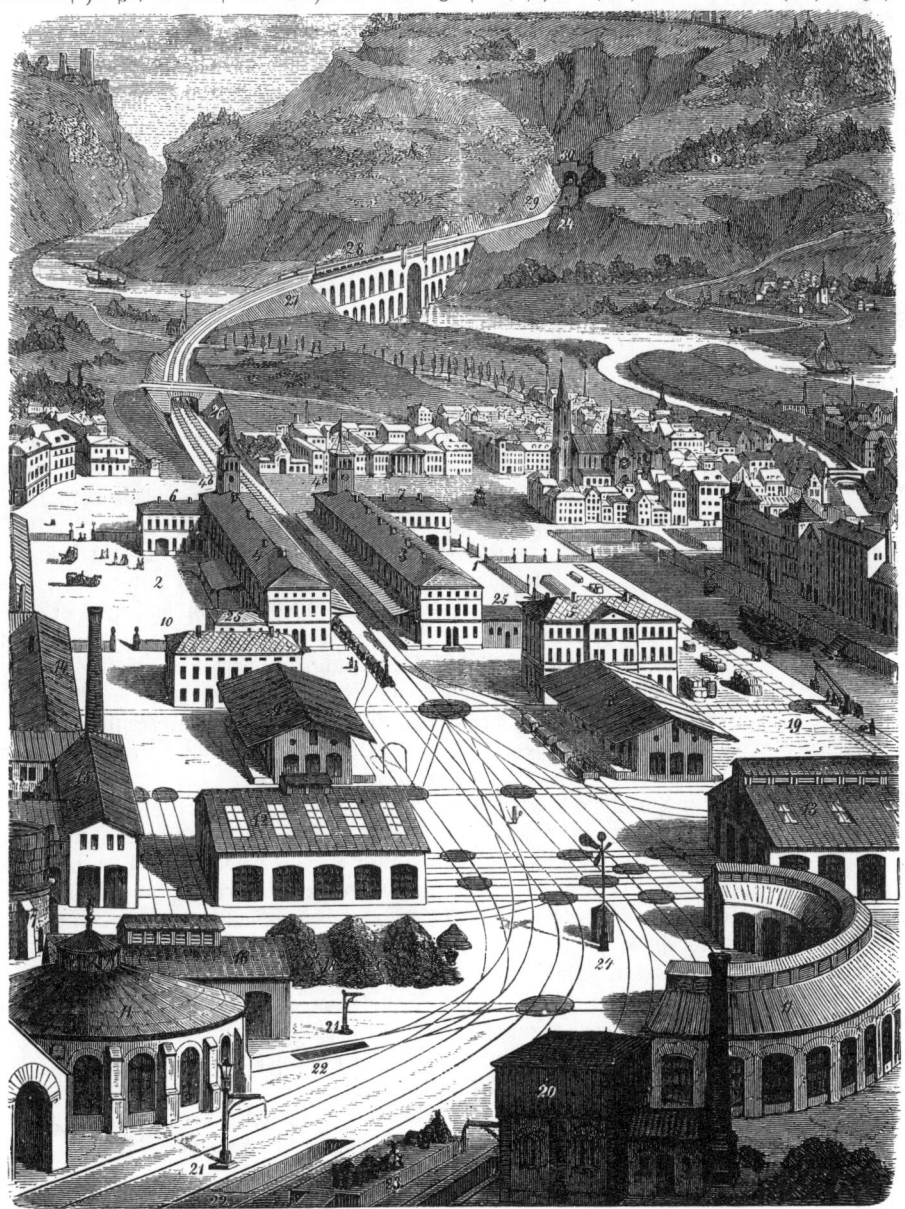

Fig. 355. Eine Eisenbahnhofsanlage mit Umgebung.

Der Viadukt überbrückt einen Strom, zu welchem vom Bahnhof aus ein Kanal führt, und so leitet uns denn unser Bild einem andern wichtigen Zweige des Bauwesens, der **Wasserbaukunst**, zu, in deren Bereich die Herstellung der Kanäle, Dämme und Deiche, Häfen und Leuchttürme, Docks und Seearsenale und wie alle die dem Weltverkehr auf dem Wasser dienenden Einrichtungen der Gegenwart heißen mögen, gehört. Wir enthalten uns in dieser dem Bauwesen gewidmeten Abteilung des näheren Eingehens auf dieses Gebiet, indem wir uns die Darstellung des Kanalbaues im Binnenlande, wie zu Verbindung von Ozean und Meer, endlich die Regulierung der Wasserstraßen überhaupt und dergleichen zusammengehörige Themata für später aufsparen. Die eigentlich technische Herstellung bei Wasserbauten geschieht ohnehin nach denselben Regeln und durch dieselben Mittel wie die Herstellung der Landbauten. Bei Wahl der Bauplätze aber oder der Hauptlinien für Wasserstraßen, bei Verteilung der einzelnen Bauten, bei ihrer Disposition, Anlage und Größenbemessung ist die Richtung der Hauptverkehrsadern, die Statistik des auf ihnen sich bewegenden Verkehrs u. s. w. zu berücksichtigen, und noch eine Menge andrer Umstände, deren Beurteilung dem Techniker nur bei Unterstützung durch Leute gelingt, deren Beruf sie veranlaßt, mit den Verhältnissen des Völkerverkehrs näher sich zu befassen. In jedem Zeitraum der Geschichte haben Lebhaftigkeit und Umfang des Völkerverkehrs den Gradmesser für die Höhe der Kultur abgegeben. Dem Handel aber, der den Weltverkehr leitet und die Völker befreundet, dem ältesten Erzieher der Menschheit, dem Vater von Schiffahrt und Seewesen, ist am Schlusse dieses Werkes ein umfassender Abschnitt gewidmet, und dort werden alle die Schöpfungen der Vergangenheit und Gegenwart ins Auge gefaßt werden, die den Weltverkehr zu Wasser fördern, wie er zu Lande gefördert wird durch Bauten, entstanden unter den emsigen Händen der Bauleute, die noch jetzt in derselben anspruchslosen Weise die kühnsten Entwürfe genialer Baumeister ausführen, wie sie einst die ersten Schritte der aufkeimenden Phantasie mit ihren Hammerschlägen begleiteten.

Flüchtig zwar nur konnten wir hineinblicken in alle die zahlreichen Werkstätten, in denen der Gedanke des entwerfenden Baumeisters Leben gewinnt unter den kräftigen Händen rüstiger Gesellen, aber kein solcher Einblick blieb unbelohnt: überall sahen wir eine dichte Reihe von Erfindungen sich folgen, überall auch fanden wir den Deutschen an der Spitze der Bewegung, als Erfinder wie als Ausführenden, im Mittelalter wie in der neuesten Zeit. Freilich ging's dem Deutschen hier gerade wie in der Politik. Weil er, nur auf das edle Strebziel hinblickend, nicht nach rechts und links schaute, nicht bei jedem Schritt vorwärts nach rechts und links hin rief: „Seht, wie weit ich euch voraus bin!" deshalb fand er keine Anerkennung, wurde von andern verhöhnt und verächtlich bespöttelt und fügte sich bescheiden in die ihm aufgedrungene Stellung. In der Politik ist dies anders geworden; auch in Kunst und Technik wird es anders werden. Wir glauben fest, nur wenige Jahre werden dazu nötig sein, daß man dem Deutschen auch hier mit Achtung den ehrenvollen Platz einräumt, der ihm gebührt.

Zeigten doch schon auf der Weltausstellung in Wien im Vergleich zur Pariser die Deutschen im Gebiete der Kunstgewerbe und der dem Bauwesen dienenden Gewerke ein ganz andres Streben. Während 1867 in Paris die deutsche Kunstindustrie fast unterlag, hat sie in Wien neben den andern Nationalitäten sich ziemlich behauptet und seitdem ganz bedeutende Fortschritte gemacht. Die Art, wie sie in Philadelphia vertreten war, genügte zwar dem deutschen Kritiker nicht, führte aber zu einer, die Erfolge andrer Nationen übertreffenden Anerkennung von seiten der Jury. Die fast gleichzeitige Ausstellung von München enthielt viel bessere Arbeiten als in Philadelphia vorlagen, und seitdem ist viel geschehen. In Sydney bestand daher das deutsche Kunstgewerbe mit Ehren und bei einer nächsten Weltausstellung wird es sich sicher hervorthun. Denn noch nie ist der Deutsche im geistigen Wetteifer mit andern Nationalitäten unterlegen, wenn er nur auf dem betreffenden Gebiete vorwärts zu streben entschlossen war, und daß er dazu jetzt auf den genannten Gebieten entschlossen ist, das beweisen die vielen Kunstindustrieschulen, die vielen einschlagenden Büchersammlungen und sonstigen theoretisierenden Versuche, die seit 1876 überall auftauchten und fast zu verwirren drohen. Auch das ist alte deutsche Art. Zuerst wird gedacht, gegrübelt, probiert. Der Künstler und Gewerbtreibende, kurz der Mann mit der schaffenden Hand hört dem Gelehrten und Dilettanten, dem Tadler und dem Theoretiker eine Weile scheinbar gleichgültig zu, merkt aber genau auf, notiert sich gelungene, belächelt mißlungene Versuche, Ansichten und Vorschläge und — packt endlich schweigend zur rechten Zeit zu, um das Ding ins Werk zu setzen. Wenn diese Zeit gekommen ist, wird Deutschland wieder, so hoffen wir, wie im Mittelalter, die Führerschaft auf den Gebieten der technischen Künste in die Hand nehmen.

Die vervielfältigenden Künste.

Lästert nicht die Zeit, die reine! Schmäht ihr sie, so
schmäht ihr euch!
Denn es ist die Zeit dem weißen, unbeschrieb'nen
Blatte gleich.
Das Papier ist ohne Makel, doch die Schrift darauf
seid ihr!
Wenn die Schrift nun nicht erbaulich, ei, was kann
das Blatt dafür?

Anastasius Grün.

Geschichte und Fabrikation des Papiers.

Bedeutung des Papiers. Geschichtliches. Das Papier der Alten. Pergament. Baumwollenpapier. Leinenpapier. Lumpen. Verfertigung des Papiers in der Bütte. Die Papiermaschine. Schüttelmaschine und Cylindermaschine. Saugapparate. Lumpenersatzmittel. Papierfabrikation in Japan und China. Stroh-, Holz- und Moospapier. Gefilztes Papier. Statistik der Papierfabrikation.

Der englische Premierminister Gladstone sagte einst in einer Rede, die er vor dem englischen Parlamente hielt, um die Abschaffung der Papiersteuer durchzusetzen: „Ich glaube nicht, daß die ehrenwerte Versammlung sich eine erschöpfende Vorstellung davon macht, wie mannigfacher Art die Verwendung ist, welche das Papier oder der Papierstoff erfährt. Sie ist geradezu unter allen Formen möglich. Ich habe eine Liste von neunundsechzig verschiedenen Industriezweigen, welche von vornherein niemand in Verdacht haben würde, daß sie und wie sie sich des Papiers bedienen. Das Papier ist in Gebrauch bei dem Bandagisten, welcher künstliche Glieder aus seiner Masse macht; bei dem Verfertiger von Fernröhren, bei dem Schuhmacher, dem Sattler, dem Hutmacher, dem Verfertiger von lackierten Waren, in der Porzellanmanufaktur, im Wagenbau; — zum Teil werden Puppen daraus gefertigt und dann wieder macht man Schiffe daraus und Theekannen — und vieles andre, was ich nicht anführen kann. Ein Fabrikant hat mir versichert, daß es möglich wäre, Möbel aus Papier herzustellen, und er erbot sich sogar, Wagen aus Papier zu bauen, wenn dieser Stoff von der Taxe befreit würde. Einen andern Fabrikanten habe ich gefragt, was für Industriezweige alle sich des Papieres als Rohstoff bedienen könnten, und anstatt mir zu antworten, rief er aus: „Wer will Grenzen angeben, an denen der Erfindungsgeist und die geistreiche Anwendung stehen bleiben müßte, wenn man sieht, wie der Kautschuk, so nachgiebig und weich er ist, nach wenigen Vorbereitungen härter und widerstandskräftiger als Holz wird!" — Ich habe allein diesen Morgen erfahren, daß man Fässer aus Papier macht, welche man mit Teer präpariert, und daß solche Fässer einen Druck von 300 Pfund auf den Quadratzoll aushalten. Diese Details sind nicht ohne Interesse, und wenn ich sie Ihrer Aufmerksamkeit empfehle, so geschieht es, um zu beweisen, daß man in der Abschaffung der Papiersteuer ein sehr wirksames Mittel zur Erweckung neuer Industriezweige in der Hand hat." — Und mit den Beispielen, die der englische Staatsmann anzieht, berührt er noch gar nicht das große und wichtigste Gebiet, für welches das Papier ein unentbehrliches Material geworden ist, dasjenige der Schrift und der vervielfältigenden Künste. Welch enorme Zahl von Briefen, Zirkularen, Zeitungen, Prospekten, Anzeigen, Rechnungen und Wechseln werden täglich hervorgebracht, und jedes Exemplar bedarf eines neuen Bogens Papier! — Photographie, Lithographie, Holzschnitt, Kupferstich und wie die graphischen Künste alle heißen mögen — ohne das Papier wären sie gar nicht. Papier braucht man zu künstlichen Blumen, zum Verpacken der verschiedenartigsten Waren und Gegenstände, mit papiernen Tapeten bekleiden wir unsre Mauern, ja wir fangen in der That an, uns selbst mit Papier zu bekleiden. Und dazu die Legion der Bücher, welche alljährlich erscheinen!! —

Wollten wir unter Papier alles begreifen, was jemals zur Aufnahme schriftlicher Mitteilungen gedient hat, so bestünde unsre Welt großenteils aus Papierstoff; denn alle drei Naturreiche haben beitragen müssen und tragen noch bei zur Festhaltung des sichtbar gemachten Wortes, selbst die lebende menschliche Haut nicht ausgeschlossen, da bekanntlich noch heute unter Schiffern, Soldaten u. s. w. der alte Brauch fortbesteht, die eigne Adreßkarte unverlierbar auf dem Arme eingeätzt zu tragen.

Geschichtliches. Zwischen unserm Schriftwesen und dem der Alten fällt zunächst der, wenn auch nur äußerliche, doch wichtige Unterschied in die Augen, daß jene in der Sicherheit der Überlieferung abhängig waren von der Dauerhaftigkeit ihrer Schreibstoffe, während uns die Druckkunst von dieser Regel großenteils entbunden hat, indem wir unsre Schriften gerade dem gebrechlichsten Material, dem Papiere, mit größerer Aussicht auf Dauer anvertrauen dürfen, weil in der Vervielfältigung, in der Herstellung einer großen Menge unter sich gleicher Exemplare, die Gewähr liegt, daß wenigstens einiges davon sich bis in spätere Zeiten erhalten werde. Übrigens meißeln auch wir nach Umständen, ganz wie die Alten, noch Inschriften in Steinplatten, Säulen und geebnete Felswände, schneiden und gießen Buchstaben in Metallplatten, schreiben auf Holz, Schiefer und Blech, lassen Gebäudegiebel und Mauern reden. Nur war diese Schreibweise, die man die monumentale nennen kann, im Altertum in ausgedehnterer Anwendung; man verewigte in Stein und Marmor, in Metall- und Holzplatten geschichtliche Nachrichten, Regententafeln, Gesetze und Verordnungen, in Tempeln und an Altären Gebete und Anrufungen.

Die Trümmer von Babylon und den ehemaligen Zentralpunkten der altassyrischen Kultur sind bedeckt mit Schriften, und welche Mengen von Bildern und Hieroglyphen die ägyptischen Altertümer aufweisen, ist ja bekannt genug. Die assyrischen Ruinen enthalten neben zahlreichen gemeißelten Inschriften auch solche, die vor dem Brennen in Ziegelmasse eingedrückt, also gleich Siegeln schon auf einer Art Vervielfältigung beruhen. Auch die transportablen Dokumente der Alten waren häufig sehr massiver Natur. Die Bibel erzählt uns von den steinernen Gesetztafeln Mosis, und Hiob wünscht seine Worte mit eisernem Griffel in Blei geschnitten zu sehen. Bretterne Tafeln waren häufig und bis in die Römerzeiten in

Anwendung, und sie verfeinerten sich gelegentlich bis zur Spandünne. Die Holztafeln waren entweder mit weißer Farbe überzogen, in welchem Falle sie Albums hießen und mit Farbstift oder Pinsel beschrieben werden mußten, oder sie hatten für gewöhnlicheren Bedarf und geringere Dauer einen Überzug aus Wachs, in welchen die Schrift mit einem eisernen Griffel (Stilus) bequem eingerissen und ebenso bequem abgeändert und korrigiert werden konnte, während man den ganzen Überzug durch Erweichen am Feuer ausglich und zur Aufnahme neuer Schrift herrichtete. Eine solche vollständig wieder ausgeglichene Platte hieß eine tabula rasa, wovon sich der noch gebräuchliche Ausdruck für „reine Wirtschaft machen" herschreibt.

Überhaupt war das Einritzen wohl die älteste Form der Schrifterzeugung und wurde in alten Zeiten auch auf Täfelchen von gebranntem Thon, Schiefer, Blei, Elfenbein, Knochen u. dgl. ausgeübt. Der griechische Name chartes (lateinisch charta), obwohl er in der geschichtlichen Zeit ausschließlich dem Papyruspapier gegeben wurde, stammt ebenfalls von einem Verbum, das „einritzen", „gravieren" bedeutet. Unser Wort „Karte" kommt davon her. Das griechische biblos wie das lateinische liber bedeuten beide ursprünglich „Bast" oder „Rinde", und erst infolge der Verwendung der damit bezeichneten Gegenstände zu Schreibmaterialien wurden diese Worte für „Buch" in Gebrauch genommen; die Namen „Bibel", das Buch aller Bücher, und „Bibliothek" sind in alle kultivierte Sprachen übergegangen. Bei den alten Hindu wenigstens sind die ältesten Urkunden mit Ölfarbe auf Birkenrinde geschrieben, und auch die alten Deutschen sollen sich anfänglich für ihre Schriftwerke dieses Materials bedient haben.

Aber keiner der hier angeführten Stoffe erfüllt unsern Begriff von Papier; sie gehören vermöge ihrer starren Natur vielmehr in die Kategorie der Schreibtafeln, und eben dasselbe gilt von einem andern uralten Schreib- und Bücherstoff, dem Palmblatt. In Indien und andern heißen Ländern liefert die Natur in den Blättern der verschiedenen Palmen fast gleich fertig einen Schreibstoff, der viel besser ist, als wir bei unsern gewöhnlichen Begriffen von einem Baumblatt uns vorstellen können, und der noch heute durch unser Papier nicht vollständig verdrängt ist. In einigen Gegenden Asiens, besonders auf Ceylon, schneidet man aus den mächtigen lederartigen Palmblättern die bequemsten Stücke heraus, trocknet sie langsam im Schatten und reibt sie mit Öl ein, womit sie zum Gebrauch fertig sind. Das Blatt erinnert im geringsten nicht an Papier, sondern stellt eine glatte, graugrüne Schindel dar. Meistens ist die Schrift nur mit einem scharfen Instrument eingeritzt, trotzdem aber ganz gut lesbar, da das bloßgelegte Innere durch den veränderten Saft einen dunkleren Ton hat als die Oberhaut. Sonst wird auch, um die Schrift mehr hervortreten zu lassen, eine Schwärze in die vertieften Züge eingerieben, und wieder andre Manuskripte sind mit einer harten, glänzenden Schwärze zierlich mit dem Pinsel gemalt und so aufgesetzt, daß die Buchstaben sich auffallend über die Fläche erheben. Die Blätter werden mit Schnüren zusammengeheftet und erhalten Deckel aus Holz oder kostbareren Stoffen, zuweilen reich geschnitzt und mit Gold und Edelsteinen verziert. Überhaupt muß man solche Werke der Schreib- und Verzierungskunst, die in europäischen Bibliotheken und Museen nicht ganz selten sind, gesehen haben, um an die Möglichkeit so feiner und zierlicher Schriftzüge zu glauben. Es gibt solche Werke, die viele Jahrhunderte alt sind. Auch für den Privatverkehr dient auf Ceylon noch das Palmblatt, und zwar das Blatt der Taliputpalme. Die geglätteten Streifen werden, nachdem sie geritzt sind, gerollt und mit Schnüren umwickelt, wie es Fig. 357 zeigt. Und selbst die englische Regierung bedient sich dieses Schreibmaterials, sie läßt die Verordnungen darauf setzen, die sie für die Eingebornen gibt, und läßt auch dergleichen Briefe auf ihren Postämtern annehmen. Die Benutzung des Palmblattes beschränkte sich in alten Zeiten nicht bloß auf Indien, sondern wurde auch von den westasiatischen Völkern und Ägyptern geübt.

Das Palmblatt bildet noch keinen dünnen, leichten, faltbaren, mit einem Worte papierähnlichen Schreibstoff; es mußte aber das Bedürfnis nach einem solchen fühlbar werden, sobald es die Herstellung umfangreicherer Schriftwerke galt. In der That hatte denn auch das Altertum schon lange vor unsrer Zeitrechnung zwei solcher Stoffe im allgemeinen Gebrauch, das Pergament und das Papier aus ägyptischem Papyrus. Notdürftig präparierte Tierhäute mögen schon sehr frühzeitig in Anwendung gekommen sein, und die Kunst des Pergamentmachens wird sich ganz allmählich entwickelt haben; bestimmte Nachrichten gibt es darüber ebensowenig, als sich der Ursprung der ägyptischen Papierindustrie in einen sicheren Zeitpunkt setzen läßt. Wir sehen nur die merkwürdige Erscheinung, daß in Ägypten schon im vierten Jahrtausend v. Chr. aus der im Delta und in den Sümpfen am obern Nil wildwachsenden Wasserpflanze Papier bereitet und später diese Binse an verschiedenen Stellen des Nilthales angebaut wurde.

Was die Pflanze (Papyros antiquorum Wlld. oder Cyperus papyrus antiquorum [L.], s. Fig. 358) selbst anlangt, so gehört dieselbe zur Familie der Schopfbinsen (Cyperaceae) und findet sich gegenwärtig noch am obern Nil und an den Sumpfseen im Innern Afrikas sowie an den Ufern westafrikanischer Flüsse. An einigen Stellen der sizilischen Küste kommt in Flußmündungen noch eine von den Arabern im 10. Jahrhundert aus Syrien verpflanzte Spezies vor; die Pflanze gibt auch hier ganz dasselbe allgemeine Bild, wie es von der afrikanischen bekannt ist und wie es an lebenden Exemplaren in Gewächshäusern studiert werden kann. Übrigens sind unsre Binsen nur Zwerge im Vergleich mit jenen Produkten heißer Klimate, denn die beschopften, abgerundet dreieckigen Stämme des Papyrus bilden Stangen von durchschnittlich 5 m Höhe und entsprechender Dicke. „Dort steigt", sagt ein Schriftsteller des 5. Jahrhunderts von Ägypten, „ein Wald ohne Gezweig, ein blätterloser Forst empor, die Ernte der Gewässer, die Zierde des Sumpfes."

Die Anfertigung des Papiers aus der Pflanze war ein höchst einfaches Geschäft, von welchem Plinius eine freilich nicht ganz genaue Beschreibung gibt. Man schnitt aus dem Zellengewebe schmale Schichten, welche nebeneinander gelegt und dann kreuzweise mit andern bedeckt wurden. Darauf feuchtete man diese Masse mit Nilwasser an, in welchem Gummi aufgelöst war, preßte und trocknete sie und überstrich das Ganze nochmals mit einem dünnen Stärkekleister, brachte es wieder unter die Presse und glättete das Papier endlich mit Elfenbein oder Muschelschalen. Doch blieb auch der beste Papyrus striemig und ließ die übereinander gelegten Schichten erkennen; seine Farbe war graubraun, nie vollkommen weiß. Außerdem diente die Papyrusfaser auch als Stoff zu Kleidern, Matratzen, Seilen und Geflechten; der dickste und saftigste Teil des Schaftes wurde vom Volke gegessen, ein Gebrauch, den noch vor etwa 300 Jahren Reisende in Ägypten im Schwange gefunden haben; das Hauptprodukt blieb aber das Papier, für lange Zeiten der wichtigste Handelsartikel und eine Quelle des Reichtums für Ägypten.

Fig. 357. Taliputpalmenblatt mit Schrift.

„In der schönen reichen Stadt Alexandria", sagt ein Zeitgenosse, „geht niemand müßig; die einen blasen Glas, die andern machen Papier"; und Firmus, ein römischer Statthalter in Ägypten, rühmte sich, so viel Papier zu besitzen, daß er eine Armee davon erhalten könne.

Erwähnt sei noch, daß man in den frühesten Zeiten in Ägypten auch viel auf Leinwand und zuweilen auf Seidenzeug schrieb, sei es nun, daß diese Methode schon vor Einführung des Papyrus bestand, oder daß man neben diesem immerhin sehr gebrechlichen Material unter Umständen auch nach einem haltbareren verlangte. Übrigens gleicht auch das alte Papier, wegen der gekreuzten Lage der Bastfasern, bei oberflächlichem Anblick einem Gewebe.

Lange Zeit also war die Papierstaude Alleinherrscherin in dem alten Schrifttum; die Schriftsteller, Leser und Büchersammler aber mehrten sich, und namentlich wetteiferten König Ptolemäos II. von Ägypten und Eumenes II. (197—158 v. Chr.), König der kleinasiatischen Stadt Pergamos, in der Anlegung großer Bibliotheken. Eifersucht trieb den ersteren, die Papierausfuhr nach Pergamos zu verbieten, und die Papiernot in letzterer Stadt führte zur Erfindung eines neuen Schreibmaterials, des Pergaments. So lautet die Sage, die sich ohne Zweifel nachträglich durch den Umstand gebildet hat, daß in Pergamos die Zubereitung der Tierfelle zu einem Schreibmaterial eine besondere Pflege fand und der Stoff zuweilen pergamena hieß; der allgemeine Name war membrana, und die Sache an sich war höchst wahrscheinlich viel älter, mag aber in Pergamos wohl vervollkommnet worden sein. Diodorus von Sizilien wenigstens erwähnt, daß die Perser ihre Annalen auf Tierhäute schrieben. Das Pergament wird und wurde fast ausschließlich aus Schaffellen, viel seltener aus Eselsfellen gemacht, obwohl letztere im Volksglauben als Rohmaterial für die Pergament= fabrikation gelten. Die Häute werden nicht gegerbt, sondern nur den Vorarbeiten, welche bei der Gerberei das Enthaaren, die Entfernung der Aasteile ꝛc. bezwecken, unterworfen und zu diesem Behufe wiederholt in Kalkbädern behandelt, durch Schaben und Reiben gleichmäßig stark gemacht; starke Felle werden gespalten und, nachdem in den Poren ein feines Kreide= pulver eingerieben worden ist, mit Bimsstein geglättet. Je nach der Art und Feinheit der dazu verwendeten Felle und je nach der Sorgfalt, die bei der Bearbeitung derselben an= gewendet worden ist, erzielt man verschiedene Sorten Pergament, von denen das Velin das feinste ist. Im Altertum war die Kunst des Pergamentmachens von höherer Wichtigkeit als heutzutage, und das Recht, mit Pergament zu handeln, oft, wie z. B. an der Universität zu Paris, ein Recht, welches der Einkünfte wegen dem Rektor ausschließlich verliehen war.

Fig. 358. Die Papyrusstaude der Alten.

Das Papier, wie es aus dem Papyrus gemacht wurde, konnte seiner mangelhaften Eigenschaften wegen für Dokumente und wertvollere Schriftstücke dem Pergament lange keine ernstliche Konkurrenz machen, obwohl die größere Billigkeit zu seinen gunsten sprach. Man hatte außer weißem und gelbem Pergament auch blaues und violettes; auf die farbigen Sorten schrieb man mit Gold= oder Silberbuchstaben. Viele Schriften wurden also dem viel haltbareren Pergament anvertraut, und der Verbrauch nahm so zu, daß endlich der Nach= frage nicht mehr genügt werden konnte und man schon in den späteren Römerzeiten anfing, von alten Büchern die Schrift auszutilgen, um die Blätter neu beschreiben zu können. Große litterarische Schätze mögen auf diese Art vernichtet worden sein, von denen man jedoch manches dadurch gerettet hat, daß es gelang, auf diesen zweimal benutzten Pergamenten — sogenannten Palimpsesten — die ursprüngliche Schrift wieder lesbar hervorzurufen.

Bei dem wachsenden Verbrauch konnten auch Pergament und Papyrus lange neben= einander bestehen, und es scheint sogar, daß das erstere Fabrikat die Ägypter zwang, das ihrige wohlfeiler zu liefern; denn während nach einer griechischen Marmorinschrift, welche die Baukosten eines Tempels auf der Akropolis aufführt, ein Bogen Papier damals circa 4 Mark, also das Fünfhundertfache des heutigen Preises galt, waren nach Material bei den Römern kleine Schriften um wenige Groschen zu kaufen. Der Papyrus wurde aber endlich das gewöhnliche Material für den Schrift= und Bücherverkehr, und Griechen wie Römer be= mühten sich, die ägyptische Ware durch Nachbearbeitung glatter und haltbarer zu machen; ja die ersteren setzten einem ihrer Landsleute eine Statue, weil er eine bessere Methode des Leimens anzugeben wußte. Trotzdem hatte man immer mit dem Durchscheinen der Schrift= züge zu kämpfen und vermochte nie auf beiden Seiten zu schreiben, ein insofern glücklicher Umstand, als es sonst für uns ganz unmöglich wäre, solche alte Schriftrollen noch zu ent= ziffern, die beim Abwickeln in Atome zerbröckeln würden, wenn man nicht dafür sorgte, sie gleich beim Aufrollen auf eine klebrige Leinwand oder dergleichen anzudrücken.

Welcher wichtige Punkt das ägyptische Papier für die Römer war, beweist der Um= stand, daß unter dem Kaiser Tiberius wegen zu hoher Papiersteuer sogar ein arger Papier= krawall ausbrach, der nur dadurch beschwichtigt werden konnte, daß der Kaiser alles vor= handene Papier zusammenbringen und vom Senate gleichmäßig verteilen ließ. Die so bequem einzuziehende Papiersteuer aber blieb noch lange bestehen und wuchs, von den nachfolgenden Regierungen beständig erhöht, ins Maßlose. Erst der Gotenkönig Theoderich, als er zu An= fang des 6. Jahrhunderts Herr von Italien geworden war, hob, um sich beliebt zu machen, die Steuer auf.

Die Papyrusindustrie überbauerte selbst den Sturz des römischen Reichs noch jahr= hundertelang, denn erst im 11. Jahrhundert erlitt sie den Todesstoß durch einen neuen Kon= kurrenten, das Baumwollenpapier, und so gründlich nahm die Sache ein Ende, daß seitdem, wie gesagt, in ganz Ägypten von der alten schönen Papyrusstaude keine Spur mehr gefunden wird. Das Rätselhafte an dieser Erscheinung verschwindet, wenn wir uns ver= gegenwärtigen, daß der Papyrus in Ägypten von Natur selbst ein Fremdling und erst aus dem Innern Afrikas als Kulturpflanze eingeführt worden war; denn die Staude war ein Gegenstand wirklichen Anbaues, der selbst unter der Kontrolle der Regierung stand. Aber wenn auch die Pflanze aus ihrem Hauptkulturlande so gut wie verschwunden gilt, so ist es doch nicht der Name papyros; die große Mehrzahl der schreibenden Völker hat ihn beibehalten und für ihre Mundarten zugerichtet.

Um nun auf das Baumwollenpapier zu kommen, müssen wir wieder einen Sprung in das Altertum zurück und bis in den Osten Asiens hinein thun; hier war es das merkwürdige Volk der Chinesen, die vor 2000 Jahren schon und vielleicht noch viel früher Papier aus dem Baste des Papiermaulbeerbaumes bereiteten, welchem Lumpen von Seide 2c. beim Kochen beigesetzt wurden. Der Erfinder war Tsailin, der Ackerbauminister des Kaisers Hiao Wuti (um 95 v. Chr.); vorher hatte man auf Bambustafeln und besonders auf Seide geschrieben. Vielleicht hat man auf diese Weise auch zuerst rohe Baumwolle dem Maulbeerbaumstoffe zu= gesetzt; die Verwendung derselben zu Papier, welches mit unserm heutigen Schreibmaterial also schon ziemliche Ähnlichkeit gehabt haben mag, ist nicht viel jüngeren Datums. Diese Fabrikation verpflanzte sich mit der Zeit ins Ausland, und im 6. Jahrhundert war Samar= kand in der Bucharei ein Hauptfabrikationsort, dessen Ware schon in den Mittelmeerländern Absatz fand. In der Folge eignete sich Damaskus diese Industrie an, und das Baumwollen= papier hieß daher charta damascena, sonst auch charta cuttunea oder bombycina. Höchst wahrscheinlich haben sich die Araber, wie um die Verbreitung des Schießpulvers und des Kompasses, so auch um die der Papierfabrikation verdient gemacht, die sie in dem eroberten Samarkand sollen kennen gelernt haben. Wenigstens brachten sie dieselbe nach Spanien, und hier sollen auch die ersten Fortschritte gemacht worden sein, indem nach Behauptung der Spanier einesteils Mühlen zum Zerkleinern der Masse angewandt, andernteils zuerst Lumpen, auch schon leinene, mit verarbeitet wurden. Soviel steht wenigstens fest, daß die Verwen= dung von Lumpen sehr frühzeitig in den europäischen Fabriken und wahrscheinlich auch bei den Ägyptern gebräuchlich wurde, die nunmehr die neue Industrie eifrig ergriffen, nachdem ihnen die alte in Abgang gekommen war. Auch konnte ja nichts näher liegen als dies, denn Lumpen hatte man fast umsonst, während rohe Baumwolle für gutes Geld aus der Ferne bezogen werden mußte. Der Abt Peter von Clugny (1122—1150) schrieb einen Traktat gegen die Juden, worin ausdrücklich „Papier aus Abschabsel alter Lumpen (ex rasuris veterum pannorum) und andern gemeinen Dingen" erwähnt wird. Nun gab es aber schon in alter Zeit leinene Lumpen so gut wie baumwollene, zumal in Ägypten, wo von altersher viel Leinenzeug verbraucht wurde. Die dortigen Felsengräber müssen, nachdem die neue Wendung der Dinge eingetreten war, ungeheure Massen alter Linnen hergegeben haben. Leicht möglich nahm man auch die Lumpen gleich, wie sie der Zufall gemischt hatte, und da man bald bemerken mußte, daß die Papiermasse durch einen Gehalt an Linnen nicht schlechter, sondern besser wurde, so lag es nahe, das Leinen zu bevorzugen oder gleich ganz reines Leinenpapier zu machen. Hat die Sache diesen Lauf vom Schlechteren zum Besseren genommen, so krebsen wir heute auf demselben Wege entschieden zurück, denn die Baumwolle, einst vom Linnen entschieden aus dem Felde geschlagen, gewinnt in unsern heutigen Papierstoffen immer mehr wieder die Oberhand.

Wann und wo das erste wirkliche Leinenpapier gemacht worden, ist eine Frage, die vielfältig, doch ohne sicheres Ergebnis, behandelt worden ist. Deutsche, Italiener und Spanier haben Anspruch gemacht auf diese „Erfindung". Manuskripte auf Leinenpapier, die bis ins 12. Jahrhundert zurückgehen, finden sich vereinzelt in verschiedenen europäischen Bibliotheken; aber über ihre Herkunft können sie natürlich keinen Bescheid geben, und die Erstlingsprodukte sind es wohl gerade auch nicht. Bedenkt man, daß die Verwandlung von Rohmaterial in Papier bei Baumwolle wie Leinen im wesentlichen sich gleich bleibt, so liegt die Neuerung nur in der Hinzunahme eines neuen besseren Rohstoffes, was wohl ein Fortschritt, aber kaum eine Erfindung genannt werden kann. Und dieser Fortschritt lag, wie gesagt, so nahe, daß er nicht jahrhundertelang übersehen werden konnte. Es spricht also schon die Vermutung dafür, und einige historische Andeutungen unterstützen diese Annahme, daß die Anwendung des Leinens zu Papier schon im Orient gebräuchlich war und sich von dort nach Spanien, Italien und weiter verbreitete. Die völlige Gewißheit würde freilich erst dann erlangt werden, wenn es gelänge, die Behauptung einiger Gelehrten zu bewahrheiten, daß die meisten arabischen und andre morgenländische Manuskripte auf nichts andres als auf Leinenpapier geschrieben seien.

In Frankreich soll die Papierfabrikation aus Linnen zu Ende des 13. Jahrhunderts eingeführt und bald auf eine ziemliche Stufe der Vollkommenheit gebracht worden sein.

Die erste italienische Papiermühle, deren Existenz in alten Schriften erwähnt ist, stand bei dem Schlosse Fabriano in der Mark Ancona und existierte um das Jahr 1340. Auf deutschem Boden sollen die ersten Papiermühlen mit Hilfe griechischer und italienischer Werkführer und Arbeiter angelegt und betrieben worden sein. Nachweislich befanden sich schon deutsche Papiermühlen um 1320 bei Mainz, 1347 isaraufwärts bei München. Eine solche Anstalt befand sich um 1390 in Nürnberg; 1398 gab es eine in Chemnitz, 1467 in Ravensburg, 1440 eine in Basel, 1477 in Kempten. Ein Deutscher, Namens Spielmann, soll in England die erste Mühle 1588 zu Dartford in Kent gebaut haben und dafür zum Ritter geschlagen worden sein. Seit dieser Zeit ist Kent der Hauptproduktionsplatz für Büttenpapier geblieben. Jedoch findet sich bei Shakespeare, der freilich kaum in seinen kulturhistorischen Angaben als Quelle benutzt werden kann, eine Notiz, wonach schon bedeutend früher eine Papiermühle in England vorhanden gewesen sein müßte. Nach Shakespeare hätte Hans Cade gegen Lord Say bei der Darlegung der Gründe, weshalb letzterer hingerichtet werden sollte, sich dahin geäußert: „Du hast verräterischerweise die Jugend des Reiches verderbt, indem du eine lateinische Schule errichtet, und da zuvor unsre Voreltern kein andres Material hatten als die Kreide und das Kerbholz, so hast du das Drucken aufgebracht und hast zum Nachteil des Königs, seiner Krone und Würde eine Papiermühle gebaut", und Lord Say wurde bereits 1425 hingerichtet. Gewiß ist, daß in den siebziger Jahren des 15. Jahrhunderts ein Schachbuch in London gedruckt wurde, welches weite Verbreitung fand, und endlich ist im Jahre 1496 ein Buch von Bartholomäus „De rerum proprietatibus" erschienen, auf dessen Titel sich die gedruckte Bemerkung findet, daß das Papier dazu von John Tate junior, auf seiner Mühle in Stevenage (Hertfordshire) gemacht worden sei. Aber trotz alldem hat die englische Papierfabrikation ziemlich lange zu ihrer Entwickelung gebraucht; im 17. Jahrhundert noch bezog man den größten Teil des Bedarfes aus Frankreich, an dessen Stelle jetzt Deutschland mit einer ganz bedeutenden Ausfuhr nach dort getreten ist.

Den rechten Aufschwung und ihre volle Bedeutung hat die Papierfabrikation natürlich erst durch die Erfindung des Buchdrucks erhalten. Beide Industrien stützten und bedingten sich fortan gegenseitig und breiteten sich schritthaltend über die verschiedenen Länder Europas aus. Unter diesen thaten sich namentlich bald die Holländer darin hervor, daß sie das beste Leinenpapier in großer Menge verfertigten. Sie erfanden auch die nach ihnen benannte Maschine zur Anfertigung des Papierbreies, die um die Mitte des vorigen Jahrhunderts sich zu verbreiten anfing, während man bis dahin nur die einfachen Stampfwerke gekannt hatte. Auch sonst machte die europäische Fabrikation in Erzeugung schöner und feiner Zeichen- und Postpapiere u. dgl. ganz andre Fortschritte als ehedem die östlichen Länder; immerhin aber blieb die Anfertigung in einzelnen Bogen ein mühsames und zeitraubendes Werk, bis um das Jahr 1820 die 1799 erfundene sinnreiche Papiermaschine allgemeiner eingeführt wurde, die nun auch auf diesem Felde der Technik das ermöglichte, was die Neuzeit charakterisiert: die Massenproduktion. Heute arbeiten mehr als 1400 solcher Maschinen. Wir kommen darauf wieder zu sprechen.

Ein fast ebenso bedeutender Förderungsfaktor, den man nicht selten dem französischen Erfindungsgeiste zuschreiben hört, ist die Einführung des Verfahrens der Büttenleimung, bei welcher die Leimung des Ganzzeugstoffes anstatt der fertigen Bogen erfolgt, und eines hierzu geeigneten Leimes. Den Gebrüdern Illig zur Amorbach und Erbach im bayrischen Odenwalde ist das große Verdienst zuzuerkennen, welches, wie gesagt, oft den Franzosen vindiziert wird, weil das Verfahren zuerst von Canson in Annonay adoptiert wurde. In Deutschland und England fand es erst später Eingang, in letzterem Lande verfolgt man jedoch heute noch ein besonderes System, indem man erst die von der Maschine gelieferte trockene Papierrolle, und zwar mit tierischem Leime behandelt.

Fabrikation des Papiers. Die Grundlage der Papierfabrikation sind bei uns Lumpen, oder, technisch gesprochen, Hadern, ein Rohstoff von so hoher Bedeutung für Volkswirtschaft und Handel, für Wissenschaft und bürgerliches Leben, daß wir z. B. viel eher aller Seide als der Lumpen entbehren könnten. Auch ist der Begehr nach Hadern in den in der Bildung am meisten vorgeschrittenen Ländern so stark und steigend, daß keines mehr den Bedarf aus eignen Mitteln vollständig decken kann, und Länder wie Ungarn, das noch ansehnliche Mengen leinener Hadern abzugeben hat, dafür stets gute Abnehmer finden. Ein jeder Einzelne liefert also alljährlich ein gewisses, ziemlich gleich bleibendes Quantum an Papierrohstoff, und so kann auch die Handelsstatistik mit leidlicher Genauigkeit angeben, wieviel irgend ein Land alljährlich in diesem Artikel zu leisten vermag. Da man schon jetzt den Stoff nicht mehr wie früher zum großen Teil wegwirft oder zu Zunder verbrennt, vielmehr wohl in jeder ordentlichen Häuslichkeit Hadern wie Knochen gehörig gewürdigt und gesammelt werden, so dürfte ein wesentlich höheres Ergebnis der Lumpenproduktion auch in Zukunft nicht zu erwarten sein. Bei der von Tag zu Tag zunehmenden Steigerung jedoch, welche die Papierkonsumtion erfährt, ist dieser Umstand durchaus nicht so leichthin zu beurteilen. Es haben diejenigen Staaten, welche in der Papierproduktion obenan stehen, zwar durch Belegung der Lumpen mit hohen Ausgangssteuern ein Mittel zu ergreifen versucht, um dem inländischen Bedarfe sowenig wie möglich Material entführen zu lassen — für die allgemeinen wirtschaftlichen Zustände ist damit jedoch nichts gewonnen.

Die Behandlung der Papier- und Hadernfrage kann vielmehr auf technologischem Wege nur durch Heranziehung geeigneter Surrogate (namentlich des Holz- und Strohzeuges, welches in besonderen Etablissements für die Papierfabrikation fertig hergestellt werden muß) gefunden werden, und das Publikum muß sich schon seit einiger Zeit für ephemere Zwecke, wie Tagesblätter, Anzeigen, Konzeptpapier u. s. w., mit Holz- und Strohpapieren zufrieden geben. Neuerdings ist übrigens die Verarbeitung von Stroh, Espartogras, Holz auf chemischem Wege zu Papierfaserstoff so vervollkommnet worden, daß diese Surrogate kaum dem Haderstoffe nachstehen und sich daher auch zu den besseren Papieren verwenden lassen. Die Herstellungskosten sind allerdings kaum geringer, und ist die Mitverwendung jener Surrogate nur durch den zwingenden Mangel an Hadern bedingt. Nur das geschliffene Holz wird allgemein für geringere Sorten Papier benutzt.

Mit den Surrogaten beschäftigen wir uns aber später noch eingehender, daher wollen wir jetzt der Hader auf ihrem Entwickelungsgange folgen, bis sie so weit geläutert vor uns

Bearbeitung der Lumpen. 409

steht, um eine würdige Unterlage abgeben zu können selbst für die zartesten Seufzerreime, in denen unverstandene Herzen ihre lyrischen Empfindungen aushauchen.

Die Lumpen kommen aus dem Handel in die Papiermühle oder Fabrik entweder ganz unsortiert oder doch nur oberflächlich geschieden; die erste Vornahme bildet also hier das Sortieren. Je mehr Sorgfalt und Aufmerksamkeit hierbei angewandt wird, desto mehr und gleichmäßigere Papiersorten lassen sich erzeugen. Je nach der beabsichtigten Fabrikation und der größeren oder geringeren Gemischtheit der Lumpen herrscht beim Sortieren viel Verschiedenheit; es gibt Fabriken, die 30 und mehr Sorten machen, während andre sich mit viel weniger begnügen. Jedenfalls müssen weiße und farbige, wollene, baumwollene und leinene, gröbere und feinere, gebleichte und ungebleichte voneinander geschieden werden.

Fig. 359. Kugelförmige Auslaugeapparate.

An das Sortiergeschäft schließt sich oder geschieht mehr oder weniger gleichzeitig mit demselben das Schneiden der Lumpen mittels eines auf dem Tische fest und aufrecht stehenden sensenartigen Messers, an dessen Schneide die Lumpen, mit den Händen horizontal ausgespannt, entlang gezogen werden. Hierbei wird alles Ungehörige, wie Nähte, Säume, Knöpfe u. dgl., sorgfältig weggeschnitten und beseitigt. Damit verbindet sich entweder ein weiteres Zerschneiden in 3—5 cm große Stückchen, oder man überläßt diesen letzteren Teil der Arbeit einer vom Wasser getriebenen Maschine, dem Lumpenschneider, der wie eine große Schere oder Häcksellade gebaut ist und wirkt. Im allgemeinen wird, obgleich der Lumpenschneider Handarbeit spart, doch das Zerkleinern aus freier Hand vorgezogen, weil dabei die Einzelheiten viel besser gesehen werden, der Abfall daher gründlicher beseitigt wird und beim Sortieren begangene Fehler noch gehoben werden können. Das Schneiden durch

Handarbeit geschieht jetzt nur noch bei feinen, weißen Hadern; bei groben Hadern nur so weit, als die Nähte, Säume und Knöpfe entfernt werden sollen. Auch Gummi elasticum, aus Hosenträgern, Bändern u. dgl., muß sorgfältig entfernt werden. Zum Zerkleinern sind in allen größeren Fabriken mechanische Lumpenschneider eingeführt, die entweder mit Messern, befestigt an kreisende Trommeln, oder mit auf- und niedergehenden Messern gebaut werden.

Die Lumpen bedürfen in der Regel gar sehr der Reinigung. Diese erfolgt nach dem Zerkleinern, und zwar erst auf trockenem, dann auf nassem Wege. Gewöhnlich wirft man sie gleich beim Zerschneiden auf ein Sieb, und der mechanische Lumpenschneider läßt sie ebenfalls auf ein Rüttelsieb fallen; die gründliche und trockene Reinigung aber kann nur auf dem sogenannten Lumpenwolfe geschehen. Die trockene Reinigung erfolgt neuerdings zum Teil schon vor der Sortierung in dem sogenannten Stäuber oder Drescher, jedenfalls aber nach dem Schneiden; die hierzu dienenden Maschinen sind mannigfacher Art, von denen oft zwei oder drei hintereinander Anwendung finden. In dem Lumpenwolf, ähnlich der in der Baumwollspinnerei gebrauchten Maschine, woher auch der Name, findet durch Trommeln, die mit eisernen Stiften oder Schlägern versehen sind, ein Schlagen gegen eiserne Roste statt, wodurch der Staub aufgelockert wird. In der Siebmaschine findet dann die Trennung der Lumpen vom Staube statt. Die Siebmaschine bildet gewöhnlich eine große liegende, acht- oder sechsseitige Trommel, deren Wände aus Drahtgitter bestehen. Die durchgehende Achse derselben ist mit einer Masse hölzerner Stöcke besetzt, die fast bis an die Wandungen reichen. Achse und Trommel drehen sich, erstere aber mit viel größerer Geschwindigkeit, und man kann sich vorstellen, daß hierbei die hineingeworfenen Lumpen aufs gründlichste durchgerüttelt und geschlagen werden müssen. Auch würde der Lumpenwolf durch den Schmutz und Staub, den er aufregt, fürchterlich werden, wenn man denselben nicht mit einem Gehäuse umgeben hätte. In diesem sammelt sich also der Schmutz am Boden, während der feinere Staub durch einen Kanal nach oben ins Freie entweicht.

Die nasse Reinigung geschieht nach Umständen mehr oder weniger eindringlich. Hat man ein Pöstchen so saubere Hadern, daß das bloße Auswaschen mit kaltem Wasser genügt, so braucht dies gar nicht besonders zu geschehen, denn es macht sich nachgehends im Holländer von selbst. In der Regel muß man aber die Hadern einem mehrstündigen Kochen unterwerfen, wobei immer Lauge in Anwendung kommt. Bei feinen, wenig verunreinigten Lumpen genügt ein Zusatz von Soda; für mittlere Sorten setzt man noch mehr oder weniger gebrannten Kalk zu, wodurch die Soda ätzend wird; die gröbsten Lumpen endlich kocht man in bloßer Kalkmilch. Als Kochgeschirr dient entweder ein einfacher eiserner Kessel, oder man wendet Apparate an, in welchen Wasserdämpfe mitwirken. Ein Cylinderkessel oder eine sphärische Trommel, wie Fig. 359 zeigt, nimmt z. B. Lumpen und Lauge auf, und nachdem das Füllloch gehörig geschlossen, läßt man durch einen der durchbohrten Zapfen Dampf aus dem Dampfkessel eintreten, der die Masse ins Sieden bringt, wobei sich durch Spannung des Dampfes eine über die gewöhnliche Siedhitze gehende Temperatur erzeugen läßt. Die Dampfmaschine dreht während des Dämpfens die Trommel langsam um, wodurch das Rühren ersetzt wird, das bei feststehenden Kesseln nötig ist. In andern Fabriken findet man zur Dampfwäsche hölzerne verschließbare Bottiche mit einem zweiten, durchlöcherten Boden im Innern. In die obere (größere) Abteilung werden die Lumpen locker eingefüllt, nachdem sie vorher mehrere Stunden in Ätzlauge geweicht hatten; der Deckel wird dicht aufgesetzt und sechs Stunden oder länger Dampf zugelassen. Der Dampf durchdringt die Lumpen und wird zu Wasser, das sich mit Unreinigkeit beladen im unteren Raume des Kübels ansammelt. Daß dem Kochen oder Dämpfen stets ein gründliches Nachspülen mit Wasser folgen muß, ist selbstverständlich.

Durch das Kochen werden außer der Reinigung noch zwei andre Vorteile erreicht, und zwar um so mehr, je stärkere Laugen in Anwendung kamen: die farbigen und grauen Hadern nämlich werden schon zum teil entfärbt, anhaftender Schmutz und Fettbestandteile aufgelöst, und außerdem wird die Faser durch die Lauge merklich erweicht und gelockert, so daß also einesteils dem nachfolgenden Bleichprozeß schon wesentlich vorgearbeitet, andernteils das Feinmahlen im Holländer beträchtlich erleichtert und abgekürzt ist.

In früheren Zeiten wandte man, um die Faser aufzuschließen und den breiartigen Zustand der Masse herbeizuführen, ein eigentümliches Mittel an: man setzte die Lumpen in

Ganzzeug. Halbzeug. 411

Haufen und ließ sie, mit Wasser durchnäßt, gären oder faulen. Hierdurch mußte die Faser notwendig an Haltbarkeit verlieren; ja bei unvorsichtiger Leitung konnte die ganze Masse zu Grunde gehen. Heutzutage kommt das Faulenlassen nirgends mehr vor, und fast dasselbe läßt sich von der ehemaligen Zerkleinerungsmaschinerie, dem Hammergeschirr, sagen, dessen Arbeit jetzt durch die Holländer viel rascher besorgt wird. Bei solchen Hammer- oder Stampfwerken arbeitet eine Reihe schwerer hölzerner Hämmer, die durch eine Daumenwelle gehoben werden und durch ihr eignes Gewicht wieder niederfallen, in einem Troge, worin die Lumpen in Mischung mit Wasser enthalten sind. Die Hämmer sind mit Eisen beschuht und schlagen gegen messingene Platten, die im Boden des Troges eingelassen sind. Während der Arbeit fließt beständig reines Wasser in den Trog, während ebensoviel unterhalb wieder abfließt durch Löcher, die mit feinem Siebgeflecht überspannt sind. Somit wird das Zeug während des Zerkleinerns auch gewaschen. Die Wirkung dieser simplen Maschinerie ist aber eine so langsame, daß 16 Hämmer erst in 24 Stunden einen Zentner Lumpen verarbeiten können. Daher trifft man jetzt selbst in kleinen Papiermühlen mit Handbetrieb den Holländer an, eine nach ganz anderm Prinzip wirkende Maschine, denn während das Hammerwerk die Zerkleinerung durch Klopfen bewirkt, thut dies der Holländer durch Zerreißen zwischen scharfen metallenen Schneiden. Er liefert aus diesem Grunde freilich das Zeug auch kurzfaseriger, folglich weniger bindend, daher denn auch die Festigkeit und Widerstandsfähigkeit der alten Papiere heutzutage schwerlich mehr erreicht wird. Die Einführung des Holländers vor circa 100 Jahren bezeichnet den Anfang einer neuen Ära für die Papierfabrikation und ihre Entwickelung zur jetzigen Höhe.

Fig. 360. Ein Holländer.

Um ungebleichtes, z. B. Packpapier, herzustellen, werden die Hadern in einem Holländer direkt fein, d. i. zu Ganzzeug gemahlen. Um feinere Sorten zu machen, muß man die Hadern erst in Halbzeug verwandeln, dann bleichen und später zu Ganzzeug mahlen. Hierbei passieren die Hadern hintereinander zwei, drei, sogar vier verschiedene Holländer, von denen die ersten zum Halbmahlen und Bleichen, die letzten zum Auswaschen der Bleichflüssigkeit, zum Ganzmahlen, zum Färben, Leimen und Mischen dienen. Die Halbzeug-, Bleich- und Ganzzeugholländer, denen sich manchmal auch Mischholländer anschließen, werden nach gleichen Grundsätzen gebaut und bestehen aus einem länglichrunden, gegen 3 m langen, aus starken Bohlen, Stein oder Gußeisen angefertigtem Troge, in dessen Mitte sich der Länge nach eine Scheidewand befindet, welche von den halbrunden Stirnwänden absteht, so daß die Flüssigkeit in dem Troge leicht um dieselbe zirkulieren kann. Eiserne Tröge verlangen eine Ausfütterung zur Sicherung der Papiermasse gegen den Rost, wenn die allerfeinsten Papiere, besonders solche für photographische Zwecke, angefertigt werden sollen. In der einen Hälfte des Troges, den unser Bild im Durchschnitt zeigt, liegt in der Mitte die Walze a, ein aus Eichenholz, bei großen Werken aus Gußeisen gefertigter, etwa $7/10$ m im Durchmesser haltender Cylinder, auf welchem teils und vornehmlich eiserne, verstählte, teils auch wohl bronzene Schienen, 32—70 an der Zahl, parallel mit der Achse befestigt sind. Diese Schienen werden in Längsnuten auf dem Cylinder so eingesetzt und befestigt, daß man sie auswechseln kann, und müssen stets gut scharf erhalten werden. Die Zapfen der Walze ruhen in Pfannenlagern, die zu beiden Seiten des Trogs auf hölzernen oder eisernen Gerüsten, Hebeladen, liegen. Die Walze selbst kann man hoch und tief stellen. Unter der Walze liegt ein eichener Holzblock i, der Kropf, welcher in der Mitte eine der Krümmung der Walze entsprechende Aushöhlung hat, vorn sanft ansteigt, hinten aber sehr steil abfällt, um das Abfließen der durch den Abstand zwischen der Walze und dem Kropfe durchgegangenen Flüssigkeit zu

52*

bedingen und den steten Zufluß zu erleichtern. Senkrecht unter der Walze ist in dem Kropfe das Grundwerk h befestigt, das aus einer Anzahl scharfer metallener Schienen besteht, welche darin, unter einem Winkel mit der Achse der Walze, unverrückbar befestigt sind. Die Schienen des Grundwerkes werden in einem eisernen Kasten oder auf einer eichenen Bohle ebenfalls so eingesetzt, daß man sie herausziehen und durch andre ersetzen kann, wenn sie stumpf geworden sind. Die Zuschärfungen der oberen und unteren Schneiden sind einander entgegengesetzt, d. h. die Schrägen sehen hier nach der einen, dort nach der andern Seite. Die Wirkung der feststehenden und der nahe über sie hinweggehenden Cylinderschneiden auf die dazwischen geratenen Lumpenpartikel ist sonach keine schneidende, wie etwa bei einer Schere, sondern die Masse erleidet bei dieser Behandlung mehr eine Zerreißung und Zerfaserung.

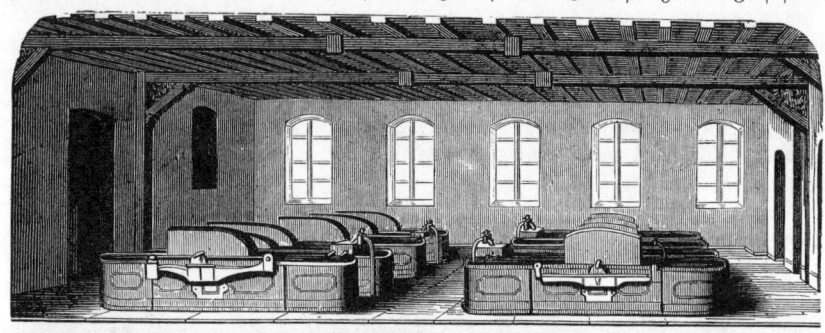

Fig. 361. Holländersaal in der Flinschschen Papierfabrik zu Freiburg im Breisgau.

Daß aber die Wirkung nichts weniger als eine sanfte ist, vielmehr die Zerkleinerung mit großer Kraft vor sich geht, läßt sich schon daraus entnehmen, daß eine gußeiserne Halbholländerwalze 10—12 Ztr. Gewicht hat. Man hat einfache Schienen auf der Walze oder auch dreifache, von ersteren 40—50, von letzteren 20, je nachdem man Halbzeug oder Ganzzeug machen will. In den Halbzeugholländern ist die Bewegung langsamer, und sie machen höchstens 180 Umläufe in der Minute. Die Ganzzeugholländer machen bis zu 220 Umläufe, und die Walze steht hier dem Grundwerke viel näher als in ersteren. Die Holländer sind nach ihrer Größe sehr verschieden, und sie werden von 50—1000 kg Stoffinhalt verwendet. Die europäischen Fabriken benutzen meist die Holländer bis zu 50 und 200 kg, während die großen Holländer hauptsächlich in Amerika eingeführt sind, wo überhaupt die Fabrikationsweise in vieler Beziehung von dem europäischen System abweicht. Da die heftige Bewegung der Walze das Zeug weit umherschleudern würde, so ist dieselbe mit einem kastenartigen Verschlage, der Haube, überbaut. In den Papierfabriken stehen die Holländer in großen Sälen reihenweise nebeneinander, und gibt uns Fig. 359 einen Einblick in ein derartiges Arrangement.

Fig. 362. Papierwäscherei und Bleicherei.

Gewöhnlich beabsichtigt man in Halbzeugholländern eine Waschung durch frisches Wasser, entfernt wohl auch schon die den Hadern anhaftende Kochlauge in besonderen Waschhollän=
dern. Ein Strom frischen Wassers fließt in den Holländer und wird von der Walze mit den Hadern innig vermischt, während das Schmutzwasser durch Waschscheiben oder Wasch=
trommeln entfernt wird. Die vormals ausschließlich zum Waschen dienende Scheibe besteht aus einem hölzernen, mit Sieb überzogenen Rahmen, der so in die Haube eingesetzt wird, daß ein Teil der von den Walzenschienen fortgeführten Masse, aus Hadern und Wasser be=
stehend, durch Zentrifugalkraft gegen ihn geschleudert wird. Das Wasser fließt durch das Sieb und wird seitwärts abgeleitet, während die Hadern vor die Walze zurückfallen. Ist der Waschprozeß vollendet, so wird eine Blindscheibe von oben eingeschoben, die das Sieb vollkommen bedeckt, man sagt der Holländer wird verschlagen. In Fig. 360 sind zwei Wasch= und zwei Blindscheiben ersichtlich, während der Holländer in Fig. 363 nur eine Wasch= und eine Blindscheibe enthält. Dagegen zeigt letzterer noch eine Waschtrommel. Solche besteht aus einem mit Sieb überzogenen Cylinder, in welchen das Schmutzwasser eindringt und, durch im Innern der Trommel angebrachte Schöpfgelten gehoben, an der einen Stirnseite abfließt. Die Waschtrommel ist zum Heben und Senken eingerichtet, so daß, je nachdem man hebt oder senkt, das Waschen beendet oder begonnen wird. Waschtrommeln haben im Ver=
gleich zu den Waschscheiben den Vorzug, daß das Waschen nicht so gewaltsam wie bei letzteren geschieht und daher der Faserverlust bei mindestens gleicher Wirksamkeit bedeutend kleiner ist.

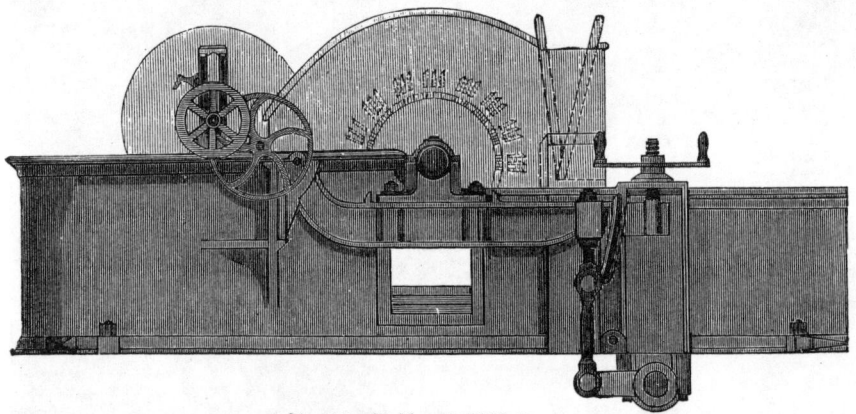

Fig. 363. Wasch= und Bleichapparat.

Gewöhnlich ist das Halbzeug in 2—4 Stunden fertig und bildet einen Brei von Wasser und Fasern, welche indes noch ziemlich lang und grob sind. Die vollständige Zer=
arbeitung ist nun die Aufgabe des Ganzzeugholländers, auf den die Masse jedoch nicht so=
gleich übergeleitet werden kann, da die meisten Stoffe vorher gebleicht werden müssen und in dem Ganzstoffholländer in der Regel je nach der anzufertigenden Papiersorte eine Mischung der verschiedensten Halbstoffgattungen stattfindet. Das Bleichen selbst erfolgt entweder mit Chlorkalklösung, d. h. einem wässerigen, durch Absetzen geklärten Auszug des Chlorkalks, oder mit gasförmigem Chlor. Die Chlorkalklösung kann gleich in den Halbzeugholländer ge=
geben werden, jedoch wird in diesem Falle der Bleichprozeß selbst nur kürzere Zeit dauern, also unvollständiger wirken, und außerdem ist noch der Nachteil damit verknüpft, daß die verschiedenen im Holländersaal beschäftigten Arbeiter durch den sich entwickelnden intensiven Chlorgeruch arg belästigt werden. Man zieht daher vor, in einem abgesonderten Lokale stehende Bleichholländer zu benutzen, welche man in neuerer Zeit möglichst groß wählt, so daß sie 8—10 Zentner Halbstoff fassen; der Stoff wird zu diesem Zweck in ein entsprechend großes Reservoir gelassen, dort umgerührt und wenn es voll ist, mittels einer Pumpe in den Bleichholländer gebracht. Hier wird dann das Chlorwasser nebst etwas Schwefelsäure zu=
gesetzt und der Stoff durch ein Schaufelrad möglichst lange im Kreise herumbewegt, und zwar je nach den vorhandenen Hilfsmitteln 12—24 Stunden. Auf diese Weise erzielt man eine gleichmäßige schöne Bleiche und hat den Stoff zur weiteren Verwendung fertig, wenn man ihn in Abtropfkästen läßt, wodurch demselben das überflüssige Wasser entzogen wird.

Bei der **Gasbleiche** füllt man das Halbzeug feucht und locker in einen verschließbaren hölzernen oder steinernen Kasten, in welchen man Chlorgas einströmen läßt, das in bekannter Weise aus Braunstein und Salzsäure, oder Braunstein, Kochsalz und Schwefelsäure durch Wärme entwickelt wird. Die Entwickelung muß langsam, 4—8 Stunden lang, nach Maßgabe der zu bleichenden Menge, fortgesetzt und darauf der Apparat noch zwölf Stunden lang geschlossen und in Ruhe gelassen werden. Zur Gasbleiche muß der Zeug gut entwässert werden, da sonst Chlorgas von dem Wasser absorbiert wird und für das Bleichen verloren geht. Der Zeug darf jedoch auch nicht trocken sein, weil der zum Bleichen nötige Sauerstoff dem Wasser entnommen werden muß. Um diesen bestimmten Entwässerungszustand zu bekommen, führte man hier eine künstliche Entwässerung durch Zentrifugalmaschinen, Langsieb- und Cylindermaschinen ein, deren Beschreibung jedoch zu weit führen würde.

Fig. 364. Arbeiten an der Schöpfbütte.

Den Papiermachern ging es mit dem Chlor anfangs nicht besser als den Zeugbleichern: die Produkte zerfielen in kurzer Zeit wie Zunder infolge der zerstörenden Einwirkung eines in der Masse hartnäckig zurückbleibenden Restes von Chlor und Salzsäure. Jetzt hat man Mittel, diesem Übel zu begegnen, indem man durch chemische Zusätze, namentlich durch Soda, schwefligsaures und unterschwefligsaures Natron, die Säure und das Chlor neutralisiert. Die Anwendung dieser Mittel und das Auswaschen des Zeuges geschieht im Ganzzeugholländer, aber wohlverstanden nur in dem Anfangsstadium der Bearbeitung, da später, wenn die Masse erst mehr zerkleinert ist, kein Wasserwechsel mehr stattfinden darf und die Siebplatten geschlossen bleiben müssen, will man sich nicht großen Verlusten durch mit fortgehende Fäserchen aussetzen.

Wie beim Halbzeugholländer, ist auch beim Ganzzeugholländer die Walze zum Herablassen eingerichtet und wird bei letzterem endlich so nahe an das Grundwerk gebracht, daß die Schneiden sich fast berühren und die Zerkleinerung den höchsten Grad erreicht. Doch kann man die Sache auch übertreiben und die Masse „todt mahlen", wie der Kunstausdruck heißt. Ein solcher Zeug gibt dann nur ein mürbes, kurzbrüchiges Papier.

Wie schon vorher angedeutet ist, wird im Ganzstoffholländer nicht, wie bei den Halbstoffholländern, nur eine Sorte Stoff fertig gemahlen, sondern es erfolgt, je nach der Papiersorte, die gemacht werden soll, eine Mischung aus den verschiedensten festen oder minder festen, mehr oder weniger teuren Stoffsorten. Gleichzeitig werden Surrogate in gewissen Prozentsätzen hinzugenommen, sowie auch Leim und Farbe mit dem Ganzen vermischt. Nach sechs- bis achtstündigem Mahlen ist der Stoff so weit fertig, daß er zur weiteren Verarbeitung nach der Papiermaschine abgelassen werden kann. Für jede Papierfabrik ist nun die Zusammenstellung dieser Mischungen und besonders die Kalkulation derselben von höchstem Werte, da hiermit einerseits die Güte des Papiers und anderseits der Geschäftsgewinn innig zusammenhängt. Näheres hierüber kann natürlich an dieser Stelle nicht angegeben werden, es sei nur darauf hingewiesen, daß in den Mischungen eigentlich die Seele der ganzen Papierfabrikation liegt.

Seit 20 Jahren schon ist in einigen Fabriken Deutschlands zur Herstellung von Ganzzeug auch der sogenannte „Patent- oder Zentrifugalholländer" eingeführt, der wenig Raum einnimmt und den ganzen Stoff für eine Papiermaschine zu liefern vermag; er besteht in der Hauptsache aus einem gußeisernen Läufer, der auf beiden Seiten mit radialen Messern besetzt ist und sich an feststehenden Scheiben mit gleichen Messern vorüberbewegt, der also genau wie ein Mühlstein arbeitet. Der Stoff geht bei dieser Konstruktion nur einmal zwischen den Messern hindurch, und daher ist es erklärlich, wenn der Patentholländer viel Ganzstoff fertig bringt. Infolgedessen arbeitet er auch nicht ununterbrochen, sondern nur zeitweise, und da er an und für sich eine sehr große Kraft beansprucht, diese jedoch nur zu gewissen Stunden, so wird der ganze Fabrikationsbetrieb dadurch sehr ungleichmäßig, was in andrer Beziehung wieder sehr unangenehm und schädlich ist. Es hat deshalb diese Ganzstoffmühle auch keine weite Verbreitung gefunden.

Bis hierher, bis zur Vollendung des Ganzzeuges, ist die Bearbeitung der Lumpen für jede Art der Papierfabrikation dieselbe, und finden nur in bezug auf Zahl und Dimensionen der Maschinen wie auf Großartigkeit der Anlagen Unterschiede statt. Von hier ab scheiden sich jedoch die alte und die neue Fabrikationsweise. Die ältere ist die Büttenfabrikation, durch welche das Papier gleich in Bogenform dargestellt wird; die neuere aber ist die Maschinenfabrikation, welche das Papier in Breite von 1—2 m und in beliebiger Länge liefert, so daß aus dem großen Papierstreifen erst die kleinen Bogen geschnitten werden müssen. Betrachten wir zuerst das

Büttenpapier. Der auf dem Holländer fertig gewordene Ganzzeug bildet mit seiner starken Beigabe von Wasser eine weiße Suppe; in diesem Zustande wird er in die Schöpfbütten geleitet. Diese Schöpfbütten bestehen aus einem hölzernen, $4/5$ m tiefen und $1^{1}/_{2}$ m langen, ovalen Fasse, das entweder mittels eines unter dem kupfernen Boden befindlichen Feuers oder, was besser ist, durch Wasserdämpfe geheizt wird.

Zum steten Umrühren des Zeuges dient eine Rührvorrichtung, eine Art Quirl, der von der Triebkraft der Papiermühle umgedreht wird. Als zweiter, selbstthätiger und sehr nützlicher Mechanismus kommt zuweilen eine Knotenmaschine mit in Anwendung. In diesem Falle bringt eine Pumpe den Zeug herbei in dem Maße, wie er gebraucht wird, entleert ihn aber nicht direkt in die Bütte, sondern in einen stehenden Hohlcylinder aus Drahtsieb, in welchem sich eine Flügelwelle dreht. Diese treibt den Zeug hinaus in die Bütte, während Knoten und gröbere Teile durch das Sieb im Innern zurückgehalten werden.

Die Arbeit an der Bütte besorgen zwei Personen, die sich einander in die Hände arbeiten, der Schöpfer und der Gautscher. Zwischen ihnen wandern zwei Formen hin und her, derart, daß der Schöpfer dem Gautscher immer eine vollgeschöpfte Form zuschiebt und dafür eine leere zurück empfängt. Die Formen sind einfache, mit Drahtgeflecht unterspannte Rahmen, und das Geflecht ist verschieden, je nachdem man geripptes oder Velinpapier haben will. Im ersten Falle ist die Form mit eng aneinander liegenden Messingdrähten bezogen, welche mit einer Anzahl andrer querüber laufender, weiter auseinander liegender Bindedrähte durchflochten sind. An geschöpftem Papier bemerkt man daher in der Regel die Eindrücke dieser Drähte als hellere Linien, die der letzteren, weil sie höher liegen, am deutlichsten. Die Velinform dagegen ist mit einem auf dem Webstuhl erzeugten feinen Drahtgewebe bespannt, welches keine Spuren im Papier hinterläßt. Alles Maschinenpapier verhält sich in dieser Hinsicht wie Velin. Auf beiderlei Formen pflegt man überdies mittels Drahtlettern Fabrikzeichen und dergleichen anzubringen, welche im Papier als Wasserzeichen erscheinen und deren Herstellung vorzüglich bei Wertpapieren wichtig ist.

Die Schöpfformen bilden sonach Siebe, wiewohl ohne Rand, weil dieser beim Abnehmen des Geschöpften hinderlich sein würde. Gleichwohl ist zum Schöpfen selbst ein Rand von nöten, und man hat daher das Auskunftsmittel angewandt, den Rand so anzubringen, daß er zwar beim Schöpfen aufgelegt wird, dann aber in den Händen des Schöpfenden zurückbleibt. Es leuchtet ein, daß, je höher dieser Rand ist, um so mehr Masse gefaßt werden wird, daß also von der Höhe des Randes die Stärke des Papiers abhängt.

Die Arbeit an der Bütte, wobei in zwölf Arbeitsstunden etwa 5—6000 Bogen geschöpft werden, ist einfach genug. Der Schöpfer (Büttgesell) stößt seine mit dem Deckel belegte Form schräg unter die Oberfläche des Zeugs in der Bütte, hebt sie senkrecht wieder heraus, rüttelt sie in eigentümlicher Weise, um das Geschöpfte gleichmäßig zu verteilen, nimmt dann den Deckel (Rand) ab und schiebt die Form dem Gautscher zu, der ihm dafür die leere zukommen läßt. Der Gautscher legt auf die weiße Schicht, die auf der Form liegt, einen Filz, dreht das Ganze um und nimmt die Form weg. Die Masse liegt nun auf dem Filz, der beiläufig gesagt, kein Filz, sondern ein düffelartiges Wollengewebe ist. Die Filze mit ihren Zwischenlagen werden übereinander geschichtet, bis der Haufen (Pauscht) so hoch ist, daß er unter die Presse muß. Das Zusammenpressen in einer Schraubenpresse muß rasch und in wenigen Minuten geschehen, und hier muß auch der Büttgesell mit beispringen und drehen helfen, wenn nicht etwa das Niedertreiben dem Mühlwerk zugeteilt ist. Das Geschäft des Schöpfens nach der alten Methode ist in Fig. 364 versinnlicht. Die Natur der Sache bringt es mit sich, daß uns der eine der Arbeiter, der Gautscher, seine unmalerische Seite zukehren muß und wir sein Arbeitsobjekt nicht sehen, denn der Pauscht baut sich hinter einer Schutzwand auf und wird dann sogleich nach rechts unter die Presse gezogen. Die dritte Person ist beschäftigt, den weißen Pauscht zu bilden.

Durch das Pressen zwischen den Filzen verliert die Papiermasse den größten Teil von dem Wasser, welches sie auf dem Siebe nicht freiwillig fahren ließ; sie ist nun bereits in wirkliche feuchte Bogen verwandelt, die sich handhaben lassen. Sowie der Pauscht aus der Presse kommt, wird er von einem andern Arbeiter zerlegt und der weiße Pauscht errichtet, d. h. man schichtet die Bogen ohne Zwischenmittel zu einem Stoße auf, den man aufs neue preßt, teils, um dem Papiere noch etwas Wasser zu entziehen, teils und besonders aber, um die Masse zu verdichten und die Rauhigkeiten zu beseitigen, die die Bogen von den Filzen angenommen hatten.

Bei allen feineren Papiersorten wird dieses Pressen noch öfter, zwei-, drei- bis viermal wiederholt, nachdem jedesmal erst die Bogen, „ausgetauscht", d. h. umgeschichtet worden, so daß sie in veränderter Ordnung aufeinander zu liegen kommen.

Den letzten Rest von Feuchtigkeit verliert das Papier im Trockensaal, der mit vielen Fenstern zum Lüften versehen ist und bei nasser Witterung mäßig geheizt wird. Trockene Kälte im Winter wird hierbei gern gesehen und zu nutze gemacht; man läßt dann das Papier ausfrieren, wodurch es erfahrungsmäßig an Weiße gewinnt; ja, manche Fabrikanten schlagen den Vorteil dieser Art Naturbleiche so hoch an, daß sie Zeug im Vorrat herstellen, um ihn im Winter ausfrieren zu lassen.

Zum Trocknen werden die Bogen oder vielmehr Griffe von 4—5 Bogen auf Schnüre von Pferdehaar oder Kokosbast aufgehangen. Nach dem Abnehmen erhält das Papier gewöhnlich erst eine starke trockene Pressung und dann erfolgt die mühsame Arbeit des Putzens und Lesens, meist durch Frauenzimmer besorgt. Hierbei wird jeder Bogen einzeln besehen und alle sich dabei zeigenden Knötchen, Splitter, Fasern u. s. w. durch Schaben entfernt. Bogen mit unheilbaren Schäden, z. B. Rostflecken, Rissen oder zu dünnen Stellen, werden als Ausschuß zurückgelegt. Gewöhnliche Papiere sind hiermit so weit fertig, daß sie nur noch abgezählt und verpackt zu werden brauchen, die Druckpapiere breit gelegt in Ballen zu 10 Ries, Schreibpapiere zusammengeschlagen und gebunden in Ries zu 20 Buch. Bessere Papiere erhalten noch weitere Appretur durch starke Pressung, indem man sie, durchschossen mit glatten, breiten Glanzpappen oder Zinkblechen, in eine kräftige Presse setzt und 12—14 Stunden unter dem Drucke beläßt, oder indem man sie satiniert, d. h. sie, zwischen Pappen oder Bleche gelegt, durch starke, glatte Eisenwalzen gehen läßt.

Nach dem vorstehend angedeuteten Gange erhält man ein Papier, dessen Zusammenhang nur auf der Verfilzung feiner Fäserchen beruht und das demzufolge für Feuchtigkeiten leicht durchdringlich ist, wie dies auch die Benennungen Fließ-, Lösch- und Filtrierpapier schon andeuten. Um Schreibpapier oder überhaupt ein härteres, widerstandsfähigeres Papier zu erzeugen, muß noch eine Leimung hinzutreten. Das älteste und bei Büttenpapier noch jetzt regelmäßig angewendete Mittel hierzu ist der tierische Leim in Vermischung mit Alaun. Letzterer bewirkt, daß der Leim sich erstlich in die Papiermasse einzieht, während er sonst auf der Oberfläche liegen bleiben würde, und zweitens, daß er, einmal trocken geworden, im Wasser nicht wieder aufweicht. Das Leimwasser bereiten sich die Mühlen in der Regel direkt durch Auskochen von Hammelfüßen oder Gerbereiabfällen, und die Anwendung geschieht in der Weise, wie der Buchbinder planiert: nach dem ersten Trocknen durch buchweises Durchziehen durch die warme Flüssigkeit, Abpressen und Aufhängen. Man leimt jetzt meist in der Masse, d. h. man setzt den Leim gleich in der Bütte zum Zeuge, was aber doch manchen Nachteil hat, da die starke Gautschpresse zu viel des Leimes wieder herausquetscht und außerdem die Beschmutzung aller Gerätschaften mit Leim verursacht. Schreibpapier wird regelmäßig zweimal planiert; Papier mit einfacher Planierung heißt halbgeleimt. Beim Maschinenpapier ist der tierische Leim, wie wir später sehen werden, durch andre Stoffe ersetzt, die man natürlich in der Bütte ebenfalls anwenden kann, besonders zu halbgeleimtem Papier, denn eine starke Behandlung mit Harzleim, um Schreibpapier zu erhalten, macht dasselbe unangenehm steif und zerbrechlich.

Um durch und durch gefärbte Papiere zu erzeugen, muß der Zeug in der Bütte gefärbt werden. Schon der bläuliche Ton manches Schreibpapiers wird durch einen Zusatz von Eschel, Berliner Blau, Mineralblau oder künstlichem Ultramarin erzeugt; die satteren Färbungen werden durch Zusatz von mehr Farbstoff in Pulverform oder als Abkochung bewirkt.

Maschinenpapierfabrikation. Zu den vorzüglichsten Verbesserungen der Papierfabrikation der neueren Zeit gehört ohne Zweifel die Darstellung des Papiers mittels Maschinen, wobei alle Handarbeit zum Behufe des Schöpfens, Trocknens, Leimens u. s. w. wegfällt. Diese Maschinen sind sehr komplizierter Natur, und man baut sie nach verschiedenen Konstruktionen. Zuerst versuchte man die Arbeit des oben beschriebenen Schöpfens mit gewöhnlichen Papierformen durch Mechanismus einfach nachzuahmen, fand aber keinen besondern Vorteil dabei. Die viel bessere Idee, die flüssige Papiermasse in einem langen, in sich zurückkehrenden Drahtsiebe zu bearbeiten, wurde zuerst von einem der Betriebsdirektoren der Papiermühle zu Essonne bei Paris, Louis Robert, praktisch ergriffen. Er brachte die erste Maschine 1799 zu stande. Durch den Verkauf des Robertschen Patentrechtes an Didot Saint-Legère, zu jener Zeit Mitdirigent der genannten Fabrik, welcher sich damals nach England begab, um mit Hilfe größeren Kapitals die Erfindung auszunutzen, ging diese auf das Land über, welches sich dadurch bald zu dem mächtigsten Papierproduzenten der Welt aufschwang.

Didot Saint-Legère assoziierte sich mit dem Handlungshause Fourdrinier, nachdem er mit John Gamble mannigfache Verbesserungen an der Robertschen Maschine angebracht und diese patentiert erhalten hatte. Gamble trat seinen Anteil dem Hause Fourdrinier ab (1804), und nun trat der Mechaniker Donkin mit ein, welcher bald darauf zu Dartford die erste „Schüttelmaschine" aufstellte. In Frankreich führten die verbesserte Papiermaschine zuerst die Fabriken von Berte und Grenevich (zu Sorel und Saussay) ein und lieferten bald sehr ausgezeichnetes Maschinenpapier; die berühmten Papierfabriken in Annonay von Canson und Montgolfier folgten. Aber noch im Jahre 1827 gab es im ganzen Lande nur vier, 1834 erst zwölf Papiermühlen, welche mit Maschinen arbeiteten. Dagegen waren sechs Jahre später schon mehr als 200 Schüttelmaschinen, meist nach dem sogenannten Fourdrinierschen System, im Gange.

Die Robertsche Maschine war durch Verbesserungen in kaum zehn Jahren schon so weit vereinfacht und in ihrer Wirkung gesteigert worden, daß sie nur noch drei Mann Bedienung statt früherer fünf bedurfte, und zwölf Schöpfbütten statt früherer sechs vertreten konnte. Von England aus verbreitete sich die Maschine allmählich über die verschiedenen Länder des Kontinents. Das erste Exemplar in Deutschland wurde von Adolf Keferstein zu Weida im Weimarischen im Jahre 1816 entworfen und 1819 in Betrieb gesetzt. In demselben Jahre wurde eine andre Maschine in Berlin von dem Patentinhaber Joseph Corty und eine dritte in Österreich errichtet.

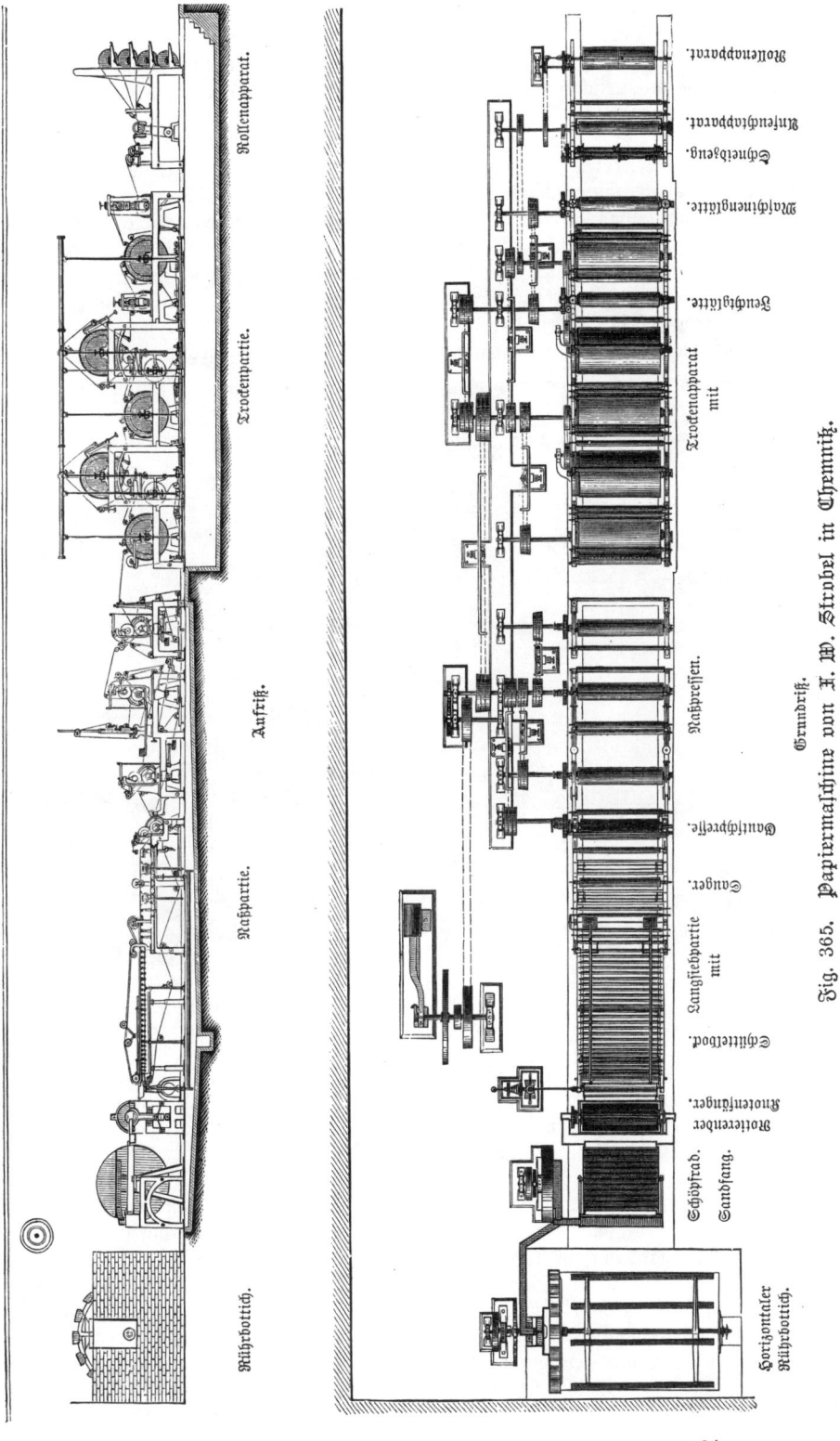

Fig. 365. Papiermaschine von F. W. Strobel in Chemnitz.

Bevor wir nun eine Papiermaschine näher betrachten, müssen wir erst vorausschicken, wie es bei der Fabrikation des Maschinenpapiers mit dem Leimen gehalten wird, denn das meiste derartige Papier, auch zum Buchdruck, erhält eine, wenn auch nur schwächere Leimung. Von dem eigentlichen tierischen Leim muß aber aus mehreren Gründen hier abgesehen werden; man hat andre Kompositionen für diesen Zweck ausgemittelt, für welche man den Gesamtnamen vegetabilischer Leim gewählt hat. Im besonderen ist derselbe entweder Harz-, Wachs- oder Seifenleim. Erstgenannter, der gebräuchlichste, entsteht durch Verkochen von Kolophonium oder burgundischem Pech in Seifensiederlauge. Die hierdurch erhaltene gelbe Harzseife wird zum Gebrauch in Wasser gelöst und die Lösung eine Viertelstunde, bevor der Ganzzeug im Holländer fertig ist, hier beigegeben. Fünf Minuten später schüttet man eine entsprechende Menge Alaunlösung nach. Seifen- und Alaunlösung zersetzen sich derart, daß eine neue Harzseife gebildet wird, die aus dem Harz und der im Alaun enthalten gewesenen Thonerde besteht. Diese harzsaure Thonerde ist aber im Wasser unlöslich, schlägt sich daher auf die Papierfaser nieder und bleibt sehr innig an derselben haften.

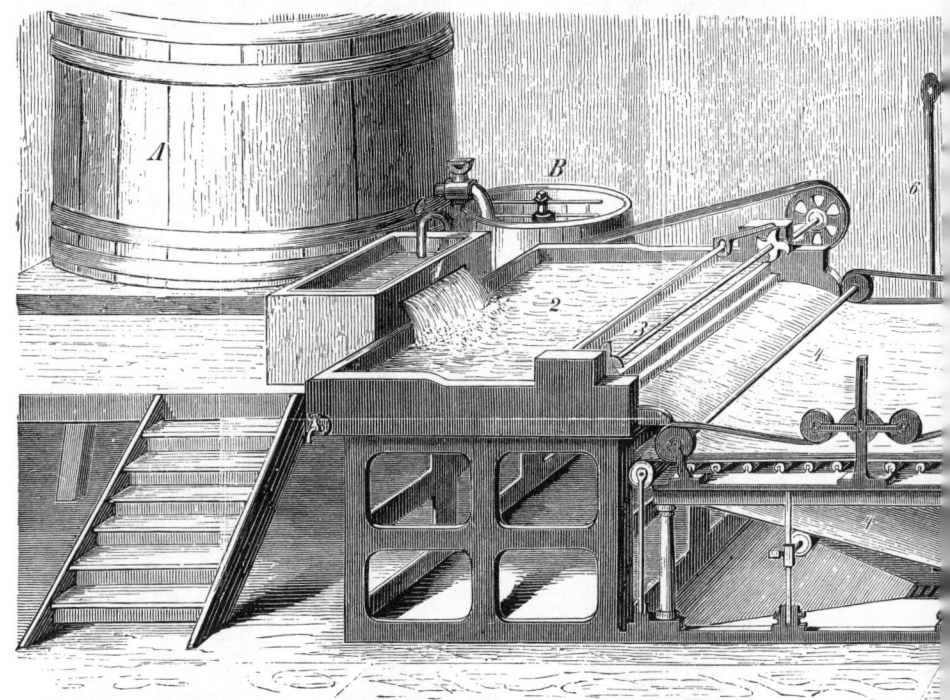

Fig. 366. Papiermaschine für endloses Papier: 1 Zeugbütte. 2 Sandfang. 3 Knotenmaschine. 4 Metalltuch. 5 Decke

Weißes Wachs statt des Harzes, übrigens in ganz gleicher Weise behandelt und angewandt, giebt eine Wachsleimung, welche noch besser ist als die erstere, weil sie farblos ist und daher das Papier so weiß giebt, als es an sich werden kann. Jede gewöhnliche Seife wird von Alaun in der nämlichen Weise zersetzt, es entsteht ein Niederschlag von unlöslicher öl- und fettsaurer Thonerde, die sich besonders zur Leimung von Druckpapier empfiehlt, weil sie demselben eine mildere Beschaffenheit verleiht als die Leimung mit Harz. Übrigens macht man oft Gemische aus den vorgenannten Ingredienzen, denen man zuweilen noch einen Anteil Stärkekleister einverleibt. Wird gar kein Leim in den Zeug gebracht, so geht die Arbeit auch bei der Maschine reinlicher von statten und die häufige Auswechselung und Reinigung der Filze wird erspart. Man kann dann immer noch das fertige Papier planieren, wie dies namentlich in England in Gebrauch ist, und ebenso auch den besseren Tierleim anwenden. Das Leimen erfolgt dann entweder durch Handarbeit nach dem Zerschneiden des Papiers in Bogen oder maschinenmäßig im ganzen Stück. Der in letzterem Falle nötige Apparat, aus Leimbütte, Führungs- und Trockenwalzen bestehend, wird für sich gehandhabt, wenn er nicht das letzte Glied der großen Maschine bildet.

Maschinenpapier. 421

Gehen wir nun, unter Bezugnahme auf die Abbildung Fig. 366 zur näheren Betrachtung einer Maschine über. Wir ersehen sogleich, daß wir von der linken Seite auszugehen haben, wo eine große Vorratsbütte A den Ganzzeug in der Menge, wie er verarbeitet werden soll, abfließen läßt. In dieser Bütte ist der Brei durch ein Rührkreuz, das sich fortwährend dreht, in dauernder Aufregung erhalten, damit er nicht durch Absetzen ungleichmäßig dick wird. Das Nächste, was dem Zeuge widerfährt, ist eine weitere starke Vermischung mit Wasser in einer zweiten Kufe B, in welcher zu diesem Behufe ebenfalls ein mechanischer Rührer umläuft. Das Rührzeug heißt der Agitator. Von dort gelangt die flüssige Masse mittels eines Regulators oder eines Pumpwerks durch das Rohr C in den viereckigen Ausgußkasten, von wo sie durch eine Querspalte (1) auf die Papiermaschine fließt, während ein besonderer mechanischer Regulator dahin wirkt, daß dieser Ausfluß stets gleichmäßig in der bestimmten Menge (je nach der Stärke des darzustellenden Papiers) erfolgt. Die ersten Verrichtungen der Papiermaschine erstrecken sich auf die Reinigung der Papiermasse.

üttelmaschine. 7 Gautschwalze. 8 Naßpresse. 9, 10 Naßfilz. 11 Trockentuch. 12, 13, 14 Trockenchlinder. 15 Haspel.

Indem dieselbe den breiten, trogartigen Raum (2) langsam durchfließt, in welchen sie zuerst einfällt, können sich etwa darin schwebende Sandkörner zu Boden setzen, weshalb dieser Teil der Sandfang heißt. Rechts, wo die Masse aus dem Sandfang weiter fließt, geht sie durch ein kammartiges Gebilde, aus einer Reihe engstehender Metallstängelchen zusammengesetzt, welches hauptsächlich den gleichmäßigen Abfluß fördern soll, und gelangt sodann in einen die ganze Breite einnehmenden Apparat (3), der die Funktion eines Durchschlags hat. Der kupferne Boden desselben ist nämlich mit einer großen Menge feiner Spalten versehen, und der ganze Apparat ist beweglich derart aufgehangen, daß er von einer Daumenwelle oder dergleichen in einer rüttelnden, rasch hebenden und sinkenden Bewegung erhalten werden kann. Auf den Siebböden bleiben nun die gröberen Teile liegen und nur der geklärte Zeug geht hindurch. Hauptsächlich sind es die von den Nähten herrührenden Zwirnknoten, die man hier abfangen will; denn so notwendig der Schneider oder die Näherin jeden einzelnen Knoten gebraucht hat, so sehr liegt dem Papiermacher daran, sie wieder los zu werden; auf dem Holländer schlüpfen sie meistens durch, während sie auf den alten Hammerwerken noch eher breit geschlagen werden. Man wendet in der Regel zwei solcher Knotensiebe, bei denen der Stoff von oben nach unten geschlagen wird, und außerdem noch einen sogenannten Katzenfang an, bei welchem er von unten nach oben steigt. Zu dem erwähnten Zweck benutzt man aber auch neuerdings oft rotierende Knotensiebe, bei welchen die angesammelten Knoten kontinuierlich durch einen Wasserstrahl fortgespült werden, so daß hierdurch der Vorteil erreicht wird, die engen Schlitze immer rein zu haben und so ein gleichmäßigeres Papier zu erhalten. Durch die angesammelten Knoten nämlich werden im ersten Falle die Schlitze nach und nach verstopft, so daß weniger Stoff hindurchgeht und demnach das Papier allmählich dünner wird. Es ist deshalb bei den gewöhnlichen Knotensieben eine öftere Reinigung notwendig, die man bei den rotierenden erspart. Von diesem Apparate zur Zurückhaltung der Knoten gelangt nun die Papiermasse in breitem Flusse auf das große, endlose Messingdrahtgewebe (4), welches, an der vorderen und hinteren Seite um ein paar Walzen laufend, wieder in sich selbst zurückkehrt und von vielen eng aneinander liegenden dünnen Walzen getragen wird, über welche es sich in horizontaler Lage langsam, aber stets gleichmäßig, vorwärts bewegt. Auf dieser Siebfläche breitet sich der Papierzeug aus, und damit er nicht auf den Seiten abfließe, sind an beiden Seiten des Drahtgewebes ebenfalls endlose Riemen, Deckelriemen, angebracht, welche über mehrere oben befindliche Leitrollen laufen, unten aber unmittelbar an den beiden Rändern des endlosen Drahtgewebes liegen und für den darauf fließenden Papierbrei eine Begrenzung bilden, indem sie hiermit zugleich die Breite des Papiers bestimmen. Während die Papiermasse mit dem Drahtgewebe fortschreitet, entwässert sie sich immer mehr, wobei besonders die unteren Walzen behilflich sind, indem sie durch ihre drehende Bewegung, mittels der Adhäsionskraft, das Wasser gleichsam mit sich fortziehen und aus dem Papierstoff herausfegen, wie es die Arbeiter nennen. Um aber diesen Abfluß des Wassers und die Verfilzung der Fäserchen noch mehr zu befördern, sind alle Teile, welche das endlose Drahtgewebe tragen und mit demselben verbunden sind, auf einem Gestelle befestigt, welches unten Gelenke hat, das Schüttelwerk (6), so daß die ganze Vorrichtung durch die Triebkraft in einer beständig rüttelnden oder schüttelnden Bewegung erhalten wird, ähnlich der, welche der Bogenschöpfer seiner Form mit den Händen erteilt. Der Erfolg ist denn auch der nämliche: gegen das Ende des Siebes hin gleicht die Masse in Zusammenhang und Ansehen derjenigen, welche bei Handarbeit der Gautscher auf die Filze schlägt und preßt; auch bei der Maschine kommen nun Pressungen an die Reihe.

Bei allen neueren Maschinen tritt aber hierzwischen noch ein besonderer Behelf, der bei unserm Bilde nicht vorgesehen ist, nämlich eine Benutzung des Luftdrucks. Am rechten Ende des Siebes vor der ersten Preßwalze, wo die Begrenzungsriemen bereits wieder umgekehrt sind und das werdende Papier sich selbst überlassen ist, würden wir uns das schmale Ende eines quer durchgehenden, oben offenen Kastens zu denken haben, über welchen das Gewebe mit dem Papierstoff hinweggeht. Die dort liegenden zwei oder drei Führungswalzen lägen dann im Innern dieses Kastens. Aus dem geschlossenen Raume, den der Kasten und das aufliegende Drahtgewebe bilden, zieht eine Luftpumpe beständig die Luft aus, infolge dessen natürlich die äußere Luft von oben auf den Papierbrei drückt, diesen weiter komprimiert und eine Portion Wasser ausquetscht, das sich im Kasten sammelt und durch einen Uförmigen Heber, also ohne Unterbrechung des Luftabschlusses, fortgeschafft wird. Bei der Luftpumpe hat man an kein Kunstwerk der höheren Mechanik zu denken; es ist ein in Wasser gehendes Eimer- oder Becherwerk, wie der Exhaustor der Gasanstalten, und man verlangt von ihm vor allem, daß er nicht zu viel arbeite: wenn im Kasten eine solche Luftverdünnung herrscht, daß hier der äußere Druck um $1/6 - 1/8$ gemindert erscheint, so ist es genug; eine stärkere Aussaugung könnte die Masse auf dem Siebe nur durchlöchern. Schon seit langer Zeit wendet man aber an dieser Stelle die sogenannten „Kauffmannschen" Saugapparate an, und zwar zwei Stücke hintereinander, welche ohne jede mechanische Vorrichtung selbstthätig arbeiten. Durch ein tief in den Boden gehendes Abflußrohr, welches durch einen Hahn ganz oder teilweise abgeschlossen werden kann, wird eine ununterbrochene Wassersäule hergestellt, wenn unten nur gerade soviel Wasser abläuft, als durch die dadurch entstehende Luftleere aus dem Papierbrei angesaugt wird. Dem Druck oder in diesem Falle dem Zug dieser Wassersäule entspricht nun der Luftdruck, welcher auf den Papierstoff so entwässernd wirkt, daß man auf dem Maschinensieb sofort hinter dem Apparat die bedeutend trockener gewordene Masse bemerken kann.

Die eigentliche erste Pressung, Naßpresse, empfängt der Papierstoff, indem er, immer noch auf dem Drahtgewebe liegend, zwischen den beiden Walzenpaaren 7 und 8 hindurchgeht; das erste Paar gibt eine schwache, das zweite, mit Filz überzogene, eine bedeutende Pressung. Jenseit dieser letzten Walzen trennen sich Siebgewebe und Papier, indem das erstere in seinem Kreislaufe nach unten zu über ein paar Spannwalzen zurückkehrt; das Papier aber hat, obwohl noch ganz durchfeuchtet, schon so viel Konsistenz gewonnen, daß man ihm zumuten darf, sich eine kurze Strecke allein zu tragen. Es findet hier nämlich der Übergang des Papiers auf ein ebenfalls endloses, über eine Anzahl Leitwalzen laufendes Filztuch statt.

Die Spannung, welche dieses Tuch haben muß, erhält es in der Längsrichtung durch Verstellung einer der Leitwalzen, der Breite nach aber dadurch, daß seine Ränder zwischen Paaren von Laufrollen durchgehen, welche in ihrer Form ein paar Doppelkegel darstellen, die dem Tuche einen Zug in die Breite geben, ohne sein Fortschreiten aufzuhalten. Durch Vermittelung des Filztuches gelangt nun das Papier successive durch zwei stark gespannte metallene Walzenpaare, die ihm die sogenannte Trockenpresse erteilen. Während aber auf dem ersten Paare eine Tuch- oder Filzfläche auf der unteren Walze liegt, bewegt sich diese beim zweiten um die obere Walze, und auf diese Weise werden beide Flächen des Papiers mit einer glatten Walze in Berührung gebracht, also vollkommen geebnet, und erhalten eine gleiche Pressung.

Wenn das Papier bei der ersten, der Naßpresse, gepreßt wird, setzen sich natürlich viel Papierfasern an die mit Tuch überzogene Oberwalze, welche, mit derselben herumgeführt, notwendig das neu ankommende Papier verunreinigen würden, wenn nicht eine besondere Vorrichtung, der sogenannte Doktor, dies verhinderte, der durch ein genau nach der Oberfläche der Walze geformtes Lineal gebildet wird, das alle Unreinigkeiten davon abschabt. Stets auf die Walze geleitetes Wasser schwemmt die abgeschabte Unreinigkeit fort.

Um das Papier, welches, wenn es die zweite, die Trockenpresse, erhalten hat, schon einen vollkommenen Zusammenhang zeigt, von aller noch übrigen Feuchtigkeit zu befreien, so daß man es fertig nennen kann, wird dasselbe an drei, vier oder manchmal noch weit mehr hohlen Cylindern (12, 13, 14) teils oberhalb, teils unterhalb hingeführt, welche, von innen durch heiße Wasserdämpfe geheizt, stets in einer entsprechenden Wärme erhalten werden, hinreichend, um alle Feuchtigkeit aus dem Papiere zu verjagen. Die Dampfzuführung erfolgt auf der einen Seite durch die hohlen Achsen der Cylinder, während das kondensierte Wasser in gleicher Weise auf der entgegengesetzten Seite abgeleitet wird. Da in neuester Zeit die größten Ansprüche an das äußere Ansehen des Papieres, besonders der Glätte, gestellt werden, so schaltete man zwischen die Trockencylinder noch zwei polierte Hartgußwalzen, die sogenannte „Feuchtglätte", ein, wodurch man dem Papier, noch ehe es vollständig getrocknet ist, einen schönen Glanz zu geben vermag. Von den Trockencylindern gelangt der Stoff als fertiges Papier auf den Haspel, wo es aufgerollt wird, nachdem vorher noch durch verstellbare Kreismesser der unegale Rand des breiten Papierbandes abgeschnitten und außerdem auch noch das Papier in dem betreffenden Formate entsprechende Streifen geteilt worden ist. Der ganze Verwandlungsprozeß von der Bütte bis zum Haspel dauert bei dünnem Papier kaum zwei Minuten, bei sehr dickem, welches schwerer trocknet, aber auch bedeutend länger.

Wir haben also in der Papiermaschine ein System, wo eine bedeutende Anzahl mechanischer Hände gleichzeitig an einem und demselben Arbeitsstück thätig sind. Es leuchtet unschwer ein, daß dieses nur dann unzerrissen und sonst untadelig daraus hervorgehen wird, wenn alle Bewegungen im vollkommensten Einklange stehen, d. h. alle laufenden Teile die gleiche Geschwindigkeit der Bewegung haben, ferner, wenn alle Walzen auf beiden Seiten regelmäßig belastet oder angespannt sind u. s. w. Die Bewegung aller Teile geschieht von einer Hauptwelle aus durch Räderwerk, bei einigen Teilen durch Treibriemen. Eine besondere Behandlung verlangt aber der Haspel. Da dessen Umfang bei jedem Umlaufe um eine Papierstärke wächst, so würde er, wenn ihm eine feste Umdrehungsgeschwindigkeit gegeben wäre, bald mehr aufnehmen wollen, als die Maschine hergeben kann. Das Papier müßte abreißen, obschon es in solcher Breite bei gleichmäßigem Anzuge einen ganz bedeutenden Widerstand leistet. Wer die Hilfsmittel der Mechanik nicht kennt, würde glauben können, daß hier eine sehr schwierige Aufgabe zu lösen wäre. Man hilft sich aber sehr einfach: von irgend einer Welle aus geht eine endlose Schnur, durch eine Spannrolle in passendem Grade straff gehalten, über eine stählerne Triebscheibe, die auf die Achse des Haspels aufgesteckt ist. Die Schnur liegt auf einer Scheibe in einer Auskehlung, die gut poliert ist. Die Reibung ist also schwach, genügt aber zur Umdrehung, solange Papier genug kommt; sobald dies nicht mehr der Fall ist, steht der Haspel und die Schnur rutscht einstweilen auf der Scheibe. So zeigt also der Haspel einen beständigen Wechsel von kurzen Stillständen und Fortrückungen, dem man eine ganze Weile mit Interesse zusehen kann.

Auf diese Weise geht die Bildung des Papiers durch die Maschine ununterbrochen fort. Wenn der Haspel hinlänglich mit Papier beladen ist, so wird derselbe abgenommen und ein neuer aufgesteckt. Aus dem aufgehaspelten Papiere schneidet man die einzelnen Bogen in der gewünschten Größe aus. Eine Längsteilung in zwei oder drei Streifen hat das Papier, wie erwähnt, in der Regel schon erfahren, indem man vor dem Haspel eine oder zwei laufende Schneidescheiben darauf wirken läßt; auch die Querschnitte werden zuweilen durch eine, an Stelle des Haspels stehende, besondere Maschine gemacht, so daß das Papier gleich in einzelnen Bogen gewonnen wird. Solche Querschneidemaschinen sind entschieden vorzuziehen, da sie gewöhnlich genauer schneiden und besonders kein Abfall wie bei den Haspeln entsteht.

Seit Einführung der Rotationsschnellpressen ist an die Papierfabrikanten die Aufgabe herangetreten, für Zeitungszwecke Papier in endlosem Zustande darzustellen, welches außergewöhnlich fest in Rollen aufgewickelt sein muß. Da hier gerade geringe Qualitäten in Frage kommen, ist dies nicht ganz leicht; es gehört besonders auch ein hierfür konstruierter Rollapparat dazu, welcher es ermöglicht, circa 7—10000 m Papier zu einer steinharten, auf beiden Seiten absolut glatten Rolle aufzuwickeln. Reißt hierbei das Papier einmal, so muß es an den Enden sorgfältig zusammengeklebt werden. Da, wie schon hier erwähnt, infolge der überaus festen Wickelung ein Aufplatzen der Papierrollen an den Kanten beim Transport oftmals unvermeidlich ist, so verdient die Erfindung der Herren Kübler & Niethammer in Kriebstein volle Bemerkung. Nach deren patentiertem Verfahren werden die Rollen in dicke Holzpappen eingehüllt und die Ränder durch eiserne Reifen geschützt. Diese Verpackung ist verhältnismäßig sehr leicht und macht einen gefälligen Eindruck.

Wie schon früher erwähnt wurde, hat die Papiermaschine im Laufe der Zeit durch Engländer, Deutsche und Franzosen mancherlei Verbesserungen erfahren, und sie wird noch jetzt von den verschiedenen Fabriken in ihren einzelnen Teilen sehr abweichend gebaut, obwohl sie im ganzen noch die nämliche ist, die sie ursprünglich war. Sie hat aber sozusagen eine Schwester bekommen, die sich durch einen bedeutend kürzeren Bau auszeichnet. Dies ist die Cylindermaschine, im Jahre 1809 von dem Engländer Dickinson erfunden und nachgehends ebenfalls von ihm selbst und andern vielfach abgeändert und verbessert. An ihr zeigt sich als Hauptmerkmal statt des horizontal fortgehenden Siebgeflechtes ein hohler Cylinder, dessen Mantelfläche mit ebensolchem Geflecht überzogen ist, und der sozusagen in der Zeugbütte selbst liegt und sich im fortwährenden Umdrehen beständig an der Unterseite mit Zeug bedeckt, den er alsbald an seiner höchsten Stelle an ein System von Walzen mit endlosen Filzen wieder abgibt. Dickinson brachte zur mehreren Verdichtung der Masse im Innern des Cylinders an geeigneter Stelle einen ebensolchen Luftverdünnungskasten an, wie wir ihn von vorhin kennen; man läßt ihn aber auch mitunter weg. Bei den von Köchlin u. Comp. in Mühlhausen im Elsaß gelieferten Maschinen besteht das Zeuggeschirr aus zwei durch eine Scheidewand getrennten Abteilungen: in der ersten arbeiten die Reinigungsapparate und eine Rührwelle, welche den Zeug in guter Mischung hält. Über die Zwischenwand weg fließt letzterer kontinuierlich in die zweite Abteilung, welche der Rundung des Cylinders entsprechend muldenförmig gebaut ist. Der Cylinder taucht ziemlich bis zur Hälfte in den flüssigen Zeug und dreht sich nicht etwa, wie man irrtümlich annehmen könnte, dergestalt, daß er die Masse vom Einfluß weg gleich nach oben führte, sondern er hat die entgegengesetzte Drehung; der Zeug hebt sich an der andern Seite heraus. Wesentlich für die Entstehung einer geschlossenen Papierlage auf dem Siebe ist folgender Punkt: der Cylinder muß an den Seiten geschlossen sein, so daß nur durch die Siebe etwas in sein Inneres eindringen kann; dieses Etwas ist denn natürlich nur Wasser, was aber auch nicht lange sich im Innenraume aufhalten darf. Während also das eine Ende des Cylinders durch eine kupferne Scheibe glatt geschlossen ist, dreht sich das andre stopfbüchsenartig in der Wand der Kufe, ähnlich wie man eine runde Dose in ihrem Deckel drehen kann. Diese Seite des Cylinders kann also nach außen zu offen sein, und das Wasser findet hier einen so freien Abfluß, daß es im Cylinder stets bedeutend tiefer steht als die Oberfläche des Zeuges außerhalb. Infolge davon findet ein beständiger Wasserdruck gegen die Siebwand statt, welcher hauptsächlich das geschlossene Anlagern der Papierfaser bewerkstelligt. Oberhalb des Cylinders (der Formwalze) wird die Zeuglage von einer aufdrückenden, stark mit Filztuch belegten Walze abgenommen und an endlose Filze weitergegeben, von denen sie, nachdem sie durch zwei Paare von Preßwalzen gegangen, noch feucht an den Haspel abgegeben wird, um dann anderweit vollends fertig gemacht zu werden. Daß hier die geheizten Trocken- und Glättwalzen fehlen, bildet übrigens keine besondere Eigentümlichkeit der Cylindermaschinen, sie können eben so gut auch vorhanden sein.

Die Cylindermaschine, obwohl bedeutend wohlfeiler, einfacher und raumsparender als die Schüttelmaschine, hat doch gegen diese eine nur untergeordnete Bedeutung. Auf der letzteren kann man alle Papiersorten bis zum feinsten Briefpapier erzeugen, auf jener nur dickere Papiere (Pack-, Tapeten-, starkes Schreibpapier rc.), die überdies von geringerer Güte sind. Da ihr die rüttelnde Seitenbewegung abgeht, so fehlt dem Papier die innige Verfilzung der Fasern, sie legen sich mehr der Länge nach aneinander, und infolge davon hat das Papier auch die Neigung, in dieser Längsrichtung sehr leicht zu zerreißen.

Wir haben weiter oben angeführt, welche Masse von Papier von zwei tüchtigen Arbeitern in 10—11 Stunden durch Schöpfen aus der Bütte erzeugt werden kann. Vergleichen wir damit die Leistungen einer guten Papiermaschine. Eine solche fertigt in einer Stunde einen Streifen feines Schreibpapier von $1\frac{1}{2}$ m Breite, der 3000 qm Flächeninhalt hat und $62\frac{1}{2}$ kg wiegt, zerschnitten aber 6000 Bogen feines Schreibpapier liefert. Könnte die Maschine ohne Unterbrechung fortarbeiten, so würde dieselbe innerhalb eines Jahres 547500 kg oder 52560000 Bogen (6450000 qm) Papier liefern, oder, den Bogen zu 60 cm gedacht, eine Quantität Papier, welche dem Durchmesser der Erde an Länge gleichkommt. Eine einzige Papiermaschine erhebt die Papiermühle schon zur Fabrik und verleiht ihr dem Handbetrieb gegenüber eine gewisse Großartigkeit. Die Maschine muß aber auch viel produzieren, denn sie hat ein erkleckliches Anschaffungskapital zu verzinsen. Wir glauben, daß es unsre Leser interessiert, wenn wir die Kaufpreise der Hauptstücke einer Papierfabrik hierher setzen. Und hierbei ist wohl zu beachten, daß der Preis eines Holländers mindestens achtmal genommen werden muß, denn acht solcher Zeugarbeiter braucht eine Maschine wenigstens, sie kann sogar das Produkt von zwölf bewältigen; hierbei sind die Halbstoffholländer noch nicht mitgerechnet, von denen auch mindestens 4—6 nötig sind.

Eine vollständige Papiermaschine	75000—100000 Mark
Ein Holländer	2500— 3000 „
Ein Hadernschneider	1000— 2000 „
Eine Papierschneidemaschine	3600 „
Ein Glättwalzwerk	2000 „
Ein Rollkalander	10000— 13000 „
Eine Riesbeschneidemaschine	1200 „

Dampfkessel, Dampfmaschinen, Kochkessel, Pumpen und andre Hilfsmaschinen sind hierbei noch nicht erwähnt, doch ist schon aus Vorstehendem zu ersehen, daß die Anlage und besonders auch der Betrieb einer Papierfabrik nur mit großen Geldmitteln durchgeführt werden kann.

Das Publikum verlangt von den besseren Schreib- und den Briefpapieren eine seidenartige Glätte, die entweder mit der Presse oder mittels eines Walzwerkes erzielt wird. Zu diesem Behufe schichtet man Bogen um Bogen zwischen sehr glatte, harte und glänzende Pappen, sogenannte Preßspäne, oder polierte Zinkblechtafeln, und setzt das Ganze einen Tag lang in eine kräftige Presse. Das Satinierwalzwerk besteht aus drei gußeisernen, sehr glatten Walzen, welche in einem gußeisernen Gerüst übereinander liegen. Die mittlere Walze wird von Maschinenkraft umgedreht, die beiden andern gehen von selbst mit. Man legt, wie beim Satinieren, in der Presse die Papierbogen ausgebreitet zwischen Preßspäne, Zink- oder Kupferplatten und läßt einen solchen Pack, der z. B. 30 Bogen zwischen 31 Pappen oder Blechen enthält, durch die Walzen gehen, zuerst zwischen der oberen und mittleren, dann zurück zwischen der mittleren und unteren Walze, und immer so abwechselnd. Luxuspapieren gibt man oft noch durch besondere Manipulation eine den Wasserzeichen ähnliche Musterung von allerhand Linien und Figuren.

Da die Satinierung mit Zinkplatten viel Arbeitskräfte verlangt und die Platten selbst verhältnismäßig schnell abgenutzt werden, daher teuer sind, hat sich in den letzten Jahren die Anwendung von Kalandern, besonders Rollkalandern, sehr bemerkbar gemacht. Ein solcher Rollkalander besteht aus 8—10 übereinander liegenden Walzen, von denen die Hälfte glattpolierte Hartgußwalzen sind. Die andern Walzen bestehen aus Papier, welches bogenweise auf einem eisernen Kern aufgesteckt, durch hydraulischen Druck stark zusammengepreßt und dann auf der Drehbank genau abgedreht wird. Diese Walzen sind elastisch und werden, da sie zwischen den Hartgußwalzen liegen, ebenfalls spiegelglatt. Wenn nun das Papier, sei es in einzelnen Bogen oder in endloser Rolle, einmal zwischen allen Walzen hindurchgeführt wird, erhält es eine sehr schöne Glätte, die viele der Plattensatinierung noch vorziehen.

Lumpenersatzmittel. Das Papier besteht also aus verfilzten und zusammengeklebten Partikelchen von pflanzlicher, in einzelnen Fällen auch von tierischer Faser, und es kann eigentlich das gesamte Gewächsreich als Rohstoff für Papier angesehen werden. Wenn man sich trotzdem am liebsten an die Lumpen hält, so geschieht dies mit gutem Grunde deswegen, weil diese schon gleichsam ein Halbzeug sind, d. h. einen Grad der Mürbigkeit besitzen, der ihre weitere Bearbeitung sehr erleichtert. Um Holz, Stroh rc. auf diesen Punkt zu führen, hat man erhebliche Kosten, und darum ist der Ersatz der Lumpen eine Aufgabe, bei deren Lösung der Rechenstift in erster Stelle figuriert. Dennoch wird die zunehmende Seltenheit der Lumpen immer mehr dazu nötigen, andre Bezugsquellen zu eröffnen, wobei Chinesen und Japanesen wieder unsre Lehrmeister sein können. Diese

Fig. 367. Rollkalander von Joseph Eck u. Söhne.

bedienen sich schon seit undenklichen Zeiten des Bastes vom Papier-Maulbeerbaume zur Verfertigung von Papier; außer diesem benutzen sie aber auch noch Hanf, Bambusrinde, junge Zweige der Baumwollenstaude, Weizen- und Reisstroh und die inneren Gehäuse der Kokons der Seidenraupen. Neuerdings erscheint in Gewächshäusern als „chinesische Papierstaude" eine schöne, großblätterige Pflanze, die Aralia papyrifera, welche, halbwegs zerteilt, durch Einlegen in Kalk, Kochen mit Lauge u. s. w. von den grünen und harzigen Teilen befreit, dann durch Stampfen mit Wasser weiter behandelt wird. Das Papier der Chinesen ist so fein und weich, daß es nicht auf Filz aufgelegt werden kann, von dem es nicht wieder losgehen würde, ohne zu zerreißen; das Trocknen der mit Reis- oder Erbsenwasser bindend gemachten Papierbogen geschieht daher auf geheizten Platten von Gipsmarmor, welche die Decke des Trockenofens bilden, oder auch an glatten Mauern in freier Luft.

Eine sehr interessante Darstellung von der Papierfabrikation der Chinesen hat das „Ausland" gegeben, der wir Folgendes entnehmen.

"Papierfabrikation in China. In den ältesten Zeiten gab es kein Papier in China, sondern man schrieb auf dünne Bambustäfelchen. Später wurden auch Stoffe einer gewissen Seide benutzt, bis 152 n. Chr. Tsai-lün das Papier erfand, welches er aus Baumrinde, Hanffasern, Leinwandlumpen, alten Angelschnüren verfertigte, die er lange in Wasser kochte und dann zu einem Brei zerstampfen ließ. Der Name dieses Mannes ist berühmt geblieben, und noch tausend Jahre nach seinem Tode wurden ihm in Tempeln, die auf seinen Namen lauteten, Opfer gebracht. Zur Papierbereitung verwendet man jetzt in China Hanffasern, junge Bambussprossen, Maulbeerrinde, Rotang (sogenanntes spanisches Rohr), Meeresalgen, Reis- und Weizenstroh, Seidengespinste und die Rinde der Broussonetia papyrifera. Besondere Erwähnung verdient das Papier aus Sprossen von Bambus (Bambusa arundinacea), die etwa Anfangs Juni gefällt, in Stücke von über 2 m Länge geschnitten und in einen Kessel mit Wasser geworfen werden, dem in Röhren immer frisches Wasser zugeführt wird. Wenn sie dort hundert Tage geweicht worden sind, werden dieselben mit Hämmern geschlagen und ihre grüne Rinde abgeschält, unter welcher ein Faserstoff sich findet, der viel Ähnlichkeit hat mit der Tschumma (Urtica nivea). Nun wird die Fasermasse in einer Holzkufe in Wasser gesotten, dem etwas gelöschter Kalk beigefügt wird. Die Holzkufe wird nicht unmittelbar erwärmt, sondern steckt in einem kupfernen Mantel (welche Holzverschwendung!) Wenn nun der Brei dort circa acht Tage und ebenso viele Nächte heiß gehalten worden ist, taucht man denselben in eine Lauge aus Holzasche und wirft ihn dann in einen Kessel. Nachdem er abermals mit einer Schicht Reisstrohasche bedeckt worden ist, wird Wasser aufgegossen und ins Sieden gebracht. Diese Laugenbäder werden sechs Tage lang fortgesetzt, bis die Bambusmasse in Fäulnis übergeht und zu riechen beginnt. Jetzt kommt sie in große Mörser und wird zu einem Brei zerstampft, dann in einer Wanne gebadet und zugleich mit einer Lösung (wahrscheinlich Chlor) gemischt, um entfärbt zu werden. Die Papiermasse ist jetzt fertig und wird auf Rahmen herausgehoben, die aus Holz bestehen und mit feinen Fäden gewebartig überspannt sind. Der Arbeiter nimmt den Rahmen in die Hand und drückt ihn in den Brei, längere oder kürzere Zeit, je nachdem das Papier dünn oder stark werden soll, wofür geschicke Arbeiter ein ganz genaues Zeitmaß innehalten. Wenn das Wasser vom Brei abgelaufen ist, wird der Bogen abgezogen u. s. w." Aus Wahu (China) wird weiter über eine eigenartige Papierfabrikation berichtet, die in den zahlreichen kleinen Ortschaften in den Gebirgsthälern um King-hien lebhaft betrieben wird. Man bedient sich dort der Rinde des T'an-schu-p'i, der Rinde des Papiermaulbeerbaumes und des Weizenstrohs. Nachdem das eine oder die Mischung der beiden andern wohl gewaschen und mit einer gewissen Quantität Leimstoff gekocht und darauf nochmals gewaschen worden ist, wird es an den Abhängen der vorher von allem Gras und Strauchwerk gereinigten Hügel ein ganzes Jahr lang zum Trocknen gelegt. Dann wird es abermals gewaschen und nunmehr auf einem Stein mit einem großen Holzhammer bearbeitet — 1400 solcher Schläge sollen von nöten sein, um ihm die nötige Festigkeit zu verleihen. Darauf wird es nach einem andern Orte geschafft, woselbst es so lange bleibt, bis es eine breiartige Masse bildet. Man bedient sich dazu eines großen irdenen Gefäßes, welches einen flüssigen Leim enthält, der aus den Ästen des Yankowt'engbaumes, einer Abart des Zwergweinstocks, gewonnen wurde. Der Brei wird alsdann in eine Wasserzisterne gethan und mit einem dicken Knüttel umgerührt. Darauf wird ein feiner Bambusrahmen oder ein oblonges Sieb an zwei Seiten von Männern gehalten und zweimal in die Flüssigkeit getaucht und diese dann langsam wieder abgegossen. Was jetzt auf dem Rahmen oder dem Sieb geblieben, gibt ein Blatt Papier. Sobald eine bestimmte Anzahl Blätter fertig ist, werden sie nach dem Trockenraume gebracht. Dieser Raum enthält einen großen Ziegelofen, welcher beinahe an das Dach reicht und dessen Außenseite mit Kalk beworfen ist. Auf den Ofen werden die Papierblätter bis zur Fußhöhe aufgeschichtet, bis dieselben ganz trocken sind; darauf wird Blatt um Blatt nochmals angefeuchtet und noch ziemlich naß an den Seiten des Ofens mit einer weichen Bürste bis zur völligen Trockenheit bestrichen.

Nunmehr wird das fertige Papier in den Packraum gebracht und dort in Ballen von 80—120 Kettis verpackt (ein Ketti = $1{,}209$ Pfund). Das größte Blatt ist ein Tschang ($3{,}58$ m) lang und kostet ca. 4 Mark. Diese Ausnahmsgröße wird nur aus der Rinde des T'an-schu-p'i fabriziert, während man die kleineren Blätter aus einer Mischung von diesem oder der Rinde des Papiermaulbeerbaumes und Weizenstroh bereitet. Dieses Papier heißt Suanchih und findet auf dem chinesischen Markte großen Absatz.

„In China, wo das Glas sehr teuer ist und nur zu Luxusgegenständen verwendet wird, schließt man die Fenster mit einem sehr starken und kostspieligen Baumwollenpapier, das zuvor einen Überzug mit einem Gemisch von Ölen aus Sterculia tomentosa, aus Hanf- und aus Rizinuskörnern sowie von Bleiweiß erhalten hat. Diese Papiersorte ist so dauerhaft, daß sie, oder wenigstens eine ähnlich zubereitete, zu Regenschirmüberzügen verwendet wird. Bambuspapier, welches mit Harz bestrichen wird, brennt ohne Flamme und dient als Zunder, da ein mit dem Stahl geschlagener Funke hinreicht, es in Brand zu stecken.

„Das sogenannte Reispapier der Chinesen, das hauptsächlich zu Malereien benutzt wird, soll nach einigen aus dem Marke eines Baumes, nach andern aus der Wurzel eines großen Nenufar bereitet werden. Wahrscheinlich liefern verschiedene Pflanzen das Material dazu und es erklärt sich hieraus die große Verschiedenheit, welche unter den Reispapiersorten besteht.

„Die japanische Papierfabrikation aus der Rinde des Maulbeerbaumes bedient sich vorzüglich einer Spielart dieser Pflanze, welche deshalb auch den Namen Kadsi oder Papierbaum führt (Broussonetia papyrifera). Sie ist verschieden von derjenigen, mit deren Blättern die Seidenraupen gefüttert werden. Der Baum wird sorgfältig kultiviert und wächst sehr rasch. Wenn die Blätter im Herbste abgefallen sind, werden die jungen Triebe bis zu 1 m Länge abgeschnitten und einem Röstprozeß, ähnlich dem, welchem man bei uns den Flachs und Hanf aussetzt, unterworfen, welcher die Rinde von dem Holze trennt. Zuerst werden die Zweige zu diesem Behufe gewässert, sodann in einer Aschenlauge gekocht und dann geschält. Die Rinde wird nun weiterhin für sich bearbeitet, so zwar, daß man sie nach ihren zarteren und stärkeren Bestandteilen durch mechanische Trennung sondert und dann die verschiedenen Qualitäten für sich in heißem Wasser so lange kocht, bis sie sich zwischen den Fingern zerreiben lassen. Ein Zusatz von Aschenlauge befördert den Prozeß, die alkalischen Bestandteile werden durch fortgesetzte Waschungen wieder herausgezogen, und die weiche Rinde verreibt man in Sieben zu einem feinen Brei, den man auf glatten Holztafeln ausbreitet und mit Holzschlägeln so lange bearbeitet, bis er genügend zartes Korn erlangt hat.

„Die Bindung dieser Masse erhält man durch Zusatz von Reiswasser und der Abkochung eines Harzes, das wahrscheinlich einer Hybiscusart entstammt. Dasselbe ist sehr leimend, und da die Festigkeit des Papieres hauptsächlich von seiner sorgfältigen Bereitung abhängt, so verwendet man auf dieselbe viel Mühe.

„Wenn der Brei fertig ist, so schöpft man ihn mittels Formen aus Binsen und Schilf, die man pfeilerartig übereinander setzt, und schließlich mit einer Platte, genau von der Größe, welche das Papier erhalten soll, und mit Gewichten beschwert. Durch den Druck, den dieselben ausüben, wird das Wasser aus der Papiermasse ausgequetscht, und die Bogen erhalten in Zeit von einem Tage schon eine Festigkeit, welche erlaubt, sie herauszunehmen und sie auf glatten Platten zum Trocknen der Sonne auszusetzen. Sind sie lufttrocken geworden, so werden sie gepreßt und beschnitten."

Doch zurück zu unserm Gegenstande.

Die Baumwolle ist bei uns kaum noch ein Ersatzmittel zu nennen, da sie, wie gesagt, den Leinenstoff schon weit überflügelt hat. In England besteht die Fasermasse des gewöhnlichen Zeitungspapiers vielleicht zu neun Zehnteilen aus Baumwolle, und es wandern dort die sämtlichen Abgänge der ungeheuren Baumwollfabriken in die Papiermühlen.

Vom Stroh, welches, wie Flachs und Hanf, aus feinen Längenfasern besteht und sehr billig ist, ließ schon im voraus erwarten, daß, wenn es möglich wäre, die gummiartigen und kieseligen Stoffe aufzulösen, was durch Alkalien bewerkstelligt werden konnte, die Fasern in einer leichten, flockigen Gestalt erscheinen und sich zur Papierfabrikation eignen würden. Es sind daher auch seit 80 Jahren bereits vielfache Versuche gemacht worden, Papier aus Stroh zu erzeugen. Piette, dessen Versuche die besten Resultate gegeben haben, verwendete einerseits Getreidestroh, anderseits Stroh von Hülsenfrüchten. Das Roggenstrohpapier ist nicht so biegsam wie das Weizenstrohpapier, aber sehr fest und trefflich zu Packpapier geeignet. Das weichere Weizenstroh gibt auch ein weicheres Papier von heller, lebhaft gelber Farbe, das nicht so leicht bricht wie das aus Roggenstroh. Ganz ähnlich, aber etwas dunkler gefärbt, ist das Papier aus Gerstenstroh, dessen Bearbeitung jedoch leichter ist. Das Haferstroh gibt vortreffliche Pappen; das daraus gefertigte Papier ist von Farbe angenehm hellgelb und zu Packpapier, auch sogar zum Schreiben zu benutzen.

Das Papier aus Erbsenstroh ist gelb, fest, bricht nicht beim Zusammenschlagen und dient zum Einpacken. Auch das Bohnenstroh gibt, aber nur mit einem Zusatz von Lumpen, ein bräunliches Packpapier sowie das Linsenstroh, das ein rotgelbes und bei Zusatz von gleichen Teilen von Lumpen ziemlich starkes Papier gibt. Das Maisstroh, das vor einigen Jahren von Österreich aus mit großer Lebhaftigkeit als ein Lumpensurrogat angepriesen wurde, hat den darauf gesetzten Erwartungen nicht entsprochen. Die Franzosen machen aus in Algier häufig wild wachsenden Pflanzen, wie Ginster, Aloe, Zwergpalmen u. s. w., direkt Papier.

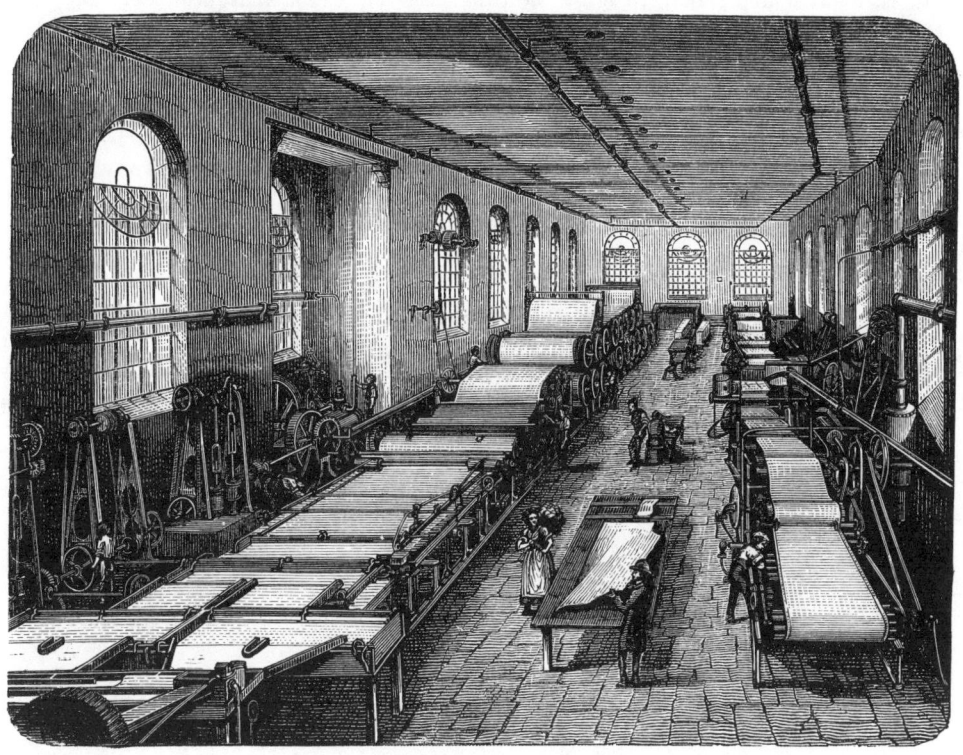

Fig. 368. Maschinensaal einer Patent-Papierfabrik.

Auch aus Fichtennadeln und Lederabfällen hat man Papier hergestellt. Als ein neues Surrogat zur Papiererzeugung wird jetzt auch Moos verwendet. In Jönköping (Schweden) ist ein kolossales Lager von 100 Millionen Kubikfuß weißen Mooses aufgefunden worden, welches sich vortrefflich zur Papierfabrikation eignen soll. Ferner versucht man jetzt in Louisiana aus den Fasern der Bagasse (den Preßrückständen des ausgepreßten Zuckerrohrs) — bisher als Feuerungsmittel gebraucht — Papier zu fabrizieren — nur macht das Bleichen noch einige Schwierigkeiten.

Die ausgezeichneten, gewissermaßen unverwüstlichen Glanzpappen, welche als Preß- späne in Buchdruckereien u. s. w. so gute Dienste leisten, macht man in England aus altem Schiffstakelwerk, und wenn man die technologischen Zeitschriften der letzten zwanzig Jahre durchblättert, so gibt es fast kein Glied des Pflanzenreiches mehr, von welchem nicht der eine oder der andre Teil irgend einmal als geeignet für die Papierfabrikation angeraten worden wäre; dennoch dürften für uns Stroh und Holz die meiste Bedeutung als Lumpen- ersatzmittel haben. Die Stroharten geben, wie eben bemerkt, schon für sich allein Papier, freilich von einer gewissen Starrheit und Durchscheinbarkeit. Die früher für viele Verwen- dungen störend auftretende Färbung hat man in neuerer Zeit durch eine vorhergehende Behand- lung des Strohes mit Soda und andern Beizmitteln unter Zuführung heißer Wasserdämpfe unschädlich zu machen gewußt. Neuerdings kommt das Zumischen zerkleinerter Holzmasse zu den ordinären und Mittelpapieren immer mehr in Gebrauch. Das Holz läßt sich nicht allein, sehr wohl aber als Zusatz zu den Lumpen verwenden.

Die Idee, Holz durch Schleifen in Papiermasse zu verwandeln, stammt von einem Deutschen, F. Gottfried Keller, früher Webermeister in Hainichen in Sachsen, später Papiermühlenbesitzer in Kühnheida im sächsischen Erzgebirge. Derselbe wurde durch den Bau der Wespennester, die bekanntermaßen aus zernagten Holzfäserchen künstlich zusammengesetzt sind, auf den Gedanken geleitet, daß auf eine dem Zernagen durch Wespen ähnliche Verfahrungsweise es zu ermöglichen sein müßte, aus Holz eine Fasermasse herzustellen, die sich zur Papierfabrikation verwenden ließe. Keller versuchte mit einem Schleifsteine das Holz zu zerfasern, jedoch waren seine Einrichtungen primitiv, das Produkt selbstverständlich höchst mangelhaft. Erst seinem späteren Mitarbeiter Heinrich Völter zu Heidenheim gelang es 1846, die Maschine zur Darstellung von Holzmasse, die sich dem Ganzzeuge ohne weiteres beimischen läßt, wesentlich zu verbessern; seine Holzschleifmühlen faßten überall Fuß, wo wohlfeiles Holz und Wasserkraft sich finden. Während in den ersten zwölf Jahren von 1852—1864 im ganzen nur 48 solcher Holzzeugbereitungsmaschinen untergebracht worden waren, wird diese Anzahl jetzt mindestens aller zwei Jahre abgesetzt. Man benutzt hauptsächlich Fichtenholz zur Darstellung des Holzstoffes, da dieses eine verhältnismäßig lange Faser besitzt.

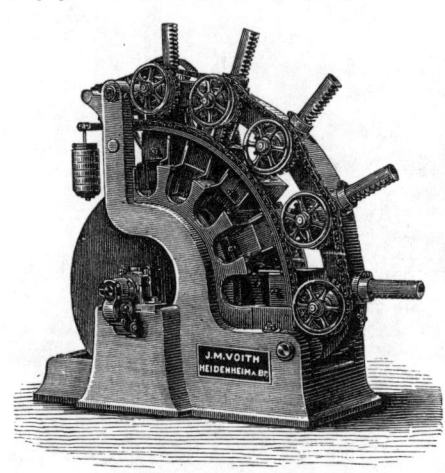

Fig. 369. Holzschleifapparat.

Manche Hölzer, besonders einige harte, sind zwar weißer, geben aber ein zu kurzes, staubartiges Produkt. Der Zusatz zu dem Ganzzeug aus Lumpen beträgt 25—75 Prozent, ja in einzelnen Fällen noch mehr. Wieviel Holzstoff zugesetzt wird, ist fast gar nicht durch spätere Untersuchung festzustellen, wenigstens nur innerhalb sehr weit liegender Grenzen. Die Jahre der letzten Schwindelperiode, welche namentlich auch die Papierfabriken in den Bereich der Gründungen mit hineinzogen, haben das Problem des unbegrenzten Holzzusatzes zur Lösung gebracht. Die Menge der Hadern war gegeben, es sollte und mußte aber doppelt und mehr Papier als vordem erzeugt werden — woher also nehmen als vom Holze? Die politischen Zeitungen, die auf das schlechteste Papier gedruckt werden, enthalten jedenfalls nur ein Minimum an Hadernstoff. Die Holzzerkleinerung für die Papierfabrikation ist deshalb auch schon zu einem selbständigen Geschäft geworden.

Der geschliffene Holzstoff hat aber eine verhältnismäßig nur kurze Faser, welche die Festigkeit des daraus hergestellten Papiers sehr beeinträchtigt. Wir geben an dieser Stelle eine Abbildung der neuesten Holzschleifmaschine (Fig. 369). Sein Harzgehalt widersteht selbst einer kräftigen Bleiche, die Fasern verfilzen sich nicht dicht genug, so daß höhere Ansprüche durch dieses Surrogat nicht erfüllt werden. In der Schlußvignette Fig. 370 geben wir auch noch den Voithschen Raffineur — eigenartig gebaute Mahlgänge — in welchem statt im Holländer der gröbere Holzstoff weiter verfeinert wird. Dieselben unterscheiden sich im ganzen nur wenig von den zur Erzeugung von Mehl verwandten, sie besitzen wie diese horizontal übereinander gelagerte Steine, und der Stoff wird durch eine Öffnung in der Mitte des Läufers zwischen diesen und den Bodenstein geleitet, worauf er nach vollbrachter Verfeinerung abfließen und weggeleitet werden kann.

Will man den Stoff nicht unmittelbar verwenden, so wird derselbe durch Pressen zwischen leinenen Tüchern oder in einer Walzenpresse entwässert oder auf einer Cylindermaschine in Pappe verwandelt, die dann in freier Luft oder in geheizten Räumen getrocknet wird. Um ganz reine Holzfaser zu gewinnen oder, wie sich die Papiertechniker ausdrücken, „Holzstoff auf chemischem Wege zu erzeugen", womit freilich nichts andres gemeint ist, als die natürlich gewachsene Holzfaser durch andre Mittel als durch das mechanische Schleif- oder

Geschichtliches.

Raspelverfahren aus ihrem Zusammenhange als Faser zu lösen und sie zugleich von den anhängenden harzigen und andern Bestandteilen durch chemische Behandlung zu trennen, hat man lange Zeit experimentiert.

Die zu diesem Zweck erfundenen Verfahren bezeichnen allerdings einen großen Fortschritt, den die Papierfabrikation seitdem zu verzeichnen hatte.

Die Cellulose, so nennt sich der „chemisch erzeugte Holzstoff", ist nunmehr allgemein bekannt. In England ist es vorzüglich Lee, der auch in Schweden mehrere Fabriken mit seinen Apparaten eingerichtet hat, in Frankreich Lespermont, in Deutschland Deininger, welche sich mit der Vervollkommnung des Verfahrens erfolgreich beschäftigt haben. Dasselbe besteht im wesentlichen darin, daß in kurze, gleichgroße Stücke zerkleinerte Holz in einem Kessel bei einem Drucke bis zehn Atmosphären mehrere Stunden lang mit Sodalösung zu kochen, wodurch die harzigen und andern fremden Stoffe ausgezogen und der Zusammenhang der Fasern gelockert wird, so daß die Holzmasse zu Brei gerührt werden kann. Dieser wird einem successiv fortschreitenden Waschprozeß unterworfen und endlich auf endlosen Sieben und zwischen horizontal rotierenden Walzen zum großen Teile von seinem Wassergehalt befreit. Eine vollständige Trocknung erfolgt nach Befinden durch mit Dampf geheizte Cylinder; jedoch sind bei den verschiedenen Patentträgern in den einzelnen Vorrichtungen mancherlei Abweichungen zu bemerken. So läßt Deininger z. B. auf das Holz bei niedriger Temperatur Dampf von vier Atmosphären Überdruck wirken, um den Zusammenhang der Fasern zu sprengen u. s. w.

Als ein Fortschritt in der Cellulosefabrikation muß das neueste patentierte Mitscherlichsche Verfahren angesehen werden. Dasselbe unterscheidet sich hauptsächlich von der früheren Herstellung durch Anwendung andrer Chemikalien bei der Kochung des Holzes; dabei sind die Kosten nicht nur etwas niedriger, sondern der erhaltene Stoff ist fester und weißer, so daß er schon ungebleicht mit Vorteil zu mittleren Papieren verwendet werden kann. — Auch für ein andres Surrogat, Papierstoff aus Alfa oder Espartogras, ist neuerdings eine Fabrik in Deutschland errichtet worden. Der Stoff ist zwar gut, aber bis jetzt noch zu teuer.

Außer den genannten Surrogaten machten sich auf den letzten Ausstellungen noch bemerklich: Maulbeerbaumrinde, Brennessel und Kartoffelstengel. Die Verwendung des erstgenannten Ersatzmittels hat freilich nur eine lokale Bedeutung für diejenigen Gegenden, welche sich mit Seidenzucht beschäftigen, hier aber kann es zu Papieren für Briefkouverts, Zigarretten u. dergl. sehr vorteilhaft verwendet werden. Mit Brennesselfaser, die ja auch schon zu Gespinsten verarbeitet wird, hatte man in Ungarn Versuche gemacht. Die Pflanzen (urtica urens und dioica) werden, wenn sie in der Blüte stehen, eingesammelt, von den Blättern und Blüten gereinigt und die Stengel an der Sonne ähnlich wie der Flachs geröstet, hierauf getrocknet und zwischen Walzen zerquetscht, so daß die Markbestandteile sich von der Faser lösen und dann durch den Wolf davon abgesondert werden können. Gekocht und im Holländer gebleicht, läßt sich der Nesselstoff entweder allein oder mit Zusatz von Haderstoff zu sehr gutem Papier verarbeiten, das nur infolge der kostspieligen Behandlungsweise des Rohstoffs zu teuer auszufallen pflegt. 100 kg grüne Brennessel geben nur etwa $1\,^3/_4$ kg Faser. — Das Verhältnis stellt sich bei den Kartoffelstengeln vielleicht günstiger, indessen eignet sich deren grobe, allerdings sehr feste Faser nur zu Papieren, die kein besonders schönes Aussehen verlangen.

Zusätze ganz andrer Natur, nämlich Gips, Thonerde, Schwerspat (Annaline) und dergleichen erdige Stoffe, sind jetzt sehr gebräuchlich geworden. Sie geben dem Papier mehr Griff und Körper und sind in mäßiger Anwendung nicht als Verfälschung anzusehen; aber die Versuchung ist stark, und so kommen, zum Kreuz und Leid der Buch- und Steindrucker, nicht selten Papiere zum Vorschein, die so viel erdige Teile fahren lassen, daß sie in kurzer Zeit jede Druckform verschmieren und ruinieren.

Die Anwendung des Papiers zu Wäscheartikeln hat zur Herstellung ganz besonderer Papiersorten geführt. Wir werden im VI. Bande dieses Werkes Gelegenheit nehmen, uns mit der Herstellung dieser Papierwäsche eingehender zu beschäftigen, ebenso werden wir an den verschiedenen Stellen auf die mannigfache Verwendung des Papiers zu Trink- und Waschgeräten — ja zu Schiffsplanken — zurückkommen; hier begnügen wir uns, den eigentümlichen Papierstoff, gefilztes Papier, zu erwähnen, der zuerst von England aus in den Handel gebracht wurde, jetzt aber auch fast überall erzeugt wird.

Als Material dienen ebenso Stoffe aus dem Tierreich wie aus dem Pflanzenreich, die bisher in der Papierfabrikation noch keine oder wenigstens nur geringe Verwendung gefunden haben; wie neuseeländischer Flachs, Jute, Malven, geringe Sorten Flachs, Hanf, Baumwolle u. s. w.; dann aber auch Wolle, Seide, Haare, faserige Gewebe. Es ist natürlich, daß ein aus solchen Stoffen und auf geeignete Art hergestelltes Papier einen hohen Grad von Geschmeidigkeit, Elastizität und Festigkeit besitzen muß und sich darin den Webestoffen am nächsten stellen wird.

An dieses Papier schließen sich gewisse Papiersorten, die ihre Eigentümlichkeit entweder einer besondern Appretur oder besondern Materialzusätzen verdanken, und deren Zahl eine ungemein große ist. Ihre Besprechung erübrigt für andre Stellen dieses Werkes; so werden wir uns im VI. Bande auch mit dem Papiermaché besonders beschäftigen und hier nur noch auf das Pergamentpapier hinweisen, welches man aus starkem ungeleimten Papier bereitet, indem man dasselbe in halbstarke Schwefelsäure eintaucht. Dadurch erhält die Faser eine hornartige Beschaffenheit und stellt nach dem Auswaschen und Trocknen ein Produkt dar, welches tierischer Blase sehr ähnelt und auch ganz wie diese benutzt werden kann.

Statistisches. An dieser Stelle wollen wir noch einen Blick auf die Ein- und Ausfuhr von Papier, Pappe und Papiertapeten im deutschen Zollgebiet im Jahre 1882 werfen. So wurden z. B. in den deutschen Zollanschlüssen Bremen, Hamburg, Altona 2c. eingeführt 5953 und ausgeführt 209435 Meterzentner, Österreich-Ungarn gab an und ab 28588 und empfing von uns 31052, Frankreich exportierte nach Deutschland 6021 und importierte von Deutschland 25743 Meterzentner. Belgiens Ausfuhr betrug 3239, seine Einfuhr 28787. Großbritannien bezog von uns 169110 und gab an uns ab 2196 Meterzentner, und endlich die Vereinigten Staaten von Nordamerika brachten auf unsern Markt 184, während sie von uns 5278 Meterzentner benötigten. Wir konnten hier natürlich nur die hauptsächlich in Betracht kommenden Zahlen angeben. Es stellte sich die Gesamteinfuhr aller Arten von Papier, Pappe, Preßspänen und Tapeten im Jahre 1882 auf 59500 und die Gesamtausfuhr Deutschlands auf 572784 Meterzentner im Werte von über 17 Millionen Mark und dürfte unser Export jetzt circa 80 Papiermaschinen von mittlerer Leistungsfähigkeit beschäftigen. Unsre Ausfuhr von Papierwaren betrug nahezu 40 Millionen Mark und dürfte fast ebenso viele Maschinen arbeiten lassen. Der Export beschäftigt also nahezu 160 von den jetzt in Deutschland betriebenen 780 Papiermaschinen, d. h. mehr als 20 Prozent der Gesamtproduktion. Eines besseren Bildes für das stete Wachsen und Gedeihen unsrer Papierfabrikation bedarf es nicht — sie ist im Laufe der Jahre zu einem hervorragenden Erwerbszweige Deutschlands geworden.

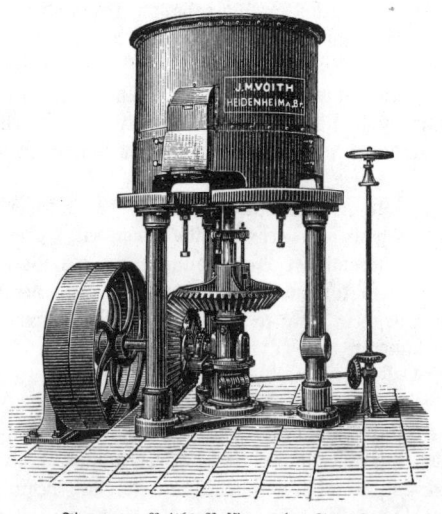

Fig. 370. Voiths Raffineur (zu S. 431).

Der Deutschen ihr Papier
War ihres Feindes Leder,
Das Schwert, das war die Feder,
Mit Blute schrieb man hier.

Logau.

Schreibkunst und Schrift.

Einleitung. Anfänge der Schrift. Knotenschrift. Wampumgürtel. Bilderschrift der nordamerikanischen Indianer, der Tolteken. Begriffsschrift der Chinesen. Hieroglyphen. Keilschrift. Buchstabenschrift. Semitisches Alphabet und seine Verbreitung nach Griechenland und Italien. Runen. Ulfilas. Schriftwesen des Mittelalters. Buchmalerei. Chiffernschrift. Blindenschrift. Stenographie. Geschichtliches. Gabelsbergersches, Stolzesches und Arendssches System.

Der englische Reisende Mariner wurde im Jahre 1806 von Finow, dem Könige der im Großen Ozean gelegenen Tonga-Inseln, gefangen gehalten und bat brieflich Landsleute, die dort zufällig gelandet waren, Schritte zu seiner Befreiung zu thun. Dieses Schreiben ward jedoch abgefangen und Finow überbracht. Letzterer hatte weder von der Schreibkunst je etwas gehört, noch ein Schriftstück in den Händen gehabt; als er nun erfuhr, daß man auf solche Weise entfernten Personen, unbeschränkt durch Ort und Zeit, lautlose Mitteilungen machen könne, wollte er anfangs an dieses Wunder nicht glauben. Er nahm den Brief immer und immer wieder in die Hand, aber das Papier sagte ihm nichts; er dachte dann eine Weile stillschweigend nach, doch sein Nachdenken gab ihm nicht die mindeste Aufklärung. Endlich ließ er Mariner holen und befahl ihm, etwas zu schreiben. Dieser fragte, was er schreiben sollte. „Schreib mich", antwortete Finow. Mariner schrieb sogleich seinen Namen nach englischer Weise: „Feenow", und sprach ihn laut aus. Finow ließ nun einen andern Engländer holen, der von diesem Gespräch noch nichts wußte, und indem er Mariner den Rücken wenden und anderswohin sehen hieß, gab er dem Kommenden das Papier und fragte ihn, was darauf stehe. Dieser sprach sogleich laut: „Finow". Hierauf riß ihm der König hastig das Blatt aus der Hand, sah es mit dem größten Erstaunen an, drehte es um und um und untersuchte es an jedem Flecke. Dann rief er: „Das sieht weder mir ähnlich, noch irgend jemand anderm! Wo sind meine Augen? Wo ist mein Kopf? Wo meine Beine? Wie ist Euch möglich, zu wissen, daß ich das bin?" Drei bis vier Stunden lang beschäftigte er Mariner, indem er ihn die Namen einer Menge von Personen, von Orten und von Sachen aufschreiben ließ und das Aufgeschriebene immer einem andern gab, daß dieser es lese. Die Meinung, daß in dem Papier ein Zauber stecke, bildete sich immer fester in ihm aus. Endlich glaubte er doch einiges Licht über die Sache zu bekommen und erklärte sich gegen die Anwesenden, daß man von gewissen Dingen, die sowohl von dem Schreiber als von dem Leser gesehen würden, ein gewisses Zeichen hinmalen könne, so daß beide den Gegenstand an dem Zeichen erkennen.

Als er von dieser Meinung dadurch abgebracht wurde, daß Mariner auch den Namen des verstorbenen Königs schrieb, fand sein Erstaunen keine Grenzen, und als ihn jener versicherte, daß man solche Nachrichten in ganz entlegene Gegenden senden und vermittelst der Schrift lange Geschichten von ganzen Nationen auf zukünftige Zeiten übertragen könne, erkannte er zwar den großen Nutzen der Schreibkunst an, hielt sie aber für die Tonga-Inseln schlechterdings für unpassend, denn Aufruhr und Verschwörung würden ihrer Einführung folgen und er vielleicht schon im Verlaufe von zwei Monaten sein Leben mit seiner Herrschaft verlieren.

Nur schwer können wir uns im Geiste aus dem unendlich verwickelten Getriebe des modernen Gesellschaftsleben in eine Zeit, unter ein Volk versetzen, daß seine Geschichten und Gesetze mündlich von Geschlecht zu Geschlecht fortpflanzt und in patriarchalischer Einfalt und Unschuld dem flüchtigen Worte dasselbe Vertrauen entgegenbringt, wie wir der dauernden Schrift einer Urkunde. Den Eingebornen der Tonga-Inseln ist eine gewisse geistige Bildung nicht abzusprechen; sie ragten, als Mariner bei ihnen landete, hervor unter den Stämmen, welche die andern Eilande der Südsee bevölkerten, aber nicht einmal der Geist ihres Königs war fähig, das Wesen und die Vorteile der Schrift vollständig zu fassen. Wie groß ist von da aber noch der Schritt zur selbständigen Erfindung eines Schriftsystems!

Um Schrift zu bilden, mußte der Mensch das Bedürfnis haben, die engen Grenzen, die Raum und Zeit ihm gesteckt, zu erweitern; er mußte Thaten des Geistes vollbracht haben, würdig, der Nachwelt überliefert zu werden, und seine Gedanken für wert erachten, daß sie, in sichtbaren Zeichen festgehalten, auch Entfernteren zu gute kämen!

Wie die Welle des Meeres, ist der Laut flüchtig. Ausgestoßen gehört er auch schon der Vergangenheit an, nur die Erinnerung an ihn bleibt dem Geiste, schwankend und unsicher und im Strome der Gedanken leicht untergehend; der Laut mußte festgehalten, das Wort aus der Sphäre des Gehörs in die des Gesichts übertragen werden. So entstand die Schrift. "Sie ist die Zunge der Hand", sagt der gelehrte Abdallah Ibn Abbas.

Alle Völker setzen die Erfindung der Schreibkunst in jene Zeit, wo die Menschheit mit den Göttern noch in Verkehr stand. Nur von diesen konnte eine so herrliche Gabe stammen. Ein Engel, erzählt der jüdische Geschichtschreiber Josephus, habe den Menschen vom Himmel ein astronomisches Buch gebracht und Seth schreiben gelehrt; dieser habe dann den Inhalt mit seines Sohnes Hilfe in zwei Säulen eingegraben. Die Ägypter führen ihre Hieroglyphen auf den heiligen Thoth, den Fremdling aus Assur, zurück, der im grauen Altertume fast alle Formen des Kultus geschaffen haben soll; nach arabischen Sagen habe dagegen Adam es schon verstanden, auf gehärtete Backsteine zu schreiben.

Anfänge der Schrift. Während die Ägypter, Chinesen, Chaldäer und Phöniker die Lautschrift in selbständigen Systemen ausgebildet haben, so finden wir doch bei fast allen Völkern, welche einigermaßen aus dem Zustande der Wildheit herausgetreten sind, Versuche, durch Körper — oder bei einem höheren Grade der Gesittung — durch Bilder und Zeichen die Erinnerung an bestimmte Thatsachen zu fixieren. Die Ossen, ein kaukasischer Stamm, bewahren Köpfe, Hörner und Zähne geschlachteter Tiere, alte Kleidungsstücke, Waffen und andre Gegenstände in bestimmter, von dem Häuptlinge festgestellter Ordnung in Häusern und Kirchen auf, um dadurch an bedeutsame historische Begebenheiten erinnert zu werden. An festlichen Tagen werden dann diese sonderbaren Chroniken dem Volke gezeigt und erklärt. Diese Raritätensammlungen der Ossen sprechen von der Vergangenheit; das Tabu der Bewohner der Fischerinseln hat Beziehung auf die Zukunft. Mit diesem Namen werden Gegenstände bezeichnet, welche das Eigentum vor diebischen Händen sichern sollen. Ein in Form

Anfänge der Schrift. 435

eines Fisches geschnittenes Palmenblatt, an einem Baum aufgehängt, ruft dem Früchtediebe zu: „Möge ein Haifisch dich verschlingen, wenn du fischen gehst." — Bei einzelnen sogenannten wilden Völkerstämmen herrscht die Sitte, durch Färbung der Haut gewisse Stimmungen, Gedanken und Bestrebungen zu kennzeichnen. Der Guajiroindianer bemalt, wenn er liebt, Gesicht, Arme und Beine rot; schwarze Farbe bedeutet Trauer oder Rachsucht, gelbe Farbe Stolz und weiße Kampfeslust.

Durch Bäume, Steinhaufen, Altäre, welche von einer bedeutsamen Begebenheit ihren Namen empfingen, wurde das Andenken an dieselben vom jüdischen Volke in den ältesten Zeiten häufig wach erhalten. Wie Laban zu Jakob kam und einen Bund mit ihm machte, nahm er einen Stein und richtete ihn auf zu einem Male, und seine Brüder thaten auf seinen Befehl dasselbe. Man nannte den Steinhaufen Gilead, und Laban sprach: „Der Haufe sei heute Zeuge zwischen mir und dir" (1. Mos. 31, 46). Noch 1424 ließen die Hussiten diese altjüdische Sitte wieder aufleben, indem sie einen großen Steinhaufen in Prag zur Erinnerung an einen Vertrag zusammentrugen.

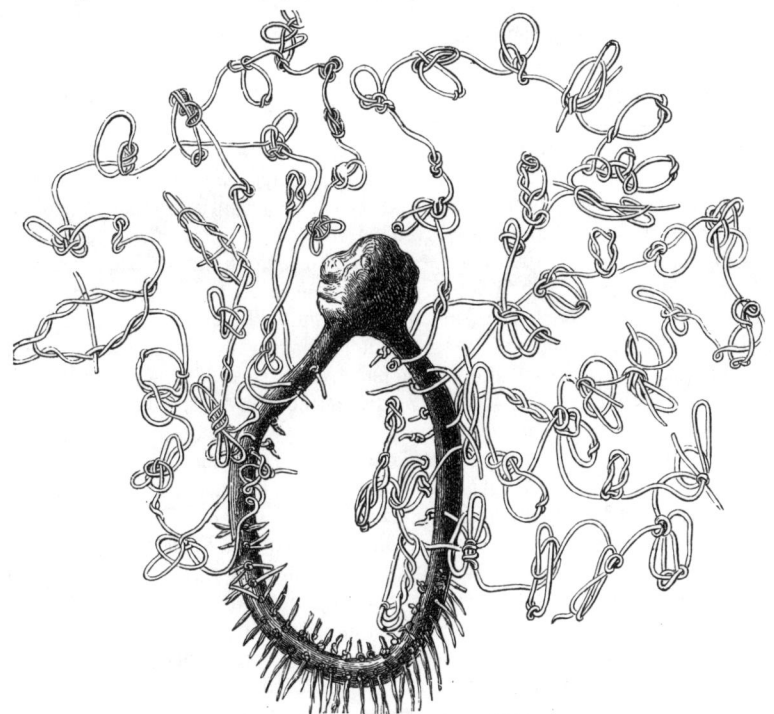

Fig. 372. Altperuanische Knotenschrift.

Auf einer bedeutend höheren Stufe, als diese rohen Denkmäler, welche bloß als Merkzeichen dienen, in sich aber keine selbständige Bedeutung haben, steht die Knotenschrift. Sie ist Schrift und verdient diesen Namen, denn sie soll den Leser nicht erinnern an etwas ihm längst Bekanntes, sondern ihn belehren, neue Vorstellungen in ihm erwecken. Bei sehr vielen Völkern sehen wir dem Knoten eine Zauberkraft beigelegt. Noch im späteren Mittelalter herrschte unter verschiedenen deutschen Stämmen die Sitte, durch die Schürzung eines solchen Knotens einem Vertrage besonders bindende Kraft zu verleihen, und verbreitet ist bei uns noch jetzt die Benutzung des Knotens als Erinnerungsmittel. Von diesem Gebrauche bis zur Verwendung des Knotens zur Schrift bildet er als Zahlzeichen die Mittelstufe. Bekannt ist die Erzählung, daß der Perserkönig Darius auf seinem Zuge gegen die Skythen den Oberbefehlshaber über die an der Donau zurückgelassenen Truppen einen Strick mit 60 Knoten zurückließ, mit dem Befehl, täglich einen derselben zu lösen und abzuziehen, wenn er nicht nach der Lösung des letzten zurückgekehrt sei. In diesem Falle hatte jeder Knoten die gleiche Bedeutung, jeder bezeichnete einen Tag.

Anders bei den **Chinesen**. Der verschiedenen Art des Knotenknüpfens lag ein verschiedener Sinn zu Grunde, die Entfernung der einzelnen Knoten voneinander, die Verbindung der einzelnen Schnüre mit einer Hauptschnur sollte eine Reihe bestimmter Vorstellungen erwecken. Doch nur denen, die den Schlüssel dazu besaßen, war es möglich, solche Knotenschrift zu lesen. Eifersüchtig bewahrten die Chinesen dieses Geheimnis, und erst auf dem Sterbebette vertraute es der Vater seinem Lieblingssohne.

Auch in der Tatarei, auf den Südsee-Inseln und in Amerika bedienen sich die Eingebornen öfters dieser Art der Mitteilung. Kotzebue hatte auf seiner Reise um die Welt auf der Insel Otdra einen Garten angelegt, den er dann einem ihm befreundeten Eingebornen überließ. Dieser schlang sogleich aus Pandanusblättern zwei Knoten, welche ihre beiden Namen bedeuteten, und hing sie an dem Zaune des Gartens auf. Mit solchen Knoten, die man häufig dort an Bäumen, Gehegen ꝛc. findet, wird der Eigentümer bezeichnet.

In Mexiko und Peru, dem Reiche der Inkas, hatte man solches Knotenschürzen zu einem kunstreichen System entwickelt. Die netzartigen Flechtwerke von Schnüren, Quipos genannt, entsprachen oft ganzen Schriftstücken, und Berichte, Gesetze, geschichtliche Urkunden und vieles andre ward auf diese Weise vor dem Vergessen bewahrt. An Stelle von Schreibern beschäftigte die peruanische Obrigkeit Knotenschürzer, welche zugleich Erklärer dieser eigentümlichen Aktenstücke (Fig. 372) waren. Doch scheint es keinem Zweifel zu unterliegen, daß auch diese Knotenschrift ursprünglich nur zur Bezeichnung von Zahlen Verwendung gefunden hat, wie denn auch noch gegenwärtig die Hirten in dem peruanischen Hochlande sich der Quipos bedienen, um über den Zuwachs und Abgang der ihnen anvertrauten Tiere Rechnung zu führen. Auch auf den Palau-Inseln werden durch verknotete Schnüre Nachrichten gegeben und Aufträge ausgerichtet.

Eine ähnliche Art der Mitteilung gebrauchen nordamerikanische Indianerstämme; bei Verhandlungen über Krieg und Frieden, bei Verträgen u. s. w. spielt der Wampumgürtel eine große Rolle. Von den Indianerinnen kunstvoll gefertigt aus Seemuschelschalen und bestickt mit allerhand Figuren, wurden solche Bänder an andre Stämme abgesandt, um ihnen Wünsche, Forderungen und Bedingungen anzuzeigen. Länge, Breite und Farbe waren dabei von Bedeutung. Die weißen Gürtel versicherten Wohlwollen und Freundschaft des Absenders; die schwarzen kündigten Krieg an; mit rotem Zeichen und einer beigefügten Rolle Tabak versehen, forderten sie einen Stamm zur Teilnahme an einem Feldzuge auf. Sorgsam wurden diese Muschelbänder vom Häuptlinge in einem Beutel aufbewahrt; sie bildeten das Reichsarchiv und erzählten den Nachkommen von den Thaten ihrer Väter.

Diese Art von Schrift, durch Körper Mitteilungen an Abwesende zu machen, war in ihrer Anwendung viel zu beschränkt und unbequem, in ihrer Bezeichnung viel zu ungenau, als daß sie einen bedeutenden Einfluß auf die geistige Entwickelung eines Volkes haben und eine Litteratur ermöglichen konnte. Schon der Umstand, daß man durch Übereinkunft Dingen eine gewisse Bedeutung beilegte, welche mit deren Natur und Wesen in keinem Zusammenhange standen, machte eine Weiterentwickelung solcher Körperschrift unmöglich. Erst als man anfing, Gegenstände durch ihr Bild zu bezeichnen, wurde die Schrift ein Kulturelement.

Aus der **Bilderschrift** sind die ältesten Schriftsysteme hervorgegangen. In der That ist auch nichts so natürlich, nichts dem einfachen, wenig entwickelten Geiste so nahe gelegen, als der Gebrauch von Bildern, um Vorstellungen von Gegenständen zu erwecken: eine Thatsache, die man bei Kindern und des Schreibens unkundigen Taubstummen oft beobachtet hat.

Amerika ist das klassische Land der Bilderschrift, hier tritt uns dieselbe noch unverwandelt und rein entgegen. Baumrinde, abgeschälte Stämme, glatte Felswände dienten den Indianern als erste Träger ihrer Schriftversuche. Hierauf verzeichneten sie, dem Vorübergehenden zur Kunde, wie viele Krieger an diesem Ort gelagert, welche Anzahl von Skalpen sie erbeutet haben, wohin ihr weiterer Weg sie führen wird und wie viele Tage sie schon von der Heimat entfernt gewesen. Leicht ließ sich das bildlich darstellen, was die Natur sichtlich darbietet. Der Mensch wurde roh hingemalt; ein Kreis war der Kopf, Striche bezeichneten Arme und Beine. Einen erschlagenen Feind stellte eine kopflose menschliche Figur dar. Aber mag der Kreis indianischer Vorstellungen noch so beschränkt gewesen sein, dennoch mußten sie gewisse abstrakte Begriffe besitzen. Wie konnten sie solche, z. B. Ruhm, Macht u. s. w., bildlich darstellen?

Wenn wir uns poetisch ausdrücken wollen, so setzen wir Wörter von sinnlicher Bedeutung für abstrakte Begriffe und sagen da Lorbeer für Ruhm, Zepter für Herrschergewalt. Ganz ähnlich machten es nun auch die Indianer. Das Bild eines Dinges, welches eine gewisse Eigenschaft vorzugsweise besitzt, ward zur Bezeichnung dieser Eigenschaft selbst gebraucht. Das Sonnenbild sollte den Begriff Licht ausdrücken, das Ohr bedeutete Hören, das Auge Sehen u. s. w.

Man kann sich in solche indianische Bilderschrift einlesen und ihren Inhalt verstehen, ohne die Sprache zu kennen, mit deren Worten die Schreiber derselben ihre Gedanken ausgedrückt haben; um so leichter ist dies möglich, weil infolge des einförmigen und gleichartigen Lebens der Indianerstämme gewisse auf Jagd, Fischfang, Krieg ꝛc. bezügliche Bilder von Florida bis an die Hudsonsbai gäng und gäbe sind und in der Schrift deshalb auch immer wiederkehren. Freilich muß man bei vielen Schriftdenkmälern seine Phantasie mit zu Hilfe nehmen und durch Raten die Bedeutung einzelner Figuren herauszubringen suchen; denn das Bestreben, durch Abkürzung des Bildes Raum und Arbeit zu ersparen, sowie die Vernachlässigung alles Formalen bringt oft Bilder hervor, die eben nur einem mit der Schrift seines Volkes vertrauten Eingebornen zu verstehen möglich sind. Man begnügt sich damit, ein ungefähres Bild von dem Gegenstande wiederzugeben, und so entstehen Zeichnungen, die auffallende Ähnlichkeit mit den Malereien eines sechsjährigen Kindes haben. Hat doch umgekehrt vor einigen Jahren ein tiefgelehrter Franzose das Schmierbuch eines amerikanischen Farmerjungen als ein wichtiges aztekisches Manuskript entziffert und daraus eine ganze wohlgegliederte Schöpfungsgeschichte der Menschheit in einem dickleibigen, auf Staatskosten gedruckten Prachtwerke mitgeteilt!!

Auf Formenschönheit wurde bei der Bilderschrift nicht gesehen, und selbst den niedrigsten ästhetischen Anforderungen genügen die rohen und grellen Bilder indianischer Schrift nicht. Hierin liegt der bedeutsame Unterschied zwischen Malerei und Bilderschrift. Erstere sucht Ideales darzustellen, den Geist des Sehenden zu fesseln, durch die Schönheit der Formen zu ergötzen; die Gemäldeschrift will nichts als belehren und Vorstellungen von Wirklichem erwecken.

Die Indianer bedienen sich der Bilderschrift besonders häufig zu Grabschriften. Man findet in Nordamerika eine Menge von Grabsteinen, auf denen die Thaten und Familienverhältnisse des Verstorbenen bildlich dargestellt sind. Fig. 373 stellt das Grabmal eines Tschippewayhäuptlings dar, der durch seine Heldenthaten hoch berühmt war. Das umgekehrte Renntier zeigt an, daß der Anführer der Familie, deren Zeichen (Totem) ein Renntier ist, gestorben sei, nachdem er sieben Kriege mit seinem Stamme geführt (bezeichnet durch die sieben Querstriche links), neun Feinde in denselben erlegt habe (neun Querstriche rechts) und dreimal schwer verwundet worden sei. Außerdem habe er auch einst mit einem Elentiere, dessen Kopf weiter unten zu sehen ist, einen schweren, aber glücklichen Kampf bestanden. Die andern Zeichen beziehen sich auf seine Wirksamkeit im Frieden.

Eine Expedition von 16 Personen war nach den Mississippiquellen ausgesandt worden. Als man sich trotz der zwei Indianer, die als Führer beigegeben waren, verirrte, errichteten diese eine Stange, etwas nach der Richtung geneigt, in der man weiter zu ziehen beschloß, und befestigten an dieselbe ein Stück Birkenrinde mit der Zeichnung, wie sie uns Fig. 374 vor Augen führt. Die acht menschlichen Figuren mit den acht danebenstehenden Flinten bezeichnen die militärische Bedeckung der Expedition. Darunter sieht man links die beiden indianischen Führer unbedeckten Hauptes, während die Europäer Hüte tragen. Der erste der Expedition, welcher rechts von den Führern gemalt ist, hat neben dem Kopfe eine Zunge: er war der Dolmetscher der Gesellschaft; ein andrer, der Geognost, trägt einen Hammer in der Hand, ein dritter ein Buch — die übrigen Attribute lassen sich nicht mehr

Fig. 373. Grabmal eines Tschippewayhäuptlings mit Bilderschrift.

genau erkennen. Die drei Feuer in den drei Ecken deuten an, daß man in der Nacht getrennt voneinander Biwak gehalten und die in der untersten Linie abgebildeten Tiere, ein Präriehuhn und eine Schildkröte, gegessen habe. Die Indianer wollten hiermit nachfolgenden Europäern oder Eingebornen ihre Erlebnisse und die Richtung ihrer Weiterreise anzeigen.

Es sei uns erlaubt, noch eine dritte Probe indianischer Schrift, gleichfalls auf Birkenrinde ausgeführt, vorzulegen, die eine gewisse historische Bedeutung erlangt hat.

Im Jahre 1849 überreichten Tschippewayhäuptlinge dem Präsidenten der Vereinigten Staaten eine Petition auf sechs Birkenstreifen, von denen der erste in Fig. 375 wiedergegeben ist. Die hier abgebildeten, im Original farbigen Tiere sind die Totems (Wahrzeichen) der verschiedenen Stämme, welche sich an den Präsidenten wandten. Die Herzen sind rot gemalt. Linien verbinden diese und die Augen mit dem Herz und Auge des ersten Tieres; außerdem geht eine andre Linie von diesem nach den unter den Totems befindlichen Abbildungen von vier kleinen, miteinander verbundenen Seen: eine zweite läuft vom Auge des Tieres nach vorn frei aus. Sehr sinnreich wollen die Indianer hierdurch ausdrücken, daß sie einig in ihren Absichten und Wünschen — Auge und Herz — den Präsidenten um die Erlaubnis bitten, von dem Obernsee — dem Streifen zwischen den Totems und den vier Seen — an die kleinen Seen zu ziehen. Häufig angewendet findet man das Bild einer roten Hand, das von Yukatan bis zu den nördlichen Indianerstämmen verbreitet ist. Ein heiliger Charakter, drückt es eine demütige Bitte an den großen Geist aus, oder dient als Symbol für Kraft, Macht und Herrschaft. Trägt bei festlichen Gelegenheiten ein Tänzer dieses Zeichen auf seinem Körper, so wohnt ein Zauber in ihm und mit Ehrfurcht betrachten ihn die Umstehenden.

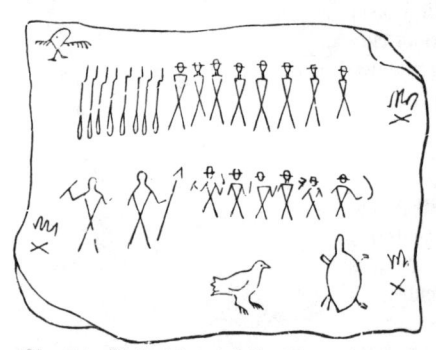

Fig. 374. Birkenrinde mit indianischer Bilderschrift.

Eine eigentümliche Anwendung haben die Engländer von der Bilderschrift im dritten Jahrzehnt dieses Jahrhunderts auf der Insel Tasmanien gemacht. Den wilden Kämpfen zwischen Weißen und Eingebornen hatte der Statthalter durch eine Proklamation in englischer Sprache Einhalt zu thun versucht. Als er aber merkte, daß die Schwarzen dieser Sprache unkundig wären, so ließ er drei bemalte Bretter im Walde aufstellen. Das erste, welches die Zeit des goldenen Friedens veranschaulichen sollte, zeigte eine schwarze Amme mit einem weißen und eine weiße Amme mit einem schwarzen Säugling; außerdem nackte Wilde in Dreimastern, die vom Gouverneur mit Hemden beschenkt wurden. Das andre Bild stellte den Mord eines Weißen durch einen Schwarzen dar, welcher gleich daneben in Gegenwart des Statthalters über der Leiche des Erschlagenen an einen Baum geknüpft wurde. Das dritte Gemälde bildete hierzu den Gegensatz: ein Weißer erschießt einen Schwarzen und erleidet für diesen Mord dieselbe Strafe. — Die Engländer haben den Frieden hergestellt, indem sie die Tasmanier sämtlich bis auf den letzten Mann getödtet haben!

Die Sitte, den Körper mit gewissen Zeichen zu schmücken, die entweder nur aufgemalt oder dauernd eingeätzt waren, ist bei den Wilden sehr verbreitet. Der Zweck dieser Figuren war aber nicht bloß, wie man gewöhnlich annimmt, den unbedeckten Teilen des Körpers Verzierungen zu geben; sondern auch, dadurch den Stamm, dem man angehörte, die Würde, die man in demselben bekleidete, die Thaten, die man vollbracht hatte, auszudrücken. Das Tättowieren muß demnach ebenfalls den Schriftarten beigezählt werden.

Nicht allein die Härte des Klimas, welche die meisten Körperteile mit Kleidern bedecken ließ, verhinderte eine weitere Ausbreitung und Entwickelung dieser Ätzschrift, sondern es unterdrückte sie auch die vorgeschrittenere Kultur als eine unnatürliche Verunstaltung des menschlichen Körpers. Streng waren derartige Gebräuche den Juden verboten, und die christliche Kirche belegte sie mit harten Strafen. Trotzdem trugen, wie erzählt wird, noch schottische Missionäre in Deutschland auf ihrem Körper eingeschnittene Schriftzüge. Unter

Matrosen, Soldaten und Handwerksburschen hat sich solche Ätzschrift mehr als Spielerei bis auf die Gegenwart erhalten; selbst der König von Schweden, Bernadotte, hatte sich auf seinem Leibe die Worte eingerissen: Liberté, fraternité, égalité.

Einen in bezug auf Reichtum an Ideen und Mitteln bei weitem höheren Charakter als die Bilderschrift der nordamerikanischen Indianer trägt die sonst verwandte mexikanische Bilderschrift. Der feste Grundbesitz ließ die Tolteken ein großartiges Kulturleben entwickeln. Ihre gewaltigen Prachtbauten erregen noch in ihren Ruinen unsre Bewunderung, und wenn auch nur wenige größere Schriftdenkmäler uns erhalten sind, so lassen diese uns doch einen Blick thun in ein reiches Litteraturleben. Als die Spanier zur Zeit Montezumas II. landeten, waren Tausende von Personen damit beschäftigt, auf Hirschhäute, Seidentücher und das aus den feinen Fasern einer Aloeart verfertigte Papier diese seltsamen Charaktere und Bilder zu malen. Geschichtswerke, Bücher religiösen und astronomischen Inhalts, Gesetzsammlungen, epische und didaktische Dichtungen wurden auf diese Weise vervielfältigt, und es entstanden Staatsarchive, deren unschätzbare Urkunden leider von dem Fanatismus der christlichen Eroberer zum größten Teil vernichtet worden sind. Ein jeder Mexikaner war des Schreibens kundig, denn in den Tempelschulen wurde den Kindern die Bilderschrift erklärt und ihre Hand im Zeichnen geübt. An eine ästhetische Auffassung und künstlerische Ausführung darf dabei aber auch hier nicht gedacht werden, wenngleich nicht zu leugnen ist, daß infolge der weiter vorgeschrittenen Kultur die mexikanische Bilderschrift im großen und ganzen mehr Formensinn offenbart als die Schriftgemälde der indianischen Stämme Nordamerikas.

Fig. 375. Bittschrift der Tschippeways an den Präsidenten der Union.

Das, was für Erfassung der Bedeutung besonders wichtig war, die charakteristischen Teile der Gestalt, ließ das Bild am stärksten hervortreten; daher erscheint es uns grotesk, fratzenhaft, und seine Farben verletzen unser Auge. Außerdem mußte das Abbild schnell und auf möglichst beschränktem Raume hergestellt werden, weshalb die richtigen Verhältnisse der Teile unter sich nicht beachtet und vielfache Abkürzungen angewendet wurden. Bei größeren Tieren und Menschen vertrat der Kopf das ganze Wesen; das Bild eines Hauses bezeichnete eine Stadt, ein Kopf mit dem Diadem den König. Zum Verständnis solcher auf Übereinkunft beruhender Abbreviaturen war daher ein Erlernen unumgänglich notwendig.

A. v. Humboldt gibt uns in seinem berühmten Werke über die Denkmäler der amerikanischen Eingebornen die Kopie eines Bildes (Fig. 376), welches einen zwischen einem Indianer und einem Spanier geführten Prozeß veranschaulichen soll. Das Objekt dieses Prozesses ist eine Meierei, deren Grundriß in der Mitte des Bildes sich befindet und den größten Teil desselben einnimmt; Fußstapfen geben ihre Ausdehnung an. Links von derselben sieht man den prozessierenden Eingebornen, dessen Name durch einen beigesetzten Bogen ausgedrückt ist. Über ihm sitzt sein spanischer Gegner, der wahrscheinlich Aquaverde (Grünwasser) hieß, da sich neben ihm die Zeichen für Wasser und Grün befinden, unter ihm ein andrer Spanier, ein Dritter ihm gegenüber mit abgewendetem Gesicht. Den Platz über der Meierei nehmen drei spanische Richter ein. Sie sitzen auf Stühlen und haben Gesetzbücher vor sich. Jedem sind drei Zungen beigefügt, dem Spanier zwei, dem Mexikaner nur eine. Jene sprechen am meisten, dieser wagt seine Sache kaum zu verteidigen.

Diese Bilderschrift muß im Laufe der Zeit eine Veränderung erfahren haben, ähnlich derjenigen, welche wir bei den chinesischen Charakteren näher zu betrachten haben werden. Je mehr geschrieben wurde, desto flüssiger mußten die einzelnen Elemente der Schrift werden. Das Bild wurde zum Zeichen; es verlor alle Merkmale des entsprechenden Gegenstandes und bestand aus einer Anzahl von Linien und Punkten, welche, jeder phonetischen Bedeutung entbehrend, nur die Begriffe — wie es scheint, ohne alle grammatische Verbindung — auszudrücken bestimmt waren, ein Umstand, welcher die Entzifferung dieser Schrift bis heute verhindert hat.

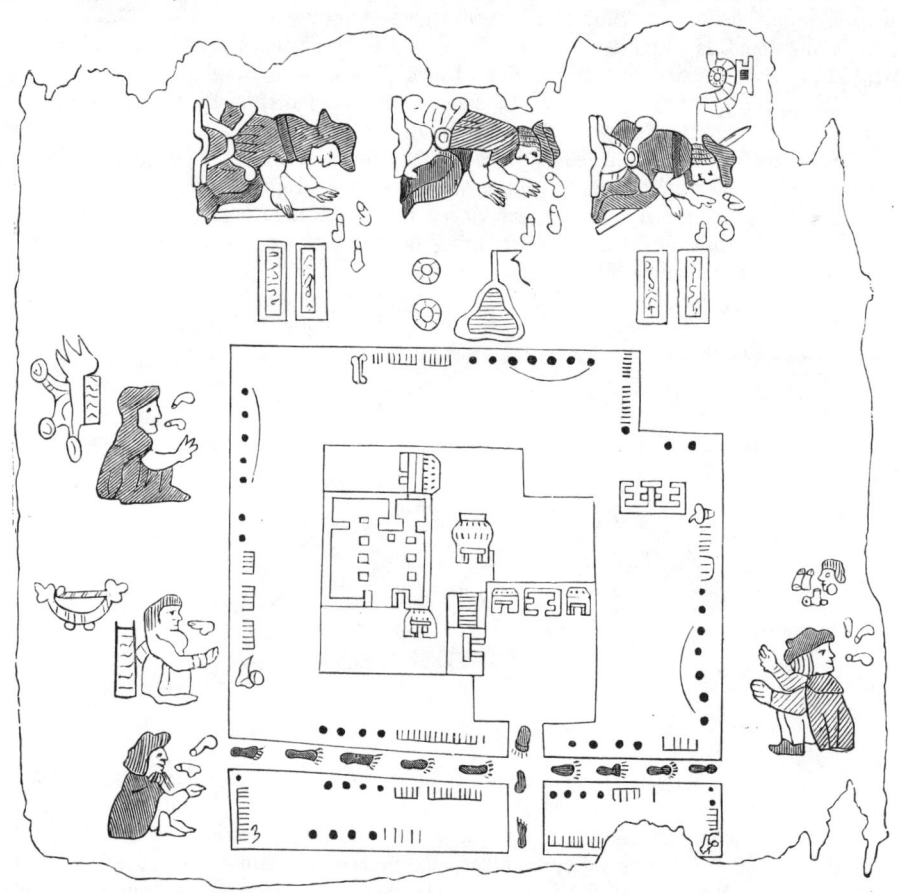

Fig. 376. Kopie einer amerikanischen Bilderschrift, nach A. v. Humboldt.

Das in Fig. 378 abgebildete Fragment eines altmexikanischen Manuskripts zeigt diese Gemäldeschrift als Umrahmung von Darstellungen kämpfender Krieger. Die Schriftzeichen bilden Reihen unregelmäßiger Vierecke, welche, da gewisse Reihen, wie die dritte und zehnte, nur einen Charakter wiederholen, wahrscheinlich in horizontaler Richtung gelesen worden sind. Diese Schriftzeichen sind aber nun auch der Art nach sehr verschieden; in mehreren derselben erkennt man die verzerrte Abbildung von Gegenständen, so kommen im Profil gezeichnete Gesichter verhältnismäßig häufig vor, daneben erscheinen senkrechte und wagerechte Striche und Punkte, teils vor einem andern Wortzeichen, wie in der zweiten Reihe, teils zu ganzen Reihen zusammengestellt; das sind unzweifelhaft Ziffern. Endlich findet man, wie in den beiden, die Bilder trennenden Reihen, einzelne, Buchstaben ähnliche Charaktere, die andern, viereckigen Zeichen vorgestellt sind und gewöhnlich für Bestimmungszeichen gehalten werden, welche dem nachstehenden Charakter eine besondere, d. h. bestimmte Bedeutung beilegen sollten.

Der Träger dieser merkwürdigen Schrift mochte ursprünglich der behauene Fels gewesen sein. Umfassungsmauern der Tempel und Paläste, Grabplatten, Fußgestelle der Götterbilder haben uns viele Schriftproben geliefert, und die in Fig. 377 gegebene Abbildung des großen Kalendersteins ist eins, und zwar das merkwürdigste dieser Denkmäler. Zur Entwickelung einer Litteratur war aber leichteres Schreibmaterial nötig, als der harte Porphyr, aus dem der Kalenderstein gearbeitet ist. Die ältesten Bücher bestanden aus gegerbten Tierhäuten, dann erst kam das mexikanische Papier in Aufnahme, welches man aus den Fasern einer Aloe oder der Palme Jczotl verfertigte. Die Feinheit und Dicke desselben war verschieden, der Verbrauch ein sehr bedeutender. Die Städte Quauhnahuac, Panchimalco, Atlacholoajan, Xiuhtepen und Huitzulac mußten z. B. an Montezuma II. einen jährlichen Tribut von 20000 Ballen Papier entrichten. Das Papier ward zu langen Streifen verbunden, welche bis 23 m maßen und zum Aufrollen bestimmt waren, oder in Zickzackform zu einem Buche zusammengebrochen und an beiden Enden durch Holztafeln geschlossen wurden. Um das Schreibmaterial länger vor Zerstörung durch das feuchte Klima zu schützen, tauchten es die Mexikaner jährlich einmal in eine dünne Lösung von Kupferoxyd und Essigsäure. Die mit Leim oder Öl angerührten Farben wurden mit dem Pinsel auf das Papier und auf Leder getragen. Die Eroberung der Spanier und die Einführung des Christentums hat der mexikanischen Kultur den Todesstoß gegeben. Autobafees fanatischer Priester und die Roheit der spanischen Soldateska raubten uns den größten Teil der mexikanischen Urkunden. Weil man in den wunderbaren Charakteren Zauberei versteckt wähnte, verbot man deren Gebrauch, und die Zahl derjenigen, welche die

Fig. 377. Der große Kalenderstein. Nach einer Photographie.

Schriftdenkmäler ihrer Vorfahren verstanden, wurde immer geringer. Während Karl V. im Jahre 1553 es noch für notwendig fand, neben zwei Professuren für die mexikanische Sprache auch eine zur Auslegung der mexikanischen Bilderschrift zu errichten, konnte ein mexikanischer Schriftsteller etwa 100 Jahre nach der Eroberung im ganzen Lande nur zwei alte Leute auffinden, welche der Schriftbilder noch kundig waren. Am längsten bewahrte der mittelamerikanische Indianerstamm der Itzas von Peten die Kenntnis und den Gebrauch der aztekischen Hieroglyphen, bis auch er am Ausgange des 17. Jahrhunderts vernichtet wurde. Gegenwärtig sollen sich aber noch Katechismen mit Bilderschrift in den Händen von Indianern in Chiapas und Yukatan befinden, doch bleibt es unentschieden, ob deren Schriftzeichen mit den altmexikanischen Hieroglyphen übereinstimmen oder jener eigentümlichen Bilderschrift entstammen, welche spanische Missionäre schon im 16. Jahrhundert erfunden hatten, um die christlichen Lehren leichter unter der Bevölkerung Mexikos zu verbreiten.

Wir unterlassen es, in den Kreis unsrer Betrachtung die Schriftgemälde hineinzuziehen, welche uns in andern Ländern Mittelamerikas erhalten sind, da dieselben die engste

Verwandtschaft mit der mexikanischen Bilderschrift verraten. Ohne auf das Sprachgewand Rücksicht zu nehmen, wurden auch hier ursprünglich die Gedanken durch Bilder ausgedrückt, welche nach und nach so verkürzt wurden, daß sie den Übergang von Malerei zur Schrift darstellen. Die höhere Stufe der Begriffsschrift ist von den Azteken nur in einzelnen Fällen erreicht worden, die weiter unten zur Besprechung gelangen werden.

Da die Forschungen der Neuzeit gezeigt haben, daß der Anfang einer jeden wirklichen Schrift selbst da, wo man es früher nicht geahnt hatte, auf eine Bilderschrift zurückzuführen ist, so bietet es das höchste Interesse, die vollkommensten der bekannten Entwickelungen dieser Art, die der ägyptischen Schrift, der Keilschrift und der chinesischen Schrift, sorgfältig im Zusammenhang zu untersuchen.

Die erste Stufe der Bilderschrift ist naturgemäß die der direkten Darstellung des zu bezeichnenden Gegenstandes; sie wird so vollkommen als möglich der Wirklichkeit angepaßt. Aber schon hier zeigen sich die Anfänge aller späteren Verschiedenheiten. Denn wiewohl diese Art der Bezeichnung ihrem Wesen nach universell und an keine bestimmte Sprache gebunden ist, so wurden doch von vornherein durch die künstlerische Begabung eines jeden einzelnen Volkes und durch das besondere Material, welches für die Herstellung der Bilder zur Verfügung stand,

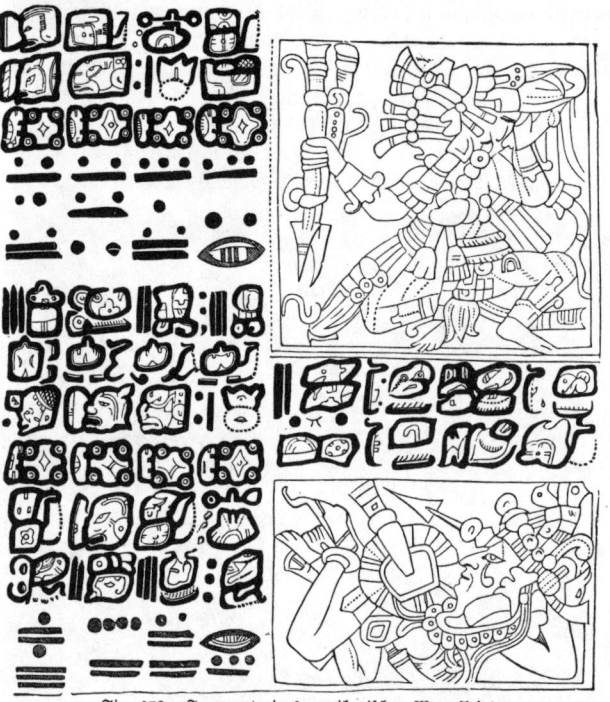

Fig. 378. Fragment eines mexikanischen Manuskriptes.

Unterschiede geschaffen, die bald ein vollständiges Auseinandergehen der Schrift bei den verschiedenen Völkern verursachten. Die nachfolgende Tabelle der ältesten Schriftbilder der ägyptischen, babylonischen und chinesischen Schrift möge dieses Variieren veranschaulichen:

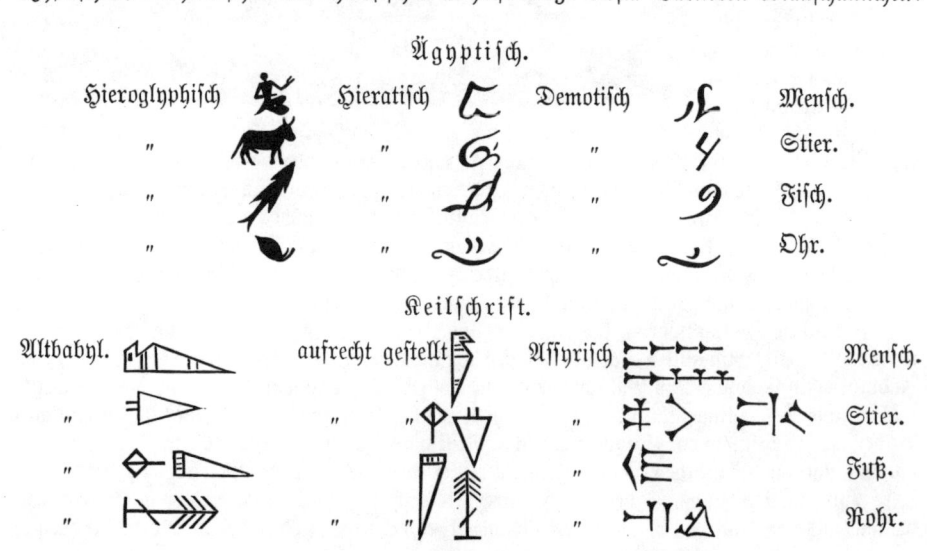

Ägyptisch.

Hieroglyphisch		Hieratisch		Demotisch		
"		"		"		Mensch.
"		"		"		Stier.
"		"		"		Fisch.
"		"		"		Ohr.

Keilschrift.

Altbabyl.		aufrecht gestellt		Assyrisch		
"		"		"		Mensch.
"		"		"		Stier.
"		"		"		Fuß.
"		"		"		Rohr.

Bilderschrift. 443

Chinesisch.

Ältere Form		Jüngere Form		
	☉	„	日	Sonne.
„	☽	„	月	Mond.
„	⋀⋀	„	山	Gebirge.
„	木	„	木	Baum.
„		„	大	Hund.
„		„	魚	Fisch.

Je mehr die Schrift Geltung im praktischen Leben gewann und aufhörte, ein Vorrecht des Priesterstandes zu sein, desto mehr mußten die Bilder von ihrer ursprünglichen Klarheit und Deutlichkeit verlieren und sich allmählich in einfachere, schlichtere Formen verwandeln. In Ägypten wurde diese Umbildung besonders auch dadurch verursacht, daß das reiche Nilthal in dem Mark der Papyrusstaude den Stoff zu einem vortrefflichen Schreibmaterial bot, das aber möglichst einfache Formen wünschenswert machte. So entstand aus der hieroglyphischen Bilderschrift die sogenannte hieratische Schrift, deren älteste uns bekannte Anwendung schon in das dritte Jahrtausend v. Chr. fällt. Aber auch diese Schrift mußte im Laufe der Jahrhunderte nach mannigfachen Veränderungen unterliegen, bis endlich durch fortgesetzte Degeneration eine Schrift zustande kam, die mit den ursprünglichen Bildern kaum noch den historischen Zusammenhang sinnlich erkennen ließ. Dies ist die von den Griechen so genannte demotische, d. h. Volksschrift, deren erste bis jetzt bekannte Spur in das 9. Jahrhundert v. Chr. führt. Beispiele für das Hieratische wie für das Demotische zeigt obige Tabelle. — Im Euphrat= und Tigristhal blieb zwar das Material immer dasselbe, aber auch hier drängte die anwachsende Verwendung der Schrift zu einer Vereinfachung der Zeichen, die leider oft mehrere ganz verschiedene Bilder durch Analogiebildung in ein und dasselbe Zeichen zusammenfließen ließ, so daß dadurch die für die heutigen Ent= zifferer der Keilschrift so unbequeme Polyphonie der Zeichen entstand. Doch darüber weiter unten.

Vergleicht man auf obiger Tabelle die ursprünglichen Bilder der Hieroglyphen mit denen der Keilschrift, so wird man sich des Urteils nicht enthalten können, daß die ägyptischen Schreiber an Deutlichkeit, Klarheit und Schönheit der Bilder den assyrischen und baby= lonischen bei weitem überlegen waren. Beiden Völkern ist wohl ein ähnlicher Grad von Kunstsinn eigen gewesen, und wenn die ägyptische Schrift dennoch weit schöner erscheint als die der Babylonier, so muß man zur Entschuldigung und zur Erklärung des Zurück= bleibens der letzteren Zweierlei bedenken: Einmal waren die Ägypter außerordentlich be= günstigt durch einen wahren Überfluß an herrlichem Schreibmaterial, welches die Natur ihnen in den schier unerschöpflichen Kalk= und Sandsteinfelsen namentlich des arabischen Gebirges und in den Granitblöcken vom ersten Katarakt darbot — einem Schreibmaterial, welches zur künstlerischen Darstellung einer Bilderschrift nicht besser gedacht werden kann. In der an hartem Gestein so armen Euphratniederung hingegen mußten die Babylonier ein trauriges Surrogat sich suchen in den gebrannten Ziegeln, denn es braucht kaum bemerkt zu werden, daß sich der Lehm und Thon, aus welchem diese verfertigt wurden, weniger für feine plastische Darstellungen eignete als der feinkörnige Stein Ägyptens. Aus diesem Material erklärt sich auch die merkwürdige Form der Schrift: Wollte man das Bild eines greifbaren Gegenstandes darstellen, so mußte man zunächst mit einem spitzen Instrument in den feuchten Thon hineinstechen und ritzte dann beim weiteren Gebrauche desselben unwillkürlich eine gerade Linie. So entstand der Keil, der dann auch später als kon= ventioneller Bestandteil der Schrift beibehalten und kunstvoll nachgeahmt wurde, wenn man einmal auf hartem Stein zu meißeln Gelegenheit hatte. So ist durch das Material die eckige Form der babylonischen Zeichen zu erklären. — Aber noch ein zweites Moment ist zu beachten: So viel Keilschriftdenkmäler auch in den letzten Jahren dem Schutt der

Vergangenheit entrissen sind, so stammen sie doch fast alle aus einer Zeit, in welcher die ursprüngliche Bilderschrift sich schon in die vereinfachten und abgekürzten Zeichen umgewandelt hatte. Nur wenige kleine Fragmente der Bilderschrift sind bis jetzt ausgegraben worden. Da man aber noch eine unvollkommene Kenntnis derselben besitzt, so ist man wohl berechtigt — wenn man einmal eine, vom künstlerischen Standpunkt aus Degeneration zu nennende Weiterentwickelung der Schrift annimmt — rückwärts schließend, kunstvollere und naturgetreuere Bilder als ursprünglich vorauszusetzen.

Auch bei den Chinesen ist die Beschaffenheit des Schreibmaterials von Einfluß auf die Entwickelung der Bilderschrift gewesen. Dieses Volk bediente sich dabei des Pinsels, der nicht so leicht wie die Rohrfeder in beliebigen Zügen mit beliebigem Druck zu führen ist. Seine Anwendung begünstigt die Entstehung einer Schrift mit Schwänzchen und Schnörkeln; und da nun bei den Chinesen die Schrift von vornherein nur abstrakten Zwecken und nicht der Verzierung großartiger monumentaler Bauten diente, so fehlte bei ihnen jenes künstlerische Element, welches bei den Ägyptern die ursprünglichen Formen und die Anlehnung an sie bis zuletzt aufrecht erhielt, und ihre Schrift wurde das, was sie ist.

Doch nicht nur in der äußeren Form veränderte sich allmählich die Bilderschrift, sondern auch in der systematischen Anwendung der Bilder schritt man vorwärts. Man konnte durch Bilder immer nur sinnlich wahrnehmbare Gegenstände zur Darstellung bringen. Wie sollte man nun aber Gedanken, Empfindungen, gestaltenlose Begriffe bezeichnen? Einem denkenden Volke mußte dies bald zum Bedürfnis werden, und so entstand die sogenannte symbolische Schreibart, welche, von verschiedenen Prinzipien ausgehend, ein bildliches Symbol für den darzustellenden Gedanken gibt und es nun dem Denken des lesenden Menschen überläßt, sich die Brücke vom Dargestellten zum Gedachten, vom Einzelding zum Allgemeinen zu schlagen. Auch war es wünschenswert, manche komplizierte Bilder sinnlicher Gegenstände durch symbolische Abkürzungen darzustellen.

Der hierbei benutzten Prinzipien gab es mehrere: Einmal — und das ist eine der häufigsten Methoden — setzt man den Teil für das Ganze; natürlich wählt man gern denjenigen Teil, welcher den darzustellenden Gegenstand oder Begriff besonders deutlich charakterisiert. Ferner die Ursache für die Wirkung, ein Mittel, welches besonders dazu geeignet ist, abstrakte Begriffe anzudeuten. Eine dritte Methode ist die der Metapher, welche statt der Begriffe sinnliche Objekte darstellt, welche die den Begriff besonders charakterisierenden Eigenschaften in hohem Maße besitzen. So steht das Bild des Stieres wegen seiner starken Zeugungskraft für den Begriff des Zeugenden, des Gemahls. So diente das Bild der Biene wegen der monarchischen Organisation ihres Staates zum Symbol für den Begriff „König". Sehr oft bleibt uns freilich aus mangelhafter Kenntnis des ägyptischen Volksglaubens der Ursprung des Symbols rätselhaft.

1) Teil fürs Ganze.

Kampf.   Augen.   Stier.   Vierfüßler.

2) Ursache für die Wirkung.

Monat (Mond).   oder   sehen.   Tag.

3) Metaphorisch.

König.   Gatte.   Mutter.   Sohn.

(Vorderteil des Löwen) das Vordere, an der Spitze Stehende, daher: Anfang, Vorsteher.

4) Rätselhaft.

Wahrheit, Gerechtigkeit (Straußenfeder).

Jahr (Palmenzweig).

Herr, Gesamtheit (Korb).

Bilderschrift.

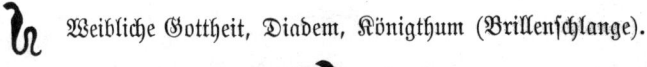

⟨Symbol⟩ Weibliche Gottheit, Diadem, Königthum (Brillenschlange).

Hieroglyphisch ⟨Vogel⟩ ⎫
Hieratisch ⟨Zeichen⟩ ⎬ König.
Demotisch ⟨Zeichen⟩ ⎭

Aber auch so war es schwer, überall passende Bezeichnungen zu finden, wenn man nur ein Bild oder ein Symbol für jeden Begriff verwenden wollte. Man griff daher zu dem ungemein ausgiebigen Mittel, mehrere Kennzeichen miteinander zu verbinden, und erhielt so die zusammengesetzten Symbole, von denen hier eine Anzahl aus den drei Hauptschriftsystemen folgen:

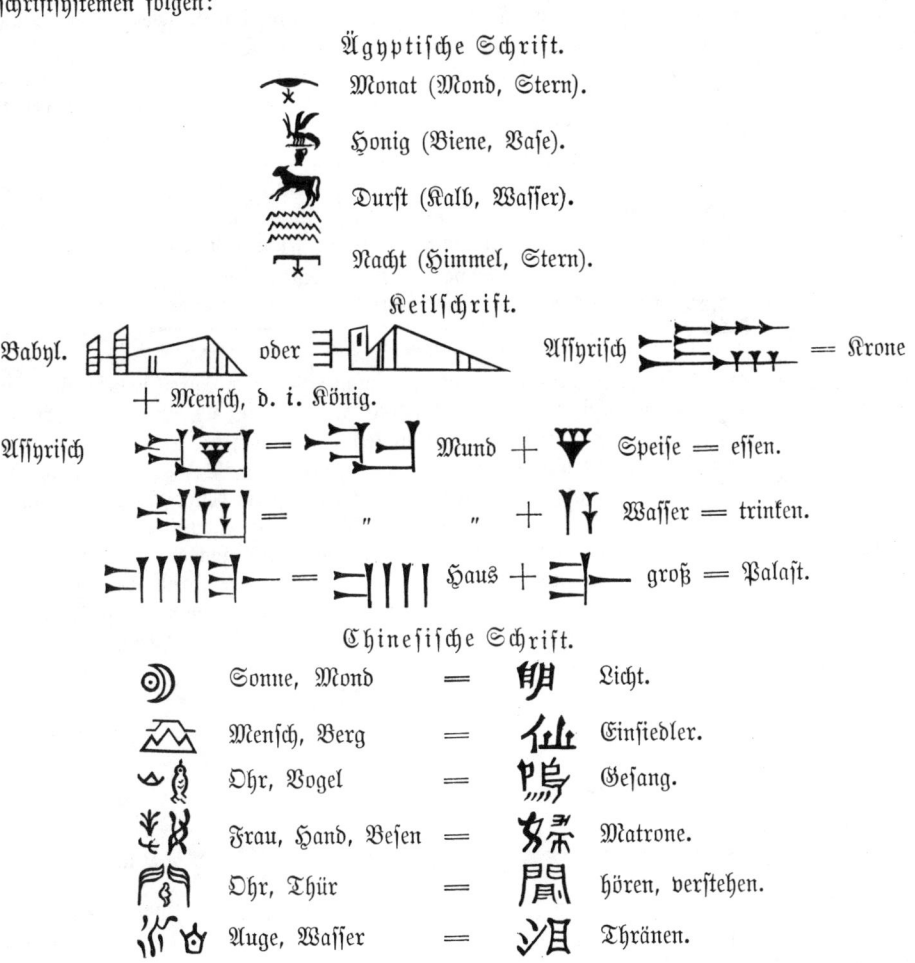

Ägyptische Schrift.

⟨Symbol⟩ Monat (Mond, Stern).

⟨Symbol⟩ Honig (Biene, Vase).

⟨Symbol⟩ Durst (Kalb, Wasser).

⟨Symbol⟩ Nacht (Himmel, Stern).

Keilschrift.

Babyl. ⟨Keilschrift⟩ oder ⟨Keilschrift⟩ Assyrisch ⟨Keilschrift⟩ = Krone

+ Mensch, d. i. König.

Assyrisch ⟨Keilschrift⟩ = ⟨Keilschrift⟩ Mund + ⟨Keilschrift⟩ Speise = essen.

⟨Keilschrift⟩ = „ „ + ⟨Keilschrift⟩ Wasser = trinken.

⟨Keilschrift⟩ = ⟨Keilschrift⟩ Haus + ⟨Keilschrift⟩ groß = Palast.

Chinesische Schrift.

⟨Symbol⟩ Sonne, Mond = 朙 Licht.

⟨Symbol⟩ Mensch, Berg = 仙 Einsiedler.

⟨Symbol⟩ Ohr, Vogel = 鳴 Gesang.

⟨Symbol⟩ Frau, Hand, Besen = 婦 Matrone.

⟨Symbol⟩ Ohr, Thür = 聞 hören, verstehen.

⟨Symbol⟩ Auge, Wasser = 泪 Thränen.

Wie man sieht, war bis jetzt die Schrift völlig vom Laute unabhängig, und entsprach in dieser Beziehung noch den Anforderungen einer allgemein gültigen Pasigraphie, obwohl sie sich schon in andrer Beziehung davon entfernt hatte, indem die Wahl der Symbole mit Notwendigkeit durch die speziellen Anschauungen und Kulturverhältnisse der einzelnen Völker beeinflußt war. Jetzt kam nun aber bei den verschiedenen Schriftsystemen ein neues Element hinzu, welches die Grundlage jeder späteren phonetischen Entwickelung bildete und somit definitiv dem Charakter der reinen Begriffsschrift ein Ende machte. Es war dies dasselbe

Prinzip, welches wir noch heutzutage beim Schreiben des Rebus in Anwendung bringen, und welches darauf beruht, daß eine mehrdeutige Silbe, unabhängig von ihrer Bedeutung, durch eines der für diese Lautgruppe möglichen Bilder bezeichnet wird.

Bis zu diesem Stadium der Entwickelung ist denn auch die Schrift der Azteken von Anahuac vorgeschritten, um in den Anfängen desselben stehen zu bleiben. Ein Beispiel wird dies erläutern. Wir finden den Königsnamen Itzcoatl auf die beiden folgenden Weisen geschrieben:

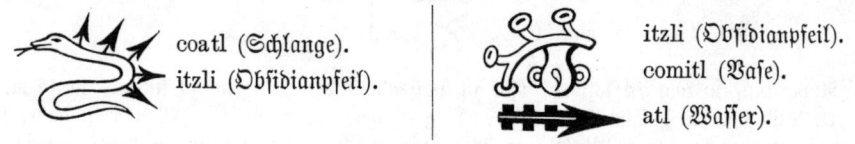

coatl (Schlange).
itzli (Obsidianpfeil).

itzli (Obsidianpfeil).
comitl (Vase).
atl (Wasser).

Die erste Schreibung ist, wie man sieht, fast durchaus nach dem Schema der reinen Begriffsschrift gebildet. Anders bei der zweiten. Hier ist das Wort coatl, ganz unabhängig von seiner Bedeutung, in seine Silben aufgelöst, die nun ihrerseits entweder, wenn sie an sich Bedeutung haben, wie atl, durch das entsprechende Symbol oder, wenn dies nicht der Fall ist, durch ein andres Bild, dem sie als erste Silbe angehören, wiedergegeben werden. Allein diese Methode, in der sogar schon die Keime des Akrophonismus (siehe weiter unten) stecken, wurde für die Sprache selbst nicht benutzt, sondern nur für Namen. Erst später wurde infolge der Eroberung durch die Spanier und der Einführung des Christentums eine hochinteressante Anwendung davon gemacht: um nämlich die mit dem katholischen Kultus eng verbundenen lateinischen Gebetformeln ihrem Laute nach so gut wie möglich wiederzugeben, benutzte man dieses System, wie das nachstehende Beispiel zeigt:

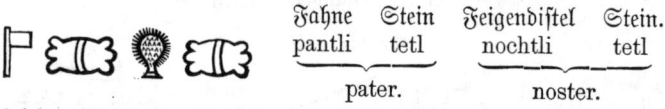

Fahne Stein Feigendistel Stein.
pantli tetl nochtli tetl
pater. noster.

Daß bei dem höchst eigentümlichen Lautsystem der mexikanischen Sprache diese Bezeichnung eine sehr unvollkommene sein mußte, ist erklärlich; dennoch zeigt sie, auf welchem Wege diese Schrift, sich selbst überlassen, sich weiter entwickelt haben könnte.

Doch kehren wir wieder zu unsern drei Hauptgruppen zurück: Der große Fortschritt, die Silbe eines Wortes unabhängig von seiner Bedeutung durch ein beliebiges Silbenzeichen desselben Lautwertes auszudrücken, fand bei den Ägyptern vielfach Anwendung. Die ägyptische Sprache eignet sich zu einer Bezeichnung durch Silbenschrift besonders gut, wegen der vielen einsilbigen Wurzeln, die dann auch in andern Worten, in denen gerade derselbe Lautwert vorkam, angewendet werden konnten. Man vergleiche hierzu die mannigfache Verwendung der Silbe „men" (eigentlich die Stabilität bezeichnend) in folgenden Beispielen:

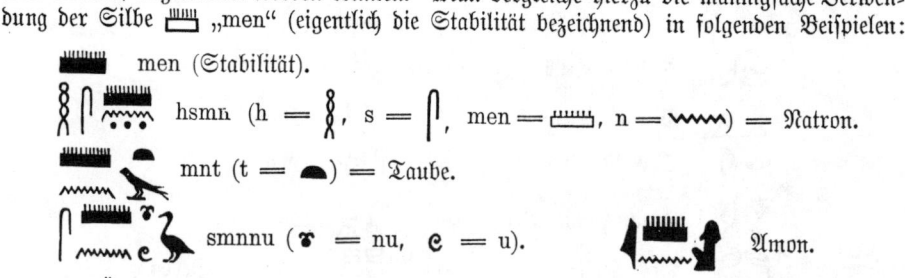

men (Stabilität).

hsmn (h = , s = , men = , n =) = Natron.

mnt (t =) = Taube.

smnnu (= nu, = u).   Amon.

Die Ägypter gingen aber noch weiter über die Silbenschrift hinaus. Im Ägyptischen ist wie in den semitischen Sprachen der feste, konstante Bestandteil das Konsonantengerippe, innerhalb dessen die Vokale je nach der Bildung und Stellung des Wortes wechseln. Auf die Vokalisation des Altägyptischen kann man noch aus dem Koptischen Rückschlüsse machen, jener letzten Entwickelungsstufe der ägyptischen Sprache, die in den ersten christlichen Jahrhunderten im Nilthal gesprochen wurde. Da man nun in der Umgangssprache daran gewöhnt war, zwischen den sich gleich bleibenden Konsonanten eines und desselben Wortes bald ein ö, bald ein o oder e ꝛc. zu sprechen, so kamen die Ägypter hierdurch leicht zu der Empfindung für den einzelnen Konsonanten, den einzelnen Laut, und so sind sie die ersten unter den Menschen gewesen, die den großen Schritt gethan haben, die menschliche Sprache in ihre unteilbaren Urelemente zu zerlegen. Freilich haben sie sich von der alten Tradition der Bilder= und Silbenschrift nicht losmachen können, sondern haben die drei Schriftarten durch= und nebeneinander verwendet, z. B. ⟨hieroglyphs⟩, zu lesen: seter. Hier ist ⟨h⟩ der reine Konsonant s; ⟨h⟩ ist ein Silbenzeichen mit dem Lautwert ter, dessen Lesung hier durch ein nachfolgendes ⟨h⟩ r, das sogenannte phonetische Komplement, gestützt wird. Die beiden folgenden Zeichen, eine Mumie auf dem Ruhebett, sowie ein bewaffneter Arm, sind sogenannte Determinativa. Die Ägypter waren nämlich wegen der Wurzelarmut ihrer Sprache genötigt, um Mißverständnisse auszuschließen, hinter die symbolisch oder phonetisch geschriebenen Worte Determinativa zu setzen, d. h. Bilder, die den Sinn des auszudrückenden Wortes nahe legen sollten. Man pflegt hier spezielle und generelle Determinativa zu unterscheiden: spezielle sind solche, die das darzustellende Objekt bildlich wiedergeben, z. B. ⟨hieroglyphs⟩, tesem, der Hund, Windhund. Generelle Determinativa sind solche, die eine übergeordnete Klasse bezeichnen, zu welcher der darzustellende Gegenstand gehört, z. B. ⟨hieroglyphs⟩; hier ist ⟨h⟩ das Zeichen der Vierfüßler im allgemeinen. Es können auch beide Arten von Determinativen zusammen hinter dem Worte stehen; dann tritt das spezielle vor das generelle. So stellt, um ein andres Beispiel zu wählen, in ⟨hieroglyphs⟩, „schäd, schneiden", das erste Determinativ ⟨h⟩ (ein Messer), das spezielle Mittel des Schneidens, dar, während das darauf folgende Bild des bewaffneten Armes bezeichnet, daß die Handlung eine gewaltthätige ist. Wie wichtig solche Determinativa bei der Menge der Synonyma der ägyptischen Sprache sind, zeigt z. B. die Mannigfaltigkeit der Bedeutungen der Wurzel anch (geschrieben ⟨h⟩, oder mit phonetischen Komplementen ⟨h⟩): diese bedeutet, je nachdem das Determinativ ⟨h⟩ oder ⟨h⟩ oder ⟨h⟩ oder ⟨h⟩ oder ⟨h⟩ dahinter tritt: Leben, schwören, Ohr, Ziege, Blume. — Endlich ist noch zu bemerken, daß man bei der Bildung der rein phonetischen Zeichen nach dem akrophonen Prinzip verfuhr, d. h., man zeichnete, um z. B. einen Konsonanten darzustellen, das Bild eines Gegenstandes, dessen lautlicher Wert mit dem betreffenden Konsonanten anfing, z. B.:

⟨Schilf⟩ = a, å, o (ake, koptisch = Rohr). ⟨Zeichen⟩ = sch (schne, koptisch = Garten).

⟨Adler⟩ = a, å, o (achôm, koptisch = Adler). ⟨Zeichen⟩ = sch (scheï, kopt. = Reservoir).

⟨Eule⟩ = m (muladsch = Eule).

⟨Löwin⟩ = l (laboi = Löwin).

Wenden wir uns nun zu der Keilschrift und sehen zu, wie man dort sich von der rein bildlichen Darstellung auf dem Wege der rebusartigen Schreibweise entfernte. Hier ist die Frage nach den Urhebern der Keilschrift von großer Bedeutung. Die neuesten Forschungen auf diesem Gebiete erst haben ergeben, daß, als die Semiten, angezogen durch das fruchtbare Paradiesesland zwischen Euphrat und Tigris, diesen Wüstensaum sich unterwarfen und sich darin niederließen, hier auf ein altes, hoch entwickeltes Kulturvolk stießen, dessen politische Macht sie zwar mit roher Kraft brachen, dessen höherer Zivilisation sie sich aber unterwerfen und anpassen mußten. Dies war das Volk von Sumer und Akkad, der Erfinder der oben beschriebenen, eigenartigen Keilschrift. Diese Schrift eigneten sich nun die semitischen Babylonier an, so ungleichartig auch ihre Sprache von der nichts weniger als semitischen, wahrscheinlich turanischen Sprache der Besiegten war. Wann dies geschah, läßt sich bis jetzt nicht bestimmen. In historischer Zeit finden wir die Keilschrift schon gleichmäßig bei den Semiten in Babylon und Assur verbreitet, und zwar schon als vollkommene Silbenschrift. Und doch muß es unendlich schwierig und unbequem gewesen sein, diese Schrift auf ihre so weit von der sumerischen verschiedene Sprache anzuwenden. Wie schwer selbst den Gelehrten die richtige Pflege dieser fremden Pflanze war, zeigen die zahlreich erhaltenen bilinguen Syllabare und Vokabulare, die in der linken Kolumne das sumerische oder akkadische Wort enthalten, in der rechten das entsprechende assyrisch=babylonische.

Vermutlich waren dieselben angefertigt zur Übung oder auch zum Nachschlagen. Ja, es sind sogar Schularbeiten junger Assyrier erhalten, die darin bestanden, aufgegebene sumerisch-akkadische Ideogramme auf gut semitisch-assyrisch zu übersetzen. Da kommen nun freilich komische Fehler und Versehen vor, die man, dank dem Stande der heutigen Assyriologie, auch jetzt noch korrigieren kann. So hat ein kleiner Assyrier einmal das akkadische Wort at, „Vater", welches semitisch mit „abu" wiederzugeben war, statt dessen, infolge einer verkehrten Ideenverbindung, mit „ummu", das ist aber „Mutter", übersetzt. Oft auch finden wir hier statt der Übersetzung das aufrichtige testimonium paupertatis: „Ul idi", d. h. „ich weiß nicht". Ähnlich wie diese Jugend in späterer Zeit, müssen sich aber auch die Väter, welche zuerst der fremden Schrift gegenübertraten, abgemüht und gequält haben. — Bei der Übertragung der sumerischen Zeichen auf die semitische Sprache verfuhr man folgendermaßen: Das Zeichen ▭▭ z. B. wird auf akkadisch „gal" gelesen und bedeutet „groß". Die Semiten verwendeten daher einmal dieses Zeichen als Silbenzeichen für den Lautwert gal, zugleich aber auch als Ideogramm für den Begriff „groß", und lasen es als solches auf semitisch „rabû". Außerdem konnte das Zeichen nun, da es einmal die Bedeutung rabû hatte, auch als Silbenzeichen für die Silbe rab gesetzt werden. Auf diese ganz einfache Art erklärt sich die den heutigen Entzifferern der Keilschrift so unbequeme Polyphonie der Zeichen, die noch dadurch gesteigert werden konnte, daß, wie schon oben gezeigt worden ist, durch die analogisierend und uniformierend verfahrende Umbildungsart der ursprünglichen Bilderschrift mehrere ursprünglich ganz verschiedene Bilder in eine und dieselbe Keilgruppe zusammenflossen. So hat das Zeichen ▭▭ die Lautwerte: ur, lik, tasch, tas, und als Ideogramm die Bedeutung „kalbu, Hund". Das Zeichen ▭▭ wird als Silbe „an" unendlich oft verwendet und bedeutet außerdem als Ideogramm: schame, Himmel, ilu, Gott. Das Zeichen ▭▭ hat die Silbenwerte mat, kur, schat, schad, lat, nat, und bedeutet als Ideogramm mâtu, Land, schadû, Berg (auf akkadisch kur; daher die Lautwerte mat, schad, kur), ferner kischittu, Eigentum.

Aber ganz so willkürlich und schwierig, wie es auf den ersten Blick scheinen möchte, war die Lesung doch nicht; denn man fand bald einige Mittel, die an der betreffenden Stelle allein gültige Lesart des polyphonen Zeichens speziell anzudeuten. Dies geschah, ganz wie im Ägyptischen, einmal durch phonetische Komplemente. Das Zeichen ▭▭ z. B. kann sowohl „schamschu, Sonne", als „ûmu, Tag", bedeuten. Tritt nun dahinter das Zeichen schi, so hat man natürlich schamschi zu lesen, folgt aber das Zeichen me, so hat man ûme zu lesen. Ferner bildete die Keilschrift, ganz wie das Ägyptische, Determinativa aus, welche die Klasse, zu der das darzustellende Objekt gehört, bezeichnet. So ist das vorgestellte ▭▭ (ilu, Gott) das Determinativ für Gott, das vorgestellte ▭▭ (amelu, Mensch) für eine Person und steht daher vor Eigennamen; das Zeichen ▭▭ (mâtu, Land) steht vor Ländernamen, das Zeichen ▭▭ (irṣitu, Erde) folgt denselben.

Den weiteren Schritt von der Silben- zur Lautschrift haben die Assyrier, obgleich der konsonantische Charakter ihrer Sprache eben so gut wie der der ägyptischen darauf hätte führen können, nie gethan, was leicht darin seine Erklärung findet, daß die ägyptische Schrift, auf eignem Grund und Boden erwachsen und für die ägyptische Sprache speziell erfunden, leichter gehandhabt werden konnte als die von dem Volke eines fremden Sprachstammes übernommene. Wohl aber hat man kompliziertere Silben in mehrere einfachere zerlegt. So schrieb man häufig für scham scha-am, für pî pi-i u. s. w. Doch dies ist wohl nicht als Fortschritt zu betrachten, sondern ursprünglich als Notbehelf, weil man oft nicht in der fremden Schrift ein dem speziellen semitischen Lautwert entsprechendes Zeichen fand. Später hat man dann dies Verfahren auch allgemeiner angewendet, auch wo es nicht nötig war.

Verfolgen wir die Entwickelung der Silbenschrift bei den Chinesen. Die Sprache derselben zählt nur 450 Silben, oder mit den Variationen, die durch die verschiedenen Accente hervorgebracht werden, 1203. Da sie nun im eigentlichen Sinne des Wortes eine einsilbige Sprache ist, deren Silben sich aus einem Konsonanten oder Konsonantenkomplex und einem nachfolgenden Vokal zusammensetzen, so muß sie als ungemein arm bezeichnet werden und es entsteht eine Vieldeutigkeit ohne gleichen für die Schriftsprache. Beim

Begriffsschrift.

Sprechen hilft die Geste hierüber fort; bei der Schrift aber mußte ein andres Mittel gefunden werden, um, nachdem nun einmal der Vorgang der gleichen Bezeichnung gleichlautender Wörter eingetreten war, ihre verschiedene Bedeutung zu unterscheiden. Diesem Zwecke dient nun eine eigentümliche Verbindung von Begriffszeichen (Jdeogrammen) mit den phonetischen, die Auffstellung sogenannter Schlüssel, entsprechend den ägyptischen Determinativen. Die chinesische Schrift hat 214 solcher Determinative, Klassen, in welche die verschiedenen gleichlautenden und verschiedendeutigen Worte eingeordnet werden, und die nach unsern Begriffen oft höchst eigentümlicher Natur sind, wie z. B.:

蝗 Heuschrecken.   鼠 Ratten.   鼻 Nasen.   龜 Schildkröten.

Um nun zu zeigen, wie diese Schlüssel angewendet werden, folgt hier ein Beispiel dafür:

巴 pâ;   芭 pâ + Pflanze = Bananenbaum;   笆 pâ + Rosenbaum = dornige Rose.

鈀 pâ + Eisen = Kriegswagen;   杷 pâ + Vers = Art Gedicht;

羓 pâ + Hammel = Art trocknen Fleisches;   齒巴 pâ + Zähne = schiefe Zähne;

疤 pâ + Krankheit = Narben;   吧 pâ + Mund = Schrei.

Es ist klar, daß dieses System der Silbenschrift ganz besonders gut für eine einsilbige Sprache paßte, in welcher Wort und Silbe identisch ist. Wegen der Stabilität der Silben sind denn auch die Chinesen zu der weitern Stufe der phonetischen Schreibung nicht gelangt, und noch heute schreiben sie nach obigem Prinzip.

Das Schreibmaterial der Chinesen, von deren Schrift wir hier Abschied nehmen, ist Papier, Pinsel und Tusche. In alter Zeit gebrauchte man eine mit Firnis überzogene Bambustafel und einen spitzen Griffel, grub wohl auch die Charaktere in Metallplatten. Im 2. Jahrhundert n. Chr. fing man an, mit einem Stäbchen, dessen Spitze durch Nässe und Schlagen erweicht war, Farben auf Leinwand und Seide aufzutragen. Als man hun-

Fig. 379. Japanesisches Schreibzeug.

dert Jahre später das Papier erfand, trat der Pinsel, den man aus den feinsten Kaninchenhaaren verfertigt, an die Stelle des Holzstäbchens. Die Tusche wird in verschiedenen Sorten gebraucht; am besten ist die, deren Glanz dem des Lackes gleich. Man reibt sie auf reinem Marmor und entfernt jedesmal die vom vorigen Tage übrig gebliebene. Der Pinsel wird senkrecht gehalten und es wird in senkrechten Zeilen von der linken zur rechten Hand geschrieben.

Die große Achtung, welche das chinesische Volk vor der Wissenschaft und ihren Vertretern hat, überträgt es auch auf beschriebenes und bedrucktes Papier, denn die Buchstaben sind „die Augen des Weisen, die Spuren, welche die Weisen hinterlassen haben", und ein Sprichwort bedroht diejenigen, welche in diesem Leben die Schrift nicht verehren, mit Blindheit in dem ewigen Leben. Eine „Gesellschaft für bedrucktes Papier" sendet ihre Mitglieder in die Provinzen, um auf den Straßen Papier mit Schriftzeichen zu sammeln, welches dann in besonderen Öfen verbrannt und dessen Asche unter feierlichen Aufzügen in den Fluß gestreut wird.

So verschieden die einzelnen Mundarten in dem ungeheuren Reiche der Mitte sind, ein Erlaß des Kaisers wird überall verstanden werden, weil die Zeichen nie ihre Bedeutung verändern. Es ist kaum glaublich, wenn wir sagen, daß jeder Europäer sich durch Ausdauer eine genaue Kenntnis der chinesischen Schrift verschaffen und jedes chinesische Buch lesen kann, ohne ein Wort von der chinesischen Sprache zu verstehen, lediglich dadurch, daß er die Tausende von Begriffszeichen genau dem Gedächtnisse einprägt. Die chinesische Schrift verbreitete sich nach Korea, den benachbarten Inseln und Japan, nach letzterem Lande in der zweiten Hälfte unsrer Zeitrechnung; die japanesische Sprache nötigte aber zu einer Menge

Abänderungen der chinesischen Charaktere, und buddhistische Einflüsse ließen endlich daraus eine Silbenschrift entstehen, welche mit den älteren Schriftzügen vermischt wird. Schreibweise und Schreibmaterialien sind ganz dieselben wie in China, und Fig. 379 zeigt ein Schreibzeug, wie es von den Japanern in der Tasche mitgeführt wird.

Bevor wir zur Darstellung der Weiterentwickelung der rein phonetischen Schrift übergehen, möge es gestattet sein, hier kurz auf eine erst jüngst entdeckte Bilderschrift hinzuweisen, wir meinen die hethitische oder hamathensische. Durch die jüngsten Ausgrabungen in Kleinasien, namentlich auf dem Boden des alten Karkemisch, der im Altertum so hochwichtigen Stadt am Euphrat, sind eine große Anzahl von Denkmälern zu Tage gefördert worden, die mit einer bis dahin ganz unbekannten Bilderschrift bedeckt sind. Es ist die Schrift des in der antiken Geschichte des Orients eine so bedeutungsvolle Rolle spielenden Volkes der Hethiter, das besonders, wie ägyptische Inschriften beweisen, durch den hartnäckigen Widerstand, welchen es dem großen Pharao Ramses II. leistete, bekannt geworden ist. Die mit Eifer und Scharfsinn geführten Versuche der Gelehrten, diese Schrift zu entziffern, sind noch nicht so weit gediehen, daß man von einem sicheren Resultate sprechen könnte. Wir müssen uns daher mit einer in Fig. 380 dargestellten Probe derselben begnügen.

Fig. 380. Hethitische Bilderschrift.

Aus der oben gegebenen Nebeneinanderstellung der Entwickelung der ägyptischen, babylonisch-assyrischen und chinesischen Schrift ging hervor, daß nur die Ägypter zu dem außerordentlich wichtigen, heute noch von unsern Lautphysiologen bewunderten Resultate gelangt waren, die einzelnen, unteilbaren Laute der Sprache zu erkennen und durch besondere Zeichen darzustellen. Freilich haben sie, wie in der Kunst so auch hier von stark konservativem Sinne beherrscht, sich von den vorhergehenden Stufen der Entwickelung nicht loslösen können, sondern haben neben den phonetischen Zeichen die Bilder und Symbole weiter in Gebrauch genommen. Einem andern Volke war es beschieden, die von den Ägyptern gezeitigte kostbare Frucht einzuernten und aller Welt nutzbar zu machen.

Die Phöniker, welche seit alter Zeit mit den Ägyptern in naher Beziehung standen und sogar in einzelnen Distrikten des Deltas jahrhundertelang ansässig waren, haben ihnen das große Geheimnis der phonetischen Schrift abgelauscht und als alleiniges Prinzip der Schreibung angenommen. Die Idee der Buchstabenschrift gehört den Ägyptern, die konsequente Durchführung dieses Systems den Semiten an. Wir wollen hier aber nicht verhehlen, daß heute noch ein heftiger Streit unter den Gelehrten darüber geführt wird, ob die Phöniker ganz direkt die Zeichen übernommen haben, oder ob sie bei einer selbständigen Erfindung der Buchstabenschrift sich von ihren Nachbarn nur haben beeinflussen lassen. Nachdem vorher gezeigt ist, wie schwer und nach wie vielen Vorarbeiten ein so intelligentes Volk, wie die Ägypter es waren, sich zum teilweisen Gebrauch einer phonetischen Schrift hindurchgearbeitet hat, wird sich der Leser, wie wir hoffen, mit uns der ersteren Ansicht zuneigen, nämlich, daß die Phöniker, indem sie die Idee der Buchstabenschrift übernahmen, sich zugleich auch nach den äußeren Formen unter den im Ägyptischen gegebenen Buchstaben umgesehen und sich die bequemsten und gebräuchlichsten herausgesucht haben. Natürlich sind hier die hieratischen Zeichen des Ägyptischen in Betracht zu ziehen, nicht die hieroglyphischen; denn erstere allein paßten für eine Verkehrsschrift, die ein Handelsvolk, wie die Phöniker es waren, gebrauchen konnte. Im Folgenden geben wir eine Zusammenstellung der ältesten semitischen Alphabete, des phönikischen, des moabitischen vom Meschastein aus dem neunten Jahrhundert v. Chr. und des althebräischen von der Siloahinschrift, etwa aus derselben Zeit stammend, sowie auch der hebräischen Quadratschrift mit den hieratischen Zeichen, welche am ehesten zur Vergleichung herangezogen werden können. Bei der Beurteilung der Ähnlichkeit ist aber zu bedenken, daß wir in den vorliegenden semitischen Alphabeten gewiß nicht die ältesten Formen der phönikischen Buchstaben vor uns haben.

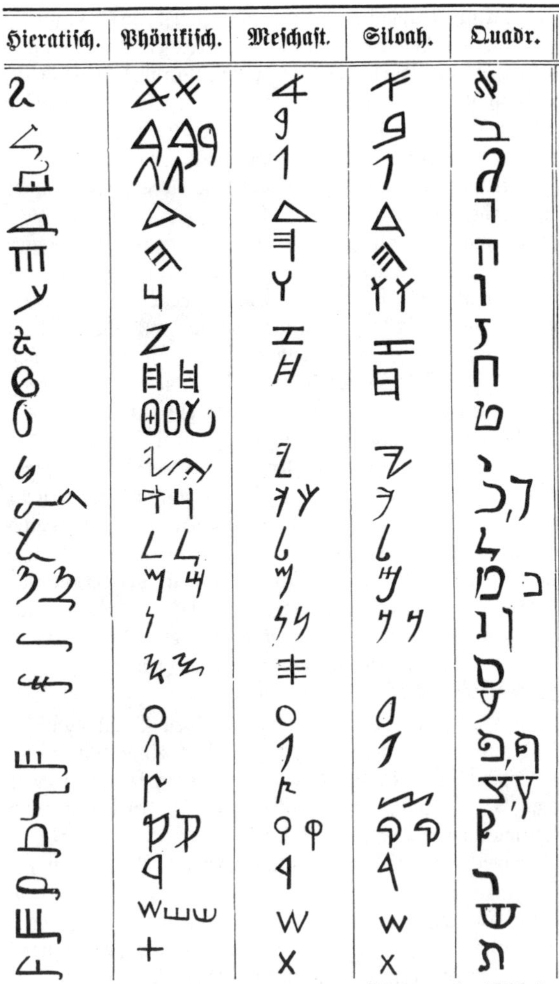

Hieratisch.	Phönikisch.	Meschast.	Siloah.	Quadr.	Name.	Bedeutung.
				א	Aleph	Stier.
				ב	Beth	Haus.
				ג	Gimel	Kamel.
				ד	Daleth	Thür.
				ה	He	Gitterfenster. (?)
				ו	Waw (Ŭaw)	Zeltpflock.
				ז	Zajin (weiches s)	Waffe. (?)
				ח	Heth (starkes h)	Gehege.
				ט	Thet (starkes t)	Winde, Spule.
				י	Jod	Hand.
				כ	Kaph	Innere Hand. (?)
				ל	Lamed	Ochsenstachel.
				מ	Mem	Wasser.
				נ	Nun	Fisch.
				ס	Samech	Stütze. (?)
				ע	Ajin (Gaumlaut)	Auge.
				פ	Pe	Mund.
				צ	Ssâde (scharfes s)	Fischerhaken. (?)
				ק	Qoph (starkes k)	Hinterkopf.
				ר	Resch	Haupt.
				ש	Schin, Sin	Zahn.
				ת	Taw	Kreuz.

Fig. 381. Begriffsschrift.

Über die Richtung der Schrift ist zu bemerken, daß, während die ägyptischen Hieroglyphen sowohl von links nach rechts als auch umgekehrt geschrieben werden konnten, die semitische Schrift stets die Richtung von rechts nach links nahm, wohl aus dem Grunde, weil auch das engere Vorbild, das Hieratische, ausnahmslos dies Prinzip befolgte. Die Phöniker gaben nun den 22 Konsonanten ihres Alphabetes, da sie allein ohne stützenden Vokal nicht auszusprechen waren, Benennungen. Diese Namen gerade, welche sinnlich wahrnehmbare Gegenstände bezeichnen, sind es gewesen, die zu der Ansicht geführt haben, daß die Phöniker durch selbständig erfundene Darstellung von Gegenständen unter Anwendung des akrophonen Prinzips die Bezeichnung des den Lautwert des Gegenstandes beginnenden Konsonanten gewonnen hätten. Nach dem Vorhergesagten ist aber die Entstehung der Namen gerade auf umgekehrtem Wege zu erklären: Die Zeichen waren ihnen gegeben; nun suchten sie unter Umkehrung des akrophonen Prinzips unter den Gegenständen, die ihrem damaligen Kulturleben besonders geläufig waren, die Namen derjenigen heraus, die mit den zu bezeichnenden Konsonanten anfingen und zugleich eine Ähnlichkeit mit den zu benennenden Zeichen hatten. So erinnerte sie das Zeichen ⩜ an einen Stierkopf; sie nannten es daher Aleph (Stier), da dies Wort mit demselben Hauchlaut א beginnt.

Somit war also eine reine Buchstabenschrift gewonnen. Wie im Siegeszuge eroberte sie nun die ganze der Kultur zugängliche Welt, überall hingetragen, direkt oder indirekt, von ihrem Schöpfer, dem phönikischen Volke.

57*

Im Osten verbreitete sich das phönikische Alphabet naturgemäß zuerst an der ganzen phönikisch=syrischen Küste und drang dann, von den Syro=Aramäern getragen, sogar in das Euphrat= und Tigristhal vor und bekämpfte die jahrhundertelang eingebürgerte Keilschrift, bis dieselbe dem neuen Gedanken vollständig weichen mußte. Bezeichnend für den großen Einfluß des aramäischen Alphabets ist der Umstand, daß die Perser nach Analogie desselben, der Keilschrift, die doch recht eigentlich eine Silbenschrift war, diesen ihren Charakter raubten und die einzelnen Laute durch Keilschriftgruppen darstellten. Dadurch ist die Keilschrift unter ihnen zu einer phonetischen Schrift geworden.

Für uns hat natürlich die Überführung des Alphabets von Asien nach dem Westen das höchste Interesse, da wir noch heute die Konsequenzen dieser That genießen. In der griechischen Sage hat sich eine Erinnerung an diese sehr frühe Thatsache noch deutlich er= halten. Nach derselben soll Kadmos, das heißt zu deutsch: Mann aus dem Osten, welcher noch spezieller als Phöniker bezeichnet wird, den Griechen die Buchstaben, die man daher phönikische oder kadmeische Zeichen nannte, gebracht haben. Und diese Überführung eines phönikischen Kulturelementes zu den Griechen ist keineswegs ein einzeln dastehendes, unverständliches Faktum, denn die neuesten Ausgrabungen besonders auf den Inseln des Griechischen Archipels haben gezeigt, daß schon in frühester Zeit ein außerordentlich reger und enger Verkehr zwischen diesen beiden Völkern bestanden hat. Es war aber den indo=euro= päischen Griechen nicht ganz leicht, diese Schrift, welche für den semitischen Konsonantismus berechnet war, ihrer Sprache anzupassen. Sie standen demselben Problem gegenüber, wie viele Jahrhunderte früher die semitischen Babylonier, als sie sich die Schrift der turanischen Akkader und Sumerer aneigneten. Aber die Griechen haben sich dieser Aufgabe mit bedeutend größerer Intelligenz unterzogen: Um vor allem Zeichen für die Vokale zu ge= winnen, die ja in der phönikischen Schrift nicht ausgedrückt wurden, benutzten sie die ihrer Sprache unbekannten Hauchlaute: △ (ein schwacher Hauchlaut) wurde für α, a verwendet, ⊒ (ein schwaches h) für E, e, O (ein Hauchlaut, der den nachfolgenden Vokal dumpfer färbt) für o u. s. w. Von den Zischlauten benutzten sie ⊏ (bei den Phönikern weich gesprochen) für das scharfe z, Z, das phönikische ≢ für das den Semiten fremde x und endlich das W (Sin) für das einfache S. Dazu erfanden sich später die Griechen noch einige Zeichen hinzu, so die Doppelkonsonanten φ = ph χ = ch, ψ = ps.

Mit den Zeichen erhielten die Griechen auch die Namen unter geringen Veränderungen von den Semiten; indessen wohl nicht ganz direkt von den Phönikern, sondern, wie die dem aramäischen Sprachstamme eigentümliche Endung â in Alpha, Beta u. s. w. es nahe legt, von den Aramäern, d. h. um mit den Griechen zu reden, von den Syrern. Wenigstens scheinen die in späterer Zeit von den Schriftstellern überlieferten Namen von diesen her= gekommen zu sein; ursprünglich mögen übrigens die Griechen auch die phönikischen Namen gekannt haben.

Wie die semitischen Völker, so schrieben auch die Griechen ursprünglich von rechts nach links. Überreste dieser Schreibweise sind uns nicht geblieben, dagegen zeigen uns Inschriften die sogenannte „Pflugschrift", welche einen Übergang zu der konsequent von links nach rechts laufenden Schrift bildet. Der wunderliche Name stammt von dem Gange der ackernden Stiere, welche die eine Furche nach rechts, die andre nach links ziehen. Die erste Zeile wurde nämlich von rechts nach links, die zweite von links nach rechts geschrieben. Als man dann durchgängig von links nach rechts schrieb, drehte man die einzelnen Zeichen um.

So wurde aus ⊿ — △, aus ꟼ — P, aus ⊣ — Γ u. s. w.

Die Römer erhielten ihr Alphabet aus griechischen Händen, wie denn auch die ältesten Namen der lateinischen Buchstaben den griechischen gleich sind. Bekannt ist, daß in Süd= italien bedeutende Kolonien der Griechen bestanden, mit denen die Römer einen lebhaften Verkehr unterhielten. Von diesen „Großgriechen" kam zu den Römern die erste Kenntnis der Buchstaben, und es scheint in dieser Beziehung die berühmte Stadt Cumä von be= sonderer Bedeutung gewesen zu sein; wenigstens finden sich hier Inschriften, deren Buch= staben die größte Ähnlichkeit mit den lateinischen zeigen und gleichsam die Mittelstufe zwischen griechischer und lateinischer Schrift bilden. Die übrigen italischen Völker verdankten die

Alphabete. 453

Kenntnis des Alphabets entweder den Römern oder den ihnen zunächst gelegenen griechischen Landschaften und Kolonien; nach Tacitus erhielten die Etrusker es durch den Korinther Demaratos. Später veränderten sich die Formen, so daß auf Inschriften die Umwandlung durch verschiedene Mittelstufen hindurch verfolgt werden kann, z. B.  A ᛒ ᛒ B, worin die ersten beiden Formen die durch die veränderte Zeilenrichtung bedingte Umkehrung erkennen lassen, ebenso wie C aus dem phönikischen Buchstaben ⌐ entstanden ist.

Altitalisch.	Etrurisch.	Altgriechisch.	Phönikisch.	Bedeutung.
△ ⋀ ⋀	A A A A A A	A	⚹ ⚹	a
ᛒ B	ᛒ B	ᛒ B	9 9	b
(7)		⌐ Γ 7 ⌐	7 ⌐	g
△ ᛈ △	ᛉK⊃⊂⌐<	△ ▽ D	◁ 9	d
Ⅎ ᛂ E	✝ ᛝ ✝ ✝	Ⅎ Ⅎ E	Ⅎ	e
⌐ ᛕ F	Ꝫ Ꝫ		Ꝫ	(Üau, Wau.)
⁊ ⁊		Ⅎ Ⅎ	Ꝫ	
⁊ ᛥ	· · · ·	⁊ ᛥ	Z	z
⅄		E	· · · ·	(h)
⊟ H	⊟	⊟ H	⊟ ᛒ	(ch)
⊙ θ	· · · ·	⊙ ⊗	θ θ	th
ᛉ Ι	Ι	Ι	ᛘ ᛘ	i
ᛉ K	ᛉ K	ᛉ K	ᚲ ᚲ ᚲ ᚲ	k
⌐ ⁊	⌐⌐ᛠᚢᚨᚢ⌐⌐	ᛚ ᛚ ᛚ	ᛚ ᛚ ᛚ	l
ᛗ	ᛗ ᛗ ᛗ ᛗ	M M	ᛟ ᛟ ᛟ	m
⁊ N	H H ᛘ ⌐ ᚨ ᚨ	N	ᛢ ᛢ	n
⫪	· · · ·	ⅲ ‡	ᛞ ᛞ	x (s)
O ⊙	· · · ·	O	O O	o
⌐ ⌐	θ Ⴔ O Ο Ⴑ	⌐	⌐	p
ⵁ	⌐ ᛚ ⵄ		ⵄ ⵄ	(San)
9 O ᛞ	· · · ·	9 ϕ	ᛟ ᛆ	(Koppa)
ᛘ P		ᛘ R	9 ᛘ	r
ᛗ	⋖ ᛞ ᛞ Ꝥ D	ᛗ M	ⵠ ᛠ ᛠ	s
× ✝	ᛉ ᛥ ᛥ		ᚺ ᛠ	t
ᛣ	· · · ·	ᛣ T	· · · ·	v, u (y)
	ᛣ ᛣ	ᛣ ᛣ		
	8	· · · ·		f

Fig. 382. Alphabetproben.

Da nun aber die Sprache der Römer viel härter war als die griechische, so wurde mancher griechische Buchstabe zur Bezeichnung eines ganz andern Lautes verwendet. So entstand V aus Y, Ypsilon, und erscheint zugleich wie dieses als Vokal für das später entstandene U. Es entspricht also AV dem griechischen AY und unsern AU. Während im

Griechischen das Zeichen F einen sehr schwachen W-Laut ausdrückt, der später gar nicht mehr geschrieben wurde, bezeichneten die Römer durch denselben Buchstaben den viel stärkeren Konsonanten F. Nach dem Punischen Kriege unterschied man einen härteren und einen weicheren Laut C und fügte für letzteren dem Zeichen noch einen Strich zu, wodurch das G entstand. Die meisten Buchstaben, wie A B K M N O, gleichen den griechischen vollständig; sie haben ihre Form getreu bewahrt, wie denn auch der Laut in beiden Sprachen derselbe ist. Die griechischen Aspiraten ϑ (th), φ (ph) und χ (ch), welche in der lateinischen Sprache in gleichem Lautwerte nicht vorkommen, wurden dagegen weggelassen.

Das älteste Schreibmaterial waren Holzbretter zu Priesterannalen, eherne Tafeln und steinerne Säulen für Verträge; auch Rindsfelle, Baumbast und in späterer Zeit Leinwand wurden zu Trägern der Schrift gemacht, die anfänglich nur zu priesterlichen und politischen Zwecken diente. Später bediente man sich des aus dem Mark der Papyrusstaude bereiteten Papiers. Die langen Streifen wurden in Rollen gesteckt, die meist rot oder gelb bemalt waren. Gewöhnlich beschrieb man nur die eine Seite des Papiers und bestrich die andre mit Safranfarbe, um die Schrift dadurch gegen Insekten zu schützen. Die Tinte, unsrer Tusche ähnlich, ward nach Plinius aus Gummi und Ruß bereitet; mitunter verwendete man auch Sepiasaft. Farbige Tinten kannte man nicht; erst in den letzten Zeiten des Kaiserreiches benutzte man Mennige zur Verfertigung roter Tinte. Die Schrift selbst war in Kolumnen geteilt, zwischen denen rote oder, wie auf den Papierrollen aus Herculanum, weiße Linien gezogen wurden. War der Inhalt ohne Wert, so konnte man die Schrift mit einem Schwamme wieder wegwischen und dann das Papier nochmals beschreiben. Die meisten Bücher wurden von eigens zu diesem Zwecke angestellten Sklaven geschrieben. Neben der Bibliothek hatte nämlich jeder wohlhabende Römer ein größeres Zimmer, wo gelehrte Sklaven damit beschäftigt waren, Bücher teils für den Gebrauch des Herrn selbst, teils für dessen Freunde zu kopieren. Es schrieben mehrere dasselbe Werk, welches von einem laut vorgelesen wurde.

Während die römische Litteratur ihre schönsten Blüten trieb, die Kraft der griechischen aber schon längst gebrochen war, lag die germanische Welt gleichsam noch in tiefem Schlafe, aus dem sie erst durch den Waffenlärm römischer Legionen geweckt werden sollte. Die Römer waren die ersten, welche den Germanen das Alphabet zuführten und Königen und Priestern lehrten. So entstand die Runenschrift, eine geheime Kunst, welche nur den Herrschern und Priestern zugängig war.

Daß das Material einen entschiedenen Einfluß auf die Umgestaltung überlieferter Zeichen ausüben muß, hat uns bis jetzt fast jedes Schriftsystem bewiesen. Man darf sich daher keineswegs über die Verschiedenheit der Formen wundern, welche zwischen dem lateinischen und dem Runenalphabet besteht. Papier und Pergament erlauben eine Abrundung und schwungvollere Darstellung der Buchstaben; Stein, Metall und Holz, worauf unsre Vorfahren schrieben, machen die Schrift eckig. Dazu waren die Werkzeuge, mit denen die Charaktere in Felsen gegraben wurden, unvollkommen, und es mochten oft Schwierigkeiten entstehen, wenn die umfängliche Masse in eine für die Bearbeitung passende Lage gebracht und der Arbeiter zu dem Material eine sich stets gleich bleibende Stellung einnehmen sollte. Hölzerne Brieftafeln, auf die man Runen schnitt, haben sich nicht erhalten; ebenso sind Fischkiefern, welche zu gleichem Zwecke gebraucht wurden, und Baumrinde, auf welche Odin Liebesrunen schrieb, die er der Rindur zuwarf, nur aus alten Liedern und Geschichten als Schreibmaterial bekannt. Die meisten Denkmäler der Runenschrift erhielten uns jene gewaltigen Steine, welche auf den Gräbern germanischer Häuptlinge liegen oder an Opferstätten in heiliger Gegend aufgerichtet sind.

Es gab drei germanische Runenalphabete: das nordische, das angelsächsische und das deutsche. Sie weichen nur in unwesentlichen Einzelheiten voneinander ab und verleugnen nie ihren gemeinsamen Ursprung. Dem ihnen allen zu Grunde liegenden Uralphabete kommt die nordische Runenschrift am nächsten. Einzelne Buchstaben zeigen die vollkommenste Übereinstimmung mit den entsprechenden lateinischen. So hat ᛒ die Form des B in spitze Winkel verwandelt, und in gleicher Weise ist aus D die Form ᚦ, aus R ᚱ geworden. In ᛏ hat sich der horizontale Strich des T gebrochen. In | finden wir genau das lateinische I wieder. Ebenso lassen sich die andern Buchstaben, wenn auch weniger leicht, als Entartungen der ursprünglichen lateinischen Formen erklären.

Die eigentümliche Thatsache, welche bei den Ägyptern, Chinesen und andern Völkern erscheint, daß die Schrift, ehe sie Gemeingut des Volkes geworden, von den Priestern als Geheimnis bewahrt und zu religiösen Zwecken gebraucht worden ist, tritt uns auch bei den Germanen entgegen. Runa heißt „Geheimnis" und hat dieselbe Wurzel wie „raunen". Von den Göttern ward ihr Ursprung abgeleitet; der Götter Herr, Odin, hat sie geritzt, die Priester wußten sie wohl zu schreiben, kein Laie vermochte sie aber zu deuten. Zauber wirkten aber Stäbe, auf denen Runenzeichen eingeschnitten waren. Im Runenlied der Edda heißt es:

> Runen wirst du finden und Ratstäbe,
> Sehr starke Stäbe,
> Sehr mächtige Stäbe.
> Erzredner ersann sie, Götter schufen sie,
> Sie ritzte der hehrste der Herrscher.

Dem Sigurd wird der Rat erteilt:

> Siegrunen schneide, wenn du Sieg willst haben;
> Grabe sie auf des Schwertes Griff,
> Auf die Seiten einige, andre auf das Stichblatt,
> Und nenne zweimal Thr.

> Brandrunen schneide, wenn du bergen willst
> Im Sund die Segelrosse;
> Aufs Steven sollst du sie und aufs Steuerblatt ritzen,
> Dabei ins Ruder brennen:
> Nicht so stark ist die Strömung, nicht so schwarz die Welle,
> Heil kommst du heim vom Meere.

> Geistrunen schneide, willst du klüger scheinen
> Als ein andrer Mann.
> Die ersann und schnitt zuerst
> Odin, der sie ausgedacht.

Das Runenalphabet der germanischen Stämme erfuhr eine bedeutsame Umwandlung durch den gotischen Bischof Ulfilas, welcher in der zweiten Hälfte des 4. Jahrhunderts aus Runen und griechischen Buchstaben ein eignes Alphabet schuf und in diesem seine berühmte Bibelübersetzung schrieb. Originell war das neue gotische Alphabet ebensowenig, wie die Namen der einzelnen Buchstaben, welche zum größten Teile mit den Benennungen der Runen übereinstimmen. Ulfilas erkannte die Verwandtschaft des unter den Westgoten gebräuchlichen Runenalphabets mit den griechisch-lateinischen Buchstaben und näherte nun, um eine bequemere, abgerundetere Schrift darzustellen, die gegebenen Runen durch einzelne kleine Abänderungen möglichst den entsprechenden griechischen Buchstaben, nahm selbst griechische Formen auf, wenn die Rune ihm zur Bezeichnung eines bestimmten Lautes unpraktisch erschien, und führte Formen, die sich schon sehr weit von der griechisch-lateinischen Urgestalt entfernt hatten, zu dieser wieder zurück; z. B. ↑ Rune — a; λ, Ↄ gotisch (s. Fig. 383). Bei dieser Umwandlung wurde Ulfilas stets geleitet von der Rücksicht auf das Schreibmaterial: Papier, Rohr, Tinte. Sein Alphabet sollte für das meljan (malen) bestimmt sein, im Gegensatze zu dem bisher üblichen rizdan, dem Einritzen oder Eingraben mit einem spitzen Werkzeuge. Unter den Denkmälern dieser gotischen Sprache und Schrift ragt der weltbekannte „silberne Kodex" zu Upsala, ein Bruchstück der Bibelübersetzung des Ulfilas, hervor. Auf purpurnem Pergament leuchten die goldenen und silbernen Buchstaben. Sonst finden sich noch gotische Handschriften zu Neapel und an andern Orten.

Mit dem 8. Jahrhundert war der Gebrauch der lateinischen Schrift in dem germanischen Europa durchgedrungen; Gebildete selbst verschmähten die Sprache und Schrift ihrer Vorfahren und übten sich im Lateinischen. Im Norden hielten sich die Runen länger, weil das Heidentum hier entschiedener dem vordringenden Christentum widerstand. Als dieses siegte, wurden die Runen ebenso wie die Bilderschrift der Mexikaner als heidnische Zaubercharaktere angesehen, ihre Anwendung verboten und die lateinische Schrift durch die Priester über das Land verbreitet. Fast in ganz Europa verbreiteten sich die lateinischen Buchstaben, nur der Osten Europas entzog sich ihnen, indem er mit dem Christentume auch die Kunst des Schreibens vom byzantinischen Reiche erhielt und in das altslawische Alphabet, aus dem dann das russische hervorgegangen, eine Menge griechischer Formen aufnahm.

Man unterscheidet zwei Arten von lateinischer Schrift, Majuskel- und Minuskelschrift. Majuskelschrift umfaßt alle sogenannten großen Buchstaben, Minuskel die kleinen. Erstere teilt man dann am zweckmäßigsten wieder ein in Kapital- und Uncialschrift, letztere in gerade und schiefe Minuskelschrift.

Die Kapitalschrift charakterisiert sich durch die einfachsten geraden Formen der Buchstaben; willkürliche Verkürzungen und Zusätze, durch welche der Schreiber dem Buchstaben eine mehr künstlerische Form zu verleihen sucht, mangeln ihr vollständig, und die Charaktere erscheinen deshalb oft roh, steif und schwerfällig. So besteht a als Kapitalbuchstabe aus einem Winkel, dessen Schenkel in der Mitte durch eine Horizontallinie verbunden sind: A.

Die Uncialschrift, welche man die Kursivschrift der Majuskel nennen kann, erstrebt leichtere, biegsamere und dabei dem Auge angenehmere Formen. Der Winkel verschiebt sich, die Schenkel werden gebogen und der eine oft länger gebildet als der andre. Das Belieben des Schreibers verändert die Urgestalt bisweilen so, daß dadurch die Deutlichkeit beeinträchtigt wird. Aus A, worin wir die semitische Urform noch ganz deutlich erkennen, wird **A**, aus M **M**. Beim A sehen wir sogar die Verbindungslinie verschoben und zwischen ihr und dem linken Schenkel eine neue eingefügt. Das M hat seine eckige Gestalt ganz verloren und die beiden Winkel in zwei Bogen verwandelt. Zu bemerken ist noch, daß die Kapitalschrift sehr selten rein, meist nur in einzelnen Wörtern vorkommt, uncial dagegen der Charakter der ältesten Handschriften ist.

Fig. 383. Gotisches Alphabet.

Aus der Majuskelschrift ist nun die Minuskelform entstanden. Beschränkt auf geringeren Raum, unterlag sie vielen Abkürzungen, welche sie der ursprünglichen Gestalt entfremdeten, dafür aber einer schnelleren Darstellung geeigneter machten. Die gerade Minuskel entspricht der Kapitalschrift, da auch hier die gerade Linie vorherrschend ist, während die schiefe Minuskel- oder Kursivschrift vorzugsweise schräge und gebogene Linien anwendet:

n gerade, *n* schiefe Minuskel.

Die ältesten lateinischen und griechischen Manuskripte sind in Uncialschrift abgefaßt; diese Charaktere blieben bis in das 8. Jahrhundert vorherrschend; dann machte der häufigere Schriftgebrauch besonders für Urkunden die Anwendung flüssigerer Buchstaben nötig, und es kam unter den Karolingern eine Minuskelschrift auf, welche durch ihre Mischung mit Majuskelformen und ihre vielfachen Verschlingungen und Abkürzungen dem Lesen nicht wenig Schwierigkeiten darbietet (s. Fig. 384). Aus dieser Schrift bildete sich seit dem 9. Jahrhundert immer mehr die runde Minuskelform aus und blieb dann bis in das 12. Jahrhundert im Gebrauch, in der spätern Zeit entschieden auch unter dem Einflusse des romanischen Baustiles sich entwickelnd. Die der Deutlichkeit nachteiligen Verschlingungen werden beseitigt, die Buchstaben ihrer ersten reinen Form genähert, in gerade Richtung und besseres Verhältnis zu einander gebracht und die Wörter, welche nicht selten ineinander gezogen waren, getrennt. Als Probe möge hier Fig. 385, der Anfang einer Urkunde des 11. Jahrhunderts, stehen.

Die sogenannte gotische oder Mönchsschrift kennt jeder aus den Inschriften alter Leichensteine. In ihr sind die meisten Urkunden und Bücher des späteren Mittelalters geschrieben. Man sieht ihr an, daß sie in Zeiten entstand, in denen die gotische Baukunst zur vollsten Blüte gelangte, daß sie von demselben Formengefühl, von einer gleichen architektonischen Symmetrie beherrscht wird. Die Erzeugnisse der Schreibkunst dieses Zeitalters gehören unbestritten zu dem Vollendetsten, was auf diesem Gebiete hervorgebracht worden

Schreibstoffe des Mittelalters. 457

ist, und viele Manuskripte, deren Inhalt oft nicht das geringste Interesse erwecken kann, sind ihrer künstlerischen Ausstattung wegen häufig von unschätzbarem Werte.

Die verbreitetsten Schreibstoffe des Mittelalters waren Pergamente und Papier; doch dauerte der antike Gebrauch der Wachstafeln noch bis in die neuere Zeit fort. Letztere bestanden gewöhnlich aus hölzernen, bei besonders kostbaren Exemplaren aus oft reich geschnitzten Elfenbeinplatten, welche mit Wachs überzogen und durch Bänder buchförmig verbunden waren, und wurden meist im oder am Gürtel getragen. Zu denselben gehörte nun ein Stift, dessen breites oberes Ende zum Glätten des beschriebenen Wachses gebraucht wurde. Bei den hohen Preisen des Papiers und Pergaments waren solche Notizbücher außerordentlich praktisch und für Rechnungen, Konzepte, Zinsregister, ja selbst in der Schule beim Schreibunterrichte in ausgedehntem Gebrauche; nach dem 15. Jahrhundert nahm aber die Verwendung der Wachstafeln ab, am längsten erhielten sie sich in Schwäbisch=Hall, wo die Salzsieder bis 1812 sich ihrer bedienten, und in Rouen, auf dessen Fischmarkt noch jetzt das Ergebnis der Versteigerungen auf Wachstafeln eingetragen wird.

In den frühern Jahrhunderten des Mittelalters wurde auch in Frankreich und Deutsch=land Papyrus zu Urkunden und Büchern verwendet und dieses Material in größeren Mengen aus Ägypten be=zogen, wo dessen Produktion auch nach der Eroberung des Landes durch die Araber fortbetrieben wurde; doch kam schon im 6. Jahrh. das Pergament in den europäischen Ländern in vielfältigen Gebrauch und verdrängte schließlich den Papyrus vollständig, weil es dauerhafter und weißer war, auf beiden Seiten beschrieben werden konnte und seine Zubereitung nicht an bestimmte Ortsverhält=nisse gebunden war. Das feinste Pergament lieferten die Häute ungeborner Läm=mer, zumeist wurde es aber aus Kalb=, Schaf= und Zie=genhäuten gefertigt, teils in

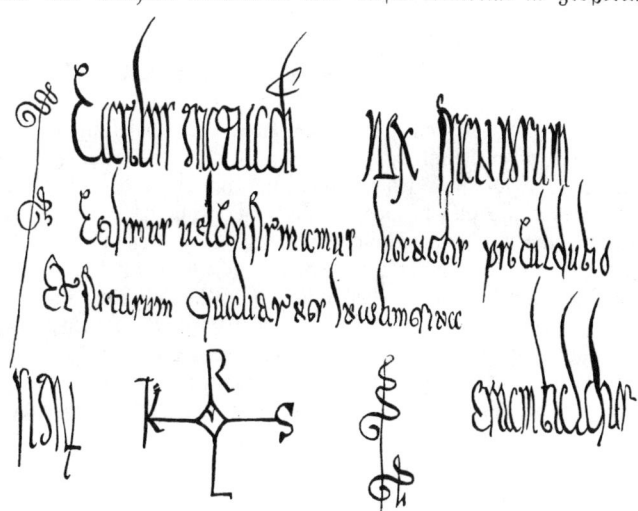

Fig. 384. Schriftprobe aus dem Jahre 783 mit Unterschrift Karls des Großen. „Carolus gratia Dei rex Francorum .... Cedimus vel confirmamus hoc nobis procul dubio .... et futurum qualiter nos in eelimosina ....“ — Signum Carolus. — Ercambaldus.

Klöstern, teils durch zünftige Handwerksmeister, an welche jetzt noch der Name der Per=gamentergasse in Erfurt erinnert. Zu besonders kostbaren Manuskripten färbte man diesen Schreibstoff purpurn und beschrieb ihn oft mit goldenen und silbernen Kapitalbuchstaben. Die herrlichsten Denkmäler mittelalterlicher Kalligraphie sind uns in derartigen Handschriften erhalten, vorzüglich in Abschriften des Psalters und der Evangelien; vor allen ausgezeichnet ist in dieser Art der schon erwähnte Codex argenteus in Upsala und das jetzt im Museum des Louvre befindliche prachtvolle Evangeliar, welches Karl der Große selbst 781 durch Godschalk hat schreiben lassen. Nicht immer war das in den Handel gebrachte Pergament sogleich zu verwenden; der Schreiber mußte es häufig vor dem Gebrauche noch abschaben und mit Bimsstein glätten, dann wurde es aufgespannt, durch den Zirkel der Abstand der einzelnen Linien bestimmt und letztere mit Hilfe eines metallenen Griffels und Lineals ein=gedrückt. Als Schreibgerät folgte dem Rohre die Feder, welche mit dem Messer geschnitten und samt dem Tintenfasse gewöhnlich im Gürtel getragen wurde.

Das Schreiben als Kunst übten im Mittelalter vorzugsweise die Mönche. Bis tief in die Nacht hinein saß der Klosterbruder in dem hochgewölbten Skriptorium (Schreibsaal) und meinte, ein Gott wohlgefälliges Werk zu thun, wenn er mit sorgsamer Hand die Werke der heiligen Kirchenväter vervielfältigte und so die Schätze der Klosterbibliothek mehrte;

verherrlichte doch auch die fromme Mythe die Arbeit besonders kunstreicher Mönche. Als der Schottenmönch Marian in Regensburg, dessen wundervolle Handschrift vielen Klöstern ein Muster gewesen, einst für seine nächtlichen Studien die Lichter vergessen hatte, leuchteten ihm drei Finger der linken Hand gleich Lampen, und Richard, der Prämonstratenser im westfälischen Kloster Wedinghausen, war ein so fleißiger Schreiber, daß Gott seine rechte Hand im Grabe wunderbar erhielt; 20 Jahre nach seinem Tode fand man sie unverwest, und noch heute schmückt sie als Reliquie den Altar der Klosterkirche. Welche Verdienste sich die Klöster um die Erhaltung der Überreste der altklassischen Litteratur erworben haben, ist bekannt; doch nicht dies allein verdankt die Geschichte des Schrifttums den Mönchen des Mittelalters; nicht minder wichtig für die Kultur war es, daß sie durch die mit ihren Klöstern verbundenen Schulen der Kunst des Schreibens und Lesens auch unter den Laien eine immer größere Verbreitung schufen.

Der Bürger der Stadt, welcher seinen Erwerb in Handwerk und Handel suchte, mußte zwar im Besitz dieser Fertigkeiten sein; dem Edelmann aber wie dem leibeignen Bauer waren Bücher und Briefe meist nicht zu enträtselnde Dinge. Selbst ein so bedeutender Dichter wie Wolfram von Eschenbach konnte weder schreiben noch lesen, und der Minnesänger Ulrich von Lichtenstein mußte einst, da gerade sein schriber nicht bei ihm war, eine Zuschrift seiner Herrin zehn Tage lang ungelesen lassen. Das ist überhaupt charakteristisch für das Zeitalter des Frauendienstes, daß das Weib an allgemeiner Bildung den Mann übertraf und die Edelfrauen, ohne deshalb selbstthätigen Anteil an der Litteratur zu nehmen, in der Kunst des Lesens und Schreibens erfahrener waren als ihre Männer und Verehrer. Als ein Gelehrtenstand auch außerhalb der Klöster sich entwickelte, wurden auch diese Kenntnisse allgemeiner, obgleich die Kostbarkeit der Handschriften nur wenigen Gelehrten eine Büchersammlung gestattete. Eine Privatbibliothek von 20—30 Bänden galt noch im 15. Jahrhundert für ein sehr schätzenswertes Besitztum. Etwas billiger wurden die Bücher, als in der zweiten Hälfte des Mittelalters, namentlich infolge von Universitätsgründungen, immer mehr Laien sich dem Geschäfte der Lohnschreiber widmeten; das waren entweder Leute, die sich einer guten Handschrift erfreuten, oder in sehr vielen Fällen heruntergekommene Schriftsteller und auch Studenten, welche auf Bestellung arbeiteten. Doch zwangen die Preise der Handschriften immer noch minder bemittelte Gelehrte, sich ihre Bibliotheken allmählich selbst zusammenzuschreiben; Cosimo von Medici konnte zwar für seine eigne Person allein 15 Schreiber beschäftigen, des großen Dichters Boccaccio Büchersammlung war jedoch zum größten Teil das Produkt seiner eignen Feder.

Fig. 385. Karolingische Schrift: Philippus dei gratia.

Fig. 386. Gotische oder Mönchsschrift.

Das Pergament konnte auf beiden Seiten beschrieben und gefaltet werden; so entstanden schon im Altertum Bücher im Gegensatz zu den meistens nur einseitig beschriebenen Papyrusrollen, doch blieb die letztere Form bei besonders wichtigen Aktenstücken noch bis an das Ende des Mittelalters hier und da in Gebrauch.

Buchmalerei. War die Herstellung eines solchen Manuskriptes in der Regel nur die Arbeit eines zunftmäßig geschulten Schreibers, der sich, wenn er etwas Besonderes leisten wollte, fremder Schriftmuster bediente, so blieb doch auch dieses Handwerk dem Einflusse der bildenden Kunst nicht verschlossen. Es war ein so natürlicher Wunsch, das kostbare, arbeitsvolle Werk auch äußerlich würdig ausgestattet, die Freude an seinem Besitz durch kunstreichen Schmuck erhöht und den Inhalt desselben durch bildliche Darstellung erläutert zu sehen, daß schon die altägyptischen Tempelschreiber zu Malern wurden und der Hieroglyphenschrift ihrer Papyrusrollen Illustrationen zur Erklärung und Zierde beifügten. Nach ihnen übten in größerer Ausdehnung die Griechen und Römer diese Kunst der Miniaturmalerei, die besonders an dem byzantinischen Hofe eine erfolgreiche Pflege genoß. Der Zweck der Erläuterung stand in erster Linie, die Bilder sollten ein Kommentar des Inhalts sein und namentlich in den neu aufgelegten Werken altgriechischer Schriftsteller Waffen und Trachten, Sitten und Religionsgebräuche der klassischen Zeiten den neugriechischen Lesern anschaulich machen. Handschriften des Vergil und Homer aus dem 4. und 5. Jahrhundert n. Chr. haben uns denn auch die ältesten Buchgemälde unsrer Zeitrechnung bewahrt. Ob in diesen Schreiber und Maler die gleiche Person gewesen, läßt sich nicht ergründen, daß aber die Hersteller der Miniaturen nur wenig von der Kunstübung der klassischen Zeit besessen haben, beweist die unvollkommene Zeichnung, der Mangel an Perspektive, die rohe Gliederung der Körper und die steife Gruppierung der Personen. Die klassischen Kunstanschauungen gingen immer mehr verloren in einseitiger Tendenz.

Trotzdem blieben die äußeren Formen antiker Gemälde Jahrhunderte hindurch von Einfluß auf die Buchmalerei der Byzantiner; selbst in den Bildern, die griechische Handschriften rein christlichen Inhalts aus dem 8. und 9. Jahrhundert enthalten, bewahren Trinkgeschirre, Gebäude, Kleider u. s. w. die antike Gestalt, und in einem kunstvollen, aus dem 10. Jahrhundert stammenden Psalterium erscheinen unter den Allegorien christlicher Tugenden, wie verirrte Gestalten eines schöneren Heidentums, die Nacht als hehre Frau, auf deren Zügen ein Abglanz junonischer Hoheit ruht, und neben ihr der Morgen als heiterer, leichtgeschürzter Knabe. Bald schwinden aber auch diese Erinnerungen und übrig bleiben nur die langen, mageren Körperformen der Heiligen mit ihren grünlichen Fleischtönen, die sich in leblosen Farben vom Goldgrunde abheben, leidensvoll verzerrte Gesichter, schwer verständliche Allegorien und Ornamente, die bei aller Farbenpracht doch nur den Eindruck des Kleinlichen machen.

Aufs neue erwachte der Geist antiker Kunst im Zeitalter der Karolinger, und nicht zum mindesten zeigt der Bilderschmuck der Handschriften jene wundersame Mischung römischen und germanischen Wesens, welche die Kultur dieser Periode überhaupt charakterisiert. Da wandeln die Juden in fränkischen Gewändern einher, und mitten unter ihnen stehen die Krieger in römischer Rüstung und die Apostel in die antike Toga gehüllt. Wohl ist die Zeichnung oft roh und ungeschickt, manches in

Fig. 387. Laokoon aus einem Vergil des 5. Jahrhunderts.

ihr übertrieben, andres vernachlässigt; vertieft man sich aber in den Anblick jener biblischen und christlichen Helden, so fühlt man, daß ein andrer Geist in ihnen lebt als in den Figuren der künstlerischen byzantinischen Malerei, und man erkennt die Reaktion des Gemütes gegen abgestandene konventionelle Formen.

Aber auch in einer andern Beziehung steht die karolingische Buchmalerei über der byzantinischen; sie erweitert wesentlich den Kreis dieser Kleinkunst, indem sie die Initialen ornamental behandelt. In den griechischen Handschriften des Mittelalters sind zwar auch die Anfangsbuchstaben durch Größe und reichere Ausstattung hervorgehoben, doch sieht man ihnen an, daß nur die Hand des Schreibers an ihnen thätig gewesen. Jetzt wurden aber die Initialen zu einem Objekte der Kunst und blieben es das ganze Mittelalter hindurch, ja bildeten sogar nach der Erfindung des Buchdrucks noch einen wesentlichen Schmuck wertvollerer Bücher.

Irische Mönche hatten schon vor Karl dem Großen in den von ihnen gegründeten Klöstern die Buchmalerei eifrig gepflegt und die Sitte eingeführt, die Anfangsseiten mit wenigen Zeilen oder wohl auch nur mit ungeheuren Initialen zu füllen, welche sie mit den phantastischsten Ornamenten zierten. Eine in solchem Stile gehaltene Schriftprobe, welche man auf unserm Tonbilde wiedergegeben findet, ist einem Psalterium entnommen, welches aus dem Kloster St. Jean zu Laon stammt und angeblich der um 655 verstorbenen Äbtissin Salaberga zugehört haben soll. Man vergleiche hierzu das auf Seite 225 oben abgedruckte Beispiel eines gleichartigen Ornamentes. Es fehlte in ähnlichen Schriftzeichnungen solcher Art weder der Fisch, das Symbol Christi, noch der Falke, der vielgerühmte Jagdvogel des Mittelalters; Papageien und Affen belebten ein wirres Zweiggeflecht, Reiher und Pelikane bildeten in stilvollen Körperverrenkungen seltsame Verschlingungen, auch schlangenartige Tiere wurden zu auf- und abrollenden Spirallinien verwendet, und selbst die Glieder der Heiligen verzogen sich in Schlangenwindungen. Ein gutes Stück Heidentum ward von diesen keltischen Glaubensboten und ihren Schülern in die Bilder ihrer heiligen Bücher unbewußt hineingetragen, und gerade diese grotesken Motive heimelten die germanischen Völker an und veranlaßten sie zur Nachahmung. Das Studium der Antike unter den Karolingern konnte jedoch diese Auswüchse einer geistlichen Phantasie nicht dulden, vor allem schwanden aus den Miniaturen jene typischen Fratzen, mit denen die irischen Manuskripte fast absichtlich prunkten, der menschliche Körper ward nicht mehr zu Ornamenten verrenkt, und von dem dunkleren Grunde der in symmetrische Felder geteilten Initialen hoben sich jetzt in lichteren Farben Akanthusblätter und mäandrisch verschlungene Linien ab.

Der edle Stil, welchen in den karolingischen Zeiten die Arabesken der Initialen und die Miniaturen zeigen, artete aus, als die Klosterschulen, in denen diese Kunst vorzüglich gepflegt wurde, sanken; die Farben verloren an Kraft und die menschlichen Gestalten der Bilder an Lebendigkeit. Als mit des deutschen Kaisers Otto II. griechischer Gemahlin Theophano auch Werke byzantinischer Künstler nach Deutschland kamen, bahnte sich eine neue Herrschaft byzantinischen Geschmackes an und erreichte unter Heinrich II. ihren Höhepunkt. Wieder erscheinen auf den Pergamentblättern die langen greisenhaften Heiligen mit den starren Augen und den häßlichen Gesichtern; der Versuch der karolingischen Kunst, die einzelnen Personen zu individualisieren, ist aufgegeben, fast schablonenhafte Gleichartigkeit beherrscht die verschiedenen menschlichen Gestalten, und an die Stelle der gesunden braunen Hautfarbe tritt jetzt wieder das leichenhafte Grün, welches auf den alten byzantinischen Buchgemälden Gesicht und Hände besonders ausgezeichneter Personen tragen; in einem Evangeliarium der Bamberger Bibliothek hat Kaiser Heinrich, der auf dem Widmungsblatte das Buch der Jungfrau Maria überreicht, sogar einen grünen Schnurrbart.

In vielen dieser Bilder ist wenigstens die Technik bewundernswert; im 11. Jahrhundert aber sank auch diese. In dem tiefsten Verfall der Miniaturmalerei lagen jedoch Keime zu neuer Blüte. Als die antiken und byzantinischen Muster vergessen waren, wurde die Natur wieder Vorbild, das Gesicht gewinnt Leben, die deutsche Tracht verdrängt das römische Kostüm, an Stelle der Akanthusblätter werden jetzt heimische Pflanzen stilvoll zu Arabesken verwendet. Zuerst geschieht dies alles nur roh, oft bloß in Andeutungen und Umrissen, aber bald erringt sich das nationale Element einen künstlerischen Ausdruck, und in der Mitte des 12. Jahrhunderts steht die Buchmalerei höher als zu Karls des Großen Zeiten.

Fig. 388. Verziertes B aus einem karolingischen Psalter im Britischen Museum.

Auch jetzt noch übten vorzugsweise Mönche die Malerei; die Stoffe aber, welche sie behandelten, lagen doch oft gar fern ihrem kirchlichen Denken und zeigten häufig eine Lust an den Freuden der Welt, die mit dem stillen Leben des Klosters nicht so recht harmoniert haben mochte. Die Entwickelung des romanischen Baustiles wie der ritterlichen Dichtung trugen wesentlich zur Ausbildung der Miniaturmalerei bei; die Initialen gewannen an stilvollerer Form und die Gemälde an Natürlichkeit und Gedankentiefe. Tiersage und Minnelied wurden durch geistliche Hände mit gleicher Liebe und Sorgfalt illustrirt wie Psalterien und Heiligenleben, und diese Kleinkunst ward so zum Bedürfnis, daß von diesen Zeiten an keine irgend umfangreichere Handschrift ihrer ganz entbehrt, sondern diese, wenn die Mittel zu farbenreicheren, kostspieligeren Darstellungen nicht ausreichen, sich wenigstens mit schlichten Federzeichnungen aus roten und schwarzen Strichen schmücken.

War auch die Zeit der Gotik im allgemeinen der Malerei wenig günstig, so litt doch gerade die Buchmalerei nicht unter jenem Übergewichte der Architektur und Plastik, sondern sie nahm sogar eine Menge Künstler in ihren Dienst, für deren Talent die in die Höhe strebenden, reich gegliederten Kirchen keinen genügenden Raum zu haben schienen. Bisher war die Herstellung von Miniaturen doch mehr Kunstgewerbe gewesen, jetzt entwickelte sich dasselbe zu einem selbständigen und hochbedeutsamen Zweige der Kunst und schied sich immer mehr von der Schrift. Die Arbeit des Schreibers trennt sich von der Kunst des „Illuministen", welcher den von jenem ausgesparten Raum der Manuskripte mit reizenden Initialen und Miniaturen füllt. Immer zahlreicher werden die Namen berühmter Buchmaler, und neben den Mönchen nehmen jetzt auch häufig Laien teil an der Pflege dieser Kunst. Vor allem in Frankreich, wo auf dieselbe das wissenschaftliche Leben an der Pariser Universität, wie die Kunstliebe der Fürsten aus dem Geschlechte der Valois einen gleich vorteilhaften Einfluß ausübten; sodann am Hofe von Burgund, in süddeutschen Klöstern und in Prag. Von der Mitte des 13. bis zu der des 14. Jahrhunderts herrschte noch die alte Sitte der romanischen Periode, Federzeichnungen mit ungebrochenen Farben zu illuminieren, dann aber ward diese einfache Technik verlassen und Mitteltöne und Übergänge

Fig. 389. Jean Froissart.
Nach einem Manuskript in der Bibliothek zu Amiens.

zwischen Licht und Schatten angewendet. Gerade für die Initialen bot die Gotik mit ihren vielfach gebrochenen Linien und dem tiefen Natursinn ihrer Ornamente eine ungeahnte Fülle neuer und überaus reizender Motive, die nicht selten in der genialsten Weise behandelt wurden; die menschlichen Gestalten der Gemälde aber zeigen eine Zartheit der Empfindung und eine fast weibliche Anmut, welche den konventionellen Formen der romanischen Zeit fremd bleiben mußte, jetzt aber mit der Gemütsschwärmerei des Frauendienstes und des Minnesanges einer Wurzel entsproßte, daneben aber auch einen kräftigen Realismus, einen gesunden Humor und eine für die Kulturgeschichte höchst bedeutsame Berücksichtigung des sozialen Lebens. Dieser realistische Zug, welcher den schwungvollen Idealismus der Gotik gar wunderbar durchsetzte, war wohl auch der Grund, daß gerade in den Miniaturen dieser Zeit jene Richtungen in der Malerei zur Ausbildung gelangten, die das tiefste Verständnis des individuellen Lebens fordern, die Porträt- und Genremalerei. Von ersterer zeigen uns die mittelalterlichen Handschriften vielversprechende Anfänge, sowohl in den Bildnissen des Bestellers, welche gewöhnlich das erste Blatt des Buches zieren, wie in denen des Verfassers, der häufig dargestellt wird, wie er studiert oder dichtet und schreibt; so schmückte unter anderm der Buchmaler Guillaume de Bailly, welcher 1381 die Chronik des Jean

Froissart für den englischen König Richard II. ausmalte, das Buch auch mit dem Bilde des Geschichtschreibers (s. Fig. 389), und ein unbekannter Künstler fügte den Minneliedern des um 1300 gesammelten und jetzt in Paris befindlichen Manessischen Kodex eine große Anzahl von Dichterporträts bei (s. Fig. 390). Selbst so hervorragende Meister wie die Brüder van Eyck verschmähten es nicht, in die Reihe der Illuministen zu treten, wurden doch die Buchgemälde häufig teurer bezahlt als Altarbilder. So erzielte der Buchhändler Jacques Raponde in Paris, welcher dem Herzog Philipp dem Kühnen von Burgund (1363—1404) eine mit 5124 kleinen Federzeichnungen geschmückte Bilderbibel lieferte, für dieselbe den Preis von 13000 Frank.

Der Buchdruck vernichtete keineswegs diese Kleinkunst, wenn er sie auch einschränkte. Die Lettern waren den Buchstabenformen des 15. Jahrhunderts nachgeschnitten und ein Abbild der Schrift; so fanden auch die Initialen Nachbildung in Metall, und nach wie vor blieb in den Büchern Raum für den Illuministen aufgespart, außerdem wurden auch noch Bücher auf Pergament kunstreich geschrieben und ausgemalt, wenn dem reichen Besteller die verhältnismäßig wenig zahlreichen Schriftformen jener Zeit nicht geschmackvoll genug erschienen. Doch konnten selbst Albrecht Dürer und Lukas Kranach weder den Verfall der Miniaturmalerei aufhalten, noch verhindern, daß diese mit der Zeit immer mehr durch den Holzschnitt verdrängt wurde.

Die **Einführung des Papiers** übte auf Schrift und Schreibkunst einen außerordentlichen Einfluß aus. Papyrus und Pergament waren zu kostbare Stoffe, als daß sie sich zum Volksgebrauche geeignet hätten; sie bewahrten das ganze Mittelalter hindurch einen gewissen aristokratischen Charakter und waren hauptsächlich der Grund, daß die Kenntnis der Schrift so lange Zeit nur auf die höheren Stände beschränkt blieb. Das Bedürfnis nach einem bequemeren und billigeren Schreibstoff ward aber unabweisbar, als der Handel einen internationalen Charakter annahm, die Bedeutung des Bürgertums wuchs, den Klosterschulen das Monopol der Jugendbildung durch städtische Lehranstalten entrissen und die Wissenschaft nicht allein mehr vom geistlichen Stande gepflegt ward. Ein solches Schreibmaterial fand man nun im Papier, das so weiß wie Pergament, so

Fig. 390. Gemälde aus der Pariser (Manessischen) Handschrift zu den Liedern Heinrichs von Veldeke.

leicht wie Papyrus war, aber sich zugleich durch Billigkeit auszeichnete, da es fast an jedem Orte hätte bereitet werden können. Die Chinesen haben zuerst Papier aus Baumwolle hergestellt, von diesen lernten die Fabrikation die Araber und verbreiteten dieselbe nach Spanien; von dort kam sie im 12. Jahrhundert nach Frankreich und Italien und über letzteres Land im 14. Jahrhundert nach Deutschland. Von selbst kam man dazu, in Gegenden, wo baumwollene Lumpen selten waren, dafür linnene zu gebrauchen. Bald bürgerte sich das Papier in allen Kreisen der Bevölkerung ein und fand fast für alle Zwecke Verwendung, zu denen früher das Pergament hatte dienen müssen; ein vorzügliches Schreibmaterial lieferte es den Kanzleien, wo seit der Einführung des römischen Rechtes das mündliche Verfahren immer mehr durch das schriftliche verdrängt wurde, und eine nicht minder große Umgestaltung erfuhr durch dasselbe der Handel, für welchen es den Übergang zur Kreditwirtschaft bezeichnete.

Es kann uns nicht obliegen, den gewaltigen Umschwung zu charakterisieren, welchen das Papier und die durch dasselbe zur allgemeinen Anwendung gelangte Schrift in der materiellen und geistigen Kultur der Völker hervorgerufen hat; wir haben es hier nur mit dem Äußeren der Schrift, den Schriftzügen, zu thun, sehen aber auch diese während der beiden letzten Jahrhunderte des Mittelalters gerade durch die weitere Verbreitung der

Kenntnisse des Schreibens sich vielfach umgestalten. Die monumentalen, eckigen Formen der sogenannten gotischen Schrift schwanden dort, wo es galt, schnell zu schreiben; an ihrer Stelle erschienen jetzt rundere Buchstaben von kleinerer Gestalt, welche nicht mehr einzeln nebeneinander standen, sondern durch feine Striche miteinander verbunden wurden. Freilich trat hiermit auch an die Stelle der früheren Symmetrie zuerst Unregelmäßigkeit und Willkür, doch bildete sich besonders durch Muster der verschiedenen Kanzleischriften, welche sich zuerst in den betreffenden Kreisen einbürgerten und dann allmählich auch in den Schulen Verwendung fanden, bald eine einheitlichere, gleichmäßigere Kursivschrift aus.

Die Buchdruckerkunst erhielt die gotische Schrift länger und reiner als die Handschrift, aus dem einfachen Grunde, weil gerade und eckige Formen sich leichter in Holz schneiden lassen als die schiefen und runden Buchstaben des damals üblichen Kursiv. So ist es denn gekommen, daß unsre deutsche Druckschrift, welche sich aus der des 15. Jahrhunderts entwickelt hat, einen von der Kursivschrift grundverschiedenen Charakter trägt. Die letztere läßt ihre Abstammung kaum mehr erkennen. Wir schreiben widersinnig genug noch mit sogenannten lateinischen und mit deutschen Buchstaben, obgleich beide einer Wurzel entsprossen und letztere nur die entstellten Formen der ersteren sind. Es ist unglaublich, welche Verschiedenheit sich je nach der Laune der Schreibenden oder dem Gefallen der Drucker in den Abweichungen von der ursprünglichen Form und in den Verzierungen der beiden Hauptschriftarten „Druck- und Schreibschrift", wenn das letztere Wort erlaubt ist, zeitweilig Eingang und Aufnahme verschafften. Ein Blick in Dokumente aus verschiedenen Zeiten und verschiedenen Ländern zeigt uns eine Mannigfaltigkeit, die zu beschreiben wir nicht entfernt wagen dürfen. Der ganze Charakter der Zeit mit seinen wechselnden Erscheinungen spiegelt sich uns in den Schriftzügen wider. Der deutschen Schrift ist es gegangen wie der deutschen Sprache: die Formen des Mittelalters sind abgeschliffen und verunstaltet und ihre kräftige Schönheit ist bis auf wenige Spuren vernichtet.

Zur Vernichtung der Kunst des Schreibens hat nicht am wenigsten die Stahlfeder beigetragen. Der Gänsekiel wurde vom Schreibenden dem persönlichen Bedürfnis gemäß zugeschnitten, während die Stahlfeder, ein Millionenerzeugnis

Fig. 391. Ein mittelalterlicher Schriftsteller.

der Fabriken, die Hand zwingt, sich ihr anzubequemen. Durch sie sind die verschiedenen „Dukten" im großen Ganzen verschwunden, auch die kleinen individuellen Verschiedenheiten schleifen sich ab, zumal da die Schriftmuster der Schulen eine immer größere Gleichmäßigkeit annehmen. Der Gegenwart mangelt die Zeit zum Schönschreiben, sie ist schon durch die Deutlichkeit der Schrift mehr als zufriedengestellt und überläßt es einzelnen Schreibkünstlern, mit den Klosterbrüdern des Mittelalters zu wetteifern.

Das neueste, großartigste Denkmal der Schreibekunst in Verbindung mit Miniaturmalerei ist das vom Pater Dominikus Sire, Direktor des Großen Seminars zu Paris, im Jahre 1867, am Feste der Apostelfürsten Petrus und Paulus, dem Papste Pius IX. überreichte sprachliche Prachtwerk zu Ehren der Verkündigung eines der neuesten Dogmen der katholischen Kirche (auf feinstem Pergament oder Papierstoff). In demselben ist die Übertragung (aus dem lateinischen Urtexte) der Bulle „Ineffabilis" in alle von Katholiken des Erdkreises gesprochene Sprachen und Dialekte, von den ersten Sprachkundigen des Landes übersetzt, zu einer Sammlung vereinigt und während sieben Jahren von den ersten Kalligraphen der Welt niedergeschrieben worden. Das Riesenunternehmen hat etliche 30 Bände von größtem Quartformat in Anspruch genommen, deren viele mehr als 500 Seiten füllen, so daß sämtliche Bände über 20000 Seiten aufs zierlichste geschrieben, verziert und ausgemalt enthalten. Zwanzig Bände derselben entfallen allein auf die Sprachen und Dialekte Europas; davon erheischten die Dialekte Frankreichs in ihren 62 Übersetzungen einzig und allein sechs Quartbände. Der 15. und 16. Band enthalten die Sprachen germanischen Ursprungs, der 21. bis 25. Band die Sprachen Asiens, der 26. bis 28. die Afrikas, der 29. und 30. jene Amerikas, der 31. die Ozeaniens; im ganzen 3000 lebende Sprachen. Außerdem zwei Bände Einleitung, die Geschichte der Entstehung und Ausführung dieses merkwürdigen Erzeugnisses erstaunlichen Menschenfleißes enthaltend, samt den infolge desselben notwendig gewordenen Korrespondenzen in betreff der Anlage und bewundernswürdigen Ausschmückung dieser in ihrer Art einzigen Leistung der Kalligraphie. Alle Mittel der Miniaturmalerei erscheinen hier neu belebt, und es bildet daher dieses merkwürdige Werk zugleich einen Überblick über den Zustand der Kunst unsrer Tage.

Chiffernschrift. Es bleibt uns endlich noch übrig, die Schrift der Diplomaten, die Chiffernschrift, mit kurzen Worten zu charakterisieren. Kein Schriftsystem tritt uns hier entgegen, welches sich aus einem der vorhergegangenen entwickelt hat, sondern eine aus willkürlichen Zeichen bestehende Geheimschrift, die nur den betreffenden Personen verständlich sein soll. In hohes Altertum hinauf reicht die Sitte, wichtige Sendschreiben zwischen den Höfen, Mitteilungen politischer Agenten an die Behörden, Befehle des Anführers an seine Untergebenen in solcher Geheimschrift abzufassen. Man konnte sich da eines zweifachen Weges bedienen. Entweder ward die Schrift vollständig verhehlt und für andre, unberufene Personen unsichtbar gemacht (durch sympathetische Tinte), oder es wurden zwischen den verschiedenen Teilen verabredete Schriftzüge angewendet, die einem Dritten unverständlich bleiben mußten. Herodot beschreibt eine Art von Geheim-

Fig. 392. Verzierter Buchstabe K. (Anfang des 16. Jahrhunderts.)

schrift, deren Anwendung uns fast komisch erscheinen muß.

Das Haupt eines Sklaven ward rasiert, die Botschaft auf die glatte Stelle geschrieben und das Haar wieder wachsen gelassen. Darauf entsandte man den Boten. Niemand ahnte, daß die Kopfhaut desselben als Schreibmaterial benutzt worden, und unangefochten gelangte er an sein Ziel. Wenn nun die Nacht hereingebrochen war, rasierte der Empfänger vorsichtig und unbemerkt den Kopf, las die Schrift, vernichtete sie und schrieb dann vielleicht die Antwort wieder auf ganz dieselbe Stelle.

Wie wenig praktisch diese Art von Geheimschrift war, leuchtet sehr bald ein. Der Wichtigkeit der Botschaft durfte durch die lange Verzögerung kein Abbruch geschehen und sie mußte, ein Vierteljahr später oder früher abgeschickt, dem Empfänger doch immer von gleichem Interesse bleiben. Ebenso originell ist folgendes Verfahren, von dem ebenfalls Herodot berichtet.

Die Chiffernschrift.

Ein persischer Hofmann, Namens Harpagos, hatte dem König Cyrus, der in Feindesland weilte, höchst wichtige Mitteilungen zu machen. Da nun die Straßen sorgsam bewacht waren und ein Bote leicht aufgefangen werden konnte, ließ er einen Hasen fangen, schnitt dessen Fell auf, schob in das Loch den Brief und wartete, bis die Wunde wieder zugeheilt war. Ein Diener überbrachte diesen Hasen dann dem Könige.

Die angeführten Beispiele könnten noch um einige vermehrt werden; doch genügen diese, weil es sich hier nicht um den Charakter der Schrift selbst, sondern um die Art der Überbringung handelt. Die Geheimschrift im engern Sinne, d. h. die, deren Züge nur mittels eines Schlüssels verstanden werden können, ist von sehr hohem Alter; den Spartanern schon war sie nicht unbekannt. Plutarch beschreibt uns deren sogenannte Skytala folgendermaßen: Unternimmt ein General einen Feldzug, so verfertigt man zwei Stäbe von gleichem Durchmesser und derselben Größe. Einer dieser Stäbe wird daheim an einem sichern Orte aufbewahrt, der andre aber dem Feldherrn selbst übergeben. Wenn nun eine wichtige Mitteilung von der einen oder von der andern Seite zu machen ist, wird ein langer, schmaler Pergamentstreifen genommen und spiralförmig um die Skytala gewunden, so daß die Ränder sich wohl berühren, aber nicht decken können. Dann beschreibt man der Länge nach dieses Pergament, wickelt es wieder ab und läßt es an den Ort seiner Bestimmung befördern. Der Empfänger wickelt nun den Streifen um den Stab, in dessen Besitz er ist, und kann auf diese Weise die Depesche ablesen. — Boten und andre, denen dieselbe in die Hände gefallen wäre, würden sie nicht verstanden haben, da die Wortfolge zerrissen war. Trotzdem bot diese Art von Geheimschrift nur wenig Garantie, denn durch Probieren konnte man sehr leicht den Durchmesser des betreffenden Stabes, auf den es allein ankam, finden, und sich dann selbst einen Stab verfertigen, welcher den beiden vorhandenen gleich war.

Die Chiffernschrift, deren man sich noch jetzt bedient, ist entweder eine durchgängige, wenn das Schriftstück aller Kurrentschrift ermangelt, oder teilweise, wenn nur einzelne Wörter oder Stellen, die von besonderer Bedeutung sind, in Geheimschrift abgefaßt sind. Zahlen sind da sehr oft angewendet worden, um gewisse Wörter, Eigennamen u. s. w. zu bezeichnen; ja man hat sogar ein Alphabet aufgestellt, in dem die einzelnen Buchstaben durch mehrere Zahlen ausgedrückt sind, um auf diese Weise desto eher einer Entzifferung vorzubeugen.

So steht z. B. für a: 6 — 19 — 500 — 46,
b: 8 — 50 — 250 — 20,
c: 4 — 2 — 125 — 18 u. s. w. u. s. w.

Für häufig wiederkehrende Wörter und Namen gab es besondere Ziffern:

in — 72 — 99 — 1150 — 40,
zu — 1 — 15 — 12 — 1401,
von — 45 — 77 — 66 — 1777,
der, die, das — 9 — 88 — 109 — 1444 u. s. w. u. s. w.

Man gab solchen Depeschen gewöhnlich durch Beifügung einiger andrer Sätze in Kurrentschrift ein unverfängliches Ansehen. Briefe dieser Art sind uns in der großen Briefsammlung des berühmten holländischen Gelehrten Hugo Gratius erhalten; sie waren an Christine, Königin von Schweden, gerichtet. Die Entzifferung ist dadurch fast unmöglich gemacht, daß für denselben Buchstaben drei oder vier Zahlen stehen. Bei den andern Chiffernsystemen, welche aus einem neu erfundenen Alphabete bestehen, wandte man noch eine andre Vorsicht an. Jeder diplomatische Agent erhielt nämlich, bevor er eine neue Reise antrat, neue Chiffern, so daß, wenn auch das alte System verraten war, dadurch den neuen Depeschen kein Nachteil erwuchs.

Trotz alledem ist es angestrengtem Nachdenken gar oft gelungen, die Geheimschrift der Diplomaten zu enträtseln. Der spanische König Philipp II. hatte im 16. Jahrhundert eine sehr komplizierte, aus mehr als 50 Zeichen bestehende Chiffernschrift im Gebrauch. Alle mögliche Vorsicht war bei der Formierung derselben angewendet worden, und lange Zeit hatte sie allen versuchten Entzifferungen getrotzt. Als Heinrich IV. in den Besitz einiger solcher Depeschen kam, welche von französischen Soldaten aufgefangen worden waren, übergab er dieselben dem damals hochberühmten Mathematiker Viete mit dem Befehle, alle mögliche Mühe auf deren Entzifferung zu verwenden. Das Nachdenken und Vergleichen Vietes hatte den besten Erfolg. Der Schlüssel zur spanischen Geheimschrift ward gefunden, und zwei Jahre lang konnte Heinrich IV. den spanischen König unbemerkt auf seinen diplomatischen Schleichwegen verfolgen. Endlich kam das spanische Kabinet doch hinter das Geheimnis; ergrimmt darüber, daß der französische König die spanische Politik so lange zu seinem eignen Vorteil benutzt habe, beschuldigte es Heinrich IV., Hilfe von Zauberern zur Entzifferung der Depeschen gebraucht zu haben, und forderte Anklage und harte Bestrafung der Schwarzkünstler. Heinrich lachte zu solchem Gebaren und Viete blieb unbehelligt, trotzdem daß Spanien seine Anklage selbst in Rom anbrachte.

Eine in neuerer Zeit häufig zur Anwendung gebrachte Chiffernschrift beruht darauf, daß beide Korrespondenten ein und dasselbe Gedicht oder eine bestimmte Stelle aus einem Buche als Schlüssel benutzen. Indem sie nun die Buchstaben dieses Schlüssels und eventuell auch die Worte desselben der Reihe nach mit Zahlen bezeichnen, dienen diese in der oben beschriebenen Weise. Der große Vorteil dieser Methode, bei der, wie man sieht, ganz wie vorher geschrieben wurde, derselbe Buchstabe oder dasselbe Wort durch die verschiedensten Zahlen

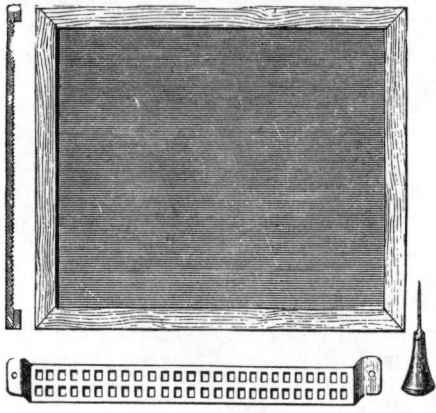

Fig. 393. Schreibmaterial für die Blindenschrift.

wiedergegeben wird, beruht auf der Leichtigkeit, mit der ein solcher Schlüssel zu jeder Zeit aufgestellt und gewechselt werden kann, da dasselbe Buch in derselben Ausgabe den beiden Korrespondenten jede beliebige Variation gestattet.

Eine andre, in der Mitte dieses Jahrhunderts noch häufig angewendete Geheimschrift ist die sogenannte Gitterschrift. Bei ihr befindet sich in Händen beider Korrespondenten ein durchbrochenes Gitter, welches, über die in gewöhnlicher Schrift geführte Korrespondenz gelegt, einen Teil der Buchstaben verdeckt, während die frei bleibenden das Schriftstück bilden, welches auf solche Weise verhältnismäßig schnell entziffert werden kann. Man darf dabei freilich nicht in ein offenes Gitterfeld jedesmal ein ganzes Wort schreiben, sondern muß eines auf mehrere Felder verteilen, und den Anfang eines neuen Wortes durch Großschreiben andeuten; nachher nimmt man das Gitter ab und füllt die freien Strecken mit nichtsbedeutenden Buchstaben aus. Wenn eine solche Chiffernschrift geschickt gehandhabt wird, ist sie gleichfalls auf keine Weise zu enträtseln.

Ganz unzuverlässig ist dagegen eine Geheimschrift, bei der etwa nur die Bedeutung der Buchstaben vertauscht oder jeder Buchstabe mit einer und derselben Zahl bezeichnet ist. Denn ein solches Schriftstück läßt sich, falls es nicht allzukurz ist, stets mit Hilfe der Laut-

Fig. 394. Blinder schreibend.

lehre und der Wiederholungsverhältnisse der Buchstaben entziffern. Die Lautlehre zeigt uns dabei, welche Buchstabenverbindungen überhaupt möglich sind, während man mit Hilfe der Häufigkeitszahlen leicht findet, welche Buchstabenbedeutung die einzelnen Symbole ungefähr haben müssen. So ist z. B. im Deutschen e bei weitem der häufigste Buchstabe, auf welchen dann n folgt. Man mache nur den Versuch, und lege sich, indem man die Buchstaben einer Seite zusammenhängenden Textes zählt, eine Tabelle ihrer Häufigkeit an; mit ihrer Hilfe kann man dann alle solche auf bloßer einfacher Vertauschung ohne weitere Variation für denselben Laut beruhende Geheimschriften leicht entziffern.

Die Blindenschrift. Das Lesen aller dieser Schriftarten war für das Gesicht berechnet, dem Blinden blieb das beschriebene Papier ein stummes Dokument, bis die menschenfreundlichen Bestrebungen des vorigen Jahrhunderts auch dieser unglücklichen Menschenklasse die Kunst des Lesens und Schreibens zu ermöglichen suchten.

Schon Valentin Hauy erfaßte 1785 den Plan, den blinden Kindern die Nutzung der Litteratur zugänglich zu machen; er erfand daher die erhabenen Schriftzeichen, welche mit Hilfe des Tastsinnes abgelesen werden konnten. Aber die Schreibkunst war für jene Armen ebenso ein Objekt der Notwendigkeit. Hauy und nach ihm andre machten lobenswerte Anstrengungen, allein trotzdem man mancherlei Maschinen erfand, war der Erfolg doch nur ein mangelhafter. Eine zweckmäßige Blindenschrift mußte nicht nur ohne Hilfe des Auges schreibbar, sie mußte auch ohne dasselbe lesbar sein. Was würde uns die Kunst zu schreiben nützen, wenn wir das Geschriebene nicht auch immer wieder zu lesen vermöchten! Man mußte daher auch sein Augenmerk darauf richten, den Blinden eine Schrift zu geben, welche sie mit Leichtigkeit schreiben und wieder lesen konnten; sie mußte ihnen erlauben, ihre Gedanken zu fixieren, zu verändern, sich wiederholt mit ihnen zu beschäftigen, ihre Erinnerungen sich aufzubewahren und untereinander richtig zu kommunizieren. Der Erste, welcher diesen Weg betrat, war Charles Barbier (1830). Er verfolgte das Prinzip, die Grundlaute der Worte, ohne Rücksicht auf die Orthographie, schachbrettartig anzuordnen, ein System, welches dem Gedächtnis leicht einzuprägen ist. Die Bestimmung dieser Buchstaben geschieht sehr leicht durch Einstechen von Punkten in wagerechter und senkrechter Richtung. Zwischen je zwei Buchstabenbezeichnungen bleibt ein etwas größerer Zwischenraum, zwischen den Wörtern ein noch größerer. Das Schreiben geschieht nach einem durchbrochenen Lineal (s. Fig. 393), in welchem für jeden Buchstaben eine Öffnung gelassen ist, und mittels eines ahlenförmigen, spitzigen Instrumentes, durch welches die Eindrücke auf dem Papier hervorgebracht werden. Das Lineal wird auf der Tafel in gleichen Zwischenräumen weiter gerückt, und es gruppieren sich die Buchstaben in Reihen, wie Fig. 394 zeigt.

Mit denselben Schreibmaterialien wurden späterhin weit zweckmäßigere, kürzere Buchstabenbezeichnungen ausgeführt. Dieselben bestanden aus Kombinationen von nur wenigen Punkten, welche in horizontale und vertikale Linien angeordnet wurden, nach einem ähnlichen Systeme, wie es in der elektro-magnetischen Telegraphie gebräuchlich ist.

Es bedeutet z. B. .   .:   ..   ...   ·.   ::   ::   :.   .·   .:

             a   b   c   d   e   f   g   h   i   j

             1   2   3   4   5   6   7   8   9   0

u. s. w. Punkte wählt man deshalb bei allen diesen Systemen, weil ihre Erkennung, mithin die Lesung der Schrift, dadurch auf die leichteste Weise bewirkt werden kann.

Die Stenographie. Weder bei den alten Ägyptern noch bei den Phönikern oder den Hebräern ist dieselbe gekannt und geübt worden. Bei den Ägyptern bildete sich zwar neben der hieroglyphischen die demotische Schrift aus, allein diese für den täglichen schriftlichen Verkehr berechnete Schreibart war ebensowenig Geschwindschrift wie die chinesische, auch bei den Japanern übliche, sogenannte Grasschrift. Auch die Hebräer hatten Schriftkürzungen, sie wurden aber nur als religiöse Geheimschrift verwandt. Dagegen muß es uns wunder nehmen, daß den Griechen der Ruhm einer Vereinfachung der Schrift bis zur Stufe der Stenographie nicht zuerkannt werden kann. Die erste Spur des Vorhandenseins und der Anwendung eines stenographischen Systems finden wir erst in Rom um das Jahr 63 v. Chr. Es berichtet nämlich Plutarch in der Lebensbeschreibung des jüngeren Cato, daß dank den Veranstaltungen des Cicero eine Rede Catos durch Schnellschreiber aufgenommen und auf diese Weise bewahrt worden sei. Die Worte jenes Schriftstellers, des Plutarch, daß erst damals die Römer diese Bahn betreten haben, bezeugen, daß diese Kunst in Rom noch eine junge war, sowie sich aus jener Stelle auch erkennen läßt, daß es sich in der That um eine spätere Geschwindschrift gehandelt hat. Erfinder dieser römischen Stenographie war, wie aus Quellen hervorgeht, Marcus Tullius Tiro, der talentvolle Freigelassene des obengenannten großen römischen Staatsmannes und Redners. Die Schriftzeichen dieser nach ihrem

Erfinder Tironische Noten genannten Geschwindschrift entstanden aus den Majuskeln, die natürlich durch die den Tachygraphen gebotene Eile außerordentlich verkürzt, ja oft verstümmelt und verändert wurden. Die Tironischen Noten, von Späteren vermehrt und vervollkommnet, dienten vielfach zur Aufnahme der Verhandlungen im Senate, in Volksversammlungen und vor Gericht. Diese Kurzschrift fand ferner die mannigfachste Anwendung im Privatleben, namentlich auch zur Fixierung dichterischer Improvisationen. Die Kirchenväter diktierten oft ihre exegetischen Studien Schnellschreibern; ebenso wurden Tachygraphen zur Niederschrift der Beratungen auf den Konzilien der christlichen Kirche und der Disputationen über Glaubenssätze zugezogen. Dichter wie Martial, Ausonius und andre rühmen die Leistungen dieser Notare, wie man die Stenographen damals nannte.

Spätern Ursprungs als die Tironischen Noten ist die minder bekannte griechische Stenographie; wir wissen nur, daß sie im dritten Jahrhundert n. Chr. geübt worden ist. Der allgemeine Verfall der Kunst und Wissenschaft begrub auch die alte Schnellschreibekunst, deren Anwendung sich bis ins 10. Jahrhundert n. Chr. in einzelnen auf uns gekommenen Kodices nachweisen läßt. Dem deutschen Paläographen Ulrich Kopp erst gelang es nach langen und mit deutscher Gründlichkeit angestellten Forschungen, den bisher so tief vergrabenen Schatz des Altertums zu heben und den Schlüssel zur römischen und griechischen Schnellschrift in seinem 1817 publizierten Werke über die Tachygraphie der Alten zu geben.

Im Mittelalter sind regelmäßig die Vorträge der berühmten Rechtslehrer auf den Hochschulen, der sogenannten Glossatoren, im 13. und 14. Jahrhundert wortgetreu nachgeschrieben worden. Auch will man in einer Stelle der „Göttlichen Komödie" von Dante („Paradies", Gesang 19, Vers 134) einen Fingerzeig dafür finden, daß im 13. Jahrhundert die Kurzschrift in Italien verbreitet gewesen sei. Ferner sollen auch die Predigten des heiligen Bernhardin von Siena 1427 sowie die Savonarolas (gestorben 1498) stenographiert worden sein.

Ein klarer, unwiderleglicher Beweis aber, daß nach Untergang der Tironischen Notenschrift bis ins 16. Jahrhundert n. Chr. eine Stenographie gekannt und geübt worden sei, wird vergebens gesucht, obschon sich nicht wird leugnen lassen, daß hier und da fast die Schwelle dieser Kunst überschritten wird. Das Land, in welchem die Geschwindschrift zu neuem Leben erwachte, ist England, von wo aus der zündende Funke fast in alle Länder Europas, ja bis über den Ozean übersprang. Nachdem Ratcliff aus Plymouth bereits 1588 durch Abbreviaturen der gewöhnlichen Schrift, Bright und Bales aber durch willkürlich gewählte Zeichen für Wörter und Phrasen den Aufgaben der Stenographie zu genügen versucht hatten, freilich ohne allen Erfolg, erscheint 1602 John Willis als erster eigentlich stenographischer Schriftsteller, in dessen Werken wir zuerst einem stenographischen Alphabet begegnen. Von den außerordentlich zahlreichen Erfindern stenographischer Systeme in England können wir hier nur Masons (1682) und Samuel Taylors (1786), dessen Methode durch Übertragung auf verschiedene europäische Sprachen eine große Tragweite erlangt hatte, sowie in neuester Zeit Isaak Pitmans gedenken, dessen Phonographie, eine auf einer Reform der Orthographie basierende Modifikation des Taylorsystems, sich über England, seine Kolonien und die Vereinigten Staaten Nordamerikas in einer Weise verbreitet hat, wie kein andres englisches System vorher. In Frankreich war die erste Erscheinung auf stenographischem Gebiete Coffards 1641 veröffentlichte „Methode, so schnell zu schreiben, als man spricht", der 30 Jahre später des Schotten Ramsay Tachygraphie folgte, die, vielmals neu aufgelegt, auch nach Deutschland ihren Weg fand. Von den auch in Frankreich seit dem Ende des 18. Jahrhunderts auftauchenden stenographischen Schriftstellern haben wir nur Bertin, der 1794 Taylors System auf das Französische übertrug, und in neuester Zeit Prevost zu erwähnen, dessen zuerst 1827 publizierte, immer noch, auch in Belgien, die meisten Anhänger zählende Stenographie ebenfalls auf englischer Grundlage ruht.

In Deutschland sind die ersten nennenswerten Anfänge zu einer deutschen Geschwindschrift die Versuche, die Mosengeil in Meiningen (1796) und Horstig in Bückeburg (1797) machten, welche ebenfalls englische Systeme sich zum Vorbilde nahmen. Trotzdem, daß von nun ab das Feld der Stenographie in unserm Vaterlande seit beinahe vier Dezennien von wissenschaftlich gebildeten Männern angebaut wurde, wollte die Kunst bei uns nicht recht fröhlich gedeihen. Ein gutes stenographisches Schriftsystem ausfindig zu machen, war einem süddeutschen Lehrer, Namens Franz Xaver Gabelsberger, vorbehalten, welcher die gestellte Aufgabe in so genialer Weise löste, daß sein Name mit vollem Rechte in der Reihe hochverdienter Erfinder einen Platz behaupten wird.

Am 9. Februar 1789 als Sohn eines Verfertigers von Blasinstrumenten zu München geboren, widmete sich Gabelsberger, nach genossener Vorbildung an einem Gymnasium, dem Lehrfache und später vornehmlich der Schönschreibekunst wie der Lithographie. Von seiner ersten festen Anstellung, als Kanzlist im Generalkommissariat des Isarkreises 1810, rückte er allmählich bis zum Ministerialsekretär und geheimen Kanzlisten im Ministerium des Innern vor, welches Amt er bis zu seinem Tode bekleidete. Neigung und Beruf führten ihn frühzeitig darauf, sich mit Schriftkunde, Stenographie und Entzifferungskunst zu beschäftigen, und so kam er 1817 auf den Gedanken, eine neue, praktisch brauchbare Schnellschrift zu erfinden. Das Inslebentreten der bayrischen Verfassung und das Beispiel von England, Frankreich und Nordamerika, wo bereits parlamentarische und gerichtliche Verhandlungen stenographisch aufgenommen wurden, gaben ihm hierzu hauptsächlich die Anregung. Nachdem sein Entschluß gefaßt war, machte er sich auch mit allem Eifer an die Ausführung und verwandte jede freie Stunde, selbst mit Aufopferung der Nachtruhe, auf die Lösung seiner Aufgabe, wobei ihm die alten Tironischen Noten recht gute Fingerzeige gaben. In zwei Jahren war er schon zu einem solchen Erfolge gelangt, daß er vom Jahre 1819 an bei den bayrischen Landtagen als Stenograph fungieren konnte. In dieser mehrjährigen Übungszeit reifte nun sein System allmählich der Vollendung entgegen; dadurch, daß er jede neue Idee sofort auf den Probierstein der praktischen Anwendung legen konnte, gewann seine Kunst den Charakter der ausgezeichneten Brauchbarkeit und Lebensfähigkeit, welcher den älteren Systemen abging. Die Münchener Akademie der Wissenschaften gab ihm das ehrenvolle Zeugnis, „daß sein Verfahren sich als neu, einfach und sicher darstelle, daß es vor den bisher gebräuchlichen und namentlich vor der englischen Methode den Vorzug habe, handgerechter, flüchtiger und gefälliger, durch seine innere Konsequenz einfacher und in jedem Betracht origineller zu sein."

Fig. 395. Franz Xaver Gabelsberger.

Im Jahre 1831 bewilligte die bayrische Ständeversammlung dem Erfinder einstimmig eine Gehaltszulage von 500 Gulden und ebensoviel zur Verbreitung und Hebung der neuen Kunst. Nun war Gabelsberger in der Lage, Schüler zu bilden und die Frucht seiner 17jährigen Bemühungen, seine „Anleitung zur deutschen Redezeichenkunst oder Stenographie" (1834), herauszugeben. Sein System verbreitete sich schnell in Deutschland und weit über dessen Grenzen hinaus, denn es wurde mit Erfolg auch auf die neugriechische, ungarische, böhmische und dänische, wie neuerdings auch auf die italienische, französische, englische, rumänische, polnische, russische, bulgarische und kroatische Sprache übertragen.

Gabelsbergers talentvoller Schüler Wigard wurde 1833 nach Sachsen berufen, wo er im Jahre 1839 das noch jetzt in großer Wirksamkeit bestehende „Königliche stenographische Institut" in Dresden gründete. Besonders in den Jahren der politischen Bewegung von 1848 an kam die Stenographie zu gebührendem Ansehen und gewann eine große Verbreitung. Gabelsberger hatte noch die Freude, diese Erfolge zu erleben. Er starb am 4. Januar 1849 am Schlagfluß.

Das System Gabelsbergers, von seinem Erfinder selber für fortbildungs= und besse=
rungsfähig gehalten (Gabelsbergers „Neue Vervollkommnungen" sind nur in ihrem 1. Hefte
1843 erschienen), wurde für die Zwecke der Schul= und Korrespondenzschrift im Jahre 1857
in Dresden in umfassender Weise reformiert; einen mustergültigen Kommentar dieser System=
revision stellt das ausführliche Lehrbuch des Professors Heinrich Rätzsch dar.

Wie in England und Frankreich, nicht minder in Nordamerika, die Stenographie eine
immer größere Verwendung gefunden hat, so daß sehr häufig die Berichterstatter der größeren
Zeitungen geübte Stenographen sind, welche vornehmlich zur Berichterstattung über die
Verhandlungen des Parlaments und aller andern öffentlichen Versammlungen herangezogen
werden — aus denen sich zuweilen sogar große Staatsmänner bildeten — so hat auch die
deutsche Redezeichenkunst, vermöge ihrer tief wissenschaftlichen Begründung und ihrer Elasti=
zität, seit dem Jahre 1848 eine große Bedeutung gewonnen.

Es haben sich nach dem Tode Gabelsbergers zahlreiche Vereine inn= und außerhalb
unsres Vaterlandes gebildet, welche sich die Aufgabe der weiteren Vervollkommnung und
Verbreitung der Kunst gestellt haben. Generalversammlungen beraten über die Fortbildung
des Systems und über andre Maßnahmen zur Verallgemeinerung der Stenographie. An
vielen Orten haben sich Wanderversammlungen zur lokalen Hebung der Sache gebildet, und
verschiedene Lehrmittel sowie eine jedes Jahr sich vergrößernde Anzahl von Zeitschriften in
deutscher, ungarischer, italienischer, polnischer und russischer Sprache trägt mächtig bei, der
Stenographie immer mehr Anhänger zu verschaffen. Nach dem vom stenographischen Institut
herausgegebenen statistischen „Jahrbuch der Schule Gabelsbergers" bestanden im Jahre 1883
nicht weniger als 379 Vereine mit 10039 ordentlichen Mitgliedern. Unterrichtet wurden im
letzten Zähljahre an 524 Lehranstalten und im weiteren auf privatem Wege im ganzen
30128 Schüler. Das Litteraturverzeichnis zählt 39 Zeitschriften und 55 im letzten Jahre
erschienene neue Werke auf. Viele Schulanstalten haben die Gabelsbergersche Schnellschrift
zu einem teils fakultativen, teils obligatorischen Lehrgegenstand erhoben. Schon im Jahre
1851 wurde dieselbe auf der Dr. Amthorschen Handelsschule zu Hildburghausen, die im
Jahre 1854 nach Gera übersiedelte, und 1865 an dem Gymnasium zu Braunsberg (Ost=
preußen) als obligatorischer Lehrgegenstand eingeführt; seit 1854 ist das Gleiche laut
höchsten Befehles auf allen Gymnasien des Königreichs Bayern und seit 1858 auf allen
technischen Anstalten der Fall.

In Sachsen ist die Gabelsbergersche Stenographie durch Verordnung des Ministeriums
des Kultus und öffentlichen Unterrichts im Jahre 1873 als fakultativer Lehrgegenstand an
den Gymnasien, Realschulen I. Ordnung und Lehrerseminarien eingeführt worden; das
Kgl. stenographische Institut bildet die Prüfungskommission für die Lehramtskandidaten der
Stenographie. In Österreich ist dieselbe an den Mittelschulen unter die Zahl der freien
(fakultativen) Lehrgegenstände aufgenommen, dagegen in den Militärbildungsanstalten durch
Armeebefehl des Erzherzogs Leopold obligatorisch eingeführt. In Ungarn darf nach dem
Erlaß des Unterrichtsministeriums vom Jahre 1871 nur entweder das System Gabels=
berger (Übertragung Markovits) oder das Stolzesche (Übertragung Fenyvessi) gelehrt wer=
den; im Jahre 1883 wurden an 86 Lehranstalten Ungarns fast 3000 Schüler in Gabels=
bergerscher Stenographie unterrichtet. Auf den meisten Landtagen Deutschlands wird Gabels=
bergers Redezeichenkunst verwendet, unter anderm in München, Dresden, Stuttgart, Karls=
ruhe, Darmstadt, Weimar, Straßburg, ebenso auf den Provinziallandtagen in Breslau und
Düsseldorf. Im Stenographenbüreau des Deutschen Reichstags ist neben dem Stolzeschen
das Gabelsbergersche System in der gleichen Personalstärke vertreten. Die Verhandlungen
der parlamentarischen Versammlungen zu Kopenhagen, Athen, Lemberg, Christiania, Prag,
Wien, Innsbruck, Graz werden ebenfalls in Gabelsbergers Schrift aufgezeichnet und im
ungarischen Reichstag arbeiten außer Stolzeanern auch Gabelsbergeraner.

Gabelsbergers Schrift ist zunächst Buchstabenschrift und hat als solche mehrere Haupt=
bedingungen zu erfüllen. Es müssen namentlich die an Stelle der gewöhnlichen Buchstaben
angewandten Zeichen von äußerst einfacher Form, leicht und flüchtig hervorzubringen sein,
ferner sich bequem vor= und rückwärts mit andern Buchstaben verbinden lassen; die am
häufigsten wiederkehrenden Laute müssen die flüchtigsten Zeichen haben u. s. w. Einen be=
sondern Wert legt Gabelsberger darauf, daß die Figuren seines Alphabets nicht willkürlich

gewählt, sondern gleichsam eine teilweise Nachbildung des Sprechmechanismus selbst, oder richtiger, eine Erinnerung daran sind. So erhalten weiche Laute sanft gerundete oder geschlängelte Figuren, harte Laute gerade oder scharf ausbiegende Züge. Gabelsberger hat durch diese „Näherführung des Zeichens zum Bezeichneten mittels der den Charakteren beigelegten sinnbildlichen Merkmale ihrer Tonbedeutung" vorzüglich das Lesen des stenographisch Niedergeschriebenen erleichtert. Er sagt selbst („Anleitung zur deutschen Stenographie" II. S. 8): „Dem Lesezwecke wollte ich vorzugsweise durch meine beabsichtigte sinnbildliche Darstellung der Töne und Laute zu Hilfe kommen, und es geschah, wie ich glaube, nicht ohne Erfolg; in jedem Worte treten unserm Blicke lebendig sprechende Teilbilder entgegen, die uns die Erfassung des Ganzen erleichtern." Doppelt und dreifach zusammengehörige Buchstaben werden, wenn sie einen Laut bilden, wie ch, sch u. s. w., durch ein einfaches Zeichen ausgedrückt, sonst durch die betreffenden stenographischen Zeichen in eins verschlungen, doch so, daß die einzelnen Bestandteile erkennbar bleiben.

Das ganze System zerfällt in drei Abteilungen: die Wortbildung, die Wortkürzung und die Satzkürzung. Der erste Teil behandelt die Bildung der stenographischen Schriftzeichen und ihre Verbindung zu Silben und Wörtern. Hier ist neben den oben bereits berührten Grundzügen noch besonders hervorzuheben, daß die Vokale in der Regel nur symbolisch, durch Übertragung des ihnen eignen Charakters auf den betreffenden, meist nachlautenden Konsonanten, ausgedrückt werden und nur in besonderen Fällen einer ausdrücklichen Bezeichnung unterliegen, sowie daß nicht mitlautende, überflüssige Buchstaben, z. B. das tonlose h in „Stahl", das e in „Bier", ingleichen die meisten Doppelbuchstaben, weggelassen werden. Da die Buchstaben sich ohnehin geschmeidig verbinden, wird es einleuchten, daß durch solche Hilfsmittel das stenographisch geschriebene Wort oft mit einem Federzug und ohne großen Raum, fast so rasch als es gesprochen wird, auf das Papier fixiert werden kann. Die Wortkürzung lehrt, die einzelnen Wörter nach grammatikalischen und etymologischen Regeln an sich zu verkürzen und sie nach den praktischen Erfahrungen der Sprache auf das notwendigste Maß der Silben und Buchstaben zu reduzieren. Sie führt auf das Gebiet der Grammatik und zeigt die verlässige, im Interesse einer Schnellschrift notwendige Abbreviatur der verschiedenen Redeteile, als des Artikels, der Fürwörter, Zahlwörter, Zeitwörter, Vorwörter, Umstandswörter, ingleichen der Vor- und Nachsilben u. s. w. Daß hierbei die Stenographie auch die in der Kurrentschrift einmal eingeführten Abkürzungen, als „z. B.", „d. h.", „u. s. w.", benutzt und sich aneignet, wird jeder vernünftig finden. In gleicher Weise erheischt es die Aufgabe der Schnellschrift, oft wiederkehrende Wörter mit feststehenden Kürzungen (Sigeln) zu belegen, z. B. „und", „ganz" u. s. w. Sie beschränken sich, abgesehen von der systematischen Begründung durch die Regeln der Satzkürzung, auf ungefähr 50. Der dritte Teil des Systems, die Satzkürzung, endlich zeigt, wie man die Wörter in ihrer logischen Verbindung zu Sätzen zu kürzen vermag und, unter Weglassung oder bloßer Andeutung des Minderwesentlichen (des Lexikalen) im Satze, das Wesentliche (das Grammatikale) genau bezeichnen kann, um beim Wiederlesen sicher und anstandslos auf das Fehlende oder nur teilweise Bezeichnete zu treffen. An ein mechanisches Auswendiglernen bestimmter Kürzungen für einzelne Wörter kann hier natürlich nicht gedacht werden; vielmehr handelt es sich in dieser Partie des Systems lediglich um richtige Erfassung der für die einzelnen Redeteile und Wortklassen aufgestellten Regeln und deren praktische Verwendung im gegebenen Falle.

Die beiden ersten Teile des Systems bilden die Grundlage der Korrespondenz- und Geschäftsschrift; der letzte Abschnitt erhebt sie zur Kammerschrift, indem er lehrt, dem kühnsten Fluge der Rede durch Anwendung logischer Abkürzung zu folgen. Mit großer Fingerfertigkeit ist es zwar auch möglich, in der bloßen Korrespondenzschrift nachzuschreiben; die Satzkürzung indes überhebt, bei großer Sicherheit, aller Mängel und Zufälle beim Schreiben. Diese höhere Partie seines Systems verdankt Gabelsberger im Prinzip einem gründlichen Studium der Tironischen Noten. Es ist damit zugleich ausgesprochen, daß dasjenige, was vor ein paar Tausend Jahren bereits praktisch erprobt war, heutzutage in besserer Form und in leichterem Gewand um so richtiger angewendet werden kann und um so sicherer zum Ziele führen muß. Gleichwohl sind nach Einführung dieser neuen Kurzschrift noch einige andre Arten neuerer Geschwindschrift zu allgemeinerer Geltung gekommen.

Schriftprobe für die bestehenden drei Hauptsysteme der deutschen Stenographie.

System Gabelsberger.   System Stolze.   System Arends.

Übertragung der Schriftprobe.

Als A. im Jahre 1844 in Königsberg || einwanderte, fand er die Stadt voll Jubel und Festes= || freude, … sie feierte das Turnerfest; und die Vater= || landsliebe, die echt deutsche Gesinnung, die überall || hervorbrechende Sympathie für eine große Einigung || aller deutschen Stämme, machte auf den Rückkehrenden || den mächtigsten, erhebendsten Eindruck und fand || einen reinen, vollen Widerhall in seinem, allem Guten, Schönen und || Großen zujauchzenden Herzen. Wie innig mag er den deutschen, || den heimatlichen Boden begrüßt haben, der ihn || wieder aufgenommen! Was in solchen Stunden das Herz || des edlen Menschen fühlt, wer möchte sich der || Mühe unterziehen, es zu beschreiben!

Neben der von Gabelsberger erfundenen Stenographie hat vor allem das System von Wilhelm Stolze die weiteste Verbreitung erlangt.

Heinrich August Wilhelm Stolze, geboren am 20. Mai 1798 zu Berlin, besuchte das Joachimsthalsche Gymnasium daselbst und widmete sich dem Studium der Theologie. Da ihm jedoch seines Vaters Tod (1812) die Pflicht auferlegte, für sich und seine Mutter zu sorgen, so verzichtete er auf die gewählte Laufbahn und entschloß sich, eine ihm ange=tragene Stelle bei der Berlinischen Feuerversicherungsanstalt anzunehmen (1817). Neben dieser Berufsthätigkeit setzte er die Erteilung von Privatunterricht sowie seine wissenschaft=lichen und Sprachstudien eifrig fort. Bei einer so vielseitigen Thätigkeit empfand er das Bedürfnis nach Benutzung einer kürzeren als der gewöhnlichen Kurrentschrift. Im Jahre 1820 erlernte er die Stenographie nach dem Mosengeilschen Lehrbuch und verfolgte von da an aufmerksam alle neueren Erscheinungen auf diesem Gebiete; doch befriedigte ihn keine derselben. Erst in der 1834 erschienenen „Anleitung zur deutschen Redezeichenkunst" von Gabelsberger erkannte er einen maßgebenden Fortschritt. Allein das, was Stolze suchte, war noch etwas wesentlich andres. Der Münchener Gabelsberger, hauptsächlich angeregt durch das in Bayern 1818 entstandene verfassungsmäßige Staatsleben, hatte eine parla=mentarische Stenographie schaffen wollen, ein Gedanke, der dem Berliner Stolze unter den politischen Verhältnissen Preußens während der dreißiger Jahre fern liegen mußte. Stolze faßte die Stenographie auf als eine jedermann zugängliche Gebrauchs= und

Verkehrsschrift zur Erleichterung des Schreibgeschäfts; er betrachtete sie als einen Fortschritt in der Entwickelung der Schrift überhaupt, auf den die zunehmende geistige Produktion der Menschheit und das Anwachsen des mechanischen Schreibwerks hindränge. Überall, sagte er sich, wo ein kürzeres Verfahren zu gleichen Ergebnissen führt, kann man bestimmt darauf rechnen, daß es über das längere den Sieg davontragen werde. Stolze verlangte daher von der Kurzschrift, daß sie nicht nur fünf- bis sechsmal schneller arbeite als die gewöhnliche Schrift, sondern auch an Zuverlässigkeit und Lesbarkeit nicht zurückbleibe. Diese Verschärfung der Anforderungen an eine allgemeine Verkehrsstenographie, gegenüber einer bloßen Nachschreibeschrift, ist Stolzes besonderes Verdienst. Er ging zur Erreichung solchen Zieles von dem Grundsatze aus, daß der Buchstabe den Laut, den fehlenden Buchstaben aber die Regel vertreten müsse. Mit anderen Worten: der gesprochene Laut muß auch in der Schrift dargestellt werden, und wo dies nicht möglich ist, muß das Fehlende nach unzweideutigen Regeln ergänzt werden können.

Die seit dem Jahre 1820 von Stolze angestellten Versuche, ein stenographisches System zu entwerfen, blieben indessen lange Zeit ohne Erfolg. Erst durch die Vertiefung in die Sprachwerke von Jakob Grimm, von Karl Ferdinand Becker und Wilhelm v. Humboldt gewann er für sein Unternehmen feste wissenschaftliche Grundlagen. Im Jahre 1835 gab er sein Amt auf und widmete sich, als er den richtigen Weg gefunden zu haben glaubte, von 1838 bis 1840 ausschließlich der Ausbildung seiner Erfindung. Im Frühjahr 1841 konnte er sein „Theoretisch-praktisches Lehrbuch der deutschen Stenographie für höhere Schulen und zum Selbstunterricht" der Öffentlichkeit übergeben; gleichzeitig trat er als Lehrer der Stenographie auf. Seine beiden ersten Schüler, Kreßler und Jaquet, wurden zugleich seine thätigsten Jünger; sie gründeten am 24. Juni 1844 den „Stenographischen Verein" zu Berlin, den ersten seiner Art auf dem Kontinent. Auf Anregung dieses Vereins

Fig. 396. Heinrich August Wilhelm Stolze.

bearbeitete Stolze eine kurzgefaßte „Anleitung zur deutschen Stenographie" (erste Auflage 1845; 42. Auflage 1883). Die erste stenographische Zeitschrift des Kontinents, das „Archiv für Stenographie" (seit 1849) ging gleichfalls aus dem Schoße des Vereins hervor.

Das System Stolzes erhielt durch die politischen Ereignisse in Preußen bald Gelegenheit, seine Brauchbarkeit auch für parlamentarische Zwecke zu bewähren. Stolze selbst wurde 1852, unter Anerkennung seiner Verdienste um die Stenographie, zum Vorsteher des stenographischen Büreaus des preußischen Abgeordnetenhauses ernannt; mit diesem Amte war die Verpflichtung verbunden, nicht allein die Leistungen der Stenographen zu überwachen, sondern auch jederzeit für Ausbildung neuer stenographischer Kräfte zu sorgen. Noch heut finden demgemäß im stenographischen Büreau des Abgeordnetenhauses alljährlich während der sessionsfreien Zeit unentgeltlich öffentliche stenographische Unterrichtskurse statt. Die Leitung des stenographischen Büreaus des Herrenhauses wurde einem der Schüler Stolzes, Professor Dr. Michaelis, übertragen, der seit 1851 als Lektor der Stenographie an der Berliner Universität wirkte. Stolze starb in Berlin am 8. Januar 1867, tief betrauert von seinen zahlreichen Anhängern, welche ihm auf seiner Grabstätte (Domkirchhof, Liesenstraße) ein schönes Granitdenkmal mit einer stenographischen Inschrift errichteten.

Die eigentümlichen Vorzüge des Stolzeschen Systems liegen zunächst in der Auswahl der Schriftzeichen, welche auf die wissenschaftliche Physiologie der Sprachlaute gegründet ist, so daß ähnliche Laute durch ähnliche Zeichen, höher artikulierte Laute durch höhere Zeichen u. s. w. dargestellt werden. Ferner werden die Vokale meist nicht wirklich geschrieben, sondern bildlich (symbolisch) bezeichnet, d. h. durch die Stellung, besondere Markierung und Verbindungsweise der Konsonantenzeichen angedeutet. Unsre sämtlichen Vokale lassen sich sprachgeschichtlich sowohl als physiologisch aus den Grundlauten a i u ableiten, welche, wenn man die Vokale nach dem Vorgang neuerer Forscher in ein Dreieck ordnet:

$$\begin{matrix} & & i \\ & e & \\ a & & \\ & o & \\ & & u \end{matrix}$$

die drei Ecken desselben einnehmen. So stellt auch Stolze die Wortbilder je nach ihren Vokalen auf drei verschiedene Stufen.

| stel | stal | stol | stul | stil | styl | steil | stäl | stöl | stül |

Als weitere Eigentümlichkeit des Stolzeschen Systems ist anzusehen, daß mehrsilbige Wörter nach Stammsilben, Vorsilben und Endungen gegliedert werden; die Stammsilbe erscheint hier als der bedeutsamste Bestandteil des Wortbildes, während Vorsilben und Endungen als untergeordnete Elemente behandelt werden.

Die mannigfachen Erfahrungen, sowohl in der praktischen Anwendung als beim theoretischen Unterrichte in der Stenographie, gaben schon bei Lebzeiten ihres Erfinders den Anlaß, das System vielfach weiter auszubilden. Nach Stolzes Tode wirkte die von ihm eingesetzte Prüfungskommission, in welcher neben Prof. Michaelis auch der Sohn des Erfinders, Dr. Franz Stolze, thätig war, in gleichem Sinne weiter; insbesondere gab man im Jahre 1872 dem System eine wesentlich einfachere Gestalt (25. Auflage der „Anleitung"), sowohl durch Streichung mancher entbehrlichen Abkürzung als durch folgerechtere Ausbildung der leitenden Grundsätze. Seitdem ist auch die Trennung zwischen der Parlamentsschrift und der allgemeinen Verkehrsstenographie schärfer durchgeführt worden. Die erstere Schreibweise, als spezielle Berufsaufgabe nur für einen kleineren Kreis von Interesse, muß zur wortgetreuen Aufzeichnung parlamentarischer Reden schnellsten Tempos wohl sieben- bis achtmal kürzer sein als die Kurrentschrift. Die Verkehrsstenographie dagegen, welche für die ganze schreibende Welt bestimmt ist, bedarf zwar nur einer vier- bis fünffachen Kürze, muß aber dafür in bezug auf Zuverlässigkeit den höchsten Anforderungen genügen und außerdem so leicht als möglich zu erlernen sein. Letztere Forderung ist überhaupt erst in der neueren Zeit mehr in den Vordergrund getreten, vornehmlich seitdem man erkannt hat, daß ein leichter erlernbares, d. h. auf einfacheren Schreibregeln beruhendes System auch dann noch den Vorzug verdient, wenn es an Kürze etwas zurücksteht. Je einfacher nämlich die Schreibregeln werden, desto mechanischer läßt sich die Stenographie handhaben, desto weniger braucht man sich während des Schreibens auf die Regeln zu besinnen. Man geht daher gegenwärtig darauf aus, die Handhabung der stenographischen Schrift möglichst so mechanisch zu gestalten wie die Anwendung der gewöhnlichen Schrift, damit der Schreiber seine Gedanken ungestört auf den Inhalt dessen, was er schreibt, wenden könne.

Die Parlamentsschrift ist nichts als eine weitere Abkürzung der Verkehrsstenographie; sie hat jedoch nicht gleich dieser eine feststehende Gestalt, sondern ihre Abkürzungen und Auslassungen beruhen auf gewissen allgemeinen Grundsätzen, deren Ausnutzung im einzelnen Falle von dem Tempo der Rede und von der persönlichen Befähigung des Stenographen abhängt. Dr. Simmerlein hat in seinem Werke „Das Kürzungswesen in der stenographischen Praxis nach dem Stolzeschen System" (1880) einen Einblick in das Verfahren der Parlamentsstenographen gegeben.

Die Stolzesche Stenographie hat fast in ganz Deutschland und weit über dessen Grenzen hinaus Anhänger gefunden; zu besonderer Geltung ist sie in Preußen und in der Schweiz gelangt. Von dem gebräuchlichsten Lehrbuch, der „Anleitung zur deutschen Stenographie", sind während der zwölf Jahre von 1872 bis 1883 über 90000 Exemplare abgesetzt worden. Durch den 1875 gegründeten „Verband Stolzescher Stenographenvereine" ist eine einheitliche Organisation der in verschiedenen Landesteilen bestehenden stenographischen Vereine angestrebt und zugleich eine Gewähr für die Aufrechterhaltung der Schrifteinheit und für eine gedeihliche Fortbildung des Systems gewonnen. Die Stolzesche Schule wird gegenwärtig durch etwa fünfzehn Zeitschriften vertreten. Das System ist von Wackernagel auf die lateinische, von Professor Michaelis auf die französische, englische, italienische, spanische, von Paulson und Messer auf die russische, von Fenyvessi auf die ungarische, von Reinbold und van Straaten auf die holländische Sprache übertragen worden.

Leopold Alexander Friedrich Arends, am 1. Dezember 1817 zu Rakischi im Kreise Wilna geboren, ein Sohn des mit Verwaltung der gräflich Platenschen Gärten betrauten Kunstgärtners Philipp Arends, ist der Erfinder des dritten der jetzt bestehenden namhaften Stenographiesysteme. Auf dem Gymnasium zu Riga wissenschaftlich gebildet, bezog er zum Studium der Naturwissenschaften, insbesondere der Chemie, im Alter von 21 Jahren die Hochschule zu Dorpat, wo er neben seinen Fachwissenschaften sich auch mit Kantscher Philosophie, mit Sprachwissenschaft, Litteratur und Musik beschäftigte. Im Jahre 1843, nachdem er eine ihm gebotene Anstellung am Gymnasium zu Charkow ausgeschlagen, siedelte er nach Berlin über und veröffentlichte hier einige von der Presse günstig beurteilte Dramen, welche jedoch, vermutlich infolge zu idealer Haltung, ohne praktischen Erfolg blieben und nicht auf die Bühne gelangten. Inmitten seiner hierauf eifrig betriebenen philosophischen und paläographischen Studien kam ihm zuerst der Gedanke, eine möglichst vollkommene Schrift aufzufinden, welche

Fig. 397. Leopold Arends.

alle Eigenheiten der Sprache wiederzugeben vermöchte und das Gleiche dem Auge wäre, was die Sprache dem Ohre ist. Als Ergebnis seiner Forschungen veröffentlichte dann Arends im Jahre 1850 einige stenographische Tafeln. Aber erst zehn Jahre später ließ er seinen „Leitfaden einer rationellen, ebenso leicht erlernbaren als auszuführenden Stenographie oder Kurzschrift" folgen, welcher seitdem nunmehr die 13. Auflage erlebt hat.

Auch Arends gründete sein System auf eine wissenschaftliche Sprachbetrachtung und Forschung und auf die hieraus sich ergebenden Prinzipien. Aber nicht eine Kurzschrift nur, sondern ein möglichst getreues Bild der Sprache überhaupt, ein Ideal der Schrift versuchte er zu geben, welches ja an sich stets eine Kurzschrift sein muß. — Natürlich bildete er, wie seine Vorgänger, seine Schriftzeichen aus Teilzügen der kurrentschriftlichen Buchstaben, verfuhr aber bei ihrer Verteilung auf die verschiedenen Laute nicht willkürlich, sondern behielt dabei fest die Natur der Sprachlaute im Auge und gab ihnen möglichst entsprechende Zeichen, den verwandten Lauten also auch verwandte Zeichen, was zum Teil auch schon Stolze gethan hatte. Als erstes Gesetz stellte er die charakteristische und unverwechselbare Unterscheidung zwischen Vokalen und Konsonanten auf, gab jenen, als den weicheren Elementen der Sprache, durchgehends Zeichen aus den Bildungen des Aufstrichs, diesen aber legte er den starren, markigen Herabstrich zu Grunde. Während er dann die Vokale nach ihrer Schwere wieder in die Gruppen a o u und e i mit den entsprechenden Umlauten und Vokalzusammensetzungen einteilte, führte er bei den verschiedenen Konsonantengruppen (Gaumenlaute, Lippenlaute u. s. w.) seinen Grundsatz: „Ähnliches durch Ähnliches wiederzugeben", streng durch. Die Grundformen der Konsonanten tragen ausnahmslos nur ein charakteristisches Merkmal, und zwar an ihrem oberen Teile, ihrem Kopfe, zeigen in ihrem Endteile dagegen alle den gleichen geraden Grundstrich der Kurrentschrift und sind somit sämtlich in ganz gleicher Weise änderungsfähig, ohne daß dadurch ihr Charakter auch nur im geringsten verwischt wird. Auf diese Weise lassen sich die Inlautsvokale, die ihren Ausdruck nicht durch Verstärkung des vorhergehenden Konsonanten, oder durch Stellung desselben über, auf oder unter der Schriftlinie finden, ganz wie in der Sprache, leicht mit den Konsonanten verschmelzen. Diese glückliche Konstruktion der Konsonantenzeichen und ihre große Änderungsfähigkeit zum Ausdruck der nicht minder glücklich gewählten Vokalbezeichnung ermöglicht nicht nur eine treue Verbildlichung der Sprache, sondern verleiht auch dem ganzen System eine ungemeine Regelmäßigkeit und Einfachheit, und sie vor allem war es, welche schon Alex. von Humboldt veranlaßte, dem Arendsschen System vor älteren Methoden den Vorzug zu geben. „Die Zeichen, verschieden für Vokale und Konsonanten", rühmte der große scharfsinnige Gelehrte und Forscher, „seien bildsamer und leichter untereinander zu verbinden in deutscher Flexion und Wortfügung, im Charakter unsres Sprachorganismus." — Die Regeln über Verstärkung oder Drucklosigkeit der herabsteigenden Konsonanten, wie sie sich bei Gabelsberger und Stolze finden, kommen daher bei Arends völlig in Wegfall; die Schrift kann vielmehr mit jedem beliebigen Schreibmaterial und in jeder beliebigen Stärke ausgeführt werden, ohne deshalb im geringsten unleserlich und unverständlich zu werden, und das ist namentlich für den praktischen Stenographen von hoher Wichtigkeit. — In betreff der Orthographie mußte Arends natürlich, da er eine bildliche Darstellung der Sprache geben wollte, das phonetische System streng durchführen. — Länge und Kürze der Vokale, welche die Kurrentschrift auf die verschiedenste Art (Verdoppelung, Hinzufügen von h und e u. s. w.) ausdrückt, finden bei ihm ihren einfachen natürlichen Ausdruck durch Dehnung oder Kürzung des Vokalstrichs. — Ferner wahrt Arends den Charakter der Sprache wesentlich durch bestimmte Durchführung des Grundsatzes, den Gabelsberger gar nicht beachtete: die Stamm- und Bildungssilben durch Anwendung zweckmäßig gewählter Nebenzeichen in ihrer Bezeichnung streng zu unterscheiden. — Sogenannte Sigel finden sich natürlich bei Arends auch, konnten aber infolge seiner Schriftprinzipien auf ein verschwindendes Maß beschränkt werden. Wortkürzungen nach Art derer bei Gabelsberger und Stolze werden bei ihm unnötig, und Satzkürzungen, wie sie Gabelsberger aufstellte, kennt er gar nicht. Infolge seiner großen Einfachheit ist das System Arends nicht weniger leicht als schnell zu erlernen, und diesem Umstande dankt es seine Verbreitung, die um so bedeutender erscheint, wenn man bedenkt, daß es das jüngste System ist und fast überall auf die älteren stößt.

Für die erfolgreiche Verwendbarkeit des Arendsschen Systems sprechen zahlreiche praktische Arbeiten (s. „Die Pädagogik und die Stenographie" von Dr. H. Große, Berlin, Friedr. Schulzes Verlag), der regelmäßige, von Anhängern des Systems ausgeübte Dienst auf der Journalistentribüne der Reichs- und Landtage, sowie nicht minder der Umstand, daß dasselbe mit bestem Erfolg auf die französische, englische, spanische, ungarische, schwedische, russische und serbische Sprache übertragen worden ist.

Arends ist neben seinen Arbeiten auf dem Gebiete der Schnellschrift noch vielfach litterarisch thätig gewesen. Lange Jahre wirkte er als Redakteur und Mitarbeiter technischer Journale, gab das dreibändige illustrirte Werk „Das Wunderreich der Natur" heraus und verfaßte, was besondere Erwähnung verdient, die für die Musikwissenschaft bedeutsame und bleibenden Wert behaltende Schrift „Über den Sprachgesang der Vorzeit und die Herstellbarkeit der althebräischen Vokalmusik", worin er das Ergebnis langjähriger Forschungen über die ältesten Mittel der Gedanken- und Tonfixierung niederlegte. — Arends starb inmitten seiner stillen gelehrten Arbeiten am 22. Dezember 1882 zu Berlin.

Zur besseren Veranschaulichung gaben wir auf S. 472 eine Schriftprobe der drei hier speziell hervorgehobenen deutschen Stenographiesysteme, die den Leser zugleich, einigermaßen wenigstens, zu einem Urteile über die kalligraphische Natur, die Schreibflüchtigkeit und

Kürze der Bezeichnung in den betreffenden Methoden befähigen dürften. Letztere sind übrigens keineswegs die einzigen, welche der Erfindungstrieb der Deutschen gezeitigt hat; es sind vielmehr im Laufe des letzten Jahrzehnts eine ganze Reihe neuer Stenographiesysteme entstanden, welche zum Teil eines der drei genannten Systeme in diesem und jenem Punkte zu verbessern und auszubauen trachten, zum Teil aber auch einen neuen Gedanken in mehr oder minder glücklicher und fruchtbringender Weise verarbeiten. Zu hervorragender Bedeutung oder zu einer maßgebenden Anerkennung theoretischer oder praktischer Vorzüge ist indes noch keines dieser Systeme gelangt.

Was die Leistungsfähigkeit der Stenographie nach den oben dargelegten Methoden betrifft, so kann man auf Grund der bisherigen Erfahrungen annehmen, daß sie das Schreiben durchschnittlich um das Sechs- bis Achtfache fördert; d. h., was man mit gewöhnlicher Schrift in sechs bis acht Stunden auf sechs bis acht Bogen schreibt, kann man mittels der Stenographie in einer Stunde auf einen Bogen bringen. Schon dieser große Gewinn an Zeit, diesem kostbaren Kapital, setzt den hohen Wert der Stenographie außer allem Zweifel. Die Stenographie läßt sich als Geschäfts- und Korrespondenzschrift außerordentlich leicht erlernen. Niemand wird es bereuen, mit ihr sich bekannt gemacht zu haben; wer mit der Feder umzugehen hat, es sei viel oder wenig, hat Veranlassung, sich ihr zu nähern und wird ihr Freund bleiben. Zur Ausbildung als Fachstenograph bedarf es freilich eingehenderer theoretischer und praktischer Kenntnisse und Übung, besonders auch allgemeiner wissenschaftlicher Bildung; doch ist auch hier dem Strebsamen die Pforte nicht unverschlossen.

Wenn ein Einzelner stundenlang lebhaften Verhandlungen wortgetreu folgen und nach Beendigung der Niederschrift die ganze Verhandlung mit sechs- bis achtfach größerem Zeitaufwande wieder einem Schreiber in die Feder diktieren soll, so ist das eine außerordentliche geistige und körperliche Anstrengung; doch kommt jetzt, wenigstens bei öffentlichen Landtagsverhandlungen, so schwerer Dienst wohl nur selten noch vor, indem es nicht mehr, wie anfangs, an ausgebildeten Stenographen fehlt. In den größeren Parlamenten arbeiten in der Regel zwölf Stenographen, von denen je zwei zusammen zehn Minuten schreiben und dann von zwei anderen abgelöst werden, so daß jedes Paar in jeder Stunde einen Turnus von zehn Minuten zu stenographieren hat; in der Zwischenzeit bis zum nächsten Turnus, also innerhalb 50 Minuten, hat dann im stenographischen Bureau der eine Stenograph die eine Hälfte, der andre die andre Hälfte des Stenogramms den hierfür angestellten Schreibern in die Feder zu diktieren. Es sind also für die Reproduktion von fünf Minuten Verhandlung 50 Minuten gewährt, von denen 30—40 in der Regel verbraucht werden, die übrigen 10—20 zur Revision der Niederschrift und zur Erholung dienen. So wird einerseits die Überanstrengung der einzelnen vermieden, anderseits auch ermöglicht, daß kurz nach Schluß der Sitzung die Übertragung in Kurrentschrift beendigt und sogleich zum Druck befördert werden kann. Anderweitige Verhandlungen, die in privatem Auftrage stenographisch aufzunehmen sind, werden häufig von einem oder wenigen Stenographen bedient, die dann, namentlich wenn es nur zwei sind, die ganze Zeit hindurch gemeinschaftlich stenographieren oder einander in größeren Zwischenräumen ablösen (schon damit nicht durch allzu häufiges Verlassen und Wiederbetreten des Versammlungsraumes die Verhandlungen gestört werden). Bei der Übertragung bedient sich dann der Stenograph gewöhnlich mehrerer jüngerer Kräfte, denen er die Verhandlungen, in die entsprechenden Teile geteilt, in etwas langsamerem Tempo stenographisch abdiktiert, wonach dieselben das Diktat in Kurrentschrift zu Papier bringen. Fehlt es an solchen angehenden Stenographen, so sucht man das langwierige Geschäft des Diktierens dadurch einigermaßen abzukürzen, daß man zwei Schreiber gleichzeitig beschäftigt, von denen der eine diesen, der andere jenen Teil abwechselnd stückweise diktiert erhält; doch kann dies nur dann geleistet werden, wenn der Stenograph seines Stenogramms vollkommen Herr ist und es in fließendster Weise wiederzulesen vermag. Gewandte Stenographen haben aber in solcher Art sogar schon drei Schreiber gleichzeitig beschäftigt.

Das Pergament, dessen sich der praktische Stenograph früher vielfach bediente, ist in neuerer Zeit mehr und mehr außer Gebrauch gekommen; man stenographiert mit einem guten, je nach dem persönlichen Bedürfnis gewählten, mehr oder weniger weichen Bleistift auf nicht rauhem, aber auch nicht zu glattem Papier.

Es fehlt allerdings, zumal bei dem noch immer andauernden Wettstreit der verschiedenen Systeme untereinander, zur Zeit noch sehr viel daran, daß man die Stenographie als Volkseigentum betrachten dürfte; in je mehr Schulen und Geschäftszweigen dieselbe aber sich Eingang verschaffen wird, in um so schnellerer Weise wird sie dann immer weiteres Feld gewinnen und ihren Einfluß auf den geistigen Entwickelungsgang der Völker geltend machen.

Allein auch das Bestreben, das gesprochene Wort nicht mehr durch Menschenhand, sondern durch einen Apparat zu fixieren, hat bereits zu ganz interessanten, in der Praxis bewährten **Stenographiermaschinen** geführt. Das Phonotyp, welches die Bewegung der Schallwellen auf daguerreotypische Weise darstellen sollte, der Phonoautograph von Scott, welcher die Laute der menschlichen Sprache mittels der Photographie auf einer Fläche aufzufangen strebte, in jüngster Zeit der Edisonsche Phonograph, sind Vorläufer für die verschiedenen Arten der Stenographiermaschinen. Bei dem seit zwei Jahren versuchsweise im italienischen Senate verwendeten Systeme Michelas erscheinen (Fig. 398) die vereinbarten Schriftzeichen mittels des Druckes auf eine Taste ganz deutlich auf einen endlosen Papierstreifen gedruckt.

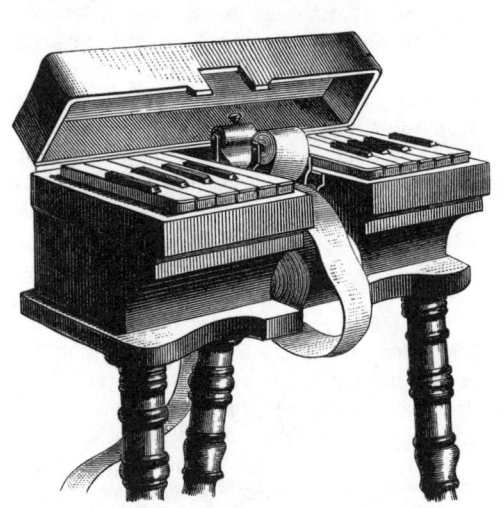

Fig. 398. Stenographiermaschine von Michela.

Fig. 399. Bartholomeus-Stenograph.

Fig. 400. Kalligraph.

Fig. 401. Klaviatur zur Stenographiermaschine.

Mittels des Schnellschreibapparates von Gentilli soll man die Worte mit derselben Schnelligkeit, mit der sie gesprochen sind, ohne weiteres Zuthun des Redenden in einer leicht entzifferbaren Zeichenschrift auf dem Papier fixieren können. Seine Maschine besteht aus einem Sprach- und einem Schreibapparat, dessen Einrichtung uns die nachfolgende Abbildung (Fig. 402) veranschaulicht. Auch bei dem von Bartholomeus in St. Louis erfundenen „Stenograph" geschieht das Schreiben oder Drucken vereinbarter Zeichen auf einer Klaviatur von zehn Tasten, wodurch auf einem endlosen Papierstreifen das gewünschte Zeichen aufgedruckt wird (Fig. 399). Dagegen hat Isidor Mappi einen für die italienische Sprache berechneten Klavigraphen erfunden, bei welchem das Gehörte sofort in allgemein lesbaren Druckbuchstaben entsteht. Jede Taste einer kleinen Klaviatur von zwei Oktaven bezeichnet einen Buchstaben; für die italienische Sprache sind dieselben wie in Fig. 401 gruppiert. Dadurch, daß man mehrere Tasten zugleich niederdrückt, kann man mit einem Druck ganze Silben herstellen.

In verschiedenen, namentlich in den amerikanischen stenographischen Büreaus, bedient man sich auch bei der Übertragung von Stenogrammen eines zeitsparenden Apparates, des

Die Stenographie. 479

Type=Writers, der jetzt in dem Kalligraphen (Fig. 400), mit dem man dreimal so schnell als mit der Feder eine Kopie herstellen kann, eine wesentliche Verbesserung erfahren hat.

Der schon oben erwähnte, im Jahre 1881 von dem Zivilingenieur Amadeo Gentilli fertiggestellte **Glossograph** hat die Gestalt eines handlichen kleinen Instrumentes, welches im wesentlichen aus vielen Hebeln u. dergl. besteht und welches bequem in den Mund genommen werden kann. Beim Sprechen werden nun diese Hebel und Flügelchen bewegt und übertragen ihre Bewegungen teils mechanisch, teils durch Elektrizität auf Schreibstifte, welche die einzelnen Laute in sechs nebeneinander laufenden Linien auf einem mit der Hand oder einem Uhrwerk vorwärts geschobenen Papierstreifen mit großer Genauigkeit verzeichnen. Da nämlich beim Aussprechen der Vokale und Konsonanten die einen oder andern Teile unsrer Sprachorgane mehr oder minder stark bewegt werden, oder durch die Nase Luft ausgehaucht wird, kann man aus den diesen Bewegungen entsprechenden Zeichen des Instrumentes das Gesprochene unmittelbar ablesen. So wird beispielsweise bei ch, r, g der Zungenrücken, bei s, h, l die Zungenspitze, bei e, i die ganze Zunge gehoben; bei st wird die Zunge gegen die Zähne vorgeschoben; bei o, u die Unterlippe, bei f, b die Oberlippe bewegt, und bei m, n das Gaumsegel gesenkt, derart, daß die Luft, welche sonst dem Munde entströmt, ihren Ausweg durch die Nase nimmt. Diese charakteristischen Bewegungen werden nun in dem Instrument durch Doppelhebel von der Innenseite des Mundes nach außen übertragen

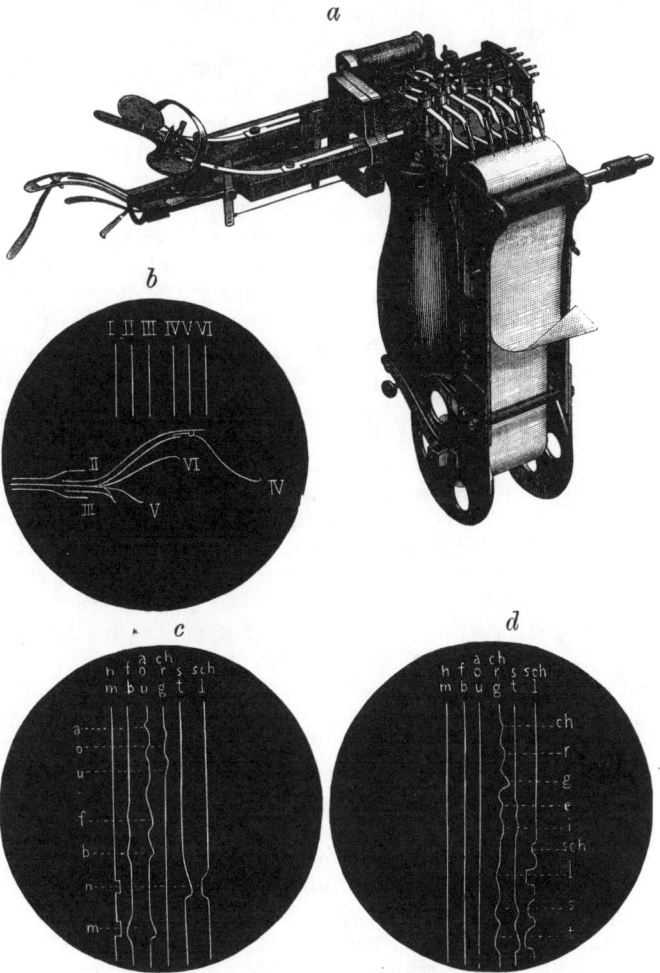

Fig. 402. Glossograph von Amadeo Gentilli.

und zwar in der Weise (b), daß bei ch, r, g der Hebel IV, bei e, i die Hebel IV und V, bei sch, l Hebel VI, bei st Hebel V und VI, bei a, o, u Hebel III, bei f, b Hebel II und III in Aktion treten und dabei kleinere oder größere Abweichungen der Schreibstifte von der Ruhelage hervorbringen. Die Nasenlaute n und m endlich setzen den Hebel I in Bewegung.

Diese wenigen Zeichen genügen in der That zur symbolischen Wiedergabe der Sprache, denn sieht man von unsrer gebrauchsmäßigen Orthographie ab und berücksichtigt nur die schematischen Lautzeichen, so wird man finden, daß b, g und d nur geringere Intensitätsgrade der Laute p, k und t sind; daß c, z, q und x bloß aus ts, kw und ks bestehen, daß zwischen f und v kein Unterschied existiert, und daß selbst w nur eine Modifikation von v ist. Das Schriftsystem des Apparates, wie es in Fig. 402 c u. d dargestellt erscheint, erlernt sich rasch;

auch gibt es zur Erleichterung des Entzifferns gewisse Regeln, welche auf den Gesetzen des Silbenbaues und der Konsonanten-Kombination beruhen. Die Stenographie wird durch den Gebrauch des Glossographen gewissermaßen zum Gemeingut eines jeden, der sich der leichten und interessanten Arbeit unterziehen will, den Schlüssel dieser „Naturselbstschrift" kennen zu lernen. Beim Nachschreiben einer Rede wird der Apparat natürlich nicht vom Redner selbst, sondern von einem andern, der die Worte leise nachspricht, in den Mund genommen. Der Schreibapparat ist mit einem Uhrwerk versehen, wodurch die Schrift wesentlich an Deutlichkeit zunimmt und man auch an der relativen Dauer der einzelnen Laute ein wertvolles Erkennungszeichen erhält. Die Übertragung der Bewegungen geschieht beim Gebrauch dieses Apparates auf elektrischem Wege.

Zum Schluß dieser Betrachtungen über die Schrift werfen wir in ähnlicher Weise wie bei unsern Ausführungen über die Sprache (und die Möglichkeit einer allgemeinen Weltsprache, vergl. S. 96) noch einen Blick auf die Versuche, welche in neuerer Zeit angestellt worden sind, um eine Weltschrift, beziehentlich Universalschrift (Pasigraphie) herzustellen. Gleichwie die gewöhnlichen (arabischen) Ziffern von fast allen Kulturvölkern zur Bezeichnung von Zahlenwerten verstanden und angewendet werden, lassen sich allerdings Schriftzeichen denken, welche auch bestimmte Begriffe oder gar Gedankengänge darstellen und versinnbildlichen; es ist aber immer nur ein beschränkter Kreis von Vorstellungen, auf welche derartige Schriftzeichen oder Schriftbilder angewendet werden können. Hierzu kommt, daß die gedachten Versuche, wie sie z. B. von dem deutschen Schriftverständigen Karl für eine Lautschrift (Phonographie), von Dix unter dem Namen einer All-Lautschrift unternommen worden, so mannigfaltige und verwickelte Zeichen einführen, daß die leichte und schnelle Erlernung derselben für den gewöhnlichen Volksunterricht mit beträchtlichen Schwierigkeiten verknüpft ist. Es ist daher auch das Urteil, welches wir in betreff einer möglichen Weltsprache an oben gedachter Stelle ausgesprochen haben, für alle derartigen Versuche in betreff der Schrift mit derselben Tragweite aufrecht zu erhalten.

Mag nun aber die Schreibkunst sich der allgemeinen Schriftzüge einer universell gedachten Lautschrift (Weltschrift) bedienen, oder mag sie die gewöhnlichen Schriftzeichen einer bestimmten Sprache anwenden, immer wird sie für die vollendete Darstellung der einzelnen Zeichen sowie für deren gleichmäßigen Zug in einem Schriftganzen den gleichen Grundsätzen edler Formgestaltung zu folgen haben. Das Ideal in solcher Richtung wird durch die sogenannte Kalligraphie, d. i. Schönschreibkunst, angestrebt, wenn es auch auf verschiedenem Wege durch die mannigfaltigen Vorschriften der einzelnen Schönschreiblehrer annähernd erreicht werden kann. Unzweifelhaft haben diese verschiedenartigen Vorschriften beim Unterricht des Schreibzöglings Einfluß auf die Ausbildung seiner Handschrift. Dennoch zeigt jede Handschrift ein eigenartiges Gepräge, welches durch verschiedene Umstände, z. B. durch Familienabstammung, durch persönliche Charakterbildung u. s. w., beeinflußt wird. Mit Rücksicht hierauf hat sich in neuerer Zeit die sogenannte Handschriftvergleichung ausgebildet, welche nicht nur aus dem Gesamteindruck einer einzelnen Handschrift Schlüsse auf den Bildungsstand und Charakter des Schreibenden zu ziehen sucht, sondern auch aus verstellten oder gefälschten Schriftzügen noch die eigentliche Handschrift des Schreibenden, beziehentlich seine Person festzustellen vermag. In letzterer Beziehung ist die ebengenannte Methode der Vergleichung, welche in der Gegenwart namentlich durch den sachverständigen Handschriftvergleicher Adolf Henze ausgebildet worden, sogar ein nicht unerhebliches Hilfsmittel für die einschlägige Rechtspflege geworden.

			Janer	Sunne		Monde		
				Stampock	5	6	5	6
1	A		New Jar	20	3	0	13	0	13
2	b	4 no	der achtet S. Steffans	21	4	0	26	0	26
3	c	3 no	der achtet s. Johanns	22	6	1	10	1	9
4	d	2 no	der achtet der kindlein	23	8	1	23	1	22
4	e	Non	der abent	24	8	2	6	2	4
6	f	8 idg	Obrist	24	9	2	19	2	18
8	g	8 idg		26	11	3	2	3	1
8	A	6 idg	S Erhart bischove	28	12	3	16	3	14
9	b	4 idg	S Julian und sein geselle	28	13	3	29	3	28
10	c	4 idg	S paul amsidel	29	14	4	12	4	11
11	d	3 idg	wasserman	0	16	4	24	4	24
12	e	2 idg		1	18	4	8	4	8
13	f	Idus	der achtet des obristen	2	18	4	21	4	20
14	g	19 kal	februr. S felyx	3	19	6	4	6	3
14	H	18 kal		4	20	6	18	6	16
16	b	17 kal	S Marcell pabst	4	21	8	1	6	29
18	c	16 kal	S Anton peichtiger	6	22	8	14	8	12
18	d	14 kal	S prista junckfrau	8	23	8	28	8	14
19	e	14 kal		8	24	8	10	8	8
20	f	13 kal	S fabian und sebastian	9	24	8	29	8	21
21	g	12 kal	S Agnes junckfrau	10	26	9	8	9	4
22	H	11 kal	S Vincentz martrer	11	27	9	20	9	18
23	b	10 kal		12	28	10	3	10	0
24	c	9 kal	S Timotheus griechspot	13	29	10	16	10	14
24	d	8 kal	S pauls bekerung	14	30	10	29	10	28
26	c	7 kal		14	31	11	13	11	10
28	f	6 kal		16	31	11	26	11	23
28	g	4 kal		18	32	0	9	0	6
29	H	4 kal		18	33	0	22	0	19
30	b	3 kal		19	33	1	4	1	2
31	c	2 kal		20	34	1	18	1	14

Kalender des Magister Johann von Kunsperk.
(Johannes Regiomontanus.)

[Page rotated 90°; Latin incunabulum text in blackletter, partially legible]

Ecce mater mea t m̃r̃ ĩa, qa
q̃ tpols alloq̃s t̃ia c̃ t̃a sum̃e
do d̃int t̃ia pulcψ̃ e ama mea
a maculano ẽ m̃e: veni ama
mea ẽt ſon̄et̃ ſp̃s ṽct
ist̃ ẽ χp̃s q̃ ascend̃ do ea ſp̃a
ẽ eiᷓ ſm̃e mat̃s oĩb pcĩ et
induɔ t̃ eĩ r̃q̃ne ẽtĩa ⁊ χona...

Nauté t quak̃ ſti m̃ q̃ a d̃eb
d̃ apfhedū t̃hoꝛe to ẽm
n̄ e t̃pᴜᵉ ꝟes ſibioĩe
a t̃ana ẽⁿdnt̃ad eī ver t̃on
ſat ipſa vᵗꝛiēma d̃ angelo
loqnt̃ ad o m̃ s iu gnal vt̃e
ment ad aɒſc̃u śc̃ua̅ ı t̃pᴜ Aſ=
s̃mt̃iōe ẽc χp̃m ẽm aſ m̃oꝛ t̃
tẽ cõabt̃

In ſap̃e vi.
Tṽ hc dexaꝛnit me ẽta

Dauid

Ta̅q̃ſpōſᵘ d̃us pꝛodes de thalamo ſuo

Ein Blatt aus der Armenbibel.
(Aus Falkensteins „Geschichte der Buchdruckerkunst".)

kreuch her an du must hy tanczen lern
Werne adr lache ich hoere dich gern
Hettistu den totten yn dem munde
Is hulst dich nicht an deiner sunde

Awe lebe muter meyn
Eyn swarczer man czeut mich do hyn
Wy wiltu mich nu vorlan
Nu muß ich tanczen und kan noch nicht gan

Aus einem Todtentanz. In der Heidelberger Bibliothek.
Aus Falkensteins „Geschichte der Buchdruckerkunst".

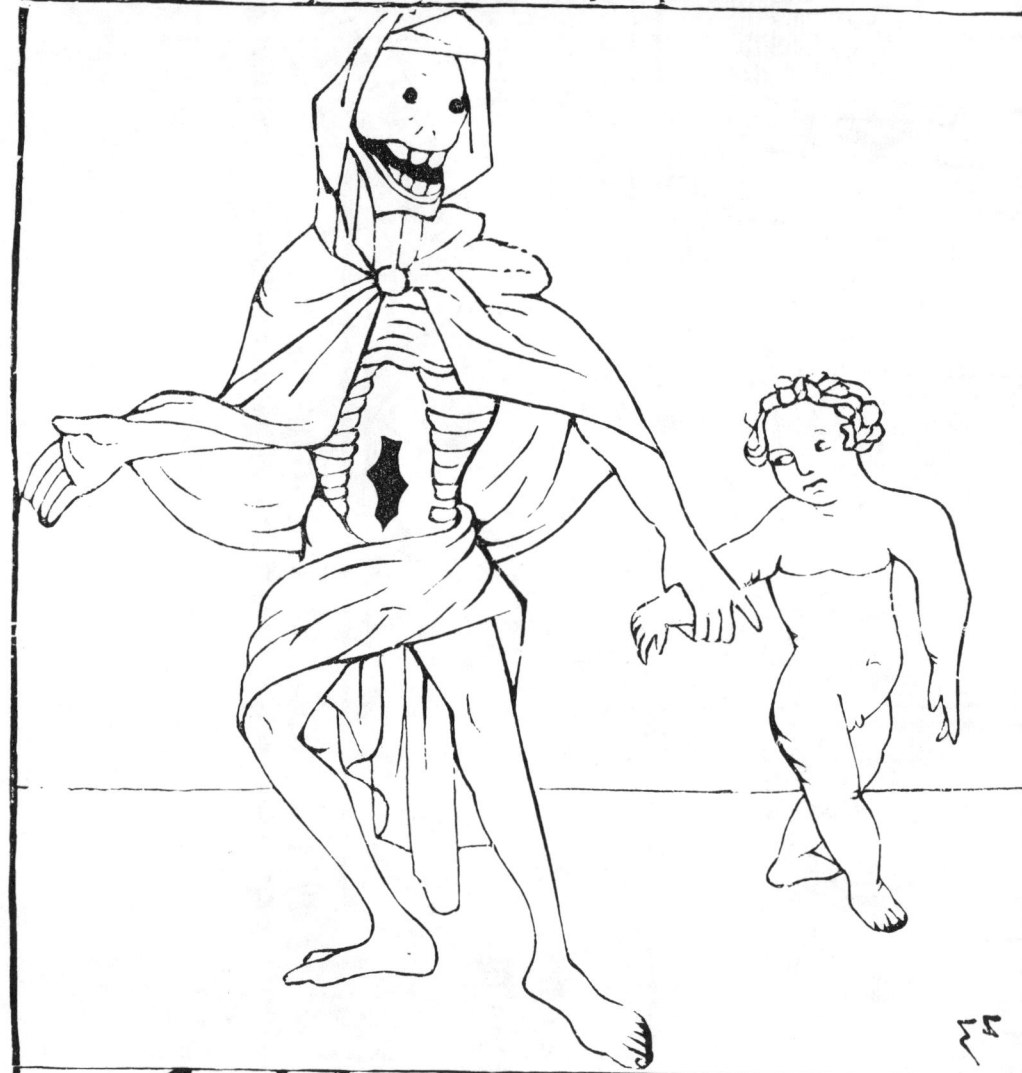

Kein Auguftifch Alter blühte,
Keines Mediceers Güte
Lächelte der deutfchen Kunft;
Sie ward nicht gepflegt vom Ruhme,
Sie entfaltete die Blume
Nicht im Strahl der Fürftengunft.
Schiller.

Die Erfindung und die Technik der Buchdruckerkunft.

Gefchichtliches. Vorftufen. Druckanfänge. Spielkarten. Briefmaler. Tafeldrucke. — Erfindung des Druckes mit beweglichen Lettern. Kofter. Gutenberg. Fuft. Schöffer. Die 42zeilige Bibel. Katholikon. Verfall der jungen Kunft im 17. Jahrhundert. Wiederaufblühen im 18. Jahrhundert. — Die verfchiedenen Schriften. Schriftgießerei. Setzen. Setz- und Ablegemafchinen. Eiferne und hölzerne Handpreffen. Schnellpreffen oder Druckmafchinen verfchiedener Syfteme.

Drei Hauptftufen der Entwickelung gibt es in der Gefchichte des menfchlichen Geiftes, und jede der folgenden bezeichnet gegen die frühere einen gewaltigen Fortfchritt; das Sprechen, das Schreiben, das Drucken. Durch das ftufenmäßige Fortfchreiten mittels Sprache, Schrift und Druck ward der Menfch immer mehr und mehr zu dem befähigt, was fein eigenftes Privilegium, was die Grundbedingung feiner Vervollkommnung bildet, zur Gedankenmitteilung. Das lebendige Wort, offenbar das natürlichfte Mittel zum Austaufch der Gedanken, ift aber zugleich auch das mangelhaftefte in bezug auf Sicherheit für die Zukunft. Von Mund zu Mund, von Gefchlecht zu Gefchlecht fortgepflanzt, verändert und verwifcht fich das urfprüngliche Gepräge der erften Mitteilung mehr und mehr, bis endlich die Kunde ganz in Vergeffenheit gerät oder bis das einftige große Ereignis höchftens als dunkle Sage noch fortklingt. Darum haben wir auch der mündlichen Überlieferung fo wenig Thatfächliches aus der Vorzeit, felbft aus der unfres eignen Volkes, zu verdanken.

Einzelne Völker erfanden, wie wir früher fchon gefehen, entweder unabhängig voneinander oder voneinander beeinflußt, Schriftfyfteme, die fich bei ihrer Verbreitung über die Erde mannigfach veränderten.

Wer kann sagen, wie lange die Menschen schon die Schreibkunst übten, ehe einer auf die kühne Idee kam, ein ganzes Buch zu schreiben? Die ersten litterarischen Unternehmungen waren sicherlich Niederschriften von durch mündliche Fortpflanzung erhaltenen Gedichten und Sagen. Zu öffentlichen Zwecken diente übrigens die Kunst der graphischen Mitteilung schon frühzeitig: man haute Regententafeln, Gesetze, Siegesnachrichten in Stein, grub sie in Erz, druckte sie mit Stempeln in Thon ein, ritzte sie in Wachstafeln. Bei steigender Kultur schrieb man auf Papyrus oder auf Pergamentrollen, und bei den Persern, Ägyptern und andern alten Völkern waren Beamte angestellt, welche die Reichsannalen zu führen und für deren Erhaltung in der oben erwähnten Weise Sorge zu tragen hatten. Diesem löblichen Gebrauche, den auch die Juden von den Ägyptern annahmen, verdanken wir das wichtigste und merkwürdigste Sammelwerk des Altertums, das Alte Testament, und die Litteraturblüten eines Volkes, dessen Dichter und Schriftgelehrte nicht geahnt haben werden, daß ihre Werke einst bei zahlreichen Völkern der fernsten Zukunft durch Maschinen millionenfach und immer aufs neue vervielfältigt werden würden. In der großen historischen Gestalt des Moses tritt uns zugleich der älteste bekannte Schriftsteller von Bedeutung entgegen; aus nicht viel jüngerer Zeit stammt das größte Dichterwerk des Altertums, die unsterblichen Gesänge des Homer, in welchen er die Heldenzeit des jungen Volkes der Griechen besang, desselben Volkes, das sich in der Folge rasch zu einer erstaunlichen Kulturhöhe erheben sollte, auf der es in Litteratur und Kunst Musterwerke für alle Zeiten schuf. Was die griechischen Philosophen, Dichter und Historiker schrieben, war im hohen Grade des Lesens und des Erhaltens wert und wurde infolgedessen auch häufig abgeschrieben, so daß Abschreiber von Profession im alten Griechenland eine sehr zahlreiche Klasse bildeten. Es gab Leute, welche Abschreiber, Buchbinder und Verkäufer in einer Person waren, und zumal in Athen und Korinth befanden sich förmliche Buchläden. Letztere vertraten gewissermaßen die Stelle unsrer litterarischen Gesellschaften und Lesehallen, denn Gelehrte, Schöngeister und Leute, die viele freie Zeit zur Verfügung hatten, pflegten sich dort zu versammeln, um sich über Staats= und gelehrte Sachen, Litteratur, Theater und Tagesneuigkeiten zu unterhalten.

Die Römer befaßten sich in den ersten Jahrhunderten ihrer Geschichte wenig mit Litteratur, und außer den Priestern, denen auch die Führung der Reichsannalen oblag, konnten nicht viele schreiben. Erst als die politische Macht des Reiches gefestigt war, fanden die Römer Geschmack an den griechischen Klassikern und brachten es nach diesen Vorbildern zu einer eignen Litteratur. Die Gebildetsten der Nation lasen nun in zwei Sprachen, und es gab unter den reichen Bücherfreunden nicht wenige, die, um rasch in den Besitz einer schönen Bibliothek zu gelangen, bis gegen hundert Abschreiber auf einmal beschäftigten. Dem zunehmenden Bedürfnis entsprechend, bildete sich zu Rom ein förmlicher Buchhandel mit handschriftlichen Erzeugnissen aus. Aber der vielbewährte Satz, daß der Mensch weit bessere Maschinen machen kann, als er selbst eine ist, fand auch damals insoweit Bestätigung, daß über die Leistungen jener lebendigen Schreibmaschinen häufig Klage geführt ward: die Schriftsteller hatten ihre beständige Not, weil ihre Werke fehlerhaft ans Licht traten, und wenn sie auch bei den Buchhändlern auf Nachbesserungen drangen, so konnten solche doch nur an den noch lagernden, nicht an schon verkauften Exemplaren vorgenommen werden. So fanden Kreuz und Leid unsrer Philologen, die verschiedenen Lesarten, die verfälschten und dunklen Stellen schon von Haus aus in die handschriftliche Litteratur Eingang. Natürlich mußte sich dieses Übel vergrößern, je öfter ein Buch vervielfältigt wurde, und nimmt man hierzu noch, daß in der Folge Griechisch und Lateinisch allmählich aus der Reihe der lebenden Sprachen verschwanden, daß also das Verständnis der alten Schriftsteller immer schwieriger wurde, sowie den Umstand, daß das Abschreiben häufig Leuten zufiel, die von dem Sinne des Urhebers wenig oder nichts verstanden, so begreift man leicht, daß die Erzeugnisse der alten Schriftsteller nicht nur weit vollständiger, sondern auch weit reiner auf uns gekommen wären, wenn die Buchdruckerkunst schon in der klassischen Zeit der Griechen und Römer erfunden gewesen wäre. Fast muß es einen wunder nehmen, daß diese Völker nicht auf eine mechanische Schriftvervielfältigung gekommen sind, da sie doch so manches, was darauf hinweist, kannten. Seit uralten Zeiten prägte man Münzen mit erhabenen Bildern und Schrift, schnitt also vertiefte Stempel; anderseits dienten erhabene Stempel wie bei uns zum Abdruck von Namen, auch zum Eindrücken von Schrift in noch

Geschichtliches. 483

feuchte Thonflächen. Unterschriften wurden ferner auch mit Hilfe durchbrochener Blech=
schablonen aufgepinselt, wie man noch heute Pakete und Ähnliches mit Signierschablonen
zeichnet. Als Mittel, um ihre Kinder lesen zu lehren, hatten die Römer Täfelchen mit je
einem Buchstaben, durch deren verschiedene Zusammensetzung beliebige Wörter gebildet
werden konnten.

Wenn aber die Völker des Altertums auch keine Bücher drucken lernten, so war doch
die Erzeugung großer Mengen handschriftlicher Exemplare durch Kopieranstalten ermöglicht,
wie man heute Druckanstalten gründet. Hatte ein Buchhändler Aussicht auf guten Absatz
einer Schrift, so brachte er die nötig scheinende Zahl von Abschreibern zusammen, fünfzig,
hundert und mehr; ein Vorsager diktierte laut Wort für Wort das Niederzuschreibende,
und in solcher Weise wurde die zur Deckung des damaligen litterarischen Bedürfnisses
hinreichende Anzahl von Exemplaren, selbst wenn diese eine größere war, rasch hergestellt,
um so mehr, als Bücher damals ja nicht wie bei uns in aller Händen waren und nur die
kleine Zahl der höher Gebildeten aus ihnen Belehrung und geistigen Genuß schöpfte.

Fig. 404. Bücher=Kopieranstalt bei den alten Römern.

Immerhin aber waren die Litteraturwerke der beiden klassischen Völker sehr zahlreich. Das,
was davon bis auf unsre Zeit gerettet wurde, ist nur als ein kleiner Bruchteil des Ganzen
zu betrachten. So besaßen die Griechen allein über 3000 Trauer= und Lustspiele, von
denen nur noch 44 im Original und einige andre in römischen Nachahmungen auf uns ge=
kommen sind. Alle andern sind verloren gegangen. Nicht besser erging es den übrigen
Litteraturzweigen. Das meiste fiel der Vernichtung, der Rest der vielfachen Verstümmelung
anheim, und es ist zu verwundern, daß aus der langen Geistesnacht, welche sich zwischen
die alte Kulturperiode und den Beginn einer neuen im Abendlande gelagert hatte, überhaupt
noch etwas gerettet wurde. Nachdem durch Ausartung der Sitten und Verfall der Bürger=
tugenden erst die Griechen, dann die Römer von ihrer Höhe herabgesunken und das römische
Weltreich seinen innern Halt verloren, stürzten rohe Nachbarvölker herbei, den damaligen
„kranken Mann" zu beerben, und der Süden Europas, die einst so blühenden Stätten
der Kultur, wurde der Schauplatz unsäglicher Zerstörung und Verwüstung. Mehrere

61*

Jahrhunderte dauerte das Wogen, Drängen und Aufeinanderstoßen der verschiedenen europäischen und aus dem Osten neu heranstürmenden Völkerstämme, aus dem allmählich die neue europäische Staatenbildung hervorging. In diesem Zeitalter roher Gewalt, welches die Geschichte mit dem Namen der Völkerwanderung bezeichnet, fanden natürlich Kultur und Wissenschaft nur einige vereinzelte Zufluchtsstätten. Selbst die Kunst des Lesens und Schreibens war im früheren Mittelalter fast nur von Mitgliedern des geistlichen Standes gekannt, und fast ausschließlich durch solche wurden die öffentlichen Akten geschrieben, geistliche und weltliche Satzungen, Bibeln und andre Manuskripte vervielfältigt. Unter ihnen wählten deshalb Kaiser und Fürsten hauptsächlich ihre Kanzler, Geheimschreiber und Notarien.

Schon der eigne Bedarf an Kirchen= und Lehrbüchern und der Wunsch, die nach unserm Maßstabe winzigen Klosterbibliotheken zu vermehren, mußten die Mönche veranlassen, sich auf das Vervielfältigen von Büchern zu verlegen, und so wurde denn auch in den meisten Klöstern die nützliche Kunst des Abschreibens mit mehr oder weniger Eifer getrieben. Man machte Abschriften aus Liebhaberei, oder um die Zeit auszufüllen, oder weil es als Buße auferlegt war, schließlich auch, um Geld durch den Verkauf zu gewinnen. Gewöhnlich teilte man die Arbeit, einige schrieben den Text, andre malten die Anfangsbuchstaben und zeichneten Randverzierungen, wieder andre betitelten, verglichen und verbesserten u. s. w. Außer den kleinen Lehrschriften wurden fast alle Handschriften verziert, und manche derartige Erzeugnisse mit ihren zarten, prachtvoll kolorierten Kleinmalereien, reichen Zieraten und Vergoldungen waren wirkliche Prachtstücke, die in den einzelnen auf uns gekommenen Exemplaren noch heute unsre höchste Bewunderung erregen. War nun bereits ein schlichtes handschriftliches Werk notwendigerweise ein kostspieliger Gegenstand, so mußten solche mit Luxus ausgestattete Handschriften sehr hohe Preise haben und konnten deshalb nur unter fürstlichen und sonst reichen Personen und Anstalten Abnehmer finden. Es war, außer bei den wenigen Gelehrten, die auch im finstersten Zeitalter nicht fehlten, kein Bedürfnis für Bücher; die große Masse des Volkes und selbst der Adel waren roh und unwissend und kümmerten sich nicht um Belehrung durch Lesen, ja verstanden das Lesen nicht einmal.

Allmählich wendeten sich indes die Dinge zum Besseren; gegen Ende des 11. Jahrhunderts begann eine neue geistige Regung und schritt von da an zwar langsam, jedoch andauernd fort, und damit wandte sich die Schreibkunst auch der größeren Verbreitung des noch Erhaltenen der klassischen Litteraturen zu. Besonders waren es die Benediktinermönche, die um jene Zeit zur Hebung der Wissenschaften beitrugen. Ihr Reichtum machte sie unabhängig, und die besten Köpfe wendeten sich den Klöstern zu. Auch äußere Umstände wirkten fördernd auf die Kulturentwickelung ein; so zunächst die Kreuzzüge. Die Kreuzfahrer hatten manches im Morgenlande gesehen, was sie zu Hause einführten; es wurden Handelsverbindungen mit dem Orient angeknüpft, welche viele Städte reich und blühend machten. Im Gefolge des Wohlstandes zog die Liebe zu den Wissenschaften ein. Hochschulen entstanden zuerst in Italien, bald darauf in Frankreich und Deutschland. Die Klassiker wurden wieder hervorgezogen, vielfach abgeschrieben, gelesen, erklärt, als Muster aufgestellt und Zivilisation und Bildung durch sie gehoben. Die rohe Tapferkeit und die körperliche Kraft hörten auf als höchste Eigenschaften des Mannes zu gelten, und die Erfindung des Schießpulvers, welche die Führung der Waffen zu einer Wissenschaft stempelte, übte, so sehr es auch wie ein Widerspruch klingt, einen mildernden Einfluß auf die europäische Menschheit; die Burgen der Raubritter sanken vor dieser neuen Kraft zusammen.

Aus jener Zeit des Vorwärtsstrebens entsprang als eine schöne Blüte der neugewonnenen Kultur die Buchdruckerkunst, und damit war nicht allein das bereits Errungene gesichert, sondern auch der Fortschritt verbürgt und ein Rückfall unmöglich gemacht. Mit derselben trat ein Wendepunkt in der Geschichte des Menschengeschlechts ein. Durch sie wurden die Schätze des Wissens und der Erkenntnis ein Gemeingut aller Menschen und Zeiten; sie erst machte ein eigentliches Zusammenwirken der Völker möglich. Alle denkenden Menschen wurden, wie Herder sagt, eine gesamte sichtbare Kirche, in welcher die Presse das Wort ersetzt. Nicht weniger schön und treffend bezeichnete unser Luther die neue Kunst als eine zweite Erlösung des Menschen. In der That war es, als hätte der menschliche Geist sich plötzlich, wie durch Zaubermacht, aus alten Fesseln und Banden befreit; die Zaubermacht aber war der neu erwachte Fortschrittsdrang, die Ahnung einer bessern Zukunft.

Wie willkommen und zeitgemäß die neue Kunst war, läßt schon ihre merkwürdig rasche Ausbreitung erkennen; denn kaum waren zehn Jahre seit ihrem Auftreten in Mainz vergangen, so druckte man schon in verschiedenen Städten Deutschlands und Italiens, denen bald Frankreich folgte. Vor Ablauf des 15. Jahrhunderts war die Kunst über die ganze zivilisierte Welt verbreitet, und die Leistungen Schöffers, Nik. Jensens, Erh. Ratdolts und der Aldi zu Venedig wie mehrerer andrer berühmt gewordener Drucker zeigen schon frühzeitig einen bedeutenden Fortschritt in der Kunst des Buchdrucks.

Die rasche Verbreitung derselben wurde noch durch andre Umstände begünstigt. Im Jahre 1453, also zu der Zeit, wo Gutenbergs Kunst zum Abschluß gekommen war, wurde Konstantinopel von den Türken erstürmt, und die griechischen Gelehrten, im Besitze der klassischen Schätze des Altertums, flohen vor dem Halbmonde nach dem Abendlande. Sie wirkten als Lehrer an Universitäten und Schulen, namentlich Italiens, als die besten Erklärer der altgriechischen Schriftsteller. In der Verbreitung dieser Schriftwerke fand die junge Presse sogleich eine lohnende und ehrenvolle Arbeit; die ersten italienischen Buchdrucker griffen begierig danach, und so mußte ein Ereignis, das bestimmt zu sein schien, Kunst und Wissenschaft unrettbar zu vernichten, dazu dienen, sie auf einen empfänglicheren Boden zu verpflanzen. Auch war die Zeit nach Erfindung des Buchdrucks reich an großen Männern und wichtigen Fortschritten in Wissenschaft, Kunst und Aufklärung; viele der ersten Buchdrucker waren selbst geistig ausgezeichnete Menschen — kein Wunder also, daß die neue Kunst fröhlich heranwuchs und in kurzer Zeit einen Höhepunkt erreichte, der uns noch heute Bewunderung abnötigt.

Doch nicht nur der gelehrten Welt ward die Presse eine erwünschte Hilfe, sondern die Reformation fand in ihr die mächtigste Bundesgenossin, bestimmt, Aufklärung in die Hütte zu bringen, und die Feinde der Reformation klagten bitter darüber, daß Luthers Schriften überall zu finden waren. Die Kunst als solche gewann zwar dabei wenig, desto mehr aber die Aufklärung.

Doch kehren wir zurück zu der Betrachtung des Bücherwesens, wie es sich bis zur Erfindung des Druckens gestaltet hatte. Seit dem 13. Jahrhundert etwa hatten auch Laien angefangen, sich mit Bücherabschreiben und Buchhandel zu beschäftigen. Sie hießen Bibliatores oder, wenn sie studiert hatten, Clerici. Sie bildeten in der Regel Verbindungen und waren an Hochschulen gewöhnlich unter die Aufsicht der Universitätsbehörden gestellt. Trotzdem aber, daß sich allmählich immer mehr Hände dieser Industrie widmeten, blieben die Preise der Bücher bei dem steigenden Bedarf hoch, so daß sich sogar hier und da die Obrigkeit bemüßigt sah, um wenigstens die zu Kirchen- und Schulzwecken unentbehrlichen Bücher zugänglicher zu machen, Preise für dieselben festzusetzen. Solche Preisbestimmungen bestanden z. B. in Paris noch, als die ersten gedruckten Bücher in den Handel kamen. Das einzig mögliche Mittel, die handschriftlichen Werke zu verwohlfeilern: das kostspielige Pergament zu sparen, wurde bei häufig gebrauchten Werken viel angewandt, nämlich Kürzungen, Abbreviaturen, die so weit gingen, daß die Entzifferung solcher Bücher eine besondere Wissenschaft geworden ist.

Wie unter diesen Umständen die Bibliotheken der damaligen Zeit beschaffen sein mußten, läßt sich denken. Eine Büchersammlung von 100 Bänden galt schon für etwas Außerordentliches; berühmte Gelehrte schätzten sich glücklich, 10—20 Bücher zu besitzen, und mußten sich öfter selbst zum Abschreiben bequemen. Eine Bibel wurde oft mit 1000 Goldgulden bezahlt. Durch Geschenke von Handschriften konnten Väter ihre Töchter ausstatten, Verschuldete sich Gelder verschaffen, und Sterbende trafen über ein Buch nicht selten besondere testamentarische Verfügungen. Teure Bücher in Kirchen und Bibliotheken wurden an die Pulte angekettet. Nicht selten verlieh man die Bücher auf Lebensdauer oder auf bestimmte Zeit gegen Renten oder Zinsen. Doch waren auch diese Zinsen immer so hoch, daß der Ärmere an das Bücherlesen nicht denken durfte. In Deutschland war damals der Bücherverkauf und die Ausleihung namentlich ein Nebengeschäft der Pergamenthändler, die auf Messen und Märkten ihre Plätze an den Kirchen, ja selbst im Innern derselben hatten.

So fand die Buchdruckerkunst bei ihrem Erscheinen Tausende von Händen mit der Vervielfältigung von Büchern beschäftigt. Ein großer Teil derselben wurde außer Brot gesetzt, und es ist deshalb kein Wunder, daß die neue Kunst anfänglich von ihnen als ein

Teufelswerk verschrieen wurde; hat ja auch manche neuere mechanische Kunst der Anfechtungen genug erfahren, bis man die Wohlthätigkeit derselben begriff. Endlich aber lernte man sich doch in die Umstände schicken, und viele der Bücher abschreibenden Klöster und Laien legten jetzt selbst Druckereien an. Mehrere der namhaftesten ersten Drucker hatten vorher das Geschäft des Abschreibens betrieben.

Druckanfänge. Wiewohl selten eine Erfindung plötzlich und unvorbereitet ins Leben getreten ist, so übte man, wie wir gesehen, auch schon lange vor Erfindung des Buchdrucks verschiedene Künste, die als Vorläufer desselben angesehen werden können und die mit einer gewissen kulturgeschichtlichen Notwendigkeit endlich auf die Erfindung hinführen mußten. Mit einer gewissen Einschränkung läßt sich sagen, daß der Buchdruck aus der vor ihr betriebenen, wenn auch verhältnismäßig jungen Holzschneidekunst hervorgewachsen ist, denn die Anfänge derselben können kaum über das Jahr 1400 zurückverfolgt werden. Zwar wissen wir, daß Chinesen, Indier und andre Völker weit früher mit geschnittenen Holztafeln Schriften und Bilder auf Papier und Zeuge gedruckt haben; bei der geringen Kenntnis aber, welche man damals von fernen Ländern hatte, ist es unmöglich, anzunehmen, daß der Holzschnitt sich aus Asien nach Europa verpflanzt habe. Das Verfahren, erhabene Holzschnitte herzustellen und davon nach erfolgter Einschwärzung Abzüge auf Papier zu machen, ist jedenfalls im Abendlande selbständig erfunden, und wenn wir den Erfinder dieses Verfahrens nicht kennen, so mag dies daher rühren, daß die ersten Holzschnitte nicht aus Künstlerhänden hervorgingen, sondern ihre Entstehung in den Werkstätten einfacher Gewerbsleute fanden.

Hat man Gelegenheit, Sammlungen alter Bilderdrucke zu durchmustern, so zeigt sich, daß der Holzschnitt zwar das verbreitetste der Herstellungsverfahren bildete, daß der Metallschnitt jedoch dem Holzschnitt voranging. Zudem ist neuerlich nachgewiesen worden, daß manche bisher für Holzschnitte gehaltene Blätter Abdrücke von erhabenen Platten in Metall sind und es haben sich auch solche Platten bis auf unsre Zeit erhalten; bei der größeren Wohlfeilheit des Holzes und bei der Leichtigkeit der Behandlung desselben im Schnitt und Druck kam jedoch der Holzschnitt immer mehr in Aufnahme.

Es wurde also auf verschiedene Weise für die Deckung des Bilderbedarfs gearbeitet, der allem Anschein nach ein ganz bedeutender gewesen sein muß. Die Kunst mußte sowohl Gott als dem bösen Feinde dienen, durch Andachtsbilder nämlich und durch **Spielkarten**. Die ersteren unter das Volk zu bringen, ließ sich die Geistlichkeit keine Gelegenheit entgehen; es waren Traktätchen in Bilderschrift, die einzig verständliche in einer Zeit, wo das gemeine Volk nichts vom Lesen verstand. Die Hersteller solcher Erzeugnisse hießen **Briefmaler**, später **Briefdrucker**, **Formenschneider**. Frühzeitig entstanden in Deutschland und den Niederlanden zahlreiche Innungen solcher Kunstverwandten. In ihnen hat man gewissermaßen die Vorläufer der Buchdrucker zu erkennen, denn sie waren die ersten, welche Veranlassung fanden, Schrift in Holz zu schneiden und abzudrucken. Anfänglich verstieg man sich dabei nicht höher, als daß man etwa den Namen des Heiligen oder die Bezeichnung der Handlung, die das Bild vorstellen sollte, roh darunter schnitt; in der Folge fand sich jedoch immer mehr Schrift hinzu: man brachte Sinnsprüche, Verschen, die oft aus dem Munde der betreffenden Personen herausgehen, und Beschreibungen an, und endlich wurden in den größeren Holzschnittwerken Bild und Text in sehr verschiedenen Verhältnissen gemischt, so daß zuweilen schon ganze Schriftseiten vorkommen. Das Publikum von damals muß an diesen Erzeugnissen ein nicht geringeres Gefallen gehabt haben, als unser heutiges an den illustrirten Zeitungen und Familienblättern, denn ihre Verbreitung war eine sehr große und dauerte noch nach Erfindung des Buchdrucks geraume Zeit fort.

Da man einmal so weit mit der Technik des Holzschnittes und des Tafeldruckes vertraut war, so hätte es wunder nehmen müssen, wenn man nicht auch kleine Schriftwerke, bei denen gar keine Bilder von nöten waren, auf diesem Wege hergestellt hätte. Und in der That hat die damalige Industrie dies nicht übersehen; man druckte mit Holztafeln auch kleine Lese- und Spruchbüchelchen, Auszüge der lateinischen Grammatik des berühmten römischen Gelehrten Älius Donatus, deshalb allgemein **Donaten** genannt; sie haben ihre Bestimmung, von der Schuljugend zerfleischt zu werden, so vollkommen erfüllt, daß nur wenige Fetzen davon auf uns gekommen sind.

Aus jener Periode der xylographischen Druckkunst sind, nebst einigen wenigen Originalholztafeln, nur etwa 30 verschiedene Werke, teils geistlichen, teils weltlichen Inhalts, und aus einigen bis zu 50 Blättern bestehend, auf uns gekommen, daneben etwa ebensoviel einzelne Holzschnittblätter mit Text und einige Kalender. Eins der berühmtesten solcher Denkmäler alter Druckkunst ist die in vielen verschiedenen Ausgaben, in Holzschnitt sowohl als im Buchdruck ausgeführte Armenbibel (Biblia pauperum), eine Sammlung von bildlichen Darstellungen aus dem Alten und Neuen Testamente. Der Armenbibel nahe verwandt und eigentlich nur eine Erweiterung derselben ist der Heilsspiegel (Speculum humanae salvationis). Diese und andre aus Bildern und Text bestehenden Werke, wie „Die Kunst zu sterben", „Der Antichrist" u. s. w., wurden vielfach auch nach Erfindung des Buchdrucks neu aufgelegt, wo dann gewöhnlich der Text mittels gegossener Buchstaben hergestellt ist.

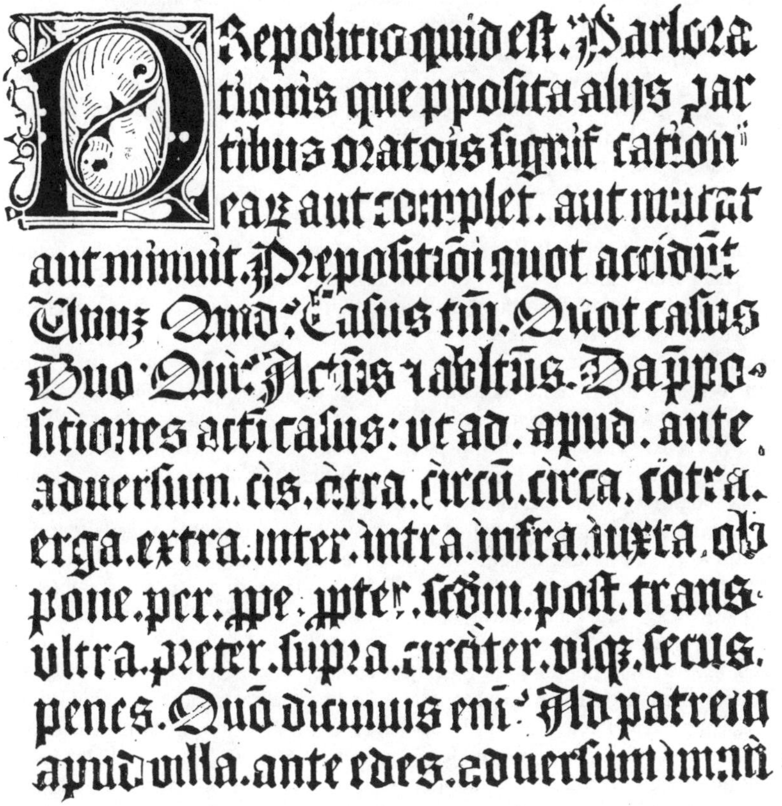
Prepositio quid est. Pars ora=
tionis que pposita alijs par
tibus oratois significatio=
nem earum aut complet. aut mutat
aut minuit. Prepositioni quot accidūt?
Unum. Quid? Casus tm̄. Quot casus?
Duo. Qui? Actus et ablatus. Da ppo=
sitiones acti casus: ut ad. apud. ante.
aduersum. cis. citra. circū. circa. cōtra.
erga. extra. inter. intra. infra. iuxta. ob
pone. per. pe. pter. scdm. post. trans.
ultra. preter. supra. circiter. usqz. secus.
penes. Quō dicimus eni? Ad patrem
apud villa. ante edes. aduersum inimi=

Fig. 405. Faksimile eines Blattes aus einem der ältesten Donaten (gedruckt von Gutenberg und Fust zu Mainz 1450)

Zu den beliebtesten bildlichen Darstellungen des Mittelalters gehörten ebenfalls die Todtentänze, Bilder, in denen der Tod unter allerlei Gestalten mit Personen aus allen Ständen und Lebensaltern zu Grabe tanzt. Um eine Probe jener Tafeldrucke zu geben, wählen wir die Kopie eines Blattes aus einem in der Heidelberger Bibliothek befindlichen, ganz in Holz geschnittenen Todtentanze in 27 Blättern (siehe das beigegebene Tonbild), und setzen zur Erleichterung des Lesens die Textworte in gewöhnlicher Schrift her.

Der Tod spricht:
Kreuch heran du must hy tantzen lern
Weyne oder lache ich höre dich gern
Hettestu den totten in dem munde
Es hilft dich nicht an dieser stunde.

Das Kind:
O we liebe muter meyn
Eyn schwarzer man zeut (zieht) mich dohyn
Wy wiltu mich nu vorlan (verlassen)
Numus ich tantzen und kan noch nicht gan.

So sehen wir denn vor dem Auftreten des eigentlichen Buchdrucks dasselbe Verfahren der Schriftvervielfältigung im Gange, wie es die Chinesen schon um Jahrhunderte früher übten und bis auf den heutigen Tag fast ohne Änderung und ausschließlich beibehalten haben; man hatte somit neben den gewöhnlichen handschriftlichen Kopien einzelne Werke, die weder geschrieben noch eigentlich gedruckt waren, denn die älteren Tafeldrucke (Reiberdrucke) sind nicht mittels der Presse hergestellt, sondern durch Reiben mit einem harten Ballen ähnlich der Art, wie jetzt noch die Holzschneider mit Hilfe des Falzbeins ihre Probedrucke machen, oder durch Klopfen mit einer Bürste, ein Verfahren, das bis in die neueste Zeit benutzt wurde, um Korrekturabzüge zu beschaffen. Deshalb war es auch nicht möglich, solche Tafeln auf beiden Seiten eines Papierblattes zu drucken; wollte man die Blätter in Buchform bringen, so bog man das Papier, nachdem man zwei Drucktafeln nebeneinander abgedruckt hatte, um, und klebte die zwei offenen Seiten am Rücken zusammen.

Neben dem Blatt aus dem Todtentanz geben wir ein Faksimile eines Blattes aus dem Kalender des Regiomontanus, welcher ebenfalls von Holztafeln gedruckt wurde. Da dieser Kalender erst um das Jahr 1473 erschien, so sieht man, wie lange neben dem Druck mit beweglichen Lettern noch die Anwendung der früheren Vervielfältigungsmethoden nebenher ging.

Druck mit beweglichen Lettern. Vom Tafeldruck bis zu dem Gedanken, mit beweglichen Lettern zu drucken, ist allerdings nur ein Schritt; denn denkt man sich eine Drucktafel in die einzelnen Buchstaben zerschnitten, so ist klar, daß man diese in beliebig andrer Weise wieder aneinander reihen, somit jedesmal einen neuen Text bilden kann. Stellt man sich jedoch deshalb Gutenbergs Erfindung als das „Ei des Kolumbus" vor, so würde man sich in einem großen Irrtum befinden. Denn der Schwerpunkt der Buchdruckerkunst liegt nicht in dem Gedanken, geschnittene Buchstaben aneinander zu reihen, den schon Cicero ausgesprochen hatte, sondern darin, Metallbuchstaben mechanisch durch Guß in Matrizen herzustellen, um den mit diesen Lettern erzielten Satz mechanisch durch die Presse zu vervielfältigen, und zwar mittels einer Schwärze, die ganz von der für die Reiberdrucke benutzten verschieden war. Mit einem Worte, die Erfindung der Buchdruckerei ist gleich mit der Erfindung der Schriftgießerei, des Setzens, des Pressenbaues, des Pressendruckes und der Druckerschwärze. Sie war demnach nicht mit einem Gedankenblitz abgemacht, sondern das Resultat langen Suchens, langer Arbeit und schwerer Sorgen.

Von den vielen Städten, die sich um die Ehre der Erfindung gestritten haben, ist neben Mainz Straßburg die einzige, die wirklich einen Platz in der Erfindungsgeschichte beanspruchen kann, da Gutenberg dort eine Zeitlang lebte und an der Ausbildung seiner Erfindung arbeitete. Aber die Straßburger wollten nicht einen Teil, sondern das Ganze; sie nahmen allgemein an, die Kunst sei in ihren Mauern erfunden worden, und feierten auch 1640 das zweite Jubiläum mit großem Pomp. Als Erfinder aber galt dort nicht Gutenberg, sondern Joh. Mentel, der erste Straßburger Buchdrucker, obwohl erst seit 1466 bekannt. Dieser Mentel soll Gutenberg bei seiner Erfindung ins Vertrauen gezogen haben, letzterer aber nach Mainz gegangen sein, um in Verbindung mit Fust die neue Kunst weiter auszubeuten. Durch später aufgefundene geschichtliche Quellen ist mit der ganzen Erfindungsgeschichte auch die Stellung Straßburgs zu ihr mehr ins Klare gebracht. Im Jahre 1690 wurden in der Abtei zu St. Gallen Trithemius' „Annalen des Klosters Hirschau" wieder aufgefunden und bekannt gemacht, in welchen, wie weiterhin zu lesen sein wird, schon deutliche Nachricht über die ganze Angelegenheit enthalten ist; das wichtigste Dokument sollte aber Straßburg selbst liefern in jenen 1760 entdeckten Prozeßakten zwischen Gutenberg und Dritzehn aus dem Jahre 1439, nach welchen der wahre Hergang der Dinge so weit klar vorliegt, daß den Straßburgern nur die Ehre bleibt, daß Gutenberg eine Zeitlang dort gelebt und in den Mauern Straßburgs sich mit Versuchen beschäftigt hat, die jedoch dort nicht zu der Erfindung der Kunst führten; Straßburg ist, wie der Geschichtschreiber der Erfindung, C. A. Schaab, sagt: „die Wiege der Kunst, aber eine Wiege ohne Kind."

Am hartnäckigsten haben die Holländer ihre Ansprüche auf ihre Priorität in der Ausübung des Buchdrucks verteidigt; sie feiern ihren eignen, vorgutenbergischen Erfinder Lorenz Jansen, mit dem Zunamen Koster, der Küster, und die Stätte der Erfindung ist nach ihnen Harlem. Anderthalb Jahrhunderte lang wußte, was gewiß sehr merkwürdig ist, selbst in

Holland niemand etwas davon, daß die Erfindung eine holländische sein sollte; kein Schriftsteller jener Epoche, keiner der frühsten holländischen Buchdrucker muß eine Ahnung davon gehabt haben, da sonst besonders die letzteren in den damals gebräuchlichen Schlußzeilen ihrer Drucke gewiß der allgemein gültigen Annahme, daß die Kunst aus Mainz stamme, entgegengetreten sein würden. Dagegen hatte sich zu Harlem eine örtliche Sage fortgepflanzt, daß vor Zeiten daselbst Bücher gedruckt worden seien. Ein Harlemer Arzt, Hadrian Junius (Adrian de Jonghe), forschte dieser Sage weiter nach, und was er von „sehr alten, glaubwürdigen Greisen" darüber erfahren, teilt er in einer zwischen 1562 und 1575 lateinisch geschriebenen Beschreibung von Holland mit, welche 1588 zu Leiden im Druck erschien. Nachdem der Verfasser beiläufig selbst die Befürchtung geäußert hat, daß er wohl tauben Ohren predigen werde, da ja die Meinung, daß der Buchdruck in Mainz erfunden sei, „so tief im Publikum wurzele, daß weder Hacke noch Spaten sie auszurotten vermöge", erzählt er: vor 128 Jahren habe zu Harlem in einem schönen Hause auf dem Markte, dem königlichen Palaste gegenüber, Lorenz Jaenson (Sohn von Johann) gewohnt, der den Beinamen Koster (Küster) führte, weil dieses einträgliche Ehrenamt in seiner Familie erblich gewesen. Dieser habe einst auf einem Spaziergange in einem Gehölze vor der Stadt zu seiner Unterhaltung einige Buchstaben aus Buchenrinde verkehrt geschnitten, mit denen man wie mit einem Petschaft drucken konnte, um damit seinen Enkeln ein Spielzeug zu schaffen. Darauf sei er, als ein findiger Kopf, auf höhere Ideen gekommen, habe zunächst eine dickere und haltbarere Tinte erfunden, hierauf ganze Blätter mit Bildern gedruckt, denen er Schriftsätze beigefügt. Das erste so gedruckte Buch sei der „Spiegel des Heils" gewesen. Seine buchenen Lettern habe er später durch zinnerne und dann durch bleierne ersetzt. Sein Geschäft sei bald ins Große gewachsen, so daß er sich habe Gehilfen anschaffen müssen. Unter diesen habe sich leider ein gewisser Johann, wahrscheinlich Just, befunden; dieser habe, nachdem er sich eine hinreichende Kenntnis vom Buchdruck und der Schriftgießerei verschafft, in der Christnacht, wo alle Bewohner des Hauses dem Gottesdienst beiwohnten, alle Druckwerkzeuge seines Herrn aufgepackt und sei mit dem Raube davongegangen. Zuerst habe er sich nach Amsterdam, dann nach Köln und zuletzt nach Mainz begeben, wo er in einer offenen Werkstätte die Früchte seines Diebstahls geerntet habe. — Unter den „glaubhaften alten Männern", von welchen der Erzähler die Geschichte gehört haben will,

Fig. 406. Eine alte Druckerei. (Buchdruckzeichen des Jodocus Badius 1498.)

nennt er besonders seinen Lehrer Niklas Gal, der als Knabe einen alten 80jährigen Buchbinder Cornelius gekannt, welcher als Gehilfe in des Küsters Lorenz Offizin gestanden, den ganzen Hergang genau gewußt „und jedesmal bitterlich geweint habe, wenn er von dem bösen Räuber Johannes erzählte."

Vom Erscheinen dieser Enthüllungen an war es nun für die Holländer Ehrensache, dieselben gegen alle Anfechtungen zu verteidigen, die sich so leicht gegen die Erzählung, so wie sie vorliegt, erheben lassen. Eine Menge von Schriften erschienen bereits von 1628 an zu diesem Zwecke und veranlaßten eine Reihe von Widerlegungen seitens der die Mainzer Ansprüche vertretenden Partei; der Streit wurde oft mit Heftigkeit, zum Teil mit bitterem Spott geführt, denn die Holländer nehmen die Erzählung des Rektors Junius nicht etwa als Sage, aus der sich ein thatsächlicher Kern herausschälen ließe, sondern halten sie buchstäblich fest und haben nicht einmal die lächerliche Diebstahlsgeschichte fallen lassen mögen. Nachdem eine gelehrte Gesellschaft zu Harlem einen Preis auf die beste Verteidigung der holländischen Ansprüche ausgesetzt hatte, den 1816 der Gerichtsschreiber Koning zu Amsterdam mit einem ausführlicheren Werke gewann, setzte eine Kommission das Jahr der Kosterschen Erfindung auf 1423 fest, und es wurde nun im Jahre 1823 am 10. und 11. Juli eine großartige Jubelfeier durch ganz Holland begangen, besonders aber zu Harlem, wo man dem Koster ein Denkmal setzte. Der leidenschaftliche Streit zwischen der holländischen und der Mainzer Partei spann sich darauf noch lange fort.

Die triftigsten Beweisstücke, welche unzweifelhaft Kostersche Drucke wären, haben die Holländer natürlich nicht beizubringen vermocht. Was von dem öfters aufgelegten „Heilsspiegel" noch vorhanden ist und von ihnen als Hauptbeweis angeführt wird, zeigt allerdings zum Teil Schrift aus Einzellettern, entbehrt aber aller Angaben über Ort und Zeit der Entstehung, da solche bei den Briefdruckern nicht gebräuchlich waren. Hätten die Holländer die folgenreiche Kunst erfunden, so wäre es gar wunderlich, daß sie dieselbe wieder einschlafen ließen, denn es ist Thatsache, daß ihr Land wie alle andern die Drucker aus der Mainzer Schule empfing, zuerst 1473 die Städte Aloft, Löwen und Utrecht, dann einige andre, bis als sechzehnte auch Harlem 1483 an die Reihe kam.

Übrigens ist jetzt die Angelegenheit als abgethan zu betrachten. Ein Holländer, Dr. A. van der Linde, ist es gewesen, welcher der Sache mit dem Lichte der historischen Kritik entgegentrat und sie in ihr Nichts auflöste, zuerst in der 1870 erschienenen Schrift: „Die Harlemsche Kosterlegende", in welcher zum Schluß den Harlemern der wohlmeinende Rat erteilt wird, ihr Kosterdenkmal baldigst wieder abzutragen, das Kostermuseum aufzulösen und dessen Druckwerke an die Stadtbibliothek zu geben; dann in einem umfangreichen Werke: „Gutenberg, Geschichte und Erfindung" (1878).

In neuerer Zeit ist sogar auch ein italienischer Erfinder erfunden worden, Panfilo Castaldi, Doktor der Rechte und Poet, in Feltre, der im Jahre 1456 die Druckerei geübt haben soll. Bei ihm lernte sie der Burggraf Faust und führte sie in Mainz ein. Castaldis Denkmal wurde am 25. September 1868 eingeweiht. — Heute steht es so sicher, als eine historische Thatsache immer sein kann, fest, daß Mainz die Mutterstadt der Buchdruckerkunst ist. Für Mainz haben sich seit den frühsten Zeiten eine Menge von Schriftstellern und Chronisten, nicht nur Deutsche, sondern ebensowohl Italiener, Franzosen, Engländer, Spanier, Niederländer, ausgesprochen. Die beiden wichtigsten Nachrichten, weil sie von Zeitgenossen und der Erfindung nahe stehenden Personen herrühren, bilden die folgenden beiden Chronikauszüge.

In einer von unbekannter Hand geschriebenen „Cronica van der hilligen Stat van Cöllen", die 1499 zu Köln erschien, findet sich eine Stelle, welche in heutiges Deutsch übertragen also lautet: „Von der Buchdruckerkunst. Wann, wo und durch wen diese unaussprechlich nützliche Kunst Bücher zu drucken erfunden ist. Item diese hochwürdige Kunst ist zu allererst erfunden in Deutschland zu Mainz am Rheine, und das ist der deutschen Nation eine große Zier, daß solche sinnreiche Menschen da zu finden sind. Und dies ist geschehen ums Jahr des Heils 1440, und von der Zeit an bis man schrieb 50 ward untersucht die Kunst und alles, was dazu gehört. Und im Jahr 1450, das ein Jubeljahr war, begann man zu drucken, und das erste Buch, das man druckte, war die Bibel in Latein, und ward gedruckt in einer groben Schrift wie die, mit welcher man nun die Meßbücher druckt. Item wie wohl die Kunst ist erfunden zu Mainz in der Weise, wie sie nun allgemein gebraucht wird, so ist doch die erste Vorbildung gefunden in Holland aus den Donaten, die daselbst vor der Zeit gedruckt sind. Von und aus diesen hat die Kunst ihren Ursprung genommen, und ist viel meisterlicher und feiner als jene Manier war, und je länger je mehr künstlicher worden. — Der erste Erfinder der Druckerei ist gewesen ein Bürger zu Mainz, der war gebürtig von Straßburg, und hieß Junker Johann Gutenberg. Item von Mainz ist die Kunst zu allererst gekommen nach Köln, dann nach Straßburg und dann nach Venedig. Diesen Beginn und Fortgang der Kunst hat mir mündlich erzählt der ehrsame Meister Ulrich Zell von Hanau, Buchdrucker zu Köln noch zur Zeit, 1499, durch den die Kunst nach Köln kommen ist. Item es sind noch ein Teil vorwitziger Menschen, die da sagen, man habe auch vormals Bücher gedruckt; aber dies ist nicht wahr, man findet in keinen Landen Bücher, die zu denselben Zeiten gedruckt sind."

Noch wichtiger wegen ihres Eingehens in das Technische der Sache ist die Stelle in den lateinisch geschriebenen Annalen des Abtes Tritheim, welcher von 1462—1560 lebte. Er sagt beim Jahre 1450: „Um diese Zeit wurde die bewundernswerte, bisher noch unerhörte Kunst, Bücher durch einzelne Buchstaben zu drucken, von einem Bürger in Mainz, Johann Gutenberg, erfunden und ausgedacht. Nachdem dieser fast sein ganzes Vermögen darauf verwendet, und dennoch wegen vieler Schwierigkeiten bald an diesem, bald an jenem Mangel litt, so daß er die Sache schon liegen lassen wollte, hat er durch den guten Rat und Vorschuß eines andern Mainzer Bürgers, Johann Fust, sie endlich glücklich zustande gebracht. Anfänglich haben sie die Buchstaben auf Tafeln geschnitten und ein allgemeines Wörterbuch, „Vocabularium catholicon", gedruckt, konnten aber mit denselben Tafeln nichts andres drucken, weil die Buchstaben in dieselben eingeschnitten und unbeweglich waren. Dann haben sie die Buchstaben des lateinischen Alphabets zu gießen erfunden, welche sie Matrizen nannten, vermöge deren sie Buchstaben von Erz oder Zinn gegossen, soviel sie nötig hatten, welche sie vordem mit den Händen zurecht schnitten. Diese Art zu drucken hat aber so viel Schwierigkeiten gehabt, daß sie an die Bibel schon 4000 Gulden gewendet hatten, ehe noch der zwölfte Foliobogen beendet war. Peter Schöffer aber, erst Diener, dann Eidam des Johann Fust, erfand eine leichtere Art zu gießen. Beide haben eine Zeitlang die Kunst geheim gehalten, bis sie durch die ihnen nötigen Diener erst nach Straßburg gebracht worden ist und dann zu allen Völkern. — Es wohnten aber hier die ersten Erfinder zu Mainz in einem Hause „Zum Jungen", hernach das „Druckhaus" genannt, welches noch heute existiert."

Johannes Gutenberg also hieß der Mann, der die weltbewegende Kunst des Buchdrucks erfand, und wenn wir auch von seinen persönlichen Verhältnissen und Schicksalen nur mangelhaft unterrichtet sind, so wissen wir doch so viel, daß er mit Hindernissen und Schwierigkeiten, wie Mangel an Mitteln, Treulosigkeit der Menschen, fast sein ganzes Leben hindurch zu kämpfen hatte. Bewundernswert ist dem gegenüber seine jahrelange beharrliche Arbeit an der Ausbildung seiner Idee, sein ungebeugter Mut in harten Schicksalsschlägen.

Henne Gudenberg oder Johann Gutenberg stammte aus dem sehr alten und angesehenen mittelrheinischen, stiftsfähigen und ritterschaftlichen Patriziergeschlechte Gensfleisch, das schon im 13. Jahrhundert vorkommt. Seine mütterliche Stammlinie war die des ebenso alten Dynastengeschlechts zum Thurm, später Gutenberg. Der Vater unsres Gutenberg war Friele oder Friedrich Gensfleisch, seine Mutter Else (Elisabeth) Weirichin zum Gudenberg. Diese brachte ihrem Manne den Hof zum Gudenberg in Mainz mit, und durch die Vereinigung dieses Namens mit dem seines Vaters führte der Erfinder den Namen Henne (Johannes) Gensfleisch zum Gutenberg. Unser Johannes wurde zu Mainz, aller Wahrscheinlichkeit nach in einem der drei letzten Jahre des 14. Säkulums, geboren. Ein ernster Aufstand der Mainzer gegen die Adelsfamilien zwang auch die des Gutenberg 1421 zur Auswanderung. Erst 14 Jahre später taucht Johannes Gutenberg wieder in Straßburg auf, und wir lernen in ihm nun einen Mann kennen, der mittellos dastand und sich insgeheim mit verschiedenen mechanischen Künsten beschäftigte. Wie er als Edelmann zu dieser Neigung und zu den einschlägigen Kenntnissen gekommen, ist uns ebenso dunkel wie seine ganze Jugendgeschichte. Jedenfalls benutzte er diese Künste zum Gelderwerb, und daß auch andre ihm das Zutrauen schenkten, daß man durch seine Kenntnisse Geld verdienen könne, beweist ein Gesellschaftsvertrag, den er mit drei Personen auf ihr Ansuchen einging, demzufolge er ihnen das Edelsteinschleifen und Spiegelbelegen gegen eine Entschädigung lehren sollte, um darauf ein Geschäft zu gründen. Bei dem dadurch veranlaßten häufigen Verkehr mit Gutenberg bemerkten aber die Teilnehmer, daß er sich insgeheim noch mit andern Künsten beschäftige, und drangen in ihn, daß er auch diese ihnen mitteilen möge. Gutenberg verstand sich auch hierzu, und es wurde auf Grund dessen ein neuer Gesellschaftsvertrag geschlossen. Daß diese geheim gehaltene Kunst der Buchdruck gewesen, kann man kaum bezweifeln, obwohl die hierauf bezüglichen Prozeßakten schon deshalb nicht das volle Licht geben, weil die Kunst auch von den Teilnehmern als eine geheim zu haltende betrachtet wurde. Als schon zu Weihnachten des Jahres 1438 einer der Kontrahenten, Dritzehn, mit Tode abgegangen und dessen zwei Brüder als Erben in den Kontrakt zu treten verlangten, wies sie Gutenberg ab, da ein solcher Fall im Kontrakte vorgesehen und dafür nur eine Herauszahlung festgesetzt war. Die Dritzehn wurden klagbar, aber die Gerichte gaben Gutenberg Recht. Aus den betreffenden Akten, worin sich 17 Zeugenverhöre finden, erhellt Folgendes. Gutenberg hatte eine Presse bauen lassen, sie stand in Dritzehns Hause bei des letzteren Tode. Gutenberg, ängstlich um die Erhaltung des Geheimnisses besorgt, schickte, gleichwie ein andrer Teilnehmer, einen Beauftragten ab, um alles auseinander zu nehmen und alles so zu zerlegen, daß niemand sehen könne, was es zuvor gewesen. Ferner ist die Rede von Bleianschaffungen, wie denn auch ein Zeuge sagt, daß Gutenberg die abgeholten Formen vor seinen Augen einschmelzen ließ, „wobei ihn jedoch etliche Formen dauerten." Ein

Goldschmied (also in damaliger Zeit auch Graveur) sagt aus, daß er von Gutenberg bei 100 Gulden verdient habe, bloß für Sachen, welche zum Drucken dienten. Trotzdem ist nicht Klarheit zu erlangen, was eigentlich in Dritzehns Haus zerlegt worden ist, auch nicht die mindeste Spur davon vorhanden, daß es in Straßburg zum wirklichen Drucken gekommen sei und von Typen und Setzen ist überhaupt in den Akten gar keine Rede.

Gutenberg kehrte im Jahre 1445 mittellos nach seiner Vaterstadt Mainz zurück. Daß er aber an seiner Erfindung nicht verzweifelte, sondern daß ihm nur die Geldmittel zu ihrer Ausführung fehlten, erhellt daraus, daß er 1450 mit einem reichen Mainzer Bürger, Johannes Fust, einen Vertrag abschloß, nach welchem letzterer 800 Goldgulden gegen 6% Zinsen zur Errichtung einer Buchdruckerei darleihen sollte, wofür ihm „das Gezüge" verpfändet wurde. Johann Fust war ein unternehmender Mann, sein Bruder Jakob ein geschickter Goldschmied, der jedenfalls viel ersprießlichen Rat geben konnte, denn die damaligen Goldschmiede waren Graveurs, Ziseleurs und Gießer, kannten die Mischung der Metalle und standen mit den Zeichnern und Formschneidern in Berührung.

Bald darauf wurde auch als Dritter im Bunde Peter Schöffer in Fusts Haus eingeführt. Er war ein geschickter Schönschreiber und heller Kopf und leistete bei der weiteren Ausbildung des Druckverfahrens so wesentliche Dienste, daß Fust nicht anstand, ihn zum Schwiegersohn und Geschäftsteilhaber anzunehmen. So hatten sich Intelligenz und Geldkräfte zusammengefunden, und die Folge war, daß von jetzt an die Druckkunst in wenigen Jahren zu einer Vollendung gedieh, welche Jahrhunderte nur wenig weiter zu führen vermochten. Die Schriftschneiderei und Gießkunst, die eigentliche Seele des Buchdrucks, gelangte in dieser ersten Offizin gleich zu einem hohen Grade der Ausbildung, besonders durch die Verdienste Schöffers. Auch die alte, leicht vergängliche und für den Pressendruck ungeeignete Druckschwärze wurde mit der noch jetzt gebräuchlichen vertauscht.

Daß das Gießen der Buchstaben Gutenbergs eigenste Erfindung ist, steht außer allem Zweifel; dies schließt nicht aus, daß er zu seinen allerersten Versuchen sich aneinander gereihter Holztypen bedient hat, es mußte ihm jedoch sofort einleuchten, daß hiermit kein Vorwärtskommen möglich sei und daß mechanisch hergestellte Typen von Metall von nöten waren. Die Anfertigung der Stempel geschah vielleicht zuerst in Holz, dann in einem leicht zu behandelnden Metall. Von einem Einschlagen solcher Stempel in ein härteres Matermetall konnte keine Rede sein; es muß deshalb angenommen werden, daß die Mater entweder durch Umgießen des Stempels mit fließender Masse oder durch Eindrücken desselben in eine halb erstarrte Masse geschah. Die Unzulänglichkeit dieses Verfahrens mußte sich jedoch bald herausstellen und die Notwendigkeit einleuchten, Stahl zu den Stempeln zu verwenden und diese in kupferne Stäbchen zu treiben. Hier war es nun Schöffer, der, wenn man so sagen will, als zweiter Erfinder der Gießerei, und zwar in dem Sinne, wie diese Kunst noch heute geübt wird, eintrat. Er verbesserte auch die Metallvermischung der Typen und die Form derselben, schaffte die praktischen kleineren Schriftgattungen, war auch mutmaßlich der Schöpfer der Schwabacher Schrift, aus welcher sich später die Frakturschrift entwickelte, und stellte schließlich eine bessere Druckfarbe her, wie sie noch heute benutzt wird. Überhaupt hat er für die Ausbildung der Buchdruckerkunst solche Verdienste erworben, daß die Nachwelt ihm nächst dem ersten Erfinder den größten Dank schuldig ist.

Mit dem Jahre 1452 waren die wesentlichsten technischen Hindernisse beseitigt. Gutenberg konnte sich an ein großartiges Unternehmen wagen und wählte als solches das erhabenste aller Bücher, die Bibel. Aber die Geldmittel dazu fehlten, denn die 800 Gulden, die er von Fust geliehen, waren, wie das, was Gutenberg selbst besessen hatte, dahin. Unter diesen Verhältnissen mußte Fust neue 800 Gulden schaffen, wofür er wirklicher Teilnehmer an dem Gewinn, daneben aber auch Pfandinhaber der Druckerei und aller Vorräte an Papier und Drucken wurde.

Gutenberg, der rastlos strebende, denkende Mann, welcher Vermögen, Zeit und Kraft der neuen Kunst gewidmet hatte, stand der Erreichung seines Zieles nahe; wer sollte ihm nicht den Genuß der mühsam erbauten Frucht gönnen? Und in der That winkte ihm auch dieser wohlverdiente Lohn freundlich und nahe genug entgegen. Nachdem er die Kräfte erst an kleinen Arbeiten erprobt hatte, als: Donaten, Ablösungsbriefe, die kleine Schrift „Die Mahnung der Christenheit wider die Türken", lagen von der Bibel zwölf Bogen vollendet und das Material zu andern Werken vor. Bei dem hohen Preise der Bücher in jener Zeit konnte man durch Anwendung des neuen wohlfeilen Herstellungsverfahrens beträchtliche Summen erwerben, so daß für die späteren Lebenstage des Erfinders keine Not zu erwarten war. Doch alles dieses sollte ihm entrissen werden!

Fust und sein Schwiegersohn waren im Besitz des Geheimnisses, somit Gutenberg ihnen entbehrlich geworden, namentlich da Schöffer weit größere technische und künstlerische Fähigkeiten als Gutenberg besaß. Die noch unfertige lateinische Bibel mußte den Vorwand abgeben zu seiner Verdrängung. Fust machte geltend, daß der Druck zu große Kosten verursacht habe, und verlangte sein Geld mit Zins und Zinseszins zurück, noch ehe der mindeste Nutzen aus dem Unternehmen gezogen werden konnte. Er stellte eine Rechnung über 2026 Gulden auf und erhielt bei den Mainzer Gerichten am 6. November 1455 ein erwünschtes Urteil. Dasselbe erkannte, daß Gutenberg zahlen oder sich der Kontraktsklausel — Übergabe der verpfändeten Druckerei — unterwerfen müsse. Fust nahm mit der Druckerei auch alle Vorräte, namentlich die ganze Auflage der noch unvollendeten Bibel, an sich.

Fig. 407. Faksimile aus der Gutenbergschen 42zeiligen Bibel.

Für Schöffers Beteiligung bei diesem unwürdigen Schritte liegen keine Beweise vor, doch war sein Benehmen gegen Gutenberg später zweideutig, indem er sich die Ehre der Erfindung öffentlich anzueignen versuchte. So sah sich der nun bereits bejahrte Gutenberg, der Leben und Vermögen an seine Erfindung gesetzt, durch Habsucht Fusts abermals allein stehend, mittellos und um die Früchte seiner Sorgen und Mühen betrogen. Indes fand er, wie wir sehen werden, den Mut und die Stütze, sich noch einmal empor zu arbeiten. Die erste größere Frucht der neuen Kunst, der Bibeldruck, war freilich für ihn verloren; seine Rivalen vollendeten und vertrieben das Werk zu hohen Preisen, wenn auch billiger als handschriftliche Werke. Diese Bibel, welche früher als die zweifellos erste betrachtet wurde, besteht aus zwei Bänden, wovon der erste 324, der andre 317 Blätter stark ist. Die 66 Lagen bestehen meist aus je fünf ineinander gelegten Bogen (Quinternionen). Seitenzahlen, Bogenbezeichnungen und Initialen fehlen. Das Schriftformat ist fast 30 cm hoch und 20 cm breit, zweispaltig bedruckt und die Anfangsbuchstaben in den Exemplaren auf Pergament mit Gold und verschiedenen Farben, in denen auf Papier mit Blau und Rot gemalt. Jede Seite, mit Ausnahme jedoch der ersten zehn Seiten, enthält 42 Zeilen, daher die Bezeichnung dieser Bibel als die 42zeilige. Nur 16 Exemplare derselben sind auf uns gekommen, davon sieben auf Pergament und neun auf Papier. Die meisten sind in England und Frankreich. Mainz besitzt kein Exemplar mehr davon; das früher vorhandene, ein Pergamentexemplar, raubte ein französischer Regierungskommissar Thionville zur Zeit der ersten französischen Revolution und verschacherte es nach England für 9000 Mark. In Deutschland und Österreich besitzen die Bibliotheken in Wien, München, Berlin, Leipzig, Frankfurt a. M., Dresden, Trier und Aschaffenburg diese Bibel; ein schönes Exemplar findet sich in der Sammlung des Buchhändlers Klemm in Dresden. In jüngerer Zeit ist jedoch die Ansicht entstanden, daß die sogenannte 36zeilige Bibel, welche früher ganz allgemein Albert Pfister in Bamberg zugeschrieben und deren Druckjahr auf die Zeit von 1456—1460 verlegt worden ist, ebenfalls ein Werk der Gutenbergschen Presse und sogar die erste Bibel gewesen sei. Die mangelhafte große Schrift, überhaupt die geringere technische Ausführung sprechen dafür: und jetzt neigen fast alle bedeutenden Kritiker zu der erwähnten Annahme.

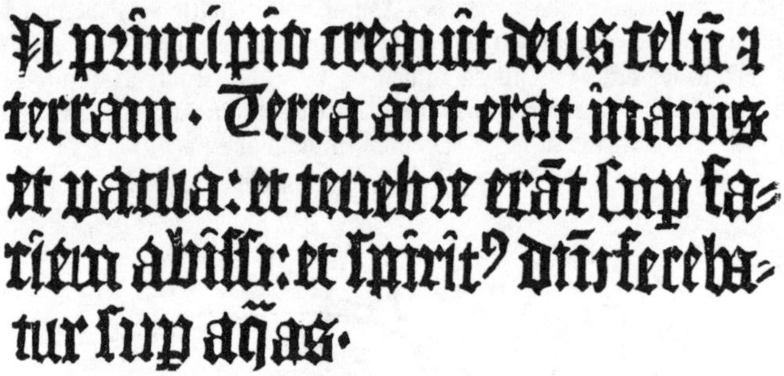
In principio creauit deus celū et
terram. Terra aūt erat inanis
et vacua: et tenebre erāt sup fa-
ciem abissi: et spirit⁹ dn̄i fereba-
tur sup aq̄as.

Fig. 408. Faksimile aus der 36zeiligen Bibel.

Doch kehren wir zu den weiteren Schicksalen Gutenbergs zurück. In Mainz lebte damals ein angesehener, kenntnisreicher und vermögender Mann, der Stadtsyndikus Dr. Humery, der kein Bedenken trug, Gutenberg das Geld zur Herstellung einer neuen Druckerei anzuvertrauen. Natürlich war ein solches Unternehmen damals zeitraubend, da alles, und zwar größtenteils durch des Erfinders eigne Hände, neu anzufertigen war. Daher erscheint erst nach fünf Jahren (1460) das erste größere Produkt (zwei kleinere Schriften gingen dem voran) dieser zweiten Druckerei der Welt: „Joannis de Balbis de Janua, Summa quae vocatur Catholicon", gr. Fol., 374 zweispaltige und eng gedruckte Blätter stark, in einer Schrift, die in Druckwerken aus andern Druckereien nirgends vorkommt. Der Inhalt dieses Katholikon ist eine lateinische Grammatik nebst etymologischem Wörterbuch. Das Buch ist durch seine Schlußschrift (Kolophon) besonders interessant, in welchem sich Gutenberg, jedoch ohne seinen Namen zu nennen, über die Entstehung des Buches ausspricht.

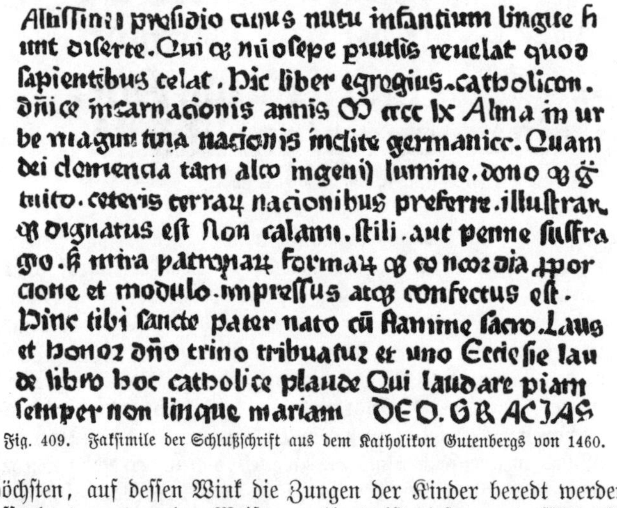
Altissimi presidio cuius nutu infantium lingue fi
unt diserte. Qui q3 nūosepe puulis reuelat quod
sapientibus celat. Hic liber egregius. catholicon.
dn̄ice incarnacionis annis M cccc lx Alma in ur
be maguntina nacionis inclite germanice. Quam
dei clemencia tam alto ingenij lumine. dono q3 gra
tuito. ceteris terrarum nacionibus preferre. illustrare
q3 dignatus est Non calami. stili. aut penne suffra
gio. s3 mira patronarum formarum q3 concordia propor
cione et modulo. impressus atq3 confectus est.
Hinc tibi sancte pater nato cū flamine sacro. Laus
et honor dn̄o trino tribuatur et uno Ecclesie lau
de libro hoc catholice plaude Qui laudare piam
semper non linque mariam DEO. GRACIAS

Fig. 409. Faksimile der Schlußschrift aus dem Katholikon Gutenbergs von 1460.

Fig. 409 ist eine Kopie davon und heißt zu deutsch, unter Weglassung der vier letzten Zeilen: „Unter dem Beistande des Allerhöchsten, auf dessen Wink die Zungen der Kinder beredt werden, und der oft den Kleinen offenbart, was er den Weisen verbirgt, ist dieses vortreffliche Buch Katholikon im Jahre der Menschwerdung Christi 1460 in der guten, ruhmreichen, der deutschen Nation angehörigen Stadt Mainz, welche die Güte Gottes mit so hehrem Geisteslichte und freiem Gnadengeschenke den andern Völkern der Erde vorzuziehen gewürdigt hat, gedruckt und zustande gebracht worden, und zwar nicht mittels des Rohrs, des Griffels oder der Feder, sondern durch das bewundernswürdige Zusammenpassen, Verhältnis und Gemeinmaß der Patronen und der Formen."

Die erste Bibel.

Gutenberg hat nie seinen Namen unter seine Druckwerke gesetzt. Die Gründe, die dabei leitend waren, kennen wir nicht, müssen jedoch leider vermuten, daß diese in den noch nicht geordneten Verhältnissen des Erfinders lagen. Aus einem noch vorhandenen Dokument von 1459, einer Verzichtleistung Gutenbergs und seines Bruders auf die Habe ihrer Schwester, die als Nonne im St. Klarakloster zu Mainz gestorben, ergibt sich übrigens, daß er sich mit zahlreicheren Unternehmungen und Projekten beschäftigt haben müsse, da er erklärt, daß er nicht allein die Bücher, welche er als von ihm gedruckt der Klosterbibliothek bereits geschenkt, für immer dort belassen, sondern auch alles, was er in Religion und Kultus zum Lesen und Singen noch drucken werde, ebenfalls der Bibliothek zustellen wolle.

Mit dem Jahre 1465 tritt eine Wendung in Gutenbergs Leben ein, die seiner Wirksamkeit als Buchdrucker ein Ziel setzte. Er wurde nämlich vom Kurfürsten Adolf von Nassau für persönlich gute Dienste zum Hofkavalier mit einer lebenslänglichen Pension ernannt und begab sich infolge davon in das kurfürstliche Hoflager zu Eltville im Rheingau. Zwar nahm er seine Buchdruckerei mit sich, trat sie aber bald darauf an seine Verwandten, Hennrich und Nikolaus Bechtermünz, nachdem er sie im Geschäft unterrichtet, mietweise ab und überwies den Pachtertrag dem Dr. Humery zur Tilgung der ihm, Gutenberg, gewährten Vorschüsse. Aus jener Periode stammt, mit den Typen des Katholikon gedruckt, das „Vocabularium latino-teutonicum" (lateinisch-deutsches Wörterbuch) in 165 Blättern; es erschien am 4. November 1467. Kurze Zeit darauf war unser Gutenberg nicht mehr am Leben; sein Todestag fällt in die Zeit vom 24. November 1467 und den 24. Februar 1468; der Tag selbst ist nicht bekannt. Er wurde in der Dominikanerkirche zu Mainz begraben und ihm eine passende Grabschrift gesetzt. Grab und Begräbniskirche sind jedoch längst nicht mehr vorhanden; sie gingen bei der Beschießung von Mainz durch die Franzosen in der Nacht vom 20. bis 21. Juli 1793 in Flammen auf, welches Schicksal auch die auf den Ruinen der Kirche errichtete Fruchthalle 1875 traf. Die lateinische Inschrift, welche Adam Gelthuß, einer seiner Verwandten, für ihn verfertigte, ist noch bekannt und lautet zu deutsch: „Dem um alle Nationen und Sprachen hochverdienten Erfinder der Buchdruckerkunst, Johann Gensfleisch, hat Ad. Gelthuß zum ewigen Andenken seines Namens dieses Denkmal gesetzt." Die Gutenbergsche Offizin ging nach Heinr. Bechtermünz' Tod in den alleinigen Besitz des Nik. Bechtermünz über, der das Geschäft bis 1477 fortsetzte. Nach seinem Tode übernahmen es die Brüder des gemeinsamen Lebens (Fratres vitae communis) in Marienthal bei Eltville, von 1508 an besaß es Fr. Hewmann in Frankfurt am Main.

Lückenhaft genug ist allerdings die Lebensgeschichte unsres Meisters Gutenberg auf uns gekommen, doch ist das Wenige, was wir von ihm erfahren, schon geeignet, unsre ganze Teilnahme für ihn in Anspruch zu nehmen. Er hatte eben das Schicksal so mancher Erfinders. Fortwährend mit dem Mangel an Mitteln kämpfend, setzte er alles an die Verwirklichung einer Idee, deren Wichtigkeit ihm klar vor der Seele stand. Dem Ziele endlich nahe gekommen, sah er sich durch andre um die Früchte seiner Arbeit gebracht. Selbst die Ehre der Erfindung waren die Söhne Schöffers eifrig bemüht, ihm zu rauben und ihrem Hause zuzuwenden; sein Name kam lange Zeit in Vergessenheit, und erst die spätere Zeit hat ihm die ihm gebührende Ehre verschafft und auch seinem Andenken durch verschiedene Denkmäler Gerechtigkeit widerfahren lassen.

Das erste äußere Andenken wurde 1504 von Ivo Wittig gestiftet und bestand in einem Denkstein im Hofe „Zum Gutenberg". Seitdem hatte Mainz seinen großen Bürger ganz vergessen und die typographischen Schätze von Mainz waren in ausgedehntester Weise verschleudert. Die Stadt mußte die Demütigung erleben, daß der französische Präfekt Jeanbon St. André 1804 den ersten Vorschlag machte, Gutenberg ein Denkmal zu setzen, zu dem ganz Europa beitragen sollte, und daß Napoleon I. im September 1804 in Mainz befahl, daß ein großer Gutenbergplatz geschaffen werden sollte. Es blieb allerdings beim Befehl. Erst die mit vielem Aufwand 1823 in Harlem begangene vierte Säkularfeier der von den Holländern für sich in Anspruch genommenen Erfindung der Buchdruckerkunst war im stande, Gutenbergs Vaterstadt aufzurütteln. Die Kasinogesellschaft ließ ihrem neu eingeweihten Hause den ursprünglichen Namen „Zum Gutenberg" wiedergeben und eine goldene Inschrift über das Eingangsthor setzen. Am 24. Oktober 1824 folgte ein Denkstein im Garten. Im Hofe selbst stiftete der Kunstverein ein Standbild in Sandstein, den

„Ritter" Gutenberg, eine Satzform haltend, darstellend. Im Jahre 1831 erging ein „Aufruf an die gebildete Welt zur Errichtung eines erhabenen Monuments zur Säkularfeier der Buchdruckerkunst 1836!" Es wurde eine Aufforderung an die Künstler der Plastik erlassen, Entwürfe einzusenden, „um dann das Beste aus jedem zu benutzen". Thorwaldsen erklärte 1832, die Ausführung eines für den Erzguß berechneten Modells ohne Entgelt übernehmen zu wollen, jedoch ohne Konkurrenz. Der Vorschlag wurde angenommen und Crozatier in Paris mit dem Guß betraut. Die feierliche Einweihung fand am 14. August 1837 statt.

Seit dem 24. Juni 1840 besitzt Straßburg auf dem Gutenbergsplatz ein Standbild des Erfinders, von David modelliert und von Soye & Ingré in Paris gegossen. Ein drittes schönes Denkmal von Herrn von der Launitz auf dem Roßmarkte in Frankfurt a. M. zeigt Gutenberg, Fust und Schöffer in einer Einigkeit, wie sie bei ihren Lebzeiten so sehr erwünscht gewesen wäre, die jedoch auf dem Denkmal fast wie eine Satire aussieht.

Fust und Schöffer hatten durch den Besitz einer vollständig eingerichteten Druckerei einen Vorsprung vor Gutenberg, den dieser nicht ausgleichen konnte; auch waren sie im Schaffen und Verbessern dermaßen thätig, daß sie kaum 21 Monate nach der Trennung ein Werk zustande brachten, das in seiner großen Schönheit noch jetzt als bewundertes Meisterstück dasteht; es ist dies das Psalterium, ein splendid ausgestattetes Kirchenbuch von 175 Folioblättern, auf Pergament gedruckt, mit prachtvollen Initialen in Blau und Rot, die hier zum erstenmal mitgedruckt, nicht eingemalt erscheinen. Es bildet zugleich das erste Werk mit Angabe des Druckers, Druckorts und dem Datum seines Erscheinens (14. August 1457). Es muß fast unbedingt angenommen werden, daß die Anfänge dieses Werkes noch aus der Zeit der Verbindung mit Gutenberg stammen, denn es ist kaum glaublich, daß alles, was hier geleistet worden ist, das Werk eines so kurzen Zeitraums gewesen. Es wurden im Laufe der Zeit fünf Auflagen davon gemacht. Die noch vorhandenen sieben Exemplare der ersten Auflage sind von unschätzbarem Werte. Weitere großartige Werke waren „Durandi Rationale divinorum officiorum" (Kirchengebräuche, 1459), „Constitutiones Clementis V" (1462); dann wieder eine lateinische Bibel, die 48zeilige, ein Werk in ganz neuen Lettern von vorzüglicher Schönheit, welches vorzugsweise die Mainzer Bibel heißt und wovon über 70 Exemplare auf uns gekommen sind.

Fig. 410. Gutenberg-Statue in Mainz. Von Thorwaldsen.

Ein schweres Schicksal hatte die Offizin in dem für Mainz so unglücklichen Jahre 1462 getroffen. Diether, Kurfürst von Mainz, lag in Fehde wider Adolf von Nassau, weil jenem von Papst und Kaiser sein Erzbistum genommen und an diesen vergeben war. Eine bei Schöffer erschienene kleine Schrift — die erste gedruckte politische Streitschrift — suchte die Unrechtmäßigkeit dieser Maßregel darzuthun und Hilfe dagegen zu erwirken. Da die Stadt Mainz zur Partei Diethers hielt, wurde sie in der Nacht vom 27. zum 28. Oktober von Adolfs Leuten überfallen, erstürmt, geplündert und die edelsten Bürger ermordet oder aus der Stadt verjagt, so daß die blühende Stadt in wenig Tagen verödet und zu Grunde gerichtet war und sich nur langsam wieder erholen konnte. Die Fust-Schöffersche Werkstätte ging bei dieser Gelegenheit in Flammen auf, erhob sich jedoch rasch wieder und druckte schon 1465 „Cicero de officiis", das erste Werk, in welchem griechische Schriften, jedoch in Holz geschnittene, vorkommen. und blühte noch nach Schöffers Tod (1503) unter

Die ersten Drucke. Fust und Schöffer. 497

den Söhnen und Enkeln Schöffers fast ein volles Jahrhundert, in welcher Zeit sie nahe an 350 Werke ans Licht brachte.

Die Firma machte glänzende Geschäfte mit dem Verkauf ihrer Drucke. Fust besorgte hauptsächlich den Vertrieb derselben. Schon mit der ersten Bibel wandte er sich nach Paris und verkaufte sie teuer, ebenso seine folgenden Artikel. Später stellte man einen besonderen Faktor dort für den Verkauf an. Als auch dieser Faktor 1475 starb, wurden die Vorräte der Firma auf Grund des Fremdenbeerbungsrechts als königliches Eigentum weggenommen; auf persönliche Einsprache Schöffers gab jedoch der König Ludwig XI. die Vorräte wieder heraus und ließ für das schon Verkaufte Ersatz leisten.

Die oben erwähnte Mainzer Katastrophe war es hauptsächlich, welche den Schleier zerriß, hinter dem die ersten Mainzer Drucker ihr Geheimnis zu verbergen suchten. Hatten die sämtlichen Gehilfen bis jetzt Gutenberg oder Fust-Schöffer das eidliche Versprechen geben müssen, von der neuen Erfindung andern keine Mitteilung zu machen, auch die Werkstatt nicht zu verlassen, so mochten sie durch die Greuel, welche über Mainz kamen, sich dieser Verpflichtung entledigt glauben. Sie wandten sich zum Teil nach dem Süden, und hier findet man bald die meisten Pressen beschäftigt. So sehen wir fast gleichzeitig oder kurz nacheinander auftreten Albr. Pfister in Bamberg, Günther Zainer als ersten Buchdrucker zu Augsburg, Johann Mentel und Heinrich Eggestein zu Straßburg, Ludwig Hohenwang und Joh. Zainer in Ulm, Ulr. Zell in Köln, Konrad Sweynheym und Arnold Pannartz in Subiaco, Ulrich Han in Rom, Johann Numeister in Foligno, Johann von Speier in Venedig, Philipp de Lavagna in Mailand, allem Vermuten nach fast lauter Zöglinge und Gehilfen der zwei Mainzer Uroffizinen. Mit Bestimmtheit werden als Zöglinge Fust und Schöffers die drei Deutschen bezeichnet, welche 1470 zur Anlegung der ersten Druckerei von dem Gelehrtenkollegium der Sorbonne nach Paris berufen wurden; sie hießen Ulrich Gering, Martin Crantz und Michael Friburger. Deutsche brachten ebenfalls in den siebziger Jahren die Kunst nach Spanien und Ungarn, in den achtziger Jahren nach Dänemark, Schweden und Böhmen.

Nach England wurde dieselbe durch einen Eingebornen William Caxton (1477) eingeführt, der sie in den Niederlanden, wo er eine angesehene Stellung einnahm, gelernt und dort das erste Buch in englischer Sprache hatte drucken lassen. Portugal verdankt den Juden den Buchdruck, 1484. In den Niederlanden, welche, wie wir gesehen, als Vaterland der Kunst gelten wollen, wurde sie erst 1473 in Aloft geübt. In Krakau, der Hauptstadt Polens, druckte man 1491, in Tschernigow in Rußland 1493. Die Türkei hatte, obwohl die Ausübung der Kunst bei Todesstrafe verboten war, schon 1483 jüdische geheime Offizinen.

Fig. 411. Gutenberg-Statue in Straßburg. Von David.

Daß die Druckereien in dem Vaterlande der Kunst am dichtesten entstehen mußten, ist selbstverständlich. Überhaupt aber machte die Ausbreitung der Kunst in allen Ländern so reißende Fortschritte, daß bis zum Schluß des Jahrhunderts, also in noch nicht 50 Jahren, über 1000 Druckereien in mehr als 200 Orten thätig waren. Daß die Druckerei in einer für sie höchst günstigen Periode ans Licht trat und einen reichen Stoff für Beschäftigung vorfand, wurde schon eingangs hervorgehoben. Gewöhnlich gingen die jungen Institute gleich an die Vervielfältigung der Bibel. Wir erfuhren schon von zwei (oder drei)

Mainzer Ausgaben; denselben folgten rasch die von Mentelin und Eggestein in Straßburg, von Günther Zainer und Ant. Sorg in Augsburg, von Bernh. Richel in Basel, von Ulr. Zell und Nik. Götz in Köln, von Sensenschmid und namentlich der Koberger in Nürnberg. Italienische, französische, spanische, holländische Bibeln erschienen bereits in den siebziger Jahren, englische, dänische, schwedische, polnische zum Beginn des 16. Jahrhunderts.

Da es hier nicht möglich ist, der neuen Kunst in ihrer Ausbreitung und Entwickelungsgeschichte schrittweise zu folgen, so möge nur einiger der berühmtesten Typographen Erwähnung geschehen, die zur Förderung ihrer Kunst und zum Vorteil der Wissenschaft Ausgezeichnetes leisteten. In Italien, dem Lande, wo die junge Kunst den zu einer kräftigen Entfaltung am besten vorbereiteten Boden fand, thut sich in Venedig die gelehrte Buchdruckerfamilie der Manutier glänzend hervor. Die Produkte ihrer Presse (aldinische Drucke) nehmen noch heute einen hohen Rang unter den Schätzen der Bibliotheken ein. Sie bestehen größtenteils aus Ausgaben griechischer und lateinischer Klassiker, mit großer Sauberkeit und Korrektheit gedruckt. Der Stammvater, zugleich das hervorragendste Glied dieser ruhmreichen Familie war Pius Aldus Manutius, mit dem Zunamen Romanus. Seine griechische Erstlingsausgabe des Aristoteles in fünf Foliobänden (1495—1498) war zwar nicht das erste griechisch gedruckte Buch; Aldus vervollkommnete jedoch die Schrift sehr unter Mitwirkung des berühmten Schriftschneiders Johann von Bologna. Nachdem er zuerst fast alle griechischen Autoren, zumeist in Erstlingsausgaben, gedruckt hatte, ging er an die lateinischen. Er ließ die schrägliegende Schrift (Kursiv) schneiden und brachte die von Pannartz und Sweynheym zuerst eingeführte römische (lateinische, Antiqua) Schrift zur Vollkommenheit und verwendete als erster ein handliches kleines Format. Der Sohn des Aldus, Paul Manutius, wurde vom Papst Pius IV. nach Rom berufen. Mit Aldus II. starb die Familie 1597 aus. Ihr Biograph A. A. Renouard verzeichnet von ihr 1105 Ausgaben von 780 Autoren.

Den Manutiern nicht unebenbürtig blühte die Familie der Giunti (Junta) durch das ganze 16. Jahrhundert in Florenz und Venedig.

Daniel Bomberg in Venedig war der Hauptdrucker in Hebräisch und lieferte in von ihm verbesserten Schriftzeichen zahlreiche hebräische Bibeln und eine Ausgabe des Talmud in zwölf Foliobänden.

In Frankreich bildete die Familie Stephanus (Etienne) zu Paris durch das ganze 16. Jahrhundert eine lange Reihe von gelehrten Typographen, die sich besonders durch zahlreiche geschätzte Ausgaben lateinischer und griechischer Klassiker, sonst auch durch viele andre wertvolle Verlagswerke auszeichnete. Hervorragend waren namentlich Robert I. mit seinem „Thesaurus linguae latinae", und Heinrich II. mit dem „Thesaurus linguae graecae", den Vorbildern für die ganze Litteratur der Lexikographie. Nicht minder berühmt machte sich die unsrer Zeit näherstehende Familie Didot sowohl durch musterhafte Drucke und Verlagswerke, als durch ihre hervorragenden Verdienste um die Schriftgießerei, namentlich durch die Einführung eines einheitlichen Systems für die Abstufung der Schriftengrößen. Das hervorragendste Mitglied der Familie war der 1876 verstorbene Ambroise Firmin Didot, gleich bedeutend als Buchhändler, Buchdrucker, Schriftsteller und Sammler typographischer Seltenheiten, zugleich ein tüchtiger Kenner und warmer Verehrer deutscher Kunst und Wissenschaft.

In Antwerpen errichtete 1550 Christoph Plantin eine kleine Offizin, die jedoch bald einen solchen Umfang annahm, daß er in 100 Sprachen drucken konnte. Sein Hauptwerk ist die berühmte vielsprachige Bibel (Polyglotte) in acht Foliobänden, welche mit Unterstützung des Königs Philipp II. von Spanien erschien und mit welcher 40 Arbeiter in der Zeit von 1568—1772 fortwährend beschäftigt waren. Die Offizin bestand noch in unsern Tagen. Durch einen Vertrag mit den Besitzern, der Familie Moretus, erwarb die Stadt Antwerpen das Druckhaus mit den reichen Sammlungen und der vollständig erhaltenen alten Druckoffizin für die Summe von 1 200 000 Frank. Sie bildet ein typographisches Museum, wie kein zweites existiert, noch entstehen kann, und wird ein Wallfahrtsort bleiben für jeden, der sich für die Geschichte der Druckkunst interessiert.

Vom besten Klang bei Bücherfreunden ist ferner der Name Elzevir. Die Familie existierte in Leiden und Amsterdam über 100 Jahre (1580—1712); ihr Glanz war jedoch schon um 1680 erloschen. Das Geschäft wurde von Ludwig Elzevir in Leiden gegründet und erreichte seinen höchsten Glanz unter Bonaventura und Abraham Elzevir von

1625—1650, während das Amsterdamer Geschäft sich seines größten Flors unter Ludwig III. (1640—1664) erfreute. Die Familie erwarb sich ganz besondere Verdienste um die alten klassischen Litteraturen durch ihre kleinen Ausgaben, die „Elzeviren", in Duodez und Sedez, die neben den „Aldinen" für Sammler den größten Wert haben. Ihre Ausgaben erreichen die Zahl von 2220.

Fig. 412. Gutenberg-Fust-Schöffer-Denkmal in Frankfurt a. M. Von v. d. Laniß.

In Italien erreichte Johann Baptist Bodoni einen Weltruf durch seine Luxusdrucke, und Parma war das Ziel jedes Reisenden, welcher ein Interesse für die Typographie hatte, selbst gekrönte Häupter ließen Bodonis Offizin nicht unbesucht. Seine erste nach seinem Tode († 1813) erschienene Schriftprobe in zwei Foliobänden ist ein Werk, welches das Studium jedes Gutenbergjüngers verdient. Im Jahre 1872 wurde sein Denkmal in seiner Vaterstadt Saluzzo eingeweiht.

In England gilt John Baskerville als Schöpfer der neueren Typographie († 1775). Er bereitete selbst seine Farben, baute seine Pressen, widmete dem Papier und der Glätte die größte Sorgfalt. Namentlich ward er aber durch seine schönen Buchschriften, besonders durch seine Kursiv, berühmt.

In Deutschland wurde die Kunst am Schluß des Erfindungsjahrhunderts in etwa 60 Städten ausgeübt. Eine besondere Pflege und Fortbildung fand sie zu Zürich, Augsburg, Nürnberg, Basel, Frankfurt a. M., Straßburg und Ulm. Die süddeutschen Drucker verlegten sich häufig auf die Herstellung von Prachtwerken, wozu sie die geschicktesten Zeichner und Holzschneider ihrer Zeit heranzogen; öfter waren sie selbst derartige Künstler. Eine so großartige Auffassung der Bücherproduktion, wie sie im Auslande, zunächst in Italien, sich entwickelte, finden wir jedoch in dieser ersten Zeit in Deutschland nur in vereinzelten Fällen. So erwarb sich der dritte Drucker (zugleich Verleger) Nürnbergs, der thätige Anton Koberger, der von 1473 an wirkte, durch die Ausdehnung seines Geschäfts den Namen des Buchdruckerkönigs. Er hatte beständig 24 Pressen im Gange, beschäftigte über 100 Arbeiter und hielt in den namhaftesten Städten Europas für seine Bücher offene Läden. Man kennt über 200 Werke seines Verlags, darunter viele reich illustrirte, z. B. Schedels „Buch der Chroniken" mit 2000 Holzschnitten, und von Bibeln allein 33. In Basel wirkte von 1491 an Johann Frobenius, wegen seiner Gelehrsamkeit und Geschäftstüchtigkeit der deutsche Manutius genannt. Er druckte alle Schriften des ihm befreundeten Erasmus von Rotterdam, außerdem viele römische Klassiker in schönen Drucken und eine wertvolle Ausgabe der lateinischen Kirchenväter.—In Zürich erwarb Christoph Froschower große Berühmtheit (von 1521 ab), namentlich als Bibeldrucker, und druckte sogar heilige Schriften für England. In Wien zeichnete sich Joh. von Gehlen (1672) aus.

Um die Verbreitung der Buchdruckereien machten sich verdient die sogenannten Kogelherren (fratres vitae communis), eine um 1370 von Gerhard Grote (Gerhardus Magnus) in Deventer gestiftete Vereinigung, dessen besondere Bestimmung es war, die Schriften der Kirchenväter zu kopieren, die Heilige Schrift zu verbreiten und den christlichen Volksunterricht zu pflegen. Als ein willkommenes Mittel hierzu ergriffen die Mitglieder der Vereinigung die neu erfundene Kunst und legten in verschiedenen Orten Druckereien an, so in dem erwähnten Marienthal bei Eltville, Rostock, Münster, Lübeck, Brüssel, Löwen und andern Orten.

Leipzig, heute und seit lange der Hauptsitz der deutschen Buchdruckerei und des deutschen Buchhandels, empfing die neue Kunst später als mancher kleinere Ort. Der erste, jedoch firmenlose, Leipziger Druck ist aus dem Jahre 1481. In der ersten Hälfte des 16. Jahrhunderts gab es zwar hier immer solide Druckereien, die typographische Hauptthätigkeit entwickelte jedoch damals Wittenberg, die Wiege der Reformation, wo etwa von 1505 an gedruckt wurde. Die Wirksamkeit Luthers allein, dieses großen Gönners und Förderers der Buchdruckerei, war geeignet, mehr als eine Offizin im Schwunge zu erhalten, ungerechnet das, was Männer wie Melanchthon, Bugenhagen, Justus Jonas und andre Hauptträger der Wittenberger Hochschule wirkten und schafften. So finden wir als Wittenberger Drucker, bei welchen Luthersche und Melanchthonsche Schriften erschienen, den aus Leipzig übergesiedelten Melchior Lotther, den gelehrten Georg Rhau, Hans Weyß, Peter Seitz, Johann Kraft und vor allen den unermüdlichen Hans Lufft, genannt der Bibeldrucker. Er druckte zuerst 1534 die vollständige deutsche Lutherbibel, und von da an waren viele Jahre lang seine Pressen Tag für Tag beschäftigt, die heiligen Schriften zu vielen Tausenden ans Licht zu fördern.

In den frühen Zeiten der Druckerei, wo die Drucker zugleich Verleger waren, machten sie viel Gebrauch von sogenannten Signeten, d. h. Sinnbildern mit oder ohne Wahlsprüche, welche auf den Druckwerken gleichsam die Stelle von Fabrikzeichen vertraten, an denen der Kundige den Drucker erkennen konnte, auch wenn er weiter nicht genannt war. Die Verleger neuerer Zeit, deren Lohnarbeiter die Drucker geworden, führten den Gebrauch von Signeten nur schwach fort, am meisten noch durch die verschlungenen Anfangsbuchstaben ihrer Firma, oder durch das Bild eines Buches, einer Druckpresse u. dgl. In der jüngsten Zeit haben jedoch mehrere der größten Firmen diese Sitte wieder aufgenommen, wenn sie jetzt auch eigentlich ohne Zweck ist und selten dazu beiträgt, die Schönheit des Titels zu fördern. Die alten Drucker verwendeten auf Erfindung ihrer Zeichen im allgemeinen viel Mühe und mehr oder weniger gelungenen Witz; häufig war das Signet eine Anspielung auf den Namen; so z. B. fügte Peter Schöffers Sohn zu dem väterlichen Zeichen das Bild eines Schäfers bei, Baumann in Breslau führte ein halbfertiges Haus mit einem Baumeister davor, Froschower einen Frosch, der einen Baum erklettert u. s. w.

Verbreitung der Buchdruckerkunst.   501

Fig. 413. Signet von Arnold de Keyser in Gent, um 1480.

Fig. 415. Signet von Elzevir in Leiden (1620).

Fig. 417. Signet von Drechsel, in Lyon, um 1489.

Fig. 414. Signet von Peter Schöffer, um 1473.

Fig. 416. Signet von Etienne in Paris (1536).

Fig. 418. Signet von Gerhard Leu, in Antwerpen, um 1482.

Fig. 419. Signet von Colard Mansion in Brügge (1477).

Fig. 422. Signet von Aldus Manutius, um 1500.

Fig. 420. Signet von Gryphius in Lyon, um 1529.

Fig. 421. Signet von Simon Vostre in Paris, um 1530.

Fig. 423. Signet von Plantin in Antwerpen.

Die Manutier hatten den von einem Delphin umschlungenen Anker gewählt, die Elzevire den vieltragenden Ölbaum; die Stephane nahmen ebenfalls einen Baum, welchem der gelehrte Heinrich Stephanus noch eine Apostelfigur und das Motto Noli altum sapere, sed time beifügte. Froben führte einen von Schlangen umwundenen Stab auf welchem eine Taube saß.

In der Geschichte des Buchdrucks können wir drei Perioden bezeichnen. Auf ein Jahrhundert des fröhlichsten Aufblühens folgte eine lange Zeit des Verfalls und kümmerlichen Vegetierens, bis endlich in der zweiten Hälfte des vorigen Jahrhunderts der allgemeine Fortschritt auch diesen Zweig menschlicher Thätigkeit ergriff. Die hohe Stufe der Vollendung, welche die Buchdruckerkunst im ersten Jahrhundert ihres Wirkens erreicht hatte, förderte nicht, wie man hätte glauben sollen, den weiteren Fortschritt. Der Buchdrucker betrachtete sich als gebornen Künstler und ward in seiner hohen Meinung durch Privilegien der Kaiser und Reichsfürsten bestärkt. Der Eifer und das Streben nach Fortschritt ließ nun nach, und die herrliche Kunst, jene Kunst, welche in ihrem ersten Jahrhundert soviel geleistet hatte, sank in Deutschland im nächsten schon tief, im darauf folgenden, bis zur Mitte des vorigen Jahrhunderts, bis zur Erbärmlichkeit herab. Man nehme ein Buch aus jener Zeit zur Hand, und man braucht nicht Kenner zu sein, um auf den ersten Blick den niedrigen Stand der damaligen Buchdruckerei zu erkennen. Schlechter Satz, schlechter Druck, schlechte, oft ganz abgenutzte und nach Schnitt und Form unscheinbar gewordene Lettern, zuletzt noch schlechtes Papier. Der Schlendrian nahm unter den Buchdruckern in noch nie dagewesener Weise überhand, so daß selbst obrigkeitliche, kaiserliche und landesfürstliche Befehle demselben, wiewohl vergeblich, zu steuern suchten. Es kam so weit, daß man befahl, daß Buchdruckereien nur in solchen Städten, wo die nötige Aufsicht über die Leistungen der Drucker geführt werden konnte, errichtet werden durften. Äußere wie innere Ursachen trugen Schuld an diesem Herabsinken der Kunst zum Handwerk, und zwar zu einem in der Regel recht herzlich schlecht geübten; vor allem war dies wohl der Dreißigjährige Krieg mit seiner Zerrüttung aller bürgerlichen Verhältnisse, dann die Zensur, der Nachdruck und zum guten Teil das Verschwinden des wissenschaftlichen Sinnes bei den Buchdruckern.

Die Teilung der Arbeit, das Losungswort unsres Jahrhunderts, stellte sich bei der Bücherproduktion frühzeitig ein, ward aber eher ein Grund des Verfalles als der Hebung der Buchdruckerei. Die ersten Buchdrucker, die auch ihre eignen Schriftgießer waren, traten zugleich als Unternehmer und Verkäufer auf, manchmal auch als Verfasser ihrer Werke; ein jeder Buchdrucker von einiger Bedeutung mußte daher bis zu einem gewissen Grade die Eigenschaften des Technikers, des Gelehrten und des Kaufmanns in sich vereinigen, also im allgemeinen ein Mann von höherer Bildung sein. Die kaufmännische Seite aber war nicht immer die stärkste; manchmal spekulierten die Drucker falsch mit ihren Prachtwerken und hatten bei einem starken Verlagslager schmale Einnahmen. So fanden sich denn ganz natürlich Mittelspersonen, welche bei den Druckern größere Partien Bücher kauften, um sie im einzelnen im Publikum zu vertreiben, und solche Buchhändler, die jetzt Sortimentsbuchhändler heißen, gab es schon im 16. Jahrhundert. Aus ihnen gingen wieder ganz naturgemäß die Verlagsbuchhändler hervor, d. h. Buchhändler, welche die Geistesprodukte der Autoren behufs der geschäftlichen Ausbeutung käuflich erwarben oder ihre eignen Verlagsideen ausführten, wobei der Drucker nur den Druck zu liefern hatte, also von dem Buchhändler als eigentlichem Unternehmer abhängig wurde. Da aber der Verlagshändler auch den Sortimentshändler nicht entbehren konnte, so ging der mögliche Gewinn eines Unternehmens jetzt in drei Teile, während er in dem goldenen Zeitalter der ersten 100 Jahre, wo die Buchdrucker noch „Druckherren" hießen, in einen Säckel geflossen war. Kein Wunder, daß unter solchen Umständen die Erzeugnisse der Presse immer notdürftiger wurden und in sich meist alles vereinigten, was das Signalement als Sudeldruck rechtfertige. „Wie mit Schuhnägeln gedruckt" ist eine ganz treffende, aus den Druckereien selbst stammende Bezeichnung. Freilich dient einigermaßen zur Entschuldigung, daß die litterarischen Produkte selbst lange Zeit unerheblich und somit oft das Äußere dem Inhalt entsprechend war, in Deutschland noch zu einer Zeit, wo Italiener und Franzosen schon ihre Klassiker hatten.

Erst das neu erwachte Streben in Wissenschaft und Kunst, das Auftreten der Heroen unsrer Litteratur in der zweiten Hälfte des vorigen Jahrhunderts, gefolgt von der technischen Rührigkeit des gegenwärtigen, gaben auch dem Buchdruck den Impuls zu erneutem

Aufschwunge. Unter den Männern, welche die Kunst Gutenbergs wieder zu Ehren brachten, verdienen rühmend genannt zu werden: Enschédé (Vater und Sohn) in Harlem, Breitkopf in Leipzig, Haas in Basel, Ibarra in Madrid, Bodoni in Parma, Baskerville in Birmingham, die Didots in Paris u. s. w. Die speziellen Verdienste des einen und andern werden Erwähnung finden bei den Mitteilungen über die Technik der Buchdruckerkunst, zu der wir nun übergehen.

Fig. 424. Eine Buchdruckerei im 16. Jahrhundert. Nach Jost Amman.

Technisches der Buchdruckerkunst in älterer Zeit. Die ersten Buchdrucker nannten ihr Geschäft ars impressoria (Druckkunst), auch wohl chalcographia (Metallschreibung) und erst gegen Ende des 15. Jahrhunderts typographia. Die ersten Erzeugnisse der neuen Kunst wichen von der uns geläufigen Form eines Buches in vieler Hinsicht ab. Indem man darauf ausging, die vorhandenen handschriftlichen Werke aufs genaueste nachzuahmen, bekamen die Bücher meist Folioformat, seltener Quart, und wurden häufiger auf Pergament als auf Papier gedruckt. Das handliche Oktavformat kam erst zu Ende des 15. Jahrhunderts allgemeiner in Aufnahme, indes druckte Janson in Venedig schon 1473 Bücher in kleinem Format, dessen sich auch die Manutier bedienten. Ort und Jahr des Druckes ist bei den ersten Drucken nicht vorhanden, später wurden diese Angaben in einer Schlußschrift angebracht. Titelblätter kamen erst um 1476 auf, und zwar so einfach, wie die heutigen sogenannten Schmutztitel; bis dahin hatte man sich begnügt, den Inhalt des Werkes in dessen ersten Zeilen anzuzeigen. Ebenso fehlten die Seitenzahlen und Bogenbezifferungen. Die Konkurrenz mit den handschriftlichen Werken veranlaßte die ersten Drucker, auch ihrerseits dem Geschmacke an buntfarbigen und verzierten Anfangsbuchstaben oder Randverzierungen u. dergl. zu huldigen, sie ließen die betreffende Stelle im Drucke leer und übergaben dann die völlige Ausführung den Schreib- und Verzierungskünstlern (Illuminatoren, Miniatoren), die somit bei derselben Erfindung, durch die ihr Geschäft später zu Grunde gehen mußte, noch eine Zeitlang Verdienst fanden, jedoch hatte Schöffer es schon verstanden, die Initialen gleich in zwei Farben einzudrucken. So sehen wir also gleich von Anfang an die Typographie verschwistert mit der Holzschneidekunst und vermöge der farbigen Darstellungen gewissermaßen auch mit der Malerei. Mit dem Verfall der Kunst und der Änderung des Geschmacks änderten sich jedoch auch diese Verhältnisse. Die bunten Buchstaben und Verzierungen verschwanden bald ganz aus den Druckwerken, und der Holzschnitt geriet auch in Verfall und behielt nur die bescheidene Rolle, einige sogenannte Buchdruckstöckchen, d. h. kleine Zierbildchen, Rosetten, Schlußvignetten u. dgl. zu liefern. Noch bis in unser Jahrhundert herein behalf man sich, wenn einmal ein Buch eine besondere Zierde erhalten sollte, mit Kupferstichen, die entweder in den Text hinein oder als Kopf- und Schlußvignetten dem Bogen selbst aufgedruckt wurden. Wie vielseitig und zum Teil großartig dagegen die neue Zeit den wieder zu Ehren gebrachten Holzschnitt zu verwenden gelernt hat, ist in zahlreichen Blättern und Werken jedermann vor Augen gelegt; der Farbendruck aber ist in seiner heutigen Entwickelung fast zum selbständigen Kunstzweig geworden, der teils als eigentlicher Bilderdruck, teils in Anwendung auf Tableaus, Wert- und Luxuspapiere und dergleichen Accidenzarbeiten Ausgezeichnetes liefert.

Sowie der Buchdruck in zwei Hauptoperationen, das Setzen und das Drucken, zerfällt, so bilden Schrift und Presse die beiden Hauptutensilien, deren man nötig hat, um ein Druckwerk herzustellen. Beide haben in unserm Zeitalter der Erfindungen der Verbesserungen so viele erfahren, daß eine moderne Druckerei, wenn auch nicht im Prinzip, doch in ihrer Erscheinung und in ihren Leistungen, eine ganz andre komplizierte Anstalt ist, als eine Offizin nicht allein in dem Jahrhundert der Erfindung, sondern selbst noch vor hundert Jahren es war.

Schriften. Beschäftigen wir uns zunächst mit den Schriften. Die ersten Drucker hatten, wie bereits erwähnt wurde, keinen andern Zweck vor Augen, als die genaueste Nachahmung der damals in den handschriftlichen Werken gebrauchten Schriftgattungen. Dies waren durchgängig große eckige, mit vielerlei Kürzungszeichen überladene sogenannte Mönchsschriften, welche den ersten Schriftschneidern Not genug gemacht haben mögen, zumal da man wegen der vielen Kürzungen und in eins verzogenen Buchstabenpaare auch eine größere Anzahl Typen als heutzutage haben mußte. Zwar hatte schon Schöffer, namentlich in seinem berühmten Psalter, dieser sogenannten gotischen Schrift Regelmäßigkeit und Eleganz gegeben, aber nicht so schnell wurde dieser Meister von andern erreicht, und dann galt es auch hauptsächlich, von der bedeutenden Schriftgröße der ersten Drucke zu kleineren, für den gewöhnlichen Buchdruck geeigneteren überzugehen, bei denen die Schwierigkeiten des Schneidens und Gießens natürlich wuchsen. Der Schwabacher Schrift Schöffers wurde bereits gedacht, welche bis vor etwa 50 Jahren die Stelle der fetten, halbfetten und andern Auszeichnungsschriften vertrat, deren man sich jetzt bedient, um einzelne Worte oder Sätze im Druck besonders hervorzuheben, und in jüngster Zeit mit einigen Veränderungen wieder eine beliebte Buchschrift geworden ist.

In Italien suchten die ersten deutschen Drucker in den dortigen Handschriften Vorbilder für eine reinere Schrift: die runde, gerade stehende lateinische (Antiqua), wenn auch nicht ganz frei von gotischen Bestandteilen, und führten dieselbe in den Buchdruck ein. Sie fand in Italien, Frankreich, England zum Teil auch in Deutschland bald Aufnahme; dann aber kam eine Zeit, wo überall wieder gotisch gedruckt wurde. Erst die Aldi in Venedig bewirkten durch ihre vielen schönen Ausgaben in lateinischer Schrift einen Rückschlag gegen die Fraktur und schließlich die bleibende Einbürgerung der Antiqua in allen romanischen Ländern.

Das erste ganz griechische Buch erschien zu Mailand 1476, gedruckt von Philipp de Lavagna, das erste hebräische in Reggio in Kalabrien 1475; Fyner in Eßlingen hatte zwar hebräisch gedruckt, jedoch nur einzelne in Holzschnitt ausgeführte Sätze. Gregor Gregorio in Fano druckte 1514 zuerst arabisch. Peter Paul Porus in Genua die erste Polyglotte, ein Psalterium in hebräischem, griechischem, arabischem und chaldäischem Text.

In Deutschland behielt man die gotische Schrift größtenteils bei, die sich allmählich zu unsrer jetzigen Druckschrift ausbildete, die wegen ihrer gebrochenen Ecken Fraktur genannt wird. Sie fand eine Pflegstätte besonders in Nürnberg, wo Albrecht Dürer geometrische Regeln für die richtigen Verhältnisse der Buchstaben aufstellte und geschickte Kalligraphen und Stempelschneider danach arbeiteten. Im vorigen Jahrhundert kam die Fraktur, die allerdings weder die angenehme Rundung der Antiqua, noch das Markige und Imponierende der gotischen Schrift besitzt, fast ganz in Mißkredit. Da nahm sich Johann Gottlob Immanuel Breitkopf zu Leipzig der Bedrängten mit großem Interesse an, verbesserte ihren Schnitt, gab ihr mehr Rundung und schönere Verhältnisse und beschwichtigte dadurch ihre Widersacher.

Die Vervollkommnung der lateinischen Schriften wie überhaupt die meisten typographischen Fortschritte des vorigen Jahrhunderts gehören dem Auslande an. In England trat zuerst John Baskerville seit 1756 mit neuen, gefälligen Typen auf, die trotzdem keinen anhaltenden Beifall fanden und von den Caslonschen Schriften überholt wurden. In Frankreich folgte François Ambroise Didot, der die Druckerei mit neuen Typen von großer Schönheit, Zartheit und Schärfe bereicherte. Seine Söhne, Pierre und Firmin Didot, gleichbegabt mit Erfindungsgeist und Geschmack, wirkten in gleicher Richtung weiter und machten sich um alle Zweige der Kunst hochverdient. Firmin Didot ist der Erfinder der auf schrägem Kegel geschnittenen französischen Schreibschrift, und durch die Einteilung nach typographischen Punkten gab er das Mittel, die Größenverhältnisse aller Schriftsorten zu einander unabänderlich festzustellen. Firmin änderte auch das bis dahin gebräuchliche Verhältnis von Breite und Höhe, wofür die aldinischen Drucke das Muster geliefert hatten; er machte die Buchstaben schlanker. Die englischen Schriftschneider huldigen in der Regel diesem Geschmack nicht und ziehen die breiteren und kräftiger gehaltenen Schriften mit stärkeren Haarstrichen vor. In Deutschland war es zuerst der bekannte Karl Tauchnitz in Leipzig, der die Fortschritte des Auslandes sich aneignete und die dort verbesserten lateinischen Typen durch seine Schriftschneiderei und Gießerei auch bei uns einführte. Der deutsche Geschmack hat sich weder Frankreich noch England entschieden als Vorbild genommen, und

Fig. 425. J. G. J. Breitkopf.

wir finden in Deutschland schlanke und breite, zarte und stärkere Schriften in großer Abwechselung verwendet.

Eines der Hauptmerkmale, worin sich eine heutige gute Druckerei, besonders wenn sie sich auf sogenannte Accidenzarbeiten legt, von den Offizinen alten Stils unterscheidet, besteht in der großen Menge und Mannigfaltigkeit ihres Letternschatzes. Sowohl der wieder erwachte Kunstgeschmack als der Spekulationsgeist unsrer Zeit haben sich dieses Geschäftszweigs in einer Weise bemächtigt, die beinahe in Überwucherung ausartet; wenn man die Probehefte irgend einer größeren Schriftgießerei durchgeht, kann man nur staunen, daß der Buchdrucker dies alles anschaffen soll. Das meiste davon gehört zu den Zier- und Modeschriften, worin wieder die Franzosen eine stärkere Leistungskraft entwickelten als die Engländer, und neben manchem Hübschen und Geschmackvollen eine Menge Unschönes, selbst Häßliches zu Tage gefördert haben. Die Deutschen haben nicht nur willig alles dies nachgemacht, sondern selbst sehr viel Neues, Zweckmäßiges und Schönes neben Ausartungen aller Art geliefert, und werden hierin nur von den Amerikanern übertroffen, die bei der großen Bedeutung der dortigen merkantilen Accidenzarbeiten unermüdlich im Schaffen von Neuem sind und namentlich zahllose, in der Regel schöne Schreibschriften hervorbringen. Häufig wollen sogenannte Zierschriften gar nicht schön sein, sondern nur bei ihrer Verwendung in Plakaten, Zeitungsannoncen u. dergl auffallen. Auch Verzierungen, Zierlinien, Vignetten und Einfassungen in den mannigfachsten Abwechselungen werden immerfort neu geliefert und beanspruchen stark die Kasse des Buchdruckers, denn solche Gegenstände sind nicht wohlfeil, und die vielen kleinen Posten summieren sich auf, ohne daß dergleichen Anschaffungen sich in jedem Falle bezahlt machten. Ein Teil der Buchdruckereien sucht jedoch nicht ihre Geschäftsbasis in allen diesen sogenannten Accidenzschriften, sondern in den gewöhnlichen Buchschriften, die man darum auch Brotschriften nennt. Indes hat ein feineres Material im allgemeinen doch den Geschäftskreis des Buchdruckers erweitert und ihn in den Stand gesetzt, manche Arbeiten zu liefern, die sonst dem Lithographen zufielen. Doch ist, zum Teil durch die steigenden Löhne in den Buchdruckereien, zum Teil durch die Erfindung der lithographischen Schnellpresse und durch die Vervollkommnung des Umdruckverfahrens, hierin wieder einen Rückschlag zu gunsten der Lithographie eingetreten. Wir finden deshalb auch jetzt oft die Typographie und die Lithographie in größeren Offizinen zusammenwirkend.

Wir geben nachstehend einige kleine Sätze von Brotschriften. Von Perlschrift ab bis zu dem Grade Mittel. Die Bezeichnung der nach Mittel folgenden vier Schriftgrößen, Tertia u. s. w., sind aus der betreffenden Schrift selbst gesetzt.

Zusammenstellung von Brotschriften etc. nach Graden.

Fraktur.	Antiqua.	Kursiv.
Perl.	Perl.	Perl.
So weit die Wissenschaften zurückreichen, so lange hat man auch den Buchhandel gekannt.	So weit die Wissenschaften zurückreichen, so lange hat man den Buchhandel gekannt.	So weit die Wissenschaften zurückreichen, so lange hat man den Buchhandel gekannt.
Nonpareille.	Nonpareille.	Nonpareille.
Konnte er auch nicht gleichzeitig mit denselben entstanden sein und, da vor	Konnte er auch nicht gleichzeitig mit denselben entstanden sein und,	Konnte er auch nicht gleichzeitig mit denselben entstanden sein und, da vor
Petit.	Petit.	Petit.
Erfindung der Buchdruckerkunst die Abschreiber der Bücher zu=	da vor Erfindung der Buchdruckerkunst die Abschreiber	Erfindung der Buchdruckerkunst die Abschreiber der
Korpus.	Korpus.	Korpus.
gleich den Handel damit trieben, nicht in der ausge=	der Bücher zugleich den Handel mit trieben, nicht	Bücher zugleich den Handel damit trieben, nicht in
Cicero.	Cicero.	Cicero.
prägten Gestaltung, wie er jetzt erscheint, ur=	in der ausgeprägten Gestaltung, wie er jetzt	der ausgeprägten Gestaltung, wie er jetzt
Mittel.	Mittel.	Mittel.
sprünglich auftreten, so weiß man doch,	erscheint, ursprünglich auftreten, so	erscheint, ursprünglich auftreten, so
Tertia.	Tertia.	Tertia.
Text.	Text.	Text.
Doppel=mittel.	Doppel-mittel.	Doppel-mittel.
Canon	Canon	Canon.

Die von Mittel ab aufwärts gehenden Grade werden jetzt gewöhnlich zu den Titelschriften gerechnet. Wenn sie eine bedeutende Größe erreichen, werden sie Plakatschriften genannt und nicht selten in Holz geschnitten. Sie werden in Fabriken gefertigt, die sich nur mit der Lieferung von Holzbuchstaben befassen.

Die hier aufgeführte, schon ansehnliche Zahl von Typengattungen wird aber noch wenigstens verdreifacht dadurch, daß die einzelnen Größengrade in verschiedener Stärke vorhanden sind. Außer dem normalen Schnitte hat man immer noch einen mit breiteren Zügen (fett) und einen Grad, der zwischen diesen beiden liegt (halbfett), endlich noch eine besonders schlanke und schmale Form. So kann also eine und dieselbe Schriftgattung, z. B. Cicero Fraktur oder Cicero Antiqua, in folgenden Modifikationen gegeben werden:

normal, halbfett, fett.

normal, **halbfett, fett.**

Die drei Schriftgattungen Fraktur, Antiqua, Kursiv bilden die eigentlichen Werkschriften, doch dienen meist nur die beiden erstgenannten zur Herstellung ganzer Werke. Korpus, Bourgeois, Petit sind hierbei wieder die gangbarsten Größen und bilden sonach den Hauptstock des Schriftenvorrats. Die heute in Büchern zu Titeln, Kapitelüberschriften u. s. w. üblichen und sonst am meisten angewendeten Gattungen von Luxusschriften zeigt eine Zusammenstellung auf der folgenden Seite; hiervon ist Gotisch die älteste, aber noch heute die beliebteste und verdient auch den Vorzug.

Herstellung der Buchdruckschriften. Die Herstellung aller derjenigen, mit einem erhabenen Bilde versehenen Gegenstände, die zu dem Schriftenmaterial einer Buchdruckerei gehören, ist Sache des Stempelschneiders und des Schriftgießers. Die Geschäfte beider sind gewöhnlich vereinigt; doch arbeiten auch Schriftzeichner und Schriftschneider als selbständige Künstler, die ihre Stempel selbst als Eigentum behalten und den Schriftgießern nur Abschläge davon in Kupfer (Matrizen) verkaufen.

Der Stempelschneider arbeitet zunächst den Buchstaben verkehrt stehend und erhaben, ganz so, wie er sich hernach auf der Type zeigt, in Stahl aus. Dieser Stahlstempel, die Patrize, wird in ein längliches Kupferstückchen eingeschlagen, das nun den Buchstaben nach rechts stehend und vertieft zeigt und die Matrize heißt. Die Matrize bildet die Form für den zu gießenden Buchstaben; sie wird am Boden des Gießinstruments eingelegt, welches aus zwei aneinander genau schließenden Hälften besteht, die, wenn sie zusammengefügt sind, in der Mitte einen leeren Raum lassen, der für alle Buchstaben des zu einer Schrift gehörenden Alphabets, was die Länge (Höhe) der Typenoberfläche anbelangt, auf welcher der Buchstabe erhaben steht, unabänderlich derselbe bleibt, dessen Breite aber je nach der Stärke der Buchstaben (z. B. i—m) durch Stellung des Gießinstruments abgeändert werden kann. Ist letzteres für einen Buchstaben einmal vorgerichtet, so kann eine beliebige Anzahl derselben rasch hintereinander gegossen werden. Der Gießer hält in der linken Hand sein Instrument, in der rechten ein eisernes Schöpflöffelchen, mit dem er die flüssige Schriftmasse aus der Schmelzpfanne schöpft und schnell in das Instrument eingießt, indem er durch eine vorwärts stoßende Bewegung desselben das schnelle und gleichmäßige Füllen der Form erleichtert. Das Metall erkaltet sofort, und durch einen an dem Teil des Instruments, welches der Gießer bei dem Öffnen desselben in der rechten Hand behält, angebrachten Haken wirft er den Buchstaben heraus. Von dem erwähnten Stoß, welchen der Gießer mit dem Instrument zu machen hat, hängt sehr viel ab, denn nur dadurch, daß die in dem Instrument liegende Mater der einfließenden Masse schnell entgegenkommt, vermag letztere die Matrize voll und scharf auszufüllen, während sie sonst kaum den Grund erreichen oder doch nur schlechte, stumpfe Gußstücke geben würde. Überhaupt verlangt das zwar einförmige Geschäft des Gießens doch einen bedeutenden Grad von Übung, Gewandtheit und Schnelligkeit. Ein Gießer bringt nach Umständen in einem Tage 4000 Güsse fertig.

Selbstverständlich braucht man nicht von jedem Buchstaben des Alphabets die gleiche Anzahl. Das auf Grund der Erfahrung gebildete Schema, der Gießzettel, besagt, wieviel Stück eines jeden der verschiedenen Buchstaben eines Alphabets in einem Zentner oder einer bestimmten Gesamtzahl von Buchstaben, z. B. 100000, enthalten sein müssen. Für die verschiedenen Sprachen gestaltet sich das Verhältnis nicht gleich; der Gießzettel für Schriften für deutschen Satz z. B. schreibt bei etwa 40000 Buchstaben ca. 3000 kleine n, dagegen nur 60 kleine q vor.

Fette Fraktur.

Nonpareille.	Kaiser Wilhelm und Fürst Bismar
Petit.	Kaiser Wilhelm und Fürst
Korpus.	Kaiser Wilhelm und Fü
Cicero.	Kaiser Wilhelm un
Tertia.	**Kaiser Wilhelm**

Schwabacher.

Nonpareille.	Kaiser Wilhelm und Fürst Bismarck,
Petit.	Kaiser Wilhelm und Fürst Bis
Korpus.	Kaiser Wilhelm und Für
Cicero.	Kaiser Wilhelm und F
Mittel.	Kaiser Wilhelm u
Tertia.	Kaiser Wilhelm

Gotisch.

Nonpareille.	Kaiser Wilhelm und Fürst Bismarck, die
Petit.	Kaiser Wilhelm und Fürst Bismarck
Korpus.	Kaiser Wilhelm und Fürst
Cicero.	Kaiser Wilhelm und F
Mittel.	Kaiser Wilhelm und
Tertia.	Kaiser Wilhelm

Gutenberg-Gotisch.

Nonpareille.	Kaiser Wilhelm und Fürst Bismarck,
Petit.	Kaiser Wilhelm und Fürst B
Korpus.	Kaiser Wilhelm und F
Cicero.	Kaiser Wilhelm u
Mittel.	Kaiser Wilhel
Text.	Kaiser Wilh

Kanzlei.

Petit.	Kaiser Wilhelm und Fürst Bismarck
Korpus.	Kaiser Wilhelm und Fürst Bi
Mittel.	Kaiser Wilhelm und Für
Tertia.	Kaiser Wilhelm und F
Text.	Kaiser Wilhelm und

Breite Kanzlei.

Nonpareille.	Kaiser Wilhelm und Fürst Bi
Petit.	Kaiser Wilhelm und Für
Korpus.	Kaiser Wilhelm und
Cicero.	Kaiser Wilhelm u
Tertia.	Kaiser Wilhe

ANTIQUA.

Mittel.	Kaiser Wilhelm un
Tertia.	Kaiser Wilhelm

Halbfette Aldine.

Nonpareille.	**Kaiser Wilhelm und Fürst Bismar**
Petit.	**Kaiser Wilhelm und Fürst**
Korpus.	**Kaiser Wilhelm und F**
Cicero.	**Kaiser Wilhelm u**
Tertia.	**Kaiser Wilhel**

Mediaeval.

Nonpareille.	Kaiser Wilhelm und Fürst Bismarck,
Petit.	Kaiser Wilhelm und Fürst Bis
Bourgeois.	Kaiser Wilhelm und Fürst
Korpus.	Kaiser Wilhelm und Fürs
Cicero.	Kaiser Wilhelm und F
Tertia.	Kaiser Wilhelm

Jonisch.

Petit.	Kaiser Wilhelm und Fürst Bisma
Korpus.	Kaiser Wilhelm und Fürst B
Cicero.	Kaiser Wilhelm und Fü
Mittel.	Kaiser Wilhelm und
Tertia.	Kaiser Wilhelm

Renaissance.

Petit.	Kaiser Wilhelm und Für
Korpus.	Kaiser Wilhelm und F
Cicero.	Kaiser Wilhelm
Tertia.	Kaiser Wilhe

Breite Egyptienne.

Perl. Nonpareille.	**Kaiser Wilhelm und Fürst Bisma**
Petit.	**Kaiser Wilhelm und Fürst B**
Korpus.	**Kaiser Wilhelm und Für**
Cicero.	**Kaiser Wilhelm und F**
Mittel.	**Kaiser Wilhelm un**
Tertia.	**Kaiser Wilhelm**
	Kaiser Wilh

Steinschrift.

Nonpareille.	**Kaiser Wilhelm und Fürst Bismarck,**
Petit.	**Kaiser Wilhelm und Fürst Bis**
Korpus.	**Kaiser Wilhelm und Fürs**

Italienne.

Korpus.	Kaiser Wilhelm und Fürst Bi
Cicero.	Kaiser Wilhelm und Für
Mittel.	Kaiser Wilhelm u

Zusammenstellung von Bier- und Titelschriften nach Graden.

	Kursiv-Antiqua.	Mussierte Italienne. Text.	**Antiqua-Zierschriften.**
Nonpareille. Petit. Korpus. Cicero.	*Kaiser Wilhelm und Fürst Bismarck, die* *Kaiser Wilhelm und Fürst B* *Kaiser Wilhelm und Für* *Kaiser Wilhelm und F*		Kaiser Wilhelm
		Mussierte br. Antiqua. Text.	Kaiser Wi
	Halbfette Kursiv-Aldine.	Mussierte fette Antiqua. Doppelcicero.	**Kaiserin**
Nonpareille. Petit. Korpus. Cicero. Mittel. Tertia.	*Kaiser Wilhelm und Fürst Bis* *Kaiser Wilhelm und F* *Kaiser Wilhelm un* *Kaiser Wilhelm* *Kaiser Wilhel* *Kaiser Wilhe*		Kaiser Wil
		Breite muss. Italienne. Tertia.	**Kaiserin**
		Schattierte fette Antiqua. Doppelmittel.	KAISER
	Mediæval-Kursiv.	Barocke Zierschrift. Text.	
Nonpareille. Petit. Bourgeois. Korpus. Cicero. Tertia.	*Kaiser Wilhelm und Fürst Bismar* *Kaiser Wilhelm und Fürst Bis* *Kaiser Wilhelm und Fürst* *Kaiser Wilhelm und Für* *Kaiser Wilhelm und F* *Kaiser Wilhelm*		KAISER W
		Lichte Lapidar- schrift. Doppelmittel.	
		Breite Steinschrift. Doppelmittel.	Kaiserin
	Kursiv-Schreibschrift.	Rokoko- Doppel- cicero.	KAISE
Korpus. Tertia. Text	*Kaiser Wilhelm und Für* *Kaiser Wilhelm und F* *Kaiser Wilhelm*		
		Monumental- schrift. Canon.	KAIS
	Kursiv-Rundschrift.		
Cicero. Tertia. Text. Text.	*Kaiser Wilhelm und F* *Kaiser Wilhelm u* *Kaiser Wilhel* *Kaiser Wilh*	Hohe Italienne. Canon.	Kaiser Wilhelm
			Fraktur-Zierschriften.
	Groteske Kursiv.	Kirchen- gotisch. Doppelmittel.	Kaiser Wilhel
Petit. Cicero. Tertia.	**Kaiser Wilhelm und Fürst Bismar** **Kaiser Wilhelm und Fürst** **Kaiser Wilhelm und**		
		Monogramm- Gotisch. Doppelmittel.	Kaiser Wilh
	Korrespondenz-Schrift.		
Tertia.	*Kaiser Wilhelm*	Groteske Gotisch. Doppeltertia.	Kaiser Wil
	Halbfette Korrespondenz-Schrift.		
Tertia.	*Kaiser Wilhelm*	Mussierte Kanzlei. Doppel- cicero.	Kaiser W
	Deutsche Schreibschrift.		
Text. Doppelmittel.	*Kaiser Wilh* *Kaiser Wi*	Mussierte Gotisch. Canon.	Kaiser

Zusammenstellung von Zier- und Titelschriften nach Graden.

Das Schriftmetall besteht in der Hauptsache aus 70 Teilen Blei und 30 Teilen Antimon, dazu etwas Zinn. Sehr schwache und feine Gegenstände verlangen, damit sie im Guß gelingen, eine weichere, also bleireichere Masse. Ist eine härtere Masse notwendig, so geben viele Schriftgießer derselben noch Zusätze von Kupfer oder Eisen, und halten ihre Zusammensetzung geheim.

Die Buchstaben verlangen nach dem Guß noch einige Bearbeitung. Es wird zunächst der am untern Ende sitzende Anguß, d. h. das überflüssige Stück Schriftmetall, das sich in der trichterförmigen Eingußmündung bildete, abgebrochen und dann die Lettern auf einem Steine an ihren beiden Seiten glattgeschliffen; für dieses Abschleifen hat man zwar Maschinen erfunden, die jedoch noch nicht allgemein Eingang gefunden haben. Zuletzt werden die Lettern in den Bestoßapparat zum Glatthobeln der Fußfläche und Abschrägen der Ränder der oberen (Bild=)Fläche, damit der Buchstabe freisteht, sowie zum Aushobeln einer zweiten Signatur, wenn eine solche erforderlich ist, gebracht.

Fig. 426. Letter.

Bei den großen Fortschritten der Neuzeit im Maschinenwesen, bei dem Streben, immer mehr die Handarbeit durch Maschinenarbeit zu ersetzen, konnte es nicht fehlen, daß man auch für das Schriftgießen auf Maschinen sann, zumal da man bei dem Drucken die Mechanik bereits mit soviel Glück angewandt hatte. Es schien das Gelingen nicht schwierig, da die Handgriffe dabei, wie wir gesehen haben, ziemlich einfach sind. Anfänglich versuchte man nach Didots Vorgang dadurch die Leistungskraft zu erhöhen, daß man gleichzeitig mehrere Lettern in besonderen Instrumenten zu gleicher Zeit goß, ähnlich, wie man Flintenkugeln gießt, ohne, wie es scheint, besondere Vorteile damit zu erreichen. Die jetzt gebräuchliche Gießmaschine (s. Fig. 428), die, wenn die Kurbel durch die Hand oder durch Dampf oder eine andre Kraft in Bewegung gesetzt wird, die Arbeit des Gießens mechanisch verrichtet, kam erst später nach mancherlei Versuchen in befriedigender Weise zustande.

Fig. 427. Große (Versal=) Buchstaben.

Wegen der richtigen Stellung und Gangregelung hat die Maschine vielerlei einzelne Teile, doch ist ihre Funktion nicht sehr kompliziert. Das Gießinstrument ist beibehalten, doch liegt hier die Gußform zwischen starken stählernen Wänden, damit bei dem schnellen Arbeiten der Maschine die Hitze leichter absorbiert und verteilt werde, also der Buchstabe in der Form schneller erhärte. Entweder sitzen beide Teile des Gießinstruments (das amerikanische System) auf beweglichen Armen, oder der eine Teil ist feststehend, der andre beweglich (das englische System). Statt des Gießlöffels arbeitet die Maschine mit einer Pumpe oder Spritze. Über dem im unteren Teile der Maschine angebrachten Ofen befindet sich die Schmelzpfanne und in dieser steht die kleine Saug= und Druckpumpe mit ihrem Steigrohre. Die Aufgabe der Maschine ist nun, mittels der Pumpe einen Strahl flüssiges Metall in die Gießform zu spritzen und, wenn das Metall erhärtet ist, den fertigen Buchstaben herauszuwerfen. Alle hierzu nötigen Bewegungen sind mit dem einmaligen Umgange der Hauptwelle beendet, und es wird sonach bei jedem Umschwunge des Rades ein Buchstabe fertig. Im ersten Teile der Bewegung hebt sich der Kolben der Pumpe und es tritt aus der

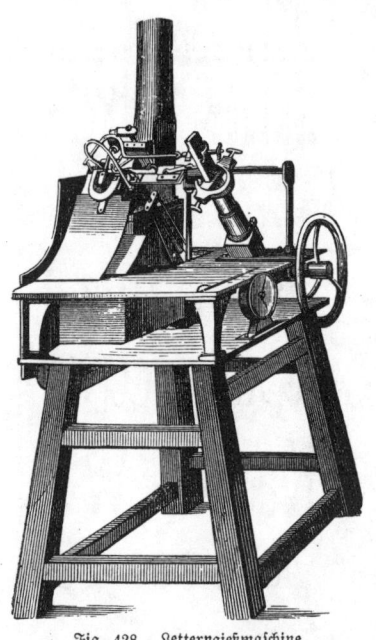

Fig. 428. Letterngießmaschine.

Pfanne Metall in dieselbe; gleichzeitig ist aber auch der bewegliche Träger mit dem Gießinstrumente herangeschoben worden; die Eingußmündung der Form hat sich genau an die Mündung des Steigrohrs angelegt und eine starke Feder drückt das Instrument in dieser Lage fest an. Jetzt sinkt der Pumpenkolben, das Metall steigt im Rohre in die Höhe und

Herstellung der Buchdruckschriften. 511

spritzt mit einem Strahle die Gußform aus. Der Instrumententräger zieht sich nun wieder von dem Spritzrohre zurück, das Instrument öffnet sich, schließt sich nach Auswerfung des Buchstabens wieder und die Reihe der Bewegungen beginnt von neuem.

Die einfachen Gießmaschinen liefern zwischen 10—20000 Lettern per Tag; es gibt aber jetzt verbesserte, freilich aber auch kompliziertere Werke, welche noch mehr fertig machen als das hier abgebildete.

Von Schriftgießmaschinen, als deren Erfinder ein Däne Brandt allgemein galt, bis ihm die Ehre der Erfindung in neuerer Zeit durch den amerikanischen Schriftgießer Bruce streitig gemacht wurde, gibt es verschiedene Konstruktionen, und unterscheidet man namentlich, wie oben schon angedeutet wurde, das amerikanische und das englische System.

Fig. 429. Eine Schriftgießerei.

Die am meisten praktischen Maschinen sind die der Amerikaner, die überhaupt in der Schriftgießerei die höchste Stufe der Vollkommenheit erreicht haben. Es dauerte lange, ehe die Schriftgießmaschinen überall sich Eingang verschafften. Der Hauptübelstand war, daß man weicheres, weil leichtflüssigeres, Metall nehmen mußte, und daß die Luft, welche bei dem schnellen Einspritzen des Metalls nicht entweichen konnte, hohle Stellen in dem Typenkörper verursachte, welcher dadurch an Kraft verlor, dem Druck in der Presse Widerstand zu leisten. Hierdurch wurde die Type oft niedriger gedrückt, so daß sich auf dem Papier ein ungleichmäßiger Druck zeigte. Neue Verbesserungen haben die Übelstände beseitigt und die Gießmaschine ist jetzt ebenso allgemein und unentbehrlich wie die Schnellpresse. Doppeltwirkende Maschinen bauten Serrière & Bansa in Paris. Die bedeutendste Erfindung der neuesten Zeit in dieser Richtung ist die kombinierte Gieß-, Schleif- und Bestoßmaschine von Johnson und Atkinson, welche alle die zum Fertigstellen der Typen notwendige Arbeiten ausführt und diese zum Verpacken fertig aufgereiht liefert. Sie ist zwar schon auf dem Kontinent eingeführt, jedoch noch nicht zur allgemeinen Geltung gekommen. J. M. Heburn baute diese Maschine in höchst zweckmäßiger Weise um, sie ist in Deutschland patentiert und wird in Frankfurt a. M. gefertigt.

Herstellung eines Druckwerkes. Wenden wir uns nun zu derjenigen Abteilung einer Druckerei, in welcher durch Zusammenordnen der einzelnen Schriftzeichen zu Wörtern, Zeilen, Seiten und Bogen das vom Schriftgießer gelieferte stumme Material gleichsam zum Reden gebracht wird, also zu dem Setzerlokal. In großen Offizinen ist dies ein weiter, fenster- und lichtreicher Raum. Wir geben zur Veranschaulichung eine Abbildung der Setzersäle der F. A. Brockhausschen Offizin in Leipzig. Wir erblicken hier eine beträchtliche Anzahl arbeitender Leute, vor Regalen stehend (f. Fig. 439), auf welchen sich pultartig schräg liegende flache Kästen, Setzkästen, mit einer großen Anzahl Fächer befinden, in welche die Buchstaben und sonstige typographische Zeichen eingelegt sind, und zwar jedes in ein bestimmtes Fach für sich; so hat deren der Frakturschriftkasten über 100, der der Antiqua über 150 Fächer nötig.

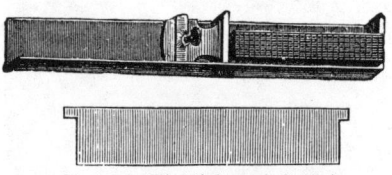

Fig. 430. Die Manipulation des Setzens.

Fig. 431. Winkelhaken und Setzlinie.

Nur die großen Buchstaben und Ziffern liegen im Schriftkasten nach ihrer Reihenfolge, und zwar zu oberst; die kleinen Buchstaben unten, außer jener Ordnung, so daß die am häufigsten vorkommenden, wie e, n, um die Handhabung des Setzens möglichst zu beschleunigen, der Hand des Setzers am nächsten liegen, zugleich auch die größten Fächer haben, weil sie am häufigsten gebraucht werden.

Außer den Buchstaben befinden sich noch im Setzkasten die Interpunktionszeichen, Ziffern, sowie verschiedene schmälere und breitere Typenkörper (Ausschließungen), welche zur Hervorbringung der weißen Zwischenräume in dem Satze dienen. Sie sind zum Teil sehr schwach (Spatien), zum Teil so stark wie ein n (Halbgeviert), oder von zwei n (Geviert).

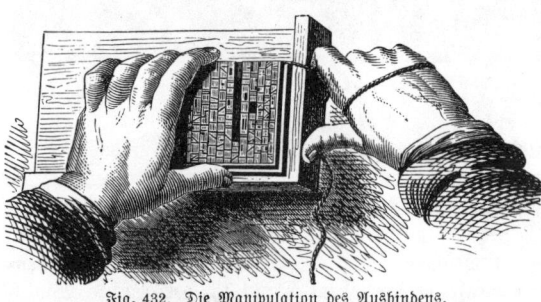

Fig. 432. Die Manipulation des Ausbindens.

Diese Ausschließungen dienen zunächst, um die Räume zwischen den einzelnen Wörtern zu bilden; die Spatien auch mitunter, um Wörter, welche man besonders hervorheben will, gesperrt (spationiert) zu setzen. Mit den größeren Ausschlußstücken, den sogenannten großen und kleinen Quadraten, füllt man die größeren Räume bei ausgehenden Zeilen (Absätzen), Überschriften, Schluß von Kapiteln c. aus. Für die Fälle, wo das Ausfüllen mit Quadraten immer noch zu langsam gehen würde, hat man noch größere Ausfüllstücke (Hohlstege). Eine besondere Gattung der Quadraten bildet der Durchschuß, durch welchen die niedrigen Zwischenräume zwischen den Zeilen hervorgebracht werden, wenn die Zeilen nicht dicht (kompreß) aufeinander stehen sollen. Aus den verschiedenen Fächern des Schriftkastens langt nun der Setzer die Buchstaben, Ziffern, Ausschließungen und was er sonst zur Wiedergabe des zu setzenden Manuskripts braucht, Stück für Stück mit der rechten Hand heraus und läßt es in das mit der linken gehaltene Setzinstrument, den Winkelhaken, gleiten. Daß der Setzer in den Fächern seines Kastens völlig zu Hause ist und selten fehlgreifen wird, läßt sich denken. Damit aber das Setzen flott gehe, muß er den Buchstaben so greifen, daß er diesen, ohne ihn zu drehen und wenden, in seinen Winkelhaken bringen kann. Dazu dient ihm besonders die erwähnte Signatur der Lettern, d. h. der halbrunde Ausschnitt, der sich an der innern Seite des Typenkörpers befindet. An diesem Merkmale sieht der Setzer, noch ehe er zugreift, welche Lettern ihm zum Wegnehmen gerade am bequemsten liegen, und durch zeitweiliges Aufrühren der am meisten in Anspruch genommenen Fächer oder durch ein gelindes Schütteln des ganzen Kastens wird dafür gesorgt, daß immer Buchstaben so liegen, daß

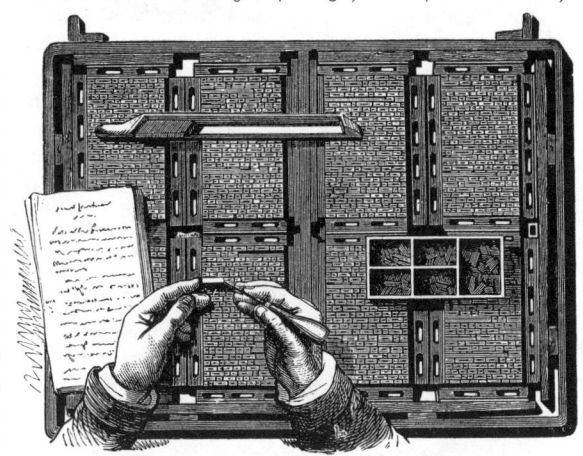

Fig. 433. Die Manipulation des Korrigierens in der Form.

man sie ohne Umstände „beim Kopfe nehmen" kann. Das Setzen eines Oktavbogens von mittlerem Format und in mittlerer Schriftgattung beschäftigt den Setzer etwa vier Tage. Das abzusetzende Manuskript ruht auf einem auf dem Kasten eingestochenen Halter (Tenakel) und wird durch ein gespaltenes Holz (Divisorium) daran festgehalten. Der Winkelhaken (Fig. 431), den der Setzer in der Linken hält, ist ein eisernes oder messingenes Instrument, das man mit einem länglichen schmalen Kästchen vergleichen könnte, an welchem die eine der langen Seitenwände fehlt und dessen Länge durch Verschiebung der einen Querwand verschiedenartig stellbar ist, je nach der

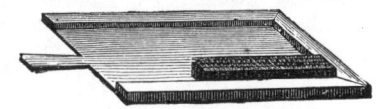

Fig. 434. Das Setzschiff.

Länge der zu setzenden Zeilen. Der Abstand zwischen beiden Querwänden gibt also die Länge der Zeilen. In den Winkelhaken werden nun die Lettern einzeln, wie sie im Worte folgen, eingesetzt; nach jedem Worte folgt eine der niedrigen Ausschließungen, die also im Abdruck einen weißen Raum verursacht. Die gewöhnliche Ausschließung zwischen den Wörtern ist das Halbgeviert; zwischen den Schlußbuchstaben eines Satzes und den Anfangsbuchstaben eines neuen nimmt man ein Geviert. Ist die Zeile vollgesetzt, so wird sie ausgeschlossen, d. h. man sorgt dafür, durch Einschieben dünner Spatien oder durch Umtausch größerer Zwischenstücke mit andern, der Zeile den nötigen Grad von Festigkeit zu geben, und dieser Grad der Spannung, für deren Richtigkeit es keinen andern Maßstab gibt als das Gefühl des Setzers durch seine Finger, ist

Fig. 435. Die Manipulation des Korrigierens im Schiff.

gleichmäßig durch den ganzen Satz einzuhalten, da aus Zeilen, die im Vergleich mit andern zu locker ausgeschlossen sind, leicht Buchstaben herausfallen, wenn die fertige Druckform gehoben und transportiert wird. Als Unterlage für die im Satz begriffene Zeile dient ein Messingblech (die Setzlinie.) Es läßt sich auf einer solchen glatten Unterlage besser setzen, als wenn eine Zeile unmittelbar auf die untenstehende gereiht wird; auch drängt die Setzlinie die schon fertige Zeile, welche Neigung hat, in der Mitte herauszubrechen, zurück. Ist nach dem Satz von etwa zehn Zeilen der Winkelhaken voll, so wird, indem man die obere Zeile durch die auf ihr liegende Setzlinie, die beide Seiten durch die herangedrückten Zeigefinger gegen das Ausbrechen schützt, während die Daumen den Satz von unten stützen, dieser mit einem kühnen Griff aus dem Winkelhaken gehoben und auf ein schräg liegendes Brett mit Randleisten, das Schiff, hingestellt. Hat sich auf diesem soviel Satz gesammelt, daß er eine Seite (Kolumne) gibt, so wird das Ganze mit Bindfaden (Kolumnenschnur) mehrmals fest umschlungen (ausgebunden) und die Kolumne kann nun von geübter Hand frei gehoben und auf ein Satzbrett oder auf eine Schließplatte zu weiterer Behandlung niedergesetzt werden. Bei großen Kolumnen, Plakaten u. dgl. kann die Aushebung aus dem Schiffe nicht durch die Hand stattfinden, sondern sie muß auf einer Unterlage geschehen, welche das Schiff selbst liefert, indem es, wenn es für solche Arbeiten bestimmt ist, zwei Böden hat, von denen der obere, die Zunge, in einer mit einem Handgriffe versehenen Zinkplatte bestehend, zum Herausziehen eingerichtet ist, auf welcher die Kolumne steht und dann mit Leichtigkeit auf die Schließplatte heruntergeschoben wird.

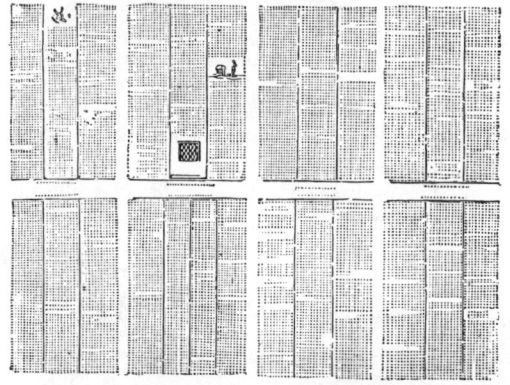

Fig. 436. Bilderform der „Illustrirten Zeitung".

Fig. 437. Schriftform der „Illustrirten Zeitung".

Zu einem Bogen gehören, je nach dem gewählten Formate: Folio, Quart, Oktav, Duodez, Sedez, resp. 4, 8, 16, 24, 32 Seiten. Zwar gibt es auch noch andre Formate, doch haben diese für die Praxis keine große Bedeutung mehr; selbst das Duodez gehört seit der allgemeinen Einführung der größeren Maschinen zu den seltener zur Verwendung kommenden Formaten. Die Kolumnen werden auf der Schließplatte in der gehörigen Anordnung in zwei Gruppen, eine für jede Form, gestellt, die eisernen Formrahmen darumgelegt und die Lücken zwischen den Kolumnen mit genau rechtwinkelig gearbeiteten Holz- oder bleiernen Körpern (Stege) ausgefüllt. Die bei dieser Formbildung notwendige Entfernung der Bindeschnüre muß sehr vorsichtig geschehen, da sonst leicht Buchstaben umfallen oder sich verschieben.

Zur Festhaltung des Schriftsatzes in der Form, so daß die unendlich vielen kleinen Stücke nicht auseinander fallen, dienen eiserne Rahmen. Die Schließung geschah früher hauptsächlich durch Anziehen von Schrauben, welche durch zwei Seiten des Rahmens gingen (Schraubrahmen); letztere sind jedoch so gut wie ganz durch die Keilrahmen verdrängt, in welche schiefe Stege und Keile zum Antreiben benutzt werden, wie aus Fig. 438 ersichtlich ist.

In jüngster Zeit ist eine Schließmethode aufgekommen, welche, obwohl ohne Keile und Schrauben, doch die Vorteile beider verbindet und in den Druckereien allgemeinen Eingang gefunden hat. Die beiden Anlegeschienen, welche den Schriftsatz von unten und von der Seite andrücken, sind in diesem Falle von Stahl und verjüngen sich an ihrer äußeren Seite nach beiden Enden hin, so daß sie mit der gegenüberliegenden Seite des umgebenden Rahmens, der ein gewöhnlicher Keilrahmen ist, vier sehr spitze Winkel bilden. Die abgeschrägten Flächen der Anlegeschienen sind gekerbt und dieselbe Kerbung findet sich wieder auf dem Umfange von kleinen, in der Mitte viereckig durchlochten Stahlrollen (auch Marinonischer Keil genannt).

Herstellung eines Druckwerkes. 515

An den Öffnungen der Winkel werden die Rollen eingesetzt und mit einem Schraubenschlüssel, welcher in das viereckige Loch der Rollen gesteckt wird, nach den Spitzen der Winkel zu fortgedreht, bis es nicht weiter geht. Somit ist die Form geschlossen.

Eine fertige Form, d. h. die eine Hälfte des Druckbogens, die, wenn der Papierbogen glatt ausliegt, die obere oder die untere Seite desselben bedruckt, gewinnt sonach das Ansehen, wie es hier im Bilde (Fig. 438), welches die eine Hälfte eines Oktavbogens darstellt, gegeben ist. Es leuchtet ein, daß die 16 Kolumnen der beiden Formen, die zu einem Bogen gehören, in bestimmter Ordnung auf die beiden Gruppen verteilt (ausgeschossen) sein müssen, wenn sie in dem später gefalzten und aufzuschneidenden Bogen hintereinander fortlaufen sollen. Wie sich durch Betrachtung eines gedruckten Bogens bald erkennen läßt, muß die erste Kolumne immer in der untersten äußern Ecke der linken Form stehen, die zweite in der untersten äußern der rechten, die dritte in der untersten innern derselben, die vierte auf die entsprechende der linken 2c., auf die andern Ecken und die inneren Kolumnen fortschreitend, so daß schließlich die 16. Kolumne gleich neben die erste zu stehen kommt. Es fallen sonach bei Oktavdruck auf die erste oder Schöndruckseite des Bogens die Kolumnen 1, 4, 5, 8, 9, 12, 13, 16, auf die Kehrseite oder Widerdruckseite die Kolumnen 2, 3, 6, 7, 10, 11, 14, 15. Diese Verteilung der 16 Kolumnen auf die zwei Formen veranschaulicht nachstehende Skizze:

Der von solcher Form genommene Papierabdruck bildet natürlich das vollständige Gegen= oder Spiegelbild von ihr und erscheint in nachstehender Anordnung:

Die erste Kolumne jedes Bogens erhält unten rechts die sogenannte Signatur, d. h. Nummer des Bogens, während man früher dazu die Buchstaben des Alphabets mit Ausnahme des J und des W benutzte. Auf der dritten Seite wird die Signatur der ersten Seite wiederholt, an der Zahl jedoch ein Sternchen oben rechts angesetzt, damit seitens des Buchbinders beim Falzen kein Irrtum vorkommt.

Die übrigen gangbaren Formate werden in folgender Weise arrangiert:

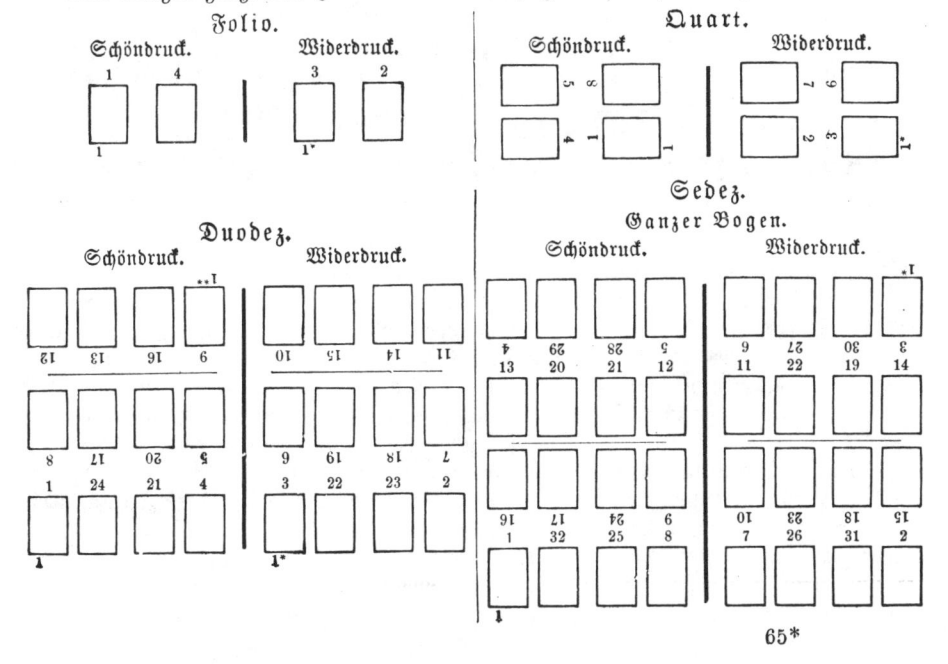

65*

Beim Sedez (Sechzehnerformat) gibt der ganze Bogen 16 Blätter und wird beim Falzen viermal gebrochen. Die acht Doppelblätter stecken dann ineinander und geben beim Heften einen starken Rückenfalz. Zur Vermeidung desselben rangiert man die 32 Kolumnen lieber so, als wollte man zwei Oktavbogen nebeneinander drucken. Die Abdrücke hiervon werden dann vor dem Falzen in der Mitte geteilt und als zwei aufeinander folgende Bogen behandelt.

Bei illustrirten Werken, namentlich Zeitungen, bei denen die Anordnung der einzelnen Artikel eine gewisse Freiheit gestattet, sucht man die Abbildungen so zu verteilen, daß sie alle auf einmal gedruckt werden, so daß auf die Rückseite einer Abbildung nicht wieder eine solche zu stehen kommt, wodurch der Reinheit des ersten Druckes Eintrag geschehen würde. Außerdem wird damit erzielt, daß die Bilderform beim Druck weit besser übersehen werden kann und daß die Bilder auf die vom Beginn ab glättere Seite des Papiers gedruckt werden, da die andre in der Papiermaschine auf dem Drahtnetz ruhende Seite immer eine gewisse Rauheit behält. Dadurch erhält man eine Bilderform, welche die Vorderseite, und eine Schriftform, welche die Rückseite des Bogens ausfüllt (s. Fig. 436 und 437).

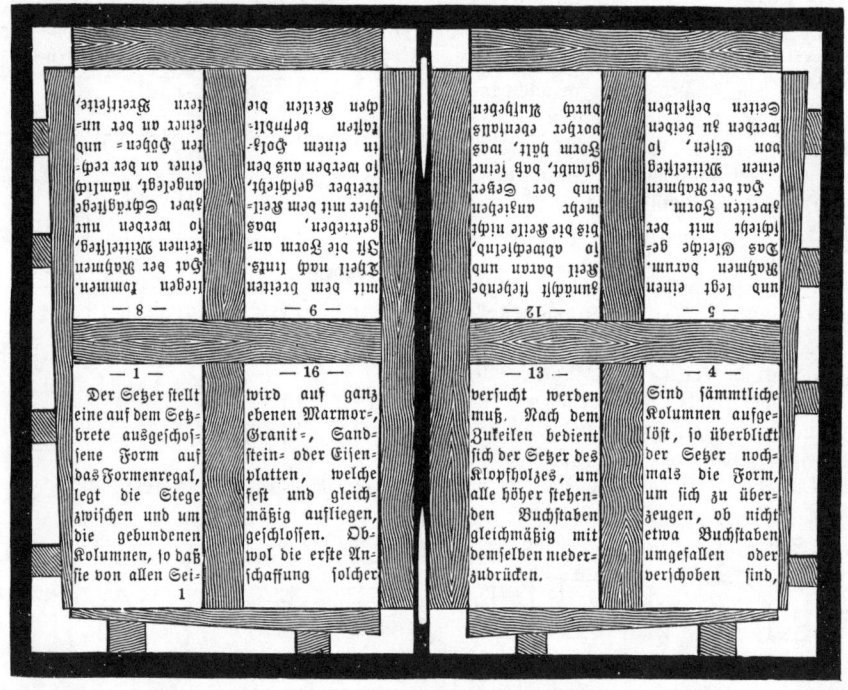

Fig. 438. Oktavform in Keilrahmen geschlossen.

Hierdurch wird zugleich die Arbeit des besondern Zurichtens und der sorgsamen Überwachung während des Druckes leichter, als wenn die Bilder dann auf zwei Formen verteilt sind, und es genügt auch oft, nur die Bilderform mit der feinen und teurern Illustrationsfarbe zu drucken.

Die Korrektur. Die auf das Setzen folgende Arbeit gilt der Berichtigung der in dem Schriftsatze begangenen Fehler des Setzers (Korrektur). Es wird zu diesem Zweck ein Probeabdruck genommen, den der Korrektor mit dem Manuskript genau zu vergleichen und wobei er alle Abweichungen vom Original, Auslassungen, falsche oder in die Schrift nicht hineingehörende Buchstaben, Verstöße gegen die Satzregeln u. s. w., am Rande zu notieren hat. Der Setzer nimmt nun die Form wieder vor, lockert sie so weit nötig auf, um Buchstaben mit Leichtigkeit mit einer Ahle herauszustechen und andre hineinzusetzen, indem er die Keile aufschlägt oder die Rollen zurückdreht, und setzt nach Anleitung der Bemerkungen des Korrektors auf dem Korrekturexemplare an Stelle des Fehlerhaften das Richtige. Das beigefügte Schema bringt die gewöhnlichen Setzfehler und die Anweisung zu ihrer Abhilfe zur Anschauung.

Fig. 439. Ein Setzersaal. (F. A. Brockhaus in Leipzig.)

Nun wird ein zweiter Abzug gemacht, damit der Korrektor vergleichen kann, ob der Setzer beim Korrigieren des Satzes nichts übergangen hat, oder ob nicht neue Fehler entstanden sind. Diese zweite Korrektur wird meistens mit einer nochmaligen aufmerksamen Lesung des Ganzen verbunden, da einmalige Lesung nicht Sicherheit genug gibt, daß alle Fehler entdeckt werden. Ein Exemplar dieser Korrektur geht in der Regel auch an den Verfasser und kommt nicht selten voller Änderungen wieder, so daß neue Durcharbeitung des Satzes und abermaliges Abziehen zur Revision nötig wird, wenn überhaupt eine Korrektur genügt und nicht noch mehrere Korrekturen sich als unerläßlich herausstellen. Ist schließlich die Form zum Einheben in die Presse oder Maschine fertig, so geht von hier aus ein Abdruck (Preßrevision) an den Setzer, der sich überzeugt, ob alles in Ordnung, ob nichts Krummes und Schiefes, keine schlechten Buchstaben u. dgl. vorhanden. Dann gelangt noch ein sauberer Abdruck (Ansichtsbogen) an den Faktor, der das Aussehen des Druckes noch zu mustern und etwaige kleine Zurichtungs= und andre Mängel vorzumerken hat.

Die ausgedruckten und von der Schwärze gereinigten Formen gehen an den Setzer zurück, damit die Schrift in die betreffenden Fächer des Setzkastens zum ferneren Gebrauch eingelegt werden könne. Das Ablegen geschieht folgendermaßen. Der Setzer, welcher seinen leergesetzten Kasten wieder füllen will, feuchtet den Satz an, nimmt mit Hilfe eines Spans einen Griff Zeilen in die linke Hand, faßt mit Daumen, Zeige= und Mittelfinger der Rechten einen Teil der obersten Zeile, liest und buchstabiert ein Stückchen nach dem andern schnell und wirft die einzelnen Buchstaben gewandt in die Fächer seines Kastens. Von der Zeile, die sich beim Setzen von der Linken zur Rechten aufbaute, wird der letzte Teil zuerst abgelegt, so daß man beim Lesen des Ablegesatzes auf dem Blei nicht den richtigen Zusammenhang hat, sondern jedesmal nur einige Worte ablesen kann. Genaues Ablegen fördert natürlich die Richtigkeit einer neuen Arbeit wesentlich, denn die beim Ablegen in ein falsches Fach geratenen Buchstaben würden als Buchstabenfehler in den neuen Satz übergehen. Wird der Schriftsatz nicht weiter verwendet, so wird er nach vollständigem Austrocknen und nach Entfernung allen zur Schrift nicht gehörenden Beiwerkes, z. B. Kolumnentitel, Holzschnitte u. dgl., in Stücke zusammengestellt und in Papier geschlagen, um in dem Schrift= magazin aufbewahrt zu werden, bis sich Bedarf wieder einstellt.

In manchen Offizinen und Fällen sind die verschiedenen Arbeiten auf besondere Personen verteilt, so daß einige immerfort ablegen, andre beständig setzen und den Satz in Streifen von unbestimmter Länge (in Paketen) an den metteur en pages (Formbildner) abliefern, der sie in Kolumnen abteilt und den Bogen in Ordnung bringt. Zum Zeitungssatz ist ein metteur en pages unbedingt nötig, dem alle übrigen in die Hände arbeiten müssen.

Die Setzmaschine. Der Schriftsetzer arbeitet noch ganz in derselben Weise, wie seine Kollegen vor Jahrhunderten es gethan. Nichts natürlicher, als daß diese Arbeitsweise in unserm Zeitalter des Dampfes als eine äußerst langsame erscheinen mußte. Große Mühe und viel Scharfsinn ist angewendet worden, um die Arbeit des Setzens in beschleunigter Weise durch eine Maschine bewirken zu lassen, und obwohl noch heute keine Setzmaschine zu einem solchen Grade von praktischer Brauchbarkeit gediehen ist, daß sie einen Vergleich mit der Schnellpresse oder der Gießmaschine aushalten kann, so sind doch wesentliche Fortschritte gemacht. Als Männer, die der Lösung dieser Aufgabe ihre Talente gewidmet, sind namentlich bekannt die Franzosen Young und Delcambre, die Engländer Hattersley, Mackie, die Amerikaner Alden, Brown und Fraser, sodann der Däne Sörensen, der Schwede Rosenberg, der Böhme Tschulik, die Deutschen Kastenbein, Fischer und Langen, Prasch, Brackelsberg und noch manche andre. Alle diese Konstruktoren haben, mit Ausnahme von Mackie, die Idee des Klaviers zu Grunde gelegt, und in der That hat dieselbe etwas Bestechendes, wenn man bedenkt, wieviel Noten ein gewandter Pianist in der Stunde anschlagen kann, und sich vorstellt, daß mit jedem Druck auf eine Taste eine Type expediert werden könnte. Demnach hat das Setzerklavier so viele Tasten, als Buchstaben und andre Zeichen zu einer Schrift gehören. Sie befinden sich über den Tasten in Fächer gereiht, ein Druck auf eine Taste öffnet eine Klappe an dem betreffenden Fach und ein Buchstabe gleitet heraus. Soweit bestehen keine Schwierigkeiten, dieselben aber fangen nunmehr an, wo es sich darum handelt, die freigemachten Lettern nach ihrem Sammelpunkte zu leiten und dort nebeneinander zu rangieren. Hier weichen auch verschiedene Erbauer voneinander ab.

Formular einer Korrektur.

Benennung der Fehler.	Korrigierter Text.	Korrekturzeichen.
Falscher Buchstabe und falsches Wort.	Nun muß wenipstens noch ein Ausgang gemacht	g ⊢⊣ Abzug
Buchstaben aus andrer Schrift.	werden, um vergleichen zu können, ob der Setzer	g | n | S
Fehlende Buchstaben oder Interpunktionszeichen.	beim Ko rigieren des Satzes nichts üb rgangen ha	r | e | t
Überflüssiges Wort und Schriftzeichen (Hochzeit).*)	und und nicht neue Fehler entstanden sind. Diese	⊢⊣ ⌐ ⌐
Auf den Kopf gesetzter Buchstabe (Fliegenkopf).	Prüfung heißt die ■evision. Sie wird meistens	R
Ausgelassene Wörter (Leiche).	mit einer zweiten des Ganzen verbunden, da ein=	aufmerksamen Lesung
Unrichtige Folge der Wörter.	malige Sicherheit genug Lesung nicht gibt, daß	1 2 3 4
In die Höhe gestiegene Anschließungen (Spieße).	alle Fehler entdeckt werden. ■Alles Neugefundene	# | #
Lädierte und unreine Buchstaben.	und Stehengebliebene hat der Setzer nun ebenfalls	h | × | × | n
Verkehrt stehende Buchstaben und Silben.**)	zu berichtigen und den zweiten Korrekturbogen in	|v |v ⊢v
Näher aneinander zu rücken.	Begleitung eines neu gemachten Pr obedrucks wieder	◯
Weiter auseinander zu setzen.	abzuliefern. Inzwischen hat auch der Verfasser in der	|ϛ |ϛ |ϛ |ϛ
In gerade Linie zu bringen.	Regel einen Probedruck zu erhalten, und dieser kommt	═══
Ein Wort durch andre Schrift auszuzeichnen.	nicht selten voller Änderungen wieder, so daß neue	fett
Absatz (a linea).	Durcharbeitung des Satzes, abermaliges Revidieren u. s. w. nötig wird. Endlich aber muß die Form	⌐
Kein Absatz, sondern anzuschließen (anhängen).	doch zum Einheben in die Presse oder/ Maschine fertig werden. Von hier aus geht	⌐⌐
Zu spationieren.	noch ein sauberer Abdruck an den Faktor, der nur	⊔⊔⊔ ⊔⊔⊔
Spationieren aufzuheben.	das äußere Ansehen des Druckes noch zu mustern	∼∼∼
Der Durchschuß fehlt.	und etwaige kleine Schönheitsmängel vorzumerken hat. — Die ausgedruckten und durch Waschen mit	⟨
Der Durchschuß soll wegfallen.	Lauge von Schwärze gereinigten Formen gehen in die Setzerei zurück und werden hier in dem Maße/	⟩
Die Zeile ausrücken.	wie die Schrift anderweitig gebraucht wird, ab=	⌐
Die Zeile einrücken.	gelegt, d. h. die Buchstaben u. s. w. wieder in ihre	⌐

*) Das Zeichen ⌐ bedeutet deleatur, man tilge aus oder nehme fort.
**) Das Zeichen \|v, eigentlich ein v, bedeutet vertatur, man kehre den Buchstaben um.

Als der Erfinder einer wirklich brauchbaren Setzmaschine und als der erste, der thatsächlich alle Schwierigkeiten glücklich überwand, muß Christian Sörensen in Kopenhagen genannt werden. Schon 1838 hatte er den Plan gefaßt, war jedoch erst 1846 so weit, daß er ein Patent nehmen konnte. Auf der Pariser Ausstellung 1855 erregte sein Werk allgemeines Staunen, und Sörensen empfing aus den Händen des Kaisers Napoleon die höchste Auszeichnung, die große goldene Medaille. Die Maschine besteht, wie schon angedeutet, aus zwei verschiedenen Apparaten, die erst durch einen dritten, eine besonders konstruierte Gießmaschine, ihren Abschluß finden, indem die Typen mit mehreren, bis zu sechs, und verschiedenartigen Signaturen versehen sein müssen. Die 120 Rinnen, in welchen 13—14 000 Buchstaben Aufnahme finden, bilden einen Cylinder. Der Setzer drückt eine Taste, welche denjenigen Tangent bewegt, der den gewünschten Buchstaben vorschiebt, welcher auf der schrägen Seite eines Trichters hinuntergleitet und in den etwa 1000 Buchstaben fassenden Winkelhaken geschoben wird. Zu der gleichen Zeit, wo die Setzmaschine arbeitet, vollzieht auch der Ablege- oder, wenn man will, der Füllapparat seine Arbeit. Er befindet sich über der Setzmaschine und hat einen ganz ähnlichen Cylinder wie diese, der in einer stoßweise rotierenden Bewegung gehalten wird, so daß, wenn eine untere Öffnung einer seiner Rinnen gerade über einer korrespondierenden oberen Öffnung einer Rinne des Satzcylinders sich befindet, derjenige Buchstabe aus dem oberen Cylinder in den unteren fällt, der die durch die Signaturen hervorgebrachte nötige Formenbildung besitzt, um durch beide Öffnungen zu gehen. Sörensen hatte mit vielen Hindernissen und Sorgen zu kämpfen und starb 1861. Er erlebte jedoch, daß zwei seiner Maschinen mit Erfolg

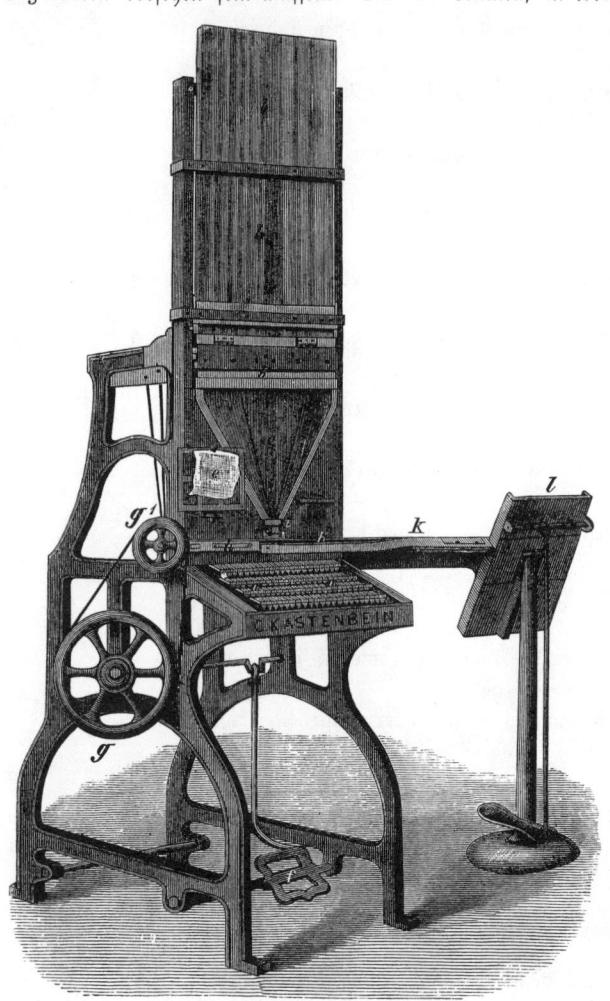

Fig. 440. Kastenbeins Setzmaschine.

in der Druckerei des „Fädrelandet" in Kopenhagen mehrere Jahre hindurch arbeiteten. So sinnreich diese Maschinen auch waren, so konnten sie auf Grund ihrer Kostspieligkeit und zarten Konstruktion doch nicht ihre Bestimmung in der Praxis erfüllen. Nach Sörensens Tode fand sich niemand, der sie recht zu behandeln verstand, sie wurden in den Ruhestand versetzt und verfielen nach und nach. Später hat jedoch ein geschickter Setzer in Kopenhagen eine derselben in Stand gesetzt und wieder arbeitsfähig gemacht.

In Amerika tauchte, nachdem die Aldensche Setzmaschine sich in der Praxis nicht bewährte, eine neue Setz- und Ablegemaschine auf, erfunden von O. L. Brown. Die Setzmaschine ist sehr einfach, verspricht aber auch nur die doppelte Leistung eines Handsetzers.

Die Nutzbarkeit der ersten Setzmaschinen wurde namentlich durch den Umstand beschränkt, daß sie immer nur mit einer einzigen Schriftsorte arbeiten konnten. Kam im Laufe des Satzes ein Wort aus andrer Schrift vor, so mußte der Platz mit Zwischenstücken ausgefüllt und das ausgelassene Wort nachträglich mit der Hand hineingesetzt werden. Die Maschine konnte auch nur einerlei Schriftgröße verarbeiten, also mit einer auf Korpus eingerichteten konnte nur Korpus gesetzt werden; die gewöhnlichen Typen waren nicht anwendbar, indem die Schrift eine ganz eigentümliche Signatur und unten einen tiefen Einschnitt haben mußte.

Diesen Mängeln wurde durch die Erfindungen der Engländer Robert Hattersley und Alex. Mackie sowie des Deutschen Karl Kastenbein aus Kassel, deren Maschinen in der letzten Zeit am meisten von sich reden machen, teilweise abgeholfen.

Die Maschinen der drei Genannten haben den Vorzug vor den älteren, daß sie mit gewöhnlichen Typen arbeiten und für mehrere Schriftsorten sich einrichten lassen; sie bedürfen jedoch besonderer Ablegapparate.

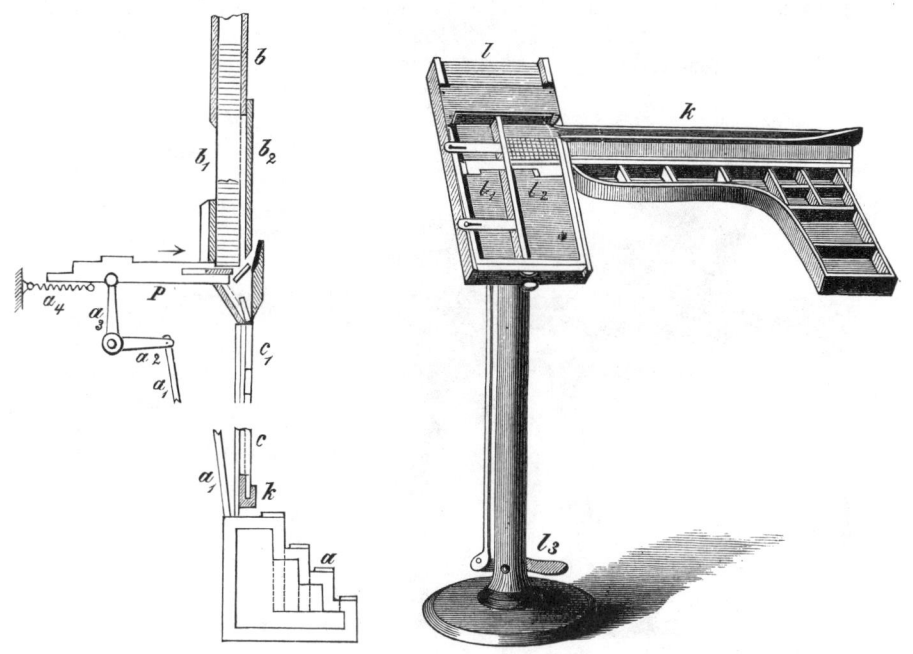

Fig. 441. Teile der Kastenbeinschen Setzmaschine.

Die Hattersley=Maschine beruht, wie auch die von Kastenbein, auf Benutzung einer Klaviatur oder eines Systems von Knöpfen, die in der Art niedergedrückt werden, wie die Knöpfe der elektrischen Klingeln. Hattersleys Apparat hat über der Klaviatur eine durch Messinglinien in Rinnen abgeteilte wagerechte Platte. An dem vorderen Teile jeder Rinne befindet sich in der Platte eine Öffnung, groß genug, um den letzten Buchstaben einer Reihe durchschlüpfen zu lassen. Dieser Buchstabe schwebt sozusagen über der Öffnung, nur durch die sehr schwache Spannung eines Gummibändchens gehalten, so daß der leichteste Ruck eines Hakens, der durch Hebel und Schnüre in Verbindung mit der betreffenden Taste steht, hinlänglich ist, um ihn zum Fallen durch die Öffnung zu bringen. Die durchgefallenen Buchstaben werden durch ein System von Kanälen auf ein Satzschiff geleitet, daß je nach Breite der gewünschten Schriftzeile gestellt werden kann. Letztere wird, sowie ein neuer Buchstabe darangesetzt wird, um die Breite desselben vorgeschoben. Ist die Zeile soweit voll und fertig, daß es sich nun nur noch um das Ausschließen handelt, so geschieht dies entweder durch den Setzer selbst oder, was praktischer ist, er legt eine Durchschußlinie (Reglette) über den Satz und fährt fort zu setzen, einem andern die Arbeit des Ausschließens überlassend. Hattersleys Maschine wurde zwar in Wien eingeführt; sie arbeitet auch in einzelnen Offizinen Englands, aber man hörte nicht, daß sie eine besonders große weitere

Verbreitung gefunden hätte. Es wurde von einer möglichen Geschwindigkeit von 24 000 Buchstaben in der Stunde gesprochen. Diese Möglichkeit bestand jedoch nur in der Theorie, in der Praxis müßte man mit etwa dem dritten Teil zufrieden sein.

Größere Bedeutung haben Kastenbeins Maschinen gewonnen, namentlich war der Umstand ihrer Verbreitung günstig, daß eine Anzahl derselben in der „Times"=Offizin in London eingeführt wurde, wo man nicht gewohnt ist, eine Sache auf halbem Wege liegen zu lassen. Die Maschine ist von verhältnismäßig einfacher, zugleich dauerhafter Konstruktion. Will man sie für zwei Schriften einrichten, so geschieht dies durch Vereinigung zweier Maschinen zu einer, die dann etwa 200 Tasten hat. Diese Kombination ward in England auf Grund der Antiqua und Kursiv notwendig. Wendet man die Maschine in Deutschland nur für Fraktur an, so wird die Konstruktion um so einfacher und bedarf dann nur einiger Tasten und Röhren mehr für die Spatien zum Sperren der Schrift.

Bei der Bedeutung dieser Maschine geben wir die Abbildung Fig. 440 mit einer näheren Beschreibung. Man bemerkt bei a eine Klaviatur, deren in vier Stufen ange= ordnete Tasten (hier 96 an der Zahl) die Typen, zu deren Satz sie zu benutzen sind, deutlich aufgeprägt sind. Das Niederdrücken einer Taste bewirkt das Niederfallen einer entsprechenden Type aus dem im Kasten b angebrachten Vorratsrohre. Die Type gelangt, geleitet durch einen Kanal der dreieckigen Leit= platte c, nach dem Punkte i und tritt von da in senkrechter Stellung in die Leitrinne k ein, in welcher sich die Worte bilden. In demselben Maße, als sich in k Type an Type reiht, wird der Satz durch eine mit Hilfe des Fußtritts f, des Schwung= rades g und des Rades g_1 hin und her bewegte Stange h dem Aus= schließschiff l zugeschoben. Bei e hängt das Manuskript auf einem je nach Bedarf stellbaren Rahmen.

Der innere Mechanismus ist in Fig. 441 skizziert. b ist eines der aus Blech gebildeten auswechsel= baren Typenrohre, in welchem die Typen mit dem Kopfe nach rechts aufgespeichert sind. Das Rohr b steht auf einem mit dem Gestell fest verbundenen Rahmen b_1, in wel=

Fig. 442. Kastenbeins Ablegemaschine.

chem, entsprechend der Zahl der Tasten, senkrecht laufende Kanäle eingehobelt sind, deren Weite der Dicke der einzelnen Typen angepaßt ist. Die Kanäle sind durch eine sie bedeckende Glasplatte b_2 sichtbar, um den Setzer das Leerwerden der Typenrohre erkennen zu lassen. — Jeder Kanal des Kastens b_1 ist unten durch einen Schieber p geschlossen, dessen Breite und Höhe sich nach der entsprechenden Type richtet. Wird der Schieber nach rechts bewegt, so faßt er die unterste Type und schiebt sie aus dem Kanale b_1 heraus. Die Type richtet sich an der gegenüberliegenden, etwas schräg aufwärts laufenden Wand auf und fällt nach dem Zurückgehen des Schiebers p in den senkrecht absteigenden Kanal c_1, der sie dem schräg gegen die Austrittsöffnung i hin laufenden Kanal c übergibt. Bei k ist die nach dem Ausschließschiff führende Rinne sichtbar. Die Rechtsbewegung des Schiebers p bei dem Niederdrücken der zugehörigen Taste a wird durch Stange a_1 und Winkelhebel a_2, a_3 vermittelt. Das Zurückgehen aller Teile in die Ruhelage bewirkt eine Spiralfeder a_4. — Die Verteilung der Buchstaben c. auf den Tasten ist so getroffen, daß die am meisten gebrauchten dem Setzer am bequemsten, also in der Mitte der Klaviatur liegen. — Der Satz gelangt, durch Rinne k geführt, nach dem pultförmigen Ausschließschiff l, Fig. 441, in welchem aus der „endlosen" Reihe von einem zweiten Setzer Zeilen von Formatbreite herzustellen sind. Das Schiff l besitzt ein stellbares Lineal l_1 zur Einstellung der Zeilenbreite; ferner eine eiserne Leiste l_2, die bei Beginn des Satzes in gleicher Höhe mit der Mündung der Leitrinne k steht. Auf diese Leiste schiebt der Ausschließer einen der Rinne k entnommenen Satz von Zeilenbreite und tritt zugleich auf das Pedal l_3, wodurch l_2 und der Satz um eine Zeilenhöhe herabsinken. Dann legt er eine Setzlinie auf und schiebt eine neue Zeile über. Der Ausschließer hat dabei noch für richtige Abteilung der Worte und Ausschließen der Typen in den Zeilen zu sorgen. Die notwendigen Ausschlußstücke entnimmt er den unterhalb der Rinne k angebrachten Kästen.

Die Setzmaschine Kastenbeins besitzt im Vergleich mit andern eine sehr einfache Konstruktion, und es treten infolgedessen sehr selten Störungen im Mechanismus auf, deren Beseitigung übrigens ohne Schwierigkeiten möglich ist. Sie gibt, in der richtigen Weise (d. h. für gleichförmigen Satz) verwendet und durch intelligente Arbeiter bedient, ein Resultat von etwa 5000 Typen pro Arbeitsstunde. Kastenbein hat seine komplizierte Ablegemaschine ganz aufgegeben und dafür einen einfacheren Apparat erfunden, mit welchem das Ablegen halb durch Handarbeit, halb durch Mechanismus verrichtet wird.

Bei a ist der zu zerlegende Satz aufgestellt; der Ableger verteilt die Typen mit der Hand in die auf der Platte b sichtbaren, mit entsprechenden Zeichen versehenen Öffnungen, die sich nach unten trichterförmig verengen und schließlich in die senkrechten Kanäle c übergehen. Unterhalb dieser Kanäle sind kurze wagerechte Rinnen angebracht, in welchen die Typen in senkrechter Lage aneinander gereiht werden; an die Rinnen schließen sich die Typenrohre g der Setzmaschine an. Die Fortschiebung der Typen erfolgt durch den in wage-

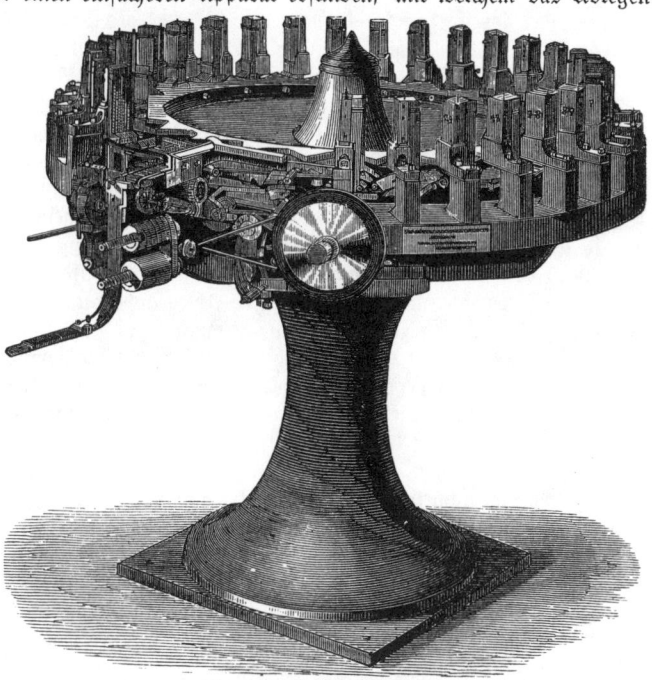

Fig. 443. Mackies Setzmaschine.

rechter Richtung hin und her bewegten Schieberrechen l, welcher für jede Rinne einen Schiebezahn besitzt und Bewegung erhält durch Tritt e, Kurbelwelle e_1 und Lenkstange e_2. Füllung der Typenrohre kündigt sich durch ein Signal an; der Ableger wechselt dieselben gegen leere aus und beginnt sofort die Arbeit von neuem. Seit 1879 arbeitet die Kastenbeinsche Maschine in der Reichsdruckerei, die größte Zahl derselben dürfte die Fersleysche Buchdruckerei in Kopenhagen beschäftigen, nämlich neun Setzmaschinen und elf Ablegeapparate.

Von einer ganz andern Seite hat Mackie die Aufgabe erfaßt, und seine Maschine bildet eins der interessantesten Werke dieser Art. Der Erfinder ist selbst Besitzer einer bedeutenden Buchdruckerei und gibt zu Warrington nicht weniger als acht verschiedene Zeitungen für die umliegenden Städte heraus. Das eigne Bedürfnis führte ihn zu seiner Erfindung. Die Maschine setzt täglich zehn Kolumnen von der Größe und Schriftsorte der „Times", deren eine einem guten Setzer schon volle Tagesarbeit gibt. Wir geben eine Abbildung (Fig. 443), müssen uns jedoch zur Erklärung derselben auf kurze Andeutungen beschränken. Die Maschine hat keine Klaviatur, keine Bänder, und wird nicht gespielt, sondern einfach mit der Kurbel gedreht, nachdem sie mit Lettern und gewissermaßen auch mit Manuskript versehen ist;

das letztere allerdings in einer Beschaffenheit, wie es nur eine Maschine brauchen kann. Es liegt ihr nämlich dasselbe Prinzip zu Grunde wie dem Jacquardwebstuhle: wie dort durchlöcherte Patronen kleine Maschinenteile in und außer Spiel setzen, so auch hier, wo man schmale Streifen starken Papiers anwendet, die auf einer kleinen Perforiermaschine nach Maßgabe des Manuskripts durchlöchert sind. Diese Vorarbeit geht sehr rasch und macht wenig Kosten. Die Setzmaschine hat drei übereinander liegende Messingkränze von etwa 1 m Durchmesser, deren mittler drehbar ist und in der Minute fünfmal umläuft. Der obere Kranz enthält die Fächer für die Typen, welche ganz gewöhnliche sind. Der kreisende Kranz ist mit Greifzangen versehen, welche rechtzeitig in die Fächer langen, die Buchstaben herausziehen und auf den drehenden Kranz niederlegen, bis sie an einer Stelle ab- und in einen Kanal hinausgeschoben werden. Aus der endlosen Reihe bildet ein Setzer Zeilen und schließt sie aus. Das Spiel der Greifer mit ihren Zugstangen wird durch die perforierten Manuskriptstreifen bestimmt. Sie gehen über eine kleine Walze, die das Papier ruckweise je um 2 mm fortschiebt. Diese Walze hat querüber 14 Vertiefungen, und es schleifen auf ihr die Enden von 14 Hebeln, die aber nur dann eindringen und somit auf die Züge der Greifer wirken können, wenn Löcher des Papiers hohl, d. h. über einer Vertiefung der Walze zu liegen kommen. Die durchbohrten Papiere können mehrmals zum Setzen benutzt und für verschiedene Schriftgrößen gebraucht werden; auch können mehrere Manuskriptstreifen gleichzeitig perforiert werden, so daß das Manuskript versandt und an verschiedenen Orten durch Hilfe verschiedener Maschinen gesetzt werden kann. Mackie hat in dieser Weise nicht allein Zeitungen, sondern auch umfangreiche Werke gesetzt. Der Ablegeapparat unterliegt noch den Vervollkommnungsversuchen des Herrn Mackie. Eine große Verbreitung haben jedoch auch Mackies Maschinen nicht gefunden und arbeiten namentlich nur in den Druckereien Mackies in Warrington und Crewe. In der jüngsten Zeit sind die Maschinen von C. G. Fischer auf Schloß Holte in Westfalen und A. v. Langen in Düsseldorf vielfach erwähnt und namentlich ihre Ablegeapparate gelobt. Auch die von Prasch in Wien und Brakelsburg ziehen die Aufmerksamkeit auf sich; für jetzt läßt sich von dem praktischen Wert aller dieser neuen Maschinen noch nichts Bestimmtes sagen.

Wir haben jetzt der Versuche gedacht, die größere oder kleinere Erfolge hatten. Zahlreiche Erfinder jedoch, die ihr „Heureka" mit lauten Trompetenstößen verkündeten, sind in aller Stille spurlos von der Bühne verschwunden. Bis jetzt ist das Problem einer wirklich praktischen Setzmaschine, d. h. einer solchen, die zu dem Handsetzen dieselbe Stellung einnimmt, wie die Schnellpresse zum Drucken auf der Handpresse, nicht gelöst, und es wird mutmaßlich auch lange dauern, ehe es gelöst wird. Als Hauptbedingungen dürften aufzustellen sein: die Beschränkung der Schriftzeichen durch Aufgabe entweder der kleinen oder der großen Buchstaben, das Wegfallen aller Arten von Auszeichnung in der Schrift; dann eine gleiche Breite aller Schriftzeichen und Zwischenräume, oder doch nur die Beibehaltung einiger wenigen streng bestimmten Abstufungen; schließlich das Recht, die Silbe mit jedem Buchstaben zu brechen. Solchen Bedingungen wird man sich aber auf dem Standpunkte, auf welchem die Typographie heute steht, weder fügen wollen noch können. Im übrigen hat die Setzmaschine, was die schnelle Förderung der Arbeit betrifft, bei weitem nicht die Bedeutung für das Geschäft wie die Schnellpresse, denn man kann die Schnelligkeit der Lieferung durch zweckmäßige Verteilung der Arbeit in den meisten Fällen nicht allein erreichen, sondern sogar mit der Handarbeit Sieger bleiben. Die Frage der Setzmaschine ist deshalb mehr eine Frage der Billigkeit als der Schnelligkeit, weshalb sie auch weit öfters auf die Tagesordnung gesetzt wird, wenn die erhöhten Forderungen der Setzer den typographischen Horizont verdüstern, als wenn die Masse der Arbeit wächst und das Geschäft blüht.

Die Druckpresse. Betrachten wir nun den andern Hauptfaktor des Buchdruckers, die Presse. Gutenberg soll — nach Aussage der Zeitgenossen — den Weinkelter als erstes Muster für seine Presse genommen haben, verbesserte sie aber wesentlich, namentlich durch den Zug des Bengels. Die von ihm erfundene Presse ward in der Hauptsache bis gegen Ende des 18. Jahrhunderts beibehalten. Erst in der Periode des allgemeinen Aufschwungs griff die reformierende Hand hier ein. Ältere Zeitgenossen kennen sie noch aus eigner Anschauung, und es wird ihnen kaum jetzt mehr begreiflich sein, wie es möglich gewesen ist, daß mit solchen mehr als einfachen Apparaten, bei welchen dem Zimmermann die Hauptarbeit gehörte, so viele noch heute bewunderte Prachtwerke entstehen konnten.

Von einem holländischen Buchdrucker Blaeu, der zugleich ein bekannter Mathematiker und Astronom war, wird berichtet, daß er sich um 1620 daran machte, den vielen Mängeln der alten Presse abzuhelfen. Er that dies mit gutem Erfolg und beschäftigte in seiner Buchdruckerei neun solche verbesserte Pressen, die er nach den neun Musen getauft hatte. Um die Mitte des 16. Jahrhunderts hatte bereits Danner in Nürnberg die messingene Schraubenspindel statt der hölzernen eingeführt. Auch das Fundament (die Grundplatte), früher von Holz oder Stein, und der bewegliche Tiegel (die Oberplatte) wurden später aus Eisen gegossen, und man glaubte damit schon viel gethan zu haben. Die Tiegel waren aber klein und der Druck konnte nicht auf einmal über die ganze Fläche einer Druckform gegeben werden, sondern letztere wurde erst nur zur Hälfte unter den Tiegel eingefahren und der Bengel angezogen. Nach einem weiteren Einfahren der andern Hälfte der Form folgte ein zweiter Zug des Bengels, und nun war erst die Form fertig gedruckt. Fr. Wilhelm Haas in Basel änderte gegen den Schluß des 18. Jahrhunderts ganz wesentlich die Presse. Fast alle Teile machte er aus Eisen und druckte die Form mit einem Zuge. Auch Didot in Paris konstruierte eine solche verbesserte Presse.

Das eiserne Zeitalter für die Presse, d. h. ihre Herstellung ganz aus Eisen mit verbessertem Zugmechanismus, begann zu Anfang des 19. Jahrhunderts mit der allgemeinen Einführung der Presse des Lord Stanhope, und von da an verschwanden allmählich die schwerfälligen, Raum und Licht übermäßig wegnehmenden und trotz ihres robusten Aussehens so häufig kränkelnden Holzmaschinen vor den viel praktischeren und gefälligeren eisernen Konkurrentinnen, welche vermöge ihres besseren Mechanismus und der Festigkeit ihres Baues einen viel schärferen und reineren Druck, und zwar bei weniger Kraftanwendung, im größten Bogenformat mit einem Zuge zulassen.

Fig. 444. Verbesserte Stanhopepresse.

Mit und nach Stanhope traten noch sehr viele Verbesserer der Handpresse auf. Amerika lieferte die Ruthwen- und die seiner Zeit außerordentlich beliebte Kolumbiapresse; englischen Ursprungs sind die von Cowper, Hopkinson, Cogger und Hagar. In Deutschland gewannen namentlich die Pressen von Dingler, Koch, Hofmann u. a. Verbreitung. Hauptsächlich ist es immer der Mechanismus zum Niedertreiben des Tiegels, also zur Ausübung des Drucks, an welchem die Konstrukteure ihr Genie versuchten. Stanhopes Presse zeigt noch die althistorische Druckschraube, aber der Zughebel (Preßbengel) ist nicht wie sonst an ihrer, sondern an einer besondern Spindel angesetzt, und beide Spindeln sind oberhalb durch einen sehr zweckmäßigen Hebelzug verbunden. Die Leistungen dieser Presse sind gut und sie ist fast unverwüstlich. Die späteren Konstrukteure verließen die Schraube ganz und griffen zu andern Mechanismen. Meist ist es ein Kniehebel verschiedener Konstruktion, durch dessen Geradestellung der Druck auf den Tiegel bewirkt wird. Eine der einfachsten und beliebtesten Konstruktionen ist die in Fig. 445 abgebildete, welche, ohne ein eigentliches Knie zu haben, doch auf dem Grundsatze der Kniepresse, Geradestellung von schiefliegenden Streben, beruht. Die beiden gekreuzten Streben in der Mitte spielen nämlich oben wie unten mit runden Köpfen in entsprechenden Pfannen; die unteren beiden Pfannen liegen in einer drehbaren Platte, welche dem Zuge des Preßbengels folgt. Wird also dieser letztere angezogen, so gehen dadurch die beiden Streben (Kegel) in die senkrechte Stellung über und wachsen somit gleichsam in ihrer Länge, was natürlich ein Herabdrücken des Tiegels zur Folge haben muß. Starke Federn werden, wie unsre Abbildung zeigt, beim Herabgehen des Tiegels gestreckt und heben ihn durch Wiederzusammenziehen, wenn der Druck aufgehört hat. — Weiter wollen wir uns indes nicht in mechanische Details vertiefen, sondern nur noch auf einiges allen Pressen Gemeinsame aufmerksam machen.

Bei fast jeder Art von Presse muß die Druckform abwechselnd an einen Ort versetzt werden, wo die Farbegebung, und an einen andern, wo der Druck erfolgt. Sie ruht deshalb auf einem sogenannten Karren, der auf glatten Schienen oder kleinen Rollen mittels einer Kurbelbewegung aus= und eingefahren wird. Das Auftragen der Druckfarbe geschah früher mit ein paar gepolsterten Lederballen, gegenwärtig mit einer Walze, die einen aus Leim und Sirup oder Glycerin bestehenden elastischen Überzug hat. Die Masse der beiden durch Schmelzen miteinander verbundenen Substanzen wird heißflüssig um den hölzernen Kern der Walze in einer Hülle von Blech oder Gußeisen angegossen. Die Walze bildet gegen das alte Farbegebungsverfahren einen ungeheuren Fortschritt und wurde auch sofort überall mit lebhaftem Interesse aufgenommen. An der rechten Seite des Karrens ist in Scharnieren der Deckel zur Aufnahme des Papierbogens. Ist dieser Deckel aufgeschlagen und in schräger Stellung angelehnt, so muß zunächst das Rähmchen, ein leichter Rahmen mit starkem Papier überzogen, in welchem diejenigen Stellen, welche bedruckt werden sollen, ausgeschnitten sind und der an der rechten Seite des Deckels angebracht ist, über den zu bedruckenden, auf den Deckel aufgelegten Bogen zugeklappt werden, was der eine Drucker besorgt, während sein Gespan mit dem Auftragen der Farbe beschäftigt war. Der erste Drucker fährt den Karren, indem er mit der linken Hand die Kurbel dreht, unter den Tiegel, zieht mit der rechten Hand den Bengel an und der Druck ist vollzogen. Gewichte oder Federn bewirken das Heben des Tiegels.

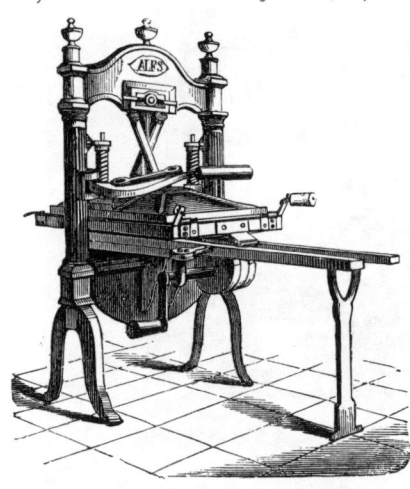

Fig. 445. Eiserne Hagar=Handpresse.

Wenn die Zahl der Abdrücke, die ein Mann täglich zu liefern vermag, auch an und für sich eine bedeutende ist, so hätte das Druckwesen nimmermehr zu der Stufe der Entwickelung gelangen können, auf der wir es heute sehen, wenn man auf die Handpresse beschränkt geblieben wäre. Wie hätten z. B. die vielen tausend Bogen fertig werden sollen, die jetzt in der Druckerei einer großen Zeitung zwischen Abend und Morgen beschafft werden müssen? Hier half die Mechanik wieder aus, und es erschien als Helferin die Schnellpresse und mit ihr begann für die Druckkunst ein neues Zeitalter.

Der Erfinder der Schnellpresse ist Friedrich König aus Eisleben, geboren am 17. April 1774. Im Jahre 1790 kam er als Lehrling in die Buchdruckerei von J. G. J. Breitkopf in Leipzig. Welche Stellung er in der ersten Zeit nach Beendigung seiner Lehrjahre im Jahre 1794 einnahm, wissen wir nicht genau, nur daß er sich eifrig mit Mathematik und Mechanik beschäftigte und daß er seine Idee, die er schon in den Lehrjahren gefaßt hatte, im Jahre 1802 zur Reife brachte. Jedoch ohne Aussicht, sie in Deutschland oder Österreich realisieren zu können, nahm er 1806 einen sehr vorteilhaft scheinenden Ruf nach Rußland an, verließ jedoch schon gegen Ende desselben Jahres enttäuscht St. Petersburg, um nach England zu gehen. Hier fand er in dem Buchdrucker Thomas Bensley einen unternehmenden, leider aber auch eigennützigen Teilnehmer für die Ausführung und Ausbeutung seines Planes, zu dem sich später G. Woodfall und Rich. Taylor gesellten. Im Jahre 1810 nahm König das erste Patent auf eine Tiegeldruckschnellpresse, 1811 auf eine Cylindermaschine. Die erste Schnellpresse wurde in Bensleys Offizin im Jahre 1811 in Gang gesetzt; aber erst der 29. November 1814, an welchem Tage die „Times" ihren Lesern ankündigte, daß das vorliegende Blatt nicht durch Menschenhände gedruckt, sondern daß es das Produkt einer mit Dampf getriebenen Maschine sei, kann als der Geburtstag der vollendeten Erfindung betrachtet werden. Einen treuen Freund und Mitarbeiter für das Leben fand König in dem technisch ausgebildeten Andr. Friedrich Bauer aus Stuttgart. Fortgesetzte Verdrießlichkeiten, besonders mit Bensley, verleideten König den Aufenthalt in England und veranlaßten ihn, 1817 nach Deutschland zurückzukehren, um den Grund zu dem später so berühmten Etablissement in Kloster Oberzell zu legen. Bauer folgte erst später nach. Die Spenersche und die von Deckersche Offizin in Berlin waren die ersten Buchdruckereien in Deutschland, welche mit Schnellpressen (1822) versehen wurden. Friedrich König starb am 17. Januar 1833, Bauer wirkte noch bis zum 27. Februar 1860, und das Etablissement blüht unter Leitung der Söhne Königs fort, dem man ein Denkmal in seiner Vaterstadt Eisleben zu errichten beabsichtigt.

Hat nun auch die Druckmaschine oder Schnellpresse dem Ansehen nach mit der Handpresse nicht die entfernteste Ähnlichkeit, so geschieht doch das Drucken mit der ersteren im wesentlichen nicht anders als mit der letzteren. Der Karren mit der Schriftform ist wieder da und wird mechanisch unausgesetzt hin und her geführt. Die elastischen Farbewalzen sind auch da, und zwar in Verbindung mit einem sinnreichen System metallener Walzen mit rotierender und schiebender Bewegung, welche zur guten Verteilung der Farbe zusammenwirken. Die oberste stählerne dreht sich am Farbebehälter selbst; an sie tritt in periodischer Hebung eine Massenwalze heran, nimmt die nötige Farbe und fällt alsbald mit der abgenommenen Farbe auf die unter ihr liegende Walze zurück. Über eine folgende stärkere Walze gelangt die Farbe auf eine nackte metallene Walze und von ihr an die beiden Auftragwalzen. Die rotierende Bewegung derselben wird durch das Auflegen und die Reibung mit der hin und her gehenden Schriftform bewirkt.

Im Gegensatz zu diesen Maschinen mit cylindrischem Farbewerk gibt es andre, wo die Verreibung der Farbe auf einem unter den Farbenwalzen hin und her

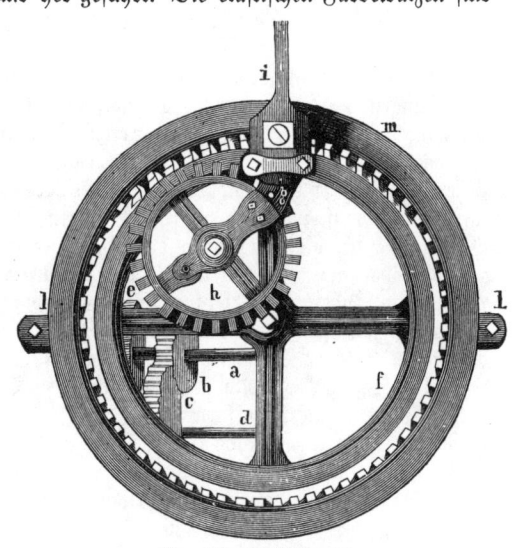

Fig. 446. Kreisbewegung.

gehenden Farbetische geschieht, auf welchem die Walzen locker aufliegen. Während die Tischfärbung im Auslande beliebter ist, bedient man sich in Deutschland vorzugsweise der Cylinderfärbung. Maschinen mit der ersteren sind billiger und gehen leichter als die Maschinen mit Cylinderfarbewerk, nehmen durch ihren langen Gang jedoch mehr Raum ein als die Maschinen mit letzterem. An Maschinen für besonders feine Arbeiten gibt es auch eine Kombination beider Färbungssysteme.

Zur Hin- und Herführung des Karrens sind verschiedene Mechanismen in Anwendung; bei der sogenannten Eisenbahnbewegung ruht der Karren auf kleinen Rollen und wird durch einen Zughebel bewegt; bei der Kreisbewegung gleitet der Karren in Schienen und hat einen eigentümlichen Führungsmechanismus, den wir näher erwähnen müssen. In der Hauptsache wirkt dieser sinnreiche Mechanismus dadurch, daß ein liegendes Zahnrad in einem doppelt so großen Kranze herumgeführt wird, der nach innen auch gezahnt ist, so daß beide Zahnsysteme beständig ineinander eingreifen.

Der Mechanismus, der von Lahire schon vor 1700 erfunden worden, wird wissenschaftlich der Hypocykel-Lenker genannt. Unter der Bedingung, daß das innere Zahnrad genau den halben Durchmesser des äußeren festen Kreises hat, wird die Hypocykloide, d. h. der Weg, den jeder Punkt im rollenden Kreise beschreibt, zur geraden, durch den

Mittelpunkt des großen Kreises gehenden Linie. Somit hat man die beabsichtigte Hin- und Herbewegung der treibenden Stange, die übrigens ganz wie der Kurbelgang ihre todten Punkte und ihre veränderliche Geschwindigkeit hat. Wir geben zur bessern Verdeutlichung in Fig. 446 die Ansicht dieser Kreisbewegung allein und in größerem Maßstabe. Die Hauptwelle, welche alles Bewegliche an der Maschine in Gang setzt, ist mit a bezeichnet. Sie hat demnach äußerlich eine Scheibe für den Treibriemen. Die Getriebe b c gehen die Kreisbewegung nicht an, sondern dienen zur Drehung des Schaftes d, der die rückenden Bewegungen am Farbwerk, das Anhalten des Druckcylinders, das Auf- und Niedergehen der Punkturen zu besorgen hat. Das Getriebe e ist dasjenige, welches das Rad f umtreibt, das seinerseits wieder dem kleinen Rade h zum Sitze dient. Letzteres hat seinen Anhängezapfen bei g, gleich neben dem der Stange i; m ist der festliegende Kreis, in dessen Verzahnung h mit der seinigen eingreift. Die Bewegung dieses Systems ist eine zierliche, auch ist der Gang einer solchen Maschine sehr sicher und fast geräuschlos, deshalb ist sie, trotz des teureren Preises und obwohl sie schwerer zu bewegen als die Maschine mit Eisenbahnbewegung, sehr beliebt. Die Maschine mit Eisenbahn ist dagegen dem Zittern und deshalb dem Fehler, welchen der Drucker das Schmitzen nennt, mehr ausgesetzt. Statt des Tiegels an der Handpresse dient an der Maschine ein hohler eiserner Cylinder (die hinterste und größte Walze in den Abbildungen). Er ist mit Filz, Leinwand oder Papier überzogen und kann durch Schrauben dem Schriftsatze mehr oder weniger genähert werden. An jedem Ende trägt der Cylinder ein Zahnrad und faßt damit in die am Karren befestigten Zahnstangen, wird also durch die Bewegung des letzteren ebenfalls gedreht. Doch findet die Drehung nur statt, während der Karren rückwärts geht und der Druck erfolgt; beim Vorwärtsgehen bringt eine exzentrische Vorrichtung den Cylinder zum Stillstand. Um zu verstehen, daß der Cylinder die Druckform bei deren zweitem Durchgang ohne Berührung durchlassen kann, muß man sich vergegenwärtigen, daß ein Teil des Cylinders, an welchem die Vorrichtung für die Befestigung des Überzuges angebracht ist, offen, also für die Praxis so gut wie abgeflacht ist. Dieser Teil befindet sich gerade über der Schriftform, wenn der Cylinder in Ruhestand versetzt ist, und läßt somit diese auf ihrem zweiten Wege unberührt. Die vielen sonstigen Einzelheiten an der Schnellpresse lassen sich nicht wohl durch Beschreibung ohne größere Detailzeichnungen verdeutlichen.

Die Thätigkeit, welche der Mensch beim Betrieb der Maschine übt, ist eine sehr einfache. Während die Druckform unter den Farbwalzen hin und zurück geht, nimmt der auf einem hohen Tritte stehende Einleger einen Bogen von dem vor ihm nach rechts ruhenden Papierhaufen und legt ihn während dem Stillstand des Cylinders dicht an diesen auf eine schiefe Fläche an, so daß die Greifer, welche in diesem Augenblicke offen stehen, ihn erfassen können. In dem Augenblicke, wo die Drehung des Cylinders beginnt, klappen die fingerartigen Greifer zu und ziehen den Bogen mit fort, der sonach, glatt auf dem Cylinder sich anschmiegend, zwischen diesen und den Schriftsatz gelangt und also bedruckt wird. In weiterem Fortgange wird der Bogen durch Laufbänder hinten nach dem Auslegetisch geführt, von dem Bogenfänger (Ausleger) abgenommen, umgewendet und auf den Tisch ausgelegt. Jetzt werden fast alle Schnellpressen mit automatischem Ausleger geliefert, bei feineren Arbeiten wird man jedoch oft das wachsame Auge des Bogenfängers vermissen, das jeden Bogen rasch überfliegt. Bei bedeutender Bogengröße steht ein zweiter Einleger an der andern Seite der Maschine und das Einlegen geschieht von beiden Seiten. Die Schnelligkeit des Ganges muß sich nach dem Tempo richten, in welchem es den Einlegern möglich ist, die Bogen sicher und akkurat nach Maßgabe der vorhandenen Marken und Punkturstifte an ihren Ort zu bringen. Die Versuche, den Einleger durch einen Mechanismus zu ersetzen, haben bis jetzt keine besonders günstigen Resultate geliefert, wenn die Möglichkeit auch erwiesen wurde. Eine einfache Schnellpresse kann in der Stunde 1000—1500 Abdrücke liefern, eine Leistung, wozu zwei Arbeiter an der Handpresse fast den ganzen Tag brauchen. Will man dabei aber recht sauber und schön drucken, so muß man die Maschine in langsamerem Tempo gehen lassen, was namentlich beim Druck reich illustrirter Werke geboten ist. Aber die Mechanik hat Mittel geschaffen, um eine viel größere Menge von Drucken in gegebener Zeit zu erzielen. Schon die einfache größere Schnellpresse kann das Doppelte liefern von dem, was eine solche kleineren Formats beschafft, wenn sie breit genug gebaut ist, um beide Formen eines Bogens nebeneinander aufzunehmen und gleichzeitig zu drucken. Hier haben wir zugleich eins der vielen Beispiele, wie Erfindungen einander bedingen und ergänzen. Wäre die Papiermaschine nicht erfunden, so könnten wir die Vorteile solcher

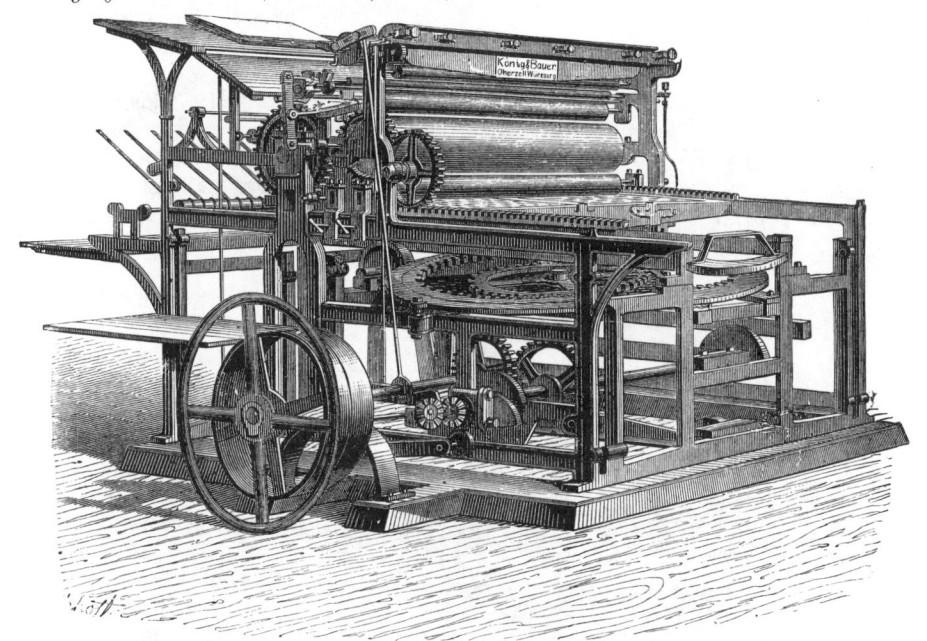

Fig. 447. Einfache Cylindermaschine mit Kreisbewegung. System König & Bauer.

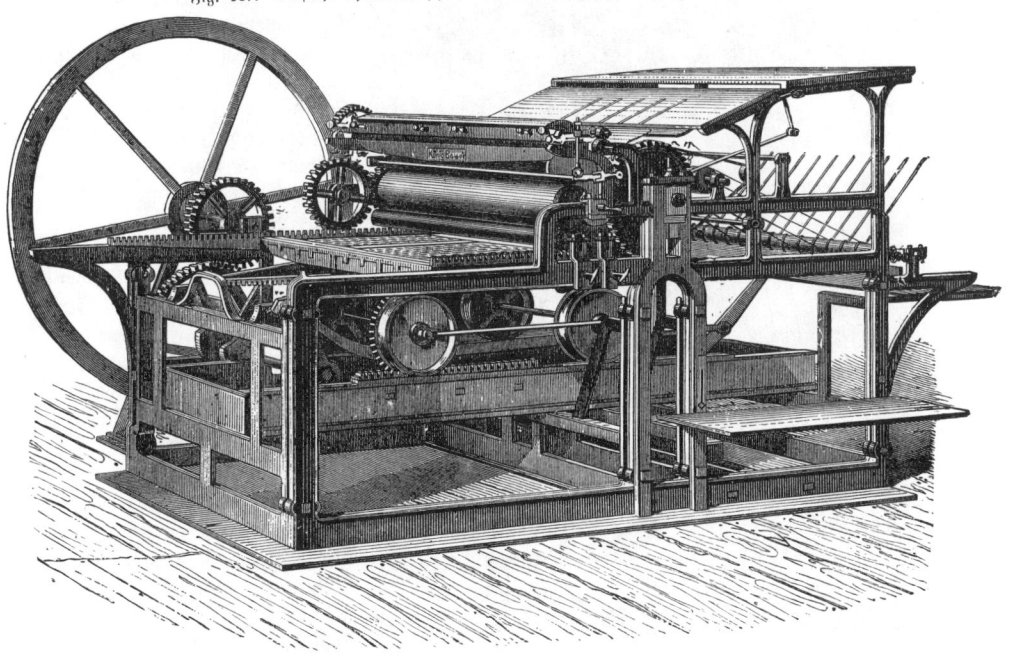

Fig. 448. Druckmaschine mit Eisenbahnbewegung.

Druckmaschinen nur halb ausnutzen; denn so breite Bogen, wie sie jetzt gebraucht werden, können mit der Hand nicht geschöpft werden. Erst durch die Papiermaschine sind größere Formate ermöglicht worden, und diese Erfindung hat den Drucker in den Stand gesetzt, mit Formatgrößen zu schalten, wie es früher nicht möglich war. Von Rotationsmaschinen konnte ohne endloses Maschinenpapier überhaupt gar keine Rede sein.

Auf einer Doppelmaschine wird fast das Zweifache von dem geliefert, was eine einfache Schnellpresse druckt, also 2000 bis 3000 Bogen auf einer Seite in der Stunde. Eine solche hat zwei Druckcylinder, zwischen welchen das Farbewerk liegt. Das Fundament, auf welchem die Form ruht, hat einen so langen Gang, daß beide Cylinder unterfahren werden.

Jeder Cylinder verlangt selbstverständlich einen Bogenanleger. Nun kann aber auch der Rückgang des Fundaments zum Drucken benutzt und die Leistung der Doppelmaschine hierdurch noch verdoppelt werden. Maschinen, die hierzu eingerichtet sind, heißen vierfache.

Schön- und Widerdruck- oder Komplettmaschinen sind solche, die das Papier zu gleicher Zeit auf beiden Seiten bedrucken. Es liegen hier die, einen Bogen bildenden zwei Formen auf dem Fundamente und die Maschine hat zwei Druckcylinder und zwei Farbewerke. Sowie das Papier auf dem ersten Cylinder einseitig bedruckt ist, geht es auf den zweiten über, indem es, über Rollen und laufende Bänder geführt, diesen erst von oben nach unten umkreist, damit die zweite noch unbedruckte Seite der zweiten Druckform zugewendet wird. Diese Maschinen sind jedoch nicht viel im Gebrauch, da der noch frische Schöndruck beim Widerdruck durch die Quetschung das gute Ansehen leicht verliert. Um dies zu verhindern, müssen jedesmal weiße, sogenannte Schmutzbogen mit durchgelassen werden, was dann natürlich die Arbeit und die Kosten vermehrt.

Fig. 449. Doppelschnellpresse mit Kreisbewegung und Selbstauslegern. System König & Bauer.

Erwähnt sei hier, daß es noch Tiegeldruckmaschinen gibt, bei welchen nicht ein Cylinder, sondern wie bei der Handpresse eine Platte den Druck ausübt. Hiermit ist man auf das allererste System der Schnellpresse zurückgegangen, das in Amerika und England sich immer neben dem der Cylinderpresse erhalten hat. Solche Maschinen nach der verbesserten Bauart von König & Bauer werden namentlich zum Druck von Wertpapieren verwendet.

Fig. 450. Hoes Maschine mit einem Typen- und zehn Druckcylindern (Type revolving machine).

Sie arbeiten langsamer und schwerer, sind kostspieliger und nehmen einen größeren Raum ein als die Cylindermaschinen, können deshalb nur zu solchen Arbeiten verwendet werden, wo die äußerste Akkuratesse notwendig ist und Billigkeit der Arbeit nicht den Ausschlag gibt.

Fig. 451. Marinonis Zeitungs-Geschwinddruckpresse für sechs Anleger.

In England und Nordamerika genügten bei dem großartigen Absatz der Zeitungen die verbesserten Maschinen immer noch nicht, man mußte noch ausgiebigere ersinnen. Wo massenhafte Leistungen gefordert wurden, brachte man das System in Anwendung, den Schriftsatz auf einen großen Cylinder anzubringen.

Anfänglich benutzte man Maschinen mit aufrecht stehenden Schriftcylindern, die von kleineren Cylindern umstellt waren; in dieser Kreisstellung findet sich immer ein Farbeapparat neben einem Druckcylinder. Zu jedem der letzteren gehört ein Anlegetisch und eine Bandleitung, welche den Bogen der Maschine zuführt und denselben durch Bänder die Wendung aus der bei der Anlage wagerechten in die senkrechte Lage des Cylinders bringt. Eine solche Maschine mit acht Druckcylindern, von Applegath & Cowper in London gebaut, hat durch 20 Jahre am Druck der „Times" mitgewirkt und 9000 Bogen stündlich auf einer Seite gedruckt.

Die amerikanischen Riesenschnellpressen von Hoe & Comp. (Fig. 450) beruhten auf demselben Cylinderprinzip, nur daß die Cylinder statt der aufrechten Stellung eine wagerechte Lage hatten. Der Typencylinder war 1½ m im Durchmesser; der auf ihm befestigte Schriftsatz nahm etwa ein Viertel des Umfangs ein; der übrige Teil des Mantels, der tiefer lag als die Oberfläche des Schriftsatzes, diente als Farbetisch zur Verreibung der Farbe. Bei jedem Umgange gab das Farbewerk neue Farbe an den Cylinder ab und dieser führt sie den einzelnen Farbewalzen zu. Die letzteren machten für jeden Abdruck einen zweimaligen Lagewechsel, d. h. sie rückten erst ein wenig einwärts nach dem Teil des großen Cylinders zu, der als Farbetisch diente und liefen einen Moment mit diesem, gingen jedoch dann wieder zurück und über den Schriftsatz weg.

Auf dem Bilde sehen wir zehn Einleger beschäftigt, die Bogen den zehn Druckcylindern zuzuführen. Das Ablegen der bedruckten Bogen wurde durch rechenförmige Selbstausleger besorgt, die auf der Abbildung ebenfalls zu sehen sind. Nachdem man jedoch durch die Papierstereotypie (s. d.) im stande ist, mit Schnelligkeit die größten gebogenen Platten zu liefern, hat man das Prinzip, Satz auf Cylinder zu bringen, ganz aufgegeben, da, abgesehen von der Schwierigkeit, die Gefahr des Auseinanderfallens der Form verblieb.

Eine andre in diese Klasse gehörige Schnelldruckmaschine war die von Marinoni in Paris für Zeitungsdruck, beide Seiten zugleich bedruckend, welche bei großer Leistungsfähigkeit sich auch noch durch Wohlfeilheit empfahl; sie vermochte die 300000 Exemplare starke Auflage des „Petit Journal" in zwei Stunden auszudrucken. Um dies zu bewerkstelligen, wurden vom Schriftsatz vierfache Stereotypplatten abgenommen und auf die Druckcylinder gelegt, die Papierbogen aber so groß genommen, daß sie, in vier Teile zerlegt, vier Exemplare gaben. Auf jeden Umgang fallen also vier solche Riesenbogen oder 16 Nummern (s. Fig. 451).

Alle diese Riesenmaschinen sind jedoch durch die sogenannten „Endlosen", d. h. Rotationsmaschinen, für den Druck auf endlosem Papier mittels Stereotypen auf Cylindern, in den Hintergrund getreten. Neu ist dieser Gedanke nicht; schon der Erfinder der Schnellpresse hat ihn ausgesprochen, ihn jedoch als für damalige Verhältnisse unnötig verworfen. Alois Auer, der geniale Leiter der k. k. Staatsdruckerei in Wien, brachte denselben Gedanken, wenn auch in ungenügender Weise, zur Ausführung, und eine Anzahl von Schnellpressen wurde in der Staatsdruckerei für den Druck auf endlosem Papier eingerichtet. Aber es zeigten sich so viele Übelstände, daß die Sache bald in Vergessenheit geriet. Erstens mußte das Papier besonders gefeuchtet werden, wobei damals das feste Wickeln desselben im gefeuchteten Zustande große Schwierigkeiten bot. Dann verwendete man zum Druck nur die einfachen Schnellpressen mit einem Druckcylinder und einer auf dem flachen Fundament ruhenden Schriftform. Aus diesem Grunde mußte der Papierbogen noch vor dem Übergang desselben auf den Druckcylinder von der Rolle abgetrennt werden und kam als ein gewöhnlicher, auf der einen Seite gedruckter Bogen zum Vorschein, der dann schließlich in üblicher Weise auf eine andre Schnellpresse angelegt und auf der andern Seite gedruckt werden mußte. Das Ganze war also, wie man sagt, eine Glocke ohne Klöppel, und von der Auerschen Erfindung ist weiter nichts übrig geblieben als einige kleine Modelle in der Ausstellungsgalerie der k. k. Staatsdruckerei in Wien.

Erst dem Amerikaner Bullock gelang es, dem Gedanken wirkliches Leben einzuhauchen, und seine Maschinen genießen in seinem Vaterlande Ansehen, haben sich aber nicht recht in Europa einbürgern können. Die mechanische Werkstätte der „Times"-Druckerei in London war die erste, welche eine Maschine für endloses Papier in Europa herstellte; der Ingenieur der Anstalt Mac Donald konstruierte sie; genannt wurde sie nach dem Besitzer der „Times" die „Walterpresse"

Die Schnellpresse.

Fig. 452. Waltermaschine in der Offizin der (alten) „Presse" in Wien.

Bei dem wichtigen Platze, welchen diese Zukunftsmaschinen einzunehmen bestimmt sind, dürfte es wohl angemessen sein, ihre Konstruktion unter Zuhilfenahme der folgenden Längendurchschnittszeichnung der „Walterpresse" (s. Fig. 453) etwas eingehender zu betrachten. Das Grundprinzip aller dieser Pressen ist, daß die Stereotypen als Abschnitte auf zwei große Cylinder angebracht werden, und daß das endlose Papier von der Maschine gefeuchtet, geschnitten und dann die Bogen automatisch auf Haufen gelegt werden. Das Papier wird von der Fabrik fest auf Rollen gewickelt geliefert, und zwar in Längen bis zu einer deutschen Meile. (Kühler & Niethammer in Kriebstein bei Waldheim [Sachsen] haben sogar eine einzige Rolle von 14 802 m, also ca. zwei deutsche Meilen lang, fertig gebracht.) Die Rolle A mit dem straff aufgewickelten Papier ruht in zwei Lagern. Die Abwickelung des Papiers geschieht, nachdem die Walzen der Maschine einmal ein Ende des Papiers gefaßt haben, durch das Kreisen derselben. C ist ein Wasserbehälter, in welchem ein Cylinder (D) sich dreht, der durch Reiben an dem zweiten Cylinder (B) diesen feucht erhält. Über diesen Cylinder B läuft das sich abwickelnde Papier und wird dadurch naß gemacht. Bei dem Durchgang des feuchten Papiers zwischen den Cylindern E E wird durch den ausgeübten Druck die Feuchtigkeit gleichmäßig verbreitet. Der ganz unten ersichtliche Cylinder F dreht sich in dem Farbekasten G. H ist ein Farbemesser, welches die überflüssige Farbe von dem Cylinder G abschabt und nur so viel zurückläßt als nötig ist, um mittels eines Systems von Farbewalzen die Schriftplatten auf dem Satzcylinder I zu schwärzen. Ganz dasselbe Farbewerk und Walzensystem wiederholen sich am oberen Teil der Presse, wo sich der zweite Schriftcylinder I befindet. Zwischen den beiden Schriftcylindern liegen die großen Druckcylinder.

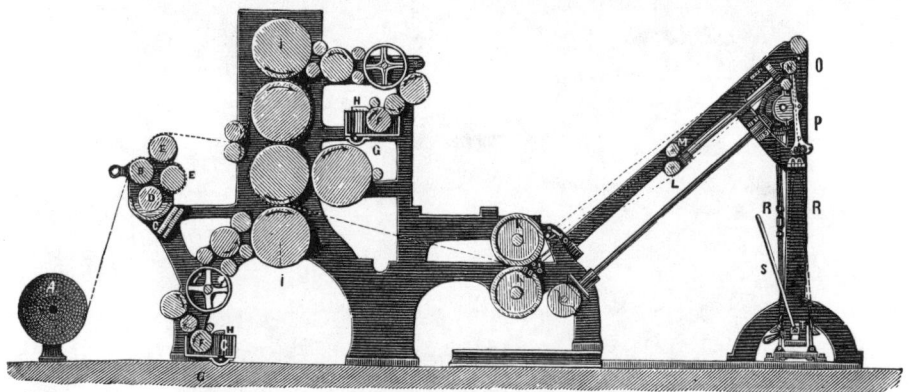

Fig. 453. Längendurchschnitt der „Waltermaschine".

Das durchlaufende Papier wird, wie es aus dem Feuchtapparat herauskommt, so, wie es die punktierte Linie andeutet, erst über den oberen Druckcylinder geführt und empfängt den ersten Druck von dem oberen Schriftcylinder, geht dann in einer S förmigen Windung um den zweiten Druckcylinder, um den Widerdruck von dem zweiten Satzcylinder zu empfangen, worauf es weiter zu den Schneide= oder richtiger Perforiercylindern K K geleitet wird. Der eine dieser Cylinder hat einen Spalt über seine ganze Länge, in welchen ein über die Länge des andern Cylinders angebrachtes sägeartig gezahntes Messer eindringt, wodurch das Papier in dem Augenblick, wenn die Stelle, an welcher der Bogen abgetrennt werden soll, das Messer passiert, in der Art perforiert wird, wie es auf den Briefmarkenbogen ersichtlich ist. Noch hängt also der Bogen mit der Papierrolle zusammen; erst durch einen Ruck der Walzen M und L wird er vollständig abgetrennt. Der nunmehr fertige Bogen geht über die Rolle N auf einen senkrechten Rahmen O P, welcher in schwingender Bewegung erst einen Bogen einer äußern Lage von Bändern, dann den andern Bogen einer ähnlichen innern Lage (beide R bezeichnet) übergibt, von welchen der schwingende Ausleger S mit seinem nach oben gekehrten Rechen den einen Bogen nach vorn, den andern nach hinten auslegt. Ein selbstthätig arbeitendes Pumpwerk versorgt die beiden Farbewerke fortwährend mit dem genügenden Farbevorrat.

Fig. 464. Rotationspresse für Illustrationsdruck (Hallberger), ausgeführt von der Maschinenfabrik „Augsburg".

Das Ganze imponiert eben so sehr durch die Einfachheit und Gediegenheit des Baues als durch die fabelhafte Schnelligkeit im Arbeiten. Ist erst das Papier von dem Cylinder gefaßt, so geht, wenn nicht einmal das Papier reißt, der Druck stundenlang ununterbrochen seinen Gang fort, bis kein Papier mehr auf der Rolle ist. Das Einhängen einer neuen Rolle ist eine Sache von wenigen Augenblicken. Menschenhilfe wird nur in Anspruch genommen, um die sich anhäufenden fertig ausgelegten Bogen zu entfernen, damit sie gefalzt werden, vorausgesetzt, daß diese Verrichtung nicht ebenfalls von der Maschine besorgt wird; denn man kann Falzmaschinen direkt mit den „Endlosen" in Verbindung setzen, so daß die Bogen gleich gefalzt aus der Maschine kommen. Doch ist dies, wo große Schnelligkeit erzielt werden soll, nicht praktisch, denn der Falzapparat kann höchstens mit der Schnelligkeit von 6—7000 Exemplaren in der Stunde arbeiten und die größere Kompliziertheit der Maschine macht auch öfteren Aufenthalt unvermeidlich. Will man jedoch die Falzmaschine benutzen, so thut man am besten, sie unabhängig von der Schnellpresse arbeiten zu lassen; man kann dann durch Aufstellung mehrerer solcher Falzmaschinen Schritt mit den schnellsten Druckmaschinen halten. Bedenkt man, daß eine „Walterpresse", wie sie in Wien 1873 arbeitete, 12 000 auf beiden Seiten gedruckte Bogen von je $1^1/_5$ qm Größe stündlich liefert, so beträgt dies 14 400 qm Druck, oder bei einer Länge des Bogens von 96 cm 15 km Papierlänge mit 30 km Gedrucktem. Die Herstellung einer Stereotypplatte, deren 16 auf einmal zum Druck gelangen, erfordert eine Zeit von etwa 20 Minuten; sie kann in wenig Augenblicken auf den Cylinder gebracht werden.

Zuerst auf dem Kontinente wurden zwei solche Maschinen in der Offizin der (alten) „Presse" in Wien in Gang gesetzt, zunächst um den „Weltausstellungs-Katalog" darauf zu drucken; der Leiter der Offizin der „Neuen freien Presse" in Wien, Reißer, baute eine Marinonische Schnellpresse in eine Endlose um, die, zum größten Staunen des Publikums, im Prater 1873 die Weltausstellungs-Zeitung druckte. Neben der Waltermaschine entstanden in England noch ähnliche, von welchen die „Viktorypresse" wohl die verbreitetste sein dürfte; die „Prestonianpresse" ist für Stereotypie und zugleich für Schriftformen eingerichtet. In neuester Zeit baut Hoe Maschinen nach dem Bullockschen Prinzip, die an Leistungsfähigkeit alles bis jetzt Dagewesene übertreffen. In Frankreich führte Jules Derriey 1866 die „Endlose" ein, sie konnte jedoch dort erst, als der Zeitungsstempel abgeschafft war, zur Verwendung kommen. Der geniale Hippolyte Marinoni nahm erst später den Bau auf. Bei seinen Maschinen liegen alle Cylinder und die Farbewerke in senkrechter Linie und der gedruckte Bogen wird erst von unten nach oben geführt, um dann auf den Anlegetisch zu gelangen (vergl. Fig. 455). Pierre Alauzet versuchte seine tüchtigen Kräfte an einer Illustrations-Rotationsmaschine, ohne gleich an recht genügende Resultate zu gelangen. In Deutschland schließlich nahm die Maschinenfabrik „Augsburg" diese Fabrikation zuerst in die Hand und stellte den deutschen Bedürfnissen angemessen „Endlose" für ein kleineres Format her, die stündlich 12 000 Exemplare auf zwei Seiten gedruckt lieferten. Das erste Exemplar druckte in Oberhausen das Piererische Lexikon. Später folgten König & Bauer nach und lieferten unter andern die Maschinen zum Druck der Kölnischen Zeitung, deren Cylinder alle wagerecht hintereinander liegen. Hummel in Berlin stellt nach dem Patent Horn eine doppeltwirkende Rotationsmaschine her, die noch die Probe zu bestehen hat.

Das Bedenken, die Rotationsmaschine zum Werkdruck zu verwenden, war beseitigt, es galt noch, sie für den Illustrationsdruck genügend herzustellen. Auch dieses Problem ist glücklich gelöst, und zwar, nachdem die Versuche in England und Frankreich nicht befriedigend ausgefallen waren, durch die Maschinenfabrik „Augsburg", welche die Illustrations-Rotationsmaschine für den Druck der illustrirten Blätter von Ed. Hallberger (jetzt deutsche Verlagsanstalt) in Stuttgart liefert.

Unsre Abbildung dieser höchst zweckmäßigen Maschine (Fig. 454) zeigt uns dieselbe von der vorderen Seite. Links erblicken wir die Rolle des weißen Papiers, das zuerst einen Feuchtapparat und dann zwei Glättwalzen passiert, bevor es bedruckt wird. Der erste Formcylinder für den Schöndruck liegt neben dem untern Druckcylinder, und oberhalb der beiden Druckcylinder, welche in der Abbildung weiß erscheinen, liegt der zur Aufnahme der eigentlichen Bildform bestimmte Widerdruckcylinder. Diese Anordnung, welche sich prinzipiell dem System der „Waltermaschine" anlehnt, gestattet einen niedrigen Aufbau der ganzen Maschine,

Die Schnellpresse. 537

bequeme Zurichtung der Bildform und gleichmäßig angeordnete Farbewerke für beide Form=
cylinder. Ein sehr wesentlicher Punkt zur Erzeugung guten Druckes liegt in der gleich=
mäßigen und vollständigen Einfärbung oder Einschwärzung der Druckformen, und diesen
Teilen der Maschine ist daher die größte Sorgfalt zugewandt. Nicht weniger als 51 Walzen
besorgen die Aufnahme, Verteilung und Übertragung der Farbe auf beide Formcylinder.
Das Spiel dieser teils aus Masse, teils aus Metall gefertigten Walzen bietet ein ganz be=
sonders fesselndes Bild bei einer in Betrieb befindlichen Rotationsmaschine. Auf unsrer
Abbildung (Fig. 454) sind nur wenige der Farbwalzen sichtbar, beide Walzensysteme
aber werden deutlich erkennbar durch die vielen Handgriffe, Hebelgelenke und Lagerköpfe.

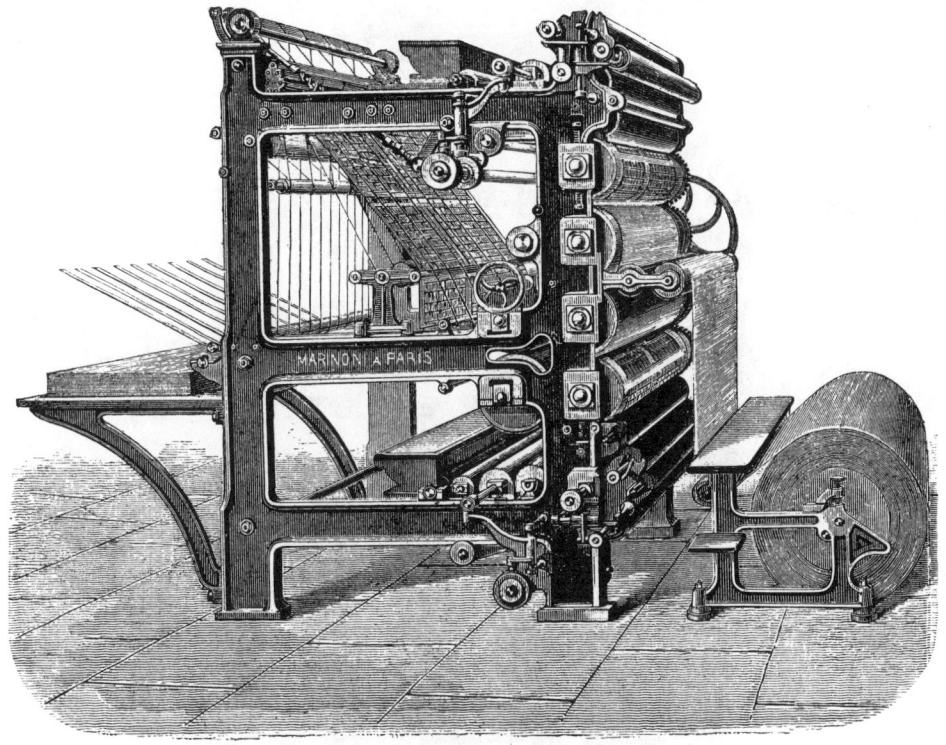

Fig. 455. Marinonis Rotationspresse.

Da die Schwärze der erstgedruckten Bogenseite beim Empfange des Druckes der zweiten
Seite, bei welchem natürlich die erste gegen den Druckcylinder gekehrt sein muß, abfärben
und letzteren derart beschmutzen würde, daß er seinerseits bald alles nachfolgende Papier
verunreinigen müßte, wird, um dies zu verhüten, eine zweite Rolle weißen Papiers, der
sogenannte Schmutzbogen, in die Maschine eingeführt. Diese rechts sichtbare Rolle ist auf
einem fahrbaren Gestell gelagert, das zwischen dem eigentlichen Druckapparat und der Falz=
und Ablegvorrichtung Platz findet. Die von dieser Rolle kommende Papierbahn geht über
Führungsrollen rückwärts in die Maschine, schlingt sich um den zweiten Druckcylinder unter
dem im Widerdruck zu bedruckenden Papier, empfängt somit alle sich lösenden Farbteilchen
des Schöndrucks und schützt gleichzeitig den Druckcylinder und jeden nachfolgenden Bogen
vor dem Beschmutzen, indem sie in ihrem Weiterlauf diesem stets eine saubere Fläche zukehrt
und gelangt schließlich wieder aus der Maschine heraus und rollt sich auf die zweite Walze
auf; diese Papierwalzen werden, wenn erstere ab= und letztere vollgelaufen, einfach
gegen andre ausgewechselt, was bei der Beweglichkeit des Lagers, auf dem sie ruhen, ohne
Schwierigkeit ausgeführt werden kann.

Zur Herstellung der gerundeten Abgüsse bedient man sich eines eigentümlichen Ver=
fahrens. Man wollte anfangs die Bilder gekrümmt schneiden und an gehöriger Stelle auf

538 Die Erfindung und die Technik der Buchdruckerkunst.

die Cylinder festschrauben; allein diese Methode zeigte sich als unausführbar, und erst nach vielen Versuchen gelang es, galvanoplastische Platten, welche allein für feine Illustrationsdrucke tauglich sind, korrekt zu biegen. Es geschieht dies dadurch, daß man den Abguß

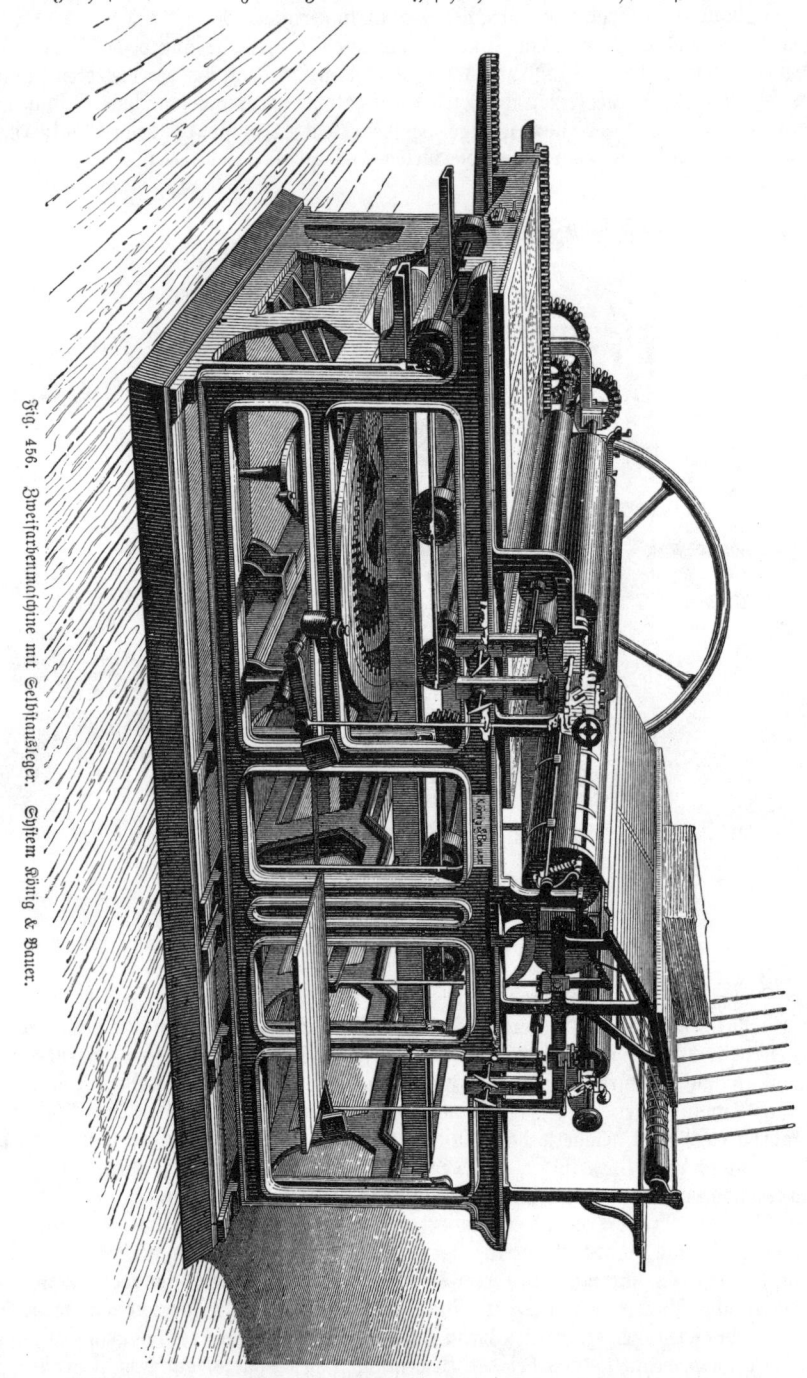

Fig. 456. Zweifarbenmaschine mit Selbstausleger. System König & Bauer.

auf einer mit Dampf oder Leuchtgas geheizten gußeisernen, entsprechend gekrümmten Platte mittels biegsamer Schiene einspannt und, nachdem er einige Zeit auf der Platte verblieben ist, rasch abkühlt; eine nachträgliche Mißgestaltung tritt dann nicht mehr ein.

Eine wesentliche Förderung für den Accidenzdruck, ganz besonders aber für den Land=
kartendruck, ist die Erfindung der Mehrfarben=Schnellpresse. Man druckt neuerdings zwei
oder mehrere Farben auf einmal, wodurch in bezug auf Genauigkeit der Ausführung dem
früher notwendigen Drucken einer Farbe nach der andern der Rang ganz und gar abge=
laufen ist, was für die Herstellung von Wertpapieren, zweifarbigen Linienwerken, bunten
Etiketten und Plakaten aber ein sehr wichtiges Moment ist. Die Erfindung blieb lange im
Versuchsstadium, und Franzosen und Deutsche haben sich gleichmäßig bemüht, sie zu ver=
wirklichen. Den Preis hat unbedingt unser Vaterland wieder davongetragen. Außer
König & Bauer ragen in diesem Fache die Firmen: Maschinenbauanstalt „Augsburg" in
Augsburg und Klein, Forst & Bohn in Johannisberg hervor. Liefern auch die französischen
Maschinen von Dutartre u. a. vorzügliche Arbeiten, so hat doch selbst die Bank von Frank=
reich ihre Zweifarbenmaschinen von König & Bauer bezogen und diese Firma lieferte bereits
nach dem Patent Payne Maschinen für endloses Papier für fünf Farben.

Neben den großen Maschinen sind es die kleinen Tretmaschinen, die in neuerer
Zeit die Aufmerksamkeit auf sich ziehen. Es war ganz natürlich, daß man namentlich in
den Ländern, in welchen die Masse der kleinen Accidenzarbeiten für das geschäftliche Leben
sich häufte, an solche Maschinen
dachte, mit denen man sehr
schnell und leicht arbeiten kann.
Namentlich machte sich das Be=
dürfnis in Nordamerika und
England geltend, wo es sehr
viele Druckereien gibt, die sich
nur mit der Herstellung von
Accidenzarbeiten beschäftigen.
Man hatte dort nicht Zeit, zu
warten, bis der Drucker mit
seinen lange dauernden Vor=
bereitungen auf der Handpresse
fertig ward, um 100 Visiten=
karten oder dergl. zu drucken.
Es entstanden in Amerika und
England eine Menge solcher
Pressen unter den verschieden=
sten hochklingenden Namen.
Trotz aller Mängel, die mehr
oder weniger denselben anhän=
gen, füllen sie entschieden eine
Lücke aus. Zu den ältesten
und in Deutschland verbrei=

Fig. 457. Accidenz=Tiegeldruckpresse. („Libertypresse" von Degener & Weiler.)

tetsten gehört die von Degener & Weiler in New York gebaute „Libertypresse" (s. Fig. 457).
Sie reiht sich der Klasse der Tiegeldruckmaschinen an; Fundament und Tiegel liegen jedoch
nicht wagerecht, sondern bilden, wenn die Presse geöffnet ist, zu einander einen Winkel, wie
wenn man zwei Hälften eines Buchdeckels halb aufmacht. Der Druck geschieht, indem
Fundament und Tiegel sich begegnen, wie wenn das geöffnete Buch mit dem Schnitt nach
oben wieder zugeklappt wird. Indem Tiegel und Fundament nach dem Druck wieder aus=
einander gehen, fällt das gedruckte Blatt in einen Behälter hinab, wenn man nicht vorzieht,
es vorher abzufangen. Der Farbetisch ist eine sich drehende Metallplatte, die unter den
Farbewalzen weggeht, so daß diese die Farbe verreiben, die sie dann der Schriftform mit=
teilen. Bewegt wird die Maschine wie ein Spinnrad durch Treten oder durch eine Kurbel.
In Deutschland haben solche Maschinen erst langsam sich eingebürgert. Zumeist als eine
nette Spielerei sind die Visitenkartenpressen à la Minute zu betrachten, von welchen nament=
lich die von Leboyer in Paris eine gewisse Aufmerksamkeit erregt hat.

Diese kleineren Pressen einerseits, anderseits die Vorzüglichkeit der Leistungen der
größeren Schnellpressen haben das Terrain für die Handpresse außerordentlich eingeengt,

ohne daß sie jedoch ganz zu verdrängen gewesen wäre. Der Maschinendruck leistet auch gegenwärtig in der That das Möglichste in guter und sauberer Arbeit, und die Maschinendrucke stehen den Produkten der Handpresse nicht nach, so daß selbst die zartesten Illustrationen der Maschine anvertraut werden können.

Die kleinen Schnellpressen können von einem einzelnen Mann im Gang gehalten werden, zu einer größeren gehören zwei Dreher, die mittels einer Kurbel das Schwungrad bewegen, welches die Scheibe für den Treibriemen trägt. Indes diese menschlichen Motoren wurden nicht selten schwierig oder von der allerdings harten Arbeit erschöpft, was namentlich beim Zeitungsdruck und der damit oft verbundenen Nachtarbeit viele Verlegenheiten bereitete. Die Druckereien sahen sich daher immer mehr und mehr genötigt, zur Maschinentriebkraft zu greifen.

In kleineren Offizinen spielte eine Zeitlang die kalorische Maschine eine Rolle, jedoch wer es konnte, ging zur Dampfmaschine über; eine kleine Dampfmaschine von etwa fünf Pferdestärken treibt eine ganze Reihe. In jüngster Zeit gewinnen die Gasmotoren eine immer größere Verbreitung.

Die erwähnte Satiniermaschine (Walzenglättpresse) ist ein Apparat, der auf der jetzigen Stufe des Buchdrucks in jeder Druckerei unentbehrlich geworden ist, die sauberen Druck liefern will. Früher genügte das Glätten des Papiers nach dem Druck, um die Unebenheiten, die durch das Einprägen der Schrift in das Papier hervorgebracht waren, zu beseitigen. Bei dem Drucken der feinen Illustrationen und zarten Accidenzschriften war es jedoch notwendig, vor dem Druck eine vollständige Glätte des Papiers zuwege zu bringen, denn erstens ist die eine Seite des Maschinenpapiers vom Beginn ab stets rauher als die andre, und dann geht auch bei der Durchfeuchtung, welcher das Papier vor dem Bedrucken gewöhnlich unterworfen wird, die Glätte, welche dasselbe in der Fabrik erhielt, verloren, indem das Papier etwas anschwillt und den Druck solchergestalt weniger scharf aufnimmt. Daher ließ man es unmittelbar vor dem Bedrucken, zwischen Zinkbleche einzeln gelegt, durch die Stahlwalzen der Satiniermaschine gehen. Jetzt hat man jedoch Schnellsatinierpressen, in welchen der Bogen direkt auf die Walzen geht. Diese Walzen bestehen bei einem einfachen Satinierwerke aus einer Stahlwalze und einer Walze von stark zusammengepreßter und glattgedrehter Papiermasse, bei den jetzt üblichsten Doppelwerken aus vier Walzen, von jeder Sorte zwei, über welche die Bogen durch eine Sförmige Bewegung geführt werden, so daß jede der Papierflächen mit einer der Stahlwalzen in Berührung kommt, wodurch eine vollständige, gleiche Glätte hergestellt wird. Das Nähere besagt Fig. 458 und nachstehende Erklärung. Die zu satinierenden Bogen sind vorher angefeuchtet und werden auf dem Zuführtische a ausgebreitet und der oberen polierten Hartgußwalze b zugeschoben. Der Bogen, eingeklemmt von der bei b_1 sichtbaren Bandführung und geführt von den Metallbügeln b_2, gelangt zwischen b und die Papierwalze c. Auf der Rückseite von c sind ganz gleiche Führungen angebracht, welche den Bogen zwingen, zwischen c und der Papierwalze d wieder nach der Vorderseite zu wandern. Die zweite Glättung erfolgt zwischen d und der Hartgußwalze e; ein Arbeiter fängt die fertig gestellten Bogen auf. Das leichtere Ablösen der Bogen von den Walzen besorgen stählerne Klingen, die sich an den entsprechenden Stellen gegen die Walzen anlegen; hin und her bewegte Schaber nehmen alle etwa vom Papier auf die Walzen übergegangenen Unreinlichkeiten (Knoten, Metallsplitter, Sandkörner), die sowohl Verletzungen der Walzen als der nachfolgenden Bogen hervorrufen können, ab. Die notwendige Pressung, von welcher die Glätte hauptsächlich abhängt, wird durch Gewichtshebel hervorgebracht. Durch Vergrößern oder Verkleinern der Gewichte g läßt sich der Druck innerhalb ziemlich weiter Grenzen verändern. Das Papier ist bei einmaligem Durchgang auf beiden Seiten völlig gleichmäßig satiniert, da beide Papierflächen mit den glättenden Hartgußwalzen in Berührung kamen. Dies ist ein großer Vorzug der beschriebenen Maschine vor den einfachen, nur mit einem Paar Hartguß- und Papierwalzen arbeitenden Satiniermaschinen, welche bei einmaligem Durchgange des Papiers ungleiche Glätte an beiden Seiten ergeben. Die Leistung sowohl der einfachen als der doppelten Satiniermaschinen beträgt je nach Bogengröße 1100—1600 Stück in einer Stunde. Ein zweites starkes Pressen zwischen Glanzpappen in einer Schrauben- oder hydraulischen Presse findet statt, nachdem die bedruckten Bogen trocken geworden sind, um die Schattierung, welche die Schrift hinterläßt, zu beseitigen.

Die Engländer Gill und Morris haben Maschinen in Verwendung gebracht zum gleichzeitigen Trocknen und Glätten des Papiers nach dem Druck. Diese Maschinen dürften aber kaum befriedigende Resultate bei Herstellung feinerer Drucksachen und Illustrationen geben, da ein Breitquetschen der Schwärze infolge des hohen Drucks zwischen den Satinier=
walzen mehr oder weniger eintreten wird.

Solche Glättmaschinen erfordern unaufhörlich arbeitende Waschapparate, welche die auf die Walzen sich abziehende Schwärze vollkommen entfernen. Auch das Feuchten läßt sich durch Maschinen besorgen, die einen fortwährenden Sprühregen über die Bogen er=
gießen. Man spart durch dieselben viel Zeit. In jüngerer Zeit werden auch manche Ar=
beiten auf nichtgefeuchtetem Papier gedruckt; das Papier behält zwar dadurch den vollen Glanz, der Druck ist jedoch schwieriger und die Farbe verbindet sich nicht so vollkommen mit dem Papier, als wenn dasselbe gefeuchtet ist.

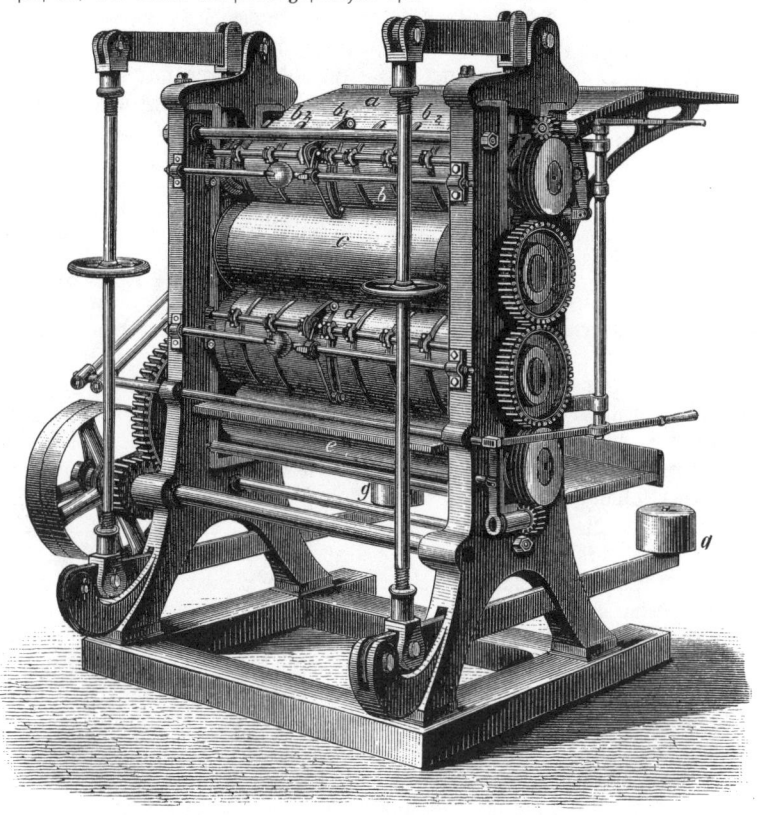

Fig. 458. Doppelkalander von F. Heim & Comp.

Druckschwärze. Ein wichtiger Gegenstand für den Drucker ist die Druckschwärze, die Farbe. Sie besteht von alters her aus einer Mischung von Leinölfirnis und Kienruß. Früher bereiteten sich die Druckereien ihre Farbe selbst und der Tag des Farbekochens war eine Art Festtag; man rückte aus der schwarzen Druckerei ins Freie hinaus nach der öffent=
lichen Firnisküche und überwachte den Kessel mit dem siedenden Leinöl; auch vergaß man nicht das Bier und ließ sich die in den Schaum des siedenden Öls getauchten Brotrinden munden. Glaubte man den Firnis hinreichend verkocht, so mischte man den Ruß hinein, manchmal nur durch Rühren mit einem Stocke, besseren Falls auf dem Reibsteine. Bei so sorglosem Verfahren kam es häufig vor, daß die gedruckten Buchstaben sich bald mit bräun=
lichen Rändern umgaben, ja daß dieser Ton sich mit der Zeit durch das ganze Papier hindurchzog. Heutzutage ist auch die Farbebereitung dem Buchdrucker abgenommen worden und wird von besonderen Fabriken besorgt, welche die innige Mischung der Bestand=
teile und die Verreibung in weit ergiebigerer Weise durch Maschinen besorgen lassen.

Hierdurch ist im allgemeinen eine Verbesserung erreicht; namentlich werden jetzt durch Verwendung von Lampenruß so feine Sorten erzeugt, wie man sie früher nicht herzustellen wußte.

Man unterscheidet an der Druckfarbe mehrere Grade von Stärke und Schwäche, d. h. Dicke oder Dünne; die schwächste Sorte dient für Zeitungen und andre ordinäre Drucksachen, wo schnelles und leichtes Arbeiten maßgebend ist, etwas stärkere zum Bücherdruck, noch stärkere und zugleich feinere zu guten, eleganten Arbeiten und zum Druck illustrirter Werke, die stärkste zum Druck auf der Handpresse. Die Preise dieser Sorten gehen weit auseinander: brauchbare Zeitungsfarbe kann man schon für 60 Mark, gute Werkfarbe für 100—120 Mark den Zentner haben, während feine 200, 300, ja bis 600 Mark kostet. Früher wurde die in Deutschland verdruckte feine Farbe teils aus Frankreich, namentlich jedoch aber aus England bezogen, jetzt steht die deutsche Farbefabrikation wenigstens auf derselben Stufe wie die ausländische, zum Teil auf einer höheren.

Zur Erzielung eines tadellosen Drucks muß natürlich der die Farbe auftragende Drucker, oder an der Maschine das Farbewerk, die Schriftform an allen Stellen gleichmäßig, nicht zu fett und nicht zu mager, mit Farbe überziehen. Eine andre Sorge aber ist die, daß die Farbe sich auch überall gleichmäßig an das Papier abgebe. Dies wird in den seltensten Fällen ohne weiteres der Fall sein, da die geringste Ungenauigkeit der Maschine sich hier geltend macht und den Druck stellenweise zu kräftig oder zu schwach erscheinen läßt. Die hier nötigen Ausgleichungsarbeiten erfolgen vor Beginn des Druckens und heißen das Zurichten. Ist die Form eingelegt und befestigt, so wird ein Probedruck genommen und auf diesem die Mängel im Druck geprüft. Kommt eine Stelle, weil die Schrift oder die Illustration zu hoch ist, zu schwarz, so schneidet der Drucker dieselbe aus einem Bogen festen, glatten Papiers, der in dem Druckdeckel liegt, mit der Schere aus; die matten Stellen dagegen werden durch Bekleben desselben Bogens mit Papierstückchen, welche in der nötigen Form zurecht geschnitten wurden, in die Höhe gebracht. Beim Drucken auf der Maschine liegt der Zurichtebogen auf dem Cylinder und wird schließlich mit einem feinen Drucktuche oder mit einem festen Bogen überdeckt. Bei gemischtem Satze, namentlich bei mit vielen Holzschnitten illustrirten Werken, wird das Zurichten eine mühsame und zeitraubende Arbeit, und es sind viele Probedrucke und öftere Nachhilfe nötig, bis alles in die gehörige Harmonie gebracht ist.

Von großer Wichtigkeit für den reinen guten Druck ist auch der Zustand der Druckwalze, durch welche die Verreibung der Farbe und die Verteilung auf die Schriftform besorgt wird. Jetzt bedient man sich allgemein statt der früher üblichen, aus Sirup und Leim bestehenden Masse der sogenannten englischen Walzenmasse, in der Hauptsache aus dem besten Leim oder Gelatine und Glycerin bestehend. Diese Masse hat den großen Vorteil, daß sie ihre Geschmeidigkeit gleichmäßig, ohne von der Kälte oder der Hitze beeinflußt zu werden, beibehält, und daß die nachteilige und aufhältliche, mehrmals täglich sich sonst wiederholende Reinigung der Walzen wegfällt, schließlich, daß die Masse der alten Walzen ohne großen Verlust wieder umgegossen werden kann. — Ist eine Schriftform ausgedruckt, d. h. hat man die verlangte Anzahl Abdrücke von ihr genommen, so muß sie, bevor sie zum Auseinanderlegen an den Setzer zurückgeht, erst ins Waschhaus, um mittels Bürsten und eines Lösungsmittels von aller noch anhängenden Schwärze befreit zu werden.

Stereotypie. Haben sich durch die Schnellpresse die Mittel zur leichten Vervielfältigung eines Druckwerks fast bis zum Wunderbaren entwickelt, so wurden dieselben noch weiter mittels der Stereotypie gesteigert. Von einem ursprünglichen Schriftsatze können eine beliebige Zahl Stereotypplatten entnommen und somit eine ganze Reihe von Pressen gleichzeitig für eine und dieselbe Arbeit in Thätigkeit gesetzt werden. In Wirklichkeit kommt diese Art des Betriebes selten vor; der größere Nutzen der Stereotypie, die wir hier näher betrachten wollen, liegt anderswo. Man verwendet sie erstlich bei sehr großen Auflagen, um die Schrift zu schonen, von welcher dann gar nicht gedruckt zu werden braucht; der größte Vorteil liegt jedoch darin, daß die Stereotypplatten sich mit viel weniger Umständen und Kosten für künftige Benutzung aufheben lassen als der Schriftsatz selbst. Man kann von der Platte kleinere Auflagen nach Bedarf drucken, braucht also nicht soviel Kapital ins Papier und in den Druck zu stecken. Allerdings ist das Stereotypieren nicht in allen Fällen vorteilhaft, denn soll ein Werk mit schlichtem Satz neu gedruckt werden, so kommt neuer Satz in der Regel nicht viel höher zu stehen als das Stereotypieren.

Fig. 469. Ein Maschinensaal. (F. A. Brockhaus in Leipzig.)

Anders dagegen gestaltet sich das Verhältnis bei lexikalischen oder Zahlenwerken oder solchen mit vielerlei Schriften, bei welchen Satz= und Korrekturkosten oft sehr hoch auflaufen. Durch die Stereotypie ging die Druckkunst gewissermaßen zu dem alten Plattendruck zurück, von dem sie ausgegangen war, und nicht ohne guten Grund, denn die Beweglichkeit der Buchstaben hat ja nur Wert für den Zweck des Zusammensetzens, für den Abdruck selbst ist sie eher nachteilig als nützlich.

Die Geschichte der Erfindung der Stereotypie ist eine unsichere. Wer zuerst die Idee faßte und auszuführen versuchte, weiß man nicht bestimmt. Rückwärts bis zum Jahre 1700 etwa finden sich Notizen über Männer, die sich mit diesem Gegenstande beschäftigten, zuerst Müller und van der Mey in Leiden, dann Ged in Edinburg, Tilloch in Glasgow, Hoffmann in Schlettstadt u. a. In den neunziger Jahren des vorigen Jahrhunderts machten Firmin Didot und Herhan in Paris verschiedene Stereotypierversuche; der erstere war es auch, der die Benennung Stereotypie wählte und einführte. Herhan kam auf eine eigentümliche Methode: er ließ Lettern in Kupfer anfertigen, auf denen die Buchstaben, wie auf den Matrizenflächen der Schriftgießer, vertieft und von rechts nach links standen. Ein Satz aus diesen Lettern bildete also bereits eine vertiefte Form, in welche unmittelbar Schriftzeug zu einer Druckplatte gegossen werden konnte. Diese vollständig unpraktische und kostspielige Methode hat keine Nachahmung gefunden. Didot preßte über den Schriftsatz weiche Metallplatten zu Hohlformen und bedurfte demgemäß auch Lettern aus einem härtern Schriftmetall. Das noch jetzt übliche Stereotypieren mit Anwendung von Gips stammt von dem um die Druckerei hochverdienten Engländer Lord Stanhope her und fand seit seinem Bekanntwerden (1804) überall Aufnahme. In Deutschland wurde es zuerst durch Karl Tauchnitz in Leipzig und G. v. Decker in Berlin eingeführt. Das Verfahren dabei ist folgendes:

Der zum Stereotypieren bestimmte Schriftsatz erhält beim Setzen höhere Zwischenstückchen (Ausschluß) als der gewöhnliche; hiermit wird erzielt, daß der Gips nicht zu tief zwischen die Schrift eindringt, was zur Folge haben würde, daß er beim Abheben sich leicht abbröckeln würde. Das Abformen geschieht seitenweise oder zu zwei bis vier Seiten auf einmal, wie es eben die Größe des Apparates zuläßt. Um den Schriftsatz legt man einen Rahmen, dessen Innenseiten schräg einwärts ausgeschnitten sind. In den durch den Rahmen gebildeten Raum gießt man, nachdem die Schrift gehörig eingeölt ist, einen ziemlich dünnflüssigen Gipsbrei; das Einölen ist nötig, damit der Gips nicht am Metall der Lettern hängen bleibt. Nachdem man noch mit einem eisernen Lineale den obern Teil des Gipses glatt abgestrichen hat, läßt man den Gips etwas erhärten und kann dann den Aufguß bereits nach einigen Minuten mit Vorsicht samt dem Rahmen von dem Letternsatze abheben und aus dem Rahmen nehmen. Man erhält solchergestalt eine sogenannte Matrize, eine Form, in welcher die Erhabenheiten des Satzes sich vertieft zeigen. Man läßt sie erst lufttrocken werden und dörrt sie dann mit Vorsicht vollends in einem Trockenofen aus. Sodann legt man die Matrize in eine mit Deckel versehene eiserne Pfanne, schraubt den Deckel derselben, welcher zum Einfließen des Metalls und zum Austritt der Luft an den vier Ecken Einschnitte hat, darauf, hängt die Pfanne an einen Krahn und senkt sie in einen Kessel mit flüssiger Letternmasse ein. Auf dieser würde aber die Pfanne, obgleich von Eisen, schwimmen; sie muß also durch die Winde des Krahns kräftig unter die Oberfläche gedrückt werden. Infolgedessen übt das einströmende Metall einen Druck nach oben aus, welcher nötig ist, damit alle Vertiefungen der Form voll und scharf ausgefüllt werden. Nachdem die Form wieder herausgehoben und erkaltet ist, wird der Gips abgelöst und die neuen Schriftplatten auf der Rückseite durch Abdrehen auf der Drehbank oder durch Hobeln auf einer Hobelmaschine geebnet und ausgeglichen. Die obere Fläche wird von dem Ausputzer behandelt, der sie aufmerksam durchliest und etwaige Fehler durch Wegstechen, nötigenfalls durch Ausbohren falscher oder schadhafter Buchstaben und Einlöten andrer berichtigt. Durch die abgeschrägte Form des Rahmens erhalten die Stereotypplatten ebenfalls schräge, nach unten breiter werdende Ränder, um welche die Kanten der Klötze, auf welchen die Stereotypen beim Drucken ruhen müssen, damit die gewöhnliche Schrifthöhe erreicht werde, sich schmiegen und so die Platten festhalten. Die Stereotypplatten sind nämlich gewöhnlich nur 5 mm hoch, während die Schrift, für welche die Maschinen und Pressen eingerichtet sind, eine Höhe von etwa $2\frac{1}{3}$ cm hat. Dieser Unterschied muß also durch Unterlagen ausgeglichen werden, die entweder aus Holz oder besser aus Blei bestehen. Man hat zu diesem Behuf in jeder wohl eingerichteten Buchdruckerei einen Vorrat kleinerer Bleiunterlagen, die nach einem bestimmten Größensystem gegossen sind und sich zu den verschiedensten Formaten zusammensetzen lassen.

Das umständlichere Stanhope-Verfahren wurde durch das einfachere Daulésche überholt. Daulés Instrument besteht aus zwei starken eisernen Platten, von welchen die eine, in einem Scharnier zum Auf- und Zuklappen, beweglich ist. Auf die feststehende Platte, welche einen hohen Rand hat, wird der Rahmen mit der Gipsmater gelegt und die bewegliche Platte mit einer Vertiefung am Rande darüber zugeklappt und fest angeschraubt. Das Eingießen des Metalls geschieht mit dem Löffel, die Lage der Matrize ist eine schräge, und der notwendige Druck wird dadurch erzielt, daß man mehr Metall als erforderlich eingießt; dieser Überschuß bildet nach dem Erkalten einen Angußzapfen, der abgesägt wird.

In neuerer Zeit hat das Stereotypieren in Papier allgemeine Einführung gefunden, da die Methode vor der Gipsstereotypie verschiedene wichtige Vorteile voraus hat. Das Verfahren dabei ist folgendes: Auf einer Unterlage von starkem Schreibpapier werden eine Anzahl Blätter von Seidenpapier, die mit einem Klebstoff bestrichen sind, übereinander befestigt, bis die Dicke eines schwachen Kartons erreicht ist. Die Papierlage wird dann umgekehrt auf den Schriftsatz gelegt, so daß das letzte, auf der Oberseite trocken gelassene Blatt Seidenpapier auf diesem liegt. Entweder klopft man nun mit einer steifen Bürste die Papierlage an die Schrift an, oder man übt durch eine Presse einen Druck aus; dann schraubt man noch eine Eisenplatte darauf und setzt das Ganze in einen Trockenofen. In kaum 20 bis 25 Minuten ist die Papiermatrize trocken, läßt sich leicht abnehmen und einige Minuten später kann man hiermit eine gegossene Schriftplatte erzeugt haben, ohne daß die Matrize dadurch für weitere Güsse unbrauchbar wird. Sie hält deren in der Regel wenigstens drei bis vier aus, während die Gipsmatrize beim ersten Guß unfehlbar verdorben wird. Diese leichten Papierformen sind dagegen unzerbrechlich, daher sicherer aufzubewahren und bequem zu versenden; man kann sie zur Vorsorge abnehmen und den Guß der Platte jedoch erst dann ausführen, wenn wirklicher Bedarf neuer Abdrücke sich herausstellt. Ferner haben sie das Gute, daß sie sich nach den Seiten eines gerundeten Gießinstrumentes biegen lassen und somit das Gießen gerundeter Platten erlauben, wie sie bei den großen Druckmaschinen gebraucht werden, wovon bereits bei Gelegenheit der Schnellpressen die Rede war. Das Gießen erfolgt dann in einem Halbcylinder, in welchem die Papiermatrize so liegt, daß sie überall an der äußeren Wandung anliegt. Ein etwas kleinerer Halbcylinder wird nun eingestellt und in den schmalen Zwischenraum zwischen beiden Hohlcylindern das Metall gegossen. Die Rundung des Gießcylinders richtet sich nach der des Schriftcylinders, so daß die gegossenen Platten eng an letzterem anliegen. Die genaue Höhe wird mittels einer durch Dampf getriebenen Hobelmaschine in weniger als einer Minute hervorgebracht.

Vor Einführung der Stereotypie hatte man, um Werke, die einen dauernden Absatz voraussetzen ließen, nicht immer zu neuem setzen zu müssen, keine andre Wahl, als den Schriftsatz selbst zusammenzuschnüren und aufzuheben. Dies wurde auf den Büchertiteln durch die Bemerkung „Mit stehenbleibender Schrift" angezeigt. Aber in solchen Schriften, die nun nicht weiter verwendbar waren, ruhte immer ein beträchtliches totdes Kapital, und das Richtigbleiben des Satzes, der ja aus einzelnen beweglichen Lettern zusammengesetzt und daher leicht einer Verschiebung in einzelnen Stellen unterworfen bleibt, war damit nicht gesichert. Dagegen erfordern die dünnen Stereotypplatten kaum den zehnten Teil an Schriftmasse wie der Schriftsatz selbst, und was einmal in ihnen richtig ist, kann nie unrichtig werden, und selbst nachträgliche Verbesserungen sind nicht ausgeschlossen, indem schadhafte oder falsche Buchstaben ꝛc. ausgebohrt und die richtigen dafür eingelötet werden, nur können die Änderungen nicht so umfangreich sein wie im Schriftsatz, da die Buchstaben und Sätze, die herausgenommen werden, nur durch genau eben so breitlaufende ersetzt werden können.

Klischees oder Bleiabgüsse. In gleicher Weise wie beim Schriftsatz verfährt man beim Abgießen von Holzschnitten, Vignetten, Verzierungen, Etiketten u. dergl., von denen meist mehrere zugleich in den Rahmen kommen.

Hierbei hat man für dieselbe Sache einen andern Namen: man stereotypiert nicht, sondern klischiert, und die Kopien, welche zum Gebrauch erst auf Holz genagelt oder mit

Schriftmasse hintergossen werden, heißen Klischees. Es gibt Schriftgießereien, welche Klischees in Menge anfertigen und hierdurch den Druckereien eine überreiche Auswahl von Ornamenten, Vignetten u. s. w. zur Verfügung stellen; sie pflegen ihre Erzeugnisse mit dem Namen Polytypen zu belegen.

Das Stereotypieren ist im allgemeinen ein Zweig der Schriftgießerei; doch gibt es, namentlich seit Einführung der Papierstereotypie, sehr viele Druckereien, welche sich ihre Stereotypen und Klischees selbst erzeugen. Bei einzelnen kleinen Vorkommnissen wußten sich die Druckereien von jeher selbst zu helfen durch Abklatsche, an die sich auch ursprünglich der Name Klischees knüpft. In ein Papierkästchen goß man eine Schicht Schriftmetall und nahm den Moment wahr, wo dieses im Erkalten teigig ward. In diesem Zustande vermochte die Masse die feinsten Eindrücke aufzunehmen. Statt dieser uranfänglichen Methode bediente man sich später der mit einem Fallwerke versehenen Klischiermaschine. Neuerdings wendet man an Stelle des Stereotypierens und des Klischierens von Holzschnitten und Schriftsachen fast immer die Galvanoplastik an (s. Band II); die auf diese Art gewonnenen kupfernen Kopien heißen Galvanotypen oder Elektrotypen. Die erzielte dünne, aber feste Kupferplatte wird mit Schriftzeug hintergossen, gehobelt und druckfertig gemacht.

Die jüngste Erfindung auf diesem Gebiete ist die des Celluloidklischees durch den französischen Bildhauer Jannin. Die durch chemische Behandlung aus Faserstoff hergestellte Masse besitzt eine außerordentliche Härte, dabei, wenn erwärmt, eine große Biegsamkeit, und gibt ein vortreffliches Material für Klischees ab, das namentlich beim Farbendruck von hohem Werte ist, weil es nicht wie das Metall von Säuren und gewissen Farben angegriffen wird. Um es abzuformen, gehört jedoch noch eine andre Masse, die unter dem notwendigen bedeutenden Druck verbunden mit starker Hitze, nicht leidet. Eine solche Masse wurde in einer Mischung von Bleiglätte und Glycerin gefunden. Wie der Gips bei der Stanhope=Stereotypie, wird sie in halbflüssigem Zustande über den Holzschnitt sorgsam in einer Stärke von 3—5 mm gestrichen. Nach der sehr schnell erfolgenden Erstarrung der Masse kann die Mater sofort zur Herstellung des Klischees benutzt werden. Zu diesem Zwecke wird eine durch Erwärmung schmiegsam gemachte Celluloidplatte auf die Mater gelegt und beide unter starker Hitze einem hohen Druck in einer hydraulischen Presse ausgesetzt. Nach dem Erkalten läßt sich das Klischee ohne weiteres von der Mater abheben und wird wie jedes andre Klischee aufgenagelt, kann auch wie ein solches nachgearbeitet und korrigiert werden.

Kunst- und Buntdruck. Unter den verschiedenen typographischen Kunstzweigen verdient an erster Stelle der musikalische Notendruck Erwähnung. In den ersten Zeiten der Druckerei wurden die für die Kirchenbücher nötigen Notensätze mit der Feder nachgetragen oder in Holzschnitt in den Text gesetzt. Als eigentlicher Erfinder beweglicher Notentypen wird der Italiener Octaviano dei Petrucci um das Jahr 1500 genannt. In der Mitte des 16. Jahrhunderts brachte der französische Schriftgießer Pierre Hutin u. a. die Sache einen Schritt weiter, und ihre noch sehr mangelhaften Noten waren über zwei Jahrhunderte im Gebrauch, bis endlich Joh. Gottl. Immanuel Breitkopf in Leipzig, geboren am 23. November 1719, den Notendruck im Jahre 1752 auf eine vollkommenere Art herstellte. Über die großen Schwierigkeiten, welche zu überwinden waren, um alle Vorkommnisse in einem verwickelten Musiksatze typographisch wiederzugeben, können wir uns nicht verbreiten. Dem Übelstande, daß die Linien des Notensystems stückweise dem Notenbild anhängen und daher im Abdruck leicht die Spuren der Zusammensetzung zeigen, suchte später Duverger in Paris dadurch abzuhelfen, daß er den Satz zunächst ohne Linien ausführte, davon eine Gipsmatrize nahm und erst in diese die Linien einzog, worauf dann von den aus den Matrizen gewonnenen Stereotypplatten gedruckt wurde. Diese Methode ist so zeitraubend als kostspielig und hat nie eine große Ausdehnung gewonnen. Durch den Notendruck von Zinntafeln, in welche die Typen mit stählernen Punzen eingeschlagen werden, und durch die Lithographie namentlich durch Erfindung der lithographischen Schnellpresse, welche die Herstellung großer Auflagen zu außerordentlich billigen Preisen zuläßt, ist der typographische Notendruck, wenn auch nicht unterlegen, doch etwas in den Hintergrund getreten.

Landkarten in Buchdruck herzustellen wurde schon frühzeitig hier und da versucht, namentlich war es wieder Breitkopf in Leipzig, der sich dieser Sache besonders annahm.

Er gab ganz mit Typen ausgeführte Landkarten heraus. Zu gleicher Zeit lieferte Wilh. Haas der Jüngere in Basel ähnliche Erzeugnisse auf Anregung des Hofdiakonus A. G. Preuschen in Karlsruhe. Raffelsberger in Wien stellte später gut aussehende Karten her, bei denen Zeichnung und Namen schwarz, die Wässer blau, die Gebirge braun gedruckt sind, und Baurkeller fügte hierzu noch den Reliefdruck, welcher die Erhöhungen und Vertiefungen des Terrains plastisch wiedergibt. Es ist jedoch einleuchtend, daß der Buchdruck nicht gegen den Kupferstich, namentlich nicht gegen die Farbenlithographie aufkommen kann. Dagegen hat die Möglichkeit, gute und billige Karten in Zinkhochätzung oder in Chemitypie zu liefern, in Verbindung mit der Erfindung der Mehrfarbenmaschine, einen enormen Aufschwung in der Kartographie hervorgebracht und ein höchst wichtiges Bildungsmittel auch den nicht Bemittelten zugänglich gemacht.

Buntdrucke sind, wie wir sahen, bereits in den ersten Zeiten des Buchdrucks auf der Druckerpresse in den verzierten Initialen ausgeführt worden. In unsern Tagen hat sich die Herstellung farbiger Drucksachen ganz außerordentlich vervielfältigt und so vervollkommnet, daß sie es wagt, selbst den Werken des Pinsels Konkurrenz zu machen. Daß Vortreffliches durch Chromoxylographie geliefert werden kann, beweisen die Arbeiten von Sam. Baxter und W. Savage in London, G. Silbermann in Straßburg, sowie von Blasius Höfel, Heinr. Knöfler, C. Reiß, Paar & Biberhofer und in jüngster Zeit von Lud. Lott, alle in Wien. Das üblichste Verfahren ist dabei folgendes. Nachdem erst eine Konturplatte hergestellt ist, wird diese auf so viele Stöcke übergedruckt, als man Farben verwenden will. Auf jedem der Stöcke werden nur diejenigen Teile erhaben stehen gelassen, die mit der betreffenden Farbe gedruckt werden sollen, und nun wird eine Farbeplatte nach der andern aufgedruckt. Hierdurch werden jedoch nicht nur so viele Farben hergestellt, als man Platten hat, sondern durch den Übereinanderdruck der Farben und durch engere oder weitläufigere Schraffierung entstehen neue Farben und zahlreiche Abstufungen. Dies geht recht deutlich aus unsrer farbigen Beilage hervor, so z. B. ist durch Aufdruck der hellblauen Platte auf die gelbe das Hellgrün der Pflanzen und Blätter entstanden, das durch die dunkelblaue Platte abgestuft und durch die schwarze Platte schattiert wird.

Mit sechs Platten läßt sich natürlicherweise ein mit den Werken des Pinsels wetteiferndes Kunstblatt nicht herstellen, dazu sind 15—20 und mehr Platten notwendig. Hierdurch wird jedoch die Herstellung schwierig und kostspielig und nur bei ungewöhnlich großen Auflagen möglich. Deshalb überläßt die Typographie in der Regel der Chromolithographie (f. d.) das Feld des eigentlichen Bilderdrucks, da auf diesem Wege schneller und billiger sich befriedigende Resultate erzielen lassen, und beschränkt sich auf die mehr in ihrem eigentlichen Bereich liegende massenhafte Erzeugung von Luxuspapieren, Warenetiketten, Empfehlungskarten u. dgl., welche in Farben, Gold und Silber, Bronzen verschiedener Art, unter Zuhilfenahme von Gravierung, Prägung, Congrevedruck, Guillochier- und Reliefmaschine 2c. bestechende Sachen liefert und namentlich in ihrer Anwendung für Fabrikation und Handel so unentbehrlich geworden ist, daß man jetzt mit einem Päckchen Seife oder dergleichen ein kleines typographisches Kunstwerk in den Kauf bekommt. Doch auch hier überläßt die Buchdruckpresse nicht selten der lithographischen Presse einen großen Teil der Arbeiten, oder beide Pressen wirken oft in brüderlicher Einigkeit zusammen.

Um den Buntdruck machten sich in Deutschland namentlich verdient Ed. Hänel in Magdeburg und Berlin, C. Naumann in Frankfurt a. M., G. Haase Söhne in Prag, B. G. Teubner und C. L. Hirschfeld in Leipzig, Zamarski & Dittmarsch in Wien. Die Anilinfarben haben willkommene Aufnahme gefunden, und die Erzeugnisse der Presse zeigen sich seit der Verwendung derselben in noch schönerem Glanze.

Als eine ganz besondere Druckart ist der Hochdruck für Blinde (Ektypographie) zu erwähnen. Wir haben schon in dem Abschnitt „Schreibkunst" erwähnt, daß man den Blinden, um ihnen die geistige Selbstthätigkeit zu ermöglichen, eine fühlbare Schrift gegeben hat. Die Lesetafeln für Blinde bestehen aus sehr starkem, steifen und doch weichem Papier, welches so kräftig auf den Typensatz gepreßt wird, daß die Schrift auf der andern Seite erhaben heraustritt. Es ist sonach die Kehrseite des Drucks, welche zu Geltung kommt; demnach stehen die Buchstabenbilder auf den Metalltypen für Blindendruck auch nicht verkehrt, sondern in der richtigen Lage. Sie müssen der Deutlichkeit halber größer als die gewöhnliche Druckschrift sein, und um dem Gefühl noch mehr zu Hilfe zu kommen, wandte man meist eine schmale scharfe, eckige Schrift, öfter auch die sogenannte Stachelschrift an, deren Typen und folglich auch deren Abdrücke Reihen spitziger Erhöhungen bilden, die besser als die üblichen Schriftzeichen mit fortlaufenden Linien durch das Gefühl sich einprägen. Man schafft in dieser Manier des Hochdrucks nicht allein Schriften, sondern auch Landkarten für Blinde, und Blinde sind auch nicht selten dazu verwendet worden, die ihnen gewidmeten Erzeugnisse selbst zu setzen und zu drucken.

Die Typographie ist zwar nur eine Art der druckenden Künste, aber sie ist bei weitem die wichtigste dadurch, daß hauptsächlich ihr die Verbreitung des Wortes, des sichtbar gemachten Ausdrucks menschlicher Gedanken, obliegt. Die meisten andern vervielfältigenden Künste haben zum Hauptgegenstande das Bild, das wir jetzt so häufig und gern mit dem Worte Hand in Hand gehen sehen. Die Presse war bestimmt, die Welt zu erobern, und schon in ihren Jugendjahren übersprang sie den Ozean und machte sich seßhaft an verschiedenen Punkten Amerikas, Afrikas und Ostindiens; seit etwa 50 Jahren kann man sagen, daß sie ihren Rundgang um die Erde vollendet habe.

Große Verdienste um diese Verbreitung erwarben sich unstreitig die Sendboten der Religion, die Missionare; sie führten nicht selten kleine Druckereien mit sich, um ihre Gemeinden mit Schul- und Erbauungsschriften zu versorgen.

Andre Beförderer und Sendboten der hochwichtigen Mission der Presse sind die Zeitungen. Wo immer der kolonisierende Europäer oder Nordamerikaner seine Hütte errichtet, in Australien wie im fernen nordamerikanischen Westen, folgt ihm die Zeitungspresse auf dem Fuße nach. Zeitungen erscheinen jetzt in allen fünf Weltteilen; selbst die erst an der Schwelle der Zivilisation stehenden Südsee-Insulaner und die rothäutigen Irokesen Nordamerikas haben ihre Zeitungen.

Die periodische Presse überhaupt, deren hohe Wichtigkeit für den großen Völkerverkehr, für öffentliches, wissenschaftliches und Privatleben ein jeder kennt, ist noch immer zunehmend, sowohl an innerer Bedeutung wie an äußerem Umfang. Es dürfte noch hinter der Wirklichkeit bleiben, wenn man annimmt, daß ein volles Drittel der gesamten Druckarbeit der Herstellung von Zeitblättern aller Art gewidmet sei. Einen ebenso riesigen Umfang hat der Accidenzdruck für die vielen Bedürfnisse des staatlichen, gesellschaftlichen und gewerblichen Lebens gewonnen, und man kann somit annehmen, daß kaum der dritte Teil der typographischen Druckkräfte, trotz der außerordentlichen Masse der jährlich erscheinenden Bücher, dem eigentlichen Bücherdruck gewidmet ist.

Bevor wir von der ehrwürdigen Kunst Gutenbergs Abschied nehmen, wollen wir noch einigen ihrer großartigen Pflanzstätten in Deutschland wenige Worte widmen; die Leser werden dadurch am besten ein Bild erhalten von dem, was zu den typographischen Anstalten ersten Ranges gehört.

Eine großartige Anstalt von mehr als europäischem Rufe ist die k. k. Staatsdruckerei in Wien. In Hinsicht auf Vielseitigkeit wird diese Anstalt kaum von einer zweiten übertroffen. Die Typographie hat sich hier zur Polygraphie erweitert, welche alle Methoden zusammenfaßt und ausübt, die zur Vervielfältigung von Bild und Schrift jemals ersonnen worden sind. Schon in der Vorhalle dieses berühmten Instituts finden wir uns umgeben von einer der interessantesten Ausstellungen, indem die Anstalt hier die Muster und Proben aller ihrer zahlreichen Leistungen zu übersichtlicher Beschauung vereinigt hat.

Die Druckereien, Büreaus, Vorratszimmer, Säle, Trockenstuben, Gießereien und sonstigen Räumlichkeiten füllen die fünf vier- bis sechsstöckigen Gebäude des Franziskanerklosters an der Singerstraße; selbst in einem Hofe, welcher durch ein Dach aus Glas und Eisen in einen Saal verwandelt ist, hat man die Werkstätten aufschlagen müssen, da leider die Lokalitäten für eine Anstalt von der Bedeutung der Staatsdruckerei vollständig unzureichend sind, so daß man sogar eine Filiale hat errichten müssen.

Die Staatsdruckerei hat zwar etwas von ihrer hohen Bedeutung verloren, welche sie sich unter der genialen Leitung Auers erworben hatte, jedoch weniger durch ein Nachlassen ihrer Bestrebungen, als durch die großen Fortschritte, welche die österreichische Buchdruckerei im allgemeinen gemacht hat, sie bleibt aber immer noch eine Anstalt ersten Ranges. Sie besitzt einen Schrift- und Stereotypenvorrat von über 11 000 Zentnern und hat häufig über 2000 Bogen in Satz stehen. Von Holzschnitten sind mehr als 14000 vorhanden. Die Zahl der Schnellpressen beträgt 49. Die Abteilung für Lithographie und Kupferdruck arbeitet mit 3 Schnell-, 15 Hand- und 30 Kupferdruckpressen, 19 Perforier- und 14 Briefkouvertmaschinen außer den sonstigen Hilfsmaschinen. Die Schriftgießerei liefert mittels 10 Gießmaschinen und 3 Stereotypapparaten jährlich circa 1200 Zentner Schrift und Platten; sie besitzt 225000 Stück Stempel und Kupfermatern. Die Galvanoplastik arbeitet mit 12 Apparaten und liefert jährlich etwa 1200 Platten, hauptsächlich zu Wertpapieren. Sämtliche Galvanos werden verstählt. Die Photographieanstalt hat 14 Objektive und 16 Dunkelkammern. Anfang Juni 1882 betrug die Zahl der Arbeiter 818.

Außer 500 verschiedenen einheimischen Alphabeten besitzt die Anstalt noch über 120 Alphabete diverser fremder Sprachen, die überhaupt eine Schrift besitzen. Da sehen wir die seltsamen Charaktere der chinesischen und indischen Schriften, daneben die Keilschriften, wie man sie auf den Ruinen von Babylon, Ninive und Persepolis eingehauen oder in Thonplatten eingedrückt findet, die verschiedenen Buchstabenquadrate der hebräischen Schrift, die Schnörkel, Schnitzel und Punkte der arabischen und persischen Lautzeichen, die scharfkantigen nordischen Runen neben den rundbäuchigen äthiopischen, etrurischen und koptischen Buchstaben und noch eine Menge andrer Schriften mit wildfremden Gesichtern, größtenteils Asiaten. Außerdem schafft die Staatsdruckerei noch alles, was durch den Buch- und Kunstdruck sich herstellen läßt: vom einfachsten Holzschnitt bis zum sauberften Öl-, Farben- und Naturselbstdruck, und veranschaulicht die Ausbildung der Buchdruckerei in allen ihren Verzweigungen und Perioden. Eine interessante Abteilung des Instituts bildet noch der Blindendruck.

Seit dem 1. April 1879 besitzt das Deutsche Reich eine Reichsdruckerei von großem Umfange. Sie entstand durch Verschmelzung der kgl. preußischen Staatsdruckerei mit der Geheimen Oberhofbuchdruckerei v. Decker. Die Anstalt besitzt 55 Schnellpressen, 18 Handpressen, 200 Hilfsmaschinen und beschäftigt 700 Personen. Ihre Hauptaufgabe ist der Druck von Wertzeichen aller Art: Banknoten, Post- und Stempelmarken u. s. w. Der allgemeine Wunsch in den Buchdruckereien Deutschlands geht darauf, daß die Anstalt sich auf diese genügend reiche Wirksamkeit beschränken und keinen Versuch machen möge, der Privatindustrie Terrain abzugewinnen.

Was neben solchen, mit Staatsmitteln ausgestatteten Anstalten auch von der Industrie der Privaten geleistet werden kann, das zeigt unter andern auch das großartige Etablissement von F. A. Brockhaus in Leipzig, in dessen Offizinen sich ebenfalls alle Mittel zur Herstellung umfassender und zahlreicher Werke in fast allen Sprachen, des Musiknotendrucks rc., sowie künstlerischer Erzeugnisse jeder Art vereint finden und alle wichtigeren, bei der Herstellung typographischer und artistischer Produktionen in Anwendung kommenden graphischen Künste ausgeübt werden. Diese Anstalt mit ihren, zwei Höfe einschließenden Gebäuden bedeckt einen Flächenraum von 17000 qm. In dem Etablissement arbeiten zur Zeit 29 dampfbewegte Schnellpressen, 35 Kupfer- und Steindruckpressen, viele Hilfsmaschinen und über 600 Personen. Die Fig. 459 zeigt uns in ähnlicher Weise, wie vorher schon einen Setzersaal (Fig. 439), einen Maschinensaal derselben.

Zu den größten Druckanstalten Leipzigs gehören ebenfalls die von Breitkopf & Härtel und B. G. Teubner. Letztere arbeitet mit 35 Schnellpressen und pflegt ganz besonders den illustrirten Zeitungsdruck und den Werkdruck zu wissenschaftlichen Zwecken. Erstere vereinigten Buchdruckerei und Steindruckerei und besitzen 29 Schnellpressen und 15 Handpressen, eine Spezialität ist der Musiknotendruck. Für letzteren Zweig ist die C. G. Rödersche Offizin mit 34 Schnellpressen und 25 Handpressen von allen existierenden wohl die größte.

Durch ihren Reichtum an orientalischen Schriften ist die W. Drugulinsche Druckerei hervorragend und wetteifert mit den bedeutendsten Staatsanstalten. Als Kunstdruckerei erwarb die Firma Giesecke & Devrient einen Weltruf und hat vieles zur Verbreitung des guten typographischen Geschmacks beigetragen; wir kommen bei Gelegenheit der Besprechung der Papiergeldfabrikation auf dieses Etablissement zurück. 1874 übersiedelte das Bibliographische Institut (H. J. Meyer) nach Leipzig; es arbeitet mit 2 Rotations- und 31 Schnellpressen. Eine große Ausdehnung als Buch- und Kunstdruckerei, zugleich als Schriftgießerei, gewann die Anstalt von Jul. Klinkhardt mit 21 Schnellpressen,

22 Handpressen und 35 Gießmaschinen. Überhaupt hält Leipzig seine Stellung als Vorort im Druck- und Verlagsgeschäft aufrecht, obwohl dies ihm durch die steigende Bedeutung andrer Druckorte schwerer gemacht wird als früher.

In Berlin zeichnete sich vor allen die kgl. Geheime Oberhofbuchdruckerei von R. v. Decker mit ihren großartigen Prachtwerken und die kgl. Staatsdruckerei mit ihren vorzüglich gearbeiteten Wertzeichen aus; beide Anstalten sind jetzt, wie schon erwähnt wurde, in die Kaiserliche Reichsdruckerei aufgegangen. Als Accidenzdruckerei erwarb sich die von W. Büxenstein in neuerer Zeit großes Ansehen. Vieweg & Sohn in Braunschweig müssen als eine für den typographischen Geschmack in Deutschland bahnbrechende Firma genannt werden; G. Westermann dort schließt sich ihnen würdig an. Hier lebte auch Dr. Heinrich Meyer, der durch sein „Journal für Buchdruckerkunst" sich große Verdienste erwarb.

In Stuttgart steht der illustrirte Druck auf einer sehr hohen Stufe. Druckereien ersten Ranges sind die mit der J. G. Cottaschen Buchdruckerei vereinigte Offizin der Gebr. Kröner mit 32 Schnellpressen, und die Ed. Hallbergersche Druckerei (jetzt deutsche Verlagsanstalt) mit 27 Schnellpressen; beide lieferten eine große Reihe der prachtvollsten Illustrationswerke und illustrirte Zeitschriften. Als Zeitungsdruckerei steht die der Kölnischen Zeitung obenan. In Wien rivalisiert mit ihr die Offizin der „Neuen Freien Presse". Neben der Staatsdruckerei dort nimmt die Aktiengesellschaft J. C. Zamarski mit 28 Schnellpressen einen hohen Rang ein; R. von Waldheim, Karl Fromme, Adolf Holzhausen u. a. schließen sich an. Nächst der Staatsdruckerei übten die „Gesellschaft für vervielfältigende Kunst", das „Museum für Kunst und Industrie" und der Verleger W. v. Braumüller den größten Einfluß auf die typographischen Leistungen. Die Schweiz besitzt in der Offizin der Gebr. Benziger in dem Städtchen Einsiedeln ein Weltinstitut, welches 700—1000 Menschen mit dem Drucke religiöser Schriften und Bilder beschäftigt.

Unter den Schriftgießereien stehen obenan die von Flinsch in Frankfurt a. M. und J. G. Schelter & Giesecke in Leipzig. Erstere arbeitet mit 92 Gießmaschinen, welche täglich ca. 2 Millionen Typen liefern können, und 26 Schleifmaschinen. Schelter & Gieseckes nach amerikanischer Art neu eingerichtete Gießerei liefert auch Maschinen und Utensilien aller Art. Die bedeutenden Gießereien haben ihren Sitz namentlich in Frankfurt a. M. und Offenbach, Berlin, Hamburg, Leipzig, Wien. Als die größte Farbenfabrik ist zu nennen Gebr. Jänecke & Fr. Schneemann in Hannover. Die berühmteste Schnellpressenfabrik ist die noch in schönster Blüte stehende, von dem Erfinder der Schnellpresse begründete Anstalt König & Bauer in Kloster „Oberzell" bei Würzburg. Ihr folgt als nächste die Maschinenfabrik „Augsburg", die, wie schon erwähnt, die Fabrikation der „Endlosen" zuerst in Deutschland in die Hand nahm.

Wir haben hier nur einige wenige Firmen nennen können. Deutschland und Österreich besitzen jedoch unter etwa 4000 Buchdruckereien und mit Buchdruckerei verwandten Geschäften selbstverständlich eine sehr große Zahl vortrefflicher Offizinen.

Fig. 460. Neuere Form des Buchdruckerwappens.

JOST AMMON NACH GARZONI PIAZZA UNIVERSALE

Faſſeſt du die Muſe nur beim Zipfel,
Haſt du wenig nur gethan,
Geiſt und Kunſt auf ihrem höchſten Gipfel
Muten alle Menſchen an.

Goethe.

Die Holzſchneidekunſt.

Geſchichtliches. Alte deutſche Schnitte. Der Holzſchnitt in England und Frankreich. Seine jetzige Bedeutung. Das Techniſche der Kunſt. Der Holzſtock. Bewick. Grundieren. Zeichnen. Werkzeuge zum Stechen. Die illuſtrirten Werke. Tondruck. Bilderdruck. Der chineſiſche Bücherdruck. Stellvertreter des Holzſchnittes. Lithoſtereotypie. Chalkotypie. Chemigraphie. Glyphographie. Heliotypie. Phototypographie. Graphotypie. Autotypie ꝛc.

Schon bei Gelegenheit des Buchdrucks hatten wir als deſſen Vorläufer den Holzſchnitt zu erwähnen. Es verdient indeſſen dieſer intereſſante Kunſtzweig eine nähere Betrachtung, denn er iſt nächſt dem Buchdruck und im Verein mit dieſem eines der wichtigſten Belehrungs- und Bildungsmittel geworden. Allerdings haben in neueſter Zeit Erfindungen mannigfacher Art ihm bedeutende Konkurrenz gemacht. Könnten doch auch auf dem großen Felde des Gewerbfleißes neue Erfindungen und Verbeſſerungen, neue Erzeugniſſe nicht ſo ſchnell und vollſtändig zur allgemeinen Kenntnis gebracht werden, wenn Bild und Wort nicht Hand in Hand gingen; volkstümliche Belehrungen aus der Natur und dem Leben würden ohne Abbildungen oft unverſtändlich bleiben, und den Nutzen, den gute Vorbilder als Förderungsmittel eines guten Geſchmacks gewähren, wird man auch nicht gering anſchlagen dürfen.

So ſind bei der überaus raſchen Entwickelung der graphiſchen Kunſt in neueſter Zeit beſonders drei Verfahren im photomechaniſchen Druck von Wichtigkeit geworden: Tiefdruck-, Hochdruck- und chemiſches Verfahren, welche auf der phyſikaliſchen Verwandtſchaft der Druckerſchwärze mit der präparierten Druckplatte beruhen. Das erſte Verfahren geht mit Kupferſtich und Radierung, das zweite mit dem Holzſchnitt, das dritte mit der Lithographie parallel. Zum erſten gehören die Heliographie, Heliogravüre, Photogravüre oder Sonnenkupferſtich. Heliographiſche Platten werden bekanntlich auf galvaniſchem Wege oder durch Ätzung hergeſtellt.

Die galvanischen oder Reliefplatten finden seit einigen Jahren eine sehr verbreitete und mannigfaltige Anwendung, besonders auch bei dem kostspieligen und langwierigen Stich von Generalstabskarten. Für den Kupferstecher hat der Lichtkupferstich einen großen Vorteil; was nämlich Apparate und Präparate nicht genügend zu leisten vermögen, vermag Künstlerhand auf der Platte vollständig zu ergänzen. Die solchergestalt retouchierte heliographische Platte wird selbst höheren künstlerischen Anforderungen genügen, die man an die Stichplatte zu stellen berechtigt ist, denn sie gibt in sonst weder durch bloße Künstlerhand, noch durch ein mechanisches Verfahren zu erreichender Treue das Original wieder. Als Beleg dafür mögen die von der „Gesellschaft für vervielfältigende Kunst" ausgestellten Blätter des Führichschen Cyklus vom „heiligen Wendelin", sowie die in dem von Berggruen so ausgezeichnet redigierten illustrirten Organe der Gesellschaft „Die graphischen Künste" wiedergegebenen Genellischen Kartons dienen, welche den Originalen überraschend nahe kommen. Auch das bekannte Wiener Festzugswerk aus dem Verlage der Gesellschaft kann hier angeführt werden, insbesondere das Laufbergersche Blatt von der Buchdruckergruppe, ein Meisterstück der Zeichenkunst, heliographisch so meisterhaft wiedergegeben, daß eine vielleicht einjährige Nacharbeit eines tüchtigen Stechers aus diesem Blatte einen Kupferstich ersten Ranges machen würde. Allerdings gelten die hervorgehobenen Vorzüge dem vollen Umfange nach nur dem langsameren galvanischen Verfahren, das sich am meisten zur Wiedergabe von Linienzeichnungen eignet, da Töne einer Rauheit auf der Platte bedürfen, worauf die Druckerschwärze haften bleibt. Das schnellere, ziemlich verbreitete Atzverfahren liefert Bilder, die ohne Ausnahme wie Schwarzkunstblätter aussehen und den Charakter des Originals verwischen. Ganz vorzügliche heliographische Leistungen mit galvanischen Platten bieten unser militär-geographisches Institut, die Berliner Reichsdruckerei und Goupil in Paris; sehr Verdienstliches in Atzplatten leisten die Wiener Hof- und Staatsdruckerei, Hanfstängl (München), Schuster (Berlin), Haack und Viktor Angerer in Wien. Ein Bildchen in der Kollektivausstellung des militär-geographischen Instituts, eine „im Korn" übertragene Tuschzeichnung, verbindet aufs engste Heliographie und Zinkographie. Die Heliographen brauchen das „Korn", d. h. eine Rauheit auf der Platte, weil, wie oben bemerkt, die Druckerfarbe sonst nicht haften würde; die Zinkographen brauchen wieder das „Korn", um die Zeichnung zu teilen, weil sonst beim Druck ein schwarzer Klecks herauskäme. Dieses Bildchen ist nach dem System Mariot hergestellt, welches seinen Namen von dem Vorstande der heliographischen Abteilung in dem oben genannten Institute erhalten hat.

Doch kehren wir zu unserm eigentlichen Thema, „Die Holzschneidekunst", resp. „Kupfer- und Stahlstich" zurück.

Geschichtliches. Die Holzschneidekunst hat jedenfalls in Deutschland ihren Ursprung, doch nennt uns die Geschichte weder einen Erfinder noch den genauen Zeitpunkt ihres Anfangs. Genau genommen ist die Erzeugung erhabener Figuren auf einer Fläche — und etwas andres ist der Holzschnitt nicht — uralt. Wir sahen schon, daß sich das Altertum auf Herstellung von Münzen, Gemmen, Siegeln u. dergl. ganz gut verstand. Wir haben auch zu Anfang des Bandes in unsrer Einleitung schon gesehen, wie bei den rohesten Völkern sehr bald die Lust an Zieraten erwacht, die sie denn auf ihren meist hölzernen Geräten oft auf merkwürdig geschickte Weise durch Erzeugung künstlicher Erhöhungen und Vertiefungen anbringen lernen. Für den Holzschnitt in unserm Sinne ist nur notwendig, daß die aus der Masse herausgearbeiteten Bilder mit ihrer Oberfläche in einer Ebene liegen, welche, mit Farbe eingerieben, das Abdrucken gestattet. Solche Holzstiche sehr alten Herkommens sind ebenfalls nicht selten. In Museen finden sich sogar altägyptische Holzsärge, die zur Beherbergung von Mumien dienen und deren Ursprung mehrere tausend Jahre weit zurückreicht, über und über mit zum Teil sehr feinen, flach erhabenen Darstellungen bedeckt, die man ohne weiteres einschwärzen und auf Papier abziehen könnte.

Zum Begriff des Holzschnitts gehört aber eben die Vervielfältigung durch Abdruck, und hierauf sind, wie sich später herausgestellt hat, zuerst die Chinesen verfallen — ohne daß aber darin für uns Veranlassung läge, sie als unsre Lehrmeister anzusehen. Die ersten Andeutungen des Holzschnitts in Deutschland und überhaupt in Europa findet man wenige Jahrzehnte vor Erfindung des Buchdrucks, im Jahre 1402, wo in alten Chroniken von Kartenmachern die Rede ist, welche sich zum Abdruck ihrer rohen Zeichnungen vielleicht

Geschichtliches.

schon der Holzstöcke bedienten, wie sie es später nachweislich immer gethan haben. Indessen ist dieser Schluß nicht ganz sicher gegen jeden Einwand, denn jene Kartenmacher wandten auch Schablonen an, und es ist nicht undenkbar, daß dieses die ältere Manier war und der Holzschnitt sich erst später als ein neuer Handwerksvorteil dazu fand. Auf der andern Seite liegt die Vermutung nahe, daß schon vor dieser Zeit Bilder von Holztafeln gedruckt wurden, denn es sind eine Anzahl einzelner Blätter gefunden worden, welche gewisser Stileigentümlichkeiten der Darstellung nach aus den letzten Dezennien des 14. Jahrhunderts stammen müssen.

Der erste, mit einer Zeitangabe versehene Holzschnitt stellt den heiligen Christoph, das Christuskind tragend, vor und trägt die Jahreszahl 1423; er wurde in dem Karthäuserkloster Buxheim bei Memmingen in den Deckel eines Manuskriptes eingeklebt gefunden und von dem reichen Lord Spencer mit vielen andern unschätzbaren Drucken angekauft und nach England entführt. Das Blatt, in nebenstehender Kopie in verkleinertem Maßstabe dargestellt, war sehr schwarz gedruckt und koloriert, die lateinische Unterschrift lautet in deutscher Übersetzung: „An welchem Tage du Christophs Antlitz beschauest, an demselben Tage wirst du nicht eines bösen Todes sterben"; es gehört also zu jenen holzschnittlichen Bild- und Schriftwerken, welche wir als Vorläufer der Buchdruckerkunst bereits in Betracht zu ziehen hatten, und aus denen wir in dem beigegebenen Tonbilde noch eine Probe zur Ansicht bringen: ein Blatt aus der in mehrfachen, meist aus 40 Blättern bestehenden Ausgaben vorhandenen, gegen das Jahr 1470 gedruckten Armenbibel. Die Armenbibel (biblia pauperum) sollte nicht ein Ersatz der Bibel sein für arme Leute überhaupt, sondern diente den geringeren Ordensgeistlichen, welche sich häufig die Armen Christi (pauperes Christi) nannten, als Leitfaden bei Kanzelvorträgen. Die Mittelbilder geben die fortlaufende Geschichte des Heilandes, während die Nebenfelder dasjenige aus dem Alten Testamente veranschaulichen, was man als Symbol und Verkündigung des Neuen Bundes anzusehen pflegte. Gleich in der ersten Zeit nach ihrer Erfindung wurde die Holzschneidekunst sehr fleißig geübt, und wir haben schon früher gesehen, welche engen Beziehungen sie bald zur Buchdruckerkunst einging und wie sie mit dieser im Verein das Gewerbe der Bücherschreiber und der Miniaturmalerei immer mehr beschränkte. Um das Jahr 1500 wahrscheinlich machte die Holzschneidekunst einen Fortschritt nach seiten der Malerei: man fing an, die sogenannten Licht- und Dunkelbilder (Clairobskurgemälde) durch den Holzschnitt unter Anwendung mehrerer Platten nachzuahmen. Ein solcher Holzschnitt nach Lukas Cranach: „Ein Nachtlager in Ägypten", trägt die Jahrzahl 1509, zwei andre, von Hans Baldung Grün, die Zahlen 1509 und 1510.

Fig. 462. St. Christoph. Vom Jahre 1423.

Das Buch der Erfind. 8. Aufl. I. Bd.

Fig. 463. Faksimile eines alten Holzschnitts nach Albrecht Dürerscher Zeichnung.

Es wurden diese Art Drucke, in denen die Umrisse schwarz vorgedruckt und dann verschiedene Farbentöne mit einzelnen Platten eingedruckt sind, bald beliebt und von verschiedenen Meistern geliefert. Die Engländer pflegten diese Manier am längsten, noch im 18. Jahrhundert, und mischten auch zuweilen den Kupferdruck mit ein. Die bekannten Baxterschen Ölbilder können als eine Verfeinerung jener alten Manier angesehen werden. Auch sie haben einen Unterdruck in Kupfer= oder Stahlstich.

Das 16. Jahrhundert, besonders die erste Hälfte desselben, war die Blütezeit des älteren Holzschnitts. Die berühmtesten Zeichner und Maler verschmähten es nicht, selbst in Holz zu arbeiten, ja mehrere trieben diese Kunst mit besonderer Vorliebe. Manche ihrer Blätter

Geschichtliches. 555

sind auf uns gekommen, die in Zeichnung und Ausführung als vollendete Muster geschätzt werden. Von den deutschen Meistern nennen wir als einige der berühmtesten Hans Burgkmair, Lukas Cranach, Holbein, Altdorfer, vor allen Albrecht Dürer, dessen kunstfertige Hand höchst wahrscheinlich auch den prachtvollen, in der größten und schönsten Frakturschrift mit Schreiberzügen ausgeführten Titel „Apocalipsis cum figuris", den die Fig. 463 in faksimiliertem Holzschnitt uns vorführt, gezeichnet hat.

Fig. 464. Die acht Schalkheiten. Holzschnitt aus dem 16. Jahrhundert.

Dieses Buch hat für die Kunstgeschichte eine besondere Bedeutung; bis zum Auftreten Dürers begnügte man sich nämlich, die Holzschnittbilder, die Nachkömmlinge der Buchmalerei, mit starken Umrissen ohne gründliche Durchführung zu zeichnen und nachträglich zu kolorieren. Die polychrome Zuthat, das Kolorit des Pinsels, ersetzte also den Mangel der künstlerischen Ausführung. Durch Dürers Meisterschaft wurde das anders. Er legte den Holzschneidern Zeichnungen zur technischen Bearbeitung vor, wie sie solche noch nicht gekannt hatten; da war kein nachträgliches Malen mit dem Pinsel mehr nötig, die zarte Schattierung, die Farbe der Tonabstufungen trat nun an Stelle der Polychromie, und für diesen bedeutsamen Umschwung ist die Apokalypse das erste Beispiel. Auch mehrere italienische, holländische und französische Holzschneider haben sich um jene Zeit berühmt gemacht, so daß es der Kunstkenner und Sammler alter Holzschnitte, ohne Unterschied der Landsmannschaft, doch immer mit etwa hundert Künstlernamen und Namenschiffern zu thun hat.

Diese alten Meister wußten, bei oft tadelloser Zeichnung, mit wenigen Strichen so viel Kraft und Anmut in ihre Arbeiten zu legen, daß sie noch heute unsre Bewunderung erregen. Auch die Anwendung des Holzschnittes zu belehrenden Zwecken nahm in Laufe des 16. Jahrhunderts ihren Anfang, schon im Jahre 1527 hatte Dürer ein Buch unter dem Titel: „Unterricht zur Befestigung der Städte, Schlösser und Flecken" mit vielen Illustrationen herausgegeben, ein Jahr später, kurz nach seinem Tode, erschien seine „Proportionslehre", weiterhin traten die sogenannten Kräuterbücher auf, die ersten Versuche botanischer Bilderatlanten, von denen es eine ziemliche Anzahl Ausgaben gibt. Sie sind größtenteils in Folioformat, zum Teil mit Farben ausgemalt.

Darauf aber sank der Holzschnitt von der erreichten Kunsthöhe allmählich herab und ward bald darauf nichts weiter als ein Beiläufer der selbst immer tiefer sinkenden Buchdruckerkunst. Ein Grund des Verfalls mochte darin liegen, daß nun die Ätzkunst mehr in Aufnahme kam, und da der Kupferstich im allgemeinen nicht so schwierig zu erlernen war als der Holzschnitt, sich die angehenden Künstler lieber jenem zuwendeten. Aber noch erklärlicher wird das Einschlafen dieser schönen Kunst, wenn man sich erinnert, daß unser Vaterland während des 17. Jahrhunderts an den schrecklichen Folgen eines dreißigjährigen Krieges zu leiden hatte, und daß während dieser Zeit den bildenden Künsten in Deutschland von selbst der Boden entzogen wurde; auch die begabtesten Kupferstecher suchten aus diesem Grunde ihr Brot in fremder Herren Länder zu verdienen. Selbst noch während des 18. Jahrhunderts leistete man im Holzschnitt so gut wie nichts, nur die Engländer hatten die alte Kunst nicht ganz liegen lassen und fingen am ersten wieder an, sie häufiger auszuüben, so daß sie bis zu Anfang unsres Jahrhunderts fast ein Monopol auf die Ausübung derselben hatten, denn nur in London gab es damals geschickte Holzschneider, und nur dort verstand man es, mit Holzschnitten verzierte Bücher zu drucken.

Bedeutende Fortschritte machten indes die Engländer während dieser Periode auch nicht; die Ausführung der Holzschnitte blieb Künstlern dritten Ranges überlassen, ihre Arbeiten dienten vorzugsweise zur Illustration von Kinderschriften u. dergl. Der Antrieb zum Bessern ging vor wenig mehr als einem halben Jahrhundert namentlich von Frankreich aus, wo nach Beendigung der napoleonischen Kriege sich geniale Köpfe diesem Fache zuwandten.

Bald darauf ließen auch die Deutschen dem Holzschnitte wieder eine größere Berücksichtigung angedeihen und führten gewissermaßen eine echt deutsche Kunst aus der Fremde wieder in die Heimat zurück. Vorzüglich waren es Gubitz, Höfel, Pfnorr, Gaber, Bürkner, ferner Unzelmannn, Kretzschmer u. s. w., welche durch saubere kleine Kunstarbeiten, die sie zur Ausschmückung von Werken des Buchdrucks lieferten, das Auge des Publikums an Besseres gewöhnten, als die alten, geschmacklosen Druckvignetten bieten konnten. Seitdem hat sich die Zahl der Holzschneider, die sich jetzt lieber Xylographen nennen, ganz ungemein vermehrt, denn der Geschmack an illustrirten Werken nahm bald in erstaunlicher Weise überhand, und wenn auch der größte Teil der heute so massenhaft produzierten Ware begreiflicherweise nur Mittelgut sein kann, so erheben sich doch auf dieser breiten Grundlage so manche achtungswerte Künstler, daß unsre jetzige deutsche Holzschneiderei sich mit jeder fremden messen darf. Neben der Masse illustrirter Werke, in denen der Holzschnitt zur Verdeutlichung und Ausschmückung des Schrifttextes dient, erscheinen daher jetzt auch solche, worin die Holzschneidekunst in ihrer eignen Würde auftritt und um ihrer selbst willen da ist, während der Schrifttext, wenn er nicht ganz fehl geht, nur den bescheidenen Erklärer spielt.

Das Technische der Kunst. Wir werden nun etwas näher in das eigentliche Wesen des Holzschnittes einzugehen haben und betreten mit unserm Leser ein Holzschneider-Atelier, wie es sich uns in Fig. 466 darstellt. Als ein berühmter Bildhauer einmal von irgend einem Dummkopf gefragt wurde, ob denn die Herstellung einer Statue wirklich so schwer sei, wie man gewöhnlich behaupte, antwortete er: „Durchaus nicht — das ganze Kunststück besteht nur darin, daß man einen tadellosen Marmorblock bekommt, von dem man dann das

Das Technische der Kunst. 557

Überflüssige herunterhaut." Nach dieser Erklärung, die wir auch auf unsern Fall anwenden können, besteht die Holzschneidekunst darin, daß man auf einen Holzblock eine Zeichnung macht und das Überflüssige wegschneidet.

Fig. 465. Faksimile eines Holzschnitts aus Sebastian Münsters „Cosmographia". (Aus der Mitte des 16. Jahrh.)

Die Arbeit des Holzschneiders läßt sich mit der des Stempelschneiders am besten vergleichen. Jener arbeitet, wie dieser, alle weißen, von der Zeichnung nicht berührten Stellen der auf einer Fläche entworfenen Zeichnung vertieft aus, so daß nur diese letztere stehen bleibt und dadurch das ganze Bild sich über den Grund heraushebt, wie wir es etwa an einem zum Schwarzdruck bestimmten Petschaft sehen können. Die ganze Sache ist jedoch nicht so leicht, wie es scheinen möchte. Der Metallstecher findet an seinem Stoffe einen festern Widerstand, den er jedoch mit seinem scharfen Stichel ohne Mühe überwindet und wodurch er sogar um so sicherer arbeiten kann, während der Holzschneider zwar einen leichtern Schnitt hat, aber wegen der Weichheit des Holzes auch dem Ausfahren und

Fehlschneiden mehr unterworfen ist. Lange Zeit begnügte sich derselbe zu seiner Arbeit mit ein paar Messerchen, bis er endlich, wie wir weiterhin sehen werden, auch zum Grabstichel griff.

Um seine Absicht zu erreichen, umzieht der Holzschneider alle Konturen seiner Zeichnung auf beiden Seiten mit feinen Schnittlinien, dadurch umgrenzt er alle diejenigen Partien, die er zu beseitigen hat. Nur die feineren Partien, z. B. die zwischen parallelen Strichlagen befindlichen weißbleibenden Stellen, Punkte u. s. w., die sich mit einem einzigen Stichelschnitt herausheben lassen, kann er ohne weiteres beseitigen, und dazu dienen dann Stichel von verschiedener Steilheit und Zuschärfung. Eine Holzplatte, welche die erwähnte erste Umschneidung erfahren hat, sieht also ungefähr so aus, wie uns Fig. 467 zeigt. Alles, was auf derselben außer der Zeichnung noch schwarz erscheint, wird sodann entfernt, wozu mancherlei breitere Stecheisen benutzt werden, so daß, wenn dies vollständig geschehen ist, die so weit fertige Platte auf ihrer Druckfläche nun das Aussehen von Fig. 468 hat. Hat der Stempelschneider um seine Zeichnung herum und zwischen derselben alle freiliegenden Stellen ausgetieft, so ist er mit seiner Arbeit fertig, der Holzschneider auf diesem Punkte noch lange nicht; der schwierigste Teil seiner Arbeit und die größte Kunst geht vielmehr erst an.

Fig. 466. Das Holzschneider-Atelier der Leipziger „Illustrirten Zeitung".

Denn wenn man auch eine auf einem Holzblocke befindliche Zeichnung durch Wegschneiden alles zwischen den Linien befindlichen Holzes herausgehoben hat, so läßt sich nun zwar ein Abdruck davon nehmen, aber dieser wird der Zeichnung auf dem Holze sehr unvollkommen entsprechen. Alle lichten Partien werden zu dunkel, alle feinen Linien zu breit und stark gekommen sein, besonders solche, die in lichte Stellen auslaufen; statt hier allmählich immer dünner zu verlaufen, werden sie vielmehr mit einem schwarzen Punkte oder Klecks endigen. Dies ist sehr leicht begreiflich, wenn man überlegt, wie die Druckwalze und dann die Presse selbst auf den Holzblock wirken. Die erstere besteht aus einer elastischen Masse, die sich auf einzeln stehenden Linien, besonders an deren Endpunkten, tiefer ausdrückt als an Stellen, wo die Zeichnung geschlossener ist, d. h. die Linien eng beisammen liegen und keine breiten, hellen Zwischenräume sind. Anderseits geschieht auch der Abdruck des Holzschnitts nicht so, daß etwa eine harte Fläche unmittelbar auf das Papier wirkt, sondern an der Druckmaschine ist die pressende Walze mit Filz belegt, und bei der Handpresse liegt zwischen dem Holzschnitte und der niederzudrückenden Preßplatte der Druckdeckel, der aus aufgespannter Leinwand mit mehr oder weniger Papiereinlage besteht. Hieraus ersieht man, daß überall da, wo die Farbewalze am tiefsten eindringt, auch das Papier sich tiefer einsetzen wird, und es genügt also noch nicht, daß man Striche, die man fein oder mager haben will, auf dem Holze fein schneidet: sie müssen auch so eingerichtet werden,

Das Technische der Kunst.   559

daß die Farbewalze und nachgehends das Papier nicht mit dem vollen Drucke darauf treffen. Dies ist nun auf keine andre Weise zu erreichen, als daß man diese Striche tiefer legt als die dunklen Stellen, und in den Fällen, wo sie aus dem Dunkeln ins Helle verlaufen sollen, allmählich nach unten abfallen läßt. Ein fertiger Holzschnitt zeigt also keine überall ebene Bildfläche mehr, sondern einzelne Stellen, wie z. B. schwache Hintergründe, werden im allgemeinen etwas tiefer liegen als der Hauptgegenstand, und Partien, welche im Abdruck eine helle Stelle mit allmählich verlaufendem Schatten hervorrufen sollen, werden nach der Lichtung hin eine Abschrägung erhalten müssen. Gerade solche Stellen erfordern daher eine sehr geschickte und künstlerische Behandlung, um so mehr, weil dabei die Vorzeichnung notwendig verloren gehen und der Holzschneider ganz nach eignem Ermessen arbeiten muß. Nur durch diese Behandlung vermag der Künstler seinem Werke Harmonie, Haltung, Weichheit und Geist zu verleihen und ihm den Charakter eines Kunstwerkes zu verschaffen.

Fig. 467. Holzplatte im ersten Stadium des Schnittes.   Fig. 468. Holzplatte zum Druck fertig.

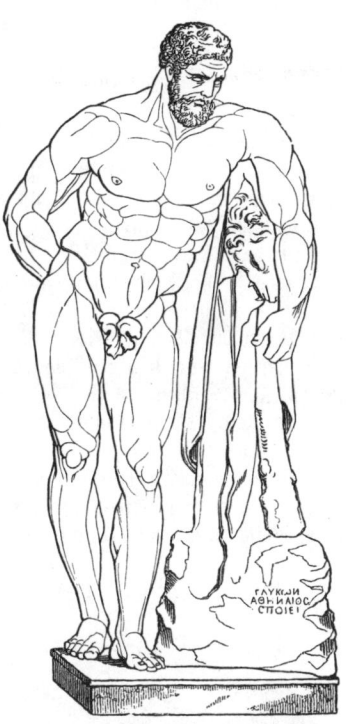

Ist der Holzschneider nicht zugleich der zeichnende Künstler, was in früheren Zeiten sehr häufig der Fall war, jetzt aber nur ausnahmsweise vorkommt, so darf ihm doch, wenn er mehr als bloßer Handarbeiter sein will, die Zeichenkunst durchaus nicht fremd sein; er muß eine fremde Zeichnung mit Verständnis aufzufassen wissen; anderseits muß er mit dem Wesen des Pressendrucks so gut vertraut sein, daß er schon im voraus weiß, wie seine Arbeit sich im Abdruck ausnehmen wird. Auch der Zeichner hat schon auf den Holzschneider Rücksicht zu nehmen und darf ihm nicht Dinge zumuten, die der Natur des Holzschnitts zuwider ist. Der Dritte im Bunde ist dann der Drucker, der mit Verstand und Geschick seine Aufgabe erfassen muß, sonst ist alle Kunst seiner Vorarbeiter vergebens gewesen. Er kann zur Erzeugung harmonischer Abdrücke noch vieles dadurch thun, daß er seinen Preß= deckel gut zurichtet, indem er an den Stellen, die mehr Druck erhalten sollen, passend geschnittene Papierstückchen unterlegt, oder auch an andern leichter zu haltenden Stellen Papier ausschneidet, wodurch die Gewalt des Druckes entsprechende Abstufungen erleidet.

In früheren Zeiten und bis zu Anfang dieses Jahrhunderts schnitt man ausschließlich auf Längenholz, d. h. auf Tafeln, die wie gewöhnliche Bretter aus dem Stamme geschnitten waren. Man benutzte zumeist Birnbaum, später Buchsbaum, und das einzige Hilfsmittel war, wie gesagt, neben einigen gröberen Werkzeugen zum Austiefen größerer Leerstellen ein Messerchen, das etwa so wie eine Schreibfeder in der Hand geführt wurde. Aus der Anwendung des Materials entsprangen als unmittelbare Folge die Eigentümlichkeiten, die man mit dem Ausdrucke Holzschnittmanier bezeichnet. Da es auf diese Art sehr schwer war, feine und gekreuzte Linien herzustellen, so war man genötigt, nur die Umrisse und die starken Schatten kräftig zu geben und Halbschatten zu vermeiden, dagegen die Lichter möglichst breit zu halten. Dies gab den Erzeugnissen dieser Kunst eine gewisse Art von markiger Kräftigkeit, die stets ihre Verehrer gefunden hat, so daß selbst in andern Kunstzweigen zuweilen versucht worden ist, die Holzschnittmanier nachzuahmen. Eine solche Holztafel hatte jedoch keine große Dauer, und die kleineren Erhabenheiten sprangen sowohl beim Schnitt als beim Druck leicht ab.

Da kehrte man in England die Sache auf einmal um: der Holzschneider Bewick fing an, auf Hirnholz, d. h. auf Blöcke zu arbeiten, die quer vom Stamme abgeschnitten waren, und vertauschte das Messer mit dem Grabstichel. Diese Neuerung, die allerdings erhebliche

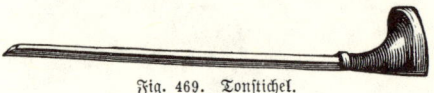

Fig. 469. Tonstichel.

technische Vorteile bietet, kann ihren englischen Ursprung nicht verleugnen. Der Geist des Fabrikbetriebes, der Arbeitsteilung spricht sich darin deutlich aus. Es wird erstens Zeit gewonnen, denn der Grabstichel macht ungefähr folgende Furche V, und man erreicht also mit einem Schube des Instrumentes so viel als mit zwei Messerschnitten. Sodann leistet das Holz auf dem Querdurchschnitte dem Instrumente einen besseren und in jeder Richtung gleichbleibenden Widerstand, während auf dem Langholze dieser Widerstand ein sehr verschiedener ist, je nachdem man in der Richtung der Fasern, also mit den sogenannten Jahren, oder quer durch dieselben schneidet. Das Arbeiten auf Hirnholz gestattet ferner eine viel größere Sicherheit und feinere Ausarbeitung, da selbst das kleinste Pünktchen nicht leicht wegspringen kann, indem es auf dem Kopfe der Holzfaser steht und demnach fest in der Holzmasse wurzelt. Dazu kommt endlich die ungemeine Widerstandsfähigkeit des Holzes gegen einen Druck, der mit den Fasern gleichlaufend wirkt — werden doch in Bergwerken ungeheure Gesteinsmassen lediglich mit kurzen hölzernen Stempeln gestützt. Aus diesem Grunde lassen sich von einem Holzschnitte auf Hirnholz viele Tausende von Abdrücken machen, ehe eine merkliche Abnutzung eintritt. Hierbei ist freilich zu berücksichtigen, daß sich von dem nicht sehr dick werdenden Stamme des Buchsbaumes auch nur mäßig große Scheiben abschneiden lassen, an denen selbst oft die mittlere Partie, der Kern, für das Gravieren nicht wohl tauglich ist. Allein diese natürliche Beschränkung ist kein so wesentlicher Übelstand, indem man durch Zusammenleimen und durch eiserne Rahmen und Schrauben mehrere Stücke zu einer größeren Platte zu verbinden vermag. Hat man auf einer solchen

Fig. 470. Die Handführung beim Holzschneiden.

Platte die Zeichnung entworfen, so kann man sie wieder auseinander nehmen und die einzelnen Stücke an mehrere Arbeiter verteilen. Es wird dieses Auskunftsmittel in Fällen, wo es mehr auf Beschleunigung als auf eine höhere Kunstleistung ankommt, wie bei illustrirten Zeitungen, nicht selten angewendet. Früher markierten sich die Grenzen, wo solche Stücke zusammenstießen, oft deutlich genug durch eine weiße Linie; heutzutage jedoch kommen solche Unvollkommenheiten viel seltener zur Erscheinung, obwohl man sich zuweilen zu wahren Riesengrößen von Holzschnitten versteigt und deshalb das Zusammenstückeln sehr ins weite treiben muß. So waren auf der Wiener Weltausstellung zwei Holzschnitte zu sehen, von denen der eine, „Der Weltausstellungsplatz", 95 cm lang und 63 cm hoch war, der andre, „Totalansicht von Wien im Jahre 1873", sogar die Dimensionen von 122 und 77 cm erreichte. Als Drucker dieser von Petrovits gezeichneten Platten waren Fromme in Wien und F. A. Brockhaus in Leipzig genannt. Für Platten von größerem Umfang benutzt der Holzschneider häufig Langholz, in der Regel Ahorn, da es bei so umfangreichen Zeichnungen weniger auf die feine Ausarbeitung der Einzelheiten ankommt. — Übrigens hat man in neuerer Zeit mehrfach Versuche gemacht, dem Xylographen einen Ersatz für das immer teurer und seltener werdende Buchsbaumholz zu schaffen; so wurde im Jahre 1863 das Holz eines in Australien heimischen Strauches (Pittosporum undulatum) nach England gebracht, welches sich infolge seiner Härte, Dichtigkeit und leichten Spaltbarkeit in radialer Richtung gut für den Holzschnitt eignen sollte; es stellte sich aber heraus, daß es für feinere Arbeiten nicht zu gebrauchen war, und so hat sich dieses Holz nicht allgemein einbürgern können. Sodann ist der Franzose Badoureau auf den Gedanken gekommen, weiches Holz für diesen Zweck zusammenzupressen, und zwar verfährt er dabei auf folgende Weise. Zuerst kocht er das Holz 12—15 Stunden lang und setzt es dann in einer hydraulischen Presse kurze Zeit starkem Drucke aus. Dadurch wird das Holz zwar bedeutend zusammengepreßt, es sucht jedoch bald seine frühere Form wieder anzunehmen. Damit dies nicht geschehe, wird es in eine gelatinehaltige Lösung gelegt, die in die Poren des Holzes eindringt und sich bei wiederholtem starken Druck völlig mit den Fasern verbindet. Nach dem Trocknen soll das Holz das Aussehen und Gewicht eines gleichgroßen Metallstückes haben und für den Holzschnitt gut geeignet sein.

Nachdem man so vom Holzschnitt zum Holzstich übergegangen und aus den Holzschneidern Holzgravierer, Xylographen, geworden, mußte freilich die alte, eigentümliche, mit wenig Strichen viel sagende Holzschnittmanier mit ihrem einfachen, markigen Ausdruck in den Hintergrund treten; die modernen Künstler wollten zeigen, daß sie feinere Striche machen könnten als die alten, und daher nähern sich die heutigen Holzschnitte in Haltung und Ausdruck häufig dem Kupferstiche und selbst dem Stahlstiche; ja neuere Blätter geben zuweilen alle Launen der kecksten Federzeichnung mit einer solchen Treue wieder, daß der Betrachtende ungewiß wird, welche Art der Vervielfältigung er vor sich hat. Solche Beispiele geben uns namentlich die diesem Kapitel zur Erläuterung dienenden Holzschnittproben nach Menzelschen Zeichnungen. Dann wieder ahmen andre den Kupferstich nach, und wir finden schöne Belege für die Vollkommenheit, mit welcher dies geschehen kann, in mehren Faksimile-

Fig. 471. Ein Holzschneider.

schnitten des nächsten Kapitels. Sogar die eigentümliche Wirkung der Kreidezeichnung ist nicht unerreichbar; davon gibt uns die Nachahmung einer Lithographie in dem von dieser Kunst handelnden Kapitel den Beweis. Es versteht sich, daß derartige Kunststücke nur für besondere Zwecke ausgeführt werden; wir machen an dieser Stelle ganz besonders auf jene Holzschnitte aufmerksam, weil dieselben als Musterleistungen der Holzschneidekunst hier nicht übergangen werden dürfen. In neuerer Zeit hat man nun auch der Maschine vielfach Beschäftigung zugeteilt; eine Graviermaschine schneidet feine Parallellinien zu Lufttönen und dergl., eine Bohrmaschine tieft die größeren Zwischenräume der Zeichnung aus u. s. w.

Nachdem der Leser somit einen kurzen Überblick über das Wesen des Holzschnitts erhalten hat, wollen wir noch einige Einzelheiten nachholen, ohne uns in eine umständliche Beschreibung der Hilfswerkzeuge oder gar der Handgriffe zu vertiefen. Das jetzt allenthalben gebräuchliche Material zu den Holzschnitten ist, wie schon erwähnt, Buchsbaumholz (die bis jetzt aufgetauchten Surrogate sind immer bald wieder vom Schauplatz verschwunden), das uns fast ausschließlich Kleinasien liefert, und das beste ist das recht rein goldgelbe, ohne Äste und Flecken, welches gewöhnlich in 2—2½ cm starken Scheiben vom Stamme abgeschnitten wird. Die Oberfläche des Stockes muß durchaus eben sein, und wird zuerst mit dem Hobel, dann mit der Ziehklinge behandelt und endlich mit Schachtelhalm so fein abgeschliffen, daß sie wie poliert erscheint. Dabei muß jede Anwendung von Fett vermieden

werden. Mit einer Mischung von Kremserweiß und Gummiwasser wird sodann die Zeichen=
fläche so berieben (grundiert), daß nach dem Trockenwerden ein fest anhaftender weißer
Grund zum Vorschein kommt, der jedoch so dünn sein muß, daß man die Jahre des Holzes
noch durchschimmern sieht.

Das Zeichnen geschieht ganz wie auf Papier, am gewöhnlichsten mit einem recht spitzen
und harten Bleistifte in festen, scharfen Strichen, besonders was die Umrisse betrifft. Bei
Arbeiten für den gewöhnlichen Bedarf, wie z. B. bei Illustrationen zu Zeitschriften, kommt
es dem Zeichner nicht darauf an, daß jede Linie des Holzschnittes von ihm selbst vorgezeichnet
ist, wenn nur der Gesamteindruck der verlangte ist. Daher gibt er vieles, z. B. Lufttöne,
verlaufende Schatten, nicht in Linien, sondern mit dem Wischer, dem Pinsel oder sonstwie
an, und überläßt es dem Holzschneider, diese durch die geeigneten Strichlagen auszudrücken.

Fig. 472. Holzschnittprobe: Störche. Zeichnung von Hasse, Schnitt von Bürkner.

Auf diese Art haben beide ein leichteres Arbeiten, und ein einigermaßen geschickter Xylograph
wird solchen Vorlagen immer den Vorzug geben, da er sich freier bewegen kann, als wenn
er vorgezeichnete Linien ängstlich nachzuschneiden hat. Gilt es, nach einem schon vorhandenen
Abdrucke eine Kopie anzufertigen, und kommt auf die saubere Erhaltung des Blattes nichts
an, so bedarf es gar keiner Zeichnung, denn man kann in diesem Falle das Blatt durch
chemische Mittel dahin bringen, daß es einen Teil der Druckschwärze fahren läßt und einen
leidlichen Überdruck gibt, wenn man es auf dem Blocke anreibt. Eine mit großem Beifall
begrüßte Erleichterung des Holzschneiders hat in letzter Zeit die Photographie gebracht.
Die Photographen haben es nach vielen Versuchen endlich vortrefflich gelernt, die zu schnei=
denden Bilder sowohl gleich nach der Natur als nach Vorbildern, in letzterem Falle in be=
liebiger Vergrößerung oder Verkleinerung, so gut auf die Holzplatten zu bringen, wie es
der Stecher nur wünschen kann. Der Holzstock wird zu diesem Zwecke mit einer Mischung
von Zinkweiß, Wasser und Gummi arabicum so viel grundiert, daß die Holzfaser noch
durchscheinen kann. Dann überzieht man ihn mit einer lichtempfindlichen Substanz und läßt

Das Technische der Kunst. 563

ihn im Dunkeln trocken werden. Er wird hierauf zusammen mit dem photographischen Glas=
bilde (dem Negativ), welches für diesen Zweck verkehrt (links mit rechts verwechselt) auf=
genommen ist, in einen Kopierrahmen, wie ihn die Photographen brauchen, gebracht und
der Wirkung der Sonnenstrahlen ausgesetzt. Diese dringen nämlich durch das Glasbild
hindurch auf den Holzstock — durch die dunklen Partien natürlich schwerer als durch die
hellen, und umgekehrt — und schaffen auf ihm infolge ihrer chemischen Wirkung genau das=
selbe Bild, wie es auf der Glasplatte sich befindet, nur in der angedeuteten umgekehrten Ton=
folge; es ist aus dem negativen Bilde nach dem Entwickeln ein positives Bild geworden.

Fig. 473. Holzschnittprobe: Friedrich der Große.
Faksimile nach einer Federzeichnung von A. Menzel, Schnitt von E. Vogel.

Nach dieser Operation wird der Holzstock in eine Lösung von unterschwefligsaurem Natron
gebracht, die die empfindliche Schicht gegen den weiteren Einfluß des Lichtes unempfindlich
macht (fixiert); schließlich wird er noch ausgewaschen und getrocknet. Vorzüglich hat sich
für dieses Photo=Xylographie getaufte Verfahren der Lichtdruck bewährt, vermittelst
dessen das zu schneidende Bild in fetter Farbe auf den Holzstock umgedruckt wird. Ein
Lichtdruck ist für den Holzschneider immer angenehmer, weil er im Vergleich zur gewöhnlichen
Photographie ein schärferes Bild liefert, und weil mit ihm das so lästige Nachdunkeln der
mit dem Stichel schon entfernten oder vertieften Stellen des Holzstockes vermieden wird.

Da ist nicht mehr die Rede von einem Häutchen, welches sich bei der Arbeit los=
geben könnte, wie das allerdings bei den früheren Proben vorkam; die Bilder stehen viel=
mehr unverwischbar auf dem anscheinend ganz unveränderten weißgrundierten Holz; es lassen
sich Änderungen mit Bleistift vornehmen und unbeschadet des Bildes wieder wegwischen,

und auch das Holz erleidet in seinem Gefüge nicht die mindeste Veränderung mehr, während es allerdings in der ersten Zeit durch die Silberlösung bis auf eine gewisse Tiefe hinein eine Schwärzung annahm, die dem Auge des Holzschneiders große Schwierigkeiten verursachte. Die Stichel des Holzschneiders sind verschieden geformt und laufen entweder in eine Spitze (Tonstichel, s. Fig. 469), oder in eine mehr breite, meißelähnliche Schneide aus (Flachstichel). Bei den feinsten Arbeiten muß der Künstler, wie es Fig. 471 zeigt, eine Lupe zu Hilfe nehmen. Das zu bearbeitende Holzstück legen die meisten Holzschneider auf ein ledernes, mit Sand gestopftes Kissen, wo es sich leicht in allen Richtungen drehen läßt; andre bedienen sich verschiedentlich eingerichteter Rahmen, worin sie den Block einschrauben oder festkeilen. Zur Schonung der Zeichnung überspannt der Holzschneider seine Bildfläche mit Papier, das er, von einer Ecke her seine Arbeit beginnend, in dem Maße in kleinen Stückchen wegnimmt, wie es der Fortgang der Arbeit erfordert. Ist eine Partie mißlungen, oder ist bei fehlerhaftem Holze etwas ausgebröckelt, so bleibt meistens kein andres Mittel, als die betreffende Stelle auszubohren oder auszumeißeln und ein neues Stück Holz sauber einzusetzen; nicht selten machen natürliche Fehler im Holze das Flicken einer Platte gleich von vornherein nötig. — Das Austiefen größerer und selbst ziemlich enger Weißpartien wird jetzt rascher und bequemer mittels einer Bohrmaschine besorgt, deren Bohrer an einem Pantographen sitzt und durch diesen geführt wird.

Der massenhafte Bedarf an Holzschnitten in neuerer Zeit hat sehr fördernd auf die künstlerische und technische Ausbildung der Xylographen gewirkt und ist auch für die Arbeitslieferung von Einfluß gewesen; man arbeitet jetzt im allgemeinen gut, billig und schnell. Die schon besprochene ungemeine Dauer der auf Hirnholz gestochenen Stöcke gestattet recht wohl, das Holz in Vergleich z. B. mit Kupfer zu stellen; von einem und demselben Holzstocke kann man wohl 100 000 Abdrücke erhalten. Außerdem kann man aber die Holzstöcke auch vervielfältigen, indem man entweder durch Stereotypieren oder Abformen in Schriftmasse Klischees gewinnt, oder auch auf galvanischem Wege Kupferniederschläge veranstaltet. Man hat dadurch eine weitere Garantie, daß die einmal gethane Arbeit für alle möglichen Vorkommnisse ausreichen wird. Die Abklatsche oder Abgüsse geben allerdings immer etwas unvollkommenere Bilder als der Originalstock selbst, dagegen ist eine galvanoplastische Kopie das treueste Abbild desselben, und es ist dadurch die Möglichkeit gegeben, daß man den Holzstock gar nicht zum Abdruck in Gebrauch nimmt, sondern für die etwaige Erneuerung der Kopie aufhebt. Die große Dauer des Holzschnittes nämlich ist nur in einer Hinsicht, und zwar so zu verstehen, daß das erhaben geschnittene Bild sich ungemein wenig abnutzt; der Holzstock selbst bricht dagegen leicht auseinander, denn die aufrecht stehenden Holzfasern haben unter sich seitlich nur geringen Zusammenhang, und es kann, besonders bei großen oder durch Feuchtigkeit verzogenen Stöcken, leicht ein Bruch eintreten. Diesem Übelstande begegnet man durch die galvanoplastische Vervielfältigung der Holzplatte, die man beliebig oft wiederholen kann, ohne daß dem Originalstock das Geringste geschieht. Ohne diese Auskunftsmittel wäre die gute Herstellung so großer Auflagen, wie sie manche der illustrirten Zeitschriften haben, unausführbar.

Das Holzgravieren kann nach Beschaffenheit der Vorlage zu einer der mühsamsten Arbeiten werden. Welche Unzahl weißer Stellen von den verschiedensten Formen und bis zu mikroskopischer Kleinheit herab kann man in einem sehr detaillierten Holzschnitt bemerken, und für jede war ein entsprechendes Partikelchen Holz mit sicherer Hand abzustechen und herauszuheben. Dies kostet zuweilen so viel Zeit, daß sich die ganze Tagesarbeit eines Stechers mit einer Fingerkuppe zudecken läßt. Daher sind gut ausgeführte Holzstiche auch teuer und kaum wohlfeiler, als wenn derselbe Gegenstand in Kupfer- oder Stahlstich ausgeführt würde. Der ökonomische Vorteil des Holzschnittes liegt also nicht hier, sondern erstlich in der schon hervorgehobenen großen Ausgiebigkeit beim Abdruck, also in den möglichen starken Auflagen, und sodann darin, daß das Abdrucken auf der Buchdruckpresse gegen den lithographischen und Kupferdruck bedeutend rascher geht, also auch weniger Kosten macht. In der Verbindung des Letternsatzes mit dem Holzschnitt, wie bei illustrirten Werken, kommen endlich besondere Druckkosten für letzteren ganz in Wegfall.

Die illustrirten Werke. Die immer ausgedehntere Anwendung des Holzschnittes in der Tageslitteratur und im Bücherwesen Deutschlands hat unstreitig auf die Verbreitung

Die illustrirten Werke. 565

wissenschaftlicher und gemeinnütziger Kenntnisse und auf die Bildung des Kunstgeschmacks bereits einen mächtigen Einfluß geübt, und dieser Einfluß wird um so nachhaltiger wirken, je mehr man bei uns in erfreulicher Weise bemüht ist, die so schöne und nützliche Kunst auf ihrem vaterländischen Boden immer mehr zu heben und zu veredeln. Die ersten Illustrationen in den regelmäßig erscheinenden Zeitschriften waren allerdings bloße Nachahmungen und Abklatsche ausländischer Vorbilder, der englischen Penny=Blätter, vom Zufall zusammen= geführte Notizen und Aufsätze mit kunstlosen Bildern gemischt.

Fig. 474. Holzschnittprobe. Nach einer Ludwig Richterschen Zeichnung, geschnitten im Atelier von Bürkner.

Die vielverbreitete, zu Anfang der vierziger Jahre ins Leben gerufene „Illustrirte Zeitung" von J. J. Weber in Leipzig stellte sich zuerst nach Vorgang der „Illustrated London News" auf eine Stufe größerer Gediegenheit und Selbständigkeit in künstlerischer wie litterarischer Hinsicht (dieselbe bringt jährlich über 1000 Original=Abbildungen), und seitdem ist eine reichliche Anzahl der Belehrung und Unterhaltung gewidmeter illustrirter

Blätter entstanden, die mit größerem oder geringerem Erfolge ein gleiches Ziel verfolgen, und von denen die „Gartenlaube" einen in Deutschland bisher unerhörten Leserkreis sich erworben hat. Die Zeitungen „Über Land und Meer", „Daheim", „Schorers Familienblatt", sowie die Modenblätter „Der Bazar" und „Die Modenwelt" schließen sich mit annähernd hoher Auflageziffer an.

Auf dem Felde der Kalenderlitteratur brach der die Feder eben so geschickt wie das Messer und den Stichel führende Friedr. Wilh. Gubitz durch seinen „Illustrirten Volkskalender" eine neue Bahn, welche nach ihm viele mit mehr oder weniger Glück betraten. Heute gibt es dergleichen illustrirte Kalender eine Menge. Viele der namhaftesten deutschen Verlagshandlungen haben sich um Verallgemeinerung des Wissens, um Läuterung des Geschmacks und Hebung des nationalen Sinnes durch Herausgabe illustrirter Werke und Kunstschöpfungen Verdienste erworben. Insbesondere hat der schon genannte Leipziger Buchhändler J. J. Weber, ein geborner Schweizer, gewissermaßen der illustrirten Litteratur zu Anfang der dreißiger Jahre bei uns durch seine großartigen, großenteils zu sehr billigen Preisen in Verkauf gebrachten Verlagswerke das Bürgerrecht erworben. Ebenso vertreten Seemann in Leipzig durch seinen kunsthistorischen Verlag, die Cottasche Buchhandlung, J. Engelhorn, Paul Neff und W. Spemann in Stuttgart, und früher auch Georg Wigand in Leipzig durch seinen billigen, reich illustrirten Volksschriftenverlag die Kunstseite der neuen Richtung mit großem Erfolge, während Fr. Vieweg in Braunschweig heute als Schöpfer einer mit gleichem Erfolge hergestellten neuen Richtung illustrirter Lehr= und Unterrichtsbücher mit vollem Rechte rühmlichst genannt wird. Auch die Cyklen illustrirter populärwissenschaftlicher Werke, „Lexikon der Baukunst", „Illustrirtes Konversations=Lexikon", sowie vor allem die vielen vorzüglichen Schöpfungen auf dem Gebiete der Jugendlitteratur, welche die Verlagshandlung von Otto Spamer herausgiebt, erfreuen sich, dank der steigenden Empfänglichkeit des Publikums für gediegene Belehrung, einer wohlverdienten günstigen Aufnahme. Zur Zeit gibt es fast keine größere Verlagshandlung, welche bei ihren Publikationen des Holzschnitts ganz entraten könnte.

Die Zahl solcher Bilderwerke, bei welchen das Bild nicht bloß zur Verdeutlichung dient, sondern einen wesentlichen oder den Hauptteil des Ganzen ausmacht, und also bis zu dem Range eines wirklichen Kunstwerkes sich erheben muß, mehrt sich bei uns in neuerer Zeit in erfreulicher Weise, und man darf sagen, daß die auf deutschem Boden geborne Kunst des Holzschnitts dermalen auch in ihrem Vaterlande zur höchsten Vollkommenheit gebracht sei. Die besten vaterländischen Maler und Zeichner, wie L. Richter, A. Menzel, Bendemann, Hübner, Schnorr v. Carolsfeld, Bleibtreu, Camphausen, W. Georgi, Ludwig Burger, Oskar Pletsch, Specht u. a., lieferten und liefern Kompositionen für den Holzschnitt und finden für ihre Absichten entsprechende Ausführung. In Leipzig, Berlin, Dresden, München, Stuttgart, Düsseldorf und neuerdings auch in Wien findet die Kunst zur Zeit ihre vorzüglichste Pflege. Während die Leipziger und Berliner Künstler hauptsächlich durch ihre oft meisterhafte Technik zu wirken wissen und sich mehr zur Virtuosität in Nachahmung aller Arten von Zeichnungsweisen hinneigen, wodurch nicht selten äußerst effektvolle Bilderwerke erzielt werden, erblicken die Dresdener und Münchener die Aufgabe der Holzschneidekunst darin, daß sie durch Kraft und Einfachheit wirke, und schließen sich somit unmittelbar an Albrecht Dürer und die übrigen deutschen Altmeister an. Beide Kunstrichtungen oder Schulen haben durch ausgezeichnete Leistungen ihre Berechtigung dargethan. Als ein Meisterstück der Dresdener Schule kann das von Schnorr von Carolsfeld gezeichnete großartige Kunstwerk „Die Bibel in Bildern" bezeichnet werden, während die andre moderne Richtung, die durch den geistreichen Zeichner Ad. Menzel gewissermaßen erst hervorgerufen wurde, in dessen Illustrationen zu Kuglers „Leben Friedrichs des Großen" und besonders in dem Porträt=Prachtwerke „Aus Friedrichs des Großen Zeit" ihre größten Triumphe gefeiert hat. Die Verlagshandlungen von F. A. Brockhaus in Leipzig, Waldheim in Wien, Hallberger in Stuttgart und ganz besonders die von Alfons Dürr in Leipzig haben die Holzschneidekunst durch ihre Unternehmungen von höherem künstlerischen Standpunkte aus gefördert.

Zu welch verschiedenartigen Leistungen übrigens der Holzschnitt in seiner belehrenden Eigenschaft herbeigezogen werden kann, das zeigt dieses unser Werk am allerbesten.

Nicolas Poussin und Claude Lorrain.

Fig. 475. Holzschnittprobe: Zeichnung von P. Philippoteaux, Schnitt von C. Laplante.

Eine Anzahl von Abbildungen sind beigegeben, welche nur durch einmaligen Schwarzdruck auf gefärbtes Papier hervorgebracht sind und sich in nichts sonst von den gewöhnlichen in den Text eingedruckten Holzschnitten unterscheiden. Häufig wird indessen der farbige Untergrund besonders gedruckt. Es ist dazu zunächst, wie bei jedem andern Bilde, die sauber ausgearbeitete Platte nötig, die das schwarze Bild erzeugen soll. Von dieser wird ein frischer Abzug auf einen grundierten Holzstock übertragen und auf diesem werden alle diejenigen Stellen vertieft ausgestochen, welche auf dem Bilde weiß bleiben sollen; alles übrige wird auf der Presse mit einer gelblichen, grauen, bläulichen oder in einem andern Tone (daher der Name Tondruck) stehenden Druckfarbe auf das weiße, gewöhnlich stärkere, satinierte Papier gedruckt. Erst dann, wenn dieser Farbendruck trocken geworden, erfolgt der schwarze Aufdruck wie gewöhnlich; nur ist hierbei besondere Aufmerksamkeit darauf zu richten, daß Platte genau auf Platte zu stehen kommt und bei dem Auflegen des Papiers alle Verschiebungen verhütet werden.

An den Tondruck schließt sich der Behandlungsweise nach der eigentliche Bunt- oder Bilderdruck eng an, welcher seine Darstellungen gleich in den natürlichen Farben zu geben sucht. In diesen Zweig greift die Lithographie stark ein, welche den Vorteil bietet, viel größere Flächen beherrschen und eine viel weichere Vertreibung der Farben bewirken zu können, da sie nicht wie der Holzschnitt ihre Töne lediglich durch Strichlagen hervorbringt. Wir wenden diesem Druckverfahren in einem späteren Kapitel unsre Aufmerksamkeit besonders zu. Der Buchdruckpresse dagegen verbleiben die kleineren Arbeiten, wie Etiketten, Bilder zum Schmuck von Volks- und Jugendschriften u. s. w. Es kommt auch hier, wie bei allen zusammengesetzten Drucken, eine Mehrzahl von Platten nacheinander zur Verwendung, deren jede ihre besondere Farbe an das Papier abgibt, bis endlich aus den einzelnen Beiträgen das Bild sich gestaltet hat. Die aufs Haar genaue Zusammenpassung ist natürlich hierbei eine Hauptbedingung, und daher Sorge zu tragen, daß jeder neue Stock genau an die Stelle des früheren zu stehen kommt, daß das Papier im Druckrahmen stets an einer und derselben Stelle liegt, und namentlich auch von Anfang bis zu Ende der Auflage stets in demselben Grade von Feuchtigkeit erhalten wird. Denn ließe man das Papier zwischendurch eintrocknen und suchte es dann durch Nachfeuchten auf die alten Dimensionen zurückzubringen, so würde es mit der Passung sehr mißlich aussehen.

Hinsichtlich der Zusammenstellungen solcher Buntdrucke muß man sich übrigens nicht vorstellen, daß zu jedem einzelnen Vorkommnis im Bilde eine besondere Platte erforderlich sei. Es können erstlich zwei verschiedene Partien desselben so entfernt liegen, daß sie auf einer und derselben Platte mit Bequemlichkeit jede für sich mit der ihr zukommenden Farbe überzogen werden können. Ferner kann jede Farbe für sich im Holzschnitt mehrfach abgetönt werden. Läßt man nämlich einer erhabenen Fläche des Stocks ihre ursprüngliche Glätte, so druckt sie die volle, satte Farbe; schraffiert man sie, was mit großer Feinheit mittels Maschine geschehen kann, mit einer Lage vertiefter Linien, so mischt sich in den Abdruck das Weiß des Papiers und die Farbe erscheint dadurch heller; eine zweite Schraffierung quer durch die erste hindurch bringt noch mehr Weiß ins Spiel und gibt daher einen noch helleren Ton. Endlich können verschiedene Mischfarben erzeugt werden durch Übereinanderlegen zweier Farben. Kommt z. B. im Bilde Blau, Gelb und Grün vor, so kann eine besondere grüne Platte entbehrlich werden, indem man die grünen Partien auf die blaue und die gelbe Platte zugleich schneidet. So kann ein Bild, das vielleicht zwölf Töne zeigt, mit nur vier Platten bestritten werden.

Der chinesische Bücherdruck. Nachdem wir nun die Buchdrucker- und die Holzschneidekunst kennen gelernt und nebenbei erfahren haben, daß die chinesische Buchdruckerei durchweg auf dem Holzplattendruck beruht, wäre es wohl hier gerade der passende Ort, diese im fernsten Osten einheimische Druckkunst etwas näher anzusehen und sie vergleichend neben unsre abendländische zu stellen. Der Unterschied ist bedeutend und der Vergleich fällt, wenn es darauf ankommt, ein und dasselbe Ziel mit den wenigsten Mitteln zu erreichen, sonderbar genug, zu gunsten der Chinesen aus.

Eine einigermaßen gut eingerichtete europäische Druckerei erfordert ein eignes Gebäude, eine Schriftgießerei, eine Masse von Schriftsorten, Kästen, Rahmen, Regalen und andres Geräte, Hand- und Schnellpressen und selbst eine Dampfmaschine; ein großes todtes Kapital muß in diesen ganzen Apparat gesteckt werden. Dies alles hat der Chinese nicht nötig.

Fig. 476. Ein Blatt aus einem japanischen Buche.

Er braucht nichts als einen Tisch, einen Pinsel und etwas Tusche, einige Messer und eine Bürste; seine Maschinerie sind seine zehn Finger, und der kleine Gewerbsmann nimmt dort seine ganze Druckerei, wie ein Barbier den Scherbeutel, unter den Arm, um zu seinen Kunden oder in eine Nachbarstadt auf Arbeit auszugehen. Indessen könnten wir dieses System, das den Chinesen vollkommen genügt, für unsre Verhältnisse doch nicht brauchen; wir können von unsern beweglichen Typen, unserm Lumpenpapier, Druckfirnis und starkem mechanischen Druck nicht mehr abgehen, die ein eben so wohlgefügtes Ganze bilden als die Holzplatte, Bürste, Tusche und das Pflanzenpapier der Chinesen. Hier wie dort hat man unstreitig das Rechte gefunden, wie es eben den besonderen Verhältnissen entspricht.

Die chinesische Schrift, nachweislich aus einer Hieroglyphenschrift, ähnlich der ägyptischen, entstanden, ist bekanntlich keine Buchstaben=, sondern eine Zeichenschrift, die auch von Völkern benutzt werden kann und benutzt wird, welche eine ganz andre Sprache reden. Jedes Wurzelwort hat sein besonderes Zeichen, und eine Menge andrer Zeichen dienen dazu, die Bezeichnungen der Wörter zu einander, die Betonung sowie den wahren Sinn der Wortzeichen zu verdeutlichen, denn im Chinesischen gibt es Wörter, die dreißig, vierzig und noch mehr Bedeutungen haben. So enthält denn das offizielle Wörterbuch des Kaisers Khang=hi 42718 verschiedene Zeichen, natürlich wieder durch andre erklärt. Für gewöhnliche Litteraturzwecke läßt sich indes mit etwa 5000 auskommen, immer noch viel, wenn man den chinesischen Druck auf europäischem Fuße ausführen will.

Die Chinesen üben ihr Druckverfahren nach ihren eignen Angaben seit der Regierung eines von 55—80 n. Chr. herrschenden Kaisers aus. Vorher schrieben sie auf dünne Bambustäfelchen. Sie verfahren noch heute so, wie es schon die Jesuiten, denen wir die ersten Nachrichten über jenes Land verdanken, bei ihnen sahen. Sie schneiden ihre Schrift in feinen, harten Holzplatten aus, die auf beiden Seiten benutzt werden. Ist große Eile nötig, so bringt man eine Masse Arbeiter zusammen, jeder erhält ein schmales Brettchen, das eine oder zwei Zeilen fassen kann; diese Teile werden dann mit Stiften zu einer Platte zusammengenagelt. Gibt es eine einzelne Änderung in einer fertigen Platte zu machen, so wird das betreffende Stückchen herausgeschnitten und ein neues eingesetzt, man verwendet hierzu auch statt des Holzes Thonpfröpfe, die man formt und hart brennt.

Auf einer chinesischen Holzplatte kommen immer zwei Seiten nebeneinander zu stehen, und dieselbe ist so groß, daß auch der Rand des Papiers noch aufliegt. Der Rand dient meistens zu Anmerkungen, Rubriken u. dergl. Sind die Platten für den Schnitt eines Werkes vorgerichtet, so wird zunächst auf eine derselben nach Anordnung des Kalligraphen ein Netz von Linien geschnitten, welche die Platte in kleine Vierecke teilen, in deren jedes ein Schriftzeichen zu stehen kommt. Mit diesem Liniennetz werden in roter Farbe so viel Blätter bedruckt, als der Kalligraph für das Werk überhaupt zu schreiben hat, und diesem zugestellt. Er entwirft auf diese Linienblätter in schwarzer Tusche die Schrift ganz so, wie sie im Abdruck erscheinen soll; die Schönheit derselben hängt natürlich von seiner Geschicklichkeit ab, die meistens nicht gering ist, denn die Schönschreiber bilden eine besondere Klasse, die lediglich dieses Geschäft betreibt. Nicht selten ist aber Schreiber, Ausschneider und Drucker nur eine Person. Der Holzschneider nimmt nun ein beschriebenes Blatt, klebt es mit der Schriftseite mittels Reiskleisters auf seine Platte, läßt es trocknen und reibt sodann das Papier mit den Fingern ab; die Schrift bleibt dadurch deutlich auf dem Holze sitzen. Handelt es sich um den Wiederabdruck eines schon vorhandenen Werkes, so verfährt man mit einem Exemplar der früheren Auflage natürlich ebenso, ohne des Schreibers zu bedürfen. Dann arbeitet der Holzschneider mit verschieden geformten Instrumenten alles freiliegende Holz aus, so daß nichts stehen bleibt als die schwarzen Schriftzeichen und die senkrechten Linien, welche die von oben nach unten laufenden Schriftzeilen voneinander trennen. Der fertige Block wandert hierauf in die Hände des Druckers, der ihn auf einen Tisch legt und mit einem in Tusche getauchten Haarpinsel leicht darüber hinfährt, worauf das Papier aufgelegt und mit einer Bürste sanft angedrückt wird. Ein Arbeiter kann auf diese Art täglich 2000 Blätter abziehen. Das weiche, ungeleimte chinesische Papier nimmt die Tuschfarbe sehr willig und rein auf, läßt sie bei seiner Dünnheit jedoch auf der andern Seite sehen, und dies ist der Grund, warum die Blätter nur auf einer Seite gedruckt werden können. Soll das Werk eingebunden werden, so werden die Blätter einzeln so zusammengefalzt, daß die leere Seite einwärts kommt, dann aufeinandergelegt und hinten, wo die offenen Ränder der Blätter liegen, zusammengeheftet. Das Buch erhält nun noch seine Deckblätter aus Papier oder Seidenstoff und ist fertig. Eine chinesische Druckplatte kann, da sie sowenig angegriffen wird, 30—40000 Abdrücke aushalten und auch dann noch durch Nachschneiden weiter benutzbar gemacht werden. Wie ein Blatt eines solchen in Holz geschnittenen Buches aussieht, in welcher Weise die asiatischen Holzschneider ihre Aufgabe lösten, das wird dem Leser bei

Der chinesische Bücherdruck. 571

Betrachtung des vorstehenden Faksimile (s. Fig. 476) ersichtlich werden, welches durch Überdruck einem japanischen Buche entnommen und durch unsre Xylographen nachgeschnitten worden ist. Die Japanesen gebrauchen von den chinesischen Zeichen nur einen kleineren Anteil und wenden sie ganz anders an, indem sie jedem derselben den Wert einer bestimmten Silbe beilegen.

Fig. 477. Faksimile eines chinesischen Holzschnittes.

Seitdem in neuerer Zeit ein stärkerer Verkehr zwischen Europa und China eingetreten, ist es nicht schwer, sich den Anblick eines chinesischen Buches zu verschaffen, denn die Bände sind nicht teuer, und an Ort und Stelle meist so wohlfeil, wie ein europäischer Buchhändler seine Verlagswerke nur bei einem sehr starken Absatze geben könnte. Ein solches Buch sieht meist ganz hübsch aus; alles ist zierlich, sauber und zweckmäßig zum Gebrauch eingerichtet; Abbildungen, wo sie nötig, sind in Fülle vorhanden. Die Bilder, obwohl nur in einfachen Umrissen und wegen des Mangels der Perspektive von ungewöhnlichem Ansehen, sind doch zierlich und veranschaulichen das Darzustellende immer sehr deutlich. An der unteren Ecke der Blätter ist gewöhnlich ein schwarzes Viereck mit aufgedruckt, damit die Beschmutzung derselben, welche die Finger beim Umblättern verursachen, nicht so sichtbar werde. Bei Titeln, Überschriften und andern hervorzuhebenden Zeilen läßt man öfters das Holz stehen und graviert die Schrift vertieft hinein, so daß sie im Abdruck weiß auf schwarz erscheint.

72*

So leisten also die Chinesen mit den einfachsten Mitteln der Billigkeit und Menge nach leicht dasselbe, was wir nur durch eine Menge künstlicher Instrumente und große mechanische Kraft zustande bringen. Allerdings können die Europäer ihre Erzeugnisse schneller liefern, denn der Holzschneider in China braucht zum Schneiden einer Seite einen Tag, und der Drucker kann es nicht einmal mit einer europäischen Handpresse, geschweige denn mit der Schnellpresse aufnehmen. Seine 2000 Drucke täglich enthalten nur zwei Schriftseiten, was also 250 Bogen unsres Druckes ausmacht. Dessenungeachtet aber ist es thatsächlich, daß in großen chinesischen Städten ein umfangreiches Werk durch Verteilung der Arbeit rascher zustande kommen kann als in Europa. Beispielsweise soll ein chinesischer Kaiser einmal eine Sammlung der chinesischen Klassiker haben herausgeben lassen, bei welcher Gelegenheit lange Zeit täglich 120 Bände erschienen seien.

Als die europäischen Missionare mit ihren Druckereien zu den Chinesen kamen, konnten diesen wenigstens bewegliche Einzellettern, als von ihnen gelegentlich selbst angewandt, nichts Neues sein. Missionare brachten es auch schon 1662 bei dem Kaiser Khang=hi dahin, daß 250000 bewegliche Letternstücke in Kupfer gestochen wurden, die dann zum Druck von älteren, zusammen 6000 Quartbänden, gedient haben. Jetzt werden in der kaiserlichen Staatsdruckerei zu Peking jedes Jahr eine Anzahl Bücher mit beweglichen Typen gedruckt, auch bei Missionaren finden sich europäisch eingerichtete Druckereien mit chinesischen Typen.

Stellvertreter des Holzschnitts. Wie wir aus dem Vorhergehenden gesehen haben, war die Entwickelung der Holzschneidekunst im Laufe von fast fünf Jahrhunderten keine ununterbrochene und keine fortschreitend erfolgreiche, es mußte dieselbe vielmehr, nachdem sie bald nach ihren Anfängen die höchste Blüte erreicht hatte, lange, lange Zeit durch äußere Verhältnisse gezwungen, gefesselt im Dunkeln schmachten, und erst in der ersten Hälfte unsres Jahrhunderts wurde sie wieder von ihrem Banne erlöst und auf die richtigen Pfade geleitet. Von da ab kam sie allerdings bald wieder zu gedeihlichem Aufschwung, es war, als ob man das Versäumte an ihr hätte nachholen wollen, und so haben wir heute die Holzschneidekunst im Stadium glänzendster Entwickelung gesehen, gepflegt von unsern besten Künstlern. Wenn nun aber auch von künstlerischem Standpunkte aus betrachtet die Holzschneidekunst heutzutage Vollkommenes leistet, so kann sie doch nach einer andern, industriellen, Richtung hin nicht allen Anforderungen gerecht werden, die man in unsrer schnellebigen Zeit an sie stellt. Denn es ist ja der Beruf der Holzschneidekunst von je gewesen, nicht nur als selbständig wirkendes Bild, wie das Gemälde, aufzutreten, sondern gerade infolge seiner Fähigkeit, mit dem Lettersatz zusammen gedruckt werden zu können, mußte sich der Holzschnitt einen engeren Anschluß an das Wort, zu dessen Verdeutlichung oder Illustration er diente, gefallen lassen. Nun ist das Gebiet der Illustration aber heutzutage ein unbegrenztes; da ist kein Zweig der Kunst, der Wissenschaft oder der Industrie, welcher des besten Anschauungsmittels, der Illustration, in seinen Publikationen entbehren könnte, nicht nur Zeitungen, die eine gewisse Kunstrichtung verfolgen, auch technische Zeitschriften und Unterhaltungsblätter aller Art sind ohne Abbildungen kaum mehr denkbar. Es ist aber begreiflich, daß in erster Linie die industriellen Blätter, die oft und schnell erscheinen, weniger auf die künstlerische Ausführung, als auf die genaue, schnelle und billige Herstellung ihrer Abbildungen sehen müssen, und für solche Erfordernisse reichten die Kräfte der Holzschneidekunst, die einer immerhin langwierigen und infolgedessen kostspieligen Behandlung bedarf, nicht aus, was sie zu leisten im stande ist, das leistete sie schon seit Jahren. Deshalb kam man auf den Gedanken, die schwierige mechanische Arbeit des Schneidens durch eine einfachere und schnellere chemische Operation, durch Ätzen, zu ersetzen; natürlich mußte man dabei vom Holz abstrahieren und zu einem gefügigen Metall greifen. Es wurde hierfür das Zink gewählt, das schon der Erfinder der Lithographie, Sennefelder, bisweilen als Ersatz des lithographischen Steines benutzt hatte, und nach ihm viele andre für ähnliche Zwecke, mit großem Erfolg. Auch mit dem Prozeß des Ätzens war man seit langem vertraut, hatte doch schon Albrecht Dürer dieses Verfahren von der Goldschmiedekunst auf den Kupferstich übertragen, und auf diese Weise den Grund zu der späterhin so vielfach ausgebeuteten Radiermanier gelegt. Natürlich mußte aber für die Buchdruckpresse eine Metallplatte tiefer geätzt werden, als dies beim Kupferstich notwendig ist, da sich sonst im Druck das Bild verschmiert haben würde, und gerade für diesen Zweck erwies sich das

Stellvertreter des Holzschnitts.

Zink als äußerst brauchbar. Es bildete sich auf Grund dieser Versuche allmählich ein Verfahren aus, das man später **Chemigraphie** benannt hat, weil es in der Hauptsache auf der chemischen Wirkung der Säure auf Zink beruht und das jetzt in erster Linie als Ersatzmittel des Holzschnitts zu betrachten ist. — Es kommt bei der Chemigraphie zunächst darauf an, daß die Zeichnung des Künstlers vom Papier auf Zink gebracht und hier so geätzt wird, daß die Säure alles um die Striche der Zeichnung herum liegende Metall bis zu einer bestimmten Tiefe wegfrißt und nur das Bild selbst, welches mit einem Deckgrund ü erzogen, der Säure widersteht, auf der Zinkplatte erhaben stehen läßt.

Fig. 478. Zinkätzung: Umdruck einer Zeichnung, auf autographischem Papier mit Kreide ausgeführt.

Das Übertragen der Zeichnung kann aber auf verschiedene Weise bewerkstelligt werden, zunächst durch direkten Umdruck, wenn das Original auf autographischem Papier mit chemischer Tusche ausgeführt ist. Nachdem in einer Presse der Umdruck vollzogen ist, wird das Bild auf der Zinkplatte zunächst gegen die Säure widerstandsfähiger gemacht, indem man es mit einer fetten, schnell trocknenden Farbe überwalzt, und dann zum Ätzen in eine Wanne legt, die mit Wasser und Salpetersäure gefüllt ist. Die Säure frißt nun alles Metall, welches um die Striche der Zeichnung herumliegt und durch fette Farbe nicht geschützt ist, langsam weg; da sie aber nicht nur in die Tiefe wirkt, sondern auch nach der Seite hin und deshalb die zarten Stellen der Zeichnung zerstören würde, muß man hiergegen Schutz schaffen, indem man das Bild mit Harzpulver bestreut, welches, wenn die erste Ätzung vorüber ist, geschmolzen wird, so daß es an den Seiten der durch die Säure vertieften Stellen herabfließt und diese gegen die Ätzung verwahrt. Wenn nach wiederholter Anwendung von Säure die erwünschte Höhe und Tiefe erreicht ist, wird die Deckmasse durch ein Auflösungsmittel entfernt. Die fertige Zinkplatte wird dann auf hartes Holz befestigt und kann ganz wie ein Holzschnitt in der Buchdruckpresse vervielfältigt werden.

574   Die Holzschneidekunst.

Die einzelnen kunstgerechten Behandlungen bei diesem Verfahren erfordern zwar große Sorgfalt, im ganzen aber geht die Arbeit schnell von statten; eine Zeichnung, an welcher der Holzschneider vierzehn Tage zu thun haben würde, ist als Zinkhochätzung in fast ebensoviel Stunden herzustellen. Der Prozeß des Ätzens bleibt immer derselbe bei den verschiedenen Methoden der Chemigraphie; dieselben unterscheiden sich nur durch die Art und Weise, wie die Zeichnung auf die Zinkplatte gebracht wird. Außer dem beschriebenen direkten Umdruck läßt sich nämlich auch die Zeichnung sofort auf die Zinkplatte selbst radieren, ähnlich wie beim Kupferstich, so zwar, daß sie hell auf dunklem Grund erscheint; da nun durch Auftragen einer chemischen Mischung das radierte Bild gegen die Säure widerstandsfähig gemacht wird, frißt diese beim Ätzen nur die blanken Metallstellen weg, die Zeichnung aber bleibt erhaben stehen. Auch kann man Stahlstiche, Lithographien, Holzschnitte, Lichtdrucke 2c. auf Zink überdrucken, wenn die Zeichnung zuerst von der Originalplatte aus auf autographisches Umdruckpapier gebracht, und dann in der beschriebenen Weise behandelt wird.

Fig. 479.   Zinkographische Wiedergabe einer Kupferradierung.

Dieses letzte Verfahren ist recht praktisch, wenn z. B. ein schwieriger Holzschnitt in Zink geätzt werden soll, dessen nochmalige Umzeichnung zu viel Zeit und Kosten benötigen würde; aber dabei ist die Hauptbedingung die, daß dem Zinkographen der Originalholzstock zur Verfügung steht, und das ist nicht immer der Fall. In Verlegenheit gerät aber der Chemigraph deshalb nicht mehr, seitdem sich die Photographie mit ihren gewaltigen Hilfsmitteln zur Zinkätzung gesellt und dieselbe zu einer bedeutenden vervielfältigenden Kunst erhoben hat.

Die Photographie nämlich insofern, als mit ihrer Hilfe die Zeichnung, resp. das Bild, auf die Zinkplatte behufs Ätzung übertragen werden kann. Es läßt sich dies auf zweierlei Weise ausführen, entweder belichtet man unter dem im Apparat gefertigten photographischen Glasnegativ ein Stück präpariertes, lichtempfindliches Papier (wobei sich das Bild von der Glasplatte auf das Papier überträgt), walzt dieses dann mit fetter Farbe ein und druckt es auf die Zinkplatte um, oder man macht gleich die Zinkplatte selbst durch Auftragen einer Asphaltlösung lichtempfindlich und bringt sie unter dem Glasnegativ in den Kopierrahmen, damit sich auf ihr das Bild entwickele.

Dieses **Photo-Chemigraphie**, oder **Heliotypie** genannte Verfahren hat sich in neuerer Zeit in recht erfreulicher Weise entwickelt und wird in großem Maßstabe als Ersatzmittel für den Holzschnitt verwendet. Die Vorzüge desselben sind aber auch bedeutende. Man denke sich nur, es solle für eine Zeitschrift oder für ein Werk ein Holzschnitt, ein Stahl- oder Kupferstich u. s. w., von welchem die Originalplatte nicht vorhanden ist, kopiert werden. Das nochmalige Zeichnen und Schneiden, resp. Stechen desselben würde viel zu lange aufhalten und zu kostspielig sein — da photographiert man einfach das betreffende Blatt und druckt die Photographie auf die angegebene Weise auf die Zinkplatte zur Ätzung um.

Fig. 480. Photozinkographische Reproduktion eines Spitzenvorhangs (direkt nach dem Stoff photographiert).

Ganz besonders wertvoll ist dieses Verfahren da, wo Zeichnungen oder Stiche alter Meister, Handschriften oder dergleichen wiedergegeben werden sollen, wo der Holzschnitt selbst mit größter Sorgfalt das Original nicht so genau wiedergeben könnte, wie die Photographie, oder auch bei der Vervielfältigung künstlerisch ausgeführter Zeichnungen. Für den Holzschneider bildet, wie wir gesehen haben, die Zeichnung des Künstlers eigentlich nur die Vorlage für seine Arbeit, und auf seine Fähigkeiten kommt es an, in welcher Weise das Bild zur Geltung gebracht wird. Das ist bei der Chemigraphie anders, weil hier die Herstellung der Druckplatte keinem mechanischen Prozeß unterliegt, die Zeichnung vielmehr ohne jede Veränderung zum Druck gelangt. Das ließe sich ja auch schon durch bloßen Umdruck ausführen, wenn nämlich die Zeichnung in chemischer Tusche auf autographischem Papier entworfen ist, aber hierbei wird leider das Original verdorben, und wenn dies vermieden werden soll, muß wiederum die Photographie eintreten, die, wie man aus alledem ersieht, ein mächtiger Bundesgenosse der Chemigraphie geworden ist.

Soll die chemigraphische Illustration eine kräftige, volle Wirkung erreichen, so wird die Zeichnung am besten auf sogenanntem Tonpapier ausgeführt, d. h. einem Papier, welches mit einer weißen Kreideschicht überzogen und auf dem ein Ton in Punkten oder Linien schwarz vorgedruckt ist, welcher dem Künstler für das zu schaffende Bild als Mittelton dient. Durch Schaben mit glatten und gezähnten Schabmessern lassen sich auf solchem Papier die verschiedensten Wirkungen erzielen und Bleistift sowohl wie Kreide, Tusche und Farbe in Anwendung bringen. Schon im Jahre 1877 hatte sich Gillot fils in Paris für chemigraphische Zwecke ein ähnliches Papier gefertigt, nämlich einen Karton, der mit Leim und Bleiweiß überzogen war. Auf diesen machte der Künstler zuerst seine Skizze, dann nahm er eine kleine Molette, d. h. eine kurze, dicke, mit Kurven versehene Walze, und rollte dieselbe über die Skizze, wodurch vertiefte Linien entstanden. Indem der Reibstempel wagerecht und senkrecht gerollt wurde, bildeten sich vertiefte, sich kreuzende Linien. Bei der nachherigen Ausführung der Skizze mit Reißblei oder harter lithographischer Kreide berührte diese nur die erhabenen Stellen des Kartons, die vertieften, durch den Reibstempel erzeugten Linien blieben also hell stehen. Das oben erwähnte, von der Firma Angerer & Göschl in Wien patentierte Tonpapier beruht auf einem ähnlichen Prinzip.

Währenddem in Deutschland, wie überhaupt in Europa, die Chemigraphie das am meisten benutzte Ersatzmittel für den Holzschnitt bildet, wendet man in Nordamerika ein andres, Photo=Engraving genanntes Verfahren mit großem Erfolge für denselben Zweck an. Dieses Verfahren unterscheidet sich von der Chemigraphie wesentlich durch die Herstellungsweise der Druckplatte; es wird nämlich dabei nicht geätzt, sondern abgeformt. Eine Chromleimschicht hat die Eigenschaft, am Lichte hart und unlöslich zu werden und, in Wasser gelegt, nur an denjenigen Stellen Wasser einzuschlucken und aufzuquellen, an welchen sie gegen das Licht geschützt war. Belichtet man also eine solche Schicht unter einem photographischen Glasnegativ, so werden nur diejenigen Stellen derselben vom Lichte berührt und folglich unlöslich gemacht, die auf dem Glase durchsichtig sind, die andern Stellen bleiben löslich und quellen nachher im Wasser auf. Auf solche Weise verwandelt sich die Chromleimschicht in ein schwaches Reliefbild, dem photographischen Negativ genau entsprechend, nur als positiver Abdruck, d. h. was dort hell war, ist hier dunkel oder vertieft, und was dort dunkel war, ist hier hell und erhaben. Von diesem Relief wird ein Abklatsch in feinstem Alabastergips genommen und von diesem Abklatsch wieder ein Abguß in der gewöhnlichen Letternmetall=Legierung. Der letztere wird dann auf Holz eingerichtet und beim Druck wie ein gewöhnliches Holzschnittklischee behandelt. Um aber in der Illustration möglichste Genauigkeit und Schärfe zu erreichen, wird der betreffende Gegenstand zuerst in vergrößertem Maßstabe photographiert und dann noch einmal über der Photographie in Tusche nachgezeichnet. Mit einer chemischen Lösung macht man hierauf die Photographie verschwinden, so daß nur noch die Tuschzeichnung zurückbleibt, und diese wird dann wiederum auf die gewünschte Größe photographisch reduziert. Das amerikanische Verfahren ist zwar nicht so einfach wie unsre deutsche Chemigraphie, es soll aber weniger geschulte Kräfte erfordern und deshalb billiger sein.

In der Praxis haben die chemigraphischen Verfahren als Ersatzmittel des Holzschnittes längst die Feuerprobe bestanden; im Anfang zwar begegnete man den neuen Ankömmlingen auf dem Gebiete der graphischen Künste mit wenig Vertrauen, und das mochte in den ersten, noch wenig glänzenden Proben seine Berechtigung finden, aber im Laufe der Zeit bildeten sich dieselben so schnell aus und förderten so tüchtige Leistungen zu Tage, daß auch die Gegner der Ätzmethoden deren Wichtigkeit, besonders für die Industrie und Wissenschaft, anerkennen mußten. Wir finden heutzutage nicht nur in technischen Zeitschriften oder Büchern chemigraphische Illustrationen, selbst Werke, die einen entschieden künstlerischen Standpunkt einnehmen, wie die „Illustrirte Zeitung", „Über Land und Meer" u. s. w., bringen ab und zu Chemigraphien, die sich neben den sorgfältig ausgeführten Holzschnitten nicht zu schämen brauchen. — Freilich spielt beim Druck einer Zinkätzung die Geschicklichkeit des Druckers beim Zurichten eine noch größere Rolle als bei einem Holzschnittklischee, weil die Linien der Zeichnung auf dem Zinkklischee sämtlich in einer ebenen Fläche liegen und ohne Zuthat des Druckers nur ein flaches, gegensatzloses Bild geben würden. Auch nimmt sich der Druck auf gutem glatten Papier immer vorteilhafter aus, als auf einer dünnen, rauhen Papiersorte; daher kommt es, daß in Wirklichkeit viele Illustrationen gegen die gelieferten Probedrucke so sehr abstechen.

Fig. 481. Zinkätzung nach einer Zeichnung von F. Flinzer, auf Tonpapier ausgeführt.

Die sämtlichen bis hierher angeführten Stellvertreter des Holzschnitts stellen aber nun an die zu wiederzugebende Zeichnung eine conditio sine qua non: in der Buchdruckpresse lassen sich, wie wir schon früher beim Holzschnitt erwähnt haben, nur solche Klischees vervielfältigen, deren Schatten und Halbschatten aus Linien oder Punkten oder aus Erhöhungen und Vertiefungen bestehen, damit die Walze die Druckfarbe auf das Klischee so auftragen kann, daß im Bilde die Übergänge von Licht und Schatten der Zeichnung entsprechend wiedergegeben werden. Wäre die Zeichnung getuscht, d. h. die Schatten derselben zusammenhängende Tonflächen, so würden in der Illustration diese Stellen auf dem Papier als schwarze Flecken oder Kleckse erscheinen, weil die Walze die Druckfarbe ganz gleichmäßig aufgetragen haben würde. Um also die Mitteltöne oder Halbschatten zu retten, ist es notwendig, daß schon die Zeichnung aus Strichen oder Punkten bestehe, damit das Klischee so ausfällt, wie es der Holzschneider mit dem Stichel schafft. Das ist dem Künstler leicht möglich, er kann seine Zeichnung ebenso gut für den Holzschnitt wie für die Ätzung einrichten, anders ist es aber bei der Photographie. Ein photographisches Bild nach einer Naturaufnahme besteht ja zwar auch wie die Zeichnung aus Licht und Schatten, allein nicht nur aus Hell und Dunkel, sondern aus zart verwaschenen Abstufungen und Übergängen, kurz aus zusammenhängenden, ununterbrochenen Tonflächen. Ein solches Klischee würde sich für die Buchdruckpresse als Ersatz für den Holzschnitt nicht eignen, die resultierende Illustration würden schwarze verschwommene Flecken auf dem Papiere sein.

Es war aber ein gar zu verlockender Gedanke, die photographische Aufnahme irgend eines Gegenstandes, einer Landschaft, einer Person u. s. w. direkt in ein Buchdruckklischee umzuwandeln, und deshalb hat man seit der Erfindung dieser Kunst an der Lösung des Problems gearbeitet: die verwaschenen Halbtöne des photographischen Bildes in Striche oder Punkte zu zerlegen, und infolgedessen entstand eine ganze Reihe sogenannter **phototypographischer Verfahren**, die zur Verfolgung ihres Zweckes alle verschiedene Wege einschlugen.

Einer der ersten, welche nach dieser Richtung hin praktische Erfolge aufzuweisen hatten, war der Franzose M. Ph. Petit. Er fertigte sich ein aus einer Chromleimschicht bestehendes Reliefbild — sowie wir es beim Photo=Engraving=Verfahren beschrieben haben — und preßte dieses in eine weiße, wachsartige Masse, so daß ein genauer Abdruck zurückblieb. Diese Wachsmatrize überzog er dann gleichmäßig in den Vertiefungen wie auf den Erhöhungen mit schwarzer Farbe und legte sie dann auf die Scheibe einer Graviermaschine, deren Senknadel so gerichtet wurde, daß sie gerade die Flächen der tiefsten Höhlungen der Wachsmatrize erreichte. Die Vförmige Senknadel grub nun durch regelmäßige Bewegungen der Graviermaschine auf die Wachsmasse regelmäßige Striche ein, die weiß erschienen und infolge der kegelartig geformten Nadel an den erhöhten Stellen, d. h. in den Lichtern des Bildes, am breitesten waren. Durch eine Wiederholung dieser Operation wurden die ersten Striche des Reliefs gekreuzt, so daß die geschwärzte Wachsmatrize schließlich wie eine Linienzeichnung aussah, die dann vermittelst Umdrucks zu einem Zinkklischee umgewandelt werden konnte. Dieses in Frankreich vielfach zur Anwendung kommende Verfahren ist vom Erfinder desselben **Similigravure** genannt worden, aber trotz einer später vorgenommenen Änderung ist dasselbe immer noch zu umständlich und außerdem nicht zuverlässig, da während der Gravierung häufig Stückchen aus der Wachsmasse herausspringen.

Ein auf ganz ähnlichen Prinzipien beruhendes phototypographisches Verfahren ließ sich Fred. E. Ives in Philadelphia patentieren; er photographiert zuerst den betreffenden Gegenstand und fertigt dann ebenfalls mit Hilfe des Chromleimes ein Reliefbild und von diesem einen Abklatsch in Wachs an, dessen weiße Oberfläche er dann dadurch in Linien und Punkte zerlegt, daß er einen Kautschukstempel, der durch konische Vertiefungen in parallele Linien und Punkte eingeteilt ist, mit einer schwarzen Farbe benetzt und ihn dann auf die Wachsmasse aufpreßt. Diese Linien und Punkte treffen alsdann die höchsten Stellen des Bildes ganz, die mittleren Partien nur teilweise, die Tiefen aber bleiben von denselben frei. Nach dieser Operation hat das Wachsbild so wie beim Petitschen Verfahren das Aussehen einer Linienzeichnung, und läßt sich ebenso durch Umdruck in fetter Farbe auf Zink bringen und ätzen.

In Amerika wird von diesem, nach dem Erfinder getauften Ives=Verfahren in ausgedehntem Maße für industrielle Zwecke Kapital geschlagen, nur ist der Druck dieser Klischees nicht ganz leicht, da sie äußerst flach gehalten sind.

Endlich gehört hierher noch ein von Meisenbach und von Schmädel in München erfundenes und auch von Edm. Gaillard in Berlin in ähnlicher Weise geübtes, Autotypie genanntes Verfahren, welches sich von den beiden vorhergehenden wesentlich unterscheidet. Hierbei wird die Zerlegung der Halbschatten in Linien und Punkte gleich während der photographischen Aufnahme auf der Glasplatte selbst vorgenommen, indem vor dem photographischen Apparat eine Glastafel aufgestellt wird, auf welcher parallel laufende Linien in gleichmäßigen Zwischenräumen eingraviert sind. Diese Glastafel wird zuerst so gestellt, daß die Linien senkrecht zum Bilde zu stehen kommen und dann während der Aufnahme halb umgedreht, so daß die Linien nun wagerecht zum Bilde liegen und die früheren Linien kreuzen. Auf der photographischen Platte entsteht dadurch eine zarte Schraffierung, welche für den Buchdruck die erforderliche Unterbrechung der Halbschatten oder, technisch ausgedrückt, das „Korn" bildet. Die Übertragung des Bildes von der Glasplatte auf Zink geschieht auf die beschriebene Weise, ebenso die Ätzung derselben.

Welches ist nun der Wert der phototypographischen Verfahren der Chemigraphie und dem Holzschnitt gegenüber? Zunächst der, daß bei denselben nicht nur die Stichelarbeit des Holzschneiders durch das Ätzen, sondern auch das Zeichnen durch die Photographie ersetzt und dadurch ein schnelleres und genaueres Bild erzielt wird. Es gibt ja unzählige Gegenstände in der Natur oder im täglichen Verkehr, welche der Stift des Zeichners niemals in allen Teilen so genau wiedergeben kann,

Fig. 482. Probe einer autotypischen Buchdruckplatte, hergestellt durch direkte Übertragung der Photographie auf Metall (Patent Meisenbach).

wie die Photographie, die ein Spiegelbild des Originals liefert, und wenn auch die absolut genaue Wiedergabe nicht immer dem Zweck entspricht, so ist dieselbe immerhin in vielen Fällen wünschenswert, bei bestimmten wissenschaftlichen Objekten sogar notwendig. Ein andrer Vorzug dieser Verfahren ist der, daß sich alle getuschten Zeichnungen, also auch Gemälde, mit Hilfe derselben wiedergeben lassen — und welch reiches Feld wird dadurch dem Kunstverleger eröffnet, wie viel kostbare Schätze sind nicht in Gemäldegalerien und Museen verborgen, die bisher nur dem Bemittelten zugänglich waren, aber nun vermittelst unsrer phototypographischen Verfahren jedermann, und zwar im vollen Werte des Originals, vor Augen geführt werden können!

Fig. 483. Photochemigraphie von Lefman & Lourdel in Paris vom Jahre 1869.
(Verkleinerung einer Abbildung aus „Cervantes, Don Quichote", illustré par Doré. Paris, Hachette & Comp.
(Deutsche Ausgabe: Berlin, Verlag von A. B. Auerbach.)

Allerdings ist dabei zu berücksichtigen, daß man es dabei mit einer nacherzeugenden Kunst zu thun hat, die noch in den Anfängen begriffen ist und vom ästhetischen Standpunkte aus betrachtet noch manches zu wünschen übrig läßt; allein auch der Holzschnitt, der Kupferstich und die Photographie haben ihre Kindheit gehabt und zu jener Zeit den jetzigen Leistungen gegenüber nur Schwaches erzeugt; wenn sich den phototypographischen Verfahren auch fernerhin ausgezeichnete Kräfte widmen, werden dieselben binnen kurzem auf einer höheren Stufe der künstlerischen Vollkommenheit angelangt sein.

Stellvertreter des Holzschnitts.

Die bis hierher besprochenen chemigraphischen und phototypographischen Verfahren kann man als die wichtigsten und jetzt fast ausschließlich in Anwendung kommenden Stellvertreter des Holzschnitts bezeichnen, der Vollständigkeit halber seien aber noch einige andre ältere Verfahren erwähnt, welche für unsre jetzigen Ätzmethoden die Vorläufer und Grundlage bildeten.

In England tauchte im Jahre 1866 ein Druckverfahren auf, welches damals in den dortigen künstlerischen Kreisen Aufsehen erregte. Die sogenannte Graphotypie. Eine Metallplatte wurde mit feiner Kreide bedeckt und damit dem Druck einer hydraulischen Presse ausgesetzt. Die Kreideschicht wurde dadurch äußerst fest und poliert, ähnlich wie Elfenbein. Auf diese Platte zeichnete der Künstler mit einer besonderen Tinte, die sich mit der Kreide verhärtete, so daß, wenn man mit der Bürste über die Zeichnung ging, die Kreide sich zerstäubte und das Bild im Relief stehen blieb. Das Reliefbild wurde auf galvanischem Wege in Kupfer wiedergegeben und diese Abklatsche konnten ebenso wie die Holzschnitte zugleich mit dem Texte gedruckt werden.

Ein interessantes Verfahren wurde von dem Dänen Piil erfunden und von ihm Chemitypie genannt. Dasselbe beruht auf einer Ätzung, und zwar auf einer doppelten, steht aber in seiner Ausführung ganz vereinzelt da und schließt sich direkt an kein andres an. Zunächst wird das Bild ganz so, als sollte es durch die Kupferdruckpresse vervielfältigt werden, in eine mit Ätzgrund überzogene Zinkplatte verkehrt radiert und in die Tiefe geätzt. Nach sorgfältiger Abwaschung des Deckgrundes beginnen die eigentümlichen Handhabungen. Man bedeckt die geätzte Seite mit einer Schicht von Pulver oder Feilspänen einer leichtflüssigen Mischung, angeblich Zinn und Wismut, und erhitzt die Platte über einer Spiritusflamme, bis das Aufgestreute schmilzt und ein flüssiger Spiegel die ganze Fläche bedeckt. Nach dem Erkalten, wo natürlich das Ganze als ein einziges Stück erscheint, in dessen Innerem die Radierung versteckt und anscheinend verloren ist, beginnt der Chemitypist das Zink mit Hobel oder Schaber abzuarbeiten, erst kräftiger, dann immer vorsichtiger, bis er schließlich zum Schleifen übergeht. Die Arbeit ist beendigt, wenn das Bild

Fig. 484. Probe einer Chemitypie nach dem älteren Piilschen Verfahren. (Wolfram von Eschenbach. Nach M. von Schwind.)

in allen Teilen auf der Platte sichtbar geworden ist; es erscheint wie eine feine eingelegte Arbeit, indem das flüssige Metall in alle Vertiefungen der Radierung eingedrungen ist und sie vollständig ausgefüllt hat. Nun bedarf es nur noch ein wenig Säure und einiger Minuten Zeit, um aus der flachen Platte eine erhabene Type zu machen. Infolge des elektrischen Gegensatzes zwischen dem Zink und dem andern Metall geschieht es nämlich, daß nur das erstere von der aufgebrachten Säure angegriffen und weggefressen wird; die Züge der Zeichnung treten also mehr und mehr erhaben heraus, und wenn man mit dem Ätzen rechtzeitig aufzuhören weiß, so stehen sie mit ihrem Fuße festgewurzelt auf dem gleichartigen Grunde und lassen sich eine große Menge Abdrücke gefallen. Es eignet sich diese allerdings etwas umständliche Methode besonders zur Erzeugung sehr großer Bildflächen, wo das Holz schwieriger anzuwenden wäre, also zu Plänen, Landkarten, ferner zu verschlungenen Arbeiten und andern radierten Sachen, und kann hier bei starken Auflagen auch einen ökonomischen Nutzen abwerfen, denn die Buchdruckpresse kann bedeutend wohlfeiler arbeiten als die Stein- und Kupferdruckpresse.

Der sogenannte **Photokupferdruck** wäre noch zu erwähnen, da er ebenfalls Hochdruckplatten liefert. Eine Lösung von Asphalt in Terpentinöl ꝛc. verhält sich nämlich ganz so wie die Mischung von Leim und chromsaurem Salz. Wird eine Kupferplatte mit einer solchen Schicht unter einem Negativ einige Tage belichtet, so widerstehen die vom Licht getroffenen Stellen dem nachherigen Abwaschen mit Terpentinöl, während übrigens das Metall bloßgelegt wird und tiefer geätzt werden kann. Auf die Beschaffenheit des Negativs kommt es nun an, ob das Bild aus dem Grunde herausgewaschen wird oder der Grund mit Zurücklassung des schwarzen Bildes fortgeht. Im ersten Fall gibt es eine Ätzung in die Tiefe für Kupferdruck, im zweiten ein Hochbild für den Buchdruck. Bei der königlichen Staatsdruckerei in Berlin wurde diese Methode benutzt bei der Herstellung der Platten für Wertpapiere.

Wir haben schon bei Beschreibung des Photo-Engraving-Verfahrens die Eigentümlichkeit einer Chromleimschicht, unter Lichteinwirkung hart und unlöslich zu werden und beim Auswaschen an diesen Stellen Wasser abzustoßen, erwähnt; auf diese wichtige, vom Franzosen A. Poitevin zuerst beobachtete Erscheinung gründet sich unser heutiger Lichtdruck und die Photolithographie, auf ihr baute der Österreicher Pretsch seine nachherigen interessanten, aber praktisch wertlos gebliebenen, phototypographischen Versuche auf, zu ihr griffen endlich die ersten in der Photochemigraphie mit Glück arbeitenden Experimentatoren zurück. Das photochemigraphische Verfahren ist bereits ausführlich besprochen worden, wir wollen hier nur noch eine aus der frühsten Kindheit desselben, nämlich aus dem Jahre 1869 stammende Probe geben, um daran zu zeigen, welche Fortschritte inzwischen auf diesem Gebiete gemacht worden sind. Das Klischee stammt von einer Pariser Firma, die das Verfahren damals folgendermaßen ausübte. Die oben erwähnte Chromleimlösung wurde auf Papier gestrichen und dieses unter einem photographischen Negativ der Wirkung des Lichtes ausgesetzt; hierbei ging die bekannte Änderung vor sich, nämlich die Bildung eines zarten Reliefbildes auf der Chromleimschicht, welches an den erhöhten Stellen Wasser, aber keine fette Farbe, an den vertieften Stellen dagegen kein Wasser, aber fette Farbe annahm. Dieses Chromleimbild wurde dann mit Umdruckschwärze eingewalzt, auf einer Zinkplatte abgezogen und diese mit verdünnter Salpetersäure geätzt. Der Preis des Quadratzentimeters solcher hochgeätzter Platten belief sich damals durchschnittlich auf 15 Centimes, heute zahlt man in den ersten deutschen Anstalten nicht mehr als neun Pfennige für denselben Flächenraum.

Wenn wir im Holzschnitt eine ehrwürdige, seit Jahrhunderten bestehende und mächtig entwickelte Kunsttechnik erblicken, die vor allen Dingen dafür geschaffen ist, dem Künstler für sein Wollen und Empfinden einen Ausdruck zu verleihen, so zeigen sich uns in den Stellvertreten desselben die echten Kinder unsrer Zeit, deren Wert weniger auf Seiten der Kunst, als auf Seiten der Industrie und des schnell fortschreitenden Anschauungsunterrichts liegt. Von diesem Standpunkte aus muß man dieselben auch betrachten, um ihre Vorzüge kennen und würdigen zu lernen; und eine vorurteilsfreie Prüfung wird das Doppelwesen dieser Kunst schon zu trennen wissen und einsehen, wie gut die beiden teilweisen Konkurrenten nebeneinander hergehen können. In der That verliert der Holzschnitt durch die ihm an den Hals rückenden Stellvertreter nicht an Wert und Würde, selbst wenn er teilweise an Boden verlieren sollte, er bleibt, was er von jeher war: eines der vornehmsten Mittel, künstlerische Gedanken zu verkörpern. Sollte er durch die Gewalt seiner Konkurrenz auf dieses Feld wiederum ausschließlich beschränkt werden, so wäre dieser Rückzug eher als ein Gewinn, denn als ein Verlust für die edle Holzschneidekunst zu bezeichnen.

Wie Natur im Vielgebilde
Einen Gott nur offenbart,
So im weiten Kunstgefilde
Webt ein Sein der ew'gen Art:
Dieses ist der Sinn der Wahrheit,
Der sich nur mit Schönem schmückt
Und getrost der höchsten Klarheit
Hellsten Tags entgegenblickt.

Goethe.

Die Kupfer- und Stahlstecherkunst.

Eigentümlichkeiten des Kupferstichs. Geschichte seiner Erfindung. Niellen. Italienische Meister. Deutsche Meister des 15. und 16. Jahrhunderts. Der Kupferstich im 17. und 18. Jahrhundert. — Das Technische der Kunst. Grabstichelmanier. Punktieren. Ätzen und Radieren. Schwarze Kunst. Aquatinta. Crayonmanier. — Der Stahlstich. Der Kupferdruck. Surrogate des Kupfer- und Stahlstichs. Zinkographie. Notenstecherei. Hyalographie. Stylographie. Galvanographie.

Unter den vervielfältigenden Künsten steht die Kupferstecherkunst als die edelste obenan. Der Kupferstich ist der mannigfachsten Behandlung fähig, und dadurch, daß sich durch ihn die Kraft und Tiefe des Holzschnitts ebensowohl als die Weichheit der Lithographie und die Zartheit des Stahlstichs wiedergeben läßt, ist er am meisten befähigt zur Vervielfältigung von Werken höheren Kunstwerts. Wie der Holzschnitt bei uns erst nach Erfindung der Buchdruckerkunst eine ausgedehnte Anwendung fand, so ist auch die Kupferstecherkunst durch die vermehrte Errichtung von Buchdruckereien und die Ausbreitung des Druckverfahrens in ihrer Entwickelung sehr begünstigt worden, weil ein großer Teil der Erfindungen, welche man für jene Kunst machte, Pressen, Papiere, Farbe 2c., ihr zugleich zu gute kamen.

Wir haben in der Geschichte der Holzschneidekunst gesehen, welch wechselvolle Schicksale diesen Erfindungen durch die Zeitereignisse bereitet worden sind. Dem Kupferstich ist es im ganzen besser gegangen. Seit seinem Bekanntwerden konnte er sich der besonderen Berücksichtigung der Maler erfreuen, welche in einzelnen Verfahrungsweisen ein bequem zu erlernendes Mittel für die Ausführung ihrer künstlerischen Ideen sahen. Unter den älteren

Kupferstechern im 15. und 16. Jahrhundert finden wir denn auch die bedeutendsten Maler jener Zeiten, und wenn auch nicht alle derselben in gleich fruchtbarer Weise die neue Kunst wirklich ausübten, so haben doch die meisten oft und gern die dankbare Radiernadel in die Hand genommen. Dadurch blieb der Kupferstich mehr vor dem Verfall bewahrt als der Holzschnitt, welcher, mit dem Buchdruck eng verbunden, durch das Zurückgehen der Litteratur direkt mit betroffen wurde. Jahrhundertelang hat sich denn auch der Kupferstich als das bedeutsamste Mittel erhalten, die künstlerischen Bedürfnisse des Volkes, soweit sie durch die bildenden Künste Befriedigung finden können, nach seinen Kräften zu stillen.

Erst in unserm Jahrhundert hat einesteils der wieder erstandene Holzschnitt, haben andernteils die neuen Erfindungen der Lithographie, des Stahlstichs, der Photographie und ihrer zahlreichen Schwesterkünste ihm das Feld streitig zu machen gesucht.

So ausgezeichnet aber die Leistungen dieser auch immer sind, so überraschend uns ihre Produkte auch oft gegenübertreten, so bleiben sie doch sämtlich auf eigne, bisweilen ziemlich eng begrenzte Gebiete angewiesen, und wenn sie auch auf diesen ein glücklicher Ersatz sind, so wird dagegen auf andern der Kupferstich seiner Natur nach immer herrschend bleiben.

Die erste Konkurrentin des Kupferstichs war die neu erfundene Lithographie. Da sie leichter zu handhaben war als jener, so warfen sich viele auf den neuen Kunstzweig, der, nachdem er zu einiger Ausbildung gediehen, dem Kupferstiche allerdings Eintrag that. Die Stecher jedoch sahen sich dadurch angespornt, ihren Erzeugnissen eine immer höhere Vollendung zu geben, um sich wenigstens in künstlerischer Hinsicht die Palme nicht entreißen zu lassen. So fielen denn dem Steindrucke allmählich diejenigen Arbeiten anheim, bei denen die Billigkeit und Raschheit der Herstellung in die Wagschale fielen, Gegenstände der Technik, belehrende Zeichnungen, kleinere, aber für einen großen Vertrieb berechnete Darstellungen; obwohl auch Kunstwerke aus der lithographischen Presse hervorgegangen sind.

Eine zweite und ernstlichere Konkurrenz entstand, nachdem die Engländer den Stahlstich erfunden hatten und dieser sich in den zwanziger Jahren auf dem Festlande verbreitete. Von dem Stahlstiche gilt wieder, was wir schon bei Gelegenheit des Holzschnitts zu bemerken hatten; er ist ein echt englisches Kind mit allen seinen guten und bösen Eigenschaften. Nachdem der Engländer den widerspenstigen Stahl zu behandeln gelernt, dachte er nicht etwa daran, ihn einfach wie bisher die Kupferplatte zu behandeln, sondern er suchte vor allem die Eigenschaften seines neuen Materials, besonders seine große Härte, tüchtig auszunutzen. Der harte Stahl vermag Linien von solcher Feinheit aufzunehmen, wie sie auf dem weicheren Kupfer kaum möglich wären oder doch nach wenigen Abdrücken wieder verschwinden würden, während sie im ersteren Falle für Tausende von Abdrücken vorhalten. Ist eine Kupferplatte nach einigen hundert Abdrücken stumpf geworden, so kann sie zwar noch ein= oder ein paarmal nachgestochen oder nachgeätzt werden, aber die Abdrücke fallen doch fort und fort geringer aus, und endlich ist die Platte gänzlich unbrauchbar geworden. Ein Stahlplatte hält nun nicht allein den Abdruck ungleich besser aus, sondern sie läßt sich, da man den Stahl beliebig härten und wieder erweichen kann, ohne weiteres benutzen, um auf mechanischem Wege durch bloße Pressung Kopien von ihr selbst abzunehmen, die ganz eben so gute Abdrücke geben als die ursprüngliche Platte. So konnte man sich für Millionen von Abdrücken sicher stellen, und damit mußten gute Geschäfte zu machen sein. Es begann nun die Überschwemmung des Festlandes mit englischen Stahlstichen, deren ungewohnte Erscheinung nicht wenig Aufmerksamkeit erregte. Die aufs äußerste getriebene Feinheit der Striche, der grelle Wechsel von Licht und Schatten, besonders die frappanten, fast ausschließlich durch die Maschine erzeugten Lufttöne, kurz die ganze Effekthascherei einer zur Fabrikation gewordenen Kunst war ins Werk gesetzt. Und die große Menge kaufte begierig diese Bilderchen, die so fein, schön und billig waren; wer sich in Deutschland auf die Stahlstecherei warf, mußte sich mehr oder weniger diesem Modestil anbequemen. Allerdings dauerte die Schwärmerei für englische Stahlstiche nicht allzu lange; auch der Laie in der Kunst mußte endlich finden, daß diese forcierten Darstellungen doch etwas recht Kaltes und, in größerer Anzahl gesehen, ungemein Ermüdendes an sich hatten. Und so hat denn der solide Kupferstich auch diese Anfechtung glücklich überdauert; namhafte Künstler in diesem Fache haben sich in Deutschland erhalten, und sie arbeiten und schaffen jetzt mit erneuter Freudigkeit, denn offenbar neigt sich der Geschmack des Publikums wieder mehr und mehr

Eigentümlichkeiten des Kupferstichs.

ihren Produkten zu, wie denn auch der Stahlstich sich jetzt bemüht, erhöhten Kunstanforderungen gerecht zu werden.

Eine unverhoffte Stütze von technischer Seite, welche die Vorteile des Stahlstichs zum guten Teil aufwiegt, fand die Kupferstecherei in der neuen Erfindung der Galvanoplastik. Sie hat nun nicht mehr nötig, um des härteren Stahles willen die Kupferplatte wegzuwerfen und damit auf die Vorzüge dieses letzteren Materials, die Wärme und Weichheit der Töne, Verzicht zu leisten, denn ist eine wertvolle Kupferplatte geschaffen, die vor der Abnutzung bewahrt werden soll, so liefert uns der galvanische Apparat davon eine wenigstens ebenso vollkommene Gegenform, wie sie der Stahlstecher durch eine starke Presse erzielt, und diese Form dient ihrerseits wieder zur Erzeugung einer beliebigen Anzahl neuer Platten, die der ursprünglichen Originalplatte so völlig gleich sind, daß Abdrücke von beiden sich in keiner Weise unterscheiden lassen.

Ja, dieses Auskunftsmittel der galvanoplastischen Vervielfältigung ist in neuester Zeit durch ein nicht minder wirksames, aber viel weniger umständliches Verfahren — das der Verstählung der Kupferplatten — beiseite geschoben worden. Hierunter ist nun keineswegs zu verstehen, daß das Kupfer selbst stahlhart gemacht werden könnte, was bis jetzt noch niemand gelungen ist. Die Sache beruht vielmehr auf einer interessanten Anwendung des galvanischen Stromes, dieses so hochwichtigen, geheimnisvollen Mitarbeiters bei vielen unsrer modernen Erfindungen. Galvanisch versilberte und vergoldete Gegenstände sind wohl jedermann schon vor Augen gekommen; aber wie Gold und Silber, so lassen sich noch manche andre Metalle aus ihren Auflösungen in Form eines dünnen Häutchens auf Metalle und metallisierte Körper niederschlagen, unter diesen auch das Eisen. Die Kupferplatte würde sonach bereiset, wir werden aber sehen, daß Grund vorhanden ist, sie verstählt zu nennen. Die passendste Eisenlösung zum Verstählen bereitet sich der galvanische Strom selbst. In eine Lösung von Salmiak (Chlorammonium) werden die beiden in Eisenplatten endigenden Pole einer Batterie eingehangen; der galvanische Strom bewirkt, daß das Chlor des Salmiaks (wohlgemerkt nur an der einen Platte) an das Eisen tritt und mit demselben Eisenchlorür bildet, das in der Flüssigkeit aufgelöst bleibt. Sobald an der andern unverändert bleibenden Platte ein Metallspiegel auftritt, ist die Flüssigkeit gesättigt, und man hängt nun an Stelle dieser Platte die zu

Fig. 486. Niello=Arbeit.

verstählende Kupferplatte ein. In kurzer Zeit bedeckt sich dieselbe nun mit einem hellglänzenden Metallspiegel, und dieser Überzug, der so dünn ist, daß Abdrücke von der nackten und der überzogenen Platte durchaus keine Unterschiede wahrnehmen lassen, zeigt doch eine solche Widerstandskraft gegen die Einwirkungen des Druckens, daß von einer so geschützten Platte viele tausend Abdrücke genommen werden können. Solange man diesen dünnen Panzer, in seiner Übereinstimmung mit andern Metallen, für chemisch reines Eisen hielt, war eine solche Erscheinung rätselhaft, da solches stets sehr weich befunden wird; jetzt weiß man, daß es dieses nicht ist, daß vielmehr das Eisen aus dem Ammonium eine Portion Stickstoff aufgenommen hat und dieser Stickstoff dasjenige ist, was dem Metall die Stahlhärte verleiht. Die Vorteile dieses Verfahrens erstrecken sich aber noch viel weiter dadurch, daß man das Stahlhäutchen beliebige Mal erneuern kann, sobald es Anfänge der Abnutzung zeigt. Man legt dann die Platten einfach in ganz schwache Schwefelsäure, welche dem Kupfer gar nichts anhaben kann; das Stahlhäutchen aber blättert sich bald ab, es kann die Platte gewaschen und neu bekleidet werden, und sie hat wieder dieselbe Dauerhaftigkeit wie vorher.

Die Erzeugung von Bild und Schrift mittels Platten aus Kupfer, Stahl u. s. w. bildet einen besonderen Kunstzweig, der als gerader Gegensatz zum Buchdruck und Holzschnitt angesehen werden kann. Während bei letzteren Kunstzweigen das Darzustellende auf der Druckform erhaben steht und mit einer zähen Farbe überzogen wird, die sich durch den Druck der Presse an das Papier anheftet, arbeitet der erstere seine Zeichnungen in die Tiefe der Platte ein, füllt sie mit einer weicheren Farbe aus, säubert die Oberfläche von aller anhängenden Farbe und druckt mittels ein paar Walzen. Zwischen beiden Methoden, aber ohne Zusammenhang mit denselben, steht der Steindruck, bei dem es auf Vertiefungen oder Erhöhungen auf der Druckform gar nicht ankommt, indem er den Wechsel von Weiß und Schwarz auf chemischem Wege zu erreichen weiß.

Geschichtliches. Forschen wir nach dem Ursprunge der Kupferstecherkunst, so findet sich, daß derselbe ebenso im Dunkeln liegt, wie der Ausgangspunkt der meisten Erfindungen. Einige verlegen denselben nach Deutschland, andre nach Italien, und es kann ebenso gut die erste als die andre Ansicht, vielleicht können sogar beide den Grund haben; denn es ist nicht undenkbar, daß man in damaliger Zeit, wo gerade der Holzschnitt zu blühen anfing und die papiernen Bilder beliebt wurden, an verschiedenen Orten zugleich auf den Metallstich verfallen sei. Nach neueren Befunden soll es übrigens früher metallene Hochschnitte als Holzschnitte gegeben haben. Für Deutschland könnte der Umstand sprechen, daß die ältesten bis jetzt aufgefundenen Stiche (1440) von deutscher Arbeit und besser ausgebildet als die italienischen sind. Die Italiener sagen, der Florentiner Maso Finiguerra habe die Kunst erfunden, indem er zuerst Niellen auf Papier abgedruckt habe, und es kann recht wohl sein, daß die Sache in so einfacher Weise aus der alten Ziselierungskunst hervorgegangen ist. Das Gravieren der Metalle war nämlich schon viel früher bekannt, und die italienischen und deutschen Goldschmiede lieferten ausgezeichnete Schmucksachen für den häuslichen und kirchlichen Gebrauch, die sie mit gestochenen Zieraten versahen. Oft füllten sie diese eingestochenen Linien mit einer schwarzen Schmelzmasse aus, die sie durch Einbrennen befestigten, und die schwarzen Zieraten auf dem goldenen oder silbernen Grunde nahmen sich sehr gut aus. Solche Platten nannte man Niellen, und wir geben in Fig. 486 die Ansicht einer solchen Arbeit. Wollte der Künstler vor dem Einbrennen die Wirkung seiner Arbeit prüfen, so nahm er wohl, nachdem er die Striche mit Schwärze ausgefüllt hatte, einen Gipsabguß davon, und sonderbar müßte es sein, wenn nicht einer einmal statt des Gipses feuchtes Papier verwendet hätte. Nun durfte bloß, wie es wirklich der Fall war, Aussicht auf Absatz da sein, und die einfachste Spekulation reichte hin, um einzusehen, daß man, statt die gestochene Platte zur Hauptsache zu machen, vielmehr auf die Gewinnung von papiernen Abdrücken hinarbeiten müsse.

Den ersten Druck soll Finiguerra von einer angeblich im Jahre 1452 gefertigten sogenannten **Pax** (so nennt man eine kleine, künstlerisch geschmückte Metallplatte, deren man sich bei feierlichen Messen bediente) gemacht haben. Jene Pax befindet sich noch jetzt in Florenz und ein alter Abdruck davon auf Papier in Paris, indessen sind die Umstände nicht mit genügender Sicherheit bestimmt.

Dem bekannten Kunsthistoriker Franz Kugler scheint es nach einer Zahl von alten Kupferstichen, die höchst wahrscheinlich noch bis über das Jahr 1450 zurückreichen, als ob die Erfindung gleich dem Holzschnitt und der Buchdruckerkunst in Deutschland gemacht und zuerst ausgebildet worden sei. Bleiben wir aber für einen Augenblick noch bei den italienischen Meistern stehen, so müssen wir als die Kunst ganz besonders fördernde nennen den Florentiner Baccio Baldini, den Maler Andrea Montagna, Marcello Fogolino, Nicoletto da Modena, vor allen aber Marc Antonio Raimondi, der vorzüglich Raffaelsche Zeichnungen stach, den Meister mit dem Würfel, die Ghisi 2c. Gegen den Schluß des 16. Jahrhunderts verfiel die Kunst in Italien, der edle Ernst ging in Manieriertheit zu Grunde.

In Deutschland wurde, wie schon erwähnt, die Kunst frühzeitiger als in Italien verbreitet und ausgebildet. Die Miniaturmalerei, in den Klöstern auf eine hohe Stufe der Vollkommenheit gebracht, blieb nicht ohne Einfluß auf die technische Ausführung, den Stich der Darstellungen. Der innere Charakter derselben zeigt sich aber ebenso wie die Malerei jener Zeit von der van Eyckschen Schule influiert.

Der älteste der berühmten Meister ist uns nach seinem Namen nicht bekannt, seine Blätter tragen die Jahreszahlen 1465 und 1467 und die Chiffer E. S., sie lassen aber ihrer ganzen Ausführung nach vermuten, daß ihnen eine vieljährige technische Übung vorausging, wodurch sich die Erfindung der Kupferstecherkunst in eine vielleicht viel frühere Zeit verlegen würde, als die auf uns überkommenen Belegblätter erkennen lassen.

Franz von Bocholt, Martin Schongauer stehen als hervorragende Namen noch in diesem Jahrhundert. Im nächsten aber, im sechzehnten, geschah durch eines der größten Malergenies ein hoher Aufschwung durch Albrecht Dürer. Er erfand die Ätzkunst, und außerdem, daß er das malerische Prinzip veredelte und hob, vervollkommnete er auch durch seine eignen zahlreichen Arbeiten die Technik in einer nie geahnten Weise. Ihm schloß sich eine große Zahl namhafter Schüler an: H. Aldegrever, Altdorfer, Pens, J. Bink, Bartel, Hans Sebald Behaim. Ferner gehören in diese Zeit Hirschvogel, Lukas Cranach, Daniel Hopfer und in den Niederlanden Lukas von Leiden und Dirk von Stowen.

Fig. 487. Ein Kupferstecher-Atelier.

In der zweiten Hälfte des 16. Jahrhunderts wurde in den Niederlanden, besonders durch Golzius, die technische Behandlung des Kupferstichs zu höherer Vollendung gebracht. Während die bisherigen Produkte nur mehr oder weniger schattierte Umrisse gewesen waren und sich dadurch neben den Holzschnitt stellten, nahmen nun die Kupferstiche das Ansehen an, wie es uns jetzt geläufig ist: die Figuren wurden vollständig durchgearbeitet (worin die Italiener vorangegangen waren) und erhielten durch künstlich angelegte und verschiedentlich gekreuzte, bald stärker, bald schwächer werdende Linien diejenige Rundung (Plastizität), wodurch sie erst zu Abbildungen wirklicher körperhafter Gegenstände werden. Nicht minder bemühte man sich, durch die Zeichnung und den Stich die Unterschiede in den darzustellenden Stoffen und selbst in den Farben auszudrücken. Hierdurch wurde aber die Ausübung der Kunst viel schwerer als bisher und konnte nicht mehr von den Malern als Nebensache getrieben werden, um Ideen unmittelbar auf die Platte zu werfen und zu vervielfältigen. Die Maler verließen daher den Stichel und griffen zu der leichter zu handhabenden Radiernadel, und so haben vorzüglich die niederländischen Maler des 17. Jahrh. eine ungemein große Anzahl geistreich entworfener, mehr oder weniger ausgeführter geätzter Blätter hinterlassen. Einige der vorzüglichsten dieser Meister sind Paul Rembrandt, Adr. v. Ostade, Jacques Ruysdael, Claude Lorrain, Paul Potter u. a.

Zu Anfang des 17. Jahrhunderts hatte auch der berühmte P. Rubens kräftig fördernd auf die Weiterbildung des eigentlichen Kupferstichs gewirkt; vorzüglich aber waren es Franzosen, unter dem Vorantritt von Jakob Callot, welche ihm von da an die vollendete Ausbildung gaben.

Im 17. Jahrhundert trat in Deutschland eine neue Manier, die sogenannte Schwarzkunst oder geschabte Manier, auf, deren Erfindung dem hessischen Obersten L. von Siegen zugeschrieben wird. Seine frühsten derartigen Blätter sind vom Jahre 1642.

Im Laufe des 18. Jahrhunderts beschäftigten sich auch die Engländer lebhaft mit der Kunst des Kupferstichs; sie strebten auch hierbei im allgemeinen mehr nach einem brillanten Aussehen als nach einer geistvollen Auffassung des Gegenstandes. Im ganzen kann man jedoch diesem Jahrhundert nicht den Ruhm vorenthalten, daß es die bedeutendsten Werke der Kupferstecherkunst mit hervorgerufen hat.

In Italien sind es Giovanni Volpato, Raphael Morghen, Pietro Bettellini, Pietro Anderloni, Pietro Fontana, welche unsre Bewunderung beanspruchen. In Deutschland sind Namen wie D. Chodowiecki, Riedinger, Jury durch ihre zahlreich verbreiteten Darstellungen unvergeßlich.

Wir können uns an dieser Stelle nicht auf Entwickelung von Kunstprinzipien und nicht darauf einlassen, zu untersuchen, wie diese sich im weiteren Laufe der Zeiten und in den verschiedenen Ländern änderten. Wir können es auch nicht unternehmen, die zahlreichen Namen von gutem Klange, deren sich die Kupferstecherkunst unsrer Zeit erfreut, zu nennen; ein Blick auf ihre Werke genügt, um in uns das freudige Bewußtsein zu erwecken, daß, wie in allen Richtungen des Lebens, so auch in denen der Kunst die Weiterentwickelung der Menschheit schön und beglückend sich zeigt in dem fortschreitenden Durchdrungenwerden der Allgemeinheit von der Idee wahrer Schönheit.

Das Technische der Kunst. Die Kupferstecherkunst zerfällt in zwei Hauptteile, deren einer das Auftragen der Zeichnung auf die Platte, der andre das Herausarbeiten der einzelnen Partien, welche im Druck schwarz erscheinen sollen, in sich faßt. Das Übertragen der Zeichnung auf die Platte geschieht mittels Glaspapier (Gelatinpapier). Die Konturen werden mit einer scharfen Nadel eingerissen, dann solche mit Bleistift- oder Rötelstaub eingerieben und nachher die glatte Papierfläche nach oben durch den Polierstahl auf die gefirnißte Platte abgedrückt.

Als einfache Manieren nennen wir 1) die Arbeit mit dem Grabstichel, die Linienmanier; 2) die Punktierkunst; 3) die Radier- oder Ätzkunst; 4) die Schwarz- oder Schabkunst; 5) die Aquatintamanier.

Alle andern Verfahrungsarten sind, unter was für Namen sie auch immer auftreten, nur Abänderungen einer oder Verbindung einiger dieser Manieren.

Haupterfordernis ist für den Kupferstecher ein gleichmäßiges, nicht zu grelles Licht; um dieses zu erreichen, arbeitet er an dem Fenster, aber hinter einem Schirme von Seidenpapier, wie es unsre Abbildung Fig. 487 zeigt. Es ist wohl unnötig, zu erwähnen, daß die Zeichnung ebenso wie beim Holzschnitt verkehrt auf die Platte aufgetragen werden muß. Dies geschieht in der Regel durch Pausen, welche, je nachdem, in roter oder schwarzer Farbe auf den harzigen Grund übertragen werden. Zuvor aber muß die Platte, gleichviel ob sie eine Kupfer- oder eine Stahlplatte ist, auf das feinste geschliffen und poliert worden sein, denn die geringsten Ritzungen erscheinen beim Druck wieder, und Stellen von geringerer Höhe der Politur zeigen sich leicht mit einem Tone, der der einheitlichen Wirkung nicht förderlich ist.

Es gelten diese Vorbereitungen für alle die verschiedenen Manieren, die wir nun im einzelnen etwas näher betrachten wollen, mit der Ausnahme, daß bei der schwarzen Kunst oder der Schabkunst keine Politur der Platten, vielmehr eine absichtliche Aufrauhung der weiteren Behandlung vorausgeht.

Die Grabstichelmanier.

Die **Grabstichelmanier** oder der Kupferstich im engern Sinne ist bei weitem die schwierigste Manier und läßt sich nur nach jahrelanger Übung mit Erfolg ausführen. Hierbei wird die ganze Zeichnung mit dem Grabstichel vertieft in die blanke Kupferplatte eingeschnitten, nachdem man vorher die Zeichnung auf dieselbe entworfen hat. Diese Vorarbeit geschieht ziemlich in der Weise, wie wir es beim Radieren sehen werden. Es wird unter Anwendung der Hitze eine dünne, aus weißem Wachs, Pech und Mastix bestehende Schicht (Grund) aufgetragen und dieser Grund nach dem Erkalten mit einem Wachsstock schwarz angeräuchert (s. Fig. 488), wonach die Zeichnung mittels Durchpausens rot aufgetragen wird. Die Linien der Zeichnung werden nun überall mit einer scharfen, in einen Griffel gefaßten Stahlnadel (Radiernadel, Fig. 489) so nachgefahren, daß die Spitze den Grund durchschneidet und etwas in das Kupfer eindringt. Nach Wegwaschung des Grundes mit Terpentinöl findet sich dann das Bild auf der Platte in leichten Strichen vorgerissen und die Arbeit des eigentlichen Stechens beginnt. Hierzu bedient man sich verschieden geformter Stichel, deren allgemeines Aussehen uns schon bei Gelegenheit des Holzschnitts bekannt geworden ist, und die Manipulation des Stechens besteht in einem Fortschieben des flacher oder steiler auf die Platte aufgesetzten Stichels (s. Fig. 490), wobei nötigenfalls die letztere, wo es längere gekrümmte Linien gilt, mit der Linken dem Stichel entgegengedreht wird. Bei jedem Zuge löst der Stichel ein fadenförmiges, dreikantiges, sich sogleich zusammenringelndes Kupferspänchen ab. Die gute Stichelführung wird, wie gesagt, nur durch sehr viel Übung erlernt; es ist eine feste und doch auch, damit die Linien den gehörigen Schwung bekommen, eine leichte und gewandte Hand erforderlich.

Fig. 488. Anräuchern der Platte.

Der geübte Künstler wird wohl kaum einmal fehlschneiden, dem angehenden widerfährt dies um so leichter. Um eine verschnittene Stelle wieder auszutilgen, dient, wenn das Übel ganz oberflächlich liegt, das Niederdrücken mit dem Polierstahl; bei

Fig. 489. Radiernadel.

tiefer gehenden Fehlschnitten muß die ganze Stelle mit dem Schaber abgenommen werden, bis wieder eine reine Fläche gewonnen ist, welche sodann durch Treiben mit einem Hammer von der Rückseite her emporgebracht und in gleiche Höhe mit der ganzen Fläche gelegt werden muß. Der Schaber gleicht einem kleinen dreischneidigen, sehr scharfen Dolche und dient auch, um schließlich den Grat, d. h. die emporgetretenen scharfen Ränder der Schnitte, zu entfernen.

Der Kupferstecher ist von allen kopierenden Künstlern der freieste und am meisten selbstschaffende; denn wenn er auch ein gegebenes Bild wiederzugeben hat, so kann ihm doch niemand die Ausführung im einzelnen vorschreiben oder vorzeichnen; es bleibt lediglich ihm überlassen, wie er durch die verschieden geschwungenen und gekreuzten Linien, die hier dick und gehäuft sind, dort allmählich immer feiner verlaufen, Haltung, Harmonie, Perspektive und alles, was man sonst von einem guten Bilde verlangt, herausbringen werde; wie es ihm gelingen wird, Tuch, Samt, Sei-

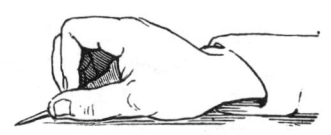

Fig. 490. Handlage bei der Stichelarbeit.

denstoff, Holz, lebendes Fleisch, glänzendes Metall u. s. w. durch bloße Linien und Punkte nachzuahmen und auszudrücken.

Eine Vorstellung, in welcher Weise ein mit dem Grabstichel ausgeführter Kupferstich aussieht, wird uns durch die Nachahmung eines solchen (Fig. 491) gegeben. In dieser Abbildung sind alle die Linien, welche der Kupferstecher mit seinem Grabstichel in die Kupferplatte gearbeitet hat, genau in Holzschnitt wiedergegeben, und dadurch ist dieser letztere auch für sich zu einem Kunstwerke geworden, welches nicht minder unsre Beachtung verdient.

Im Gegensatze hierzu zeigt uns Fig. 492 eine genaue Nachahmung von zwei ausdrucksvollen Charakterköpfen, die Kopie einer geätzten Platte nach Boissére, auf die wir später nochmals zurückkommen.

Zu den feinsten und weichsten Partien benutzt der Kupferstecher neben dem Stichel auch die Radiernadel, welche, sobald sie nicht im Ätzgrund, sondern direkt auf das blanke Kupfer angewandt wird, die kalte Nadel heißt. Zu bemerken ist übrigens, daß nicht viele Stiche bloß in dieser Weise erzeugt werden, sondern daß man sich meist die Arbeit erleichtert, indem man das Bild aus dem Gröbsten ätzt und sodann mit dem Stichel vollends ausführt. Je weniger geätzte und je mehr gestochene Linien übrigens ein Bild erkennen läßt, desto höher wird es bei sonst guten Eigenschaften vom Kunstkenner geschätzt.

Fig. 491. Faksimile eines Porträts in Grabstichelmanier.

Ein Künstler eigner Art ist der Schriftstecher. Er ist bloß auf den betreffenden Zweig eingeübt und arbeitet alles aus freier Hand mit dem Stichel in das blanke Metall, nur unter Anwendung einiger Hilfslinien und nach leichter Vorreißung der Schrift mit der Radiernadel. Früher mehr als jetzt gab der Landkartendruck hierin Beschäftigung.

Die **Punktiermanier** ist die zweite mit der Hand auszuführende Manier. Sie erstrebt die verschiedenen Abstufungen der Töne durch mehr oder weniger gedrängt stehende Punkte, die demnach als ebensoviele feine Löcher in die Platte eingeschlagen oder eingedrückt werden. Da der Kupferstich von den Goldschmieden ausging, so arbeitete man anfänglich mit dem spitzen Goldschmiedehammer oder mit Punzen; später wendete man die Roulette an, ein Instrument, das aus einem Griffe besteht, in welchen ein fein gezacktes stählernes Rädchen so eingesetzt ist, wie man es an einem Sporn sieht. Man kann mit dieser Manier eine große Weichheit und Sanftheit erzielen, aber weniger Kraft. Man hilft deswegen auch wohl mit dem Stichel nach, oder macht bloß die Fleischpartien punktiert, das Übrige in

Das Ätzen oder Radieren. 591

Linienmanier. Eine Zeitlang liebte man es, dergleichen Bilder zu noch größerer Zartheit in Rot, Braun oder Bunt zu drucken. Auch durch Vermischung von gekreuzten Linien und Punkten lassen sich schöne Wirkungen erreichen.

Das **Ätzen** oder **Radieren** wurde, wie gesagt, von Albrecht Dürer eingeführt und von seinen Nachfolgern bedeutend vervollkommnet. Diese Manier führt insofern rascher zum Ziele, als dadurch die Arbeit des Stichels ganz oder zum größten Teil erspart wird, da die Salpetersäure (Scheidewasser) statt dessen die vertieften Linien ausfrißt. Die Wirkung wird jedoch dadurch auch eine andre, denn eine geätzte Linie läßt sich im Abdruck durch ihre größere Rauhigkeit sehr leicht von einer gestochenen unterscheiden.

Fig. 492. Faksimile einer geätzten Platte von Boissière.

Die Platte wird zum Behuf des Ätzens in der schon angedeuteten Weise mit einem harzigen, der Säure widerstehenden Radiergrunde überzogen und geschwärzt oder gerötet, dann die Zeichnung mittels Durchpausens oder in andrer Weise darauf entworfen und nun mit dem Radieren begonnen. Diese Arbeit geschieht ebenfalls mit einer spitzen Stahlnadel und nach Umständen auch mit breiteren Instrumenten. Es ist nicht nötig, daß das Radierinstrument in das Kupfer eindringe, sondern hinreichend, wenn es nur den Ätzgrund ganz durchschneidet, so daß das Kupfer in den Linien rein dasteht, wie es Fig. 494 darstellt. Diese Arbeit ist ein reines Zeichnen, und ein guter Stiftzeichner macht sich bald mit ihr vertraut. Sollte eine Stelle falsch radiert sein, so deckt man sie mittels eines Pinsels mit Ätzgrund, den man in Terpentinöl aufgelöst hat, läßt das Ganze trocknen und beginnt von neuem.

Ist die Zeichnung fertig radiert, so beginnt der schwierigste Teil der Arbeit, das Ätzen. Die Platte bekommt zu diesem Ende einen Wachsrand aufgeklebt und wird mit Scheidewasser übergossen (Fig. 493). Allein so einfach dies scheint, so erfordert es doch eine große Übung und genaue Kenntnis der Materialien, mit denen man arbeitet, ehe man mit einiger Sicherheit auf Erfolg rechnen kann. Bald liegt das Mißlingen am Kupfer, bald an der Säure, bald am Ätzgrund; selbst der Zustand der Luft ist von wesentlichem Einfluß. Ein merkwürdiger, nicht wohl zu erklärender Umstand ist der, daß wenig aufgegebene Säure die Striche leicht in die Breite frißt und rauh macht, während, wenn man sie etwa zollhoch darauf stehen läßt, die Ätzung viel besser und glatter wirkt und gerade in die Tiefe geht. Das Mischverhältnis ist etwa zwei Teile Wasser und ein Teil Säure. Hat man das Ätzwasser etwa fünf Minuten wirken lassen, so sind die Striche schon ziemlich angegriffen und vertieft, und die Platte wird, nachdem die Säure abgegossen, etwa wie Fig. 495 aussehen. Sie wird zunächst mit Wasser abgespült und getrocknet. Die Luftpartien sind jetzt schon hinreichend stark, doch dem Vordergrunde fehlt es noch an Kraft. Es werden nun alle Stellen, die vom Ätzwasser nicht weiter angegriffen werden sollen, mittels des Pinsels mit dem aufgelösten Ätzgrunde überzogen und die Platte erhält dadurch das Ansehen von Fig. 496. Ist der Grund hart geworden, so kann man das Ätzwasser von neuem aufgießen und abermals einige Minuten einwirken lassen. Die Platte würde nun im Abdruck etwa ein Bild wie Fig. 497 geben; da dies aber auch noch nicht die gewünschten Abstufungen zeigt, so fährt man mit dem Ätzen und Decken fort, bis man nach fünf bis sechs Ätzungen die stärksten Schatten hinreichend vertieft hat und das Bild wie in Fig. 498 aussieht. Stellen, die noch nicht hinreichend stark und scharf sind, können schließlich noch mit dem Grabstichel verbessert werden; solche, die zu tief geraten sind, lassen sich mit dem Polierstahl etwas niederdrücken und dadurch aufhellen. Bisweilen auch überarbeitet man die vollständig fertig geätzte Platte, um Lufttöne oder andre Effekte hineinzubringen, noch ganz besonders, entweder mit der kalten Nadel oder mit der Maschine oder sonst in einer Manier. Fig. 500 und Fig. 501 zeigen Abdrücke einer solchen Platte, die erste nach der Ätzung, die zweite, nachdem durch die Maschine noch ein Schattenton hervorgerufen worden ist.

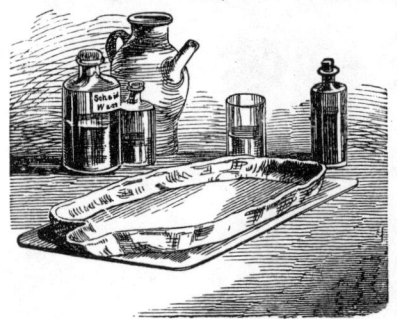

Fig. 493. Der Ätzapparat.

Die Radier= und Ätzmanier ist die bequemste Darstellungsart auf Kupfer. In Rücksicht auf ihre Wirkung macht sie zwar weniger Effekt als andre Manieren, ist aber doch überall, wo es auf treffende Darstellung des Gegenstandes, richtige Zeichnung der Formen und Ausdruck des Charakters ankommt, beinahe ganz hinreichend, dem Kenner das Wesentlichste zu geben. Besonders landschaftliche Darstellungen können durch sie in einem hohen Grade der Ausführung wiedergegeben werden, wie es das in Fig. 499 zur Anschauung gebrachte Faksimile zeigt, während die Fig. 492 in einer Nachahmung zweier von Boissrée geätzten Köpfe, in Holzschnitt auf ausgezeichnete Weise ausgeführt, die Fähigkeit der Charakteristik, welche dem Ätzen möglich ist, uns versinnlicht.

Schwarze Kunst. Von den vorstehend beschriebenen Manieren ganz verschieden ist die Schabmanier oder sogenannte schwarze Kunst. Bei ihr wird nicht das Schwarze in das Weiße, sondern umgekehrt das Weiße aus dem Schwarzen herausgearbeitet. Die Kupferplatte wird demgemäß mit der schon erwähnten Roulette so lange bearbeitet, bis sie ganz rauh und samtartig wird, so daß sie abgedruckt eine ganz schwarze Decke auf dem Papier zurücklassen würde. Auf die so behandelte Platte wird nun die Zeichnung gemacht, und nach Anleitung derselben werden mit dem Schaber alle Stellen, die ganz weiß werden sollen, völlig glatt ausgeschabt, während die Halbtöne nach Maßgabe des gewünschten Effekts mehr oder weniger rauh gelassen werden.

Obgleich dieses Verfahren, wie bemerkt, schon 1463 erfunden wurde, so ist es doch erst in neuerer Zeit, namentlich durch die Engländer, auf eine hohe Kunststufe erhoben worden; fast sämtliche bedeutende Schwarzkünstler gehören England an. Gegenwärtig ist die Manier wenig mehr in Gebrauch. Die in solchen Bildern vorherrschende Schwärze hat dieser ihren Namen verschafft. Sie läßt eine sehr geschwinde Behandlung zu und ist für solche Darstellungen, wo es auf besondere Lichteffekte ankommt, vorzüglich brauchbar; scharfe Umrisse und große Mannigfaltigkeit in den Tönen lassen sich jedoch durch sie nicht erzielen.

Aquatinta. Endlich ist auch noch einer andern, wenig mehr geübten Manier schon deshalb zu gedenken, weil in früheren Zeiten soviel Schönes darin geleistet wurde und vieles davon unsre Sammlungen und Galerien noch schmückt. Es ist die getuschte Manier oder Aquatinta. Sie scheint in der Mitte des 18. Jahrhunderts von verschiedenen zugleich auf verschiedene Art erfunden worden zu sein, und es haben sich bei allen kunstübenden Völkern einzelne Meister darin hervorgethan.

Das Wesen dieser Manier ist in Kürze dieses. Nachdem die Umrisse eines Bildes eingeätzt und die Platte wieder gereinigt ist, kommt sie in den sogenannten Staubkasten, wo sie mit einer Lage von feingepulvertem Harz (Mastix oder Kolophonium) möglichst gleichmäßig überpudert wird. Durch Erhitzen der Platte über einem gelinden Kohlenfeuer werden dann die einzelnen Staubkörnchen erweicht und angeschmolzen.

Sie lassen nun Räume zwischen sich, durch welche hindurch das Scheidewasser nachgehends auf das Kupfer einwirken kann. Die Feinheit des Korns hängt sowohl von der Feinheit des Harzstaubes als von der Dauer und Stärke der Erhitzung ab, indem bei schwacher Erhitzung das Korn am feinsten, bei gesteigerter Hitze immer gröber wird und zuletzt in eins zusammenfließt. Die so grundierte Platte hat nun in derselben Weise eine Reihe von Ätzungen durchzumachen, wie wir dies soeben bei der Radiermanier sahen. Stellen, die ganz weiß bleiben sollen, werden natürlich schon vor der ersten Ätzung mit flüssigem Ätzgrund gedeckt; die ungedeckten Stellen erhalten durch die erste Ätzung die

Fig. 494. Abbildung einer radierten, noch nicht geätzten Kupferplatte.

hellsten Schattentöne, bis durch mehrmaliges Decken und Ätzen die Platte vollendet ist. Die zarten Übergänge werden mittels des Schabers und des Polierstahls herausgebracht.

Diese Manier ist ganz dazu gemacht, Pinselzeichnungen in Tusche, Sepia u. dergl. recht glücklich nachzuahmen, besonders wo der Effekt mehr durch Hauptmassen und folglich mit wenigen Tönen hervorgebracht werden soll. Unter ihren Künstlern ist Bause zu nennen.

Der Umstand, daß diese so mühsam herzustellenden Platten dennoch nur wenig gute Abdrücke liefern, mag wohl der Hauptgrund sein, daß diese schöne Manier in neuerer Zeit fast ganz verlassen worden ist. Dasselbe gilt von der Crayon= (Kreidezeichnungs=) Manier, welche von J. C. François 1756 erfunden wurde und in der Nachahmung von Handzeichnungen ganz Vortreffliches leistete. Ihr Verfahren besteht wahrscheinlich in einer Kombination der beiden zuletzt genannten Manieren, wenigstens lassen die Werke derselben darauf schließen.

Die **Stahlstecherkunst** unterscheidet sich von der Kupferstecherkunst nur dadurch, daß sie in einem andern Materiale arbeitet, das vermöge seiner Eigentümlichkeit erlaubt, mit der gestochenen Platte gewisse Vorteil bringende Verfahren vorzunehmen. Die ursprüngliche Behandlung ist ganz gleich den einzelnen Manieren des Kupferstichs. Wir können also mit Recht den Stahlstich anhangsweise zu jenem besprechen.

Die Geschichte des Stahlstichs in unserm Sinne hat keine weit zurückreichende Vergangenheit. Zwar benutzte man schon lange statt der Kupfertafeln für gleiche Zwecke Eisen- oder Stahlplatten, indessen erst seit 1820, wo Heath in England das Verfahren entdeckte, Stahl durch Dekarbonisieren, d. h. Entziehung seines Kohlenstoffgehaltes, zu erweichen und dadurch in den Zustand einer leichteren Behandlung zu bringen, umgekehrt nach vollendeter Bearbeitung durch ein andres chemisches Verfahren, Karbonisieren, dem Stahle seinen frühern Kohlenstoffgehalt und damit seine Härte wiederzugeben, erst seit dieser Zeit können wir die Erfindung des Stahlstichs in unserm Sinne als gemacht betrachten.

Von den Stahlplatten bemerkten wir schon, daß sie wegen ihrer Härte zur Ausführung außerordentlich feiner Arbeiten geeignet sind und daß eine solche Platte einige tausend Abzüge mehr aushält als eine Kupferplatte. (Bei letzterer, wenn sie gut gestochen ist, fallen nur etwa die ersten 1500 Abzüge gut aus; die folgenden werden immer schwächer und eintöniger. Von einer geätzten Platte kann man nur etwa 500 gute Abzüge machen.) Die Stahlplatten werden fast durchgängig geätzt und der Stichel kommt dabei nicht häufig in Anwendung. Obwohl das Verfahren beim Stahlstich im allgemeinen dasselbe ist wie beim Kupfer, so treten doch einige Abänderungen auf, die ihren Grund in der besonderen Natur des Stahles haben. Hauptsächlich zeigt sich ein Unterschied in dem Ätzmittel. Das Eisen und noch mehr der Stahl sind gegen Säuren noch viel empfindlicher als Kupfer. Auf die mannigfachste Weise hat man sich nun bemüht, Ätzmittel zu finden, welche milder, aber doch leicht und sicher auf den Stahl einwirken, und die Engländer trieben mit ihren Ätzwassern lange Zeit Geheimniskrämerei. Jetzt sind eine Menge sehr verschiedenartiger Zusammensetzungen bekannt und empfohlen. Sie enthalten meist sehr wenig oder gar keine freie Salpetersäure, statt dessen oft Essig, Weinsteinsäure, Alkohol und verschiedene andre Stoffe, viele auch Metallsalze, besonders die des Kupfers, Quecksilbers und Silbers. Die Anwendung dieser letzteren Stoffe hat im vorliegenden Falle ihren guten Grund, denn sie wirken auf das Eisen ebenfalls als Ätzmittel, nur weniger heftig als die freien Säuren. Das Eisen hat nämlich, wie das Zink, nur nicht in so hohem Grade, die Eigenschaft, Metallsalze zu zersetzen, d. h. es entzieht dem aufgelösten Salze die Säure und löst sich darin oder oxydiert sich unter Umständen damit, das ursprünglich im Salz enthaltene Metall als einen feinen Schlamm zurücklassend. Da hier also ein doppelter Vorgang stattfindet und die Säure nur nach und nach in dem Maße auf das Eisen wirken kann, als sie selbst aus ihrer ersten Verbindung frei wird, so ist hierdurch ein steter Fortschritt des Ätzens gesichert, das indes immer noch rasch genug geht und nach Minuten abgemessen werden muß. Ein neues gutes Ätzmittel, bei dem alles Blasenwerfen wegfällt, besteht aus einer Lösung von Jod in Jodkalium. Es bildet auf der Platte Jodeisen, das sich sehr rasch zu Eisenoxyd umwandelt. Aus dem Vorstehenden ist schon zu entnehmen, daß der Stahl beim Ätzen nicht wie das Kupfer rein aufgelöst wird, so daß man den Fortschritt der Arbeit durch die Flüssigkeit hierdurch auf dem Metall beobachten könnte; es wird sich vielmehr, dem Ätzmittel entsprechend, stets ein Rückstand von Kohle, Oxyd oder Metallschlamm bilden, der sich in den Strichen der Radierung ansammelt und in kurzen Zwischenräumen immer wieder durch Abwaschen entfernt werden muß. Übrigens möge hier noch bemerkt werden, daß man auch für die Kupferätzung nach solchen Mitteln gesucht hat, welche sicherer, ruhiger und bequemer wirken könnten als die von alters her gebräuchliche Salpetersäure. Als ganz zweckmäßig ist ein Ätzwasser befunden worden, das ein Gemisch ist von vielem Wasser, Salzsäure und aufgelöstem chlorsauren Kali. Indem die Salzsäure dieses Salz allmählich zerlegt, tritt freies Chlor auf, welches das Metall angreift und auflöst. Statt des gesundheitsschädlichen salpetrigsauren Gases, das sich beim Ätzen mit Scheidewasser unvermeidlich entwickelt, hat man hier nur einen viel weniger widrigen, schwachen Chlorgeruch mit in Kauf zu nehmen.

Daß sich der Stahl durch Ausglühen erweichen und sodann durch verschiedene Mittel wieder härten läßt, haben wir schon bemerkt und ist auch so bekannt genug. In der Stahlstecherei benutzt man nun diese Eigenschaft dergestalt, daß man in das weiche Metall ätzt und von den nachgehends wieder gehärteten Platten druckt. Es ist dadurch die direkte Vervielfältigung der Platten selbst ermöglicht, die freilich über eine gewisse mäßige Größe der Platten nicht getrieben werden kann und auch sonst für eigentliche Kunstblätter nicht geeignet ist, wohl aber bei Papiergeld, Bankzetteln u. dergl. in Anwendung kommt.

Abdruck der Kupfer- und Stahlplatten.

Legt man auf eine gestochene und gehärtete Platte eine weiche, leere Stahlplatte und läßt beide unter starkem Drucke durch ein Walzenpaar gehen, oder läßt man die obere Platte ganz weg und macht gleich die obere Preßwalze von weichem Stahl, so wird sich in beiden Fällen auf der oberen Platte oder Walze ein erhabenes Gegenbild der Originalplatte eindrücken müssen. Härtet man ferner die letztgenannten Gegenstände ihrerseits, so kann man mit ihnen wieder andre weiche Platten durch einen bloßen Druck so herrichten, daß sie der ursprünglichen geätzten Platte zum Verwechseln ähnlich sehen, und nachdem sie gehärtet worden, ganz wie diese zum Abdruck gebraucht werden können. Ein andres, nicht so gewaltsames Kopierverfahren soll auch mit den Stahlplatten geübt werden, welches unter dem Namen **Siderographie** sich Eingang zu verschaffen gesucht hat.

Fig. 495.    Fig. 496.

Fig 497.    Fig. 498.
Fig. 495—498. Geätzte Platte in verschiedenen Stadien ihrer Herstellung.

Der **Abdruck der Kupfer- und Stahlplatten** geschieht in ganz gleicher Weise und ist darüber nur wenig zu bemerken. Die Farbe besteht der Hauptsache nach, wie die Buchdruckerschwärze, aus Firnis und Ruß; nur ist sie weicher und geschmeidiger. Sie wird mittels eines Lappens in alle Vertiefungen der Platte wohl eingerieben, das Überflüssige mit einem andern Lappen weggenommen und die Platte sodann unter Zuhilfenahme von Kreidepulver, Terpentinöl u. dgl. vollends gesäubert und poliert. Das letzte und beste Poliermittel bildet immer der Ballen der bloßen Hand, und geübte Drucker lernen dasselbe so gut gebrauchen, daß sie im stande sind, mit Ton zu drucken, d. h. einen leisen Hauch von Schwarz auf dem Kupfer stehen lassen, der sich mit abdruckt und dem Bilde ein satteres und wärmeres Ansehen verleiht. Sonst wird dieses sogenannte Tonen auch so bewirkt, daß man auf die völlig gereinigte Oberfläche des Kupfers mittels eines Musselinläppchens aus dem eingeschwärzten Bilde wieder etwas Farbe, sozusagen einen Gedanken von Farbe, herüberführt und gleichmäßig verteilt. Zuletzt wird die Platte mit dem etwas angefeuchteten Papierblatt bedeckt und beides durch die mit Flanell überzogenen Walzen der Kupferdruckpresse geführt, womit der Abdruck fertig ist und das Einschwärzen von vorn beginnt.

Die Aufnahme der Farbe seitens der Platte und ihre Wiedergabe an das Papier geht leichter und vollständiger von statten, wenn dabei Wärme zu Hilfe genommen wird; deshalb werden alle guten Blätter warm gedruckt, d. h. die Platte liegt während des Einschwärzens auf einem Rost über Kohlenfeuer.

Die Bauart der ursprünglich hölzernen Kupferdruckpresse ist, wie Fig. 502 zeigt, noch einfacher als die ihrer Schwester, der alten Buchdruckpresse. Indes hat man auch die erstere in neuerer Zeit oft von Eisen gebaut, wodurch sie dauerhafter und raumersparender wird, auch akkuratere Arbeit liefert; mit Dampf betrieben, würde sie eben so leicht 10—20mal mehr leisten, wenn nur der Menschenhand das Einschwärzen eben so rasch von statten ginge, als den Pressen das Drucken.

Stellvertreter des Kupfer= und Stahlstichs. Die in diese Rubrik zu stellenden Kunstmittel scheiden sich in zwei ganz getrennte Klassen; während die eine derselben sich nur auf das Material bezieht, an Stelle des Kupfers oder Stahls etwas andres setzt, begreift die andre einige Verfahren, welche auf ganz besonderem Wege, mit Umgehung des Stechens und Ätzens, gleiche oder ähnliche Erfolge wie der Kupfer= und Stahlstich zu erreichen suchen.

Die Materialien, welche außer Kupfer und Stahl als Basis zur Aufnahme vertiefter Bild= oder Schriftwerke in Betracht kommen können, sind Zink, Zinn und

Fig. 499. Originalgetreue Nachahmung einer geätzten Landschaft.

Glas. Die Zinkographie fand in früheren Jahren namentlich an Hermann Eberhard einen eifrigen Pfleger, welcher alle Manieren des Kupferstichs und Steindrucks auf dieses Metall anzuwenden suchte. Namentlich erweist sich dasselbe brauchbar zu Radierungen und Federzeichnungen, wenn auch das Ätzen, bei der großen Empfindlichkeit des Zinks gegen Säuren, hierbei erst besonders eingeübt werden muß. Verschiedene in Zinkdruck ausgeführte Bildwerke, z. B. Stuarts Altertümer von Athen, enthalten manche gelungene Blätter. Die viel größere Wohlfeilheit des Zinks gegen Kupfer kann bei großen Werken wohl ins Gewicht fallen, und im Abdruck zeigen sich die Zinkplatten ungemein dauerhaft, wenn sie sich erst mit einer glasigen Oxydschicht bedeckt haben, was durch Anwendung von Alkalien befördert werden kann. Doch scheint die Benutzung des Zinks statt des Kupfers nirgends mehr stattzufinden, so daß es mehr als Surrogat des lithographischen Steines und für eigne Ätzverfahren behufs der Herstellung von Hochdruckplatten Bedeutung hat.

Daß man auf Zinn recht gut, besonders in Umrissen, stechen kann und die Abdrücke von Zinnplatten eine eigentümliche Weichheit an sich haben, beweisen einige aus älteren Zeiten übrig gebliebene Blätter. Heutzutage hat das Zinn nur eine einzige, aber feste Verwendung, nämlich beim Musiknotendruck, und wir wollen auch bei diesem Industriezweig einen Moment verweilen. Der Notenstecher, der aber auch ein tüchtiger Schläger ist, empfängt seine Platte vollkommen abgerichtet und blank vom Gießer. Er bemißt und verzeichnet auf ihr mit dem Zirkel die Lage und den Abstand der Notenzeilen, reißt sich für

Zinkographie. 597

etwaigen Schrifttext ganz feine Doppellinien vor und schneidet dann mit einem rechenartigen scharfen Instrument nach dem Lineal die Notenlinien ein. Nachdem der hierbei entstehende Grat mit dem Schaber entfernt und mit dem Polierstahl die völlige Glätte wieder hergestellt ist, beginnt erst das Vorzeichnen des ganzen Musikstücks, diesem folgt das Einschlagen.

Fig. 500. Originalgetreue Nachahmung einer geätzten Platte.

Fig. 501. Weitere Ausführung derselben Platte durch die Maschine.

Die vollen wie die offenen Köpfe, die Schlüssel, Kreuze und andre Vorzeichnungen, Pausenzeichen u. s. w., endlich für vorkommende Texteswortе oder Vortragsanweisungen das ganze lateinische Alphabet, sind auf stählernen Punzen erhaben geschnitten vorhanden; diese werden gehörigen Orts aufgesetzt und mit einem Hammerschlag in das Metall eingetrieben, ein Geschäft, das einem geschickten Arbeiter sehr rasch von der Hand geht. Ist alles geschlagen, was sich für diese Handhabung eignet, so ist schon der größte Teil der Arbeit gethan, und nachdem die Platte auf einer blanken Metallfläche mittels eines Hammers wieder gehörig gerichtet ist, wird sie durch Gravieren mit dem Stichel vollends ausgearbeitet. Unter dem Stichel entstehen nun die Taktstriche, die senkrechten Linien an den Notenköpfen mit ihrem etwaigen Zubehör, die verschiedenen Schleifbogen u. dgl.; die aus dicken, geraden Linien bestehenden Vorkommnisse, wie die starken Verbindungslinien der gruppierten Noten, ganze und halbe Pausen, Klammern u. s. w., werden mit einem Breitstichel ausgearbeitet. Nachdem alles dies bewerkstelligt und die Platte mittels des Polierstahls von den Marken und Hilfslinien befreit ist, wäre sie zum Abdruck fertig, wenn nicht der Notenstecher auch irren könnte. Es wird demnach ein Probedruck genommen, von einem Musikverständigen die Korrektur gelesen, wonach die etwa vorhandenen Fehler in der Platte berichtigt werden. Geht ein Fehler nicht sehr in die Tiefe, wie es bei der Stichelarbeit meistens der Fall ist, so kann er mit dem Schaber weggenommen und sodann durch Klopfen mit dem Hammer von der Rückseite die betreffende Stelle der Platte wieder aufs allgemeine Niveau gebracht werden, um die neue, richtige Gravierung zu empfangen. Steht dagegen ein Notenkopf oder ein andres eingeschlagenes Zeichen falsch, so muß man die Gegenpunze anwenden. Mit einem Tasterzirkel bestimmt man in solchem Falle auf der Rückseite der Platte den Punkt, welcher der fehlerhaften Note gerade gegenüberliegt, und schlägt hier die Punze ein, wodurch die Vertiefung auf der andern Seite verschwindet und die Korrektur angebracht werden kann. Aber auch die rückseitige Vertiefung darf nicht bleiben; man schmilzt sie mit etwas Lot zu und ebnet die Stelle vollständig wieder ein. Auf diese Weise erhält man eine fehlerfreie Platte und kann nun mit dem Abdruck der Zinnplatte, der wie beim Kupferstich vor sich geht, beginnen.

Unverwüstlicher noch und zugleich in seiner Masse reiner als der Stahl ist das Glas. Auch diesen Stoff hat man zum Dienst bei den graphischen Künsten heranzuziehen gesucht, und dies ist namentlich dem Professor Böttcher in Frankfurt a. M. und Dr. Bromeis in Hanau zuerst gelungen. Seit Bekanntmachung ihrer Arbeiten und Proben haben wir denn auch eine Hyalographie (Glasätzkunst, Glasdruck) zu verzeichnen. Daß man dem Glas nicht mit dem Stichel, sondern nur ätzend, mit dem einzigen Mittel Flußspatsäure, beikommen kann, war bekannt; man hat ein Gemisch von feingepulvertem Flußspat und Schwefelsäure in Breiform auf die mit Ätzgrund bedeckte und radierte Platte zu legen, oder man treibt aus demselben Gemisch mittels Erwärmung die Säure in Form von Dämpfen aus, die man an die darüber gelegte Platte treten läßt. In beiden Fällen werden die unbedeckten Glaspartien angeätzt. Überraschend waren aber doch die ersten Proben von Glasdrucken durch ihre ungemeine Feinheit und ihren ganz eigentümlichen, aus der Natur des Glases sich ergebenden Ton. Namentlich die Arbeiten der Guillochiermaschine nehmen sich in Glasdruck vorzüglich aus.

Allerdings bildet die Zerbrechlichkeit des Glases einen Übelstand, es läßt sich aber doch die Möglichkeit des Bruches bedeutend verringern durch gehörige Dicke der Platten, Beschränkung auf mäßige Größen, höchste Genauigkeit der Druckwalzen und ihrer wollenen Bekleidung, sowie durch größte Aufmerksamkeit beim Drucken, und unter solchen Voraussetzungen erlaubt das Glas zahllose Abdrücke. Übrigens hat die Wiener Staatsdruckerei zur Schonung der Platten versucht, auf galvanischem Wege kupferne Kopien davon zu nehmen, und dies ist so vollkommen gelungen, daß selbst der eigentümliche Ton, welchen die Glasoberfläche bewirkt, dem davon genommenen Papierabdruck sich mitteilt.

Als eine Methode, nicht das Kupfer, sondern den Kupferstecher selbst zu ersetzen, mag zuerst die wohl wenig geübte Stylographie genannt werden, welche zur Wiedergabe von Originalfederzeichnungen dienen soll. Nach der Beschreibung zeichnet oder ritzt der Künstler in einen weichen Grund, der natürlich auf einer Metallplatte stehen muß. Die Platte ist geschwärzt und der Deckgrund leicht versilbert, so daß das Bild schon schwarz in Weiß, ähnlich einem Abdruck auf Papier, erscheint. Eine galvanische Kopie von dieser Platte gibt das Bild erhaben, und eine weitere Kopie von dieser ersten gibt es wieder vertieft und ist das genaue Ebenbild der radierten Originalplatte; was der Zeichner in diese hineinarbeiten konnte, findet sich hier wieder und kann mittels der Kupferdruckpresse auf Papier übertragen werden.

Galvanographie. — Naturselbstdruck.

Bedeutender und eigentümlicher jedenfalls ist das von Professor Kobell in München erfundene schöne Verfahren der Galvanographie, welches dem zeichnenden Künstler die vollste Freiheit gestattet und gar keine Gravierung oder Radierung verlangt, sondern gewissermaßen auf Malerei beruht. Auch ist die Galvanographie mehr als ein bloßes Ersatzmittel des Kupferstichs, obwohl sie im Effekt an die Tuschmanier des Kupferstichs erinnert; sie ist eher eine selbständige Kunst, bei der sich Töne erzeugen lassen, die der Kupferstich mit allen seinen Manieren nicht erreichen kann. Auf einer polierten und besser noch schwach versilberten Kupferplatte entwirft der Künstler sein Bild in Rechtsstellung, wie es auf dem Papier erscheinen soll, und führt es mit dem Pinsel vollständig aus. Er benutzt hierzu eine besondere körperhafte, dem Wasser widerstehende Tusche und sorgt durch mehrmaliges Überarbeiten dafür, daß, je dunkler gewisse Partien werden sollen, sie um so mehr mit Tusche gedeckt, also über die Metallfläche herausgehoben werden. Ist das Bild dergestalt vollendet, abgetrocknet und durch Versilberung leitend gemacht, so besorgt der galvanische Strom alles weitere.

Fig. 502. Kupferdruckerei mit Handpressen.

Wo sich das Kupfer an den unbezeichneten Stellen niederschlug, erscheint es so blank als die Grundplatte selbst, in den Bildflächen dagegen erscheint es mehr oder weniger vertieft und von mattem, rauherem Ansehen, also ganz geeignet zum Festhalten der eingeriebenen Druckfarbe. Selbstverständlich bleibt nun dem eigentlichen Kupferstecher noch volle Freiheit, mit seinen Instrumenten die galvanische Platte weiter zu bearbeiten, um kräftigere Schatten, feinere Details und zartere Tonabstufungen hervorzubringen. — Es gibt aber eigentlich noch eine zweite, kompliziertere Methode der Galvanographie. Hier wird zuerst mittels Radierens, Schabens oder durch das Aquatintaverfahren eine Tiefplatte erzeugt und hiervon eine galvanoplastische Reliefplatte genommen. Diese vertritt nun dieselbe Stelle, wie vorhin die blanke Grundplatte, aber mit dem Vorteil, daß auf ihr schon mehreres vorgearbeitet ist. Durch Auftragen von Tusche und Bearbeiten mit Schaber und Polierstahl wird diese Platte fertig gemacht, um schließlich in den galvanischen Apparat zu kommen und eine Gegenplatte zu liefern, die nach einigen Nachhilfen in den Schatten druckreif ist.

Die interessante Erfindung des Naturselbstdrucks, bei welchem flache Gegenstände, Blätter z. B. oder ganze Pflanzen, wie Moose, Algen u. s. w., ihre Erhabenheit durch einen scharfen Druck in eine Guttapercha= oder Bleiplatte abpressen, von welcher dann auf galvanoplastischem Wege Druckplatten genommen werden, könnte mit einigem Recht auch hierher gezogen und müßte selbst als ein neuer Fortschritt in der Herstellung vertiefter Druckplatten

bezeichnet werden, denn sie bildet diejenige Methode, bei der die Mitwirkung einer Künstler=
hand ganz entbehrlich wird, ja, die weder Zeichner noch Stecher in Anspruch nimmt.
Ihr praktischer Wert scheint indessen, nach ihrer bisherigen Anwendung zu schließen, ein
sehr beschränkter zu sein. Denn es darf nicht verkannt werden, daß ihr Gebiet ein sehr
beschränktes ist, indem nur solche Gegenstände sich nachbilden lassen, die eine Ausbreitung
in einer Fläche gestatten und in dieser ein charakteristisches Bild gewähren. Doch aber sind
auf diese Weise namentlich mittels Druckes in den natürlichen Farben der Objekte über=
raschend täuschende Nachbildungen hervorgebracht worden, und es hat sich namentlich die
Staatsdruckerei in Wien die Vervollkommnung eine Zeitlang sehr angelegen sein lassen.

Diese Anstalt — deren Ehrenrettung die Neuzeit zu unternehmen beginnt, nachdem man
lange Zeit die großartigen Druckerfolge, welche unter der Leitung Auers erreicht worden
waren, aus falsch verstandener Sparsamkeit nicht weiter verfolgt, ja sogar, um dazu nicht
moralisch gezwungen zu sein, bemängelt hatte — die kaiserliche Staatsdruckerei, hatte 1850
von einem botanischen Prachtwerk, „Physiotypia plantarum austriacarum" von Ettings=
hausen und Pokorny, 500 Tafeln erscheinen lassen, welche in Naturdruck hergestellt waren,
die Fortsetzung aber der Kostspieligkeit wegen unterlassen. Jetzt ist jedoch dieses Werk noch
vollständig von den schon zu Auers Zeiten fertig gestellten Platten gedruckt worden, und
damit eine Serie von 1000 Tafeln in zehn Bänden zur Ausgabe gelangt, welche zu dem
Schönsten gehört, was die botanische Litteratur bietet. Es ist aber zu bemerken, daß nicht
die kaiserliche Staatsdruckerei diese Ehrenschuld abgetragen hat, sondern die Buchhandlung
von Tempsky in Prag, welche Verlagsrecht und Platten erwarb.

Als Erfindung der neueren Zeit ist noch die Photogravüre zu nennen. Dieselbe
entspricht in ihrer Erscheinung der Photographie, ist also ähnlich den früheren Stichen in
Aquatinta und denen der Schabmanier. Ihr größerer Reiz besteht in der unmittelbaren
Wiedergabe des Gemäldes, wodurch man gleichsam ein Faksimile des betreffenden Künstlers
erhält. — Die Herstellung dieser Bilder erfolgt in der Weise, daß eine besonders präpa=
rierte Photographie auf eine mit einem Korn versehene Kupferplatte gebracht und durch
Ätzen in dieselbe vertieft wird, so daß Abdrücke davon gemacht werden können. Da die
Ätzung in den seltensten Fällen schon ein vollkommenes Bild erreichen läßt, so bedarf es
meistens noch der vorsichtigen Nachhilfe eines darin geübten Kupferstechers. In der Wieder=
gabe von Ölgemälden ist die Photogravüre schon mit bestem Erfolg verwendet worden
und hat insonderheit bei Nachbildung von Tierbildern, Seestücken und Landschaftsbildern
neuerer Meister Vorzügliches geleistet.

Fig. 503. Kupferdruckpresse nach englischem System mit Schraubenstellung von Karl Krause in Leipzig.

> Wohl erfunden, klug ersonnen,
> Schön gebildet, zart vollbracht,
> So von jeher hat gewonnen
> Künstler kunstreich seine Macht.
>
> Goethe.

Die Erfindung der Lithographie.

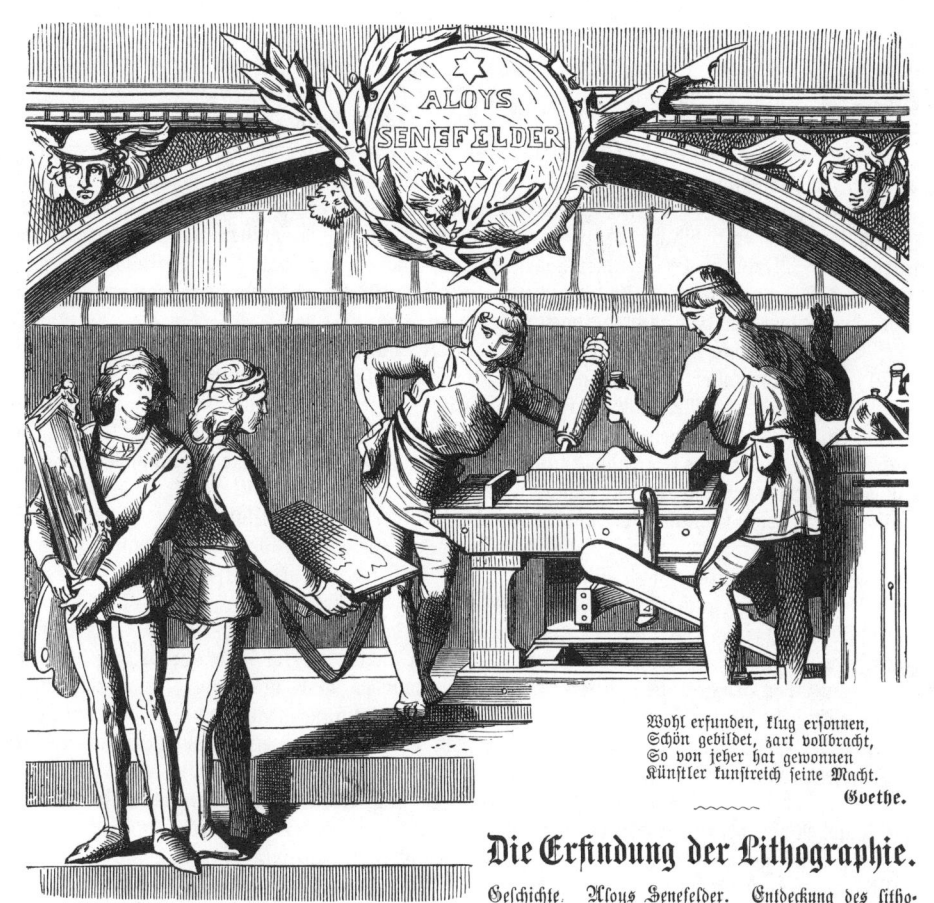

Geschichte. Aloys Senefelder. Entdeckung des lithographischen Kalksteins. Das Ätzen. Die lithographische Kreide. Münchener Anstalt. Gleißner. Verbreitung der Kunst nach Wien. Hartl. von Aretin. Die ersten Pressen. Senefelders sonstige verwandte Erfindungen. — Technisches der Kunst. Chemische Grundlagen der Verfahren.

Die Lithographie ist eine der schönsten und interessantesten Erfindungen unsres Jahrhunderts. Sie ist zugleich auch eine der praktischsten, die, epochemachend für viele Zweige der Litteratur und Kunst, sich im Laufe weniger Jahre ein großes Gebiet erobert hat, in mannigfaltiger Weise in Künsten und Wissenschaften, im täglichen Verkehr, in Gewerbe, Handel, Luxus und Mode nützlich geworden ist und vielen Tausenden fleißiger Menschen Brot und Unterhalt gewährt. Sie ist ferner unbestritten eine durchweg deutsche Erfindung, auf die unser Vaterland stolz sein darf, und ihr Urheber war ein Mann, dessen Persönlichkeit und vielbewegtes Leben unser ganzes Interesse in Anspruch nimmt. Er war eine echte Erfindernatur; bittere äußere Not war es allerdings, die ihn auf die Bahn technischer Versuche hintrieb, ein Feld, das er ohne alle Mittel und Vorkenntnisse betrat; aber die Not macht immer nur den zum Erfinder, der neben einer unverwüstlichen Geduld und Ausdauer auch ein Scherflein von jenem unwägbaren Kapitale mit einzulegen hat, das man Geist, Genie, Erfindungsgabe oder sonstwie nennen mag, und das doch nur so wenigen verliehen ist. Zu diesen wenigen gehörte aber unstreitig Aloys Senefelder, dessen Anstrengungen und Ausdauer wir fast allein die ungeahnte Ausbildung der Lithographie verdanken. Wir sehen einen jungen Mann unter den mißlichsten Verhältnissen sich eine ganz neue Bahn brechen und eine Kunst, an die vorher kein Mensch auch nur gedacht, nicht allein ins Leben rufen, sondern auch in ihren einzelnen Zweigen so zweckentsprechend ausarbeiten, daß seinen Nachfolgern nur wenig zur weiteren Vervollkommnung überlassen

Das Buch der Erfind. 8. Aufl. I. Bd.

blieb. Auch das hatte er mit vielen Erfindern gemein, daß ihm für seine Mühen wenig äußerer Lohn zu teil wurde, daß er meist für andre gearbeitet und mehr Verdruß als Freude an seinem Werke hatte. Denn er war eben kein kaufmännisches Genie; er vermochte eine Goldader zu entdecken, aber sie auszubeuten, das verstand er nicht.

Aus dem Hange des Menschen zum Wunderbaren ist es erklärlich, daß der Ursprung der meisten Erfindungen in ein märchenhaftes Gewand gehüllt ist; auch über die Erfindung des Steindrucks ist verschiedenes gefabelt worden, was immer noch nacherzählt und vielfach geglaubt wird. Das Wahre der Geschichte wollen wir uns bemühen vorzutragen; dabei werden wir allerdings Gelegenheit haben, darauf hinzuweisen, daß diese Erfindung keineswegs das Erzeugnis eines augenblicklichen glücklichen Zufalls war, sondern erst nach langen schweren Mühen an das Licht gezogen worden ist.

Senefelder war der Sohn eines Schauspielers aus Königshofen und wurde im Jahre 1771 am 6. November zu Prag geboren. Der Vater, längere Zeit Mitglied des Münchener Hoftheaters, siedelte später mit seiner Familie nach dieser Hauptstadt über. Will man dem Zufall ein Recht einräumen, so kann man es allerdings schon hier, denn nach München mußte der Erfinder des Steindrucks unbedingt kommen, um hier die Solnhofener Steine kennen zu lernen, wenn aus der Sache überhaupt etwas werden sollte. Aloys besuchte mit Auszeichnung das Gymnasium und später die Universität Ingolstadt, wo er die Rechte studierte, denen er jedoch höchst wahrscheinlich wenig Geschmack abgewonnen haben mochte, denn seit seiner Rückkehr nach München fing er an, sich als dramatischer Schriftsteller zu versuchen und hatte auch mit seiner Erstlingsarbeit ziemliches Glück.

Als 1790 sein Vater starb, widmete er sich dem Schauspielerberuf und wirkte zwei Jahre bei verschiedenen Provinzialtruppen. Jedoch dieses Lebens bald überdrüssig, wollte er sich ganz der dramatischen Litteratur widmen; wurden auch noch zwei oder drei seiner Stücke gedruckt, für die folgenden, worauf er größere Hoffnungen gesetzt hatte, ließ sich aber kein Drucker mehr bereit finden. Da kam er auf den allerdings etwas abenteuerlichen Gedanken, seine Werke selbst zu drucken, obgleich ihm dazu nicht die geringsten Geldmittel zu Gebote standen; sein erfinderischer Geist wurde rege und seine bewundernswerte Geduld hatte eine lange Reihe peinlicher Proben zu bestehen.

Zu arm, um auch nur soviel Druckschrift anzuschaffen, um eine einzige Seite zu setzen, wollte er anfangs Stahlstempel schneiden, um später damit Buchstaben in Holz oder sonstwie einzuschlagen, fand aber bald, daß er sich viel zu viel zugemutet hatte. Hierauf drückte er Buchstaben in einen weichen Teig vertieft ab, goß Siegellack darüber und erhielt so eine erhabene Schrift, die sich aber nicht hielt, um Nutzen zu bringen, abgesehen von der großen Mühe der Herstellung auch nur weniger Zeilen. Übrigens war er damit auf dasselbe Verfahren gekommen, welches man vorher bei Herstellung von Stereotypen befolgt, eine Kunst, die damals noch unbekannt war.

Natürlich verließ Senefelder bald dieses unergiebige Verfahren und stellte Versuche auf andre Weise an. Er war darauf verfallen, seine Schrift in Kupfer zu ätzen. Ein Stück Kupfer mit Ätzgrund überzogen, die Schrift mit einer Stahlspitze verkehrt hineingeritzt und die bloßgelegten Züge mit Scheidewasser tief geätzt, dies dünkte ihm sehr einfach und müßte gehen. Allerdings geht es, wie jeder Künstler weiß, aber nur nach einer ziemlichen Lehrzeit und nicht ohne vorher viel Kupfer verdorben zu haben. Senefelder hatte aber nur eine einzige Platte anschaffen können, deren Stärke sich bei jedem neuen Versuche in so bedenklicher Weise verminderte, daß er den gänzlichen Stillstand seiner Arbeiten ziemlich genau vorher berechnen konnte, denn eine neue Platte zu kaufen, dazu hatte er nicht die mindeste Aussicht. Sein Trachten ging also dahin, einen Stoff zu finden, der ihm das kostspielige Kupfer ersetzen könne, wenn auch nur zeitweilig und so lange, bis er sich hinreichende Übung im Verkehrtschreiben und Ätzen erworben haben würde, um kein Kupfer mehr zu verderben. Und dieses erwünschte Material lag ihm sozusagen vor den Füßen. Es war der Solnhofener Kalkstein, der in München wie im ganzen südlichen Bayern und in den Ländern an der Donau hinab schon seit Jahrhunderten zum Belegen von Hausfluren, zu Fensterstöcken, Grabsteinen, Tischplatten u. s. w. vielfache Anwendung findet. Der Leser findet im dritten Bande eine Abbildung dieses berühmten Steinbruchs, und verweisen wir ihn hinsichtlich näherer Beschreibung auf jene Stelle. Die feine Glätte, welche der Stein annimmt, mußte unserm Senefelder auffallen; er verschaffte sich einige kleine Platten und fing nun von neuem an zu scheiden, zu radieren und zu ätzen, wie in das Kupfer, denn noch hatte er keine Ahnung von der merkwürdigen Eigentümlichkeit seines neuen Materials. Eines Tages, als er eben in seine Versuche vertieft ist, kommt — so wird erzählt — seine Wäscherin. Sein Papiervorrat ist so erschöpft, daß er kein Stückchen mehr zu einem Waschzettel finden kann; er schreibt daher seine Notizen vorläufig auf einen soeben polierten Stein, und zwar mit derselben Mischung von Wachs, Seife und Ruß, welche er als Ätz= grund zum Überziehen seiner Platte benutzte. Nachdem er später sein Wäschverzeichnis zu Papier gebracht hatte und die Schrift vom Steine wieder wegnehmen wollte, kam ihm der Gedanke, was wohl aus der Schrift werden würde, wenn er eine Säure darauf brächte.

Bei der großen Empfindlichkeit der Kalksteine gegen jede Art von Säure konnte es nicht fehlen, daß dieser Versuch irgend einen Erfolg haben mußte, und man kann sich die Freude Senefelders denken, als er fand, daß die Säure nur die freigebliebenen Stellen angegriffen hatte und die von der Tinte geschützten Züge nunmehr etwa um die Stärke eines Kartenblattes über die Fläche herausstanden, wie die Zeichnung auf einer geschnittenen Holzplatte. Zum Abdruck schreitend, sah er indes bald, daß die Züge nicht hoch genug waren, um mit dem Buchdruckerballen eingeschwärzt werden zu können; der Ballen traf auch den Grund zwischen den Buchstaben mit und so gab es keine reinen Abdrücke. Senefelder half sich mit einem mit feinem Tuch überzogenen Bretchen, auf welches er die Farbe trug und damit die Buchstaben betupfte, und so gelang es ihm, einige ziemlich gute Kopien zu gewinnen.

Nach vielen Mühen und Anstrengungen war der Erfinder zu einem Ergebnis gelangt, das ihm für jetzt genügte. Was er gefunden hatte, war, wie man sieht, nicht sowohl die eigentliche Lithographie, sondern vielmehr das Hochätzverfahren, wozu sich der Stein gerade nicht besonders eignet, indem wegen seiner Weichheit die Ätzungen darauf immer roh aus= fallen müssen, da die Herstellung scharfer Linien unausführbar ist. Senefelder, dem das gefundene und, wie sich herausstellte, wohl auch anwendbare Verfahren doch nicht genau genug erschien, um es auf den Schriftdruck anzuwenden, versuchte es zum Drucke von Musik= noten auszubilden, und das war das Geeignetste, was er damit anfangen konnte; denn die damals gangbaren Notendrucke sahen so häßlich aus, daß nicht zu befürchten stand, die sei= nigen würden allzusehr davon abstechen. Bald hatte er sich Geschicklichkeit genug in dieser Art Arbeit angeeignet, und er erhielt Abdrücke, welche schon als verkäufliche Ware passieren konnten. Sein sehnlichster Wunsch war nun die Anlegung einer kleinen Notendruckerei. Aber woher die Geldmittel dazu nehmen? In dieser Ratlosigkeit faßte er sogar den Ent= schluß, das Einzige, was er besaß — seine Freiheit — zu verkaufen. Er wollte Stellver= treter in der Armee werden; der Preis von 200 Gulden würde gerade hinreichen, um nach zurückgelegter Dienstzeit die Anlagekosten der Druckerei zu decken. Aber auch diese letzte Hilfsquelle versiegt, als er sich ihr naht. Senefelder ist zu Prag in Böhmen geboren und die bayrischen Gesetze erlauben nur Landeskindern den Zutritt zum Militärdienste!

Endlich bescherte der Himmel dem bedrängten jungen Manne einen Freund in der Not in der Person des Hofmusikus und Komponisten Gleißner. Senefelder machte diesem den Vorschlag, einige seiner Werke zu drucken; Gleißner willigt ein und gibt einige Geldvorschüsse zur Anschaffung des Nötigsten her. Senefelder kauft Steine und Papier und macht sich an die Arbeit. Er hatte damals eine alte, schlechte Kupferdruckpresse, die ihm volle sechs Gulden gekostet hatte, und auf ihr druckte er, indem er den Stein nach Art der Kupfer= drucker durch die Walzen gehen ließ. So brachte er in 15 Tagen 120 Exemplare einer Sammlung von sechs Liedern Gleißnerscher Komposition fertig und löste daraus 100 Gulden. Der Aufwand hatte nur 30 Gulden betragen, und man kann sich denken, wie freudig der Arme die gewonnenen 70 Gulden, die erste Frucht seiner Mühen, begrüßt haben mag, und anderseits, wie nun sein Mut, seine Hoffnungen anschwellen mußten, zumal da der Betriebsfonds sich alsbald noch weiter vermehrte. Gleißner hatte nämlich dem Kurfürsten von Bayern ein Exemplar der Lieder überreichen lassen und dieser dafür ein Geschenk von 100 Gulden bewilligt. Dagegen fand die Münchener Akademie der Wissenschaften so wenig Interesse an der neuen Erfindung, daß sie Senefelders Eingabe durch eine Bewilligung von 12 Gulden beantwortete. Der Druck dieses ersten von Stein abgezogenen Werkes fällt in das Jahr 1796.

Durch den glücklichen Erfolg ermutigt, dachten der Erfinder und Gleißner, der sich mit ihm verbunden hatte, nun an größere Unternehmungen. Das Nächste war, daß sie sich eine neue Presse bauen ließen, von der sie sich natürlich auch bessere Abdrücke versprachen. Es war wieder eine Walzen= oder Kupferdruckpresse. Man denke sich aber das schmerzliche Erstaunen der Unternehmer, als das neue Instrument zu arbeiten anfing und trotz aller Mühe nichts weiter liefern wollte als besudelte und gänzlich unbrauchbare Blätter! Die alte Presse war schon zerhackt und für die neue wußten sie keinen Rat, konnten also die übernommenen Arbeiten nicht liefern und standen so auf einmal am Ende aller ihrer Hoff= nungen und Pläne.

Senefelder fand später die sehr einfache Ursache des Mißlingens auf, die er in der ersten Bestürzung nicht zu entdecken vermochte. Die obere Walze seiner alten Presse hatte einen breiten Sprung. Damit dieser beim Abdruck nicht hindere, stellte ihn Senefelder jedesmal so, daß er mit der Kante des Steines zusammentraf, und auf diese Weise wurde das Papier gleich beim Beginn des Durchziehens fest an den Stein geklemmt, während die Walze der neuen Presse, die vollkommen rund war, in dem Augenblicke, wo sie das Papier faßte, dasselbe ein wenig über die erhabene, eingeschwärzte Notenschrift wegzog und so den Abdruck verdarb. Aber diesen Grund des Nichterfolges erkannte man nicht sogleich. In seiner Verlegenheit versuchte Senefelder auch die Buchdruckpresse, doch konnten die Steine ihren Druck nicht aushalten und zerbrachen nach wenig Abzügen. Lange bemühte er sich vergebens, auf irgend eine Art reine Abdrücke zu erhalten. Der kleine Gewinn, den man mit den ersten Notendrucken gemacht hatte, war daher bald aufgezehrt, und der Arme verfiel wieder in dieselbe traurige Lage, woraus ihn die schwachen Unterstützungen seines Teilhabers kaum gezogen hatten.

Von hohem Interesse ist es hier, mit der Ausbildung der jungen Kunst neben Senefelder den Namen eines unsrer größten Komponisten verknüpft zu sehen, Karl Maria von Weber.

Der junge Musiker befand sich mit seinem Vater Franz Anton von Weber in München. Er hatte damals, in seinem zwölften Jahre, schon zahlreiche und glückliches Talent zeigende Kompositionen geschaffen. „Aber trotz aller Umfrage fand sich", wie der Biograph des un= sterblichen Schöpfers des „Freischütz", sein Sohn Max Maria von Weber, erzählt, „kein Musikalienhändler, der sich dazu verstanden hätte, die Arbeiten zu veröffentlichen, und Franz Antons Verhältnisse gestatteten ihm nicht, den Druck auf eigne Kosten zu veranstalten.

„Zufällig kam er, gerade um diese Zeit, durch Grätz mit dem Hofmusikus Gleißner, der, mit Aloys Senefelder vereint, auf die Verwendbarkeit der neu entdeckten Kunst des Steindrucks für musikalische Zwecke hinarbeitete, in Verbindung, und sah bei diesem Ab= drücke der bekannten zwölf Lieder, der ersten Musikblätter, deren Vervielfältigung durch Senefelders Erfindung erzielt worden war. — — Da er Senefelder von Nürnberg her kannte, wurde es ihm nicht schwer, bei ihm und in seiner Werkstatt Eingang zu finden.

„Der Enthusiasmus, mit dem ihn (den Vater Franz Anton von Weber) diese Erfin= dung erfüllte, war außerordentlich, wenn er auf seines Knaben Talent blickte, dem es bei seiner Handfertigkeit im Zeichnen leicht werden mußte, seine Kompositionen selbst zu litho= graphieren — Ruhm und Ehre und Glücksgüter mußten ja dann auf sie herabströmen. Er verstand es auch, seinem Sohne solchen Eifer dafür einzuflößen, daß dieser, unablässig in Senefelders Werkstatt beschäftigt, sich bald die Handgriffe der Kunst vollständig zu eigen machte und besonders Noten mit Geläufigkeit, Sicherheit und Klarheit zu lithographieren begann.

„Der Knabe hatte aber nicht allein künstlerischen, sondern auch praktisch offenen Sinn, und es entging ihm daher nicht, daß die Schwäche der technischen Verlebendigung von Senefelders Idee weit weniger in der Unvollkommenheit der Erzeugung der Figur auf dem Steine, dem Materiale der Schwärzung und der Methode des Druckes, als in der Unreife seiner mechanischen Einrichtung, besonders in der mangelhaften Konstruktion seiner Pressen liege, die nicht allein fortwährend Brüche der Steine herbeiführten, sondern auch die Behandlung des Papiers auf dem Steine ungemein erschwerten, wodurch die Reinheit und Akkuratesse des Druckes sehr beeinträchtigt wurde.

„Durch eifriges Grübeln von Vater und Sohn gelang es, eine verbesserte Presse zu schaffen, von der beide Wunder erwarteten und mit deren Ausführung sie sich eifrig zu beschäftigen begannen." Eine Feuersbrunst, welcher sämtliche Kompositionen Karl Maria

Geschichtliches. 605

von Webers zum Opfer fielen, hätte beinahe den jungen Musiker, der darin einen Fingerzeig sah, gänzlich seiner eigentlichen Kunst entfremdet. „Als nun zu gleicher Zeit es bemerklich zu werden anfing", erzählt der Biograph weiter, „daß Senefelder auf die Bestrebungen der Webers eifersüchtig wurde und nicht allein seinen Umgang mit ihnen sehr beschränkte, sondern ihnen auch die Ausführung ihrer verbesserten Presse auf alle Weise erschwerte, so legte Karl Maria seinem Vater durchaus keine Hindernisse in den Weg, als dieser beschloß, zur Ausführung ihrer Pläne in eine andre Stadt überzusiedeln." Dazu kam es nun zwar nicht, wir haben aber auch keine weiteren Nachrichten, daß die lithographischen Versuche von dem jungen Tonkünstler fortgesetzt worden wären. Aus jener Zeit aber ist noch ein Dokument des lithographischen Überdrucks vorhanden: ein Heft Variationen, die Karl Maria von Weber im Jahre 1798 lithographierte und im Selbstverlage erscheinen ließ. Freilich sprach sich die Kritik damals über den musikalischen Wert fast ebenso mißliebig wie über den lithographischen aus.

Ob die von den beiden Webers verbesserte Presse die spätere verbesserte Walzenpresse gewesen ist, zu deren Herstellung der Musikalienhändler Falter das Geld vorschoß, können wir nicht feststellen. Die Verbesserung an derselben bestand darin, daß diese Presse sehr dicke Walzen und jede Walze ihre eignen Drehlinge hatte. Zwei Arbeiter mußten diese Walzen gleichzeitig umdrehen, um so zu bewirken, daß Stein und Papier richtig miteinander liefen und letzteres nicht vorauseile. Solange Senefelder selbst an dieser neuen Presse arbeitete, erhielt er gute Abdrücke; ließ er jedoch die Arbeiter allein, so verdarben sie ihm fast das ganze Papier. Da ihm nun aber das ganze Geschäft des Beschreibens und Hochätzens der Platten oblag und er also nicht auch noch drucken konnte, so war ihm wenig geholfen. Diese Umstände führten ihn auf die Idee, ob sich nicht die Herstellung der

Fig. 504. Aloys Senefelder.

Platten mit Hilfe des Überdrucks erleichtern lasse. Dadurch, daß die Noten in rechter Stellung auf Papier geschrieben und auf den Stein umgedruckt würden, mußte auch das Ansehen derselben gewinnen, denn Senefelder hatte noch keine große Fertigkeit im Verkehrtschreiben erlangt. Er unternahm nun nach dieser neuen Richtung hin zahlreiche Versuche. Um die Abgabe des auf Papier Geschriebenen an den Stein zu erleichtern, war er gleich anfangs darauf bedacht gewesen, das Papier vor dem Beschreiben mit einer in Wasser löslichen Schicht zu überziehen, wozu er Stärke und Gummi benutzte. So kam also der wichtigste lithographische Stoff nächst dem Steine, das Gummi nämlich, unter die Hände des Erfinders. Eines Tages, als er eben ein so gummiertes und beschriebenes Blatt in ein Glas mit Wasser tauchte, auf welchem zufällig einige Tropfen Öl schwammen, bemerkte er, daß sich das Öl an die fetten Schriftzüge angehangen, die weiße Fläche aber durchaus vermieden hatte. Diese Beobachtung ging für den strebsamen Mann nicht verloren. Was das Öl thut, dachte er, thut vielleicht auch die Druckerschwärze. Er riß ein Blatt aus einem alten Buche, tauchte es in Gummilösung und betupfte es mittels eines Schwammes mit sehr verdünnter Buchdruckerschwärze. Und richtig: die Schwärze hing sich bloß an die

Buchstaben und ließ den Grund des Papiers weiß. Er legte nun ein weißes Blatt auf das eingeschwärzte, ließ beide durch die Presse gehen und erhielt so einen ziemlich guten Gegendruck von der alten Schrift. Hoch erfreut über diesen Erfolg, hatte er natürlich nichts Eiligeres zu thun, als zu untersuchen, ob sich seine Steinplatten ebenso wie das Papier verhalten würden. Auf eine frisch polierte Platte wurde ein Strich mit Seife gemacht, Gummiwasser darauf gegossen und der Stein mit Farbe betupft. Der Strich nahm die Farbe an, das Übrige blieb weiß — und somit war (im Jahre 1798) der Kern der eigentlichen Lithographie gefunden, der Erfahrungssatz nämlich, daß die Zeichnung auf dem Steine gar nicht erst durch ein besonderes Ätzverfahren erhöht zu werden braucht, sondern dieser sich durch geeignete Mittel ohne weiteres in eine sehr gute Druckplatte umwandeln läßt, denn die Lithographie unterscheidet sich eben darin von jedem andern Druckverfahren, daß bei ihr die Druckplatte an den abzudruckenden Stellen weder erhaben, wie beim Buchdruck, noch vertieft, wie beim Kupferstichdruck, zu sein braucht, sondern daß sie völlig eben, sozusagen nicht mechanisch, sondern chemisch zugerichtet wird. Das Stück Seife wurde das Vorbild des lithographischen Kreidestifts, denn dieser ist nichts andres als geschwärzte und durch Zusätze hart gemachte Seife. Auch die flüssige, fette Tinte, mit der Senefelder bisher gearbeitet, wurde nun durch Zusatz von Seife verbessert; schon vorher hatte er, um das Auseinanderfließen derselben zu verhüten, den Stein mit Seifenwasser eingerieben. Daß er die seifenhaltige Zeichnung mit einer schwachen Säure behandeln müsse, konnte ihm, da er einige chemische Kenntnisse besaß, nicht entgehen. An diesen ersten wichtigen Fortschritt reihten sich bald mehrere, und namentlich erfand und bildete er die Graviermethode, die wir später kennen lernen werden, zeitig aus.

Die nach dem neuen Verfahren hergestellten Druckplatten, die nun gar keine merkbaren Erhabenheiten mehr zeigten, eigneten sich aber eben deshalb gar nicht mehr zum Abdruck zwischen Walzen, und die Sorge um ein gutes Abdruckverfahren machte sich in verstärktem Maße geltend. Senefelder verfiel wieder auf das schon früher im kleinen geübte Abreiben. Er ließ einen Rahmen machen, den er mit starker, mit geglättetem Papier überzogener Leinwand bespannte und mit Scharnieren an den Tisch befestigte. War der Stein eingeschwärzt und das Papier aufgelegt, so schlug er den Rahmen darüber und fuhr mit einem glatten Holz darauf herum. Die Abdrücke fielen nicht schlecht aus. Sogleich bestellte er mehrere Rahmen und stellte sechs Arbeiter an, die ihm richtig wieder sein Papier verdarben. Doch war dieser Mißerfolg der letzte dieser Art; Senefelder hatte die gute Wirkung erkannt, die ein mit scharfer Kante auf den Stein gesetzter Reiber ausübt, und sein Genie führte ihn nun auf die Erfindung der Presse mit gebrochenem Schafte, gewöhnlich Stangen- oder Galgenpresse genannt. Sie ist für kleinere Arbeiten, welche sich auf ihr schnell fördern lassen, ganz brauchbar, aber gegenwärtig doch kaum mehr in Anwendung. Der Reiber sitzt an einer beweglichen, oben an einem federnden Bret befestigten Stange und wird, nachdem er durch Treten auf einen Hebel heruntergebracht worden, über den festliegenden, mit dem Rahmen bedeckten Stein weggezogen. Nach erfolgtem Druck wird der Tritthebel wieder freigelassen, die Reiberstange geht durch die Elastizität des Brettes von selbst in die Höhe und wird so lange, bis der Stein wieder geschwärzt ist, zur Seite gebracht und angehangen.

Nunmehr war Senefelder geborgen, denn er war jetzt im stande, besser und prompt zu arbeiten, und an Bestellungen fehlte es nicht. Es war aber auch hohe Zeit, denn ehe er diese Stufe seiner Kunst erreichte, saß er längst wieder tief in Schulden und seine Freunde, die Familie Gleißner, mit ihm, denn getreulich hatte diese mit ihm ausgehalten und selbst alles nur Entbehrliche verkauft, um die laufenden Bedürfnisse zu decken. Senefelder nahm zwei seiner Brüder zu sich und weihte sie in seine Kunst ein. Im Jahre 1799 erhielt er für Bayern ein fünfzehnjähriges Privilegium, das ihm freilich in der Folge nicht viel nützte.

Um jene Zeit besuchte der Musikalienverleger André aus Offenbach München und auch Senefelders Anstalt. Er war eben so erstaunt als erfreut über diese merkwürdige neue Kunst, deren ganze Wichtigkeit er sofort begriff. Er bot dem Erfinder 2000 Gulden, wenn er ihn die Kunst lehren und bei ihm in Offenbach eine Druckerei einrichten wolle, ein Vorschlag, auf welchen Senefelder bereitwillig einging. So entstand die zweite Steindruckerei in der genannten Stadt, und André sah von deren Ergebnissen seine Erwartungen dergestalt übertroffen, daß er beschloß, die Sache im großen zu betreiben. Er wollte in

Gemeinschaft mit seinen drei Brüdern und dem Erfinder fünf große Etablissements in den Hauptstädten Europas gründen; die drei Brüder sollten in London, Paris und Berlin, Senefelder in Wien dem Geschäfte vorstehen und letzterer ein Fünftel des Gesamtgewinnes beziehen. Dieser ging auf das so vorteilhaft scheinende Geschäft ein und überließ seine Münchener Druckerei gegen einen Gewinnanteil seinen beiden Brüdern. Zunächst begab sich Senefelder nach London, um dort ein Patent zu erlangen und eine Druckerei einzurichten. Der Londoner André hatte große Angst, der Erfinder möchte bei seiner großen Zutraulichkeit und Mitteilsamkeit sein Geheimnis nicht zu bewahren wissen, und so hielt er diesen während der sieben Monate seines Dortseins in scharfer Aufsicht und förmlich in einer Art Haft. Senefelder, dieser Lebensweise endlich überdrüssig, kehrte nach Offenbach zurück, ohne daß das Londoner Geschäft in Gang gekommen wäre. Neue Verdrießlichkeiten blieben nicht aus. Ein Student aus Straßburg, Niedermayer, war mit Senefelders Brüdern in München befreundet gewesen und hatte oft ihre Druckerei besucht. Nachdem er sich genug abgesehen zu haben glaubte, versuchte er zuerst die neue Kunst in Frankreich einzuschleppen, und als er dort nichts ausrichtete, ging er nach Wien, um sich ein Privilegium für Österreich zu erwirken. Als die zwei Brüder Senefelders diese Schritte ihres ehemaligen Freundes erfuhren, sandten sie schleunigst ihre Mutter nach Wien, um das Privilegium für sich zu erlangen, und zuletzt erschien auch noch Madame Gleißner, um diese Vergünstigung für den wirklichen Erfinder in Anspruch zu nehmen. Die österreichische Regierung besah sich die drei gleichlautenden Forderungen und wählte den Ausweg, sie sämtlich abschläglich zu bescheiden.

Wohl gegen sein eignes Interesse löste Senefelder jetzt die Verbindung mit André, um nunmehr auf eigne Hand zu operieren. Er reiste nach Wien und hier erwartete ihn ein ganzes Heer von Widerwärtigkeiten. In Kompanie mit einem Herrn von Hartl errichtete er eine Notendruckerei und erhielt auch endlich 1803 das so lange gewünschte Privilegium; da aber die Leitung des Geschäftes ihm allein oblag, so ging die Sache, bei seiner Unfähigkeit hierzu, bald herzlich schlecht; die Wiener Musikalienhändler sahen die neue Konkurrenz mit scheelen Augen an und hüteten sich, dem Eindringling (wie sie ihn nannten) Arbeiten zu übergeben. Aber Senefelder hatte bereits wieder seine Aufmerksamkeit einem neuen Gegenstande zugewandt: dem Kattundruck. Mit der Baumwollspinnerei in Pottendorf sollte eine Weberei und Druckerei verbunden werden; Senefelder wollte den Druck auf lithographischem Wege ausführen; man fand es aber so schwierig, das eine Ende des Musters an das andre anzupassen, daß dieser Plan bald aufgegeben wurde. Nun ätzte Senefelder die Muster auf eiserne Cylinder und versuchte es mit dem Walzendruck; das Ergebnis war ein vollkommen zufriedenstellendes.

Doch bald zerrann auch das hieran sich knüpfende heitere Zukunftsgemälde in Nebel: in dem Augenblicke, wo seine Erwartungen sich verwirklichen sollten, führte Napoleon die Kontinentalsperre ein, welche die englischen Garne vom festländischen Markte ausschloß. Damit war der Pottendorfer Anstalt durch die Spinnerei ein so großer Gewinn gesichert, daß sie Weberei und Druckerei ganz beiseite setzte, um der Garnerzeugung desto emsiger obzuliegen.

Im Jahre 1806 verließ Senefelder das für ihn nur allzu ungastlich gewordene Wien; ein Herr von Aretin hatte ihn eingeladen, mit ihm in Gemeinschaft eine lithographische Anstalt in München zu gründen. Dieselbe kam auch in Gang und lieferte Arbeiten im Musikalien- und Kunstfache, die den Besitzern alle Ehre machten; da indes auch von Aretin zwar ein tüchtiger Kunstkenner, aber kein Geschäftsmann war, so warf die Anstalt wenig Gewinn ab und wurde nach Verlauf von vier Jahren wieder aufgegeben.

Gleich bei seiner Rückkehr nach München machte Senefelder die unangenehme Entdeckung, daß seine Brüder ihr Geschäft an die Direktion der dortigen Kunstschule verkauft hatten. Auf sein Privilegium gestützt, wollte er dieser Anstalt die Ausübung der Kunst verbieten, und es erhob sich ein langer Streit, der jedoch zum Nachteil Senefelders entschieden wurde. Die Lithographie selbst jedoch konnte in den Händen dieser Anstalt nur gewinnen; die Druckerei war unter die Direktion des ausgezeichneten Professors Mitterer gestellt, der alle Kräfte aufbot, besonders den Kreidedruck auszubilden. Erst an den Erzeugnissen dieser Anstalt sah die Welt, welchen unermeßlichen Vorteil die zeichnenden Künste aus der neuen Erfindung ziehen konnten. Unter die vielen Verbesserungen, die Mitterer einführte, gehört auch die Roll= oder Sternpresse. Da er fand, daß die Stangenpresse für den Kreidedruck nicht genüge, so gab er eine andre Einrichtung an, deren Wesen darin besteht, daß der Stein auf einer verschiebbaren Unterlage liegt und mit dieser unter dem feststehenden Reiber durchgezogen wird. Sie bietet den Vorteil eines stärkeren und gleich= mäßigeren Druckes und liegt allen späteren Pressen zu Grunde.

Schon seit 1806 war die neue Kunst durch einen ehemaligen Lehrling der Senefelder nach Stuttgart zum Herrn von Cotta gebracht worden. In der Stuttgarter Anstalt pflegte man mit gutem Erfolge besonders die Graviermanier, und es erschien hier 1810 auch die erste öffentliche Belehrung über die neue Kunst unter dem Titel: „Das Geheimnis des Steindrucks in seinem ganzen Umfange dargestellt" u. s. w.

Überhaupt erhob sich, sobald das Verfahren des Steindrucks anfing bekannt zu werden, nicht bloß auswärts, sondern in München selbst eine Anstalt nach der andern, ohne daß der Erfinder mit seinem Patente es zu hindern vermochte. Zahlreiche Reisende kamen nach München, um die neue, berühmt gewordene Kunst zu studieren, oder Arbeiter aus den ver= schiedenen Werkstätten an sich zu locken. Und so war denn Europa bald mit Steindruckereien übersäet, während der Erfinder selbst keine besaß, ja nahe daran war, wegen Nahrungs= sorgen bei einem oder dem andern seiner Zöglinge oder Nachahmer um Arbeit zu bitten. Glücklicherweise fühlte die Regierung sich verpflichtet, dem genialen Manne, dem sie selbst viel dadurch geschadet hatte, daß sie ihn in seinem Privilegium nicht schützte, ein festes Ein= kommen zu sichern. Er wurde 1810 bei der Steuerkataster=Kommission mit dem Titel eines Druckerei=Inspektors und mit einem lebenslänglichen Gehalte von 1500 Gulden angestellt. Es war ihm hier der Landkartenteil des Instituts übertragen worden. Gleichzeitig gelang es ihm auch, für seinen Freund Gleißner, der ihm mit seiner Frau auf seinem Schicksalswege überallhin gefolgt war, eine Anstellung mit 1000 Gulden Gehalt zu erwirken.

War nun auch Senefelders Existenz gesichert, so ließ ihn doch seine lebhafte Phantasie, sein fortwährendes Jagen nach Verbesserungen und neuen Erfindungen nicht zur Ruhe kommen. Endlich 1818 kam er mit seinem Lehrbuche der Lithographie zu stande, worin alle damals bekannten Prozeduren sehr gut beschrieben sind und auch die Geschichte der Erfindung angegeben ist. Von da an nahm ihn die Idee, künstliche, leichte Platten als Ersatz der schweren Steine herzustellen, mehrere Jahre in Anspruch. Er überzog anfangs Papier, später Zinkplatten mit einer teigigen Masse, die nach dem Trocknen die Eigen= schaften des natürlichen Steines haben sollte. Im Jahre 1826 gelang es Senefelder endlich, nachdem er mit allem Eifer sich seiner Aufgabe gewidmet hatte, den Druck farbiger Blätter (Mosaikdruck) zu entdecken, und kaum ein Jahr vor seinem Tode erfand er noch das Ver= fahren, dergleichen auf Stein aufgetragene Ölgemälde auf Leinwand zu drucken. Jedoch ist sein über diesen Gegenstand angekündigtes Werk nie erschienen.

Senefelder starb zu München am 26. Februar 1834 in einem Alter von 62 Jahren. Am 6. November 1877 wurde das ihm am Sendlinger Thorplatze zu München errichtete Monument enthüllt, dessen Inschrift in sinniger Weise auf eine Solnhofener Platte ein= gegraben ist. Seit 1871 aber besteht in Berlin ein Komitee, welches sich die Aufgabe gestellt hat, dem großen Erfinder ein Nationaldenkmal zu errichten.

In neuerer Zeit ist auch noch ein andrer Münchener und Zeitgenosse Senefelders, der Dechant Schmidt, von der Regierung durch ein Denkmal geehrt worden, das ihn als Miterfinder benennt.

Der Dechant Schmidt war nämlich auch einmal auf die Idee gekommen, von Soln= hofener Platten Abdrücke zu gewinnen, da es darauf ankam, für Unterrichtszwecke Pflanzen= abbildungen herzustellen; aber seine Versuche fielen so ungenügend aus, daß er die Sache wieder fallen ließ. Dies erklärt sich sogleich, wenn man weiß, daß Schmidt nichts andres versuchte, als was Senefelder anfänglich auch trieb, nämlich das Hochätzen, ein Verfahren, das zu nichts Ordentlichem führen kann und mit der eigentlichen Lithographie auch gar nichts gemein hat als das Material der Druckplatte. Die Schmidtschen Versuche sind älter als die Senefelderschen und blieben, soviel man weiß, letzterem unbekannt. Es erscheint jenes um so auffallender, als München selbst die Dokumente besitzt, welche die Erfindungs= geschichte der Lithographie ins klarste Licht stellen. Senefelder pflegte seit seinen allerersten Druckversuchen unausgesetzt einen Abdruck seinem Freunde, dem Hoforganisten Ferchl, als etwas Neues und Merkwürdiges zu verehren; alles wurde mit größter Pietät aufbewahrt und die Sammlung mit gleicher Liebe von dem Sohne des Hauses, dem nachmaligen Professor Ferchl, fortgeführt, der es sich zur Hauptaufgabe machte, außer Senefelders Drucken alle Blätter zu sammeln, welche zur Geschichte und zu den Fortschritten der Kunst in München irgendwie in Beziehung standen.

So kam denn nach mehr als fünfzigjährigem liebevollen Sammeln die in ihrer Art einzige Kollektion von nahezu 3000 Blättern zusammen, die gleichsam die Geschichte der Erfindung bildet und von um so größerem Werte ist, als ihr eine fortlaufende erschöpfende Aufzeichnung von Notizen historischen, technischen und biographischen Inhalts zur Seite steht. Die Sammlung ist vom Staate angekauft und der Akademie der Wissenschaften unterstellt worden. Sie liefert die Beweise, daß es keine nur irgend denkbare Anwendungsart der Lithographie gibt, welche nicht schon der geniale Senefelder selbst vorgesehen, erprobt und mehr oder weniger ausgeübt hatte. Nicht weniger als 24 verschiedene Arten des lithographischen Kunstdrucks finden sich durch Probeblätter vertreten, darunter vorzügliche Blätter in Überdruck, Drucke in mehreren Farben, solche, bei denen Metallplatten statt der Steine gedient, Blätter, zu denen vertiefte und nachgehends erhaben gemachte Steinzeichnungen benutzt sind u. s. w. Nahe an 200 Blätter endlich von Senefelders eigner Hand geben Zeugnis von seinen Fortschritten in der Kunst des Ölbilderdrucks, welchen der Tod leider ein Ziel setzte.

Fig. 505. Lithographische Sternpresse.

Nachdem wir so die neue Kunst geboren werden sahen und auf ihrem Entwickelungsgange bis hierher begleitet haben, bleibt uns noch übrig, sowohl das eigentliche Wesen derselben als auch ihre verschiedenen Leistungen etwas genauer ins Auge zu fassen.

Lithographische Steine und Pressen. Senefelder schrieb schon 1809, er würde einen Band füllen müssen, wollte er alle lithographischen Pressen genau beschreiben, die bis dahin in Gebrauch gekommen. Heute würde der Band noch viel dicker werden, denn es haben sich eine ganze Anzahl erfindungsreicher Mechaniker mit Verbesserung dieser Maschine beschäftigt und in Hinsicht auf die Güte der Drucke, auf leichteren Gang, vermehrte Sicherheit u. s. w. auch vieles erreicht. Der Hauptgedanke aber, den Abdruck durch Wirkung einer reibenden Kante zu erzielen, hat sich immer obenauf erhalten. Auch jetzt noch macht der Stein auf seinem Schlitten meistens einen Hin- und Hergang, um unter dem Reiber durchgezogen zu werden; zwischendurch sind jedoch auch Konstruktionen aufgetaucht, bei denen der Stein unverrückt liegen bleibt und dafür der Reiber über denselben hingeführt wird. Bei den früheren Pressen nach Mitterer geschah die Rückung des Schlittens durch Drehen an einem Kreuzhaspel, um dessen Welle ein Riemen geschlagen war, während gegenwärtig, wo die ganz eisernen Pressen vorherrschend geworden sind, diese Bewegung mittels Kurbel, Zahnrädern und Zahnstange erfolgt. An den alten Holzpressen war ferner der Balken, in welchem die hölzerne Reibschiene eingesetzt ist, an der einen Seite der Presse in einem Scharnier angehängt, wurde vor dem Öffnen des Druckdeckels aufgeschlagen und für den Abdruck wieder niedergespannt. Die neueren Pressen haben statt dessen bequemere Einrichtungen. Die Fig. 506 zeigt eine der jetzt gewöhnlichen Konstruktionen, ganz in Eisen. Auf dem Tische, welcher auf Rädern und Schienen gleitet und mit geschmeidiger Unterlage versehen ist, wird der Stein eingelegt und festgekeilt. Der am Oberbau lehnende viereckige Rahmen geht unten in Scharnieren und bildet, nachdem eine Tafel glattes Leder hineingespannt worden, den Druckdeckel. Ist der Stein mit einem feuchten Schwamm überfahren (vgl. S. 614), die Zeichnung eingeschwärzt und das zu bedruckende Papierblatt aufgelegt, so wird der Rahmen niedergeschlagen und der Karren mittels der Kurbel so weit an den Oberbau gefahren, daß der hier liegende Reiber unter der vorher geordneten Spannung am Anfange des Lederdeckels aufgesetzt werden kann. Dies geschieht durch Niederdrücken des oben hervorstehenden Hebels in die wagerechte Lage. Nunmehr wird weiter gedreht, bis die ganze Bildfläche unter dem Reiber durchgegangen ist. Der letztere wird sodann durch Aufziehen des Hebels wieder gelüftet, der Karren zurückgedreht, der Deckel aufgeschlagen, der Abdruck herausgenommen und der Stein für den nachfolgenden Druck gefeuchtet und geschwärzt. Die Presse hat zwei Kurbeln, damit von jeder Seite her die Drehung erfolgen kann. Der Drucker arbeitet nämlich entweder allein oder mit einem Gehilfen, der dann jenseits steht und das Feuchten des Steines, das Einlegen des Papiers, das Ein- und Ausfahren des Karrens besorgt und gewöhnlich ein Bursche oder Tagelöhner ist, während dem Drucker nur die Hauptsache, das Auftragen der Farbe auf den Farbetisch, das Schwärzen des Steines und das Abnehmen der fertigen Drucke, verbleibt.

Fig. 506. Eiserne Steindruckpresse neuester Konstruktion von Karl Krause.

Die großen Fortschritte, welche beim Bücherdruck durch Erfindung der Schnellpresse ermöglicht worden sind, haben die Mechaniker schon längst zu Versuchen angefeuert, dem Steindruck ähnliche Vorteile zuzuwenden. Nach verschiedenen Versuchen gelang es im Jahre 1852 der Firma G. Sigl in Berlin und Wien, eine derartige Maschine zu konstruieren und fertig zu stellen.

Die Leistungen derselben waren ganz zufriedenstellend, und wurde die erste bei Sigl in Wien gebaute Maschine 1852 in Pest, die erste bei Sigl in Berlin gebaute in demselben Jahre im königlichen Institut in Berlin aufgestellt und Sigl auf 15 Jahre Patent erteilt.

Diese lithographische Schnellpresse hat mit der deutschen Buchdruckschnellpresse im Äußeren, Gang und Bedienung eine auffallende Ähnlichkeit und kann ebenso wie dieselbe durch ein Schwungrad mit der Hand oder mit Dampf in Bewegung gesetzt werden. Außer dem Maschinenmeister, welchem die Beaufsichtigung der Maschine zusteht, ist nur ein Bursche zum Bogenauflegen und einer als Abnehmer derselben nötig. Anfänglich war die Presse auf Cylinderdruck zusammengestellt, wurde aber späterhin auf Reiberdruck umgeändert.

Reiberdruck unterscheidet sich vom Cylinderdruck dadurch, daß bei ersterem der Cylinder nur zur Führung des Bogens dient, der Druck hingegen durch einen an dem Cylinder angebrachten Reiber, aus Holz oder Messing bestehend, ausgeführt wird. Die Reibermaschine wurde schon 1859 von Sigl so weit mit Punktur u. s. w. vervollständigt, daß darauf nicht nur Schwarz=, sondern auch gewöhnliche Farbendrucke ausgeführt werden konnten.

Auf der Pariser Weltausstellung 1867 sah man neben der Siglschen Maschine auch mehrere französische lithographische Schnellpressen ausgestellt, welche, im Grundgedanken untereinander übereinstimmend, von der von Sigl erfundenen hauptsächlich darin abwichen, daß bei ihnen anstatt der Cylinderfärbung die in Frankreich schon bei Buchdruck allgemein eingeführte Tischfärbung angebracht war. Der Hauptunterschied zwischen Tisch= und Cylinderfärbung ist, daß bei der Tischfärbungsmaschine die Farbe vom Farbewerk auf einen Tisch aufgetragen, von der Verreibwalze verrieben und so erst der Auftragwalze zugänglich gemacht wird, während bei der Cylinderfärbungsmaschine der Farbetisch wegfällt, die Farbe vom Farbekasten einem Farbecylinder übertragen und durch Verreibwalzen daran verrieben und dann erst auf Auftragewalzen übertragen wird. Die Verreibung auf dem Tische ist vorzüglich bei Farbendruck vorzuziehen, weil die Wasserteile, welche durch das Wischen des Steines in die Farbe kommen, leichter entfernt werden und auch die Verreibung eine bessere ist. Diese Tischfärbungs=Schnellpressen wurden nun noch 1867 auch in Deutschland eingeführt und mit verschiedenartiger

Fig. 507. Lithographische Schnellpresse mit selbstthätigem Feuchtapparat von Schmiers, Werner & Stein.

Abänderung und teilweiser Verbesserung von G. Sigl und andern Fabriken gebaut. Die Leistungen dieser Maschine sind ganz vorzüglich und erstrecken sich nicht nur auf Schwarzdruck, sondern es lassen sich die kompliziertesten Farbendrucke bis zu zwanzig und mehr Farben darauf ausführen, und zwar mit viel größerer Gleichmäßigkeit im Druck, als wie

sie auf der Handpresse zu erzielen ist. Nur für Kunstblätter in Kreidemanier und Schwarz=
druck wird wohl die Handpresse stets den Vorrang behalten, da dazu die mechanische
Arbeit der Schnellpresse nicht genügt; hier kann nur ein tüchtiger Drucker durch verständ=
nisvolle Behandlung etwas Schönes hervorbringen. Auch für die Gravier= (also vertiefte)
Manier ist die Schnellpresse nicht geeignet.

Die Cylinderfärbungsmaschine macht infolge ihres kurzen Ganges ein Drittel Druck=
zahl mehr als die Tischfärbungsmaschine. Diese ältere Zusammensetzung wird deswegen auch
jetzt noch vielfach gebaut, um für Schwarzdruck, hauptsächlich zum Druck von Musiknoten,
verwendet zu werden. Darin steht sie auch den Leistungen der Tischfärbungsmaschine nicht
nach, und dieser ihrer ausgezeichneten Leistung wegen hat sich dieselbe jetzt fast ausschließlich
Eingang zu verschaffen gewußt.

Schon die ersten lithographischen Schnellpressen von Sigl hatten übrigens selbst=
thätiges Farbewerk, Feuchtapparat, Selbstausleger sowie auch Einrichtung, um das Funda=
ment, in welches der Stein gespannt wird, je nach Stärke des Steines beliebig hoch oder
tief stellen zu können. Außer der Siglschen Schnellpresse haben in neuerer Zeit deutsche,
französische und englische Fabrikate günstige Aufnahme erzielt. Es sind allein in Leipzig
drei Maschinenfabriken mit der Herstellung von Schnellpressen beschäftigt, die neben den in
Offenbach, Würzburg, Augsburg, Johannisberg und Wien gefertigten nicht nur den deutschen
Bedarf in vollkommenster Weise befriedigen, sondern auch im Auslande große Anerkennung
gefunden haben.

In neuester Zeit hat die Schnellpresse von Schmiers, Werner & Stein in Leipzig eine
wesentliche Verbesserung dadurch erhalten, daß ein selbstthätiger Feuchtapparat dem Arbeiter
die Mühen des Anfeuchtens der Wischwalzen abnimmt. Derselbe besteht aus einem durch=
löcherten, äußerlich mit Baumwollstoffen umzogenen Cylinder, dem das Wasser durch ein
Pumpwerk und mit demselben in Verbindung stehenden Gummischlauch aus dem unten an=
gebrachten Wasserbehälter zugeführt wird. Dieses geschieht dadurch, daß ein am Karren
angebrachter sogenannter Schubwinkel beim Zurückfahren den durch eine Spiralfeder von
selbst zurückgehenden Kolben in den Cylinder drückt. Aus der durchlöcherten Walze erhält
dann der Feuchttisch den Wasserbedarf und von diesem die eigentlichen den Stein nässenden
Wäschwalzen.

Was den Bezug der lithographischen Steine betrifft, so ist Solnhofen noch immer
der einzige Ort der Welt, welcher Steine von höherer Qualität und Brauchbarkeit liefert.
Alle in Thüringen, Schlesien, Frankreich, Italien, Spanien, Griechenland u. s. w. an einigen
zwanzig Bruchstellen gefundenen Kalkplatten ermangeln der nötigen Eigenschaften und können
nur teilweise zu ganz gewöhnlichen Arbeiten, wie Autographien, Tabellenwerke u. dergl.,
gebraucht werden, keineswegs aber zu guten Feder= oder gar Gravier= und Kreidesachen.
Die beste und gesuchteste Sorte sind die grauen oder blauen Steine, die in den Solnhofener
Brüchen gerade am spärlichsten vorkommen und doch für die ganze Welt ausreichen sollen.
Deshalb sind auch die Preise derselben immerfort gestiegen und ihr Bezug noch dadurch
erschwert, daß zu einem Posten blauer Steine auch ein solcher von gelben in den Kauf ge=
nommen oder ein weiterer Aufschlag bezahlt werden muß. Die Brucheigentümer, die gegen=
wärtig weit über 300 Arbeiter beschäftigen, wollen eben mit ihrem Schatze haushalten und
die Steindrucker nötigen, überall mit gelben Steinen auszukommen, wo blaugraue nicht,
wie zum Gravieren, unumgänglich erfordert werden.

Doch auch hier ist der menschliche Scharfsinn bestrebt gewesen, durch künstlichen Ersatz
dem fühlbar werdenden Mangel des Naturproduktes abzuhelfen. Es ist bereits an andrer
Stelle auf das Zink als Surrogat hingewiesen worden, da dasselbe eine ähnliche Eigenschaft
als wie der lithographische Stein besitzt, doch nicht in vollem Maße so leistungsfähig ist.
Jetzt ist es nun einem Leipziger Erfinder — Möller — nach langen Versuchen gelungen,
den Zinkplatten einen festen Überzug von kohlensaurem Kalk zu geben, der alle Eigenschaften
des Steines besitzt und selbst zu Gravierungen verwendbar ist. Sollte sich diese Erfindung
nach allen Richtungen hin bewähren, so würde dieselbe aufs freudigste von allen Fach=
genossen begrüßt werden.

Lithographische Chemie. Die Lithographie beruht auf gewissen einfachen Grund=
sätzen der Chemie; auch wurde sie schon in ihrer frühsten Periode mit dem Namen „chemischer

Druck" bezeichnet. Doch war auch bei dieser Kunst, wie bei vielen andern Erfindungen, die Praxis eher da als die Theorie, und über einzelne Punkte der letztern sind selbst heute noch Meinungsverschiedenheiten möglich.

Offenbar ist die Abstoßung, welche Wasser und fettige Stoffe aufeinander ausüben, die Hauptursache der beim Steindruck auftretenden Erscheinungen. Benetzt man eine Fläche, etwa eine Holz- oder Schiefertafel, mit Wasser und bringt Öl darauf, so hängt sich letzteres nicht an, sondern läuft bei einer geneigten Lage der Fläche vollständig ab. Ganz in derselben Weise rollt Wasser über einen Ölfleck hin. Macht man daher einen fetten Strich auf einen lithographischen Stein, überfährt letztern mit Wasser und nachgehends mit fetter schwarzer Farbe, so darf man erwarten, daß diese sich nur an den Strich anhängt und den übrigen Teil des nassen Steines frei läßt. Wollte man aber in dieser einfachen Weise zeichnen und drucken, so würde der Stein nach wenigen Abzügen dennoch völlig schwarz werden; auch müßte sich, wenn diese Erklärung ausreichte, dann eben so gut auf Holz, Schiefer, thonige oder kieselige Steine und viele andre Stoffe lithographieren lassen, was aber eben nicht angeht. Nur aus kohlensaurem Kalk bestehende Steine eignen sich hierzu, und ihre Tauglichkeit beruht einesteils auf der feinen Porosität der Masse, die ihr einen gewissen Grad von Aufsaugungskraft verleiht, andernteils auf den chemischen Eigenschaften des Kalks, dessen Hauptbestandteil die Kalkerde, eine sogenannte Basis, ist, die mit Säuren verbunden Salze bildet. Der Solnhofener Kalkstein ist ein solches Kalkerdesalz, und zwar ein in Wasser unlösliches; er besteht der Hauptsache nach aus kohlensaurer Kalkerde. Verschiedene andre Säuren dagegen bilden mit dem Kalk lösliche Salze, und darauf beruht es, daß man z. B. mit Salpeter- oder Salzsäure in Kalkstein ätzen kann; das dabei auftretende Schäumen ist Folge der ausgetriebenen, in Gasform entweichenden Kohlensäure.

Die lithographische Zeichenfarbe, sowohl die Tinte als die trockenen Zeichenstifte, ist mit gutem Grund in der Hauptsache Seife, denn mit reinen Fettstoffen würde sich nicht zeichnen und schreiben lassen. In der Seife ist ein gewisser Fettstoff mit irgend einem Alkali chemisch verbunden, und der erstere hat dadurch seine fettigen Eigenschaften, also auch seinen Widerstand gegen das Wasser, verloren. Seife ist, wie jedermann weiß, im Wasser löslich; wenigstens gilt dies von der gewöhnlichen Hausseife, denn allerdings gibt es auch unlösliche Verbindungen, die der Chemiker zu den Seifen zu zählen hat. Auch die Seife muß als ein Salz angesehen werden, in welchem das Fett, dem Alkali gegenüber, die Rolle einer Säure spielt. Diese Fettsäuren sind aber noch schwächer als die Kohlensäure und werden daher, gleich dieser, durch andre Säuren aus ihren Verbindungen ausgetrieben. Tröpfelt man in eine Seifenlösung irgend eine Säure, so wird die Seife zerstört; Säure und Alkali verbinden sich zu einem neuen Salz und das ausgeschiedene Fett schwimmt obenauf. Mit einer seifenhaltigen, also dem Wasser nicht widerstehenden Schwärze wird man also auf den Stein zu zeichnen vermögen; man kann dann die fertige Zeichnung mit einer Säure behandeln und wird sie dadurch gegen die nachfolgende nasse Behandlung beim Abdruck unempfindlich machen, denn die Säure zerstört die salzartige Natur der Seife wieder und läßt die von der Zeichnung betroffenen Stellen des Steines mit Fett getränkt zurück. Dieses Geschäft nennt man das Ätzen. Gewöhnlich vereinigt man damit das Gummieren, von dem wir gleich sprechen werden, indem man Gummi und Säure zusammengemischt aufträgt; wir wollen beides jedoch der Deutlichkeit halber getrennt betrachten. Das Ausziehen des Kalis aus der in der Zeichnung befindlichen Seife und die Unlöslichmachung des Gezeichneten ist also der Zweck des Ätzens, nicht, wie manche noch glauben, die Heraushebung des Bildes über die allgemeine Fläche. Allerdings greift die Säure die nackten Stellen des Steines auch an, aber man gebraucht sie in so geringer Menge und läßt sie so kurze Zeit wirken, daß eine sichtbare Vertiefung des Steines gar nicht entstehen kann. Diese Wirkung der Säure auf den Stein hat indes auch ihren Nutzen: er wird dadurch von etwaigen Unreinigkeiten befreit, die feinen Poren desselben werden mehr geöffnet und er zur Aufnahme und zum Festhalten des Gummi dadurch um so befähigter. Die am gewöhnlichsten angewandte Säure ist die Salpetersäure, jedoch thut Salzsäure die nämlichen Dienste. Auch mit löslichen Kalksalzen (salpetersaurem oder salzsaurem Kalk) läßt sich das Kali aus der Tusche entfernen und somit die Zeichnung fixieren. Es dient dies Mittel für besonders feine Arbeiten, bei denen es wünschenswert ist, daß der Stein selbst gar nicht angegriffen werde, und die Wirkung beschränkt sich dann auf eine sogenannte doppelte Zersetzung zwischen Flüssigkeit und Tusche, ohne alle Einwirkung auf die Steinplatte.

Denken wir uns nun den Stein so weit fertig, nämlich gezeichnet und geätzt, so wird er sich in diesem Zustande noch nicht als gute Druckplatte erweisen, sondern sich, wie schon angedeutet, nach einigen Abzügen trotz der Anfeuchtung beschmutzen und an immer mehr Stellen Farbe annehmen. Da die Farbwalze mit starkem Druck über den Stein geführt wird, so kann man sich vorstellen, daß dadurch hier und da sämtliche Wasserteilchen zur Seite gedrängt werden und die Farbe dem Gehalt des Steines so nahe gebracht wird, daß sie sich endlich doch anhängt; ist aber einmal ein solcher Anfang gemacht, so greift das Übel bald weiter. Hier spielt nun das arabische Gummi seine wichtige Rolle. Überzieht man nämlich den Stein mit einer Gummilösung und läßt diese eintrocknen, so nehmen die nackten Stellen des Steines, nachdem man ihn mit einem feuchten Schwamm überfahren, durchaus keine Farbe mehr an. Diese Wirkung des Gummis läßt sich rein mechanisch erklären. Es zieht sich auf eine beträchtliche Tiefe in den Stein hinein und setzt sich darin so fest, daß man es auch durch noch so viele Waschungen nicht wieder entfernen kann. Durch die Feuchtigkeit muß es aber wenigstens aufschwellen und bildet somit eine Art Schwamm, in dem das Wasser einen festern Haltpunkt findet, wie denn überhaupt ein schleimiges Wasser, da es weniger flüssig und flüchtig ist und sozusagen mehr Körper besitzt, die Druckschwärze besser abstößt als reines.

Daß die lithographische Zeichenfarbe, nachdem ihr durch die Säure der Charakter der Seife benommen und sie wieder fettig, harzig oder wachsig geworden, sich fest genug an den Stein anhängen würde, um nicht etwa durch die Walze abgerissen zu werden, ließ sich wohl erwarten; merkwürdigerweise aber kann man von dem druckfertigen Steine auch die ganze Zeichnung wieder wegschaffen, und thut es auch, nämlich durch Abwaschen mit Terpentinöl, so daß die Arbeit des Künstlers rein verloren scheint; übergeht man aber einen solchen Stein wieder mit Farbe, so erscheint auch die Zeichnung wieder. Es muß also wohl zwischen dem Steine und der darauf liegenden Zeichnung noch ein besonderes Verhältnis obwalten. Wir haben die Seifen als Salze, die Fette als Säuren dieser Salze kennen gelernt. Durch die Ätzung wurde diese Verbindung zerstört und die Fettsäuren wurden frei, waren also nun im stande, eine andre Verbindung einzugehen, und die Gelegenheit dazu bot der benachbarte Kalk. Es knüpfte sich daher, da der Kalk ebenfalls wie ein Alkali wirkt, zwischen ihm und den Fettsäuren ein neues chemisches Band: sie vereinigten sich zu einer unlöslichen Kalkseife, also wieder zu einem Salze. Diese Verbindung, die sich bis zu einer gewissen Tiefe in der Masse des Steines fortsetzt, wirkt ihrerseits ebenso abstoßend auf das Wasser und anziehend auf die Druckfarbe, als es die weggenommene Zeichnung that, und das Wiedererscheinen der letztern ist somit erklärt. Es leuchtet auch ein, warum man einen lithographischen Stein, von dem gedruckt worden ist, erst bis auf eine gewisse Tiefe wieder abschleifen muß, ehe man wieder eine Zeichnung behufs des Abdruckens auf demselben anbringen darf.

Wir haben nun gesehen, wie aus dem zweckmäßig geleiteten Zusammen- und Gegeneinanderwirken von Fett und Wasser, von Seifen, Säuren und Gummi eine nützliche und schöne technische Kunst hervorgeht; es bleibt uns nun noch übrig, die verschiedenen Zweige dieser Kunst, die einzelnen lithographischen Manieren, eine kurze Musterung passieren zu lassen.

Manieren. Da man die Zeichnung sowohl auf die Fläche des geschliffenen Steines auftragen, als auch in den Stein selbst einarbeiten kann, so gibt es eigentlich zwei Hauptmanieren, die man die erhabene und die vertiefte nennt, und von denen man wieder mehrere Unterabteilungen hat. Das einfachste und am meisten angewandte Verfahren besteht in dem Auftragen flüssiger lithographischer Tusche auf den frischen Stein mittels der Stahlfeder, des Pinsels oder der Reißfeder. Die Stahlfedern sind bedeutend weicher als unsre gewöhnlichen Stahlschreibfedern und werden meistens vom Künstler selbst mit einer feinen Schere aus sehr dünnem Stahlblech zurecht geschnitten. Die Federzeichnung ist besonders für Farbendruck sowohl in Punktier- als Strichmanier die gebräuchlichste, doch werden auch Schriftarbeiten, Landschaften, architektonische und alle andern Arten, oft in Verbindung mit der Kreidemanier, dadurch erzeugt. Die Führung der Feder erfordert große Übung, doch hat diese Manier das Angenehme, daß der Künstler den Effekt der Zeichnung während der Arbeit besser beurteilen kann als bei der Graviermanier. Zu Musiknoten dient neben der Schreibfeder die Ziehfeder für das Linienwerk und für die Köpfe ein Tupfer, der durch einmaliges Aufsetzen gleich einen Kopf gibt. Damit die Tusche auf dem Steine nicht breit fließt, muß derselbe vorher mit etwas Terpentinöl überwischt werden. Alles muß natürlich in umgekehrter Stellung auf den Stein kommen, wenn es auf dem Abdruck richtig stehen soll. Der Künstler hat seinen Stein mittels des Bleistiftes mit Hilfslinien überzogen und ihn bei schrägstehender Schrift so vor sich hingelegt, daß die Zeilen gerade auf ihn zulaufen. Nun fängt er die Zeile am obern Rande des Steines an und schreibt in der Richtung nach seiner Brust zu. Hat er bloß deutsche Kurrentschriften zu machen, so wird er damit bei tüchtiger Übung fast ebenso schnell fertig, als ein Schönschreiber auf dem Papier. — Bei Herstellung von Bildern nimmt man gewöhnlich erst eine Durchzeichnung der Umrisse vom Original ab und trägt dieselbe mittels eines mit Rötel und dergleichen eingeriebenen Seidenpapiers auf den Stein über. Eine größere Genauigkeit und Schnelligkeit der Durchzeichnung (Pause) wird durch die allgemein gebräuchliche Gelatinefolie erzielt; dieselbe ist durchsichtig wie Glas und kann man besonders bei der Durchzeichnung von Photographien die Zeichnung genauer verfolgen als durch das beste Pauspapier. Die Gelatine wird auf das Original befestigt und alles Nötige mit einer spitz geschliffenen Graviernadel hineinradiert. Vor der Übertragung reibt man die radierten Vertiefungen mit pulverisiertem Rötel, Zinnober oder einer blauen trockenen Farbe ein, legt dann die eingepuderte Seite auf den Stein und reibt mittels eines harten glatten Gegenstandes die Pause ab. Es läßt sich dieses Verfahren auch zur Herstellung druckfähiger Platten anwenden und wird zu diesem Zweck die radierte Zeichnung statt mit Rötel mit einer weichen lithographischen Kreide eingerieben, dann mit einem Flanelllappen alle überflüssige Kreide durch tüchtiges Reiben entfernt und, nachdem die Gelatine 5—10 Minuten zwischen feuchtes Fließpapier gelegt wurde, in der Druckpresse auf den Stein übertragen. Die Konturplatten für den Farbendruck werden meistens auf diese Weise hergestellt. Verwendet man zu einem solchen Überdruck einen gekörnten Stein, so lassen sich die Schattierungen mit lithographischer Kreide hineinzeichnen. Es hat dieses den Vorteil, daß man sehr zarte Linien, wie sie sich mit Kreide nicht zeichnen lassen, auf den Stein bekommt, was besonders bei wissenschaftlichen und technischen Arbeiten von Wert ist. Da indessen die gefeuchtete Gelatine die Neigung hat, sich zu dehnen und zu verschieben, so ist bei allen Arbeiten, die große Genauigkeit im Maß oder in der Form erfordern, dieses Verfahren nicht anwendbar. Hierzu ist es dienlicher, alle Konturen und feinen Linien, Schriften ꝛc. in Gravierung auszuführen, davon einen Umdruck auf den gekörnten Stein zu machen und dann mit Kreide die Schattierung zu zeichnen. Bei der Ausführung mit lithographischer Tusche kann unter Umständen die Feder vorteilhaft mit einem feinen Pinsel vertauscht werden. Die vorzüglichsten sind die sogenannten Kollinskipinsel, deren Haare etwa bis 1 cm lang sein können. Nach Ausführung der Schrift oder des Bildes folgt dann das Ätzen und Gummieren in einem, indem man eine mit etwas Salpetersäure versetzte Gummilösung aufträgt. Die Wirkung der Säure wird hierbei dadurch ersichtlich, daß die Flüssigkeit durch feinen Schaum ein milchiges Ansehen annimmt. In wenigen Minuten schon ist die Wirkung erfolgt, d. h. die Zeichnung oder Schrift unlöslich und die Steinfläche abstoßend geworden. Man spült nun den Stein mit Wasser ab, überzieht ihn allenfalls noch einmal mit einer leichten Gummilösung und kann dann nach Abwischung derselben zum Abdruck schreiten. Soll dieses nicht sofort erfolgen, so läßt man die zuletzt gegebene Gummierung auf dem Steine eintrocknen, weicht sie nachgehends mit Wasser wieder auf und nimmt das, was sich nicht mit dem Steine fest verbunden hat, mit einem Schwamme fort.

Soll ein Stein, der schon gedient hat, für spätere Abdrücke zurückgestellt werden, so verlangt er eine besondere Behandlung. Zuvörderst darf von der zum Druck verwendet gewesenen Farbe, welche gewöhnliche Druckschwärze aus Leinölfirnis und Ruß ist, nichts auf der Zeichnung bleiben, weil sie mit der Zeit ganz hart und indifferent werden würde. Man wäscht deshalb den Stein mit Terpentinöl völlig ab, so daß das Bild nur noch chemisch, nicht aber sichtbar vorhanden ist. Aber auch dieses chemische Präparat von Kalkseife verlangt einen Schutz gegen nachteilige Veränderung, gewissermaßen eine Nahrung; man schwärzt es also mit Konservierfarbe, d. h. einer Farbe, die viel Fett enthält, und deckt das Ganze nach einigen Stunden mit Gummi. Bei Wiederaufnahme des Druckes entfernt man erst mit Wasser das Gummi; dann mit Terpentinöl die Konservierfarbe, und schwärzt den solchergestalt wieder ganz rein gewordenen Stein aufs neue mit gewöhnlicher Druckfarbe ein. Da sich indessen mit dieser Gummituche keine so feinen Arbeiten als wie mit der lithographischen Tusche oder der Graviernadel herstellen lassen, so kann man letztere durch Umdruck in negative Bilder verwandeln. Es wird zu diesem Zweck ein frisch geschliffener Stein mit schwacher Phosphorsäure und Gummi arabicum präpariert und die Präparatur nach dem Trocknen mit Wasser wieder entfernt. Hierauf wird von einer Gravur- oder Federplatte ein Abdruck auf den etwas erwärmten Stein übertragen und die noch frische Farbe mit Kolophoniumpulver eingestäubt. Gießt man jetzt eine schwache Lösung von Essig- oder Zitronensäure über den Stein, so wird derselbe überall da, wo keine Farbe sitzt, entsäuert, d. h. für Fett wieder empfänglich gemacht; daraus ergibt sich, daß wenn der Stein mit reinem Wasser abgespült und getrocknet, dann mit Leinöl oder Tusche eingerieben wurde, die Stellen, welche durch Farbe vor dem Entsäuern geschützt waren — die umgedruckte Zeichnung also — weiß bleiben und somit das Bild nun umgekehrt, weiß auf schwarzem Grunde erscheint.

Dieses Konservierverfahren gilt für alle Methoden des Steindrucks. Durch eine Abwandlung des beschriebenen Verfahrens lassen sich leicht Bilder in Weiß auf schwarzem Grund erzeugen. Man zeichnet dann statt mit der gewöhnlichen fetthaltigen Tusche mit einer solchen aus Gummi, Ruß und etwas Salpetersäure. Nach dem Eintrocknen überreibt man den ganzen Stein mit etwas Leinöl. Die Zeichnung ist abstoßend gegen die Druckschwärze, der Grund aber nimmt sie an und der Erfolg ist leicht vorstellbar.

Die zweite Art des erhabenen oder vielmehr chemischen Druckes besteht darin, daß man nicht auf polierte Steine, sondern auf solche arbeitet, die rauh gemacht oder, wie man sagt, gekörnt worden sind. Dies geschieht, indem man die Platte mit feinem Sand besiebt, eine zweite Platte oder starke Glastafel darauf legt und durch kreisförmige Bewegungen so lange über den ganzen Stein rollt, bis das gewünschte gröbere oder feinere Korn sich gebildet hat. Einen vorzüglich geeigneten weißen Sand bezieht man aus der Gegend von Halle a. S., doch wird auch mit fein zerstoßenem Glas gekörnt. Die feinen Sandsiebe sind aus seidener Müllergaze, die gröberen aus Messingdrahtgeflecht herzustellen. Auf diese rauhe Fläche wird nun mit lithographischen Stiften in der Art gearbeitet, wie man mit schwarzer Kreide auf Papier zeichnet; auch sind die Abdrücke solcher Zeichnungen ähnlich, daher denn der Ausdruck Kreidemanier. Die gute Beschaffenheit der lithographischen Stifte ist eine Hauptbedingung des Erfolges; sie müssen einen gehörigen Grad von Härte haben und doch auch geschmeidig sein, und, ohne zu schmieren, doch mit einer gewissen Leichtigkeit abfärben. Sie bestehen der Hauptsache nach, außer Ruß, aus Wachs, Talg und Seife, die über Feuer vereinigt werden; die Rezepte hierzu aber, in denen auch noch manche andre Zusätze, wie Schellack, Mastix, Kopal, Soda, Salpeter ꝛc. vorkommen, sind zahlreicher, als selbst dem Lithographen lieb sein kann. Die meisten Druckereien beziehen ihre Tusche und Kreide durch den Handel und sind die Fabrikate von Lemercier, Vanymbeck und Charbonnel in Paris ihrer Güte wegen gebräuchlicher als deutsche Fabrikate. Eine in den Hauptbestandteilen ähnliche Tuschmasse liefert in Verbindung mit etwas Wasser die lithographische Tinte. Man reibt in eine flache, mäßig erwärmte Porzellanschale die Tusche trocken ein, tröpfelt dann Regenwasser darauf und verreibt sie mit dem Finger bis zur gewünschten Konsistenz.

In Verbindung mit der Kreidemanier, oder für sich, wird auch die Wischmanier angewandt. Die dazu erforderlichen Wischer fertigt man aus Holundermark, Papier oder Kork an und verwendet dazu eine weichere Kreide als zum Zeichnen. Das Wischen geschieht in derselben Weise wie auf Papier und es lassen sich äußerst zarte und weiche Töne dadurch herstellen. Zu größeren Flächen kann man auch irgend ein Gewebe, als grobe Leinwand, leichte Wollstoffe ꝛc., die man beim Wischen um den Finger wickelt, nehmen.

Die Tuschmanier, welche in ihrer Wirkung große Ähnlichkeit mit der sogenannten Aqua tinta hat, wird in folgender Weise ausgeführt: Man reibt in mehreren Schälchen die Tusche, welche etwas magerer als die gewöhnliche sein muß, in verschieden starken Lösungen ein und malt nun, ganz in derselben Weise wie mit chinesischer Tusche, zuerst die lichtesten

Töne; nachdem dieselben vollständig trocken geworden sind, werden sie mit einem feinen Flanelllappen blank gerieben und befestigt, danach die zweiten Töne 2c. Das dazu erforderliche Korn muß sehr scharf und fein sein; man verwendet daher nur gute graue Steine dazu. Eine Nachhilfe mit der Feder, Pinsel, Kreide und dem Schaber ist auch hier anwendbar. Da bei dem Blankreiben der Tusche es sich nicht vermeiden läßt, daß auch an Stellen, die weiß bleiben sollen, leicht gewischte Töne entstehen, so muß man solche vorher mit der Nadel fein abzirkeln und nachher mit dem Schaber entfernen. Solche Platten erhalten durch die geschlossenen Töne ein weiches, harmonisches Ansehen und sind bei einiger Übung sehr rasch herzustellen; auch eignen sie sich ganz besonders zur Wiedergabe von Aquarellbildern. Allerdings gehören ganz vorzügliche Drucker dazu, um solche Platten zu drucken; auch sind sie für den Überdruck nicht verwendbar, daher denn diese vortreffliche Manier nur selten zur Anwendung kommt.

Eine sehr gebräuchliche Methode ist die Schabmanier, welche besonders zu solchen Ton- und Farbenplatten Verwendung findet, die größere Flächen und geschlossene Töne erfordern. Es gehört dazu ein nicht zu fein gekörnter Stein, welcher, nachdem der Konturdruck darauf gemacht und alle vollständig weiß bleibenden Stellen mit einer durch Scheidewasser gesäuerten Gummilösung gedeckt wurden, und diese getrocknet ist, vermittelst einer Walze mit in Terpentin gelöstem Asphalt übertragen wird. Der Auftrag darf nur eine hellbraune Färbung zeigen, so daß der vorher gemachte Konturdruck durchscheint. Nachdem der Asphalt ordentlich getrocknet ist, werden mit einem Schaber alle Mitteltöne geschabt. Wo der Asphalt nicht geschabt wurde, ist der Ton dunkel, und je mehr geschabt wurde, je heller wird derselbe. Leichte Abstufungen lassen sich auch durch Schleifen mit Ossa sepiae herstellen. Bei Landschaften werden gewöhnlich die Wolkenpartien auf diese Weise hergestellt. Die Ätzung erfolgt mit Salpetersäure oder Salzsäure und Gummi, doch in etwas stärkerer Mischung als wie zu Kreideplatten. Die Ätze darf nicht auf dem Stein eintrocknen, sondern wird sogleich wieder heruntergewaschen, die Platte dann gummiert und wie andre Druckplatten behandelt.

Eine zweite Schabmanier besteht darin, daß man mit einer zu diesem Zweck bereiteten Tusche eine Partie nach der andern überpinselt und nach dem Trocknen derselben nach Erfordern mit dem Schaber lichtet. Man kann nebenbei mit der Feder, Pinsel oder Kreide arbeiten und werden besonders Farbenplatten auf diese Weise gemacht.

Eine dritte Schabmanier ist die, daß ein fein gekörnter Stein nach erfolgter Ätzung und Gummierung und nachdem diese abgewaschen wurde, mit einem Rußgrund wie zur Gravierung übertragen wurde. Die Zeichnung wird mit dem Schaber und breiten scharfen Graviernadeln hergestellt, doch darf nur ganz flach geschabt werden. Nachdem die Arbeit fertig ist, wird die Platte mit Leinöl eingerieben und mit der Walze gedruckt. Diese Methode ist wenig gebräuchlich und bietet auch weder materielle noch künstlerische Vorteile.

Bei der Kreidemanier finden so viele technische Hilfsmittel Anwendung wie bei keiner andern graphischen Kunst. Es wird hier immer dem Können und dem Urteil des Künstlers überlassen bleiben, welches Verfahren er zur Erreichung seines künstlerischen Zweckes für das beste hält. Es seien hier nur in Kürze noch einige Verfahrungsarten angeführt, die mehr oder weniger denselben erreichen helfen: So erzielt man gleichmäßige leichte Töne in größeren Flächen dadurch, daß man sich statt der Kreidestifte, der Tabletten bedient; dieselben werden von Kreidemasse, in der Stärke der Stifte, in Täfelchen gegossen. Diese Tabletten werden mit der schmalen Fläche und festem Druck über die Steinplatte gestrichen und entsteht je nach der Breite der Kreidetabletten ein gleichmäßiger Ton; etwa entstehende Streifen lassen sich leicht zuzeichnen. Es darf aber kein Staub auf der Platte sein, auch müssen alle Stellen, die weiß bleiben sollen, vorher mit der Nadel konturiert und nachher ausgeschabt werden. Eine recht malerische Wirkung läßt sich erzielen, wenn man einzelne Partien, z. B. tiefe Wasserflächen, mit weicher Kreide ganz zuzeichnet, so daß sie schwarz erscheinen, und dann mit einem Schaber die Abstufungen hineinschabt. Bei größeren Farbenplatten findet wohl auch das Tamponieren Anwendung. Man verfertigt sich dazu aus Kork kleine Ballen (Tampons) in verschiedener Größe; dieselben erhalten eine weiche Unterlage und werden mit Seidenstoff straff überzogen. Ein kleiner Stein wird alsdann mit einer dünnen Schicht Umdruckfarbe überzogen, von dem man die Tampons durch Aufdrücken schwärzt und auf die

Zeichnungsplatte durch Tupfen überträgt. Aus dem Vorhergesagten wird der freundliche Leser ersehen haben, was auch hierbei nötig ist, um weiße Stellen von der Farbe zu befreien, die man in diesem Falle aber auch vorher schon mit Gummi zudecken kann. Das Gleiche gilt von der Spritzmanier, welche indessen nur beschränkte Anwendung findet, da die damit erzielten Töne immer etwas Kaltes und Unruhiges haben. Man bedient sich dazu einer kleinen Bürste, die mit Tusche getränkt wird, und streicht damit über ein Drahtgeflecht hin und her. Je weiter vom Stein entfernt, je feiner werden die Punkte; einzelne, die zu dick ausgefallen sind, werden mit der Nadel durchschnitten und etwaige Ungleichheiten durch Punktieren mit der Feder beseitigt. Auch vermittelst eines Refraichisseurs — kleine Glasapparate, die zur Erzeugung von Wohlgerüchen benutzt werden — lassen sich ähnliche Töne herstellen. Zu Prägeplatten, die dazu dienen sollen, den farbigen Bildern nachträglich das grobe Korn des Zeichenpapiers zu geben, ist dieses Verfahren auch zu empfehlen. Es wird dann die mit den gespritzten Punkten versehene Steinplatte mit einem Wachsrand umgeben und nachher mit Salpeter= oder Salzsäure nach Erfordernis hochgeätzt. Stellen, die kein Korn erhalten sollen, werden mit lithographischer Tusche ganz zugedeckt.

Bei der Wiedergabe von Ölgemälden in lithographischem Farbendruck ist es zur Erhöhung des Effektes oft erwünscht, besonders um bei den Bildern das eigentümlich Pastöse der Malerei nachzuahmen, zu diesem Zweck eine Prägeplatte anzufertigen. Man nimmt dazu einen ziemlich grob gekörnten Stein und überträgt denselben mit einer dunklen Asphaltschicht. Ist dieselbe getrocknet, so wird darauf von der Konturplatte ein Abklatsch gemacht, den man mit Gold= oder Silberbronze bronziert, da sonst auf dem dunklen Grunde der Abklatsch nicht zu sehen sein würde. Hierauf werden nun alle gewünschten Erhabenheiten mit dem Schaber herausgeschabt und der Stein wie bei der vorhergehenden Manier behandelt. Soll das Gewebe des Malertuches oder der Leinwand des Gemäldes wiedergegeben werden, so überwalzt man eine Steinplatte mit Umdruckfarbe, legt darauf ein der Bildfläche entsprechendes Stück grobe Leinwand, Nessel oder ähnlichen Stoff, und zieht es dann durch die Presse. Die Fäden des Gewebes nehmen dadurch genügend Farbe an und wird nun dieser Stoff auf einen zweiten, frisch geschliffenen Stein umgedruckt. Die Platte wird nunmehr wie ein Umdruck behandelt, angedruckt und zum besseren Widerstand gegen die nachher erfolgende starke Ätzung mit Kolophoniumpulver überpudert. Diese Platte wird als Prägeplatte verwendet und erhalten die Bilder dadurch ein dem Ölgemälden eignes Ansehen.

Die im Vorstehenden geschilderten Verfahren erfordern natürlich zur Erreichung der Vollkommenheit mehr oder minder lange Übung, doch ist die Kreidemanier insofern die leichteste, als jeder geübte Zeichner sich bald mit der Technik derselben vertraut machen kann. Es erfordert aber die Ausführung auf Stein ungleich längere Zeit als auf dem Papier, da dunkle Partien wohl 20—30mal überzeichnet werden müssen, ehe sie geschlossen und ruhig erscheinen; selbst die lichtesten Töne erfordern eine mehrmalige Überzeichnung, da zu leicht behandelte Stellen beim Druck leicht schwinden oder zerrissen erscheinen. Auch darf man sich nicht durch den grauen oder gelben Ton des Steines irre führen lassen; derselbe gibt der Zeichnung eine gewisse Wärme, welche fehlt, sobald der Abdruck auf weißem Papier gemacht wurde; es ist dieses von vornherein zu berücksichtigen und sind die Töne möglichst geschlossen und ruhig zu zeichnen. Durch Anwendung von chinesischem Papier, welches eine graue oder gelbliche Färbung hat, oder durch eine darüber gedruckte Tonplatte erreicht man den Effekt, den das Bild auf dem Steine hatte. Der Kreidedruck ist besonders in Frankreich sehr gepflegt und früher als in Deutschland auf eine hohe Stufe gehoben worden.

Doch haben Hanfstengl, Piloty und Braun in München, Feckert, Süßnapp und Kaiser in Berlin, Koch in Kassel, Giere in Hannover, Kriehuber in Wien und viele andre deutsche Künstler das Höchste in dieser schönen Kunst hervorgebracht.

Wir geben in Fig. 508 die Nachahmung einer solchen in Kreidemanier ausgeführten Lithographie, in welcher sowohl das eigentümlich Körnige der Zeichnung, was der Kreidestift hervorbringt, als auch die späterhin herausradierten Lichter besonders zu beachten sind. Da dieses Blatt durch Holzschnitt dargestellt ist, so hat das Bild auch, wie wir es geben, einen ganz besondern Kunstwert an sich.

Bei beiden beschriebenen Manieren geschieht das Auftragen der Zeichnung, wie gesagt, auf den frischen, empfindlichen Stein, und die Vorbereitung zum Abdruck erfolgt an zweiter

Stelle. Deshalb hat der Lithograph, namentlich bei den gekörnten Steinen, da sie eine Ansaugungskraft gleich dem Löschpapier besitzen, alle Vorsicht anzuwenden, daß nicht irgend eine Beschmutzung ihm die Arbeit verderbe. Eine leise Berührung mit dem Finger teilt dem Steine schon genug Fettigkeit mit, um im Abdruck schwarz zu erscheinen; der Lithograph stützt sich demnach auf ein Brett, das, an beiden Enden von etwas höheren Unterlagen gestützt, quer über den Stein liegt, ohne ihn zu berühren.

Fig. 508. Nachahmung einer Lithographie in Kreidemanier durch Holzschnitt.

Graviermanier. Bei dieser, der vertieften Manier, ist dagegen diese Vorsicht weniger nötig; doch ist auch hier der Stein vor Nässe wie vor fettigen Berührungen zu behüten. Der Stein wird zur Gravierung zuerst sehr glatt und ohne Kritzeln mittels Bimsstein geschliffen und erhält die höchste Politur durch längeres Reiben mit pulverisiertem Blutstein und Kleesalz; dann wird derselbe mit frisch gelöstem Gummi arabikum überstrichen und, nachdem er trocken geworden, mit Wasser rein gewaschen. Der Stein ist an seiner Oberfläche, wie wir wissen, dadurch gegen Fett unempfindlich geworden; er wird hierauf mit kalciniertem Ruß und ein wenig Gummi oder Eiweiß mit einem Pinsel geschwärzt. Nachdem der Künstler die Pause auf schon erwähnte Weise übertragen hat, wird die Zeichnung oder Schrift mit in Holz gefaßten Stahlnadeln oder eigens dazu gefaßten Diamantspitzen in den Stein hineingraviert. Es darf diese Gravierung nur eine äußerst flache sein, da es sich nur darum handelt, die gegen Fett unempfindliche äußere Schicht zu durchschneiden. Ist die Arbeit des Gravierens gethan und sind alle fehlerhaften Stellen — wo etwa die Nadel ausgerutscht ist oder aus Versehen Fehler entstanden (mit einer sogenannten Decktusche, die aus Phosphorsäure und Gummi besteht) — zugedeckt, so wird der ganze Stein mit Leinöl eingerieben, welches nun an allen Stellen, die durch die Nadel oder den Diamant bloßgelegt wurden, in den Stein eindringt. Nachdem das Leinöl einige Minuten gestanden hat, wird der Stein mit einem Lappen und Wasser gereinigt und mit dem Farbeballen eingeschwärzt. Letzterer besteht aus einem runden oder viereckigen Brettchen mit darauf befindlichem Handgriffe, welches mit Tuch oder Flanell überzogen ist. Beim Drucken muß der Stein stets mit Wasser befeuchtet werden, da sich sonst die Farbe überall anhängt. Nach dem Einschwärzen wird der Stein nochmals mit einem feuchten Lappen gereinigt, dann das gefeuchtete Papier, über dieses eine Oberlage von starkem Papier und zuletzt der Preßspan oder der Lederrahmen gelegt, ehe er durch die Presse gezogen wird.

Das Gravieren ist, wegen der großen Feinheit, die dabei erzielt werden kann, eine der gangbarsten und nützlichsten Manieren, die besonders zu feinen Schriften und Verzierungen, Landkarten, Titeln, Visitenkarten u. s. w. Anwendung findet. Mit Hilfe von Maschinen kann man die Feinheit noch weiter treiben als der Menschenhand möglich ist. Es gibt verschiedene solche Hilfsmaschinen: Linien- und Wellenmaschinen, Guillochiermaschinen, Reliefkopiermaschinen u. s. w., welche wir im Schlußkapitel dieses Bandes noch kennen lernen werden. Sie arbeiten in der Regel mit Diamantspitzen und sind zur Herstellung von Wertpapieren unentbehrlich geworden, da solche Arbeiten aus freier Hand nicht nachzumachen sind. Man kann ferner, wie beim Kupferstich, durch Ätzung hellerer und dunklerer Töne die größte Mannigfaltigkeit erzielen. Der Ätzgrund, welcher aus Asphalt oder aus Kupferstechergrund besteht, wird auf den zum Gravieren vorgerichteten Stein aufgetragen, und nachdem er getrocknet ist, kann die Arbeit mit der Maschine beginnen. Die Diamant- oder Rubinspitze darf nur den Ätzgrund, nicht aber den Stein verletzen; die Vertiefung in denselben besorgt die Säure. Es müssen aber alle Stellen, die nicht vertieft werden sollen, vor der Ätzung mit aufgelöstem Asphalt zugedeckt werden. Wäre der Stein aber von der Diamantspitze verletzt worden, so würden diese Stellen ebenfalls nachher die Farbe annehmen. Behufs des Ätzens wird der Stein mit einem Wachsrand versehen und erfolgt die Ätzung mit verdünnter Essigsäure. Bei mehrmaligem Ätzen müssen natürlich alle diejenigen Stellen, welche den lichtesten Ton behalten sollen, nach dem Abgießen der Säure und raschem Trocknen durch einen Blasebalg, mit lithographischer Tusche zugedeckt werden. Ist diese ordentlich getrocknet, so erfolgt die zweite Ätzung u. s. w. Nachdem alle Töne geätzt sind und der Stein trocken geworden ist, wird die ganze Fläche mit lithographischer Tusche zugedeckt; ist auch diese getrocknet, so erfolgt eine Ätzung mit Salpetersäure und Gummi. Nachher wird der Stein mit Wasser und Terpentinöl abgewaschen und wie ein gravierter Stein eingeschwärzt. Doch nicht allein für Maschinenarbeiten findet dieses Verfahren Anwendung, auch für freie Handzeichnungen ist sie zu empfehlen, da die Technik weit weniger schwierig ist als die der Graviermanier. Auf diese Weise hergestellte Zeichnungen, oder vielmehr Radierungen, haben große Ähnlichkeit mit den Kupferradierungen.

Hat der zeichnende Künstler bei seiner Arbeit Fehler gemacht, so muß er Korrekturen anbringen, die ihm zuweilen viel Mühe verursachen. Es kommt hierbei viel darauf an, ob der Fehler auf der Stelle entdeckt und berichtigt werden kann, oder ob er Zeit gehabt hat, sich schon fester zu setzen, ebenso, ob die Korrektur auf unpräpariertem oder präpariertem Stein geschieht. Bei gravierten Steinen ist ein Herausschleifen der fehlerhaften Stelle mit einem kleinen Stückchen Bimsstein oder Korrekturschiefer das beste Mittel, auch ist es notwendig, so flach als möglich zu schleifen und, wenn es angeht, etwas weiter auszuhöhlen, damit die Mulde sich über eine größere Fläche verteilt, was beim Drucken weniger Schwierigkeit bereitet. Nach dem Schleifen wird die Stelle mit einem harten Hölzchen und Kleesalz poliert und dann gummiert. Vor der Berichtigung färbt man diese Stellen mit

Rötel, um die Gravierung deutlicher zu sehen, die auf ungefärbtem Stein nicht so gut beurteilt werden kann. Manchmal kommt es vor daß sehr zarte Gravüren die Farbe nicht ordentlich annehmen. Diesem Übel hilft man dadurch ab, daß man ein wenig von Ossa sepiae darauf schabt und etwas Leinöl mit dem Finger auf die Stelle verreibt. Der leichte Ton, der nebenbei entsteht, ist mit einem Flanellläppchen und etwas Cremor tartari wieder zu entfernen. Bei in Kreide oder Tusche ausgeführten Platten lassen sich fehlerhafte Stellen vor dem Ätzen mit Terpentinöl wegwischen, vorausgesetzt, daß dieselben vereinzelt stehen; bei Tuschplatten genügt auch das Wegschaben. Ist es aber notwendig, ganze Stellen zu entfernen, so ist es das beste, diese nach dem Ätzen mit einem kleinen Stückchen Stein und Körnsand wegzukörnen und dann die Zeichnung zu ergänzen. Eine ätzende Kalilauge, die man längere Zeit auf die fehlerhafte Stelle einwirken läßt, hat die Eigenschaft, die entstandene Kalkseife zu lösen und den Stein in seinen ursprünglichen Zustand zu versetzen, da denn unter Umständen diese Methode den Vorzug verdient. Handelt es sich um Nachträge, so sind der Holzessig und die Zitronensäure das geeignetste Mittel, um den vorher sorgfältig von Gummi gereinigten Stein für Kreide oder Tusche wieder empfänglich zu machen. Man löst die Zitronensäure, die im Handel in Stücken zu beziehen ist, in Wasser auf und trägt dieselbe mit einem Pinsel auf die bestimmte Stelle; sie darf nicht stärker sein als schwacher Essig und wird, sobald sie zu schäumen anfängt, mit einem reinen Wasserschwamm abgewischt; die Stelle muß nach dem Trocknen wie ein frisch gekörnter Stein aussehen, wenn der Erfolg ein sicherer sein soll.

Weniger gefährlich in seiner Anwendung ist der Holzessig, der auf gleiche Weise aufgetragen, aber länger stehen bleiben muß, ehe die Gummischicht zerstört ist. Er greift die bereits gezeichneten Stellen nicht so an als die Zitronensäure, durch die feinere Töne oft ganz zerstört werden.

Da ein Zerbrechen der Steinplatten häufig vorkommt, so hat der Drucker besondere Sorgfalt beim Einrichten in die Presse zu beobachten. Zunächst ist zu untersuchen, ob der Stein auf der Rückseite nicht etwa hohl ist. In diesem Falle ist es rätlich, ihn entweder gerade schleifen zu lassen oder auf eine andre gerade Platte aufzukitten; überhaupt ist das bei dünneren Steinen immer anzuraten. Das Aufkitten geschieht am schnellsten durch Gips, der als dünner Brei auf den Stein gegossen, in wenigen Minuten erhärtet und beide Steine fest vereinigt hält.

Aus dem Vorstehendem hat der Leser ersehen, daß Senefelders Versuche, die Schrift erhaben zu ätzen und dieselbe in der Buchdruckpresse zu drucken, dem leicht zerbrechlichen Material gegenüber mißglückten. Das Hochätzverfahren auf lithographischen Platten war indessen schon lange vor Senefelder bekannt, wenn auch nicht zum Zweck, um davon zu drucken, sondern als Zierat.

Da auch jetzt dieses Verfahren wieder in Aufnahme gekommen ist und viele Liebhaber gefunden hat, so teilen wir solches mit, da es bei einiger Übung auch leicht von Dilettanten ausgeführt werden kann.

Die Solnhofener Platten sind in Schichten von 5 bis 150 mm gelagert und sind die dünneren Platten, wenn sie nicht aufgekittet werden, ihrer Zerbrechlichkeit wegen zum Druck nicht verwendbar. Man kann solche dünnere Platten wie auch kleinere Stücken in größerer Stärke durch jede Steinhandlung für einen billigen Preis beziehen, z. B. zur Verwendung von runden und eckigen Tischplatten, Briefbeschwerern, Thürschildern, Füllungen von Schmuckkästchen, Schlüsselschränken und dgl. mehr. Man sehe darauf, daß die Platten frei von Glasadern und Kalkflecken sind, da solche die Schönheit des Ansehens beeinträchtigen würden. Die Steine werden vorher mit Bimsstein geschliffen und mit Kleesalz und Blutstein poliert, wodurch sie einen hohen Glanz erhalten. Als Verzierungen wählt man am besten Flachornamente und sind besonders die arabischen Muster von schöner Wirkung. Hat man das zur Verwendung kommende Muster, etwaige Inschriften ꝛc. aufgezeichnet, so macht man davon eine Pause auf den Stein und zeichnet mit guter, nicht zu dünn angeriebener lithographischer Tusche die Zeichnung fertig. Man vermeide dabei zu feine Striche, da dieselben beim nachfolgenden Ätzen so schon dünner werden als sie gezeichnet wurden; auch nehme man keine zu harten Federn, damit beim Ausfüllen der Flächen keine Kritzeln entstehen.

Hat man auf diese Weise die Arbeit vollendet, etwa entstandene Bläschen zugefüllt und fehlerhafte Stellen möglichst flach mit dem Schaber entfernt, so wird, nach dem Trocknen der Tusche, die Platte mit feinem Kolophoniumpulver überpinselt, wodurch die Tusche noch widerstandsfähiger gegen die Ätze gemacht wird; das nicht anhaftende Pulver muß aber mit einem weichen Pinsel sorgfältig entfernt werden. Alsdann wird die Platte mit einem etwa 15 mm hohen Wachsrand (ein Teil gelbes Wachs, ein Teil Pech zusammengeschmolzen) umgeben und horizontal aufgestellt. Zum Ätzen bereite man sich eine Mischung von Salzsäure und destilliertem Wasser, der man ein wenig aufgelöstes Gummi arabicum zusetzt; doch darf die Mischung nicht zu stark sein, es genügt eine solche von $2^1/_2$ bis 3 Grad nach der Baumèschen Säurewage. Diese Mischung gießt man auf die Platte, so daß sie dieselbe etwa 4 mm hoch bedeckt. Mit einem weichen Pinsel überfahre man die gezeichnete Fläche, um die Bläschenbildung zu verhüten. Hat die Säure ungefähr 10 Minuten gewirkt, so gieße man dieselbe ab, überspüle mit reinem Wasser und trockne den Stein rasch vermittelst eines Blasebalges. Nach einer halben Stunde nehme man die zweite Ätzung wie vorher vor und fahre damit fort, bis die Zeichnung die gewünschte Höhe hat. In der Regel wird ein zwei= bis dreimaliges Ätzen genügen. Da die Säure nicht nur in die Tiefe, sondern auch seitlich frißt, so würde ein zu langes Ätzen die Zeichnung zu mager machen und feinere Striche ganz wegätzen. Nach der letzten Ätzung entferne man den Wachsrand und wasche mit einem weichen Lappen und Terpentinöl die Tusche weg. Es erscheint jetzt die Zeichnung glänzend auf mattem Grunde, was einen sehr schönen Eindruck macht. Will man diesen noch erhöhen, so gieße man nach der letzten Ätzung, bevor man die Tusche entfernt, eine schwache Lösung von salpetersaurem Silber auf den Stein, wodurch der matte Grund eine graue Färbung erhält. Eine schöne Wirkung läßt sich ferner durch Anwendung von Gravierungen erzielen.

Bringt man z. B. beim Entwurf der Zeichnung Medaillons oder Schilder an und graviert auf diesen figürliche Sachen, die nachher mit schwarzer Farbe ausgefüllt werden, so können je nach dem Geschick des Zeichners die Gegenstände einen wirklichen Kunst= wert erhalten. — Schließlich sei noch erwähnt, daß das Ätzen an einem luftigen Ort, oder bei offenem Fenster vorzunehmen ist, da die Entwickelung der Kohlensäure eine beträcht= liche und für die Lunge schädliche ist.

Überdruck. Nach dem, was wir nun von der Natur des Steines wissen, läßt sich schon erwarten, daß, wenn man einen ganz frischen Abdruck, sei dieser von Stein, Holz, Kupfer oder sonst woher genommen, auf einen lithographischen Stein preßt, der letztere das Bild annehmen und festhalten werde, so daß man nach gehöriger Präparierung des Steines nun von diesem eine Anzahl ähnlicher Bilder abziehen kann. Dies wird denn auch aus= geübt; man versteht sogar, viele Jahre alte Drucke wieder aufzufrischen und überzudrucken, und es gibt allerlei Fälle, wo der Überdruck Nutzen bringen kann. Ein Lithograph habe z. B. eine lange, gleichförmige Einfassung, vielleicht für eine Landkarte zu zeichnen, was ihn sehr aufhalten würde: hier braucht er nur ein kleines Stück davon auf einen andern Stein zu zeichnen, sich eine Anzahl Abdrücke davon nehmen, diese um die Zeichnung seiner Landkarte herumkleben und mittels der Presse das Muster auf seinen Stein zu übertragen. Allerdings fällt jeder Überdruck immer etwas weniger fein aus als das Original, doch vermag ein geschickter Arbeiter hierbei viel. Landkarten werden häufig in Stein graviert. Ein solcher fertiger Stein ist aber kostspielig und kann gleichwohl schon zu Anfang der Arbeit entzwei brechen; bleibt er aber auch ganz, so hat er doch nach einigen tausend Ab= drücken ausgedient. Man macht daher von dem Originalstein nur einen guten Abdruck, druckt denselben über und nimmt die eigentlichen, völlig befriedigenden Abdrücke von dem zweiten Steine, während man den ersten aufhebt, bis man wieder einmal Abdrücke behufs des Überdruckens braucht.

Zur **Chromolithographie**, besonders zu den sogenannten Luxuspapieren, ist der Umdruck geradezu ganz unentbehrlich geworden. Die Billigkeit dieser Sachen und der ungeheure Konsum würde ohne denselben gar nicht erreicht worden sein. Es werden die oft so reizenden, von tüchtigen Künstlern entworfenen Tafel= und Gratulationskarten, Por= träts, Landschaften und Genrebildchen fast nur in quadratmetergroßen Bogen gedruckt und erfordern in der Regel 10—16 Platten. Diese alle im Original herzustellen, würde, ganz abgesehen von der Unausführbarkeit, einen Zeitraum von 7—10 Jahren beanspruchen. Es gehört aber auch die größte Mühe und Geschicklichkeit seitens des Druckers dazu, solche Umdrucke, wo manchmal über hundert Kärtchen auf einem Bogen sind, herzustellen; man sieht es diesen niedlichen Bildchen nicht an, welche Schwierigkeiten und fieberhafte Aufregung sie dem Drucker bereiteten, ehe alles zur Zufriedenheit gelang. Nehmen wir an, der Lithograph sei mit einer Karte in 16 Farben, vielleicht in der Größe der Visitenkartenporträts, fertig geworden, so werden zunächst von der Konturplatte, die zu allen Farben gedient hat und die an den Ecken mit Marken (#) versehen ist, so viele Abdrücke gemacht, als zur Füllung des ganzen Bogens erforderlich sind; diese werden in geraden Reihen auf einen Bogen Kartonpapier oder dünnes Zinkblech aufgeklebt und dann umgedruckt. Diese Platte, die aber später nicht mit gedruckt wird, dient nur zur Richtschnur. Es werden davon so viele Abzüge gemacht, als Farbenplatten erforderlich sind, hier z. B. 16. Nun werden der Reihe nach von den einzelnen Farbenplatten so viele Abdrücke gemacht, wie zur Füllung des ganzen Bogens nötig sind, und zwar auf ein durchsichtiges, mit Stärkekleister und Leim gestrichenes Papier (die gestrichene Seite wird bedruckt, während die Abzüge nur trocken erfolgen). Da nun auf jeder der 16 Farbenplatten an einer und derselben Stelle die Marken angegeben wurden, so ist es dadurch möglich, diese Abdrücke, da das Papier durchsichtig ist, auf den oben beschriebenen Bogen so aufzukleben, daß sich die Marken ganz genau decken. Der vollbeklebte Bogen muß mit größter Sorgfalt behandelt und vor Feuchtigkeit und Temperaturwechsel geschützt werden, damit nicht die geringste Dehnung oder Zusammenziehung stattfindet, wodurch die ganze Arbeit unbrauchbar würde. Beim Überziehen in der Presse wird nur der Stein ein wenig angefeuchtet, damit das Umdruckpapier haften bleibt. Auf gleiche Weise wird mit den andern 15 Platten verfahren; und wenn durch Messen mit dem Stangenzirkel festgestellt wurde, daß sich keine der Platten gedehnt oder keine sonstigen Unvollkommenheiten stattgefunden haben, dann ist das schwierige und zeitraubende Werk vollbracht und der Drucker atmet, wie von einer Zentnerlast befreit, auf. Nunmehr kann zum Druck geschritten werden, und da beginnt die Mühe und Arbeit aufs neue, denn es gibt Farben zu mischen, die Steine zum genauen Passen einzurichten und Obacht zu geben, daß nicht durch irgend ein Versehen die Platte zerspringt; ferner die Farben beim Drucken nicht schmieren, die Feuchtwalzen die richtige Nässe haben, die Punktiererin, die die Bogen auf den Cylinder befestigt, solches genau macht, und hunderterlei andre Dinge. Kommt man in einen solchen Arbeitssaal, wo vielleicht 30 und mehr Schnellpressen, durch Dampfkraft in Bewegung gesetzt, in sausender und brausender Geschwindigkeit tausend um tausend Abzüge fertigen, da wird man erst recht inne, wie segensreich und fruchtbringend die herrliche Erfindung Senefelders sich gestaltet hat.

Handelt es sich um Verkleinerungen durch Umdruck von schon vorhandenen Platten, so findet dazu ein ebenso sinnreich als praktisch konstruierter Apparat Verwendung. Derselbe besteht in der Hauptsache aus einem eisernen, viereckigen Rahmen, der durch ein Schraubensystem sowohl in der Länge als Breite vergrößert oder verkleinert werden kann. Innerhalb des Rahmens befinden sich eine etwa 2 mm starke Gummihaut, die an allen Seiten mit Haken versehen ist, welche über die Rahmenstangen greifen. Diese Gummihaut kann mit Hilfe der seitlich angebrachten Schrauben nach allen Seiten hin ganz gleichmäßig auseinander gedehnt werden; was auf einem dazu gehörigen Tische geschieht. Soll eine Platte verkleinert werden, so wird, nachdem die Haut auseinander gedehnt wurde, darauf der Abdruck gemacht, der dann um so viel kleiner wird, als man die Haut durch Zurückstellen der Schrauben verkleinert. Dieser so verkleinerte Abdruck wird dann auf Stein oder Zink übergedruckt und wie ein gewöhnlicher Umdruck behandelt. Es darf aber die Verkleinerung nicht zu weit getrieben werden — etwa nur um $1/4$; genügt diese noch nicht, so wird von der ersten eine zweite, und ist auch diese noch nicht genügend, eine dritte u. s. w. gemacht. Sollen Vergrößerungen vorgenommen werden, so wird das Verfahren umgekehrt, d. h. bei zusammengezogener Haut ein Abdruck darauf gemacht und nachher dieselbe gedehnt.

Es wird hiernach einleuchtend sein, daß man auch Veränderungen in der Form der ursprünglichen Platte vornehmen kann, indem man z. B. ein quadratisches Etikett nur in die Länge oder nur in die Breite zusammengehen läßt, wodurch sich alle Verhältnisse demgemäß gestalten. Selbstverständlich ist das nur bei Schriftarbeiten anzuwenden, da bei figürlichen oder ornamentalen Sachen eine fratzenhafte Entstellung zur Erscheinung kommen würde.

Der Notendruck, wie wir ihn S. 596 flg. beschrieben haben, wird für große Auflagen auch sehr zweckmäßig durch Anwendung des Überdruckverfahrens der lithographischen Schnellpresse zugewiesen. Diese ermöglicht eine Massenproduktion und eine Billigkeit der Erzeugnisse, welche namentlich durch das Freiwerden der Verlagsrechte unsrer musikalischen Klassiker im Jahre 1867 Ausgaben wie die „Edition Peters" über die ganze Welt verstreute und jeden Dorfschulmeister in den Stand setzte, mit seinen geringen Mitteln eine klassische musikalische Bibliothek sich zu beschaffen.

Die Notendruck-Offizin von C. G. Röder in Leipzig hat zuerst den vordem geübten mühsamen Druck auf der Kupferdruckhandpresse oder der gewöhnlichen lithographischen Presse verlassen, indem man jetzt von den Zinnplatten einen einmaligen Abdruck nimmt, denselben auf den lithographischen Stein überdruckt und hiervon seine Abzüge mittels der lithographischen Schnellpresse bewirkt. Daß trotz der unglaublich raschen und billigen Lieferung die Röderschen Noten, was Eleganz, Deutlichkeit und Richtigkeit anbelangt, allen Wünschen gerecht werden, beweisen die Druckaufträge, welche seine Offizin nicht nur für Deutschland, sondern auch für Frankreich, England, Amerika — für die ganze spielende und singende Erde — beschäftigen. Von den 35 Schnellpressen, 34 Notendruckhandpressen, welche jetzt im Betriebe sind, werden jährlich gegen 100 Millionen Notenseiten bedruckt, was gegen 3000 Ballen Papier verlangt; 130 Notenstecher liefern die dazu erforderlichen Platten, an 200 täglich. Jährlich werden 1000 Zentner Metall vergossen. Die Titel der Musikalien werden von 28 Zeichnern und Schriftlithographen hergestellt. Im ganzen beschäftigt diese einzige Notendruckerei, welche seit dem Jahre 1846 besteht, gegen 450 Arbeiter, Künstler, Korrektoren rc.

Autographie. Unter diesem Namen ist der Überdruck von Handschriften, die vorher auf Papier geschrieben wurden, sehr gewöhnlich geworden. Man benutzt dieses Mittel häufig zur raschen Herstellung von Zirkularen u. dgl. Die große Bequemlichkeit hierbei ist, daß man sich vom Lithographen nur Tinte geben zu lassen braucht, um nach Einlieferung seiner eignen Handschrift sehr bald Abdrücke davon zu erhalten. Zum Schreiben benutzt man jedes gut geleimte, glatte Papier, und zwar nur die Vorderseite, da die Rückseite beim Überziehen verderben würde. Vor demselben streicht man die Rückseite mit verdünnter Salpetersäure an, legt dann das Schriftstück einige Minuten in Fließpapier und zieht es dann auf den etwas gewärmten Stein über, gummiert, reibt an, ätzt und druckt dann weiter. Noch einfacher ist es, wenn man den Stein vorher mit etwas Terpentinöl abwischt, als Oberlage ein mit Terpentinöl gefeuchtetes Blatt Papier darauf deckt und durch die Presse zieht; man kann dann von einem Schriftstück zwei und mehr Umdrücke machen; auch braucht der Stein nicht erwärmt zu werden. Die mit Terpentinöl befeuchtete Oberlage darf aber keine nassen Flecken zeigen, da sich sonst die autographische Tinte zu sehr ausbreiten würde. Handelt es sich um Wiedergabe feinerer Zeichnungen, als Baupläne, Maschinenzeichnungen u. dgl., so ist es besser, ein präpariertes, d. h. mit Kleister und Leim gestrichenes Schreib-, Post- oder Pauspapier dazu zu verwenden; es behalten die Striche der Zeichnung oder Schrift eine größere Schärfe und Reinheit dadurch.

Auch die Kreide kann mit Vorteil zu Autographien Anwendung finden. Das dazu nötige Kreidepapier, welches im Handel zu beziehen ist, hat einen ziemlich starken Überzug von spanischer Kreide und hat durch Prägung mit einer Metallplatte, auf der sich ein mit dem Roulett gefertigtes Korn befindet, ein gleiches erhalten. Man zeichnet auf diesem gekörnten Papier mit lithographischer Kreide und Tusche, auch kann man mit dem Schaber die nötigen Lichteffekte herausnehmen. Die fertige Zeichnung wird vor dem Überziehen in feuchtes Fließpapier gelegt und nachher wie jeder gewöhnliche Umdruck behandelt. Die Abdrücke zeigen ein regelmäßiges, wie mit der Feder punktiertes Korn. Die Tinte muß seifenhaltig sein, und benutzt man häufig gleich die gewöhnliche lithographische Tusche.

Daß sich auch sehr alte Abdrücke künstlich wieder auffrischen und somit überdrucken lassen, davon hat, wie wir sahen, schon Senefelder die Möglichkeit gezeigt. Nun wäre es ein Irrtum, zu glauben, daß sich das Verfahren auf etwas Feineres anwenden ließe als etwa Buchdruck. Es haben sich denn auch verschiedene Unternehmer gefunden, welche sich mit dem Wiederdruck alter, gut im Preise stehender Druckschriften beschäftigen, jedoch dürfte durch die Photolithographie jetzt derselbe Zweck besser erreicht werden.

Zinkographie. Bei den Überdruckarbeiten namentlich kommt auch das Zink als Ersatzmittel des Steines ins Spiel, und wir haben daher auch von dem Zinkdruck, auch Zinkographie oder Metallographie genannt, einiges zu reden. Schon Senefelder wurde auf die Eigenschaften des Zinks aufmerksam und versuchte dessen Anwendung statt der Steinplatten. Im Jahre 1823 gab sein Pariser Etablissement zur Industrieausstellung kleine tragbare, zum Abdruck von Zinkplatten eingerichtete Pressen. Nach jener Zeit hat man sich verschiedentlich in Deutschland, Frankreich und England mit der Pflege der Zinkographie beschäftigt und in neuerer Zeit überraschende Resultate damit erzielt. Sowohl zum Arbeiten mit der Feder und Kreide, als auch zum Überdrucken von fast allen graphischen Methoden, für die Buch= und Steindruckpresse, zu Schwarz= wie zu Buntdrucken findet das Zink immer mehr Anwendung. So stellen besonders französische und amerikanische Firmen Luxuspapiere und andre Farbendrucke auf diese Weise her und erzielen dadurch ganz bedeutende Ersparnisse. Die großen lithographischen Steine sind in der Masse nicht mehr so gut als früher, haben Glasadern und Kalkflecke, sind dem Zerspringen ausgesetzt und dabei viel teurer als die Zinkplatten, die außerdem viel weniger Raum zum Aufbewahren benötigen. Das alles sind Vorteile, die ins Gewicht fallen und dem Zink eine Zukunft sichern. So angenehm und mannigfaltig wie auf Stein ist das Arbeiten auf Zinkplatten allerdings nicht, doch werden auch hier neue Verfahren und Verbesserungen nicht ausbleiben. Am meisten findet bis jetzt das Zink zum Hochätzen für die Buchdruckpresse Anwendung und werden von Stahl= und Kupferplatten, von Holz und Steinen Umdrucke darauf gemacht. Auch das bei der Autographie geschilderte Kreide=Umdruckpapier findet dazu Verwendung, ebenso die Photolithographie. In neuester Zeit wird auch das sogenannte Halbton=Photolithopapier zu Illustrationen verwendet, sowohl für Umdruck auf Stein als auf Zink. Es ist dieses ein ähnliches Papier wie das Kreide=Umdruckpapier, nur sind darauf mehr oder weniger enge Töne in horizontalen Strichlagen gedruckt. Senkrecht darüber sind in gleicher Weite vertiefte Linien geprägt. Dieses Liniensystem bildet den Mittelton. Beim Zeichnen entstehen, da der Bleistift die geprägten Vertiefungen nicht berührt, regelmäßige Quadrate, wodurch ein dunklerer Ton entsteht; die größten Tiefen erzielt man durch starkes Aufdrücken mit dem Bleistift oder durch Zumalen; beim Schaben entstehen, da der Schaber die Vertiefungen der geprägten Linien nicht berührt, regelmäßige Punkte und bei tieferem Schaben nach und nach ganz weiße Stellen. Ist auf diese Weise die Zeichnung vollendet, so wird davon zunächst ein photographisches Negativ und, wie bei der Photolithographie durch präpariertes Chromgelatinepapier, ein Umdruck auf Stein oder Zink hergestellt. Das Zink nimmt, bei seiner großen Ansaugungskraft für fettige Stoffe, die Überdrucke gut an, das saubere Abdrucken aber bleibt immer schwieriger als vom Stein. Man präpariert mit Säure und Gummi, wendet auch wohl einen Galläpfelabsud an, der eine abstoßende Schicht erzeugen soll. Eine solche aber, wie sie im Gefüge des Steines sich bildet, entsteht im Zink nicht, was schon daraus ersichtlich wird, daß ein mit Terpentinöl von der Platte abgewaschenes Bild durch die Walze nicht wieder hervorgerufen werden kann. Aus gleichem Grunde genügt beim Abdruck nicht bloßes Wasser zum Feuchten, sondern es muß dasselbe der besseren Abstoßung halber mit Gummi, Sirup oder Ähnlichem versetzt sein. Trotzdem liegt die Gefahr des Schmutzens, d. h. des Festsetzens von Farbe auf blanken Stellen, immer nahe.

Photolithographie. Die neueste Erscheinung auf dem lithographischen Felde ist die Anwendung des Lichtes anstatt des Zeichners. Wir haben in der That eine Photolithographie zu begrüßen, die unter vielseitiger, eifriger Pflege in Deutschland, England und Frankreich sich in letzter Zeit entwickelungsfähiger gezeigt hat, als anfangs zu vermuten war. Es beruht diese Kunst, wie wir schon bei der Phototypie gesehen, auf dem Unlöslichwerden gewisser Ingredienzen durch Belichtung, und es ist hierbei ein Negativ erforderlich, durch welches das Bild auf den Stein kopiert wird. Die ersten guten Photolithographien kamen aus Paris, und das Verfahren, nach welchem sie hergestellt wurden, ist im wesentlichen das folgende: Eine Auflösung von Judenpech (Asphalt) in Schwefeläther wird im Dunkeln über einen sehr fein gekörnten Stein gebreitet und eintrocknen gelassen. Es entsteht ein schwarzer Grund, durch mikroskopisch feine Risse in Millionen kleiner Partikelchen geteilt.

Man legt das Negativ auf und läßt die Sonne einwirken. Die vom Licht getroffenen Teile, also die Züge des Bildes, werden dadurch unlöslich, und wenn man nunmehr den Stein fleißig und mehrfach mit Äther überspült und dadurch das löslich Gebliebene entfernt, bleibt endlich das klare Bild übrig, mit allen seinen Licht= und Schattenpartien. Nachdem man den Stein wie gewöhnlich mittels Gummi und Säure präpariert hat, kann er wie jede Lithographie gedruckt werden. Bei jenen Pariser Proben lief aber doch eine kleine französische Verfänglichkeit mit unter; sie stellten nämlich alte Bauwerke vor, und die Rauhigkeit, die sie zeigten, schien an altem Gemäuer selbstverständlich. Aber die Rauhigkeit liegt in der Manier und kehrt bei allen Gegenständen wieder. Das Judenpech=Verfahren ist wenigstens in Paris noch nicht ganz außer Übung gekommen, steht aber in den Leistungen offenbar zurück gegen die neuere Umänderung, bei welcher statt der ätherischen Asphaltlösung ein wässeriges Gemisch von chromsaurem Kali mit Gummi oder Gelatine angewandt wird; derartige Gemische verhalten sich gegen das Licht gleich dem Asphalt, d. h. sie werden durch Belichtung unlöslich. Diese Methode bietet aber das Angenehme, daß die Herauswaschung des Bildes aus dem allgemeinen Grunde nicht mit Äther, sondern mit bloßem Wasser geschieht. Während aber die anfänglichen Produkte der Photolithographie sich auf Wiedergabe von seltenen Holzschnitten, Manuskripten, Drucksachen, überhaupt Linienwerk beschränkten, und es sehr zweifelhaft schien, ob sich Naturbilder und überhaupt abgetönte Gegenstände würden wiedergeben lassen, leistet das Verfahren doch weit mehr als es versprach. So erscheinen Hand= und Wandkarten, auf dem Stein photographisch entworfen von Originalen, welche in Gips erhaben modelliert werden. Die Ausführung dieser Blätter ist eine überraschende; sie machen in einiger Entfernung ganz den Eindruck wirklicher Reliefs. Im allgemeinen ist jedoch die Photolithographie, wo es sich um Wiedergabe von Bildern nach der Natur, nach getuschten oder mit Bleistift gezeichneten Gegenständen handelt, durch das weit sicherere Lichtdruckverfahren, von Glasplatten, verdrängt worden. Nur wo Originale in schwarzen Strich= oder Punktlagen, wie bei Kupferstichen und Holzschnitten, vorliegen, ist das Verfahren in Anwendung, bietet es doch auch den Vorteil, daß man durch die Photographie die Originale beliebig verkleinert herstellen kann.

Lithographischer Farbendruck. Die Lithographie ist aber nicht bloß eine schwarze, d. h. schwarze Bilder liefernde Kunst, sie arbeitet auch in Farben und hat es gerade hierin in neuester Zeit zu außerordentlichen Erfolgen gebracht. Es grenzt ans Erstaunliche, welche Massen von Buntdrucken heute im Wege des Steindrucks erzeugt werden in Form von Warenetiketten, Bilderbogen und =Büchern, Abziehbildern und all den tausend andern Sachen und Sächelchen, welche ins Bereich der Luxuspapierfabrikation fallen. Schon der Artikel Abziehbilder allein, bei seinem ersten Auftreten unter dem Namen Metachromotypie eine französische Modespielerei, hat eine ganze Reihe von Anwendungen sich dauernd zu erhalten gewußt, und wenn auch nicht mehr in der Massenhaftigkeit wie früher, so werden die zur Verzierung andrer Gegenstände dienenden Bildchen auch jetzt noch in unglaublichen Quantitäten erzeugt. Sie pflanzen sich schier auf alles Mögliche fort, Papier=, Holz=, Blechwaren, Glastafeln, wo sie Glasmalereien nachahmen, und unter Anwendung von Einbrennfarben selbst auf Porzellan.

Der lithographische Farbendruck ist in den letzten Jahren zu ganz ungeahnter Vollkommenheit ausgebildet worden; das lebhafter wieder erwachende Kunstgefühl, die Überzeugung, daß unsrer Industrie dauernd nur aufgeholfen werden kann, indem man ihre Produktion nicht sowohl der Menge als vielmehr der Güte nach steigert, ihre Erzeugnisse veredelt und die durch die mechanische Überproduktion, welche in der ganzen Welt herrscht, brach gelegte menschliche Arbeitskraft auf höhere Ziele hinführt, die ihr die Kunst zeigt, die Erfordernisse der wissenschaftlichen Veröffentlichungen und andre Faktoren haben die Entwickelung der Chromolithographie begünstigt, welche in den Nachbildungen von Ölgemälden und Aquarellen den besten Ersatz für die Originalgemälde zu geben vermag, welche ferner einzig im stande ist, die kunstgewerblichen Meisterwerke früherer Zeiten in Zeichnung und Farbenwirkung wiederzugeben, deren Einfluß auf die Leistungen unsrer Zeit man zu verallgemeinern suchen muß, und die ihrer Seltenheit wegen ohne die vervielfältigenden Künste doch nur sehr wenigen zugänglich sein würden, und welche namentlich auch für die Anschauung von naturgeschichtlichen Gegenständen, Architektur, Trachten u. s. w. die geeignetsten Darstellungsmittel besitzt. Für mehrfarbige Bilder gilt das schon bei Gelegenheit der farbigen Holzschnitte Gesagte. Die einzelnen Farben werden auf verschiedene Steine so verteilt, daß, wenn das Druckblatt sie alle durchgemacht hat, der beabsichtigte malerische Effekt erreicht ist. Man druckt nach Umständen mit fein gekörnten und mit glatten Steinen; der Überdruck kommt reichlich in Anwendung, wie wir schon beim Erläutern des Umdruckverfahrens gesehen haben. Das richtige Aufpassen der Druckblätter auf jeden Farbestein bildet immer eine Hauptschwierigkeit, um so mehr, je größer das Format des Kunstblattes ist. In der Wiedergabe von Gemälden mittels Steindruck begnügte man sich anfänglich damit, die Technik der Aquarellmalerei nachzuahmen, und man hatte darin schon frühzeitig, namentlich in England und Frankreich, Vortreffliches geleistet. Später hat sich der Buntdruck auch zum Rivalen des Malers, zum Gemälde- oder Ölbilderdruck emporgeschwungen und leistet darin gegenwärtig ganz Bedeutendes, sowohl was Größe der Platten als vollendete Ausführung anbelangt. Bei solchen Produkten muß mit der höchsten technischen Sorgfalt wirklicher Kunstverstand Hand in Hand gehen. Der Lithograph muß die Wirkung jeder Farbe und Farbenmischung aufs genaueste zu beurteilen wissen, denn die Steine enthalten nicht nur die Grundfarben selbst, sondern auch die erforderlichen Abtönungen derselben, und außerdem müssen auch die Verwandtschaften derjenigen Farben, welche durch Deckung Mischtöne hervorbringen sollen, in Rechnung gezogen werden, damit die Übergangstöne, welche noch mehr als die Grundfarben zart gehalten werden müssen, nicht schmutzig ausfallen. Nicht minder muß der Drucker ein geschickter Mann sein, der das Material seiner Farben und ihr Verhalten zu den Fetten und Lackfirnissen genau kennt, um die Effekte des Ölgemäldes zu erzielen. Die sogenannten Ölbilder oder eigentlich Farbendrucke werden auf starkes Papier gedruckt, das nachgehends auf Leinwand gezogen wird, oder man gibt den Papierdrucken auch nur den Schein einer Gewebetextur, indem man das fertige Bild auf die besonders gekörnte Fläche eines Steines oder einer Metallplatte legt und so durch eine Presse gehen läßt. Durch derartige Appretur hat man es verstanden, selbst die Pinselführung der Meister nachzuahmen, so daß es für nicht geübte Augen schwer werden kann, ein vorliegendes Produkt mit Sicherheit als eine Lithographie zu erkennen, wenn dasselbe mit allen Kunstgriffen darauf angelegt ist, das Original auch in allen technischen Eigentümlichkeiten nachzuahmen. Die aus der Presse kommenden Farben glänzen nicht und sollen nicht glänzen; die Drucke haben vielmehr durchweg anfänglich das Ansehen von Aquarellgemälden, und erst durch Firnisse und Lasuren wird ihnen der Ölbildcharakter gegeben.

Bei der Nachahmung von Aquarellbildern ist die Technik eine einfachere. Es werden in der Regel die Farben mittels scharf gespitzter Kreidestifte auf den oder vielmehr auf die Steine aufgetragen; bei der Nachahmung von Ölgemälden greift der Künstler auch zu Tusche, Pinsel und Schabmesser, und es variieren die Verfahren je nach dem Effekte, den man damit erreichen will.

Auf der Wiener Ausstellung von 1873, wo mit Ausnahme von England alle Länder reiche Sammlungen von lithographischen Farbendrucken ausgestellt hatten, war auch ein Verfahren zur Anschauung gebracht (von Greth in Berlin), welches darin bestand, alle Grundfarben eines Bildes auf einmal zu drucken. Dieser Druck, welcher gewissermaßen die Übermalung eines Bildes vorstellt, soll dann mit zwei bis drei Lasursteinen vollendet werden. Für die Vervollkommnung der Drucke wird damit indessen wohl wenig gethan sein; denn man wird die künstlerischen Anforderungen in der Regel schwinden lassen müssen, wenn man die maschinistische Vereinfachung zu weit treibt. Eine weitere Vervollkommnung ist die von Greth erfundene, bei Radde ausgebildete, Stenochromie genannt. Auch hier werden alle Farben in unbegrenzter Zahl und den feinsten Abstufungen auf einmal gedruckt. Die Teigfarben werden mosaikartig zusammengesetzt und der zu bedruckende Stoff vorher mit einer dieselben lösenden ätherischen Flüssigkeit getränkt. Die Farben durchdringen dann mehr oder weniger diesen Stoff, so daß bei dünnem Papier z. B. dieselben auf der Rückseite auch erscheinen. Die eigentliche Zeichnungsplatte und etwa nötig erscheinende Hilfsplatten werden den Farben aufgedruckt. Die vorzüglichsten Resultate dieser Manier sind in Verbindung mit dem bekannten Woodburydruck erreicht worden und sollen dieselben den Vorteil besitzen, weit lichtbeständiger zu sein als die auf lithographischem Wege erzeugten Bilder.

Außer auf dem Gebiete des lithographischen Farbendrucks sind die Fortschritte der verhältnismäßig jungen Kunst nicht sehr in die Augen fallende gewesen; die ganze Kunst war eben von ihrem Erfinder gleich fix und fertig gemacht. Ja, es wollte eine Zeitlang scheinen, als ob die Lithographie im ganzen an Beliebtheit verloren hätte. Die Photographie hatte sich so in den Vordergrund zu drängen verstanden und befriedigte die ohnedies nicht übermäßig großen Kunstbedürfnisse der Menge auf eine so überraschende Weise, daß die älteren und umständlicheren Reproduktionsmethoden sich zurückgedrängt fühlten. Dem Kupferstich erging es ganz ähnlich wie der Lithographie; beide wurden nur noch da beschäftigt, wo sie unentbehrlich waren, und wirkliche Kunstleistungen sind ja nur für ein kleines Publikum. Indessen hat sich das in der letzten Zeit auch wieder zum Besseren gewandt, man hat der Photographie ihre Schranken angewiesen, und damit sind für den Kupferstich und auch für die Lithographie wieder Gebiete frei geworden, welche ihnen nie hätten bestritten werden sollen.

Zwar ist die Zeit nicht mehr, wo die lithographierten Nachbildungen in Kreidedruck von Gemälden, wie sie aus den Ateliers von Hanfstängl in München und Dresden, Piloty & Löhle in München, Loeillot in Berlin u. a. hervorgingen, in jedem Hause lebendige Aufnahme fanden, dafür aber erfreuen sich die Chromolithographien jetzt einer sehr entschiedenen Bevorzugung, und wenn man die Nachahmungen der Hildebrandschen oder der Wernerschen Aquarellen mit den Originalen vergleicht, wie dies auf der Wiener Ausstellung möglich war, so wird man allerdings zugeben müssen, daß ihnen diese Bevorzugung mit vollem Rechte zukommt. Selbst der gewissenhafteste Kenner wird gegenüber den Chromolithographien von Wagner in Berlin oder von Seitz in Wandsbeck in Verlegenheit geraten, wenn er einen geringeren Wert dieser Nachbildung nachweisen soll; oft wird er, wenn ihm nicht die genaueste Prüfung mit allen Hilfsmitteln zusteht, sehr schwer entscheiden können, was Original und was Nachahmung ist. Vortreffliche Nachbildungen von Ölgemälden werden auch in Wien erzeugt, wo die lithographischen Anstalten von Reiffenstein & Rösch, Hölzel, Paterno, Grefe und Sommer & Comp. u. a. enorme Mengen davon in alle Welt schicken. Den größten Bedarf zeigt Nordamerika, für dessen weit hinausgeschobene Farmerhäuser der billige Öldruck eine nicht zu unterschätzende Kulturbedeutung hat. Amerika bringt allerdings selbst in dieser Richtung viel hervor, indessen mangeln ihm für die Reproduktion doch die reichen öffentlichen Sammlungen, welche die Alte Welt besitzt. Frankreich, das der Lithographie überhaupt die sorglichste Pflege hat angedeihen lassen — Ateliers wie das von Lemercier in Paris haben das Vollkommenste in allen Richtungen des Steindrucks hervorgebracht — steht auch heute noch bezüglich seiner lithographischen Leistungen mit in erster Reihe; doch haben deutsche, österreichische, italienische und amerikanische Firmen gezeigt, daß ihre Reproduktionen von Kunstblättern einen Vergleich mit französischen nicht zu scheuen brauchen, ja vielfach denselben voranstehen. So möge denn ferner ein rühmlicher Wettkampf fortbestehen; mögen alle Nationen das Ihre thun, um das Höchste zu leisten; dann erfüllen sie ihre Kulturaufgabe im Sinne des Erfinders, dessen Name so unvergänglich wie die von ihm erfundene Kunst ist und bleiben wird.

> Unmöglich wär's, die Flücht'gen einzufassen,
> Mit Blitzeswink zerstreuet sich's im Lauf.
> Die Wechslerbänke stehen sperrig auf:
> Man honoriert daselbst ein jedes Blatt
> Mit Gold und Silber — freilich mit Rabatt.
>
> Mephisto im zweiten Teile des „Faust".

Die graphischen Künste
in vereinigter Anwendung auf die Herstellung von Wertpapieren.

Maschinen. Prägedruck. Congrevedruck. Der Pantograph. Die Guillochiermaschine. Die Liniiermaschine. Apparat zur Herstellung von Wellenlinien, Strahlen u. s. w. Das Ovalwerk. Reliefkopiermaschine. Herstellung von Wertpapieren. Numeriermaschinen.

Wir musterten im Vorhergehenden eine ganze Reihe graphischer und vervielfältigender Künste und Methoden, wie sie sich im Laufe der Zeiten vom ersten rohen Holzschnitt an, nach und nach zu immer größerer Vervollkommnung emporgearbeitet haben.

In bestimmten Fällen verbinden sich selbst mehrere Künste zur Vollendung eines und desselben Werkes. Dies findet namentlich statt auf dem Felde des Wertpapierdrucks, wo es sich nicht nur darum handelt, schöne Druckerzeugnisse hervorzubringen, sondern hauptsächlich solche, deren täuschende Nachahmung möglichst unausführbar ist. Auf diesem Gebiete wollen wir noch eine kurze Umschau halten, nachdem wir uns über einiges bisher nur beiläufig Berührte etwas mehr verbreitet haben werden. Zuvörderst müssen wir dazu noch einige Maschinen, welche in den verschiedenen graphischen Künsten mitwirken, mit ihren eigentümlichen Leistungen etwas näher ins Auge fassen, da durch sie gerade viel genauere Zeichnungen hervorgebracht werden können als durch die menschliche Hand. Es ist ferner aber auch noch ein Künstler von Fleisch und Bein zu erwähnen, dessen geschickte Hand bei einer Menge von feineren Druckerzeugnissen mit thätig ist, der Graveur, welcher, obwohl dem Kupferstecher darin verwandt, daß auch er den Grabstichel in Metall gut zu führen wissen muß, doch ein wesentlich andres Arbeitsfeld hat als jener. Sein Arbeitsmaterial ist vor allem das Messing, dann aber auch der Stahl. Erhabene und vertiefte messingene Platten und Stempel für allerlei Zwecke gehen aus seinen Händen hervor und er liefert unter anderm die Mittel zu den verschiedenen Prägedrucken. Vertiefte Prägungen, wie sie uns auf Bücherdeckeln und verschiedenen Lederwaren, teils mit, teils ohne Gold gedruckt, so häufig begegnen, sind mit Messingplatten gedruckt, auf denen das Muster erhaben ausgearbeitet ist und wie eine Drucktype, nur stärker, wirkt. Das Umgekehrte findet statt für erhabene Verzierung, welche häufig auf Briefpapier, Karten, Warenetiketten u. dergl. in der Luxuspapierfabrikation Anwendung findet, entweder ganz für sich in Weiß oder in Verbindung mit Farben=, Gold= oder Bronzedruck. Die zugehörigen Platten arbeitet der Graveur großenteils durch Einschlagen mittels Hammers und Punzen in die Tiefe; bei vielen Arbeiten, namentlich da, wo größere Flächen wegzunehmen sind, leistet auch die Bohrmaschine gute Dienste. Die Punzen sind stählerne Griffel verschiedener Stärke, entweder mit zugerundetem, glattem Ende, oder solche, die an diesem Ende gleich eine Figur, das oft wiederkehrende Motiv einer Verzierung u. dergl., eingraviert tragen. Beim Abdruck solcher Platten ist eine besondere Vorkehrung nötig, damit das gewünschte Relief erhalten werde, d. h. das Bild ebenso über die Papierfläche heraustrete, wie es im Metall vertieft liegt. Man richtet zu diesem Zwecke den Deckel der Presse dergestalt zu, daß er in einer anfangs weichen Masse eine vollkommen erhabene Gegenplatte der Form aufnimmt. Eine solche weiche aufnehmende Fläche kann beispielsweise erzeugt werden durch Übereinanderkleben verschiedener Papierbogen mittels Kleister in Vermischung mit Kreide. Erst nachdem diese Zurichtung des Deckels trocken und hart geworden, kann gedruckt werden, und es läßt sich denken, wie das feuchte Papier, welches den Druck empfangen soll, in die Vertiefungen der Platte hineingetrieben wird und die ihm so gewaltsam aufgedrungene Modelung auch durch das Trockenwerden nicht verliert. Für den Wertpapierdruck liefert der Graveur oder der Stempelschneider die sogenannten Trockenstempel, die früher namentlich bisweilen eine sehr kunstvolle Ausführung zeigten.

Maschinen. Um aber auf die maschinistischen Hilfsmittel etwas näher einzugehen, welche für die Herstellung von Wertpapieren besonders in Anspruch genommen werden, wollen wir mit dem Pantographen beginnen. Der Pantograph ist eigentlich nichts als eine Vervollkommnung des Storchschnabels, jenes altbekannten Apparates, mit welchem man in verschiedener Verkleinerung oder Vergrößerung Zeichnungen kopiert. Der Storchschnabel besteht in seiner einfachsten Form aus vier Stäben, die so miteinander verbunden sind und sich ihre Bewegungen so mitteilen, daß die einzelnen Punkte ihrer Länge immer in demselben Verhältnis zu einander stehende Wege durchlaufen. Je nachdem man nun einen Zeichenstift anbringt, wird dieser die Umrisse einer Zeichnung, die man mit einem zweiten, an einem andern Punkte angebrachten Führungsstifte nachzieht, auf einem untergelegten Papierblatt in einem Maßstabe wiedergeben, welcher von der gegenseitigen Stellung der beiden Stifte zu einander abhängt.

Der Apparat, welcher auf dem geometrischen Satze von der Ähnlichkeit der Dreiecke beruht, ist hinlänglich bekannt in seiner gewöhnlichen Form. In seiner höhern Ausbildung, wo er nicht in Holz, sondern in Metall und mit größter Sorgfalt ausgeführt wird, um jeden todten Gang in den Scharnieren und jede Biegung in den Stäben und Stiften zu vermeiden, ist er ein sehr feines Instrument, das seine Übertragungen fast bis ins Unendliche zu verkleinern und dennoch immer noch vollständig genau wiederzugeben im stande ist. In solcher Gestalt heißt der Storchschnabel dann Pantograph, von πᾶν, alles, und γράφειν, schreiben, und daß dieser Name nicht zu viel sagt, um dies zu bestätigen, dürfen wir nur an den Peterschen Pantographen erinnern, der auf der Londoner Ausstellung von 1851 gerechtes Aufsehen machte, da man mit seiner Hilfe die ganze Bibel auf den Raum eines Quadratzolles hätte schreiben können.

Die Künstler, besonders Lithographen, benutzen den Pantographen mitunter, anstatt des Durchzeichnens auf Pauspapier, zum Übertragen der Umrißzeichnung auf den Stein. Da aber diese Zeichnung verkehrt sein muß, so mußte man anfänglich den Stein umkehren und den Zeichenstift des Pantographen nach oben wirken lassen, wodurch das Bild selbst umgekehrt wird; dabei besteht indessen der Übelstand, daß man die Arbeit des Stiftes nicht mit den Augen verfolgen kann. Durch neuere Konstruktionen, von denen eine der zweckmäßigsten schon 1831 von Parrot angegeben worden ist, wurde jener Mangel beseitigt. Man kann jetzt mit demselben Instrument rechts, und nach Einschaltung einer besondern Vorrichtung auch verkehrt kopieren und dabei beliebig verkleinern, sowohl nach beiden Richtungen, daß die Kopie in allen Teilen ein dem Original ähnliches Bild wird, als auch bloß nach einer Richtung. Auf die letztere Art wird die Zeichnung entweder übermäßig in die Höhe gezogen oder in die Breite verquetscht, und da man außerdem einen vollständigen Pantographen dahin stellen kann, daß er die Verzerrung auch in schiefer Richtung ausführt, so daß alle senkrechten Linien z. B. in der Kopie in geneigter Stellung erscheinen, so begreift man, welche Unerschöpflichkeit in seinen Hervorbringungen liegt, wenn man diese verschiedenen Fähigkeiten in geeigneter Weise miteinander verbindet. Die mathematische Genauigkeit aller Verhältnisse der Zeichnung bleibt selbstverständlich dabei stets gewahrt.

Fig. 510—512. Verkleinerung einer Zeichnung durch den Pantographen in $1/2$, $1/4$ und $1/8$ der natürlichen Größe.

Trotzdem der Pantograph schon lange bekannt ist, ist die Verwendung derartig verbesserter Instrumente doch erst in letzter Zeit in Zug gekommen; man benutzt sie jetzt gleich zum Gravieren, entweder in Ätzgrund, zum Behuf des nachherigen Ätzens, oder auch direkt in Stein oder Metall. Statt des bloßen Zeichenstifts tragen sie dabei dann eine Stahl- oder Diamantspitze. Man kann den Pantographen auch mehrgliedrig bauen, so daß gleich eine Anzahl in einer Reihe stehender Stifte dieselbe Figur ausführen. In dieser Form fand das Instrument vor einigen Jahren Eingang in den Zeugdruckereien zum Gravieren der Druckwalzen und setzte die bis dahin gebräuchlichen Moletten und deren Graveure außer Dienst. Die Moletten sind Stahlscheiben, welche das Muster auf ihrem Umfange erhaben tragen; indem man eine solche gegen eine kupferne Walze mit starkem Schraubendruck anpreßt und beide Körper miteinander rund laufen läßt, drückt sich das erhabene Muster der Molette vertieft in der Walze ab, und wenn der ganze Walzenkörper auf diese Art durchgenommen ist, ist die Walze druckfertig. In der Regel überzieht man jetzt jedoch die Walze durchweg mit Deckgrund, läßt die Muster mittels des Pantographen einreißen und ätzt sie dann in die Tiefe. Dies Verfahren führt nicht allein bedeutend wohlfeiler zum Ziele, sondern gewährt auch eine viel größere Freiheit in der Wahl der Zeichnungen, deren Muster man so über die ganze Breite der Walze ausdehnen kann, während früher die Herstellung der

Moletten sich innerhalb sehr enger Grenzen halten mußte. Die Arbeit mit dem Pantographen erfordert immer noch eine tüchtige Einübung, da es gilt, den Führungsstift über jeden Strich des vorliegenden Originals fest und sicher hinwegzuführen, denn der arbeitende Stift kann nichts als die Bewegungen des Führungsstiftes getreu nachmachen; bei den folgenden Maschinen aber wird zur Bedienung eine besondere Kunstfertigkeit gar nicht, sondern nur Aufmerksamkeit, Ruhe und Geduld verlangt, so daß nach gemachter Einstellung eines Arbeitsstückes selbst Burschen oder Frauenzimmer die Arbeit fortführen können.

Der älteste hierher gehörige Apparat ist die Guillochiermaschine, eine ursprünglich englische Erfindung und anfänglich nur zur Verzierung von Uhrgehäusen und Zifferblättern, Dosen und Juwelierarbeiten benutzt, bis sie nach manchen Abänderungen auch zur Erzeugung von Druckplatten herangezogen werden konnte. In ihrer frühsten Form hat die Maschine vieles mit der Patronendrehbank gemein, deren unmittelbarer Abkömmling sie auch ist. Eine in langsamer Umdrehung befindliche Spindel wirkt mit ihrer Stahlspitze bohrend auf das ihr senkrecht gegenüberstehende Arbeitsstück. Das ganze Spindellager kann seitliche Bewegungen machen, wie ein umgekehrtes Pendel. Auf der Spindel ist irgend eine Patrone aufgesteckt, d. h. eine Scheibe mit gezacktem, geschweiftem oder sonst in irgend einem Sinne ausgeschnittenem Rande; eine Feder oder ein Gewicht drängt die Spindel beständig nach einer Seite, dergestalt, daß die Patrone gegen einen glatt gerundeten, starken Stift ansteht. Die Drehung der Spindel hat somit den Erfolg, daß sie sich nach Maßgabe der Patrone bald dem Stifte mehr nähert, bald, wenn ein Vorsprung der Patrone ins Spiel tritt, wieder entfernt. Da nun auch gleichzeitig die zu gravierende Platte eine Längs- oder Rundbewegung macht, so läßt sich denken, daß sich auf derselben die mannigfachsten Muster verschlungener Linien erzeugen müssen, zumal auch noch Vorrichtungen vorhanden sind, welche die Maschine, außer zu der Lang- und Rundbewegung, auch noch zu exzentrischen und elliptischen Bewegungen befähigen.

Eine ausführliche Beschreibung der so komplizierten Maschine kann hier nicht versucht werden, wir begnügen uns daher, in der Abbildung S. 635 neben Produkten der Reliefkopiermaschine (Fig. 516 und 518) einige guillochierte Muster (Fig. 513, 515, 517 und 520) zu geben, außerdem auch in Fig. 514, 519 und 521 einige Beispiele zu zeigen, bei deren Hervorbringung die Wellen- und die Schlingenmaschine thätig gewesen sind.

In Deutschland wurde die Guillochiermaschine zuerst eingeführt und benutzt zur Herstellung des preußischen Papiergeldes, welches damals in der Hänelschen Offizin in Magdeburg gedruckt wurde; der rühmlichst bekannte B. G. Teubner in Leipzig folgte als Zweiter und legte sich mit besonderer Vorliebe auf die Manieren des guillochierten und Congrevedrucks, des Gold-, Silber-, Bunt- und Hochdrucks. Von seinen Leistungen geben seine Musterhefte, wie die im Jahre 1840 erschienene Jubelschrift: „Geschichte der Buchdruckerkunst von Dr. K. Falkenstein", ein schönes Zeugnis. Die neueren Fortschritte beziehen sich meist nur auf Vereinfachung der sehr komplizierten älteren Mechanismen; die jetzt gebräuchlichen, weit kompendiöseren Maschinen leisten, obwohl einfacherer Konstruktion, doch nicht minder Vortreffliches.

Die Arbeitsplatte liegt fast bei allen Guillochiermaschinen wagerecht auf einer Unterlage, die sich mittels einer Kurbel auf Gleitschienen bewegen läßt. Der rautenförmig zugeschärfte Stichel steht senkrecht in einem schweren Gehäuse, mit welchem er je nach Bedürfnis durch eine Klinke gehoben und wieder auf die Platte niedergelassen werden kann. Anders bewegt sich der Stichel nicht; fährt man die Platte unter ihm durch, so schneidet er eine gerade Linie; die Platte mit ihrer Unterlage läßt sich aber durch Mikrometerschrauben sowohl querüber um ganz bestimmte gleichförmige Größen verrücken, als auch in derselben Weise um ihren Mittelpunkt drehen; es bedarf dazu nur eines aufmerksamen Stellens der Zeiger an den mit den Schrauben verbundenen kleinen Zifferblättern. Sonach lassen sich schrittweise geradlinige Verzierungen in allerlei Mustern erzeugen, ebenso aber auch Wellenlinien. Zu letzteren gehören ebenfalls Patronen, aber sie haben die Form von Linealen, die an einer Seite mit Ausschnitten versehen sind, und werden neben dem auf dem Karren liegenden Fundament am Gestell festgeschraubt. Das Fundament liegt in Federn, die es immer der Patrone andrücken; ein daran befestigter Stift greift in letztere ein.

Fig. 513.

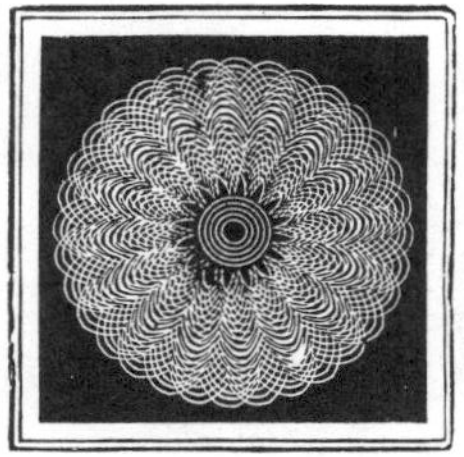

Fig. 514.

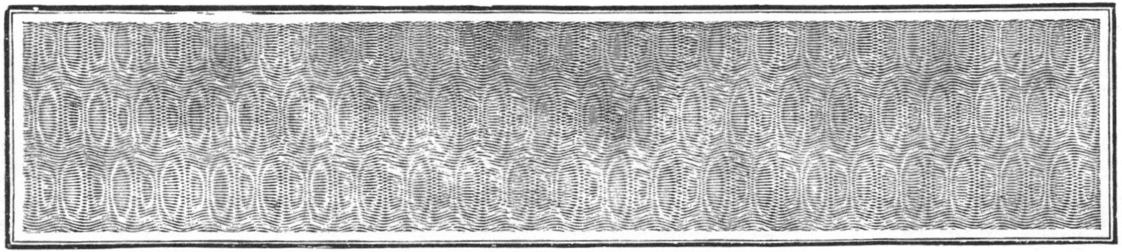

Fig. 515.

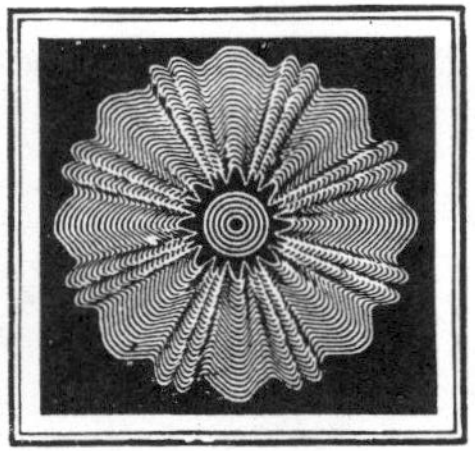

Fig. 516.

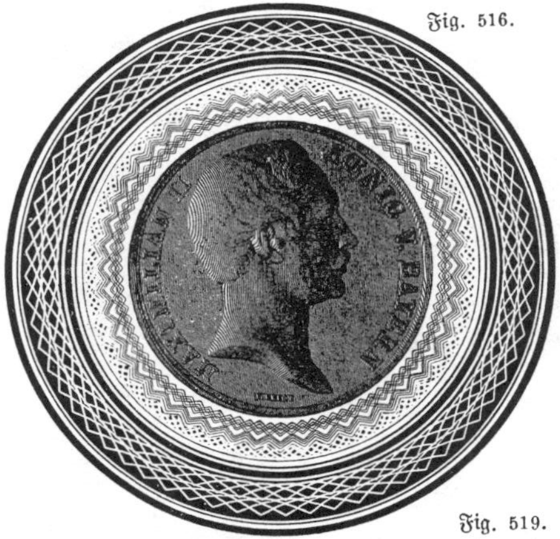

Fig. 517.

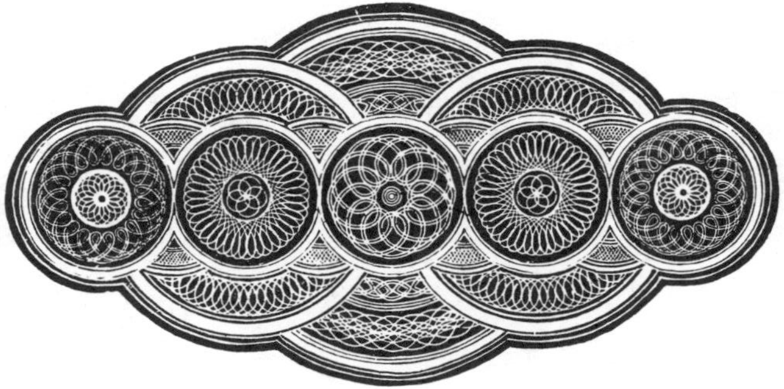

Fig. 518.

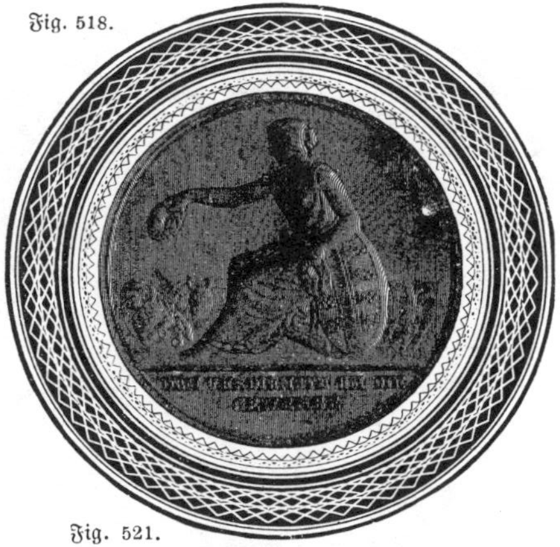

Fig. 519.

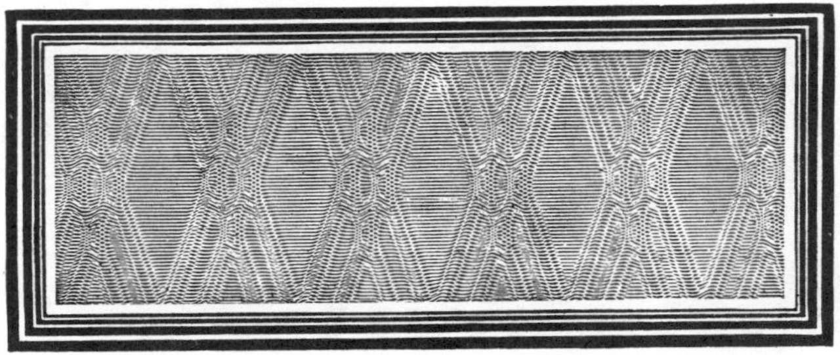

Fig. 520.

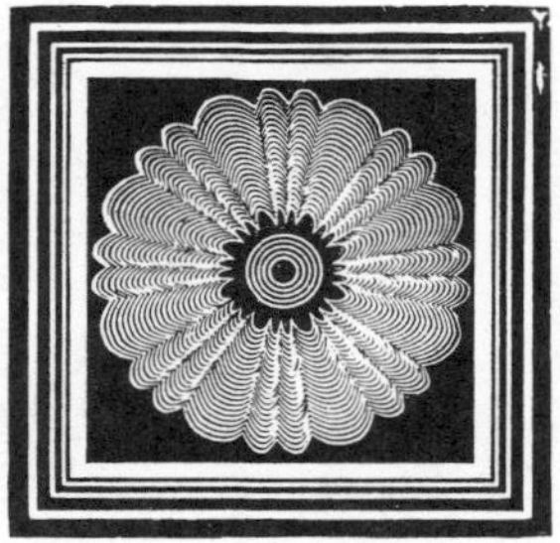

Fig. 521.

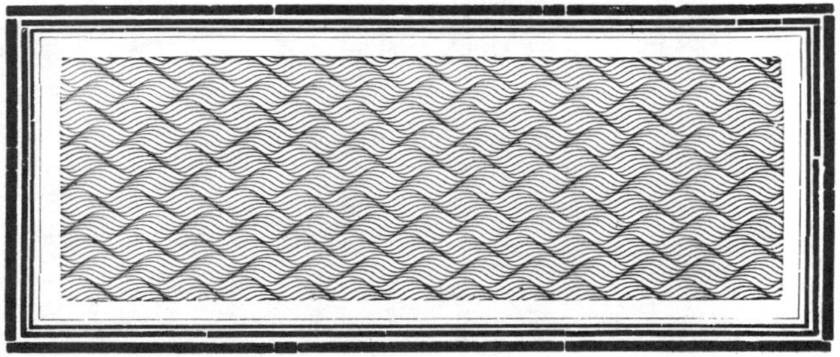

Fig. 513—521. **Produkte der Guillochiermaschine, der Wellen- und der Reliefkopiermaschine.**

Hiernach entsteht, wenn der Karren längs der Patrone hingekurbelt wird, eine schaukelnde Bewegung des die Arbeitsplatte tragenden Fundaments und der Stichel schneidet die der Patrone entsprechende Wellenlinie. Diese Maschinen gehen so exakt, daß ein zweiter Schnitt genau in den ersten fällt, wenn man, ohne zu verstellen, den Durchzug wiederholt. Sie sind für viele Zwecke ausreichend; namentlich lassen sich mit ihnen schon die mannigfachsten Muster zu Unterdruckplatten u. s. w. erzeugen. Um auch ovale und exzentrische Produktionen herzustellen, sind jedoch noch weitere Vorrichtungen erforderlich.

Eine der am frühsten ins Publikum gedrungenen Anwendungen der in Metall schneidenden Guillochiermaschine war wohl die zu denjenigen Congrevedrucken, welche man zuerst zur Verzierung gewisser Tabakspakete verwendete. Die Guillochierung steht hier auf einem zweifarbigen Muster, welches folgendermaßen erzeugt wird: Die Platte, aus Schriftmasse bestehend, ist aus zwei auseinander zu nehmenden Teilen gebildet; der eine, der die Hauptfarbe gibt, ist an den Stellen, wo die zweite Farbe erscheinen soll, durchbrochen oder ausgebohrt, und für die Lücken sind genau passende Einsatzstücke vorhanden, die meistens wieder auf einer allgemeinen Bodenfläche zapfenartig emporstehen. Wenn die obere Fläche der durch Guß erzeugten und aneinander gesetzten Stücke gut abgeebnet ist, gräbt die Maschine ihre labyrinthischen Züge ein, die dann im Abdruck weiß erscheinen. Beim Druck werden die einzelnen Stücke für jeden Abzug auseinander genommen, jedes mit seiner zukömmlichen Farbe eingewalzt und dann wieder vereinigt.

In ihrer Anwendung auf Kupfer= und Stahlstich und Lithographie haben nun diese und alle andern hier in Betracht kommenden Graviermaschinen keine so harte Arbeit zu leisten, da sie meist nur einen Ätzgrund zu durchschneiden oder doch nur eine leichtere Gravierung, wie namentlich in den lithographischen Stein, auszuführen haben. Ihr Schneidorgan ist meistens die Diamantspitze. Während die ersten derartigen Maschinen, welche noch jetzt in der Reichsdruckerei in Thätigkeit sind, aus England eingeführt wurden, sind dieselben später in größter Vollkommenheit und Mannigfaltigkeit von F. G. Wagner in Berlin hergestellt worden, dessen mechanische Anstalt auch jetzt noch, nach dem Tode ihres Begründers, ihren Weltruf auf diesem Gebiete bewahrt.

Die Liniiermaschine, ihrer Konstruktion nach die einfachste und ihrer Arbeit nach gewissermaßen der Tagelöhner unter den übrigen, kann nur gerade Linien in beliebigen Abständen und Unterbrechungen ziehen; sie dient hauptsächlich zur Erzeugung von Lufttönen und überhaupt Schraffierungen, sowohl dem Kupfer= und Stahlstecher als dem Lithographen und selbst dem Holzschneider. Der eine setzt einen feinen Stichel, der andre eine Stahl= oder Diamantspitze ein; der Kupferstecher kann außerdem ein Stachelrädchen benutzen, welches die Linien in einzelnen Punkten absetzt. Die Liniiermaschine hat ein metallenes Lineal, an welchem der schwere Stichelhalter, von der Kurbel gezogen, entlang gleitet. Unterbrechungen der Linie werden durch Aufheben des Stichelhalters, beim Lithographen auch dadurch bewirkt, daß er die auszusparenden Stellen mit Gummi bedeckt, welches, trocken geworden, die Spitze unwirksam über sich hingleiten läßt. Ist eine Linie gezogen, so wird der Stichelhalter leer, d. h. mit ausgehobener Spitze, wieder zurückgedreht. Nach erfolgtem Schnitt wird das Lineal durch die Schrauben um einen Schritt weiter vorgerückt und ein neuer Schnitt kann beginnen. Zur richtigen gleichlaufenden Vorrückung müssen nämlich zwei Schrauben, auf jedem Endpunkte eine, vorhanden sein; sie werden indes nicht einzeln behandelt, sondern drehen sich miteinander, da beide in Scheiben endigen, die durch eine endlose metallene Kette unter sich verkuppelt sind. Denkt man sich die Liniiermaschine so eingerichtet, daß sich Patronen in Form geschweifter Lineale oder Rädchen einsetzen lassen, welche den Stichelhalter zu seitlichen Ausweichungen zwingen, so hat man die Wellenmaschine, und diese wiederum wird zu höheren Leistungen gesteigert dadurch, daß die zu bearbeitende Platte auf einer Drehscheibe sich befindet, also ebenfalls ihre Lage wechseln kann, so daß dann eine solche erzeugte Linie das Produkt zweier Bewegungen ist.

Weitere Zufügungen, welche die Maschine immer komplizierter und teurer machen, können dann sein: das Ovalwerk, eine Vorrichtung zur Erzeugung von Schneckenlinien oder Spiralen, Einrichtungen zu allerhand exzentrischen Bewegungen, welche das eigentliche Wesen der Guillochiermaschine ausmachen, endlich eine Vorrichtung, um plastische

Reliefdarstellungen, Medaillen u. dgl. nachzuzeichnen, und zwar in einer Art, welche durch eigentümliche Strichführung den Charakter des Reliefs auf täuschende Weise wiedergibt. Natürlich können nicht alle diese Branchen auf einmal in Thätigkeit gesetzt werden; was nicht gebraucht wird, löst man aus dem Zusammenhange aus.

So effektvoll aber auch die Produkte der Guillochiermaschine sein können, so ist doch die Reliefkopiermaschine in ihren Leistungen bei weitem überraschender, obwohl dieselbe im Prinzip sehr einfach ist. Sie ist eine Erfindung des Franzosen Colas und bestand lange Zeit nur für ihren speziellen Zweck, während sie jetzt solche Einrichtungen hat, daß sie nach Auswechselung gewisser Teile zugleich als Wellen- und Guillochiermaschine dienen kann. Denn in der allgemeinen Einrichtung und Behandlung, in der Führung des Stichelträgers mittels einer Kurbel an einem durch Schrauben verstellbaren Lineal stimmen beide Maschinen überein. Das Eigentümliche der Reliefmaschine liegt in der dabei benutzten Patrone und der dadurch bedingten Anordnung der Stichelführung. Als Patrone dient nämlich der abzubildende Gegenstand selbst, und es eignet sich dazu jede in flachem Relief gehaltene Darstellung. Zunächst waren Münzen und Medaillen die der Reliefmaschine vorgelegten Objekte; aber ihre Brauchbarkeit für den Lithographen und Stahlstecher wurde bald erweitert, indem sich Künstler darauf verlegten,

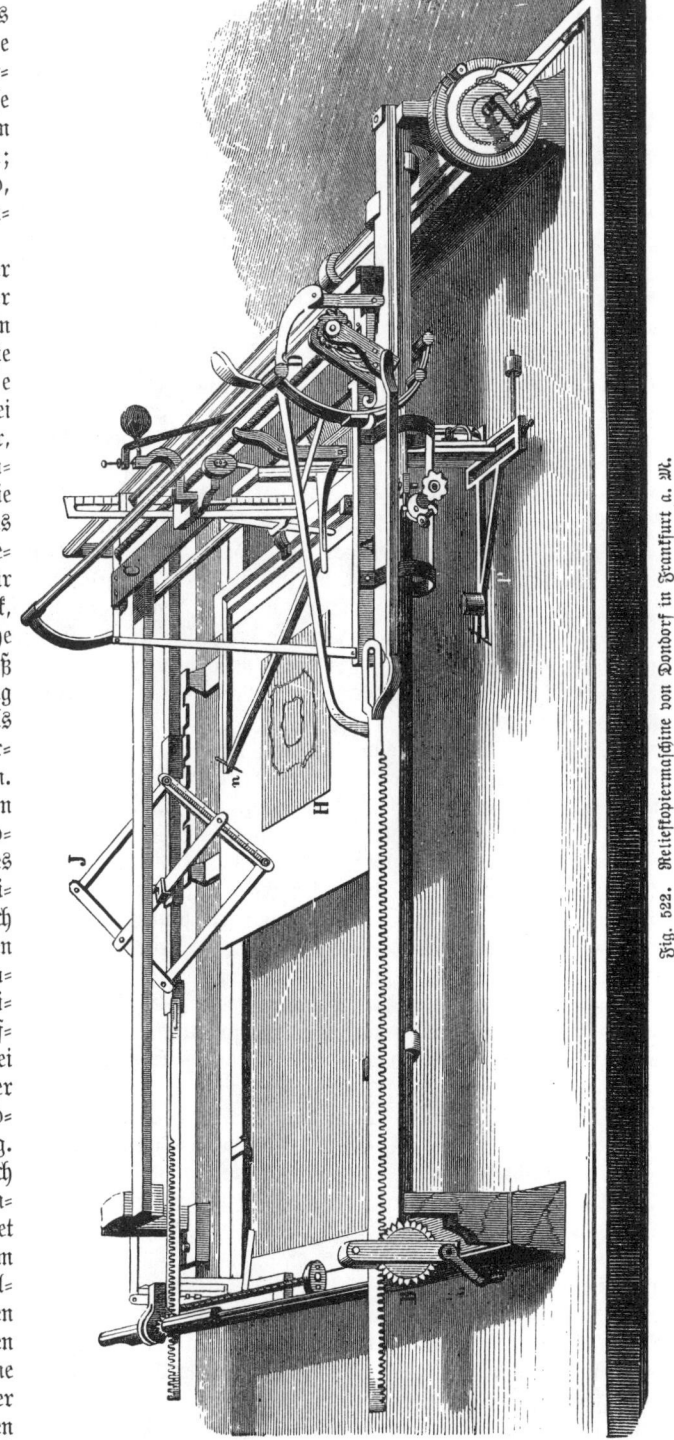

Fig. 522. Reliefkopiermaschine von Dondorf in Frankfurt a. M.

80*

reiche Auswahlen von allerhand praktisch verwendbaren Zierstücken zu entwerfen und Kopien davon zum Verkauf zu stellen. — Für den Künstler an der Reliefkopiermaschine bildet nun ein galvanoplastisch oder auch anderswie erzeugtes Relief das Original oder die Patrone. Er befestigt dieselbe an bestimmter Stelle in seiner Maschine und fängt mit dem Apparate seine Linien zu ziehen an. Der bewegliche Teil, der Stichelträger oder Schlitten, führt an der Seite, wo er über die Patrone hinzieht, einen feinen Stahlstift mit glatt gerundeter Spitze; dieser gleitet, analog dem Führungsstift des Pantographen, auf dem Original hin, bringt in dessen Vertiefungen ein und hebt sich wieder, wenn eine Erhöhung zu übersteigen ist. So wird allmählich, mit Ziehen und Fortrücken an den Schrauben, das ganze Original in gedrängten Linien übergangen. Die steigenden und fallenden Bewegungen des ersten oder Führungsstiftes übertragen sich dabei durch Hebelwerk auf einen ebenfalls am Schlitten befindlichen, gegenüberstehenden Stift, welcher, mit einer Diamantspitze versehen, über die Stein- oder Metallplatte, welche das Bild aufnehmen soll, gravierend oder radierend hingeht. Da diese Spitze aber in einer und derselben Ebene fortarbeiten muß, von Steigen und Senken bei ihr keine Rede sein kann, so müssen die Bewegungen also, und dies bildet das Eigentümliche der Maschine, durch Kniehebelzug dergestalt umgesetzt werden, daß der Gravierstift jede steigende Bewegung des Führungsstiftes durch eine seitliche Ausweichung in wagerechter Richtung wiedergibt. Ein aufrecht stehender Bogen, den der letztere beschreibt, wird sonach auf der Platte durch einen liegenden wiedergegeben, oder, allgemeiner gesprochen, der Führungsstift beschreibt lauter Profile des Gegenstandes, und der Gravierstift legt sie in eine wagerechte Ebene nieder. Hieraus also entstehen die eigentümlichen Gravierungen, welche im Abdruck ein erhaben gepreßtes Muster oft so täuschend nachahmen. Sie kommen nicht selten vor Augen, da nicht nur an vielen Papiergeldsorten irgend ein Bildteil durch diese Maschine ausgeführt ist, sondern auch auf Rechnungen, Preisverzeichnisse u. s. w., wo derartig ausgeführte Abbildungen von Preismedaillen sehr häufig wiederkehrende Erscheinungen sind. Die auf S. 633 gegebenen Beispiele machen zugleich ersichtlich, daß diese Darstellungen, durch entsprechende Verfahren in Hochdruckplatten umgewandelt, auch im Buchdruck wiedergegeben werden können.

Die einfache Reliefmaschine, wie wir sie eben vor Augen hatten, kann nur Kopien von gleicher Größe mit dem Original liefern, da beide Stifte immer die gleiche Weglänge durchlaufen. Man hat aber Werke, die viel mehr leisten. Die in Fig. 522 abgebildete Maschine von B. Dondorf in Frankfurt liefert, außer daß sie als Liniier-, Wellen- und Guillochiermaschine dienen kann, Reliefkopien, welche nach Belieben bis zu einem Achtel der Originalgröße herab verkleinert und ebenso bis ins Achtfache vergrößert werden können. Neben der Freiheit in der Wahl der Größe läßt sich ein Muster auch noch derart vom Original abweichend wiedergeben, daß es entweder in die Breite gezogen und der Höhe nach gedrückt erscheint oder umgekehrt. Durch die Anpassung an so verschiedene Zwecke hat nun aber die Maschine so viele der einfachen Maschine fehlende Organe erhalten (z. B. den zum Verkleinern und Vergrößern mitwirkenden Pantographen J), und es ist bei ihrem Gebrauch so vieles zu beobachten, daß wir von diesem Detail gänzlich absehen und uns auf die allgemeine Ansicht beschränken müssen. Doch möge folgende Andeutung der überall vorkommenden Stücke zu einiger Veranschaulichung dienen. A ist der auf zwei Schienen ruhende Schlitten der Maschine, B der mit Kurbel versehene, in die gezahnten Schienen eingreifende Trieb, durch welchen der Schlitten mit seinem Zubehör hin und her gefahren wird. C ist das verbindende Querstück des Schlittens, ein starkes Prisma, auf welchem ein verschiebbarer Sattel sitzt, der die sämtlichen arbeitenden Teile, also die beiden Stifthalter mit dem zwischenliegenden Hebelwerk, trägt. Unter D liegt die durchgehende Mikrometerschraube mit dem Sperrrad an ihrer Stirn; sie dient zur Fortrückung des Sattels mit den Werkzeugen nach der Breite hin, so daß nach einem geschehenen Durchzuge die beiden Arbeitsstifte jedesmal auf frisches Arbeitsfeld versetzt werden können. n ist der das Original überfahrende Kopierstift, p der gravierende Stift, unter welchem man sich also die Stein- oder Metallplatte liegend zu denken hat. Beide Stifte können, wie bei p ersichtlich, durch Gewicht und Gegengewicht beliebig belastet und entlastet werden, je nachdem dies die Regulierung des Drucks auf die Unterlage verlangt. Bei allen Maschinen steigen die Stifte für den Rückgang des Schlittens von selbst in die

Höhe, gehen ohne Berührung über ihre Unterlage hinweg und senken sich sodann wieder. H ist endlich die Bodenplatte mit dem darauf befestigten Original. Sie verhält sich an gewöhnlichen Maschinen ganz passiv; aber an der vorliegenden ist sie auch in Schienen verschiebbar und erhält, wenn es sich um Verkleinerung oder Vergrößerung handelt, ihre besondere, nach bestimmten Graden der Geschwindigkeit bemessene Bewegung, so daß sie bei Vergrößerungen dem Stifte nachfolgt, bei Verkleinerungen den entgegengesetzten Weg geht und dadurch den Stichel über einen größern oder geringern Teil ihrer Fläche gleiten läßt.

Herstellung von Wertpapieren. Wir kommen zu unserm letzten Gegenstande, welcher nunmehr, nachdem wir die dazu möglicherweise in Anwendung kommenden Kunstmittel etwas näher betrachtet, leichter verständlich werden wird. Zu den Wertpapieren, soweit sie durch die vervielfältigenden Künste hergestellt werden, gehört zunächst das durch jedermanns Hände gehende Papiergeld, sodann die Aktien, die Obligationen über Staats- und Gesellschaftsanleihen nebst ihren Zinsscheinen (Koupons), endlich auch die Freimarken der Post. Neuerdings kommen hierzu noch die Checks, d. h. die „Zahlscheine" von Geschäfts- und Privatleuten an die Bank, welche freilich noch einer handschriftlichen Angabe und Unterschrift bedürfen. Durch die Einigung Deutschlands, welche auch auf das Geldwesen ihren segensreichen Einfluß geübt hat, ist die Mannigfaltigkeit des bei uns in Umlauf gesetzten Papiergeldes sehr vermindert worden; eine große Anzahl der in der Gründungsperiode wie Pilze aus der Erde geschossenen Aktien sind mittlerweile auch wieder den Weg alles Fleisches gegangen — nichtsdestoweniger ist die Menge der papiernen Wertzeichen noch genügend groß, um unsern Lesern für unsre Beschreibung nach allen Richtungen hin Belegstücke in die Hand zu geben.

Schon seit Jahrhunderten hat man in den zuerst in Italien aufgekommenen kaufmännischen Wechseln Papiere, welche eine Summe Geld vertreten und statt deren umlaufen; sie sind aber kein eigentliches Papiergeld, wenn es auch ein Beispiel gab, daß eine Stadt ihre Thalerscheine in Form von Solawechseln ausstellte. Recht treffend bezeichnet die deutsche Sprache das Papiergeld als Scheingeld; es gibt den Schein statt des Wesens und sein Nichts wird offenbar, sobald das Vertrauen zu den Finanzen des Ausstellers zu wanken beginnt. Übrigens waren auch außereuropäische Staaten — und sogar früher als die Europäer — so klug, ihren Kredit zur Ausgabe von Papiergeld zu benutzen; in China und Japan nämlich besteht solches schon seit alten Zeiten, und die in Fig. 523 gegebene Probe ist die Kopie eines chinesischen Fünf-Dollarscheines.

Bei Herstellung von Papiergeld, Banknoten u. dergl. sind zwei Hauptrücksichten maßgebend: erstlich muß das Produkt eine solche technische Vollendung haben, daß die Nachahmung so gut wie unmöglich gemacht wird; zweitens müssen die ausgegebenen echten Stücke, soviel ihrer immer sein mögen, in ihrer Erscheinung unter sich völlig übereinstimmen. In beiden Richtungen stehen der Neuzeit viel mehr Mittel als ehedem zu Gebote.

Früher glaubte man durch Zusammenhäufung von recht viel Figuren und Schnörkeln die Nachahmung zu erschweren und sah sich fort und fort getäuscht. Man übersah, daß ein überladenes Muster die Nachahmung eher zu erleichtern geeignet ist, indem das große Publikum sich schon durch eine allgemeine Ähnlichkeit täuschen läßt, um die vielen kleinen Einzelheiten aber sich niemand kümmert, um so weniger, als diese selbst bei verschiedenen echten Exemplaren nie ganz vollständig übereinstimmen werden. Man betrat nun den entgegengesetzten Weg: die neueren Papiere tragen mehr den Charakter der Einfachheit, aber ihre Ausführung ist teils das Werk kostspieliger Maschinen, teils von der Hand vorzüglicher Künstler in Stahlstich, Gravierung und Schriftschnitt ausgeführt, und hierin gerade muß die erhöhte Sicherung vor Nachahmung liegen, denn wer nur in einem dieser Fächer Tüchtiges leistet — der einzelne Nachahmer müßte es in mehreren — ist in unsern Tagen so gesucht und bezahlt, daß er nicht zur Fälschung, zum Betruge, zu greifen braucht.

Die Fabrikation des Papiergeldes beginnt schon mit der Herstellung des dazu verwendeten Papiers, denn auch dieses soll sich durch Eigentümlichkeiten auszeichnen und der Nachahmung Hindernisse bieten. Indes läßt sich hierüber kaum etwas sagen, was wir nicht schon aus dem frühern Kapitel über Papierfabrikation wüßten, denn das Besondere, was hier zu dem Allgemeinen noch hinzutritt, wird meist als Fabrikgeheimnis behandelt. Das

Papier soll der Hauptsache nach aus Hanf bestehen, welchem, je nachdem der größere Wert auf Festigkeit und Durchsichtigkeit oder aber auf Griff und Druckfähigkeit gelegt wird, leinene Lumpen und altes Segeltuch oder neue leinene Abschnitte und auch etwas Baumwolle zugesetzt werden.

Das Geldpapier bekommt immer auch ein Wasserzeichen, das entweder durch Aufnähen der betreffenden Buchstaben, Ziffern u. dergl. auf die Drahtform erzeugt wird, oder, wenn es im Papier dunkel erscheinen soll, in das Drahtgewebe eingepreßt werden muß. Manche Papiere, wie z. B. die französischen Banknoten, zeigen durch Vereinigung beider Verfahren hergestellte kunstvolle Bilder in mehreren Tönen als Wasserzeichen.

Während in früherer Zeit die Anbringung der Wasserzeichen auf die Handschöpfformen beschränkt war, so gelingt es jetzt auch, dem Maschinenpapier hell und dunkel wirkende Wasserzeichen dadurch zu geben, daß man die erforderlichen Zeichnungen in Draht oder Prägung auf der Mantelfläche eines Siebcylinders anbringt, welcher über dem Drahttuch der Papiermaschine so gelagert ist, daß derselbe auf das nasse unfertige Papier drückt. Die Wasserzeichenformen, welche bei der Anfertigung des Papiers zu Wertpapieren im Deutschen Reich gebraucht werden, liefert die mechanische Werkstatt der Reichsdruckerei.

In der Regel sind es nun, wie gesagt, mehrere graphische Künste, welche sich vereinigen, um das besonders für diesen Zweck geschaffene Papier so auszustatten, daß ein wohlgefälliges Ensemble und zugleich ein der Nachahmung die größtmöglichen Hindernisse in den Weg legendes Werk zu stande kommt. Häufig wetteifern dabei, außer den durch Maschinen erzeugten Druckplatten, der Stahlstich für Bilder, der Holzschnitt für die kräftigeren Verzierungen und der Typendruck für das Schriftliche; seltener wird die Lithographie zugezogen. Zum Einradieren mikroskopisch feiner Schriften und Zieraten kommt in neuerer Zeit der Pantograph in Anwendung; früher mußte alles dergleichen mit der Hand unter Anwendung der Lupe radiert werden. Die größeren Schriften werden gewöhnlich zuletzt auf dem Buchdruckwege eingedruckt, soweit sie nicht schon vom Schriftstecher in die Stahl- oder Kupferplatte gelegt sind, was meistens bei den verzierten Hauptzeilen der Fall ist. Früher mehr als jetzt wurden Wertpapiere auch mit einem sogenannten Trockenstempel versehen, der durch die Stempelpresse besonders aufgebracht wird und von welchem das gilt, was weiter oben über Prägedruck gesagt wurde.

Die schließliche Ausfertigung der Geldscheine geschah früher so, daß die einschlägigen Beamten mit einer wasserfesten Tinte ihre Namen unterschrieben und die laufende Nummer eintrugen. Jetzt findet man, etwa mit Ausnahme einer Buchnummer bei Bankscheinen, wenig Schreibtinte mehr.

Die Unterschriften sind nach den Originalen genau in Metall nachgeschnitten und werden gleich mitgedruckt; das Numerieren aber besorgt die Numeriermaschine.

Dieses auch sonst noch vielfach nützliche Gerät ist ein kleines Druckwerk, das seinen selbstthätigen Schwärzapparat gleich der Schnellpresse hat und in welchem sich die Ziffern nach jedem Abdruck selbstthätig verstellen. Die Ziffern von 1 bis 9 nebst der Null stehen sternförmig auf drehbaren Scheiben, und die jedesmal senkrecht nach oben gerichteten gelangen zum Abdruck. Jede Zahlenreihe hat natürlich ihre besondere Scheibe, denn es müssen z. B. die Einer zehn Rückungen machen, wenn die Zehner einen Schritt gehen, und so im gleichen Verhältnis weiter nach links hin abnehmend. Eine solche Maschine druckt wenigstens bis 999, worauf eine Eins vorgesetzt, die nach Erreichung von 1999 mit einer Zwei vertauscht wird ꝛc. Man hat diese Maschinen auch von der Einrichtung, daß sie in gewöhnliche Druckpressen eingesetzt werden und damit gleich ganze Zahlenreihen gedruckt werden können, die alle durch einen Hebeldruck ihre jedesmalige Umstellung erhalten.

Neuerdings hat man sogar die Numeriermaschine mit der Schnellpresse zu verbinden gesucht. Anderseits hat man den Mechanismus so gedrängt einzurichten gewußt, daß er in Form eines Handstempels erscheint und die Umstellung infolge des Aufstoßens auf das Farbekissen geschieht.

Die Herstellung der Wertpapiere ist erst in den letzten Jahrzehnten zur fabrikmäßigen Entwickelung gelangt, nachdem der durch Eisenbahnen und Dampfschiffe hervorgerufene internationale Verkehr einen gegen früher ungemein vervielfachten Umsatz von Wertgegenständen

Herstellung von Wertpapieren. 639

und damit ein fast in gleichem Maßstabe erhöhtes Bedürfnis nach leicht transportierbaren Zahlmitteln erweckt hatte. Das Papiergeld wurde notwendig — auch wenn Gold in unermessenen Mengen zur Verfügung gestanden hätte, es würde seines Gewichtes wegen doch nicht alleiniges Zahlmittel haben bleiben können.

Fig. 523. Chinesisches Wertpapier.

Dazu kamen noch die industriellen Unternehmungen, die staatlichen und städtischen Anleihen, welche ihren beteiligten Gläubigern für das eingezahlte Kapital und die darauf entfallenden Zinsen leicht umsetzbare Scheine — Aktien und Anleihepapiere — ausstellten, welche mit den Banknoten bezüglich der technischen Herstellung insofern auf einer Linie stehen, als sie au porteur gestellt sind, d. h. ihren Inhaber auch als Eigentümer der durch sie bezeichneten Werte gelten lassen. Können sie auch nicht — außer den Koupons, die als Geld neuerdings auch im kleinen Verkehr anfangen zu kursieren — als eigentliche Zahlmittel gelten, so erhebt sie doch ihre leichte Umsetzbarkeit fast auf diese Stufe und das Erfordernis der Unnachahmbarkeit gilt für ihre Ausführung ebenso wie für die der Banknoten oder des Staatspapiergeldes.

Rechnen wir nun in dies Bereich auch noch die Briefmarken, welche zum Ausgleich kleiner Beträge im schriftlichen Verkehr geradezu auch als Geld umlaufen, so werden wir uns vorstellen können, daß die Herstellung aller dieser Wertpapiere bedeutende Kräfte in Anspruch nehmen muß, und daß mit den vor hundert, ja selbst vor fünfzig Jahren noch allein zur Verfügung stehenden Hilfsmitteln der Typographie der Bedarf nur in höchst ungenügender Weise Befriedigung gefunden haben würde. „Die Assignaten überschwemmten das Land" — heißt es, wenn von der ersten französischen Revolution die Rede ist — und doch, was will ihre Menge gegen den Betrag der jetzt umlaufenden papiernen Wertzeichen bedeuten! Dabei vergleiche man aber die Ausführung derselben jetzt mit der damals möglichen, und man wird zugestehen müssen, daß der Wert — wenigstens der äußerliche — eine nicht mindere Steigerung erfahren hat als die Menge, denn das frühere Papiergeld erhob sich in seiner typographischen Vollendung sehr wenig über die Ausführung, welche das Faksimile in Fig. 524 zeigt. Diese Abbildung ist dadurch noch interessant, daß sie einen jener Ersatzscheine darstellt, welche die Nationalversammlung gegen den dreißigfachen Betrag der entwerteten Assignaten auszutauschen versprach. Andre Beispiele von Papiergeld haben wir bereits in der Einleitung zu diesem Bande S. 102 und 103 abgebildet.

Als Erfordernisse eines guten Wertpapierzeichens müssen — wenn es sich nur um dessen Umlaufsfähigkeit handelt — in erster Linie die Unnachahmbarkeit, in zweiter die Dauerhaftigkeit gelten. Die Schönheit kann erst in dritter Reihe genannt werden, da sie aber unter allen Umständen erreichbar ist, sollte sie, was freilich leider nicht immer der Fall war, stets angestrebt werden; denn das erzieherische Moment eines Bildwerks, das in alle Hände des Volkes gelangt, ist nicht gering anzuschlagen. Die deutsche Reichsregierung hat von diesem Gesichtspunkte aus auch der künstlerischen Ausstattung unsrer neuen Reichsbanknoten ein ganz besonderes Augenmerk zugewandt und für die Zeichnungen zu denselben die ersten Künstler zur Konkurrenz gezogen, ebenso wird die Ausführung in künstlerischer Weise durch erste Kräfte besorgt.

Die Billigkeit dürfte eigentlich keine Rücksicht beanspruchen und doch tritt oder trat auch dieser Fall mitunter ein. Wir haben dabei selbstverständlich nicht an die Notenausgabe der englischen Bank oder der deutschen Reichsbank zu denken, bei welcher es durchaus gleichgültig ist, ob eine der erforderlichen Druckplatten 1000 oder 10000 Mark kostet, denn der Zuschlag verteilt sich auf eine so große Anzahl von Exemplaren, daß das einzelne die Differenz nicht empfindet. Wenn aber eine kleine Stadt ein Anlehen machte und die Berechtigung erhielt, diese Summe durch Ausgabe von Kassenscheinen sich unverzinslich aufzubringen, so waren die Herstellungskosten dieser Stücke sehr wohl vorher in Rechnung zu ziehen, denn sie konnten, wenn alle Kräfte angestrengt werden sollten, um ein Druckerzeugnis ersten Ranges hervorzubringen, eine Höhe erreichen, welche den Vorteil der Unverzinslichkeit bisweilen mehr als aufgehoben haben würde. Es kommt hier wie bei jedem typographischen Werke auf die Höhe der Auflage an, welche die großen Anlageposten auf die einzelnen Exemplare zu verteilen hat.

Die schönsten Abdrücke gewähren Kupfer- und Stahlstichplatten, einmal, weil in diesen Metallen der Künstler die ausdrucksfähigsten Mittel hat für die Ausführung seiner Zeichnung. Dann auch haben jene Platten den Vorzug, daß die Herrichtung jedes einzelnen Abdruckes mit der Hand geschieht und daher jede sich etwa aufthuende Fehlerquelle sofort beseitigt werden kann. Aber aus denselben Gründen, welche nur ein langsames Arbeiten gestatten, ist das Ergebnis auch kostspielig. Um nun Schönheit und Akkuratesse der Ausführung, in welcher ganz besonders die Bedingnisse der Unnachahmbarkeit liegen, mit möglichster Billigkeit nicht nur sondern auch, was besonders wichtig ist, mit raschester Herstellung zu vereinigen, so ist, da man die Methoden, welche zur Ausführung von Kupfer- und Stahldruckplatten geeignet sind, nicht direkt zur Erzeugung von Platten für die Buchdruckpresse anwenden kann, das Bestreben erweckt worden, von jenen wenigstens durch gewisse Prozesse dergleichen reproduzierte Platten zu gewinnen, welche auf der rascher arbeitenden Schnellpresse gedruckt werden können. Diese Umwandlungsmethoden von Kupferdruckplatten in Buchdruckplatten sind in der letzten Zeit zu großer Vollendung gebracht worden, und bei weitem mehr als für den Laien ist es für den Kenner typographischer Leistungsfähigkeit überraschend, zu sehen, was jetzt alles „mit der Maschine" gedruckt wird.

Herstellung von Wertpapieren.

Wenn wir aber von der Herstellung der Wertpapiere uns eine Vorstellung verschaffen wollen, so wird es zweckmäßig sein, uns selbst in einem Etablissement umzusehen, aus welchem die für das geschäftliche Leben so unentbehrlichen Druckerzeugnisse hervorgehen. Es liegt zwar in der Natur der Sache, daß derartige Werkstätten nicht dem großen Publikum zu jeder Tagesstunde offen stehen, indessen finden wir doch wohl in einer von ihnen Eintritt. Denn auch außer der Reichsdruckerei in Berlin, in welcher das Papiergeld des Deutschen Reiches hergestellt wird, gibt es in Deutschland sehr renommierte Offizinen für die Erzeugung von Wertpapieren. J. B. Dondorf in Frankfurt a. M., Giesecke & Devrient in Leipzig, Engel & Sohn in Wien, die auf der letzten Weltausstellung exzellierten, sowie die k. k. Staatsdruckerei ebendaselbst stehen obenan. Eine von ihnen möge uns die Räume öffnen, um uns zu zeigen, wie die Aktien, Mark-, Hundert- und Tausend-Markscheine die verschiedenen Stadien ihrer Ausbildung durchlaufen, ehe sie als Geld ihren schicksalbringenden Weg durch die Hände der Menschen machen. Wir werden die Methoden und Manipulationen ihrer Verwandlung kennen lernen, soweit dieselben nicht Geheimnis des Etablissements oder einzelner in demselben beschäftigter Künstler sind. Denn manche Verfahren sind nur im Alleinbesitze ihrer Erfinder, die im wohlerwogenen Interesse ihre Geheimhaltung hüten. Wir schließen uns bei unsrer Wanderung dem Papiere an und folgen dem Stoffe von seinem Urzustande, d. h. wie ihn die Papierfabrik liefert, bis zu seiner vollendeten Bildung, wo er als Wertzeichen zur Ausgabe fertig die Offizin wieder verläßt.

Wir wissen, daß seiner besondern Festigkeit wegen zu dem Papiergelde in der Regel Hanfpapier genommen wird. Wäre dasselbe auch nicht schon in seiner inneren Natur nach etwas Vollkommeneres als das gewöhnliche Druckpapier — so würde die ängstliche Berücksichtigung, die ihm an dieser Stelle ununterbrochen geschenkt wird, uns verraten, daß es wenigstens zu Höherem bestimmt ist. Es

Fig. 524. Territorialmandat auf 100 Frank.

kommt nicht in Ballen an, wie andres Papier, sondern in verschlossenen Kisten, die unter amtlicher Kontrolle schon in der Papierfabrik gezählt, gepackt und versiegelt sind, und wenn dieselben geöffnet werden und ihr Inhalt von der Druckerei übernommen wird, so geschieht dies wieder unter Beistand beaufsichtigender Beamten, damit kein Blankett zu viel übergeben und keines zu wenig übernommen wird. Über das Resultat der Zählung und Übergabe wird ein Protokoll aufgenommen, und bei jeder Gelegenheit, wenn die Papierbogen einer andern Hand übergeben werden, wenn sie aus einem Raume in einen andern wandern, wiederholt sich diese genaue Durchsicht, nur daß nicht jedesmal auch wieder zu notarieller Protokollierung geschritten wird. Was innerhalb der Druckräume davon abhanden käme, dafür ist bereits die Druckerei verantwortlich gemacht, ihr gilt es nur, sich selbst ihren Arbeitern gegenüber zu versichern. Daher kommt es, daß jedes verdorbene, zerrissene oder beschmutzte Blankett wieder mit abgeliefert werden muß. — Die erste Operation, welche zwar nicht immer, aber doch oft mit dem Papier vorgenommen wird, ist eine chemische, und sie bezweckt, demselben eine größere Festigkeit zu geben. Früher schon haben wir erfahren, daß durch Einwirkung der Schwefelsäure auf Pflanzenfaser diese in einen Zustand übergeführt wird, in welchem sich die einzelnen Fasern eines filzartigen Produktes, wie das Papier ist, viel fester miteinander verbinden und dem Zerreißen größeren Widerstand entgegensetzen.

Die Blanketts kommen also in ein Bad von Schwefelsäure, in welchem sie kurze Zeit verbleiben, um dann, nachdem sie von den letzten Spuren der Säure durch sorgfältiges Auswaschen befreit worden sind, das erste Mal in die Trockenräume zu wandern.

Lassen wir sie einstweilen ihren Festigungsprozeß durchmachen und sehen wir uns währenddessen in denjenigen Räumen um, in denen die künstlerischen und mechanischen Faktoren in Thätigkeit sind, um die Platten herzustellen, welche zum Druck nötig sind. Wir betreten eine lange Reihe von Zimmern und Sälen: in dem einen sitzen Lithographen, in dem andern Holzschneider, ein eignes Atelier enthält die Zeichner, welche die verschiedenartigsten Muster entwerfen, denn es herrscht auch in den papiernen Wertzeichen Geschmack und Mode. und beides ist verschieden je nach den Ländern, für welche dieselben bestimmt sind. Hier sehen wir auch die ersten Elemente jener mit wunderbarer Genauigkeit und mikroskopischer Feinheit in den durch den Pantographen hergestellten Platten tausendfach wiederkehrenden Verzierungen entstehen.

In einer Größe, welche dem Zeichner ein bequemes Arbeiten gestattet und die oft ein Vielhundertfaches von der beträgt, in welcher das Muster auf dem Wertscheine wiederkehren soll, wird die Zeichnung entworfen, immer unter strenger Berücksichtigung geometrischer Einteilung, durch welche allein die genaue Aneinanderfügung der einzelnen Motive durch den Pantographen zu einem Ganzen ermöglicht wird.

Der Pantograph ist einem besondern Künstler anvertraut, unter dessen Händen die Platten hervorgehen, deren Abdrücke jedem in die Sache nicht Eingeweihten rätselhafte Erzeugnisse bleiben müssen. Als Beispiel greifen wir das erste beste, das sich in unserm Portemonnaie befindet, heraus — einen Zwanzig=Markschein des Deutschen Reiches, welche in der Reichsdruckerei zu Berlin hergestellt werden. Auf der Rückseite zeigt derselbe einen farbigen Grund, den sogenannten Plein, der sich bei näherer Betrachtung aus einem in feinen Linien ausgeführten Muster erzeugt erweist, welches mit blauer Farbe auf die weiße Papierfläche aufgedruckt ist. Das Muster selbst aber besteht aus lauter einzelnen, sich wiederholenden Motiven: einer Rosette, welche in rechtwinkelig sich kreuzenden Reihen angeordnet ist und sich etwas heller hervorhebt, und einer kleeblattähnlichen Füllung zwischen je vier solcher Rosetten. Diese Rosetten und Füllungen überziehen mit Ausnahme des Mittelstücks und der Medaillons, welche die Wertangabe zeigen, die ganze Fläche der Rückseite und wiederholen sich mit solcher Übereinstimmung, daß selbst die schärfste mikroskopische Untersuchung und Messung keinerlei Abweichung zu entdecken vermöchte. Und doch ist das Ganze mit einer einzigen Platte gedruckt, wie der Augenschein lehrt; auf diese Platte muß jedes der einzelnen Motive für sich mit Hilfe der Radiernadel eingraviert worden sein. Aus freier Hand dies zu vollbringen wäre für jeden Menschen unausführbar: mit Hilfe des Pantographen ist es nicht nur möglich, sondern es verlangt außer einer feinfühligen Hand, Sorgfalt und Geduld keine weitere Kunstfertigkeit, als die genaue Kenntnis des zeichnenden Apparates und seiner zweckmäßigen Behandlungsweise.

Freilich muß für solche Arbeiten der Pantograph von der vollkommensten Ausführung sein. Dann aber bewirkt er die Verringerung und Übertragung der ihm in vergrößertem Maßstabe untergelegten Zeichnung fast von selbst und allein dadurch, daß ein Führungsstift über die Zeichnung in allen ihren Linien hingeführt wird. Eine Nadel radiert sofort dieselben auf der untergelegten Kupferplatte ein, und wenn das Muster einmal vollendet ist, so rückt eine Teilvorrichtung dasselbe genau um so viel zur Seite, als seine Breite beträgt, so daß eine frische Stelle der Kupferplatte unter die Nadel kommt und an das Ende des vorher radierten Dessins der Anfang der Wiederholung sich anschließt.

In unserm Beispiele besteht das ganze Muster, wie schon erwähnt, aus einer Rosette und der betreffenden Füllung; diese beiden Motive einmal in entsprechender Größe gezeichnet, bilden die einzige Vorlage für den Pantographen, die sogenannte Patrone.

In andern Fällen ist dieselbe anders gestaltet und in Fig. 510—12 haben wir unsern Lesern das Beispiel einer solchen gegeben, mit Reduktionen im Verhältnis von $1/2$, $1/4$ und $1/8$, wie dieselben vom Pantographen ausgeführt worden sind.

Wer sich die Mühe geben will, unser trotz der bereits geschehenen Umwandlung immer noch leidlich mannigfaltiges Papiergeld aufmerksam zu untersuchen, wird solch künstlichen Pantographenarbeiten sehr häufig begegnen, nicht nur in den Pleins, sondern auch in andern Teilen der Zeichnung.

Neben dem Pantographen arbeiten Linienmaschinen, Wellenmaschinen, Schlingen= maschinen, Guillochier= und Reliefkopiermaschinen, jede für sich, der Platte einzelne Teile des Musters eingrabend, welches später das Wertpapier zieren und unnachahmbar machen soll. Diese Platte kann, wenn sie selbst gleich zum Druck benutzt werden soll, eine Kupferplatte sein, in vielen Fällen wird man aber vorziehen, den Grund auf der rascher und billiger arbeitenden Schnellpresse zu drucken, und dann hat man die von der Graviermaschine vorbereitete Platte erst in eine Hochdruckplatte umzuwandeln.

Auf der Rückseite des von uns als Beispiel gewählten Zwanzig-Markscheines sehen wir Proben der verschiedenartigsten Maschinenleistungen. Von den einfachsten konzentrischen Linien an, welche den Grund des untern Medaillons zwischen den guillochierten Mustern bilden, sehen wir Produkte der Wellenmaschine als Plein in dem kreisförmigen Bande, welches die Inschrift „Reichskassen-Schein" trägt, ebenso in dem länglich viereckigen Spiegel mit der Inschrift „Zwanzig Mark", und zwar erscheinen sie in dem letzteren als weiße Zeichnung auf blauem Grunde, in dem kreisförmigen Bande dagegen umgekehrt. Endlich sind auch die guillochierten Muster in zweierlei Ausführung vorhanden, das eine Mal im Innern des Mittelmedaillons blau auf weißem, das andre Mal in den kleinen Medaillons mit der Ziffer 20 weiß auf braunem Grunde. Wenden wir aber unsern Reichskassenschein um, so daß wir seine Vorderseite vor Augen haben, so entdecken wir wieder ähnliche maschinistische Leistungen. Der Grund ist ein Werk der Wellenmaschine, in feinsten Linien mit der Diamantspitze gezogen; der Arbeit des Pantographen begegnen wir in dem äußersten Rande der Bordüre, welcher auf sehr merkwürdige Weise in drei nach außenhin sich verwaschenden Tönen gedruckt ist; dazu gesellt sich in der Füllung des links befindlichen Feldes, welches oben die Initiale R und unten das Medaillon mit dem Reichsadler enthält, in der Zeichnung der Arabesken noch eine Leistung der Reliefmaschine, welche weiterhin in gewöhnliche Linienarbeit übergeht.

Die mannigfaltigen Graviermaschinen, welche zu diesen Hervorbringungen dienen, leiten uns zu dem Kupferstecher über, der in freier Führung des Grabstichels und der Radiernadel diejenigen Teile der Zeichnung ausführt, welche durch mechanische Hilfsmittel nicht hergestellt werden können, oder auch nicht damit hergestellt werden sollen, weil in der Eigentümlichkeit des Kupferstichs wiederum ein besonderes Moment liegt, das der Nachahmung neue und seine eignen Schwierigkeiten in den Weg legt. Das Figürliche und die Schrift auf der Hauptseite unsres Reichskassenscheines ist sein Werk. Im ganzen ist die Vereinigung der verschiedenen Methoden bei den deutschen Reichskassenscheinen in guter Weise gelungen, und schon aus ästhetischen Rücksichten dürfen wir uns jetzt freuen, daß dasselbe das frühere Papiergeld zum größten Teile bereits verdrängt hat. Es bleibt aber immer noch manches auch hier zu thun, und die neueste Ausgabe der Fünf-, Zwanzig- und Fünfzig-Markscheine, die in origineller Weise sich an die Darstellungsweise der guten deutschen Renaissance halten, ist ein Beweis dafür, daß dies allseitig erkannt wird.

Vielleicht ist an sich eine künstlerisch vollendete Kupfer- oder Stahlstichplatte am allerschwierigsten nachzuahmen, und deswegen sind unsre jetzigen Reichsmarkscheine, ebenso die amerikanischen, französischen, russischen, österreichischen und englischen Wertpapiere, auch vorzugsweise auf dem Wege des Kupfer- und Stahlstichs hergestellt. Allein dem Verfahren hängen andre Übelstände an, und für viele Fälle ist seine große Kostspieligkeit ein Hindernis seiner Anwendung. Freilich sind die billigeren Verfahren oft die teuersten, weil sie die Fälschung eher herausfordern. Die Nachahmung kann sehr verschiedene Grade der Vollkommenheit haben, und was für das Auge des Kenners sich als ein mangelhaftes, sofort zu unterscheidendes Produkt der Fälschung zu erkennen gibt, das kann dem weniger geübten Blicke der großen Menge immer noch als echt erscheinen. Und nach dieser Richtung hin sind Stahlstich oder Kupferstich allein nicht hinlängliche Garantie bietend. Für die mathematische Regelmäßigkeit aber schärft sich auch das ungeübte Auge rascher als für die mehr geistigen Feinheiten höchster Künstlerschaft, und aus diesem Grunde werden die Maschinen in kombinierter Anwendung mit herbeigezogen, die außerdem noch den Vorteil bieten, mit verhältnismäßig wenig Kosten geschmackvolle Erzeugnisse zu liefern. Ganz und gar den Kupferstich zu umgehen liegt aber auch nicht in der Absicht, und einzelne Teile der Kupferplatte werden immer mit dem Stichel bearbeitet. Auf vielen Banknoten und Kassenscheinen finden wir oft ausgedehnte figürliche Darstellungen angebracht, die ebenfalls durch die Verfahren des Kupferstichs ausgeführt sind.

81*

Auf welche Weise nun auch die Zeichnung in die Kupferplatte eingegraben wird, mit Hilfe von Maschinen oder aus freier Hand — die Arbeit geschieht in der Regel nicht so, daß auf derselben Platte die verschiedenen Verfahren neben= und nacheinander zur Anwendung kämen. Mancherlei Gründe der Zweckmäßigkeit machen dies unthunlich. Es werden vielmehr die Gravierungen auf ganz verschiedenen Platten ausgeführt, und gleichzeitig arbeiten oft Kupferstecher, Reliefkopiermaschine, Guillochiermaschine, Wellen=, Linien= und Schlingenmaschine, Pantograph und was sonst noch für Hilfsmittel in Anspruch genommen werden mögen, an den Verzierungen, welche schließlich eine einzige Druckplatte bilden sollen. Jeder dieser Hilfsarbeiter behandelt für sich eine eigne Platte, aus welcher sodann die betreffenden Teile ausgeschnitten und in die Hauptplatte eingefügt werden. Diese Arbeit des Zusammensetzens ist eine sehr mühsame und verlangt die höchste Sorgfalt und Genauigkeit, denn nicht nur daß in der fertigen Platte keinerlei Lücken, Spalten u. s. w. enthalten sein dürfen, die im Abdruck wieder erscheinen würden, es muß auch Strich auf Strich passen, eine Aufgabe, die nur wenigen zu lösen gelingen wird.

Die solcherart zusammengesetzte Platte könnte nun zum Druck einer der beiden Seiten des Wertpapiers dienen. Da jedoch eine Kupferplatte nur eine beschränkte Anzahl von Abzügen gestattet und nach 2—3000 Abdrücken die Zeichnung nicht mehr scharf sich ausprägt, ein Wiederaufstechen aber nicht vorgenommen werden darf, weil dasselbe die vollständige Übereinstimmung der späteren Abzüge mit den früheren nicht garantiert, so muß man von der Benutzung der gravierten Platte als Druckplatte absehen und von ihr zuerst mittels galvanoplastischer Niederschläge sich eine für die verlangte Auflage, die ja häufig in die Millionen geht, genügende Anzahl von Galvanotypen machen. Das Verfahren, welches man dabei einschlägt, ist bekannt. Die galvanisch niedergeschlagenen Platten, deren man sich so viel herstellen könnte als man will, erlauben aber, wie wir schon früher gesehen haben, eine Verstählung, welche ihre Dauer ganz wesentlich erhöht, und infolge deren sie bis 6000 Abdrücke mit voller Schärfe gestatten. Ist das feine Stahlhäutchen doch endlich durchgearbeitet, so daß die rote Farbe des Kupfers sichtbar wird, so wird es auf geeignete Weise abgezogen und die Platte von neuem verstählt. In solcher Art behandelte Platten haben bei sorgsamer Behandlung schon gegen 20—30000 Abzüge ausgehalten.

Da die Formate der Banknoten und ähnlicher Wertzeichen in der Regel so klein sind, daß durch sie die Druckfläche, welche eine Presse zu bieten vermag, nur zum sechsten oder achten Teile ausgenutzt werden würde, so erzeugt man sich gleich hier durch Zusammenfügen Druckplatten, welche das Bild einer Seite sechs=, acht=, ja noch mehrmal nebeneinander zeigen. Notwendig ist dann nur, daß das Papier genau von derselben Größe geliefert wird und daß bei der Zusammenfügung auf die Ausdehnungsverhältnisse des Papiers beim Anfeuchten genügende Rücksicht genommen wird, damit die etwa schon von Haus aus dem Papier eingearbeiteten Wasserzeichen an der gehörigen Stelle im Druck erscheinen.

Wer die im Umlauf befindlichen Kassenscheine sorgfältig betrachtet, wird bei manchen derselben bemerken, daß der Rand keine gerade Schnittfläche zeigt, sondern eine mehr oder weniger ungleichartige Beschaffenheit, wie sie beim Schöpfen aus der Bütte die Bogen erhalten. Dergleichen Scheine sind in der That auf ganze Bogen gedruckt, die gleich in dem Format, welches der Wertschein zeigt, geschöpft worden sind. Jeder derselben ist besonders gedruckt worden, und man hat bei ihrer Herstellung von den Vorteilen, welche die Vereinigung mehrerer Platten zu einer einzigen Druckplatte bietet, keinen Gebrauch machen können. Andre Scheine wieder haben den natürlichen Rand nur an der rechten und linken Seite; sie sind auf Bogen gedruckt von nur einer einseitigen Breite, welche aber der Länge nach mehrfach geteilt worden sind.

Die schon erwähnten neuen Kassenscheine des Deutschen Reiches zeigen eine ganz besondere Beschaffenheit des Papiers, welche hier zum erstenmal als ein Sicherheitsmittel gegen Nachahmung demselben gegeben worden ist. Es sind nämlich die Druckbogen auf der einen schmalen Seite vom Rande her ein Stück weit blau gefärbt und auf dieser blauen Partie befinden sich in unregelmäßiger Weise verteilt harte dunkelblaue Fasern, welche in die Papiermasse eingearbeitet sind, von derselben aber mittels einer feinen Messerklinge abgelöst werden können, so daß eine Täuschung mittels Zeichnung oder Photographie nicht stattfinden kann. Diese Fasern treten aber nur auf der einen Seite des Papiers auf, sie sind, wie man sagt, lokalisiert und unterscheiden sich dadurch von dem im Handel ab und zu vorkommenden Papier, welches ganz mit Fasern durchsetzt ist.

Können wir nach den verschiedenen Manipulationen die Herrichtung des hauptsächlichsten Erfordernisses, der Druckplatte, welche für Vorder= und Rückseite in zwei verschiedenen Exemplaren angefertigt werden muß, als vollendet annehmen, so wollen wir jetzt wieder zurückgehen und uns dem mittlerweile getrockneten Papiere aufs neue anschließen, welches wir in dem chemischen Bade verlassen hatten, in dem es seine größere Festigkeit erlangen sollte. Wir betreten mit ihm ein ganz neues und von den übrigen Räumlichkeiten voll= ständig abgeschlossenes Gebiet, das sich nur auf das Machtwort des uns begleitenden Chefs der Firma öffnete. Hier herein stiehlt sich kein fremder Blick; die Thüren, fest mit Eisen beschlagen, sind immer verschlossen. Nur die zuverlässigsten Arbeiter sind hier angestellt, jeder Abteilung steht ein Faktor vor, welchem die Bogen einzeln zugezählt werden und der seine kontrollierenden Zählungen täglich zu wiederholen hat.

Zuerst erhalten die Wertpapiere einen in der Regel farbigen Unterdruck auf der Buchdruckpresse, entweder auf beiden oder auch nur auf einer Seite. Derselbe zeigt ge= wöhnlich ein zartes Muster, das mit Maschinenhilfe zunächst auf einer Kupferplatte eingraviert worden ist. Von dieser Platte, welche nur auf der Kupferdruckpresse Abdrücke liefern würde, ist durch ein eigentümliches Verfahren eine zweite Platte abgenommen worden, welche das Muster erhöht zeigt und zum Druck auf der Buchdruckpresse geeignet ist. Dieser Unterdruck ist ganz besonders wichtig, als eine Barrière der Fälschung gegenüber, weil das Muster an sich kaum nachgezeichnet werden kann, die Photographie aber, welche zwar in der Wiedergabe der Zeichnung kein Hindernis kennt, durch die eigentümliche Wirkung der besonders zu diesen Zwecken gewählten Druckfarbe ganz andre Effekte hervorbringen würde, als der Fälscher beabsichtigt. Daher druckt man bei Aktien, Koupons u. dergl. bisweilen auch bloß einen solchen chemischen Ton, welcher besondere photographische Eigenschaften hat und dessen Verfälschungen sofort an dem Mangel derselben erkannt werden würden. Ist der Tonunterdruck angebracht, so werden die Bogen, je nachdem es ihre weitere Ausstattung verlangt, der Reihe nach verschiedenen Druckmethoden unterworfen. Eine Presse (und zwar bei Hochdruckplatten Schnellpresse, bei vertieft gravierten Platten Kupferdruckhandpresse) druckt die schwarze Zeichnung auf, eine andre arbeitet in grüner Farbe, eine dritte in blauer oder roter u. s. w. Auch Zweifarbenmaschinen sind in Thätigkeit — und es werden mitunter Drucke ausgeführt in zwei Farben, welche im Ton durchaus nicht voneinander zu unter= scheiden sind, und welche im fertigen Zustande mit einer und derselben Farbe gedruckt er= scheinen. Eine violette Nüance z. B. kann durch chemisch ganz voneinander abweichende Farben hergestellt werden, die sich auch chemischen Gegenwirkungen gegenüber ganz verschieden verhalten. „Zu was dies nützt?" Wie das meiste, wonach in diesen Räumen gestrebt wird: um die Nachahmung unmöglich zu machen. Denn wenn auch jene beiden Farben dem ersten Anblicke nach vollständig gleich erscheinen und jeder den Druck als aus einer einzigen Farbe ausgeführt erachtet, so wird der Eingeweihte doch die Verschiedenheit nachzuweisen im stande sein und die Fälschung, deren Urheber nicht im Besitz der natürlich geheim ge= haltenen chemischen Zusammensetzung gewesen ist, als eine solche mit Leichtigkeit erkennen.

Werden die meisten dieser einzelnen Drucke mittels der Schnellpresse ausgeführt — und nur ihre Anwendung gibt die Möglichkeit einer raschen Herstellung von vielen Millionen von Exemplaren, deren jedes oft an zehn= und mehrmal bloß die Pressen zu passieren hat — die andern Manipulationen gar nicht gerechnet — so müssen andre Partien auf der Kupfer= druckhandpresse gedruckt werden. Die verhältnismäßig langsamere Lieferung, welche bei derselben infolge der jedesmal notwendigen Zurichtung der Druckplatte nur stattkaben kann und welche natürlich den Druck verhältnismäßig verteuert, verlangt für Massenherstellung eine sehr große Zahl solcher Pressen. Eine Schnellpresse liefert 2—3000 Abdrücke in derselben Zeit, in welcher ein geschickter Kupferdrucker nur 100 herzustellen vermag.

Das letzte der Druckverfahren, das mit den Wertpapieren vorgenommen wird, ist das Numerieren. Bei manchen Numeriermaschinen, namentlich solchen, welche fortlaufende Nummerbezeichnung in Worten zu drucken haben, was auf Aktien vorkommt, geschieht die

Auswechselung nach jedem Druck mit der Hand, die gewöhnlichen Ziffernnumeriermaschinen besorgen dies aber selbstthätig. Um nicht wegen jeder Nummer besonders drucken zu müssen, haben einige dieser Maschinen die Einrichtung, daß in ihnen vier, sechs bis acht solcher kleiner Numerierapparate nebeneinander in derselben Entfernung angebracht sind, in welchen der Bogen, der ebensoviel zu beziffernde einzelne Scheine enthält, die betreffenden Stellen zeigt. Jeder druckt dieselben Einer und Zehner wie die andern; nur die Hunderter sind verschieden, so daß also bei vier Apparaten der erste 1, der zweite 101, der dritte 201, der vierte 301 anfängt. Nach erfolgtem hundertsten Druck sind in derselben Reihenfolge die Nummern 100, 200, 300, 400 fertig geworden, und es wird eine Umstellung vorgenommen, infolge deren Apparat 1 mit 401, Apparat 2 mit 501, Apparat 3 mit 601 und Apparat 4 mit 701 wieder beginnt.

Wenn zur Mittagszeit oder abends die Arbeit an den Numeriermaschinen unterbrochen wird, so werden dieselben versiegelt, und nur der kontrollierende Beamte, der das Siegel angelegt hat, darf dasselbe wieder abnehmen. Eben dieser strengen Beaufsichtigung ist auch die Handnumeriermaschine unterworfen, welche zur Aushilfe vorhanden ist, um den Ausfall für mißglückte Exemplare nachzuarbeiten. Denn da die einmal eingerichteten Maschinen in ihrem Gange nicht ausgelöst werden dürfen, wenn sich die Ergänzung eines Ausschußblattes nötig machen sollte, so hat man für solche Fälle eine Maschine, auf welcher dergleichen einzelne Nummern besonders nachgedruckt werden. Bei der Ablieferung an den Auftraggeber aber werden auch die mißratenen Blätter ebenso zugezählt wie die fehlerfreien, da die volle Zahl der übernommenen Bogen doch wieder in die Hände derjenigen zurückgegeben werden muß, welche den Geldwert dieser Papiere garantieren.

Von der Numeriermaschine kommen die Papiere in die Satinierpressen, in welchen sie geglättet werden, und schließlich, wenn nicht der Naturrand besonders beabsichtigt ist, in die Beschneidevorrichtung, welche die einzelnen Stücke von einander trennt und sie auf gleiches Format bringt. Sie werden darauf gezählt, in Pakete zu 100 oder 1000 Stück gepackt und bis zur Ablieferung in großen eisernen Kisten aufbewahrt.

Alle die Räume, in denen diese mannigfachen Operationen mit den Wertpapieren vorgenommen werden, befinden sich zweckmäßigerweise einer in den andern führend in einer besondern Gebäudeanlage. Innerhalb ihres Verschlusses befindet sich wohl auch ein Zimmer für die kontrollierenden Beamten, welche dem Drucke der Geldpapiere seitens der Besteller öfters beigegeben wurden. Indessen geschieht dies nur noch ausnahmsweise, da die Zählung und Übernahme der rohen Papiere zu Anfange und schließlich die Zuzählung und Ablieferung der fertigen Scheine eine hinlängliche Sicherheit für den Auftraggeber der Druckerei gegenüber in sich faßt.